Management

Georg Schreyögg · Jochen Koch

Management

Grundlagen der Unternehmensführung

8., vollständig überarbeitete Auflage

Georg Schreyögg
Freie Universität Berlin
Berlin, Deutschland

Jochen Koch
Europa-Universität Viadrina
Frankfurt (Oder), Deutschland

ISBN 978-3-658-26513-7   ISBN 978-3-658-26514-4 (eBook)
https://doi.org/10.1007/978-3-658-26514-4

Die Deutsche Nationalbibliothek verzeichnet diese Publikation in der Deutschen Nationalbibliografie; detaillierte bibliografische Daten sind im Internet über http://dnb.d-nb.de abrufbar.

Springer Gabler
© Springer Fachmedien Wiesbaden GmbH, ein Teil von Springer Nature 1990, 1991, 1993, 1997, 2000, 2005, 2013, 2020
Das Werk einschließlich aller seiner Teile ist urheberrechtlich geschützt. Jede Verwertung, die nicht ausdrücklich vom Urheberrechtsgesetz zugelassen ist, bedarf der vorherigen Zustimmung des Verlags. Das gilt insbesondere für Vervielfältigungen, Bearbeitungen, Übersetzungen, Mikroverfilmungen und die Einspeicherung und Verarbeitung in elektronischen Systemen.
Die Wiedergabe von allgemein beschreibenden Bezeichnungen, Marken, Unternehmensnamen etc. in diesem Werk bedeutet nicht, dass diese frei durch jedermann benutzt werden dürfen. Die Berechtigung zur Benutzung unterliegt, auch ohne gesonderten Hinweis hierzu, den Regeln des Markenrechts. Die Rechte des jeweiligen Zeicheninhabers sind zu beachten.
Der Verlag, die Autoren und die Herausgeber gehen davon aus, dass die Angaben und Informationen in diesem Werk zum Zeitpunkt der Veröffentlichung vollständig und korrekt sind. Weder der Verlag, noch die Autoren oder die Herausgeber übernehmen, ausdrücklich oder implizit, Gewähr für den Inhalt des Werkes, etwaige Fehler oder Äußerungen. Der Verlag bleibt im Hinblick auf geografische Zuordnungen und Gebietsbezeichnungen in veröffentlichten Karten und Institutionsadressen neutral.

Springer Gabler ist ein Imprint der eingetragenen Gesellschaft Springer Fachmedien Wiesbaden GmbH und ist ein Teil von Springer Nature.
Die Anschrift der Gesellschaft ist: Abraham-Lincoln-Str. 46, 65189 Wiesbaden, Germany

Vorwort zur 8. Auflage

Die vorliegende achte Auflage unseres Lehrbuches „Management" geht erneut mit einer Reihe inhaltlicher und gestalterischer Erneuerungen einher, wie auch mit einer grundlegenden Veränderung.

Professor Horst Steinmann hat sich mit der vorliegenden Ausgabe nun endgültig aus dem Autorenteam zurückgezogen. Die vorliegende Ausgabe wird erstmals alleine von Professor Georg Schreyögg und Professor Jochen Koch verantwortet.

Das Buch erscheint nun in ganz neuem Textlayout. Alle Kapitel haben zusätzlich eine einleitende Zusammenfassung erhalten, mit der Struktur und Argumentationsgang noch besser nachvollzogen werden können. Der bewährte modulare Aufbau, der jedes Kapitel inklusive Diskussionsfragen, Fallstudien und Literaturverzeichnis zu einer eigenständigen Lehr- und Lerneinheit formt, ist konsequent weiterentwickelt worden. Zugleich wurden die vielfältigen Querbezüge zwischen den Kapiteln noch stärker akzentuiert und u. a. in vielen Querverweisen sichtbar gemacht. Zusätzlich sind nun zu ausgewählten und zentralen Modellen des Buches ergänzende Lehrvideos abrufbar. Am bewährten Aufbau des Buchs und seiner grundlegenden Idee, Management im Kontext von Komplexität und gesellschaftlicher Verantwortung als eine anspruchsvolle Steuerungsaufgabe von Unternehmen und Organisationen umfassend darzustellen, wurde selbstverständlich festgehalten.

Alle 15 Kapitel sind grundlegend überarbeitet und aktualisiert worden, wobei wir sowohl erhebliche Straffungen wie an anderen Stellen wesentliche Ergänzungen vorgenommen haben. Schwerpunktmäßig betrifft dies die folgenden Kapitel:

Kap. 3 hat Ergänzungen in Bezug auf die relationalen Stakeholder-Ansätze, das Problem von Netzwerkexternalitäten von sog. sozialen Medien sowie das „Voice-Behavior" erfahren.

Kap. 5 ist substanziell im Hinblick auf den organisatorischen Kontext des strategischen Managements mit einem Ausbau der Strategie-Prozess-Perspektive und dem Einbau der Praktiken-Perspektive („Strategizing") erweitert worden. Zugleich wurden Fallstudie, Fallvignetten und Praxisbeispiele grundlegend aktualisiert.

Kap. 6 haben wir erheblich gestrafft und damit dem Umstand Rechnung getragen, das Kapitel auf die essenziellen Managementaufgaben der operativen Planung und Kontrolle und hinsichtlich des dafür benötigten generellen Methodenwissens zuzuschneiden.

Kap. 9 ist entlang der Unterscheidung zwischen Prozess-, Inhalts- und Kontexttheorien der Motivation neu strukturiert und im Hinblick auf neue Formen des Job-Designs (proaktive Formen der Arbeitsgestaltung, Job-Crafting) grundlegend ergänzt worden.

Kap. 11 wurde partiell neu gegliedert und noch stärker auf den Erkenntnisfortschritt in der Führungsforschung hin auf die Interaktionstheorien ausgerichtet.

Die Kap. 13, 14 und 15 haben wir systematisch gestrafft und zentrale aktuelle Themen wie z. B. die Digitalisierung der Personalselektion, Stereotypen-Bildung, „gender-pay-gap" und Lohngerechtigkeit noch stärker akzentuiert.

In den anderen Kapiteln wurden u. a. als neue Stichworte aufgenommen: Agentenbasierte Simulation, Agilität, ERP-Systeme, Heuristiken, Management als Profession, modulare Organisation, organisatorisches Vergessen, Paradoxien, Red Teams, Red Queen-Effekt, Unternehmensidentität.

Diese neue und achte Auflage geht folglich auch mit vielfältigen technischen Umstellungsarbeiten einher, für deren Umsetzung ein spezieller Dank an Ulrike Lörcher und Katharina Harsdorf vom Springer Gabler Verlag geht.

Die Überarbeitung eines solches Werkes impliziert – auch wenn sie sich im Wesentlichen nun auf zwei Autoren verteilt – ein großes und breites Netzwerk an Menschen, die uns nicht nur jetzt, sondern vielmehr über all die Jahre – bewusst oder unbewusst – dabei unterstützt haben, das Buch so weiter zu entwickeln wie es heute ist. Dazu gehören selbstverständlich alle unsere Studierenden und Führungskräfte, die in immer wieder neuer und frischer Weise bestehendes Wissen herausfordern und Rückmeldungen aus ihrer Praxis geben. Dazu zählen alle unsere Mitarbeiterinnen und Mitarbeiter, Doktorand(inn)en und Postdocs, ohne die Forschung als tag-tägliche Praxis kaum zu denken wäre. Dazu gehören nicht zuletzt auch alle unsere Kolleg(inn)en und die vielen spannenden und kontroversen Diskussionen in den vielfältigen relevanten Arenen unserer gemeinsamen Wissensproduktion, sei es nun bei der Kommission Organisation, bei der European Group of Organization Studies oder bei der Academy of Management. All dies zusammen konstituiert das, was im besten Sinne des Wortes einen wissenschaftlichen Diskurs ausmacht und für den es wohl kaum einen besseren Namen gibt als den von Horst Steinmann.

Berlin und Frankfurt (Oder), Juli 2019
Georg Schreyögg
Jochen Koch

Inhaltsverzeichnis

Teil I Management: Einführung und historische Entwicklung

1 Manager und Management 3
   1.1 Was heißt Management? 4
   1.2 Management-Funktionen im Überblick 7
   1.3 Der klassische Managementprozess 9
   1.4 Aktivitäten von Managerinnen in der Empirie 12
   1.5 Management-Rollen und Management-Funktionen 19
   1.6 Funktionen und Kompetenzen 21
   Literatur 27

2 **Die Entstehung des Managements und der Managementlehre** 29
   2.1 Der Ursprung in der Praxis 30
   2.2 Die Ideengeschichte des Managements: Schulen, Lehrmeinungen,
       Strömungen 33
       2.2.1 Die Etablierung des Fachs an den Hochschulen 34
             2.2.1.1 Die geschichtliche Entwicklung:
                     USA und Deutschland 34
             2.2.1.2 Status und Einordnung des Fachs 36
       2.2.2 Die Entwicklung von Lehrmeinungen (Schulen) 37
             2.2.2.1 Die Klassiker des Managements 38
             2.2.2.2 Die verhaltenswissenschaftliche Schule 48
             2.2.2.3 Die quantitativ-mathematisch orientierte Schule ... 56
             2.2.2.4 Systemtheoretische Ansätze 58
             2.2.2.5 Neoinstitutionalistische und institutionenökonomische
                     Ansätze 60
             2.2.2.6 Evolutions- und prozessorientierte Ansätze 63
   Literatur 69

Teil II Konzeptionelle Grundlagen des Managements

3 Die Rolle des Managements in der Marktwirtschaft 75
    3.1 Bezugsgruppen der Unternehmung 76
    3.2 Handlungskoordination in der Wirtschaft 80
        3.2.1 Zwei Koordinationsmodi 80
        3.2.2 Verständigungsorientierter Koordinationsmodus. 81
        3.2.3 Strategischer Koordinationsmodus 82
    3.3 Management im Rahmen des strategischen Koordinationsmodus. 83
        3.3.1 Das Vertragsmodell der Unternehmung. 83
        3.3.2 Vertragsmodell der Unternehmung und Preissystem. 86
        3.3.3 Kritik der empirischen Voraussetzungen des Vertragsmodells der Unternehmung 87
            3.3.3.1 Externe Effekte 87
            3.3.3.2 Vermachtungsprozesse in der Wirtschaft 89
            3.3.3.3 Trennung von Eigentum und Verfügungsgewalt........ 91
            3.3.3.4 Schlussfolgerung. 93
    3.4 Management als verständigungsorientiertes Handeln 94
        3.4.1 Ansatzpunkte: Gesetz und Unternehmensethik................ 94
        3.4.2 Gesetzliche Regelungen. 95
            3.4.2.1 Externe und interne Ansatzpunkte 95
            3.4.2.2 Externe Restriktionen 95
            3.4.2.3 Interne Restriktionen. 98
        3.4.3 Management und Ethik (Unternehmensethik)................. 101
        3.4.4 Unternehmensethik im Kontext der Globalisierung der Wirtschaft... 110
    Literatur. 115

4 Der Managementprozess 119
    4.1 Der klassische Managementprozess 120
    4.2 Systemtheoretische Grundlagen nach Luhmann 126
        4.2.1 Die System/Umwelt-Differenz als Bezugspunkt............... 127
        4.2.2 Die Eigenkomplexität des Systems 130
        4.2.3 Offene Fragen 134
    4.3 Der adaptive Managementprozess 135
    Literatur. 143

Teil III Planung und Kontrolle

5 Strategische Planung und Kontrolle 149
    5.1 Unternehmensstrategien: Grundbegriffe 150
    5.2 Elemente und Schrittfolge des strategischen Managements 156
    5.3 Umweltanalyse. 159
        5.3.1 Allgemeine Umweltanalyse.............................. 160
        5.3.2 Wettbewerbsumwelt: Geschäftsfeldanalyse.................. 170

5.4	Unternehmensanalyse: Stärken und Schwächen		184
	5.4.1	Ebenen der Ressourcenanalyse	185
	5.4.2	Strategische Bewertung der Unternehmensressourcen	191
5.5	Strategische Optionen		194
	5.5.1	Gewinnung von Alternativen	194
	5.5.2	Strategische Optionen auf der Geschäftsfeldebene	195
	5.5.3	Strategieoptionen im Überblick (Geschäftsfeldebene)	206
	5.5.4	Strategische Optionen auf der Gesamtunternehmens-Ebene	208
		5.5.4.1 Diversifikation	208
		5.5.4.2 Portfolio-Strategien	213
		5.5.4.3 Internationalisierung und Globalisierung	219
		5.5.4.4 Kompetenzstrategien	224
5.6	Strategische Wahl		230
5.7	Planung der Strategieimplementation		232
5.8	Strategisches Management im organisationalen Kontext		236
	5.8.1	Strategische Prozesse	237
	5.8.2	Strategische Praktiken	239
5.9	Strategische Kontrolle		241
	5.9.1	Kontrolle als Risikomanagement	244
	5.9.2	Typen strategischer Kontrolle	245
	5.9.3	Organisation der strategischen Kontrolle	247
Literatur			258

6 Operative Planung und Kontrolle 265

6.1	Zum Zusammenhang von operativem und strategischem Planungssystem		266
6.2	Arten operativer Pläne		271
6.3	Die Interdependenz der Teilpläne		274
6.4	Die operative Planung unter Unsicherheit		277
	6.4.1	Entscheidungssituationen	277
	6.4.2	Ansatzpunkt: Planung	279
	6.4.3	Ansatzpunkt: Reaktionspotenziale	281
6.5	Quantitative Planungsmodelle		282
	6.5.1	Planung als Konstruktion	282
	6.5.2	Methoden der operativen Planung (Modellierungstechniken)	286
		6.5.2.1 Optimierungsmodelle	286
		6.5.2.2 Prognostizierende Modelle	288
		6.5.2.3 Experimentier-Modelle (Simulation)	298
6.6	Die Umsetzung der Pläne in Budgets		299
	6.6.1	Budgets als Steuerungsinstrumente	299
	6.6.2	Arten von Budgets	302
	6.6.3	Der Budgetierungsprozess	305

6.7 Die operative Kontrolle 307
    6.7.1 Die operative Kontrolle als Feedback-Kontrolle und als adaptive Kontrolle 307
    6.7.2 Der Kontrollprozess 308
    6.7.3 Die operative Kontrolle auf Geschäftsfeld- und Unternehmensebene 310
Literatur 321

Teil IV Organisation und Führung

7 Organisatorische Strukturgestaltung 325
  7.1 Steuerung mit Organisation 326
  7.2 Was heißt Organisieren? 328
  7.3 Organisatorische Differenzierung 331
    7.3.1 Aufgabenanalyse 332
    7.3.2 Formen organisatorischer Arbeitsteilung 333
        7.3.2.1 Organisation nach Verrichtungen 333
        7.3.2.2 Organisation nach Objekten 335
    7.3.3 Organisatorische Teilung des Entscheidungsprozesses 340
  7.4 Organisatorische Integration 342
    7.4.1 Abstimmung durch Hierarchie 344
    7.4.2 Abstimmung durch Programme 349
    7.4.3 Selbstabstimmungsregelungen 350
        7.4.3.1 Spontane Selbstabstimmung 351
        7.4.3.2 Organisatorische Selbstabstimmung 352
    7.4.4 Prozessintegration 357
  7.5 Einflussgrößen der Organisationsgestaltung 359
    7.5.1 Umwelt 360
    7.5.2 Technologie 362
    7.5.3 Lebenszyklus 366
    7.5.4 Menschen 367
Literatur 371

8 Wandel, Innovation und Transformation 375
  8.1 Planmäßiger Wandel 376
  8.2 Organisationsentwicklung 380
    8.2.1 Historischer Hintergrund 380
    8.2.2 Schemata erfolgreicher Wandelprozesse 380
  8.3 Episodischer Wandel 384
  8.4 Kontinuierlicher Wandel 388
    8.4.1 Organisatorisches Lernen 388
    8.4.2 Wissensmanagement 398
    8.4.3 Absorptive Capacity 401
  8.5 Permanenter Wandel und Stabilität 404
Literatur 414

9 Das Individuum in der Organisation: Motivation und Verhalten ... 419
- 9.1 Motivation ... 419
- 9.2 Motivationstheorien: Gegenstand und Entwicklung ... 421
- 9.3 Prozesstheorien ... 424
  - 9.3.1 Kognitive Wahltheorien: Das Erwartungs-Valenz-Modell von Vroom ... 425
    - 9.3.1.1 Valenz ... 426
    - 9.3.1.2 Subjektive Wahrscheinlichkeit (Erwartung) ... 427
    - 9.3.1.3 Handlungsmotivation ... 428
  - 9.3.2 Zielerreichung und Zielsetzung: Selbstregulationstheorien ... 435
- 9.4 Inhaltstheorien ... 444
  - 9.4.1 Die Hierarchie der Bedürfnisse nach Maslow ... 444
  - 9.4.2 Die Zwei-Faktoren-Theorie von Herzberg ... 449
  - 9.4.3 Arbeitszufriedenheit und Motivation ... 453
- 9.5 Kontexttheorien ... 454
  - 9.5.1 Work Design 1: Das klassische Job Characteristics-Modell ... 455
  - 9.5.2 Work Design 2: Relationale und Proaktive Ansätze ... 460
- Literatur ... 467

10 Die Gruppe in der Organisation: Das Gruppenverhalten ... 473
- 10.1 Begriff und Formen von Gruppen ... 473
- 10.2 Prozesse und Strukturen in Gruppen ... 477
- 10.3 Die Inputvariablen ... 479
  - 10.3.1 Gruppenmitglieder ... 480
  - 10.3.2 Organisationsumwelt ... 480
- 10.4 Die Prozessvariablen: Gruppenformation und -entwicklung ... 481
  - 10.4.1 Gruppenkohäsion ... 481
    - 10.4.1.1 Gruppenmitglieder und Gruppenkohäsion ... 482
    - 10.4.1.2 Organisationsumwelt und Gruppenkohäsion ... 483
  - 10.4.2 Normen und Standards ... 484
  - 10.4.3 Interne Sozialstruktur der Gruppe ... 486
    - 10.4.3.1 Die Statusstruktur ... 487
    - 10.4.3.2 Rollenstruktur ... 490
    - 10.4.3.3 Führungsstruktur (informelle) ... 496
  - 10.4.4 Kollektive Handlungsmuster ... 498
    - 10.4.4.1 Risikoschub in Gruppen ... 498
    - 10.4.4.2 Gruppendenken ... 499
    - 10.4.4.3 Konzertierte Gruppenaktionen ... 502
- 10.5 Die Outputvariablen ... 503
  - 10.5.1 Inputvariablen und Effektivität (einige Befunde) ... 503
  - 10.5.2 Gruppenstruktur und Effektivität (einige Befunde) ... 504
  - 10.5.3 Gruppenkohäsion und Effektivität (einige Befunde) ... 505
  - 10.5.4 Rückkopplung ... 507

	10.6	Interaktion im Zeitablauf	507
	10.7	Beziehungen zwischen Gruppen	509
	Literatur.		517
11	**Führung in Organisationen**	523
	11.1	Zur Theorie der Führung	523
	11.2	Führungseigenschaftsansätze	525
	11.3	Führungsstilansätze	527
	11.4	Situationstheorien der Führung	538
	11.5	Attribution und implizite Führungstheorien	543
	11.6	Führung als intendierter sozialer Einflussversuch	549
		11.6.1 Das Einflussprozessmodell	551
		11.6.2 Einflusspotenziale	553
		11.6.3 Machtgebrauch	557
		11.6.4 Machtmissbrauch und unethische Führung	559
	11.7	Das LMX-Modell	561
	11.8	Dynamik des Führungsprozesses: Die Identitätstheorie	566
		11.8.1 Der Identitätsbildungsprozess	567
		11.8.2 Identitätsarbeit	570
		11.8.3 Ebenen der Identitätsausbildung	570
	Literatur.		576
12	**Unternehmenskultur**	581
	12.1	Begriff und Bedeutung von Unternehmenskultur	581
	12.2	Der innere Aufbau einer Unternehmenskultur	585
	12.3	Kulturtypen	593
	12.4	Starke und schwache Kulturen	595
	12.5	Unternehmenskulturen und Subkulturen	597
	12.6	Ökonomische Bedeutung von Unternehmenskulturen	599
		12.6.1 Positive Effekte	599
		12.6.2 Negative Effekte	600
		12.6.3 Starke Unternehmenskulturen und Innovation	602
	12.7	Kulturwandel in Organisationen	604
	12.8	Unternehmenskultur im internationalen Kontext	607
	Literatur.		620

Teil V Personaleinsatz

13	**Personaleinsatz**	627
	13.1	Bedeutung und Gegenstand der Personalauswahl	627
	13.2	Personalbeschaffung und neuere Formen des Personalrecruitings	630
	13.3	Instrumente und Prozess der Personalauswahl	633
		13.3.1 Personalauswahl als Selektionsentscheidung	633
		13.3.2 Struktur des Auswahlprozesses	634
		13.3.3 Die Analyse der Bewerbungsunterlagen	635

Inhaltsverzeichnis XIII

		13.3.4	Auswahlinterviews.	638
		13.3.5	Formale Tests	643
		13.3.6	Das Assessment-Center	646
	13.4	Rechtliche und gesellschaftliche Rahmenbedingungen.		650
	13.5	Personalauswahl zwischen Vollzug und Öffnung		655
	Literatur.			659
14	**Personalbeurteilung und Personalentwicklung**			**663**
	14.1	Einführung		664
	14.2	Funktionen der Personalbeurteilung		666
	14.3	Ansätze der Personalbeurteilung		668
		14.3.1	Der tätigkeitsorientierte Ansatz	669
		14.3.2	Der ergebnisorientierte Ansatz.	675
		14.3.3	Prozessgestaltung statt Methodenoptimierung	678
	14.4	Das Mitarbeitergespräch		678
	14.5	Allgemeine Erfolgsbedingungen der Personalbeurteilung		681
	14.6	Vorgesetztenbeurteilung.		684
	14.7	Personalentwicklung		686
		14.7.1	Elemente	686
		14.7.2	Prozess der Personalentwicklung.	688
		14.7.3	Ansätze einer ganzheitlichen Personalentwicklung.	691
	14.8	Personalbeurteilung und -entwicklung zwischen Vollzug und Öffnung		694
	Literatur.			699
15	**Entlohnung**			**705**
	15.1	Entlohnung als Managementaufgabe.		705
	15.2	Grundlagen der Entgeltdifferenzierung		709
		15.2.1	Überblick	709
		15.2.2	Lohnsatzdifferenzierung	710
		15.2.3	Lohnformdifferenzierung.	713
	15.3	Entlohnung im Wandel.		717
	15.4	Entlohnung und Motivation		726
	15.5	Entlohnung und Lohnzufriedenheit		728
		15.5.1	Determinanten der Lohnzufriedenheit	728
		15.5.2	Empirische Befunde.	732
	Literatur.			737
Stichwortverzeichnis				**741**

Teil I

Management: Einführung und historische Entwicklung

Manager und Management

Zusammenfassung

Jahrhunderte lang waren es Bauern, Handwerker, Händler usw., die die Menschen mit dem versorgten, was sie zum Leben brauchten. Heute werden Güter und Dienstleistungen im Wesentlichen von Organisationen erstellt, Organisationen, die von Managerinnen und Managern geleitet werden. Das Management von Organisationen ist damit an eine zentrale gesellschaftliche Stelle gerückt. Kapitel 1 befasst sich mit der Konzeptualisierung dieser Aufgabe. Es geht der Frage nach, welche Stellung die Managementaufgabe gegenüber den anderen betrieblichen Sachfunktionen hat und wie sie einander ergänzen. Management wird ganz allgemein als Steuerung von Ressourcen begriffen. Diese Steuerungsaufgabe wird sodann in fünf Kernfunktionen untergliedert: Planung, Organisation, Personaleinsatz, Führung und Kontrolle. Diese fünf Funktionen wurden lange Zeit in eine Abfolgelogik gestellt, dergestalt, dass die Planung allen anderen Funktionen vorausgeht und als „Haupt" alle anderen Funktionen auf sich ausrichtet („Klassischer Managementprozess"). Empirische Studien, die in Organisationen tatsächlich verfolgte Steuerungspraktiken zum Gegenstand hatten, zeigten ein anderes Bild der Steuerungspraxis. Kapitel 1 legt in weiteren Abschnitten die Ergebnisse dieser empirischen Studien dar und zeigt die Implikationen für ein revidiertes Verständnis der Managementaufgabe auf. Der letzte Abschnitt des Kapitels ist schließlich den Kompetenzen gewidmet, die Manager benötigen, um diesen Kranz an Steuerungsaufgaben erfolgreich bewältigen zu können. Neben der technischen und sozialen Kompetenz wird dabei insbesondere auf die konzeptionelle Kompetenz verwiesen, deren Bedeutung in Anbetracht der wachsenden Unsicherheit, unter der Steuerung zu realisieren ist, erheblich zunehmen wird.

Über Jahrhunderte waren es im Wesentlichen Bauern, Handwerker, Händler usw., die die Menschen mit dem versorgten, was sie zum Leben brauchten. Im Unterschied dazu werden die Güter und Dienstleistungen heute von durch Managerinnen und Manager geleiteten Organisationen erstellt. Das Management von Organisationen ist damit an eine zentrale gesellschaftliche Stelle gerückt und der Beruf der Managerin bzw. des Managers hat heute eine herausragende gesellschaftliche Bedeutung erlangt. Diese Entwicklung ist noch relativ jung.

Noch vor 150 Jahren war das Bild ganz anders, den Beruf „Management" gab es noch nicht. Die Leitungshierarchie hatte noch keine Bedeutung, die meisten Wirtschaftseinheiten waren klein und personengebunden. Spätestens seit Beginn der sogenannten Gründerjahre hat sich dann der dramatische Wandel vollzogen, der den Faktor Management zu einem allgegenwärtigen Phänomen gemacht hat (vgl. dazu im Einzelnen Kap. 2).

Die Einsicht in die wachsende Bedeutung des Managements für die wirtschaftliche Entwicklung hat rasch das Bedürfnis nach Lehreinrichtungen entstehen lassen, die das notwendige Wissen vermitteln. War man zunächst der Auffassung, Management sei mehr das Produkt aus Intuition und Begabung, so ist diese zunehmend der Überzeugung gewichen, Management sollte auf allgemeinen, wissenschaftlich fundierten Grundsätzen aufbauen, die den kontinuierlichen Erfolg dieser Tätigkeit absichern. Es entwickelte sich ein eigenständiges Wissensgebiet. Dies führte im Ergebnis dazu, dass die Aufgabe des Managements systematisiert wurde, d. h., man hat sie – jedenfalls in Teilen – zu einer **lehrbaren** und **lernbaren** Qualifikation ausgeformt, die in speziellen Ausbildungsgängen zunächst an Handelshochschulen und später an Universitäten vermittelt wurde.

Dies ist auch der Ansatzpunkt für dieses Lehrbuch. Es hat die Aufgaben des Managements zum Gegenstand und stellt die wesentlichen Wissensbestände, Methoden und Instrumente vor, die zur Bewältigung dieser Aufgaben entwickelt wurden. Das Buch versucht Antwort zu geben auf Fragen wie: Welche Funktionen umfasst die Managementaufgabe? Was unterscheidet erfolgreiches von erfolglosem Management? Welche Modelle und Methoden stehen dem Management zur Verfügung? Welche Führungsorganisationen brauchen moderne Unternehmen? In welchem Umfang ist die Managementaufgabe planbar? usw. Einen solchen Überblick zu geben, stößt auf das Problem, dass der Begriff des Managements bisher keine einheitliche Verwendung erfährt. Im alltäglichen Sprachgebrauch droht Management zwischenzeitlich zu einem populären Allerweltsbegriff zu werden, der für alle möglichen Arbeitsbereiche verwendet wird, meist jedoch mehr seiner Signalkraft als eines spezifischen Bedeutungsgehalts wegen. An den Anfang eines Managementlehrbuches gehört daher ein genauer Umriss dessen, was mit dem Begriff „Management" gemeint ist.

1.1 Was heißt Management?

Die theoretischen Bemühungen um eine Managementlehre waren von Anfang an durch zwei unterschiedliche Perspektiven gekennzeichnet: Management wird einerseits als Institution verstanden und andererseits – davon deutlich unterschieden – als Komplex von

Aufgaben, die zur Steuerung einer Organisation erfüllt werden müssen. Dementsprechend wird eine **„institutionelle Perspektive"** und eine **„funktionale Perspektive"** in der Managementlehre unterschieden.

Mit Management als **Institution** meint man den **Personenkreis**, der in Organisationen mit Anweisungsbefugnissen betraut ist. Dieser Kreis wird unterschiedlich weit gezogen; dachte man früher dabei vornehmlich an die Hierarchiespitze, so hat man heute in aller Regel die gesamte Gruppe der Personen vor Augen, die mit Steuerungsaufgaben betraut ist. Die Leitungshierarchie wird in größeren Unternehmen häufig untergliedert in obere, mittlere und untere Führungsebene. Für die Bezeichnung der obersten Führungsebene wird heute zumeist der Begriff Top Management gewählt. Die im angelsächsischen Sprachraum lange schon gebräuchliche Begriffsfassung von Management geht aber weit über die obere Führungsebene hinaus, für die speziell im deutschen Sprachgebrauch lange Zeit der Begriff „Management" reserviert war. Dieses Managementverständnis schließt auch Eigentümer-Unternehmer mit ein und ignoriert damit die in der industrieökonomischen Forschung gebräuchliche Unterscheidung zwischen **Managerinnen** im Sinne von kapitallosen Funktionsträgern, die von den Kapitaleignern zur Führung eines Unternehmens bestellt sind, und **Eigentümerinnen** als den durch das eingebrachte Kapital legitimierten Unternehmensführern (Berle und Means 1968).

Das Spektrum der institutionell ausgerichteten Managementforschung ist breit gesteckt. Es reicht von demografischen Analysen dieser speziellen Personengruppe, insbesondere was Herkunft, Ausbildung, Alter usw. anbelangt, über Fragen zur Rolle des Managements in Wirtschaft und Gesellschaft (Machtelite, Wandelkräfte usw.) bis zu Problemen gerechter Entlohnungspolitik und Anreizsysteme (vgl. Buß 2007; Hartmann 2016; Kocka 2000). Eine besondere Aufmerksamkeit hat hier in den letzten Jahren die Frage erfahren, in welchem Umfang Frauen oder auch Personen mit Migrationshintergrund in Managementpositionen vertreten bzw. aufgerückt sind (Krell et al. 2018; Powell 2018).

Die **funktionale** Perspektive knüpft dagegen – unabhängig von bestimmten Positionen oder Personen – unmittelbar an den **Aufgaben** an, die zur effektiven Steuerung von Leistungsprozessen erfüllt werden müssen. Wie und wem diese Steuerungsaufgaben zugeteilt werden, bleibt dabei zunächst einmal offen. Letzteres ist systematisch betrachtet eine davon gesonderte Fragestellung und Optimierungsaufgabe. So gesehen geht es hier also zunächst einmal nicht um einen speziellen Personenkreis oder um eine bestimmte Hierarchieebene in einem Unternehmen, sondern um einen Kranz von Aufgaben (Managementfunktionen), die erfüllt werden müssen, damit eine Organisation ihre Ziele erreichen kann.

In der Regel schafft man jedoch zur effektiven Erfüllung der Managementfunktionen eine Leitungshierarchie (vertikale Arbeitsteilung). Die Leitungspositionen (Instanzen) sind allerdings nur selten ausschließlich mit der Erfüllung von Managementfunktionen betraut. Ihnen sind daneben in mehr oder weniger großem Umfang auch **Sachaufgaben** übertragen. Häufig ist der Anteil der Managementaufgaben am Gesamtaufgabenbudget einer Führungskraft umso kleiner, je niedriger sie in der Unternehmenshierarchie angesiedelt ist; es gibt jedoch auch viele Industriebetriebe, in denen gerade Führungskräfte der unteren Ebenen so gut wie ausschließlich mit Managementfunktionen betraut sind.

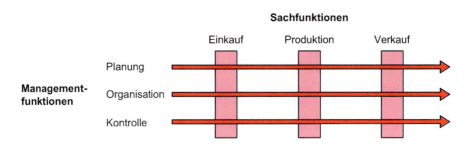

Abb. 1.1 Management als Querschnittsfunktion

Die Managementfunktionen stehen zu den originären betrieblichen Funktionen wie Einkauf, Produktion oder Verkauf (Sachfunktionen) in einem komplementären Verhältnis. Man kann sich das Management als eine komplexe Verknüpfungsaktivität vorstellen, die den Leistungsprozess gleichsam netzartig überlagert und in alle Sachfunktionsbereiche steuernd eindringt. Abb. 1.1 stellt diesen Zusammenhang schematisierend als eine Matrix dar. Ein gutes Betriebsergebnis ist demzufolge nur dann erzielbar, wenn Sach- und Managementfunktionen eng zusammenwirken und gut aufeinander abgestimmt sind. In der Betriebswirtschaftslehre wurde dieser Sachverhalt früh als kombinatorische Leistung beschrieben. Gutenberg (1983) stellt in seiner Faktorlehre den Elementarfaktoren: Betriebsmittel, Werkstoffe und Arbeit den Dispositiven Faktor gegenüber und bestimmt dessen Aufgabe als Sicherstellung der optimalen Faktorkombination. Die Elementarfaktoren kombinieren sich nicht automatisch, der Kombinationsprozess bedarf gezielter menschlicher Handlungen. Der Erfolg eines Betriebes ist damit nicht nur von der Güte der Elementarfaktoren, sondern ganz entscheidend auch von der Art ihrer Kombination abhängig.

Das funktionale Managementkonzept sieht das Management also quasi als Querschnittsfunktion, die den Einsatz der Ressourcen und das Zusammenwirken der Sachfunktionen steuert. Managementfunktionen fallen demzufolge in und zwischen jedem Bereich des Unternehmens an, gleichgültig, ob es sich nun um den Einkaufs-, Finanzierungs-, Vertriebs- oder einen sonstigen betrieblichen Bereich handelt. Diese Aufgaben sind auch auf jeder Hierarchiestufe zu erfüllen, wenn auch unterschiedlich nach Art und Umfang.

Damit wird die Konzeption des funktionalen Managementverständnisses klar:

Management ist ein **Komplex von Steuerungsaufgaben**, die bei der Leistungserstellung und -sicherung in arbeitsteiligen Organisationen erbracht werden müssen. Diese Aufgaben stellen sich ihrer Natur nach als immer wiederkehrende Probleme dar, die im Prinzip von jeder Leitungsposition zu lösen sind, und zwar unabhängig davon, in welchem Ressort, auf welcher Hierarchieebene und in welcher Organisation sie anfallen. Obwohl die Situationen und Probleme gänzlich unterschiedlich und die zu erstellenden Leistungen ganz verschiedener Art sein können, gibt es trotzdem einen generellen Katalog von Steuerungsaufgaben. Sie werden in der Regel (aber keineswegs notwendigerweise) von speziell dazu bestellten Personen erfüllt, den Führungskräften. Es sind genau diese **generellen Management-Aufgaben**, die im Mittelpunkt dieses Buchs stehen sollen. Im Grundsatz geht es dabei – wie angesprochen – um Steuerungsaufgaben jedweder Organisation, wir wollen uns aber im Fortfolgenden auf den Fall der erwerbswirtschaftlichen Organisation (Unternehmung) konzentrieren.

Die Unterscheidung von Management- und Sachfunktionen lässt zugleich die Verortung der Managementlehre in der Betriebswirtschaftslehre deutlich werden. Die Betriebswirtschaftslehre setzt sich aus verschiedenen Funktionslehren zusammen: Dem Absatz, der Produktion, der Forschung & Entwicklung usw. als Sachfunktionslehren steht das Management als Querschnittsfunktionslehre gegenüber. Die Managementlehre fügt sich also – wie im erwähnten Gutenbergschen Faktorensystem bereits angelegt – als eine Teilfunktionslehre in die Betriebswirtschaftslehre ein.

Die Managementlehre geht davon aus, dass es sich bei der Führung einer Organisation um eine näher bestimmbare und analysierbare Aufgabenstellung handelt. Wie bereits angeklungen, war lange Zeit eine andere Auffassung populär: Jahrzehntelang galt Unternehmensführung mehr als eine Art **Kunst** und weniger als eine **Wissenschaft**. Mit anderen Worten, Unternehmensführung wurde als eine Begabung, als Intuition, als kreativer Akt u. Ä. gesehen und somit ganz und gar zu einer Frage der Persönlichkeit stilisiert. Für eine gute Unternehmensführung bedurfte es also entsprechend „begnadeter" Persönlichkeiten, die ganz aus sich heraus den Leistungsprozess gestalteten. Obgleich die Bedeutung von Kreativität und visionärer Kraft für die Unternehmensführung nie bezweifelt wurde, so ist doch im Laufe der Zeit immer stärker herausgearbeitet worden, dass Unternehmensführung zu einem ganz wesentlichen Teil eine klar bestimmbare und rational durchdringbare Aufgabenstellung enthält. Die moderne Betriebswirtschaftslehre hat sich sukzessive immer mehr Bereiche des scheinbar Unbegreiflichen theoretisch zugänglich gemacht und zu einer lehr- und lernbaren Disziplin herausgeformt.

1.2 Management-Funktionen im Überblick

In der Managementlehre hat man früh damit begonnen zu definieren und zu präzisieren, welche Funktionen im Einzelnen zum Kranz der Steuerungsaufgaben gehören. Die in der Fortfolge entwickelten Funktionskataloge weisen ein breites Spektrum auf. Von besonderem Einfluss war dabei das Pionierwerk von Henri Fayol (1929). Als einer der ersten formulierte er zu Anfang des 20. Jahrhunderts allgemeine Funktionen des Managements („éléments d'administration"), die zugleich ein Resümee seiner persönlich gesammelten Erfahrungen darstellten (vgl. dazu auch Kap. 2). Er unterscheidet folgende Funktionen:

1. Vorschau und Planung (prévoir),
2. Organisation (organiser),
3. Anweisung (commander),
4. Koordination (coordonner),
5. Kontrolle (contrôler).

Luther H. Gulick (1937), als einer der großen Vertreter der klassischen U.S.-amerikanischen Managementlehre, hat auf der Basis dieser Systematisierung in den 1930er-Jahren das prägende **POSDCORB**-Konzept entwickelt. Hiernach sind die folgenden Managementfunktionen zu unterscheiden:

Planning, d. h. die allgemeine Bestimmung dessen, was zu tun ist und wie es getan werden soll, um die Unternehmensziele zu erreichen.
Organizing, d. h. die Errichtung einer formalen Autoritätsstruktur, die Arbeitseinheiten bildet, definiert und im Hinblick auf das Gesamtziel koordiniert.
Staffing, d. h. die Anwerbung und Schulung von Personal und die Gewährleistung adäquater Arbeitsbedingungen.
Directing, d. h. das fortlaufende Treffen von Einzelentscheidungen und ihre Umsetzung in fallweise oder generelle Anweisungen.
COordinating, d. h. die allgegenwärtige Aufgabe, die verschiedenen Teile des Arbeitsprozesses zu verknüpfen.
Reporting, d. h. die fortlaufende Information der vorgesetzten Ebene über die Entwicklung des Aufgabenvollzuges. Dies schließt die fortwährende Eigeninformation und die der unterstellten Mitarbeiter mit ein.
Budgeting, d. h. die Wahrnehmung aller der Aufgaben, die zur Budgetierung gehören, insbesondere Budgetaufstellung und Budgetkontrolle.

Aus diesen und anderen Konzepten hat sich in der Folge der **klassische Fünferkanon** von Managementfunktionen herausgebildet, wie er zunächst von Harold Koontz und Cyril O'Donnell (zuerst 1955) beschrieben und für die Managementlehre bis heute zum **Standard** wurde:

1. Planung	(planning)
2. Organisation	(organizing)
3. Personaleinsatz	(staffing)
4. Führung	(directing)
5. Kontrolle	(controlling).

Die POSDCORB-Funktionen „budgeting" und „reporting" werden hier zu der Funktion „controlling" zusammengefasst. Die Funktion „coordinating" wird in diesem Konzept zu Recht nicht (wie bei POSDCORB und vielen anderen Managementfunktionsansätzen) als eine eigenständige Funktion angesehen; sie ist von ihrem Charakter her keine Teilfunktion, sondern funktionsübergreifend, d. h. sie wird durch eine Vielzahl unterschiedlicher Managementhandlungen bewirkt. Dementsprechend wird auch „Koordination" häufig synonym mit „Management" verwendet. Immer wieder wird auch die Frage aufgeworfen, ob in diesem 5er Katalog nicht eine ganz wichtige Funktion fehle, nämlich die „Entscheidung", schließlich würden Manager ja häufig als „Entscheidungsträger" bezeichnet. Hier gilt ein ähnliches Argument wie im Falle der „Koordination". Entscheidungen sind selbstverständlicher Bestandteil aller fünf Managementfunktionen, die Entscheidung als eine eigenständige Funktion herauszuheben, wäre daher ein logischer Fehler. Wohl aber könnte man demzufolge die Managementlehre als Entscheidungslehre begreifen (so etwa Heinen 2012).

1.3 Der klassische Managementprozess

Im Anschluss an die Formulierung des 5er Kanons stellte sich alsbald die Frage, ob diese fünf Funktionen eine bloße Liste in beliebiger Reihenfolge bilden oder ob sie systematisch zueinander in Beziehung stehen. Die erste Antwort auf diese Frage wurde im Rahmen des (heute sogenannten) **klassischen Managementprozesses** gegeben. Demnach stehen die fünf Managementfunktionen keineswegs lose im Sinne einer einfachen Liste nebeneinander, sondern in einer strikten logischen Abfolge, sodass idealtypisch die Vorstellung eines integrierten **Prozesses** entsteht. In dem so konzipierten klassischen **Managementprozess** werden die Managementfunktionen als Phasen einer aufeinander aufbauenden Abfolge von Aufgaben angesehen. Der klassische Managementprozess ordnet die fünf Managementfunktionen nach dem folgenden Phasenablauf: Planung – Organisation – Personaleinsatz – Führung – Kontrolle. Die Logik des Prozesses und die Verknüpfung der Funktionen stellen sich im Einzelnen wie folgt dar:

1. **Planung**

Den logischen Ausgangspunkt des klassischen Managementprozesses bildet die Planung, d. h. das Nachdenken und Entscheiden darüber, was erreicht werden soll und wie es am besten zu erreichen ist. Es geht dabei im Wesentlichen um die Bestimmung der Zielrichtung, die Entfaltung zukünftiger Handlungsoptionen und die optimale Auswahl unter diesen. Von der langfristigen zur kurzfristigen Orientierung fortschreitend beinhalten die Pläne unter anderem die Festsetzung von Zielen, Rahmenrichtlinien, Programmen und Verfahrensweisen zur Programmrealisierung für die Gesamtunternehmung oder einzelne ihrer Teilbereiche. Es ist diese Idee des Prozessanfangs, die der Planung die unbedingte Rolle der **Primärfunktion** zuschreibt, und zwar in dem Sinne, dass alle anderen Funktionen ihre Bestimmung aus der Planung erfahren und so gewissermaßen dem Regiment der Planung unterworfen sind.

2. **Organisation**

Planung ist die gedankliche Vorarbeit. Sie bedarf der Umsetzung, wenn sie das Handeln der Organisationsmitglieder tatsächlich steuern soll. Der Managementfunktion Organisation obliegt es daher, in einem ersten Umsetzungsschritt ein Handlungsgefüge herzustellen, das alle notwendigen Aufgaben spezifiziert und so aneinander anschließt, dass eine Realisierung der Pläne gewährleistet ist. Zentral ist die Schaffung von überschaubaren plangerechten Aufgabeneinheiten (Stellen und Abteilungen) mit der Zuweisung von entsprechenden Kompetenzen und Weisungsbefugnissen sowie die horizontale und vertikale Verknüpfung der ausdifferenzierten Stellen und Abteilungen zu einer Einheit. Ebenso gehört dazu der Aufbau eines Kommunikationssystems, das die eingerichteten Stellen mit den zur Aufgabenerfüllung notwendigen Informationen versorgt.

3. **Personaleinsatz**

Die in der Organisationsstruktur vorgesehenen Stellen bedürfen idealtypisch sodann einer anforderungsgerechten Besetzung mit Personal, um eine plangemäße Umsetzung der organisierten Tätigkeiten zu ermöglichen. Die Personalfunktion beinhaltet aber nicht nur die einmalige Stellenbesetzung, sondern im Fortlauf des Prozesses auch die fortwährende Sicherstellung und Erhaltung der Human-Ressourcen. Darunter fallen vor allem die Aufgaben der Personalbeurteilung und der Personalentwicklung. Ferner gehört zur Gewährleistung einer qualifizierten Aufgabenerfüllung eine leistungsgerechte Entlohnung.

4. **Führung**

Sind mit der Organisation und der personellen Ausstattung die strukturellen Voraussetzungen für den Aufgabenvollzug geschaffen, so schließt sich idealtypisch die permanente, konkrete Veranlassung der Arbeitsausführung und ihre zieladäquate Feinsteuerung im vorgegebenen Rahmen als zentrale Führungsaufgabe an. Der tägliche Arbeitsvollzug und seine Anweisung durch die Vorgesetzten stehen jetzt im Vordergrund. Es interessieren das Einflussgefüge als Mikro-Struktur zwischen den Beteiligten und Maßnahmen der optimalen Veranlassung und Steuerung der Arbeitshandlungen. Motivation, Kommunikation und Konfliktbereinigung sind die herausragenden Themen dieser Managementfunktion. Es geht hier also um die unmittelbare Führung von Personal („Menschenführung").

5. **Kontrolle**

Die letzte Phase des so konzipierten idealen Managementprozesses ist dann die Kontrolle. Sie stellt insofern logisch den letzten Schritt dar, als sie die erreichten Ergebnisse registrieren und mit den Plandaten vergleichen soll. Aufgabe des Soll/Ist-Vergleichs ist es, zu zeigen, ob es gelungen ist, die Pläne in die Tat umzusetzen. Allfällige Abweichungen sind daraufhin zu prüfen, ob sie die Einleitung von Korrekturmaßnahmen oder grundsätzliche Planrevisionen erfordern. Die Kontrolle bildet mit ihren Informationen zugleich den Ausgangspunkt für die Neuplanung und damit den neu beginnenden Managementprozess. Nachdem dieser Logik nach Kontrolle ohne Planung nicht möglich ist, weil sie sonst keine (planmäßigen) Sollvorgaben hätte, und andererseits jeder neue Planungszyklus nicht ohne Kontrollinformationen über die Zielerreichung beginnen kann, bezeichnet man Planung und Kontrolle auch als Zwillingsfunktionen.

1.3 Der klassische Managementprozess

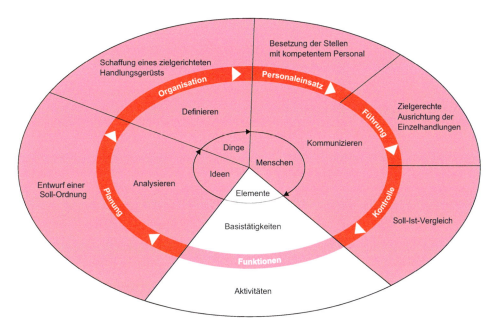

Abb. 1.2 Der Managementprozess. (Quelle: in Anlehnung an Mackenzie 1969)

Abb. 1.2 veranschaulicht die beschriebene Vorstellung des Managementprozesses als einer Abfolge von Management-Funktionen und gibt eine detaillierte Übersicht über weitere den Funktionen zuzuordnende Einzelaufgaben.

Über die Zeit gesehen stellt sich der klassische Management-Prozess als eine **Abfolge von Zyklen** dar. Ist ein Planungs-, Durchführungs- und Kontrollzyklus beendet, so folgt der nächste (unter der Annahme, dass die Leistungseinheit, um die es geht, weiter besteht). Das Bindeglied bildet – wie oben bereits dargestellt – die Kontrolle. Sie prüft, ob die geplante Sollordnung realisiert werden konnte und ermittelt gegebenenfalls die Gründe für allfällige Abweichungen. Sie soll so gesehen auch organisatorisches Lernen ermöglichen, die Lektionen aus dem letzten Zyklus sollen in dem neuen Planungs-Zyklus mit verarbeitet werden, damit sich alte Fehler nicht wiederholen. Über die Dauer der Zyklen ist damit nichts Grundsätzliches gesagt, sie kann ein Geschäftsjahr sein, aber auch kürzer oder länger. Insgesamt entsteht das Bild eines **plandeterminierten** Zyklus, dem immer weitere plandeterminierte Zyklen folgen.

https://sn.pub/Ao3GfC

1.4 Aktivitäten von Managerinnen in der Empirie

Die eben gezeigte lineare Abfolge der Managementfunktionen wird heute vielfach kritisiert und als allzu idealisierte Beschreibung des Steuerungsgeschehens betrachtet. Zunächst einmal schon deshalb, weil in der Praxis die **Interdependenzen** zwischen den Funktionen so stark ausgeprägt sind, dass sie sich einer solchen strikten Ordnung entziehen. Interdependenzen ergeben sich sowohl in sachlicher als auch in zeitlicher Hinsicht. Mit anderen Worten, die Aufgaben überlappen sich zu stark und lassen sich im praktischen Arbeitsprozess nicht in dem Maße isolieren und zeitlich strecken, dass eine sequenzielle Abarbeitung im Sinne des beschriebenen Prozesses möglich würde. Noch mehr spricht aber die gegenseitige Beeinflussung gegen einen linearen Ablauf. Bei Kontrollsystemen und Kontrollhandlungen geht es zum Beispiel nicht nur um die Beschaffung und Analyse von Informationen über den Planvollzug, sondern sie haben auch Auswirkungen auf Einstellungen und Verhaltensweisen der Mitarbeiter zu und in ihrer Arbeit. Zu viel Kontrolle entmutigt, schafft Misstrauen, regt zum Ausweichen an usw. Ähnliche Rückkoppelungen gibt es auch bei den anderen Funktionen: Ein Beurteilungssystem kann der Motivation entgegenstehen, und eine zu detaillierte Planung lässt zu wenig Raum für hoch qualifiziertes Personal. Ähnlich wirkt die einmal gewählte Organisationsstruktur in späteren Phasen als Determinante auf die Planerstellung ein (sie reguliert den Informationsfluss, lenkt die Spezialisierung, steuert durch die Einrichtung von Profitcentern das Suchverhalten usw.), so dass die Organisation in Umkehrung der Reihenfolge auch vor die Planung tritt. Schon aus diesen wenigen Beispielen folgt, dass für gewöhnlich mehrere Funktionen gleichzeitig bedacht werden müssen; so ist z. B. die Entscheidung für ein Motivationssystem zugleich auch eine Entscheidung für ein Kontrollsystem oder zumindest die Entscheidung gegen einen bestimmten Typus von Kontrollsystemen.

Die offenkundige Diskrepanz zwischen der linearen Soll-Konzeption des klassischen Managementprozesses und realen Managementprozessen gab Veranlassung, empirisch genauer zu erforschen, wie sich das Tätigkeitsspektrum eines Managers praktisch darstellt:

„Frage einen Manager, was er tut, so wird er dir mit großer Wahrscheinlichkeit sagen, dass er plant, organisiert, koordiniert und kontrolliert. Dann beobachte, was er wirklich tut. Sei nicht überrascht, wenn du das, was du siehst, in keinen Bezug zu diesen vier Wörtern bringen kannst." (Mintzberg 1975, S. 49)

Mit dieser provozierenden Feststellung resümiert der kanadische Managementforscher Henry Mintzberg das Ergebnis seiner Studie zur Natur der Managementaufgabe. Diese Studie gehört zur Gruppe der empirischen Analysen der Managementarbeit, in denen sich der Vorwurf mangelnder Wirklichkeitsnähe des klassischen Konzepts der Managementfunktionen und ihrer systematischen Abfolge konkretisiert hat.

In diesen Arbeitsaktivitäts-Studien hat man sich zum Ziel gesetzt, unvoreingenommen zu registrieren, welchen Verlaufsmustern die Tätigkeiten von Führungskräften tatsächlich folgen. Dazu wurden verschiedene Methoden eingesetzt. Bekannt geworden sind zunächst die Tagebuchstudien, in denen Manager gebeten werden, über einen gewissen Zeitraum hinweg ihre einzelnen Aktivitäten chronologisch aufzuzeichnen. Prominenter noch wurden aber die Studien, die Führungskräften einen permanenten Beobachter zur Seite gestellt haben („shadowing"), mit der Maßgabe, sämtliche Aktivitäten eines Tages akribisch aufzuzeichnen.

Schon in den ersten Studien (vor allem Carlson 1951; Guest 1955) zeichnete sich ein Muster ab, das sich in späteren Untersuchungen immer wieder bestätigen sollte:

1. **Parallele Problemlösungs-Zyklen.** Die Arbeit hat keinen klar geschnittenen Anfang und kein eindeutiges Ende. Sie ist vielmehr durch das gleichzeitige Lösen verschiedener Probleme gekennzeichnet. Probleme werden quasi in unterschiedlichen Arenen mit je spezifischen Teilnehmerinnen verhandelt. Führungskräfte gehen von einer Problemlösungsarena zur nächsten, häufig ohne das Problem bis zu seiner Lösung voranzubringen. Es sind ständig mehrere noch offen gelassene Zyklen zu bearbeiten. Unerwartet entstehen auch immer wieder neue Arenen.
2. **Der Arbeitstag ist zerstückelt.** Die Arbeit in parallelen Arenen spiegelt sich auch im beobachteten Arbeitsrhythmus wider. Die Arbeit vollzieht sich nicht in einem geordneten, nach Phasen gegliederten Ablauf, sondern ist gekennzeichnet durch eine Vielzahl von Einzelaktivitäten, Ad-hoc-Gesprächen, ungeplanten Besuchen und einem ständigen Hin- und Herspringen zwischen Themen und Arenen vom trivialen Alltagsproblem bis zur 10-Millionen-Euro-Investition. Mintzberg (1980, S. 33) registriert in seiner Studie, in der fünf Topmanager jeweils eine Woche lang direkt beobachtet wurden, dass die Hälfte aller Aktivitäten eines Tages weniger als 9 Minuten dauerte, und nur 10 % aller Arbeitssequenzen waren länger als eine Stunde (meist Besprechungen). In einer jüngeren Studie zu schwedischen Managern kommt Tengblad (2006) zu ähnlichen Proportionen, nahezu 50 % der beobachteten Arbeitseinheiten dauerten weniger als 9 Minuten. Kasten 1.1 gibt ein eindrückliches Beispiel für einen solchen zerstückelten Arbeitstag. Es ist einer eigenen Studie entnommen, die den Arbeitstag von Geschäftsführern mittelständischer Unternehmen zum Gegenstand hatte.

Kasten 1.1

Ein Arbeitstag von Raphael Berger (Auszug)
Raphael Berger leitet eine Gießerei mit ca. 100 Mitarbeitern. Daneben betreibt er eine im Aufbau befindliche Gesellschaft, die sich mit der Entwicklung eines Computersystems (Hardware und Software) zur Fertigungssteuerung beschäftigt.
8.00: Raphael Berger betritt das Gebäude und erhält schon auf dem Weg zu seinem Büro von Ralf Dahm, einem Mitarbeiter aus der Kalkulation, einen Hinweis auf eine Störung bei dem in Entwicklung befindlichen Computersystem. Danach geht er zu seinem Schreibtisch,
8.12: wo ihn der Anruf eines Mitarbeiters erreicht, der einen Austausch der Auszubildenden vorschlägt.

8.15: Direkt im Anschluss daran ruft er einen seiner Meister, Herrn Gallus, an, um ihm eine Anweisung technischer Art zu geben.

8.16: Dann startet er den in seinem Büro befindlichen Computer, der ihm die Ergebnisse der während der Nacht erfassten und verarbeiteten Fertigungsdaten ausdruckt, um die Probleme, von denen ihm Ralf Dahm berichtet hat, selbst zu beobachten und

8.19: stellt dann Dahm telefonisch dazu eine Frage.

8.20: Berger telefoniert mit einem zweiten Meister (Kraft), um von ihm eine Information über den Produktionsfortschritt in einem bestimmten Bereich zu erhalten.

8.21: Nun beginnt er sich mit der bereits auf seinem Schreibtisch befindlichen Eingangspost zu beschäftigen, indem er sie öffnet, liest und zur Weiterverarbeitung vorbereitet. Einen Teil, den er selbst bearbeiten möchte, behält er zurück. Dies dauert mit den folgenden 8 Unterbrechungen etwa 12 Minuten.

8.22: Als Reaktion auf eines der Schreiben telefoniert Berger mit Meister Gallus und stellt ihm eine Frage.

8.23: Dann stellt er Meister Kraft dieselbe Frage.

8.25: Berger ruft den Entwicklungsingenieur des Computersystems (den er auch privat sehr gut kennt) an und spricht mit ihm über die aufgetretene Störung.

8.26: Der Betriebsleiter meldet sich telefonisch, Berger gibt ihm Anweisungen in der mit den Meistern bereits besprochenen Angelegenheit.

8.29: Berger sieht durch die offene Tür seines Büros, wie ein Mitarbeiter des Nachbarbetriebs das Bürogebäude betritt und steht auf, um ihm entgegenzutreten. Beide unterhalten sich kurz auf dem Flur über allgemeine Probleme, bevor der Besucher seine ursprünglich geplante Unterredung mit Mitarbeitern der Fertigung beginnt.

8.31: Berger telefoniert mit Meister Groll, um ihn zu sich zu bestellen.

8.32: Sie führen ihre Besprechung auf dem Flur, da Groll eintrifft, als Berger gerade auf dem Weg in das kaufmännische Büro ist, um den Mitarbeitern dort die Post zu bringen. Berger trifft eine Entscheidung über das weitere Vorgehen in einer produktionstechnischen Angelegenheit.

8.33: Berger sucht die Buchhalterin in ihrem Büro auf. Sie erkundigt sich nach seiner kranken Sekretärin, daraus entwickelt sich eine kurze Unterhaltung über deren Gesundheitszustand.

8.34: Auf dem Rückweg zu seinem Büro wird er noch einmal von Groll, der in der Tür stehengeblieben war, zu dem eben erörterten Thema befragt.

Quelle: Schreyögg und Hübl 1991

3. **Mündliche Kommunikation.** Der Großteil der Führungsarbeit wird in Form von Gesprächen geleistet. In allen Studien zeigte sich übereinstimmend, dass der wesentliche Teil der Arbeit im Kontakt und über den Kontakt mit Menschen erbracht wird. In den vielen Untersuchungen gab es kaum eine Führungskraft, die weniger als 70 % ihrer Zeit für mündliche Kommunikation (Telefonate, Sitzungen, Videokonferenzen, Mitarbeitergespräche usw.) verwandt hätte; bei vielen lag der Prozentsatz deutlich höher (über 90 %).
4. **Fragen und Zuhören.** Die Kontakte bestehen nur zum geringsten Teil aus Anweisungen. Eine wesentlich größere Rolle spielen das Stellen von Fragen, das Zuhören und die Erteilung von Auskünften. Auf diese Weise wird die Informationsaufnahme (Fähigkeit) schnell zur Schlüsselaufgabe. Die Kontaktpartner sind sehr unterschiedlich: Kolleginnen, Vorgesetzte, Kunden, Verbände, Lieferanten usw. Interaktionen mit den direkt unterstellten Mitarbeitern machen selten mehr als die Hälfte aller Kontakte aus.
5. **Bewältigung von Unvorhergesehenem.** Plötzlich auftauchende Schwierigkeiten und unvorhergesehene Ereignisse gehören zum Alltag von Führungskräften. Das aus der Planung Erwartete sieht sich nicht selten mit dem Unerwarteten konfrontiert. Die unerwarteten Ereignisse sind nicht immer sogleich als eindeutiges Problem identifizierbar. Häufig ist erst zu entscheiden, ob überhaupt ein Problem vorliegt. Dafür fehlen in der Regel zuverlässige Informationen. Dennoch besteht das Erfordernis, rasch auf die neue Konstellation zu reagieren, um Schaden von dem Unternehmen fern zu halten. Aus diesen Beobachtungen der Managementtätigkeit geht zugleich hervor, dass Führungskräfte nicht nur initiieren und Impulse geben, sondern mindestens im gleichen Maße auch auf externe Einflüsse reagieren und sich an immer wieder neue Situationen anpassen müssen.

Den Aufriss des Spielraums aus Reaktion und Aktion hat Stewart (1982, sowie Lowe 2003) zum Gegenstand ihrer Konzeption der Managementaufgabe gemacht. Nach diesem Verständnis ist das Tätigkeitsfeld einer Führungskraft durch drei Komponenten bestimmt:

1. **Handlungszwänge("demands"):** Hiermit sind alle Aktivitäten gemeint, die zu den eingebürgerten Pflichten eines Stelleninhabers gehören. Dabei sind die Handlungszwänge, die eine bestimmte Position notwendigerweise mit sich bringt (z. B. Unterschriften, Repräsentanzen), von jenen zu unterscheiden, die auf früher getroffene eigene Entscheidungen zurückzuführen sind (z. B. Neujahrsempfang, Montagskreis).
2. **Restriktionen("constraints"):** Damit sind Begrenzungen gemeint, die die Führungskraft in ihren Arbeitsprozessen erfährt. Sie können von innen oder außen kommen (z. B. Jahresabschluss, Satzungen, eingesetzte Technologien); sie sind von der Führungskraft nicht beeinflussbar.
3. **Eigengestaltung("choices"):** Damit soll schließlich der Aktivitätsraum bezeichnet werden, der frei gestaltet werden kann. Hier kann die Führungskraft ihrer Arbeit und ihrem Umfeld einen individuellen Stempel aufprägen (z. B. Führungsverhalten, Arbeitsstil).

Zwar sind alle Managementtätigkeiten durch diese drei Komponenten gekennzeichnet, ihre Intensität variiert jedoch von Ebene zu Ebene (unteres, mittleres und oberes Management) und von Organisation zu Organisation. Dabei wird häufig die Auffassung vertreten, eine Top-Management-Aufgabe sei durch besonders viele „choices" und besonders wenig „demands" gekennzeichnet. Dies muss jedoch nicht unbedingt der Fall sein. So zeigte sich bei einer Analyse der Arbeit des Präsidenten der USA, dass dabei den „demands" eine dominante Stellung zukam:

„Die Art und Weise, wie ein Präsident seine Zeit nutzt und seine Aufmerksamkeit verteilt, ist bestimmt von den Dingen, die er täglich tun muss: die Rede, die er versprochen hat zu halten, den fixen Gesprächstermin, den er nicht mehr verschieben kann, das Dokument, das nur er abzeichnen kann, die Ruhepause, die sein Doktor angeordnet hat. Die Prioritäten gehen nicht von der Relevanz eines Themas aus, sondern von der Notwendigkeit, etwas tun zu müssen." (Neustadt 1960, S. 155, Übers. d. Verf.).

Die bisher referierten Ergebnisse sind zunächst einmal nichts anderes als Berichte über sichtbare und registrierbare Elemente der Management-Tätigkeit. Eine solche Perspektive muss so lange oberflächlich bleiben, wie nicht der **Inhalt** der Tätigkeit mit berücksichtigt wird. „Schreibtischarbeit" kann z. B. der Erstellung eines Plans dienen oder dem Entwurf einer Rede, dem Lesen eines wichtigen Kontrollberichts oder der Durchsicht der Bilder vom letzten Betriebsausflug. Es ist also erforderlich, zwischen dem beobachtbaren Arbeitsverhalten und dem Inhalt der Tätigkeit wie auch ihrer Funktionsbestimmung deutlich zu unterscheiden.

Ein Interpretationsschema zur Erfassung der hinter dem sichtbaren Arbeitsverhalten liegenden Sinnbezüge hat Kotter (1982) im Rahmen seiner Beobachtungsstudie von General-Managern (n = 15) entwickelt. Er differenziert drei Basiskonzepte, die den Aktivitäten von Managern zugrunde liegen:

1. Aufbau und Entwicklung eines Orientierungsrahmens („agenda setting"),
2. Knüpfen eines Kontakt-Netzwerks („network building") und
3. Realisierung von Handlungsentwürfen („execution").

Dem Aufbau und der Pflege eines Netzwerks (mit zum Teil über 100 formellen und informellen Kontakten innerhalb und außerhalb der Unternehmung) kommt dabei eine Schlüsselrolle zu (vgl. dazu Kasten 1.2). Es dient sowohl der Informationsgewinnung für die (Fort-)Entwicklung der „agenda" als auch der Mobilisierung von Unterstützung zur Realisierung gesteckter Ziele.

Kasten 1.2

Persönliche Netzwerke
In vielen Studien zeigte sich, dass es zu den zentralen Merkmalen erfolgreicher Führungskräfte gehört, sich ein persönliches Netzwerk aufzubauen. Ein solches Netzwerk resultiert aus formalen Beziehungen (bestimmte unterstellte Mitarbeiter, direkte Kollegen usw.), informalen Beziehungen (Freundschaften aus früherer Tätigkeit, Bekanntschaften aus gemeinsamen Seminaren usw.) sowie externen Bezie-

1.4 Aktivitäten von Managerinnen in der Empirie

hungen (zu anderen Unternehmen, Universitäten, Clubs, Verbänden usw.). Persönliche Netzwerke sind der Aufgabenerfüllung in vielfacher Hinsicht förderlich: zur Abklärung schwer einzuschätzender Informationen, zur Erlangung schwer zugänglichen Wissens, zur Implementation kontroverser Programme, zur Lancierung neuer Themen usw. Persönliche Netzwerke lassen sich mit verschiedenen Kriterien beschreiben, so vor allem

- Homo-/Heterogenität (Ähnlichkeit der Netzwerkmitglieder),
- Intensität der Beziehungen,
- Reichweite.

In empirischen Studien zeigt sich in der Tendenz, dass heterogene und weit über den engeren Arbeitsbereich hinausragende Netzwerke effektiver sind. Bei der Intensität der Beziehungen sind die Ergebnisse gemischt. Einerseits wird betont, dass zu enge Beziehungen auf Konformität drängen und deshalb den Horizont des Netzwerkes zu sehr einschränken. Andererseits garantieren enge Beziehungen Vertraulichkeit und raschen Zugriff auf prekäre Informationen.

Quellen: Ibarra (1993); Ibarra und Hunter (2007); Burkus (2018).

Mintzberg interpretiert die von ihm beobachteten Aktivitäten in einer ähnlichen, wenn auch viel tiefer gegliederten Weise. Er begreift das beobachtete Arbeitsverhalten als Ausdruck eines Rollenverhaltens, genauer: als Erfüllung von zehn Rollen, die in genereller Form den Inhalt der Managementaufgabe umreißen. Die zehn Rollen werden nach drei übergeordneten Rollengruppen gegliedert: Rollen beim Aufbau und der Aufrechterhaltung interpersoneller Beziehungen, Rollen bei der Aufnahme und Abgabe von Informationen und schließlich Rollen im Rahmen von Entscheidungen (vgl. Abb. 1.3).

Die Rollen seien nachfolgend kurz erläutert:

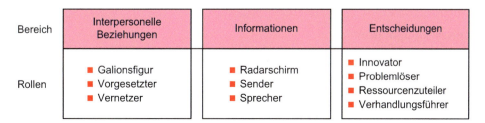

Abb. 1.3 Die zehn Management-Rollen nach Mintzberg. (Quelle: Mintzberg 1980, S. 923)

Interpersonelle Rollen

1. **Galionsfigur**
   Kern dieser Rolle ist die Darstellung und Vertretung der Unternehmung oder der Abteilung nach innen und nach außen. Manager fungieren hier gewissermaßen als Symbolfigur. Nicht die konkrete Arbeit, sondern ihre Anwesenheit oder ihre Unterschrift als solche sind hier von Bedeutung (Beispiel: Ein verärgerter Kunde möchte die Geschäftsführerin sprechen oder der Abteilungsleiter bittet jährlich zum Neujahrsempfang).
2. **Vorgesetzte(r)**
   Die Anleitung und Motivierung der unterstellten Mitarbeiter sowie deren Auswahl und Beurteilung stehen im Zentrum (Beispiel: Eine Managerin diskutiert mit ihrer Gruppe die Umsätze des letzten Monats).
3. **Vernetzer(in)**
   Im Mittelpunkt dieser Rolle stehen Aufbau und Pflege eines funktionstüchtigen, reziproken Kontaktnetzes innerhalb und außerhalb des Unternehmens (Beispiel: Managerin tritt einem Erfahrungskreis der Industrie- und Handelskammer bei).

Informationsrollen

4. **Radarschirm**
   Zu dieser Rolle gehört die kontinuierliche Sammlung und Aufnahme von Informationen über interne und externe Entwicklungen, insbesondere über das selbst aufgebaute „Netzwerk" (Beispiel: Der Manager erfährt von einem Reisenden, dass der Hauptkonkurrent seine Gussteile demnächst zu einem Schleuderpreis aus Südkorea beziehen wird).
5. **Sender(in)**
   Kernaktivitäten sind Übermittlung und Interpretation relevanter Informationen und handlungsleitender Werte an die Mitarbeiter und andere Organisationsmitglieder (Beispiel: Manager besucht einen Lieferanten und berichtet seinen Mitarbeitern seine Eindrücke).
6. **Sprecher(in)**
   Hierzu gehören die Information externer Gruppen und die Vertretung der Organisation nach außen (Beispiel: Managerin nimmt an einer Fernsehdiskussion über die Bedeutung und Folgen Sozialer Medien teil).

Entscheidungsrollen

7. **Innovator(in)**
   Kernaktivitäten sind die Initiierung und die Realisierung von Wandel in Organisationen. Grundlage dieser Aktivität ist das fortwährende Aufspüren von Problemen und die Nutzung sich bietender Chancen (Beispiel: Manager richtet eine Arbeitsgruppe

ein, um die Erfindung eines Mitarbeiters aus der Grundlagenforschung in eine neue Produktidee umzusetzen).
8. **Problemlöser(in)**
Diese Rolle fokussiert Aktivitäten, die der Schlichtung von Konflikten und der Beseitigung unerwarteter Probleme und Störungen dienen (Beispiel: Managerin fährt zu einer Niederlassung in Bangladesch, um den plötzlich aufgebrochenen Konflikt zwischen dem lokalen Management und den Arbeitern beizulegen.)
9. **Ressourcenzuteiler(in)**
Dazu gehören drei Zuteilungsbereiche: die Verteilung von eigener Zeit und damit die Bestimmung dessen, was wichtig und unwichtig ist; die Verteilung von Aufgaben und generellen Kompetenzen (Organisation) und die selektive Autorisierung von Handlungsvorschlägen und damit zugleich die Zuteilung finanzieller Ressourcen (Beispiel: Eine Mitarbeiterin legt einen Plan für den Kauf einer neuen Presse vor, der Manager lehnt ab, weil der Erwerb eines Trockenofens wichtiger erscheint).
10. **Verhandlungsführer(in)**
In dieser Rolle führt der Manager in Vertretung der eigenen Organisation oder Abteilung (folgenreiche) Verhandlungen (Beispiel: Die Gründung eines Gemeinschaftsunternehmens ist geplant, die Bedingungen sind von drei beauftragten Managern im Detail auszuhandeln).

Diese zehn Aktivitätsbündel oder Rollen sind als eine **Ganzheit** zu betrachten und sollen ebenso wie die oben beschriebenen Managementfunktionen generell für jede Managementposition gelten („… are common to the work of all managers", Mintzberg 1980, S. 55). In Abhängigkeit von Branche, Hierarchieebene, Ressort, Arbeitsgruppe, Persönlichkeit usw. kann sich jedoch eine durchaus unterschiedliche Schwerpunktsetzung, eine je spezifische Gestalt ergeben. So liegt etwa bei Produktionsmanagern (Werksleiterin, Meisterin usw.) der Schwerpunkt häufig in der Bewältigung plötzlich auftretender Störungen, also in der Rolle des „Problemlösers". Bei Verkaufsmanagerinnen liegt dagegen der Schwerpunkt meist beim Herstellen von Verbindungen („Vernetzerin") und der Repräsentation („Galionsfigur").

1.5 Management-Rollen und Management-Funktionen

Betrachtet man die zehn Rollen genauer, so stellt man fest, dass sie von den fünf klassischen Managementfunktionen keineswegs so weit entfernt sind, wie es in der Interpretation von Mintzberg erscheint. So lassen sich zumeist lockere Verbindungslinien herstellen, etwa zwischen der Managementfunktion „Planung" und der Innovator-, der Radarschirm- und der Ressourcenzuteilungsrolle. Die Managementfunktion „Organisation" wird ebenfalls mit der Ressourcenzuteilungsfunktion angesprochen wie mit der Rolle des Vernetzers. Die Rollen der Vorgesetzten, des Senders und des Problemlösers korrespondieren mit der Managementfunktion „Führung". Personaleinsatzprobleme kann man der Vorgesetztenrolle zuordnen, während die Managementfunktion „Kontrolle" eine gewisse Entsprechung in der Radarschirm-Rolle findet. Manche Rollen sind jedoch nur schwer zuzuordnen, etwa die des Sprechers oder der Galionsfigur.

Die Tatsache, dass die zehn Rollen eine deutliche Affinität zu einzelnen Managementfunktionen (nicht aber zu dem klassischen Managementprozess als solchen!) zeigen, muss bei genauerer Analyse nicht weiter verwundern. Sind diese doch auf einer sehr viel konkreteren Betrachtungsebene angesiedelt als die viel abstrakteren Managementfunktionen. Die Möglichkeit der Subsumtion liegt deshalb nahe. Darüber hinaus – und das ist ein grundlegenderes Argument – sind die zehn Rollen bereits mehr als eine bloße Beschreibung dessen, was beobachtet worden ist; sie stellen ebenso wie die klassischen fünf Funktionen einen Kanon von Aufgaben dar, der erfüllt werden **soll**. Das lässt sich sehr leicht daran erkennen, dass eine Managerin, die vier oder fünf dieser Rollen nicht beachtet, sich den Vorwurf einhandeln würde, wichtige Aufgaben zu vernachlässigen. Mit anderen Worten: Es wird auch gezeigt, welche Aufgaben Manager erfüllen müssen, wenn sie ein gutes Ergebnis erreichen wollen. Dies ist auch das Verständnis, das diesem Buch zugrunde liegen soll. Die Managementfunktionen werden nicht nur als Beschreibung des Verhaltens, sondern auch als **Sollenssätze**, als zu erfüllende Anforderungen, verstanden. Die Gliederung nach den fünf Funktionen wird beibehalten.

Ein völlig **anderes Bild** ergibt sich jedoch, wenn es um den Prozess geht. Hier gilt es zu erkennen, dass – zusammen mit all den anderen Beobachtungsstudien – die Managementrollen die Logik des **klassischen Managementprozesses** grundsätzlich in Frage stellen. Zwei Punkte bringen dies besonders deutlich zum Ausdruck:

1. **System-Umwelt-Interaktion:** Die Rollen verweisen auf die große Bedeutung des Umweltbezugs der Managementfunktionen. In dem Schema von Mintzberg tauchen die aus dem Außenbezug fließenden Anforderungen unter mindestens vier Rollen auf: Galionsfigur, Sprecher, Verhandlungsführerin und Vernetzer. Diese Rollen können im klassischen Managementprozess keinen Platz finden, weil dort der Umweltbezug eines Systems im Wesentlichen nur als Planungsproblem zum Thema wird. Von der Planung wird erwartet, dass sie alle relevanten Bewegungskräfte und auf Eigenhandlungen zu erwartende Reaktionen der Umwelt erfasst und in ihre Kalküle so einarbeitet, dass eine sichere Arbeitsgrundlage entsteht, die die Basis für alle folgenden Umsetzungstätigkeiten bildet. Dies ist indessen eine in vielfacher Hinsicht zu einfache Sichtweise: Die Umwelt von Unternehmen ist nur sehr begrenzt vorhersehbar; es gibt viele Entwicklungen, die man zum Zeitpunkt der Planung gar nicht kennen kann (man denke nur an die „Finanzkrise" oder den „Fall der Mauer"). Die Umwelt von Unternehmen ist ständigen Änderungen unterworfen, deren Wirkungen wegen der komplexen Kausalzusammenhänge häufig auch nur schwer übersehbar sind. Angesichts dieser strukturellen Ungewissheit müssen Unternehmen deshalb rasch handeln können (auch wenn nicht genügend Informationen vorliegen): neue Entwicklungen schnell aufnehmen, Chancen spontan ergreifen, unverhoffte Bedrohungen abwehren, befriedend auf aktuelle Konflikte einwirken können usw. Die Verwendung von vereinfachenden Heuristiken spielt

dabei eine wichtige Rolle (Bingham und Eisenhardt 2011; Sull und Eisenhardt 2015). Insofern ist die Bewältigung des System/Umwelt-Bezuges keinesfalls nur Gegenstand von Planungsbemühungen, sondern zentrale Aufgabe von allen Managementfunktionen. Dies kommt ja auch in den verschiedenen Mintzberg-Rollen klar zum Ausdruck.

2. **Flexibilität:** Die zehn Rollen machen ferner mit Nachdruck darauf aufmerksam, dass das Verhältnis von Planung und Umsetzung in der Praxis sehr viel komplizierter ist, als es im herkömmlichen Managementprozess gezeichnet wird. Komplexe Systeme verlangen mehr als nur den Entwurf einer Sollordnung und eine lineare Abarbeitung der daraus abgeleiteten Arbeitsprogramme. Gewöhnlich muss mit einem erheblichen Maß an plötzlichen Störungen, unvorhergesehenen Ereignissen und neuen Konstellationen (z. B. neue Führungskräfte, Fusionen) gerechnet werden. Häufig bleibt nichts anderes übrig, als kurzfristig von einem Plan abzuweichen, um erfolgreich handeln zu können. Unter dem Stichwort „Agilität" wird diese Funktion in den letzten Jahr stark in den Vordergrund gestellt (Worley et al. 2014). Systematisch vorbereitetes Entscheiden und rasches, situationsgerechtes Handeln stehen sich daher notwendig in einem spannungsreichen Bogen gegenüber.

Dieses Gegenüber von Aktion und Reaktion, von sorgfältiger Analyse und spontaner Entscheidung, von klarer Ordnung und flexibler Anpassung ist deshalb kennzeichnend für das moderne Management geworden. Eine lineare Abfolge der Funktionen gibt ein zu einseitig auf die gewollte Ordnung festgelegtes und daher letztlich irreführendes Bild der tatsächlichen Steuerungsanforderungen. Daraus hat sich die Notwendigkeit ergeben, konzeptionell ein anderes Prozessverständnis zu entwickeln, das in der Fortfolge als „moderner Managementprozess" bezeichnet wird und auch als Grundlinie für dieses Buch gelten soll. Ein theoretischer Rahmen, der diese Leitlinie und das ihr zugrunde liegende erweiterte Rationalitätsverständnis aufnimmt und zu einem lehr- und lernbaren Konzept verarbeitet, wird später im vierten Kapitel entwickelt. Für dieses einführende Kapitel soll es genügen, auf die Notwendigkeit einer erweiterten Funktionsbetrachtung und einer veränderten Prozesslogik hingewiesen zu haben.

1.6 Funktionen und Kompetenzen

Managementfunktionen beschreiben Aufgaben, die von Führungskräften wahrgenommen werden (sollen). Funktionen können freilich nur erfüllt werden – und auch das haben die referierten empirischen Analysen deutlich gemacht –, wenn die entsprechenden Voraussetzungen gegeben sind. Was die persönlichen Voraussetzungen von Führungskräften betrifft, so lässt sich aus den aufgezeigten Funktionen und Rollen klar erkennen, dass sie über eine Reihe sehr unterschiedlicher Fähigkeiten verfügen müssen, wenn sie dem komplexen Charakter der sich stellenden Aufgaben gerecht werden wollen. Katz (1974) hat in seinen Klassiker-Studien drei Schlüssel-Kompetenzen („skills") identifiziert, die die Grundlage für eine erfolgreiche Bewältigung der Managementfunktionen bilden:

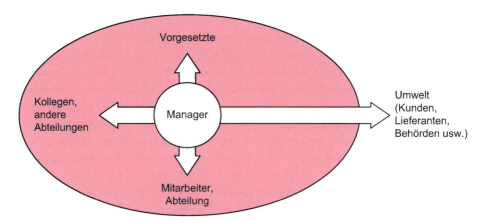

Abb. 1.4 Die Ebenen sozialer Kompetenz

1. **Technische Kompetenz**, d. h. der Besitz relevanten Managementwissens und die Fähigkeit, theoretisches **Managementwissen** und **Methoden** auf den konkreten Einzelfall anzuwenden. Dazu gehört auch das Know-how, mit dem Managementwissen so umzugehen, dass es für immer wieder neue Problemkonstellationen eingesetzt werden kann. Es geht also keineswegs nur um den Erwerb des Wissens, sondern zentral auch um die Fähigkeit, damit umgehen zu können. Dies ist die am einfachsten zu vermittelnde Kompetenz, und die Managementlehre hat sich dementsprechend lange, vermutlich zu lange (McKnight 1991) auf sie konzentriert. Heute weiß man, dass die zwei folgenden von mindestens gleichrangiger Bedeutung sind.

2. **Soziale Kompetenz**, d. h. die Fähigkeit, mit anderen Menschen effektiv zusammenzuarbeiten und durch andere Menschen wirken zu können. Dazu gehört nicht nur eine grundsätzliche **Kooperationsbereitschaft**, sondern auch die Fähigkeit, das Handeln anderer Menschen zu verstehen und sich in sie hineinzuversetzen. Der soziale Aktionsradius einer Führungskraft ist groß, und ebenso groß ist die Anforderung an ihre soziale Kompetenz. Sie ist auf mindestens vier Ebenen gefordert, auf der Ebene der Kollegen, der unterstellten Mitarbeiter, der Vorgesetzten und der Bezugsgruppen aus der Umwelt (vgl. Abb. 1.4). Im Zeichen der europäischen Integration und ganz generell der zunehmenden Globalisierung der Wirtschaft tritt als weitere Dimension der sozialen Kompetenz das **interkulturelle Verstehen** hinzu, d. h. die Fähigkeit über kulturelle Grenzen hinweg zu kommunizieren und gemeinschaftlich zu handeln (Thomas 2011).

3. **Konzeptionelle Kompetenz**, d. h. die Fähigkeit, unübersichtliche komplexe Problemfelder zu strukturieren und in ein handhabbares Handlungskonzept umzuformen. Nachdem sich die Steuerungsaufgaben in der Praxis in immer wieder neuer Form stellen und in den Konsequenzen nicht genau bestimmbare Probleme zu bearbeiten sind, ist für ihre erfolgreiche Bewältigung eine grundsätzliche Strukturierungsfähigkeit erforderlich. Es geht auch darum, bei widerstreitenden Erklärungen, unklaren Ursa-

chenzuweisungen, mangelnden Beweisen usw. dennoch ein überzeugendes Handlungskonzept aufzubauen. Die Entwicklung dieser Kompetenz setzt ein grundsätzliches Verständnis für die Zusammenhänge und für die Bewegungskräfte des Leistungsprozesses voraus (vgl. allgemein Gelman 1997); nur so können für Einzelprobleme und -entscheidungen Anschlüsse an andere Entscheidungen gefunden werden. Konzeptionelle Kompetenz verlangt aber auch die Fähigkeit, ein Problem aus verschiedenen Perspektiven betrachten zu können oder allgemeiner in verschiedenen Kategorien zu denken (Bartunek et al. 1983; Weick 1996; Mintzberg 2004, S. 249 ff.). Darüber hinaus – und das ist fast noch wichtiger – verlangt konzeptionelle Kompetenz eine grundsätzliche Lernfähigkeit, um dem sich immer wieder verändernden Charakter der Problemstellungen gerecht werden zu können. Es besteht weitgehend Konsens darüber, dass aufgrund der wachsenden Komplexität der Wirtschaft die relative Bedeutung der konzeptionellen Kompetenz gegenüber den anderen beiden Kompetenzen zukünftig zunehmen wird.

Alle drei Kompetenzen wirken in einer Managementaufgabe zusammen, die Erfüllung jeder Funktion ist, wenn auch mit unterschiedlichen Schwerpunkten, auf das Zusammenspiel der Kompetenzen angewiesen.

In der Zwischenzeit sind ähnlich wie bei den Managementfunktionen zahlreiche Kompetenzkataloge erschienen, die vor allem die Anforderungen der **neuen Organisationsformen** widerspiegeln sollen. Beispiele für solche neuen Kompetenzen sind (Daft 2003; Rouleau und Balogun 2011): Anschlussfähigkeit („staying connected"), Dialogfähigkeit, Verhandlungsgeschick, Improvisation, Teambuilding usw. Ohne die Relevanz dieser Kataloge herabmindern zu wollen, handelt es sich dabei aber doch eher um aktuelle Konkretisierungen der drei allgemeinen Kompetenzen denn um strukturell neue Klassen von Kompetenzen.

Neben dieser Diskussion wird immer häufiger gefordert, die neuen Managementkompetenzen stärker zu differenzieren. Bartlett und Ghoshal (1997) fordern sogar die Abkehr vom „Mythos des generischen Managers" und schlagen für moderne dezentrale Unternehmen eine klare Unterscheidung der Kompetenzen für „Operating-Level Managers", „Senior-Level Managers" und „Top-Level Managers" vor (vgl. Abb. 1.5).

Eine Differenzierung der Managementkompetenzen nach hierarchischen Ebenen (oberes, mittleres und unteres Management) wie auch nach der organisatorischen Stellung: Linienmanagement, Projektmanagement, Funktions- oder Spartenleitung usw. (so etwa Walgenbach und Kieser 1995 oder Rouleau und Balogun 2011) wurde immer wieder gefordert. Wie bereits dargelegt, geht jedoch die Managementlehre in der Mehrheit davon aus, dass sich diese unterschiedlichen Managementpositionen in ihren Funktionsanforderungen zwar in der je spezifischen Ausformung nicht aber systematisch unterscheiden. Konzeptionelle Kompetenz ist generell wichtig, wenn auch zumeist in höheren Managementpositionen bedeutungsvoller als im unteren Management. Eine ähnliche Differenzierung schlägt Mintzberg innerhalb seines 10-Rollen-Konzepts vor.

In der Praxis erweisen sich indessen auch solche pauschalen Gewichtungen immer wieder als problematisch. Braucht man z. B. für die Leitung einer Planungsgruppe (unteres

	Operating-Level Managers	Senior-Level Manager	Top-Level Managers
Primary Value Added	Driving business performance by focusing on productivity, innovation and growth with front-line units	Providing the support and coordination to bring large company advantage to the independent frontline units	Creating and embedding a sense of direction, commitment and challenge to people throughout the organization
Key Activities and Tasks	Creating and pursuing new growth opportunities for the business	Developing individuals and supporting their activities	Challenging embedded assumptions while establishing a stretching opportunity horizon and performance standards
	Attracting and developing resources and competencies	Linking dispersed knowledge, skills, and best practices across units	Institutionalizing a set of norms and values to support cooperation and trust
	Managing continuous performance improvement within the unit	Managing the tension between the short-term performance and long-term ambition	Creating an overarching corporate purpose and ambition

Abb. 1.5 Neue Managementkompetenzen differenziert nach 3 Ebenen. (Quelle: Bartlett und Ghoshal 1997: 96)

Management) wirklich verhältnismäßig wenig konzeptionelle Kompetenz? Und ist die technische Kompetenz wirklich für die höheren Positionen von geringerer Bedeutung? Es ist wohl doch zweckmäßiger, die Gewichtung vom Einzelfall abhängig zu machen; nicht zuletzt spielen hier auch persönliche Gestaltungsprofile eine nicht zu vernachlässigende Rolle.

Das soll nicht heißen, dass sich institutionell betrachtet (vgl. oben „Management als Institution") keine aussagekräftigen Unterscheidungen zwischen den Managementebenen gewinnen ließen. Schon der deutsche Gesetzgeber ordnet z. B. die tariflichen Führungskräfte (unteres Management) der betrieblichen Interessenvertretung (Betriebsrat) zu und setzt davon die außertariflichen leitenden Angestellten ab (mittleres Management), die ein eigenes Interessenvertretungsorgan haben, den Sprecherausschuss, und auch nach dem Mitbestimmungsgesetz von 1976 mit einer eigenen Person im Aufsichtsrat vertreten sind. Während der Gesetzgeber unteres und mittleres Management zur „Arbeitnehmerbank" zählt, wird das obere Management (Top Management) zur Arbeitgeberseite gezählt. Jenseits dieser juristisch definierten Statusgruppen im Management gibt es eine Reihe von Studien (Wheatley 1992 ; Walgenbach 1994; Anicich und Hirsh 2017), die eindrucksvoll

1.6 Funktionen und Kompetenzen

Unterschiede in der Mentalität, den Identifikationsmustern, der sozialen Herkunft usw. zwischen diesen Gruppen belegen.

Wie auch immer sich diese Unterschiede ausprägen mögen, eine separate Managementlehre für diese Statusgruppen wird es aus systematischen Gründen wohl nicht geben.

Diskussionsfragen

1. Was versteht man unter „institutioneller" im Unterschied zu „funktionaler" Sichtweise des Managements?
2. Welche Aufgabe fällt der Planung im klassischen Managementprozess zu?
3. Eine Verkaufsmanagerin äußert: „Um Planung brauche ich mich nicht zu kümmern, wir haben dafür in unserem Unternehmen eine eigene Planungsabteilung mit fünf Leuten." Was würden Sie ihr antworten?
4. Ein Ergebnis der empirischen Managementforschung lautet: Manager haben einen zerstückelten Arbeitstag. Ist es wichtig, dies zu wissen? Warum?
5. Stewart unterscheidet zwischen „demands", „choices" und „constraints". Erläutern Sie anhand eines Beispiels die Unterschiede!
6. Inwiefern ist der Außenbezug von Unternehmen im klassischen Managementprozess unterrepräsentiert?
7. Welche Bedeutung haben „personelle Netzwerke"?
8. Wozu benötigt eine Führungskraft „konzeptionelle Kompetenz"?
9. Zeigen Sie den Unterschied zwischen „technischer Kompetenz" und „konzeptioneller Kompetenz" auf!
10. Trägt eine hohe „soziale Kompetenz" zur Qualität von Planung und Kontrolle bei?

Fallstudie: Complus GmbH*

Zur fortgeschrittenen Stunde, es war bereits halb sieben abends, saß Jutta Feige immer noch an ihrem Schreibtisch im Büro und rekapitulierte die Tagesereignisse. Sie war erschöpft und doch war sie nicht zufrieden mit der getanen Arbeit. „Der morgige Tag", sagte sie zu sich selbst, „muss produktiver werden. Früher wusste ich immer genau, was ich geleistet hatte."

Einige Briefe und Telefonate hatte sie immer noch nicht erledigen können, und allmählich fragte sie sich, ob ihr dieser Management-Posten als Regionalverkaufsleiterin Deutschland-Nord des bekannten Computerzubehörhändlers Complus GmbH überhaupt noch zusagte. Ihre vorherige Tätigkeit im Außendienst mit den vielen Reisen und dem direkten Kundenkontakt, erschien ihr nun sehr viel reizvoller.

Den heutigen Tag empfand sie als typisch für ihre jetzige Position.

Sie war früh ins Büro gekommen, um mit Frank Becker, dem Regionalverkaufsleiter Deutschland-Süd, einen gemeinsamen Verkaufsplan aufzustellen. Das war kein Zuckerlecken, denn Kompromissbereitschaft gehörte nicht gerade zu Beckers stärksten Eigenschaften.

Danach standen einige Telefongespräche mit Lieferanten des neuesten Bildschirmmodells an. Die Lieferung hatte sich aus unerklärlichen Gründen verzögert. Da die Lagerbestände aufgrund der starken Nachfrage enorm abgenommen hatten, war zu befürchten, dass sich die Lieferverzögerung bald negativ auf den Verkauf auswirken könnte. Die Situation bedurfte dringend der Klärung. Erst gegen Mittag konnte sie sich endlich ihrem Hauptprojekt „Bezirksaufteilung" widmen: Aus einer gezielten Durchsicht der Verkaufsberichte der letzten Jahre zog sie den Schluss, dass sowohl die Bezirksverkaufsleitung insgesamt wie auch die Leistung der einzelnen Außendienstleiter beträchtlich gesteigert werden könnte, wenn die Verkaufsbezirksaufteilung geändert würde. Diese Ergebnisse ihrer bisherigen Untersuchungen einschließlich des Neuvorschlags zur Bezirksaufteilung wollte sie den Bezirksverkaufsleitern ihrer Region bei dem für den nächsten Tag anberaumten Treffen vorstellen. Jedoch mussten die Unterlagen dafür erst noch erstellt werden.

Als sie von der Mittagspause zurückkehrte, fand sie auf ihrem Anrufbeantworter ein halbes Dutzend Anrufe mit der Bitte um Rückruf vor, darunter auch einen vom stellvertretenden Verkaufschef Christian Krüger, den sie als Ersten zurückrief.

Zu ihrem Leidwesen eröffnete er ihr, dass sie beim morgigen Bezirksleitertreffen einen großen Teil der anberaumten Zeit nutzen sollte, um das neue Promotionsprogramm der Firma vorzustellen; seiner Ansicht nach eine höchst dringliche Angelegenheit. Er versprach, ihr die notwendigen Unterlagen sofort per Kurierpost zukommen zu lassen.

Nachdem sie vergeblich versucht hatte, einige der anderen Anrufer zu erreichen, widmete sie sich wieder ihrem Hauptprojekt „Bezirksaufteilung". Bis zum Nachmittag hatte sie die für die Präsentation notwendigen Unterlagen fertig gestellt – gerade noch rechtzeitig vor einem vereinbarten Bewerbungsgespräch mit einem Kandidaten für einen freigewordenen Bezirksleiterposten. Nach einer Stunde war das Gespräch beendet. Der Bewerber schien ihr geeignet für die Position, und so verbrachte sie die nächste Stunde damit, telefonisch einige Erkundigungen einzuholen, um die von ihm gemachten Angaben bestätigt zu wissen.

Nachdem sie dies erledigt hatte, es war mittlerweile fünf Uhr, wandte sie sich ihren noch unerledigten Aufgaben zu. Für die noch nicht beantworteten Telefonate war es bereits zu spät, die zwischenzeitlich eingetroffenen Unterlagen von Krüger musste sie noch durchsehen, und die Agenda für das morgige Bezirksleitertreffen musste umgeändert werden. Das Ergebnis ihres Hauptprojekts wollte sie auf jeden Fall morgen auch präsentieren, aber es war ihr klar, dass die Neuaufteilung der Bezirke nur ein Teilaspekt sein konnte, um die immer noch nicht zufrieden stellende Leistung „ihrer" Verkaufsmannschaft zu steigern. Sie überlegte, welche weiteren Maßnahmen ergriffen werden könnten.

* *unter Verwendung von Motiven aus Daft 1998: 30 f.*

Fragen zur Fallstudie
1. In welchen Aspekten unterscheidet sich wohl Jutta Feiges Arbeit als Regionalverkaufsleiterin von ihrer Außendiensttätigkeit?
2. Welche der zehn Managementrollen werden in diesem Fall beschrieben?

Literatur

Anicich, E. M./Hirsh, J. B. (2017), The psychology of middle power: Vertical code-switching, role conflict, and behavioral inhibition. In: Academy of Management Review 42(4), S. 659–682.

Bartlett, C. A./Ghoshal, S. (1997), The myth of the generic manager: New personal competencies for new management roles, in: California Management Review 40 (1), S. 92–116.

Bartunek, J. M./Gordon, J. R./Weathersby, R. P. (1983), Developing „complicated" understanding in administrators, in: Academy of Management Review 8, S. 273–284.

Berle, A. A./Means, G. C. (1968), The modern corporation and private property, reprint, New York.

Bingham, C. B./Eisenhardt, K. M. (2011), Rational heuristics: The ‚simple rules' that strategists learn from process experience. In: Strategic Management Journal 32(13), S. 1437–1464.

Burkus, D. (2018), Friend of a Friend …: Understanding the hidden networks that can transform your life and your career, Boston.

Buß, E. (2007), Die deutschen Spitzenmanager – wie sie wurden, was sie sind. Herkunft, Wertvorstellungen, Erfolgsregeln, München.

Carlson, S. (1951), A study of the work and the working methods of managing directors, Stockholm.

Daft, R. L. (1998), Organization theory & design, 6. Aufl., Minneapolis/St. Paul u. a.

Daft, R. L. (2003), Management, 6. Aufl., Mason/Ohio.

Fayol, H. (1929), Allgemeine und industrielle Verwaltung, Berlin.

Gelman, R. (1997), Constructing and using conceptual competence, in: Cognitive Development 12, S. 305–313.

Guest, R. H. (1955/56), Of time and the foreman, in: Personnel 32, S. 478–486.

Gulick, L. H. (1937), Notes on the theory of organizations, in: Gulick, L. H./Urwick, L. F. (Hrsg.), Papers on the science of administration, New York, S. 3–13.

Gutenberg, E. (1983), Grundlagen der Betriebswirtschaftslehre, Band 1: Die Produktion, 24. Aufl., Berlin/Heidelberg/New York.

Hartmann, M. H. (2016), Die globale Wirtschaftselite: Eine Legende, Frankfurt a.M.

Heinen, E. (2012), Betriebswirtschaftliche Führungslehre: Grundlagen – Strategien – Modelle: Ein entscheidungsorientierter Ansatz, 2. Aufl., Wiesbaden 2012.

Ibarra, H. (1993), Personal networks of women and minorities in management: A conceptual framework, in: Academy of Management Review 18, S. 56–87.

Ibarra, H./Hunter, M. (2007), How leaders create and use networks, in: Harvard Business Review 85 (1), S. 40–47.

Katz, R. L. (1974), Skills of an effective administrator, in: Harvard Business Review 52 (5), S. 90–102.

Kocka, J. (2000), Management in der Industrialisierung – die Entstehung und Entwicklung des klassischen Musters, in: Schreyögg, G. (Hrsg.), Funktionswandel im Management – Wege jenseits der Ordnung, Berlin, S. 33–54.

Koontz, H./O'Donnell, C. (1955), Principles of management: An analysis of management functions, New York.

Kotter, J. P. (1982), The general managers, New York.

Krell, G./ Ortlieb, R./Sieben, B. (2018), Gender und Diversity in Organisationen: Grundlegendes zur Chancengleichheit durch Personalpolitik, Wiesbaden.

Lowe, K. B. (2003), Demands, constraints, choices and discretion: An introduction to the work of Rosemary Stewart, in: The Leadership Quarterly 14, S. 193–238.

Mackenzie, R. A. (1969), The management process 3-D, in: Harvard Business Review 47, S. 81–86.

McKnight, M. R. (1991), Management skill development: What it is. What it is not, in: Bigelow, J. D. (Hrsg.), Management skills: Explorations in Practical Knowledge, Newbury Park, Cal., S. 204–218.

Mintzberg, H. (1975), The manager's job: Folklore and fact, in: Harvard Business Review 53 (4), S. 49–61.

Mintzberg, H. (1980), The nature of managerial work, 2. Aufl., New Jersey.

Mintzberg, H. (2004), Managers not MBAs, San Francisco.

Neustadt, R. E. (1960), Presidential power, New York.

Powell, G. N (2018), Women and men in management, 5. Aufl., Thousand Oaks.

Rouleau, L./Balogun, J. (2011), Middle managers, strategic sensemaking, and discursive competence, in: Journal of Management Studies 48, S. 953–983.

Schreyögg, G./Hübl, G. (1991), Manager und ihre Arbeit, Diskussionsbeitrag Nr. 159, Hagen.

Stewart, R. (1982), Choices for the manager, New Jersey.

Sull, D./Eisenhardt, K. M. (2015), Simple rules: How to thrive in a complex world, Boston/N.Y.

Tengblad, S. (2006), Is there a ‚New Managerial Work'? A comparison with Henry Mintzberg's classic study 30 years later., in: Journal of Management Studies 43, S. 1437–1461.

Thomas, A. (2011) Interkulturelle Handlungskompetenz: Versiert, angemessen und erfolgreich im internationalen Geschäft, Wiesbaden.

Walgenbach, P. (1994), Mittleres Management: Aufgaben, Funktionen, Arbeitsverhalten, Wiesbaden.

Walgenbach, P./Kieser, A. (1995): Mittlere Manager in Deutschland und Großbritannien, in: Schreyögg, G./Sydow, J. (Hrsg.), Managementforschung 5: Empirische Studien, Berlin/New York, S. 259–310.

Weick, K. E. (1996), Speaking to practice: The scholarship of integration, in: Journal of Management Inquiry 5, S. 251–258.

Wheatley, M. (1992), The future of middle management, London.

Worley, T. D. /Williams, T. /Lawler, E. E. III (2014), The agility factor: Building adaptable organizations for superior performance, San Francisco.

Die Entstehung des Managements und der Managementlehre

2

Zusammenfassung

Kapitel 2 informiert zum einen über die Entstehung des Managements in der Praxis und zum anderen über die parallel dazu laufende Herausbildung der Managementlehre. Die Entstehung eines Managements und die Ausdifferenzierung verschiedener Managementfunktionen wird in engem Zusammenhang mit dem Unternehmenswachstum gestellt und der im Zuge dessen immer komplexer werdenden Koordinationsaufgabe. Diese Entwicklung führte schließlich dazu, dass die Unternehmensführung nicht mehr nur in einer Hand liegen konnte, sondern eines größeren Führungsapparates bedurfte, basierend auf entsprechenden Methoden. Das Management wurde im Laufe der Zeit immer mehr professionalisiert in Form systematisierter Methoden und Praktiken. Diese Entwicklung führte schließlich zur Gründung von Wirtschaftshochschulen, die eine professionalisierte Ausbildung von Nachwuchskräften sicherstellen.

Mit Gründung der Wirtschaftshochschulen (Business Schools) setzte auch die Entwicklung eines eigenständigen Faches innerhalb der Betriebswirtschaftslehre, nämlich der Managementlehre ein, die parallel zu den Sachfunktionen, wie etwa Fertigung, Absatz oder Finanzierung, die ausdifferenzierten Steuerungsfunktionen zum Gegenstand hat. Die Managementlehre hat sich nach zögerlichen Anfängen zu einem breiten und tiefen Wissensgebiet entwickelt, das Theorien zu den Funktionen Planung, Organisation, Personaleinsatz, Führung und Kontrolle umfasst. Darüber hinaus gehört hierzu institutionelles Wissen, das den Kontext unternehmerischen Handelns beleuchtet: der rechtliche Rahmen, die Marktdynamiken (einschließlich des Arbeitsmarktes) oder gesellschaftspolitische Entwicklungen. Die Managementlehre stellt sich heute nicht als fest geschlossener Block dar; sie hat sich aus unterschiedlichen, teils widersprüchlicher Strömungen entwickelt und muss auch heute eher als Konglomerat verschiedener Teile angesehen werden. Die Entwicklung der Managementlehre verläuft nach wie vor sehr dynamisch, die wissenschaftlichen Vereinigungen wachsen stetig; ihre globale Vernetzung ist in den letzten Jahren enorm gestiegen. Die weltweit bedeutsamste Assoziation, die *Academy of Management* (Sitz in New York) zählt heute mehr als 19.000 Mitglieder, die aus ca. 120 Ländern kommen. Sie gibt auch bedeutsame Zeitschriften heraus, die den Stand des Faches widerspiegeln.

2.1 Der Ursprung in der Praxis

Das Verständnis des Managements im institutionellen wie auch im funktionalen Sinne lässt sich vertiefen, wenn man dessen Entwicklungsgeschichte genauer studiert und dabei nach den Gründen fragt, die zur Entfaltung des Managements geführt haben. Es besteht weitgehend Einigkeit darüber, dass sich – unbeschadet mancher Vorläufer – das Management im heutigen Sinne erst im Laufe der Industriellen Revolution voll herausgebildet hat, genauer mit der Entstehung der industriellen Großunternehmung (Kocka 1975, S. 80 ff.). Diese brachte – im Vergleich etwa zum überschaubaren kleinen Handwerksbetrieb oder zu den mittelgroßen Fabriken in der Frühzeit der Industriellen Revolution – bedingt durch ihre Komplexität einen rasch wachsenden Koordinationsbedarf mit sich. Das lässt sich ganz sinnfällig am Beispiel des Wachstums der Eisenbahnen zeigen, die in der Mitte des 19. Jahrhunderts als Aktiengesellschaften gegründet wurden.

Bis dahin prägte die **Person** des Eigentümerunternehmers in den überschaubaren kleinen Handels-, Handwerks- und Industriebetrieben überwiegend die Art und Weise, wie die Arbeiten koordiniert wurden. Der Unternehmer steuerte seinen Betrieb nach eigenen Vorstellungen; der direkte Kontakt zum Personal machte allgemeine Regelungen zur Verteilung von Kompetenzen und Funktionen überflüssig. Sehr schön kommt diese direkte persönliche Führung in dem nachfolgenden Zitat aus dem ersten Buch zum Ausdruck (Emminghaus 1968, S. 164), das in praktischer Absicht „Systeme von Regeln für den erfolgreichen Betrieb der Gewerbe" anbot: „Die beste Instruktion ist die mündliche, die der allezeit und überall gegenwärtige, alles durchschauende Unternehmer selbst gibt, und die, welche ein Beispiel den Angestellten fortwährend vor Augen hält."

Genau diese **„personelle"** Lösung des Koordinationsproblems stieß bei den Eisenbahngesellschaften schnell an Grenzen. In dem Maße, wie immer mehr Züge pro Tag im Personen- und Frachtverkehr auf immer längeren und örtlich weit ausgreifenden Strecken sicher und effizient eingesetzt werden sollten, wuchs die Komplexität und Unübersichtlichkeit der Transportvorgänge, bis offensichtlich wurde, dass einige wenige Personen sie nicht mehr alleine koordinieren konnten. Schwere Eisenbahnunfälle in Serie mit Frontalzusammenstößen bei der „Western" in den USA in den 1840er-Jahren führten zu gerichtlichen Untersuchungen, die Reformen in der Organisation und Führung der Eisenbahngesellschaften nach sich zogen. Genauer wird diese Entwicklung in den sehr bekannten wirtschaftshistorischen Studien von Alfred D. Chandler (1977, S. 80 ff.) beschrieben.

2.1 Der Ursprung in der Praxis

Die Grenzen einer einfachen „personalen Steuerung" der Transporte wurden rasch spürbar. Die Überwachung und Koordination der Zugbewegungen (auch bei Verspätungen und Störungen) war mit dem einfachen Abstimmungssystem nicht mehr zu leisten.

Eine schließlich eingesetzte Untersuchungskommission schlug die Schaffung eindeutiger Kommunikationswege und Verantwortlichkeiten für die zentralen Aufgabenfelder der Eisenbahnverwaltung vor. Daraufhin wurden für alle drei geographisch getrennten Sektionen der Western identische Organisationsstrukturen geschaffen, die wiederum zentral durch das Hauptbüro in Springfield koordiniert wurden. Der „General Superintendent" war dem Präsidenten und dem „Board of Directors" der Western-Eisenbahngesellschaft verantwortlich. Alle Manager erstellten regelmäßig Berichte auf der Basis derjenigen Informationen, die sie selbst von ihren Untergebenen erhielten. Ferner wurden genaue Fahrpläne erstellt. Die Zugführer erhielten die Verantwortung für die Einhaltung der Pläne zusammen mit genauen Instruktionen, wie sie sich bei Zugverspätungen oder bei Störungen zu verhalten hatten.

Auf diese Weise entstand also – als Reaktion auf Abstimmungsprobleme – ein neues Management-Muster für die Koordination immer komplexer werdender Aufgaben und Arbeiten, das das Leitbild für alle später gegründeten Eisenbahngesellschaften in den USA wurde. Der wesentliche Unterschied zu seinem Vorläufer, der „personalen Koordination", lag genau in der Herauslösung der Koordinationsaufgaben aus ihrer engen Bindung an die jeweiligen persönlichen Einstellungen, Verhaltensweisen und situationalen Bedingungen und Verhältnisse in den drei Sektionsbüros. Insofern entstand eine „überpersönliche" Struktur von Stellen, eine Organisation mit mehreren Management-Ebenen und allgemeinen Verhaltensregeln.

Man kann also festhalten, dass die frühe Entwicklungsstufe des Managements durch die Ausgliederung der Managementfunktionen aus dem ursprünglich einheitlichen personalen Handlungszusammenhang, ferner durch deren Ausdifferenzierung und hierarchische Stufung gekennzeichnet ist.

Die Gründe für diese Entwicklung sind im Falle der Eisenbahngesellschaften deutlich geworden. Zwei weitere Gründe seien noch erwähnt (Kocka 1975, S. 82 ff.; Schreyögg 1984, S. 58 ff.):

1. Die Koordinationskomplexität wurde von vielen Unternehmungen durch Integration solcher Transaktionen in den Unternehmensverbund beschleunigt, die vorher von anderen Unternehmen ausgeführt und/oder über den Markt abgewickelt wurden (**vertikale Integration**). Diese Entwicklung betraf insbesondere die Integration von Distribution (Vorwärtsintegration), die primär zur Absicherung von Märkten angesichts von Überkapazitäten oder zur Abstimmung von Produktentwicklung, Produktionsprozessen und Markterfordernissen vorgenommen wurde. Natürlich mussten sich, damit die Integrationsstrategie auf Dauer gegenüber der desintegrierten Marktlösung im Wettbewerb Bestand hatte, dadurch Ertrags- und Kostenvorteile ergeben. Und in der Tat ist heute in der Theorie der Firma eine der zentralen Thesen, dass mit der Entfaltung, Spezialisierung und Rationalisierung der Managementfunktionen eine „organi-

satorische" Lösung der komplexen Koordinationsaufgaben in Großunternehmen möglich wurde, die in vielen Fällen geringere (Transaktions-)Kosten als die Marktkoordination mit sich brachte (Coase 1937; Williamson 1975).
2. Die Koordinationskomplexität wurde ferner durch die Herausbildung von Mehrproduktunternehmen beschleunigt. In dem Maße, wie die erschlossenen Märkte durch Auftauchen neuer Unternehmen enger wurden und infolge von Sättigungserscheinungen ein schnelles Marktwachstum nicht mehr zu erwarten stand, dehnten die Großunternehmen ihre Geschäfte auch auf andere viel versprechende Branchen und auf ausländische Märkte aus. Diese Bestrebungen zur **Diversifizierung**, die schon in der Frühphase der Industrialisierung zu beobachten waren, verkomplizierten für das Unternehmen die Steuerungsprobleme (noch einmal) und erzwangen so ebenfalls eine „Entindividualisierung" der großbetrieblichen Steuerungsaufgaben durch Ausbildung eines Managementsystems (Chandler 1962).

Bei den amerikanischen Eisenbahngesellschaften scheint die Entdeckung und Entwicklung der neuen Managementfunktionen primär eine Leistung derjenigen Praktiker gewesen zu sein, die mit dem Aufbau und anschließenden Betrieb der Eisenbahnen tagtäglich zu tun hatten; sie bekamen den Druck der ungelösten Koordinationsprobleme gleichsam unmittelbar zu spüren und mussten Lösungen dafür finden. Es scheint – mit anderen Worten – nicht so gewesen zu sein, dass Erfahrungen aus anderen Großorganisationen, die mit ähnlichen Problemen konfrontiert waren, wie dem Militär oder der öffentlichen Verwaltung, direkt von den Eisenbahngesellschaften übernommen wurden. Gleichwohl waren diese Bereiche aber indirekt eine Quelle der Lösungen im Eisenbahnwesen, insofern sie nämlich zur Ausbildung von Ingenieuren und Verwaltungsbeamten beitrugen, die dann im Eisenbahnwesen tätig wurden (Chandler 1977, S. 95; ferner Kaufman et al. 1995).

In Deutschland zeigte sich eine andere Entwicklung. Hier wurden organisatorische Lösungen (und darin geübte Beamte) gezielt aus der öffentlichen Verwaltung übernommen und an die besonderen Bedürfnisse der wachsenden Privatunternehmen angepasst. Aufgabenverteilungen und Anordnungsbefugnisse wurden – zusammen mit Kompetenzabgrenzungen, Informationswegen und anderen Formalia – im Detail ausgearbeitet und schriftlich festgelegt. Insgesamt – so das Urteil von Kocka (1975, S. 86 f.) – sei diese Übernahme von Problemlösungsmustern aus der öffentlichen Verwaltung günstig für die Entwicklung eines frühen systematischen Managements in den entstehenden Großunternehmen gewesen und habe das Unternehmens- und Wirtschaftswachstum erleichtert (vgl. auch Chandler 1990, S. 393 ff.).

Für das Verständnis der Entstehungsgeschichte des Managements ist es ferner wichtig zu sehen, dass hier nicht so etwas wie die **Delegation** von Aufgaben vorliegt, die der bisherige Eigentümer-Unternehmer an Personen seines Vertrauens vorgenommen hat, um sich zu entlasten. Der Delegationsbegriff schließt ja die Möglichkeit ein, das, was delegiert wurde, wieder zurückzunehmen in den eigenen Aufgabenbereich. Das kann der Eigentümer eines Großunternehmens jedoch nicht, und zwar aus strukturellen Gründen, ganz unabhängig von seinen persönlichen Fähigkeiten und Wünschen. Die Aufgabe, ein Großunternehmen zu führen, lässt sich wegen der Komplexität dieser Aufgabe prinzipiell nicht mehr von einer einzelnen Person bewältigen. Die Informationsverarbeitungs- und Koordinationskapazität eines Einzelnen ist dafür schlicht zu gering. Hinzu kommt, dass die Managementfunktionen sich inhaltlich soweit entwickelten und ausdifferenzierten, dass sie lehr- und lernbar wurden. Die Eigenschaft, Eigentümer zu sein, ist mit der Entstehung der Großunternehmung also keine ausreichende Qualifikation für die Unternehmensführung mehr. Entscheidend ist die über Ausbildung und Praxis erworbene Qualifikation als Manager. Manager zu sein wurde zu einem Beruf. Die mit dieser Professionalisierung zwangsläufig verbundene Spezialisierung ist eine weitere strukturelle Barriere gegen die Rück-Delegation aller Leitungsaufgaben an die Eigentümer (Kocka 1971, S. 347 ff.). Man kann das auch so ausdrücken, dass die Entwicklung des Managements irreversibel ist.

2.2 Die Ideengeschichte des Managements: Schulen, Lehrmeinungen, Strömungen

Die angedeutete Professionalisierung des Managements (vgl. dazu kritisch Donham 1962), d. h. die Ausbildung eines eigenständigen Berufes des Managers, ist – wie bei anderen Berufsbildungen auch – an verschiedenen äußeren Kennzeichen ablesbar, wie etwa der Entstehung von beruflichen Vereinigungen, der Gründung von berufsbezogenen Fachzeitschriften, der Organisation von Tagungen, auf denen gemeinsam interessierende Probleme diskutiert werden können, und nicht zuletzt der Einrichtung von Ausbildungsgängen, die gewissen Qualitätsstandards genügen müssen. Dass es zu einer Professionalisierung der Managementaufgabe kam, dürfte unbestritten sein. Umstritten ist allerdings, ob Management zu einer „Profession" im soziologischen Sinne (Stichweh 2005) geworden ist, wie dies etwa bei Ärzten oder Rechtsanwälten der Fall ist. Es fehlt hier vor allem die Exklusivität, d. h. der Managementberuf kann auch von Personen ausgeübt werden, die keine solche formale Ausbildung durchlaufen haben, und auch der konstitutive Wissensbereich ist nicht eingegrenzt genug. Ferner fehlt ein verbindlicher **beruflicher Ethikkodex** (Barker 2010).

Der Prozess der Professionalisierung trug dazu bei bzw. setzte auch voraus, dass das in der Praxis gewonnene neue Wissen aufgeschrieben, begrifflich und systematisch durchdrungen und in größere Erklärungszusammenhänge eingeordnet wird. Die bereits erwähnte „Allgemeine Gewerkslehre" von A. Emminghaus aus dem Jahre 1868 ist ein Beispiel für derartige Bestrebungen. Sie alle zusammen bilden das, was man heute rückblickend als **„Ideengeschichte des Managements"** bezeichnet.

Diese Geschichte darf man sich allerdings nicht als eine systematisch gewachsene Ansammlung von wohlgeordnetem kumulierten Wissen vorstellen (falls es so etwas überhaupt geben sollte). Zu sehr vereinzelt und disparat waren die spezifischen Problemlagen und es waren ja im Wesentlichen Praktiker, die sich daran gemacht hatten, ihr Wissen niederzuschreiben. Als die „Managementlehre" – zum Teil unter ganz verschiedenen Fachbezeichnungen – dann nach und nach Eingang in die Universitäten fand, hatte das keineswegs eine rasche Vereinheitlichung des Lehr- und Forschungsprogramms zur Folge. Wie bei allen jungen Disziplinen stritt man darüber, ob es sich hier überhaupt um ein eigenständiges (akademisches) Lehrgebiet handeln kann, und wenn ja, welches denn wohl die zu einem solchen Lehrgebiet gehörenden „Teilgebiete" sein müssten. Und wie bei allen Wissenschaften unterscheidet man verschiedene Schulen, deren Querbezüge nicht immer leicht zu durchdringen sind, so dass manche sogar von einem „Management-Theorien-Dschungel" sprachen (Koontz 1961, 1980). Eine Vereinheitlichung ist bis zum heutigen Tage noch nicht eingetreten – und wird wohl auch nicht eintreten, dennoch hat sich ein anerkannter Wissenskern herausgeschält, der die Disziplin heute kennzeichnet.

2.2.1 Die Etablierung des Fachs an den Hochschulen

2.2.1.1 Die geschichtliche Entwicklung: USA und Deutschland

Zur Etablierung der Managementlehre an den Hochschulen haben zunächst einmal wichtige Publikationen von Praktikern beigetragen. Mit der Etablierung der Betriebswirtschaftslehre an Universitäten und Hochschulen begann dann auch die systematische – nicht nur vereinzelt betriebene – theoretische Beschäftigung mit dem Management. Am frühesten und zügigsten vollzog sich dabei diese Entwicklung in den USA, wo man wohl auch weniger mit Vorbehalten der „scientific community" gegenüber dem Wissenschaftscharakter des neuen Fachs zu kämpfen hatte; später folgten Deutschland und, mit großen (nur aus den Eigenarten des Bildungssystems erklärbaren) Verzögerungen, das „Mutterland" der Industrialisierung und damit eigentlich des Managements England.

In den USA wird die Entstehung der „Business Schools" an den Universitäten als der letztlich entscheidende Schritt zur Professionalisierung des Managements eingestuft (Chandler 1977, S. 466). Die ersten Kurse und Ausbildungsgänge in „business administration" wurden um die Jahrhundertwende etabliert; 1881 entstand z. B. als erste die heute noch berühmte „Wharton School of Commerce and Finance", ein Jahrzehnt später gründeten die Universitäten von Chicago und California „undergraduate schools of commerce". Als 1908 die „Harvard Business School" gegründet wurde, die über die Zeit hinweg wohl über das größte Renommee aller „Business Schools" in den USA verfügt, war das Fach „Business Administration" bereits an einer Reihe anderer Universitäten etabliert.

Die Ausbildung in „Business Administration" orientierte sich von Anfang an sehr stark an den Bedürfnissen der Praxis. Neben allgemeinen kaufmännischen Fächern (Buchhaltung, Handelsrecht etc.) wurden dabei z. B. in Harvard auch Kurse über das Management in bestimmten **Wirtschaftszweigen** (Industrie, Handel, Transport) angeboten. Für das Eisenbahnwesen gab es etwa Wahlkurse in „Railroad Organization and Finance", „Railroad Operation" und „Railroad Rate-Making". Und um 1910 tauchten dann schon Kurse auf, die **allgemeine Managementprobleme** in den Mittelpunkt rückten und weniger die Führungsprobleme einzelner Wirtschaftszweige. Als Teil einer Allgemeinen Managementlehre lässt sich so der erste Kurs in Unternehmenspolitik („Business Policy") ansehen, der in Harvard 1911/12 erstmals angeboten wurde und bereits die heute berühmte **Fall-Methode** (in Anlehnung an die Juristen-Ausbildung an der Harvard Law School) verwendete. In den Folgejahren wurden dann sehr viele neue Business Schools in den verschiedensten US-Staaten gegründet.

Etwa um 1920 war in den USA der Berufsstand der Manager etabliert. Es gab eine systematische Berufsausbildung an den Universitäten, allgemeine und wirtschaftszweigbezogene Berufsverbände waren entstanden, Fachzeitschriften wurden gegründet und der Beruf der Unternehmensberater hatte sich entwickelt.

Die Managementausbildung an den Universitäten war in den Folgejahren dabei keineswegs frei von Kritik. Das pragmatische Vorgehen der „Business Schools" führte z. B. zur Vernachlässigung der Forschung und zu einer allzu vordergründig praxisorientierten, wenig theoriegeleiteten Lehre. Diese Kritik hatte dann Reformen zur Folge. Heute schlägt das Pendel in gewisser Weise wieder zurück, zunehmende Kritik wird laut, die „Business Schools" seien zu theoretisch, viel zu quantitativ orientiert und bildeten zu wenig praktisches unternehmerisches Denken und Handeln aus (Behrman und Levin 1984; Mintzberg 2004). Ins Zentrum rückt die Frage nach „rigor and relevance" (Kieser et al. 2015).

Insgesamt aber ist das Fach Management zu einem machtvollen Faktor in der Hochschullandschaft geworden. Der dazu gehörige Berufsverband, die Academy of Management, wurde 1936 gegründet und zählt heute (Stand 2019) mehr als 19.000 Mitglieder; er ist zu einer internationalen Assoziation geworden, mit Managementwissenschaftlerinnen und -wissenschaftlern aus 120 Ländern. Er untergliedert sich derzeit in 25 auf bestimmte Wissensgebiete spezialisierte Divisionen. Die Academy gibt die weltweit mit am bedeutsamsten Managementzeitschriften heraus, dazu gehören insbesondere *The Academy of Management Review* und *The Academy of Management Journal*.

In den **deutschsprachigen Ländern** (Deutschland, Österreich, Schweiz) entstanden ebenfalls Ende des 19. Jahrhunderts Pflanzstätten der höheren kaufmännischen Bildung, nämlich die Handelshochschulen (1898 in Leipzig, Wien, St. Gallen). Es waren dies keine staatlichen Anstalten wie die Universitäten, sondern Institutionen in privater oder städtischer Trägerschaft. Sie verfolgten mit ihrem Lehrangebot aber zunächst mehr den Zweck, die Allgemeinbildung der Kaufleute zu erhöhen; neben Volkswirtschaftslehre, Recht, Buchhaltung und kaufmännischem Rechnen spielten die Fremdsprachen eine bedeutende Rolle, damit die Ausrichtung auf den Außenhandel und die Weltwirtschaft dokumentierend (Schneider 1995: 220; Franz und Kieser 2002, S. 67). Eine Betriebswirtschaftslehre gab es ja noch nicht. In der weiteren Entwicklung hin zu einer akademischen Betriebswirtschaftslehre waren zunächst die Managementfunktionen nicht zentral. Es dominierten in den 1920er-Jahren mit Blick auf die Anforderungen „praktischer Betriebsführung", insbesondere die „Kontrolle der Betriebsgebarung" (Kostenkontrolle bei stagnierenden Märkten) und Fragen des Rechnungswesens (vor allem Schmalenbach 1925, 1926), wobei auf diesem Gebiet die Leistungen im angloamerikanischen Raum deutlich übertroffen wurden.

In der Zeit des Nationalsozialismus bleibt die Betriebswirtschaftslehre dann völlig von den Managemententwicklungen in den USA abgekoppelt (vgl. Potthoff 2002). Und erst in den 1950er-Jahren treten, nicht zuletzt angestoßen durch Erich Kosiol und durch Erich Gutenberg, auch Fragen der Planung und Organisation stärker in den Mittelpunkt der Betriebswirtschaftslehre (Gutenberg 1983; Kosiol 1959).

Von dort an ist dann ein kontinuierlich wachsendes Interesse der Betriebswirtschaftslehre an Fragen der Unternehmensführung bzw. des Managements zu registrieren. Es werden Lehrstühle für Unternehmensführung gegründet, im Zuge der verhaltenswissenschaftlichen Öffnung des Fachs viele Lehrinhalte aus der amerikanischen – stark soziologisch und psychologisch orientierten – Organisationswissenschaft rezipiert, wissenschaftstheoretische Grundsatzdiskussionen über das Verhältnis von Betriebswirtschaftslehre einerseits und Managementlehre andererseits geführt und – ähnlich wie schon früh in den USA – werden auch in Kooperation von Wissenschaft und Praxis Weiterbildungsinstitutionen für die Praxis des Managements gegründet, wie etwa das „Universitätsseminar der Wirtschaft". Schließlich erscheinen erste Lehrbücher für das Fach Anfang der 1970er-Jahre, wie etwa von Hans Ulrich und Edwin Rühli, und Anfang der 1980er-Jahre von Wolfgang H. Staehle. Seit Mitte der 1990er-Jahre erlebt das Fach Management geradezu einen Boom. Die stürmische US-amerikanische Entwicklung strahlt auch auf die deutsche Hochschullandschaft aus.

2.2.1.2 Status und Einordnung des Fachs

Die Managementlehre – so wie sie sich heute darstellt – ist ihrem Charakter nach eine Lehre der systematischen Analyse von betrieblichen Steuerungsproblemen. Sie kennt kein abstraktes Identitätsprinzip – wie etwa das Knappheitsprinzip –, sondern dies ist das **praktische Steuerungsproblem**. Genauer gesagt, sind es die Probleme, die sich beim Aufbau und der Steuerung einer Unternehmung bzw. Organisation ganz konkret stellen. Die in der Praxis der betrieblichen Steuerung entstehenden Probleme entziehen sich grundsätzlich einer schematischen Klassifikation nach solchen Disziplinen, wie man sie traditionsgemäß abzugrenzen gewohnt ist. Nur die Grundlagenforschung kennt rein psychologische oder rein physikalische Probleme; die Steuerungsprobleme sind dagegen praktische Probleme, sie nehmen keine Rücksicht auf Disziplinen; sie sind ihrer Natur nach **„a-disziplinär"** (Ulrich 1985). Diese Perspektive einer eigenständigen Problemlösungs- und Integrationswissenschaft ist keineswegs ungewöhnlich, im technischen Bereich sind die Ingenieurwissenschaften in gleicher Weise etabliert.

Das **Prinzip der Problemorientierung** fordert dazu auf, über alle Disziplingrenzen hinweg auftretende Probleme bei der Steuerung von Betrieben zu verstehen, zu formulieren (zu „konstruieren") und solches Wissen zu generieren oder aus Grundlagendisziplinen einzuarbeiten, das der Problemlösung dienlich ist (vgl. zur Gegenposition Schneider 1995).

Um ihre auf Probleme des betrieblichen Handelns bezogene Aufgabe wissenschaftlich zu bewältigen, muss die Managementlehre Aussagensysteme entwickeln, die ihrem Charakter nach einer praktischen Wissenschaft entsprechen. Diese unterscheiden sich von den Grundlagenwissenschaften, d. h., das Vorbild der Physik soll hier nicht übernommen werden. Dieses Handlungs- und Problemlösungswissen ist spezifisches Wissen im Umgang mit Problemen und hat seine eigene Methodik. Es sei betont, dass es sich dabei um eigenständige wissenschaftliche Aussagensysteme handelt, die denen der Grundlagenwissenschaften nicht nachstehen.

Ein Problembezug in der beschriebenen Weise ist „**wertfrei**" nicht möglich; dies schon deshalb nicht, weil bessere vor schlechteren Problemlösungen auszuzeichnen sind, aber auch, weil Selektionskriterien benötigt werden für die fortlaufend zu treffenden Relevanz- und Auswahlentscheidungen. Die Managementlehre ist daher zwangsläufig normativ. Sie ist folglich auch in diesem Sinne „praktische Wissenschaft". Auch wenn lange Zeit auf der Idee einer wertfreien Wissenschaft beharrt wurde, die Managementlehre kann einer normativen Reflexion ihrer Handlungsgrundlagen nicht entraten.

Zusammenfassend lässt sich sagen, dass die Managementlehre eine wissenschaftliche Disziplin besonderer Art ist, sie strukturiert und entwickelt sich nach dem Postulat der Problemorientiertheit. Sie setzt damit strukturell anders an als die Grundlagen-Disziplinen und sie arbeitet unter ganz anderen Maximen.

2.2.2 Die Entwicklung von Lehrmeinungen (Schulen)

Betrachtet man die Ideengeschichte des Managements genauer, so lässt sich eine Reihe von mehr oder weniger gut abgrenzbaren „Denkströmungen" ausmachen, die durch die Dominanz eines bestimmten Orientierungsrahmens, einer zentralen theoretischen Leitidee, gekennzeichnet sind. Diese Orientierungsrahmen waren zu Beginn Epochen zugeordnet. Zunehmend zeichnet sich jedoch ab, dass sich die Managementlehre nicht mehr entlang bestimmter „Epochen" entwickelt, sondern auf der Basis unterschiedlicher theoretischer Orientierungsrahmen, die zeitlich parallel existieren. War schon zu Beginn der Entwicklung der Wechsel von einer Epoche zu einer anderen nicht immer so zu verstehen, dass ältere Gedanken vollständig „über Bord geworfen" und durch neue ersetzt wurden, so trifft dies heute umso mehr zu. In diesem Sinne geht es sehr viel mehr um die Ergänzung bereits entwickelter Bezugsrahmen und insgesamt um die Identifikation und Ausfüllung von Forschungslücken. Dabei gehört es zu einer sich infradisziplinär verstehenden Managementlehre, dass durch die Orientierung an praktischen Steuerungsproblemen das in unterschiedlichen Orientierungsrahmen entwickelte Wissen auch immer wieder zu integrieren und somit vor dem Hintergrund unterschiedlicher Perspektiven zu validieren. Die wichtigsten Denkströmungen lassen sich grob wie folgt klassifizieren:

- Klassiker des Managements,
- verhaltenswissenschaftliche Ansätze,
- mathematisch-quantitative Ansätze,
- systemtheoretische Ansätze,
- neoinstitutionalistische und institutionenökonomische Ansätze,
- evolutions- und prozessorientierte Ansätze.

Mit dieser Einteilung in sechs Denkströmungen werden ohne Zweifel nicht alle feinen Ausdifferenzierungen der Managementlehre erfasst. Der grobe Überblick genügt jedoch, um die zentralen gedanklichen Orientierungen festzumachen; es ist hier – mit anderen Worten – keine genaue Auflistung aller Lehrmeinungen beabsichtigt (einen breiten Überblick gibt Witzel 2016).

2.2.2.1 Die Klassiker des Managements

Am Anfang der Ideengeschichte des Managements stehen – wie bereits erwähnt – Arbeiten von Autoren, die versucht haben, ihre praktischen Erfahrungen und praktisch erprobten Ideen systematisch zu ordnen und niederzuschreiben. Ihr Blickwinkel ist dabei mehr oder weniger weit ausgelegt. Manche haben nur den engeren Bereich der Bestgestaltung von Arbeitsvorgängen und -vollzügen im Blick, bei anderen weiten sich die Ansätze schon zu Versuchen aus, die Funktionen des Managements umfassender zu betrachten und sinnvoll auszudifferenzieren.

Frederick W. Taylor
Der erste Autor, der in diesem Zusammenhang zu nennen ist und der Anfang des letzten Jahrhunderts zunächst in den USA und später dann auch in Deutschland (ab 1918) eine breite Resonanz in der Praxis gefunden hat, ist Frederick W. Taylor (1856 bis 1915), ein Praktiker mit ingenieurwissenschaftlicher Vorbildung. Er ist der „spiritus rector" und Promotor des sogenannten „Scientific Management", im deutschen Sprachraum nicht ganz glücklich mit „Wissenschaftliche Betriebsführung" übersetzt (Taylor 1911). Es ging ihm nämlich weniger um eine geordnete Erfassung des Gesamtbereichs des Managements (aus der Perspektive der obersten Führung) als vielmehr um exakte Prinzipien zum rationellen Einsatz von Menschen und Maschinen im Produktionsprozess; er hat insofern mit seinen Prinzipien, Beispielen und Techniken eher die unteren Ebenen des Managements im Auge, obwohl die von ihm propagierten Management-Prinzipien später dann auch in Versuche zu einer systematischen Ordnung der Management-Funktionen per se eingegangen sind.

Die bis dahin übliche traditionelle Art und Weise, die industriellen Arbeitsvollzüge zu gestalten, revolutionierte Taylor, indem er – nicht zuletzt im Gefolge vieler Experimente in der Industrie (Copley 1923) – die Einheit von Planung und Ausführung der Arbeit auflöste. Unter dem alten System war es der (Vor-)Arbeiter gewesen, der auf der Grundlage seiner gesammelten Erfahrungen fast alle Arbeitsvollzüge selbst gedanklich vorbereitete, dann die notwendigen Arbeiten ausführte und schließlich die Ergebnisse kontrollierte. Er war „Planer", „Gestalter" und „Kontrolleur" in einem. Indem diese Einheit aufgebrochen und damit die Planung und Kontrolle von der Bindung an die Person des Arbeiters gelöst wurde, entstand zuallererst die Möglichkeit, die Arbeitsplanung systematischer zu gestalten und zu entwickeln. Auf diese Weise sollten **Spezialisierungsvorteile** geschaffen und genutzt werden: Das Management wird Träger der Arbeitsplanung und -kontrolle, der Arbeiter soll sich auf die Ausführung der (für ihn) vorgeplanten (einfachen) Arbeitsverrichtungen konzentrieren.

Damit war Platz geschaffen für die systematische Anwendung wissenschaftlich angeleiteter Methoden bei der Arbeitsplanung. Die Analyse der Arbeitsvorgänge, die Zerlegung der Arbeit in möglichst kleine Arbeitselemente (Arbeitsteilung) mit der Möglichkeit der Spezialisierung der Arbeiter, die Messung der Zeit für deren bestmögliche Ausführung (Best-Arbeiter), kurz: Die Methoden- und Zeitstudien (Industrial Engineering) konnten nun entwickelt und eingesetzt werden, um durch die Planung der Arbeit die Voraussetzungen für hohe Arbeitseffizienz zu schaffen. Zur Nutzung dieses so geschaffenen Potenzials sollten dann geeignete Arbeiter ausgewählt, (kurz) angelernt und durch finanzielle Anreize hoch motiviert werden; hier taten sich neue Aufgaben für das Personalmanagement auf. Schließlich bedurfte es systematischer Kontrollanstrengungen, um die Arbeitsergebnisse zu prüfen und zu überwachen.

„Wissenschaftliche Betriebsführung" – das wird deutlich – hatte also eine beachtliche Ausweitung der Managementaufgaben mit entsprechender Erweiterung und Differenzierung der Managementhierarchie zur Folge. Viele Planungs- und Kontrollaufgaben, die vorher von Vorarbeitern und Arbeitern erledigt wurden, hat man jetzt Spezialisten im Einkauf, in der Produktion, in der Qualitätskontrolle, im Personalwesen etc. übertragen. Die wissenschaftliche Betriebsführung ließ damit die Kosten des Managements beachtlich steigen; da gleichzeitig die Arbeitskosten pro Leistungseinheit aber durch weitgehende Arbeitsteilung und hohe Spezialisierung der Arbeiter auf einfache Verrichtungen noch stärker gesenkt werden sollten, erwartete man insgesamt einen hohen positiven Netto-Effekt auf die ökonomische Effizienz des Betriebs (Albers 1969: 38).

Die Kerngedanken des „Scientific Management" hat Taylor in Management-Prinzipien (verstanden als allgemeingültige Handlungsregeln für Manager) niedergelegt. Danach erfordert ein effizientes Management unter anderem

- die Trennung von Planung und Ausführung sowie die weitgehende Teilung der Arbeit,
- die Kontrolle der Ausführung durch das Management,
- die leistungsgerechte Differenzierung finanzieller Anreize (Akkordsätze) nach Maßgabe von Zeitstudien und
- eine funktionale Gliederung der Organisation und der Vorgesetztenaufgaben (Funktionsmeistersystem).

Das Fließband galt und gilt bis heute als letzte Steigerung des Taylorsystems. Die Ideen von Taylor sind von seinen Schülern Frank B. Gilbreth (1868 bis 1924) und Lillian E. Gilbreth (1878 bis 1972) in einer wichtigen Hinsicht ergänzt worden, nämlich durch **Bewegungsstudien**, die der Elimination unzweckmäßiger oder überflüssiger Bewegungsabläufe bei der Ausführung der Arbeit dienen sollten. Henry L. Gantt (1861 bis 1919) entwarf ein Lohnanreizsystem, das dem von Taylor überlegen war, und schuf vor allem mit dem **Gantt-Chart** eine einfache und effiziente Planungs- und Kontrolltechnik, die die Produktionsplanung systematisieren sollte; sie findet bis heute in der Praxis (nunmehr softwaregestützt) Verwendung.

So erfolgreich das Taylorsystem auf der einen Seite war, so sehr umstritten war es auf der anderen Seite, und zwar von Anfang an. Man sah schon früh die **negativen Konsequenzen** des „Scientific Management" für den arbeitenden Menschen in Form der Entfremdung von seiner Arbeit (Teilung und dadurch Sinnentleerung der Arbeit, Disziplinierung und Überwachung der Arbeiter mit der Folge der Fremd- statt Selbstbestimmung etc.). Als es schließlich zu Streiks und massiver Opposition gegen das Taylorsystem kam, entschloss sich der US-Kongress 1912, ein Hearing zu veranstalten, das klären sollte, ob dieses System ethisch vertretbar sei oder ob es den Arbeiter ausbeute. Taylor selbst hat diese negativen Konsequenzen so nicht antizipiert und auch nicht akzeptiert. Vor dem Kongress argumentierte er, dass sein System nur dann funktioniere, wenn Kapital und Arbeit sich den Produktivitätszuwachs teilten („ein herzliches brüderliches Zusammengehen"). Er ging von der Voraussetzung aus, dass jeder Arbeiter bzw. jede Arbeiterin in der Arbeit letztlich nach hohen Löhnen strebt, also als „economic man" an finanziellen Anreizen in Konkurrenz zu den anderen Arbeitern interessiert ist. Er versuchte deshalb auch, zwischenmenschliche Beziehungen (human relations) in der Arbeit als eher störend und leistungshindernd durch solche arbeitsorganisatorischen Lösungen zu ersetzen, die dem einzelnen Arbeiter gestatteten, möglichst isoliert von anderen sich ganz auf den eigenen Leistungsvollzug zu konzentrieren (Albers 1969: 40; Wächter 1987, S. 212 f.; Kieser 2019a).

Für die Ideengeschichte des Managements sind – über diese sehr spezifische Kritik der „human relations" hinaus – die Taylor'schen Gedanken in mehr formaler Hinsicht von Bedeutung, wurde doch hiermit erstmals die Verselbständigung und Ausformung von Managementfunktionen zum Konzept erhoben. Planung und Kontrolle gewinnen im „Scientific Management" als eigenständige Managementfunktionen Gestalt.

Henri Fayol
Neben Frederick W. Taylor ist Henri Fayol (1841 bis 1925), Ingenieur und ehemals Generaldirektor einer französischen Bergwerksgesellschaft, der zweite wichtige Klassiker des Managements. Ihm ist der erste Entwurf eines (konzeptionellen) Bezugsrahmens für die Managementlehre zu verdanken. Anders als der pragmatische Amerikaner Taylor ist der Franzose Fayol – der rationalistischen Denktradition seines Landes verpflichtet – auf eine systematische Ordnung aus, die er erstmals 1916 in seinem Buch „Administration industrielle et générale" vorstellt. Hier liegt gleichsam der Ursprung der funktionalen Betrachtung des Managements, wie sie einleitend als Managementprozess in groben Zügen dargestellt wurde und noch heute zum Kernbestandteil fast aller Management-Lehrbücher gehört. Über eine Systematik der Managementfunktionen hinaus hat Fayol ferner 14 „Managementprinzipien" als Handlungsanleitung für erfolgreiches Management formuliert (vgl. Kasten 2.1).

Kasten 2.1

Henri Fayols Allgemeine Prinzipien des Managements

1. Arbeitsteilung: Mehr und bessere Arbeit bei gleicher Anstrengung ist durch Spezialisierung erzielbar.
2. Autorität und Verantwortung: Autorität ist das Recht, Anweisungen zu erteilen und Gehorsam zu verlangen. Autorität verlangt Verantwortung, sie ist das natürliche Gegenstück.
3. Disziplin: Ohne Disziplin kann kein Unternehmen gedeihen.
4. Einheit der Auftragserteilung: Für jedwede Arbeit sollte ein Beschäftigter nur Anweisungen von einem Vorgesetzten erhalten.
5. Einheit der Leitung: Alle Anstrengungen, Koordinierungen, Anweisungen, müssen auf ein Ziel hin ausgerichtet sein („one head, one plan").
6. Unterordnung des Einzelinteresses unter das Gesamtinteresse: Das Interesse einzelner Beschäftigter oder einer Gruppe sollte nicht die Oberhand über das ganze Unternehmen bekommen.
7. Entlohnung des Personals: Die Entlohnung des Personals ist der Preis für die erbrachten Leistungen; sie sollte fair und angemessen sein.
8. Zentralisierung: Die Zentralisierung ist natürlicher Bestandteil jeder Organisation, alle Entscheidungen müssen an einem Ort zusammenlaufen. Das optimale Ausmaß an Zentralisierung muss für jedes Unternehmen individuell gefunden werden.
9. Skalare Kette: Die skalare Kette ist der Instanzenzug, beginnend bei der höchsten Autorität bis zur untersten Führungsebene. Dies ist der Weg, den alle Kommunikationen zu durchlaufen haben. In Ausnahmefällen ist jedoch horizontale Kommunikation zu erlauben („Brückenschlag").
10. Ordnung: Jedem Mitarbeiter und jedem Ding seinen Platz und alles auf seinem Platz.
11. Gerechtigkeit: Der Unternehmensleiter sollte danach streben, auf allen Führungsebenen einen Sinn für Billigkeit und Gerechtigkeit zu entwickeln.
12. Stabiler Führungskader: Es braucht lange Zeit für die Führungskraft, sich zurechtzufinden; eine hohe Fluktuation ist unproduktiv.
13. Initiative: Initiative ist die Kraft, sich einen Plan auszudenken und seinen Erfolg sicherzustellen. Die Initiative aller Beschäftigten ist eine Quelle der Stärke für jedes Unternehmen.
14. Esprit de corps: In der Einheit liegt die Stärke.

Quelle: Fayol 1929

Fayol unterschied schließlich fünf Management-Funktionen – „éléments d'administration", wie er sie nannte. Dazu gehören die

1. Planung und
2. Organisation als Vorbereitung des Handelns, der
3. Befehl und die
4. Koordination als das Handeln selbst und die
5. Kontrolle als Registrierung des erzielten Handlungserfolgs.

Die Planung (1) umfasst bei Fayol die Prognose der Zukunft und die Vorbereitung auf diese. Sie soll – ganz allgemein formuliert – die Ziele und den zukünftigen Kurs der Unternehmung (langfristig) festlegen. Fayol war der Auffassung, dass eine so umfassend verstandene Planung nicht nur die schwierigste aller Management-Funktionen sei, sondern auch die Vorbedingung, um das Management (seiner Zeit) von Grund auf zu verbessern. „Planloses" Handeln verführe zum zögerlichen Vorgehen, zu falschen Schritten und zu plötzlichen Kursänderungen, die die Quelle so vieler Schwächen und Einbrüche von Unternehmungen seien (Fayol 1929). Es mag heute fast banal erscheinen, was Fayol seinerzeit über Planung gesagt hat, jedoch muss man seine Aussagen zeithistorisch verstehen; so war es damals keineswegs selbstverständlich, Planung und Ausführung zu unterscheiden (vgl. Massie 1965, S. 388).

Organisieren (2) heißt dann der Entwurf und die Realisierung einer zweckmäßigen (Organisations-)Struktur für die Unternehmung, die dazu dienen soll, das Geplante zu verwirklichen und die Ausstattung dieser Struktur mit Mitarbeitern. Fayol unterscheidet also noch nicht zwischen „Organisation" und „Personaleinsatz" als distinkten Managementfunktionen. Diese Trennung wird erst später vollzogen. Organisieren steht – so gesehen – bei Fayol in einer instrumentellen Beziehung zur Planung (ist „Mittel zum Zweck"), gehört aber gleichzeitig noch der Vorbereitung des Handelns (als dem eigentlichen realen Arbeitsvollzug) an. Ferner geht mit der pointierten Betonung des strukturellen Aspekts der Organisation eine Ausblendung des „Faktors Mensch" in seiner Bedeutung für den Entwurf effizienter Organisationen einher, eine Ausblendung, die für alle Klassiker des Managements kennzeichnend ist. Für Fayol ist der Organisationsentwurf eine Ingenieursaufgabe („organizational engineering"). Das kommt auch sehr deutlich in dem nachfolgenden Zitat von James D. Mooney, Vizepräsident der General Motors Corporation in den 1930er-Jahren, zum Ausdruck, wenn er über die organisatorische Koordination menschlicher Anstrengungen spricht: „The job as such is therefore antecedent to the man on the job, and the sound co-ordination of these jobs, considered simply as jobs, must be the first and necessary condition in the effective co-ordination of the human factor." (Mooney 1937, S. 92)

Organisation heißt also formale Organisation und hat mit den Beziehungen zwischen Stellen, nicht zwischen Menschen, zu tun. Es wird unterstellt, dass sich der Mensch friktionslos und effizienzneutral an die entworfenen Strukturen anpasst. Entworfen wird gleichsam eine „Organisations-Maschine". Mit dieser Beschränkung auf die Struktur geht – so gesehen – eine wichtige Einengung des Organisationsbegriffs einher, die später

2.2 Die Ideengeschichte des Managements: Schulen, Lehrmeinungen, Strömungen

in kritischer Auseinandersetzung mit den Klassikern Veranlassung gegeben hat, das Blickfeld zu weiten und auch das „Verhalten (von Menschen) in Organisationen" mit zu bedenken.

Insoweit, wie die Organisation die Struktur für die arbeitsteilige Bewältigung der Gesamtaufgabe bereitstellt, schafft sie die Voraussetzung für den Aufgabenvollzug, bewerkstelligt ihn aber (noch) nicht selbst. Hier liegt nach Fayol die Aufgabe der Funktionen „Befehl" (3) und „Koordination" (4).

Die vororganisierten betrieblichen (Teil-)Aufgaben in einen Arbeitsvollzug umzusetzen erfordert es, die Leistungsbeiträge der arbeitenden Menschen trotz ihrer unterschiedlichen Interessen und Motive auf die einheitliche Zielsetzung der Unternehmung hin auszurichten. Dies soll durch die Befehlsgewalt erreicht werden. Der Befehl soll also gleichsam das „allgemeine Interesse" des Ganzen gegen die partikularen Interessen der Organisationsmitglieder zur Geltung bringen und auf diese Weise eine handlungsfähige Einheit schaffen. Diese Sinngebung der Managementfunktion „Befehl" kommt in der Forderung von Lyndall Urwick (1961, S. 115) recht gut zum Ausdruck, die Unternehmensführung hätte zu gewährleisten, dass interne individuelle Interessen nicht das allgemeine Interesse beeinträchtigen – dass also Ehrgeiz, Besitzgier, die Kämpfe der Einzelnen um Positionen oder Gehälter und die persönliche Machtgier dem allgemeinen Interesse der Unternehmung untergeordnet werden.

In diesem Zitat von Lyndall Urwick, einem Verfechter und Weiterentwickler der Ideen von Fayol, wird ganz deutlich, dass die Integration der Menschen in eine gegebene Organisationsstruktur als ein Problem verstanden wird, das primär über die Befehlsgebung gelöst werden kann und soll. Erst die späteren Arbeiten zur verhaltenswissenschaftlichen Organisationslehre gehen dieses „Integrationsproblem" differenzierter an und fragen ausdrücklich auch nach den Motiven (bzw. Bedürfnissen) der Menschen und wie diesen Motiven im Rahmen der Organisationsgestaltung und der Managementfunktion „Führung" so Rechnung getragen werden kann, dass eine Annäherung von Organisations- und Mitgliederzielen ohne dauernde Inanspruchnahme des „Befehls" als Integrationsinstrument möglich wird.

Für die Ausübung der Befehlsgewalt in der Unternehmung ist eine Reihe der erwähnten 14 Managementprinzipien von Bedeutung (vgl. Kasten 2.1). Um eine Einheit der Führung zu gewährleisten, muss z. B. ein gewisses Ausmaß an Zentralisation in dem Sinne sichergestellt werden, dass die letzte Verantwortung für Entscheidungen bei der Unternehmensspitze liegt. Andere Managementprinzipien, die für die Ausübung der Befehlsgewalt relevant sind, betreffen die „Einheit der Auftragserteilung", d. h. die Forderung, dass ein Untergebener von nur einem Vorgesetzten Weisungen empfangen soll, ferner die hierarchische Koordination derart, dass der Befehlsweg als abgestuftes Über- und Unterordnungsverhältnis von der Unternehmensspitze bis zur untersten Managementebene verläuft, schließlich die Schaffung eines Teamgeists im Führungskader („Esprit de Corps").

Die „Koordination" (4) hat für Fayol die Aufgabe, die vielfältigen Arbeiten und Ressourcen in einer Unternehmung räumlich, zeitlich und sachlich zu einem einheitlichen Handlungszusammenhang zu harmonisieren. Fayol hat hier wohl die Vorstellung, dass jeder Manager tagtäglich neben den genannten anderen Funktionen noch eigenständige Koordinationsaktivitäten entfalten muss, z. B. um eventuelle Störungen und Änderungen im Arbeitsfluss effizient zu korrigieren. Besprechungen zwischen Vorgesetzten und Mitarbeitern seien hierfür ein geeignetes Instrument. Hier wird allerdings übersehen, dass doch alle Managementfunktionen letztlich nur das eine Ziel haben, die vielfältigen arbeitsteiligen Aufgabenvollzüge zu einem Ganzen zu koordinieren. Deshalb betrachtet man heute – wie schon in Kap. 1 erwähnt – die Koordination nicht mehr als eigenständige Managementfunktion, sondern sieht darin das eigentliche Ziel, auf dessen Erfüllung die Managementfunktionen letztlich gerichtet sind.

Die Managementfunktion „Kontrolle" (5) schließlich bedeutet bei Fayol ein **Rückkoppeln** der realisierten Ergebnisse der betrieblichen Tätigkeit an die Planung. Die Kontrolle prüft, ob alles in Übereinstimmung mit den verabschiedeten Plänen, den erlassenen Instruktionen und den aufgestellten Grundsätzen verläuft. Die Kontrolle ist damit, systematisch gesehen, allen anderen Managementfunktionen sachlich und zeitlich nachgeordnet.

Der wesentliche Beitrag von Henri Fayol zur Managementlehre ist – jenseits aller aus heutiger Sicht offensichtlichen Defizite – in ihrer systematischen Konzeptionalisierung als „Lehre von den Managementfunktionen" aus der Perspektive des Top-Managements zu sehen; es ist diese Konzeptionalisierungsleistung, die den Ansatz von Fayol von dem Taylor'schen unterscheidet, der ja keinen derartigen Systematisierungsversuch unternommen hat und wegen seiner selektiven Problembearbeitung auch gar nicht unternehmen konnte. Es mag denn auch mit dem anglo-amerikanischen Pragmatismus zusammenhängen, dass Taylor in den USA schnell einen sehr großen Einfluss gewann, während Fayol dort erst relativ spät rezipiert wurde. Wenn und soweit heute die Managementlehre, wie im ersten Kapitel dargestellt, als „Lehre vom Managementprozess" verstanden wird, gründet sie aber sehr viel mehr in den systematischen Anfängen von Fayol als der Taylor'schen Betriebsführungslehre. Massie (1965, S. 390) resümiert: „The identification of the essential functions of management directed thougths of classical theorists into a common pattern. This pattern provided a simple, analytical, and straigthforward approach for helping practitioners to understand the management process. It became generally accepted as ‚the' approach for explaining the job of management."

Eine zweite Leistung von Henri Fayol mag man in seinem Bestreben sehen, die Managementfunktionen in lehrsatzartige Handlungsprinzipien zu fassen. Die Vorstellung, die sich mit den Management-Prinzipien von Anfang an verband, war die ihrer **universellen Gültigkeit**, also die Behauptung, dass ihre Befolgung unter **allen** situativen Bedingungen die Effizienz der Unternehmensführung verbürgen würde. Gegen diese Universalitätsthese, die von vielen Autoren bis heute verfochten wird, richtet sich die Kritik z. B. solcher Forscher, die auf die Kulturgebundenheit von Managementstilen hinweisen. Prinzipien, die in westlichen Industriestaaten Erfolg haben – so ihre These –, mögen z. B. in einer fernöstlichen Kultur durchaus fehl am Platze sein. Diese Diskussion um die universelle Gültigkeit von Managementtheorien hat bis heute nicht an Bedeutung verloren (Alon et al. 2011).

Max Weber

Neben dem Amerikaner Frederick W. Taylor und dem Franzosen Henri Fayol wird in der Reihe der Klassiker in allen Management-Lehrbüchern regelmäßig auch der berühmte deutsche Soziologe Max Weber (1864 bis 1920) genannt. Max Weber ist zwar kein „Managementtheoretiker" im eigentlichen Sinne, hat aber mit seinen Untersuchungen zur „bürokratischen Herrschaft" wichtige Grundlagen zum Verständnis der Funktionsweise moderner Großorganisationen in Staat und Wirtschaft geschaffen und insofern zugleich auch entscheidende Beiträge zur Managementfunktion „Organisation" geleistet. Max Weber wird häufig als „Vater der Organisationstheorie" bezeichnet; auf seinen Arbeiten haben später bedeutende Management-Theoretiker, unter anderem auch Chester I. Barnard, aufgebaut. Im Gegensatz zu Frederick W. Taylor und Henri Fayol will Max Weber keine Prinzipien zur Optimierung betrieblicher Führung angeben, sondern das Funktionieren großer Organisationen mit dem Idealtypus der Bürokratie als formal rationalste Form der Herrschaftsausübung erklären. Er will zeigen, dass und wie es in Großorganisationen, wie z. B. der kapitalistischen Großunternehmung, gelingt, die Handlungen der Individuen aufeinander zu beziehen, regelhaft zu verstetigen und effizient zu einem Ganzen zu verbinden (Mayntz 1968, S. 27 ff.; Kieser 2019b).

Ausgangspunkt für Webers Arbeiten war das rasche Anwachsen großer Organisationen und die Erklärungsbedürftigkeit ihres Funktionszuwachses. Der legale Herrschaftstypus, also die Herrschaft kraft Satzung, hat in Kleingruppen noch keine Bedeutung; man kennt die wechselseitigen Handlungsgewohnheiten und kann über zukünftiges Handeln miteinander sprechen. Erst wenn diese Überschaubarkeit der Handlungssituation im Zuge des Wachstums der Unternehmung verloren geht, müssen andere Mechanismen für die Ordnung, die Regelmäßigkeit und Zielgerichtetheit im Handeln aller Organisationsmitglieder herangezogen werden. An dieser Stelle wird der Weber'sche Begriff der „Herrschaft" (Autorität) relevant. Er bedeutet „die Chance …, für spezifische (oder: für alle) Befehle bei einer angebbaren Gruppe von Menschen Gehorsam zu finden" (Weber 1972, S. 122). Wenn und soweit diese Chance langfristig besteht, wäre in der „Herrschaft" eine Erklärung für die dauerhafte Koordination individueller Handlungen durch den Befehl (als Merkmal hierarchischer Organisationen) gegeben. Unternehmungen ließen sich dann auch als „Herrschaftsverbände" verstehen.

Es kommt – so gesehen – also auf die Grundlagen an, auf die sich die Chance stützt, bei einem bestimmten Kreis von Personen Gehorsam zu finden. Von Interesse ist hier nicht eine Unterordnung, die etwa aus einer momentanen Schwäche und Hilflosigkeit der Gehorchenden resultiert oder aus einem augenblicklichen materiellen Vorteilskalkül einzelner Organisationsmitglieder entsteht; auf derart „flüchtiger" Basis ließe sich eine dauerhafte Ordnung nicht gründen. Dies sind nach Weber zwar Macht-, aber nicht Herrschaftsverhältnisse. Ordnungsstiftende Stabilität entsteht erst dort, wo nicht solche „äußerlichen" Situationsmerkmale, sondern, wo die Anerkennung des herrschaftlichen Anspruchs, der Legitimitätsglaube, den Befehlen Geltung verschafft.

Die Frage, worauf dieser Legitimitätsglaube basieren kann, führt zur Unterscheidung verschiedener Herrschaftsformen als Kern der Weber'schen Analyse. Neben der „traditionellen Herrschaft" und der „charismatischen Herrschaft" ist die „legale Herrschaft" für die Neuzeit die wichtigste Herrschaftsform, bei der die Legitimitätsgeltung im Gegensatz zu den beiden anderen Formen rational insofern ist, als ihre Bindung auf gesetzter Ordnung und nicht auf geltender Tradition oder der „außeralltägliche(n) Hingabe an die Heldenkraft einer Person" beruht. Gehorsam wird nicht der Person, sondern den Regeln geleistet. Das gilt für den Gehorchenden wie für den Anordnenden gleichermaßen. Die abstrakte Regelbindung und der Glaube an die Legitimität dieser Regeln ist das Besondere der legalen Herrschaft und die bürokratische Herrschaft ist ihr reinster Typus.

„Bürokratische Herrschaft" ist (idealtypisch) durch eine genaue Festlegung von Amtspflichten und präzise Abgrenzung von Autorität und Verantwortung gekennzeichnet, ferner durch ein festgelegtes System von Über- und Unterordnungen (Amtshierarchie), durch die nach festen, erlernbaren Regeln ablaufende Amtsführung und die Aktenmäßigkeit aller Vorgänge. In diesen (und weiteren) formalen Merkmalen findet die bürokratische Herrschaft ihren konkreten, für die Handlungskoordination bedeutsamen Niederschlag (vgl. Kasten 2.2).

Kasten 2.2

Max Webers Merkmale der bürokratischen Organisation

1. Regelgebundenheit der Amtsführung
2. Genau abgegrenzte Kompetenzbereiche
3. Prinzip der Amtshierarchie (Instanzenzug)
4. Aktenmäßigkeit der Verwaltung (Büro)
5. Unpersönlichkeit der Amtsführung
6. Definierte Qualifikationserfordernisse für Stelleninhaber
7. Fixierte Laufbahnen einschl. Gehaltshierarchie
8. Anstellung durch Arbeitsvertrag

Quelle: nach Weber 1972, S. 124 ff.

Die Erfahrung lehre, so meint Weber, dass sie die (vom Standpunkt der technischen Aufgabenbewältigung her gesehen) effizienteste Form zur Organisation großbetrieblicher Aufgabenvollzüge in der Wirtschaft (und darüber hinaus in Staat, Kirche, Militär) darstelle. Der Kapitalismus hat nach seiner Meinung eine zentrale Rolle in der Entwicklung und Ausbildung von bürokratischen Strukturen gespielt, da er ja auf Rechenhaftigkeit,

Genauigkeit, Stabilität und Effizienz angelegt sei und alle diese Eigenschaften in der Bürokratie am besten zur Geltung kämen (vgl. Kasten 2.3).

> **Kasten 2.3**
>
> **Effizienz bürokratischer Organisation**
>
> „Der entscheidende Grund für das Vordringen der bürokratischen Organisation war von jeher ihre rein technische Überlegenheit über jede andere Form. Ein voll entwickelter bürokratischer Mechanismus verhält sich zu diesen genau wie eine Maschine zu den nicht mechanischen Arten der Gütererzeugung. Präzision, Schnelligkeit, Eindeutigkeit, Aktenkundigkeit, Kontinuierlichkeit, Diskretion, Einheitlichkeit, straffe Unterordnung, Ersparnisse an Reibungen, sachlichen und persönlichen Kosten sind bei streng bürokratischer, speziell: monokratischer Verwaltung durch geschulte Einzelbeamte … auf das Optimum gesteigert."
>
> Quelle: Weber 1972, S. 561 f.

Die **universelle** Effizienz, die Max Weber (1924, S. 413 f.) – unabhängig von seinen kulturpessimistischen Visionen – für bürokratische Organisationen reklamieren zu können glaubt, ist in späteren Entwicklungen der Organisationstheorie in vielfältiger Weise in Frage gestellt worden. Bürokratie wird heute ja geradezu als Synonym für Ineffizienz verwendet. Gründe dafür liegen sowohl in der bereits erörterten Tatsache, dass sich Menschen den Anforderungen einer formellen bürokratischen Struktur nicht ohne Motivationsverluste und insofern nicht effizienzneutral beugen und ferner in dem in späteren Entwicklungsphasen der Organisationstheorie so wichtigen Problem, dass die strenge Regelgebundenheit der Bürokratie jedenfalls für solche Situationen unangemessen ist und zu Effizienzverlusten führen muss, in denen die Umwelt der Organisation einem schnellen Wandel unterliegt – ein Problem, das so lange nicht in das Blickfeld der organisationstheoretischen Erörterungen gelangen konnte, wie die Organisation als ein „geschlossenes System" betrachtet wurde. Diese kritischen Hinweise können aber die hohe Bedeutung von Max Webers Beitrag zur Organisationslehre nicht schmälern.

Resümee
Die klassische Schule, zu der eine Reihe anderer, hier nicht ausdrücklich erwähnter Praktiker weitere bedeutsame Beiträge geleistet hat (für einen Überblick vgl. George 1987; Wren und Bedeian 2009), lebt bis in die Gegenwart hinein und prägt in Theorie und Praxis das Managementdenken.

In dieser auf Henri Fayol zurückgehenden Idee, das Management funktionsorientiert zu analysieren, eben als logische Abfolge von im Zeitablauf nacheinander zu vollziehenden Aufgaben, liegt der praktisch fruchtbare und überdauernde Beitrag dieser Schule zur Managementlehre. Gleichwohl steht hinter dieser Konzeption eine ganze Reihe von (impliziten) Annahmen, auf deren Fragwürdigkeit und restriktiven Charakter für die weitere Entwicklung der Lehre ja bereits teilweise verwiesen wurde.

Unter diesen Annahmen, die gleichsam das Leitbild des klassischen Ansatzes umreißen, haben im weiteren Verlauf zuerst diejenigen Anlass zu Kritik und Neuorientierung gegeben, die mehr oder weniger von den Menschen, ihren Bedürfnissen und Entwicklungsmöglichkeiten abstrahierten, mit denen und durch die die Sachaufgaben in kooperativer Anstrengung zu bewältigen sind. Derartige Fragen rückten in den 1920er-Jahren in das Zentrum des Interesses der Managementforschung. Es ist dies die große Zeit der „verhaltenswissenschaftlichen Schule" in den USA.

2.2.2.2 Die verhaltenswissenschaftliche Schule

Die mehr oder weniger radikale Abweichung von den klassischen Managementansätzen bereitet sich einerseits in den sogenannten Hawthorne-Experimenten vor, die Ende der 1920er-Jahre im Hawthorne Werk der Western Electric Comp., einer Tochtergesellschaft der AT&T (American Telephone and Telegraph Comp.), begannen und 1932 im Gefolge der Wirtschaftskrise endeten. Andererseits wurde sie durch die Arbeiten von Chester I. Barnard (1886 bis 1961) initiiert, der allerdings in seinem berühmten Buch „The Functions of the Executive" (Barnard 1938) eine eher vermittelnde Stellung einnimmt. In der Ideengeschichte des Managements schreibt man ihm deshalb den „Brückenschlag" zwischen Klassik und (neoklassischer) verhaltenswissenschaftlicher Schule zu.

Chester I. Barnard

Der „Brückenschlag" ist schon in dem zentralen Grundgedanken der Barnard'schen Theorie impliziert, nämlich das Zustandekommen von Organisationen als „kooperative Systeme" aus der Bereitschaft (der Entscheidung) der Individuen zur Kooperation selbst zu erklären. Formale Organisation bezieht sich auf diejenige Form der Zusammenarbeit von Menschen, die bewusst, absichtsgeleitet und auf einen Zweck gerichtet ist. Sie ist „ein System von bewusst koordinierten Handlungen oder Kräften von zwei und mehr Personen" (Barnard 1938, S. 73). Diese Definition verbindet bereits die gemeinsame Aufgabe (als Zweck der Kooperation) mit den Wünschen, Zielen oder Motiven der Menschen, deren Leistungen für die Zielerreichung erforderlich sind; insofern wird hier der aufgabenbezogene Standpunkt der klassischen Managementlehre überschritten in Richtung auf eine Integration des „Faktors Mensch".

Die von Barnard vorgeschlagene Definition formaler Organisationen geht in ihrer Reichweite aber über diesen „Brückenschlag" hinaus. In ihr sind Fragestellungen angelegt, die der Klassik fremd waren und insofern echte Innovationen darstellen. Drei dieser Fragestellungen seien kurz angedeutet:

1. Wenn (formale) Organisationen ihre Existenz der bewussten und absichtsgeleiteten Bereitschaft von Individuen zur Kooperation verdanken, dann wird es möglich, die Frage nach dem Überleben von Organisationen als Frage nach der Erfüllung der Erwartungen zu stellen, die die Individuen mit ihrer freiwilligen Leistung für das gemeinsame Ziel verbinden (Motive der Kooperation). Werden sie nicht erfüllt, reduzieren Individuen unter Umständen ihre Leistungsbeiträge oder scheiden aus der Organisation aus.

Um zu überleben, muss eine Organisation also immer wieder genug Anreize bereitstellen können, um die Individuen zu Leistungen für die gemeinsame Zielerreichung zu veranlassen. Dies ist die sogenannte **„Anreiz-Beitrags-Theorie"** der Organisation. Ihr ist die von Barnard vorgeschlagene Unterscheidung von Effizienz und Effektivität von Organisationen inhärent. Eine Organisation ist effizient in dem Maße, wie es ihr (im Urteil der kooperierenden Individuen) gelingt, die individuellen Kooperationsmotive zu erfüllen. Sie ist effektiv in dem Maße, wie der gemeinsame Organisationszweck erreicht wird. Wenn eine Organisation ineffizient ist, kann sie nicht effektiv sein und geht unter, weil die Kooperation zerbricht. Und umgekehrt ist Effektivität der Organisation notwendig, um effizient zu sein und die erwarteten Leistungen für die Organisationsmitglieder bereitzustellen. Es sei hier angemerkt, dass in der weiteren Entwicklung der Managementlehre sich die Bedeutung der beiden Begriffe Effektivität und Effizienz gerade umkehrt. Effizienz bezeichnet heute den Einsatz der richtigen Mittel (Wirtschaftlichkeitsprinzip), wohingegen sich Effektivität auf die Zielerreichung und die Frage bezieht, ob die richtigen Ziele verfolgt werden („Doing the right things") (Drucker 1967, S. 11 ff.). Unabhängig davon ist im Sinne von Barnard für das Überleben von Organisationen ein (langfristiger) Gleichgewichtszustand zwischen Anreizen und Beiträgen (Anreiz-Beitrags-Gleichgewicht) notwendig.

2. Der zweite gegenüber der klassischen Managementlehre innovative Gedanke des Barnard'schen Werks ist die Konzeptionalisierung der Organisation als ein offenes System. Barnard betont (dies in Übereinstimmung mit der später darzustellenden Systemtheorie), dass nicht eigentlich Personen, sondern deren **Handlungen** konstitutiver Bestandteil formaler Organisationen seien. Handlungen werden als Elemente verstanden, die durch Koordination wechselseitig aufeinander bezogen und insofern systematisch zu einem Ganzen verknüpft sind. Organisationen müssen somit alle diejenigen Individuen zur Kooperation veranlassen, deren Handlungen für die Erreichung des gemeinsamen Zwecks immer wieder neu erforderlich sind.

Dieser Gedanke lässt keine so einfache Grenzziehung zwischen „Innen" und „Außen" mehr zu wie in der klassischen Vorstellung. Für Barnard sind deshalb unter anderem Kapitaleigner, Arbeitnehmer, Fremdkapitalgeber, Lieferanten und Abnehmer Teilnehmer der

Organisation (genauer: deren organisationsbezogene Handlungen). Organisation wird gleichsam als Koalition aller kooperierenden Personen verstanden (**Koalitionstheorie der Organisation**). Als Konsequenz daraus kann sich die Managementlehre auch nicht mehr wie in dem klassischen Ansatz auf eine „intraorganisatorische", also auf eine bloße Binnenperspektive beschränken, sondern muss die Interaktion mit der Umwelt bzw. den sie umgebenden Anspruchsgruppen zum Gegenstand ihrer Überlegungen machen.

3. Die ungewöhnlichste Idee der Barnard'schen Organisationstheorie ist aber zweifellos die **„Akzeptanztheorie der Autorität"**. Wenn Organisationen von der bewussten, freiwilligen Bereitschaft der Mitglieder zur Kooperation abhängig sind, muss man als Indikator für das Vorliegen von Autorität (Befehlsgewalt) die Entscheidung der Menschen ansehen, einem Befehl zu gehorchen oder eben nicht. Wenn ein Organisationsmitglied einen Befehl nicht befolgt, hat es ihm keine Autorität zugestanden. Autorität ist aus dieser Sicht also die Bereitschaft, eine Anweisung in einer formellen Organisation als Richtschnur für das eigene Handeln in der Organisation zu akzeptieren. Autorität fließt demnach aus einer Quelle, die durch die revidierbare (freiwillige) Anerkennung der Organisationsmitglieder legitimiert ist. Der Glaube an die Legalität resultiert bei Barnard dabei aus der freiwilligen Vertragsvereinbarung, enthält also ein gewisses Element der Demokratie. Anklänge an das Legitimitätskonzept von Max Weber werden hier sichtbar, der in diesem Zusammenhang von einer „paktierten" im Gegensatz zu einer „oktroyierten" Ordnung spricht (Weber 1972, S. 19), insbesondere wenn man zusätzlich Barnards Idee einer „Indifferenzzone" berücksichtigt. Dies ist eine Art Vertrauensvorschuss, den die Organisationsmitglieder hierarchischen Anweisungen ohne nähere Prüfung einräumen. Der Autorität wird damit ein notwendiges Maß an Stabilität verliehen, die sie vor den Dysfunktionen jederzeitiger Revidierbarkeit schützt.

Der Gedanke, die Organisation als „Koalition von Individuen" zu begreifen, fand dann später in der Managementlehre breite Akzeptanz. Wesentlich zur Verbreitung trug das 1945 publizierte Buch des späteren Nobelpreisträgers Herbert A. Simon „Administrative Behavior" bei. Auch andere bekannte Arbeiten, die im Umkreis von Simon entstanden sind, orientieren sich an ähnlichen Ausgangspositionen. March und Simon (1958) etwa analysieren ausführlich auf der Basis der Anreiz-Beitrags-Theorie die Entscheidung der Individuen zur Teilnahme an und zum Verlassen der Organisation, insbesondere aber die Entscheidung, produktive Beiträge zur Erfüllung des Organisationszwecks zur Verfügung zu stellen (decision to produce). Cyert und March (1963) nehmen diese Überlegungen schließlich zum Ausgangspunkt für eine verhaltensorientierte (und nicht länger durch unrealistische Prämissen idealisierte) **Theorie der Firma**.

Die Kritik an der Barnard'schen Organisationstheorie sei hier nur mit der Frage angedeutet, ob man denn wirklich zur Erklärung des Zustandekommens und der Existenz von Organisationen so etwas wie den autonomen freien Willen von Individuen zum unhinterfragten Ausgangspunkt nehmen kann. Gibt es nicht gesellschaftliche Verhältnisse, die die Freiheit zum Ein- bzw. Austritt materiell konterkarieren? Man denke etwa an die

Arbeitslosigkeit, die die Chancen eines Individuums, das eigentlich einen Arbeitsplatzwechsel vornehmen möchte, einen neuen Arbeitsplatz zu finden, sehr stark beschneidet. Anders formuliert: Die Ein- und Austrittsentscheidungen von Individuen sind in ihrer materiellen Basis (auch) gesellschaftlich bestimmt; deshalb kann die Organisationstheorie nicht voraussetzungslos bei den autonomen (freien) Individuen beginnen (Ortmann 1976; Staehle 1999, S. 431 ff.).

Hawthorne-Experimente
So bedeutend und theoretisch innovativ die Gedanken von Barnard Mitte der 1930er-Jahre auch waren, so haben sie doch eigentlich erst sehr viel später eine breitere Wirkung entfaltet. Der Durchbruch des verhaltenswissenschaftlichen Paradigmas selbst wurde nicht durch seine Forschungen, sondern durch die erwähnten Hawthorne-Experimente und die darauf aufbauenden weiteren Arbeiten erzielt (vgl. insbesondere Roethlisberger und Dickson 1975, zuerst 1939). Sie führten im Ergebnis zu einer radikalen Revision klassischer Positionen etwa hinsichtlich der Arbeitsmotivation, der Rolle der Vorgesetzten, der Bedeutung der Arbeitsgruppe oder des Stellenwerts der Arbeitsteilung.

Dabei hatten die Hawthorne-Experimente selbst mit durchaus klassischen Versuchsanordnungen zur Erforschung von physischen Einflussfaktoren auf die Arbeitsproduktivität begonnen. Man richtete 1924 in bestimmten Fertigungsstätten der Hawthorne-Werke Versuchs- und Kontrollgruppen ein und variierte systematisch gewisse äußere Arbeitsbedingungen (als unabhängige Variablen) in der Hoffnung, stabile Zusammenhänge mit der Arbeitsproduktivität (als abhängiger Variable) nachweisen und auf diese Weise zur produktivitätsfördernden Gestaltung der Arbeitsbedingungen beitragen zu können. Dies war eine Vorgehensweise, die letztlich der Taylor'schen Gedankenwelt des „scientific management" entsprach.

Voruntersuchungen. Unter sorgfältiger Überwachung aller konstant gehaltenen Faktoren (Luftfeuchtigkeit, Raumtemperatur etc.) variierte man z. B. die **Beleuchtungsstärke**, um den Einfluss der Lichtverhältnisse auf die Arbeitsleistung ausfindig zu machen. Die Ergebnisse entsprachen zunächst ganz den Erwartungen, mit zunehmender Beleuchtungsstärke stieg auch die Produktivität an. Die Überraschung kam erst, als zu Gegenprüfungszwecken die Beleuchtungsstärke wieder verringert wurde, die Produktivität aber dennoch weiter anstieg. Selbst bei ganz miserablen Beleuchtungsverhältnissen stieg die Produktion in der Versuchsgruppe weiter. Was dieses Ergebnis noch verwunderlicher machte, war die Tatsache, dass auch in der Kontrollgruppe die Produktivität stetig wuchs, obwohl dort die äußeren Bedingungen immer konstant geblieben waren.

Über die gesamte Versuchsperiode hinweg registrierte man also bei den beobachteten Gruppen einen Produktivitätsanstieg, der mit den herkömmlichen wissenschaftlichen Theorien nicht zu erklären war. In dieser kritischen Situation schaltete man 1927 zusätzlich eine Harvard-Forschergruppe mit Elton Mayo an der Spitze ein. Es ist die dann folgende Untersuchungsphase, die die Hawthorne-Experimente letztlich durch entscheidende neue Einsichten über das Verhalten von Menschen in Organisationen berühmt gemacht hat.

Die Relais-Montage-Testraum-Studie. Zunächst wurden noch einmal vergleichbare Experimente in einem Testraum durchgeführt, allerdings unter Variation anderer unabhängiger Variablen, wie Ruhepausen, Länge des Arbeitstages oder Entlohnungssystem. Es zeigten sich wieder dieselben Effekte. Und als man – irritiert durch den erneuten stetigen Produktivitätsanstieg – die ursprünglichen Arbeitsbedingungen wiederherstellte, also z. B. die Ruhepausen, den verkürzten Arbeitstag, die Erfrischungen während der Arbeit abschaffte, stieg die Produktivität erneut, und zwar auf vorher nie erreichte Höhen an. Die nachfolgende Restauration der „alten" Privilegien ließ dann schließlich die Produktivität nochmals steigen.

Nach Durchsicht der bis dahin erzielten Befunde und aufgrund weiterer Experimente, die insbesondere noch einmal die traditionelle These vom positiven Einfluss der Lohnanreizsysteme auf die Produktivität prüfen sollten, kam man schließlich zu der Einsicht, der entscheidende Grund für die (bisher unerklärlichen) Produktivitätssteigerungen sei nicht im Lohnsystem oder äußeren Arbeitsbedingungen zu suchen, sondern im emotionalen Bereich. Man war stolz darauf, Teil einer wichtigen Gruppe zu sein, der die freundliche Aufmerksamkeit des Vorgesetzten und der Forscher galt. Dies förderte die Beziehungen untereinander und man konnte die Isolation großbetrieblicher Industriearbeit überwinden. Die Forscher sprachen von einer „emotionalen Kettenreaktion", methodisch gesehen spricht man heute vom „Hawthorne-Effekt" (vgl. Kasten 2.4). Diese entscheidende Schlussfolgerung wurde dann zur Grundlage der weiteren Hawthorne-Untersuchungen, deren Dokumentation in dem erwähnten Buch „Management and the Worker" von Roethlisberger und Dickson den größten Raum einnimmt (vgl. zusammenfassend Walter-Busch 1999).

Kasten 2.4

Hawthorne-Effekt
Man meint damit den – im Sinne eines klassisch-naturwissenschaftlichen Versuchsdesigns – „verfälschenden" Einfluss auf die Ergebnisse als Folge der Tatsache, dass allen Personen bekannt war, an einem Experiment teilzunehmen. Mit anderen Worten, das Bewusstsein, an einem Experiment teilzunehmen, beobachtet und kontrolliert zu werden, beeinflusst das Verhalten in den Hawthorne-Experimenten zum Positiven hin. Es kann aber prinzipiell auch anders sein und entgegengesetzte Reaktionen hervorrufen. Die an den Hawthorne-Experimenten beteiligten Versuchspersonen änderten also möglicherweise nur vorübergehend (nämlich nur während der Experimente) ihr Verhalten, das Ergebnis könnte nur ein durch die Studie selbst induziertes Artefakt sein. Der Hawthorne-Effekt gilt heute als eine der berühmten „Fallen" bei empirischen Studien.

> Es wäre jedoch falsch, die Ergebnisse der Hawthorne-Experimente aus diesem Grunde zurückzuweisen. Die naturwissenschaftlich inspirierte Vorstellung, (auch) im Bereich des menschlichen Verhaltens streng kausalanalytisch vorgehen zu können, ist methodisch nicht haltbar. Der Mensch ist nicht nur Objekt, sondern immer auch Subjekt in entsprechenden Versuchssituationen. Sein Menschsein (nämlich die Situation zu verstehen und zu intervenieren) lässt sich nicht vollständig ausklammern. So gesehen ist dann der „Hawthorne-Effekt" nur ein verstärkender Hinweis auf die Bedeutung, die die in der Partizipation an den Versuchen liegende Anerkennung und Bedürfnisbefriedigung für die Arbeitsmotivation hat.
>
> Quelle: Gillespie 1991

Das Interview-Programm. Diese Untersuchungen mit einem groß angelegten Interviewprogramm (ca. 21.000 Interviews) verwiesen von ihren Ergebnissen her unmissverständlich auf die Notwendigkeit, die Organisation (auch) als soziales System zu verstehen. Die Befragten machten (ungeplant) auf persönliche Probleme und Schwierigkeiten innerhalb und außerhalb der Arbeitswelt aufmerksam – Schwierigkeiten, die zu einer Verminderung der Leistungsbereitschaft führten. Als Konsequenz aus dieser Einsicht wurden die Vorarbeiter darin geschult, mehr auf die persönlichen Schwierigkeiten und emotionalen Probleme der Mitarbeiter zu achten; sie sollten versuchen, derartige Störungen herauszufinden und – soweit möglich – für Abhilfe zu sorgen („personnel counseling program").

Die Bank-Wiring-Observation-Room-Studie. Parallel zum Interviewprogramm liefen von 1931 bis 1932 in den Hawthorne-Werken Beobachtungen von Gruppen. Man schuf drei formale Arbeitsgruppen, die in einem Beobachtungsraum mit der Anfertigung von Wicklungen für Motoren betraut waren (dies ist der berühmte „bank wiring observation room"). Jede Gruppe bestand aus drei „Wicklern" und einer Person, die die Kontakte lötete. Es gab ferner zwei Inspektoren, die die Qualitätskontrolle für alle drei Gruppen durchzuführen hatten. Die Entlohnung erfolgte auf Basis sowohl der individuellen wie der Gruppenleistung. Zwei Beobachtungen ließen die Bedeutung der informellen Gruppenbeziehungen hervortreten:

1. Die Gruppen entwickelten sehr schnell eine eigenständige Vorstellung darüber, was eine „faire Tagesleistung" war. Dieser informelle Standard war niedriger als die vom Management geforderte („normale") Leistung. Um die informelle Gruppennorm durchzusetzen, entfalteten die Gruppenmitglieder spezifische Verhaltensweisen und Interaktionen. War eine Tagesleistung z. B. zu hoch ausgefallen, versteckte man den „Überschuss" und meldete nur die Menge, die der formellen Norm entsprach. „Akkordbrecher" versuchte man durch disziplinarische Maßnahmen zu „erziehen". Die Leistung – das zeigten diese Beobachtungen – ist also nicht nur von

den physischen Möglichkeiten der Arbeiter, sondern auch von sozialen Normen (der Gruppe) abhängig.
2. Die zweite Beobachtung betrifft die informelle Gruppenbildung. Die Analyse der Art und Häufigkeit der Kontakte sowie der sozialen Beziehungen, wie sie sich im Beobachtungsraum entwickelten, ergab, dass sich über die drei formalen Gruppen hinweg zwei „Cliquen" (informelle Gruppen) gebildet hatten. Die Mitglieder der Cliquen entwickelten eine enge Beziehung zueinander. Man half sich aus wo nötig, man machte in den Pausen gemeinsame Spiele etc. Zwischen den zwei Cliquen bestanden derartige Kontakte nicht. Für die Zugehörigkeit bzw. den Ausschluss aus einer dieser informellen Gruppen waren verschiedene Faktoren entscheidend. Ausgeschlossen wurden z. B. Arbeiter, die sich mit den Vorgesetzten gut stellen wollten und diesen über die Gruppenaktivitäten berichteten, ferner solche, die ihre Arbeit zu ernst nahmen. Arbeiter – so die Schlussfolgerungen aus diesen Beobachtungen – handeln also nicht (nur) als Individuen, sondern (auch) als Mitglieder von Gruppen.

In jeder formalen Organisation bilden sich – so die Schlussfolgerung – automatisch auch informelle Strukturen heraus, die von großer Bedeutung für die Zufriedenheit der Mitarbeiter sind und ihre Leistungen wesentlich beeinflussen. Ein erfolgreiches Management – so lautet die allgemeine Schlussfolgerung – muss deshalb die informellen Kräfte einbeziehen.

Human-Relations-Bewegung
Diese Grundeinsichten aus den Hawthorne-Experimenten wurden nachfolgend weiter vertieft und zu dem Lehr- und Trainingsprogramm der „Human-Relations-Bewegung" fortentwickelt. Als Kerngedanke bildete sich in dieser Schule die Vorstellung heraus, dass „glückliche (zufriedene) Arbeiter gute Arbeiter" sind. Vor dem Hintergrund einer (unhinterfragt gebliebenen) klassischen Organisationsstruktur müssen also die zwischenmenschlichen Beziehungen am Arbeitsplatz so gestaltet werden, dass sie auch die sozialen Bedürfnisse der Organisationsmitglieder befriedigen. Dies ist die notwendige Bedingung für die ökonomische Effizienz der Unternehmung. So gesehen lässt sich dann auch kein Widerspruch mehr zwischen den Zielen der Mitarbeiter und den Zielen der Organisation ausmachen: Soziale und ökonomische Rationalität werden deckungsgleich. Diese Harmonievorstellung der Human-Relations-Bewegung ist gleichsam der Gegenpol zur Harmoniethese von Taylor, wonach Arbeiter sich ja aufgrund ihrer ökonomischen Interessenorientierung (via Akkordlohn) an die Rationalitätsanforderungen der Organisation anpassen und den Anordnungen des Vorgesetzten unterwerfen würden.

Die verhaltenswissenschaftliche Schule hat in der Fortfolge dieser Studien dann drei zentrale Themenbereiche entfaltet und in die Managementlehre integriert, nämlich das „Individuum in der Organisation" (Individuelles Verhalten, Motivation), die „Gruppe in der Organisation" (Gruppenverhalten) und „Vorgesetzte in Organisation" (Vorgesetztenverhalten).

Diese deutliche Hinwendung zu Fragen des **„Verhaltens in Organisationen"** („Organizational Behavior") hat allerdings auch dazu geführt, dass man die strukturellen Aspekte der Organisationsfunktion, wie sie der klassische Ansatz favorisierte, zunehmend aus den Augen verlor. In dem Maße, wie man aus der Mikroperspektive der Arbeitssituation die Bedingungen der Zufriedenheit der Mitarbeiter (als entscheidende Vorbedingung für die Produktivität) untersuchte, traten die generellen organisatorischen Regelungen, die Strukturen der Gesamtorganisation und damit die „Makroperspektive" als weniger relevant in den Hintergrund oder wurden als schlichte Gegebenheit übernommen. Hier setzten dann wieder die nachfolgenden organisationstheoretischen Forschungen an.

Human-Ressourcen-Ansatz
Die Human-Relations-Bewegung hatte ihren Höhepunkt in den 1950er-Jahren schon überschritten. Sie wurde abgelöst vom Human-Ressourcen-Ansatz, der vor allem auch die (vernachlässigten) Strukturen der Organisation wieder stärker theoretisch zur Geltung brachte. Man diagnostizierte ein Spannungsverhältnis, das sich aus den traditionellen Organisationsstrukturen einerseits und den Entfaltungsbedürfnissen der Menschen andererseits ergibt; dieses äußere sich in den Spannungen zwischen bürokratischer Effizienz und nicht-rationalem Verhalten, zwischen Disziplin und Autonomie, zwischen formalen und informalen Beziehungen. Lässt man diese Konflikte unbearbeitet, so führe dies im Ergebnis zu einer Verschwendung von Human-Ressourcen.

Verschiedene Autoren haben die Kritik in dieser Richtung vorangetrieben und mehr oder weniger detaillierte Lösungsvorschläge sowohl in verhaltens- als auch strukturmäßiger Hinsicht gemacht. Zu diesen Autoren gehören primär Douglas McGregor (1960), Chris Argyris (1957, 1964) und Rensis Likert (1967, 1975). Sie versuchten, auf der Basis von motivationstheoretischen Überlegungen, die nicht nur wie die Human-Relations-Schule die sozialen Bedürfnisse, sondern in einem umfassenderen Sinne das **Selbstverwirklichungsstreben** des Menschen am Arbeitsplatz zum Gegenstand haben, Führungsprinzipien und Strukturmodelle zu entwickeln, die einen Zusammenklang von individueller Bedürfnisbefriedigung und ökonomischer Zielerreichung ermöglichen sollen. Da diese Reformvorschläge sehr deutlich eine effiziente umfassende Nutzung der menschlichen Ressourcen – und nicht ihre einseitige Routinisierung – im Auge haben, spricht man hier auch vom „Human-Ressourcen-Ansatz".

Die Kritik dieses Ansatzes an den Prinzipien der traditionellen Organisation hebt im Kern darauf ab, dass darin die menschlichen Potenziale nicht zur Entfaltung kommen können und traditionelle Organisationen deshalb ineffektiv sind. Wenn man etwa mit Argyris (1964) unterstellt, dass der gesunde Mensch von der Kindheit bis zum Erwachsenenalter einen Reifeprozess durchmacht, der – generell gesprochen – von starker Abhängigkeit hin zur autonomen Persönlichkeit führt, die durch vielfältige Interessen, differenzierte Verhaltensweisen, Bewusstsein der eigenen Persönlichkeit etc. gekennzeichnet ist, so folgt, dass die traditionelle Organisation von den Mitarbeitern als demotivierend und leistungshemmend erlebt werden muss. Die extreme Spezialisierung, die Einheit des Befehlswegs, die Trennung von Planung und Ausführung, kurz alle Prinzipien, die ursprünglich zur Steigerung der Arbeitsproduktivität konzipiert wurden, erweisen sich im Lichte der hier vorausgesetzten Motivationstheorie als dysfunktional. Reformen der Organisationsstrukturen sollen deshalb so beschaffen sein, dass sie den Mitarbeitern mehr Entfaltungsmöglichkeiten bieten, Entscheidungspartizipation ermöglichen, Vertrauen statt Furcht in zwischenmenschlichen Beziehungen schaffen, die Informationsflüsse vielseitig und nicht nur von unten nach oben (als Gegenstrom zum Befehlsweg) gestalten, die (Arbeits-) Gruppe als organisatorische Einheit (statt des Individuums) integrieren, Fremdkontrolle durch weitgehende Selbstkontrolle substituieren etc. Hier geht es letztlich um Entwürfe effektiver und humaner Organisationen zugleich und damit um Versuche, das sogenannte organisatorische Dilemma befriedigend zu lösen.

Ein spezieller Zweig der Human-Ressourcen-Schule beschäftigt sich mit dem Problem des geplanten **Wandels von Organisationen**. Diese Teildisziplin firmierte zunächst unter dem Namen **„Organisationsentwicklung"** (Bennis 1969). Ausgangspunkt für diese Sonderentwicklung waren immense Schwierigkeiten, Human-Ressourcen-Programme in die Praxis umzusetzen, insbesondere bürokratische Organisationen für diese neuen Ideen zu öffnen. Die Forschung auf diesem Gebiet führte zu einem Kanon verschiedener Vorgehensweisen und Methoden. Sie stellen alle darauf ab, bestehende verfestigte Strukturen zu lockern („Unfreezing") und den Organisationsmitgliedern die Angst vor Neuem und Ungewohntem zu nehmen. Der Pionier auf diesem Gebiet war Kurt Lewin (1947), der mit bahnbrechenden Experimenten und daraus entwickelten Trainingsprogrammen den Weg bereitete für ein erfolgreiches Wandelmanagement. Heute finden Überlegungen dieser Art wieder eine sehr starke Beachtung unter den Stichworten **Change Management** und **Lernende Organisation** (im Sinne eines sich ständig wandelnden Systems). Zu den genannten Themen ist heute auch das Thema **Unternehmenskultur** hinzugetreten; hier wird in besonderem Maße die Bedeutung informeller Prozesse auf Gesamtunternehmensebene hervorgehoben (Schein 2017).

2.2.2.3 Die quantitativ-mathematisch orientierte Schule

Es dürfte aus dem Überblick zur verhaltenswissenschaftlichen Schule deutlich geworden sein, dass dort die Managementfunktionen „Planung" und „Kontrolle" gar nicht (explizit) zur Sprache kommen. Obwohl von Frederick W. Taylor in ihrem eigenständigen Stellenwert für die Steigerung der (Arbeits-)Produktivität hoch eingeschätzt und noch mehr von Henri Fayol, Lyndall Urwick und anderen Klassikern als unverzichtbar an den Anfang des Managementprozesses gestellt, hat die verhaltenswissenschaftliche Schule das Augenmerk sehr stark auf Probleme der Organisation und Führung gelenkt. Sie ist insofern stark selektiv vorgegangen und verliert den von den Klassikern noch mitgedachten Zusammenhang aller Managementfunktionen ganz aus dem Auge.

In den frühen 1960er-Jahren setzte in der Managementlehre wieder ein nachhaltiges wissenschaftliches Interesse für die Managementfunktionen **Planung und Kontrolle** ein, nicht zuletzt ausgelöst durch die enormen Möglichkeiten der elektronischen Informationstechnologie. Das Pendel schlug nun gleichsam in die andere Richtung aus: „Management Science" wurde im angloamerikanischen Sprachraum die Bezeichnung für eine Disziplin, die in der planerischen Vorbereitung von Management-Entscheidungen die zentrale

Aufgabenstellung einer Managementlehre überhaupt sah – wobei „science" den mathematischen Exaktheitsanspruch an die Problemlösungen signalisieren sollte, der bei den bisherigen Konzepten fehlte.

Die Durchführung des Geplanten wurde als unproblematisch angesehen; man neutralisierte durch diese Annahme gleichsam die Probleme von Organisation und Führung und rechtfertigte so zugleich (implizit) die Beschränkung auf die exklusive Beschäftigung mit Planungsfragen. Der klassische Ansatz des Managementprozesses, wie er Henri Fayol vorschwebte, schrumpfte so wiederum – diesmal im Vergleich zum Verhaltensansatz von der anderen Seite – auf eine Teilfunktion zusammen, nämlich die geistige Vorbereitung des Handelns. Wegen ihrer quantitativ-mathematischen Orientierung spricht man heute auch von der „mathematischen Schule" der Managementlehre. Sie lässt sich inhaltlich und methodisch von der Teil-Disziplin der „Unternehmensforschung" (**Operations Research**) kaum unterscheiden.

Versuche zur mathematischen Rekonstruktion und Lösung von unternehmerischen Entscheidungsproblemen hat es schon recht früh gegeben. Als Vorläufer der mathematischen Schule werden wegen ihres quantitativen Vorgehens z. B. Frederick W. Taylor und sein Schüler Henry L. Gantt ebenso genannt wie Kurt Andler (1929), der die berühmte Formel zur Optimierung der Lagerhaltung entwickelte („optimale Losgröße"). Aber erst die Entwicklung der Linearen Programmierung in den 1940er-Jahren führte dann zu einer nachhaltigen Anwendung mathematischer Verfahren und Algorithmen auf Managementprobleme. Darüber hinaus wurden neue Verfahren entwickelt, wie etwa die Dynamische Programmierung oder die Netzplantechnik, und fanden Eingang in die betriebliche Planungspraxis (Nickel et al. 2014).

Die quantitativ-mathematische Schule lässt sich allerdings nicht allein durch Verweis auf den Einsatz mathematischer Verfahren charakterisieren. Hinzu kommt ein bestimmter Denkstil, mit dem Entscheidungsprobleme in Angriff genommen und gelöst werden sollen. Für diesen Denkstil ist der Versuch zur **Modellierung** von Entscheidungsproblemen von zentraler Bedeutung. Man konstruiert für ein vorgegebenes (praktisches) Problem ein Modell, indem man aus der „Totalinterdependenz der Wirklichkeit" (Kosiol) zunächst die problemrelevanten Zusammenhänge selektiert und sie dann mithilfe eines geeigneten Mediums so darstellt, dass die Problemlösung für praktische Zwecke verwendbar wird. Auf diese Weise entwirft man z. B. mathematische Modelle für die Planung des Produktprogramms, für den zeitlichen und örtlichen Durchlauf von Losgrößen durch ein Fertigungssystem oder für die Höhe und Terminierung von Ein- und Auszahlungen im Rahmen der kurzfristigen Finanzplanung. Man optimiert dabei einen Zielfunktionswert (z. B. maximaler Deckungsbeitrag, minimale Durchlaufzeit, maximaler Finanzgewinn) unter gewissen problemspezifischen Beschränkungen. Solche Beschränkungen mögen etwa verfügbare Kapazitäten bei der Programmplanung, Lieferfristen bei der Durchlaufterminierung oder Kreditlinien bei der Finanzplanung sein. In jedem Falle müssen in solchen Modellen viele interdependente Entscheidungstatbestände im Hinblick auf ihre Handlungskonsequenzen für die Zielerreichung und die Einhaltung der Beschränkungen in einer – der unmittelbaren Anschauung nicht mehr zugänglichen Weise – miteinander verknüpft und gelöst werden. Modellbildung erfordert also hoch abstraktes Denken zur konstruktiven Darstellung vielfach verzweigter Zusammenhänge. Moderne Software unterstützt die Verfahren heute in entscheidender Weise.

Diese kurze Skizze verdeutlicht, dass die mathematische Schule einen wichtigen Beitrag zur besseren Handhabung von Planungsproblemen geleistet hat und auch in Zukunft leisten kann. Die Gleichsetzung der Managementlehre mit dieser Schule ist jedoch verfehlt, und dies nicht nur wegen ihrer zu engen Auslegung auf die Managementfunktion „Planung". Auch innerhalb dieser Managementfunktion stößt der Einsatz von Mathematik und modernerer Informationstechnologien dort an Grenzen, wo die Planungsprobleme **„schwach strukturiert"** sind. Dort müssen an die Stelle der mathematisch-quantitativen Aufbereitung und Lösung argumentative Begründungsverfahren zur Fundierung von Entscheidungen treten. Das ist z. B. im Rahmen der strategischen Planung weitgehend der Fall. Ferner ist zu beachten, dass sich die Managementfunktion „Planung" nicht in der quantitativen Entscheidungsvorbereitung erschöpfen kann. Dann würden ja z. B. so wichtige praktische Fragen wie die der zweckmäßigen Gestaltung von Planungssystemen oder Planungsprozessen und deren Auswirkung auf das Verhalten der am Planungsprozess Beteiligten aus der Managementlehre ausgeklammert. Die mathematische Vorbereitung von Entscheidungen ist deshalb nur ein (eng begrenztes) Teilgebiet der Managementlehre. Der Begriff „Management Science" ist deshalb irreführend.

2.2.2.4 Systemtheoretische Ansätze

Die Idee, die Managementlehre auf der Basis der Systemtheorie zu entfalten, setzt in den 1960er-Jahren ein. In Deutschland wurde diese Idee insbesondere von Hans Ulrich (St. Gallen) aufgegriffen und zu einem Lehrgebäude entwickelt (Ulrich 1970).

Die Entwicklungslinien des systemtheoretischen Ansatzes haben sich in der Fortfolge stark ausdifferenziert. Die Basiswurzel bildet aber zweifellos die Kybernetik und die Informationstheorie – zu erwähnen sind hier insbesondere die Arbeiten des österreichischen Biologen Ludwig v. Bertalanffy (1979), der eine viel beachtete „Allgemeine Systemtheorie" entwickelte. Es ist zunächst diese Richtung gewesen, die in der Managementlehre rezipiert und adaptiert wurde (Kast und Rosenzweig 1970). Besondere Beachtung fand dabei die Idee des kybernetischen Regelkreises und seine Anwendung für die Unternehmenssteuerung und -kontrolle. Das zentrale, daraus abgeleitete Managementproblem ist die automatisierte Erhaltung und Stabilisierung eines **Systemgleichgewichts** (Emery 1969). Der **Kontrolle** als Quelle des bestandskritischen Feedbacks fällt dabei unter den Managementfunktionen eine Schlüsselrolle zu. Leitend ist das Modell des Thermostats.

Die mehr sozialwissenschaftlich orientierten Arbeiten zur Systemtheorie werden etwas später für die Managementlehre fruchtbar gemacht (z. B. Thompson 1967; Kirsch 1970; Luhmann 1972, S. 39 ff.).

Insgesamt gesehen gelingt es, mit dem systemtheoretischen Ansatz erstmals die **Außenbezüge** der Unternehmung **systematisch** zu erfassen und zum Gegenstand der Theorienbildung zu machen. Ausgangspunkt der Überlegungen ist eine komplexe und veränderliche Umwelt, in der zu handeln ohne Anpassungsleistungen nicht möglich ist.

Unternehmen werden als Handlungseinheiten begriffen, die die Probleme einer komplexen und dynamischen Umwelt in einem kollektiven arbeitsteiligen Prozess auf ein bearbeitbares (komplexitätsreduziertes) Maß umformen. Systeme, die die Umweltanforderungen unbeantwortet lassen, können nicht bestehen. Dies bedeutet zugleich, dass Systeme fortwährend vom Zerfall bedroht sind (Entropie).

Eine komplexe, veränderliche Umwelt erfordert eine entsprechend komplexe Binnenstruktur, um die vielfältigen Umweltbezüge erfassen und aufarbeiten zu können („law of requisite variety" (Ashby 1956)). Die Bestandserhaltung stellt sich als permanentes Problem, sie wird durch die einmal gefundenen Antworten nicht definitiv gelöst.

In der **Theorie offener Systeme** wird das System nicht nur als Anpasser konzeptualisiert, sondern man geht vielmehr davon aus, dass das System/Umwelt-Verhältnis interaktionaler Natur ist, d. h., eine Unternehmung (= System) steht unter starkem Umwelteinfluss, hat aber auch selbst die Möglichkeit, gestaltend auf die Umwelt einzuwirken. Systeme – so die Annahme – besitzen eine begrenzte Autonomie, in deren Rahmen sie regelmäßig zwischen verschiedenen Handlungsalternativen wählen können.

Die Diskussion um die Frage der **Grenzziehung** zwischen System und Umwelt ließ bald die Probleme einer zu engen Analogie zur Biologie – wie anfangs betrieben – offenbar werden. Soziale Systeme „sterben" nicht und haben deshalb auch keine natürlichen Grenzen. Die Rede vom „Überleben" ist nur in einem sehr abstrakten Sinne zu verstehen, gemeint können damit immer nur historische Systemzustände sein, die sich letztlich einer **normativen Setzung** verdanken. Dies machte im Fortlauf eine Unterscheidung zwischen organischen Systemen und sozialen Systemen notwendig. **Soziale Systeme** haben keine empirisch erfahrbaren Systemgrenzen. Die Grenzziehung und -definition ist im Wesentlichen eine Leistung, die das System selbst erbringen muss. Knapp und allgemein formuliert, ist der Prozess der Grenzbildung darin zu sehen, dass bestimmte Handlungsbereiche geschaffen werden, die es ermöglichen, die Komplexität der Welt, das Übermaß an Möglichkeiten, in spezifischer Weise einzuengen, zu reduzieren und zu verarbeiten (Luhmann 1972). Eine spezielle Unternehmung stellt z. B. nicht alles her, was auf dem Markt verkauft werden könnte, sondern wählt bestimmte Produkte und Märkte aus, für die sie produziert. Diese Funktion macht ihre Grenze zur Umwelt aus, macht sie als System im Verhältnis zur Umwelt identifizierbar, unterscheidet sie von anderen Unternehmungen, die mit je spezifischen Selektionsvorgängen ihre Grenze definiert haben.

Für die Entwicklung der Managementlehre ist die Systemtheorie von nachhaltigem Einfluss gewesen und dieser Prozess scheint bei weitem noch nicht abgeschlossen zu sein. So findet sich in jüngerer Zeit eine Reihe von Versuchen, systemtheoretisches Denken insbesondere in der Luhmann'schen Prägung weiter für die Organisationstheorie fruchtbar zu machen (Seidl und Becker 2006; Baecker 2011). Unabhängig davon sind jedoch bereits heute viele Themen und Probleme, die von der Systemtheorie formuliert wurden, in der Managementlehre zum Standard geworden. So etwa die Rede von der Umweltturbulenz, die Unterscheidung von Unternehmung und Umwelt oder die Betrachtung von Subsystemen. Wiederum ist es die Organisationstheorie gewesen, die als Erste die Impulse aus der Systemtheorie in Konzepte umgesetzt hat. Herausragende Anwendungen sind die kontingenztheoretischen Studien zum Einfluss der Umwelt auf die Organisation (etwa Lawrence und Lorsch 1967) und Theorien der Interaktion von Organisation und Umwelt.

Zu letzteren gehört das **Ressourcen-Abhängigkeits-Theorem** (Thompson 1967; Pfeffer und Salancik 1978). Es verdichtet den weitläufigen System-Umwelt-Bezug auf ein zentrales Problem, nämlich die Abhängigkeit von externen Ressourcen. Das Unternehmen benötigt – so der Ausgangspunkt – zur Leistungserstellung Ressourcen verschiedener Art, über die es in der Regel nicht selbst, sondern externe Organisationen verfügen. Es steht damit zwangsläufig in zahlreichen engen Austauschbeziehungen zu anderen Organisationen (vertikaler Leistungsverbund). Der Grad, in dem dieser Leistungsaustausch zur **Ressourcenabhängigkeit** wird, hängt ab von dem Ausmaß, in dem die Unternehmung Ressourcen benötigt, die eine andere Organisation besitzt, und inwieweit auch andere Organisationen der Unternehmensumwelt die benötigten Ressourcen anbieten (oder Substitute verfügbar sind). Ressourcenabhängigkeit, die bei einem Vorhandensein von Großabnehmern analog auch zur Outputseite hin entsteht, zieht eine Reihe von Unwägbarkeiten, also **Ungewissheit** nach sich, die die Effizienz des täglichen Leistungsvollzugs bedrohen und die Planung zukünftiger Aktivitäten behindern. Das Unternehmen muss daher – um seinen Bestand zu sichern – bestrebt sein, diese Unwägbarkeiten soweit als möglich beherrschbar zu machen. Neben internen Vorkehrungen (Abpufferung, Flexibilisierung usw.) kommt dazu primär der Aufbau kooperativer Beziehungen in Frage. Der Ressourcen-Abhängigkeits-Ansatz zeigt eine ganze Skala solcher Kooperationsstrategien zur Steigerung der Umweltkontrolle auf. Sie reichen von der Kooperation über den Abschluss langfristiger Verträge bis hin zum Joint Venture. Die in den letzten Jahren so stark beachtete Netzwerktheorie findet hier ebenfalls ihren Platz (Sydow 1992; Sydow und Duschek 2011).

2.2.2.5 Neoinstitutionalistische und institutionenökonomische Ansätze

Der organisationstheoretische Neoinstitutionalismus ist in der Zwischenzeit auch für die Managementlehre zu einem wichtigen Ansatz herangereift. Dieser Zweig hat sich in den späten 1970er-Jahren vor dem Hintergrund soziologischer Theorieentwicklung herausgebildet und stellt heute für viele Teilbereiche des Managements einen zentralen theoretischen Bezugsrahmen dar. Analog zu den bereits vorgestellten Denkschulen des Managements liegt auch der Neoinstitutionalismus nicht in der Form einer konsistent ausgearbeiteten Theorie vor, sondern setzt sich bis heute aus einer Mehrzahl von Strömungen mit unterschiedlicher Schwerpunktsetzung zusammen (vgl. Walgenbach und Meyer 2007).

Einheitliches Moment des Neoinstitutionalismus ist zunächst die mit dem Namen angezeigte Abgrenzung: während der ältere Institutionalismus (Selznick 1957) zentral auf die Aspekte Macht und Interessen zur Erklärung bestimmter Managementpraktiken abstellte und damit eine klare Akteursorientierung hatte, fokussiert der neue Institutionalismus auf das Verhältnis zwischen Management und Gesellschaft bzw. den gesellschaftlichen

Erwartungsstrukturen. Im Kern wird dabei davon ausgegangen, dass die in einer Gesellschaft existierenden Erwartungen und Vorstellungen darüber, was die Steuerung von Unternehmen ausmacht, prägend sind für die Art und Weise, wie Management betrieben wird. In diesem Sinne werden gerade und auch die Annahmen über Effizienz und Effektivität nicht als absolut gegeben betrachtet, sondern hängen situativ von den in einer Gesellschaft institutionalisierten Vorstellungen ab.

Für den Neoinstitutionalismus steht daher der Begriff der **Legitimität** im Mittelpunkt der Betrachtung. Im Kern wird davon ausgegangen, dass alle vorfindbaren Formen des Managements sich nicht auf eine gesellschaftsunabhängige Optimierung von Input-Outputverhältnissen zurückführen lassen, sondern darauf, dass sie den institutionalisierten Erwartungen entsprechen. Dem liegt die Annahme zugrunde, dass sich gesellschaftliche Erwartungsstrukturen zu Institutionen verdichten und auf diese Weise prägend für Unternehmen sind. Folglich schließt der Neoinstitutionalismus damit auch an die bereits erwähnten **kontingenztheoretischen Ansätze** der Managementforschung an.

Dies ist insbesondere in der von DiMaggio und Powell (1983) vertretenen Variante der Fall. Die Autoren gehen davon aus, dass die organisationale Umwelt, die sie als organisationales Feld beschreiben, einen Druck zur Gleichförmigkeit mit sich bringt. Diese Isomorphie führen sie auf drei unterschiedliche Mechanismen zurück: (1) den Zwangsisomorphismus, d. h., ein Unternehmen muss sich aufgrund etwa der rechtlichen Strukturen bestimmten Managementpraktiken anschließen; (2) den mimetischen Isomorphismus, d. h., ein Unternehmen imitiert und übernimmt Managementpraktiken ("best practices") anderer Unternehmen; und (3) den normativen Isomorphismus, d. h., ein Unternehmen adaptiert spezifische Managementpraktiken dadurch, dass diese etwa durch Personal, das bestimmte gesellschaftliche Ausbildungsstrukturen in Universitäten durchlaufen hat, inkorporiert werden.

Insgesamt gehen DiMaggio und Powell davon aus, dass die Adaption von institutionalisierten Managementpraktiken dazu führt, die Legitimitätszuschreibung der Umwelt an ein Unternehmen sicherzustellen und den Austausch zwischen System und Umwelt aufgrund der Ähnlichkeit zu erleichtern bzw. überhaupt erst zu ermöglichen.

Bereits 1977 hatten John W. Meyer und Brian Rowan darauf abgestellt, dass zumeist keine zwingende Verbindung zwischen externen Legitimitäts- und Austauschanforderungen und internen Effizienzaspekten vorliegt. In ihrem bis heute maßgebenden Beitrag betrachten die Autoren formale Strukturen (und damit eine spezifische Form von Managementpraktik) als **"myth and ceremony"**. Ihr Argument zielt auf eine Entkoppelung von externem Legitimationsdruck und interner Managementrationalität ab. Sie schließen damit auch an frühere kontingenztheoretische Überlegungen an, wie sie insbesondere von James D. Thompson (1967) mit Bezug auf einen robusten und von der Umweltdynamik abgeschotteten „technologischen Kern" angeführt wurde. Das Argument von Meyer und Rowan ist jedoch anders gelagert und geht – denkt man es zu Ende – sehr viel weiter. Mit der Kennzeichnung von Managementpraktiken als bloßes Symbol zur Erreichung von Legitimitätszuschreibung würden diese (in letzter Konsequenz) zur reinen Fassade. Die von Zeit zu Zeit immer wieder aufflammende Debatte um die sogenannten Managementmoden (Kieser 1996) lässt sich in dieser Strömung verorten. Es geht dann nur noch darum, „symbolisches Kapital" zu akquirieren und zu erhalten; die Frage, was ein Unternehmen im Inneren wirklich steuert, bleibt damit außen vor. Ungeachtet dieser extremen Auslegung bleibt jedoch der zentrale Wert der von Meyer und Rowan akzentuierten Unterscheidung zwischen äußerem Schein und innerem Sein von nachhaltiger Bedeutung für die Managementforschung. So spielt die Unterscheidung und das damit einhergehende Problem einer Differenz zwischen „action" und „talk" seit langem eine wichtige Rolle innerhalb der organisationalen Lerntheorien und der Überwindung von Lern- und Wandelwiderständen (Argyris 1976). In der jüngeren Debatte spielt eine ähnlich Unterscheidung von „walk" und „talk" eine besondere Rolle, in der dem „walk the talk" auch eine mögliche Entkopplung gegenüber gestellt wird (Rasche und Gilbert 2015).

Während sowohl Paul DiMaggio und Walter W. Powell als auch John W. Meyer und Brian Rowan Institutionen nicht mit der Organisation als solcher identifizieren, betrachtet Lynn G. Zucker (1977) die Organisation selbst als eine Institution. Sie knüpft damit stärker an die grundlegenden Überlegungen von Max Weber (1972) an, indem sie auch wiederum einen engen Zusammenhang zwischen der Effizienz spezifischer Managementpraktiken und der Legitimation derselben sieht. Während es ihr in ihren frühen Arbeiten darum geht, zu zeigen, wie das intersubjektiv geteilte Wissen über Organisationen handlungsorientierend wirkt, fokussiert sie später (zusammen mit Pamela S. Tolbert) auf die Prozesse der Institutionalisierung und damit auf die Frage, wie und warum bestimmte Institutionen entstehen (Tolbert und Zucker 1996).

Mit der Frage nach der Entstehung von Institutionen ist der bis heute wesentliche blinde Fleck des Neoinstitutionalismus angesprochen und es ist nicht abzusehen, wie dieser theorieimmanent zu lösen ist. Die Stärken dieser Theorieperspektive liegen ohne Zweifel darin zu zeigen, welche Bedeutung Legitimationszuschreibungen der Umwelt für Unternehmen haben und welche Rolle spezifische Institutionen dabei spielen.

Die Frage der Entstehung von Institutionen stellt dagegen die **Neuere Institutionenökonomie** in das Zentrum ihrer theoretischen Erklärungen. Im Gegensatz zum Neoinstitutionalismus, der zu einer deutlichen Relativierung rein ökonomischer Rationalität beiträgt, orientieren sich die neueren institutionenökonomischen Ansätze am strengen Nutzenkalkül der Neoklassik, erweitern diese jedoch, indem sie dem institutionellen Charakter von Unternehmen und Organisationen Rechnung tragen. Während im klassischen mikroökonomischen Denken Unternehmen nicht mehr als eine Produktionsfunktion sind und sich ihre Handlungsrationalität alleine aus Minimalkostenkombinationen ableitet, betrachten institutionenökonomische Ansätze das Unternehmen als ein Handlungssystem mit spezifischen Strukturen. Zentraler Referenzpunkt der Institutionenanalyse bleibt dabei jedoch immer der Markt bzw. die Marktlösung, d. h. jene Koordinationsform, die auf dem Preismechanismus aufbaut. Unternehmen und Organisationen sind in diesem Sinne immer nur „zweitbeste" Lösungen und entstehen – so die Idee – nur dann, wenn Marktversagenstatbestände vorliegen (Williamson 1985; vgl. kritisch Koch 2005). In solchen Fällen können dann bestimmte institutionelle Arrangements, wozu insbesondere die Hierarchie gezählt wird, ökonomisch effizientere Koordinationsformen ausbilden.

Es haben sich drei unterschiedliche Spielarten der Neueren Institutionenökonomie etabliert, die jeweils unterschiedliche Schwerpunkte setzen. Dies ist zum einen die **Transaktionskostentheorie** (Williamson 1975), zum zweiten die **Theorie der Verfügungsrechte** (Alchian und Demsetz 1972) und schließlich der **Prinzipal-Agenten-Ansatz / „Agenturtheorie"** (Jensen und Meckling 1976). Allen gemein ist das Festhalten an einer individuellen Nutzenmaximierungsperspektive und die Annahme, dass von Akteuren angenommen werden muss, dass sie sich opportunistisch verhalten. Zudem wird die Existenz unvollständiger Information sowie die Möglichkeit einer Durchkalkulierbarkeit aller vorhandenen Handlungsalternativen angenommen. Der Hauptimpetus aller drei Theoriestränge liegt zweifelsohne im Bereich der Organisationstheorie, wobei im Rahmen einer Steuerungstheorie und der Erklärung spezifischer Formen des Managements der Prinzipal-Agenten-Ansatz die größte Bedeutung erlangt hat.

Dies mag vor allem daran liegen, dass die Agenturtheorie ein Basisproblem der Unternehmenssteuerung unmittelbar zu konzeptionalisieren versucht. Dabei geht es um die mit der Arbeitsteilung zwangsläufig einhergehende Delegationsnotwendigkeit von Aufgaben, die ein „Prinzipal" (Auftraggeber) an sogenannte „Agenten" (Auftragnehmer) vornehmen muss. Hier existiert ein Delegationsrisiko, insofern als die Agenten im Laufe des Arbeitsvollzuges durch Erfahrung, Kontakte zu anderen Akteuren usw. einen Informationsvorsprung erringen („Informationsasymmetrie"), den sie zu ihrem Vorteil und zum Nachteil des Prinzipals ausnutzen können. Die ökonomische Analyse dieses (dyadischen) Problems und das Aufzeigen von möglichen risikobeschränkenden Maßnahmen für den Prinzipal stehen im Zentrum der Agenturtheorie. Dabei fällt auf, dass sowohl der gesetzte Prämissenkranz als auch die isolierte Betrachtung eines einzigen Problems den gesamten Ansatz hochgradig speziell werden lassen (Schneider 1987; Perrow 1986). Kap. 3 und 4 werden verdeutlichen, dass gerade eine Steuerungstheorie, die der Komplexität des gesamten Managementprozesses gerecht werden möchte, weder bei einem Partikularproblem starten, noch es bei einem solchen bewenden lassen kann.

Insofern tragen auch institutionenökonomische Ansätze nur sehr begrenzt etwas zur Beantwortung der Frage nach der Entstehung von Managementpraktiken insgesamt bei. Dazu bedarf es vielmehr einer zeitlichen Perspektive, mit der auch die Kontingenz und Prozesshaftigkeit von ökonomischem Handeln gleichermaßen wie gesellschaftlichen Legitimationszuschreibungen erklärt werden kann. Hier bieten evolutions- und insbesondere prozessorientierte Ansätze, wie sie neuerdings verstärkt diskutiert werden, einen neuen Erklärungsansatz an.

2.2.2.6 Evolutions- und prozessorientierte Ansätze

Auch die Evolutionstheorie kann mittlerweile innerhalb der Managementforschung auf eine längere und mitunter auch sehr kontrovers geführte Rezeption zurückblicken. Analog zu den bereits vorgestellten Strömungen ist auch hier zunächst festzuhalten, dass es *die* evolutionsorientierte Managementtheorie nicht gibt. Neben allgemeinen Ansätzen

(Aldrich 1979; Nelson und Winter 1982) ist der **populationsökologische Ansatz** (Hannan und Freeman 1989) sicherlich der bekannteste. Dieser insgesamt stark an der Biologie orientierte Ansatz interessiert sich primär für den evolutionären Ausleseprozess und versucht die Frage zu beantworten, weshalb bestimmte Systeme oder Populationen von Systemen (als Analogon zur biologischen Spezies) ihr Überleben sichern können, andere dagegen nicht. Im Fokus der Betrachtung steht somit nicht eine einzelne Organisation, sondern vielmehr ein Typus von Organisationen. Die Idee ist, dass die Umwelt, wie in der Natur, aus der immer wieder entstehenden Vielfalt der Systeme (Variation), diejenigen ausfiltert (Selektion), die sich an die speziellen externen Gegebenheiten nicht oder eben nicht hinreichend angepasst haben und diese Anpassungsleistung nicht vererben bzw. speichern können (Retention). Hier liegt auch eine deutliche Nähe zu neoinstitutionalistischen Ansätzen. Unangepasste und d. h. nicht isomorphe Systeme werden ausgelesen und neue Systeme entstehen, wodurch der evolutorische Prozess von Variation, Selektion und Retention die Entwicklung und Zusammensetzung der System-Population nach seiner Dynamik formt.

Vom Ergebnis her führt die populationsökologische Perspektive in ein Paradox – zumindest für die Managementlehre. Die Bedeutung der betrieblichen Steuerungsleistung und antizipierenden Systemgestaltung tritt zurück zu Gunsten eines unbeherrschbaren Ausleseprozesses, der noch nicht einmal seine zukünftige Ausleselogik freigibt.

Diese einseitige Ausleselogik des „survival of the fittest" wird in stärker managementorientierten Ansätzen deutlich zugunsten der Betonung von (begrenzter) Steuerbarkeit zurückgefahren. Hier war u. a. Karl E. Weick (1979) mit einer wiederum an der Systemtheorie anknüpfenden Variante evolutionstheoretischen Denkens wegbereitend. In der Form einer Theorie offener Systeme wird das Verhältnis zwischen System und Umwelt als ein evolutionärer Interaktionsprozess („enactment") konzipiert. Der Fokus liegt dabei insgesamt (und anknüpfend an die oben schon erwähnte „Behavioral Theory of the Firm") auf der Entwicklung von Unternehmensentscheidungen und -strategien im Sinne eines Such- und Anpassungsprozesses. Dabei übernimmt das Management jedoch keine unbeschränkte Lenkungsfunktion wie in den klassischen Managementansätzen, sondern eher eine moderierende Rolle (vgl. auch Kirsch 1997, 2001). Betont wird damit der nur begrenzt planbare Entwicklungsverlauf von Unternehmen und die Bedeutung **emergenter Prozesse** für das faktische Geschehen in Unternehmen.

In diesem Sinne stellt auch der sogenannte ressourcenbasierte Ansatz (Resource Based View) darauf ab, dass Unternehmensressourcen zu einem wesentlichen Teil nicht gezielter Konstruktion, sondern emergenten Entwicklungen entstammen. Diesem komplexen, schwer verstehbaren evolutorischen Entwicklungsgeschehen wird dort insofern höchste Bedeutung beigemessen, weil es sich gerade wegen seiner unübersichtlichen Genese einer einfachen Imitation durch Wettbewerber entzieht (Prahalad und Hamel 1990; Barney 1991).

Diese (einseitig) positive Sichtweise auf emergente Prozesse findet sich auch in den jüngeren Debatten um **dynamische Fähigkeiten** (Teece 2007, kritisch Schreyögg und Kliesch-Eberl 2007) wie auch in der Diskussion um organisationale Routinen und ihre fortwährende Veränderung wieder (Feldman und Pentland 2003; Kremser 2017). Auch wenn diese Diskussionsbeiträge oft nicht explizit evolutionstheoretisch argumentieren, so spiegelt sich in ihnen jedoch ein erhebliches Vertrauen darin, dass evolutionäre Prozesse immer wieder automatisch zur Öffnung eines Systems und zu seiner positiven Weiterentwicklung beitragen. Diesem Automatismus kann jedoch nicht ohne weiteres gefolgt werden (Leonard-Barton 1992). So konzipiert Robert A. Burgelman (2002) den Zusammenhang von intentionaler Steuerung und emergenten Prozessen als das Kräftespiel zweier diametraler Strömungen in einem Unternehmen (induced vs. autonomous strategic action), von denen keine die alleinige Oberhand gewinnen sollte. In diesem Sinne wird die Bedeutung von emergenten Prozessen jedoch zugleich auch kritisch gesehen, da sie ein Unternehmen auch in einen Lock-in führen können.

Gerade dieser Aspekt einer möglichen Verriegelung und somit **Rigidität** von Unternehmen wird im Rahmen einer Theorie organisationaler und strategischer Pfade in den Mittelpunkt gerückt (Sydow et al. 2009). Der Ansatz stellt auf den Entwicklungsprozess von Unternehmen im Zeitablauf ab und geht davon aus, dass pfadabhängige Prozesse dann einsetzen, wenn es zu positiven Rückkopplungen zwischen Teilen eines Systems oder zwischen System und Umwelt kommt (vgl. dazu ausführlicher Kap. 8). Solche Rückkopplungsmechanismen können dazu führen, dass Unternehmen letztlich ihren Handlungsspielraum sehr stark begrenzen und praktisch ultrastabil und somit wandlungsfähig werden – und dies auf der Basis eines emergenten Prozesses. Neuere Entwicklungen im Rahmen der Prozesstheorie betonen im Unterschied dazu die permanente Veränderung, der Prozess wird zur Regel die Stabilität zur Ausnahme (Tsoukas und Chia 2002; Hernes 2014).

Eine solche Prozessperspektive verdeutlicht mithin die Ambivalenz, die mit einer einseitigen Betonung von Emergenz und damit Evolution einhergeht. Eine moderne Steuerungstheorie sollte eine Antwort darauf geben können, wie das Zusammenspiel von emergenten Entwicklungen und intentionaler Steuerung zu denken und zu gestalten ist. Kap. 4 wird auf diese Fragen noch einmal genauer eingehen.

Neben den genannten gibt es eine Vielzahl weiterer aktuell diskutierter Strömungen; es wäre jedoch verfrüht, sie jetzt schon in eine Ideengeschichte des Managements einordnen zu wollen.

Diskussionsfragen

1. Warum zeigten sich gerade bei den Eisenbahngesellschaften erste Ansätze zur Ausdifferenzierung von Managementfunktionen?
2. Was versteht man unter der „Delegationsthese" und wie ist diese einzuschätzen?
3. Warum kommt es durch die von Frederick W. Taylor vorgenommene Analyse, Zerlegung und Spezialisierung der Arbeitsvollzüge zu einer Ausweitung von Managementaufgaben?
4. Welche Perspektive auf die Unternehmenssteuerung liegt dem Ansatz von Henri Fayol zugrunde?
5. Was kennzeichnet die „legale Herrschaft" nach Max Weber?
6. Was versteht Barnard unter der „Indifferenzzone"?

7. Worin besteht das zunächst Unerklärliche bei der ersten Gruppe der Hawthorne-Experimente?
8. Welchen wesentlichen Betrachtungsunterschied gibt es zwischen klassischer und verhaltenswissenschaftlicher Schule in Bezug auf den arbeitenden Menschen?
9. Welche Ziele verfolgt die Human-Relations-Bewegung?
10. In welchem Sinne spricht der Human-Ressourcen-Ansatz von „Ressourcenvergeudung"?
11. Welche Steuerungsphilosophie verfolgt die mathematische Schule?
12. Inwiefern betont der Kybernetische Ansatz die Managementfunktion „Kontrolle" in besonderem Maße?
13. Welche Bedeutung kommt dem Legitimationsstreben im neo-institutionalistischen Ansatz zu?
14. Welches Problem wirft der evolutionstheoretische Ansatz für die Managementlehre auf?
15. Lesen Sie unter www.shell.com („Who we are") die Geschichte des Shellkonzerns und interpretieren Sie diese vor dem Hintergrund der Ausdifferenzierung der Managementfunktionen.

Fallstudie: Wachstumskonflikte*

Ende des Jahres 1891 nahm der Aufsichtsratsvorsitzende der Mannesmannröhren-Werke AG, Werner von Siemens, Kontakt mit Otto Helmholtz auf und versuchte vergeblich, ihn für eine Mitwirkung im Mannesmann-Vorstand zu gewinnen. Helmholtz war ein Jahr zuvor als Technischer Vorstand bei den Rheinischen Stahlwerken in Meiderich bei Duisburg eingetreten.

Werner von Siemens schilderte Helmholtz am 10. Dezember 1891 in aller Offenheit und eingehend die Lage und die Entwicklung bei Mannesmann: ...

„... Der große Fehler der Herren Mannesmann war nun der, dass sie als junge erfolgreiche Erfinder immer fertig zu sein glaubten und aus Eitelkeit und um den Kredit ihres Verfahrens aufrechtzuerhalten, immer neue Anwendungen auf den Markt brachten, bevor die Bedingungen für deren regelrechte Fabrikation sämtlich vorhanden waren! Dieser Zeitpunkt ist auch jetzt erst für einige Fabrikationsobjekte eingetreten, und dies ist nun der kritische Moment, in dem wir uns befinden! Es muss Stetigkeit und auf Erfahrung gestützte Technik in dem gesamten Betrieb herrschend werden. Die jungen Herren Reinhard und Max Mannesmann sind sehr genial, unternehmungslustig und sanguinisch. Sie bedürfen des älteren, erfahrenen Technikers als Leiter und, wo es sein muss, als Hemmschuh. Sie sehen jetzt ein, dass sie ihre Kräfte überschätzt haben, und haben zugestimmt, dass ein geschäftsführender General-Direktor neben ihnen ernannt wird..."

Am 2. März des Jahres 1892 brachte dann Reinhard Mannesmann Julius Franken als vielleicht geeignete Persönlichkeit für die Stelle des kaufmännischen Vorstands ins Gespräch.

Julius Franken, 1848 in Wickrath bei Mönchengladbach geboren, leitete damals ein Vertretungsbüro in Mailand und vertrat die Interessen unter anderem der Société Cockerill in Seraing, des Grusonwerks in Magdeburg-Buckau und auch der Deutsch-Österreichischen Mannesmannröhren-Werke AG, Berlin, in Italien. Eugen Langen (der stellvertretende Vorsitzende des Aufsichtsrats) übernahm es in Absprache mit Max Steinthal, über Julius Franken Erkundigungen einzuholen. Steinthal war aufgrund der Auskunft davon überzeugt, dass Franken der gesuchte Mann sei. Er war sogar bereit, Friedrich Siemens, der Franken in Komotau getroffen und als guten Kaufmann kennen gelernt hatte, jedoch Zweifel hegte, ob er „genügend Techniker sei, um die technischen Konsequenzen für Administration und Verkauf zu ziehen", persönlich aufzusuchen „und ihm klar zu machen, dass diese Bedenken nebensächlich seien und fallen gelassen werden müssten".

Als Julius Franken am 1. Juli 1892 in den Vorstand der Deutsch-Österreichischen Mannesmannröhren-Werke eintrat, war man in technischer Hinsicht ein wesentliches Stück vorangekommen ...

Eine angemessene Verzinsung des Kapitals konnte auch im zweiten Geschäftsjahr nicht erzielt werden. Im Gegenteil, es musste, einschließlich der normalen Abschreibungen, ein Verlust in Höhe von mehr als 1,6 Millionen Mark ausgewiesen werden.

Die Aktionäre, die im guten Glauben ihr Geld investiert hatten, (waren) nicht gewillt, den Verlust zu tragen, der ihres Erachtens ausschließlich zu Lasten der Erfinder ging. Sie drängten auf Rückgabe von Freiaktien durch die Familie Mannesmann, und zwar in dem Umfang, in dem der Wert für die Patente und Lizenzen zu hoch veranschlagt worden war. Das war durchaus im Sinne der Familie Mannesmann, deren verfügbare Mittel durch den Aufbau des Werks Remscheid sowie für die Sanierung des gemeinsam mit der Familie Siemens betriebenen Mannesmannröhren-Werks in Landore verausgabt worden waren. Die Verluste wollten sie selbstverständlich mittragen, daran ließ die Familie Mannesmann keinen Zweifel aufkommen ....

Inzwischen hatte der Vorsitz des Aufsichtsrats gewechselt. Werner von Siemens war am 6. Dezember 1892 gestorben – zwar in der Gewissheit der industriellen Reife des Mannesmann-Verfahrens und mit der Genugtuung, dass Krupp um Entschuldigung dafür bat, „dass er bisher so abfällig über das Mannesmann-Verfahren geurteilt habe", aber doch ohne dass die über viele Jahre hinweg hohen finanziellen Aufwendungen die ersten Zinsen getragen hätten. Die Brüder Mannesmann hatten in ihm einen väterlichen Freund verloren, der bei aller berechtigten Kritik zu ihnen und ihrer Erfindung gehalten sowie die Vertreter der Banken immer wieder um Geduld gebeten hatte. Um zu verhindern, dass nun Adolph vom Rath, der Aufsichtsratsvorsitzende der Deutschen Bank, zum Nachfolger gewählt würde, baten die Brüder Mannesmann Eugen Langen, den Aufsichtsratsvorsitz zu übernehmen. Gewählt wurde schließlich Karl von der Heydt aus dem bergischen Elberfeld, ein beiden Parteien genehmer Kompromiss-Kandidat ...

Dennoch vermochten die Brüder Mannesmann es nicht zu verhindern, dass ihnen weitere Kompetenzen für die Führung des Unternehmens genommen wurden. Bereits bei seiner Sitzung vom 2. Februar 1893 setzte der Aufsichtsrat eine technische Kommission ein, die weitgehend die Befugnisse des Vorstands übernahm. Den Vorsitz dieses später als „Betriebskommission" bezeichneten Ausschusses übernahm zunächst Eugen Langen. Die führende Kraft und dann auch der Nachfolger Langens als Kommissionsvorsitzender wurde der Ingenieur Siegfried Blau, der bereits am 11. Februar 1893 engagiert wurde und sogleich seine Arbeit in den Walzwerksbetrieben aufnahm ...

Binnen weniger Wochen besichtigten Mitglieder der Betriebskommission in Begleitung von Blau die Mannesmannröhren-Werke in Bous, Remscheid und Komotau. Dabei gelangte man zu der Überzeugung, „dass die Erfindung sich in Bezug auf Details (Dorne) noch vervollkommnen müsse, dass sie aber ... an sich fertig sei". In der Folgezeit wurden die Befugnisse der Kommission wiederholt erweitert. Der Betrieb in Remscheid und insbesondere in Komotau wurde unter Reduzierung des Personalbestands eingeschränkt. Unter diesen Voraussetzungen sahen die Erfinder als Generaldirektoren keine zufrieden stellenden Möglichkeiten mehr und teilten dem Aufsichtsratsvorsitzenden im Sommer des Jahres 1893 mit, am 1. Oktober des genannten Jahres aus der Generaldirektion ausscheiden und in den Aufsichtsrat des Unternehmens überwechseln zu wollen. Alfred Mannesmann und Dr. Fritz Koegel hatten als technischer Leiter des Werks Komotau bzw. als Direktor des Central-Büros schon vorher gekündigt.

Der Weg für die organisatorische Neuordnung von Produktion und Verwaltung war damit geebnet ...

Insbesondere Max Mannesmann, der dem Mannesmann-Verfahren durch seine zahlreichen Erfindungen und konstruktionstechnischen Verbesserungen zum Erfolg verholfen hatte, fiel es sehr schwer, den direkten Einfluss auf die weitere Entwicklung des Unternehmens zu verlieren. Während seine Brüder sich anderen Aufgaben zuwandten und in den USA ein Unternehmen zur Herstellung und zum Vertrieb von nahtlosen Stahlrohren gründeten, blieb Max in Deutschland und versuchte mit allen ihm gegebenen Möglichkeiten, seinen Einfluss und den seiner Familie zu wahren ...

In den ersten Jahren nach dem Ausscheiden der Brüder Mannesmann aus der Generaldirektion mussten die Werke wegen der unzureichenden Ausstattung mit Betriebskapital äußerst sparsam wirtschaften. Der Um- und Ausbau konnte nur nach und nach erfolgen. Dabei hätte es die gute Nachfrage nach Mannesmannröhren erfordert, die Anlagen zu erneuern und den Arbeitsablauf zu verbessern ...

Bis zum Jahre 1910 konnten die Rohrlängen bei allen Abmessungen – außer den kleinen Röhren mit weniger als 50 mm Durchmesser – verdoppelt werden, was die Kosten der Adjustagearbeiten senkte. Ferner gelang es, den größten Teil der Rohre bis 236 mm Durchmesser in einer Hitze zu erzeugen. Dadurch erhöhte sich die Leistung von Ofen und zugehörigem Schrägwalzwerk beträchtlich. Dies hatte mittelbar auch eine Leistungssteigerung der nachgeordneten Pilgerwalzwerke zur Folge. Entsprechend wurden die Energiekosten und die Abbrandverluste reduziert – Letzteres bedeutete auch eine erhebliche Werkstoffersparnis.

Ein weiterer Fortschritt war, dass man diese Ersparnisse nicht mehr nur schätzen, sondern messen konnte; und dass man auf allen Mannesmannröhren-Werken die Selbstkosten einheitlich berechnete. Erst jetzt wurde eine Kontrolle durch ein kaufmän-

nisches Zentralbüro möglich. Für jeden Auftrag wurden „Laufzettel" eingeführt und Kostenstellen mit fixen prozentualen Zuschlägen festgelegt. Allerdings hat es dann „noch lange gedauert, bis man überhaupt wusste, wie man zu kalkulieren und zu verkaufen hatte. Wenn wir einen einfachen Rohrbogen zu berechnen hatten, so mussten wir persönlich zum neuen Adjustage-Chef, Herrn ..., gehen, einen schönen Gruß von dem Herrn Oberbuchhalter ... bestellen und uns den Lohn angeben lassen. Wenn dieser Herr im Betriebe keine Zeit oder Lust hatte, musste man unverrichteter Dinge wieder abziehen, und erst Direktor Lemmes gelang es, das Gewünschte zu erreichen. Wir haben damals festgestellt, dass der Lohn für ein und dieselbe Arbeit, je nach der Stimmung des Herrn ..., höher oder niedriger ausfiel. Es war ein ewiges Lavieren."

* *Auszug aus: Wessel 1990, S. 66–74, 82 f.); die Fußnoten wurden weggelassen.*

Fragen zur Fallstudie

1. Wie könnte man die geschilderten Ereignisse im Hinblick auf die Entwicklung der Unternehmensführung interpretieren (Professionalisierungsthese)?
2. Inwiefern stößt hier die sogenannte personelle Lösung an ihre Grenzen?

Literatur

Albers, H. H. (1969), Principles of management, 3. Aufl., New York.
Alchian, A. A./Demsetz, H. (1972), Production, information costs and economic organization, in: American Economic Review 62, S. 777–795.
Aldrich, H. E. (1979), Organization and environment, Englewood Cliffs, N. J.
Alon, I./Child, J./Li, S./McIntyre, J. R. (2011), Globalization of Chinese firms: Theoretical universalism or particularism, in: Management and Organization Review, 7, S. 191–200.
Andler, K. (1929), Rationalisierung der Fabrikation und optimale Losgröße, München/Berlin.
Argyris, C. (1957), Personality and organization, New York.
Argyris, C. (1964, Integrating the individual and the organizatio, New York.
Argyris, C. (1976, Single-loop and double-loop models in research on decision making, in: Administrative Science Quarterly 21, S. 363–375.
Ashby, W. R. (1956), Introduction to cybernetics, New York et al.
Barker, R. (2010), No, management is not a profession, in: Harvard Business Review 88(7–8), S. 52–60.
Baecker, D. (2011), Organisation und Störung, Berlin.
Barnard, C. I. (1938), The functions of the executive, Cambridge/Mass.
Barney, J. (1991), Firm resources and sustained competitive advantage, in: Journal of Management 17, S. 99–120.
Behrman, J. N./Levin, R. I. (1984), Are business schools doing their jobs?, in: Harvard Business Review 62, S. 140–142.
Bennis, W. G. (1969), Organization development, Reading/Mass.
Bertalanffy, L. v. (1979), General system theory, 6. Aufl., New York.
Burgelman, R. A. (2002), Strategy as vector and the inertia of coevolutionary lock-in, in: Administrative Science Quarterly 47, S. 325–357.

Chandler, A. D. (1962), Strategy and structure: Chapters in the history of the industrial enterprise, Cambridge/Mass.
Chandler, A. D. (1977), The visible hand: The managerial revolution in American business, Cambridge/Mass.
Chandler, A. D. (1990), Scale and scope. The dynamics of industrial capitalism, Cambridge/Mass. u. a.
Coase, R. H. (1937), The nature of the firm, in: Economica, N. S. 4, S. 386–405.
Copley, F. B. (1923), Frederick W. Taylor, Father of scientific management, Bd. I und II, New York.
Cyert, R., & March, J. (1963), A behavioral theory of the firm, Englewood Cliffs, N. J.
DiMaggio, P./Powell, W. W. (1983), The iron cage revisited: Institutional isomorphism and collective rationalities in organizational fields, in: American Sociological Review 48, S. 147–160.
Donham, P., 1962. Is management a profession?. Harvard Business Review, 40(5), pp. 60–68.
Drucker, P. (1967), Die ideale Führungskraft (Übers. a. d. Engl.), Düsseldorf/Wien.
Emery, F. E. (Hrsg.) (1969), Systems thinking, Harmondsworth.
Emminghaus, A. (1968), Allgemeine Gewerkslehre, Berlin.
Fayol, H. (1929), Allgemeine und industrielle Verwaltung, Berlin.
Feldman, M. S./Pentland, B. (2003), Reconceptualizing organizational routines as a source of flexibility and change, in: Administrative Science Quarterly 48, S. 94–118.
Franz, H./Kieser, A. (2002), Die Frühphase der Betriebswirtschaftslehre an Hochschulen (1898–1932), in: Gaugler, E./Köhler, R. (Hrsg.), Entwicklungen der Betriebswirtschaftslehre, Stuttgart, S. 61–85.
George, C. S. (1987), The history of management thought, 2. Aufl., Englewood Cliffs/N. J.
Gillespie, R. (1991), Manufacturing knowledge. A history of the Hawthorne experiments, Cambridge.
Gutenberg, E. (1983), Grundlagen der Betriebswirtschaftslehre, Band 1: Die Produktion, 24. Aufl., Berlin/Heidelberg/New York.
Hannan, M. T./Freeman, J. (1989), Organizational ecology, Cambridge/Mass.
Hernes, T. (2014), A process theory of organization, Oxford.
Jensen, M. C./Meckling, W. H. (1976), Theory of the firm: Managerial behavior, agency, costs and ownership structure, in: Journal of Financial Economics 3, S. 305–360.
Kast, F. E./Rosenzweig, J. E. (1970), Organization and management: A systems approach, New York.
Kaufman, A./Zacharias, L./Karson, M. (1995), Managers versus owners, New York.
Kieser, A. (1996), Moden & Mythen des Organisierens, in: Die Betriebswirtschaft 56, S. 21–39.
Kieser, A. (2019a), Managementlehren – von Regeln guter Praxis über den Talorismus zur Human Relstionsbewegung und Taylorismus, in: Kieser, A. & Ebers, M. (Hrsg.). Organisationstheorien, 8. Aufl., Stuttgart, S. 75–121.
Kieser, A. (2019b), Max Webers Analyse der Bürokratie, in: Kieser, A. & Ebers, M. (Hrsg.), Organisationstheorien, 8. Aufl., Stuttgart, S. 45–74.
Kieser, A./Nicolai, A./Seidl, D. (2015), The practical relevance of management research: Turning the debate on relevance into a rigorous scientific research program, in: Academy of Management Annals 8, S. 143–233.
Kirsch, W. (1970), Entscheidungsprozesse, Bd. 1–3, Wiesbaden.
Kirsch, W. (1997), Wegweiser zur Konstruktion einer evolutionären Theorie der Strategischen Führung, München.
Kirsch, W. (2001), Die Führung von Unternehmen, München.
Koch, J. (2005), Markt und Organisation? Eine Dekonstruktion – Zum Verhältnis von Transaktionskostenansatz und Organisationsforschung jenseits von Opportunismusbehauptung und Opportunismusvorwurf, in: Managementforschung 15, S. 185–227.
Kocka, J. (1971), Industrielle Angestelltenschaft in frühindustrieller Zeit, in: Büsch, O. (Hrsg.): Untersuchungen zur Geschichte der frühen Industrialisierung vornehmlich im Wirtschaftsraum Berlin/Brandenburg, Berlin, S. 317–371.

Kocka, J. (1975), Unternehmer in der deutschen Industrialisierung. Göttingen.
Koontz, H. (1961), The management theory jungle, in: Academy of Management Journal 3, S. 174–188.
Koontz, H. (1980), The management theory jungle revisited, in: Academy of Management Review 2, S. 175–187.
Kosiol, E. (1959), Grundlagen und Methoden der Organisationsforschung, Berlin.
Kremser, W. (2017), Interdependente Routinen, Wiesbaden
Lawrence, P. R./Lorsch, J. W. (1967), Organization and environment, Cambridge/Mass.
Leonard-Barton, D. (1992), Core capabilities and core rigidity: A paradox in managing new product development, in: Strategic Management Journal 13, S. 111–126.
Lewin, K. (1947), Frontiers in group dynamics, in: Human Relations 1, S. 5–41.
Likert, R. (1967), The human organization: Its management and value, New York.
Likert, R. (1975), Die integrierte Führungs- und Organisationsstruktur, Frankfurt am Main.
Luhmann, N. (1972), Soziologische Aufklärung, Bd. 1, 3. Aufl., Opladen.
March, J. G./Simon, H. A. (1958), Organizations, New York u. a.
Massie, J. L. (1965), Management theory, in: March, J. G. (Hrsg.), Handbook of organizations, Chicago, S. 387–422.
Mayntz, R. (1968), Max Webers Idealtypus der Bürokratie und die Organisationssoziologie, in: Mayntz, R. (Hrsg.), Bürokratische Organisation, Köln/Berlin, S. 27–35.
McGregor, D. (1960), The human side of enterprise, New York.
Meyer, J. W./Rowan, B. (1977), Institutionalized organizations: Formal structure as a myth and ceremony, in: American Journal of Sociology 83, S. 340–363.
Mintzberg, H. (2004), Managers not MBAs, San Francisco.
Mooney, J. D. (1937), The principles of organization, in: Gulick, L. H./Urwick, L. F. (Hrsg.): Papers on the science of adminstration, New York, S. 89–98.
Nelson, R. R./Winter, S. G. (1982), An evolutionary theory of economic change, Cambridge/Mass.
Nickel, St./Stein, O./Waldmann, K.-H. (2014), Operations Research, 2. Aufl., Wiesbaden.
Ortmann, G. (1976), Unternehmungsziele als Ideologie, Köln.
Perrow, C. (1986), Economic theories of organization, in: Theory and Society 15 (1–2), S. 11–45.
Pfeffer, J./Salancik, G. R. (1978), The external control of organizations, New York.
Potthoff, E. (2002), Betriebswirtschaftslehre im Nationalsozialismus (1933–1945) bei politischer Gleichstellung und staatlicher Wirtschaftslenkung, in: Gaugler, E./Köhler, R. (Hrsg.), Entwicklungen der Betriebswirtschaftslehre, Stuttgart, S. 87–110.
Prahalad, C. K./Hamel, G. (1990), The core competence of the corporation, in: Harvard Business Review 68 (3), S. 79–91.
Rasche, A./Gilbert, D.U. (2015), Decoupling responsible management education: Why business schools may not walk their talk, in: Journal of Management Inquiry 24, S. 239–252.
Roethlisberger, F. J./Dickson, W. J. (1975), Management and the worker, 16. Aufl., Cambridge/Mass.
Schein, E. H. (2017), Organizational culture and leadership, 5. Aufl., Hoboken/N.J.
Schmalenbach, E. (1925), Grundlagen der Selbstkostenrechnung und Preispolitik, Leipzig.
Schmalenbach, E. (1926), Dynamische Bilanz, 4. Aufl., Leipzig.
Schneider, D. (1987), Agency costs and transaction costs: Flops in the principal-agent-theory of financial markets, in: Bamberg, G./Spremann, K. (Hrsg.), Agency theory, information, and incentives, Berlin, S. 481–494.
Schneider, D. (1995), Betriebswirtschaftslehre, Bd. 1: Grundlagen, 2. Aufl., München/Wien.
Schreyögg, G. (1984), Unternehmensstrategie, Berlin/New York.
Schreyögg, G./Kliesch-Eberl, M. (2007), How dynamic can organizational capabilities be? Towards a dual-process model of capability dynamization, in: Strategic Management Journal 28, S. 913–933.
Seidl, D./Becker, K. H. (2006), Organizations as distinction generating and processing systems: Niklas Luhmann's contribution to organization studies, in: Organization 13, S. 9–35.
Selznick, P. (1957), Leadership in administration: A sociological interpretation, New York.

Simon, H. A. (1945), Administrative behavior: A study of decision-making processes in administrative organization, New York.
Staehle, W. H. (1999), Management, 8. Aufl., München.
Stichweh, R. (2005), Wissen und die Professionen in einer Organisationsgesellschaft, in: Klatetzki, T./ Tacke, V. (Hrsg.) Organisation und Profession, Wiesbaden, S. 31–44.
Sydow, J. (1992), Strategische Netzwerke, Wiesbaden.
Sydow, J./Duschek, St. (2011), Management interorganisationaler Beziehungen: Netzwerke – Cluster – Allianzen, Stuttgart.
Sydow, J./Schreyögg, G./Koch, J. (2009), Organizational path dependence: Opening the black box, in: Academy of Management Review 34, S. 689–709.
Taylor, F. W. (1911), Principles of scientific management, New York.
Teece, D. J. (2007), Explicating dynamic capabilities: The nature and microfoundations of (sustainable) enterprise performance, in: Strategic Management Journal 28, S. 1319–1350.
Thompson, J. P. (1967), Organizations in action, New York.
Tolbert, P. S./Zucker, L. (1996), The institutionalization of institutional theory, in: Clegg, S. R., Hardy, C. North, C. E. (Hrsg.): Handbook of organizational studies., London, S. 175–190.
Tsoukas, H./Chia, R. (2002), On organizational becoming: Rethinking organizational change, in: Organization Science 13, S. 567–582.
Ulrich, H. (1970), Die Unternehmung als produktives soziales System, 2. Aufl., Bern/Stuttgart.
Ulrich, H. (1985), Von der Betriebswirtschaftslehre zur systemorientierten Managementlehre, in: Wunderer, R. (Hrsg.): Betriebswirtschaftslehre als Management- und Führungslehre, Stuttgart, S. 3–32.
Urwick, L. (1961), Grundlagen und Methoden der Unternehmensführung, Essen.
Wächter, H. (1987), Wissenschaft und Arbeitskraft, in: Zeitschrift für Arbeitswissenschaft 41, S. 212–216.
Walgenbach, P./Meyer, R. (2007), Neoinstitutionalistische Organisationstheorie, Stuttgart
Walter-Busch, E. (1999), Das Auge der Firma, Stuttgart.
Weber, M. (1972), Wirtschaft und Gesellschaft, 5. Aufl., Tübingen.
Weber, W. (1924), Gesammelte Aufsätze zur Soziologie und Sozialpolitik, Tübingen.
Weick, K. E. (1979), The social psychology of organizing, 2. Aufl., Reading/Mass.
Wessel, H. A. (1990), Kontinuität im Wandel, 100 Jahre Mannesmann 1890–1990, Düsseldorf.
Williamson, O. E. (1975), Markets and hierarchies: Analysis and antitrust implications, London.
Williamson, O. E. (1985), The economic institutions of capitalism – firms, markets, relational contracting, New York.
Witzel, (2016), A history of management thought, 2. Aufl., London/New York.
Wren, D. A., Bedeian, A. G. (2009), The evolution of management thought, 6. Aufl., Hoboken/N. J.
Zucker, L. G. (1977), The role of institutionalization in cultural persistence, in: American Sociological Review 42, S. 726–743.

Teil II
Konzeptionelle Grundlagen des Managements

Die Rolle des Managements in der Marktwirtschaft

3

Zusammenfassung

Kapitel 3 befasst sich mit dem Handlungskontext des Managements und der Frage der Beziehung und Beziehungsgestaltung zwischen Unternehmen und ihrer gesellschaftlichen Umwelt. Dazu wird zunächst in den Stakeholderansatz eingeführt, mit dem die Frage der Legitimität von Unternehmen in den Mittelpunkt rückt und eine erste Orientierung in Bezug auf relevante Bezugsgruppen eines Unternehmens und Ihrer Bedeutung und Relevanz für das Management gewonnen werden kann. Daran anschließend liegt der Fokus auf den beiden zentralen Koordinationsmodi, die in einem Wirtschaftssystem allgemein zur Verfügung stehen, um unterschiedliche gesellschaftliche Interessen zwischen Unternehmen und ihrer Umwelt aber auch innerhalb von Unternehmen (insbesondere Mitbestimmung) aufeinander zu beziehen und abzustimmen. Maßgebend sind hier der strategischorientierte und der verständigungsorientierte Koordinationsmodus, die jeweils auf sehr unterschiedlichen Formen von Rationalität beruhen. Während der strategischorientierte Koordinationsmodus die ökonomische Handlungsrationalität zugrunde legt und auf dem Vertragsmodell der Unternehmung mit der marktlichen Preissteuerung aufbaut, basiert verständigungsorientiertes Handeln auf der sprachlich-argumentativen und dialogisch-konsensualen Entwicklung einer gemeinsamen und geteilten Handlungsorientierung. Erst letztere ermöglicht es, die systemimmanenten Probleme des ökonomischen Handlungsmodells (externe Effekte, Vermachtungsprozesse und Trennung von Eigentum und Verfügungsgewalt) zu korrigieren und durch die verständigungsorientierte Etablierung rechtlicher Restriktionen und unternehmensethisch entwickelter Formen der Selbstverpflichtung zu einem Interessenausgleich im Sinne der gesamtgesellschaftlichen Wohlfahrt zu gelangen. Einer solchen muss sich jedes Management im Hinblick auf die

Steuerung der Nachhaltigkeit seiner Wertschöpfung und der mit jeder Geschäftstätigkeit einhergehenden gesellschaftlichen Verantwortung grundsätzlich verpflichtet sehen. Diese verständigungsorientierte Unternehmensethik bzw. eine ethisch basierten Corporate Social Responsibility (CSR) steht in einer globalisierten Wirtschaft vor besonderen Herausforderungen und geht weit über die oft nur sehr plakativen, monologischen und ausschließlich instrumentellen Ansätze zur CSR hinaus.

3.1 Bezugsgruppen der Unternehmung

In der Ideengeschichte des Managements, wie sie in Kap. 2 im Überblick rekonstruiert wurde, tauchten bereits verschiedene Personengruppen auf, die in einem mehr oder weniger engen Bezug zu den Entscheidungen und den Aktionen des Managements stehen. So etwa die Kapitaleignerinnen, die Gruppe der Arbeitnehmer, die Endverbraucher, die Abnehmerinnen und Lieferanten oder die Wettbewerberinnen. Besonders in der Anreiz-Beitrags-Theorie von Chester I. Barnard und bei der Deutung der Unternehmung als offenes System rückte die Bedeutung von Interessengruppen ins Blickfeld. Theoretisch eingefangen wird diese Perspektive durch den sogenannten „Stakeholder-Ansatz", der diesen Gruppenbezug des Managements in das Zentrum der Managementlehre gerückt hat (Freeman 1984; Post et al. 2002; Jamali 2008; Scherer und Palazzo 2011; Frynas und Stephens 2015). Dabei stellt die Bezeichnung „Stakeholder-Theorie" einen Oberbegriff für eine Vielzahl von zum Teil sehr unterschiedlichen ansetzenden Perspektiven dar, die entweder eher deskriptiv, normativ oder instrumentell angelegt sind (vgl. Donaldson und Preston 1995; Jones et al. 2018).

Unabhängig von der Ausrichtung ist die Ausgangsidee, nämlich der System-Umwelt-Bezug, auf die Systemtheorie zurückführbar: Ein System muss sich in einer komplexen Umwelt bewähren, sich ihr gegenüber abgrenzen und zugleich die Umweltanforderungen in geeigneter Weise bearbeiten. Im Stakeholder-Ansatz werden die Interessengruppen als Ansprüche verstanden, die aus der Umwelt an das Unternehmen bzw. das Management herangetragen werden, mit unterschiedlicher Stoßrichtung und Intensität. Als Voraussetzung für ihre Existenzsicherung und ihre Handlungsfähigkeit müssen Organisationen einen geeigneten Weg finden, mit diesen Anforderungen umzugehen.

Aus dem Neo-Institutionalismus stammt das Konzept der Legitimität, dem hier eine zentrale Rolle zukommt (vgl. Suchman 1995). Eine erfolgreiche Organisation zeichnet sich demnach dadurch aus, dass es ihr gelingt, die Akzeptanz ihrer Umwelt zu gewinnen. Als **Legitimität** kann dabei die generalisierte Einschätzung verstanden werden, dass die Handlungen einer Organisation vertretbar, erwünscht, richtig oder angemessen innerhalb eines sozialen Systems (Gesellschaft, Branche usw.) sind. Dabei können drei verschiedene Arten von Legitimität unterschieden werden (Suchman 1995): Pragmatische, moralische und kognitive Legitimität.

Pragmatische Legitimität erwirbt eine Organisation durch die Bereitschaft und auch das Vermögen, den Interessen von bestimmten Anspruchsgruppen (direkt oder indirekt) zu entsprechen; der Logik der Tauschgerechtigkeit folgend, gestehen diese im Austausch für den gestifteten unmittel- oder mittelbaren Nutzen ein entsprechendes Maß an Akzeptanz zu. Eine enge Verwandtschaft dieser Argumentation mit der Anreiz-Beitrags-Theorie von Chester I. Barnard bzw. der Koalitionstheorie von Richard Cyert und James G. March (1963) ist unübersehbar.

Moralische Legitimität bezieht sich demgegenüber auf die normative Bewertung der Handlungen einer Organisation. Nur wenn eine Organisation darlegen kann, dass ihre Aktivitäten, ihre Strukturen, ihre Technologie und ihre Mitglieder im Einklang mit gesellschaftlichen Werten und Normen stehen, wird ihr von ihrer Umwelt Legitimität zugestanden. Dabei gilt es zu beachten, dass hier von einer Bewertung der Begründungen und Verhaltensweisen ausgegangen wird (Steinmann und Löhr 1994; Patzer et al. 2018), reine Lippenbekenntnisse tragen nur selten zum Aufbau moralischer Legitimität bei. Im Unterschied zur pragmatischen Legitimität, bei der es nur darauf ankommt, dass die Interessengruppen zufriedengestellt sind (gleichgültig, was ihr Anliegen war), geht es hier darum, Handlungen zu ergreifen, die einer moralischen Prüfung standhalten. Die Organisation handelt richtig in einem moralischen Sinne und gilt deshalb als fair und gerecht (die „ehrbare Firma").

Kognitive Legitimität schließlich betont die Notwendigkeit, dass die Handlungen einer Organisation aus Sicht des Beobachters – also vor dem Hintergrund erworbener kognitiver Wahrnehmungsmuster – Sinn ergeben müssen und in gewissem Maß vorhersehbar sind. Mit anderen Worten, das Handlungsmuster der Organisation muss im Markt und in der Gesellschaft anschlussfähig sein. Eine Organisation wird demnach als legitim angesehen, wenn es ihr gelingt, ihre Handlungsweisen verstehbar zu machen und sie plausibel mit den Deutungsmustern der Gesellschaft zu verflechten.

Wer sind die Stakeholder einer Organisation, und welche von ihnen sind insbesondere zu beachten? Generell gesagt, sollen als Stakeholder einer Organisation alle Gruppen oder Personen verstanden werden, die die Zielerreichung der Organisation beeinflussen können oder die durch deren Zielerreichung direkt oder indirekt betroffen sind – wobei unter den Begriff „Gruppe" auch Netzwerke, Verbände und Regierungen fallen (Mitchell et al. 1997; Freeman 1984). Abb. 3.1 zeigt auszugsweise die Vielfalt möglicher Anspruchsgruppen, die als (potenziell) relevant für die Wahrnehmung von Managementaufgaben angesehen werden. Dabei wird regelmäßig betont, dass eine solche Liste von Bezugsgruppen niemals abgeschlossen sein kann, weil im Wirtschaftsleben immer wieder neue Stakeholder mit je spezifischen Bezügen zum Wirtschaftshandeln einer Organisation auftauchen (und alte verschwinden) können.

Das Management ist also als Akteur zu begreifen im Umfeld einer Vielzahl von (mehr oder weniger spezifischen) Anspruchsgruppen um das Unternehmen – diese Sichtweise ist ein geeigneter Ausgangspunkt für die weiteren Überlegungen, weil sie das Umfeld einer Organisation nicht abstrakt lässt, sondern unmittelbar an den konkreten Erwartungen, Interessen und Handlungsvollzügen des Managements anknüpft; sie muss aber weiter differenziert werden, um die Unterschiedlichkeit der (faktischen und möglichen) Bezugsgruppen in ihrem Verhältnis zu Organisation und Management erfassen zu können. Es liegt auf der Hand, dass die Beziehungen von Kapitaleignerinnen zum Management nach Art und Intensität von anderer Qualität sind als etwa die von Verbraucherinnen oder Protestgruppen, die sich zur Lösung eines ganz speziellen Problems (Klima, Kinderschutz usw.) ad hoc mit Forderungen, Petitionen, Drohungen und Verhandlungsangeboten an das Management wenden. Nicht zuletzt ist es das Recht, das das Verhältnis des Managements zu einzelnen Bezugsgruppen in vielen Fällen vorordnet; man denke an das Gesellschaftsrecht, das Mitbestimmungsrecht, das Arbeitsrecht oder das Publizitätsgesetz. Man kann also im Grunde die Gruppen nicht einfach auflisten (wie in Abb. 3.1), sondern muss schon theoretisch tiefer schürfen und die Ordnungsstrukturen freilegen, die das Verhältnis von Management und Bezugsgruppen zueinander konstituieren (Etzioni 1998; Mitchell et al. 1997).

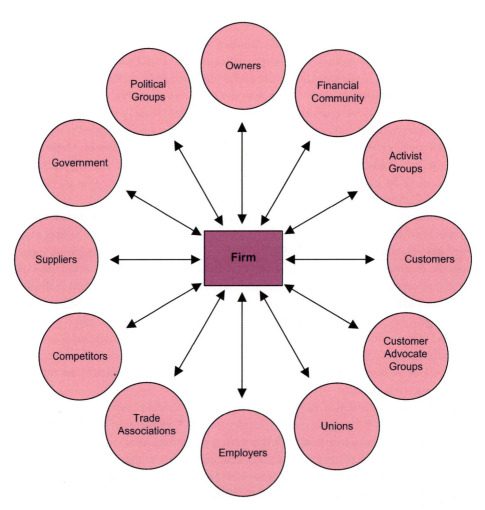

Abb. 3.1 Bezugsgruppen der Unternehmung im Stakeholder-Ansatz. (Quelle: Freeman 1984, S. 25)

Ein methodisches Verfahren, das Orientierungshilfe bei der Einschätzung leisten kann, welche Bedeutung die einzelnen Stakeholder für die Organisation besitzen und in Zukunft besitzen könnten, stellt die sogenannte „stakeholder analysis" dar (Mitchell et al. 1997; Reed et al. 2009). Dabei soll die relative Bedeutung der Stakeholder für die Organisation auf den Dimensionen **Macht, Legitimität** und **Dringlichkeit bestimmt** werden. Ist ein Stakeholder in der Lage, eine Organisation zu Handlungen zu bringen, die sie ohne den Einfluss des Stakeholders nicht ausgeübt hätte, so verfügt dieser über **Macht**. Werden seine Handlungen als erwünscht, richtig oder angemessen innerhalb des gesellschaftlich etablierten Normensystems angesehen, so verfügt er über **Legitimität**. Finden die Forderungen eines Stakeholders unmittelbare Aufmerksamkeit in der Öffentlichkeit, so besteht hohe **Dringlichkeit** darauf zu reagieren. Aus unterschiedlichen Ausprägungsgraden auf den genannten drei Dimensionen bilden Mitchell et al. (1997) sieben Stakeholder-Typen mit einem jeweils spezifischen Bedeutungsgrad für das Management. Die leitende Idee ist, dass Stakeholder umso eher der Aufmerksamkeit der Organisation bedürfen, je ausgeprägter sie auf den drei Dimensionen einzuschätzen sind, d. h. je mächtiger, legitimer und dringlicher ihr Anliegen erscheint.

Die einzelnen Attributausprägungen sind dabei nicht als unveränderlich zu begreifen, sondern prinzipiell variabel. Die zentrale Frage ist deshalb eher, ob, wann und unter welchen Umständen Stakeholder aktiv werden (Barnett 2014) und welchen Einfluss die Medien darauf haben (Desai 2014; Mena et al. 2016). Eine heute noch machtlose Anspruchsgruppe kann sich schon morgen (etwa durch geschickten Einsatz von Medien oder einer Social-Media-Influencer-Kampagne zur Beeinflussung der öffentlichen Meinung) Machtpotenziale erwerben und so zu einem bedeutenden Stakeholder entwickeln. Ebenso ist es umgekehrt möglich, dass Anspruchsgruppen bestimmte Eigenschaften verlieren und so aus dem Zentrum zurück an den Rand des Blickfeldes rücken. Auch hier kann eine einmal getroffene Auswahl also niemals als abgeschlossen betrachtet werden. Des Weiteren ist zu beachten, dass die einzelnen Attributausprägungen keine objektive Realität darstellen, sondern Ergebnis sozialer Konstruktionen – und somit ständig revidierbar – sind. Man denke etwa an die Legitimationsgrundlage von militanten Umweltaktivisten, deren relativ konstant gebliebenes Verhalten im Zuge gewachsenen Umweltbewusstseins gesellschaftlich sehr viel stärker akzeptiert wird.

In jüngere Zeit entwickelt sich die Stakeholder-Analyse stärker in Richtung eines relationalen Ansatzes, d. h. nicht mehr die Bezugsgruppen und ihre Bedeutung als solche sollen in den Mittelpunkt gerückt werden, sondern die **Art und Weise der Beziehung** zwischen Unternehmen und diesen Bezugsgruppen und wie diese Beziehungen selbst gestaltet werden (Jones 2011; Bosse und Coughlan 2016). Jones et al. (2018) unterscheiden in diesem Zusammenhang zwischen einem sogenannten „arm's-lenght relationship"-Ansatz und einem „communal sharing relational ethics"-Ansatz. Während für ersteren eine reine transaktionale und ökonomische Verhaltensmaxime bestimmt ist, stellt der zweite Ansatz auf eine wechselseitig vertrauensvolle und kooperative Beziehung zwischen Unternehmen und ihren Stakeholdern ab. Auch wenn die Autoren eine instrumentalistische Perspektive verfolgen, indem sie den zweiten Ansatz unter zu spezifizierenden Bedingungen als grundsätzlich erfolgsversprechender auszuweisen versuchen, verdeutlicht die Unterscheidung jedoch bereits die Notwendigkeit, im Stakeholder-Management auf die einer Beziehung **zugrunde liegende Handlungslogik** abzustellen. Ein wirklicher Einbezug der Interessen aller Stakeholder kann nur dann gelingen, wenn diese Interessen auch innerhalb der jeweils in einer Beziehung herrschenden Handlungslogik Berücksichtigung finden können. Im Folgenden werden deshalb die beiden zentralen Modi wirtschaftlicher Handlungskoordination vorgestellt.

3.2 Handlungskoordination in der Wirtschaft

3.2.1 Zwei Koordinationsmodi

Die Beziehungen des Managements zu den Bezugsgruppen im Umfeld der Unternehmung sind Ausdruck der Art und Weise, wie die Handlungen der in Frage stehenden Akteure aufeinander bezogen, wie sie bewertet und koordiniert werden. Jede arbeitsteilige Wirtschaft und Gesellschaft steht ja vor diesem grundlegenden Problem der **Handlungskoordination**: Wie sollen die Interessen und Absichten sowie die daraus fließenden Handlungen aller Individuen und Gruppierungen so aufeinander bezogen werden, dass ihre erfolgreiche dauerhafte Koordination gelingt und auch in Zukunft immer wieder möglich ist? In der Wirtschaft differenziert sich dieses Koordinationsproblem in doppelter Hinsicht aus (vgl. Dahl und Lindblom 1953). Es geht einmal um ein **„Kalkulationsproblem"**: Wie sollen die Ressourcen, die verfügbaren Produktionsfaktoren einer Volkswirtschaft, eingesetzt werden, so dass eine maximale gesamtgesellschaftliche Wohlfahrt entsteht? Der zweite Aspekt betrifft das **„Kontrollproblem"**: Wie lässt sich bewerkstelligen, dass alle Menschen im erforderlichen Umfang an der Erreichung der kalkulierten Ziele mitwirken? Je nachdem, welche Antworten von der Wirtschaftsordnung für diese beiden Fragen gefunden werden, ergibt sich auch ein anderes Ordnungsmuster für das Verhältnis von Management und Bezugsgruppen der Unternehmung.

Für die Lösung des angesprochenen Koordinationsproblems stehen jeder Gesellschaft **im Prinzip** – noch ganz unabhängig von jeder historischen Wirtschaftsordnung – zwei **Koordinationsmodi** zur Verfügung, nämlich das verständigungsorientierte oder kommunikative Handeln einerseits und das strategische oder erfolgsorientierte Handeln andererseits (Habermas 1981). Das Verhältnis des Managements zu den Bezugsgruppen lässt sich vor dem Hintergrund dieser beiden Handlungstypen besser verstehen und näher bestimmen. Dabei ist – hier schon vorgreifend – das strategische Handeln der dominante Koordinationstyp in einer über Preise gesteuerten Geld- und Wettbewerbswirtschaft. Es bildet den Kern der marktwirtschaftlichen Konstruktionslogik. Offen bleibt dabei die Frage nach Status und Bedeutung des verständigungsorientierten Handelns. Dazu sind zunächst die zentralen Begriffe des strategischen und des verständigungsorientierten Handelns genauer zu fassen.

3.2.2 Verständigungsorientierter Koordinationsmodus

Der Modus der Verständigung zielt darauf ab, dass sich die Beteiligten nach Abwägung der Argumente auf ein gemeinsames Handlungsprogramm einigen. Das Parlament ist eine prototypische Einrichtung, um unterschiedliche Perspektiven und Interessen zu einer Verständigung zu führen. In der Regel ist hier ein ausdrücklicher Argumentationsprozess vorgesehen, Rede und Gegenrede sind nach Opposition und Regierung gegliedert. Es besteht die Hoffnung, dass auf diesem Wege eine vernünftige gemeinsame Orientierung für das Handeln gewonnen werden kann. Dieser Koordinationsmodus ist als Prinzip nicht nur im Parlament, sondern auch in vielen gesellschaftlichen Bereichen zu finden (Forschungsgemeinschaften, Vereine usw.).

Argumentationstheoretisch gesehen, gilt hier die grundsätzliche Voraussetzung, dass alle Beteiligten ihre individuellen (subjektiven) Zielvorstellungen und das verfügbare Wissen über geeignete Mittel zur Zielerreichung in den Argumentationsprozess einbringen, Gründe und Gegengründe abwägen und schließlich zu einer freien Einigung darüber kommen, welche Zwecke verfolgt und welche Mittel ergriffen werden sollen. Das so gewonnene Handlungsprogramm ist dann vernünftig (rational) in dem Sinne, dass es sich den gemeinsam gefundenen „guten Gründen" verdankt; man kann hier auch von **„kommunikativer Rationalität"** sprechen (im Unterschied zu der nachfolgend zu explizierenden „subjektiven Handlungsrationalität" des strategischen Handelns). Die orientierende Kraft verständigungsorientierten Handelns speist sich aus der rational motivierten Einsicht in die Richtigkeit der gemeinsam gefundenen Verständigung; es gilt das Prinzip der Anerkennung besserer Argumente – im Unterschied zu Handlungen, die Ergebnis von Überredungs-, Belohnungs- oder Bestrafungsstrategien sind. Dort, wo sich Menschen durch „gute Gründe" überzeugen lassen, wirkt das Prinzip des „zwanglosen Zwangs des besseren Arguments", d. h. der Einzelne schließt sich aus Einsicht und deshalb auch aus freien Stücken dem gemeinsamen gefundenen Programm an. Dies setzt auch voraus, dass sich die Kontrahenten auf die Argumente der Gegenseite einlassen und ihr nicht von vornherein Niedertracht oder Betrugsabsicht („Opportunismus") unterstellen.

Verständigungsorientiertes Handeln in diesem Sinne hat **zwei wesentliche Merkmale**, die es von dem anderen Handlungstypus, dem strategischen Handeln, unterscheiden:

1. Verständigungsorientiertes Handeln fußt auf dem Medium der Kommunikation, kann nur über sprachliche **Kommunikation** entfaltet werden. Es gibt keine anderen Medien – etwa Geld oder Macht – mit deren Hilfe Argumentationen geführt werden könnten.
2. Verständigungsorientiertes Handeln impliziert ferner die Bereitschaft, eigene Interessen und Standpunkte zu revidieren, und zwar für den Fall, dass bessere Argumente vorgetragen werden. Es wird damit deutlich, dass verständigungsorientiertes Handeln auf den **Konsens** im Sinne der freien Zustimmung aller Betroffenen abstellt. Ein einmal gefundener Konsens muss allerdings immer wieder revidierbar sein, und zwar aus vielerlei Gründen: die Ausgangslage kann sich verändern, die Gründe, auf denen der Konsens beruht, können sich als falsch erweisen, neue Argumente werden zur Diskussion gestellt usw.

3.2.3 Strategischer Koordinationsmodus

Der strategische Modus lässt sich nun als Gegenstück zum verständigungsorientierten Modus in dem Sinne verstehen, dass hier nicht sprachliche Kommunikation und Argumentation, sondern andere Medien (Macht, Geld etc.) die Koordination bewirken (sollen). Um allfälligen Missverständnissen vorzubeugen, sei bereits hier betont, dass mit dieser Charakterisierung natürlich nicht gemeint ist, dass strategisches Handeln im praktischen Leben ganz auf Kommunikation verzichten kann, gleichsam „sprachlos" abläuft. Jedes Marktgeschehen ist auf Sprache angewiesen. Nur hat das Miteinanderreden hier nicht die argumentative Verständigung zum Ziel, sondern dient – soweit erforderlich und für die eigenen Zwecke und Ziele förderlich – dem Informationsaustausch, der Anmeldung von Angeboten oder gegebenenfalls auch der Verschleierung der tatsächlichen Positionen, Interessen, partikularen Standpunkte der miteinander handelnden Partner.

Den Kern strategischen Handelns bildet das, was man in der ökonomischen Theorie als **subjektive Handlungsrationalität** zu bezeichnen pflegt: Der einzelne Akteur maximiert nach Maßgabe seiner eigenen Präferenzfunktion und seines Mittelwissens seinen Nutzen, in dem er die für seine Zwecke optimalen Optionen auswählt.

Nachdem hier keine Argumentation geführt wird, muss bei diesem Koordinationsmodus der Abgleich der Stakeholder-Interessen auf anderem Wege erfolgen, entweder über den Markt bzw. den Preis oder durch Machtgebrauch. Eine Überzeugung ist hier nicht erforderlich. Alle Beteiligten behalten letztlich ihre individuellen Ansprüche und Interessenpositionen bei und verschränken sie für den Augenblick durch strategische Konzessionen nur insoweit, wie es auf Grund der Verhandlung oder der Machtverteilung geboten und subjektiv vorteilhaft ist.

Bei strategischem Handeln mag sich – wie im Übrigen bei verständigungsorientiertem Handeln auch – im Nachhinein herausstellen, dass die Handlungskoordination nicht gelungen ist, weil zum Beispiel die isoliert handelnden Akteure die Reaktionen („Strategien") der anderen Akteure falsch eingeschätzt haben oder weil sich die Vielzahl der (ex ante unkoordinierten) Einzelhandlungen nicht zu einem „Gleichgewicht" zusammenfügt. Passen im Marktmechanismus die Handlungswirkungen (noch) nicht zusammen, sind Anpassungen der individuellen Handlungsprogramme bzw. Pläne über Zwecke und Mittel erforderlich, und zwar so lange bis kein Akteur mehr Veranlassung hat, seine Pläne zu ändern (Gleichgewicht). Koordination wird also durch einen **individuellen Anpassungsprozess** hin auf ein Gleichgewicht erzielt. Es handelt sich um das Grundmuster einer dezentralen Wettbewerbswirtschaft (Marktwirtschaft) mit dem Preissystem.

Da der strategische Modus **bewusst** auf Argumentation im Sinne der Klärung von Interessen und des gemeinsamen Prüfens von Gründen für Zweck- und Mittelwahlen verzichtet, kann er auch nicht letzte Instanz bei der Grundsatzfrage sein, welcher Handlungsmodus zu Koordinationszwecken eingesetzt werden soll. Die rationale Beantwortung solcher Fragen ist letztlich auf nur im Dialog konstituierbare Begründungsleistungen angewiesen (vgl. Apel 1973; Wohlrapp 2008). Aus diesem Grunde bedarf es für diejenigen Bereiche einer Gesellschaft, wo strategisches Handeln zu Koordinationszwecken wirksam werden

soll, also z. B. in der Marktwirtschaft, einer vorherigen Begründung. Die Begründung muss einsichtig machen, dass und warum es sinnvoll ist, die Koordination wirtschaftlicher Handlungen von Argumentationspflichten im Interesse aller **freizustellen**. Man muss einsichtig machen können, dass das strategische Handeln der Wirtschaftsakteure nach Maßgabe ihrer subjektiven Handlungskalküle letztlich zu einer guten Lösung des gesamtwirtschaftlichen „Kalkulations- und Kontrollproblems" für alle führt. **Ökonomische Rationalität** ist somit legitimationsbedürftig und darf nicht dogmatisch gesetzt werden. Es gibt keine „von Hause aus" ökonomische Rationalität, die sich gleichsam nur aus sich selbst heraus legitimieren kann.

Strategische Koordination wirtschaftlicher Handlungsvollzüge (anstelle verständigungsorientierter Koordination etwa im Idealtypus der Planwirtschaft) lässt sich unter anderem durch Verweis auf die **Komplexität** des ökonomischen Kalkulations- und Kontrollproblems legitimieren. Die schiere Zahl der Akteure im (nationalen und internationalen) wirtschaftlichen Kosmos lässt jeden Versuch zu einer ausschließlich am verständigungsorientierten Handeln ausgerichteten Koordination aller Einzelpläne im Hinblick auf Ziel- und Mittelwahlen fragwürdig erscheinen. Es ist der durch strategische Koordination erzielbare **Effizienzgewinn**, der das entscheidende Argument für die Basis-Legitimation dezentraler Wettbewerbswirtschaft darstellt.

Allerdings heißt alles dies dann wiederum nicht, dass die konkreten institutionellen Bedingungen, unter denen eine Marktwirtschaft operiert, d. h. unter denen strategisches Handeln von Begründung freigestellt sein soll, nicht mehr (immer wieder) kritisch geprüft werden müssten und könnten. Die Diskussion über Wettbewerbsgesetze, über die Mitbestimmung der Arbeitnehmer, über den Verbraucherschutz, über die Kapitalmarktverfassung etc. sind genau als solche Versuche zu verstehen, das Wirkungsgeschehen der Marktwirtschaft verständigungsorientiert kritisch zu begleiten und ggf. zu verbessern.

Diese kurze Charakterisierung der beiden Handlungstypen war als Vororientierung notwendig, um die Rolle des Managements in einer über das Preissystem koordinierten Markt- und Wettbewerbswirtschaft zu verstehen.

3.3 Management im Rahmen des strategischen Koordinationsmodus

Management ist in der reinen Marktwirtschaft der Grundidee nach als ausschließlich strategisches Handeln verfasst. Dies spiegelt sich konsequenterweise in den (historisch) vorfindbaren Institutionen wider.

3.3.1 Das Vertragsmodell der Unternehmung

Das Gesellschaftsrecht gibt den Rahmen vor, in dem sich unternehmerisches Handeln entfalten kann. Das Handels- und speziell das Gesellschaftsrecht stellen für diejenigen, die ihr Eigenkapital im Prozess der Gütererstellung und -verteilung zum Zwecke der Gewinnerzielung riskieren, die also als „Kaufmann" ein Handelsgewerbe betreiben wollen (§ 1 HGB), eine Fülle von Unternehmensformen zur Verfügung: Die Einzelfirma, die offene Handelsgesellschaft, die Kommanditgesellschaft, die Gesellschaft mit beschränkter Haftung und die Aktiengesellschaft, um hier nur einige zu nennen. Diese „Unternehmensformen" stellen es den Kapitaleignerinnen frei, im Rahmen der Gesetze eine Unternehmenspolitik nach Maßgabe ihrer eigenen Interessen zu verfolgen.

Die Kapitaleigner bilden gleichsam die wirtschaftlichen Aktionszentren in einer Wettbewerbswirtschaft; sie organisieren selbst (Eigentümer-Unternehmer) oder durch (angestellte) Geschäftsführerin (Managerin) einen „Handlungsverbund" zwischen den Menschen, die bereit sind, ihre Arbeitsleistung zu vereinbaren (Markt-)Konditionen für mehr oder weniger lange Zeit dem Eigentümer(-verband) zur Verfügung zu stellen. Arbeitskräfte schließen Arbeitsverträge und unterwerfen sich unter den im Vertrag niedergelegten Konditionen der Weisungsbefugnis (Direktionsbefugnis) der Kapitaleignerinnen oder der von ihnen beauftragten Manager.

In ähnlicher Weise schließen die Kapitaleigner mit Lieferantinnen Lieferverträge für Roh-, Hilfs- und Betriebsstoffe zu Marktkonditionen ab, und Geldgeber stellen auf der Basis von Kapitalüberlassungsverträgen Fremdkapital zu Kapitalmarktzinsen zur Verfügung. Die Konsumenten kaufen Güter zu Qualitäten und Preisen, wie sie der Markt bereitstellt (Kaufverträge).

Zwischen den Eigenkapitalgeberinnen (bzw. der von ihnen gegründeten handelsrechtlichen Gesellschaft) und den Arbeitnehmern, Konsumenten, Lieferanten und Fremdkapitalgeberinnen besteht so ein dichtes Netz von Vertragsbeziehungen als Grundlage für den Handlungsverbund, wobei im Idealzustand die Verträge gerade diejenigen Konditionen rechtlich verbindlich festschreiben, die der Markt im (Leistungs-)Wettbewerb aller Anbieterinnen und Nachfrager untereinander zulässt. Jeder Marktpartner verfolgt dabei seine eigenen Interessen, und diese verschränken sich im Markt durch die Preise als Informationssystem im Ideal so, dass genau diejenigen Transaktionen zustande kommen, die die durch Angebot und Nachfrage manifestierten Interessen aller Beteiligten erfüllen. Jede kann ihre Interessen so weit verfolgen, wie es der Markt zulässt. Wirtschaften ist deshalb eine „private" Veranstaltung, die folgerichtig auch im Privatrecht geregelt ist; „privat" bezeichnet dabei das Recht zur freien Verfügung. Dies ist das **„Vertragsmodell der Unternehmung"**, es dient dem Gesetzgeber als Leitmodell und als Legitimationstheorie. Die Unternehmung wird als ein System von Verträgen mit dem Eigentümerinnenverband als wirtschaftlichem Aktionszentrum konzipiert.

Das **Eigentum** (an den Produktionsmitteln) und der **Vertrag** bilden die Grundbausteine, die Basis-Institutionen, die für die Verfassung wirtschaftlichen strategischorientierten Handelns im marktwirtschaftlichen Ideal notwendig und hinreichend sind. Die Kapitaleigner tragen das wirtschaftliche Risiko, das sich im Misserfolgsfalle in Form von Verlusten und im Erfolgsfalle in Gewinnen niederschlägt. Sie beziehen also ein **Residualeinkommen** (im Gegensatz zum festen **Kontrakteinkommen** der Arbeitnehmer und der anderen Vertragspartnerinnen) als Differenz von Erträgen und Aufwendungen. Als Träger des (Kapital-)Risikos steht ihnen die volle Entscheidungsautonomie zu. Die Unternehmensverfassung wird deshalb am Prinzip der „Einheit von Risiko, Kontrolle und Gewinn (Verlust)" ausgerichtet.

Gelingt es der Geschäftsleitung auf Dauer nicht, die Differenz zwischen Erträgen und Aufwendungen positiv zu gestalten und eine ausreichende Rentabilität zu erwirtschaften, führt das schließlich zur Illiquidität und zum zwangsweisen Ausscheiden des Unternehmens aus dem Wirtschaftsprozess (Insolvenz). Strategisches Handeln in der Wirtschaft schlägt sich also ganz konkret in der Verhaltenserwartung an das Management nieder, die **Rentabilität** des investierten Kapitals zu maximieren und zugleich immer für (eine ausreichende) Liquidität (Zahlungsfähigkeit) zu sorgen. Der Kapitalmarkt ist dabei die Institution, die die optimale Allokation des Kapitals steuern soll. Rentabilität und Liquidität sind – so gesehen – Manifestationen einer strategischorientierten Unternehmensführung. Die Vertragspartnerinnen – seien es andere Unternehmen (als Lieferanten oder Abnehmerinnen) oder Haushalte – orientieren sich annahmegemäß bei ihren Markttransaktionen ebenfalls an ihrem persönlichen Nutzen(maximum).

Die Marktwirtschaft stellt sich also idealtypisch gesehen als eine Institution zur Koordination wirtschaftlicher Handlungen dar, die **vollständig** am Paradigma des strategischen Handelns orientiert ist. Verständigungsorientiertes Handeln ist vom Prinzip her in dieser Wirtschaftsordnung nicht vorgesehen. Für diesen Handlungstypus scheint aber auch keine Notwendigkeit zu bestehen, da innerhalb dieses Systems sämtliche Markttransaktionen als **freiwillige** Interessenverschränkungen zustande kommen, die zumindest dem Modell nach allen zum Vorteil geraten. Es besteht – so gesehen – weder auf gesamtwirtschaftlicher Ebene noch auf Unternehmensebene ein Bedarf dafür, dass die am Wirtschaftsprozess Beteiligten sich über den Ausgleich der Interessen auch argumentativ verständigen sollten, etwa über Fragen wie: Was soll produziert werden? Wie viel soll produziert werden? Wer soll wie viel verdienen? Markt- und Preissystem bilden im rein theoretischen Modell einen perfekten **Mechanismus des Interessenausgleichs** auf der Basis je individueller Präferenzen. Dieser Mechanismus muss jedoch rechtlich so verfasst werden, dass keiner (am Markt) den anderen zwingen kann, so dass die ganze Zusammenarbeit also freiwillig ist. Man muss – mit anderen Worten – verhindern, dass auf irgendeiner Marktseite mit unfairen Mitteln gekämpft wird oder Macht entsteht, die zum eigenen Vorteil ausgenutzt werden kann. Das Gesetz gegen den unlauteren Wettbewerb und das Kartellrecht dienen genau diesem Zweck. Das Vertragsrecht und die an Vertragsverletzungen geknüpften Sanktionen stellen dann für alle Marktteilnehmer die Versicherung gegen die kalkulierten ökonomischen Risiken dar. Das Insolvenzrecht regelt die Rechtslage, wenn Zahlungsunfähigkeit eintritt und eine Unternehmung deshalb aus dem Wettbewerbsprozess ausscheiden muss.

https://sn.pub/sjT5Es

3.3.2 Vertragsmodell der Unternehmung und Preissystem

Das Vertragsmodell der Unternehmung, wie es vorstehend grob skizziert wurde, repräsentiert eine gesamtwirtschaftliche Organisation strategischen Handelns mithilfe von Markt, Wettbewerb und Preissystem. Betrachten wir nun das Modell der **Koordination** wirtschaftlicher Handlungen durch das Preissystem noch einmal etwas genauer mit dem Ziel, die Funktionsbedingungen offen zu legen, unter denen die Reduktion wirtschaftlichen Handelns auf strategisches Handeln in der Marktwirtschaft gelingen soll.

In einem dezentral gesteuerten Marktwirtschaftssystem ist die **Entscheidungsgewalt** den einzelnen Unternehmungen und Haushalten übertragen; eine zentrale Planung und Steuerung erfolgt nicht. Die Koordination der wirtschaftlichen Handlungen wird vielmehr über Preise bewerkstelligt, die sich für die nachgefragten und angebotenen Güter auf den verschiedensten Märkten bilden. Das dadurch entstehende **Preissystem** erfüllt – jedenfalls nach der neoklassischen Lehrmeinung – die Funktion der optimalen Koordination der individuellen Wirtschaftspläne, wenn die sich bildenden Preise **Knappheitspreise** sind. Als solche müssen sie die Nutzenschätzungen der Haushalte für die verschiedenen Güter, wie sie sich in ihren **Nachfragefunktionen** niederschlagen, ebenso widerspiegeln wie die Kostenstrukturen für die Herstellung der Güter, die in den **Angebotsfunktionen** zum Ausdruck kommen. Verschiebungen in den relativen Nutzenschätzungen der Haushalte für die verschiedenen Güter führen dann zu Verschiebungen von Nachfragefunktionen und bewirken Preisveränderungen, die als **Informationen** an die Unternehmungen weitergegeben werden. Diese passen ihre Produktion so lange an, bis das Angebot auf die veränderte Marktlage eingerichtet worden ist. Im Wettbewerb aller Produzenten überleben dann nur diejenigen Unternehmungen, die das Angebot zu den gegebenen Preisen am besten befriedigen können. Unwirtschaftliche Betriebe scheiden aus. Auf diese Weise werden alle Unternehmungen durch den Wettbewerb gezwungen, ihre Kosten zu minimieren (Minimalkosten-Kombination), um nicht als „Grenzbetriebe" aus dem Markt verdrängt zu werden. So entsteht im Idealfall – bezogen auf die Nutzenschätzungen der Endverbraucher – eine optimale Allokation der Ressourcen.

Voraussetzung für die Funktionsfähigkeit des Preissystems ist u. a., dass sich Haushalte und Unternehmungen rational verhalten (im Sinne der subjektiven Handlungsrationalität): Die Haushalte maximieren ihren Nutzen und die Unternehmungen den Gewinn. Unter den idealtypischen Voraussetzungen des Modells der **vollkommenen Konkurrenz** auf Anbieter- und Nachfragerseite entsteht dann und nur dann ein Marktgleichgewicht, bei dem gilt:

1. Grenzkosten = Preis (bei minimalen individuellen Durchschnittskosten) und
2. Grenznutzen = Preis (bei maximalem individuellen Gesamtnutzen).

In dieser Situation sind alle Wirtschaftspläne der ökonomischen Akteure aufeinander abgestimmt; keiner hat mehr Veranlassung, seine Dispositionen zu ändern. Die Bedürfnisbefriedigung aller Individuen ist maximal; die gesamtwirtschaftliche Wohlfahrt ist erreicht. Es gibt keine andere Allokation der Ressourcen, die zu einer Verbesserung der Position eines Haushalts führen könnte, ohne dass die Position eines anderen Haushalts verschlechtert würde (Pareto-Optimalität).

In diesem neoklassischen Gedankengebäude kommt dem Management keine zentrale Rolle zu. Es ist ja das Preissystem, das alles steuert. Alle wichtigen Informationen nimmt das Management vom Markt (über Preise) und setzt es in optimale (kostenminimale) Allokationsentscheidungen um. Die Preisbildung muss „überpersönlich" sein. Ist das der Fall, bewirkt das Preissystem eine machtfreie Lösung des Kontrollproblems: keiner gibt irgend einem anderen einen Befehl und doch ist jeder aus eigenem Nutzenstreben veranlasst, das zu tun, was erforderlich ist, um das Kalkulierte Wirklichkeit werden zu lassen. Wie gut kann dieses Modell das reale Wirtschaftsgeschehen abbilden?

3.3.3 Kritik der empirischen Voraussetzungen des Vertragsmodells der Unternehmung

Unter den vielen Voraussetzungen, die getroffen werden müssen, damit das Preissystem in der beschriebenen Form funktionieren kann (Kade 1962), haben sich **drei Voraussetzungen** als besonders kritisch erwiesen. Diese sind

- die Internalisierung aller ökonomischen Kosten und Nutzen bei den Entscheidungsträgerinnen (**Abwesenheit externer Effekte**) zur Wahrung der korrekten Informationsfunktion des Preissystems,
- den machtfreien Vollzug ökonomischer Tauschvorgänge (**Machtlosigkeit von Produzentinnen und Konsumenten**) zur Wahrung des überindividuellen Charakters des Preissystems und
- das Primat der Kapitaleignerinnen (Produktionsmitteleigentümer) in Entscheidungsprozessen der Unternehmung (**Einheit von Eigentum und Verfügungsgewalt**).

Wenn und soweit diese Funktionsbedingungen nicht oder nicht mehr hinreichend erfüllt sind, verliert das Wirtschaften zwangsläufig seinen rein privaten Charakter. Damit ergeben sich auch neue Fragen zur Rolle des Managements. Die nachfolgende Diskussion soll dies kurz umreißen.

3.3.3.1 Externe Effekte

Am offensichtlichsten wird der bloß private Charakter von Wirtschaft dort durchbrochen, wo die wirtschaftliche Betätigung (in Haushalten und Unternehmungen) zu Wirkungen führt, die nicht mehr vollständig über das Preissystem abgerechnet werden können. Überall dort, wo Konsum und Produktion (viele) andere tangieren, ohne dass die daraus resultierenden Beeinträchtigungen (Kosten) und Besserstellungen (Nutzen) über Marktprozesse individuell zugerechnet werden können, verliert das wirtschaftliche Handeln nolens volens seinen rein privaten Charakter; denn der Markt kann dann nicht allein für einen fairen Interessenausgleich sorgen. Mit anderen Worten, die Preise enthalten falsche oder unvollständige Informationen und erzeugen dadurch Ineffizienz.

Dass externe Effekte – theoretisch verstanden als **Interdependenzen** zwischen individuellen Produktionsfunktionen oder Konsumfunktionen – die Erreichung der gesamtwirtschaftlichen Wohlfahrt verhindern und damit die zentrale Legitimationsgrundlage des Preissystems tangieren, ist theoretisch unbestritten (z. B. Frey 1981, S. 75 ff.; Weimann 1995). Strittig ist dagegen die Frage, welchen empirischen Umfang solche externen Effekte heute schon angenommen haben und wie man ihnen dementsprechend durch geeignete Mittel begegnen kann. Sind externe Effekte die Regel oder doch nur eine marginale Randerscheinung?

Schon allein die Alltagserfahrung zeigt, dass externe Effekte keineswegs nur marginal sind. Welche ökonomischen Prozesse und Branchen man auch betrachtet, immer spielen externe Effekte eine nicht zu unterschätzende Rolle: Der Verkehr (mit Lkw und Pkw) ermöglicht nicht nur eine individuelle Bedürfnisbefriedigung, sondern belastet die natürliche Umwelt und viele Menschen, die tagtäglich z. B. vom Durchgangsverkehr durch Verkehrszentren betroffen sind, ohne dass dies dem einzelnen Verkehrsteilnehmer zugeordnet oder in Rechnung gestellt werden könnte; die Eisen- und Stahlerzeugung belastet die Luft; die Chemieindustrie produziert Fluor-Chlor-Kohlen-Wasserstoffe, die mitverantwortlich sind für das Ozonloch; Abwässer von Chemiebetrieben oder Atomkraftwerken beeinträchtigen den Fischbestand in den Flüssen, so dass die Flussfischerei (und andere Branchen) leidet; die Reihe dieser Beispiele ließe sich beliebig fortsetzen und sie endet keineswegs mit diesen traditionellen Branchen und Industrien, sondern betrifft insbesondere auch die sogenannte „digitalen Wirtschaft". Externe Effekte in der Form von **Netzwerkexternalitäten** (vgl. dazu auch Kap. 5) haben hier eine genuin herausragende Bedeutung und stellen den Marktwettbewerb bzw. seine Aufrechterhaltung vor ganz zentrale Probleme. Dies trifft nicht nur für Standardisierungsprozesse im Bereich der Soft- und Hardwareindustrie zu, sondern insbesondere auch für Unternehmen im Bereich der sogenannten Sozialen Medien. Hier spielt die fehlende individuelle Zurechenbarkeit des Nutzens eine zentrale Rolle, die negativen externen Effekte wurden durch Geschäftsmodelle von Unternehmen wie z. B. Facebook ganz offensichtlich in der Vergangenheit nicht hinreichend berücksichtigt, wobei in den Rechtfertigungsstrategien des Unternehmens immer wieder auch auf die Freiwilligkeit der „Datenabgabe" durch die Nutzerinnen verwiesen wird. Hinzutreten aber indirekte externe Effekte und mit ihnen zunehmend erkennbare Probleme hinsichtlich der Herstellung von Öffentlichkeit und der freien öffentlichen Meinungsbildung, die nicht zuletzt durch die den Geschäftsmodellen zugrunde liegenden Algorithmen und der damit einhergehenden, oftmals vollkommen intransparenten Informationsselektivität, eine weitere, höchst problematische Auswirkung dieser Geschäftsmodelle offenbart (Sismeiro und Mahmood 2018).

Da durch externe Effekte die Interessen vieler Menschen kurz- oder langfristig berührt, ja oft ihre existenziellen Lebensgrundlagen überhaupt betroffen werden, ohne dass damit ein über den Markt automatisch verrechneter ökonomischer Vor- oder Nachteilsausgleich verbunden ist, entsteht der Ruf nach einer zweiten Steuerungsebene jenseits der Marktlogik, um den gesellschaftlichen Interessenausgleich zu ermöglichen. Versuche, hier gegenzusteuern, verweisen auf das verständigungsorientierte Handeln. Sie können einmal aus dem **politischen** Raum kommen, indem für die Wirtschaft solche (gesetzlichen) Rahmenbedingungen geschaffen werden, die auf die Beseitigung oder Internalisierung externer Effekte gerichtet sind. Verständigungsprozesse mögen aber auch auf **Unternehmensebene** stattfinden, nämlich dann, wenn Unternehmen und Management – sei es freiwillig, sei es durch öffentliche Kritik erzwungen – selbst Mittel und Wege suchen, um externe Effekte zu vermeiden oder zu vermindern. Immer mehr scheinen auch „**Kooperationen**" zwischen beiden Bereichen – Politik und Wirtschaft – notwendig zu werden, um das Problem externer Effekte erfolgreich zu bewältigen. Die Grenzen der Steuerungsfähigkeit des Rechts gegenüber dem immer komplexer werdenden System der Wirtschaft machen sich – auch im europäischen Rahmen – mehr und mehr bemerkbar (u. a. Kloepfer 1998, S. 214 ff.).

3.3.3.2 Vermachtungsprozesse in der Wirtschaft

Wirtschaften als reine Privatsache zu behandeln, wird aber auch dort problematisch, wo die Grundvoraussetzung eines (tendenziell) machtfreien Vollzugs ökonomischer Tauschvorgänge nicht mehr gegeben ist. Dort, wo Macht in der Wirtschaft zur Ausübung kommt, besteht die Chance, die eigenen Interessen gegen andere durchzusetzen, ohne sie dafür ökonomisch zu entschädigen; damit erhält das Preissystem Fehlinformationen und seine Allokationsfunktion wird ineffizient. Auch dies ist theoretisch unbestritten, wie die kritische Einstellung der volkswirtschaftlichen Wettbewerbstheorie gegenüber allen Vermachtungsprozessen in der Wirtschaft eindrücklich belegt; man denke nur an den langen und andauernden Kampf der ordoliberalen Schule und der Väter der Sozialen Marktwirtschaft gegen jedwede Form beherrschender Marktstellungen (Eucken 1999).

Strittig ist auch hier also wieder eher die empirische Frage, in welchen Märkten der Wettbewerb nicht mehr so **funktionsfähig** ist, dass eine effiziente Allokation durch das Preissystem unwahrscheinlich wird. Im Mittelpunkt der Diskussionen zur Machtfrage stehen dabei weniger die Klein- und Mittelbetriebe als vielmehr die Groß- und Riesenunternehmen, die hunderttausende von Mitarbeitern haben und über immense materielle Ressourcen verfügen. Für diese Unternehmen bezieht sich die Diskussion nicht mehr nur auf die Marktmacht (Marktbeherrschung) und ökonomische Konzentrationsprozesse in ihrer Bedeutung für die Funktionsfähigkeit des Preissystems, sondern auch auf andere problematische Manifestationen von Macht. So unterscheidet Epstein (Epstein 1973) etwa die folgenden Formen von Macht der großen „corporations" in den USA:

- Ökonomische Macht: Das Vermögen, die Natur, Qualität, Preise und Produktions- und Verteilungsbedingungen knapper Güter und Ressourcen zu beeinflussen.

- Gesellschaftliche Macht in Form des Einflusses großer Unternehmen auf die Art und das Verhalten anderer gesellschaftlicher Institutionen des öffentlichen Lebens.
- Kulturelle Macht: Der Einfluss großer Unternehmen auf Werte, Einstellungen und Lebensstile von Menschen.
- Technologische Macht in Form der Rolle der Großunternehmung bei der Formung von Richtung, Ausmaß und Konsequenzen des technologischen Wandels in einer Gesellschaft.
- Macht über die physische Umwelt: Auswirkungen durch die Art und Weise, wie sowohl natürliche Ressourcen genutzt als auch globale Regionalentwicklungen beeinflusst werden.
- Politische Macht als Möglichkeit von Großunternehmen, Prozesse und Ergebnisse der Regierungspolitik zu beeinflussen.
- Macht über das Individuum, sei es direkt in seiner Eigenschaft als Arbeitnehmer, Aktionärin, Mitglied der lokalen Kommune etc., oder sei es indirekt über die Beeinflussung von Meinungsbildungsprozessen, die die Rolle des Individuums in der Gesellschaft betreffen.

Alle diese Formen von Macht, wenn sie denn in einem empirischen Tatbestandsurteil bestätigt würden, verzerren die Preisinformationen und stellen die Effizienz der Allokation in Frage. Die **Machtstellung der Großunternehmung** ist damit – neben den externen Effekten – der zweite Ansatzpunkt, der es nahe legt, die Rolle des Managements vor dem Hintergrund der Dichotomie strategischorientiertes versus verständigungsorientiertes Handeln neu zu überdenken.

An dieser Stelle kann natürlich die empirische Frage der Machtstellung des Großunternehmens nicht abschließend beantwortet werden. Viele Untersuchungen und Faktoren sprechen aber dafür, dass es auch hier nicht bloß um ein vernachlässigbares Randphänomen geht. Schon der ökonomische Alltag macht immer wieder auf viele Situationen aufmerksam, wo Macht und Machtgebrauch durch Großunternehmen in das Rampenlicht einer kritischen Öffentlichkeit gerückt wurden (Kaysen 1996 sowie die fortlaufenden Gutachten der Monopolkommission).

Reduziert man alle diese Beobachtungen auf ihren theoretischen Kern, so geht es um **wesentliche Handlungsspielräumen** auf Unternehmensebene derart, dass eine Erklärung des unternehmerischen Handelns nicht mehr nur noch aus dem Marktgeschehen möglich ist, sondern eines Einbezugs der Zielvorstellungen von Akteuren und Gruppen bedarf (Kaysen 1961, S. 85). In der Situation der vollkommenen Konkurrenz, also bei totaler Machtlosigkeit, steht den Unternehmen ein derartiger Handlungsspielraum nicht zur Verfügung: Das Unternehmen ist Mengenanpasser und scheidet aus dem Markt aus, wenn es nicht die gewinnmaximale Menge ausbringt.

Weitere Studien haben unter Stichworten wie Produktdifferenzierung (monopolistische Konkurrenz), Marktzutrittsschranken und unvollkommene Information die Argumente für systematische Handlungsspielräume in realen Wettbewerbswirtschaften weiter verstärkt.

Dieses Ergebnis wird nachhaltig durch das Verfolgen von Unternehmensstrategien bestärkt. Wie in Kap. 5 deutlich wird, lässt sich das Faktum unternehmensstrategischen Handelns nur dann verstehen, wenn man von der Vorstellung ablässt, dass das Verhalten der Firma vollständig durch Marktstrukturen **determiniert** ist. Erst wenn man konzediert, dass Unternehmungen durch ihr Handeln selbst in der Lage sind, Marktstrukturen und die Unvollkommenheit der Märkte mit zu beeinflussen, ist Platz für Unternehmensstrategien geschaffen.

So gesehen ergibt sich auch ohne den Umweg über die Marktstrukturen und Marktbeschaffenheiten, gleichsam in **direkter** Betrachtung der strategischen Handlungsmöglichkeiten der Unternehmung, eine Stützung der These, dass (Groß-)Unternehmungen über nicht unbeachtliche Machtpotenziale verfügen. Sie wurzeln letztlich in dem Ressourcenpotenzial dieser Unternehmen, verbunden mit großen Marktanteilen.

Jenseits der Stellung von Großunternehmen gilt es ganz generell zu bedenken, dass all die hier aufgeführten Fakten Hinweise geben, dass die unter solchen Umständen geschlossenen Verträge „unvollkommene Verträge" (Tirole 1999; Sanga 2018) sind und damit die Basisvoraussetzung des wirtschaftsliberalen Preismodells verletzt wird. Die beschriebenen Einflussmöglichkeiten von Unternehmen bringen ja in der Konsequenz eine strukturelle Informationsasymmetrie mit sich; eine freie Vertragsgestaltung ist damit in Frage gestellt.

Nimmt man alle diese volks- und betriebswirtschaftlichen Überlegungen zusammen, so wird man das Argument verzerrter Vertragsbedingungen, primär zugunsten der (Groß-)Unternehmung, nicht mehr einfach von der Hand weisen können. Die Reaktion des Rechts auf diese Situation ist denn auch der Versuch, die dadurch bedrohte Chancengleichheit der unterlegenen Vertragspartner am Markt durch **rechtliche Maßnahmen** wiederherzustellen. Die vielfältigen gesetzlichen Regelungen zum Verbraucherinnenschutz, zum Arbeitsrecht, zum Umweltschutz, zum Schutz kleiner Kapitalanleger und zur Publizität lassen sich letztlich als Versuch verstehen, die gestörte Machtbalance in der Wirtschaft im Sinne verständigungsorientierten Handelns wieder einigermaßen zu korrigieren.

3.3.3.3 Trennung von Eigentum und Verfügungsgewalt

Neben den externen Effekten und der Machtstellung der Großunternehmen ist schließlich die Trennung von Eigentum und Verfügungsgewalt, die Spaltung des erwerbswirtschaftlichen Prinzips, das dritte Argument, mit dem eine zentrale Funktionsbedingung des Preissystems partiell bestritten und der rein private Charakter des Wirtschaftens in (Groß-) Unternehmen in Frage gestellt wird. Es geht bei diesem Argument um die seit der berühmten Untersuchung von Adolf A. Berle und Gardiner C. Means (1932) aus den 1930er-Jahren immer wieder replizierte empirische Feststellung, dass in der Praxis die Kapitaleignerinnen großenteils schon gar nicht mehr – wie es die Konstruktionsidee der Wettbewerbswirtschaft fordert – die Kernentscheidungen in einem Unternehmen bestimmen. Stattdessen wird auf die angestellten Manager verwiesen, die, ohne Eigentümerin zu sein, relativ autonom die Verfügungsgewalt über die Produktionsmittel ausübten. Die funktionsnotwendige Einheit von Eigentum und Verfügungsgewalt sei damit aufgehoben, das erwerbswirtschaftliche Prinzip – jedenfalls partiell – außer Kraft gesetzt.

Für eine Trennung von Eigentum und Verfügungsgewalt werden insbesondere zwei Gründe verantwortlich gemacht: die Professionalisierung des Managements sowie die Inaktivität und Inkompetenz der Kleinaktionäre.

Mit der **Professionalisierung des Managements** ist gemeint, dass die Aufgabe, ein (Groß-)Unternehmen zu führen, in hoch entwickelten und stark arbeitsteiligen Industriegesellschaften längst zum „Beruf" geworden ist in dem Sinne, dass zu ihrer erfolgreichen Wahrnehmung eine systematisch aufgebaute Ausbildung und ein spezieller beruflicher Werdegang erforderlich sind. Der Kapitalbesitz allein reicht demnach als Qualifikationsnachweis für die Führung großer Unternehmen nicht mehr aus. Diese Feststellung birgt nicht nur die Gefahr einer „Entkoppelung" von gewinnmaximaler Motivation und unternehmerischen Handeln in sich; sie stellt zugleich auch die traditionelle Legitimationsbasis der kapitalistischen Unternehmensordnung in Frage: In dem Maße, wie die Berechtigung zur Unternehmensführung durch Hinweis auf die berufliche Eignung erbracht werden muss, verliert das Eigentum als alleinige legitimatorische Grundlage an Kraft.

Während das Argument von der Professionalisierung des Managements für alle Großunternehmen gültig ist, zielt der zweite Grund, die **Inaktivität und Inkompetenz der (Klein-)Aktionäre**, speziell auf die Rechtsform der Aktiengesellschaft, insbesondere, wenn deren Grundkapital breit gestreut ist (Publikums-Aktiengesellschaft). Nicht selten haben solche Gesellschaften hunderttausende von Anteilseignerinnen (z. B. die Siemens AG mit ca. 740.000 Kleinaktionären), die von ihrer Ausbildung her nicht fähig oder von ihrer nur sehr geringen Kapitalbeteiligung her nicht motiviert sind, ihre Steuerungsbefugnisse wahrzunehmen; dies weder direkt in der Hauptversammlung noch indirekt durch Vertreterinnen im Aufsichtsrat. In vielen Aktiengesellschaften kommt nicht ein einziger Aufsichtsrat direkt aus dem Kreis der Aktionäre (z. B. Deutsche Bank AG oder Commerzbank AG). In einer solchen Situation sind es die Vorstände, die das Vakuum füllen und die Richtlinien der Unternehmenspolitik bestimmen. Das Aktieneigentum hat in diesen Fällen faktisch die Verfügungsgewalt abgegeben. Man spricht dann davon, dass ein derartiges Unternehmen **„managerkontrolliert"** ist im Gegensatz etwa zu einem Unternehmen, das zu 100 % oder wenigstens 75 % einer oder wenigen Privatpersonen (z. B. einem Großaktionär) gehört und dann als **„eigentümerkontrolliert"** bezeichnet wird. Untersuchungen in den 300 größten deutschen Unternehmen zeigen, dass bereits mehr als die Hälfte dieser Unternehmen (nach Umsatz mehr als 70 %) als „managerkontrolliert" einzustufen sind (vgl. Abb. 3.2).

In besonders hohem Maße gilt dies für die einflussreichen Banken. Damit hat die Managerinnenkontrolle in Deutschland ein Ausmaß erreicht, das es rechtfertigt, von einem Auseinanderfallen von „Idee" und „Wirklichkeit" der traditionellen Unternehmensordnung zu sprechen. Dasselbe gilt für alle westlichen Industrienationen (vgl. etwa Barca und

Größenklasse	Managerkontrolle (Anzahl in Prozent)			
	1972	1979	1986	2001
1–50	69	78	84	76
1–300	50	57	56	52
Banken 1–25	100	96	100	100

Abb. 3.2 Managerkontrolle nach Größenklassen in deutschen Großunternehmen, 1972, 1979, 1986 und 2001 im Vergleich. (Quelle: Schreyögg und Unglaube 2013)

Becht 2000; Carney und Child 2012). Die faktische Trennung von Eigentum und Verfügungsgewalt eröffnet – zusammen mit dem Verweis auf die Machtpotenziale von Großunternehmen – die Möglichkeit, dass das Management von der für das Funktionieren des Preissystems notwendigen Voraussetzung der Gewinnmaximierung abweichen und eigene diskretionäre Zielsetzungen in den Entscheidungsprozess einfließen läßt.

3.3.3.4 Schlussfolgerung

Die drei aufgezeigten Argumente legen die Schlussfolgerung nahe, dass über Reformen des dargestellten Vertragsmodells der Unternehmung nachgedacht werden muss. Das geschieht derzeit von verschiedenen Seiten.

Eine erste Strömung versucht, unter dem Namen **„Corporate Governance"** die Institutionen für das rein strategische Handeln neu zu verfassen, so dass eine effizientere Lösung des Koordinationsproblems entsteht. Ansatzpunkt dieser theoretischen Bemühungen (Theorie der Verfügungsrechte, Agency-Theorie) sind nicht die Handlungsmotive, sondern – wie schon in der Neoklassik – die **Handlungsfolgen**, jetzt aber bezogen auf den Austausch von Verfügungsrechten über Güter (statt auf den Austausch von Gütern an sich) und unter Einführung von Unvollkommenheitsannahmen (Existenz von Transaktionskosten beim Handel mit Verfügungsrechten, asymmetrisch verteilte Informationen etc.). Die ökonomischen Akteure nutzen ihre Handlungsspielräume zum eigenen Vorteil aus; die Handlungskonsequenzen hängen dann davon ab, welchen **Restriktionen** dieses Handeln unterliegt. Die Theorie fragt nach der (ökonomisch) effizientesten Gestaltung dieser Restriktionen (Institutionen) und entwickelt diesbezügliche Empfehlungen für die Neugestaltung von Gesetzen und Verträgen.

Die zweite Entwicklungsrichtung setzt dagegen am verständigungsorientierten Handeln an und betont, dass in Anbetracht der strukturellen **Unvollkommenheit** der Märkte

(Marktversagen) eine Koordination, die zu einem ausgewogenen Interessenausgleich zwischen den Stakeholdern führt, nicht mehr allein dem erfolgsstrategischen Kalkül überlassen werden kann. Hier bedürfe es auch verständigungsorientierten Handelns.

Nachdem jahrelang das Interesse mehr der ersten Richtung galt, wendete sich in jüngerer Zeit das Blatt jäh zugunsten des zweiten Ansatzes. Stichworte wie „Unternehmensethik", „Stakeholder-Dialoge", oder auch „gesellschaftlich-verantwortliche Unternehmensführung" (corporate social responsibility) stehen in der unternehmenspolitischen Diskussion an vorderster Front.

3.4 Management als verständigungsorientiertes Handeln

3.4.1 Ansatzpunkte: Gesetz und Unternehmensethik

Die bisher entfaltete Kritik an den Funktionsbedingungen des Preissystems wendet sich gegen die Behauptung, in historisch realisierten Marktwirtschaften sei die Existenz einer dezentralen Preisbildung bereits eine **hinreichende** Bedingung, um eine effiziente Koordination wirtschaftlicher Handlungen und einen ausgewogenen Interessenausgleich zu sichern; Management als rein strategisches Handeln zu konzipieren, wird damit problematisch.

Als Konsequenz daraus ist zu prüfen, inwieweit Verständigungsprozesse hier eine Problemlösungsplattform bieten. In Deutschland denkt man hier der Tradition entsprechend zunächst einmal an das **Recht**, vor allem an die Handlungssteuerung durch geeignete rechtliche Rahmenbedingungen in den Unternehmen. Man denke etwa an Immissionsschutzgesetze oder das Betriebsverfassungsgesetz. Es handelt sich jeweils um diskursiv gebildete Regelungen, die deshalb auch dem verständigungsorientierten Handeln zuzurechnen sind. Dem Management erscheinen sie vor allem als **„constraints"** im Sinne von Rosemary Stewart (vgl. Kap. 1). Dabei wird allerdings stillschweigend unterstellt, dass die Wirkungen ökonomisch-strategischen Handelns vom (nationalen) Recht noch ausreichend unter Kontrolle gehalten werden können, der ökonomische „Wirkungsraum" und der rechtliche „Handlungsraum" gleichsam deckungsgleich sind. Diese Voraussetzung wird jedoch durch die **Globalisierung** der (nationalen) Volkswirtschaften problematisch, worauf am Ende dieses Kapitels noch einmal zurückzukommen ist. Dies verweist auf die Notwendigkeit auch andere Ansätze einzubeziehen.

Diese Perspektive öffnet das Tor für verständigungsorientiertes Handeln des Managements in einem unmittelbaren Sinne, nämlich zur Lösung solcher Konflikte, die im Zusammenhang mit der Verfolgung einer bestimmten Unternehmenspolitik aufzutauchen drohen oder aufgetaucht sind, einer rechtlichen Regelung aber nicht zugänglich sind. Letzteres findet neuerdings seinen Ausdruck in der Forderung nach einer **ethischen Orientierung** unternehmerischen Handelns (Unternehmensethik).

3.4.2 Gesetzliche Regelungen

3.4.2.1 Externe und interne Ansatzpunkte

Gesetze zur Sicherung eines ausgewogenen Interessenausgleichs unter den Stakeholdern können dabei einmal als externe Beschränkungen (Rahmenbedingungen) des unternehmerischen Handlungsspielraums wirksam werden, ohne die gesellschaftsrechtlichen Regelungen des Entscheidungsprozesses in der Unternehmung selbst zu verändern; sie können aber auch zum Schutz gewisser Interessen in diesen Entscheidungsprozess selbst eingreifen und ihn formal so umgestalten, dass eine bessere Chance der Interessenwahrnehmung gegeben ist. Versuche, die Entscheidung des Managements gleichsam „von außen" vorzubestimmen, findet man etwa im Verbraucherschutz, Umweltschutz oder im Publizitätsgesetz; dagegen greifen z. B. die Betriebsverfassungs- und Mitbestimmungsgesetze in den unternehmerischen Entscheidungsprozess ein und modifizieren ihn mit dem Ziel, dass durch Mitwirkung der Arbeitnehmer deren Interessen besser wahrgenommen werden können. In neuerer Zeit schließlich finden sich immer häufiger anstelle von Gesetzen vertraglich vereinbarte oder freie **Selbstbindungen** von „privaten" Unternehmen oder Verbänden, um bestimmte Interessen zu berücksichtigen (z. B. Freiwillige Selbstkontrolle in der Werbung oder die Befolgung von „codes of conduct" für verschiedene Problemfelder). Nachfolgend soll anhand einiger Beispiele und Bestimmungen gezeigt werden, wie der Gesetzgeber durch externe Beschränkungen oder interne Prozessregelungen versucht, das strategische Handeln des Managements durch verständigungsorientierte Prozesse zu rahmen (genauer Gerum und Mölls 2009).

3.4.2.2 Externe Restriktionen

Eine erste Gruppe von Gesetzen richtet sich auf den Schutz der **Verbraucher**. Sie legt dem Management gewisse Pflichten auf, die die Ausbeutungsmöglichkeiten der machtunterlegenen Marktgegenseiten im Austauschprozess verhindern oder einschränken sollen. Um Verbraucherinnen z. B. vor gefährlichen oder defekten Produkten zu schützen, hat der Gesetzgeber das **Recht der Produzentenhaftung** geschaffen. Unternehmen drohen erhebliche Schadensersatzpflichten, wenn sie bei der Konstruktion oder Fabrikation ihrer Produkte nicht sorgfältig verfahren oder den („naiven") Benutzer über mit dem Produkt verbundene Gefahren nicht informieren. Darüber hinaus schuf der Gesetzgeber in fast allen westlichen Industrienationen **administrative Kontrollsysteme**, die dem präventiven Verbraucherschutz dienen sollen. Hier ist sowohl an das Lebensmittel- und Arzneimittelrecht zu denken als auch an die Verwaltungskontrolle technischer Arbeitsmittel, wie sie das sogenannte „Maschinenschutzgesetz" vorsieht. Nach diesem Gesetz darf der Hersteller oder Importeur nur solche Produkte auf den Markt bringen, die den „allgemein anerkannten Regeln der Technik" (DIN-Normen) sowie den Arbeitsschutz- und Unfallverhütungsvorschriften genügen. Schließlich kann als weiteres Beispiel auf den Versuch des Gesetzgebers hingewiesen werden, die Asymmetrien des Austauschprozesses im Markt zugunsten der Konsumentinnen zu korrigieren, z. B. durch das Gesetz über die Allgemeinen Geschäftsbedingungen (**AGB-Gesetz**) oder das Unlauterer Wettbewerb Gesetz (**UWG-Gesetz**).

Auch im Verhältnis des Managements zu den **Arbeitnehmerinnen** hat der Gesetzgeber in der Vergangenheit durch die Entwicklung des Arbeitsrechts den Versuch gemacht, die ursprüngliche wirtschaftsliberale Fiktion von gleichstarken Vertragspartnerinnen am Arbeitsmarkt so zu korrigieren, dass ein besserer Ausgleich der Interessen und damit ein Beitrag zum sozialen Frieden geleistet wird. Im Verlauf der letzten 100 Jahre ist eine solche Fülle von entsprechenden Regelungen entstanden, dass heute das Arbeitsrecht zu einem eigenständigen Rechtsgebiet mit großer wirtschaftlicher und sozialer Relevanz geworden ist. Wichtige arbeitsrechtliche Regelungen finden sich im Rahmen des **kollektiven Arbeitsrechts**, z. B. des Tarifvertrags- und Arbeitskampfrechts und des Betriebsverfassungsgesetzes; im Bereich des **Individualarbeitsrechts** ist z. B. auf das Kündigungsschutzgesetz, die Arbeitszeitordnung, das Bundesurlaubsgesetz, das Jugendarbeitsschutzgesetz etc. hinzuweisen.

Konfrontiert man das geltende Arbeitsrecht mit den Prämissen, wie sie dem oben skizzierten Vertragsmodell der Unternehmung zugrunde liegen, so ist inzwischen eine weitgehende Vorregelung der zentralen interessenrelevanten Bestandteile individueller Arbeitsverträge durch gesetzliche oder tarifvertragliche Vorschriften erfolgt bzw. üblich geworden. Lohn, Arbeitszeit, Urlaub, Kündigungsfristen sowie die sonstigen allgemeinen Arbeitsbedingungen werden zu wesentlichen Teilen nicht mehr vom einzelnen Arbeitnehmer und Arbeitgeber, sondern von Gewerkschaften und Arbeitgeberverbänden in sog. Flächentarifverträgen ausgehandelt. Die arbeitsrechtlichen Regelungen sind zwischenzeitlich in so breitem Maße entwickelt worden, dass immer wieder die Diskussion darüber entbrennt, ob hier nicht mit den Bemühungen des Gesetzgebers um verständigungsorientiertes Handeln zwischen den Marktparteien zu weit gegangen wurde und über eine „**Deregulierung**" nachgedacht werden müsse. Die Diskussion um die Deregulierung im Arbeitsrecht lässt sich – so gesehen – als Versuch verstehen, die Grenzen zwischen strategischen- und verständigungsorientiertem Handeln für die Arbeitswelt situationsgerecht immer wieder neu zu bestimmen.

Ein dritter Bereich betrifft die **Publizität** von Großunternehmen. Die Einsicht in die vielfältigen Wirkungen der wirtschaftlichen Aktivitäten von Großunternehmen auf die Interessen von Konsumenten, Arbeitnehmerinnen und die Allgemeinheit haben zu einer Abkehr von bloß am Privatinteresse der Eigentümer orientierten Informationspflichten geführt. Dies dokumentiert sich etwa im Publizitätsgesetz (PublG) aus dem Jahre 1969 oder dem Bilanzrichtliniengesetz (BiRiLiG) aus dem Jahre 1985. Weitergehende Publizitätspflichten fordert das 1998 erlassene Gesetz zur Kontrolle und Transparenz im Unternehmensbereich (KonTraG) und das Transparenz- und Publizitätsgesetz (TransPuG) vom Juli 2002.

Das **Publizitätsgesetz** hat die Pflicht zur Rechnungslegung und Bekanntmachung des Jahresabschlusses an die Größe eines Unternehmens gebunden; Größenmerkmale sind dabei nach § 1 PublG (in der Version vom 19. April 2017): Die Bilanzsumme (mehr als 65 Millionen €), die Umsatzerlöse pro Jahr (mehr als 130 Millionen €) und die Beschäftigtenzahl (mehr als 5.000 Arbeitnehmer), wobei mindestens zwei dieser drei Kriterien erfüllt sein müssen, damit ein Unternehmen unter die Publizitätspflicht fällt. Die Orientierung am ökonomischen Tatbestand der Unternehmensgröße (und nicht – wie sonst – an der

Rechtsform) bringt dabei den Wandel von einer nur privaten zu einer eher verständigungsorientierten Interpretation der Informationspflichten des Unternehmens zum Ausdruck. Das wird besonders aus der Begründung zum Regierungsentwurf des PublG deutlich, in der explizit das Problem des Interessenausgleichs in der Gesellschaft angesprochen ist (vgl. Kasten 3.1).

> **Kasten 3.1**
>
> **Auszug aus der Begründung des Publizitätsgesetzes**
>
> „Die Geschicke eines Großunternehmens beeinflussen nicht nur den privaten Bereich seiner Eigentümer. Sie berühren vielmehr die Interessen zahlreicher Dritter und oft auch ihre Existenz. Die Lage eines Großunternehmens ist z. B. für die Investitionsentscheidungen vieler anderer Unternehmen als Lieferanten oder Abnehmer wesentlich. Von ihr hängen die Arbeitsplätze so vieler Arbeitnehmer ab, dass eine Entwicklung zum Guten oder Schlechten von wesentlicher Bedeutung jedenfalls für den regionalen und manchmal sogar für den allgemeinen Arbeitsmarkt ist. Expansion und Niedergang solcher Unternehmen beeinflussen die Struktur und Finanzlage ganzer Städte; sie schaffen nicht selten Bedingungen, an denen auch die staatliche Wirtschaftspolitik nicht vorübergehen kann. Bei Unternehmen dieser Größenordnung muss ein berechtigtes Interesse der Beteiligten – als Sammelbegriff für die gegenwärtigen und künftigen Lieferanten und Abnehmer, Arbeitnehmer, Geldgeber und alle Stellen, die wirtschafts- und sozialpolitische Entscheidungen mit Auswirkungen auf das Unternehmen zu treffen haben – anerkannt werden, sich über den Stand und die Entwicklung des Unternehmens unterrichten zu können. Denn das Interesse dieser Beteiligten und damit der Allgemeinheit, Unterlagen für die Beurteilung des Unternehmens zu erhalten, wiegt schwerer als etwa dagegen sprechende Belange seiner Eigentümer".
>
> Quelle: Biener 1973, S. 2 f.

Mehr noch als in den rechtlichen Regelungen zum Verbraucherschutz dokumentiert sich im Publizitätsgesetz der Wandel der Großunternehmen von einer rein privaten zu einer „quasi-öffentlichen" Institution (Ulrich 1977, 2002). Der Wandel im Publizitätszweck von den frühen Zeiten der Industrialisierung bis heute macht das deutlich. Dienten früher die Publizitätsregeln des Gesellschafts- und insbesondere des Aktienrechts dem Zweck, die Aktionäre und Gläubiger, also die **privaten** Kapitalgeberinnen, zu informieren und damit das marktwirtschaftliche System funktionsfähig zu halten, so transzendiert das Publizitätsgesetz ganz eindeutig diese rein private Dimension in Richtung auf die Anerkennung eines **öffentlichen** Interesses an Großunternehmen; Managerinnen sollen nicht mehr allein gegenüber den Kapitalgebern, sondern auch gegenüber einer breiten Öffentlichkeit argumentationspflichtig sein. Diesen Schluss legt jedenfalls die zitierte Begründung zum Regierungsentwurf des Publizitätsgesetzes nahe.

Als eine Intervention im Sinne des öffentlichen Interesses lässt sich auch die gesamte **Umweltschutzgesetzgebung** mit dem Ziel einer nachhaltigen Unternehmensführung interpretieren. Bei dieser Gesetzgebung geht es um den Schutz von Umweltgütern wie Wasser, Boden und Luft, Landschaftsbild, Ruhe, Pflanzen und Tiere. Der verständigungsorientierte Regelungsbedarf ergibt sich daraus, dass sich für solche Umweltgüter Preise nicht rechtzeitig und von selbst bilden, um die bestehenden Knappheitsverhältnisse anzuzeigen. Die am Wirtschaftsprozess beteiligten Personen und Interessengruppen werden nicht bereits durch den Markt zur Wahrung ihrer gemeinsamen materiellen Lebensgrundlagen angehalten (Dyckoff und Souren 2007; Endres 2012; York et al. 2018). Die staatliche Umweltschutzpolitik will unter anderen auch das Management von Unternehmen darauf verpflichten, die Nachhaltigkeit in ihren Entscheidungskalkülen zu verankern.

Die Instrumente, mit denen Umweltpolitik betrieben werden kann, sind vielfältig. Zu nennen sind etwa ordnungsrechtliche Ge- und Verbote, wirtschaftliche Anreize, z. B. Emissionsgutschriften, Umweltabgaben oder Finanzierungshilfen.

3.4.2.3 Interne Restriktionen

Neben den externen Restriktionen hat der Gesetzgeber ferner in Deutschland den **internen Entscheidungsprozess** für große Unternehmen so verändert, dass durch Mitbestimmung eine bessere Interessenwahrung der Arbeitnehmerinnen möglich werden soll. Das klassische Gesellschaftsrecht hatte ja konsequenterweise nur die Interessendurchsetzung der Eigenkapitalgeber vor Augen. Die **Mitbestimmungsgesetze** modifizieren insoweit das strategisch-orientierte Gesellschaftsrecht in Richtung auf eine (partiell) verständigungsorientierte Verfassung der Großunternehmung. Im Kern streben die Mitbestimmungsgesetze einen mehr oder weniger großen Einfluss der Arbeitnehmer auf die Entscheidungen im Aufsichtsrat an, also einem Organ, das der gesetzgeberischen Konstruktionsidee nach eigentlich die Eigentümerkontrolle gegenüber dem unternehmenspolitischen Kernorgan „Vorstand" sichern soll (vgl. Abb. 3.3).

Allerdings belassen es diese Gesetze, sieht man einmal vom Montan-Mitbestimmungsgesetz von 1951 ab, bei einem **unterparitätischen Einfluss** der Arbeitnehmer; das gilt sowohl für das Mitbestimmungsgesetz 1976, das die großen Kapitalgesellschaften (Aktiengesellschaften und Gesellschaften mbH) mit mehr als 2.000 Beschäftigten erfasst, wie auch für das Drittelbeteiligungsgesetz, das die Mitbestimmung im Aufsichtsrat kleinerer Kapitalgesellschaften mit mehr als 500 Beschäftigten regelt.

Daneben – und in der Praxis sehr viel wirkungsvoller – gelten die Bestimmungen des Betriebsverfassungsgesetzes, die für bestimmte Entscheidungen verständigungsorientierte Prozesse verlangen. Kasten 3.2. gibt einen Überblick über die Entscheidungsbereiche, die vom Gesetzgeber für verständigungsorientierte Prozesse vorgesehen sind – mit unterschiedlichem Nachdruck.

Die Mitbestimmung ist immer wieder in die Kritik geraten. Man sieht darin eine zu starke Einschränkung unternehmerischen Handelns und befürchtet einen daraus entste-

3.4 Management als verständigungsorientiertes Handeln

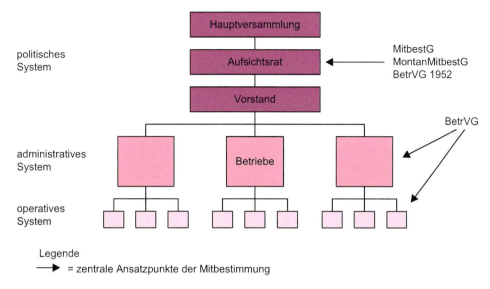

Abb. 3.3 Ansatzpunkte der Mitbestimmung. (Quelle: Gerum und Mölls 2009, S. 264)

henden Nachteil für den Wirtschaftsstandort Deutschland, da es in den meisten anderen Ländern einen solchen Verständigungszwang nicht gibt. Die wirtschaftlichen Folgen der Mitbestimmung werden immer deutlicher diskutiert, wobei jedoch die Ergebnisse keineswegs so eindeutig sind und auch umgekehrte Schlussfolgerungen zulassen (vgl. Frick et al. 1999; Frick 2002; Kißler et al. 2011; Scholl et al. 2013). Insgesamt handelt es sich bei der Mitbestimmung zweifelsohne um ein umkämpftes soziales Feld (Nienhüser 2015).

Die Mitbestimmungsgesetze und das Betriebsverfassungsgesetz lassen sich als der Versuch verstehen, den Interessenausgleich zwischen Kapital und Arbeit nicht nur über **Marktprozesse** und damit über strategisches Handeln herbeizuführen, sondern (auch) innerhalb des Unternehmens über verständigungsorientiertes Handeln zu bewirken. Es verwundert deshalb auch nicht, dass sich gerade hier die gesetzlichen Regelungen zum Teil hart im Raume stoßen: Das Gesellschaftsrecht, das den Kapitaleigentümerverband als ökonomisches Willenszentrum im Rahmen des „Vertragsmodells der Unternehmung" konstituieren soll, ist wegen genau dieses Ausgangspunkts von seiner Konstruktionslogik her nur schwer vereinbar mit den mitbestimmungsrechtlichen Regelungen, die eine verständigungsorientierte interessenpluralistische Unternehmenssteuerung („corporate governance") anstreben. Will man also in Zukunft das am strategischen Handeln orientierte Gesellschaftsrecht mit dem verständigungsorientierten Mitbestimmungsrecht besser versöhnen, wird es notwendig sein, das Miteinanderhandeln von „Kapital und Arbeit" in der Unternehmung auf eine konsistentere Grundlage zu stellen, also vor allem die

Kasten 3.2

Synopse der Beteiligungsrechte des Betriebsrats

Mitwirkungsrechte	Mitbestimmungsrechte
Recht auf Information über	**Anspruch auf Aufhebung**
- § 90: Planungen zur Gestaltung von Arbeitsplatz, Arbeitsablauf und Arbeitsumgebung	- § 98 Abs. 2: Bestellung eines betrieblichen Ausbilders
- § 92 Abs. 1: Personalplanung	- §§ 99 Abs. 1, 100 Abs. 2, 101: personelle Einzelmaßnahmen
- § 99 Abs. 1: Personelle Einzelmaßnahmen (Einstellung, Eingruppierung, Umgruppierung, Versetzung)	**Zustimmungs- oder Vetorecht bei**
	- § 87 Abs. 2: sozialen Angelegenheiten
	- § 94: Inhalt von Personalfragebögen und Beurteilungsgrundsätzen
- § 106 Abs. 2: Wirtschaftliche Angelegenheiten (Wirtschaftsausschuss)	- § 95: Auswahlrichtlinien
- § 111 Abs. 2: Betriebsänderungen, z. B. Stilllegungen	- § 97 Abs. 2: Fort- und Weiterbildung
Recht auf Anhörung zu	- § 98 Abs. 2: Bestellung eines betrieblichen Ausbilders
- § 102 Abs. 1: Kündigungen	**Initiativrechte bei**
Recht auf Beratung und Verhandlung bei	- § 87 Abs. 2: sozialen Angelegenheiten
- §§ 90, 92 Abs. 1, 106 Abs. 1, 111 Abs. 1: (siehe oben)	- § 91 S. 1: nicht menschengerechten Arbeitsplätzen
- § 96 Abs. 1: Förderung der Berufsbildung	- § 95 Abs. 2: Personalauswahlrichtlinien
- § 97 Abs. 1: Einrichtungen und Maßnahmen der Berufsbildung	- § 98 Abs. 4: Durchführung betrieblicher Berufsbildungsmaßnahmen und der Teilnahme bestimmter Arbeitnehmer
Recht auf Widerspruch bei	
- §§ 99, 102: (siehe oben)	
- § 103: außerordentliche Kündigung	- § 112 Abs. 4: Aufstellung eines Sozialplans

Quelle: Gerum und Mölls 2009, S. 283

Stakeholder-Orientierung im Aktiengesetz zu verankern. Für die nähere Zukunft geht es jedoch zunehmend um ein anderes Kernproblem, nämlich der Internationalisierung der Unternehmung systematisch Rechnung zu tragen, die Mitbestimmung ist längst kein nationales Problem mehr. Ob sich diese Herausforderung dann auch gesetzlich regeln lässt (im Sinne eines globalen Gesellschaftsrechts) darf bezweifelt werden. Deshalb richtet sich das Augenmerk zunehmend auf die freiwillige Selbstverpflichtung von Unternehmen zur sozialen Verantwortung und zum verständigungsorientierten Dialog.

3.4.3 Management und Ethik (Unternehmensethik)

In den letzten Jahren hat das Konzept einer „Gesellschaftlichen Verantwortung der Unternehmensführung" oder **„Corporate Social Responsibility"** (CSR) eine enorme Beachtung erfahren. Das Konzept, das vorrangig im Kreise von Unternehmerinnen und Managern selbst entwickelt und diskutiert wurde, stellt auf eine freiwillige Selbstverpflichtung von Unternehmen ab. Häufig wird als Problemlösung eine Art **Moralkodex** für das Management ins Auge gefasst, demgemäß es Aufgabe der Unternehmensführung sein soll, neben der Gewinnorientierung auch soziale Belange zu berücksichtigen.

Das erste und prominenteste Beispiel dazu ist das sogenannte „Davoser Manifest", das auf dem 3. Europäischen Management Symposium in Davos 1973 vorgestellt wurde (Kasten 3.3). Verglichen mit den heute üblichen CSR-Grundsätzen ist dies ein sehr weitgehendes Konzept, weil es das Management sogar auf einen Interessenausgleich verpflichten will.

Kasten 3.3

Das Davoser Manifest

A. „Berufliche Aufgabe der Unternehmensführung ist es, Kunden, Mitarbeitern, Geldgebern und der Gesellschaft zu dienen und deren widerstreitende Interessen zum Ausgleich zu bringen.
B. 1. Die Unternehmensführung muss den Kunden dienen. Sie muss die Bedürfnisse der Kunden bestmöglich befriedigen. Fairer Wettbewerb zwischen den Unternehmen, der größte Preiswürdigkeit, Qualität und Vielfalt der Produkte sichert, ist anzustreben.
   Die Unternehmensführung muss versuchen, neue Ideen und technologischen Fortschritt in marktfähige Produkte und Dienstleistungen umzusetzen.
2. Die Unternehmensführung muss den Mitarbeitern dienen, denn Führung wird von den Mitarbeitern in einer freien Gesellschaft nur dann akzeptiert, wenn gleichzeitig ihre Interessen wahrgenommen werden.
   Die Unternehmensführung muss darauf abzielen, die Arbeitsplätze zu sichern, das Realeinkommen zu steigern und zu einer Humanisierung der Arbeit beizutragen.
3. Die Unternehmensführung muss den Geldgebern dienen. Sie muss ihnen eine Verzinsung des eingesetzten Kapitals sichern, die höher ist als der Zinssatz auf Staatsanleihen. Diese höhere Verzinsung ist notwendig, weil eine Prämie für das höhere Risiko eingeschlossen werden muss. Die Unternehmensführung ist Treuhänder der Geldgeber.

> 4. Die Unternehmensführung muss der Gesellschaft dienen. Die Unternehmensführung muss für die zukünftigen Generationen eine lebenswerte Umwelt sichern. Die Unternehmensführung muss das Wissen und die Mittel, die ihr anvertraut sind, zum Besten der Gesellschaft nutzen.
> Sie muss der wissenschaftlichen Unternehmensführung neue Erkenntnisse erschließen und den technischen Fortschritt fördern. Sie muss sicherstellen, dass das Unternehmen durch seine Steuerkraft dem Gemeinwesen ermöglicht, seine Aufgabe zu erfüllen. Das Management soll sein Wissen und seine Erfahrungen in den Dienst der Gesellschaft stellen.
> C. Die Dienstleistung der Unternehmensführung gegenüber Kunden, Mitarbeitern, Geldgebern und der Gesellschaft ist nur möglich, wenn die Existenz des Unternehmens langfristig gesichert ist. Hierzu sind ausreichende Unternehmensgewinne erforderlich. Der Unternehmensgewinn ist daher ein notwendiges Mittel, nicht aber Endziel der Unternehmensführung."
>
> Quelle: Steinmann 1973, S. 472 f.

Im Ergebnis wird hier für die Unternehmensführung die Praktizierung einer neuen dualen unternehmerischen Handlungsmaxime in marktwirtschaftlichen Systemen gefordert. Zu der erwerbswirtschaftlichen Ausrichtung soll das Prinzip der „gesellschaftlichen Verantwortung" im Sinne einer **Interessen ausgleichenden Rolle** der Unternehmensführung gegenüber den genannten Bezugsgruppen des Unternehmens treten. Radikal interpretiert, würde das letztlich die Aufgabe der Vorstellung bedeuten, dass der Markt und das Preissystem selber schon einen wesentlichen, ja den entscheidenden Beitrag zum gesellschaftlichen Interessenausgleich leisten (so streng war das Konzept aber nicht gemeint). Genau wegen dieser Abweichung vom Marktideal ist die Idee der gesellschaftlichen Verantwortung der Unternehmensführung auch schon sehr früh, so etwa von Milton Friedman, rigoros attackiert worden, weil es die Funktionsgrundlagen der kapitalistischen Marktwirtschaft zerstöre: „The social responsibility of business is to increase its profits" (Friedman 1970, S. 32 ff.).

Dies ist indessen eine Position, die heute kaum noch so vertreten wird. Im Gegenteil, unter den Stichworten „CSR" und „Corporate Citizenship" hat die Idee einer gesellschaftlich verantwortlichen Unternehmensführung mehr Akzeptanz denn je gewonnen (vgl. Lohmeyer 2017). Es ist kaum mehr ein größeres Unternehmen zu finden, das nicht für sich in Anspruch nehmen würde, nach den Grundsätzen einer sozial-verantwortlichen Unternehmensführung zu handeln. Stellvertretend für die jüngere Fassung der Idee sozialverantwortlicher Unternehmensführung in der Praxis, sei auf die Selbstbeschreibung der SAP SE verwiesen (vgl. Kasten 3.4).

Kasten 3.4

SAP SE: Nachhaltigkeit und Gesellschaftliches Engagement

„Unser Fokus auf Nachhaltigkeit und gesellschaftlicher Verantwortung (Corporate Social Responsibility; CSR) resultiert aus unserer Vision, die Abläufe von Unternehmen und das Leben von Menschen weltweit zu verbessern. Wir wissen, dass soziale, ökologische und wirtschaftliche Aktivitäten und Leistungen sich gegenseitig beeinflussen und spürbare Wechselwirkungen besitzen. Unsere Anstrengungen zielen daher auf eine Zukunft für unser Unternehmen, unsere Kunden und die Gesellschaft, die von Nachhaltigkeit geprägt ist.

Wie kann Software zu mehr Nachhaltigkeit beitragen? Wenn Kunden SAP-Lösungen einsetzen, mit denen sie mehr Transparenz und Energieeffizienz in ihren Geschäftsabläufen erzielen, ihre Arbeiter vor Unfällen schützen oder Risiken in der Lieferkette mindern, dann sind dies konkrete nachhaltige Maßnahmen, die Mitarbeitern, der Gesellschaft, der Menschheit und der Umwelt nützen.

Wir sind davon überzeugt, dass wir aus unseren eigenen Nachhaltigkeitsaktivitäten wertvolle Erkenntnisse gewinnen, die auch unseren Kunden nachhaltiges Handeln erleichtern. Für uns stehen drei Bereiche im Fokus: die ökologische, die soziale und die wirtschaftliche Nachhaltigkeit. So möchten wir die Zukunft für SAP, unsere Kunden und die Gesellschaft ganzheitlich nachhaltig gestalten.

Um mehr Nachhaltigkeit für die Gesellschaft, für unsere Kunden und für unser Unternehmen zu erreichen, verfolgen wir einen strategischen Corporate-Social-Responsibility-Ansatz. Wir arbeiten daran, jungen Menschen die Fähigkeiten zu vermitteln, die sie für die Lösung gesellschaftlicher Probleme und für Erfolg in der digitalen Wirtschaft brauchen. Wir nutzen die Fähigkeiten unserer Mitarbeiter, unsere Technologie und unsere starken Partnerschaften mit NGOs für die Verbesserung der Bildungs- und Geschäftschancen junger Menschen weltweit.

Mitarbeiterengagement. Hinter dem Erfolg unserer Technologie und unseres Unternehmens stehen unsere Mitarbeiter mit ihren Fähigkeiten und Kenntnissen. Unsere Programme für die freiwillige Ehrenamtsarbeit nutzen dieses Know-how, um die Situation unterversorgter Gesellschaftsbereiche zu verbessern. Ein jährlicher „Month of Service" für Freiwillige, individuelle praktische Hilfe und Business-Coaching sind nur einige Beispiele dafür, dass wir unsere Mitarbeiter ermutigen, soziale Organisationen mit ihrer Zeit und ihren Fähigkeiten zu unterstützen.

Förderung von Sozialunternehmen. SAP fördert das schnelle Wachstum sozial engagierter Unternehmen, die mit innovativen Geschäftsmodellen brennende gesellschaftliche Herausforderungen anpacken. In Zusammenarbeit mit Nichtregierungsorganisationen setzen wir das ehrenamtliche Engagement unserer Mitarbeiter, unser Know-how und unsere Technologie ein, um Unternehmergeist und nachhaltiges wirtschaftliches Wachstum zu entwickeln.

Ausbilden für die Digitale Wirtschaft. Bildung und IT-Kenntnisse helfen Menschen bei der Realisierung ihrer Potenziale und ermöglichen den Einstieg in die digitale Wirtschaft. 2016 veranstaltete SAP Code Weeks in 38 Ländern: die Africa Code Week, die Latin Code Week und die Refugee Code Week.

Flüchtlingshilfe. Im Jahr 2015 flüchteten mehr als eine Millionen Menschen vor Bürgerkriegen, Konflikten und Unterdrückung nach Europa. Anlässlich dieser globalen humanitären Krisen, hat SAP diverse Initiativen ins Leben gerufen, die die Bedürfnisse von Flüchtlingen auf verschiedenen Ebenen adressieren."

Quelle: www.sap.com, Zugriff am 13.02.2019

In den letzten Jahren wird häufig die Idee gesellschaftlicher Verantwortung strategisch gewendet in dem Sinne, dass sie als probates Mittel der **Gewinnmaximierung** propagiert wird. Dieses instrumentelle Verständnis liegt insbesondere einer Vielzahl von strategischen Ansätzen zugrunde, die dieser Idee des „doing well by doing good" folgen (Kaul und Luo 2018). Die dahinter liegende Vorstellung ist, dass aggressiv vermarktete Projekte im Rahmen sozialverantwortlicher Unternehmensführung (Stichworte: Kultursponsoring, Unterstützung von Behinderteneinrichtungen, hohe Frauenquote im Management) geeignet sind, die Attraktivität des Unternehmens und damit auch seines Verkaufsangebots einschließlich der Gewinne zu erhöhen. Der Unternehmenserfolg soll durch strategische Corporate Social Responsibility gesteigert werden (vgl. etwa Huber et al. 2012). Stellvertretend für diese Position sei die Handreichung von David Grayson und Adrian Hodges (2004) zitiert: „7 steps to make social responsibility work for your business". Das Gros der CSR-Bewegung verfolgt genau diese instrumentelle Perspektive. In der Konsequenz und präskriptiv gewendet, möchte man Unternehmen verlocken und dazu anhalten, Gutes zu tun, mit dem Verweis darauf, dass sie dadurch ihre Profitabilität steigern können.

In dieser Logik wird Unternehmensethik also als eine Art engagierter Beigabe gesehen, die dem regulären Geschäft hinzugefügt werden sollte, weil sie zusätzliches Ansehen und Erfolg beschert. Ethik – so der Lockruf – macht sich bezahlt. Die Idee sozialverantwortlicher Unternehmensführung soll hier offenkundig ihrer konfliktären und kritischen Wurzeln entkleidet und in ein Harmonieszenarium überführt werden.

Diese Ausprägung der Verantwortungsfrage ist indessen paradox: Die Vertreter dieser **instrumentellen CSR-Perspektive** vertrauen voll und ganz den intakten Anreizmechanismen der Wettbewerbswirtschaft beziehungsweise des erwerbswirtschaftlichen Prinzips. Unternehmen sollen dazu angehalten werden, „ethisch" zu handeln, indem man ihnen verspricht, wenn sie sich in der gewünschten Weise verhalten, würden sie dafür auch mit höherer Profitabilität belohnt. Diese Argumentation ist insofern verdreht, als bei der hier unterstellten voll intakten Gewinn-Anreizwirkung es keinen vernünftigen Grund gibt, weshalb die Unternehmen nicht ohnehin von sich aus diejenige Handlungsalternative wählen, die den höchsten Gewinn verspricht. Nach der **Marktlogik** würden die Unternehmen, die nicht in der Lage sind, diese Alternative aufzuspüren vom (Kapital-)Markt bestraft und müssten mittelfristig aus dem Markt ausscheiden. Einmal abgesehen davon, dass ohnehin die Evidenz für die unterstellte Kausalität fehlt (vgl. etwa die Metaanalyse von Wang et al. 2016).

Die von der CSR-Bewegung favorisierte Ausdeutung unternehmerischer Verantwortung als Aneinanderreihung sozial erwünschter Projekte verzerrt die oben ausführlich skizzierte Problemlage, um die es bei der Verantwortungsdebatte im Kern geht. Nicht auf die Anhäufung sozialer Projekte kommt es an, sondern auf moralisches Handeln dort, wo der Preismechanismus zu Verwerfungen führt. In diesem Zusammenhang wird zunehmend deutlich, dass es auch um die Frage von CSiR, d. h. **Corporate Social Irresponsibility** geht, gerade auch im Kontext von Unternehmen, die sich mit einer Vielzahl von CSR-Projekten „schmücken" und CSR mehr oder minder gut zu inszenieren verstehen.

Die empirische Koexistenz von CSR und CSiR (Whiteman und Cooper 2016) verdeutlicht, dass Unternehmen nicht einfach gut oder schlecht sind und dass das Phänomen des sozialverantwortlichen Handelns von Unternehmen sehr viel komplexer ist als es mit populären Sozialperformanz- und Nachhaltigkeits-Indizes wohl abgebildet werden könnte (Salaiz und Vera 2017).

Insgesamt liegt der instrumentellen CSR-Bewegung eine **verwirrende Ebenenverwechslung** zugrunde. Verständigungsorientiertes Handeln soll in instrumentell-strategisches Handeln umgemünzt werden. Systematisch gesehen wird hier etwas versucht, was nicht funktionieren kann. Insofern irren Jones et al. (2018, FN 3), wenn sie denken, die Handlungsmotive von dem Handlungsmodus entkoppeln zu können. Instrumentell-strategisches Handeln ist kein moralisches Handeln, und eine ethische Motivation ist nur auf der Basis verständigungsorientierten Handelns zu gewinnen, wie umgekehrt verständigungsorientiertes Handeln nur auf der Basis einer ethischen Motivation gelingen kann.

Unabhängig aber von dieser strategisch-instrumentellen Wendung liegt die generelle Schwäche einer Reihe von CSR-Ansätzen auch in ihrer oft rein **monologischen** Orientierung, also in der Vorstellung, Manager könnten von sich aus – ohne sich mit den Betroffenen auseinander zu setzen – wissen, was für die Betroffenen „gut" ist und aus dieser isolierten Position heraus einen fairen Interessenausgleich befördern.

Dieses Problem wurde von der Praxis allerdings zunehmend erkannt und auch akzeptiert. An die Stelle von monologischen CSR-Kodizes – oder zumindest ergänzend dazu – wird die Idee einer gesellschaftlichen Verantwortung der Unternehmensführung in Richtung auf eine **dialogische** Verständigung mit den Betroffenen verfolgt, das entsprechende Konzept heißt Stakeholder-Dialog (zu einem Überblick vgl. die Beiträge in Schreyögg 2013). Damit erhält die Vorstellung von der gesellschaftlichen Verantwortung der Unternehmensführung eine **sozial-ethische** Dimension, sie wird zu einer diskursiven Unternehmensethik. Damit soll im Sinne einer freiwilligen **Selbstbindung** eine konsensuale Regelung von Konflikten erreicht werden – in der Konsequenz der oben geführten Argumentation wären dies vor allem solche Konflikte, die durch gewinnorientiertes Wirtschaften im Rahmen des Preissystems nicht gelöst werden können. Kasten 3.5 gibt ein Beispiel für die vielen Stakeholder-Dialoge, die heute zunehmend von Unternehmen initiiert und als Problemlösungsansatz propagiert werden.

Kasten 3.5

Stakeholder-Dialoge bei Tchibo

„Als Akteur in der globalisierten Wirtschaft und Begünstigter der damit verbundenen Arbeitsteilung ist Tchibo mitverantwortlich für die Lösung von Herausforderungen, die sich aus der Geschäftstätigkeit ergeben. Es ist unsere Überzeugung, dass sich Lösungen für solche globalen Herausforderungen häufig besser in Kooperationen mit verschiedenen gesellschaftlichen Akteuren entwickeln lassen. Der enge und kontinuierliche

Austausch mit unseren Anspruchsgruppen innerhalb und außerhalb des Unternehmens ist für uns deshalb von großer Bedeutung. Wir wollen die Erwartungen und Einschätzungen unserer Stakeholder kennen, ihre Impulse in die Weiterentwicklung der nachhaltigen Geschäftsprozesse aufnehmen und gemeinsam an zukunftsweisenden Lösungen für die ökologischen, sozialen und gesellschaftlichen Herausforderungen arbeiten. In diesem Rahmen ist der Dialog mit unseren Anspruchsgruppen auch Anstoß für wichtige Innovationsprozesse – im Unternehmen ebenso wie auf gesellschaftlicher Ebene. Gleichzeitig ist der Austausch mit unseren Stakeholdern wichtig, um Chancen und Risiken für das Tchibo Geschäft möglichst frühzeitig zu erkennen und so ein proaktives Handeln zu ermöglichen.

Systematisches Stakeholder Management: Stakeholder involvieren, gemeinsam relevante Themen identifizieren und durch geeignete Maßnahmen reagieren – dieser Ansatz entspricht auch den festgeschriebenen Prinzipien Inklusivität, Wesentlichkeit und Reaktivität des Standards AccountAbility 1000 (AA1000). Seit 2012 basiert unser Stakeholder-Management auf einem Managementsystem, das nach dem AA1000-Standard entwickelt und implementiert wurde.

Inklusivität. Die Einbindung von relevanten Stakeholdern erfolgt themen- und anlassbezogen im Rahmen passgenau ausgewählter Formate. Zu diesen zählen beispielsweise Befragungen, Dialogveranstaltungen oder die Mitarbeit in Initiativen und Bündnissen, wie der Global Coffee Platform (GCP) oder dem Bündnis für nachhaltige Textilien in Deutschland.

Wesentlichkeit. Die Relevanz der Themen für die Stakeholder und für Tchibo haben wir in einer Materialitätsmatrix erfasst. Aus dieser Matrix leiten sich die wesentlichen Themen ab und werden im Zuge der kontinuierlichen Stakeholder-Einbeziehung aktualisiert und gegebenenfalls angepasst."

Reaktivität. Die wesentlichen Themen aus der Materialmatrix fließen in die Strategieentwicklung ein. Unter stetiger themen- und anlassbezogener Einbindung der relevanten Stakeholder werden sie umgesetzt und evaluiert, etwa im Bereich Umweltschutz oder verantwortungsvolle Geschäftspraktiken."

Quelle: www.tchibo-nachhaltigkeit.de. Zugegriffen am 13.02.2019

Die diskursive Unternehmensethik ist letztlich auf die Regelung von solchen Handlungssituationen ausgerichtet, in denen das reine Gewinnstreben und das zugehörige Preissystem zu ethisch problematischen Konsequenzen führt oder führen kann (Umweltverschmutzung, ungerechte Löhne, Kinderarbeit usw.). Das Gewinnprinzip als solches wird dabei keineswegs diskriminiert; im Gegenteil, das Gewinnprinzip wird im allgemeinen als funktionstüchtiges Instrument anerkannt, um die komplexen Steuerungsprobleme einer Volkswirtschaft im Wege der Dezentralisation und Übertragung von Entscheidungsautonomie an die Einzelwirtschaften erfolgreich zu lösen. Da das Gewinnprinzip aber nur **formaler** Natur ist (insofern es nur auf die Gelddimension abstellt), kann es nicht differenzieren, d. h. es werden mit ihm auch grundsätzlich solche materiellen Entscheidungen verfolgt, die zwar die Erreichung der Gewinnziele ermöglichen, aber ethisch nicht gerechtfertigt werden können. Wer diese Problematik auffangen möchte, ist auf eine weitere Dimension im wirtschaftlichen Handeln angewiesen, die regulierend zum Gewinnprinzip hinzutritt.

Da die Konkretisierung des Gewinnziels durch Entscheidungen auf Unternehmensebene geschieht, ist dort auch der richtige Ort, um die zusätzliche Dimension zur Geltung zu bringen, in dem die auftretenden Konflikte zum Gegenstand einer verständigungsorientierten Reflektion des Handelns gemacht werden. Dabei ist allerdings zu bedenken, dass der Wettbewerb auf einem bestimmten Markt einem (zusätzlich) unternehmensethischen Handeln (enge) Grenzen setzen kann. In solchen Fällen ist es aber dann Teil der Managementverantwortung, auf übergeordneten Regelungsebenen (Branche, Politik) wettbewerbsneutrale Regelungen für die konfliktären Tatbestände anzumahnen.

Inwieweit die Praxis der genannten Stakeholder-Dialoge immer diesem hier in den Vordergrund gestellten Argumentationsrahmen entspricht, sei dahingestellt bzw. wäre im Einzelfall zu prüfen. Nicht selten erweisen sie sich bei näherer Hinsicht mehr als Etikett denn als tatsächlicher Dialog. Die Forschung steht, was die empirisch-faktische Realisation von dialogischen bzw. multilateralen Beziehungen betrifft, noch eher am Anfang. Eine interessante Studie haben Ferraro und Beunza (2018) vorgelegt, in der sie der Frage nachgehen, wie Unternehmen und Stakeholder (hier speziell der Dialog mit Anteilseignerinnen) ihre oftmals konfrontative Haltung überwinden und ein stärker kollaboratives Engagement erreichen können.

Über die empirischen Schwierigkeiten, Formen der **offenen Kommunikation** mit relevanten Anspruchsgruppen, insbesondere Mitarbeitern, zu etablieren, informiert ein Literaturstrang, der ursprünglich auf Hirschman (1970) zurückgeht und sich insgesamt mit dem Phänomen „voice", d. h. der aktiven Artikulation in Bezug auf Missstände und unverantwortliches Verhalten, befasst.

Dabei geht man davon aus, dass die Partizipation am Managementprozess und ein „Sich-Einbringen" von Mitarbeitenden immer ein bestimmtes Konfliktpotenzial mit sich bringt, und „voice" auch als **„challenge oriented organizational citizenship behavor"** verstanden werden muss, welches für alle Beteiligten nicht per se positive Effekte birgt (MacKenzie et al. 2011). Voice-Behavior und damit offene Kommunikation von Missständen hat in einer Wettbewerbswirtschaft und innerhalb von Organisationen potenziell immer mit strukturellen, expliziten wie aber auch insbesondere impliziten Hindernissen (Detert und Edmondson 2011) zu rechnen, die eine Partizipation zumindest erschweren, wenn nicht gar unmöglich machen können (Morrison 2011). In diesem Kontext kann auch die Auseinandersetzung mit dem Phänomen des Whistleblowings (Gundlach et al. 2003) wichtige Einsichten in die Möglichkeiten und **Grenzen offener Kommunikation** beisteuern.

Der Verweis auf solche Barrieren kann dabei keinesfalls als Kritik oder gar Gegenposition zu einer unternehmensethischen Perspektive dienen, sondern stellt im Gegenteil heraus, wie anspruchsvoll eine solche letztlich verstanden und konzipiert werden muss (Ferraro und Beunza 2018). Insofern soll hier im Folgenden auf die allgemeine Idee einer **diskursiven Unternehmensethik** genauer eingegangen werden. Dazu werden nachfolgend die wichtigsten begrifflichen Merkmale und die damit verbundenen Abgrenzungsleistungen hervorgehoben (Steinmann und Löhr 1994):

(1) Die diskursive Unternehmensethik zielt auf ein verständigungsorientiertes Handeln der Unternehmensführung bei (weitreichenden) Konflikten mit Bezugsgruppen der Unternehmung. Sie kennt universelle materielle Prinzipien wie etwa Diskriminierungsverbote oder Korruptionsausschluss. Sie kennt aber auch **Verfahrensvorschriften** zum Umgang mit Konflikten mit dem Ziel, am Ende des Verfahrens inhaltliche Normen als situationsgerechte Handlungsaufforderungen zu entwickeln.

(2) Zum besseren Verständnis der diskursiven Unternehmensethik ist die **Unterscheidung von Ethik und Moral** hilfreich, wie sie in der Philosophie gebräuchlich ist. In der gegenwärtigen Diskussion um die Unternehmensethik werden leider beide Begriffe häufig konfundiert. Solange man die Unterscheidung von Ethik und Moral nicht verfügbar hat, kann man faktisch befolgte Normen im Sinne praktizierter Moral („herrschende Meinung") nicht noch einmal in kritischer Absicht auf ihre Begründbarkeit prüfen; man kann sie nur schlicht in ihrer Faktizität registrieren. Es kommt also entscheidend darauf an, dass im Begriff der Unternehmensethik **Maßstäbe** zur Geltung kommen, die nötigenfalls gegen die vorherrschende Meinung gewendet werden können, um diese zu verbessern.

(3) Das Fundament der diskursiven Unternehmensethik ist – wie schon hervorgehoben – grundsätzlich dialogisch und nicht monologisch. Für den Konfliktfall heißt das, dass dort, wo keine (in früheren Dialogen) begründeten Normen vorliegen, ein Dialog zwischen allen **Betroffenen** hergestellt werden soll. Kritischer Maßstab und Leitlinie ist hierbei die „ideale Sprechsituation" (Habermas 1981), d. h. insbesondere die Bereitschaft, alle Vororientierungen in Frage zu stellen (Unvoreingenommenheit), ferner der Verzicht auf den Einsatz von Macht zur Durchsetzung eigener Standpunkte oder Interessen (Zwanglosigkeit) und der Verzicht auf Lügen und bloße Überredungskünste (Aufrichtigkeit) sowie die Sachverständigkeit der Beteiligten. Natürlich sind in der Praxis einem solchen Dialog häufig enge Grenzen gezogen. Aus dem dialogischen Charakter der diskursiven Unternehmensethik folgt aber, dass prinzipiell eine einsame Normfindung immer nur hilfsweise (z. B. bei Entscheidungen unter Zeitdruck) zum Zuge kommen kann; sie stellt per definitionem keine reguläre Form der Konfliktlösung dar.

Die bisher ausgeführten drei Punkte präzisieren die **„ethische Komponente"** im Begriff der Unternehmensethik. Die nachfolgenden vier Punkte nehmen auf den konkreten historischen Handlungszusammenhang Bezug, in dem eine solche Ethik letztlich praktiziert werden muss; dies ist gewissermaßen die **„unternehmensbezogene Komponente"** des Begriffs.

(4) Eine erste historische Randbedingung betrifft die **Geld- und Wettbewerbswirtschaft**, innerhalb der die Unternehmung operiert und auf die hin sie rechtlich verfasst ist. Wenn eine Unternehmensethik in einer solchen Wirtschaftsordnung einen eigenständigen Beitrag zum Interessenausgleich leisten soll, dann müssen die Bedingungen,

unter denen die Unternehmung in dieser Wirtschaftsordnung operiert, tatsächlich einen systematischen (und nicht bloß zufälligen) Handlungsspielraum für diese Aufgabe freilassen; das folgt aus dem allgemein anerkannten methodologischen Grundsatz: „Sollen impliziert Können!"

In der Diskussion um die Unternehmensethik wird bisweilen bestritten, dass es **innerhalb** des ökonomischen Systems überhaupt eine Chance für eine zusätzliche ethische Orientierung geben könne. Insbesondere viele Mikroökonomen – etwa der schon zitierte Milton Friedman – sehen in der Forderung nach Etablierung einer Unternehmensethik eine Aufforderung, die Produktionsfaktoren ineffizient zu allozieren. Im Übrigen aber lassen eine gesunde Marktsituation und der ihr inhärente Zwang zur Gewinnerzielung, so das zugespitzte Argument, eine Unternehmensethik gar nicht in Stellung bringen. Es müsste möglich sein, aus ethischen Überlegungen auf gewisse Gewinnchancen zu verzichten. Dies sei aber nur in nicht-effizienten Märkten möglich, insofern solle man lieber an der Vervollkommnung des Wettbewerbs arbeiten. Derartige Begründungsbemühungen drohen jedoch zirkulär zu werden, weil der Ausgangspunkt für eine Unternehmensethik – jedenfalls in der hier vorgestellten Form – ja gerade an den strukturellen Defiziten der Marktlösung ansetzt (partielles Marktversagen). Aus der Sicht der Praxis ist die Existenz von Spielräumen für unternehmensethisches Handeln ohnehin kaum strittig, wie die zahlreichen Nachhaltigkeitsberichte deutscher Unternehmen eindrucksvoll dokumentieren (vgl. etwa Scholl und Waidelich 2018).

Ein so verstandenes Konzept einer diskursiven Unternehmensethik setzt also die Funktionsbedingungen einer Unternehmung in einer kapitalistischen Marktwirtschaft als gegeben voraus. Eine einzelne Unternehmung – so die Annahme – kann nicht das Gewinnprinzip schlechthin außer Kraft setzen. Eine realistische Unternehmensethik muss vielmehr von der marktwirtschaftlichen Ordnung in ihrer jeweils spezifischen historischen Ausprägung als einer auf vorgeordneter Ebene schon gerechtfertigten Handlungsvoraussetzung ausgehen. Die ethische Begründung einer Wirtschaftsordnung zu leisten, ist nicht Aufgabe der Unternehmensethik, sondern der systematisch vorgelagerten **Wirtschaftsethik**. Die Wirtschaftsethik mag durchaus zu begründeten Systemreformvorschlägen gelangen, die dann als Folge auch neue Fragen der Unternehmensethik wegen der veränderten gesamtwirtschaftlichen Rahmenbedingungen aufwerfen können. Und es ist gewiss auch die Aufgabe von Unternehmen, sich an einem solchen Dialog zu beteiligen.

(5) Die Idee einer Unternehmensethik basiert auf dem Prinzip der freiwilligen **Selbstverpflichtung**. Natürlich spielt bei der Durchsetzung und Einhaltung der Normen auch die **soziale** Kontrolle eine herausragende Rolle. Sie stützt ganz entscheidend die Durchsetzung ethischer Orientierung mithilfe sozialer Sanktionsmechanismen (z. B. soziale Distanzierung oder Ächtung). Der ethische Koordinationsmodus unterscheidet sich aber dennoch markant vom zwangsbewehrten Recht. Wer die Chancen einer Selbstverpflichtung der Unternehmen als zu gering einschätzt, kann allerdings zur Bewältigung der entstandenen oder drohenden Konflikte nur auf das Recht zurückgreifen. Entsprechende Vorschläge übersehen allerdings die gravierenden

Steuerungsgrenzen des Rechts, wie sie ja auch aus empirischen Untersuchungen immer wieder berichtet werden (vgl. etwa Stone 1975; Mayntz 1978; März 2003).

(6) In der hier in den Vordergrund gestellten Form einer Unternehmensethik übernimmt sie also eine primär **korrigierende Funktion** hinsichtlich der originär ökonomischen Aufgabenstellung der Unternehmung. Sie lässt sich damit klar von solchen Vorschlägen abgrenzen, die die Unternehmung auf allgemeine Mildtätigkeit oder Mäzenatentum verpflichten wollen. Keineswegs soll derartigen Aktivitäten, wie sie ja zahlreich zu beobachten sind, ihre ethische Motivation abgesprochen werden. Es geht jedoch darum, eine klare Grenzziehung zur Unternehmensethik zu finden. Es handelt sich hier um löbliche großherzige Aktivitäten, meist bezogen auf die Gewinnverwendung; nicht aber um die Regelung von Grundsatzkonflikten im Rahmen der Gewinnentstehung und des Einbezuges von Geschädigten in die Konfliktregelung.

(7) Wenn ethische Bemühungen in Unternehmungen in Gang gesetzt und in Gang gehalten werden sollen, so muss berücksichtigt werden, dass es hier nicht nur um die Verpflichtung von bestimmten Personen (z. B. des Top-Managements, der Meister, der Marketingleiterin) geht, sondern um die **gesamte Organisation**. Es geht um die Ethik institutionellen Handelns. Im Hinblick auf einen funktionsfähigen ethischen Diskurs müssen Bildungsanstrengungen zur Entwicklung der moralischen Urteilskraft von allen Organisationsmitgliedern unternommen werden. Darüber hinaus sind institutionelle Vorkehrungen zu treffen, die von der Systemebene aus ethisch erwünschte Handlungserwartungen aufbauen. Allzu häufig stehen unausgesprochen die faktischen Erwartungen in einer Organisation mit den ethisch gebildeten Erwartungen im Widerspruch, wobei dann den faktischen Erwartungen in aller Regel der Vorrang gilt.

3.4.4 Unternehmensethik im Kontext der Globalisierung der Wirtschaft

Die Überlegungen dieses Kapitels sollten einsichtig machen, dass es gute Gründe gibt, die Rolle des Managements in den Marktwirtschaften hoch entwickelter Industriegesellschaften nicht auf rein strategischorientiertes Handeln zu reduzieren. Unternehmen bleiben – auch wenn sie zuallererst ökonomische Institutionen sind – in den politischen Gesamtzusammenhang von Staat und Gesellschaft eingebunden. Aufgrund des partiellen Marktversagens ist neben der strategischorientierten Führung auch die verständigungsbezogene Koordination als zusätzliche Managementaufgabe anzusehen; Unternehmen sind damit nicht nur der privaten erwerbswirtschaftlichen Motivation, sondern eben auch indirekt (über die Gesetze) und direkt (über die Unternehmensethik) der „res publica", der öffentlichen Sache, verpflichtet.

Diese Grundorientierung gilt keineswegs bloß für die jeweilige nationale Einheit, der das Unternehmen entstammt, sondern im globalen Rahmen. Dabei geht es nicht um die Existenz von Weltmärkten per se, die es ja schon immer gegeben hat, sondern um die gravierenden ökonomischen **Standortunterschiede** zwischen den alten entwickelten Industrieländern einerseits und (insbesondere) den industrialisierten Schwellenländern andererseits. Diese

3.4 Management als verständigungsorientiertes Handeln

wettbewerbsrelevanten Standortdifferenzen haben ihre Ursache nicht nur in einer unterschiedlichen **nationalen** Ressourcensituation, sondern auch und insbesondere in **kulturellen** Unterschieden, etwa bei institutionellen Regelungen wirtschaftlicher Prozesse oder bei normativen Standards und Prinzipien, die das Wirtschaftsleben (mit-)bestimmen. Wenige Stichworte verweisen auf aktuelle internationale Konfliktherde: Menschenrechte, Korruption, Kinderarbeit, Geldwäsche, Arbeitsschutzgesetze, Immissionen etc. Versuche, diese Konflikte in Ermangelung eines weltweiten Gesetzgebers auf der Ebene internationaler Organisationen (GATT, ILO, WTO) zu lösen, sind bisher (noch) nicht sehr erfolgreich gewesen. Zu groß sind noch die Interessenunterschiede und kulturellen Differenzen (vgl. Steinmann und Scherer 1998). Ein Ansatzpunkt ist es deshalb auch hier, verständigungsorientierte Bemühungen **direkt** auf der Unternehmensebene zur Geltung zu bringen, und zwar im Rahmen der Ethik multinationaler oder transnationaler Unternehmungen (Scherer et al. 2014). Das internationale Management ist demnach gefordert, individuell oder gegebenenfalls auf Verbandsebene unternehmensethische Prinzipien in den anstehenden Konfliktfeldern zur Geltung zu bringen. Vereinzelt geschieht das ja schon, etwa in der chemischen Industrie, im Rahmen des weltweiten Programms „Responsible Care", wo es primär um ökologische und Arbeitssicherheitsstandards geht (vgl. www.vci.de). Eine andere Idee, globale Ethik-Standards zu implementieren, ist die Zertifizierung von Unternehmen und die Einforderung des Zertifikats durch Verbraucher oder industrielle Abnehmer. Kasten 3.6 informiert exemplarisch über das Zertifizierungsverfahren SA8000.

Kasten 3.6

Zertifizierung nach SA8000

„Der wesentliche Kern des Standards SA8000 ist die Überzeugung, dass Bedingungen an allen Arbeitsplätzen an den allgemein anerkannten Menschenrechten ausgerichtet werden. SA8000 ist ein umfassender, weltweiter Standard für Auditierung und Zertifizierung der unternehmerischen Verantwortung. Er ist anwendbar für kleine und große Unternehmen, um Ihren Kunden und anderen Interessengruppen die Wahrnehmung sozialer Verantwortung aufzuzeigen. Der wesentliche Kern des Standards ist die Überzeugung, dass Bedingungen an allen Arbeitsplätzen an den allgemein anerkannten Menschenrechten ausgerichtet werden und dass das Management hierfür Verantwortung übernimmt.

Eine internationale Perspektive
Der Standard wurde durch die Social Accountability International (SAI) ins Leben gerufen. SAI ist eine gemeinnützige Organisation, die sich der Entwicklung, Einführung und des freiwilligen Sozial- und Ethik-Standards widmet. Das SA8000-System ist gemäß den vorhandenen Standards für Managementsysteme in Hinblick auf Qualität und Umwelt ISO 9001 und ISO 14001 ausgelegt. Der Standard wurde von der gemeinnützigen Organisation Council on Economic Priorities (CEP) entwickelt

und getestet, wobei sie von einem internationalen Aufsichtsrat einschließlich Vertretern bekannter Unternehmen, Menschenrechtsorganisationen, professionellen Zertifizieren, Wissenschaftlern und Arbeitsrechtlern unterstützt wurde.

Internationale Arbeitsrechte
Der Standard basiert auf einer Vielzahl bestehender internationaler Standards bezüglich der Menschenrechte, einschließlich der Menschenrechtserklärung der Vereinigten Staaten und der UN-Konvention für die Rechte der Kinder. SA8000 bietet transparente, messbare und verifizierbare Standards zur Zertifizierung der Unternehmensleistung in neun wesentlichen Bereichen:

1. **Kinderarbeit.** Verbot von Kinderarbeit (in den meisten Fällen unter einem Alter von 15 Jahren). Zertifizierte Unternehmen müssen außerdem Geldmittel für die Bildung der Kinder freistellen, die möglicherweise ihre Arbeit aufgrund des Standards verlieren.
2. **Zwangsarbeit.** Von den Mitarbeitern kann nicht verlangt werden, ihre Papiere zu hinterlegen oder „Anzahlungen" als Bedingung für eine Einstellung zu leisten.
3. **Gesundheit und Sicherheit.** Unternehmen müssen einen Mindeststandard für ein sicheres und gesundes Arbeitsumfeld sicherstellen, einschließlich der Bereitstellung von Trinkwasser, Aufenthaltsräumen, entsprechende Sicherheitsausrüstung und die Durchführung notwendiger Fortbildungen.
4. **Vereinigungsfreiheit.** Schützt das Recht der Mitarbeiter, ohne Angst vor Bestrafungen eine Gewerkschaft zu gründen, sich ihr anzuschließen und gemeinschaftliche Verhandlungen abzuhalten.
5. **Diskriminierung.** Keine Diskriminierung aufgrund von Rasse, Gesellschaftsklasse, Nationalität, Religion, Behinderung, Geschlecht, sexueller Orientierung, Gewerkschafts- oder politischer Zugehörigkeit.
6. **Disziplinarmaßnahmen.** Verbot von körperlicher Bestrafung, psychischer und physischer Nötigung sowie verbalem Missbrauch der Mitarbeiter.
7. **Arbeitszeiten.** Die maximale Arbeitszeit beträgt 48 Stunden pro Woche mit mindestens einem freien Tag pro Woche und höchstens bis zu 12 Überstunden pro Woche, die mit einem Überstundenzuschlag vergütet werden.
8. **Vergütung.** Der Lohn muss den gesetzlichen Mindestanforderungen entsprechen und ausreichend sein, um den Grundbedarf zu decken plus eines zusätzlich frei verfügbaren Einkommens.
9. **Management.** Definition von Verfahren für die Einführung eines effizienten Managements und Überprüfung der Einhaltung von SA8000, von der Ernennung des verantwortlichen Personals bis hin zur Verwahrung von Berichten, Anmeldung von Bedenken und Durchführung entsprechender Maßnahmen.

Quelle: www.dnvgl.de. Zugegriffen am 12.02.2019

3.4 Management als verständigungsorientiertes Handeln

Inwiefern sich die Zertifizierung als geeignetes Vehikel erweist, soziale Verantwortung in der Unternehmensführung nachhaltig zu implementieren, ist eine empirische Frage, die sich erst noch erweisen muss.

Der Hausgerätehersteller Miele verfügte 2008 als einziges Unternehmen in Deutschland über die Zertifizierung nach dem Sozialstandard SA8000, mit Ablauf des Jahres 2018 wurden insgesamt 11 deutsche Unternehmen von den Social Accountability Accreditation Services (SAAS, www.saasaccreditation.org) als akkreditiert ausgewiesen. Inwiefern sich dieser Standard weiter international durchsetzen wird, ist schwer zu prognostizieren. Während Ende 2018 lediglich ein US-amerikanisches Unternehmen zertifiziert war, verfügten 606 in China ansässige Unternehmen über das SA8000-Zertifikat.

Diskussionsfragen
1. Welche Idee liegt dem Stakeholdermodell zugrunde?
2. Was ist der Unterschied zwischen dem erfolgsorientierten und dem verständigungsorientierten Koordinationsmodus?
3. Durch welche Institutionen soll in einer kapitalistischen Marktwirtschaft das strategischorientierte Handeln des Managements sichergestellt werden?
4. Wie wird die prinzipielle Freistellung des unternehmerischen Handelns von einem verständigungsorientierten Interessenausgleich in der liberalen Wirtschaftstheorie begründet?
5. Welche Gründe sprechen für die Notwendigkeit, erfolgsstrategischer Koordination durch verständigungsorientiertes Handeln des Managements zu ergänzen?
6. Was sind externe Effekte und inwiefern haben sie eine Bedeutung für die Frage der Notwendigkeit einer Unternehmensethik?
7. Welche Vorstellungen stehen hinter der Idee der „gesellschaftlichen Verantwortung der Unternehmensführung"? Warum wird sie als „monologisch" kritisiert?
8. Wie kann man die relevanten Stakeholder für einen Stakeholder-Dialog bestimmen?
9. Die Leiterin einer Forschungsabteilung äußert: „Diese Stakeholder-Dialoge sind eine reine Marketing-Masche, mit uns hat das nichts zu tun." Diskutieren Sie diese Aussage.
10. Welche Vorzüge hat eine Ethik-Zertifizierung nach SA8000?

Fallstudie: Die Challenger-Tragödie*

Am 28. Januar 1986 endete der 25. Raumflug eines bemannten Raumgleiters vom Typ „Space Shuttle" kurz nach dem Abheben in einer gigantischen Explosion, die sieben Astronauten das Leben kostete. Der Ablauf dieses Desasters der „Challenger" kann mittlerweile praktisch auf 1.000stel Sekunden genau rekonstruiert werden, der Abschlussbericht der von Präsident Reagan beauftragten Untersuchungskommission umfasst rund 170.000 Seiten.

Vordergründig lag die Unglücksursache in einer technischen Schwachstelle des Raketensystems. Bei der ungewöhnlichen Kälte während der Startvorbereitungen kam es zu einer Versprödung von Gummidichtungen zwischen den einzelnen Bauteilen der

Hauptraketen. Diese Dichtungen konnten den gewaltigen Druck während der Startphase nicht mehr aushalten, es entstand ein Leck, durch das Treibstoff austrat und in den Feuerstrahl geriet, was nach exakt 73,628 Sekunden zur Explosion führte.

Die Hintergründe für dieses Desaster müssen nach den Erkenntnissen der präsidialen Untersuchungskommission allerdings eher in einem weitreichenden Fall von Managementversagen gesucht werden. So waren etwa die einschlägigen Konstruktionsmängel der Booster-Verbindung seit 1980 wohlbekannt, über mögliche Verbesserungen wurde noch 11 Tage vor dem Unglück zwischen der NASA und der Firma Morton Thiokol verhandelt. Immerhin galt ein Booster-Versagen als das größte Risiko unter den 14 theoretisch wichtigsten Unglücksursachen bei einem Shuttle-Start.

Trotzdem hätte das Unglück noch leicht vermieden werden können, wenn während der Startvorbereitungen auf die Warnungen zweier Ingenieure des Booster-Herstellers Morton Thiokol gehört worden wäre. Der Prozess der Startfreigabe lief zu dieser Zeit als ein vierstufiger, hierarchisch aufgebauter Prozess ab: Auf der untersten Ebene IV mussten die verschiedenen Zulieferer von Einzelbauteilen „grünes Licht" geben; in Ebene III waren NASA-Manager für die Bereitschaft kompletter Subsysteme verantwortlich, auf Ebene II wurde geprüft, ob sämtliche Subsysteme des Space Shuttle einsatzklar waren; Ebene I schließlich war verantwortlich für die gesamten Rahmenbedingungen der Mission und die definitive Abschlussgenehmigung.

In der entscheidenden Video-Konferenz zwischen den Ebenen IV (Thiokol) und III (NASA) 15 Stunden vor dem Start erläuterten die beiden Thiokol-Ingenieure Roger M. Boisjoly und Arnold R. Thompson detailliert das erfahrungsgemäß unkalkulierbare Risiko eines Starts bei Außentemperaturen unter 12 °C. Die NASA-Manager zeigten sich entsetzt und machten unmissverständlich klar, dass sie aus ökonomischen Gründen auf einer frühest möglichen Startfreigabe – trotz der gefährlichen Kälte – bestanden. Erzürnt reagierte der Booster-Manager der NASA, Lawrence B. Mulloy, auf das Zaudern von Thiokol mit dem Vorwurf: „The eve of a launch is a hell of a time to be inventing new criteria. My God, Thiokol, when do you want me to launch, next April?".

In der darauf folgenden 30-minütigen Schaltpause herrschte zunächst eine ganze Weile Unentschlossenheit; Boisjoly und Thompson merkten dabei allerdings, dass ihnen niemand mehr richtig zuhörte und zogen sich zurück. Erst als sich Jerald E. Mason, Geschäftsführer der Booster produzierenden Wasatch Division, provokativ zu Wort meldete und einer Startfreigabe das Wort redete, ergab sich eine plötzliche Wende in der Beurteilung. „Am I the only one who wants to fly?", fragte er und mahnte seine Kollegen unverblümt zur ökonomischen Vernunft: „Take off your engineering hat and put on your management hat". Von da an verdrängten die Manager von Morton Thiokol die Bedenken ihrer eigenen Ingenieure allmählich, um die zu erwartenden Anschlussaufträge der NASA nicht zu gefährden. Schließlich konnte man bei Thiokol ja auch darauf vertrauen, dass das Problem mit den Dichtungsringen bei der NASA selbst hinreichend bekannt war.

Bei Wiederaufnahme der Videokonferenz erklärte der Vorstand des Booster-Programms von Thiokol, Joe C. Kilminster, den NASA-Managern, dass man mittlerweile zu einer anderen Einschätzung gekommen sei und einen Start befürworte.

Lawrence B. Mulloy reagierte erleichtert und teilte dem zuständigen Programmdirektor für das Shuttle-System auf Ebene II, Arnold D. Aldrich, unverzüglich mit, dass Thiokol dem Start zugestimmt hätte. Über das Problem mit den Dichtungsringen wurde mit Aldrich allerdings nicht mehr gesprochen.

Auch im weiteren Verlauf des hierarchisch aufgebauten Startfreigabeprozesses wurden die kritischen Einwände nicht mehr erwähnt. Die hochsensible Information war an der Schnittstelle zwischen den Entscheidungsebenen IV und III „weggefiltert" worden. Deshalb wurde auch bei den unmittelbaren Startvorbereitungen dem Problem der niedrigen Außentemperaturen keine außergewöhnliche Bedeutung mehr beigemessen. Ein Messtrupp stellte zweieinhalb Stunden vor dem Start noch eine Temperatur von −13 °C fest, ohne dies gesondert zu vermerken, da sogar das allgemeine Minimumkriterium von 0 °C als Abbruchmarke aufgehoben worden war. Als die Raketen schließlich wie geplant um 11.38 Uhr gezündet wurden, betrug die Außentemperatur 3 °C, also genau 9 °C unter der empfohlenen 12-°C-Marke. Exakt 73,628 Sekunden später endete abrupt die Datenübertragung, auf der Funkfrequenz war plötzlich nur noch ein Rascheln zu hören; auf den Bildschirmen breitete sich rasch eine milchig-weiße Wolke aus. Die Rakete zerbarst.

* *nach:* Löhr 1991, S. 9 ff.

Fragen zur Fallstudie
1. Worin liegt im vorliegenden Fall der ethisch relevante Konflikt? Halten Sie eine solche Konfliktkonstellation eher für außergewöhnlich oder für typisch?
2. Wo liegt nach Ihrer Einschätzung ein persönliches Versagen vor? Welche Rolle spielten darüber hinaus die organisatorischen Regelungen?
3. Beurteilen Sie das Verhalten von Boisjoly und Thompson! Welche Konsequenzen würden Sie an deren Stelle ergreifen?

Literatur

Apel, K.-O. (1973), Transformation der Philosophie, Bd. II., Frankfurt am Main.
Barca, F./Becht, M. (Hrsg.) (2000), The control of corporate Europe, Oxford.
Barnett, M. L. (2014), Why stakeholders ignore firm misconduct: A cognitive view, in: Journal of Management, 40 (3), S. 676–702.
Berle, A. A./Means, G. C. (1932), The modern corporation and private property, New York.
Biener, H. (1973), Gesetz über die Rechnungslegung von bestimmten Unternehmen und Konzernen (PublG) mit Regierungsbegründung, Düsseldorf.
Bosse, D. A./Coughlan, R. (2016), Stakeholder relationship bonds, in: Journal of Management Studies, 53 (7), S. 1197–1222.
Carney, R. W./Child, T. B. (2012), Changes to the ownership and control of East Asian corporations between 1996 and 2008: The primacy of politics, in: Journal of Financial Economics.
Cyert, R. M./March, J. G. (1963), A behavioral theory of the firm, Englewood Cliffs/N. J.
Dahl, R. A./Lindblom, C. E. (1953), Politics, economics, and welfare, New York.
Desai, V. M. (2014), The impact of media information on issue salience following other organizations' failures, in: Journal of Management, 40 (3), S. 893–918.

Detert, J. R./Edmondson, A. C. (2011), Implicit voice theories: Taken-for-granted rules of self-censorship at work., in: Academy of Management Journal, 54 (3), S. 461–488.
Donaldson, T./Preston, L. E. (1995), The stakeholder theory of the corporation: Concepts, evidence, and implications, in: Academy of Management Review, 20 (1), S. 65–91.
Dyckoff, H./Souren, R. (2007), Nachhaltige Unternehmensführung, Berlin u. a.
Endres, A. (2012), Umweltökonomie, 4. Aufl., Stuttgart.
Epstein, E. M. (1973), Dimensions of corporate power, Teil 1, in: California Management Review 16 (2), S. 9–23.
Etzioni, A. (1998), A communitarian note on stakeholder theory, in: Business Ethics Quarterly 8, S. 679–691.
Eucken, W. (1999), Ordnungspolitik (hrsg. von Oswalt, W.), Münster.
Ferraro, F./Beunza, D. (2018), Creating common ground: A communicative action model of dialogue in shareholder engagement, in: Organization Science, 29 (6), S. 1187–1207.
Freeman, R. E. (1984), Strategic management: A stakeholder approach, Boston u. a.
Frey, B. S. (1981), Theorie demokratischer Wirtschaftspolitik, München.
Frick, B. (2002), „High Performance Work Practices" und betriebliche Mitbestimmung: Komplementär oder substitutiv? Empirische Befunde für den deutschen Maschinenbau, in: Industrielle Beziehungen/The German Journal of Industrial Relations, 9 (1), S. 79–102.
Frick, B./Kluge, N./Streeck, W. (Hrsg.) (1999), Die wirtschaftlichen Folgen der Mitbestimmung, Frankfurt am Main.
Friedman, M. (1970), The social responsibility of business is to increase its profits, in: The New York Times Magazine vom 13.07.1970.
Frynas, J. G./Stephens, S. (2015), Political corporate social responsibility: Reviewing theories and setting new agendas, in: International Journal of Management Reviews, 17 (4), S. 483–509.
Gerum, E./Mölls, S. (2009), Unternehmensordnung, in: Allgemeine Betriebswirtschaftslehre (hrsg. von Bea, F. X./Schweitzer, M.), Bd. 1: Grundfragen. 10. Aufl., Stuttgart, S. 225–331.
Grayson, D./Hodges, A. (2004), Corporate social opportunity – Seven steps to make corporate social responsibility work for your business, London.
Gundlach, M. I./Douglas, S. C./Martinko, M. J. (2003), The decision to blow the whistle: A social information processing framework, in: Academy of Management Review, 28 (1), S. 107–123.
Habermas, J. (1981), Theorie des kommunikativen Handelns, Band I und II, Frankfurt am Main.
Hirschman, A.O. (1970), Exit, voice and loyalty, Cambridge, Mass.
Huber, F./Meyer, F./Bulut, O. (2012), Unternehmenserfolg durch strategische Corporate Social Responsibility: Eine empirische Analyse am Beispiel von IKEA, Lohmar, Köln.
Jamali, D. (2008), A stakeholder approach to corporate social responsibility: A fresh perspective into theory and practice, in: Journal of Business Ethics 82, S. 213–231.
Jones, T. M. (2011), The nature of firm-stakeholder relationships: Realizing the potential of an underappreciated contribution of Freeman's 25-year-old classic. In R. Phillips (Hrsg.), Stakeholder theory: Impact and prospects. Cheltenham, UK, S. 54–75.
Jones, T. M./Harrison, J. S./Felps, W. (2018), How applying instrumental stakeholder theory can provide sustainable competitive advantage, in: Academy of Management Review, 43 (3), S. 371–391.
Kade, G. (1962), Die Grundannahmen der Preistheorie, München.
Kaul, A./Luo, J. (2018), An economic case for CSR: The comparative efficiency of for-profit firms in meeting consumer demand for social goods, in: Strategic Management Journal, 39 (6), S. 1650–1677.
Kaysen, C. (1961), The corporation: How much power? What scope?, in: Mason, E. S. (Hrsg.), The corporation in modern society, 4. Aufl., Cambridge/Mass., S. 27–39.
Kaysen, C. (Hrsg.) (1996), The American corporation today, New York/Oxford.

Kißler, L./Greifenstein, R./Schneider, K. (2011), Mitbestimmung im Spiegel der Forschung. Die Mitbestimmung in der Bundesrepublik Deutschland, Wiesbaden, S. 149–191.

Kloepfer, M. (1998), Staat und Unternehmung in ihrer Umweltverantwortung aus Sicht des Rechts, in: Steinmann, H./Wagner, G. R. (Hrsg.), Umwelt und Wirtschaftsethik, Stuttgart, S. 214–232.

Löhr, A. (1991), Unternehmensethik und Betriebswirtschaftslehre, Stuttgart.

Lohmeyer, N. (2017), Instrumentalisierte Verantwortung? Entstehung und Motive des „Business Case for CSR" im deutschen Diskurs unternehmerischer Verantwortung, Bielefeld.

MacKenzie, S. B./Podsakoff, P. M./Podsakoff, N. P. (2011), Challenge-oriented organizational citizenship behaviors and organizational effectiveness: Do challenge-oriented behaviors really have an impact on the organization's bottom line? In: Personnel Psychology, 64 (3), S. 559–592.

März, W. (Hrsg.) (2003), An der Grenze des Rechts, Berlin.

Mayntz, R. e. a. (1978), Vollzugsprobleme der Umweltpolitik, Wiesbaden.

Mena, S./Rintamäki, J./Fleming, P./Spicer, A. (2016), On the forgetting of corporate irresponsibility, in: Academy of Management Review, 41 (4), S. 720–738.

Mitchell, R. K./Agle, B. R./Wood, D. J. (1997), Toward a theory of stakeholder identification and salience: Designing the principle of who and what really counts, in: Academy of Management Review 22, S. 853–886.

Morrison, E. W. (2011), Employee voice behavior: Integration and directions for future research. Academy of Management Annals, 5 (1), S. 373–412.

Nienhüser, W. (2015), Mitbestimmung der Arbeitnehmer – Widersprüche in einem umkämpften sozialen Feld, in: Behrends, T./, Jochims, T./Nienhüser, W. (Hrsg.), Erkenntnis und Fortschritt. Beiträge aus der Personalforschung und Managementpraxis. Festschrift für Albert Martin. München u. Mering, S. 49–56.

Patzer, M./Voegtlin, C./Scherer, A. G. (2018), The normative justification of integrative stakeholder engagement: A Habermasian view on responsible leadership. Business Ethics Quarterly, 28 (3), S. 325–354.

Post, J./Preston, L. E./ Sachs, S. (2002), Redefining the corporation: Stakeholder management and organizational wealth, Stanford.

Reed, M. S. et al. (2009), Who's in and why? A typology of stakeholder analysis methods for natural resource management, in: Journal of Environmental Management 90 (5), S. 1933–1949.

Salaiz, A./Vera, D. (2017), Commentary: Decoupling rape, in: Academy of Management Discoveries, 3 (1), S. 99–100.

Sanga, S. (2018), Incomplete contracts: An empirical approach., in: Journal of Law, Economics & Organization, 34 (4), S. 650–679.

Scherer, A. G./Palazzo, G. (2011), The new political role of business in a globalized world: A review of a new perspective on CSR and its implications for the firm, governance, and democracy, in: Journal of Management Studies, 48 (4), S. 899–931.

Scherer, A. G./Palazzo, G./Matten, D. (2014), The business firm as a political actor: A new theory of the firm for a globalized world, in: Business & Society, 53 (2), S. 143–156.

Scholl, G./Waidelich, P. (2018). Nachhaltigkeitsberichterstattung in Zeiten der Berichtspflicht. Ergebnisse einer Befragung von Großunternehmen, KMU und sonstigen berichtspflichtigen Unternehmen im Rahmen des Rankings der Nachhaltigkeitsberichte 2018. Hrsg. vom Institut für ökologische Wirtschaftsforschung (IÖW), Berlin.

Scholl, W./Breitling, K./Janetzke, H./Shajek, A. (2013), Innovationserfolg durch aktive Mitbestimmung: Die Auswirkungen von Betriebsratsbeteiligung, Vertrauen und Arbeitnehmer- Partizipation auf Prozessinnovationen. Berlin.

Schreyögg, G. (Hrsg.) (2013), Stakeholder-Dialoge, Münster.

Schreyögg, G./Unglaube, O. (2013), Zur Rolle von Finanzinvestoren in deutschen Publikumsaktiengesellschaften – Thesen und empirische Befunde, in: Die Aktiengesellschaft 58 (4), S. 97–110.

Sismeiro, C./Mahmood, A. (2018), Competitive vs. complementary effects in online social networks and news consumption: A natural experiment, in: Management Science, 64 (11), S. 5014–5037.

Steinmann, H. (1973), Zur Lehre von der „Gesellschaftlichen Verantwortung der Unternehmensführung", in: Wirtschaftswissenschaftliches Studium 2, S. 467–472.

Steinmann, H./Löhr, A. (1994), Grundlagen der Unternehmensethik, 2. Aufl., Stuttgart.

Steinmann, H./Scherer, A. G. (1998), Zwischen Universalismus und Relativismus, Philosophische Grundlagenprobleme des interkulturellen Managements, Frankfurt am Main.

Stone, C. D. (1975), Where the law ends, New York u. a.

Suchman, M. C. (1995), Managing legitimacy: Strategic and institutional approaches, in: Academy of Management Review 20, S. 571–610.

Tirole, J. (1999), Incomplete contracts: Where do we stand?, in: Econometrica 67, S. 741–781.

Ulrich, P. (1977), Die Großunternehmung als quasi-öffentliche Institution, Stuttgart.

Ulrich, P. (2002), Der entzauberte Markt, Freiburg.

Wang, Q./Dou, J./ Jia, S. (2016), A meta-analytic review of Corporate Social Responsibility and corporate financial performance: The Moderating effect of contextual factors, in: Business & Society 55 (8), S. 1083–1121.

Weimann, J. (1995), Umweltökonomik, 3. Aufl., Berlin.

Whiteman, G./Cooper, W. H. (2016), Decoupling rape, in: Academy of Management Discoveries, 2 (2), S. 115–154.

Wohlrapp, H. (2008), Der Begriff des Arguments, Würzburg.

York, J. G./Vedula, S./Lenox, M. J. (2018), It's not easy building green: The impact of public policy, private actors, and regional logics on voluntary standards adoption, in: Academy of Management Journal, 61 (4), S. 1492–1523.

Der Managementprozess

4

Zusammenfassung

In Kapitel 4 steht der theoretische Rahmen für eine Managementlehre im Zentrum. Ausgangspunkt ist der klassische Managementprozess als die Theorie, die jahrzehntelang den einschlägigen Orientierungsrahmen bot. Gegen den klassischen Managementprozess werden zwei Hauptargumente vorgetragen. Zum wird darauf hingewiesen, dass betriebliches Handeln heute nicht mehr als sicher, sondern als strukturell unsicher begriffen werden muss. Zum anderen wird herausgestellt, dass betriebliche Handlungssysteme als inhärent komplex und damit als nicht vollständig durchdringbar vorzustellen sind. Aus dieser Kritik werden Konsequenzen für einen neu zu konzipierenden Managementprozess abgeleitet, der den Bedingungen heutiger Managementkontexte entspricht. Zu diesem Zweck wird die Theorie sozialer Systeme als Grundlage gewählt. Aufbauend auf den damit einhergehenden Einsichten wird ein neues Prozessmodell entwickelt, das vier Eckpfeiler umfasst: Selektion, Kompensation, Systementwicklung und Bewältigung der Eigenkomplexität. In diese vier Eckpfeiler werden sodann die Managementfunktionen Planung, Organisation, Personaleinsatz, Führung und Kontrolle als Handlungsmuster hineinprojiziert und deren Zusammenhänge neu bestimmt. Die Funktionen werden dabei modular bestimmt und können zu variablen Konfigurationen je nach aktueller Problemlage miteinander verbunden werden. Diese Rekonzeptualisierung wird dementsprechend als *Adaptiver Managementprozess* bezeichnet. Dieser liegt dem Lehrbuch als ordnender und orientierender Rahmen zugrunde.

In dem vorhergehenden Kapitel ging es darum, den allgemeinen Handlungsrahmen für das Management im Spannungsfeld von Unternehmung und Umwelt aufzureißen und die verschiedenen Handlungstypen und -rationalitäten herauszuarbeiten. Es wurde bereits deutlich, dass die Unternehmenssteuerung in einem Kontext steht, der selbst noch einmal der Erläuterung und der Erkundung bedarf. Konkreter gesprochen geht es darum, nun den Steuerungsprozess herauszuarbeiten, der **Stellung und Bedeutung** der konkreten Managementaufgaben systematisch definiert und ihren **Zusammenhang** konzeptionell bestimmt.

Wie bereits in den Kap. 1 und 2 ausführlich dargelegt, ist die Frage des Steuerungskonzepts und in Abhängigkeit davon die Konzeptualisierung des Managementprozesses eine lang diskutierte und immer wieder neu aufgeworfene Fragestellung in der Managementlehre. Dieses Lehrbuch wird sich – um es vorweg zu sagen – wohl an den Managementfunktionen, nicht aber an dem klassischen Schema des Managementprozesses und seiner linearen Funktionsabfolge orientieren, sondern Management in einem umfassenderen Sinne als Steuerungsprozess in und von komplexen Handlungssystemen thematisieren. Die Gründe dafür seien nachfolgend dargelegt.

4.1 Der klassische Managementprozess

Die klassische Managementlehre baut ihr Grundverständnis des betrieblichen Steuerungsprozesses auf einem Phasenschema auf. Hiernach wird – wie in Kap. 1 bereits aufgezeigt – Management als eine **systematische Abfolge von Phasen** bzw. (Management-) Funktionen begriffen. Am Anfang dieser Funktionsabfolge soll die Planung als geistiger Entwurf der zukünftig zu erreichenden Ziele und der hierzu zu ergreifenden Maßnahmen stehen (vgl. Abb. 4.1). Da alle anderen Managementfunktionen nur auf die Erreichung der Planziele hin ausgelegt werden sollen, geht die Planung diesen Funktionen notwendigerweise zeitlich und sachlich voraus (Primat der Planung). Ihr folgt die Organisation als strukturelle Grundlage für den arbeitsteiligen Aufgabenvollzug. An sie schließt sich die Ausstattung (staffing) der Organisation mit geeignetem Personal und die Führung als Veranlassung und Überwachung des Aufgabenvollzugs an. Der Prozess mündet in die Kontrolle ein, die feststellt, ob Vollzug und Planung übereinstimmen. Die Kontrolle koppelt schließlich ihre Informationen über den Zielerreichungsgrad bzw. Abweichungen und die mutmaßlich dafür verantwortlichen Gründe an die Planung zurück, um bei dem unmittelbar anschließenden neuen Planungsprozess Berücksichtigung finden zu können. Insgesamt stellt sich also der klassische Managementprozess im Zeitablauf als eine verkettete Abfolge linearer Steuerungszyklen dar.

Aus dieser Konstruktionslogik des klassischen Managementprozesses wird unmittelbar deutlich, dass den der Planung nachgeordneten Managementfunktionen keine eigenständige (Um-)Steuerungskapazität im Hinblick auf die Unternehmensziele und zielrealisierenden Maßnahmen zugeschrieben wird. Die gedankliche „Last" der Unternehmenssteuerung liegt alleine bei der Planung; sie schafft durch das Hereinziehen der Zukunft in die

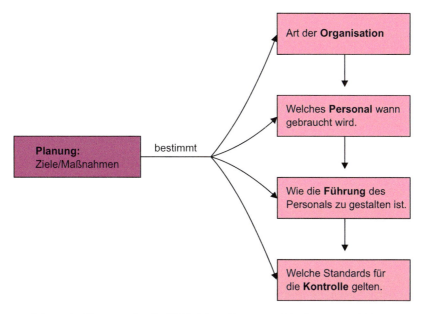

Abb. 4.1 Primat der Planung. (Quelle: Weihrich und Koontz 1993, S. 119 (modifiziert))

Gegenwart und den darauf aufbauenden Entscheidungen einen verbindlichen Handlungsrahmen, in den sich alle anderen Steuerungsaktivitäten einordnen. Planung muss deshalb logischerweise auch als im Großen und Ganzen verlässlich gedacht werden, sonst könnte sie ihre **dominante Rolle** im Steuerungsprozess nicht erfüllen. Die anderen Managementfunktionen sind Mittel zur effizienten Planrealisierung; sie erhalten ihre Sinnbestimmung aus der Planung; sie sollen die Probleme lösen, die sich aus dem Planvollzug heraus stellen. Sie sind in diesem Sinne derivativ.

Gutenberg (1983, S. 235 f.) bringt diese Auffassung im Hinblick auf die Organisation mit aller Klarheit zum Ausdruck: „Während Planung den Entwurf einer Ordnung bedeutet, nach der sich der gesamtbetriebliche Prozess vollziehen soll, stellt Organisation den Vollzug, die Realisierung dieser Ordnung dar. (…) Die Organisation hat also immer nur dienenden oder instrumentalen Charakter." Und programmatisch an anderer Stelle: „So muss denn überhaupt versucht werden, die Unternehmung als Gegenstand betriebswirtschaftlicher Theorie in eine Ebene zu projizieren, in der zwar Organisation vorhanden ist, aber nur eine solche, die der eigenen Problematik entbehrt" (Gutenberg 1967, S. 25 f.).

Dies gilt nicht nur für die Organisation, sondern auch für alle nachfolgenden Managementfunktionen; sie stehen im Dienste der Planrealisation und sind deshalb von ihrer Bestimmung her nur Instrument. Die Mitarbeiterführung oder der Personaleinsatz dürfen demgemäß nicht – und schon gar nicht intendiert – zur Quelle eigenständiger Ziel- und Mittelwahlen werden; die Rationalität des Planentwurfs würde in Frage gestellt, die planerischen Intentionen möglicherweise (wenn auch unbeabsichtigt) konterkariert. Der klassische Managementprozess hat deswegen bei der Planung seinen zwingenden Anfang; sie ist die Managementfunktion schlechthin.

Da also alle der Planung nachgeordneten Managementfunktionen ihre Sinnstiftung und Ausformung aus dem Planungssystem und den vorgegebenen Plänen ableiten (vgl. Abb. 4.1) und insoweit an keiner Stelle die Vorgaben der Planung transzendieren, kann ihnen auch keine eigenständige (Um-)Steuerungskapazität zukommen. Dieser Logik folgend, soll dieses Modell hier deshalb auch als **„plandeterminierte Unternehmensführung"** bezeichnet werden. Die grundlegende Annahme dabei ist, dass die betrieblichen Steuerungsprobleme im Wesentlichen von der Planung vorausbedacht werden können und sollen.

In einem merkwürdigen Kontrast zu der breiten Akzeptanz, die der klassische Managementprozess und die ihm zugrunde liegende lineare Abfolge der Managementfunktionen in Theorie und Praxis gefunden haben, stehen – wie in Kap. 1 bereits aufgezeigt – zahlreiche empirische Beobachtungen und Praxisberichte, die mit einem solchen Managementprozessdenken nicht in Einklang zu bringen sind. Diese seien kurz rekapituliert:

Geradezu sprichwörtlich für die praktischen Schwierigkeiten mit dem Prinzip der plandeterminierten Steuerung ist das sogenannte **Implementationsproblem** geworden. Dies ist ein Sammelbegriff für alle die Probleme, die notorisch auftreten, wenn in Organisationen Pläne realisiert werden sollen: Verdrängung, Fehlanpassungen, Widerstände durch neue aktuellere Probleme usw. So wurden z. B. in vielen Unternehmen Planungssysteme (Langfristplanung, umfassende Produktionsplanungssysteme usw.) wieder abgeschafft, weil sie in der intendierten Form nicht realisierbar waren.

Auffällig ist weiterhin, dass die meisten der neueren Management-Techniken, -Konzepte und -Modelle in einem so konzipierten Managementprozess keinen systematischen Platz finden können. Dies gilt gleichgültig, ob es sich nun um organisationsorientierte Aspekte, wie z. B. innovationsfördernde Organisationsstrukturen, agile Organisation, laterale Kooperation, Unternehmenskultur oder etwa um neuere Kontrollkonzepte handelt, wie Frühwarnsysteme, Issue-Management, Krisenmanagement usw. Alle diese Konzepte entziehen sich einer Plandeterminierung, haben vielmehr eine „eigensinnige" Stoßrichtung. Meist wird dieser Widerspruch so gelöst, dass diese neueren Ideen nur aufgelistet und neben den klassischen Managementprozess gestellt werden. Ihre Integration in das Konzept des plandeterminierten Managementprozesses ist nicht möglich, weil sie nicht plan(umsetzungs)bezogen sind, sondern einer anderen Steuerungslogik folgen.

Was aber sind die tieferen Gründe für diesen Widerspruch? Die Integrationsschwierigkeiten sind ja zunächst einmal nur Symptome.

Jede nähere Analyse hat an den **Voraussetzungen** der konzeptleitenden Idee anzusetzen. Eine der Hauptursachen für die Probleme der Idee plandeterminierter Unternehmensführung ist ganz gewiss, dass sie extrem hohe Ansprüche an die Planungsfunktion stellt, Ansprüche, die in Wirklichkeit niemals eingelöst werden können. Die Planung muss ja nach dieser Konzeption alle wesentlichen Probleme der betrieblichen Steuerung **antizipieren** und im Sinne einer stimmigen Gesamtordnung lösen können; man muss ferner davon ausgehen, dass **alle Handlungen** in einem System auf einen Plan ausgerichtet werden können. Eine solche Wirkungsweise der Planung beruht im Wesentlichen auf zwei Grundannahmen:

1. Die **Umwelt** des Handlungssystems Unternehmung ist in ihren relevanten Wirkungszusammenhängen erfassbar, verstehbar und in ihrer Entwicklung **prognostizierbar**.
2. Das Handlungssystem **Unternehmung** lässt sich soweit „programmieren", dass Planvorgaben weitgehend störungsfrei realisiert werden können, d. h., das System als solches ist vollständig durchdringbar und **beherrschbar**.

Wie schon ein kurzer Blick zeigt, sind beide Annahmen **Idealisierungen**, die im krassen Widerspruch zum Alltag in der Praxis stehen:

ad 1: Es ist heute eine unumstößliche Erkenntnis, dass die Umwelt weder in Gänze beschreibbar bzw. die Totalität ihrer Wirkungsbeziehungen verstehbar ist, noch gehorcht ihre Entwicklung strengen Verlaufsgesetzen derart, dass sie so gut prognostizierbar wäre, wie es eine Plandeterminierung verlangt. Jede praktische Unternehmenssteuerung muss deshalb davon ausgehen, dass die Entscheidungen unter Unsicherheit zu treffen sind. Weder die Struktur des Entscheidungsfeldes (Alternativen und Variablen), noch seine Entwicklung sind erschöpfend erfassbar und antizipierbar. Die Unternehmensumwelt entzieht sich einer vollständigen Strukturierung, weil sie prinzipiell komplex ist, d. h., es gibt in der Umwelt unüberschaubar viele Handlungseinheiten und Anschlussmöglichkeiten zwischen ihnen (Luhmann 1984). Die Umweltereignisse treten der Unternehmung nicht in Form von Entscheidungsproblemen gegenüber, sondern als diffuse Daten, die von dem System erst vor dem Hintergrund seines Orientierungsschemas („cognitive map") interpretiert werden müssen. Die Signale sind ambig, d. h. für die Entscheidungstatbestände gibt es verschiedene und nicht selten einander widersprechende Interpretationsmöglichkeiten (Weick 1995; Luhmann 1998, S. 826 ff.). Ein weiterer wesentlicher Grund für die strukturelle Unsicherheit/Komplexität liegt darin, dass die Umwelt zum erheblichen Teil aus handelnden Personen und Organisationen besteht, die ihre Handlungsweise prinzipiell überdenken und ändern können. Darüber hinaus werden die sozialen Konventionen immer schwächer und damit das Verhaltensrepertoire der Akteure immer größer (Crozier 1992). Zahl und Art der potenziellen Handlungsanschlüsse unter den Handlungseinheiten werden dadurch unüberschaubarer und in ihren Wirkungen weniger im Voraus bekannt. Die Handlungssequenzen sind überdies tendenziell **zirkulär interdependent**, d. h., die Handlungen der Akteure sind untereinander abhängig und sind auch deshalb nicht vorab bekannt. Die Konsequenzen für die Systemplanung sind weitreichend.

Schon deshalb ist es nicht die Situation der Sicherheit, sondern vielmehr der Zustand der **Unsicherheit**, der die Planungssituation kennzeichnet. Stichworte wie Trendbrüche, Krisen, Durchbrüche oder Überraschungen stehen stellvertretend für die Unsicherheitssituation der Planung; die Rede von der „turbulenten Umwelt" ist fast schon sprichwörtlich geworden (zuerst Emery und Trist 1965). Die Umstände, die Planende in den Zustand der Unsicherheit versetzen, sind – wie gezeigt – struktureller Art, sie liegen in der Natur der Sache und lassen sich nicht durch die Suche nach besser fundierten Prognosen aus der Welt schaffen. Es gilt der Grundsatz: Die Zukunft ist grundsätzlich so lange unsicher, wie sie nicht zur Gegenwart geworden ist. Für den klassischen Managementprozess heißt dies in erster Linie, dass die für den ganzen Prozess konstitutive Richtigkeitsvermutung der Plangrundlagen und damit auch der Pläne ins Wanken gerät. Der Planungsprozess wird deshalb in der modernen Managementtheorie als Unsicherheitsabsorption oder Komplexitätsreduktion begriffen, ohne freilich Sicherheit herstellen zu können (vgl. etwa Abdallah und Langley 2014).

ad 2: Diese Überlegungen gelten im selben Maße für das Binnenverhältnis. Heute ist hinlänglich bekannt, dass die Programmierung von Organisationen nur begrenzt möglich ist, es handelt sich nicht um „triviale Systeme", in dem Sinne, dass auf denselben Input der immer wieder gleiche Output folgen würde (vgl. dazu Kasten 4.1). Die Idee einer linearen

---

Kasten 4.1

Triviale und nicht-triviale Maschinen

„Das Bestechende an trivialen Maschinen ist, dass sie analytisch bestimmbar und daher wegen ihrer Vergangenheitsunabhängigkeit voraussagbar sind [s. Abbildung]. Kein Wunder, dass man in allem, was man sieht, das Wirken einer trivialen Maschine sehen möchte. Denkt man doch an Pierre Simon Marquis de Laplace, der etwa 150 Jahre nach Descartes nicht nur seinen Körper, sondern auch das ganze Universum als triviale Maschine sehen wollte. […]

Aber man muss gar nicht so lange zurückgehen. Jeder vorsichtige Käufer eines Automobils wird sich heute eine Garantie geben lassen, dass der Wagen für die nächsten soundso viele Kilometer seine Trivialität beibehält und nicht etwa plötzlich nach links fährt, wenn man nach rechts steuert. Sollte so etwas passieren, holt man einen Trivialisateur, der den garantierten Zustand wiederherstellt […].

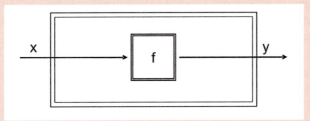

Eine nichttriviale Maschine ist dadurch gekennzeichnet, dass ihr mehr als eine Regel zur Verfügung steht, die die angebotenen Symbole in andere transportiert.[…]

Das heißt, so wie die Quadratur des Kreises mit Zirkel und Lineal unmöglich ist, so ist das Maschinenidentifikationsproblem unlösbar: Nichttriviale Maschinen sind unanalysierbar und daher unvoraussagbar. Dieses Unlösbarkeitsprinzip hat nichts mit ‚beschränktem Wissen', ‚ungenügender Information' etc. zu tun. Was darauf hindeuten könnte, dass – wüsste man mehr – das Identifikationsproblem zu lösen wäre.

Diese prinzipielle Unlösbarkeit hat damit zu tun, dass die logische Struktur der Identifikation, der Erklärung, der Analyse etc., nicht der logischen Struktur nichttrivialer Systeme entspricht. In diesem Sinn bleibt ihr Verhalten unwissbar.

Wie wird jedoch die Wissenschaft mit Unwissbarem fertig? Wie sieht eine Wissenschaft des Unwissbaren aus? […] Sieht man den wesentlichen Schritt der gegenwärtigen

> wissenschaftlichen Revolution in der Erkenntnis, dass die Ströme des Geschehens nicht ins unendlich Leere fließen, sondern sich, wenn auch über tausend Umwege, schließlich auf sich selbst beziehen. […]
>
> Die faszinierenden, überraschenden und tiefgreifenden Konsequenzen, die diese organisatorische Schließung […] zur Folge hat, erfreuen sich heute einer solchen Popularität, dass man kaum ein Journal oder eine Tageszeitung aufschlagen kann, ohne Sensationelles über ‚Chaostheorie', ‚nichtlineare Dynamik' und andere nach Science-Fiction klingende Wissenschaftszweige zu lesen zu bekommen. Ich kann mich daher begnügen, jene Punkte hervorzuheben, die sich auf die ‚Wissenschaft des Unwissbaren' beziehen. Da ist zunächst die erstaunliche Eigenschaft solcher organisatorisch geschlossener Systeme, dass sie unter gewissen Bedingungen zu einem stabilen Verhalten, einem ‚Eigenverhalten' oder, wie andere es sagen, zu einem „Attraktor" konvergieren."
>
> Quelle: von Foerster 2001, S. 163–171

Durchplanbarkeit von Handlungssystemen bringt deshalb eine irreführende Vereinfachung des Steuerungsproblems. Jedes einzelne Element, jede Aktion müsste ja auf einen zentralen (optimalen!) Handlungsentwurf ausgerichtet werden können. Es müsste eine zentrale Instanz geben, die alle anderen Systemeinheiten bestimmen kann, sofern nur exakt dargelegt wird, was, wann und wie erreicht werden soll. Die hier leitende Idee eines **monolithischen Handlungsgefüges** („Kollektivakteur"), in dem ein an der Spitze gebildeter Wille (Plan) reibungslos über die Managementpyramide bis zur ausführenden Stelle „heruntergebrochen" wird, steht heute nicht mehr in hohem Ansehen. Längst ist bekannt, dass komplexe Organisationen durch Regeln und Pläne nur sehr bedingt kontrollierbar sind (z. B. „Law of Diminishing Control") und Teil-Autonomie brauchen, um den Systemerfolg zu sichern.

Im Grunde macht sich das Konzept der plandeterminierten Steuerung blind für die **Institution** Unternehmung und damit den komplexen **sozialen Verbund**, innerhalb dessen der betriebliche Steuerungsprozess zu bewerkstelligen ist. Sie behandelt die Systemsteuerung wie eine Individualentscheidung mit den zwei Kern-Phasen der Willensbildung und -umsetzung.

Alle konstitutiven Grundmerkmale sozialer Systeme, wie z. B. sich selbstverstärkende Dynamiken, die Vernetztheit der faktischen Arbeitsvollzüge, die vielfach divergierenden Interessen der Organisationsmitglieder, die system-intern vorfindbare und funktional erforderliche Bandbreite von Perspektiven und Orientierungsmustern etc., werden nicht nur ausgeblendet, sondern sogar negiert. Anders ausgedrückt: Die Perspektive der Unternehmenssteuerung, die alle ihre Handlungen sorgfältig plant und sie dann reibungslos umsetzt, geht an den Funktionsbedingungen moderner und erfolgreicher Organisationen vorbei.

Resümee: Betrachtet man die extrem idealisierenden Hintergrund-Annahmen der Plandeterminierung, so wird verständlich, weshalb zahlreiche Fragestellungen der

Managementlehre und Problemformulierungen aus der Praxis zwangsläufig zum Konzept einer plandeterminierten Unternehmensführung in Widerspruch geraten müssen. Der klassische Managementprozess erweist sich dabei als ein zu enger und zu glatter Bezugsrahmen, der einen Großteil der aktuellen Probleme und der dazu entwickelten Konzepte und Modelle nicht in sich aufnehmen kann. Es ist deshalb verfehlt und wenig erfolgversprechend, weiterhin vom Primat der Planung auszugehen und alle anderen Managementfunktionen nur aus der verengten Perspektive der Planrealisierung, und d. h. primär: ohne eigenständiges Steuerungspotenzial, zu thematisieren. Es bedarf eines neuen Bezugsrahmens, der dieser Kritik Rechnung trägt und ein treffenderes Verständnis der Managementfunktionen und ihrer Vernetzung mit der Umwelt zulässt.

Dazu muss in einem ersten Schritt das **Verständnis von Steuerung** selbst revidiert werden. Anstatt sie als omnipotente Aktivität einer Zentrale zu verstehen, die die Umweltkomplexität und -unsicherheit planerisch abarbeiten und friktionslos in Handlungen umsetzen kann, muss sie als Aktivität eines arbeitsteiligen konflikträchtigen Handlungssystems und in Reaktion auf das jederzeit problematische Verhältnis von Umwelt und System thematisiert werden. Unternehmenssteuerung ist eine ausgesprochen **störungsanfällige** Funktion – und als solche muss sie konzeptualisiert werden. Die Systemtheorie (im Fortfolgenden insbesondere Luhmann 1984) bietet die beste Grundlage, ein solches komplexeres Verständnis der Unternehmenssteuerungsaufgabe zu entwickeln.

4.2 Systemtheoretische Grundlagen nach Luhmann

Mit der Kritik an den Prämissen des klassischen Managementprozessansatzes wurde zugleich der Rahmen für eine Neukonzeptionalisierung des Managementprozesses gezogen. Dabei soll es zunächst nicht um die Generierung gänzlich neuer Managementtechniken und -instrumente gehen, sondern um die Schaffung eines komplexeren und problemoffeneren **Bezugsrahmens**, der es besser als der traditionelle Managementprozess erlaubt, die vielen neuen, bisher noch verstreut liegenden empirischen und theoretischen Einsichten in die Bedingungen erfolgreicher betrieblicher Steuerung systematisch in einer Managementprozess-Konzeption zu verankern.

Der Ausgangspunkt für ein neues Konzept wird durch die oben diskutierten Prämissen in zweifacher Hinsicht markiert:

1. Der Steuerungsprozess und seine Rationalisierung müssen systematisch in die Interaktion von System und einer immer ungewissen Umwelt eingebettet sein.
2. Die Bezugsebene muss strukturell von der Einzelhandlung auf das System umgestellt werden, um den komplexen Problembestand arbeitsteiliger Handlungssysteme aufnehmen zu können.

4.2.1 Die System/Umwelt-Differenz als Bezugspunkt

Ausgangspunkt der folgenden Überlegungen ist die Einsicht, dass Organisationen **Handlungssysteme** sind, die sich gegenüber einer komplexen Umwelt (vor allem: Wettbewerbsumwelt) bewähren müssen. Systeme sind – wie in Kap. 3 bereits deutlich gemacht – nur aus ihrer Relation zur Umwelt verstehbar; sie konstituieren und erhalten sich durch Erzeugung und Bewahrung einer **Differenz** zur Umwelt (Luhmann 1984, S. 34 f.; vgl. auch Seidl und Becker 2005). Sie tun dies, indem sie sich **abgrenzen**. Handlungssysteme als soziale Systeme haben keine natürlichen Grenzen, sie schaffen ihre Grenzen **selbstreferenziell** durch eigene Handlungen, durch Sinnverarbeitung und Kommunikation. Grenzen ziehen heißt somit zunächst einmal eine Differenz herstellen, indem das Innenverhältnis ein anderes, weniger komplexes wird als das Außenverhältnis. Mit der Grenzziehung bestimmen Systeme zugleich ihre spezielle Umwelt, d. h., sie legen zunächst einmal fest, was für sie Umwelt ist und darüber hinaus welche Segmente der Umwelt mehr und welche weniger bedeutsam sind, welche Verknüpfungen zwischen den Elementen der Umwelt im Vordergrund stehen usw. Jedes System hat deshalb notwendigerweise eine andere, je eigene Umwelt.

Von **Handlungssystemen** wird hier deshalb gesprochen, weil sich das System aus Handlungen konstituiert und nicht aus Personen als solchen. Personen sind nur mit einzelnen konkreten Handlungen in einem System präsent, stehen jedoch als Persönlichkeiten oder – wenn man so will – als Person-Systeme mit eigenen Bestandsbedingungen außerhalb des Systems, gehören also zur Systemumwelt (Luhmann 1995, S. 24 f.).

Zwischen System und Umwelt besteht somit notwendigerweise immer ein **Komplexitätsgefälle**, die Grenze markiert die Differenz. Die Systemleistung, der Nutzen der Systembildung, ist abstrakt gesprochen die **Reduktion** von Umweltkomplexität oder genauer: die Herstellung einer Orientierung für das Handeln in einer komplexen Umwelt. Ebenso wenig wie eine Unternehmung zugleich Markt sein kann, gibt es eine Punkt-für-Punkt-Entsprechung zwischen System und Umwelt, sie käme einer Auflösung der Systemgrenzen gleich. Die Reduktionsleistung muss sich allerdings bewähren, d. h. effektives Handeln ermöglichen, anderenfalls kann die Grenze nicht aufrechterhalten werden – ähnlich wie interne Transaktionen dann wieder zu Markttransaktionen werden (vgl. Williamson 1983).

Differenzbildung in dem hier nach Luhmann definierten Sinne heißt in erster Linie Absorption, Simplifizierung oder **Selektion**, d. h., das System nimmt nur bestimmte Aspekte aus der Umwelt auf, beschäftigt sich mit vereinfachten Fragestellungen, verfolgt nur bestimmte Perspektiven etc. Selektiv zu sein ist keine freie Entscheidung in dem Sinne, dass Systeme auch nicht-selektiv sein könnten. Es gilt zu sehen, dass Komplexität Selektion erzwingt (vgl. auch Hernes 2007, S. 85). Systeme müssen, um handeln zu können, für sich die Vielfalt reduzieren. Die Selektionsmuster begründen – vergleichbar mit „Routinen" (Nelson und Winter 1982) – die Identität eines Unternehmens. In der Praxis haben diese Selektionsmuster unterschiedliche Namen: Geschäftsmodell, Lieferantenpolitik, Personalauswahlsysteme usw.

Selektivität ist aber nicht folgenlos; im Gegenteil, sie bringt für das System eine fortwährende Schwierigkeit mit sich. Der Grund ist einfach zu erkennen: Selektion zieht zwangsläufig **Kontingenz** im Sinne von Unsicherheit nach sich (Luhmann 1984: 47). Dort, wo Selektion unvermeidlich ist, ist auch keine Sicherheit mehr möglich; das Ausgeblendete bleibt unerkannt, seine Wirkungen werden für das System potenziell zu Überraschungen, die jederzeit auftreten können („unerwartete Nebenwirkungen"). Für die Entscheidungsträger eines Handlungssystems heißt Kontingenz zuallererst, dass alles so kommen kann wie angenommen, dass aber auch alles anders kommen kann als vermutet. **Unsicherheit** wird folglich zum konstituierenden Merkmal des Steuerungsprozesses.

Das System gewinnt einerseits Handlungsfreiraum und Autonomie durch Beschränkung auf bestimmte Teile und Beziehungen der Umwelt sowie gegebenenfalls durch aktive Einwirkung auf diese. Andererseits bedeutet die mehr oder weniger pauschale Ausblendung und Ignorierung der „Restumwelt" nun allerdings nicht, dass dieser Bereich tatsächlich irrelevant ist. Die Selektivität hat ihren Preis; ausgeblendete Beziehungen machen sich später unter Umständen als bestandsgefährdende Probleme oder Krisen aufdringlich bemerkbar (Luhmann 1973). Die Reduzierung der Umweltkomplexität bringt zwar die Umwelt für das System in ein bearbeitbares Format, ändert jedoch an dem Faktum der Umweltkomplexität nichts. Die Umwelt bleibt daher schon deshalb **permanent** eine Quelle potenzieller Bedrohung. Darüber hinaus ergeben sich zwischen den Umweltelementen immer wieder neue (unerwartete) Anschlüsse, die die einmal gefundenen Bearbeitungsmuster und Routinen obsolet werden lassen. Die Erfolgssicherung und damit die **Bestandserhaltung** (Differenzstabilisierung) wird wegen dieser Dynamik also zu einem **permanenten Problem**, es lässt sich nicht ein für alle Mal lösen. Management kann deshalb auch als fortlaufende Problemlösungsaktivität beschrieben werden.

Das Komplexitätsgefälle zwischen System und Umwelt und die daraus folgenden Konsequenzen werden im System als Unsicherheit erfahren und thematisiert. Einmal gefundene effektive Lösungsmuster laufen **jederzeit** Gefahr, eben weil sie sich auf Selektivität gründen, ihre Gültigkeit im Fortlauf wieder zu verlieren. Obsolet können sie aber auch deshalb werden, weil die Umwelt auf die Grenzziehung und die sie konstituierenden Lösungsmuster **reagiert**, etwa indem z. B. andere Systeme der Umwelt das Selektionsmuster in Form von Wettbewerbsstrategien, Best Practices usw. imitieren. Als Beispiel kann man hier auf den sog. Red Queen-Effekt verweisen, wo eine erfolgreiche Wettbewerbsstrategie Imitatoren auf den Plan ruft und damit die initiierende Einheit gezwungen wird, wiederum eine neue Wettbewerbsstrategie zu entwickeln, um den drohenden Gewinneinbußen zu entgehen, was wiederum neue Imitationen hervorruft usw. (Derfus et al. 2008). Das gewählte Selektionsmuster wird durch die Gegenreaktionen obsolet, dadurch werden immer wieder neue Muster (Geschäftsmodelle oder Wettbewerbsstrategien) gesucht. Denkbar ist aber auch, dass Systeme der Umwelt direkt durch Verbote oder Regulierung (Urheberrecht, Importzölle usw.) das gefundene Selektionsmuster zu unterminieren trachten. Darüber hinaus sind die Selektionen selbst Entscheidungen unter Ambiguität. Die Interpretation der Umweltereignisse ist immer mehrdeutig, konkurrierende Deutungen können nicht ausgeschlossen werden.

Zusammenfassend lässt sich sagen: Der Selektionszwang und die Interpretationsnotwendigkeit begründen ein unvermeidliches **Risiko**, nämlich das Risiko der Ausblendung und eines nicht tragfähigen Selektionsmusters. Für das System können sich daraus jederzeit unerwartete oder sogar bestandskritische Situationen ergeben. Die Erfolgssicherung und die Bestandserhaltung werden infolge davon zu einem Dauerproblem. Mit Bezug auf den Managementprozess machen bereits diese wenigen Überlegungen deutlich, dass der System/Umwelt-Bezug nicht allein durch **Planung** bewältigt werden kann. Aus der notwendigen Selektivität des Prozesses resultiert zumindest eine parallel laufende Aufgabe, nämlich das Risiko durch **kompensierende Maßnahmen** in Schach zu halten. Dies können sowohl Maßnahmen zur Überwachung wie auch zur Gegensteuerung sein (Luhmann 1973; Schreyögg und Steinmann 1987).

Damit sind die ersten zwei Eckpfeiler für eine Neufassung des Managementprozesses herausgearbeitet: **Selektion** und **(Risiko-)Kompensation.**

Der zuletzt genannte Gesichtspunkt der Risikokompensation verweist bereits nachdrücklich darauf, dass Art und Umfang des Komplexitätsgefälles keineswegs als Konstante, sondern als Parameter zu betrachten sind. Jede realistische Theorie der Unternehmensführung muss davon ausgehen, dass einmal gefundene Lösungen altern oder plötzlich obsolet werden. Dies ist zugleich ein Verweis auf die hohe Bedeutung des Prozessverlaufs und damit des Faktors „Zeit", der im klassischen Managementprozess ausgespart bleibt. Die hier vorgestellte systemtheoretische Konzeption integriert den Faktor Zeit über den Komplexitätsdruck und den daraus resultierenden **Selektionszwang** (Luhmann 1984, S. 70; Noss 1997, S. 170). Ferner macht sie Zeit über die grundsätzliche **Vorläufigkeit** der gewählten Selektionsmuster (sie können sich jederzeit als nicht mehr funktionstüchtig erweisen) zu einem zentralen Thema der Systemsteuerung, was in der Reversibilität der Grenzen seinen Ausdruck findet. Das System hat dadurch, dass die Grenzen selbstreferenziell konstituiert sind, immer die Möglichkeit, die Grenzen bzw. die problematisch gewordene System/Umwelt-Differenz zu modifizieren oder auch ganz neu zu bestimmen (wie z. B. im Falle von Unternehmen, die sich im Rahmen der Diversifikation ganz neue Geschäftsfelder erschließen). Die De-Konstruktion praktizierter Aktivitätsbündel und die Neu-Konstruktion von erfolgsträchtigen Grenzen ist damit eine wiederholbare und **steigerbare** Systemleistung (Tacke 1997: 5 ff.).

Anders ausgedrückt: Systeme sind **lernfähig**, sie können durch Erfahrung, Vergleich mit anderen Systemen, Analogien etc. ihr Problemlösungspotenzial steigern und ihre Position zur Umwelt verbessern. Allerdings müssen Organisationen nicht auf jede Veränderung in der Umwelt mit Grenzanpassung reagieren; sie können unter Umständen auch Veränderungen abpuffern (Lynn 2005) oder eben die Umwelt in ihrem Sinne zu beeinflussen suchen (etwa Greenwood und Suddaby 2006).

Die Veränderung und Neubestimmung der Grenzen, oder kurz die **Systementwicklung**, ist neben Selektion und Risiko-(Kompensation) der **dritte Eckpfeiler** eines systemtheoretisch geleiteten Konzepts des Management-Prozesses.

Der dargestellte Prozess der Differenzbildung zur Umwelt darf nicht dahingehend missverstanden werden, dass an seinem Ende ein nicht-komplexes System einer komplexen

Umwelt gegenüber stünde. Die Zusammenhänge sind verwickelter. Wie schon früh von der Kybernetik zu lernen (Ashby 1956, S. 207), setzt nach dem „law of requisite variety" jede Reduktion von Komplexität ein hinreichendes Maß an Differenziertheit bezüglich des Problemfassungsvermögens voraus; die Relationen der Umwelt müssen durch das System mit weniger Relationen vereinfachend, aber dennoch effektiv rekonstruierbar sein. So paradox es klingen mag, aber Komplexität ist nur durch Komplexität (wenn auch geringerer Ordnung) reduzierbar. Wird die Komplexität zu stark reduziert (z. B. lediglich durch Schaffung einer Handvoll genereller Regelungen), so besteht die Gefahr, dass das System nicht mehr adäquat mit der Umwelt in Interaktion treten kann und seine Grenzerhaltungsfähigkeit verliert. Ashby (1956) begreift deshalb Management als „variety engineering". Die grenzkonstituierende und identitätsstiftende Differenz ist also eine **Differenz von Komplexitäten**, nicht eine Differenz zwischen Komplexität und Eindeutigkeit.

Weil Handlungssysteme, um Komplexität reduzieren zu können, selbst komplex sein müssen, sind sie notwendigerweise auch **selbstselektiv**. Dies hat zur Folge, dass sich Systeme selbst nicht vollständig erfassen und verstehen können, d. h. in einem gewissen Sinne werden sie sich selbst zur Überraschung (vgl. Rosen 1977; Casti 1994). Das Planen wie auch das Organisieren haben typischerweise in der Selbstbeschreibung des eigenen Systems (z. B. in Form von Stärken- und Schwächenanalysen oder Fehleranalysen) ihren Anfang und ihr Ende. Auch hierzu sind hochselektive Vereinfachungen erforderlich, die innerhalb des Systems aber quasi Realitätscharakter erhalten; dies schon dadurch, dass auf sie reagiert wird (vgl. Berger und Luckmann 1966; Luhmann 1988, S. 33).

Es ist just dieser Sachverhalt der Eigenkomplexität von Handlungssystemen, der die schärfste Grenzziehung zum klassischen Managementprozess mit sich bringt, denn von dem Moment an, wo wir den komplexen Charakter des Handlungssystems Unternehmung erkennen, werden zugleich die Schranken der Steuerbarkeit offenkundig und begründet. Jeder Eingriff in ein komplexes System muss somit davon ausgehen, dass seine Folgen nicht voll beherrschbar sind („nicht-triviale Maschinen"). Trotzdem ist aber Steuerung möglich und notwendig.

Damit ist der **vierte Eckpfeiler** eines systemtheoretisch geleiteten Konzepts der Unternehmensführung, nämlich die Bewältigung der **Eigenkomplexität** von Handlungssystemen, bestimmt.

4.2.2 Die Eigenkomplexität des Systems

Bevor wir aus diesen vier Eckpfeilern den Rahmen für einen (neu formulierten) Managementprozess zusammensetzen, sei zuvor der zuletzt genannte Aspekt der Komplexität des Systems noch einmal genauer beleuchtet, weil gerade er in aller Schärfe deutlich macht, weshalb die immer noch vorherrschende Idee der plandeterminierten Unternehmensführung zu kurz greift. Um dies zu tun, wollen wir erneut das Kernthema der Erfolgssicherung, die Reduktion von Komplexität, aufgreifen und fragen, wie Systeme diese Leistung erbringen. Grundsätzlich haben Systeme verschiedene Möglichkeiten, dies zu bewerkstelligen. Die vorrangige, weil abstrakteste Strategie ist die Ausbildung von **Strukturen** oder Routinen (vgl. Nelson und Winter 1982).

Strukturen oder Routinen sind dem Grunde nach generalisierte Verhaltenserwartungen, die die Handlungen untereinander selektiv in Beziehung setzen, und zwar über die Zeit hinweg. Organisationen unterscheiden sich von beliebigen Handlungssystemen dadurch, dass sie unter den vielen möglichen bestimmte Verhaltenserwartungen ausprägen, stabilisieren und für verbindlich erklären. Es gibt keine Organisation ohne jegliche Struktur. Die Struktur wählt aus, sie legt in die unüberschaubare Vielfalt der Anschlussmöglichkeiten erwartbare Anschlüsse zwischen den einzelnen Handlungen fest, sie schränkt die zugelassenen Relationen ein (Luhmann 1984, S. 384). Ein Handlungssystem besteht aus Handlungselementen, die von dem System selbst im Zuge der Differenzbildung und -stabilisierung geschaffen wurden. Mit andern Worten, Organisationen wählen die Beschränkungen selbst, die im Fortlauf das organisatorische Handeln und Entscheiden prägen (Baecker 2003, S. 29). Es gilt der Satz: „Choosing constraints and constraining choice"(Hage 1977).

Ähnlich wie bei der Umweltthematik schon herausgestellt, bringt die Wahl von Einschränkungen zwangsläufig Unwägbarkeiten mit sich. So stoßen wir wieder auf das Paradox, dass sich Systeme bestimmte Sicherheiten schaffen („konstruieren") müssen, um handeln zu können, dass es aber gerade diese selektive Schaffung von (künstlichen) Sicherheiten ist, die ihrerseits Unsicherheit schafft.

Eine der zentralsten Strukturierungsformen ist die Bildung von speziell eingegrenzten Bereichen, d. h. von Subsystemen (Systemdifferenzierung). Die Bildung von **Subsystemen** (z. B. auf der Basis von betrieblichen Funktionen, Produkten oder Regionen) bedeutet für die Gesamtsystemsteuerung eine sehr starke Entlastung; sie kann die Subsysteme als bedingt eigenständige Leistungseinheiten betrachten, deren Funktionsabläufe sie nicht vollständig kennen und mitplanen muss (Lawrence und Lorsch 1967). Die Gesamtsteuerung kann sich je nach Aktualität und Problemlage, etwa im Zuge strategischer Planung, mal mit dem und mal mit dem anderen Subsystem intensiver beschäftigen, währenddessen die anderen Subsysteme als zuverlässige Leistungseinheiten „funktionieren", also keiner besonderen Aufmerksamkeit bedürfen (Luhmann 1973: 271). In den letzten Jahren tritt neben die hierarchiebetonte Subsystembildung immer häufiger das egalitäre **Netzwerk** als Alternative. Dieses bietet zwar Flexibilitätsvorteile, ist aber steuerungsmäßig schwerer beherrschbar (Provan et al. 2007; Sydow et al. 2015).

Vom Standpunkt des einzelnen Subsystems aus sind alle übrigen Elemente und Systeme des Supersystems wiederum Umwelt, wenn auch **„interne Umwelt"**. Die interne Umwelt unterscheidet sich von der externen Umwelt durch einen höheren Grad an Ordnung und durch ein geringeres Maß an Komplexität, sie ist ja schon vorbearbeitet und lässt sich daher auch von den Subsystemen leichter verarbeiten. Subsysteme weisen logischerweise ebenfalls ein geringeres Maß an Eigenkomplexität auf als das Supersystem, sie sind aber in sich selbst wieder komplex.

Subsysteme bilden (auf der Basis einer internen System/Umwelt-Differenz) eine eigene Identität aus, die sich von der des Gesamtsystems unterscheidet. Sie verdanken ja ihre Existenz einer partiell **eigenständigen Selektionsleistung**; allerdings einer Selektionsleistung, die auf das Gesamtsystem Bezug nimmt und von dem übergeordneten System nur dann toleriert wird, wenn sie das Subsystem befähigt, einen für das Gesamtsystem wertvollen Output zu produzieren. Dies bedeutet, dass jedes Subsystem verständlicherweise nur in einem bestimmten Maße eigene Zwecke und Orientierungen haben kann.

Das Supersystem kann mehr Komplexität verarbeiten, wenn es intern zwar verbundene, aber gegeneinander verschobene Zweck- und Selektionsperspektiven zulässt. Jedes Teilsystem übernimmt gewissermaßen einen Teil der Umweltkomplexität zur Bearbeitung, es spezialisiert sich auf die eigene Problemdefinition der Bestandsbewahrung. Je prägnanter die Differenzbildung zwischen den Subsystemen ausfällt (z. B. zwischen der Rechtsabteilung und dem Referat für Öffentlichkeitsarbeit oder zwischen der spanischen und der kanadischen Tochtergesellschaft), umso mehr Anstrengungen bedarf es allerdings dann, wieder Anschlüsse zwischen diesen herzustellen. Das heißt, die Ausdifferenzierung eines Systems erhöht zwar seine Komplexitätsverarbeitungsfähigkeit, erhöht aber auch die Binnenkomplexität des Gesamtsystems und erfordert spezielle Maßnahmen zur Reduktion der Binnenkomplexität (vgl. Lawrence und Lorsch 1967). Die Anschlussfähigkeit unter den Subsystemen bedeutet im Ergebnis wechselseitige Einschränkungen des Verhaltensrepertoires; diese Integrationsmaßnahmen können nicht selbst wieder starr geplant werden, sondern eher als flexible Mechanismen über die Zeit hinweg. Man spricht hier auch von „loser Kopplung" (Orton und Weick 1990). Integration heißt Veränderung resp. Anpassung und braucht Zeit; Integration muss deshalb offen bzw. variabel gehalten werden (Luhmann 2000, S. 100 f.).

Sind die Subsysteme modular eingerichtet und nur lose gekoppelt, so können sie flexibel rekombiniert werden zu einer Vielzahl unterschiedlicher Gesamtkonfigurationen. Man spricht dann auch von einer „modularen Organisation" (Schilling und Steensma 2001).

Der Verweis auf die Subsystembildung lässt die Idee der **Einheit der Leitung**, wie sie erstmals von Henri Fayol mit aller Schärfe formuliert und später zum ehernen Grundsatz der traditionellen Managementlehre wurde (vgl. oben Kap. 2), als illusorisch, ja sogar als tendenziell unproduktiv erscheinen. Die Subsystembildung findet ja in der spezialisierten und relativ selbständigen Problembearbeitung ihren Sinn. Die Gesamtsteuerung eines Systems – auch wenn sie als hierarchische Spitze des Handlungssystems eingerichtet ist – muss sich dem (unumgänglichen) Schema der Systemdifferenzierung beugen, sie ist sinnvoll nur im Sinne einer globalen Vorsteuerung vorstellbar.

Die partielle Verselbständigung der Subsysteme und deren nur grob vorgeregelte Koppelung führen mit einer gewissen Wahrscheinlichkeit zu **Konflikten** und **Inkompatibilitäten**. Solange man Organisationen als wohlgeordnete Handlungseinheiten begreift, die von einem zentralen Willenszentrum aus umfassend gesteuert werden kann („alles wie aus einem Guss"), müssen widerspruchsvolle Orientierungen als gravierende Störungen erscheinen, die es alsbald auszumerzen gilt. Aus systemtheoretischer Sicht sind widerspruchsvolle Orientierungen in einem System notwendige Folge der internen Differenzierung und bis zu einem gewissen Grad durchaus funktional. Die entstehenden Konflikte und deren Abarbeitung sind auch als Teilprozess der Reduktion von Umweltkomplexität zu sehen. Einem Auswuchern der Konflikte ist freilich vorzubeugen. Ihm sind zu einem wesentlichen Teil durch die gegenseitige Kontrolle der Subsysteme klare Grenzen gesetzt. Zum anderen Teil ist es Aufgabe der Führung, eine sinnvolle Konfliktaustragung zu ermöglichen.

Wirtschaftliche Handlungssysteme, insbesondere Unternehmungen, sind Systeme, die für die Absorption der Umweltkomplexität in starkem Maße den Mechanismus der **Zielsetzung** verwenden. Die Bestimmung von Zielen ermöglicht eine Fokussierung der Handlungsthemen, das amorphe Bestandsproblem wird durch Definition erstrebenswerter Wirkungen in eine überschaubare Fassung transformiert, die zum Gegenstand konkreter Pläne und systeminterner Verständigungsprozesse gemacht werden kann (Luhmann 1973). Die Setzung von Zielen und ihre Umsetzung in Pläne – und das ist aus systemtheoretischer Sicht entscheidend – reicht aber nicht aus, den Systemerfolg zu sichern. Mit anderen Worten: Unternehmen müssen deutlich mehr Probleme lösen als in den Zielkatalogen und -hierarchien zum Ausdruck kommt und auch grundsätzlich in Zielen zum Ausdruck gebracht werden kann. Schon allein die Ungewissheit darüber, ob ein tragfähiges Ziel (z. B. 10 % Erlössteigerung oder 15 % Eigenkapitalrentabilität) gewählt wurde, erfordert flankierende Maßnahmen, die nicht selbst wieder in Zielen ihren Ausdruck finden können, sondern das Zielsystem transzendieren. Schon Chester I. Barnard hat gezeigt, wie in Kap. 2 dargelegt, dass die Bestandsthematik keineswegs erschöpfend mit einer Zielfunktion beschrieben werden kann, sondern dass ein System zahlreiche Referenzpunkte hat, die es in Balance bringen muss.

Der **Erfolg eines Systems** kann deshalb nicht, wie in der traditionellen Managementlehre üblich, einfach als Zielerreichung verstanden werden, sondern stellt sich viel weiter, nämlich als ein **Komplex von Problemen** dar, die gelöst werden müssen. In diesem Sinn werden häufig zwei generelle Grundfunktionen von Systemen, die Lokomotionsfunktion (= Zweckerfüllung) und die Kohäsionsfunktion (= Systempflege) unterschieden. Dies sind zwei Funktionen, die sich nicht aufeinander zurückführen und deshalb auch nicht in einem einzigen Ziel oder einer schlüssigen Zweck-Mittel-Kette ausdrücken lassen. Talcott Parsons (1973, S. 231 ff.) formulierte diese zwei Funktionen zusammen mit dem Konzept der System/Umwelt-Differenz zu dem berühmten 4-Funktions-Schema (AGIL) aus: Anpassung (**a**daptation), Zweckerfüllung (**g**oal attainment), Integration (**i**ntegration), und Erhaltung der Basisorientierungsmuster (**l**atent pattern maintenance).

Diese vier Funktionserfordernisse stehen in einem **widerspruchsvollen** Verhältnis zueinander; es muss dem System jedoch trotzdem gelingen, alle in einem hinreichenden Maße gleichzeitig zu erfüllen. In der jüngeren Literatur werden diese unlösbaren Widersprüche im organisatorischen Alltag (etwa zwischen Effizienz und Flexibilität oder zwischen Kooperation und Konkurrenz) zum Teil auch unter dem Stichwort des **Paradoxes** diskutiert und verschiedene Vorgehensweisen aufgezeigt, wie man diese Paradoxien handhaben kann (Smith und Lewis 2011; Putnam et al. 2016).

Nach all dem Gesagten stellt sich die Frage nach der (erfolgsorientierten) **Rationalität**. Auch sie muss eine neue dem Systemdenken angepasste Bestimmung erfahren. Sie kann nicht mehr wie in der traditionellen Managementlehre nur die Einzelhandlung bzw. -entscheidung zum Bezugspunkt nehmen; es kann ja durchaus sein, dass eine rational geplante Einzelhandlung für das System Unternehmung eine gänzlich irrationale Wirkung entfaltet. Das **System**, also die Oganisation, muss deshalb zur vorgeordneten **Bezugsebene** eines rationalen Steuerungskonzepts werden. Ein System ist demzufolge in dem Maße rational gesteuert, wie es gelingt, die Systemleistungen zu erbringen – abstrakter: externe Komplexität zu absorbieren und die damit einhergehenden internen Probleme mit Erfolg zu lösen. Der Einzelbeitrag, die Einzelentscheidungen können in einer Systemsteuerungstheorie für sich allein keine Rationalität beanspruchen – jedenfalls solange nicht, wie sie nicht auch rational in Bezug auf und nach Maßgabe von Systemreferenzen sind. Die (kollektive) Systemrationalität (Unternehmenserfolg) lässt sich nicht auf die individuelle Rationalität zurückführen, gleichwohl entsteht sie aus individuellen Handlungen (Luhmann 1973).

4.2.3 Offene Fragen

Die Systemtheorie bietet – wie vorstehende Darlegungen belegen sollten – einen sehr viel adäquateren Rahmen für die Fassung des Managementprozesses als die Theorie der rationalen Wahlhandlung, wie sie dem plandeterminierten Steuerungsmodell zugrunde liegt. So sehr dieser Fortschritt hervorzuheben ist, so wenig darf dabei übersehen werden, dass die Systemtheorie insgesamt einige Perspektivverengungen mit sich bringt, die für eine Managementlehre problematisch sind. Die zentralsten sollen abschließend kurz skizziert werden.

Die Systemtheorie (in der hier vorgestellten Ausprägung) lässt jedwede Reflexion und Kritik in der Funktionsperspektive aufgehen, d. h., alles Handeln wird beurteilt nur im Hinblick auf seinen Beitrag zur Komplexitätsbewältigung. Kritik und Erkenntnisfortschritt interessieren nur in ihren Effekten für die aufrechtzuerhaltende System/Umwelt-Differenz.

Es fehlt in diesem Ansatz jeder Impuls, ja jede Möglichkeit, distanziert aus den Funktionszusammenhängen herauszutreten; das System, bzw. die grenzerhaltende Komplexitätsreduktion, wird als **unhintergehbar** angesetzt. Eine (transsubjektive) Verständigung, wie in Kap. 3 als Handlungstyp diskutiert wird, wäre damit von vornherein funktional relativiert, also nur im Hinblick auf ihren Funktionsbeitrag zu diskutieren.

Die **Hauptbruchstelle** der Systemtheorie, die dann auch einen Verknüpfungspfad für die beiden Paradigmen weist, ist, dass sie, wie jede andere Theorie, einen Zugang zu ihrem Gegenstand nur über **Sprache** finden kann. Sie kann die in ihrem Gegenstandsbereich, also Handlungssystemen, vorgefundenen Akteure nur verstehen und beschreiben, wenn sie an ein vorgefundenes Verständigungssystem anschließt: die Sprache. Auch die Kommunikation über die Richtigkeit und Zweckmäßigkeit der Systemperspektive kann nur vollzogen werden, wenn auf ein schon bestehendes Verständigungssystem (intersubjektiv geteilte Lebenswelt) angeschlossen werden kann (Habermas 1981). Die Systemtheorie kann nach Voraussetzung dieses Grundlagenproblem nicht reflektieren, sie muss sich auf die Existenz von Verständigungsprozessen verlassen.

Diese **unausgesprochene Voraussetzung** ist nur von einer die Systemprozesse transzendierenden Ebene her begreifbar, die in einer verständigungsorientierten Kommunikationstheorie ihren Ursprung hat. Dies verweist uns auf den **methodischen Primat** der verständigungsorientierten Ebene im Sinne einer prinzipiellen Vorordnung. Erst wenn Letzteres gedacht ist, kann Ersteres sinnvoll werden. Diese methodische Vorordnung sichert uns einen Zugang zur Systemkritik und normativen Bewertung von Systemzuständen und -handlungen, wie es z. B. die Unternehmensethik zu ihrem Gegenstand gemacht hat. Die Managementlehre tut also gut daran, die Verwendung der Systemtheorie im Sinne der verständigungsorientierten Basis zu relativieren und von dort aus gewissermaßen die Entscheidung zu treffen, welche Prozesse „systemisch" und welche Prozesse verständigungsorientiert anzulegen sind.

4.3 Der adaptive Managementprozess

Auf der Basis dieser grob skizzierten Überlegungen kann nun der Rahmen für einen neu definierten, an dem systemtheoretischen Denken orientierten Managementprozess aufgespannt werden. Wir hatten **vier thematische Schwerpunkte** herausgearbeitet: (1) Selektion; (2) Kontingenz bzw. Risikokompensation; (3) Entwicklung (Suche nach neuen Grenzbestimmungen); (4) Eigenkomplexität des Handlungssystems. Diese vier Themen sind nur vor dem Hintergrund der Basisrelation von **System und Umwelt** begreiflich; sie muss deshalb auch die Basisfigur eines systemtheoretisch geleiteten Konzepts des Managementprozesses sein.

Im Unterschied zum plandeterminierten Steuerungsmodell, das bei gegebenen Zielen seinen Fixpunkt findet, studiert die systemtheoretische Perspektive die Systemsteuerung unter dem Thema der Erfolgssicherung bei komplexer und wechselhafter, nur teilweise kontrollierter Umwelt. Die Erfolgssicherung wird sehr abstrakt als Aufrechterhaltung einer vom System selbst bestimmbaren und variierbaren (Komplexitäts-) Differenz von System und Umwelt thematisiert und kann dann in spezifischen Zielen wie etwa Profitabilität weiterbearbeitet werden.

Die System- und Subsystembildung ist dementsprechend als kollektive Selektionsleistung zu verstehen, die es erlaubt, trotz der unüberschaubaren Komplexität erfolgreich zu handeln. Die Reduktion der Umweltkomplexität ermöglicht zwar ein besser überschaubares Handlungsfeld, schafft aber den Tatbestand der Komplexität nicht aus der Welt. Der Selektionsprozess bleibt damit immer hypothetisch, d. h., er ist niemals gesichert. Das System muss jederzeit damit rechnen, dass sich die Selektionsleistung als Misserfolg erweist und je nach Reichweite und Wirkung den Bestand gefährdet. Die Aufrechterhaltung und Neubestimmung der Differenz wird dadurch zu einem **permanenten** Problem.

Der **Steuerungsprozess** wird definiert durch die Abfolge der drei abstrakten Systemprozesse: Selektion, Kompensation und Entwicklung. Die Managementfunktionen tragen diese Prozesse, wenn auch in unterschiedlicher Weise. Zur formalen Bestimmung der Aufgabenklassen und der Problemlösungsansätze können die klassischen Managementfunktionen weiter Verwendung finden, jedoch mit geänderter Bedeutung und Ordnung. Der **Zusammenhang** der Managementfunktionen und ihre Steuerungslogik werden im Wesentlichen bestimmt durch den genannten vierten Eckpfeiler, der Eigenkomplexität des Handlungssystems Unternehmung.

Die Orientierung am Komplexitätsproblem macht eine **lineare** Abfolge der Managementfunktionen unter dem Planungsprimat zu einem fehlleitenden Orientierungsmuster. Stattdessen ist davon auszugehen, dass für die Systemsteuerung grundsätzlich **verschiedene** alternative Möglichkeiten offenstehen. Dies bedeutet in der Konsequenz, dass die Managementfunktionen als Steuerungspotenziale mit eigener Logik, d. h. mit eigenen Stärken und Schwächen, **nebeneinander** treten. Ihr Einsatz und ihr Verhältnis zueinander sind flexibel und lassen sich variieren nach Maßgabe der aktuellen Problemlagen. Der Einsatz von Führung konkurriert jetzt etwa mit dem Einsatz von Organisation, d. h. in bestimmten Situationen mag es angezeigt sein, an die Stelle einer breiten Verwendung formaler Strukturen die personale Führung zu setzen. Oder der breite Einsatz von Planung ist abzuwägen gegenüber der Einrichtung flexibler Organisationsstrukturen; letzteren wird vor allem dort der Vorrang gelten, wo die Planung infolge der Kontingenzerfahrungen (Unsicherheit) einer fortwährenden Revisionsnotwendigkeit gegenübersteht.

Die Managementfunktionen Organisation, Personaleinsatz, Führung und Kontrolle treten aus dieser Perspektive somit aus ihrer bloßen Plandurchsetzungsfunktion heraus und stehen **neben** der Planung als prinzipiell **eigenständige**, getrennt einsetzbare **Steuerungspotenziale** zur Verfügung. Sie werden – wenn man so will – vom „Sklaven" zum Konkurrenten. Es sei aber betont, um Missverständnisse zu vermeiden, dass dieses neue Prinzip keineswegs **Anschlüsse** der Funktionen untereinander ausschließt. Im Gegenteil, die Anschlussmöglichkeiten unter den Funktionen sind jetzt unbegrenzt und in immer wieder neuer Variante vorstellbar. Im Ergebnis bedeutet dies, dass Funktionsabfolgen nach Art und Umfang dem jeweils aktuellen Steuerungsproblem entsprechend variiert werden können. Der damit bezeichnete adaptive Managementprozess sei nachfolgend noch etwas näher erläutert:

Beginnen wir der Tradition entsprechend mit der **Planung**, die auch im modernen Managementprozess eine wichtige **Ordnungsaufgabe** erfüllen kann. Die Planung basiert auf dem Funktionsprinzip, die Voraussetzungen für zukünftiges Handeln im Vorhinein festzulegen. Sie leistet dies – abstrakt gesprochen – im Wesentlichen auf dem Wege der **Selektion**. Sie formt sich eine Sichtweise der Umwelt und ihrer Bewegungskräfte heraus, auf die hin gehandelt werden kann. Sie wählt sich auf der Grundlage von Relevanzvermutungen über zukünftige Entwicklungen und interne Wirkungszusammenhänge ein zweckbestimmtes Handlungsprogramm und macht dadurch (eindeutiges) Handeln trotz der Vieldeutigkeit zukünftiger Umweltentwicklungen möglich.

Planung verwendet in erster Linie den Mechanismus der **Zielsetzung**, d. h., man versucht das amorphe Problem der Erfolgssicherung in klar definierte erstrebenswerte Wirkungsvorstellungen zu transformieren. Dabei – und das ist hier entscheidend – muss allerdings klar erkannt werden, dass die Probleme, die ein Unternehmen zu lösen hat, niemals vollständig in einer Zielfunktion zum Ausdruck gebracht werden können. Wie bereits dargelegt, müssen Systeme latent **widersprüchlichen Funktionsanforderungen** genügen und im Steuerungsprozess deshalb genügend Spielraum für die Entfaltung widersprüchlicher Leistungspotenziale lassen. Ein in sich konsistentes Zielsystem, wie von dem plandeterminierten Modell als Steuerungsidee verfolgt, modelliert die Funktionsbedingungen einer Unternehmung sehr einfach und damit möglicherweise fehlleitend. Das populär gewordene Konzept der Balanced Scorecard mit seinen 4-dimensionalen „Zielkarten" kann in diesem Sinne als Korrektur des Konsistenzgebots klassischer Zielführungssysteme verstanden werden (vgl. Kaplan und Norton 1997).

An die Stelle der Idee der widerspruchsfreien **Ordnung** tritt im modernen Managementprozess die Möglichkeit, die **Konsistenz** von **Plänen** und **Zielen** nach Maßgabe der aktuellen Systemsteuerungsprobleme zu variieren (vgl. auch Hauschildt und Salomo 2016).

Planung muss in einem systembezogenen Steuerungskonzept grundsätzlich als eine „zweifelhafte" Vorsteuerung gedacht werden, weil ihre strenge Selektionsleistung sich im Grunde jederzeit als revisionsbedürftig erweisen kann. Die Pläne – so sie denn tatsächlich das Handeln anleiten – brauchen also kritische Begleitung, die das Selektionsrisiko zu begrenzen trachtet. Diese Risikobegrenzung kann in erster Linie als Aufgabe der **Kontrolle** verstanden werden, die im Steuerungsprozess demzufolge eine **Kompensationsfunktion** zu erfüllen hätte (Schreyögg und Steinmann 1987).

Um die Kompensationsaufgabe bewältigbar zu machen, muss das System darüber hinaus **„Umsteuerungspotenziale"** (Puffer, Slack-Ressourcen, zweckindifferente Instrumente usw.) bereithalten, die es erlauben, bei signalisierter Revisionsnotwendigkeit auch tatsächlich eine Kursänderung vornehmen zu können. Ein solches Flexibilitätspotenzial kann nur im Ausnahmefall wiederum durch (hochselektive) Eventual-Pläne bereitgehalten werden (Kontingenzpläne) und wird deshalb für gewöhnlich in der Ausformung anderer Managementfunktionen anzulegen sein. **Wachsamkeit, Agilität, Eigeninitiative**, als hier vorrangig gefragte Handlungsweisen, sind – neben den technischen Voraussetzungen – letztlich nur durch andere Managementfunktionen, nämlich durch Motivation und Personaleinsatz, aufzubauen.

Der Primat der Planung ist also in doppelter Weise zu relativieren; es ist nicht nur zu entscheiden, ob und gegebenenfalls was überhaupt geplant werden soll, sondern dort, wo Pläne erstellt werden, ist dies als eine **beobachtungsbedürftige Systemaktivität** zu verstehen.

Eine solche Idee von Planung ist nur vorstellbar, wenn die Planung als **Teil des Systems** gedacht ist. Identifizierte man das System mit dem Plan, wie dies in der plandeterminierten Unternehmensführung geschieht, wäre ja gar kein Raum, die Planung als beobachtungsbedürftige Systemaktivität zu denken: Es ist ja jede Handlung idealiter durch den Plan bestimmt!

Jede Planung muss sich nicht nur ein Bild von der Umwelt machen, auf das hin gehandelt werden soll, sondern auch ein Modell vom System Unternehmung selbst entwerfen, auf das hin das Handlungsprogramm entwickelt werden soll. Nachdem die Unternehmung nach obigen Darlegungen sinnvoll nur als komplexes System gedacht werden kann, muss die Planung auch davon ein vereinfachtes, selektives Konzept in den Planungsprozess einbringen, da ein komplexes System – wie ebenfalls oben ausführlich dargelegt – nach Voraussetzung keine **vollständige Selbstbeschreibung** (etwa im Sinne einer Ressourcenanalyse) anfertigen kann. Daraus wird deutlich, dass auch jede **Planrealisierung** (Organisation, Führung, Personaleinsatz) unter dem Vorzeichen der **Selektivität** steht, und zwar in doppelter Hinsicht, im Hinblick auf die Umwelt und im Hinblick auf das System selbst. Die Planrealisierung darf deshalb nicht zu eng von dem Plan vorgedacht werden, es muss genug Raum bleiben für die Distanznahme, die Umsteuerung und die eigengesteuerte Reaktion der Subsysteme auf allfällige von der Planung nicht antizipierte oder gar nicht verstandene Probleme. Planerische **Totallösungen**, wie sie z. B. im Rahmen von Totalen Vernetzungs- oder ERP-Enterprise Resource Planning-Modellen (vgl. Kasten 4.2) postuliert werden, erweisen sich damit als stark relativierungsbedürftig. Es handelt sich nämlich im Lichte obiger Ausführungen um hochselektive Lösungen.

Kasten 4.2

Was heißt ERP – Enterprise Resource Planning?

„Enterprise Resource Planning (ERP) umspannt alle Kernprozesse, die zur Führung eines Unternehmens notwendig sind: Finanzen, Personalwesen, Fertigung, Logistik, Services, Beschaffung und andere. Bereits einfaches, herkömmliches ERP integriert all diese Prozesse zu einem einzigen System.

Darüber gehen neue ERP-Systeme allerdings weit hinaus. Sie schaffen mithilfe der neuesten Technologien, wie maschinellem Lernen und künstlicher Intelligenz, zusätzlich Transparenz, Effizienz und Intelligenz in allen Unternehmensbereichen."

Quelle: SAP website: www.sap.com/germany/products/what-is-erp.html, Zugriff am 01.05.2019

Insgesamt gilt, je dynamischer die Umwelt, umso höher ist der Kompensationsaufwand. Wie lange letzterer lohnt, muss im Einzelfall geprüft werden.

Darüber hinaus muss Planung mit dem Problem fertig werden, dass sie selbst als Planung im System **Effekte** erzeugt. Der Planungsprozess findet **im** System statt und ist auf das System gerichtet, er kann von den beteiligten und nicht-beteiligten Subsystemen beobachtet werden und setzt damit eigendynamische Prozesse in Gang. Man denke nur etwa an die allseits bekannten und vielfach dokumentierten taktischen Winkelzüge um die Budgetplanung (Hofstede 1970; Goebel und Weißenberger 2016). Es ist deshalb notwendig, Planung nicht isoliert, sondern immer kontextgebunden zu denken.

Heute wird in der Mehrzahl der Fälle die Unternehmensplanung aufgespalten in eine **strategische** und in eine **operative** Planung (siehe Kap. 5 und 6). Die strategische Planung legt das Handlungsprogramm einer Unternehmung in den Grundzügen fest. Sie hat also

4.3 Der adaptive Managementprozess

als erste und wichtigste Funktion den Aufbau einer **Differenz** von System und Umwelt durch Strategiebildung. Sie schneidet aus der Umwelt ein bearbeitbares Handlungsfeld (Geschäftsmodell) heraus.

Die Ergebnisse der strategischen Entscheidungen werden zum Input für die **operative Ebene** und deren Entscheidungen. Die operative Ebene hat zwei grundlegende Aufgaben, sie hat einerseits einen effizienten Vollzug der Strategie sicherzustellen, und sie hat andererseits die vielfältigen Einzelprobleme abzuarbeiten, die im strategischen Plan gar nicht alle erfassbar sind oder nicht erfasst wurden.

Ähnlich wie die Planung ist auch die **Organisation** als hoch selektives Steuerungsinstrument anzusehen. Organisatorische Regelungen sind generalisierte Erwartungen, die das Handlungsfeld ordnen sollen, d. h., sie wählen vorlaufend aus der unübersehbaren Fülle von Handlungs- und Anschlussmöglichkeiten die gewünschten aus. Die generelle Regel oder die Routine nimmt die allfällige Koordinationsentscheidung vorweg. Sie nimmt sie aber standardisiert vorweg. Übrig bleiben alle die Fälle, die nicht antizipiert wurden und folglich vom Standardschema ignoriert oder konterkariert werden. Die organisatorische Regel bedarf daher ebenso wie die Planung der risikobegrenzenden **Kompensation**, die in diesem Falle häufig von der Funktion **Führung** erbracht wird. In den unvorhergesehenen oder unvorhersehbaren Situationen kann die Führung als freiere Steuerungsfunktion ad-hoc (gegen-)steuern (Türk 1981, S. 64). Führung kann damit die Flexibilitätsprobleme formaler Organisation kompensieren. Darüber hinaus kann sie der Anonymität generell geregelter Arbeitsabläufe entgegenwirken. Führung ist aber immer eine hierarchische Lösung. Kompensation durch Flexibilität kann aber auch durch Kompetenz erfolgen, d. h. durch die personale Lösung (vgl. Klein et al. 2006). Insofern kann auch in der Personalfunktion, in der Personalauswahl und der Personalentwicklung, eine mögliche Kompensationsfunktion zur selektiven Organisationsfunktion gesehen werden. Die aktuelle Debatte zum Hierarchieabbau und zur Agilität wirft ein Schlaglicht auf den hier gemeinten Zusammenhang; die Steuerungsfunktion Organisation soll in den Worten unseres Steuerungskonzepts durch die Steuerungsfunktion Personaleinsatz/-entwicklung breitflächig substituiert werden (vgl. Schreyögg und Noss 1994).

Die Ausgestaltung der organisatorischen Regelungen kann somit nicht mehr länger als bloße („problemlose") Planumsetzung konzipiert werden. Wie bei allen anderen Steuerungsinstrumenten ist auch der Einsatz der Organisation nach Maßgabe der Systemerfordernisse und in Abwägung anderer Steuerungsalternativen zu variieren. Für die Gestaltung ist die oben erörterte Dynamik der Systemdifferenzierung zu bedenken, d. h., komplexe Systeme müssen ihren Teilsystemen relativ hohe Freiräume einrichten, um in erforderlichem Maße Umweltkomplexität absorbieren zu können. Das mit dieser Dezentralisierung einhergehende strukturelle Risiko ist wiederum in erster Linie über **kompensierende** Maßnahmen, etwa im Rahmen der Funktionen Führung und Personaleinsatz, handhabbar zu machen.

Nachdem die Organisation in dem reformulierten Managementprozess aus der reinen Planumsetzungsaufgabe heraustritt und weiterreichende, ja unter Umständen die Planung substituierende Aufgaben übernimmt, erhält auch die **Beziehung von Organisation und**

Planung einen ganz neuen Akzent. Die Organisation tritt nun als logische Konsequenz auch vor die Planung, und zwar in dem Sinne, dass die Organisation systematisch Einfluss auf die Planung gewinnt, indem sie die Informationsströme (vor-)steuert, die Ausblendungen mitbestimmt, Wahrnehmungsschwellen einbaut, den Bereich zulässiger Lösungen mit absteckt usw. Die These „Strategie folgt Struktur" findet hier ihre systematische Verankerung (Hall und Saias 1980). Wie viele Studien zeigen, sind die Organisationsstruktur und die mit ihr verbundenen Verhaltensweisen von herausragender Bedeutung dafür, welche Pläne formuliert werden und Unterstützung erhalten usw. (Whittington 2016). Es widerspräche jedoch jedem Denken in Funktionsbezügen, wollte man diese umgekehrte Prozessfolge als einzig möglichen Anschluss von Planung an Organisation denken. Die Zahl und Art der Anschlussmöglichkeiten zwischen den Elementen des Managementprozesses sind ja eben prinzipiell vielfältig.

Von gleicher Bedeutung für den Planungsprozess sind in diesem Sinne Lösungen der Managementfunktion **Führung** (Motivation, Gruppenverhalten) sowie Lösungen von Problemen des **Personaleinsatzes** wie Personalauswahl, Beurteilung usw. Erst wenn die Managementfunktionen als grundsätzlich gleichgestellte Teile eines Steuerungsprozesses gedacht werden, kann dieser Einfluss auf die Willensbildung systematisch zum Thema gemacht und als optimierbare Steuerungsaufgabe formuliert werden.

Die Bedeutung der Managementfunktion **Personaleinsatz** für den Steuerungsprozess variiert nicht nur mit dem Einsatz und der Ausgestaltung der anderen Managementfunktionen. Es ist wichtig zu sehen, dass diese Funktion potenziell auch eigenständige Anpassungs- und Initiativaufgaben (mit-) zu gestalten hat. Grundsätzlich kann die Personaleinsatzfunktion als originäre Quelle des Wandels fungieren, eben als eigensinniges Potenzial der Komplexitätsverarbeitung bzw. als Instrument einer neuen Differenzbestimmung von Umwelt und System. In dem Sinne muss die Personaleinsatzfunktion nicht nur für ordentliche Aufgabenerfüllung Sorge tragen, sondern gegebenenfalls auch „Unordnung" in eine Organisation hineintragen, indem sie neue Orientierungen, Kritikpotenziale (in Form von „Widerspruchsgeistern" oder „Querdenkern") u. Ä. einnistet und dadurch die **Systemöffnung** und organisationales Lernen befördert.

Die zuletzt angesprochene Systementwicklungsaufgabe des Personaleinsatzes steht einer anderen typischen Aufgabe dieser Managementfunktion, eben der des effizienten Planvollzugs, entgegen; während Letztere auf Ordnung, also Schließung, drängt, zielt Erstere eher auf „Unordnung", also Öffnung. Wie schon mehrfach erwähnt, sind Widersprüche dieser Art im Rahmen der Systemsteuerung unvermeidbar und nur begrenzt lösbar (vgl. March 1991). Es ist eine wichtige Aufgabe im Steuerungsprozess, solche Widersprüche zu erkennen und mit ihnen umzugehen, d. h. Handhabungsmuster zu entwickeln. Man kann einmal diesen und einmal jenen Aspekt stärker betonen, man kann versuchen, den Konflikt durch Spezialisierung zu entschärfen – wie auch immer, er wird als fortwährendes Problem bestehen bleiben.

Die hier vorgestellte adaptive Konzeption des Managementprozesses hat im Vergleich zum traditionellen Managementprozess eine größere Fassungskraft für die vielfältigen Probleme und Referenzpunkte der Führungspraxis. Sie macht die Beziehung zwischen

4.3 Der adaptive Managementprozess

Unternehmung (System) und Umwelt zum theoretischen Ausgangspunkt und interpretiert von dort her Planung als Selektionsprozess, der einerseits durch Vereindeutigung von Komplexität und Unsicherheit Handeln ermöglicht, andererseits aber aufgrund des Selektionsbias eine kompensierende Systemüberwachung erforderlich macht. Dieser Rahmen schafft Platz für alle die Probleme, die in der Managementliteratur im Spannungsfeld von Flexibilität, Innovation, Effizienz und Routine bezüglich der Managementfunktionen diskutiert werden. Die Managementfunktionen bleiben zwar dem Namen nach dieselben wie im klassischen Managementprozess, sie erfahren jedoch eine grundlegende Neubestimmung ihrer Systematik und Beziehung zueinander. Die Funktionen sind jetzt modular bestimmt, sie folgen nicht mehr einem starren Ablauf, sondern werden ja nach Problemlage eingesetzt und miteinander verknüpft. In diesem Sinne sind auch die nachfolgenden Kapitel verfasst. Sie sind nach den Managementfunktionen gegliedert, und zwar in nachstehender Reihenfolge:

Die Ausführungen beginnen mit **Planung und Kontrolle** (Teil 3). Am Anfang steht die strategische Planung und korrespondierend dazu die strategische Kontrolle. Im Anschluss daran wird die operative Planung dargestellt, sowohl im Hinblick auf die verfügbaren Methoden als auch auf die verschiedenen Einsatzgebiete. Als Bindeglied von Planung und Kontrolle stehen die Ausführungen zur Budgetierung. Den Abschluss bildet die operative Kontrolle.

Der danach folgende Teil 4 ist den Managementfunktionen **Organisation und Führung** gewidmet. Sie werden aus dem Blickwinkel der verschiedenen Systemfunktionen behandelt. Den Auftakt macht in Kap. 7 die Erörterung der bedeutsamsten Organisationsaufgaben und -probleme. Das anschließende Kap. 8 behandelt die Probleme des organisatorischen Wandels und leitet über zu den direkteren Managementaufgaben der Führung. Kap. 9 beginnt die Führungsdiskussion mit dem zentralen Thema der Motivation und der Frage nach dem Verhältnis von Individuum und Organisation. Kap. 10 behandelt die Stellung und Bedeutung von Kleingruppen/Teams in Organisationen und diskutiert die Implikationen für die Systemsteuerung. Kap. 11 geht speziell auf den Führungsprozess ein, auf seine Stellung in der Organisation und seine Wirkungen. Den Abschluss von Teil 4 bildet ein Kapitel über die Unternehmenskultur und die für sie charakteristischen normgeleiteten Steuerungsprozesse. Mit der Unternehmenskultur wird zugleich der Bogen wieder geschlagen zum Eingangskapitel (Teil 4): Organisation. Beide behandeln die Steuerungsprobleme aus der Perspektive des Gesamtsystems und blenden den Mikrokosmos der einzelnen Führungsdyaden aus.

Die Kapitel im letzten Teil des Buchs (Teil 5) gruppieren sich um die Managementfunktion **Personaleinsatz**. Nach einer allgemeinen Einführung zur Bedeutung und Entwicklungsgeschichte der Managementfunktion „Personaleinsatz", behandelt Kap. 13 Methoden und Probleme der Personalauswahl, Kap. 14 die Personalbeurteilung und Kap. 15 schließlich die Grundfragen der Entlohnung. Die Perspektive ist jeweils die gleiche; es interessieren nicht generell Fragen des Human Ressourcen Managements (Personalwesens), sondern die Aufgaben, die für jede Führungskraft anfallen, eben die Managementfunktion.

Diskussionsfragen

1. Was bezeichnen Managementfunktionen?
2. Welche Voraussetzungen liegen dem Konzept der plandeterminierten Unternehmensführung zugrunde?
3. Welche zentrale Folgerung für den klassischen Managementprozess muss man aus der Tatsache der Eigenkomplexität von Handlungssystemen ziehen?
4. Welche Rolle spielt in der neueren Systemtheorie die Grenzziehung zwischen System und Umwelt?
5. Wodurch entsteht das Selektionsrisiko?
6. Welche Folgen hat die Eigenkomplexität des Systems Unternehmung für seine Steuerung?
7. Warum kann man die Erfolgsbedingungen einer Unternehmung nicht mit einem einzigen Zweck und daraus abzuleitenden Plänen ausdrücken?
8. Inwiefern ist die Planung ein Selektionsprozess?
9. Inwiefern kann die Managementfunktion „Führung" die aus dem Einsatz der Managementfunktion „Organisation" resultierenden Probleme kompensieren?
10. Warum kann sich ein Unternehmen nicht vollständig selbst beschreiben?

Fallstudie: Von Grenzen und Zäunen*

Vor langer Zeit lebte ein Stamm. Die Angehörigen dieses Stamms jagten Wild, tranken vom Wildbach und schliefen des Nachts in Zelten. Nach einer herrlichen Nacht in einer angenehmen Gegend brachen einige Stammesmitglieder auf, um Wild zu jagen. Sie brachten Wildbret mit, das für einige Tage vorhielt. ‚Lasst uns hier bleiben', schlugen sie vor; ‚Hier ist gut Sein'. So blieb der Stamm für einen Tag und dann noch für einen ... Bald lernten die Jäger, Tiere zu zähmen und zu züchten, das Land zu bestellen und das Wasser einzudämmen. Als sie reicher wurden und sich stärker fühlten, machten sie große Pläne. Sie bauten sich Häuser und später große Villen. Und sie bauten Zäune gegen ihre Feinde. Dies schienen ihnen schlimme Feinde zu sein. Aber die Zäune waren gut, und nach jeder Attacke machten sie die Zäune noch stabiler.

Pilger zogen vorbei und erzählten Geschichten von besseren Lagern und von anderem Wild, aber der Stamm hörte nicht auf sie. Der letzte Jäger war schon gestorben, als während eines heißen Sommers der Wildbach weniger Wasser trug als sonst. Zuerst merkte das niemand, aber als der Wildbach weiter austrocknete, informierte der Wasser-Manager den Stammesrat. Der Stammesrat enthob den Wasser-Manager seines Amts und beschloss, dass genug Wasser im Wildbach sei. Das Abstimmungsergebnis war 8:1.

Der Stamm arbeitete weiter an seinem Zaun, der zwischenzeitlich schon so dick geworden war, dass niemand mehr die Umgebung jenseits des Zauns sehen konnte. Einige Tage später waren die Tiere tot. Sie waren in der Hitze mangels Wassers verdurstet. Als die Stammesmitglieder nun Leitern holten und über den Zaun schauten, stellten sie fest, dass das sie umgebende Weideland zu einer Wüste geworden war.

Da entschlossen sie sich, weiter zu wandern. Indessen, dazu war es schon zu spät, sie hatten das Wandern verlernt. Der Stamm ging unter.
* nach Hedberg 1981, in der Übers. v. Kieser 1985: 429

Fragen zur Fallstudie
1. Versuchen Sie, die Entwicklung dieses Stamms und seine Steuerung systemtheoretisch zu deuten.
2. Weshalb ist die Managementfunktion „Kontrolle" in diesem Fallbeispiel nicht funktionstüchtig?

Literatur

Abdallah, C./ Langley, A. (2014), The double edge of ambiguity in strategic planning, in: Journal of Management Studies 51, S. 235–264.
Ashby, W. R. (1956), Introduction to cybernetics, New York et al.
Baecker, D. (2003), Organisation und Management, Frankfurt am Main.
Berger, P. L./Luckmann, T. (1966), Die gesellschaftliche Konstruktion der Wirklichkeit, Frankfurt am Main.
Casti, J. (1994), Complexification: Explaining a paradoxical world through the science of surprise, New York.
Crozier, M. (1992), Entsteht eine neue Managementlogik?, in: Journal für Sozialforschung 32, S. 131–140.
Derfus, P. J./Maggitti, P. G./Grimm, C. M./Smith, K. G. (2008), The Red Queen effect: Competitive actions and firm performance. In: Academy of Management Journal 51, S. 61–80.
Emery, F. E./Trist, E. L. (1965), The causal texture of organizational environments, in: Human Relations 18, S. 21–32.
Foerster, H. von (2001), Short Cuts, Berlin.
Goebel, S./Weißenberger, B. E. (2016), The dark side of tight financial control: Causes and remedies of dysfunctional employee behaviors. In: Schmalenbach Business Review 17, S. 69–101.
Greenwood, R./Suddaby, R. (2006), Institutional entrepreneurship in mature fields: The big five accounting firms. In: Academy of Management Journal 49, S. 27–48.
Gutenberg, E. (1967), Die Unternehmung als Gegenstand betriebswirtschaftlicher Theorie, Frankfurt am Main.
Gutenberg, E. (1983), Grundlagen der Betriebswirtschaftslehre, Band 1. Die Produktion, 24. Aufl., Berlin/Heidelberg/New York.
Habermas, J. (1981), Theorie komunikativen Handelns, Franfurt/Main.
Hage, J. (1977), Choosing constraints and constraining choice., in: Warner, M. (Hrsg.), Organizational choice and constraint. Approaches to the sociology of enterprise behaviour, Farnborough, S. 1–56.
Hall, D. J./Saias, M. A. (1980), „Strategy follows structure!", in: Strategic Management Journal 1, S. 149–163.
Hauschildt, J./Salomo, S. (2016), Innovationsmanagement, 6. Aufl., München.
Hedberg, B. T. (1981), How organizations learn and unlearn, in: Nystrom, P. C./Starbuck, W. H. (Hrsg.), Handbook of Organizational Design, Oxford, S. 3–27.
Hernes, T. (2007), Understanding organization as process: Theory for a tangled world. London/New York.

Hofstede, G. (1970), The game of budget control, Assen.
Kaplan, R. S./Norton, D. P. (1997), Balanced Scorecard: Strategien erfolgreich umsetzen (Übers. a. d. Engl.), Stuttgart.
Kieser, A. (1985), Werte und Mythen in der strategischen Planung, in: wisu – Das Wirtschaftsstudium 14, S. 427–432.
Klein, K. J./Ziegert, J. C./Knight, A. P./Xiao, Y. (2006), Dynamic delegation: Shared, hierarchical, and deindividualized leadership in extreme action teams, in: Administrative Science Quarterly 51, S. 590–621.
Lawrence, P. R./Lorsch, J. W. (1967), Organization and environment, Cambridge/Mass.
Luhmann, N. (1973), Zweckbegriff und Systemrationalität. Frankfurt am Main.
Luhmann, N. (1984), Soziale Systeme. Grundriss einer allgemeinen Theorie, Frankfurt am Main.
Luhmann, N. (1988), Die Wirtschaft der Gesellschaft, Frankfurt am Main.
Luhmann, N. (1995), Funktionen und Folgen formaler Organisation, 4. Aufl., Berlin.
Luhmann, N. (1998), Die Gesellschaft der Gesellschaft, 2 Bd., Frankfurt am Main.
Luhmann, N. (2000), Organisation und Entscheidung, Wiesbaden.
Lynn, M. L (2005), Organizational buffering: Managing boundaries and cores. In: Organization Studies 26, S. 37–61.
March, J. G. (1991), Exploration and exploitation in organizational learning, in: Organization Science 2, S. 71–87.
Nelson, R. R./Winter, S. G. (1982), An evolutionary theory of economic change, Cambridge.
Noss, C. (1997), Zeit im Management, Wiesbaden.
Orton, J. D./Weick, K. E. (1990), Loosely coupled systems: A reconceptualization. In: Academy of Management Review 15, S. 203–223
Parsons, T. (1973), in: Hartmann, H. (Hrsg.), Einige Grundzüge der allgemeinen Theorie des Handelns. Moderne amerikanische Soziologie, 2. Aufl., Stuttgart, S. 216–244.
Provan, K. G./Fish, A./Sydow, J. (2007), Interorganizational networks at the network level: A review of the empirical literature on whole networks. In: Journal of Management 33, S. 479–516.
Putnam, L. L./Fairhurst, G. T./Banghart, S. (2016), Contradictions, dialectics, and paradoxes in organizations: A constitutive approach. In: Academy of Management Annals, 10 (1) S. 65–171.
Rosen, R. (1977), Complexity as a system property, in: International Journal of General Systems 3, S. 227–232.
Schilling, M. A./Steensma, K.H. (2001), The use of modular organizational forms: An industry-level analysis. In: Academy of Management Journal 44, S. 1149–1168.
Schreyögg, G./Noss, C. (1994), Hat sich das Organisieren überlebt? Grundlagen der Unternehmenssteuerung in neuem Licht, in: Die Unternehmung 48, S. 17–33.
Schreyögg, G./Steinmann, H. (1987), Strategic control: A new perspective, in: Academy of Management Review 12, S. 91–103.
Seidl, D./Becker, K. H. (Hrsg.) (2005), Niklas Luhmann and organization studies, Copenhagen.
Smith, W.K. /Lewis, M. W. (2011), Toward a theory of paradox: A dynamic equilibrium model of organizing, in: Academy of Management Review 36, S. 381–340.
Sydow, J. / Schüßler, E./ Müller-Seitz, G. (2015), Managing inter-organizational relations: Debates and cases, London/New York.
Tacke, V. (1997), Systemrationalisierung an ihren Grenzen, in: Schreyögg, G./Sydow, J. (Hrsg.), Managementforschung 7: Gestaltung von Organisationsgrenzen, Berlin/New York, S. 1–44.
Türk, K. (1981), Personalführung und soziale Kontrolle, Stuttgart.
Weick, K. E. (1995), Sensemaking in organizations, Thousand Oaks.
Weihrich, H./Koontz, H. (1993), Management, 10. Aufl., New York.
Williamson, O. E. (1983), Markets and hierarchies, New York.
Whittington, R. (2016), Emergent strategy, in: Augier, M./Teece, D. J. (Hrsg.), The Palgrave Encyclopedia of strategic management, London /New York.

Teil III

Planung und Kontrolle

Vorbemerkung zur gedanklichen Einordnung

Jedes Unternehmen braucht angesichts der Komplexität seiner Umwelt Orientierung, um handeln zu können. Dazu sind eine überbordende Fülle an Informationen zu verarbeiten, vielfältige Erfahrungen auszuwerten, andere Organisationen zu beobachten, Probleme zu klären, Ereignisse zu Gelegenheiten und/oder Bedrohungen zu verdichten usw. Eine Technik, um mit diesen vielfältigen Anforderungen umzugehen, ist die Planung. Mit ihr wird versucht, Orientierung dadurch zu gewinnen, dass zukünftige Probleme antizipiert und vorab, also vor dem Eintreten der mutmaßlichen Handlungskonstellation, gelöst werden. Dabei handelt es sich nicht nur um Vorratsbeschlüsse für Eventualitäten, sondern man will auch das gegenwärtige Handeln schon auf die zukünftigen Probleme und Problemlösungen ausrichten. Zugleich verarbeitet Planung immer auch vergangenheitsbezogene Daten und Informationen und stellt somit insgesamt einen zeitlichen Bezugsrahmen her, der Vergangenheit, Gegenwart und Zukunft umfasst.

Die planerische Gewinnung einer **Handlungsorientierung** ist wegen der Komplexität und Dynamik der Welt kein analytisch abschließbarer Prozess. Er bleibt deshalb – wie in den Eingangskapiteln bereits dargelegt – immer selektiv und somit in seinen Implikationen ungewiss. Planung ist also kein einmaliger Akt in einer Unternehmung, sondern ein vielstufiger, immer wieder zu leistender Prozess. Dabei werden unterschiedliche Arten von Planung unterschieden.

Die allgemeine Handlungsorientierung soll dem Ideal nach aus den grundsätzlichen Unternehmenszielen (Vision) und dem strategischen Programm fließen. Das strategische Programm legt im Wesentlichen fest, auf welchen Märkten mit welchen Produkten eine Unternehmung aktiv sein und wie der Wettbewerb bestritten werden soll.

Während also die strategische Planung den grundsätzlichen Orientierungsrahmen für zentrale Unternehmensentscheidungen abstecken will, stellt die operative Planung darauf ab, eine unter Berücksichtigung der strategischen Ziele konkrete Orientierung für das tagtägliche Handeln zu gewinnen. Der operative Plan schafft ein Orientierungsgerüst für Tages-, Wochen- und Monatsaktivitäten. Ein operativer Plan benennt z. B. die Maschinenbelegung der kommenden Woche, legt die Instandhaltungszeiten für die Anlage fest, verknüpft den Materialfluss mit dem Produktionsprogramm usw.

Es ist dies auch der Grund, weshalb man früher die operative Planung als kurzfristige und die strategische Planung als langfristige Planung bezeichnet hat. Diese Bezeichnungen sind heute nicht mehr sehr gebräuchlich; dies vor allem deshalb, weil sich die Gleichsetzung von strategisch und langfristig als irreführend erwiesen hat. Strategische Pläne können einen überaus kurzfristigen Horizont haben, ohne auch nur im Mindesten den Charakter eines operativen Plans anzunehmen. Man denke nur an den Erwerb einer Unternehmensbeteiligung, die überraschend angeboten wurde, oder an die dramatische Umsteuerung von Ressourcen (Turn around), um eine aufgetretene Krise zu bewältigen oder eine plötzlich auftauchende Marktchance zu ergreifen, wie beispielsweise Apple es im Vorfeld der Einführung des iPhones und mit dem Abzug der Ressourcen von der Tablet-Entwicklung vollzogen hat. Es ist deshalb im Hinblick auf die hier interessierende Handlungsorientierung besser, die Planungsebenen der Sache nach zu unterscheiden, also zwischen der strategischen und der operativen Ebene, und getrennt davon nach dem zeitlichen Horizont.

Neben der sachlichen und zeitlichen Differenzierung von Planungsarten, spielt auch die soziale Dimension eine Rolle. Planung ist eine grundsätzliche Steuerungsoption, die **jede Führungskraft** – wenn auch in unterschiedlichem Maße – zu erbringen hat. In vielen Unternehmen liegt – der Idee der Hierarchie folgend – der strategische Planungsschwerpunkt mehr auf den oberen Managementebenen, der operative Planungsschwerpunkt dagegen auf den unteren Hierarchieebenen. Es wäre jedoch völlig falsch, hierin einen Ausschließlichkeitsgrundsatz zu erblicken. Strategien werden in Organisationen auf mitunter sehr unterschiedliche Weise entwickelt und realisiert und häufig basieren strategische Neuorientierungen auf Anregungen von der Basis, und nicht selten ist die operative Planung für den Geschäftserfolg so wichtig, dass kein Vorstand seine unmittelbare Beteiligung daran aufgeben würde. Es ist deshalb auch irreführend, strategische Planung als Top-Management-Aufgabe und operative Planung als Meister- und Gruppenleiteraufgabe zu bezeichnen.

Darüber hinaus ist zu berücksichtigen, dass Planung und Strategie zwar traditionell sehr eng verbunden sind und Strategische Planung oft unmittelbar mit Strategischem Management gleichgesetzt wird. Dies ist jedoch eine verkürzte Sichtweise, denn nicht alle Handlungsorientierungen, die die strategische Ausrichtung eines Unternehmens bestimmen, lassen sich auf die Managementfunktion Planung alleine zurückführen. So kann zum Beispiel auch eine Unternehmenskultur strategisch wirken, ohne dass sie das Ergebnis eines planerischen Prozesses ist, sondern vielmehr emergent entstanden ist. Die Selektivität einer Organisation, die mit dem Konzept der Strategie und der strategischen Ausrichtung zum Ausdruck kommt, ist also nicht alleine planungsinduziert zu denken, sondern geht darüber hinaus.

Nachdem Planung – wie in Kap. 4 ausführlich dargelegt – ein hochgradig **selektives Steuerungsinstrument** darstellt, ist sie grundsätzlich mit Maßnahmen zusammen zu denken, die geeignet sind, das Selektionsrisiko zumindest teilweise zu kompensieren. Diese Kompensationsaufgabe übernimmt klassischerweise die Managementfunktion Kontrolle (obwohl prinzipiell auch andere Managementfunktionen Kompensationsaufgaben übernehmen können). Deshalb ist es zweckmäßig, Planung und Kontrolle in einem revidierten Sinne als Zwillingsfunktionen zu begreifen.

Nachdem die spezifischen Denkweisen, Datenarten, Techniken und Ziele für strategische und operative Planung sehr unterschiedlich sind, wird in diesem Buch eine generelle Zweiteilung vorgenommen in **Strategische Planung und Kontrolle (Kap. 5)** sowie **Operative Planung und Kontrolle (Kap. 6)**.

Strategische Planung und Kontrolle 5

Zusammenfassung

Kapitel 5 widmet sich dem Strategischen Management und stellt die Managementfunktionen Planung und Kontrolle in strategischer Perspektive vor. Zunächst geht es darum, das Konzept der Unternehmensstrategie mit seinen unterschiedlichen Bedeutungsdimensionen (Zeit und Ziele, Wertvorstellung, Wettbewerbsorientierung, Ressourcenbezogenheit usw.) begrifflich konzise darzulegen. Abschn. 5.2. stellt dann den systematischen Grundriss des Strategischen Managements vor und damit die einzelnen Schrittfolgen der Strategischen Planung (Umweltanalyse, Unternehmensanalyse, Strategische Optionen, Strategische Wahl), die Bedeutung des organisationalen Kontextes für den Strategiebildungsprozess, sowie das Konzept der Strategischen Kontrolle. Mit dieser Struktur ist zugleich der Grundriss des gesamten Kapitels skizziert. Im Einzelnen geht es im Abschn. 5.3. um die strategische Umweltanalyse, wobei zwischen globaler und wettbewerbsbezogener Umweltanalyse unterschieden wird. Die Unternehmensanalyse (Abschn. 5.4) wird anhand von Ansätzen zur Identifikation strategischer Ressourcen und ihrer Bewertung vorgestellt. Darauf aufbauend geht es um die Entwicklung strategischer Optionen auf der Geschäftsfeldebene („Strategischer Würfel") und auf der Unternehmensgesamtebene (Diversifikation, Portfolie-Strategien, Internationalisierung, Kompetenzstrategien und dynamische Kompetenzen). Die zwei folgenden Abschnitte befassen sich mit der Strategischen Wahl, d. h. der Entscheidung für eine mögliche Strategie sowie deren Implementierung mittels strategischer Programme und der Balanced Scorecard. Im Anschluss wird in Abschn. 5.8 die Bedeutung des organisationalen Kontextes für den Prozess der Strategiebildung diskutiert und die Strategieprozess-Perspektive als auch die Perspektive der Strategischen Praktiken (Strategizing) vorgestellt.

Den Abschluss bildet das moderne Konzept der Strategischen Kontrolle, die als ein permanent mitlaufender Prozess mit den drei Teilfunktionen Durchführungskontrolle, Prämissenkontrolle und strategische Überwachung konzeptionalisiert wird. In diesem Zusammenhang wird auch das Kompetenzmonitoring vorgestellt.

5.1   Unternehmensstrategien: Grundbegriffe

„Siemens-Chef Joe Kaeser vollzieht einen der größten Umbrüche in 170 Jahren Unternehmensgeschichte: Er spaltet die Kraftwerkssparte ab. Um den Schritt zu begründen, erzählt er die Story von den Dinosauriern.

Um 9.30 Uhr steht Joe Kaeser vor den Investoren und Analysten. Krawattenlos, weißes Hemd, ein Ausfallschritt nach rechts, einer nach links, ein kurzer Gang über die Bühne. In der rechten Hand das Kommando für Power Point. Der Chef des über 170 Jahre alten Industriekonzerns spricht englisch, of course, über Portfolio Management, Innovationen, über Margen und Timelines in einer Welt, die immer unklarer und digitaler wird. Manchmal hebt er die Stimme, moduliert, manchmal lacht er kurz in sich hinein, und wenn ihm etwas wichtig ist, geht die rechte Hand hoch und runter oder zieht eine Linie und unterstreicht das Gesagte.

Joe Kaeser, 61 Jahre alt und seit fast 40 Jahren im Siemens-Konzern, hat bei den Kollegen der Digitalkonzerne aus dem Silicon Valley eine Menge gelernt. Er weiß, wie man sich im richtigen Moment locker macht, die Bühne beherrscht und selbst Menschen aus der Finanzwelt unterhält. Selbst wenn man nicht über Smartphones, sondern über Themen wie Kraftwerke, Gebäudetechnik und Medizintechnik redet. An diesem Mittwochmorgen weiß er, dass er das Spiel mit den Frauen und Männern in den Kostümen und dunklen Anzügen schon gewonnen hat: Die Aktie seines Unternehmens war schon früh um rund fünf Prozent gestiegen, Gewinner im Dax.

So etwas passiert bei Siemens auch nicht jeden Tag, schon gar nicht in diesen Zeiten, und das kann nicht nur daran liegen, dass Siemens kurz vorher einen Gewinnanstieg von sieben Prozent auf 2,4 Milliarden Euro im zweiten Quartal gemeldet hat. Viel wichtiger ist hier wohl: Kaeser hatte am Vortag die Abspaltung seiner Kraftwerkssparte verkündet, eines der ältesten und traditionellsten Geschäfte des Konzerns. Es ist einer der größten Umbrüche in der langen Unternehmensgeschichte, und das Rezept dafür kennt man schon, weil es Kaeser nicht zum ersten Mal aus der Schublade holt. Ausgliedern, an die Börse bringen, den Rest-Konzern weiter verschlanken. So etwas mögen die Investoren, und dafür mögen sie auch den großen Disruptor aus München. „Wir betonen seit einiger Zeit, dass Siemens einfacher werden sollte und werden wird", sagt ein Investmentbanker. Kaeser ist der Mann, der Siemens einfacher macht. Das macht die Sache aber gleichzeitig auch kompliziert.

Denn der alte Kern von Siemens schmilzt, und darin zurückbleiben noch wichtige Zukunftstechnologien wie die Digitalisierung von Fabriken und die Industrieautomatisierung. Darum herum hat der Siemens-Chef in den vergangenen Jahren ein Netz von Beteiligungen an den klassischen Industriegeschäften gesponnen, die früher mal Teil des Kerns waren: Die Windenergiesparte, die mit der spanischen Gamesa zusammengelegt wurde, die Medizintechniksparte Healthineers, die an die Börse gebracht wurde, die Zugsparte, die eigentlich mit dem Zuggeschäft des französischen Herstellers Alstom zusammengeführt werden sollte, was am Veto der EU-Kommission scheiterte. Schon vor Jahren hatte Siemens die Leuchtentochter Osram aus dem Konzern geworfen und an die Börse gebracht. Und natürlich all die Dinge, die auch schon mal irgendwann dazugehörten. Dinge wie Handys, Speicherchips, Waschmaschinen.

5.1 Unternehmensstrategien: Grundbegriffe

Abspalten, umbauen, neu sortieren. ‚Das kann nicht jeder', sagt Kaeser. „Wir können das, wir wissen, wie das geht."

Nun also die Kraftwerkssparte. Ein neuer, selbständiger Energie-Gigant mit 80 000 Mitarbeitern und 30 Milliarden Euro Umsatz, bestehend aus dem Gas- und Öl-Geschäft, dem Kraftwerksbau, der Energieübertragung, dazu der Siemens-Anteil am Windkraft-Konzern Siemens Gamesa. Rund ein Drittel des heutigen Siemens-Umsatzes, im nächsten Jahr schon börsennotiert – Siemens hat schon vieles abgespalten, aber diese Sache hier ist riesig.

Das Geschäft mit den Kraftwerken, so lukrativ und einfach es früher auch war, ist schwierig geworden. Große Gasturbinen werden wegen alternativer Energien in Europa kaum nachgefragt. Tausende Jobs sollen hier wegfallen, die Kosten sollen in den nächsten vier Jahren um rund eine Milliarde Euro gesenkt werden. Immerhin, es geht um eine der alten Wurzeln des Konzerns. Ein „verdammt emotionaler Prozess", sagt Kaeser. „Mir fällt schwer, das zu tun, ich bin fast 40 Jahre bei dem Unternehmen", sagt er, was nostalgisch klingt, aber im Grunde wohl nicht so gemeint sein dürfte. Denn, auch das sagt Kaeser: Man dürfe „Ruhe nicht mit Stillstand verwechseln". Der Manager, so viel ist klar, ist kein Mann des Stillstands. Auch wenn er sein ganzes Leben bei Siemens verbracht hat: Alles, nur keine Nostalgie bitte.

Zwei Dinge treiben ihn an. Erstens: Er glaubt fest daran, dass das gesamte Energiegeschäft besser dran ist, wenn es mehr Eigenständigkeit hat und von Siemens nur noch indirekt und aus der Ferne geführt wird. Elektromobilität, Energiewende und die Frage, wo all die Elektrizität in Zukunft herkommen soll – das treibt ihn um. „Wir haben heute längst nicht genug Elektrizität für alles", sagt er. Und deshalb glaubt er, dass es schon klappen wird mit dem neuen Unternehmen. Besser jedenfalls, als die Probleme des zweiten großen weltweiten Industriekonglomerats zu haben: General Electric (GE), seit Jahrzehnten der schärfste Rivale der Münchner, musste wegen seiner Probleme in der Energiesparte im vergangenen Jahr 23 Milliarden Dollar abschreiben. Da der schwerfällige Tanker GE, hier das neue, agile Siemens – so sieht Kaeser die Welt der Industrie.

Und so erzählt er den Investoren noch einmal eine Geschichte, die er gern erzählt: die alte Story der Dinosaurier. Wenn es auf schiere Größe ankäme, sagt der Siemens-Chef, dann müssten die Dinosaurier heute ja wohl noch herumlaufen. Tun sie aber nicht. Also kann es bei all dem nicht um Größe gehen, sondern um die Frage, ob man es schafft, sich neuen Lebensbedingungen anzupassen.

Siemens, so viel ist klar, gehört für Kaeser nicht zur Gruppe der Dinosaurier. Sonst wäre man ja schließlich gar nicht mehr da." (Süddeutsche Zeitung, 8. Mai. 2019).

Die Entscheidung der Siemens AG, sich von einem zentralen Teil des Unternehmens zu trennen, ist eine strategische Entscheidung. Es geht darum, das Portfolio der Geschäftsfelder neu zu bestimmen und die veränderten Rahmenbedingungen des Wettbewerbs für das Erfolgspotenzial der Geschäftsfelder abzuschätzen. Ganz generell zeigt sich, dass die Bestimmung einzelner Geschäftsfelder eine fortlaufende Aufgabe darstellt, die nicht ein für alle Mal gelöst werden kann. Es zeigt sich zugleich, dass strategische Entscheidungen mit weitreichenden Folgen verbunden sind, sowohl, was die Investitionen anbelangt, als auch die Mitarbeiter und ihre Arbeitsplätze und dass sie auch nicht davor Halt machen, den vielleicht historischen Kern, d. h. die Identität eines Unternehmens zu betreffen und diesen mitunter auch radikal zu verändern.

Zugleich macht die Fall-Vignette auch deutlich, wie wichtig heute die Kommunikation und die Darstellung von strategischen Entscheidungen in der Öffentlichkeit, gegenüber

Mitarbeiterinnen und allen weiteren Stakeholdern, geworden ist. Nicht von ungefähr hebt der Zeitungsbeitrag die Performanz von Siemens-Chef Joe Kaeser (bürgerlich: Josef Käser) hervor und verweist darauf, dass es nicht nur um die nackte Weitergabe von Informationen geht, sondern vielmehr auch darum, wie diese dargestellt und „verpackt" werden. Es geht somit auch um Sprache, Rhetorik und Bühnenpräsenz und dies um so mehr, je weitreichender die Entscheidungen sind und je komplexer die Informationslage ist. Ob die Geschichte von den Dinosauriern trägt und überzeugt, soll hier nicht beurteilt werden, sondern darauf verwiesen werden, dass das strategische Management heute eine zunehmend mediale und kommunikative Dimension erhalten hat. Wurde diese Dimension früher als eine Sache von Public Relations und Öffentlichkeitsarbeit betrachtet, so rücken diese Aufgaben zunehmend mit ins Zentrum des strategischen Managements. Von Steve Jobs ist bekannt, dass er sich mitunter bis zu 2 Wochen ausschließlich auf die Präsentation einer Apple-Keynote vorbereitet hat (Wenzel und Koch 2018).

Im Zentrum des strategischen Managements stehen aber zunächst einmal die vielfältigen inhaltlichen Fragen der strategischen Ausrichtung eines Unternehmens, die den Schwerpunkt des nachfolgenden Kapitels bildet. Der Begriff „strategische Entscheidungen" existiert noch nicht sehr lange in der Managementlehre; es hat sich aber schnell erwiesen, dass das Denken in Strategien und strategischen Alternativen ein wichtiges Rüstzeug liefert in dem Bemühen, den Unternehmenserfolg dauerhaft zu sichern. Was versteht man im Einzelnen unter einer Unternehmensstrategie?

Strategie – das war früher ein Begriff, den man für groß angelegte militärische Operationspläne verwendete oder auch für ausgeklügelte Züge in Brettspielen. Diese ursprünglichen Bedeutungen schwingen natürlich mit, wenn man heute von Unternehmensstrategie oder von strategischen Entscheidungen spricht, aber es haben sich doch im Laufe der Zeit ganz andere Akzente herausgebildet.

Es ist schwer, eine einheitliche Definition dieses Begriffes anzugeben, die die zwischenzeitlich vorhandene Bandbreite an Bedeutungen abdecken könnte. Gewöhnlich sind es aber die folgenden Merkmale, die mit dem Begriff der Unternehmensstrategie bzw. der strategischen Entscheidung in Verbindung gebracht werden:

- Strategien legen das (die) Aktivitätsfeld(er) oder die Domäne(n) der Unternehmung fest.
- Strategien sind konkurrenzbezogen, d. h. sie bestimmen das Handlungsprogramm der Unternehmung in Relation zu den Konkurrenten, z. B. in Form von Imitation, Kooperation, Domination oder Abgrenzung.
- Strategien nehmen Bezug auf Umweltsituationen und -entwicklungen, auf Chancen und Bedrohungen. Sie reagieren auf externe Veränderungen und/oder versuchen, diese aktiv im eigenen Sinne zu beeinflussen.
- Strategien nehmen Bezug auf die Unternehmensressourcen, auf die Stärken und Schwächen in ihrer relativen Position zur Konkurrenz.
- Strategien spiegeln die zentralen Einstellungen, Wünsche und Wertvorstellungen der bestimmenden Entscheidungsträger wider.

5.1 Unternehmensstrategien: Grundbegriffe

- Strategien sind auf das ganze Geschäft gerichtet, d. h., sie streben eine gesamthafte Ausrichtung der Aktivitäten und nicht nur einzelner Funktionsbereiche an.
- Strategien haben eine hohe Bedeutung für die Vermögens- und Ertragslage eines Unternehmens und weitreichende Konsequenzen für die Ressourcenbindung; es handelt sich um „große" Entscheidungen.
- Strategien sind zukunftsorientiert, sie basieren auf Erwartungen über die Entwicklung eigener Kompetenzen und des Wettbewerbs.
- Strategien können, müssen aber nicht, das Ergebnis eines systematischen Planungsprozesses sein.

In verkürzter Form lässt sich formulieren:

Strategien geben Antwort auf drei grundsätzliche Fragen („Grundfragen der strategischen Planung"):

1. In welchen Geschäftsfeldern wollen wir tätig sein?
2. Wie wollen wir den Wettbewerb in diesen Geschäftsfeldern bestreiten?
3. Was soll unsere längerfristige Kompetenzbasis sein?

Die *erste* Frage betrifft die Wahl der „Domäne", also des oder der Geschäftsfelder, in denen das Unternehmen tätig sein will. Dabei ist diese Frage nicht als Beschreibung des Status quo gemeint, sondern sie verlangt eine Antwort darauf, in welchem(n) Geschäft(en) das Unternehmen zukünftig tätig sein will, ob es also im alten Geschäft verbleiben, ein neues erschließen oder diversifizieren will. Ein Geschäftsfeld oder eine Domäne definiert sich nicht nur nach dem Produktprogramm, sondern kann sich ebenso gut nach Kundengruppen oder Anwenderproblemen bestimmen (wie es etwa bei Telekommunikationsunternehmen oder Versicherungen der Fall ist). Viele Unternehmen sind in mehreren Geschäftsfeldern tätig.

Die *zweite* strategische Grundfrage stellt auf die Profilierung gegenüber der Konkurrenz in den ausgewählten Geschäftsfeldern ab. Sie verlangt eine Antwort darauf, mit welcher Konzeption und Stoßrichtung der Wettbewerb bestritten werden soll. Will man sich z. B. als Nischenanbieter profilieren, will man auf der Basis einer im Vergleich zu den Konkurrenten kostengünstigeren Produktion zum Marktführer in der Standardklasse werden oder das eigene Angebot durch ganz spezielle Merkmale von dem der Konkurrenz absetzen?

Die *dritte* strategische Grundfrage stellt auf die strategische Bedeutung der eigenen Ressourcen ab und ihr Potenzial, längerfristig jenseits einzelner Marktbewegungen eine Erfolgsgrundlage zu bieten.

Insgesamt zielt die strategische Planung darauf ab, den Bestand und die Rentabilität der Unternehmung dauerhaft sicherzustellen, d. h., es wird geprüft, ob in den jetzigen Geschäftsfeldern mit dem jetzt gewählten Wettbewerbskonzept auch in Zukunft erfolgreich konkurriert werden kann, ob neue Geschäftsfelder gesucht und/oder neue Kompetenzen entwickelt werden müssen. Das strategische Konzept ist konstitutiv für die in Kap. 4 ausführlich dargestellte System/Umwelt-Grenze einer Unternehmung.

Aus vorstehenden Erläuterungen des Strategiebegriffs geht hervor, dass eine Unternehmung in jedem Falle eine Antwort auf die drei Grundfragen geben muss, gleichgültig, ob sie dies als Folge eines Planungsprozesses tut oder ob dies mehr intuitiv geschieht (Mintzberg und Waters 1985; Burgelman 2002b). Schon die Gründung einer Unternehmung setzt eine Strategie in dem bezeichneten Sinne voraus, gleichgültig ob dies im Einzelfall reflektiert wird oder nicht. Es gibt kein Unternehmen ohne Geschäftsbereich.

Die strategische Planung führt so gesehen nicht erst Strategien in Unternehmen ein, sondern sie fördert und systematisiert vielmehr das Nachdenken über die zentralen strategischen Fragen und ihre praktische Umsetzung. Nur selten findet die strategische Planung in der streng systematisierten Abfolge statt, wie sie in den nächsten Abschnitten schematisch dargelegt wird. Strategische Entscheidungsprozesse sind wie alle anderen auch organisatorische Entscheidungsprozesse, d. h., sie sind in organisatorische Prozesse eingebettet, werden von diesen überlagert, gefördert, behindert usw. (vgl. dazu im Einzelnen Schwenk 1995; Floyd et al. 2011).

Korrespondierend mit den strategischen Grundfragen lassen sich für die strategische Planung zwei grundsätzliche Planungsebenen unterscheiden, nämlich die

- Ebene der Gesamtunternehmung (des Konzerns, der Holding usw.) und die
- Ebene des Geschäftsfelds (der Sparte, des Produkt-Marktes usw.).

Dementsprechend wird dann unterschieden zwischen:

- Gesamtunternehmensstrategie (corporate strategy) und
- Geschäftsfeld-/Wettbewerbsstrategie (business strategy).

In der **Gesamtunternehmensstrategie** geht es darum, die Geschäftsfelder der Firma festzulegen und die Ressourcen auf die Geschäftsfelder im Sinne der strategischen Zielsetzung zu verteilen. Zur Ebene der Gesamtunternehmensstrategie ist die eingangs geschilderte Entscheidung der Siemens AG zu rechnen, ob das Geschäftsfeld Kraftwerkssparte weitergeführt oder verkauft bzw. verselbständigt werden soll.

Mit der **Wettbewerbsstrategie** wird dagegen festgelegt, wie der Wettbewerb in einem ganz bestimmten Geschäftsfeld bestritten werden soll. Dabei geht man davon aus, dass die Bedingungen in den Geschäftsfeldern, sowohl was die unternehmensinterne als auch was die externe Situation anbelangt, äußerst unterschiedlich sein können, so dass jeweils eine spezielle strategische Planung erforderlich ist. Unternehmen mit mehreren Geschäftsfeldern können also ganz unterschiedliche Wettbewerbsstrategien verfolgen.

Diesen beiden strategischen Ebenen **vorgelagert** ist die dritte übergreifende Ebene mit der Frage nach den Unternehmenskompetenzen, also die Frage nach dem Erfolgspotenzial der strategischen Ressourcen. Immer häufiger wird hier von der **Kompetenzstrategie** oder **„capability-based strategy"** gesprochen. Bezogen auf die Siemens AG würde man nach der spezifischen Kompetenz des Unternehmens fragen, die als gemeinsame Basis den verschiedenen (erfolgreichen) Geschäftseinheiten zugrunde liegt und inwieweit diese Grundkompetenz eine tragfähige Basis für die Bearbeitung neuer Märkte bildet. Offenbar werden die Kompetenzen, die nötig sind, um das Energie- und Kraftwerksgeschäft weiterhin erfolgreich zu betreiben, als zu unterschiedlich von jenen eingestuft, die den neuen Kern des Siemens-Geschäftes als einen agilen, digitalen Technologie-Konzerns ausmachen, um insgesamt noch von einer einzigen Kompetenzbasis ausgehen zu können.

Immer häufiger wird auch die Ebene der betrieblichen Funktionen als strategische Ebene begriffen. Man spricht dann von Funktionalstrategien, also von Strategien für die einzelnen Funktionsbereiche wie etwa Marketingstrategie, Personalstrategie, Beschaffungsstrategie oder Fertigungsstrategie. Dies widerspricht jedoch dem klassischen Strategiekonzept, das ja gerade geschaffen wurde, um die **funktionsübergreifende** Steuerung der gesamten **Geschäftseinheit** oder des **Gesamtsystems** zu fokussieren. Die betrieblichen Funktionsbereiche können diesem Verständnis nach keine strategische Autonomie haben, ihre Steuerung ist logischerweise eine der Strategiebildung nachgeordnete Aufgabe, sie ist an die festgelegte Strategie gebunden. Den betrieblichen Funktionsbereichen obliegt es, Programme zu entwickeln, die eine Umsetzung der Strategie in konkretes Handeln ermöglichen. Statt von Funktionalstrategien wird deshalb hier in diesem Buch von **strategischen Programmen der Funktionsbereiche** gesprochen.

In jüngerer Zeit findet sich im Umfeld strategischer Ansätze häufiger der Begriff „**Vision**". Damit wird zumeist auf den Entwurf eines Entwicklungspfads verwiesen, eine Idee, wohin sich das Unternehmen entwickeln sollte. Die Vision ist allgemeiner als die Strategie, sie liegt gewissermaßen vor ihr, ist aber mit ihr eng verbunden. Für die Siemens AG hat Joe Kaeser die Vision formuliert: *„Nicht die größten Unternehmen werden überleben, sondern die anpassungsfähigsten. Deshalb werden wir das Verständnis für unsere Eigentümerkultur weiter ausbauen und unseren Geschäften deutlich mehr unternehmerische Selbständigkeit einräumen als bisher. Dazu gehört auch die direkte Zuordnung von geschäftsnahen Funktionen. (…). Wir werden unsere Kunden noch schneller und kompetenter – nicht nur bei Digitalisierung – in ihren Zielen unterstützen und beraten können. Für unsere Mitarbeiter bedeutet das Siemens der nächsten Generation mehr individuelle Freiheit, Gestaltungsspielraum und Übernahme von Verantwortung. Unsere Investoren profitieren ebenso, weil wir den Geschäften alle Instrumente an die Hand geben, um in ihrem jeweiligen Marktumfeld die Besten zu sein. Ein noch stärkeres Siemens kann auch seiner gesellschaftlichen Verantwortung besser gerecht werden"* (siemens.com). Visionen versuchen mithin zentrale Aspekte der Strategie auf den Punkt zu bringen. Heute spricht man ja häufig von einem sog. „one liner", das heißt der Zusammenfassung der gesamten strategischen Stoßrichtung auf eine einzige Zeile, was – gerade bei komplexeren und erklärungsbedürftigen Botschaften – oft sehr schwierig ist. Hier sind einmal mehr Intuition, sprachliche Kreativität und auch rhetorisches Talent gefordert. Visionäres Denken wird dementsprechend häufig mit charismatischen Führungspersönlichkeiten (vgl. Kap. 11) verbunden, die mit nahezu magischer Kraft ein System für ihre Idee begeistern können (Boal 2000).

5.2 Elemente und Schrittfolge des strategischen Managements

Jede Strategieplanung baut ihren Selektionsprozess – wie unterschiedlich die Vorgehensweisen im Einzelnen auch sein mögen – auf **zwei Grundpfeilern** auf, nämlich der Analyse der **Umweltsituation** und der Analyse der **internen Möglichkeiten und Grenzen**. Dieses Grundmuster liegt auch dem hier verwendeten Modell der strategischen Planung zugrunde. Abb. 5.1 zeigt einen schematischen Aufriss des strategischen Planungsprozesses mit seinen einzelnen Elementen und Stufen, erweitert um die Realisation und die Kontrolle.

Der strategische Planungsprozess lässt sich in fünf Hauptelemente untergliedern: Umweltanalyse, Unternehmensanalyse, strategische Optionen, strategische Wahl und strategische Programme. Die in Abb. 5.1 ebenfalls aufgeführten Phasen der Realisation und der strategischen Kontrolle sind Bestandteil des **gesamten strategischen Managementprozesses**, nicht aber Elemente der strategischen Planung im engeren Sinne. Der gesamte Prozess findet in einem organisationalen Kontext statt, der durch den Prozess beeinflusst wird, wie er diesen wiederum vielfältig beeinflusst. Im Folgenden seien die genannten Elemente kurz erläutert.

Strategieplanung

1. **Umweltanalyse**

Die strategische Analyse ist das Herzstück jedes strategischen Planungsprozesses, weil sie die informatorischen Voraussetzungen für eine erfolgreiche Strategieformulierung schafft. Sie setzt sich aus zwei gleich bedeutsamen Teilen zusammen, der Umweltanalyse und der Unternehmensanalyse. Unternehmensanalyse und Umweltanalyse werden häufig kurz als **SWOT** (**S**trengths, **W**eaknesses, **O**pportunities, **T**hreats)-Analyse bezeichnet. Aufgabe der Umweltanalyse ist es – grob gesagt –, das externe Umfeld der Unternehmung daraufhin zu

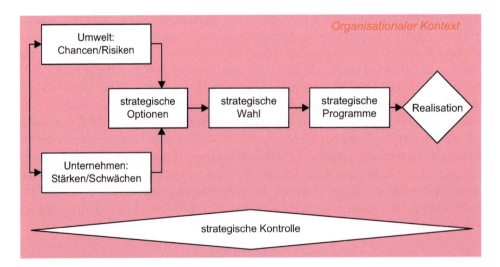

Abb. 5.1 Schematischer Aufriss des strategischen Managementprozesses

erkunden, ob sich Anzeichen für eine Bedrohung des gegenwärtigen Geschäftes und/oder für neue Chancen und Möglichkeiten erkennen lassen. Die Umweltanalyse soll sich nicht nur auf das nähere Umfeld des jeweiligen Geschäftes beschränken, sondern auch allgemeinere Entwicklungen und Trends berücksichtigen, die möglicherweise für Diskontinuitäten und Überraschungen im engeren Geschäftsumfeld sorgen. Zur weiteren Umwelt gehören die allgemeine technologische Entwicklung, gesellschaftliche Strömungen und Veränderungen (z. B. Wertewandel), politische Strukturen und ähnliche Faktoren, während für die engere Geschäftsumwelt die jeweiligen Wettbewerbskräfte maßgeblich sind.

2. Unternehmensanalyse

Das Gegenstück zur Umweltanalyse ist die Unternehmens- oder Ressourcenanalyse; sie ist auf die interne Ressourcensituation („interne Umwelt") gerichtet. Hier wird geprüft, welchen strategischen Spielraum die Unternehmung hat und ob sie im Vergleich zu den wichtigsten Konkurrenten spezifische **Stärken** oder **Schwächen** aufweist, die einen Wettbewerbsvorteil/-nachteil begründen (können). Zur Ressourcenanalyse gehört aber auch die Erfassung der in einem Unternehmen entwickelten Kompetenzen und ihre Bewertung daraufhin, ob sie eine geeignete Basis für das zukünftige Geschäft bilden.

Sowohl die Umweltanalyse als auch die Unternehmensanalyse müssen wegen der Komplexität und Dynamik der Analysefelder als **selektive** Informationsverarbeitungsprozesse betrachtet werden, sind also immer unvollständig und damit risikobehaftet.

3. Strategische Optionen

Die Informationen der strategischen Analyse werden im nächsten Schritt zu möglichen, im Rahmen der Gegebenheiten sinnvollen Strategiealternativen verdichtet. Damit soll der Raum der grundsätzlich denkbaren Strategien aufgerissen und durchdacht werden.

4. Strategische Wahl

Aus dem aufgespannten Raum der Alternativen ist schließlich in einem Bewertungsprozess diejenige Strategie auszuwählen, die in Anbetracht der Stärken und Schwächen der Unternehmung und der zu erwartenden Bedrohungen und/oder Chancen aus der Umwelt den größten Erfolg verspricht. In diesen Auswahlprozess gehen als Kriterien nicht nur Erfolgsdimensionen wie Umsatz und Rentabilität ein, sondern hier sind auch Fragen der Managementphilosophie, der gesellschaftlichen Vertretbarkeit und der Ethik von Bedeutung.

Strategieumsetzung

5. Strategische Programme

Im fünften und letzten Schritt des strategischen Planungsprozesses geht es schließlich darum, die praktische Umsetzung der analytisch gewonnenen Handlungsorientierung planerisch vorzubereiten. Dabei kann es – wie in Kap. 4 ausführlich erläutert – nicht um eine vollständige planerische Durchdringung des Aktionsfelds gehen – dies ist bei komplexen Systemen prinzipiell unmöglich –, sondern nur um eine Konkretisierung solcher Maßnahmen, die für die Umsetzung und den Erfolg der festgelegten Unternehmensstrategie kritisch erscheinen. Auf der Basis der für eine Strategie geltenden Erfolgsfaktoren werden schwerpunktartig strategische Programme entwickelt, die eine strategische (Neu-) Orientierung des Handlungsgerüstes ermöglichen sollen. Die strategischen Programme setzen Orientierungspunkte für den operativen Planungs- und Handlungsbereich.

6. Realisation

Nicht mehr Gegenstand der strategischen Planung, wohl aber für ihren Erfolg von ausschlaggebender Bedeutung, ist der **Realisierungsprozess**. Diese sich oft über Jahre erstreckende Planumsetzung ist von so vielen Unwägbarkeiten und Barrieren begleitet, dass sie zum schon sprichwörtlichen **Implementationsproblem** geriet. Um trotz dieser Schwierigkeiten einen strategischen Erfolg sicherstellen zu können, kam die Forderung nach einem Strategie-Management auf. Damit ist eine Ausdehnung der strategischen Aktivitäten über den reinen Planungsprozess hinaus gemeint, mit dem Ziel, die (neue) strategische Orientierung im Tagesgeschäft nachhaltig zu verankern.

Organisationaler Kontext

7. Strategisches Management im organisationalen Kontext

Sowohl der Planungsprozess als auch die strategische Kontrolle eines Unternehmens stellen nicht nur einen analytisch-logischen Prozess dar, sondern müssen als sozial eingebettet in den organisationalen Kontext eines Unternehmens verstanden werden. Zu diesem Kontext zählen eine **Vielzahl von Einflussfaktoren**, die weit über die Planungs- und Kontrollfunktion des Managements hinausgehen und die Bedeutung der weiteren Managementfunktionen für die Strategie und das Strategische Management hervorheben, wie zum Beispiel die Organisationsstruktur, die Unternehmenskultur, die Führung („Strategic Leadership") und den Personaleinsatz.

Der hier vorgestellte schematische Aufriss behandelt nicht die Frage, von wem die Elemente des strategischen Managementprozesses bearbeitet werden und wie sie organisatorisch eingebettet sind. Grundsätzlich gilt, dass das strategische Management eine Aufgabe des Linienmanagements ist. Sie wird in vielen Unternehmen von **Planungsabteilungen** unterstützt. Dies sind Spezialabteilungen, die in besonderer Weise mit den Instrumenten und Methoden der strategischen Planung vertraut sind und so den Planungsprozess kompetent anleiten und unterstützen können. Sie sind zumeist als **Stabsabteilungen** organisiert (siehe dazu Kap. 7) und in dieser Funktion dem Vorstand oder einem Bereichsleiter (z. B. Controlling oder Konzernverwaltung) zugeordnet. Die Bedeutung dieser und weiterer Managementfunktionen wird in weiteren Kapiteln des Buches jeweils vorgestellt und diskutiert.

An dieser Stelle geht es in Bezug auf den organisationalen Kontext insbesondere um das Phänomen emergenter Strategien, d. h. Strategien, die nicht (primär) dem strategischen Planungsprozess entspringen und in Unternehmen dennoch praktiziert werden und um die Frage, wie dieses organisationale strategische Handeln (Strategizing) zu erfassen und zu analysieren ist.

Strategiekontrolle

8. **Strategische Kontrolle**

Weiteres Kernstück des strategischen Managements ist die strategische Kontrolle. Entgegen der üblichen Lehrmeinung wird – wie ebenfalls bereits in Kap. 4 schon gezeigt – Kontrolle in diesem Buch nicht als angehängtes Schlussglied des Managementprozesses begriffen, sondern als selbständiges Steuerungsinstrument, das den Planungsprozess im Sinne eines fortlaufenden Monitorings kritisch absichernd begleitet. Planung – und in diesem Sinne ganz besonders: die strategische Planung – ist ein hoch-selektiver Prozess, der eines fortwährenden Korrektivs bedarf, um frühzeitig Irrwege und Bedrohungen aufzudecken. Neben dem Planungs- und Implementationsprozess ist also ein gleichlaufender Radar zu installieren, der Veränderungsnotwendigkeiten frühzeitig registriert und signalisiert. Wie in Abb. 5.1 gezeigt, hat deshalb die strategische Kontrolle nicht erst nach Vorliegen von messbaren Ergebnissen einzusetzen, sondern ihre Tätigkeit mit den ersten Festlegungen im Planungsprozess aufzunehmen.

5.3 Umweltanalyse

Der Kern der strategischen Planung beginnt mit der Analyse der Umwelt und ihrer mutmaßlichen Entwicklung. Um eine sinnvolle strategische Orientierung entwickeln zu können, bedarf es einer Strukturierung und der Bildung eines Verständnisses des gewöhnlich sehr komplexen Umfelds. Der Prozess der informationellen Strukturierung und der Interpretation wird mit dem Begriff des „sensemaking" sehr plastisch umschrieben (Weick 1995). Die Entscheidungsträger müssen für sich eine Art Landkarte von den relevantesten Einflussfaktoren und ihren Verknüpfungen entwickeln. Erst eine Vorstellung dieser Zusammenhänge – die allerdings wegen der unüberschaubar vielen Anschlussmöglichkeiten zwischen den Elementen des Umfelds immer nur eine vereinfachte Konstruktion sein kann – ermöglicht den Entwurf strategischer Handlungsmöglichkeiten und die Beurteilung bestehender strategischer Positionen.

In der Umweltanalyse versucht die strategische Planung, systematisch aus internen und externen Quellen ein Bild der gegenwärtigen und zukünftigen Situation zu gewinnen, um informierte Entscheidungen treffen zu können. Wie intensiv auch immer die Bemühungen sein mögen – das sollte gleich vorab betont werden –, der Informationsstand nach Abschluss der Analyse bleibt prinzipiell lückenhaft, so dass trotz noch so großer analytischer

Anstrengungen letztlich doch unter Unsicherheit gehandelt werden muss. Damit ist zugleich ein strukturelles Problem angesprochen: Strategische Entscheidungen sind prinzipiell **Entscheidungen unter Unsicherheit**. Die strategische Analyse kann zwar helfen, die Unsicherheit in ein handhabbares Format zu bringen, sie kann sie aber nicht beseitigen. Die Umweltanalyse kann deshalb die Unternehmung nicht gänzlich vor Überraschungen schützen, sie muss gewärtig sein, dass sich die Sachverhalte immer auch ganz anders als erwartet entwickeln.

Die strategische Umweltanalyse steht unter den zwei spannungsreichen Leitthemen: **Chancen** und **Bedrohungen**. Die Umwelt steckt einerseits die Grenzen des strategischen Spielraums ab und eröffnet andererseits den Raum für neue strategische Handlungsvarianten und Programme.

Die Umwelt soll nicht nur analysiert werden, um sich ihren Strukturen optimal anpassen zu können, sondern auch um sie gegebenenfalls zu verändern, d. h. zum Beispiel, dem Eintreten von Umweltereignissen aktiv entgegenzuwirken oder auch durch neue Strategien eine Veränderung der Geschäftsstrukturen zu initiieren.

Hinter diesem Umweltanalyse-Verständnis steht ein **interaktives Modell** des Verhältnisses von Unternehmung und Umwelt (Schreyögg 1993). Die Umwelt wird weder als alles beherrschende Determinante begriffen („deterministisches Modell"), noch wird die Unternehmung als autonome Entscheidungseinheit gesehen, die nur in den eigenen Ressourcen ihre Handlungsbegrenzung findet („voluntaristisches Modell").

Die Umwelt lässt dem Unternehmen unterschiedlich viel **Spielraum**; die Möglichkeiten des Unternehmens, auf die Umwelt einzuwirken, hängen nicht nur von seiner Ressourcenkraft (Macht) ab, sondern auch von seiner Findigkeit, Lücken neben den etablierten Strukturen aufzuspüren und/oder mit neuen Ideen neue Märkte aufzubauen (Kirzner 1978; Brush 2008).

Das zentrale Merkmal der interaktiven Konzeption ist, dass sie von **interdependenten Beziehungen** ausgeht; die Umwelt ist also Restriktion des Handlungsfelds und Gegenstand strategischer Veränderung zugleich. Diese Interdependenz ist es aber auch, die es so schwer macht, das Beziehungsgefüge konzise zu modellieren.

Zur Strukturierung der Informationsgewinnung werden zumeist zwei Analyseebenen unterschieden: Zum einen die allgemeinen Umweltbedingungen in Bezug auf generelle politische Entwicklungen, sozio-kulturelle Einflüsse usw. Die Analyse dieser Einflusskräfte bildet dann den Rahmen für die zweite Analyse-Ebene, die der spezifischen Wettbewerbsbedingungen in Märkten und Geschäftsfeldern, in denen die Unternehmung operiert oder die sie als potenzielles Operationsfeld in Betracht zieht. Wenden wir uns zunächst den allgemeinen Umweltbedingungen zu.

5.3.1 Allgemeine Umweltanalyse

Für die Analyse der globalen Umwelt gilt grundsätzlich, dass sie breit anzulegen ist. Es sollen möglichst viele potenziell relevante Trends und Entwicklungen erfasst und geprüft werden. Da Vollständigkeit schon aus systematischen Gründen – von den Informationskosten

5.3 Umweltanalyse

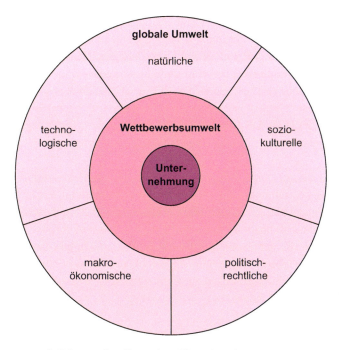

Abb. 5.2 Segmente mit Sektoren der allgemeinen Umweltanalyse

einmal ganz abgesehen – unmöglich ist, ist es dennoch theoretisch wie auch praktisch unumgänglich, den **Beobachtungsprozess** („environmental scanning", zuerst Aguilar 1967) wenigstens grob vorzustrukturieren. Um diesen Selektionsprozess anzuleiten, hat es sich als gute Praxis erwiesen, hierzu die globale Umwelt nach Hauptsektoren zu unterscheiden (Grant 1998), wie zum Beispiel in die fünf folgenden:

1. makro-ökonomische Umwelt,
2. technologische Umwelt,
3. politisch-rechtliche Umwelt,
4. sozio-kulturelle Umwelt,
5. natürliche Umwelt.

Die in Abb. 5.2 gezogenen Grenzen nach innen, nach außen und zwischen diesen Hauptsektoren sind bloße Strukturierungshilfen und keine real erfassbaren Schranken. Vielmehr ist es so, dass sich die Entwicklungen in den einzelnen Sektoren nicht nur überlappen, sondern auch gegenseitig beeinflussen (siehe unten S. 175 ff.).

(1) Die makro-ökonomische Umwelt

Die allgemeine ökonomische Umweltanalyse kann sich nicht nur auf die unmittelbare Wettbewerbssituation in den Geschäftsfeldern beziehen, sondern hat – gerade, was die zukünftige Entwicklung des Geschäftes anbelangt – die nationalen und internationalen ökonomischen Einflusskräfte mit in die Überlegungen einzubeziehen. Der Kanon der potenziellen Einflussfaktoren ist breit, er reicht von der Entwicklung des Bruttonationalprodukts über die Arbeitslosenquote bis zu Konjunkturprognosen. Eine allgemeine Rezession beeinflusst das Wettbewerbsgeschehen in einem Geschäftsfeld ebenso wie Veränderungen in den Wechselkursen. Man denke nur an die Turbulenzen der internationalen Finanzkrise, die im Sommer 2007 als US-Immobilienkrise („subprime crisis") begann und weitreichende Konsequenzen für Hersteller bzw. Exporteure und Importeure weltweit hatte und immer noch hat.

Ein weiteres Beispiel für die Bedeutung der allgemeinen ökonomischen Faktoren ist die Entwicklung des Ölpreises, die in den zwei sogenannten Öl-Krisen auch Firmen in Turbulenzen gebracht hat, die sich gar nicht in unmittelbarer Nähe zum Öl-Geschäft sahen und erst durch den krisenhaften Umsatzrückgang die Zusammenhänge mit dem eigenen Geschäft erkannten. In nicht wenigen Fällen kam diese Erkenntnis dann zu spät. Deshalb ist eine sorgfältige Beobachtung der allgemeinen ökonomischen Entwicklung und die Exploration der möglichen Zusammenhänge zum eigenen Geschäft fester Bestandteil jeder fundierten strategischen Analyse.

(2) **Die technologische Umwelt**

Kein Sektor der weiteren Umwelt hat in den letzten Jahren so viele Veränderungen erfahren wie die technologische Umwelt. Man denke nur an die Biotechnologie oder die moderne Informations- und Kommunikationstechnologie (einschließlich solcher Entwicklungen wie Soziale Medien oder Google Street View). Sie ist eine Quelle von Chancen und Bedrohungen längst auch für solche Unternehmen geworden, die auf den ersten Blick keinen engeren Technologiebezug aufweisen, wie etwa Banken, Versicherungen oder Handelshäuser. Lange bevor sich technologische Entwicklungen in der Wettbewerbssituation eines Geschäftsfelds niederschlagen, müssen sie erkannt werden, um daraus strategische Konsequenzen ziehen zu können.

Die technologische Entwicklung ist heute eine weltweite geworden. Ihre Beobachtung kann sich deshalb nicht mehr nur auf ein Land oder eine Region beschränken. Häufig ergibt es sich überdies, dass technologische Neuerungen gar nicht in dem Bereich entwickelt werden, in dem sie dann später ihre Hauptnutzung erfahren. So wurden z. B. Kunstfasern nicht in der Textilindustrie und die elektronische Uhr nicht in der Uhrenindustrie erfunden. Mangelnde Aufmerksamkeit für technologische Entwicklungen kann sehr rasch zum Problem werden; die Liste der Industrien, die einen technologischen Umbruch nicht rechtzeitig registriert haben, ist lang: mechanische Schreibmaschinen, Uhrenindustrie, Rechenmaschinen etc.

Technologien zeigen gewöhnlich, ähnlich wie Produkte, einen **zyklischen Verlauf** („Technologie-Lebenszyklus"). Jede technologische Neuerung hat einen begrenzten Satz von Leistungsparametern; dieser kann durch systematische Forschung und Entwicklung sukzessive erschlossen werden. Nach einiger Zeit ergibt sich jedoch eine Ausschöpfungsgrenze, von der ab nur noch marginale Fortschritte erzielbar sind; neue Technologien treten an die Stelle der

5.3 Umweltanalyse

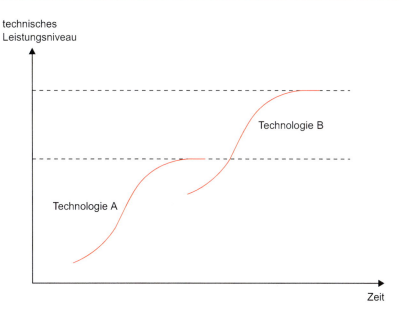

Abb. 5.3 Technologie-Lebenszyklen

alten. Dieser Prozess wird häufig mit dem in Abb. 5.3 gezeigten S-förmigen Verlauf veranschaulicht.

Die Erfahrung zeigt, dass von einem bestimmten Reifepunkt an eine neue Technologie die alte sprunghaft ablöst (Technologie B in Abb. 5.3). Ein bekanntes Beispiel für eine solche sprunghafte Ablösung ist der Übergang von Transistoren zu (Silicium-)Chips. Eine der zentralen Aufgaben der technologischen Analyse ist es deshalb zu erkunden, inwieweit das Leistungspotenzial einer verwendeten Technologie ausgeschöpft ist und welche technologische Entwicklung den Technologie-Sprung begründen könnte.

(3) **Die politisch-rechtliche Umwelt**

Die Zeit, in der man den politischen und den ökonomischen Bereich als zwei völlig getrennte Sektoren betrachtet hat, ist längst Vergangenheit. Die politische und die wirtschaftliche Sphäre sind heute auf so vielfältige Weise verflochten, dass keine strategische Analyse darauf verzichten kann, die politischen Einflüsse auf die Entwicklung der Märkte zu untersuchen. Beispiele für **politische Entscheidungen** von hohem strategischem Rang sind Import/Export-Zölle, Smogverordnungen, Produzentenhaftpflicht oder die Zulassungsbestimmungen für Arzneimittel.

Die politisch-rechtliche Analyse kann sich ebenso wenig, wie bei den anderen Faktoren auch, auf die nationale Politik beschränken. **Internationale Tendenzen**, wie die Öffnung Chinas nach dem Westen oder die Bildung neuer Allianzen, sind häufig von ebenso großer Bedeutung (wobei natürlich diese mit der Breite des jeweiligen geschäftlichen Tätigkeitsspektrums variiert) wie globale politische Trends zu verstärktem Nationalismus oder Deregulierung.

(4) **Die sozio-kulturelle Umwelt**

Von regelmäßig hoher Bedeutung für strategische Entscheidungen ist das sozio-kulturelle Umfeld. Viele Misserfolge und Fehlinvestitionen haben in einer mangelhaften Beobachtung und Analyse gerade dieses Bereiches ihre Ursache. Es besteht die Gefahr, dass der schwer fassbare und meist nicht quantifizierbare Charakter der hier relevanten Faktoren zu ihrer Vernachlässigung führt.

Von besonderer Bedeutung für das Verstehen der sozio-kulturellen Umwelt und ihrer Entwicklung sind **demographische** Merkmale und die vorherrschenden **Wertmuster**. Insbesondere geht es um die frühzeitige Erkennung eines sich abzeichnenden **Wandels**. Ein Beispiel für einen solchen Wertewandel mit zugleich weitreichenden demographischen Implikationen betrifft die Stellung der Frau in der Gesellschaft. Abb. 5.4 zeigt die netzartig verflochtenen Einflussfaktoren im Hinblick auf die Nachfrage am Beispiel der Tiefkühlkost. Im unteren Bereich der Abbildung sind weitere Einflussfaktoren mit aufgezeigt, die aus anderen Umweltsektoren stammen.

Ein Beispiel für einen weiteren aktuell diskutierten Trend mit weitreichenden strategischen Implikationen ist die **Flexibilisierung** der Arbeitsbeziehungen und der Lebensführung (Sennett 2006). Diese Umorientierung dringt in viele Lebensbereiche und ist z. B. für die Wohnungswirtschaft (mobiles Wohnen), Büroausstatter oder Netzbetreiber von zentraler Bedeutung.

Generell gilt in diesem Segment das analytische Interesse den Veränderungen in den vorherrschenden Wert- und Orientierungsmustern. Lange Zeit hatte im Wertebereich die ökologische Umorientierung im Vordergrund gestanden. Der ökologische Bereich wird heute jedoch als eigenständiges Segment der strategischen Umweltanalyse begriffen.

(5) **Die natürliche Umwelt**

Unternehmen sind mindestens dreifach an die natürliche Umwelt gekoppelt:

- durch den technischen Herstellungsprozess der jeweiligen Produkte/Dienstleistungen und die dafür benötigte Energie,
- durch die Abfallprodukte des Herstellungsprozesses und
- durch die hergestellten Güter und ihre Folgewirkungen.

Die Bedrohungen für die Entwicklung der natürlichen Umwelt sind vielfältig dokumentiert (Global 2000 Jahresreports, Worldwatch Institute Reports) und eine exponentiell zunehmende Ressourcenvergeudung und **Umweltverschmutzung** hat eine Vielzahl von Aktivitäten, Programmen und Regulierungen entstehen lassen. Eine gesonderte Aufmerksamkeit muss deshalb im Rahmen der globalen Umweltanalyse den ökologischen Entwicklungen, Erwartungen und Verpflichtungen gewidmet werden. Dies durchaus in beiderlei Hinsicht,

5.3 Umweltanalyse

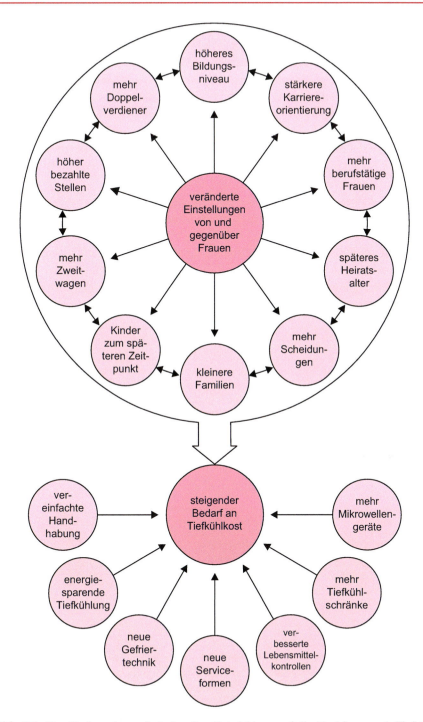

Abb. 5.4 Der Einfluss der sozio-kulturellen Entwicklung auf die Nachfrage nach Tiefkühlkost. (Quelle: Smith et al. 1988, S. 29 (modifiziert))

nämlich im Hinblick auf Restriktionen (Bedrohungen, Haftungsprobleme usw.), aber auch im Hinblick auf Chancen (neue Märkte, neue Produkte usw.). Die Erwartungen der Öffentlichkeit an eine ökologisch orientierte Unternehmenspolitik richten sich auf die Reduzierung der Nutzung nicht-regenerierbarer Ressourcen, die Vermeidung der Erosion regenerierbarer Ressourcen sowie die Herstellung umweltverträglicher Produkte.

Eine Berücksichtigung der ökologischen Belange und gegebenenfalls die aktive Verfolgung einer umweltorientierten Produktpolitik werden immer mehr zur Voraussetzung der Sicherung des strategischen Erfolgspotenzials. **Umweltschutzbelange** sind deshalb heute notwendiger Bestandteil der strategischen Planungsüberlegungen. Unternehmen reagieren mit **„Nachhaltigkeitsstrategien"** (Corsten und Roth 2012).

Viele Unternehmen, vor allem aus der chemischen Industrie, haben die Relevanz der ökologischen Problematik (und den damit verbundenen gesellschaftlichen Wertewandel) lange Zeit stark unterschätzt. Heute versuchen viele Unternehmen, durch unternehmenspolitische Leitlinien, durch eine umweltorientierte Berichterstattung und andere umweltbezogene Aktivitäten, die Integration der ökologischen Perspektive in die Unternehmenspolitik zu dokumentieren (vgl. hierzu das Beispiel BASF in Kasten 5.1).

Kasten 5.1

Ökologie-Ziele der BASF-Gruppe

„Sicherheit
Wir achten Gesundheit und Sicherheit als höchste Güter. Wir setzen auf Prävention, um sichere Anlagen zu planen und zu betreiben und um unsere Produkte sicher zu transportieren, umzuschlagen und zu lagern. Gefahren wenden wir ab, indem wir immer und überall gut vorbereitet sind.

Energie und Klimaschutz
Der Klimawandel ist eine gesellschaftliche Herausforderung. Innovative Lösungen von BASF helfen beim Klimaschutz, und wir arbeiten daran, Emissionen in unserer Wertschöpfungskette zu mindern. Energieeffizienz ist dabei von zentraler Bedeutung.

Verantwortung entlang der Wertschöpfungskette
Wertsteigerndes Wachstum gelingt langfristig nur, wenn wirtschaftlicher Erfolg mit Verantwortung für Umwelt und Gesellschaft in Einklang steht. Unsere effizienten Verfahren sparen Ressourcen, vermindern Emissionen und schonen so die Umwelt.

Wasser
Der nachhaltige Umgang mit Wasser und der weltweite Schutz natürlicher Wasserressourcen ist uns ein Anliegen. Bei BASF senken wir unsere Emissionen in das Wasser und bieten Produkte an, die zum Wasserschutz beitragen.

Ökosysteme
Der „Erdgipfel" von Rio de Janeiro 1992 hat auf den wichtigen Beitrag der Unternehmen zum Erhalt der biologischen Vielfalt und deren nachhaltiger Nutzung aufmerksam gemacht."

Quelle: www.basf.com. Zugegriffen am 07.07.2019

Informationsverdichtung

Die globale Umweltanalyse liefert in der Regel sehr viele Informationen aus ganz unterschiedlichen Bereichen. Es droht immer die Gefahr, dass das Analyseergebnis zu unübersichtlich und damit letztlich konsequenzenlos bleibt. Um dieser Gefahr entgegenzutreten, haben Unternehmen und die Strategielehre frühzeitig begonnen, Verfahren zu entwickeln, die eine Strukturierung und Verdichtung der gewonnenen Informationen ermöglichen sollen, so dass schließlich die strategische Bedeutung sichtbar wird. An erster Stelle ist hier immer noch das Verfahren zu nennen, wie es zuerst für General Electric entwickelt wurde.

Das Verfahren sieht **vier Schritte** vor (vgl. im Einzelnen Fahey und Narayanan 1986, S. 51 ff.):

1. Bestimmung der Schlüsselgrößen („Deskriptoren") in den Sektoren und Prognose ihrer Entwicklung,
2. Analyse der Querverbindungen zwischen den Einflusskräften,
3. Entwurf alternativer Szenarien und ihre Bewertung,
4. Festlegung der Prämissen für den weiteren Planungsprozess.

(1) Nach Festlegung der relevanten Sektoren wird zunächst eine Bestandsaufnahme durchgeführt mit dem Ziel, die identifizierten Trends und Charakteristika zuzuordnen. Im Anschluss daran stellt sich die Frage, wie sich die Trends und Muster in den nächsten Jahren weiter entwickeln werden, entweder im Sinne einer „überraschungsfreien" Prognose oder ob es Anzeichen für potenzielle „Trendbrüche" gibt.

(2) Die Sektortrends und die mutmaßlichen Trendbrüche werden sodann daraufhin geprüft, ob und in welchem Umfang Querverbindungen zwischen den Sektoren vorliegen. Ein prognostiziertes Umweltereignis in einem Sektor kann die Geschwindigkeit oder die Richtung eines Trends aus einem anderen Sektor signifikant beeinflussen. Obgleich diese Analyse in den meisten Fällen nur auf der Basis plausibler Vermutungen möglich sein wird, ist für den Fall eines präziseren Informationsstands ein Instrument entwickelt worden, das unter dem Namen **Cross-Impact-Analyse** bekannt wurde. Bisweilen werden an Stelle dessen Vernetzungskarten verwendet, um die multiplen Abhängigkeiten zu verdeutlichen. Die einzelnen Beziehungen werden dabei allerdings kausal (+, –) gedacht und nicht interdependent. Abb. 5.5 zeigt eine solche Karte, die für die Frage erstellt wurde, wie sich die Nachfrage nach Gynäkologen in der Schweiz entwickeln wird.

(3) Häufig wird in einem weiteren Schritt der Versuch unternommen, die vielen gesammelten Informationen noch stärker zu bündeln und daraus Zukunftsbilder oder **Szenarien** zu entwerfen (zur Szenario-Technik vgl. Geschka and Reibnitz 1983; Krystek und Herzhoff 2006). Es ist dies eine Methodik der Orientierung durch drastische Komplexitätsreduktion. Die vielfältigen Einflüsse und Kräfte, die in der Umweltanalyse aufscheinen, werden zu überschaubaren plausiblen Bildern der Zukunft verdich-

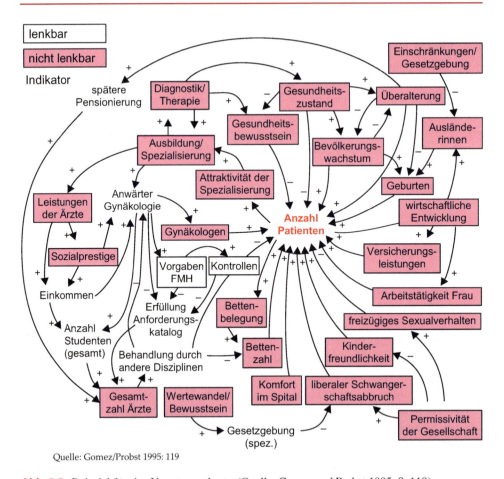

Quelle: Gomez/Probst 1995: 119

Abb. 5.5 Beispiel für eine Vernetzungskarte. (Quelle: Gomez und Probst 1995, S. 119)

tet. Nachdem die Trends und Projektionen in der Regel alles andere als eindeutig sind und nur selten einen hohen Wahrscheinlichkeitsgrad haben, ist man dazu übergegangen, auf der Basis von qualitativen und quantitativen Deskriptoren mehrere **alternative Szenarien** zu erstellen.

So verwendet z. B. General Electric vier Szenarien, angefangen von der „überraschungsfreien" Zukunft bis hin zur „schlechtesten aller denkbaren Zukunftssituationen". Shell arbeitet seit Jahren mit konstatierenden Szenarien, die alle zwei bis drei Jahre neu geschrieben werden, und häufig ein Evolutions- und ein Revolutions-Szenario beinhalten, bzw. ein Trend- und ein Alternativszenario. Die neuste Studie enthält darüber hinaus auch ein Mischszenario (vgl. Kasten 5.2).

5.3 Umweltanalyse

> **Kasten 5.2**
>
> **Shell PKW-Szenarien**
>
> „Die 26. Ausgabe der seit 1958 veröffentlichten Shell Pkw-Szenarien untersucht zum einen die künftige Pkw-Motorisierung und -Nutzung, zum anderen Antriebstechniken, Kraftstoffe, Energieverbrauch und CO_2-Emissionen des Pkw-Verkehrs in Deutschland bis 2040.
>
> Nach einem einleitenden Blick auf die weltweite automobile Entwicklung werden zunächst Wirkungshypothesen zu Einflussfaktoren auf Automobilität in Deutschland anhand von Mobilitätserhebungen überprüft. Anschließend werden in einem einheitlichen sozioökonomischen Trendszenario Prognosen zur Pkw-Motorisierung und zu den Pkw-Fahrleistungen nach Alter und Geschlecht erstellt, die mit den gesamtmodalen Verkehrsentwicklungen abgestimmt werden.
>
> Während der Pkw bei den Jüngeren an Attraktivität verliert, holen die Frauen bei der Motorisierung weiter auf. Ältere Menschen bleiben länger mobil. Wichtige Kennziffern wie Pkw-Motorisierung, Pkw-Bestand und Pkw-Fahrleistungen erreichen in den 2020er-Jahren einen Höhepunkt (Peak); sie halten sich bis 2040 allerdings auf hohem Niveau.
>
> Nach einer Übersicht über Antriebstechniken und Kraftstoffe werden mit Hilfe von Szenariotechnik künftige Antriebsmixe des Pkw-Bestands sowie Energieverbrauch und CO_2-Emissionen des Pkw-Verkehrs modelliert. In einem **Trendszenario** werden bei Antrieben und Kraftstoffen Entwicklungstrends der jüngeren Vergangenheit fortgeschrieben; in einem **Alternativszenario** werden ambitionierte Energie- und Klimaziele mit Technologieumbrüchen verfolgt. Um die Potenziale von Gasantrieben und Gaskraftstoffen abzuschätzen, wird zusätzlich noch eine **Gasszenarette** untersucht.
>
> Während im Trendszenario sowie in der Gasszenarette vor allem hybridisierte Pkw mit Verbrennungsmotor und Gasantriebe sowie ein verstärkter Einsatz von Biokraftstoffen eine wichtige Rolle spielen, erfolgt im Alternativszenario eine schnellere Durchdringung des Pkw-Bestands mit elektrischen Antrieben. Alle Szenarien führen zu einer signifikanten Diversifizierung von Antrieben und Kraftstoffen sowie zu einem substanziellen Rückgang des Energieverbrauchs und der CO_2-Emissionen."
>
> Quelle: www.shell.de. Zugegriffen am 19.06.2019

Szenarien versuchen eine globale Zusammenschau unterschiedlicher Faktoren und Faktorenkonstellationen; sie grenzen damit nicht nur für die fortfolgenden Phasen der Strategieformulierung den Bereich der strategischen Möglichkeiten ein, sondern sie umreißen auch das Feld für alle zu formulierenden Handlungsalternativen. Die gleichzeitige Verwendung verschiedener Szenarios wird über weite Phasen des Planungsprozesses empfohlen. Letztlich ist jedoch, nachdem der Ressourceneinsatz nicht beliebig lange flexibel gehalten werden kann, eine endgültige Entscheidung zu treffen, auf welche der möglichen Zukunftssituationen hin die Strategie(n) ausgerichtet werden soll(en).

Die Zusammenfassung und Verschmelzung der globalen Umweltanalyse zu einem oder mehreren Szenarios scheint jedoch in der Praxis etwas an Beliebtheit zu verlieren. Zu breit ist oft der Spielraum, zu spekulativ die Auswahl, als dass ernsthaft darauf Strategien gegründet werden können. Porter empfiehlt **Szenarios speziell für junge Branchen**, die durch eine besonders große Ungewissheit gekennzeichnet sind und deshalb auf die kreative Spekulation über zukünftige „Welten" angewiesen sind (Porter 2013, S. 299). Zudem sind Szenarios nicht nur dazu da, zukünftige Situationen zu antizipieren, um sich ihnen möglichst frühzeitig optimal anpassen zu können, sondern auch, um aktiv auf den Eintritt des vorteilhaftesten der projektierten Zustände hinzuwirken.

(4) Unabhängig davon, ob die Trends der allgemeinen Umweltanalyse zu Szenarien verdichtet werden oder nicht, in jedem Fall endet die Analyse mit einer Reihe von Festlegungen in Form von **kritischen Annahmen** oder Prämissen, die für den Fortlauf des Planungsprozesses Gültigkeit haben und Orientierung verleihen. Sie stecken das Feld der Möglichkeiten grob ab und schließen andere potenziell relevante Faktoren und Zusammenhänge aus. Diese Festlegungen beruhen zumeist nur auf plausiblen Vermutungen und vagen Prognosen, es ist deshalb zwingend notwendig, fortlaufend die Gültigkeit dieser Annahmen mit zu überwachen. Wie später darzulegen, ist dies eine Kernaufgabe der strategischen Kontrolle.

5.3.2 Wettbewerbsumwelt: Geschäftsfeldanalyse

Von herausragender Bedeutung für die strategische Planung ist neben der globalen Umweltanalyse eine systematische **Analyse der engeren ökonomischen Umwelt**, die wir eingangs als strategisches Geschäftsfeld bezeichnet haben (bisweilen wird aber auch von Markt, Industriezweig oder Branche gesprochen).

Ähnlich wie bei der globalen Umweltanalyse kommt es auch hier wesentlich darauf an, aus der prinzipiell unüberschaubaren Fülle von Faktoren und Einflusskräften die für die Strategieformulierung bedeutsamsten herauszufiltern. Wie im ganzen bisher beschriebenen Analyseprozess ist auch dies nicht mit Gewissheit und in der Regel noch nicht einmal auf der Basis guter Wahrscheinlichkeiten möglich. Auch hier ist die Planung auf das Setzen **bestimmter Annahmen** angewiesen; Annahmen, die in den nachfolgenden Planungsschritten wie Daten behandelt werden, aber letztlich eben nur **plausible Vermutungen** sind. Dieses Vorgehen ist unvermeidlich, enthält aber zwangsläufig ein Risiko, das es im weiteren Planungsprozess nicht aus den Augen zu verlieren gilt. Der strategischen Kontrolle wird unten vornehmlich diese Aufgabe zugewiesen, nämlich für eine wachsame Begrenzung des Risikos Sorge zu tragen, das aus dem Setzen von Annahmen resultiert. Es wird an dieser Stelle noch einmal ganz deutlich, dass die strategische Kontrolle ein Begleit- und kein abschließender Evaluationsprozess ist.

Aufgabe der Geschäftsfeldanalyse ist es, die engere ökonomische Umwelt zu strukturieren und die relevanten Kräfte in ihren Wirkungen zu analysieren. Dazu ist es zunächst notwendig, das Geschäftsfeld genauer abzugrenzen; gesucht wird der **strategisch** relevante Markt.

5.3 Umweltanalyse

Die Frage der Abgrenzung des relevanten Marktes hat eine lange Tradition (Bauer 1989). In kartellrechtlichen Fragestellungen interessiert die räumliche und sachliche Marktabgrenzung zur Ermittlung einer marktbeherrschenden Stellung von Unternehmen (Hoppmann 1974, S. 75; Schmidt und Haucap 2013). In der Volkswirtschaftslehre wird in der Regel die fehlende Substituierbarkeit zwischen Gütern zum Abgrenzungskriterium erhoben („Substitutionslücke"). Die strategische Marktabgrenzung verfolgt jedoch einen spezielleren Zweck. Im Vordergrund steht die **strategische Selbständigkeit**, also die Möglichkeit und gegebenenfalls Notwendigkeit, für das betreffende Aktivitätsfeld eine eigenständige Wettbewerbsstrategie mit eigenen Zielen und Aktivitäten zu verfolgen. Als strategisch wirksame Abgrenzungskriterien haben sich bewährt: **Produktmerkmale** (z. B. Funktion, Technologien), Unterschiede zwischen den **Abnehmern** (z. B. Industrie, Handel, öffentliche Hand, Privatkunden) und **Regionen** (z. B. Länder, politische Einheiten oder Erdteile). Abb. 5.6 zeigt aktuelle Beispiele für die Bildung von strategischen Geschäftsfeldern in deutschen Großunternehmen.

Welche der Kriterien in welcher Kombination maßgeblich sind, hängt nicht unwesentlich von der analysierenden Unternehmung selbst ab; es gibt keine objektiven Abgrenzungskriterien, die lediglich zu erschließen wären. Bisweilen ist die unkonventionelle Einteilung von Geschäftsfeldern der Anfang einer Innovationsstrategie.

Die Anforderungen an die Bildung strategiegerechter Geschäftsfelder sind schwer alle gleichzeitig zu erfüllen. Dem Streben nach einer möglichst feinen Marktabgrenzung, um die Strategien auf die unterschiedlichen Wettbewerbsgegebenheiten optimal ausrichten zu können, steht die Gefahr einer rasch steigenden Zahl strategischer Geschäftsfelder gegenüber, mit den unweigerlichen Folgeproblemen von suboptimalen Stückkosten durch zu kleine Betriebsgrößen, des „Kannibalismus", d. h. die Konkurrenz der Geschäftsfelder untereinander, der mangelnden Zurechenbarkeit des Erfolgs und exponentiell steigender Administrationskosten.

Zwischen diesen Anforderungen den geeigneten Weg zu finden, bereitet in der Praxis häufig Schwierigkeiten, nicht selten wird die zweckmäßigste Abgrenzung erst nach mehrfachem Probieren gefunden. Aufgrund der Veränderung der Märkte und interner Perspektiven

Lufthansa	Siemens	BASF	Daimler	Commerzbank
Passage Airline	Energy	Chemicals	Mercedes-Benz Cars	Privatkunden
Logistik	Healthcare	Performance Products	Daimler Trucks	Mittelstandsbank
Technik	Industry	Functional Materials & Solutions	Mercedes-Benz Vans	Central & Eastern Europe
Catering	Infrastructure & Cities	Agricultural Solutions	Daimler Buses	Corporates & Markets
IT Services		Oil & Gas	Daimler Financial Services	

Abb. 5.6 Strategische Geschäftsfelder: Beispiele (Stand: 2013)

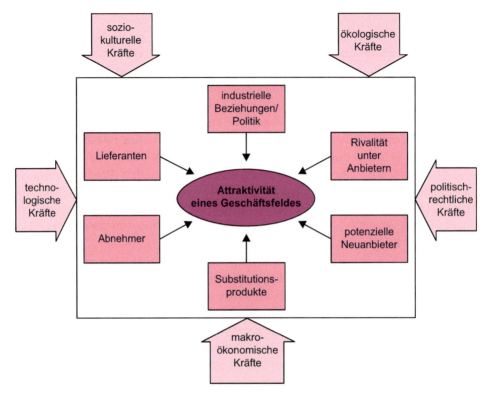

Abb. 5.7 Die engere ökonomische Umwelt

ist jedoch ohnehin immer wieder eine Revision der gefundenen Abgrenzungen erforderlich, so dass die Geschäftsfeld-Definition zum **permanenten Problem** gerät (man vergleiche etwa den häufigen Neuzuschnitt von Geschäftsfeldern bei der Siemens AG).

Nach Abgrenzung der Geschäftsfelder sind die relevanten Wirkkräfte näher zu analysieren. Abb. 5.7 stellt im Anschluss an die Industrial Organization-Forschung (Bain 1968; Bester 2017) und das Fünf-Kräfte-Modell von Porter (2008, 2013) die sechs zentralen Einflusskräfte zusammen, die typischerweise die Struktur und damit die Attraktivität eines Marktes prägen. Die globalen Umweltkräfte stecken den Rahmen ab und wirken indirekt auf die Attraktivität des Geschäftsfelds ein. Die sechs Einflussfaktoren seien nachfolgend kurz erläutert:

1. **Potenzielle Neuanbieter**

Einer der wesentlichen Faktoren bei der Bestimmung der Attraktivität eines Geschäftsfelds ist der Zutritt von Neuanbieter. Neue Anbieter stellen für die etablierten Anbieter immer eine Bedrohung dar. Sie bauen neue Kapazitäten auf, versuchen, häufig über günstigere Preise, die Nachfrage auf sich zu lenken usw.; in den meisten Fällen verschlechtern

5.3 Umweltanalyse

sie für die etablierten Anbieter das Gewinnpotenzial. Die Wahrscheinlichkeit, dass neue Anbieter in einem Markt aktiv werden, hängt in erster Linie von der Höhe der **Markteintrittsbarrieren** ab (vgl. Minderlein 1993; McAfee et al. 2004).

Markteintrittsbarrieren sind definiert als Kräfte, die außerhalb des Feldes stehende Unternehmen davon abhalten, sich in ein als attraktiv empfundenes Geschäftsfeld zu begeben. So tragen sie aus der Sicht der etablierten Anbieter zu einer Erhöhung der Marktattraktivität bei, aus der Sicht potenzieller Neuanbieter vermindern sie jedoch die Attraktivität, weil ihnen der Zugang entweder ganz versperrt ist oder nur sehr schwer durch hohe Aufwendungen verschafft werden kann.

Theoretisch gesehen, geht es um **unvollkommenen Wettbewerb**, der den etablierten Anbietern strukturelle Vorteile verschafft. Für die Unterschiedlichkeit der Bedingungen zwischen etablierten und potenziellen Anbietern ist eine Reihe von Faktoren verantwortlich. Für gewöhnlich unterscheidet man zwei Arten von Eintrittsbarrieren: **strukturelle und strategische**. Während erstere gewissermaßen in der Natur der Sache liegen, werden letztere gezielt hergestellt zum Schutz des Gewinnpotenzials der etablierten Anbieter.

Für die Gültigkeit der meisten dieser Faktoren ist die Existenz von entscheidungsrelevanten sunk costs zu unterstellen, d. h. es wird realistischerweise davon ausgegangen, dass die Kapitalmärkte nicht vollkommen sind. Mit anderen Worten, die etablierten Anbieter können ihre Investitionsentscheidungen nur durch einen verlustreichen Verkauf der Anlagegüter realisieren und sind daher interessiert, die Rentabilität ihrer „versunkenen" Investitionen zu sichern bzw. potenzielle Anbieter haben dadurch ein hohes Risiko.

Quellen *struktureller* Eintrittsbarrieren sind:

- Betriebsgrößenersparnisse,
- absolute Kostenvorteile der stärksten Anbieter,
- Kapitalbedarf etc.

Quellen *strategischer* Eintrittsbarrieren sind:

- Umstellungskosten der Abnehmer,
- Käuferloyalität,
- Zugang zu Vertriebskanälen etc.

Ferner gibt es **politisch gewollte** Marktzutrittssperren oder -barrieren, wie etwa im Falle von Versorgungsmonopolen (z. B. Wasser), Apotheken, Handwerksbetrieben usw.

Zwei Barrieren seien stellvertretend kurz erläutert:

(1) **Betriebsgrößenersparnisse:** In jedem Geschäftsfeld bestehen mehr oder weniger große Möglichkeiten, die Stückkosten eines Gutes durch Erhöhung der Ausbringungsmenge zu senken. Eine Erhöhung der Stückzahl bringt bisweilen im Vergleich zu kleineren Ausbringungsmengen **Kostenersparnisse** in der Größenordnung von 30 bis 50 % (Scherer und Ross 1990). Dies hat zur Konsequenz, dass große Anbieter strukturelle

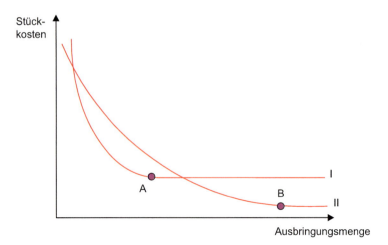

Abb. 5.8 Unterschiedliche Stückkostenverläufe in Abhängigkeit von der Ausbringungsmenge

Kostenvorteile haben. Der Extremfall ist das „natürliche Monopol", wo nur ein einziges Großunternehmen alle Kosteneinsparungen realisieren kann (vgl. hierzu die Theorie der bestreitbaren Märkte von Baumol et al. 1988). Der Größeneffekt muss jedoch differenziert gesehen werden, in manchen Branchen sind die erzielbaren Skalenersparnisse relativ gering.

Empirische Studien zeigen allerdings, dass in den meisten Fällen früher oder später ein Punkt erreicht wird, von dem ab eine zusätzliche Steigerung der Ausbringungsmenge zu keiner weiteren signifikanten Senkung der Stückkosten führt (**„Mindestoptimale Betriebsgröße"**; auch: „Stückkostenplateau"). Für die Ermittlung der Eintrittsbarrieren ist die Kenntnis dieses Punkts (vgl. die Punkte A und B in Abb. 5.8) sehr wichtig, denn: Je höher die Ausbringungsmenge, die zu erbringen ist, um zu konkurrenzfähigen Stückkosten produzieren zu können, umso schwieriger ist der Markteintritt. Man braucht nicht nur ein erhebliches Startkapital, sondern steht auch vor dem Problem, gleich zu Beginn erhebliche Mengen auf dem Markt absetzen zu müssen. Die mindestoptimalen Betriebsgrößen variieren von Branche zu Branche erheblich. Bezogen auf die Gesamtkapazität der Branche zeigen sich in US-amerikanischen Studien für die mindestoptimale Betriebsgröße (in Prozent) etwa folgende Unterschiede (vgl. zusammenfassend Cezanne 2005). Die Zahlen geben an, um wie viel Prozent die durchschnittlichen Stückkosten steigen, wenn mehr Betriebe die Produktion aufnehmen und dadurch die Betriebsgröße auf ein Drittel der mindestoptimalen Betriebsgröße absinken würde.

- Zement 26,0 %
- Rohstahl 11,0 %
- Farben 4,4 %
- Schuhe 1,5 %

Für die Beurteilung der Eintrittsbarrieren ist es – neben der mindestoptimalen Betriebsgröße – ebenso wichtig, den gesamten Verlauf der **Stückkostenkurve** zu kennen, um zu wissen, wie stark die Kostennachteile sind, wenn unterhalb der **mindestoptimalen Ausbringungsmenge** produziert wird. Häufig sind die potenziell erzielbaren Kostenersparnisse schon weit vor diesem Punkt so stark abgeflacht, dass eine Steigerung der Ausbringungsmenge zwar noch Stückkostenersparnisse, aber nicht mehr in bedeutsamer Höhe erbringt (vgl. dazu die Kostenkurve II in Abb. 5.8). So ist z. B. die mindestoptimale Ausbringungsmenge für Zement verhältnismäßig gering, eine Produktion unterhalb dieses Niveaus bringt jedoch signifikante Stückkostennachteile mit sich. Umgekehrt verhält es sich bei Kühlgeräten. Die (stückkostenbezogene) mindestoptimale Betriebsgröße ist relativ hoch, ein Produzieren unterhalb dieses Niveaus aber wenig nachteilhaft. Selbst bei einer 60 % geringeren Ausbringungsmenge sind noch keine besonders bedeutsamen Kostennachteile vorhanden (Scherer und Ross 1990).

Die exakte Ermittlung der mindestoptimalen Betriebsgröße und des Stückkostenverlaufs ist aufwendig und übersteigt häufig die Möglichkeiten eines einzelnen Betriebes. Sind keine allgemeinen Daten verfügbar, so lassen sich zumindest für den etablierten Anbieter doch anhand der eigenen Betriebsgröße und entsprechender gedanklicher Betriebsgrößenvariation die relevanten Tendenzen in den Stückkosten zumindest grob schätzen. Der potenzielle Neuanbieter ist dagegen auf Branchenkenner angewiesen; nicht selten bieten Unternehmensberatungen solches Branchenwissen an.

Die meisten Analysen beziehen sich primär auf **produktionsbedingte Skalenerträge** (Fixkostendegression, geringere Inputkosten, größere und effizientere Aggregate usw.). Größenvorteile resultieren aber auch aus anderen Bereichen, wie Aufbau eigener Abteilungen für Forschung und Entwicklung, Marktforschung, Public Relations, Rechtsberatung, ferner die Errichtung eigener Vertriebssysteme, die Durchsetzung besserer Finanzierungskonditionen oder die Unterhaltung eigener Lobbyisten. Solche Aktivitäten setzen häufig eine erhebliche Mindestgröße und -finanzkraft voraus.

Größenersparnisse besonderer Art sind die sogenannten Verbundersparnisse. Sie liegen vor, wenn zwei (oder mehrere) verschiedene Produkte (bei gleichen Mengen) von einem Unternehmen kostengünstiger als von zwei (oder mehreren) separaten Unternehmen erstellt werden können (Teece 1980; Oster 1999, S. 186 ff.). Ursache dafür sind unter anderem Einsatzfaktoren mit Kollektivguteigenschaften (z. B. Image, Grundlagenforschung) oder verschieden nutzbare Aggregate. Kostenvorteile von Mehrproduktunternehmen sind nur dann keine Marktschranke, wenn die Neuanbieter über dieselbe kosteneffiziente Produktpalette verfügen wie die etablierten Anbieter. Es sollte klargestellt werden, dass der Verbund unterschiedlicher Produkte keineswegs immer Vorteile erbringt, in vielen Fällen haben wir auch – bedingt durch höhere Koordinationskosten – disecomonies of scope (vgl. etwa Cummins et al. 2010).

Auf ganz anders geartete Verbundeffekte verweisen Katz und Shapiro (1985), nämlich auf die sog. positiven **Netzwerkexternalitäten**. Gemeint ist damit folgender Zusammenhang: Der Nutzen, den ein Abnehmer aus einem gekauften Gut zieht, steigt mit der Zahl der Personen, die ebenfalls dieses Gut nutzen. So hängt z. B. der Nutzen eines Sozialen Netzwerks (Facebook, Xing usw.) davon ab, dass andere ebenfalls dieses Netzwerk nutzen. Oder: Der Nutzen des Eintritts in einen Automobilclub steigt überproportional mit der Zahl der Mitglieder. Große Netze haben Vorteile gegenüber kleineren und benachteiligen damit potenzielle Neuanbieter, wobei bei der Größe auch zu differenzieren ist. Bei **Sozialen Netzwerken** ist nicht die Zahl der Mitglieder als solche relevant, sondern in erster Linie die Zahl der „peers", also wie hoch die Wahrscheinlichkeit ist, dass man viele Gleichgesinnte in einem Netzwerk findet (Lin und Lu 2011).

Insgesamt gilt es allerdings zu sehen, dass die betriebsgrößenoptimale Betrachtungsweise – sieht man einmal von den Netzwerkexternalitäten ab – eine rein kostenbezogene ist, die die Leistungsseite ganz ausklammert; insofern ist die Höhe der daraus folgenden Eintrittsbarrieren zu relativieren. Immer dann, wenn die Abnehmer einen Preisaufschlag eines Neuanbieters akzeptieren (aus Qualitäts-, Image- oder sonstigen Gründen), tritt die Bedeutung der Betriebsgröße als Eintrittsbarriere zurück (Oster 1999, S. 65 f.). Gleiches gilt für strategische Nischen, die zumeist einen Markteintritt mit einer suboptimalen Betriebsgröße erlauben (siehe dazu auch die Ausführungen zur Wettbewerbsstrategie unter Abschn. 5.5.2).

(2) **Umstellungskosten der Abnehmer:** Eine weitere, häufig schwer überwindbare Eintrittsbarriere stellen die sogenannten Umstellungskosten dar. Unter Umstellungskosten versteht man die einmaligen Kosten, die dem Abnehmer entstehen, wenn er von einem Anbieter zu einem anderen wechselt (Porter 2013, S. 62). Dazu zählen z. B. Kosten für neue Werkzeuge oder neue Zusatzausrüstungen (z. B. Auto), Schulungskosten (z. B. Software), Qualitätstest-Kosten, Produktveränderungs-Kosten usw. Entstehen dem Abnehmer hohe Umstellungskosten, wird er nur bereit sein zu wechseln, wenn das neue Produkt entsprechende Preisvorteile bietet. Mit anderen Worten, je höher die Umstellungskosten, umso höher sind aufgrund der dann erforderlichen Preisnachlässe die Eintrittsbarrieren. Hier kommen auch wieder die oben schon erwähnten positiven Netzwerkexternalitäten ins Spiel. Gehört ein Abnehmer einem großen Netzwerk mit den dargestellten Komplementaritäten an, so steigen die Umstellungskosten schnell so stark an, dass ein Wechsel gar nicht mehr in Betracht gezogen wird (später dann unter Umständen auch gar nicht mehr möglich wird, wie etwa im Fall des Videoformates VHS, dazu Cusumano et al. 1992). In der neueren Literatur werden **switching costs** differenziert nach prozeduralen Umstellungskosten, die primär einen Verlust an Zeit und Mühe bedeuten, monetären Umstellungskosten (z. B. durch messbaren Mehraufwand) und relationalen Umstellungskosten, die auf emotionale Verluste verweisen, wie zum Beispiel die Preisgabe geschätzter persönlicher Beziehungen, Untreue bis hin zu Identitätsverlusten (Burnham et al. 2003).

Je nach Lage des Falls können die anderen Quellen von Markteintrittsbarrieren von ebensolcher oder noch höherer Wirkung sein: hohe Käuferloyalität durch

Produktdifferenzierung, beschränkter Zugang zu Vertriebskanälen, hohe absolute Kostennachteile für „Spätkommende" oder hoher Kapitalbedarf (z. B. Neugründung einer Bank).

Ob umgekehrt geringe Eintrittsbarrieren jedoch tatsächlich, wie bisher unterstellt, zu einem schnellen Zutritt neuer Anbieter führen, hängt von weiteren Faktoren ab, so z. B. der Vergeltung, die potenzielle Neuanbieter von den etablierten Anbietern erwarten. Müssen sie davon ausgehen, dass dem Eintritt heftige Reaktionen seitens der Konkurrenten folgen, etwa in Form von **Kampfpreisen** („predatory pricing"), **Verdrängungswettbewerb** mithilfe von extrem vergünstigten Konditionen oder Druck auf die Lieferanten, den potenziellen Neuanbietern schlechtere Konditionen zu gewähren, kann dies trotz positiver Gewinnaussichten den Markt versperren.

Wesentliche Bestimmungsfaktoren für das **Vergeltungspotenzial** sind (Kuester et al. 1999; Oster 1999, S. 76 ff.):

- die **Vergeltungshistorie** des Marktes (Sind Vergeltungsmaßnahmen in dem Geschäftsfeld die Regel?),
- die **Finanzkraft** der etablierten Anbieter (Wie stark können die Vergeltungsmaßnahmen ausfallen und wie lange können diese durchgehalten werden?),
- hohe **Marktaustrittsbarrieren** (Wie hoch ist das eingegangene Commitment, d. h. wie hoch sind die sunk costs, und wie rasch kann der Markt ohne allzu große Einbußen wieder verlassen werden?).

Ferner zeigt sich, dass die Vergeltungshärte und -wahrscheinlichkeit auch mit dem **Markt-Lebenszyklus** variiert. In der Wachstumsphase wird der Markteintritt in der Regel weniger hart sanktioniert als in späteren Phasen, wenn Markteintritte in jedem Falle mit Umsatzeinbußen der etablierten Wettbewerber verbunden sind. Wenn ein Markt bereits unter Überkapazitäten leidet, muss der Neuanbieter mit besonders harten Vergeltungsmaßnahmen rechnen (Liebermann 1987a, b), weil die etablierten Wettbewerber unter Zugzwang stehen: „Fixkosten schreien nach Auslastung!"

In vielen Fällen wird sich die etablierte Firma aber auch dadurch vor dem Eintreten neuer Anbieter schützen, dass sie den Preis soweit senkt, bis ein Eintritt für diese nicht mehr rentabel erscheint. Für diesen Weg ist die Kenntnis des sogenannten **Limit-Preises** notwendig. Das ist jener Preis, bei dem die Erlöschancen aus dem Eintritt gerade den erwarteten Kosten entsprechen, die dem Neuanbieter entstehen (Salop 1979).

Die bisherigen Ausführungen haben den Markteintritt neuer Anbieter primär als strategische Bedrohung thematisiert, McCann und Vroom (2010) verweisen allerdings auf die Möglichkeit, Markteintritt für etablierte Anbieter auch positiv zu sehen. Zentrales Argument sind potenzielle Agglomerationseffekte, die für die etablierten Anbieter Vorteile erbringen, etwa in Form von einer breiteren Ressourcenbasis (Zulieferer haben Größenvorteile und können zu geringeren Preisen anbieten; Produktionsexternalitäten), Kostenvorteile durch Kooperation in der Produktion, Verbundeffekte im Vertrieb usw. Dies verweist auf eine kooperativere Perspektive in der Strategieplanung.

2. Abnehmer

Den Abnehmern kommt in der strategischen Analyse in vielerlei Hinsicht eine zentrale Rolle zu: Marktabgrenzung, neue Bedürfnisse, Kaufverhalten etc. Im Rahmen der strategischen Marktanalyse werden sie primär als **Wettbewerbskraft** analysiert, die mehr oder weniger stark die Rentabilität der Geschäftsfelder befördern kann. Anknüpfungspunkt ist die Verhandlungsstärke der Abnehmer. Das können Konsumenten, industrielle Abnehmer oder auch (Groß- und Einzel-)Handelsunternehmen sein.

Die Verhandlungsstärke der Abnehmer bestimmt sich in den meisten Fällen durch die folgenden Bedingungen (Porter 2013, S. 61 ff.):

- **Konzentrationsgrad der Abnehmergruppe.** Obgleich der Konzentrationsgrad der Anbieter häufig höher liegt als der der Abnehmer, gibt es doch viele Märkte, in denen die Abnehmer eine beträchtliche Konzentration erreichen. In manchen Fällen gibt es nur einen oder zwei große Abnehmer in einem Markt. Im Extremfall steht einem Abnehmer eine Vielzahl von Anbietern gegenüber („Monopson").
- **Anteil an den Gesamtkosten der Abnehmer.** Die Intensität, mit der die Abnehmergruppe die Preisverhandlungen führt und auf Preisunterschiede reagiert, hängt ferner wesentlich davon ab, welche Bedeutung sie dem Einkauf beimisst. Entfällt auf das betreffende Produkt ein großer Anteil am gesamten Einkaufsbudget, so wird der Abnehmer härter verhandeln als bei nur geringem Anteil.
- **Standardisierungsgrad.** Standardisierte Produkte stärken die Position der Abnehmer; sie können sich immer sicher sein, einen **alternativen Lieferanten** zu finden und gewinnen dadurch Verhandlungsspielraum. Umgekehrt verhält es sich bei stark differenzierten Produkten. In solchen Fällen sind bereits die Umstellungskosten der Abnehmer bei einem Lieferantenwechsel gewöhnlich so hoch, dass nur eine stark abgeschwächte Preiselastizität der Abnehmer vorliegt (Quasi-Monopol bei Produktdifferenzierung). **Umstellungskosten** senken generell die Verhandlungsmacht der Abnehmer.
- **Bedeutung des Produkts für die Qualität des Abnehmerprodukts.** Wenn die Qualität des Abnehmerprodukts sehr sensibel auf Inputveränderungen reagiert, so stärkt dies die Position des Anbieters; Abnehmer sind eher geneigt, höhere Preise zu akzeptieren.
- **Informationsstand der Abnehmer über die Situation der Anbieter.** Die Verhandlungsstärke der Abnehmer steigt gewöhnlich auch in dem Maße, in dem sie über ihre Faktormärkte informiert sind, d. h., dass sie das Nachfragevolumen, die Kostenstruktur der Anbieter, die Beschaffungssituation u. Ä. kennen.

Die Einschätzung der Verhandlungsstärke sollte jedoch differenziert gesehen werden; in der Regel ist die **Abnehmerschaft keine homogene Gruppe**, sondern es ist nach verhandlungsstärkeren und -schwächeren Segmenten zu unterscheiden.

3. Lieferantenanalyse

Analog zur Abnehmeranalyse, nur eben aus dem umgekehrten Blickwinkel, kann die Ermittlung der **Verhandlungsstärke** der Lieferanten erfolgen. Starke Lieferanten können durch überhöhte Preise oder durch verminderten Service die Attraktivität eines Marktes erheblich beeinträchtigen. Ein Beispiel für die Verschiebung der Lieferantenmacht durch eine Konzentration im Abnehmermarkt gibt Kasten 5.3.

Kasten 5.3

Rossmann setzt Lieferanten unter Druck

„Die Schlecker-Insolvenz verschiebt die Macht im Drogeriemarkt. Die ehemaligen Kunden des Ex-Marktführers suchen bei der Konkurrenz vor allem günstige Produkte. Rossmann will seinen Lieferanten daher nun Preisnachlässe aufzwingen.

Der deutsche Drogeriemarkt ist in Bewegung. Seit der Schlecker-Pleite versuchen die Konkurrenten sich jeweils ein möglichst großes Stück vom Markt zu sichern. Etwa vier Milliarden Euro Umsatz hatte Schlecker vor der Insolvenz gemacht – diese Käufer gehen jetzt in neue Drogeriemärkte. Die haben nach dem Verschwinden von Schlecker eine bessere Marktposition gegenüber den Lieferanten.

Rossmann, der zur Nummer zwei in Deutschland aufgestiegen ist, versucht nun Druck auf seine Lieferanten auszuüben. Das Unternehmen will die Einkaufspreise um bis zu zehn Prozent senken. Das geht aus einem Brief von Rossmann an die Hersteller hervor, über den das Handelsblatt berichtet.

Die Reaktion bei den Adressaten des Schreibens ist geteilt. Einige zeigten sich entsetzt: Weitere Senkungen würden die Existenz mancher Hersteller bedrohen, sagte ein Lieferant dem Handelsblatt. Schon im vergangenen Jahr seien zusätzliche Kosten entstanden, nachdem Rossmann eine verbindliche Qualitätskontrolle eingeführt habe. Gemeinsam mit anderen Herstellern wolle man sich nun gegen die Forderung wehren."

Quelle: www.sueddeutsche.de. Zugegriffen am 18.10.2012

---

4. Substitutionsprodukte

Substitutionsprodukte sind Produkte **anderer Märkte**, die der potenzielle Abnehmer subjektiv mit dem Produkt des zu analysierenden Geschäftsfeldes in eine Äquivalenzbeziehung stellt (Porter 2013, S. 60). Die exakte Bestimmung von Substitutionsbeziehungen ist wegen ihres wesentlich subjektiven Charakters schwierig. Zur Ermittlung der Marktattraktivität gehört also auch die Suche nach solchen Produkten anderer Märkte, die für den Abnehmer eine vergleichbare **Funktion** wie das Produkt der in Frage stehenden Anbieter erfüllen. Der Funktionsvergleich kann auf unterschiedlichen Ebenen erfolgen. Wichtig ist der Fokus auf den **Verwendungszusammenhang der Abnehmer** und ihre subjektive

Einschätzung, dass hier eine Austauschbarkeit gegeben ist. Beispiele: Heizöl und Solarzellen; Butter und Margarine; Lebensversicherung und Immobilienfonds.

Die Existenz von Substitutionsprodukten begrenzt das Gewinnpotenzial eines Geschäftsfelds, sie stellen eine Art externe Konkurrenz dar. Bei Substitutionsprodukten ist die **Kreuzpreiselastizität** immer positiv; wird also der Preis für Gut A angehoben, so vergrößert sich (ceteris paribus) die Nachfrage nach dem Substitutionsgut B. Das bedeutet, dass Substitutionsprodukte eine unsichtbare Preisobergrenze ziehen und den Preisspielraum des fokalen Marktes eingrenzen, und zwar umso stärker, je höher die Kreuzpreiselastizität ist. Substitutionsbeziehungen relativieren die Marktstrukturen, selbst hoch konzentrierte Märkte können durch Substitutionsprodukte einen starken Preisdruck erfahren.

Für die Beurteilung der zukünftigen Marktattraktivität ist vor allem wichtig zu wissen, wie sich das Preis/Leistungs-Verhältnis der Substitutionsprodukte entwickeln wird und ob (zum Zeitpunkt der Analyse) erhebliche Preisspielräume bei den Anbietern der Substitutionsprodukte bestehen. Schließlich ist auch bedeutsam zu ermitteln, ob und ggf. welche Möglichkeiten bestehen, die erlebte Attraktivität des Ersatzproduktes zu senken. Ferner interessiert auch die generelle Substitutionsneigung der Abnehmer (Risikobereitschaft, emotionale Bindungen usw.).

5. **Rivalität unter den Konkurrenten**

Der Wettbewerb in einem Geschäftsfeld kann mehr oder weniger intensiv geführt werden. Dies hängt keineswegs nur von der Zahl der Anbieter, sondern vor allem auch von den Verhaltensmaximen der Wettbewerber ab. Darüber hinaus gibt es eine Reihe von **strukturellen Faktoren**, die eine stark ausgeprägte Rivalität unter den Wettbewerbern als wahrscheinlich erscheinen lassen und damit die Branchenprofitabilität negativ beeinflussen (Oster 1999, S. 30 ff.).

Hier ist an erster Stelle die **Marktsättigung** zu nennen. Ist das Wachstumspotenzial eines Marktes weitgehend erschöpft, so wird die Konkurrenz um Umsatzsteigerungen zum **Nullsummenspiel**. Mit anderen Worten, in der Wachstumsphase ist die Wettbewerbsintensität gewöhnlich geringer als in der Sättigungsphase. Dieser Aspekt verstärkt sich bei **Homogenität** der Produkte, bei gleichermaßen hohen Fixkostenanteilen und bei begrenzter Mobilität. Letzteres wird unter dem Stichwort **Marktaustrittsbarrieren** analysiert (McAfee et al. 2004).

Marktaustrittsbarrieren sind – wie bereits angeklungen – Faktoren, die Unternehmen bewegen, Anbieter in einem Markt zu bleiben, selbst dann, wenn die Preise unter die Rentabilitätsschwelle sinken (Caves und Porter 1976). Bestimmungsfaktoren sind in erster Linie Kosten, die durch Desinvestition entstehen (wie z. B. Abbruchkosten, Umsiedlungskosten, Sozialpläne, Konventionalstrafen) und andererseits Einbußen (Buchverluste), die durch mangelnde Liquidierbarkeit der Anlagen entstehen (z. B. wegen hoher Transportkosten oder hohen Spezialisierungsgrades: „Asset specifity"). Es gehören aber auch emotionale Faktoren dazu wie Familientradition, befürchteter Reputationsverlust für andere Geschäftsfelder oder Angst vor sozialen Sanktionen.

6. Industrielle Beziehungen und der Staat als Wettbewerbsfaktoren

Der Staat nimmt in vielfacher Weise Einfluss auf den Wettbewerb. Neben allgemeinen gesetzlichen Schranken (z. B. „Gesetz gegen unlauteren Wettbewerb", „Gesetz gegen Wettbewerbsbeschränkungen" oder Patentrecht), die ja bereits bei der globalen politischen Umwelt angesprochen wurden, gibt es direkt auf das Geschäftsfeld bezogene Einflüsse, deren Bedeutung im Rahmen der Geschäftsfeldanalyse zu erfassen ist. Zu denken ist hier zum einen an die **Marktregulierung**, z. B. in Form von Preiskontrollen, Mindestreserven, Importschranken oder Exportverboten. Die Marktregulierung wirkt sich häufig dämpfend auf die Marktattraktivität aus (vgl. dazu Kasten 5.4), kann aber durchaus auch attraktivitätssteigernd sein (z. B. Zulassungsquoten oder Monopolschutz). Zum anderen sind hier wettbewerbsfördernde Staatseingriffe zu nennen, wie etwa das „Telekommunikationsgesetz", das „Postgesetz" oder das „Energiewirtschaftsgesetz". Sie sind in der Regel zur Intensivierung des Wettbewerbs gedacht und führen daher (ceteris paribus) zu einer Senkung der Branchenprofitabilität. Erinnert sei in diesem Zusammenhang an die De-Regulierung des Telekommunikationsmarktes.

Kasten 5.4

Deregulierung

„Deregulierung ist Politik der Marktöffnung. Durch sie werden spezielle Regulierungen beseitigt, die der Staat oder – mit dessen Einverständnis – Verbände und berufsständische Organisationen zugunsten bestimmter Gruppen von Erwerbstätigen eingeführt haben, z. B. Beschränkungen des Marktzugangs und -austritts (offene Märkte), Preis- und Mengenvorschriften und zwingende Vertragsgestaltungen. Hinzu kommen gezielte Freistellungen vom generellen Kartellverbot und Sonderstellungen für öffentliche Unternehmen. Solche speziellen Eingriffe in die Gewerbefreiheit sind ökonomisch nur dann gerechtfertigt, wenn ein Markt- oder Wettbewerbsversagen vorliegt. Das ist u. a. der Fall bei positiven oder negativen „externen Effekten" der Produktion und im Konsum, bei „öffentlichen Gütern", bei „natürlichen" Monopolen und bei „Informationsasymmetrien" (ungleicher Informationsstand) zwischen Vertragsparteien. Ohne Regulierung käme es hier zu Fehlentwicklungen. In der Realität sind Marktunvollkommenheiten dieser Art eher selten. Einzelne Regulierungen wirken oft harmlos, aber in der Summe werden sie zu einem Problem, weil sie Verkrustungen und Ineffizienzen sowie ein überhöhtes Kostenniveau in der Volkswirtschaft erzeugen, die das wirtschaftliche Wachstum lähmen und die Erwerbs-und Beschäftigungschancen der Menschen verringern.

In Deutschland war bis in die neunziger Jahre hinein etwa die Hälfte der Wirtschaft, besonders im Bereich der Dienstleistungen, mehr oder weniger streng durchreguliert. Für den Arbeitsmarkt gilt das auch heute noch (kollektiver Flächentarifvertrag, überzogene Schutzrechte für Arbeitnehmer, weitreichende Mitbestimmungsregelungen in den Unternehmen und entsprechend groß sind die Funktionsstörungen mit einer hohen

Dauerarbeitslosigkeit im Gefolge. In den vergangenen Jahren sind in verschiedenen Bereichen Regulierungen abgebaut worden, meist im Zusammenhang mit der Vollendung des europäischen Binnenmarkts. Der Telekommunikationssektor, der Luftlinienverkehr und die Stromwirtschaft sind markante Beispiele.

Bei einer Deregulierung geht es nicht immer darum, bestehende Regulierungen ganz abzuschaffen; mitunter reicht es, Regulierungen zu mildern oder zu modifizieren. Abzubauen sind die Regulierungen, wo sie überflüssig geworden sind oder von Anbeginn an waren und wo der Regulierungszweck die gesamtwirtschaftlichen Kosten, insbesondere die Allokationsverzerrungen, offensichtlich nicht rechtfertigt. Von einer Deregulierung kann man sich gesamtwirtschaftlich betrachtet fünf nachhaltige Vorteile versprechen:

Erstens belebt, wie es im Volksmund so treffend heißt, Konkurrenz das Geschäft. Alle Produzenten, die ja Gewinne machen wollen, werden sich anstrengen müssen, die Produktivität in den Betrieben zu erhöhen und Kosten und Preise zu senken sowie attraktive Waren und Dienstleistungen auf den Markt zu bringen.

Zweitens führt der vergrößerte Spielraum für eine lohnende Wirtschaftstätigkeit dazu, dass die Produktion zunimmt. Diese Mehrproduktion schlägt sich in einer Mehrnachfrage nach Arbeitskräften nieder.

Drittens erlauben flexible Märkte eine reibungslose Anpassung der Unternehmen und der Arbeitnehmer an die im Zeitalter der Globalisierung und des Internets tief greifenden strukturellen Veränderungen in der Wirtschaft. Ein zügiger Strukturwandel ist wachstumsfördernd und beschäftigungsfreundlich.

Viertens werden die positiven Beschäftigungseffekte von Flexibilisierungsmaßnahmen auf den Gütermärkten verstärkt, wenn auch die Arbeitsmarktordnung liberalisiert wird. Die Tarifvertragsparteien müssen dann stärker darauf achten, dass die Abschlüsse über den Lohn und die sonstigen Arbeitsbedingungen der Höhe und der regionalen und qualifikatorischen Struktur nach marktgerecht und ausreichend differenziert sind; die Einstellungshürden für Arbeitsuchende werden niedriger, Ausweichreaktionen in die Schattenwirtschaft weniger lohnend.

Und **fünftens** können die international mobilen Produktionsfaktoren mit einer attraktiveren Rendite rechnen, wodurch das Land als Investitions- und Produktionsstandort aufgewertet wird; Sachkapital und qualifizierte Fachkräfte wandern zu statt ab, und damit vergrößert sich das gesamtwirtschaftliche Produktionspotenzial."

Quelle: Konrad Adenauer Stiftung, www.kas.de. Zugegriffen am 30.06.2019

Als weitere Faktoren gelten die geschäftsfeldspezifischen industriellen Beziehungen. Sie definieren Rahmenbedingungen für die Regelung der Konflikte zwischen den verschiedenen Interessengruppen, in erster Linie zwischen Arbeitgebern und Arbeitnehmern. Es gibt Branchen mit chronisch schlechten industriellen Beziehungen (Streikhäufigkeit, Misstrauen usw.); sie beeinträchtigen die Attraktivität eines Geschäftsfelds erheblich.

Entwicklung des Geschäftsfelds
Eine strategische Analyse ist nicht nur an der Erfassung der derzeitigen Attraktivität eines Geschäftsfelds interessiert, sondern muss auch Aussagen über die zukünftige Entwicklung

des Geschäftsfelds und seiner Ertragsaussichten machen. Eine exakte Prognose ist hier so wenig möglich wie bei den globalen Umweltfaktoren, weil man einerseits niemals alle relevanten Faktoren, geschweige denn deren zukünftigen Verlauf kennen kann. Und andererseits hängt ja die Entwicklung eines Geschäftsfelds auch davon ab, was die fokale Unternehmung strategisch beschließt und wie die Wettbewerber auf diese Strategie reagieren (zirkuläre Interdependenz). Dennoch werden Entwicklungsaussagen gebraucht, um eine Entscheidungsgrundlage für die zukünftige strategische Ausrichtung des Unternehmens zu schaffen (zunächst unter der Prämisse, dass sich die eigene Strategie nicht ändert). Die Prognose der Geschäftsfeldentwicklung muss auch versuchen, die relevantesten Trends aus der globalen Umweltanalyse einzubeziehen.

Für die Abschätzung der Geschäftsfeldentwicklung ist es sehr wichtig zu sehen, dass die Bedeutung der einzelnen Wettbewerbskräfte im Zeitablauf variiert, d. h., es macht einen großen Unterschied, ob ein sehr junger oder schon ausgereifter Markt Gegenstand der Analyse ist. Um diesen Entwicklungsprozess genauer zu erfassen (und damit der Gefahr einer linearen Fortschreibung der Wettbewerbsstruktur vorzubeugen), wurden **Marktentwicklungsmodelle** vorgelegt. Sie orientieren sich am Lebenszyklus-Konzept, wie es ansonsten vor allem in der Produktanalyse Verwendung findet.

Schon sehr früh hat Heuss (1965, zu neueren Ansätzen vgl. Oster 1999, S. 7 f.) die Dynamik von Märkten untersucht und eine Marktphasentheorie formuliert. Er unterscheidet vier Marktphasen: (1) Experimentierphase, (2) Expansionsphase, (3) Ausreifungsphase und (4) Stagnations-/Rückbildungsphase. Die Abschätzung der Geschäftsfeldentwicklung erfordert demzufolge auch die Lokalisierung der Marktphase und die voraussichtliche Fortbewegung in dem Phasenzyklus. Abb. 5.9 zeigt beispielhaft die Zuordnung einiger Branchen zu den verschiedenen Zyklusphasen. Der Branchenzyklus informiert über die generelle Entwicklungstendenz, einzelne Unternehmen können sich strategisch jedoch durchaus „antizyklisch" verhalten; der Markt bestimmt nur sehr begrenzt die Strategie. Es kommt wesentlich auch auf die **internen Bewegungskräfte** an.

Entstehung	Wachstum	Reife	Alter
Autonomes Fahren	Solarzellen	Stahl	Schiffsbau (Europa)
			Kohlebergbau
Carbontechnik	Elektroautos	Smartphones	Verbrennungsmotoren
junge Branchen	Wachstum/ Reife		schrumpfende Branchen

Abb. 5.9 Branchen in unterschiedlichen Zyklusphasen: Beispiele

Im Hinblick auf die später darzulegende Entwicklung von Strategien wirft die Analyse der Geschäftsfeldstruktur und die Prognose ihrer Entwicklung zwei grundsätzliche Alternativen auf (Hamel 2001):
Soll sich das Unternehmen besser

1. an die vorgefundenen Geschäftsfeldkräfte anpassen
   oder soll es
2. die Geschäftsfeldstruktur zu seinen Gunsten zu verändern suchen?

Diese Grundsatzfrage – wir werden sie später als „Neue Regeln/Alte Regeln?" bezeichnen – sollte ein Unternehmen jedoch erst dann treffen, wenn es seine strategischen Stärken und Schwächen analysiert hat.

5.4 Unternehmensanalyse: Stärken und Schwächen

Die globale und die geschäftsfeldbezogene Umweltanalyse geben ein Bild von den relevanten Kräften des externen Aktionsfelds und ihrer mutmaßlichen Entwicklung. Aufgabe des nächsten Analyseschritts ist die **Ermittlung der internen Ressourcensituation**, um dann aus der Gegenüberstellung der externen Kräfte und der internen Stärken und Schwächen geeignete Strategiealternativen formulieren zu können.

Aufgabe der strategischen Unternehmensanalyse ist die Beschreibung und vor allem Bewertung der Ressourcenposition des Unternehmens aus strategischer Sicht mit dem Ziel, aus den ermittelten Stärken und Schwächen Ansatzpunkte für die Schaffung eines **strategischen Wettbewerbsvorteils** aufzuzeigen. Die interne Analyse hat in jüngerer Zeit stark an Bedeutung gewonnen. Standen zunächst die Marktstrukturen und -prozesse im Vordergrund („Market Based View"), so sind es heute vor allem die Unternehmensressourcen, die das Zentrum des Interesses bilden („Resource Based View").

Die Unternehmensanalyse hat die strategische Einschätzung der eigenen Ressourcen zum Gegenstand; sie kann dies jedoch angemessen nur in Relation zur Ressourcenausstattung der Wettbewerber tun. Ob eine Ressourcenausstattung oder bestimmte Fähigkeiten eine Stärke darstellen, lässt sich nicht absolut bestimmen; dies hängt vielmehr entscheidend von den Ressourcen und Fähigkeiten der wichtigsten Konkurrenten ab. Die Beurteilung der eigenen Ressourcen und Fähigkeiten unter strategischen Gesichtspunkten ist daher nur in Bezug auf tatsächliche oder potenzielle Konkurrenten sinnvoll möglich.

Die Stärken- und Schwächenanalyse darf allerdings ihren Fokus nicht nur auf das bestehende Geschäftsfeld lenken; sie soll auch dazu dienen zu bestimmen, inwieweit Ressourcen und Fähigkeiten des Unternehmens geeignet sind, Zukunftsmärkte zu erschließen oder in neue Märkte einzutreten. Letzteres stellt bereits den Übergang auf eine andere strategische Ebene dar, nämlich die der **Gesamtunternehmensstrategie**. Bei der Diskussion der Kernkompetenzen wird diese Überlappung der Ebenen noch einmal ganz deutlich werden.

Zwar soll die Unternehmensanalyse eine Vielzahl von Aspekten aufgreifen; dennoch kann es nicht ihr Ziel sein, eine vollständige Beschreibung aller Unternehmensressourcen zu geben. Die interne Situation eines Unternehmens ist zwar überschaubarer und besser vorstrukturiert als seine Umwelt; aber auch hier ist die strategische Analyse gezwungen, stark zu selektieren und Analyseprioritäten zu setzen. Die Unternehmensanalyse ist deshalb – ebenso wie die Umweltanalyse – durch eine fortlaufende Setzung von Annahmen (Prämissen) gekennzeichnet, die helfen sollen, das unübersichtliche Informationsfeld bearbeitbar zu machen (wenn auch auf das Risiko fehlleitender Annahmen hin!). Es ist Aufgabe der strategischen Kontrolle, auch hier frühzeitig mit dem Monitoring der Annahmenentwicklung zu beginnen.

In gewissem Sinne ist die Stärken- und Schwächenanalyse der Versuch einer Realitätsdefinition, die weniger einer naturwissenschaftlichen Analyse als vielmehr einer Modellkonstruktion gleicht; allerdings einer Modellkonstruktion mit gewissen visionären Zügen, denn Gegenwart und Zukunft fließen in der Stärken/Schwächen-Analyse zusammen; sie ist immer in erster Linie **Potenzialanalyse** und nicht, wie etwa die Kostenrechnung, historische Ergebnisbeurteilung.

5.4.1 Ebenen der Ressourcenanalyse

Innerhalb der wertschöpfungszentrierten Stärken- und Schwächenanalyse lassen sich drei Ebenen unterscheiden:

1. die Ressourcen im engeren Sinne,
2. die Wertschöpfungsprozesse sowie
3. die übergreifenden Fähigkeiten und Kompetenzen.
   (1) Zunächst einmal sind die Ressourcen des Unternehmens aus einem strategischen Blickwinkel ordnend zu erfassen und zu beschreiben. Von Interesse sind dabei nicht nur die „harten" Ressourcen, wie sie etwa in der volkswirtschaftlichen Differenzierung von Boden, Kapital und Arbeit erfasst werden, sondern ganz wesentlich auch die verschiedenen **intangiblen Faktoren** (Ambrosini 2003), auf denen der betriebliche Leistungsprozess beruht, wie beispielsweise Qualifikationen und Fertigkeiten von Mitarbeitern, nicht kodifizierbares Know-how, Markenimage u. a. (Hall 1992).

Für das Auffinden strategischer Ressourcen, die im Sinne des ressourcenbasierten Ansatzes (Barney 1991; Miller 2003; Adegbesan 2009) einen Unterschied zur Konkurrenz machen und sich daher zum Auf- oder Ausbau von Wettbewerbsvorteilen eignen, ist eine Reihe von Schemata entwickelt worden. Frühe Beachtung hat dabei das Analyseschema von Hofer und Schendel (1978) gefunden, das folgende fünf Arten von Ressourcen unterscheidet: (1) **Finanzielle Ressourcen** (Cashflow, Kreditwürdigkeit etc.), (2) **physische Ressourcen** (Gebäude, Anlagen, Servicestationen usw.), (3) **Humanressourcen**

(Facharbeiter, Ingenieure, Führungskräfte usw.), (4) **organisatorische Ressourcen** (Informationssysteme, Integrationsabteilungen usw.) und (5) **technologische Ressourcen** (Qualitätsstandards, Markennamen, Forschungs-Know-how usw.). Dabei werden die finanziellen Ressourcen als Basisressourcen betrachtet, weil sie in einer Privatwirtschaft Voraussetzung für den Einbezug der anderen Ressourcen sind und weil sie das Ende der Ressourcentransformation bilden (Geld-Ware-Geld-Zyklus).

(2) Um das Zusammenwirken der einzelnen Ressourcen und Potenziale in der Realgütersphäre eines Unternehmens zu erfassen, werden sie sodann nach ihrer Stellung im Wertschöpfungsprozess geordnet.

Bekannt geworden ist in diesem Zusammenhang vor allem die von Porter (2014) entwickelte **Wertketten-Analyse**. Er unterscheidet zwischen „**primären**" Aktivitäten, die unmittelbar mit Herstellung und Vertrieb eines Produkts verbunden sind, und „unterstützenden" Aktivitäten, die Versorgungsleistungen für die primären Aktivitäten und vor allem deren Steuerung zum Gegenstand haben (vgl. Abb. 5.10).

Die **primären Aktivitäten** werden hiernach für einen Industriebetrieb prototypisch untergliedert in:

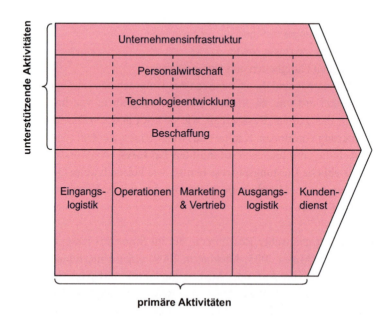

Abb. 5.10 Die Wertkette (gezeigt am Prototyp eines Industriebetriebs). (Quelle: Porter 2014 (modifiziert), S. 66)

5.4 Unternehmensanalyse: Stärken und Schwächen

- **„Eingangslogistik"**; darunter werden alle Aktivitäten verstanden, die den Eingang, die Lagerung und Bereitstellung von Betriebsmitteln und Werkstoffen (Roh-, Hilfs- und Betriebsstoffen) betreffen.
- **„Operationen"**; darunter sind alle Tätigkeiten der Produktion zusammengefasst (Materialumformung, Zwischenlager, Qualitätskontrolle, Verpackung usw.).
- **„Ausgangslogistik"**; darunter werden alle Aktivitäten zur Auslieferung der Produkte (Fertiglager, Transport, Auftragsabwicklung usw.) verstanden.
- **„Marketing und Vertrieb"**; darunter sind alle Aktivitäten der Werbung, Verkaufsförderung, Außendienst, Preisbestimmung, Wahl der Vertriebswege etc. zusammengefasst.
- **„Kundendienst"**; d. h. alle Tätigkeiten, die ein Unternehmen zur Förderung des Einsatzes und der Werterhaltung der verkauften Produkte anbietet.

Die primären Aktivitäten werden von den sekundären Aktivitäten übergreifend unterstützt und gesteuert:

- **„Beschaffung"** bezeichnet alle Einkaufsaktivitäten; *jede* der primären Wertaktivitäten benötigt Inputs, deshalb ist die Beschaffung als Querschnittsaktivität ausgewiesen.
- **„Technologieentwicklung"**; hierzu zählen alle Aktivitäten, die sich mit Produkt- und Verfahrensverbesserung beschäftigen: Qualitätssicherungsverfahren, Bürokommunikation, Instandhaltungsverfahren usw.
- **„Personalwirtschaft"**; hierzu gehören alle Aktivitäten, die den Produktionsfaktor Arbeit betreffen, also Personalbeschaffung, Einstellung, Weiterbildung, Beurteilung, Entlohnung usw.
- **„Unternehmensinfrastruktur"**; dazu zählen alle Aktivitäten der Gesamtgeschäftsführung: Rechnungswesen, Planung, Finanzwirtschaft, Außenkontakte, Informationssysteme usw. Diese Aktivitäten lassen sich im Unterschied zu den anderen sekundären Aufgaben nicht mehr aufspalten und einzelnen Wertaktivitäten zuweisen, sie gelten für die ganze Kette (= Gemeinkosten!).

Abb. 5.11 zeigt als Beispiel die Wertkette eines Kopiergeräteherstellers.

Jedes Unternehmen hat im Prinzip eine eigene Wertkette; deshalb besteht der erste und wichtigste Schritt in der Ressourcenanalyse darin, die Wertkette zu definieren, d. h. die betrieblichen Aktivitäten zu relevanten Kategorien von Wertaktivitäten zusammenzufassen. Es ist darauf hinzuweisen, dass sich die Wertkette keineswegs mit der Organisationsstruktur eines Unternehmens decken muss. Bei der Erstellung der Wertkette kommt es vor allem darauf an, die zentralen Wert schaffenden Aktivitäten transparent zu machen.

Die Wertketten-Analyse beschränkt sich jedoch nicht nur auf das Unternehmen selbst, sondern versucht darüber hinaus, die Nahtstelle zu vor- und nachgelagerten Wertketten herauszuarbeiten.

Für die Bestimmung strategischer Handlungsmöglichkeiten kommt dieser grenzüberschreitenden Betrachtungsweise große Bedeutung zu, weil oftmals die unternehmensübergreifende

		Unternehmensinfrastruktur		
Personal- wirtschaft	Einstellung Ausbildung	Einstellung Ausbildung	Einstellung Ausbildung	Einstellung Ausbildung
Technologie	Komponen- tenaus- legung Auslegung des Montage- bandes	Maschinen- auslegung Prüfver- fahren Energiema- nagement	Entwicklung des Informations- systems	Marktforschung Verkaufsunter- stützung technische Literatur	Bedienungs- anleitungen und Kunden- dienst
	Auslegung des automatischen Systems				
Beschaffung		Material Energie elektr./ elektron. Teile	andere Teile Hilfs- und Betriebs- stoffe	Computerdienst- leistungen Transportdienst- leistungen	Dienstleistungen von Werbeagenturen Hilfs- und Betriebs- stoffe Reisen und Verpflegung	Ersatzteile Reisen und Verpflegung
	Material- eingang Eingangs- prüfung Teilebereit- stellung	Teiletransport Komponentenfertigung Montage Feinabstimmung Erprobung Instandhaltung Betrieb der Anlage	Auftrags- abwicklung Versand	Werbung Verkaufsförderung Außendienst	Reparaturdienst Ersatzteillieferung
	Eingangslogistik	Operationen	Ausgangslogistik	Marketing & Vertrieb	Kundendienst

Abb. 5.11 Die Wertkette eines Kopiergeräteherstellers. (Quelle: Porter 2014, S. 79 (modifiziert))

5.4 Unternehmensanalyse: Stärken und Schwächen

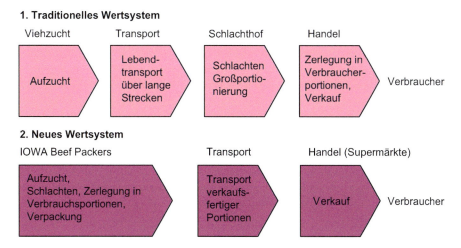

Abb. 5.12 Alternative Wertketten in der Fleischverarbeitung. (Quelle: in Anlehnung an Porter 2014, S. 155)

Neuordnung von Wertaktivitäten den Ansatzpunkt bildet für die Entwicklung eines strategischen Wettbewerbsvorteils. Ein Beispiel für eine derartige strategisch relevante Reorganisation der Wertaktivitäten gibt Abb. 5.12. Aus einstmals drei bis vier eigenständigen Wertketten entstand hier eine neue integrierte Wertkette. In anderen Beispielen liegt der Vorteil dagegen in der Verkürzung der Wertkette. Die Ausgliederung ganzer Teilprozesse wird in Erwägung gezogen, um die Kernprozesse kostengünstiger oder auch flexibler zu gestalten (vgl. z. B. Greaver 1999). Das strategische „Outsourcing" im Sinne einer Reduzierung der Wertkette ist heute zu einem Geschäftszweig vieler Beratungsgesellschaften geworden.

Im Allgemeinen existieren für einzelne Branchen **typische Wertkettenstrukturen**, doch können auch innerhalb einer Branche erhebliche Unterschiede in der Ausgestaltung des Wertschöpfungsprozesses einzelner Unternehmen beobachtet werden. Der strategische Reiz der Analyse liegt ja gerade in diesen – potenziellen – Unterschieden, die Heterogenität bildet die Basis für die Bildung von Wettbewerbsvorteilen.

Die Wertkette konzentriert sich auf die realwirtschaftliche Leistungssphäre, allerdings interessiert auch die parallel laufende Wertumlaufsphäre und hier vorrangig neben der Finanzkraft die (übergreifenden) Kostenstrukturen.

Gewöhnlich wird eine strategische Kostenstrukturanalyse als Kostenträgerrechnung – gegebenenfalls anhand ausgewählter repräsentativer Produkte – durchgeführt oder, falls dies aufgrund der Leistungsstruktur nicht möglich ist, geschäftsfeldbezogen. Zu ermitteln ist dabei jeweils der wertmäßige Faktorverbrauch jeder einzelnen Wertaktivität.

Entscheidend für die strategische Aussagefähigkeit der Kostenstrukturanalyse ist, dass die Auffächerung der Wertaktivitäten nicht zu mechanisch, sondern entscheidungsrelevant erfolgt und die wichtigsten Kostenblöcke nicht in Globalkategorien (wie z. B. Produktion) verschwinden. Das klassische Instrumentarium der Kostenrechnung ist hierzu oftmals nur bedingt geeignet, da es zur Verrechnung der Gemeinkosten lediglich Schlüsselungsverfahren bereithält; nachdem mittlerweile in vielen Unternehmen die Gemeinkosten 50 % und mehr der Gesamtkosten ausmachen, kann dies zu erheblichen Verzerrungen bei der Bestimmung der Stückkosten führen. Nicht zuletzt deshalb stoßen seit einiger Zeit Verfahren der **Prozesskostenrechnung** (Activity based costing) auf ein breites Interesse (Horváth et al. 1993; Kaplan und Cooper 1999). In diesen Verfahren wird versucht, die Kosten einzelner Teilschritte des Wertschöpfungsprozesses, wie etwa Auftragsabwicklung, Arbeitsvorbereitung, Logistik, die bisher über die Produkte geschlüsselt wurden, prozessbezogen zu bestimmen, und erst dann produktbezogen zu verrechnen.

Insgesamt ist es Ziel der Kostenstrukturanalyse, jene Faktoren zu identifizieren, die die Kosten der Leistungserbringung im Unternehmen maßgeblich bestimmen. Sie werden allgemein als **„Kostentreiber"** bezeichnet. Zugleich bilden die hier gewonnenen Daten aber auch eine griffige Basis für Vergleiche mit Wettbewerbern.

(3) Lange Zeit hat die Ressourcenanalyse ihre Betrachtung in erster Linie auf die konkreten Einzelaktivitäten im Wertschöpfungsprozess gerichtet. Erst später wurde verstärkt versucht, das Augenmerk auch auf die hinter diesen Prozessen liegenden **System-Fähigkeiten** im Sinne intangibler Ressourcen zu richten. Gemeint sind z. B. spezifisches Know-how, Steuerungs- und Koordinationskompetenzen oder Unternehmenskultur, also Potenziale, die das Unternehmen als Ganzes im Laufe der Zeit ausgebildet hat.

Es geht dabei nicht so sehr um einzelne herausragende Fähigkeiten spezieller Mitarbeiter oder Teams, sondern um das Zusammenwirken verschiedener Fähigkeiten, unternehmensspezifisches Wissen wie auch unternehmenskulturell verankerte Prozesse. Unter ganz bestimmten Bedingungen werden solche die Wertkettenaktivitäten *übergreifenden Fähigkeiten* in der neueren Strategielehre auch **„Kernkompetenzen"** genannt (Prahalad und Hamel 1990; Eden and Ackermann 2010) (vgl. hierzu die ausführliche Diskussion weiter unten).

Das Konzept der übergreifenden Fähigkeiten lenkt die Aufmerksamkeit auf das Zusammenwirken der verschiedenen betrieblichen Ressourcen, und zwar unternehmensweit, also auch über die Grenzen der verschiedenen Geschäftsfelder hinweg.

Für diese Fähigkeiten gilt, wie für die Ressourcenanalyse generell, dass ihre strategische Relevanz, insbesondere ihr besonderer Charakter erst **im Lichte der Konkurrenz** sinnvoll beurteilt werden kann. Strategisch relevant ist eine solche übergreifende Fähigkeit erst dann, wenn andere Unternehmen nicht eben über eine solche oder eventuell sogar bessere in diesem Bereich verfügen. Im folgenden Abschnitt gilt es daher, näher auf die Identifikation und Bewertung besonderer Ressourcen und Fähigkeiten einzugehen.

5.4.2 Strategische Bewertung der Unternehmensressourcen

Die Bewertung der Unternehmensressourcen erfolgt in erster Linie im Vergleich mit den wichtigsten, aber auch den potenziellen **Konkurrenten**. Dazu wäre es im Prinzip erforderlich, in Analogie zur Analyse der eigenen Ressourcen und Fähigkeiten auch die der wichtigsten Wettbewerber zu untersuchen. Ein solch umfassendes Vorgehen ist indes in der Praxis weder bewältigbar noch ist es überhaupt möglich, ähnlich detaillierte Informationen, wie man sie für das eigene Unternehmen besitzt, auch über die Konkurrenten zusammenzutragen. Man ist dazu gezwungen, selektiv vorzugehen, und zwar sowohl was das Spektrum der einzubeziehenden Daten angeht, als auch was die Zahl der betrachteten Wettbewerber betrifft. Diese Auswahl bedeutet zugleich eine weitere mitlaufende Aufgabe für die strategische Kontrolle.

Als Kriterien für die Auswahl wichtiger Konkurrenten können zum Beispiel herangezogen werden: Marktanteil (der größten Drei), Unternehmenswachstum, Profitabilität etc., wobei die beiden letztgenannten Kriterien vor allem geeignet sind, das Augenmerk auf besonders erfolgreiche Wettbewerber zu richten. Gegebenenfalls sind in der Betrachtung auch potenzielle Neuanbieter, deren Markteintritt als sehr wahrscheinlich gelten kann, einzubeziehen.

Im strategischen Management finden konkurrenzbezogene Ressourcenbewertungen seit einiger Zeit speziell unter der Perspektive des **„benchmarking"** verstärkte Beachtung. Hierunter wird ein systematisierter Abgleich von Ressourcen und Fähigkeiten mit den Branchenführern verstanden (Töpfer 1997; Zdrowomyslaw und Kasch 2002). Die strategische Bewertung der Unternehmensressourcen würde indes zu kurz greifen, wollte sie sich lediglich auf einen solchen quantifizierten Abgleich der Leistungsprofile beschränken. Erforderlich ist es darüber hinaus, die Hintergründe von Leistungsdifferenzen zu erkunden; dazu ist es insbesondere wichtig, die verschiedenen Ausgestaltungen der Wertschöpfungsprozesse wie auch einzelner Wertaktivitäten zu kennen. Das Benchmarking drängt auf Homogenität („Lernen von den besten"), das genuine strategische Management drängt dagegen auf Wettbewerbsvorteile durch Heterogenität. Kennzeichen eines nachhaltigen strategischen Wettbewerbsvorteils ist ja gerade, dass andere Unternehmen mit ihren spezifischen Ressourcen und Fähigkeiten eine entsprechende Leistung nicht erbringen können; insofern beruhen bestimmte Potenziale auf **Einmaligkeit** und **schwerer Imitierbarkeit**.

Die neuere Strategieliteratur hat zu Beurteilungszwecken mehrere leicht variierende Kriterienkataloge (Barney 1991; Peteraf 1993; Miller 2003). Im sogenannten **VRIN**-Katalog müssen im Wesentlichen folgende vier Bedingungen erfüllt sein, damit Ressourcen und Fähigkeiten die Basis eines strategischen Wettbewerbsvorteils bilden können:

1. **Einmaligkeit (rare):** Ressourcen und Fähigkeiten, die viele Unternehmen besitzen, können nicht Grundlage von Wettbewerbsvorteilen werden, wie gut sie auch immer im Einzelnen sich ausprägen mögen. Strategisch denken heißt nach der Differenz zu suchen. Beispiele für knappe Ressourcen wären etwa Standorte im Handel, Brunnenrechte, Mobilfunklizenzen u. Ä. Strategisch noch relevanter sind i. d. R. knappe Humanressourcen, Managementsysteme oder organisationale Fähigkeiten und Kompetenzen.

2. **Eingeschränkte Imitierbarkeit (inimitable):** Eine sehr spezifische Ressourcenausstattung ist jedoch wettbewerbsstrategisch nur soweit Erfolg versprechend, wie sie nicht imitiert werden kann. Generell gilt, dass die Imitierbarkeit sinkt, wenn die betreffenden Ressourcen die folgenden Merkmale erfüllen:
   - Kausal unverstanden (ein spezielles Ergebnis lässt sich immer wieder beobachten oder herstellen, ohne dass die Bezüge geklärt sind; z. B. Kunsthandwerk oder Beratungsleistungen, die auf Erfahrung beruhen),
   - historisch gewachsen (Zusammentreffen spezieller Ereignisse/gemeinsame Erfahrung bei der Erschließung von Auslandsmärkten usw.) und
   - sozial komplex (Entstanden aus dem vielfältigen Zusammenwirken verschiedener Personen und Gruppen).

Das heißt zugleich, dass sich diese Ressourcen einer vollständigen Beschreibung und Durchdringung – und damit eben einer (allzu schnellen) Imitation – entziehen. Es handelt sich um Ressourcen, die auf den Faktormärkten nicht erworben werden können.

3. **Fehlende Substituierbarkeit (non-substitutable):** Analog zur eingeschränkten Imitierbarkeit muss auch gewährleistet sein, dass die in Frage stehenden Ressourcen nur schwer durch andere ersetzt werden können. Lassen sich die fraglichen Leistungen auch durch andere (nicht so seltene) Ressourcen erzielen, werden die Konkurrenten diese Ressourcen erwerben und einsetzen.
4. **Wert (valuable):** Schließlich müssen die betreffenden Ressourcen wertvoll sein in dem Sinne, dass sie der Unternehmung auch tatsächlich die Entwicklung und Umsetzung einer effektivitätssteigernden Strategie ermöglichen. Es gibt zahlreiche, sehr spezielle, schwer imitierbare und nicht substituierbare Ressourcen, die aber nicht zum strategischen Einsatz und zur Wertsteigerung taugen.

In jüngeren Publikationen (Barney und Hesterly 2009) wird vorgeschlagen, den Prüfkatalog in **VRIO** umzuändern. Dabei wird im Wesentlichen das Kriterium: „Non-Substitutability" ersetzt durch das Kriterium „Organization" (= O). Gemeint ist damit die Fähigkeit und die Bereitschaft eines Unternehmens, das Potenzial seiner Ressourcen auch tatsächlich zu nutzen: „Is a firm organized to exploit the full competitive potential of its resources and capabilities?" (S. 81).

Die Entdeckung von Asymmetrien im Sinne strategischer Ressourcen – in vielen Fällen handelt es sich um Kompetenzen (Schreyögg und Kliesch-Eberl 2007) – ist nicht immer einfach. Häufig besitzen Unternehmen solche Ressourcen, ohne sich darüber bewusst zu sein oder sie explizit benennen zu können. In solchen Fällen ist die Ressourcenanalyse im Wesentlichen eine **Suchaufgabe**. In anderen Fällen besitzen Unternehmen solche Ressourcen, nutzen sie aber nicht für strategische Zwecke. Es ist dann die Aufgabe der strategischen Planung nach geeigneten Gelegenheiten zu suchen, diese Ressourcen wertschaffend einzusetzen. Insgesamt ist es wichtig zu erkennen, dass sich strategische Ressourcen häufig ungeplant entwickeln und erst in einem späteren Stadium überhaupt als Fähigkeit oder Kompetenz wahrgenommen werden (vgl. hierzu das Beispiel in Kasten 5.5). Diesen evolutorischen Charakter dieser Fähigkeiten und Kompetenzen gilt es zu bedenken, wenn sie zum Gegenstand der strategischen Ressourcenanalyse gemacht werden.

Kasten 5.5

Shana Corp.
Shana war ein kleines neu gegründetes Softwareunternehmen. Aus einigen Entwicklungsprojekten in Kombination mit interessanten Firmenaufträgen war im Laufe der Jahre eine Erfolg versprechende Spezial-Kompetenz entstanden. Ursprünglich unterschied sich das Können von Shana nicht wesentlich von dem seiner Konkurrenten. Aber auf Basis der speziellen Aufträge und der Leute, die man eingestellt hatte, erwarb sich Shana eine spezielle Kompetenz in der Entwicklung von forms completion Software, die auf verschiedenen Betriebssystemen einsetzbar war. Erst langsam wurde sich die Geschäftsleitung dessen bewusst, dass Shana bestimmte Aufträge besser und/oder preisgünstiger als die Konkurrenz erledigen kann und dass es den Wettbewerbern schwer fällt, diese Fähigkeiten bei sich selbst aufzubauen. Parallel dazu entwickelten die Entwickler immer weitere Spezialfähigkeiten, die sich gut untereinander ergänzten. Den Entwicklern machte es immer mehr Spaß, diese Spezialkenntnisse in gemeinsamen Projekten zur Geltung zu bringen, so entstand ein immer größerer Teamgeist.

Das Shana-Management griff diese Entwicklung intuitiv auf und bildete Kooperationsroutinen und Anreizsysteme aus. Man begann auch, sich immer stärker auf Kunden zu konzentrieren, die genau solche Fähigkeiten suchten, wie sie sich bei Shana immer deutlicher herausformten. Das waren typischerweise Kunden, die zwei verschiedene Betriebssysteme verwendeten, aber eine einheitliche Formularsoftware wollten. Diese Konvergenz zwischen dem Fähigkeitsprofil und dem Zielmarkt verstärkte sich über eine spezifische Personalauswahl und Trainingsprogramme. Das alles vollzog sich schrittweise und nicht so gezielt, wie es sich rückblickend darstellt. Erst nach einer gewissen Zeit hat man festgestellt, dass die Firma Spezialfähigkeiten entwickelt hat, die von den Wettbewerbern nicht so leicht zu imitieren waren, andererseits aber von den Kunden sehr geschätzt wurden. Shana selbst hat nie den Versuch unternommen, die Kompetenzen erfolgreicher Konkurrenten zu imitieren; dazu fehlte schlicht das Geld. Aus heutiger Sicht kann man sagen, hätte man damals die Wettbewerber tatsächlich versucht zu imitieren, läge Shana gewiss Meilen hinter diesen zurück. Man wäre in einem hart umkämpften Markt, der nur mit großem Ressourceneinsatz zu gewinnen ist. Shana aber besetzt mit Erfolg eine interessante Nische.

Shana hatte ein originelles Kompetenzprofil entwickelt, das es erlaubte, einen Wettbewerbsvorteil zu erringen, der von der Konkurrenz nicht so schnell einzuholen ist.

Quelle: nach Miller 2003, S. 965

Es kann aber andererseits auch nicht davon ausgegangen werden, dass jedes Unternehmen über solche Ressourcen verfügt. In diesen Fällen stellt sich die strategische Frage, wie solche Ressourcen aufgebaut werden können.

Es gibt verschiedene Methodiken, um strategische Ressourcen in diesem Sinne zu identifizieren und zu entwickeln (vor allem Miller 2003, S. 966 ff.):

- Experimentieren und Lernen. Nachdem die meisten dieser Ressourcen und Fähigkeiten im Handlungskontext entstanden sind, lassen sie sich häufig auch nur im Handeln erschließen, so z. B. im Ausprobieren unterschiedlicher Lieferwege mit verschiedenen Kunden.
- Sichtung nicht-produktiver Ressourcen. Vorhandene Ressourcen werden aus der strategischen Perspektive neu bewertet und dabei häufig als strategische neu entdeckt.
- Beschreibung und Modellierung von Erfolgspraktiken, um sie systematisch weiter auszubauen. Gerade hier stellt sich in der Praxis die Frage der Attribution des Erfolges als schwierige und auch sehr kontroverse Aufgabe dar. Welche Kompetenzen machen z. B. den phänomenalen Erfolg der BMW Group aus? Die exzellente Motorentwicklung? Das Design? Das Markenmanagement? Der Vertrieb?
- Mit der Ressourcenanalyse ist die strategische Analyse abgeschlossen. Im nächsten Schritt müssen die erarbeiteten Informationen zusammengeführt werden, um einerseits zu beurteilen, ob und inwieweit die gegenwärtige Strategie bzw. das Strategie-Programm zu verändern ist, und andererseits attraktive Strategiealternativen auszuformulieren.

5.5 Strategische Optionen

5.5.1 Gewinnung von Alternativen

Für den weiteren Aufbau der Strategieplanung ist – systematisch gesehen – zunächst einmal das **strategische Problem** zu präzisieren, und zwar durch Gegenüberstellung der Ressourcensituation und der Umweltentwicklung im Lichte der allgemeinen Unternehmensziele. Mit anderen Worten, das analysierende Unternehmen muss sich nun die grundsätzliche Frage stellen, ob die derzeitige strategische Position einer Veränderung bedarf, sei es, weil sie obsolet zu werden droht, sei es, weil eine andere Position mehr Erfolg verspricht. In jedem Falle stellt sich die Frage nach einer **möglichen strategischen Neuorientierung**.

Natürlich wird der strategische Planer faktisch nicht erst hier an die zu lösenden strategischen Probleme denken. Aus der Entscheidungsprozessforschung ist hinreichend bekannt, dass Informationsaufnahme, Problemstellung und Problemlösung meist in einem Zuge erfolgen und nicht linear, sondern zyklisch abgearbeitet werden. Die hier gewählte lineare Gliederung des strategischen Entscheidungsprozesses ist künstlich und dient lediglich didaktischen Zwecken, um Logik und Hilfsmittel für die einzelnen Phasen klarer darstellen zu können.

Die Frage, auf welche Weise eine strategische Neuorientierung gewonnen werden kann, hat die Unternehmensplanung lange Zeit dem nicht weiter erkundbaren Bereich der **Kreativität** und der **unternehmerischen Inspiration** zugewiesen. Aus der strukturierten

Datenaufnahme heraus sollten auf die jeweilige historisch-spezifische Situation bezogene Alternativen generiert werden (Andrews 1987).

Dieses einzelfallbezogene Verständnis der Alternativengewinnung gerät heute mehr und mehr in den Hintergrund. An seine Stelle trat zunächst die diametral entgegengesetzte Idee der **„Normstrategie"**. Man suchte nach empirischen Gesetzmäßigkeiten strategischen Erfolgs, um daraus **universelle** Erfolgsstrategien ableiten zu können. Zu dieser Entwicklungsphase der strategischen Planung zählen die viel zitierte Portfolio-Analyse und das sogenannte PIMS-Programm; beide werden unten – allerdings nur noch als heuristisches Instrument – kurz erläutert.

Derartige Bemühungen, Normstrategien aus empirischen Quasi-Gesetzmäßigkeiten zu gewinnen, stießen und stoßen jedoch auf nahezu unüberwindliche praktische und methodische Schwierigkeiten. Strategisches Handeln gehorcht nicht naturgesetzmäßigen Verlaufsformen. Strategische „Gesetze" (Invarianzen) sind nur von kurzer Dauer, neue Strategien setzen sie bald außer Kraft (Mintzberg et al. 1998, S. 112 ff.).

Am sinnvollsten erscheint es, weder dem einen, noch dem anderen Ansatz zu folgen, sondern einem dritten Weg den Vorzug zu geben, dem Optionsansatz. Dies bedeutet, dass man auf die orientierende Kraft von Normstrategien nicht verzichtet, sie jedoch nicht mehr als zwingende Konsequenz, sondern als grundsätzliche Option betrachtet. Normstrategien helfen, den Raum möglicher Optionen vorzustrukturieren. Sie sollten aber nicht das einzelfallbezogene Denken gänzlich verdrängen, denn dieses Denken ist es gewöhnlich, das den Weg für neue, bislang unbekannte Optionen („entrepreneurship") freischlägt.

Strategische Optionen sind grundsätzlich nach den zwei essentiellen Strategieebenen zu differenzieren, also nach der Gesamt-Unternehmensebene und der Geschäftsfeldebene.

5.5.2 Strategische Optionen auf der Geschäftsfeldebene

Für die Entwicklung einer Wettbewerbsstrategie sind vielfältige Aspekte relevant und beachtungsbedürftig. Vor allen Detailproblemen stehen jedoch **drei Grundfragen**, auf die jede Wettbewerbsstrategie eine Antwort geben muss (in Teilen nach Porter 2013, S. 73 ff.):

1. Wo soll konkurriert werden? (Ort des Wettbewerbs)
2. Nach welchen Regeln soll konkurriert werden? (Regeln des Wettbewerbs)
3. Mit welcher Stoßrichtung soll konkurriert werden? (Schwerpunkt des Wettbewerbs)

(1) **Ort des Wettbewerbs**

Die erste Frage ist auf die verschiedenen Möglichkeiten der **Marktabdeckung** gerichtet. Wo soll das Unternehmen in Wettbewerb treten? Ist es vorteilhafter, eine Strategie für den ganzen Markt zu wählen oder die Ressourcen (Stärken) auf ein Segment zu konzentrieren? Grundsätzlich geht es also um die Entscheidung, ob der **Kernmarkt** oder eine **Nische** (Teilmarkt) als Ort des Wettbewerbs gewählt werden soll. Die Begrenzung auf einen Teilmarkt ist immer dann sinnvoll, wenn ein Unternehmen aufgrund seiner speziellen

Stärken sein Ziel hier besser erreichen kann als bei einer Betätigung auf dem Gesamtmarkt. Die Konzentration auf eine Nische kann unter Umständen höhere Erträge erbringen als die Bedienung des Gesamtmarktes. Die Nische kann sich durch eine Kundengruppe definieren (z. B. italienische Restaurants als Abnehmer von speziellem Gemüse), durch eine (außergewöhnliche) Produktlinie (z. B. nur Artischocken statt eines ganzen Gemüsesortiments) oder durch ein geografisches Segment (z. B. thailändisches Gemüse in Island).

Die Entscheidung für eine **Nische** bedeutet immer den **Verzicht** auf potenziell mögliche Umsätze. Nischenstrategien versprechen vor allem dann Erfolg, wenn die Anbieter des Kernmarktes aus strukturellen Gründen (Fertigungstechnologie, Vertriebssystem, Instandhaltungsorganisation usw.) die Nische nicht ohne weiteres auch mit bedienen können. So tun sich z. B. die großen Fluggesellschaften sehr schwer, den kleinen Regionalluftverkehr in ihr Angebot einzubeziehen. Es fehlt nicht nur an geeignetem Fluggerät, der ganze Apparat ist auf den großzahligen Flugverkehr ausgerichtet (Personalorientierung, Verwaltung, Wartung usw.). Ein weiteres Beispiel für eine von Kernmarktanbietern schwer erschließbare Nische gibt Kasten 5.6. Entsprechend profitabel sind denn auch die meisten Nischenanbieter.

Kasten 5.6

Nische: Japanische Klingen

„In Sakai reiht sich Werkstatt an Werkstatt, aber der kleine Ort, eine Autostunde von Osaka entfernt, ist nicht das einzige Messerzentrum Japans. Seki in der Bergwelt der Gifu-Präfektur gilt als härtester Konkurrent. Dort schmieden Messerkünstler die in Deutschland begehrte Kasumi-Kollektion. Auf diese High-End-Geräte schwören Kochgrößen wie Eckart Witzigmann, Jean Claude Bourgueil und Karlheinz Hauser. Auch in den USA, Frankreich und in Russland greifen Küchenchefs zu diesen Messern. ‚In Frankreich benutzen sieben von den Top-Zehn der Gastronomieszene unsere Kasumi-Messer', freut sich Katsumi Sumikawa, Juniorchef der Firma Kasumi. Sein Handwerksbetrieb stellt zehn verschiedene Sorten her, mit einer Stückzahl von jeweils 700 bis 1000 im Monat.

Vor allem die Spitzen-Kasumis sind mittlerweile so begehrt, dass selbst berühmte Kunden ein halbes Jahr warten müssen. Die Klingen bestehen aus V-Gold No. 10 Carbon-Stahl. Wie bei den edlen Doi-Schneidegeräten zeigt sich auf der Klinge das Damaszener-Muster aus vielen gefalteten Stahlschichten. Für Kasumi arbeiten rund zehn Meister, von denen allerdings zumindest im Ausland bisher keiner eine solche Prominenz wie Keijiro Doi erreicht hat.

Mit der Berühmtheit dieses Meisters möchte Anbieter Aoki künftig einen noch besseren Schnitt machen. ‚Bei exzellentem Marketing können wir für die aufgelegte Doi-Spezial-Serie offenbar mehrere tausend Euro pro Messer erzielen', sagt Takahiro Aoki, Juniorbesitzer und Geschäftsführer in Sakai.

‚Ein japanisches Messer', sagt Deutschlands größter Importeur Christian Romanowski, ‚ist der Ferrari der Küche – gnadenlos scharf, etwas zickig und teuer'. Sein Unternehmen führt schon seit 20 Jahren japanische Küchenmesser ein, die heute in Deutschland einen Marktanteil von rund sieben Prozent halten."

Quelle: Wirtschaftswoche 2004, Nr. 37: 96–99

Zu beachten ist, dass nicht jeder kleine Anbieter automatisch ein Nischenanbieter ist; auch viele kleine Anbieter konkurrieren im Kernmarkt (z. B. TAP Portugal im weltweiten Luftverkehr).

Was die Beständigkeit anbelangt, ist jede Nischenstrategie grundsätzlich – wie jede andere Strategie auch – erosionsbedroht. Die strukturellen Vorteile können aufgrund von Verschiebungen in den Funktionen verschwinden – z. B. Flexibilisierung der Fertigungstechnologie, die es auch dem Großhersteller erlaubt, Kleinserien rentabel zu produzieren, oder neue Vertriebsformen –, oder aber die Nischenattraktivität wird so groß, dass neue Anbieter – eventuell autonom agierende Teileinheiten eines Großanbieters (ventures) – in die Nische eintreten. Umgekehrt besteht die Gefahr, dass sich die anvisierte Nische als zu klein erweist, um rentabel bedient werden zu können. Dieser Fall findet sich z. B. häufig bei regionalen Nischenstrategien (der Designer-Laden in der Kleinstadt).

(2) **Regeln des Wettbewerbs**

Die zweite Frage bezieht sich auf die **Geschäftsfeldstruktur** und führt zu der Grundsatzentscheidung, ob der Geschäftsfeldstruktur in ihrer derzeitigen Form gefolgt oder ob eine Veränderung der Wettbewerbsregeln angestrebt werden soll.

Die konservative Strategie betrachtet die Geschäftsfeldstruktur als **gegeben** und sucht nach einer **optimalen Platzierung** des Unternehmens in dem gegebenen Kräftefeld des Wettbewerbs unter Berücksichtigung der je spezifischen Stärken und Schwächen.

Im Unterschied dazu versuchen die **Veränderungsstrategien**, die herrschenden Regeln des Marktes zu überwinden. Dies kann mithilfe von **Macht** geschehen, indem die Geschäftsfeldstruktur zu eigenen Gunsten verändert wird (z. B. Konzentration durch Übernahme von Wettbewerbern).

Eine Strukturveränderung kann aber auch durch die innovative **Umkehrung und Neudefinition** der Regeln des Marktes initiiert werden. Derartige Markt-Innovationsstrategien stellen meist darauf ab, die kritischen Erfolgsfaktoren eines Geschäftsfelds neu zu gewichten oder neue Erfolgsfaktoren (etwa durch eine bislang unbekannte Ressourcenkombination) hinzuzufügen. Zu erinnern ist hier etwa an das schwedische Möbelhaus IKEA, das mit seiner neuartigen Kombination der Wertaktivitäten die Regeln des Möbelmarktes (damals) neu formuliert hat. Andere Beispiele sind Internet-Versicherungen, der Internet-Versandhändler amazon corp. oder CNN im Fernsehmarkt (ein weiteres Beispiel zeigt Kasten 5.7). Es liegt in der Natur der Sache, dass „neue" Regeln altern und irgendwann einmal zu „alten" Regeln werden. Dies betont einmal mehr den dynamischen Charakter der strategischen Analyse und die Bedeutung gleichlaufender strategischer Kontrollen, die den Alterungscharakter von neuen Regeln früh zu signalisieren haben.

Kasten 5.7

DAZN revolutioniert die Sport-Fernsehwelt

„Ein Gewerbegebiet in Ismaning, 20 Kilometer nördlich von München. In einem grauen Gebäude hat der Internet-Streamingdienst DAZN seine Deutschland-Zentrale. In den Großraumbüros sitzen junge Männer vor ihren Bildschirmen, viele von ihnen tragen Kapuzen-Pullis. Die Wände sind mit riesigen Fotos von Fußballstars wie Lionel Messi und Mesut Özil tapeziert, neben ihnen sind Pass- und Zweikampfstatistiken abgebildet. In der Ecke des Raumes steht eine Mini-Tischtennisplatte, daneben stapeln sich Umzugskartons.

‚Unser Ansatz ist radikal anders als der der herkömmlichen TV-Sportsender', sagt Benjamin Reininger, Marketing-Chef von DAZN. Anders als seine Kollegen trägt er ein Hemd und Sakko. ‚Wir sind angetreten, um den Sport zu demokratisieren und im Internet allen verfügbar zu machen', verkündet er.

Reininger vermarktet die neue Sport-Fernsehwelt. Für 9,99 Euro im Monat bekommen DAZN-Kunden in Deutschland ein gewaltiges Angebot an Live-Sport-Events, die über das Internet gestreamt werden – auf den Fernseher, den Computer, das Smartphone. Egal wohin, egal wann.

Neben Fußball hat das Start-up US-Sport, Feldhockey, Eishockey und Tennis im Programm. Auch große Kampfsport-Events zeigte der Dienst zuletzt exklusiv. Insgesamt überträgt DAZN rund 8000 Live-Wettbewerbe im Jahr.

DAZN ist das derzeit aggressivste Unternehmen im globalen Sportmarkt. Die Perform Group, die Mutter der Firma, sitzt in London und pumpt Millionen hinein. Vor gut einem Jahr ist der Internet-Anbieter in Deutschland, Österreich, Japan und der Schweiz an den Start gegangen. Und dabei wird es nicht bleiben. DAZN will pro Jahr rund drei bis fünf neue Märkte erschließen.

‚Viele vergleichen uns mit Netflix', sagt DAZN-Chef James Rushton, der das Unternehmen von London aus steuert, ‚aber unser Ansatz ist viel komplexer, weil wir hunderte Live-Events pro Woche zeigen – und nicht nur Archivinhalte.' Doch im Kern ist Rushtons Modell dem von Netflix sehr ähnlich: Genau wie beim Streaming-Giganten aus den USA ist das DAZN-Abo monatlich kündbar und soll sich über die Masse rechnen."

Quelle: www.spiegel.de. Zugegriffen am 29.06.2019

(3) **Schwerpunkt des Wettbewerbs**

Die dritte Frage verweist auf zwei weitere grundsätzliche Optionen, die sich jeder Ausgestaltung einer Wettbewerbsstrategie stellen. Soll das Unternehmen schwerpunktmäßig über (Porter 2013, S. 74)

a) günstige Kosten (Kostenschwerpunktstrategie) oder
b) Leistungsdifferenzierung (Differenzierungsstrategie)

den Wettbewerb bestreiten?

5.5 Strategische Optionen

(a) Die **Kostenschwerpunkt-Strategie** stellt darauf ab, einen Wettbewerbsvorteil durch einen **relativen Kostenvorsprung** zu erreichen. Die strategischen Aktivitäten bündeln sich um das Ziel, niedrigere Kosten im Verhältnis zu den Konkurrenten zu erzielen. Wie bei der Umwelt- und Ressourcenanalyse bereits deutlich wurde, gibt es viele Quellen für strategische Kostenvorteile.

Orientierte man sich an der lange Zeit sehr populären **„Erfahrungskurve"** (vgl. Kasten 5.8), so müsste die Kostenschwerpunkt-Strategie zwangsläufig auf eine **Strategie der Marktführerschaft** in dem Sinne hinauslaufen, dass nur derjenige Anbieter einen strategischen Kostenvorteil erringen kann, der die größte Mengenerfahrung bzw. den größten Marktanteil hat.

Kasten 5.8

Die Erfahrungskurve
Das Konzept der Erfahrungskurve wurde Mitte der 1960er-Jahre von der amerikanischen Unternehmensberatungsgesellschaft „Boston Consulting Group" (BCG) entwickelt und als Instrument zur Formulierung effektiver Wettbewerbsstrategien propagiert.

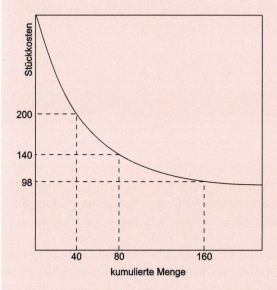

Unter Annahme, dass die Produktionsmenge der Absatzmenge entspricht, verwendet die BCG den Marktanteil als Bestimmungsgröße für die kumulierte Produktionsmenge. Ein hoher Marktanteil indiziert demnach eine große kumulierte Produktionsmenge. Daraus folgt dann, dass das Unternehmen mit dem größten

Marktanteil zugleich mit den günstigsten Stückkosten arbeitet und damit (bei gleichen Preisen) die größten Gewinne erzielt. Der Marktanteil wird so zum alles entscheidenden Wettbewerbsfaktor und zur universellen Erfolgsstrategie:

Größter Marktanteil	→	Höchste kumulierte Menge	→	Geringste Stückkosten	→	Höchste Rentabilität

Das Erfahrungskurvenkonzept ist allerdings auf harsche Kritik gestoßen. Die Haupteinwände sind:

- Das Erfahrungskurvenkonzept kann keine generelle Gültigkeit beanspruchen, da empirisch auch gänzlich andere Kostenverläufe feststellbar sind.
- Die Verwendung von Marktanteilen als Indikator für die kumulierte Menge im Konkurrentenvergleich ist nur auf der Basis unrealistischer Prämissen möglich: homogene Produkte, gleiche Erfahrungsgeschichte, einheitliche Marktpreise für alle Anbieter und gleiche Markteintrittszeitpunkte.
- Das Konzept der Erfahrungskurve ignoriert die Tatsache, dass „Erfahrung" häufig in der Branche (unbeabsichtigt) diffundiert und Konkurrenten somit trotz geringerer Produktionsmengen in ihren Genuss kommen.
- Ferner hat das Erfahrungskurvenkonzept nur für eine gegebene Technologie Gültigkeit; Sprünge in der Entwicklung der Fertigungstechnologie begründen eine neue Erfahrungskurve.
- Die strategische Logik der Erfahrungskurve „verführt" zu Volumenstrategien (und -investitionen) mit der Folge von Überkapazitäten und sinkender Renditen.

Quellen: Henderson 1984; Liebermann 1987a, b; Alberts 1989

Nach der Logik der Erfahrungskurve könnte immer nur ein Unternehmen in einem Markt sinnvoll die Kostenstrategie wählen (so auch der Vorschlag von Porter 2013, S. 74 ff.). Nun ist allerdings heute hinreichend bekannt, dass die Kostenerfahrungskurve keineswegs zwingend ist (vgl. Kasten 5.8). So hat sich z. B. bei der Diskussion der Betriebsgrößenersparnisse (vgl. oben S. 182 f.) mit aller Deutlichkeit gezeigt, dass in vielen Märkten die möglichen Größenersparnisse bei schon relativ kleinen Betriebsgrößen ausgeschöpft sind, und dass in manchen Fällen bei weiterer Ausdehnung der Betriebsgröße sogar die Gefahr von **„diseconomies of scale"** besteht. Aus diesen Gründen sollte die Kostenorientierung unabhängig von einer gleichzeitigen Marktführerschaft als grundsätzliche strategische Option betrachtet werden, deren Vorteilhaftigkeit nur vor dem Hintergrund eines speziellen Anwendungskontextes geprüft werden kann.

Die Kostenschwerpunkt-Strategie bedeutet nicht, dass die Qualität oder andere Differenzierungsgesichtspunkte wie Image, Service usw. völlig vernachlässigt werden können. In der Regel wird im Rahmen einer Kostenstrategie ein **Standardgut** mit durchschnittlicher Qualität und Gestaltung angeboten. Kostenschwerpunkt heißt ferner nicht zwangsläufig Billiganbieter; häufig ist der Kostenführer bestrebt, den Produktpreis nicht zu weit unter den Branchendurchschnitt zu halten, um so zumindest einen Teil des Kostenvorteils abschöpfen zu können. Trotzdem bleibt der primäre Kundennutzen der geringere Preis, denn Kostenvorteile alleine bleiben für den Abnehmer unsichtbar und bieten keinen Grund, das Produkt des fraglichen Unternehmens bevorzugt zu erwerben.

Den Ausgangspunkt für die Erkundung der Möglichkeiten und Grenzen einer Kostenschwerpunktstrategie bilden die Wertkette und eine prozessorientierte Verteilung der Gesamtkosten auf die einzelnen Wertaktivitäten. Anschließend sind die Kostentreiber zu identifizieren (vgl. Abb. 5.13) und die Verbindungen zwischen den Wertaktivitäten (einschließlich der Wertketten der Lieferanten und Abnehmer) im Hinblick auf kritische Kostensenkungspotenziale zu erkunden.

Ergebnis dieser Überlegungen kann eine vollständige Neustrukturierung der Wertkette sein, die – verkürzt oder verlängert – Kostenvorteile ermöglicht. Zu den dabei möglichen Umstrukturierungsalternativen zählen Maßnahmen wie: Just-in-time-Lieferung (Reduktion der Lagerhaltungskosten), strategische Allianzen (Reduktion der Entwicklungskosten), Outsourcing (Vergabe von Wertschöpfungsaktivitäten nach außen zu einem Preis unter den eigenen Herstellungskosten), Insourcing (Hereinnahme von Wertschöpfungsaktivitäten, wenn die eigenen Herstellungskosten unter dem Marktpreis liegen) usw. Prominente Beispiele für eine Kostenschwerpunktstrategie sind Aldi, H&M und Toyota. Häufig wird die Kostenschwerpunktstrategie mit der Volumenstrategie in eins gesetzt; dies ist, weil verkürzend, abzulehnen. Strategische Kostenvorteile sind – wie gezeigt – keineswegs nur über die Betriebsgrößenersparnisse zu realisieren.

Eruierte strategische Kostensenkungspotenziale sind allerdings solange keine Basis für eine Kostenschwerpunktstrategie, wie nicht sichergestellt ist, dass die Wettbewerber nicht über ähnliche oder sogar günstigere Kostenstrukturen verfügen.

(b) Die **Differenzierungsstrategie** – als zweite grundlegende Option des Wettbewerbsschwerpunktes – stellt darauf ab, einen Wettbewerbsvorteil gegenüber der Konkurrenz dadurch zu erzielen, dass das angebotene Gut (Produkt oder Dienstleistung) einen **Besonderheitscharakter** erhält; sei es durch räumliche oder zeitliche Differenzen, durch besonderen Service, durch Qualitätsvariation oder durch Schaffung positiver Assoziationen (Image). Differenzierte Güter sind in gewissem Umfange einzigartige Güter. Ziel der Differenzierung ist es, die **Preiselastizität** der Nachfrage zu senken, um sich einen quasi-monopolistischen Preisspielraum zu schaffen. Selbst bei starken Preisunterbietungen der Konkurrenz soll die Kernnachfrage – und damit die Rendite – erhalten bleiben. Die Nachfrager nehmen in Grenzen den relativ höheren Preis wegen der Einmaligkeit des Produkts in Kauf (**„monopolistische Konkurrenz"**, Chamberlin 1962).

Differenzierung bezieht sich nicht nur auf das Produkt selbst, häufig erweisen sich im Vorhof liegende Faktoren als erfolgreichere Quellen (man denke etwa an die First-Class-Lounges der Fluggesellschaften in den großen Flughäfen). Dies ist vor allem dann wichtig, wenn in reifen Märkten das Produktinnovationspotenzial weitgehend ausgeschöpft

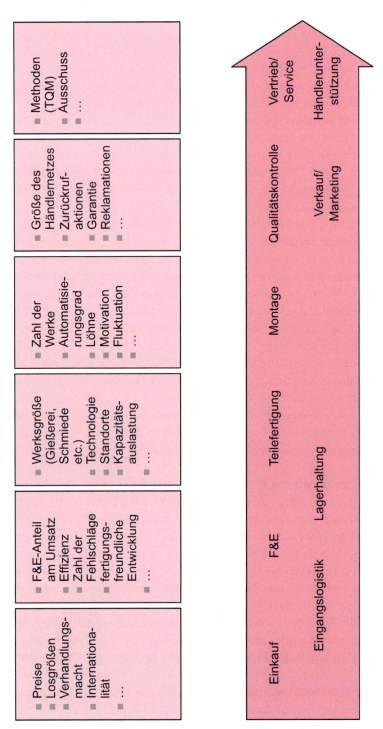

Abb. 5.13 Identifikation von Kostentreibern in der Automobilindustrie. (Quelle: nach Grant 1998, S. 211; Pearce und Robinson 1997, S. 250)

5.5 Strategische Optionen

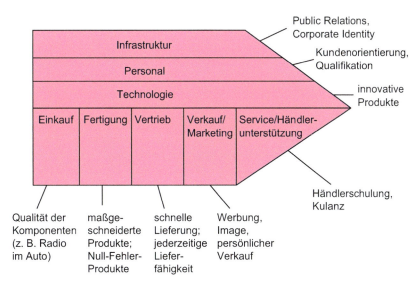

Abb. 5.14 Differenzierungsquellen in der Wertkette. (Quelle: Grant 1998, S. 234 (modifiziert))

ist oder aber das Produkt nur wenig Differenzierungsspielraum bietet. Als Suchraster für potenzielle Differenzierungsquellen kann wiederum die aus der Ressourcenanalyse bekannte Wertkette herangezogen werden (einschließlich der Wertketten vor- und nachgelagerter Unternehmen). Abb. 5.14 zeigt beispielhaft einige Ansatzpunkte.

Generell sind zwei Stoßrichtungen für die Entwicklung von Differenzierungsstrategien zu unterscheiden:

- Senkung der Nutzungskosten und/oder
- Steigerung des Nutzungswerts.

Im **ersten** Fall findet die Einmaligkeit ihren Wert darin, dass das Produkt trotz eines höheren Preises bei einer ökonomischen Gesamtbetrachtung über einen bestimmten Nutzungszeitraum hinweg geeignet ist, die Nutzungskosten des Abnehmers zu senken. So können z. B. durch das Differenzierungsmerkmal „Technische Beratung" die Anlaufkosten bei neuen Aggregaten oder durch fertigungsoptimale Ausgestaltung des (Vor-)Produkts per Saldo die Fertigungskosten beim Abnehmer gesenkt werden. Jeder Qualitätskauf gehorcht im Grunde dieser Logik; man ist bereit, einen höheren Preis zu bezahlen, weil man die längere Nutzungsdauer und die geringere Reparaturanfälligkeit dagegen rechnet. Neuerdings spricht man bei dieser Betrachtungsweise auch von „Total Cost of Ownership" (TCO).

Im **zweiten** Fall wird die Einmaligkeit durch die Schaffung eines Zusatznutzens bewirkt. Typische Quellen für eine solche Differenzierung sind: Kundendienst, Standort, Betriebsgröße (Zahl der Agenturen, internationale Verbindungen usw.), Qualität, Design, Produktpalette etc. Ein bekanntes Beispiel für eine solche Differenzierung ist die Lindt-Schokolade im Süßwarenmarkt oder Bang & Olufson im HiFi-Markt. Kasten 5.9 zeigt ein Beispiel für eine Differenzierungsstrategie, die primär auf Schnelligkeit aufbaut.

Kasten 5.9

Zara: Speed to market als Differenzierungsstrategie

Wenn Jennifer Lopez in einem Aufsehen erregenden neuen Kostüm erscheint, kann man eine Version davon in nicht einmal einem Monat in den Zara-Läden kaufen. Der Eigentümer-Unternehmer Amancio Ortega hat den Markt mit Schnelligkeit revolutioniert. Er hat das Zwei-Saison-Prinzip der Modebranche radikal aufgelöst, beliefert seine mittlerweile rund 7500 Läden (Stand 2019) weltweit zweimal die Woche mit neuer Ware. Auf diese Weise werden so circa 65.000 Modelle pro Jahr (Stand 2019) auf den Markt gebracht – anstelle von den in der Modebranche üblichen einigen hundert Modellen. Man setzt auf Impulskäufe, schnell soll das neue Modell, das es bald schon nicht mehr gibt, erworben werden.

Um das zu ermöglichen, hat Ortega die gesamte Wertkette vom Design bis zur Auslieferung fest im Griff. Von Outsourcing hält der Spanier – gegen den Branchentrend – nicht viel. 50 Prozent seiner Ware lässt er in Galicien nähen. Weitere 40 Prozent werden in der Nähe, vor allem in Portugal und einigen zentraleuropäischen Niedriglohnländern hergestellt. Alle Funktionen stehen unter der direkten Kontrolle des Hauses. Die Läden melden kontinuierlich Absätze und Trends im Käuferverhalten, die dann eine auf Schnelligkeit getrimmte Designabteilung (mit 250 Mitarbeitern), optimierte Fertigungsdurchläufe und eine ausgetüftelte Logistik umsetzen („Demand-pull System"). Sie machen es auch möglich, innerhalb von elf Tagen neue Modetrends in die Läden zu bringen. Die wichtigste Stütze ist die Logistik; ein neues Warensortiersystem in den Absatzlägern kann nicht weniger als 40.000 Einzelstücke pro Stunde bewältigen. Dieses System bringt es auch mit sich, dass die Lagerhaltungskosten geringer sind als in der Modebranche üblich.

Anders als andere Modehäuser gibt Zara wenig Geld für große Werbekampagnen aus. Der Marketingschwerpunkt liegt in den durchgestylten Zara-Läden, die die Ware edel präsentieren und in guter Lage angesiedelt werden, am besten in der Nachbarschaft zu einer Topmarke: in Paris zum Beispiel auf den Champs-Élysées oder in London neben Gucci- und Versace-Läden. Das soll der Marke Exklusivität und ein Nobelimage verleihen. Die Produkte sind im Durchschnitt 30–50 Prozent teurer als beim Billiganbieter H&M.

So schnell wie er mit seinen neuen Modellen auf dem Markt ist, so schnell hat der Spanier aus Léon sein Unternehmen aufgebaut. Anfang der Siebzigerjahre eröffnet er mit Familienmitgliedern eine kleine Näherei. Daraus wird 1975 der erste eigene Modeladen: Zara ist geboren. Heute ist Ortega Präsident und Eigentümer des Textilkonzerns Industrias de Diseño Textil (Inditex) mit Sitz in Arteixo, Galicien.

Zara ist heute eine der weltweit beliebtesten Marken unter jungen Frauen. Das Unternehmen ist inzwischen gemessen am Umsatz zum größten Modeausstatter der Welt aufgestiegen.

> In den sechs Quartalen nach dem Börsengang im Mai 2001 wuchs der Nettogewinn von Inditex über 30 Prozent, obwohl der bescheidene Ortega beim Börsengang nur ein jährliches Wachstum von über 20 Prozent angekündigt hatte. Der Erfolg hält bis heute an. Betrug der Umsatz des spanischen Unternehmens 2011 13,8 Mrd. €, so liegt er für das Geschäftsjahr 2018 bei 26,1 Mrd. € fast doppelt so hoch. Davon entfielen auf die Geschäftsfelder Zara und Zara Home 18 Mrd. €. Das Unternehmen ist weltweit präsent und ist auf allen 5 Kontinenten auch online vertreten.
>
> Quellen: Wirtschaftswoche vom 01.04.2003, Ferdows et al. 2005, New York Times Magazine vom 25.11.2012, www.zara.com. Zugegriffen am 01.07.2019

Erfolgreich kann eine solche Differenzierungsstrategie nur dann sein, wenn der zusätzlich angebotene Nutzen

- für den Kunden **wichtig** ist und
- von dem Kunden tatsächlich als solcher **wahrgenommen** wird.

Ein weiteres Erfolgsmerkmal ist die Imitationsresistenz, d. h., wie leicht die Differenzierung von den Konkurrenten **imitiert** werden kann (so hat sich zum Beispiel der Schnelligkeitsvorteil von Zara, vgl. Kasten 5.9, als nur schwer imitierbar erwiesen). Jede erfolgreiche Differenzierung findet Nachahmer; es muss sich dann erweisen, ob der durch Differenzierung erzielte Wettbewerbsvorteil von dauerhafter Natur ist. Differenzierungsbedingte Eintrittsbarrieren (Kundenloyalität, Werbeaufwand usw.), Pioniervorteile und Patentierungsfähigkeit der Innovation sind dabei wichtige Bestimmungsgrößen (Ghemawat and Rouse 1986; Aaker 1989).

Die Differenzierung eines Gutes ist in der Regel nur mit höheren Kosten möglich (Werbung, Servicepersonal, aufwendiges Design etc.), eine Differenzierung ist deshalb auch nur so lange attraktiv, wie die zusätzlich erzielbaren Erträge größer als die zusätzlichen Aufwendungen für die Differenzierung sind.

Differenzierungs- und **Kostenstrategie** sind von der ökonomischen Logik her **gegenläufig**. Differenzierung verlangt die Erbringung eines zusätzlichen Leistungsangebots und ist daher für gewöhnlich mit einer relativen Verschlechterung der Kostenstruktur verbunden; die Kostenstrategie stellt auf eine Optimierung der Kostenstruktur ab und erlaubt deshalb nur eine durchschnittliche Qualität und Differenzierung. Die Differenzierungsstrategie will dem Preiswettbewerb ausweichen durch Schaffung eines quasi-monopolistischen Spielraumes mit deutlich abgesenkter Preiselastizität der Nachfrage; die Kostenschwerpunktstrategie sucht den Preiswettbewerb auf der Basis der günstigeren Stückkosten.

Unternehmen, die sich scheuen, einen **eindeutigen Schwerpunkt** zu setzen, laufen deshalb in aller Regel Gefahr, zwischen zwei Stühle zu geraten („stuck in the middle" Porter 2013, S. 81 ff.). Sie können weder die großen Mengenabnahmen erreichen, noch exklusive Abnehmergruppen ansprechen. Unternehmen, die sich für keine der beiden Stoßrichtungen entscheiden können, haben deshalb – von Ausnahmen abgesehen – auch eine geringere Rentabilität.

Es wird allerdings immer wieder auf die Vorteilhaftigkeit sogenannte **Hybridstrategien** verwiesen (z. B. Jenner 2000), die beides zusammen verwirklichen sollen, die günstigste Kostenstruktur (also die geringsten Stückkosten) und eine voll entwickelte Differenzierung. Meist wird damit die Behauptung verknüpft, hiermit die Idealstrategie mit der höchsten Rentabilität verfolgen zu können. Die Idee ist zweifellos attraktiv, denn man müsste nun nicht mehr zwischen zwei risikoreichen Alternativen entscheiden, sondern könnte gewissermaßen diese Entscheidung durch Verdoppelung umgehen und damit auch noch die beste Rentabilität erzielen. Es fragt sich allerdings, ob hier nicht Wunschdenken im Vordergrund steht. Wie soll etwa ein Höchstmaß an Service mit einer sehr viel günstigeren Kostenstruktur realisierbar sein, als sie Konkurrenten aufweisen, die deutlich weniger Service anbieten? Oder wie soll eine aufwendige Ladenausstattung im Einzelhandel (z. B. Douglas) mit einer besonders günstigen Kostenstruktur realisiert werden? Häufig werden bei diesen Studien nur Differenzierer untereinander verglichen und die „Kostenführung" wird dem Differenzierer mit den relativ geringsten Stückkosten zugesprochen. In der Logik des Arguments müsste aber bewiesen werden, dass dieses Unternehmen *branchenweit* die günstigste Kostenstruktur aufweist. Es wird ferner übersehen, dass für die Differenzierungsstrategie immer galt: „Wirtschaftliche Differenzierung", d. h. bei sorgfältiger Kontrolle der Kosten, und niemals „absolute Differenzierung". Dasselbe gilt für die Kostenschwerpunktstrategie, auch für sie wurde immer ein Mindestmaß an Differenzierung eingefordert. Ob man diese Erfüllung der jeweiligen Mindeststandards dann als Hybridstrategie bezeichnen soll, ist zumindest fraglich, denn die Idee des Wettbewerbsschwerpunkts bleibt ja bestehen.

Die Möglichkeit von wirklichen Hybridstrategien im Sinne eines doppelten Schwerpunkts (zweifache Zielsetzung) wird wohl auch künftig auf Ausnahmefälle beschränkt, eine Schwerpunktentscheidung aus den bezeichneten Gründen dagegen der Regelfall bleiben. Eine ökonomische Logik für beide Schwerpunkte zugleich gibt es jedenfalls nicht.

5.5.3 Strategieoptionen im Überblick (Geschäftsfeldebene)

Insgesamt spannen die drei Grundfragen strategischer Orientierungen dichotomisch ausgeprägt ein Spektrum von ($2^3 =$) **acht Basisoptionen** auf, die in Abb. 5.15 schematisch als Würfel mit acht Oktanten dargestellt sind. Jeder Oktant stellt eine der Strategieoptionen dar, die sich aus der Beantwortung der drei Grundfragen ergeben. Dies mag ein Beispiel illustrieren:

5.5 Strategische Optionen

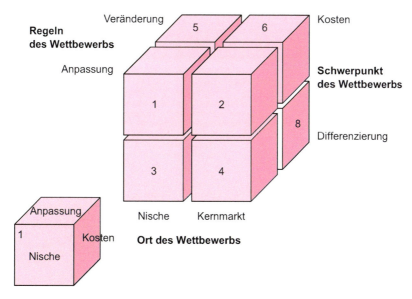

Abb. 5.15 Der strategische Würfel

Die irische Fluggesellschaft Ryanair konnte in den 1990er-Jahren einen hervorragenden Platz im europäischen Luftverkehrsmarkt erobern. Das Unternehmen hatte sich für eine ungewöhnliche Strategie entschieden: Man wollte

- in den Kernmarkt mit
- neuen Regeln
- als Kostenführer

eindringen (Oktant 6).

Markant war die Kombination Kostenführung mit neuen Regeln. Durch eine Neustrukturierung der Wertkette – insbesondere durch eine Neuverteilung der Kostenblöcke – gelang es der Firma – ähnlich wie zuvor Southwest in den USA –, einen signifikanten Kostenvorteil gegenüber der Konkurrenz zu erringen. Dieser Kostenvorsprung ermöglichte es der Firma schließlich, durch massive Preissenkungen einen ansehnlichen Anteil des europäischen Marktes zu erobern. Die wichtigsten Elemente der klassischen Strategie und der Ryan-Strategie im Luftverkehrsmarkt sind in Abb. 5.16 gegenübergestellt.

Die hier erläuterten strategischen Optionen stellen **situationsunabhängige Handlungsorientierungen** – eben Standardstrategien – dar. Welche Option im Einzelfall zu wählen ist, hängt in ganz entscheidendem Maße von den Ergebnissen der Marktstrukturanalyse und der Unternehmensanalyse ab. Wachsende Märkte bieten andere Chancen und Risiken als schrumpfende Märkte. Und ähnlich spielt die Historie des Unternehmens und die damit einhergehende Ressourcenprägung eine erhebliche Rolle: Firmen mit traditionell ungünstiger Kostenstruktur sind in der Regel schlecht beraten, eine Kostenschwerpunktstrategie einzuschlagen.

Wertkette	Reservierung Verkauf	Tarife	Flughafen Lounges	Check-In	Flugbetrieb	Flugnetz	Lodging
American Airlines, Lufthansa	komfortable Reservierung, eigene Verkaufsbüros, Reisebüros	In der Regel hohe Tarife	VIP-Service, Business-Center Gate-Buffets, Jetways	Express-Check-Ins/ (begrenzt) kostenlose Gepäckabfertigung/ Durchchecken des Gepäcks	neue Flugzeuge, viel Komfort, Vollservice	umfassend, auch Nebenstrecken	Reservierungssysteme, eigene Hotels, Spezialtarife
Ryanair	keine Reservierung/ First come-first served	niedrige Einheitspreise	„no frills" Aus- & Einstieg auf dem Rollfeld	Gepäcktransport nur gegen Bezahlung/ kein Durchchecken	nur ein Typ (Boing 737), wenig Komfort/ minimaler Service, kurze Standzeiten	keine Großflughäfen, nur „secondary airports", ausgewählte Strecken	–

Abb. 5.16 Wettbewerbsstrategien im Luftverkehrsmarkt

Ferner gilt es bei jeder Strategiealternative zu bedenken, wie **robust** die damit erzielbaren Wettbewerbsvorteile sind, d. h. wie hoch die Wahrscheinlichkeit ist, dass die erodierenden Kräfte jedenfalls für einen mittleren Zeitraum zurückgedrängt werden können. An erster Stelle ist hier die **Imitierbarkeit** der Strategiekomponenten zu prüfen; dabei spielen die oben bereits genannten Kriterien (historisch gewachsen, kausale Ambiguität, soziale Komplexität) eine herausragende Rolle. Ferner sind Markteintrittsbarrieren, die Rivalitätsintensität, technologische Entwicklungen, strukturelle Änderungen im Käuferverhalten weitere bedeutsame Faktoren, die die Haltbarkeit eines Wettbewerbsvorsprungs mitbestimmen (zu weiteren Aspekten vgl. Ghemawat 1991; Sirmon et al. 2010).

Es sei noch einmal darauf hingewiesen, dass diese strategischen Grundfragen für jedes Geschäftsfeld getrennt und bei neuen Geschäftsfeldstrukturen auch jeweils neu zu stellen sind.

5.5.4 Strategische Optionen auf der Gesamtunternehmens-Ebene

Eine gesonderte Betrachtung der Gesamtunternehmens-Ebene ist nur dann sinnvoll, wenn eine Unternehmung in mehreren Geschäftsfeldern mit je spezifischen Wettbewerbsstrategien konkurriert oder aber, wenn eine Unternehmung ihre Aktivitäten auf zusätzliche Geschäftsfelder ausdehnen will. Die Strategie des Übergangs von nur einem Geschäft zu einer Mehrzahl von Geschäftsbereichen nennt man in der Planungsliteratur **Diversifikation**.

5.5.4.1 Diversifikation
Präzisierend wird unter Diversifikation die Betätigung in einem *neuen*, d. h. von dem betreffenden Unternehmen bislang noch nicht bearbeiteten **Geschäftsfeld** mit einem für das Unternehmen **neuen Produkt** verstanden. Dies bedeutet insbesondere, dass die Diversifikation abzugrenzen ist von (Geschäftsfeld-)Strategien der Markt- oder Produktentwicklung.

Die Diversifikation ist heute eine häufig gewählte Strategie geworden. Von den 500 größten US-amerikanischen Unternehmen waren 1992 ca. 90 % diversifiziert, d. h., sie waren in mindestens zwei nach der Bundesstatistik separaten Branchen tätig. Fast 70 % dieser Unternehmen waren in fünf und mehr Branchen tätig (vgl. genauer Collins und Montgomery 1997, S. 84). Ähnliches wurde für Großbritannien, Japan, Frankreich usw. festgestellt. In Deutschland sind 2012 alle DAX-Unternehmen diversifiziert. Das Ausmaß der Diversifikation variiert über die Zeit, Unternehmen mit einer Vielzahl von Geschäftsfeldern werden aber ganz gewiss auch zukünftig der dominante Typ bleiben. Die Option der Diversifikation ist und bleibt daher zentraler Bestandteil jedes strategischen Managements.

Die vorrangigen Motive für eine Diversifikation sind neben der Rentabilitätssteigerung die Stärkung der Wettbewerbsfähigkeit, Marktreife bisheriger Geschäftsfelder, Risikoausgleich und Einsatz überschüssiger nicht-marktgängiger Ressourcen. Im Zentrum der Analyse aber steht die Erzielung von Synergien („2 + 2 = 5"), d. h. die Schaffung von ökonomischen Vorteilen (Senkung der Stückkosten, Erlössteigerung) durch die gemeinsame Nutzung von Ressourcen, vor allem im Bereich der Forschung und des Verkaufs, aber auch im gesamten Bereich der „sekundären Aktivitäten" (Collins und Montgomery 1997, S. 65 f.).

Möglichkeiten zur Diversifikation gibt es in ganz verschiedenen Formen. In der Strategieliteratur findet sich zu Ordnungszwecken eine Vielzahl von Diversifikationsklassifikationen (Reed und Luffman 1986). Am häufigsten werden Diversifikations-Optionen unterschieden nach:

a) dem Verwandtschaftsgrad mit dem bisherigen Geschäft und
b) der Stellung im Wertschöpfungsprozess.

(a) Die Unterscheidung nach dem **Verwandtschaftsgrad** der Geschäftsfelder fragt, ob und inwieweit das neue Geschäft Verbindungen zum alten Geschäft aufweist. Dabei ist eine Vielzahl von Anknüpfungspunkten denkbar. Es gibt Diversifikationen, die auf der Basis derselben Fertigungstechnologie betrieben werden, auf ähnlicher Produkttechnologie basieren (z. B. chemische Produkte oder Metallwaren) oder die gleichen Vertriebskanäle nutzen. Je enger die Bezüge zum angestammten Geschäft, umso höher ist gewöhnlich das Synergiepotenzial, also die Chance, aus der gemeinsamen Nutzung von Ressourcen Vorteile zu ziehen. Liegt eine deutliche Nähe von altem und neuem Geschäft vor, so spricht man von einer **„verwandten Diversifikation"**.

Beschränken sich die Verbindungen zwischen den einzelnen Geschäftsfeldern dagegen auf allgemeine Verwaltungsfunktionen und finanzwirtschaftliche Beziehungen, liegt eine **unverbundene Diversifikation** vor; man bezeichnet diese auch als **konglomerate Diversifikation**. Als Diversifikationsmotive stehen hier finanzwirtschaftliche und risikopolitische Gesichtspunkte im Vordergrund. Bekannte Beispiele für konglomerat diversifizierte Unternehmen in Deutschland sind die Oetker-Gruppe (vgl. Abb. 5.17) oder die Vorwerk-Gruppe.

Die Beherrschbarkeit und Profitabilität einer konglomeraten Diversifikation oder ganz allgemein von Diversifikationen ist umstritten. Hat man anfänglich neben den Wachstumschancen vor allem die Risikoausgleichsfunktion betont, so wird heute eher auf die Steuerungsprobleme verwiesen, die aus der Komplexität solcher Unternehmen resultieren. „Konzentration auf das Kerngeschäft" oder „Spezialisierung" lautet das derzeit häufig zu hörende Gegenprinzip, also die Empfehlung, sich nur in einem einzigen Geschäftsfeld

GB Nahrungsmittel	GB Bier und alkoholfreie Getränke	GB Schifffahrt
– Dr. Oetker GmbH – Dr. August Oetker Nahrungsmittel KG – Dr. Oetker Food-Service – Martin Braun-Gruppe – Frische Paradiese / Delikatessengroßhandel	– Radeberger Gruppe KG – Radeberger Pilsner – Jever Pilsener – Schöfferhofer Weizen – Selters Mineralwasser – Clausthaler	– Hamburg Süd – Hamburg Süd Liniendienste – Rudolf A. Oetker KG – Aliança Navegação e Logística Ltda.

GB Sekt, Wein und Spirituosen	GB Bank	GB Weitere Interessen
– Henkel & Co. KG – Söhnlein Rheingold GmbH – Fürst von Metternich GmbH – Deinhard KG – Kupferberg GmbH – JWG Johannisberger Weinvertrieb KG – Gorbatschow Wodka KG – Scharlachberg Weinbrennerei	– Bankhaus Lampe	– Atlantic Forfaitierungs AG – Chemische Fabrik Budenheim KG – Oetker Daten- und Informationsverarbeitung KG – Roland Transport KG – Dr. Oetker Verlag KG – Oetker Collection Masterpiece Hotels

Abb. 5.17 Konglomerate Diversifikation: Beispiel Dr. August Oetker-Gruppe. (Quelle: www.oetker-gruppe.de (Stand 2013))

oder allenfalls wenigen ganz eng verwandten Geschäftsfeldern zu betätigen, um Spezialisierungsgewinne zu erzielen. Die empirischen Untersuchungen zur Erfolgsträchtigkeit verwandter/konglomerater Diversifikationen sprechen indessen keine eindeutige Sprache. Das Ergebnisbild wechselt von Studie zu Studie. Meta-Analysen (Palich et al. 2000, Purkayastha et al. 2012) finden noch am ehesten eine kurvilineare Beziehung, d. h., Diversifikationen mittleren Verwandtschaftsgrades waren am profitabelsten; als weniger profitabel erweisen sich Unternehmen mit geringer Diversifikation („single business firms") und solche mit konglomenter Diversifikation, wobei allerdings die insgesamt durch den Diversifikationstyp erklärte Profitabilitätsvarianz nicht mehr als 10 % beträgt. In der Überblicksstudie von Purkayastha et al. (2012) erweist sich dagegen die konglomerate Diversifikation in Schwellenländern als erfolgreicher.

Regressionsanalysen dieser Art zeichnen die Wirkungszusammenhänge sehr vereinfacht und eignen sich damit als Handlungsanleitung für die Strategieentwicklung nur bedingt. Für Letztere müssten – wie in den vorhergehenden Abschnitten ausführlich dargelegt – die Dynamik der betreffenden Märkte, die verschiedenen Positionen in den Märkten sowie die faktische Realisierbarkeit von Synergien bei Diversifikationsschritten mit einbezogen werden. Dass die Ergebnisse nicht so konsistent ausfallen, muss ferner auch deshalb nicht weiter verwundern, wenn man die sehr unterschiedlichen Motive für eine konglomerate Diversifikation in Rechnung stellt. Es macht eben einen sehr großen Unterschied, ob sich ein blühendes Unternehmen zwecks Rentabilitätssteigerung zur Diversifikation entschließt oder ein Unternehmen aus einer schrumpfenden Branche. Der früheren Ruhrkohle AG – um nur ein Beispiel zu nennen – zuzurufen: „Konzentriert Euch auf Euer Kerngeschäft", wäre fast einem Zynismus gleichgekommen. Auch das Beispiel Apple zeigt, wie man unter bestimmten Umständen mit einer konglomeraten Diversifikation (Musikgeschäft) den Unternehmenswert enorm steigern kann. Eine generelle Empfehlung wird dem komplexen Sachverhalt nicht gerecht, auch im unternehmensstrategischen Bereich gibt es keine Normstrategie, sondern nur funktional-äquivalente Optionen. Dementsprechend wird auch zwischen „wertschaffenden" Konglomeraten („Premium Conglomerates") und „wertvernichtenden" Konglomeraten unterschieden, d. h. es handelt sich nicht um die Frage des „ob", sondern um die Frage des „wie".

(b) Die zweite Unterscheidung von Diversifikationen orientiert sich an der **Wertschöpfungsstufe** (vgl. Abb. 5.18). Diversifikationen können in vorgelagerten oder nachgelagerten Wertschöpfungsstufen angesiedelt sein (**vertikale Diversifikation**).

Häufig werden vertikale Integration und vertikale Diversifikation synonym verwendet. Dies ist nur in Ausnahmefällen richtig. Eine **vertikale Integration** ist eine Maßnahme zur Verbesserung der Kostenstruktur oder zur Sicherung der Rohstoff- oder Absatzbasis. Sie wird erst dann und nur dann zur Diversifikation, wenn die Integration (auch) zu einer **selbständigen Markttätigkeit** in einem neuen Geschäftsfeld führt.

Wenn ein Röhrenhersteller ein Stahlwerk erwirbt, um sich einen kostengünstigen Rohstoff zu sichern, so ist dies eine vertikale Integration (z. B. im Zuge der Kostenschwerpunktstrategie). Erwirbt er das Stahlwerk, um sodann als Anbieter auf dem Stahlmarkt aufzutreten, so ist dies eine vertikale Diversifikation. Natürlich ist auch eine Kombination von beiden denkbar. Analog verhält es sich bei der vorwärts gerichteten Diversifikation.

Eine **horizontale Diversifikation** sucht neue Geschäftsfelder auf der vergleichbaren Wertschöpfungsstufe in engerer oder weiterer Distanz zum angestammten Markt (vgl. die Beispiele in Abb. 5.18). Ein bekanntes Beispiel für eine jahrelang betriebene Strategie der horizontalen Diversifikation ist der Douglas-Konzern.

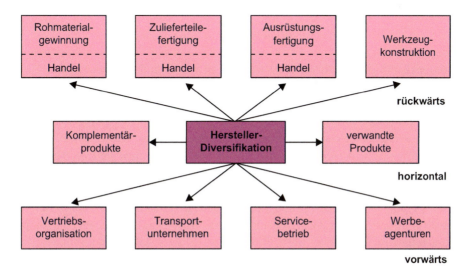

Abb. 5.18 Vertikale und horizontale Diversifikation am Beispiel eines Maschinenbauunternehmens. (Quelle: nach Johnson und Scholes 1993, S. 229)

Eine laterale Diversifikation liegt demgegenüber außerhalb der Wertschöpfungskette des betreffenden Unternehmens und ist auch nicht auf derselben Wertschöpfungsstufe angesiedelt (z. B. eine Restaurantkette diversifiziert in die Urangewinnung). Diese Diversifikationsform entspricht weitgehend der konglomeraten Diversifikation.

Eine geplante Diversifikation kann grundsätzlich auf drei Wegen realisiert werden:

- Akquisition,
- Kooperation oder
- Eigenaufbau.

1. In der Praxis wird mit Abstand am häufigsten der Weg der **Akquisition** beschritten, d. h. es wird eine Unternehmung gekauft, die in dem Ziel-Geschäftsfeld bereits etabliert ist und über das notwendige Markt-Know-how verfügt. In einer Untersuchung von Porter (1987) zu insgesamt 3800 Diversifikationsfällen in den USA hatten Firmen in 2600 Fällen (70 %) diesen Weg gewählt. Es ist dies der am einfachsten und schnellsten zu realisierende Weg; das erforderliche neue Know-how, der Kundenstamm usw. werden gekauft. Die Schwierigkeiten dieses Wegs werden allerdings häufig weit unterschätzt. Nicht selten verhindern die Integrationsprobleme nach dem Kauf die Realisierung jeglicher Synergieeffekte (erinnert sei als Beispiel an die Probleme der BMW AG, Rover zu integrieren). In der eben erwähnten Studie erwiesen sich denn auch nur 35 % der untersuchten 2600 Fälle als erfolgreich.
2. Der Weg des **Eigenaufbaus** („start up") wird wesentlich seltener beschritten (fehlendes Know-how, zu großes Risiko etc.). Dort, wo er allerdings konsequent beschritten wird, hat er eine gute Erfolgsprognose. In der erwähnten Studie waren immerhin 58 % der untersuchten Fälle erfolgreich. Es gibt Unternehmen, die deshalb nur diesen Weg wählen.
3. In jüngster Zeit rückt die **Kooperation oder Allianz** als dritter Weg stark in den Vordergrund, etwa in Form von Lizenznahmen oder Joint Ventures. Eine Kooperation – oft vermieden wegen des Autonomieverlustes – ist vor allem dort aussichtsreich, wo sich zwei separat entwickelte Kompetenzen auf einem neuen Markt zu einem Wettbewerbsvorteil vereinen lassen (z. B. Forschungs- und Vertriebskompetenz). Die Erfolgsquote in der erwähnten Untersuchung lag bei 50 %. Dem Kooperationsweg wurde in den letzten Jahren unter den Stichworten „strategische Allianz" oder „strategische Netzwerke" verstärkte Aufmerksamkeit zuteil. Im Vordergrund steht die Idee, dass auf diesem Wege Leistungspotenziale zusammengeführt werden können, die durch Akquisition nicht erreichbar und durch Eigenaufbau nur sehr schwer und langwierig aufzubauen sind (Sydow 1992; Mellewigt 2003; Lunnan und Haugland 2008). Bisweilen ist es aber auch politischer Wille („local content") oder der Mangel an Kapital, der eine Kooperation erforderlich macht.

5.5.4.2 Portfolio-Strategien

Hat sich eine Firma zur Diversifikation entschlossen, so stellt sich auf Unternehmensebene ein neues strategisches Problem, nämlich wie die vorhandenen Ressourcen auf die verschiedenen Geschäftsbereiche verteilt und wie das Verhältnis der Geschäftsbereiche zueinander strategisch bestimmt werden soll. Zur Fundierung dieser gesamtstrategischen Entscheidungen sind die vorübergehend sehr populären Portfolio-Modelle entwickelt worden.

Portfolio-Modelle unterstützen das Management von diversifizierten Unternehmen bei der strategischen Führung, indem sie einerseits einen **Maßstab** definieren, der einen Vergleich der unterschiedlichen Geschäfte erlaubt, und andererseits eine **generalisierte** Beschreibung der strategischen Situation anbieten, in der sich die individuellen Analysen zusammenfassen lassen.

Die damit zwangsläufig einhergehende Vereinfachung ermöglicht es zwar einerseits, die komplexe strategische Gesamtführungsaufgabe auf ein bearbeitbares Format zu bringen, birgt aber auf der anderen Seite aufgrund der geradezu dramatischen Simplifizierung zahlreiche Risiken, die sorgfältig zu beachten Aufgabe eines jeden strategischen Prozesses sein muss, der sich dieses Instruments bedient.

Basis aller Portfoliokonzepte ist die Beschreibung des Erfolgspotenzials einer strategischen Geschäftseinheit aus den Chancen und Bedrohungen der **Umwelt** sowie aus den **internen** Stärken und Schwächen. Die typische Darstellungsweise in Form eines Koordinatensystems weist dementsprechend immer eine Umweltachse und eine Unternehmensachse aus; häufig wird nach Untergliederung der Achsen das Analyseergebnis in Form einer Matrix präsentiert. Das wohl bekannteste Portfoliomodell wurde Anfang der 1970er-Jahre in Form einer Vier-Felder-Matrix von der Boston Consulting Group (BCG) entwickelt (Dunst 1979).

Wie Abb. 5.19 zeigt, wird in der BCG-Matrix die **Umweltkonstellation** einer strategischen Geschäftseinheit durch einen einzigen Faktor, nämlich das **„Marktwachstum"**, repräsentiert. Das Konzept geht implizit davon aus, dass sich alle umweltbedingten Chancen und Risiken durch die Marktwachstumsrate abbilden lassen. Eine gewisse (keinesfalls jedoch zwingende!) Unterstützung erfährt diese These durch die bereits erwähnte „Erfahrungskurve" und den Produktlebenszyklus. In beiden Konzepten wird ein enger Zusammenhang zwischen dem Wachstum und den Erfolgsgrößen, wie Gewinn, ROI und Cashflow, postuliert. Stark wachsende Märkte stellen demnach eine Chance dar und versprechen unternehmerischen Erfolg. Niedrige Wachstumsraten deuten hingegen auf unattraktive Märkte hin, die sich in der letzten Phase ihres Lebenszyklus befinden.

In der Originaldarstellung des BCG-Portfolios wird das erwartete Marktwachstum auf der Ordinate abgetragen. Die Trennlinie, die Felder mit hohen und niedrigen Wachstumsraten abgrenzt, wird dort bei 10 % gezogen, eine feststehende Regel wird dafür jedoch nicht angegeben. Ebenso ist nicht genau festgelegt, wie die Marktwachstumsrate zu bestimmen ist. Es können z. B. Fünfjahres-Durchschnitte verwendet werden, die sich entweder auf Vergangenheitswerte oder auf Prognosewerte beziehen.

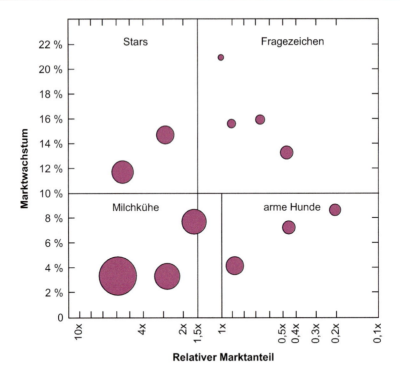

Abb. 5.19 Die BCG-Portfolio-Matrix. (Quelle: nach Hedley 1997, S. 348)

Auch die **Stärken und Schwächen** einer Geschäftseinheit werden in der BCG-Matrix durch einen einzigen Faktor repräsentiert, nämlich durch den (relativen) **Marktanteil**. Zur Begründung für diese drastische Vereinfachung wird gewöhnlich auch auf die „Erfahrungskurve" (vgl. Kasten 5.8) verwiesen. Die Brücke zur Erfahrungskurve kann indessen nur mit einer Verknüpfungshypothese geschlagen werden, indem man nämlich unterstellt, der Marktanteil indiziere die kumulierte Produktionsmenge und also die Kostenstruktur, was dann bei gleichen Preisen und Produkten den Rückschluss auf den Wettbewerbsvorteil oder -nachteil gegenüber der Konkurrenz erlaubt.

Eine direktere Begründung fließt aus der PIMS-Forschung. Dort konnte in einigen Studien gezeigt werden, dass eine hohe Profitabilität wesentlich durch einen hohen Marktanteil (statistisch) erklärt wird. Wie nicht weiter verwunderlich, ist jedoch ein derart globaler Zusammenhang für zahlreiche Einwendungen offen (vgl. Kasten 5.10).

Kasten 5.10

Das PIMS-Konzept
Das PIMS-Konzept (PIMS = Profit Impact of Market Strategy) will Strategien empirisch fundieren, indem man die für den strategischen Erfolg maßgeblichen Bestimmungsfaktoren („laws of the market") herauszufinden versucht. Die Forschungsgruppe wertete die Daten von ca. 600 strategischen Geschäftseinheiten mit dem Ziel aus, Unterschiede im Gewinn – genauer: in der Gesamtkapitalrentabilität – zu erklären. Mit 37 erfassten unabhängigen Variablen konnte ca. 80 % der Rentabilitäts-Varianz erklärt werden. Im Ergebnis erwies sich der Marktanteil als relativ guter (20 %) und im Verlaufe weiterer Untersuchungen auch als stabilster Prediktor. Nachfolgende Abbildung zeigt die isolierte Auswertung (jede der Säulen repräsentiert ca. 1/5 des Gesamtsample):

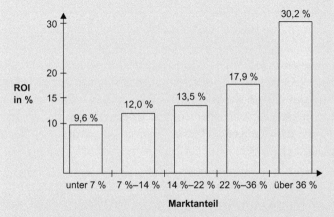

Andere Faktoren, die wesentlich zur Rentabilitätserklärung beitrugen, waren Qualität und geringe Kapitalintensität.

Die Ergebnisse der PIMS-Forschung sind heftig umstritten. Die zentralen Einwände sind:

- Es gibt zahlreiche Unternehmen mit kleinem Marktanteil und trotzdem hoher Rentabilität. In manchen Branchen sind sie erfolgreicher als Unternehmen mit hohen Marktanteilen.
- In stagnierenden Märkten erzielen Unternehmen häufig trotz hoher Marktanteile nur kleine Renditen. Dies impliziert, dass die Marktsituation die letztlich entscheidende Größe ist.
- Strategische Wirkungszusammenhänge entziehen sich aufgrund ihrer zirkularen Interdependenz einer einfachen Kausallogik mit abhängigen und unabhängigen Variablen.

Quelle: Schoeffler et al. 1974, S. 141; Woo und Cooper 1982; Buzzell 2004

Die Dimension „relativer Marktanteil" wird wie folgt definiert:

$$\text{Relativer Marktanteil} = \frac{\text{Umsatz der Geschäftseinheit}}{\text{Unsatz des stärksten Konkurrenten}}$$

Ein Wert von 2 bedeutet dann z. B., dass der Umsatz der betreffenden Geschäftseinheit doppelt so hoch wie der des stärksten Konkurrenten ist. Entsprechend zeigt ein Wert von 0,5, dass der eigene Umsatz nur die Hälfte des Marktführers beträgt. Die Trennungslinie wird bei 1,5 gezogen; nur wirklich dominanten Geschäftsbereichen kann nach der Logik der Erfahrungskurve eine Stärke bzw. ein Stückkostenvorteil (= Wettbewerbsvorteil) attestiert werden.

Die verschiedenen strategischen Geschäftseinheiten sind nun in diesem Bestimmungsfeld zu positionieren. Sie werden in der Matrix nicht als Punkt, sondern als Kreisfläche dargestellt (vgl. Abb. 5.19), wobei der Kreisumfang durch den Umsatz bestimmt wird.

Für die resultierenden vier Quadranten der Matrix wird die strategische Orientierung im Sinne von „Normstrategien" wie folgt bestimmt:

Stars
Dies sind Geschäftsfelder, die einen hohen relativen Marktanteil in schnell wachsenden Märkten besitzen. Man betrachtet dies als die günstigste aller Positionen. Zur Sicherung der Marktstellung muss sich das interne Wachstum am Marktwachstum orientieren. Die Normstrategie lautet daher: investieren. Die hohen erwirtschafteten Erträge müssen deshalb nach der Empfehlung der BCG-Gruppe vollständig reinvestiert werden. Der Netto-Cashflow der Stars ist demnach gleich Null.

Cash-Kühe
Die „Cash-Kühe" erwirtschaften in reifen Märkten (niedriges Marktwachstum) aufgrund ihrer sehr guten Wettbewerbsposition hohe Erträge (= niedrige Stückkosten). Da der Markt kein großes Erfolgspotenzial mehr verspricht, soll in diese Geschäftsbereiche auch nicht weiter investiert werden. Die Normstrategie lautet: „melken", d. h., sie sollen als Kapitalquelle für neue Geschäftsbereiche („Fragezeichen") fungieren.

Fragezeichen
Diese Geschäftseinheiten sind in wachsenden, attraktiven Märkten mit einem geringen Marktanteil vertreten. Sie stellen also quasi eine ungenutzte Chance dar. Um dieses Chancenpotenzial auszuschöpfen, sind in der Logik der Matrix Marktanteilssteigerungen notwendig, die aber erhebliche Investitionen erfordern. Das Management steht vor der Frage, welche der „Fragezeichen-Geschäfte" den erforderlichen Investitionsaufwand rechtfertigen, in welche also investiert und welche aufgegeben werden sollten (Selektionsstrategie).

Arme Hunde

Die „armen Hunde" stellen die ungünstigste Position in der BCG-Matrix dar; es sind Geschäfte mit schwacher Wettbewerbsposition in unattraktiven Märkten. Der unattraktive Markt lässt Maßnahmen zur Positionsverbesserung nicht angeraten erscheinen. Die notwendigen Investitionen lassen sich nicht amortisieren. Es wird daher angeraten, um nicht in eine „Cash-Falle" zu geraten, diese Geschäftsfelder zu verlassen, auf keinen Fall aber weiter zu investieren.

Die Strategieempfehlungen (die sogenannten Normstrategien) bauen auf den drei generischen Strategien auf: **Wachsen**, **Halten**, **Desinvestieren**. Dabei orientiert sich die BCG-Matrix an zwei zentralen Zielkriterien: **Rentabilität** durch hohen Marktanteil sowie **Eigenfinanzierung** durch ein ausgewogenes Portfolio an Geschäftsfeldern unterschiedlicher Lebenszyklusphasen.

Kritik: Die BCG-Matrix ist in ihrer deterministischen Ausrichtung (Normstrategien) zum Gegenstand scharfer Kritik geworden (vgl. zusammenfassend Drews 2008, sowie auch Kasten 5.11). Allzu heroisch sind die Annahmen und allzu brüchig die vielen Verknüpfungshypothesen als dass darauf stringente Handlungsempfehlungen gegründet werden könnten. Ferner wird auf die Schwierigkeiten der Marktabgrenzung und die totale Vernachlässigung der Zentralkategorie: **Synergien** verwiesen. Eine sinnvolle Verwendung können die BCG-Matrix und andere ähnliche Modelle nur als Generator von **Optionen** haben, niemals aber im Sinne deterministischer Normstrategien, die genau bestimmen wollen, welche strategische Bewegung in der jeweiligen Situation optimal ist.

Kasten 5.11

Arme Hunde im Überfluss

In einer Untersuchung von Hambrick, MacMillan und Day zeigte sich, dass in den betrachteten 1028 Geschäftseinheiten (aus der PIMS-Datenbank) nach den Kriterien der BCG-Matrix 418 Geschäftseinheiten als „Dogs" einzustufen waren. Folgte man der Logik der BCG-Matrix, so wären also über 40 % aller untersuchten Geschäftseinheiten aufzugeben gewesen. Manche Unternehmen hätten alle Geschäftsbereiche aufgeben müssen. Es zeigte sich jedoch, dass die durchschnittliche Rentabilität der „Armen Hunde" erstaunlich hoch lag und diese keineswegs pauschal als Liquidationskandidaten zu betrachten waren. Dies deutet darauf hin, dass neben den BCG-Dimensionen andere Dimensionen von mindestens gleichrangiger Bedeutung für den Unternehmenserfolg sind.

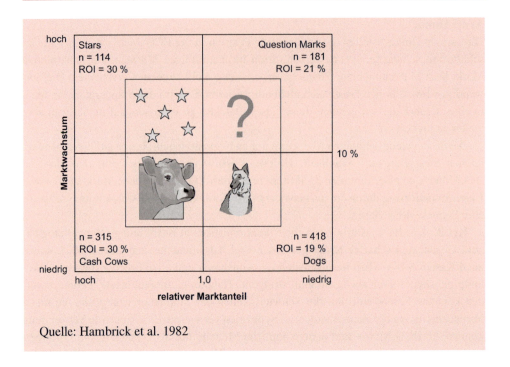

Quelle: Hambrick et al. 1982

Andere strategische Portfolio-Modelle berücksichtigen den einen oder anderen Kritikpunkt an der BCG-Matrix – insbesondere lassen sie mehr Spielraum bei der Auswahl der kritischen Faktoren für Umwelt und Unternehmung, im Endeffekt laufen sie aber alle auf dieselben Normstrategien hinaus. Dies gilt z. B. auch für die ebenfalls sehr bekannt gewordene, von General Electric und McKinsey entwickelte **Branchenattraktivitäts-Wettbewerbsstärken-Matrix**. Sie löst die radikale Vereinfachung der strategischen Situationsbeschreibung des BCG-Modells (allerdings auf Kosten der Klarheit) auf und lässt in die Bestimmung der Basisdimensionen eine Vielzahl von Faktoren einfließen. Zur Matrix-Erstellung werden die unterschiedlichen Faktoren dann aber auf die zwei bekannten Dimensionen „Wettbewerbsstärke" und „Branchenattraktivität" verdichtet. Dabei steht die Wettbewerbsstärke wiederum stellvertretend für die internen Stärken und Schwächen der Geschäftseinheit, und die Branchenattraktivität soll die Chancen und Bedrohungen der Umwelt abbilden (vgl. Abb. 5.20).

Aufgrund des „Multifaktoren"-Ansatzes wird die Erstellung dieser Matrix natürlich erheblich aufwendiger als die der BCG-Matrix. Das vorgeschlagene Scoring-Verfahren führt erfahrungsgemäß zu mangelnder Trennschärfe und zu einer Konzentration mittlerer Bewertungen.

Nachdem sich allgemeingültige Erfolgsfaktoren nicht finden ließen, hat die Portfolioanalyse sehr stark Bedeutung verloren. Man kann sie jedoch als formales Instrument zur Strukturierung des strategischen Planungsprozesses in diversifizierten Unternehmen verwenden. Sie vermag hier insbesondere zur **Visualisierung** von strategischen Positionen und Problemen von Geschäftsfeldern einen Beitrag zu leisten, wobei allerdings das **Sy-**

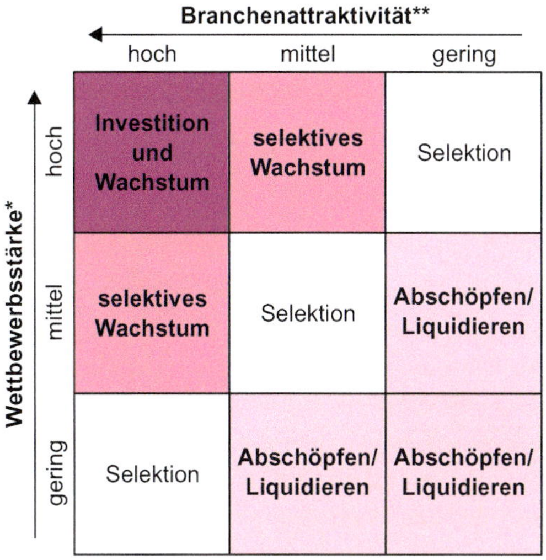

5.5 Strategische Optionen

	Branchenattraktivität**		
Wettbewerbsstärke*	hoch	mittel	gering
hoch	Investition und Wachstum	selektives Wachstum	Selektion
mittel	selektives Wachstum	Selektion	Abschöpfen/ Liquidieren
gering	Selektion	Abschöpfen/ Liquidieren	Abschöpfen/ Liquidieren

*Interne Faktoren
- Marktanteil
- Vertreterstab
- Marketing
- Kundendienst
- F & E
- Herstellung
- Vertrieb
- finanzielle Ressourcen
- Image
- Breite der Produktlinie
- Qualität/ Zuverlässigkeit
- Management-Kompetenz

**Externe Faktoren
- Marktvolumen
- Marktwachstumsrate
- Zyklizität
- Wettbewerbsstruktur
- Eintrittsbarrieren
- Branchenrentabilität
- Technologie
- Inflation
- Gesetze
- Personalangebot
- soziale Probleme
- Umweltprobleme
- Politische Probleme
- Rechtliche Probleme

Abb. 5.20 Die Branchenattraktivitäts-Wettbewerbsstärken-Matrix. (Quelle: Hax und Majluf 1991, S. 181)

nergiepotenzial diversifizierter Unternehmen ausgeschlossen bleibt. Zur Planung von neuen Strategien bedarf es – wie zu Anfang dieses Kapitels gezeigt – einer sehr viel komplexeren Situationsbeschreibung sowohl der internen als auch der externen Situation. Dies gilt auch für die strategische Planung der Gesamtunternehmens-Strategie, obwohl dort naturgemäß auf einer höheren Abstraktionsstufe gearbeitet werden muss.

5.5.4.3 Internationalisierung und Globalisierung

Der größte Umwälzungsprozess für die meisten Unternehmen heute findet durch die Globalisierung der Märkte statt. Viele Unternehmen sind jedoch längst international tätig, nicht wenige davon erwirtschaften mehr als 70 % ihres Umsatzes im Ausland (z. B. Bayer, SAP, Siemens), und manche Unternehmen operieren auf so breiter Basis im internationalen Feld, dass es schwerfällt, sie überhaupt noch eindeutig einer Nation zuzuschreiben (z. B. Shell, Philips). Die globale Herausforderung gilt aber selbst für Unternehmen, die sich in traditionell nationalen Märkten bewegen. Die Planung von internationalen Strategien unterscheidet sich im Grundsatz nicht von den eben erläuterten Grundmustern; die Differenzierung bleibt eine Basisoption, gleichgültig ob es sich um einen italienischen oder einen kanadischen Markt handelt. Auf der Ebene der Unternehmensgesamtstrategie treten jedoch einige besondere Aspekte hinzu, die hier kurz dargestellt werden sollen.

Ähnlich wie bei der Diversifikation im vorangegangenen Abschnitt kann man zwischen (1) **Strategien der Internationalisierung** und (2) Strategien für **bereits international tätige** Unternehmen unterscheiden.

(1) **Internationalisierung**

Für eine Internationalisierung können verschiedene Gründe sprechen: Ersatz für gesättigte (Heimat-)Märkte, Senkung der Produktionskosten, Sicherung der Rohstoffbasis, Wiederverwendung ausgemusterter Fertigungstechnologien usw. oder aber der nationale Markt selbst erfährt eine Globalisierung, wie dies derzeit etwa bei der Telekommunikation der Fall ist.

Als Strategie ist die Internationalisierung nur dort anzusprechen, wo sie das Tätigwerden in Märkten anderer Nationen einschließt, wo also ein neues Geschäftsfeld spezieller Art erschlossen werden soll. Eine Verlagerung der Fertigung in ein Niedriglohnland aus Kostengründen ist als solche keine Internationalisierungsstrategie. Die Internationalisierung ist keineswegs zwingend eine Diversifikation; sie kann aber eine solche sein.

Was die Planung der Internationalisierung anbelangt, so verlangt hier die strategische Analyse neben all den anderen beschriebenen Faktoren eine besondere Abschätzung der länderspezifischen Eigenheiten und Risiken. Die **Umweltanalyse** hat insbesondere kulturelle Besonderheiten und andere Länderspezifika wie Steuern, Unternehmensrecht, Wirtschaftspolitik einzubeziehen. Um die Unwägbarkeiten, die ja bei einem Eintritt in fremde Märkte besonders hoch sind, besser abschätzbar zu machen, wurde eine Reihe von Methoden (z. B. BRS, vormals BERI-Index) entwickelt, die auch einen Vergleich zwischen alternativen Länder-Märkten möglich machen sollen (Krystek und Zur 2002; Kutschker und Schmid 2010).

Was die Analyse der **Unternehmensressourcen** anbelangt, so steht hier an erster Stelle die Frage nach der Transferierbarkeit des Management Know-hows, also die Frage nach der interkulturellen Gültigkeit (Universalität) des angesammelten Wissens, der erworbenen Erfahrungen (Gupta und Govindarajan 2000; Ansari et al. 2010).

Für den Eintritt in fremde Märkte stehen unterschiedliche Wege zur Verfügung. Hierzu zählen

- Export, d. h. der reine Warentransfer in ein anderes Land,
- Lizenzvergabe, d. h. der Verkauf bestimmter Rechte (Fertigungsverfahren, Markenname usw.) an Unternehmen anderer Länder,
- Franchising, d. h. der Verkauf eines ganzen Programmpakets an Unternehmen anderer Länder (z. B. Coca Cola, McDonald's)
- Direktinvestition, d. h. der Aufbau eigener Fertigungsstätten in einem fremden Land, sei es in Form eines Joint Ventures oder einer Tochtergesellschaft.
- Akquisition, d. h. der Erwerb einer ausländischen Gesellschaft.

Die Frage, welche Eintrittsform gewählt wird, hängt nicht nur vom Grad des gewünschten Risikos ab, sondern auch von möglichen Restriktionen, die in dem Gastland gültig sind (z. B. Importzölle, Local-content-Gebote, Joint-Venture-Zwang bei Direktinvestitionen).

5.5 Strategische Optionen

(2) **Multinationale Strategie**

Was nun die zweite große Frage anbelangt, welche strategischen Optionen einem bereits international tätigen Unternehmen offen stehen, so zentriert sich die wissenschaftliche Diskussion um die Alternativen (Bartlett und Ghoshal 2002):

a) **Globale** (Unifikation) oder
b) **Fragmentierte** (multilokale) Strategie.

Mit anderen Worten, die Unternehmen müssen entscheiden, ob sie auf den verschiedenen Inlands- und Auslandsmärkten mit einer einheitlichen („globalen") Strategie operieren oder ob sie die jeweiligen nationalen Märkte separat behandeln und eine je spezifische („fragmentierte") Strategie entwickeln wollen. Eine nähere Betrachtung erfolgreicher multinationaler Unternehmen zeigt, dass sie mit durchaus unterschiedlicher strategischer Gesamtorientierung ihre Aktivitäten steuern.

(a) Unter einer **globalen** Strategie soll hier das Konzept verstanden werden, die verschiedenen nationalen Märkte mit ein- und derselben Wettbewerbsprofilierung zu bearbeiten (vgl. dazu grundlegend Levitt 1983 (und das Beispiel in Kasten 5.12).

Kasten 5.12

Globalisierung als Anpassungsprozess

„Die Rockwool Group wurde 1909 gegründet. Der Hauptsitz befindet sich in Hedehusene, Dänemark. Im Jahr 2011 erzielte die Rockwool Gruppe einen Netto-Umsatz von ca. 1,8 Milliarden Euro, 2018 von 2,671 Milliarden Euro. Die Rockwool Gruppe verfügt über Produktionsstandorte in 45 Ländern (Stand 2019). (…). Seit 2006 ist Rockwool Technical Insulation (RTI) ein selbstständiger Geschäftsbereich der Rockwool Gruppe. Rockwool Technical Insulations Mission ist kommerziell effektive Steinwolle-Produkte und verwandte Produkte, Systeme und Dienstleistungen proaktiv zu entwickeln und zu vermarkten im Rahmen unserer Zuständigkeiten für die technische Isolierung (…). Die Globalisierung der Märkte setzt sich weiter fort. Globale Märkte fordern globale Produkte mit globalen Namen, die einen unkomplizierten Warenverkehr auch über Ländergrenzen hinweg zulassen. Rockwool Technical Insulation (RTI) stellt sich diesen globalen Anforderungen und startet jetzt mit der Produktharmonisierung, die mittelfristig zu einem globalen einheitlichen RTI Produktprogramm führt. (…). Für unsere beiden Kernsegmente Prozesstechnik und Marine & Offshore wurden die neuen Produktfamilien ProRox und SeaRox geschaffen. (…). Die einheitliche Namensgebung im neuen globalisierten RTI Produktsortiment erlaubt eine direkte Auskunft über die Art des Produkts, die Hauptanwendungen und den Bereich der Leistungsparameter."

Quelle: www.rockwool-rti.de. Zugegriffen am 28.06.2019

Es sei kurz vermerkt, dass der Globalisierungsbegriff in der Literatur zur strategischen Planung nicht einheitlich verwandt wird. So spricht z. B. Porter bereits dann von Globalisierungsstrategie, wenn lediglich einzelne Aktivitäten der Wertkette internationalisiert werden (z. B. global sourcing), obwohl sich die Wettbewerbsstrategie weiterhin ausschließlich auf einen lokalen Absatzmarkt bezieht (Porter 1986). Diese uneinheitliche Begriffsverwendung ist unter anderem darauf zurückzuführen, dass zwei unterschiedliche Entscheidungsebenen miteinander vermischt werden.

Auf der **strategischen** Ebene geht es zunächst um die grundsätzliche Frage, ob die verschiedenen Märkte einheitlich, also „global", oder unterschiedlich („fragmentiert") bearbeitet werden sollen. Auf einer **nachgeordneten**, prinzipiell aber davon unabhängigen Ebene ist dagegen darüber zu entscheiden, ob und gegebenenfalls welche Aktivitäten der Wertkette im Rahmen einer vorgegebenen Wettbewerbsstrategie internationalisiert werden sollen („Globalisierung der Wertkette"). **Systematisch** gesehen ist dies eine Frage der Strategieumsetzung in den einzelnen Funktionsbereichen. Von einer globalen Strategie soll hier deshalb nur im erstgenannten Fall gesprochen werden.

Globale Strategien beruhen natürlich ihrerseits wiederum auf einer spezifischen Wettbewerbsstrategie. So kann die globale Konkurrenz z. B. auf der Basis der Kostenorientierung geführt werden (z. B. die Strategie von Hyundai oder Samsung); sie nützen in erster Linie die Größenersparnisse einer globalen Strategie. Zum anderen kann aber die globale Strategie auch auf einer Differenzierungsstrategie aufbauen (z. B. Apple oder BMW); neben der Umsatzausweitung bietet sich hier die Chance, die Differenzierungskosten zu senken und sich gegenseitig verstärkende Effekte bei der Differenzierungsprofilierung zu erzielen (Bartlett und Ghoshal 1990). Ferner kann auch als Option weltweit eine Nischenstrategie eingesetzt werden, wie dies etwa Porsche oder Rolls Royce versuchen.

(b) Eine **fragmentierte**, national angepasste Strategie („multilokale Strategie") behandelt dagegen die jeweiligen Wettbewerbssituationen separat und geht auf die nationalen Besonderheiten ein. Dies führt im Ergebnis zu einem Portfolio unterschiedlicher Wettbewerbsstrategien. Zu erinnern ist etwa an den General Motors Konzern, der in Deutschland mit der Deutschen Opel AG eine völlig angepasste Strategie verfolgt, oder an den Schweizer Nahrungsmittelkonzern Nestlé mit der Goplana-Schokolade auf dem polnischen Markt.

Die Frage, ob einer globalen oder einer multilokalen, den spezifischen Gegebenheiten des Auslandsmarktes angepassten Strategie der Vorzug gegeben werden soll, hängt von verschiedenen Faktoren ab. Es sind vor allem die drei folgenden Gesichtspunkte, die für diese Entscheidung eine herausragende Rolle spielen (Ghoshal 1987; Yip und Hult 2011):

1. Kulturelle Unterschiede,
2. Größenersparnisse,
3. Verbundersparnisse.

(1) Die Bedeutung **landeskultureller Unterschiede** liegt auf der Hand, manche Produkte oder Wettbewerbsvorteile lassen sich nicht auf Märkte anderer Länder transferieren, etwa weil dort anders geartete Präferenzstrukturen dominieren oder weil gesetzliche Vorschriften dem entgegenstehen. Andererseits erwies sich jedoch die These unverrückbarer kultureller Unterschiede als zu starr. Die Voraussetzungen für die Akzeptanz einer globalen Strategie können ja auch bewusst hergestellt werden (z. B. Coca Cola oder Benetton); oder technologische Entwicklungen verändern die Voraussetzungen und nivellieren die Unterschiede (z. B. Telekommunikation).

(2) Häufig sind es die erzielbaren **Größenersparnisse**, die bei der Entscheidung für oder gegen die Globalisierung den Ausschlag geben. Globalisierung schafft die Grundlage für weitläufige Standardisierung und damit die Voraussetzung, Größenersparnisse in großem Umfange bei Fertigung, Marketing und F&E zu erzielen. Allerdings kann man – wie bei der Diskussion der Eintrittsbarrieren schon betont – nicht grundsätzlich davon ausgehen, dass eine Ausdehnung des Volumens immer signifikante Skalenerträge erzielbar macht, bisweilen ist die Schwelle der optimalen Betriebsgröße schon relativ früh erreicht.

(3) Bedeutsam sind schließlich auch die potenziellen **Verbundersparnisse**. Damit wird vor allem darauf abgestellt, dass die internationalisierte Unternehmung auch dann Größenersparniseffekte (allerdings besonderer Art) erzielen kann, wenn sie sich für eine national differenzierende Strategie entscheidet. So kann z. B. das in verschiedenen Märkten erworbene Wissen gepoolt („reverse transfer") oder es können Ressourcen (z. B. Transportmittel, Zugang zu Finanzmärkten) gemeinsam genutzt werden (Håkanson und Nobel 2001).

Aus vorstehenden Überlegungen ergibt sich, dass Globalisierung und Fragmentierung Basisoptionen sind, über deren Vorteilhaftigkeit erst nach genauer Kenntnis der externen Situationen und der Stärken und Schwächen sinnvoll entschieden werden kann. Die eine Firma kann ihre Ressourcen eher über eine fragmentierte Strategie zu einem je spezifischen Wettbewerbsvorteil führen, die andere eher über eine globale Strategie. In vielen Märkten können beide Strategien erfolgreich nebeneinander bestehen, bisweilen verfolgen auch multinationale Firmen gemischte Strategien, d. h., bestimmte Märkte werden global, andere differenzierend bearbeitet (z. B. Nestlé oder Unilever).

Unabhängig davon kann aber über die Jahre hinweg ein verstärkter Trend zur globalen Strategie festgestellt werden; mehr Freihandel, der raschere Transfer neuer Technologien und die Internationalisierung der Kommunikation haben dazu wesentlich beigetragen (Chandler 1986, S. 405 ff.).

Es ist allerdings auch genau dieser Trend, der die öffentliche Kritik an multinationalen Unternehmen sehr stark anwachsen ließ und der viele Länder zu Maßnahmen veranlasste, ihre Märkte vor Überfremdung zu schützen. In besonderem Maße kritisch verfolgt die Öffentlichkeit die Tätigkeit multinationaler Unternehmen in Entwicklungsländern, nicht nur weil sie befürchtet, dass nationale Eigenarten verloren gehen, sondern auch weil ein selbständiger Industrialisierungsprozess auf diese Weise schwer realisierbar ist (Stieglitz 2003). Der zuletzt genannte Einwand gilt auch für multilokale Strategien. Das Verhalten multinationaler Unternehmen gegenüber Entwicklungsländern ist zu einem zentralen Thema der **Unternehmensethik** geworden und hat zu zahlreichen Bemühungen geführt, ethische Verhaltensstandards zu entwickeln (vgl. Kap. 4).

5.5.4.4 Kompetenzstrategien

Die Dynamisierung der Märkte in vielen Bereichen, manche sprechen sogar von einem Hyperwettbewerb (D'Aveni 1994), hat zunehmend die Frage entstehen lassen, ob die bisherigen Methoden und Techniken der Strategieformulierung nicht zu sehr auf relativ stabile Marktstrukturen und Wettbewerbsbedingungen vertrauen.

Neue Wettbewerber kommen in den Markt (man denke nur an die tief greifenden Veränderungen in Osteuropa), Substitutionsprodukte werden in immer rascherer Folge entwickelt, selbst junge Geschäftsfelder wie der Halbleiter- oder Drucker-Markt unterliegen einem enorm schnellen Reifungsprozess usw. Dies hat zur Folge, dass es immer schwieriger wird, Strategien auf vorhandenen Wettbewerbsstrukturen aufzubauen; die Strukturen selbst sind es, die immer häufiger einem Wandel unterliegen. Dies gilt, wenn schon nicht für alle Industrien, so doch für eine beträchtliche Zahl und ganz gewiss mit steigender Tendenz.

Im Einzelnen kennzeichnet sich **Hyperwettbewerb** durch folgende Faktoren (D'Aveni 1994).

1. Tendenz zu eskalierenden Wettbewerbskämpfen (z. B. auf der Ebene von Preis und Konditionen) zwischen den großen Anbietern (Beispiel: Mobilfunkmarkt).
2. Wettbewerbsvorteile, sei es auf der Basis von Kosten oder von Differenzierung, erodieren schnell („unsustainable advantages").
3. Rasche Abfolge von immer wieder neuen Strategien.
4. Eintrittsbarrieren verlieren ihre Abschreckungskraft (d. h., wer will, findet einen Weg, sie zu überwinden).

Die erfolgreichen Wettbewerber reagieren durch vorzeitige eigeninitiierte **Zerstörung** bestehender strategischer Vorteilspositionen (häufig schon vor der Reife), raschem Aufbau neuer Wettbewerbsvorteile usw. Als eindrückliches Beispiel kann der US-amerikanische Elektronikkonzern Intel genannt werden mit dem raschen Aufbau und dem ebenso raschen Räumen von speziellen Produktmärkten; die hohen Entwicklungskosten werden durch konsequente Globalisierung rasch zu amortisieren versucht.

Als Konsequenz aus dem eben Gesagten müsste die strategische Planung immer kurzfristiger werden und damit ihre Vorsteuerungsaufgabe immer mehr verlieren. Das strategische Management hat auf diese veränderten Bedingungen mit neuen Ansätzen reagiert. Das Konzept der **Kernkompetenzen** ist als ein solcher Versuch zu verstehen; es will die Planung von Unternehmensstrategien auf eine andere, wenn man so will, tiefer liegende Ebene stellen (Prahalad und Hamel 1990; Hamel und Heene 1994; Fearns 2004).

Ausgangspunkt der Überlegungen ist die Beobachtung, dass nur diejenigen Unternehmen dauerhaft wettbewerbsfähig sind, die über spezielle Grund- oder eben Kernkompetenzen verfügen. Kernkompetenzen sind nicht nur auf einen Markt oder ein Geschäftsfeld bezogen, sondern übergreifender Natur. Sie können in verschiedenen Geschäftsfeldern erfolgsträchtig zum Einsatz gebracht werden – auch und insbesondere in zukünftigen Märkten, die heute noch gar nicht bestehen. Zwei Beispiele mögen das Konzept verdeutlichen (Prahalad und Hamel 1990):

Das derzeit prominenteste Beispiel ist der Elektronikkonzern Apple. Dieses Unternehmen ist in vielen unterschiedlichen Märkten tätig. Eine genauere Analyse der scheinbar heterogenen Diversifikationsfelder (PC, MP3-Player inkl. Internet-Musikgeschäft, Smartphone, Tablet-Computer) enthüllt eine übergreifende Kompetenz, die die Basis für den Aufbau von Wettbewerbsvorteilen in den verschiedensten Geschäftsfeldern bildet. Der Kern der verschiedenen strategischen Geschäftseinheiten von Apple ist die kombinative Kompetenz von benutzerfreundlicher Softwareentwicklung, Internetschnittstellen und Design, sowie die Fähigkeit, diese Grundkompetenz in unterschiedlichen Märkten umzusetzen. Apple hat einen Großteil seiner Anstrengungen auf diese Kernkompetenz gebündelt und sie zu einer breiten die **betrieblichen Funktionen überlappenden** Kompetenz ausgebaut.

Ähnlich ist der japanische Sony-Konzern mit Erfolg in verschiedenen Märkten der Unterhaltungselektronik tätig. Eine Analyse der Wettbewerbsstruktur und Positionierung in den einzelnen Märkten zeigt unterschiedliche Profile. Versucht man jedoch, die Hintergrundstruktur des Geschäftserfolgs zu verstehen, stößt man auf eine übergreifende, in fast allen Märkten zur Geltung gebrachte Stärke, nämlich die **Fähigkeit zur Miniaturisierung** und der frühzeitigen Umsetzung in Konsumgüter der Unterhaltungselektronik. Der Konzern hat konsequent in diese besondere Kompetenz investiert und verfügt damit über eine Stärke, die in den verschiedensten Märkten als Wettbewerbsvorteil zur Geltung gebracht werden kann (z. B. Walkman, Fernsehgeräte, CD-Spieler, Empfänger, Verstärker, Camcorder). Am Beispiel Sony zeigt sich aber auch, dass Kernkompetenzen „altern" und ihre Durchschlagskraft verlieren können (vgl. dazu unten die Diskussion zur Dynamisierung von Kernkompetenzen).

In beiden Fällen zeigt sich, dass eine Kernkompetenz sehr viel mehr ist als neues technisches Wissen oder patentierungsfähige Erfindungen. Die Umsetzung in konkrete Anwendungen gehört ebenso dazu wie die organisatorische Fähigkeit, die Energien auf diese Faktoren zu bündeln. Die technische Seite ist nur eine Komponente der Kernkompetenz; erst wenn die verschiedenen Ressourcen zusammengeführt und gebündelt werden, kann sich eine Kernkompetenz entwickeln.

Insgesamt gilt es zu sehen, dass aus einer Kompetenz erst dann eine Kernkompetenz wird, wenn sie in verschiedenen Geschäftsfeldern mit Erfolg eingesetzt werden kann. Es gibt viele großartige Unternehmenskompetenzen, die aber eben keine Kernkompetenzen sind, weil sie sich nicht zum Transfer in andere Geschäftsfelder eignen.

Kernkompetenzen sind also als **übergreifendes Fähigkeitspotenzial** zu verstehen, das in verschiedenen Geschäftsfeldern den Aufbau von Wettbewerbsvorteilen ermöglicht. Daraus folgt – wie Abb. 5.21 zeigt –, dass Kernkompetenzen den Geschäftsfeldern logisch

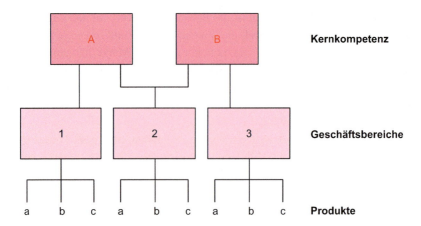

Abb. 5.21 Kernkompetenzen als vorgeordneter Faktor. (Quelle: Prahalad und Hamel 1990)

vorgeordnet sind. Kernkompetenzen werden in den sich meist rasch verändernden Geschäftsfeldern in jeweils spezifischer Weise zur Geltung gebracht. Sie bilden eine Art Rohmasse, die es dann je spezifisch umzuformen gilt – ausgerichtet auf die Anforderungen der jeweiligen sich in rascher Folge verändernden Märkte im In- und Ausland und die einzelnen Produkte. Das gilt ebenso für zukünftige Märkte; freilich nur dann, wenn die Kernkompetenz tatsächlich zur Geltung gebracht werden kann. So gesehen bedeutet das Konzept der Kernkompetenz Ausdehnung im Sinne eines allgemeinen marktübergreifenden Wettbewerbsvorteils und Einschränkung zugleich, weil ja eine Konzentration auf ganz bestimmte Fähigkeiten erfolgt und damit viele andere Möglichkeiten und Marktchancen ausgeschlossen werden (etwa im Vergleich zu einer konglomeraten Diversifikation).

Zusammenfassend lässt sich das Konzept der Kernkompetenzen durch die folgenden sechs Hauptkomponenten kennzeichnen:

1. **Unternehmensweiter Geltungsbereich:** Kernkompetenzen bilden die Grundlage für eine Vielzahl von Produkten und Geschäftsfeldern.
2. **Dauerhafter Nährboden:** Produkte/Dienstleistungen sind der aktuelle Ausdruck der dahinter liegenden Kernkompetenzen. Letztere entwickeln sich langsamer und überdauern verschiedene Produktgenerationen.
3. **Historisch entwickelt:** Kernkompetenzen sind nicht marktgängig, sie entwickeln sich in Unternehmen über die Zeit hinweg. Sie werden durch ihren Einsatz nicht abgenutzt, sondern eher verfeinert und verbessert.
4. **Kollektives Wissen:** Kernkompetenzen sind das Ergebnis kollektiver Lernprozesse und können insofern auch nicht individuell angeeignet werden.
5. **Ressourcenwettbewerb:** Mit den Kernkompetenzen erhält der strategische Wettbewerb eine zweite tiefer liegende Dimension. Der klassische Produkt/Markt-Wettbewerb wird überlagert von der Konkurrenz zwischen und um Kompetenzen.

6. **Schwer imitierbar:** Kernkompetenzen sind aufgrund ihrer Entwicklungsgeschichte und ihrer verzweigten Wirkungsweise nicht nur schwer beobachtbar, sondern auch schwer imitierbar.

Nicht jede Unternehmung besitzt eine Kernkompetenz und nicht jede Kernkompetenz enthält ein viel versprechendes Erfolgspotenzial. Es ist die Aufgabe der strategischen Planung, solche Kernkompetenzen zu finden bzw. auszubauen, die dem Unternehmen eine erfolgträchtige Basis für den Aufbau von Geschäftseinheiten bieten. Die Prüfung, ob eine (gegebenenfalls erst zu entwickelnde) Kernkompetenz ein Erfolgspotenzial für neue Geschäftsfelder bietet, ist nicht ohne ein gewisses Maß an plausibler Spekulation möglich; eine exakte Prognose gibt es hier nicht. Es ist aber gerade die Aufgabe der strategischen Planung, auch solche Aktivitätsfelder der Reflektion und Diskussion zugänglich zu machen, die sich nicht mehr auf der „Ebene der Tatsachen" abhandeln lassen.

Die Qualität von Kernkompetenzen kann sich letztlich erst bei Umsetzung in konkrete Geschäftsfelder erweisen. Für die Planung von Kernkompetenzen benötigt man jedoch im Vorfeld Kriterien, die eine Abschätzung der Erfolgsträchtigkeit erlauben. Für die Beurteilung kann an die oben bereits genannten Kriterien für strategische Ressourcen, die sogenannten VRIN (oder VRIO)-Kriterien, angeschlossen werden: **V**aluable, **R**are, **I**nimitable, **N**on-Substitutability (bzw. **O**rganization).

Das Konzept der Kernkompetenzen lenkt die Aufmerksamkeit der strategischen Unternehmensführung auf eine neue Planungsebene. Es betont nicht nur die **ganzheitliche Basis** auch stark diversifizierter Unternehmen, sondern fordert auch dazu auf, das **Zusammenwirken** der verschiedenen betrieblichen Ressourcen unter strategischer Perspektive zu reflektieren. Das Kernkompetenz-Konzept verlangt nach einer übergreifenden Denkweise, sowohl was die Märkte als auch was die betrieblichen Funktionsbereiche und Sparten anbelangt. Erst die Überwindung dieser herkömmlichen Grenzen verschafft diesem Ansatz den Raum, den er zu seiner Gestaltung braucht.

Kernkompetenzen sind keine leicht zugänglichen Fakten, sie liegen vielmehr im Verborgenen und bedürfen erst einer **sorgfältigen Rekonstruktion**. Eine Standardmethodik zur Identifikation und zur planerischen Entwicklung von Kernkompetenzen liegt bislang noch nicht vor. Es gibt jedoch einige vielversprechende Ansätze.

In Anlehnung an Marino (1996) empfiehlt sich ein retrogrades stufenweises Vorgehen (hier in modifizierter Form):

(1) Genaue Beschreibung der Geschäftsfelder, in denen ein Unternehmen tätig ist.
(2) Beschreibung der Wettbewerbsvorteile (oder -nachteile), die das fokale Unternehmen besitzt (Warum kaufen die Abnehmer bei uns?)
(3) Im Falle der Existenz von Wettbewerbsvorteilen: Wie wurden diese Vorteile in den einzelnen Geschäftsfeldern erzielt? Durch technologischen Vorsprung? Durch überlegene Vertriebsorganisation/Logistik? Außergewöhnliches Design? etc. Welche Fähigkeiten stehen hinter diesen Faktoren? Das Ergebnis ist eine Liste von Fähigkeiten, die im nächsten Schritt zu prüfen und zu reduzieren ist.

(4) Welche unter den in (3) identifizierten Fähigkeiten können den Wettbewerbsvorteil am besten erklären? Werden wir mit diesen auch Zukunft relevante Ergebnisse erzielen können?
(5) Lassen die in den verschiedenen Geschäftsfeldern aufgespürten kritischen Fähigkeiten einen gemeinsamen Kern erkennen? Ist es also im Grunde ein übergreifender Satz von Fähigkeiten, der in den verschiedenen Geschäftsfeldern zum Einsatz kommt und wesentlichen Anteil am Erfolg bzw. der Erzielung von Wettbewerbsvorteilen hat? Wenn ja, so liegen Kernkompetenzen vor.
(6) Im Anschluss: Gibt es neue attraktive Geschäftsfelder (bestehende oder zukünftige) und lassen sich die unter (5) identifizierten Kernkompetenzen dort gewinnbringend einsetzen? Müssen die vorhandenen Kernkompetenzen erweitert und ergänzt werden, um in den neuen Geschäftsfeldern erfolgreich zu sein (wie etwa bei Apple die Hinzufügung des Internet-Musikgeschäfts)? Die Prüfung, ob eine identifizierte oder ggf. erst zu entwickelnde Kernkompetenz ein Erfolgspotenzial für neue Geschäftsfelder bietet, ist nicht ohne ein gewisses Maß an plausibler Spekulation möglich; eine exakte Prognose gibt es hier nicht.

Diese Arbeiten können von einer internen Projektgruppe unter Einbezug des oberen Managements geleistet werden; nicht selten werden allerdings auch externe Experten mit der Identifikation der Kernkompetenzen beauftragt, um einen neutralen Blick zu gewährleisten. Dies wird häufig schon deshalb gewünscht, weil die Kernkompetenzanalyse leicht in die Sphäre des „Politischen" gerät.

Jenseits handwerklicher Analysetechniken stoßen jedoch Planer mit diesem Konzept auf ein Paradox: Kernkompetenzen sind das Ergebnis schwer entschlüsselbarer **kollektiver Lernprozesse**. Dies schützt sie einerseits vor Imitation (was nicht verstanden ist, kann auch nicht imitiert werden!), auf der anderen Seite erschwert dies aber auch ihre Planbarkeit. Die Herstellung völlig neuer Kernkompetenzen, gewissermaßen vom Reißbrett weg, ist so gut wie unmöglich; die Planungsbemühungen sind auf die Pflege und systematische Fortentwicklung vorhandener Kompetenzen zu richten, um daraus Kernkompetenzen entstehen zu lassen. Kernkompetenz-Planung ersetzt also nicht die herkömmliche strategische Planung, aber sie relativiert diese: Sie weist ihr einen eher kurzfristigen Horizont zu und reserviert für sich den langfristigen.

Dynamic Capabilities
In der neueren Strategie-Diskussion ist das Kernkompetenz-Konzept in Kritik geraten. An Kernkompetenzen wird genau das kritisiert, was eigentlich ihren Vorteil ausmachen sollte, die größere Beständigkeit relativ zu den sich immer rascher wandelnden Geschäftsfeldern. Kernkompetenzen waren ja als relativ stabiles kollektives, d. h. in einer Organisation gemeinsam entwickeltes und geteiltes, Muster des Selektierens und Verknüpfens von Ressourcen bestimmt. Sie bezeichnen eine spezielle Fähigkeit einer ganzen Organisation, Ressourcen in spezieller Art so zu koordinieren, so dass strategischen Herausforderungen damit immer wieder erfolgreich begegnet werden kann. Kernkompetenzen sind also Fähigkeiten, die zwar in ihrer Architektur nicht völlig erschließbar, die aber dennoch replizierbar sind,

5.5 Strategische Optionen

d. h. sie befähigen das Unternehmen immer wieder strategisch interessante Problemlösungen zu finden. Dies ist nur vorstellbar, wenn sie auf einem stabilisierten Muster beruhen, das in einem gewissen Sinne auch als ein von dem Unternehmen herausgebildetes Bündel von Routinen begriffen werden kann. Diese Dimension wird besonders nachdrücklich in der evolutionstheoretischen Schule von Nelson und Winter (1982) hervorgehoben. Insgesamt lassen sich Kernkompetenzen als eine spezifische replizierbare **„Problemlösungs-Architektur"** einer Organisation begreifen (Helfat und Peteraf 2003).

Genau diese erfolgreiche, ja möglicherweise überlebenskritische mustergesteuerte Reproduktion ist es aber, die zugleich einen grundsätzlichen Problemtatbestand konstituiert. Kernkompetenzen entwickeln sich und finden ihre Bestätigung unter speziellen Bedingungen; sie sind ihrem Charakter nach historisch. Ändern sich die konstitutiven Bedingungen grundlegend (überraschende Substitutionskonkurrenz, neue Nachfragesituation, neue Wettbewerber usw.), wird diese einstmals so erfolgreiche Problemlösungsarchitektur unter Umständen schnell obsolet, das eingespielte Problemlösungsverhalten verfehlt seine Wirkung und ist dann nicht mehr länger strategische Kompetenz sondern mehr Barriere oder sogar „organizational inertia" (Hannan und Freeman 1988).

Dies verweist auf das Phänomen der **Pfadabhängigkeit** (Arthur 1983). Gemeint ist damit die Beobachtung, dass der wiederholte Einsatz von Kernkompetenzen irgendwann dazu führen kann, dass diejenigen Selektions- und Verknüpfungsmuster, die zum (überdurchschnittlichen) Erfolg führten, sich zu einem Lock-in verfestigen und die Organisation alternative Handlungsweisen nicht mehr erkennt oder ergreifen kann. Der positive Feedbackprozess fördert die Herausbildung einer Pfadabhängigkeit, durch die die Organisation ihre Reaktionsfähigkeit verlieren kann (Sydow et al. 2009). Leonard-Barton (1992) bezeichnet die Verfestigungstendenz von Kompetenzen sehr plastisch als **„Core Rigidities"**. Kernkompetenzen zeichnen sich danach paradoxerweise sowohl dadurch aus, dass sie einerseits immer wieder ganz bestimmte Innovationen ermöglichen, gleichzeitig aber durch ihren starken Fokus und die darauf bezogene Bündelung von Ressourcen zur Verhinderung oder Unterdrückung andersgearteter Innovationen beitragen. Kernkompetenzorientierte Unternehmen fördern danach vorrangig solche Projekte, die eng mit den einmal entwickelten und positiv verstärkten Kernkompetenzen verwandt sind. Im Gegensatz dazu werden solche Projekte mit geringen oder gar keinen Ähnlichkeiten zu bestehenden Kernkompetenzen tendenziell abgelehnt bzw. nicht gefördert. Es stellt sich in der Folge der Effekt ein, dass die existierenden Kompetenzen immer weiter verbessert werden, während gleichzeitig das Experimentieren mit Ressourcen zur Entwicklung alternativer Lösungsansätze kontinuierlich abnimmt (Levitt und March 1988).

Genau dieser Schattenseite von Kernkompetenz nehmen sich neue Ansätze an und fordern eine Dynamisierung und Flexibilisierung von Kernkompetenzen. Besondere Aufmerksamkeit hat dabei das von Teece et al. (1997) entwickelte Konzept der **„dynamic capabilities"** erlangt. Ausgangspunkt ist die Beobachtung, dass sich die Gewinner im globalen Wettbewerb durch rechtzeitige und flexible Produktinnovationen auszeichnen, und dass dieser Vorsprung auf die Existenz idiosynkratischer organisationaler Kompetenzen zurückgeführt werden kann, Kompetenzen, die sich – wie die Autoren meinen – nicht nur durch besondere Fähigkeiten, sondern auch durch Flexibilität und Dynamik auszeichnen. Unter dynamischen Kompetenzen oder „Dynamic Capabilities" wird die Fähigkeit einer Organisation verstanden, erfolgskritische Ressourcencluster nicht nur aufzubauen und zu verstetigen, sondern aus sich heraus immer wieder neu zu konfigurieren, um der Dynamik der Umwelt gerecht zu werden. Dynamische Kompetenzen sollen die fortlaufende Anpassung der Organisation an Veränderungen sicherstellen. Die Veränderungsfähigkeit wird zum Bestandteil der Kernkompetenz erklärt, Kompetenzen schließlich als sich ständig verändernde Konfigurationen begriffen (Schilke et al. 2017).

So überzeugend der Problemaufriss für Kernkompetenzen ist – die Gefahr einer Verhärtung und Veralterung wird niemand von der Hand weisen können –, sowenig kann allerdings die Lösung in einer solchen Dynamisierung gesucht werden. Diese mündet nämlich in einen offenen Widerspruch, sie löste in letzter Konsequenz die Essenz der Kompetenz zwangsläufig auf. Kernkompetenz war ja gerade durch ein distinktes, reproduzierbares Handlungsmuster („high-level routine") gekennzeichnet. Wenn sich dieses Muster nun aber fortlaufend verändern, einmal diese und dann wieder jene Gestalt annehmen soll, verliert es den Charakter eines Musters und einer spezifischen Problemlösungsarchitektur (Schreyögg und Kliesch-Eberl 2007).

Ein besserer Weg scheint da ein Kompetenzmonitoring zu sein, wie es in Abschn. 5.8. vorgestellt wird.

5.6 Strategische Wahl

In einem nächsten Schritt schließen sich idealtypisch an die Formulierung strategischer Alternativen die **Beurteilung** der generierten Alternativen und die **Auswahl** der geeignetsten Strategie(n) an.

Die Beurteilung der generierten Alternativen und ihrer Wirkungen soll im Lichte der langfristigen Ziele bzw. hieraus abgeleiteter Kriterien erfolgen. An erster Stelle stehen bei einem Unternehmen regelmäßig zunächst die ökonomischen Zielkriterien der Profitabilität und der Unternehmenswertsteigerung. Es ist jedoch zu beachten, dass Strategien zu diesem Planungszeitpunkt selten so genau spezifiziert werden können, wie es eine Investitionsrechnung erfordern würde. Für eine genaue Aussage über die Höhe der Verzinsung des eingesetzten Kapitals (oder gar des shareholder values) fehlen in aller Regel die hierfür nötigen Zahlungsstrominformationen. Es bleibt im Wesentlichen einer Grobprüfung der Entscheidungsträger anheimgestellt, das Profitabilitätspotenzial der Strategiealternativen abzuschätzen. Ferner gilt es, eine Reihe von Randbedingungen zu prüfen. Dazu gehören insbesondere

1. Machbarkeit,
2. Akzeptanz,
3. ethische Vertretbarkeit.

(1) Das erste Kriterium fordert dazu auf, die **Machbarkeit** der Alternativen zu prüfen, auch um unrealistische Alternativen vorzeitig ausschalten zu können. Zu prüfen ist

unter anderem, ob die personellen und technologischen Voraussetzungen gegeben sind, ob gesetzliche Vorschriften eine solche Strategie zulassen oder ob die notwendigen Rohstoffe dauerhaft beschaffbar sind.

(2) Das zweite Kriterium stellt die Frage nach der Akzeptanz. Dazu gehört auch eine Prüfung, ob die verschiedenen Interessengruppen die Strategie in der vorgeschlagenen Weise akzeptieren oder ablehnen werden. Dabei ist nicht nur an außenstehende Interessengruppen zu denken, sondern auch an **interne Machtgruppen**, deren Widerstand häufig die eigentliche Ursache für gescheiterte Strategien ist. Nicht selten gehen neue Strategien mit einer Neuverteilung materieller und immaterieller Ressourcen einher, was in aller Regel von den betroffenen Gruppen mit Bündnissen, Kampagnen, Verhandlungen u. Ä. m. unterstützt oder zu verhindern versucht wird („Mikropolitik") (Mintzberg et al. 1998, S. 234 ff.). Von zentraler Bedeutung ist ferner die bestehende **Unternehmenskultur** und die Frage, inwieweit ihre Dynamik den Entscheidungsprozess für die neue Strategie unterstützend oder bremsend überlagert (vgl. unten, Kap. 12). Bevor eine neue Strategie in einem Unternehmen Fuß fassen kann, ist es erforderlich, dass das kulturelle Milieu der alten Strategie, die alte „dominante Logik", verflüssigt wird, d. h. die Einstellungen und Überzeugungen, die den alten strategischen Kurs gestützt haben, gelockert und in ein neues kulturelles Milieu überführt werden (vgl. dazu das Beispiel IBM und die Schwierigkeit, die alte „Mainframe-Kultur" abzulösen: Bettis und Prahalad 1995, S. 10). Die Umsetzung neuer Strategien ist deshalb immer auch zugleich Wandelmanagement und Organisationsentwicklung.

Mit anderen Worten, die Frage der Strategieauswahl ist immer auch eine Frage der Interessendurchsetzung, des Machtkampfs, der Mobilisierung von Kombattanten, des Schmiedens von Koalitionen, des Kampfes um Besitzstandswahrung usw. In die strategische Wahl greifen auch – ob auf direktem oder indirektem Wege – Interessengruppen von außen ein: Gewerkschaften melden Bedenken an, die Kommune befürchtet den Verlust von Steuergeldern, eine Bürgerbewegung macht mobil gegen den geplanten Neubau usw.

(3) Das dritte Auswahlkriterium verweist schließlich auf das **Wertesystem** und die in einem Unternehmen geltenden moralischen Regeln. Strategiealternativen, die unter Rentabilitätsgesichtspunkten attraktiv und machbar erscheinen, scheiden dann deshalb aus, weil sie den gültigen moralischen Grundsätzen eines Unternehmens widersprechen (vgl. dazu Kap. 4). So war z. B. lange Zeit für viele (vor allem US-amerikanische) Unternehmen der Aufbau eines neuen Geschäftsfelds in Südafrika wegen der dort praktizierten Apartheidpolitik keine akzeptable Option. Andere Firmen lehnen aus wieder anderen Erwägungen heraus den Eintritt in ein möglicherweise aussichtsreiches Geschäftsfeld der Rüstungsindustrie grundsätzlich ab.

In der Regel wird der Auswahlprozess heute als **qualitative Abwägung** aller relevanten Gesichtspunkte unter Einschluss der ökonomischen Zielkriterien konzipiert. Ein solcher Abwägungsprozess ist – darauf sei ausdrücklich hingewiesen – keineswegs gleichzusetzen mit beliebigem Meinen oder willkürlichem Akzeptieren oder Ablehnen. Gewiss ist die Vorteilhaftigkeit von strategischen Alternativen nicht exakt beweisbar, aber es gibt mehr oder weniger gute Gründe für die verschiedenen Alternativen, und Gründe lassen sich prüfen. Lässt man sich auf einen rationalen Diskurs ein, so wird die Alternative ausgewählt, die die besseren Gründe für sich hat. Die Gründe müssen dazu nicht formalisiert oder quantifiziert, aber sie müssen nachvollziehbar sein, so dass – jedenfalls dem Prinzip nach – jedem Gutwilligen eine Erörterung möglich wird (Wohlrapp 2008).

Bisweilen wird im Sinne der „Nutzwertanalyse" empfohlen, diese mehrfachen Kriterien zu einem formalisierten Bewertungsverfahren auszuformen, in dem z. B. die Bewertungskriterien exakt definiert, die Messniveaus und die Kriterien spezifiziert und schließlich Stufenwertzahlen für jede Alternative ermittelt werden. Die Verwendung solcher Verfahren für strategische Entscheidungen trifft jedoch – wie schon angedeutet – in der Regel auf unüberwindbare Schwierigkeiten. Weder lassen sich die Alternativen in dem erforderlichen Maße präzisieren, noch sind die Umweltzustände nach Zahl und nach Wahrscheinlichkeit bekannt, so dass auch die Wirkungen der Alternativen nicht exakt prognostizierbar sind.

5.7 Planung der Strategieimplementation

Bei der konkreten Umsetzung der Strategien gilt es, neben der Entwicklung strategischer Programme als herausragende Erfolgsfaktoren, die personellen und die organisatorischen Gegebenheiten und Anforderungen zu berücksichtigen (vgl. Abb. 5.22). Auf die strategische Bedeutung der Humanressourcen wie auch der Organisation wurde bereits im Rahmen der Ressourcenanalyse verwiesen.

Generell gilt es jedoch zu betonen, dass es jenseits aller Einzelmaßnahmen Voraussetzung jeder erfolgreichen Strategieumsetzung ist, ein gemeinsames strategisches Grundverständnis herzustellen, und d. h. in erster Linie, eine gemeinsame strategische Sprache zu schaffen. Haben sich die Mitglieder einer Organisation erst einmal der relevanten Begriffe und Konzepte versichert (Was verstehen wir unter „Kerngeschäft"? Was unter „wertorientierter Führung?" usw.) und von der Zweckmäßigkeit der strategischen Neuorientierung überzeugt, ist die Grundlage geschaffen, über geeignete Umsetzungsaktionen auf breiter Basis nachzudenken. Und – was unter Umständen noch wichtiger ist – das Interesse an der Strategie zu wecken und zu einer eigenständigen Informationsaufnahme für eine wachsame Begleitung des strategischen Kurses anzuregen. Eine Explikation der Strategie und ihre Kommunikation schaffen dazu den notwendigen Referenz- und Sprachrahmen.

Aufgabe der strategischen Programmplanung ist es, die Strategie(n) für die betrieblichen Funktionen über die Zeit auf die Gegenwart hin zu konkretisieren. Mit anderen Worten, es wird festgelegt, welche Maßnahmen von den einzelnen betrieblichen Funktionsbereichen ergriffen werden müssen, damit die geplante Strategie realisiert werden kann. Es geht also um Fragen wie: Welche Schritte muss z. B. der Einkauf ergreifen, um die geplante Kostenschwerpunktstrategie zu verwirklichen, oder welche Aktivitäten muss die

5.7 Planung der Strategieimplementation

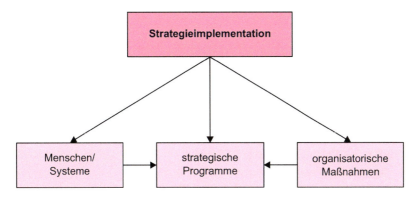

Abb. 5.22 Planung der Strategieimplementation

Konstruktion entfalten, um einen technischen Kundendienst als zentrales Differenzierungsmerkmal aufzubauen?

Schon diese wenigen Fragen deuten an, dass es sich bei der Entwicklung strategischer Programme nicht um eine vollständige Übersetzung oder gar um eine bloße Deduktionsleistung in dem Sinne handeln kann, dass der Strategieplan bereits alle Umsetzungsmaßnahmen enthielte. Die **Programmentwicklung** ist vielmehr eine eigenständige planerische Leistung, in der es darum gehen soll, Maßnahmen zu fixieren, die für den Erfolg der geplanten Strategie kritisch sind. Nicht alles betriebliche Handeln wird in strategische Programme gegossen, sondern selektiv nur jene Maßnahmenbereiche, die für die Umsetzung als kritisch angesehen werden. Eine vollständige Durchplanung des gesamten betrieblichen Handelns ist – wie in Kap. 4 bereits ausführlich gezeigt – nicht nur unmöglich, sondern wäre auch in höchstem Maße dysfunktional, jede Veränderung würde den ganzen Planapparat erschüttern.

Aufgabe der **Programmplanung** ist es deshalb, im ersten Schritt diejenigen Bereiche herauszufiltern, die für die erfolgreiche Umsetzung der Unternehmensstrategie von kritischer Bedeutung sind. Hat sich ein Unternehmen z. B. entschlossen, die Sicherheit der Produkte zum zentralen Thema einer Differenzierungsstrategie zu machen, so sind die strategischen Programme nach Maßgabe dieses Themas zu entwickeln: Entwicklung von Sicherheitsvorkehrungen, Erhöhung der Qualitätsstandards in der Produktion, die Kommunikation der Sicherheitsphilosophie usw.

Diese Vorgehensweise, den Umsetzungsprozess auf die kritischen Maßnahmenbereiche zu konzentrieren, ist bewusst selektiv. Sie trägt der allgemeinen Einsicht Rechnung, dass der strategische Plan nur ein Rahmenplan, nicht aber ein umfassender Steuerungsplan sein kann. Die nicht-strategiekritischen Bereiche sind den Optimierungsbemühungen der operativen Planung anheim zu stellen, die auf diese Weise zusätzliche Probleme berücksichtigen kann. Wenn die operative Planung zusätzliche, über die strategische Zielsetzung hinausgehende Systemprobleme verarbeitet, erhöht sich das **Komplexitätsverarbeitungspotenzial** eines Unternehmens, d. h. es gewinnt an Flexibilität. Es ist keineswegs anzustreben, dass strategische und operative Planung wie „aus einem Guss" eng gekoppelt aufeinander bezogen sind.

Der zuletzt genannte Gesichtspunkt betont nachdrücklich eine Anforderung, die für das Verständnis der strategischen Steuerung von großer Bedeutung ist. Er verweist nämlich auf das Problem des multi-dimensionalen Referenzrahmens eines Unternehmens, oder instrumenteller: das Erfordernis der **mehrfachen Zielsetzung**, um den unterschiedlichen Anforderungen an eine Unternehmung angemessen begegnen zu können. Diesen lange bekannten Tatbestand greift auch die sogenannte **Balanced Scorecard** auf (Kaplan und Norton 1997). Die Balanced Scorecard übersetzt die Strategie in Ziele und Kennzahlen, die nach vier verschiedenen Perspektiven unterteilt sind:

1. finanzwirtschaftliche Perspektive,
2. Kundenperspektive,
3. Interne Prozessperspektive sowie
4. Lern- und Entwicklungsperspektive.

Durch Bündelung der Aufmerksamkeit will man die Energien und Potenziale der gesamten Organisation auf die Erreichung der verschiedenen Ziele ausrichten. Die Balanced Scorecard versteht sich zugleich als Instrument zur breiten Kommunikation der Unternehmensstrategie. Ferner soll durch das Feedback auf allen Ebenen im Sinne der fortlaufenden Zielkontrolle die Möglichkeit zu einem strategischen Lernprozess geboten werden. Die Balanced Scorecard ist neben den vier sachlichen Perspektiven in vier Umsetzungskategorien unterteilt: (a) Allgemeine Ziele, (b) Messgröße, (c) Zielvorgabe und (d) Maßnahmen. In Abb. 5.23 wird die Grundstruktur einer Balanced Scorecard an einem Beispiel verdeutlicht.

Die Balanced Scorecard steht in der Tradition von betrieblichen Kennzahlensystemen, die auch nicht-monetäre Ziele berücksichtigen. Ihr Ursprung liegt in den 50er-Jahren, als große Unzufriedenheit über die bis dahin dominierenden reinen ROI (Return on Investment) – Kennzahlensysteme aufkam.

Als weitere zentrale Erfolgsbedingungen für die Umsetzung einer Strategie werden die Schaffung eines **strategiegerechten Organisations- und Führungssystems** sowie die Einrichtung eines **strategiebezogenen Personalmanagements** angesehen.

Einerseits wird gefordert, die formalen Aufbaustrukturen, die Informationsprozesse, die Kommunikation usw. soweit den Erfordernissen der formulierten Strategie anzupassen, dass die Steuerungskraft der Organisation auf die strategischen Ziele gelenkt wird. Eine genauere Darlegung der Zusammenhänge zwischen Strategie und Organisationsstruktur findet sich in Kap. 7, das die organisatorische Gestaltung zum Gegenstand hat. In Anknüpfung an das oben kurz dargelegte Konzept der Kernkompetenzen finden sich zunehmend auch Vorschläge, die Organisation nicht auf spezielle Strategien auszurichten (schon wegen der dann häufigen Veränderungsbedürftigkeit), sondern sie ganz auf die strategischen Kernkompetenzen zuzuschneiden.

Neben der Organisation wird die Ausrichtung der Personalpolitik auf die Strategie als mindestens ebenso wichtiger, wenn nicht als wichtigerer Faktor angesehen. Praktische

5.7 Planung der Strategieimplementation

	Allgemeine Ziele	**Messgröße**	**Zielvorgabe**	**Maßnahmen**
Finanzen	Ertragssteigerung	ROI	14 % ROI	Frühzeitigere Projektselektion
Kunden	Kundentreue erhöhen	Wiederkaufrate	65 %	Technischen Service ausbauen
Prozesse	Verkürzung der Durchlaufzeiten	Durchlauftage eines Antrags	5 Tage	Abbau von 2 Schnittstellen
Lernen	Mitarbeiterzufriedenheit	Repräsentative Umfrage	10 % Steigerung der Zufriedenheitswerte	Empowerment

Abb. 5.23 Grundstruktur der Balanced Scorecard

Erfahrungen haben immer deutlicher werden lassen, dass eine geplante Strategie nur dann erfolgreich in die Tat umgesetzt werden kann, wenn die dafür notwendigen **personalpolitischen Voraussetzungen** (rechtzeitig) geschaffen werden (im Überblick: Ridder et al. 2001; Lengnick-Hall et al. 2009). Dieser noch sehr allgemeine Zusammenhang wird in den Kapiteln zum Personalmanagement (Kap. 13, 14 und 15) vertieft.

Die Hauptschwierigkeit bei strategischen Veränderungsmaßnahmen ist jedoch, dass viele Prozesse unbewusst oder nur halbbewusst ablaufen und damit nur schwer mit rationalen Appellen, Anreizsystemen oder Geschäftsverteilungsplänen beeinflussbar sind. Diese Zusammenhänge verweisen auf die **Unternehmenskultur** und die große Bedeutung, die ihr im gesamten strategischen Prozess zukommt. Sie gibt den unsichtbaren Rahmen, der einem Unternehmen sein spezifisches Gepräge verleiht. Je **stärker** eine Unternehmenskultur ausgeprägt ist, desto umfassender sind die Handlungen der Systemmitglieder dadurch geformt. Bezogen auf Strategien fördern Unternehmenskulturen die Entwicklung und Favorisierung bestimmter Strategien und stellen der Umsetzung anderer Strategien oft schwer lösbare Probleme.

Am offenkundigsten wird die strategische Bedeutung von Unternehmenskulturen immer bei **Akquisitionen** und der Bildung von **Allianzen**. Viele Zusammenschlüsse, die auf dem „planerischen Papier" glänzende Synergien versprechen, zerschellen nicht selten bei der praktischen Realisierung an der Unterschiedlichkeit der Unternehmenskulturen, die in dem geschäftlichen Alltag aufeinander treffen. Erinnert sei an die Probleme solcher strategischen Zusammenschlüsse wie zwischen BMW und Rover oder Daimler und Chrysler. Es ist nicht selten der Fall, dass Unternehmen, die schon zehn Jahre oder länger fusioniert wurden, in den Köpfen der Belegschaft immer noch als getrennte Unternehmen erscheinen. Die lange gewachsenen Werte und Überzeugungen sind tief verankert, bisweilen wird bei Veränderungen geradezu trotzig an ihnen festgehalten.

Unternehmenskulturen sind jedoch nichts Unabänderliches, auch sie sind, obgleich oftmals über Jahrzehnte gewachsen, veränderbar. Vor jeder wirklichen (und nicht bloß proklamierten) Veränderung steht allerdings eine intensive und vor allem schonungslose Auseinandersetzung mit der „alten" Unternehmenskultur. Dazu gehört nicht nur eine Erfassung der oberflächlichen Erscheinungsformen, sondern auch das Erschließen der tief eingelassenen „ungeschriebenen Gesetze" (deep structure) und die Erfassung ihrer Bedeutung für das tägliche Handeln (vgl. im Einzelnen Kap. 12).

5.8 Strategisches Management im organisationalen Kontext

Die Strategielehre, so wie wir sie bisher entlang des strategischen Planungsprozesses dargestellt und beschrieben haben, enthält unverkennbar eine starke Tendenz dahingehend, den strategischen Prozess nur als eine logisch-analytische Aufgabe zu begreifen. Damit einher geht eine Reihe von Annahmen, die auch bereits in Kap. 4 sehr kritisch reflektiert wurden. Planung ganz allgemein impliziert ein lineares Denken, das die systematische Handlungsvorbereitung und -analyse immer vor die Auswahlentscheidung und Umsetzung der Entscheidung setzt. Genau darin liegt die Rationalität der Planung, aber zugleich auch die mit ihr einhergehenden Implementations- und Selektionsprobleme. Wie in Kap. 4 ausführlich diskutiert und begründet, kann und darf sich die Rationalität eines Unternehmens und seiner strategischen Ausrichtung nicht alleine in der der Planung erschöpfen. Daraus ergeben sich zwei zentrale Implikationen.

Zunächst ist festzuhalten, dass jeder strategische Managementprozess praktisch in einem konkreten Unternehmen zu einem bestimmten historischen Zeitpunkt stattfindet und d. h., in einem Umfeld, in dem unterschiedliche Perspektiven, Interessen, Emotionen usw. eine nicht unbedeutende Rolle spielen. Es ist folglich so, dass alle Elemente des strategischen Prozesses auch Teil des allgemeinen organisatorischen Geschehens sind und deshalb auch diesen Einflüssen mit unterliegen (Fahey 1981; Ortmann und Seidl 2010). Der strategische Managementprozess ist – ähnlich wie andere Prozesse (Reorganisation, Einsatz neuer Technologien usw.) – in diesem Kräftefeld angesiedelt und lässt sich aus diesem auch nicht separieren. Strategien sind sozusagen in Organisationen eingeschrieben (Koch 2011). Dies war ja eben auch – wie eingangs erwähnt – der Grund, strategisches Management anstelle von strategischer Planung zu setzen, um so den ganzheitlichen Charakter der Aufgabe zu betonen. Erfolgreich strategisch führen heißt mehr als Eintrittsbarrieren und Ressourcen zu analysieren, es heißt auch Kompromisse schließen, Überzeugungsarbeit leisten, Akzeptanz schaffen und Unterstützung mobilisieren. Dadurch wird der strategische Prozess nicht etwa „verschmutzt", wie bisweilen geäußert, sondern er wird als das betrachtet, was er ist, nämlich ein Prozess unter mehreren in einem System mit vielen Zielsetzungen, Ansprüchen, Problemen und Altlasten, wie dies regelmäßig der Fall ist.

Zum zweiten ist es gerade dieser organisationale Kontext des Strategischen Managementprozesses, der unter bestimmten Umständen selbst als strategisch betrachtet werden kann. Auf diesen Zusammenhang wurde bereits deutlich im Hinblick auf Kompetenzstrategien verwiesen, in denen die Organisation ja als eine entscheidende Ressource und als Quelle von Wettbewerbsvorteilen verstanden wird. Darüber hinaus kann der organisationale Kontext praktisch auch ein funktionales Äquivalent zum Strategiepanungsprozess darstellen, d. h. dass Strategien nicht nur der Ausfluss eines systematischen strategischen Planungsprozesses und der Implementation seiner Ergebnisse sind, sondern eben auch emergent in Organisationen und damit aus dem organisationalen Kontext heraus entstehen. Beide Implikationen spielen in zwei immer wichtiger werdenden Strängen der Strategieforschung eine ganz zentrale Rolle.

5.8.1 Strategische Prozesse

Zahlreiche empirische Analysen zeigen, dass dieser faktische Prozessablauf den intendierten Planungsverlauf so stark überformt, dass am Ende nicht selten Strategien verfolgt werden, die so von niemand angestrebt wurden. Mintzberg (1978) hat schon früh auf das Faktum hingewiesen, dass Strategien nicht notwendigerweise das Ergebnis eines gezielten Planungsprozesses sein müssen, sondern sich häufig ungeplant aus den täglichen Vollzügen und Kommunikationen heraus entwickeln. So werden Handlungsmuster häufig erst **nachträglich** als Strategien rekonstruiert und bestimmten Aktivitäten eine strategiebildende Qualität zugesprochen, obwohl die betreffenden Personen ursprünglich damit ganz andere Intentionen verfolgt hatten (Quinn 1980, S. 9; Burgelman 2002b). Daneben gibt es den häufig anzutreffenden Fall, dass Strategien zwar beschlossen, nicht aber realisiert werden.

Dynamisch betrachtet können die Strategietypen ihre Gestalt wechseln (Mintzberg und Waters 1985): Intendierte Strategien geraten im Laufe ihrer Realisierung zu emergenten oder emergente Strategien werden formalisiert und zu intendierten „deliberate" erklärt.

Eine weitere zentrale Unterscheidung im Hinblick auf das Verständnis von Strategiebildungsprozessen und der Entwicklung neuer Strategien hat Burgelman (2002b) mit der Differenz von induzierten und autonomen strategischen Handlungen bzw. Verhalten eingeführt.

Induzierte strategische Handlungen sind solche, die im Sinne der gesamten strategischen Ausrichtung eines Unternehmens und im Einklang mit dieser stehen. Burgelman (2002a) spricht deshalb auch metaphorisch von einem „strategischen Vektor". Autonome strategische Handlungen hingegen stehen außerhalb der etablierten strategischen Ausrichtung eines Unternehmens und geraten deshalb in der Regel in einen Konflikt mit dieser. Die Unterscheidung zwischen induzierten und autonomen strategischen Handlungen verdeutlicht, dass der Strategiebildungsprozess in Organisationen häufig konfliktär verlaufen kann. Schon sehr früh hat Burgelman (1983) daher auf die Bedeutung von strategischen Diskursen verwiesen und zugleich Strategie vor dem Hintergrund von konsonanten und dissonanten organisationalen und strategischen Prozessen betrachtet (Burgelman und Grove 1996). Seine detaillierte Analyse des Wechsels von Intel von einem DRAM- zu einem Mikroprozessorhersteller gehört heute zu einem der Meilensteine der Strategieprozessforschung.

Aufbauend auf den Arbeiten von Burgelman und Mintzberg haben Mirabeau und Maguire (2014) auf Basis einer empirischen Studie die Bedeutung von ephemeren Formen autonomen strategischen Handels aufgezeigt, d. h. von sozusagen gescheiterten emergenten Strategien. Diese waren im bisherigen Konzept von Mintzberg nicht existent, da Mintzberg den emergenten Strategiebildungsprozess praktisch nur ex post verstanden hat,

d. h. nur wenn eine emergente Strategie auch realisiert wurde, konnte sie auch als emergente Strategie identifiziert werden. Dass es in Organisationen jedoch vielfältige Prozesse gibt, die potenziell zu emergenten Strategien werden könnten, aber dann doch scheitern, liegt jedoch auf der Hand und die Bedeutung solcher ephemerer autonomer Aktivitäten darf und sollte nicht unterschätzt werden. Zudem kennzeichnen Mirabeau und Maguire induzierte und autonome Aktivitäten anders als Burgelman nicht als Handlungen (action), sondern als Verhalten (behavior), womit auch die nicht-intendierten und unbeabsichtigten Nebenwirkungen von strategischen Aktivitäten besser erfasst werden sollen. Abb. 5.24 zeigt die verschiedenen Typen des Strategiebildungsprozesses und ihren Zusammenhang auf und markiert die beiden unterschiedlichen organisationalen Quellen des Strategieformierungsprozesses (Schatten).

Mit diesen grundlegenden Arbeiten von Mintzberg und Burgelman, zu denen darüber hinaus auch Pettigrew (1977) zu zählen ist, ist deutlich geworden, dass Strategien letztlich nicht losgelöst vom organisationalen Kontext, in dem sie immer wieder hervorgebracht werden, verstanden werden können. Mintzberg (1978, S. 935) hat Strategien deshalb auch als ein Muster in einem Strom von Entscheidungen bezeichnet, und damit dem tatsächlichen strategischen Handeln eines Unternehmens eine deutliche Priorität gegenüber den durch strategische Planung zunächst nur formulierten Handlungsabsichten eingeräumt. Strategie ist nicht das, was Unternehmen beabsichtigen zu tun, sondern das, was Unternehmen im Hinblick auf ihre relevanten strategischen Handlungsfelder tatsächlich tun. Damit

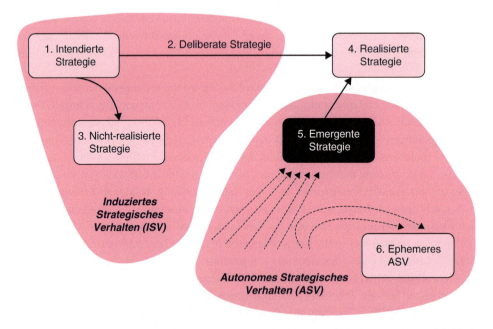

Abb. 5.24 Typologie des Strategiebildungsprozess. (Quelle: nach Mirabeau und Maguire 2014, S. 122)

unterläuft die Strategieprozessperspektive die aus Planungssicht konstitutive Unterscheidung von Planung, Implementation und Realisation. Im Mittelpunkt der Prozessperspektive steht der strategische Entscheidungsprozess, sowie strategisch-relevante Aktionseinheiten (Hutzschenreuter and Kleindienst 2006) und damit die Frage, wie Unternehmen im Zeitablauf tatsächlich strategisch handeln. In der Strategieforschung differenziert man deshalb auch mitunter diese Prozessperspektive von den sog. „strategy content approaches", die sich mit dem strategischen Inhalt und somit mit dem „Was" der Strategie befassen (z. B. der inhaltlichen Frage, ob eine Kostenschwerpunkt- oder eine Differenzierungsstrategie verfolgt werden sollte). Dies zeigt, dass die Prozessperspektive in keinem grundsätzlich widersprüchlichem Verhältnis zu den oben angeführten Inhaltstheorien steht, sondern dass damit unterschiedliche Perspektiven auf das strategische Management eines Unternehmens eingenommen werden. Insofern macht die Prozessperspektive deutlich, dass die Black Box Organisation systematisch im strategischen Management Berücksichtigung finden muss und sie hat damit auch den Grundstein gelegt, den strategischen Wandel wie auch strategische Wandelprobleme besser zu verstehen. Zu letzteren sind insbesondere Ansätze zu zählen, wie zum Beispiel escalating commitment oder strategische Pfadabhängigkeit, die ohne ein prozessuales Verständnis von Strategie kaum richtig eingeordnet werden könnten. Zugleich verbleibt die Strategieprozess-Perspektive aber auch auf einem relativ abstrakten Niveau (Basisunterscheidungen sind: deliberat vs. emergent, induziert vs. autonom usw.), was das konkrete strategische Geschehen in einer Organisation betrifft. Es ist dies die Lücke, in die seit einigen Jahren nun die sog. Strategy-as-Practice-Forschung (SAP) gestoßen ist, mit dem Versuch, das tagtägliche strategische Handeln in Organisationen besser zu verstehen und insbesondere auch Managern und Managerinnen zu helfen, ihre strategische Arbeit „anders zu vollziehen" (Johnson et al. 2003).

5.8.2 Strategische Praktiken

Ausgangspunkt des Ansatzes, Strategien aus einer Praktiken-Perspektive zu verstehen, ist zunächst die Annahme, dass die Prozessperspektive die Black Box Organisation zwar in Stellung gebracht, aber noch nicht wirklich geöffnet und beleuchtet hat. In diesem Sinne soll die Praktikenperspektive den Blick auf die „Mikrostrategien" ermöglichen (Johnson et al. 2003). In Anlehnung an den in der Organisationsforschung zu beobachtenden „practice turn" (Schatzki et al. 2001), geht dies einher mit dem Umdenken von Strategie als etwas, das ein Unternehmen hat, zu etwas was ein Unternehmen tagtäglich vollzieht. Dieser praktische Vollzug von Strategie wird deshalb auch als „strategizing" bezeichnet. In diesem Sinne soll der Ansatz zeigen, wie die täglichen „strategizing practices" innerhalb eines Unternehmens die Dynamik von Strategieausbildungsprozess und -implementierung hervorbringen (Vaara und Whittington, 2012).

Mit der Praktiken-Perspektive soll Strategie somit durch ein „sociological eye" (Whittington 2007, S. 1577) betrachtet werden. In diesem Sinne geht es darum zu analysieren, wie Dinge von wem („practitioner") in tagtäglichen Aktivitäten („praxis") vollzogen werden und welche Werkzeuge und Methoden („practices") im Sinne von sozial akzeptierten, geteilten, über die Zeit routinisierten, inkorporierten und materiell mediierten „ways of doing things" dabei zur Anwendung kommen (Vaara und Whittington 2012).

Vor diesem Hintergrund überrascht es nicht, dass die SAP-Forschung zu einem ganz großen Teil empirisch in sehr kleinteiligem Format stattfindet. Studien fokussieren zum Beispiel darauf, wie Strategien im Laufe von Sitzungen und Workshops entwickelt werden (Jarzabkowski und Seidl 2008; Liu und Maitlis 2014), oder stellen die Bedeutung und Rolle von strategischen Tools, wie etwa der SWOT-Analyse, heraus (Jarzabkowski und Kaplan 2015). Es ist deshalb nicht verwunderlich, dass zwischenzeitlich die „So-what-Frage" immer häufiger gestellt wurde und die Kritik immer lauter wurde, dass die SAP-Forschung ihr eigentliches Ziel einer mikrosozialen Erklärung von Makrophänomenen (Strategie) grundlegend verfehlt hat (Nicolini 2016). Jedenfalls scheint der immer feinkörnigere Blick in Organisationen hinein wenig ergiebig, wenn es nicht zugleich gelingt, damit wiederum an das Konzept der Strategie selbst anzuschließen. Hierin liegt dann wohl auch der zentrale Geburtsfehler des SAP-Ansatzes, mit der kontrastierenden Einführung des Konzepts des Strategizing zugleich das Konzept der Strategie über Bord geworfen zu haben. Es ist in der empirischen Forschung schlicht unmöglich, ohne eine allgemeinere Vorstellung davon, was Strategie in einem Unternehmen sein könnte (vgl. dazu noch einmal die Kriterien am Anfang des Kapitels), sinnvolle Forschung zu betreiben, denn potenziell kann jede Aktivität in einem Unternehmen ja strategisch sein, aber kein Datenerhebungsprozess kann sinnvoller Weise jede Aktivität eines Unternehmens tagtäglich erfassen. Hutzschenreuter und Kleindienst (2006, S. 703) sprechen in diesem Zusammenhang treffend von „the myriad micro activities that make up strategy". Die pragmatische Lösung der SAP-Forschung lag lange Zeit darin, hauptsächlich formale strategische Planungsprozesse und darauf bezogene Aktivitäten zu untersuchen, um das Datenerhebungsfeld in dieser Weise einzuschränken (man beobachtete also dann nur solche organisatorischen Vorgänge, bei denen man ex ante vermuten konnte, dass dort Strategieentwicklung „stattfindet"). Damit hat die SAP-Forschung allerdings den emergenten Teil von inhaltlichen Strategien häufig nicht wirklich in den Blick nehmen können und fiel somit im Grunde auch wieder hinter die ursprüngliche Strategieprozessforschung zurück.

Erfolgsversprechender sind deshalb die jetzt zunehmenden Bestrebungen, die SAP-Perspektive mit der Strategieprozessperspektive besser zu verbinden (Burgelman et al. 2018; Mirabeau et al. 2018). Dies scheint alleine schon aus logischen Gründen geboten, denn die derzeit auch in anderen Bereichen der Strategieforschung breit diskutierte Idee einer Mikrofundierung von Strategien (Felin et al. 2015) übersieht, dass Emergenz ein soziales Phänomen darstellt, das gerade keine ausschließlich kausalen Zusammenhänge zwischen Mikro- und Makroebene unterstellt, sondern eben einen emergenten Zusammenhang. Sobald man es mit emergenten Phänomenen zu tun hat, lässt sich die Makro-Ebene (Strategie) nicht mehr auf die Mikro-Ebene (Strategizing) kausal zurückführen, auch wenn zugleich zutrifft, dass keine Strategie ohne Strategizing existieren würde. Zudem entstehen nun auch Arbeiten, die Elemente des Strategiebegriffes aus der Praktikenperspektive untersuchen, so etwa wenn der Frage nachgegangen wird, wie eine Wettbewerbsbeziehung zwischen Unternehmen durch intra-organisationale und inter-organisationale

„competition practices" konstituiert wird (Jarzabkowski und Bednarek 2018). Es bleibt allerdings abzuwarten, in welche Richtung sich dieser Forschungsstrang insgesamt entwickeln wird.

5.9 Strategische Kontrolle

Mit Strategien und Programmen will man die allgemeine Richtung der Unternehmensaktivitäten bestimmen. Mithilfe hieraus abgeleiteter Aktionspläne, Budgets und geeigneter organisatorischer Maßnahmen sollen diese gedanklichen Konstruktionen in die Tat umgesetzt werden. Als letzte Phase dieses Steuerungsprozesses wird nun häufig die Kontrolle dargestellt. Ihr soll es obliegen zu prüfen, ob es gelungen ist, das Geplante in die Tat umzusetzen und die angestrebten Ziele zu erreichen. Mit der Gegenüberstellung von Soll und Ist sollen Realisationslücken bzw. Planabweichungen aufgedeckt werden

So plausibel diese Kontrollauffassung auch klingen mag; sie ist für den strategischen Bereich unbrauchbar. Der Grund dafür ist schnell gezeigt. Die Feedback-Kontrolle kann Informationen für allfällige Plankorrekturen und Neuplanungen stets nur aus den **Ergebnissen** bereits realisierter Maßnahmen gewinnen. Genau diese Bindung von Planrevision an registrierbare Ergebnisse von bereits realisierten (Teil-)Plänen erweist sich dort, wo es um strategische, mithin grundsätzliche oder zumindest für das Unternehmen weitreichende Planung bzw. deren Kontrolle geht, als sehr problematisch. Im Kern geht es hier um zwei Haupteinwände:

- Die Kontrollinformationen, die aus den Resultaten bereits ergriffener Maßnahmen der Strategierealisierung gewonnen werden, kommen zu spät: Der Zeitpunkt einer notwendigen Planrevision wird versäumt, weil es zu lange dauert, bis die Wirkungen der ergriffenen Maßnahmen die Revisionsnotwendigkeit signalisieren können (**zeitlicher Aspekt**).
- Die Kontrollergebnisse signalisieren eine weitgehende Übereinstimmung zwischen Soll und Ist. Eine Planrevision wäre demnach nicht erforderlich. Tatsächlich haben sich aber gravierende Änderungen in den der Planung zugrunde gelegten Faktoren vollzogen, die sich zunächst in ihren Wirkungen kompensieren, aber langfristig die Strategie obsolet werden lassen (**sachlicher Aspekt**).

Aufgrund des weiten Planungshorizonts und der damit in besonderem Maße gegebenen Unüberschaubarkeit (Komplexität) und Dynamik kommt eine Ex-post-Kontrolle, die den Niederschlag der Ergebnisse der strategischen Umsetzung abwartet, einer Fahrlässigkeit gleich. Vertraut man nur auf die Feedback-Kontrolle, müssen neuere Entwicklungen immer als Überraschung erscheinen. Die Folge ist, dass Krisenmanagement an die Stelle wohlüberlegter Planrevision treten muss. Kasten 5.13 gibt zur Notwendigkeit einer strategischen Kontrolle ein praktisches Beispiel.

Statt als letztes Glied des strategischen Managementprozesses ist strategische Kontrolle vielmehr – wie in Abb. 5.25 noch einmal gezeigt – als planungsbegleitender Prozess

Kasten 5.13

Cisco: Warnsignale übersehen

„Als Cisco Systems, dem Hersteller von Computernetzwerken, im vergangenen Sommer bei prall gefüllten Auftragsbüchern die Bauteile ausgingen, versuchte das Unternehmen, seinen Einkauf zu verbessern. Durch langfristige Verträge mit den Zulieferern wurden Komponenten für Monate im Voraus bestellt. Und den Vertragslieferanten, die große Teile von Ciscos Internet-Technik produzieren, gewährte das Unternehmen Kredite in Höhe von 600 Millionen Dollar, damit auch diese sich ihrerseits mit Bauteilen eindecken konnten. Jetzt musste das Unternehmen angesichts sinkender Verkaufszahlen bekannt geben, dass es für die fallenden Werte seines Lagerbestandes eine Summe von 2,5 Milliarden Dollar abschreiben muss. Laut Vorstandschef John Chambers ist Cisco ein Opfer der plötzlichen, nicht voraussehbaren Abkühlung des Wirtschaftsklimas geworden.

Noch bis zum vergangenen November stiegen Ciscos Aufträge jährlich um 70 Prozent; heute bewegen sie sich unter dem Vorjahresniveau. ‚Ich kenne niemanden, der sich hierauf einstellen konnte', sagte Chambers. Doch einige der Probleme sind hausgemacht: Warnzeichen, dass sich die selbst gesteckten Verkaufsziele als zu ehrgeizig erweisen könnten, wurden von der Unternehmensführung beharrlich ignoriert. Die aggressive Expansion wurde auch dann nicht gestoppt, als sich das Geschäft verlangsamte. Nachdem noch 5000 Neueinstellungen zwischen November und März vorgenommen wurden, muss der Vorreiter der New Economy jetzt 8500 Voll- und Teilzeitstellen streichen. ‚Cisco hatte schon immer Schwierigkeiten, die Bremse zu finden', sagt Alex Mendez, ein ehemaliger Cisco-Manager.

Noch im Mai 2000 hatte Chambers für das bevorstehende Geschäftsjahr eine Umsatzsteigerung von 60 Prozent vorausgesagt. Kurz zuvor konnte Cisco das elfte Quartal in Folge mit steigendem Umsatzwachstum abschließen. Allerdings zeigten sich bereits die ersten Wolken am Himmel: Kurze Zeit später gingen dem Unternehmen wichtige Zubehörteile für die Herstellung von Intranets aus. Die Kunden mussten auf ihre Bestellungen statt der üblichen drei Wochen nun bis zu fünfzehn Wochen warten und wanderten teilweise zu anderen Herstellern ab. Cisco deckte sich mit enormen Mengen an Material ein. Zwischenzeitlich drehte die Stimmung an den Finanzmärkten.

Doch selbst als die Aktien von Konkurrenten wie Nortel Networks wegen schwächerer Umsatzprognosen innerhalb von zwei Tagen um 33 Prozent einbrachen, hielt man sich bei Cisco für immun.

Chambers setzte die Welle von Neueinstellungen fort und sorgte sich erst, als die Umsatzeinbußen offensichtlich wurden. Als ihm die Vorstände seiner größten Kunden erklärten, dass sie wegen eigener Umsatzverluste die Ausgaben kürzen müssten, versammelte er am 15. Dezember die Unternehmensführung, um über geeignete Maßnahmen zu beraten. Doch die Expansionsmaschine anzuhalten, erwies sich als schwer: Obwohl man beschloss, die Neueinstellungen zu bremsen, schrieb Cisco im Dezember mehr Stellen aus als in jedem anderen Monat zuvor.

Aus dem kühlen Dezember wurde für Cisco ein frostiger Januar: Verkäufe an neue Telekommunikations-Unternehmen fielen im ersten Quartal um 40 Prozent auf 300 Millionen Dollar. Die gesamte Wirtschaft hielt sich mit Ausgaben für High-Tech-Ausrüstung zurück. Anstatt der geplanten Verdoppelung bei Verkäufen an Internetfirmen, gingen diese Umsätze auf die Hälfte zurück. Wenig gebrauchte Cisco-Technik war überall von gescheiterten Internetunternehmen zu haben. Die Geschwindigkeit des Einbruchs überraschte die Unternehmensführung. Offenbar wurde sie vor allem vom firmeneigenen Informationssystem in die Irre geleitet, das die Auftragslage nicht richtig interpretiert hatte.

Man hatte übersehen, dass viele Kunden versuchten, die Wartezeiten, die inzwischen bei zwei bis drei Monaten lagen, dadurch zu verkürzen, dass sie mehrfach bestellten – sowohl bei Cisco als auch bei anderen Herstellern. Wenn das Produkt dann geliefert wurde, stornierten sie die restlichen Mehrfach-Bestellungen. ‚Wir wussten, dass es Mehrfachbestellungen gab. Doch wir ahnten nicht das Ausmaß', sagte Cisco-Manager Michelangelo Volpi.

Erst im März änderte Cisco den Kurs und kündigte an, 5000 Stellen und bis zu 3000 weitere Teilzeitstellen zu streichen. Ferner soll das Unternehmen neu strukturiert werden. Mit einem Einstellungsstopp im vergangenen Herbst wären die jetzigen Stellenkürzungen sicher vermieden worden."

Quelle: Der Tagesspiegel vom 23.04.2001: 18

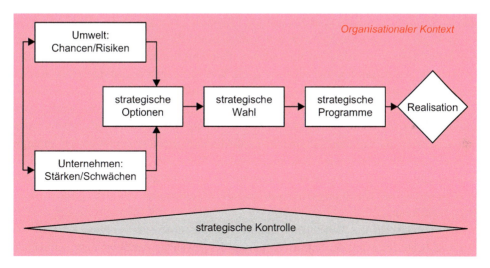

Abb. 5.25 Die strategische Kontrolle im strategischen Prozess

zu denken, der von dem Moment an einsetzen muss, da der erste Selektionsschritt im Planungsverfahren erfolgt (Schreyögg und Steinmann 1987). Wie mehrfach betont, ist der strategische Planungsprozess in starkem Maße dadurch gekennzeichnet, dass fortwährend Unsicherheit und Unklarheit durch das Setzen von Annahmen unsichtbar wird.

5.9.1 Kontrolle als Risikomanagement

Der Planungsprozess braucht trotz Unsicherheit und Komplexität schlussendlich Eindeutigkeit, um eine Handlung empfehlen zu können. Um dieses Dilemma zu bewältigen, muss das Management oder mehr in einem evolutorischen Sinne der strategische Prozess künstlich Eindeutigkeit herstellen. Es muss durch Interpretationsmuster, Prioritätensetzung, Filterung usw. die aus Unsicherheit und Komplexität resultierende Ambiguität gewissermaßen auf ein bearbeitbares Maß reduzieren. Dieser ganze Reduktionsprozess ist gekennzeichnet durch Ausblenden und Wegfiltern, er ist – nach Voraussetzung – nicht voll beherrschbar und somit selektiv.

Diese **Selektivität** birgt ein fundamentales Risiko in sich, nämlich das der Fehlselektion und das der Ignoranz. Daraus resultiert als Konsequenz die Aufgabe, Vorkehrungen zur Handhabung des Selektionsrisikos zu schaffen. Dies ist die genuine Aufgabe der strategischen Kontrolle. Sie hat eine kompensierende Funktion wahrzunehmen, die das Selektionsrisiko der strategischen Ausrichtung begrenzt.

Strategisches Handeln ist also so gesehen immer **tentatives Handeln**. Es entwickelt auf der Grundlage von Relevanzvermutungen über die Umwelt versuchsweise eine Strategie. Es ist die Funktion der strategischen Kontrolle, diesem versuchsweisen Handeln durch ein kontinuierliches Monitoring den nötigen Spielraum zu verschaffen.

Strategische Kontrolle lässt sich somit als Aufgabe definieren, die Strategie und deren Umsetzung fortlaufend auf ihre weitere Tragfähigkeit hin zu überprüfen, um Bedrohungen und dadurch notwendig werdende Veränderungen des strategischen Kurses rechtzeitig zu signalisieren. Das mit der strategischen Ausrichtung eines Unternehmens unvermeidlich einhergehende Selektionsrisiko bringt es mit sich, dass strategische Pläne von Anfang an als potenziell revisionsbedürftig begriffen und behandelt werden müssen. Diese hier in den Mittelpunkt gerückte Kompensationsfunktion der strategischen Kontrolle hebt sie deutlich gegen andere Konzepte ab (etwa Kershaw 2001). Insbesondere wird deutlich, dass die Eruierung von **strategischen Chancen** und/oder von strategischen **Handlungsalternativen** nicht Gegenstand der strategischen Kontrolle sein kann.

Im Hinblick auf das Verständnis und die Gestaltung der strategischen Kontrolle ist hervorzuheben, dass mit der Selektion in Form der gewählten Annahmen und schließlich der **Strategie** selbst der **Bezugspunkt** für risikobegrenzende Maßnahmen der strategischen Kontrolle gewonnen wird. Erst mit einem solchen Bezugspunkt lässt sich ja entscheiden, ob ein Ereignis in der internen und externen Umwelt als Bedrohung (der selektierten Strategie) zu gelten hat oder nicht.

Dabei spielt es keine Rolle, ob sich die Strategie nun auf emergentem Wege herausgebildet hat oder das Ergebnis eines analytischen Planungsprozesses ist. In beiden Fällen bildet sie die Grundlage des Kontrollprozesses. Ohne diesen (selbst geschaffenen) Bezugspunkt lässt sich keine Differenz bilden und somit auch keine Information gewinnen.

5.9.2 Typen strategischer Kontrolle

Die strategische Kontrolle soll definitionsgemäß ein Gegengewicht zur Selektivität der Planung bilden. Daraus folgt, dass sie selbst zumindest von der Intention her nicht selektiv angelegt werden darf. Ihre Kompensationsfunktion ist insofern globaler und ungerichteter Natur. Es lassen sich jedoch Spezialisierungsvorteile erzielen, wenn die globale Kompensationsfunktion teilweise ausdifferenziert wird. Folgt man dieser Spezialisierungsidee, so lassen sich drei Kontrolltypen unterscheiden. Neben die

- **strategische Überwachung** als globaler Kernfunktion treten die beiden Spezialfunktionen
- **strategische Durchführungskontrolle** und
- **strategische Prämissenkontrolle**.

Während sich die Prämissenkontrolle auf die bewusst gesetzten Annahmen im Planungsprozess konzentriert, ist es Aufgabe der Durchführungskontrolle, alle diejenigen Informationen zu sammeln, die sich im Zuge der Strategiedurchführung ergeben und die auf Gefahren für eine Realisierung der gewählten Strategie hindeuten können. Abb. 5.26 fasst die strategischen Kontrolltypen in einem Schaubild zusammen.

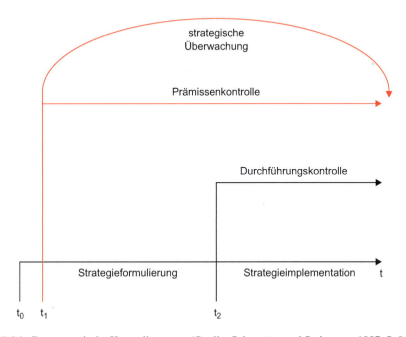

Abb. 5.26 Der strategische Kontrollprozess. (Quelle: Schreyögg und Steinmann 1987, S. 96)

https://sn.pub/GqNDGb

Im strategischen Planungsprozess, der in t0 beginnt, ist das **Setzen von Prämissen** (t1) das wesentliche Mittel, um die komplexe Entscheidungssituation zu strukturieren. Nachdem mit der Setzung von Prämissen immer zugleich eine Großzahl möglicher anderer Zustände ausgeschlossen wird, konstituiert sich mit ihr ein hohes kontrollbedürftiges Risiko. Daraus leitet sich das erste spezielle Kontrollfeld ab, nämlich die (explizit gemachten) strategischen Prämissen fortlaufend daraufhin zu überwachen, ob sie weiterhin Gültigkeit beanspruchen können.

Die Setzung von Prämissen kann niemals vollständig in dem Sinne sein, dass alle relevanten Entwicklungen erkannt und/oder alle neuen Entwicklungen vorhergesehen werden. Die strategische Kontrolle muss deshalb darauf bedacht sein, diesen bei der Prämissensetzung ausgeblendeten, aber für den strategischen Kurs möglicherweise bedrohlichen Bereich ebenfalls mit abzudecken, um auch insoweit das Risiko zu begrenzen. Hierfür kann man sich die Einsicht zunutze machen, dass sich diese unbekannten oder unerkannten Entwicklungen im Zuge der Strategieimplementation nach und nach als Störungen bemerkbar machen, indem sie nämlich Handlungen behindern und/oder erwartete Ergebnisse verfälschen. Zudem macht der teilweise emergente Charakter von Strategien und die mögliche Existenz von autonomen strategischem Handeln deutlich, dass strategisch relevante Prämissen in Organisationen oftmals implizit gelebt werden, ohne explizit gesetzt worden zu sein. Die Prämissenkontrolle muss deshalb auch darauf ausgerichtet sein, möglich relevante implizite Prämissen der Strategie zu identifizieren und auf ihre Tragfähigkeit zu prüfen.

Sobald die Umsetzung der Strategie beginnt (t2), muss auch die Sammlung von Informationen über registrierbare Ergebnisse einsetzen. Dies ist die genuine Aufgabe der **strategischen Durchführungskontrolle**. Sie hat anhand von Störungen wie auch prognostizierter Abweichungen von ausgewiesenen strategischen Zwischenzielen (Meilensteinen) festzustellen, ob der gewählte strategische Kurs gefährdet ist oder nicht. Es ist dies allerdings keine Feedbackkontrolle, die Abweichungen des „Ist" vom „Soll" fortlaufend registriert, um eine rechtzeitige Anpassung des „Ist" an das „Soll" bewerkstelligen zu können. Das ist Aufgabe der operativen Kontrolle. Der hier entscheidende Gesichtspunkt, die Frage nach der fortdauernden Gültigkeit des strategischen „Soll", käme dabei nicht ins Blickfeld.

Diese beiden spezialisierten Kontrollaktivitäten müssen – wie erwähnt – eingebettet werden in eine unspezialisierte und insofern globale **strategische Überwachung** als Auffangnetz. Sie trägt der Einsicht Rechnung, dass es in der Regel zahlreiche kritische Ereignisse gibt, die einerseits im Rahmen der Prämissensetzung übersehen oder auch falsch eingeschätzt werden, andererseits aber ihren Niederschlag noch nicht in den Wirkungen und Resultaten der implementierten strategischen Teilschritte gefunden haben.

Anders formuliert, die strategische Überwachung ist die Antwort auf die prinzipielle Unabschließbarkeit des strategischen Entscheidungsfelds der Unternehmung. Sie ist eine im Grundsatz ungerichtete Kontrollaktivität, d. h., sie ist nicht von vornherein auf ein konkretes Kontrollobjekt bezogen. Um dennoch Kontrollinformationen gewinnen zu können – denn ohne Maßstab gibt es keine Information –, macht man die potenzielle Bestandsbedrohung der Unternehmung zum Maßstab, an dem die Bewährung der gewählten Strategie gemessen wird.

Diese Kontrollvorstellung erscheint auf den ersten Blick paradox, denn nach herkömmlicher Auffassung bedarf es ja eines präzisen Kontrollmaßstabes, um Kontrollhandlungen überhaupt in Gang setzen zu können. Dass die praktische Handhabung der strategischen Überwachung dennoch nicht unmöglich ist, liegt daran, dass man sich hier die folgende Einsicht zunutze machen kann: Die Bestandsbedrohung ist zwar unbestimmter als die Strategie, sie vereindeutigt sich jedoch in der konkreten Situation in **Gestalt von Krisen**, die das Erfolgspotenzial der selektierten Strategie zu erodieren drohen. Damit wird es möglich, Komplexität auf andere Weise zu reduzieren, nämlich durch Beobachtung von Krisenanzeichen (Luhmann 1973, S. 328). Man geht davon aus, dass der Zeitablauf selbst Komplexität absorbiert, die Fülle der Möglichkeiten einengt und in der aktuellen Situation schließlich offenbart, wo die strategische Bedrohung liegt. Unter dem Druck der Situation ist dann allerdings rasches Handeln erforderlich. Hier zeigt sich eine enge Verwandtschaft zu den sog. Frühwarnsystemen, die darauf abstellen, Krisensignale in einem möglichst frühen Stadium aufzufangen, um noch einen hinreichenden Handlungsspielraum sicherstellen zu können (zusammenfassend Schöpfner 2012).

Die drei genannten Kontrollarten bilden in ihrem Zusammenwirken das strategische Kontrollsystem, man könnte es auch, um eine falsche Kontrollassoziation zu vermeiden, **Strategiemonitoring** nennen. Wie in Abb. 5.26 gezeigt, muss mit dem Setzen der ersten Prämissen im Rahmen der strategischen Planung die Prämissenkontrolle ihre Tätigkeit aufnehmen. Von hier an begleitet sie alle weiteren Prämissensetzungen im Rahmen des Planungs- und Implementationsprozesses. Zum gleichen Zeitpunkt (t1) muss die strategische Überwachung ihre Tätigkeit aufnehmen. Wenn die Strategieimplementation beginnt (t2), greift die dritte Kontrollart, die strategische Durchführungskontrolle. Ab diesem Zeitpunkt wirken alle drei vorgeschlagenen Kontrollarten zusammen, um das Selektionsrisiko der strategischen Planung zu kompensieren. Strategische Kontrolle stellt so verstanden einen kontinuierlichen Prozess dar. Eine Periodisierung, etwa unter Anbindung an den strategischen „Planungskalender", wie es im Zusammenhang mit der sogenannten Neuplanung üblich ist, würde ihrem Wesen grundlegend widersprechen.

5.9.3 Organisation der strategischen Kontrolle

Aus den vorstehenden kurzen Überlegungen ergibt sich bereits, dass die strategischen Kontrolltypen unterschiedliche Kontrollobjekte haben und auch in einem unterschiedlichen Maße vorstrukturiert (= organisiert) werden können. Abb. 5.27 stellt die wesentlichen Unterschiede zusammen.

Typen strategischer Kontrolle / Kontrollcharakteristika	Strategische Überwachung	Prämissen-kontrolle	Durchführungs-kontrolle
Ausmaß der Gerichtetheit	gering	mittel	hoch
Kontrollobjekt	Umwelt/Ressourcen	Planungsprämissen	Zwischenziele

Abb. 5.27 Das System der strategischen Kontrolle

Von den drei genannten Kontrolltypen kann die **strategische Durchführungskontrolle** noch am ehesten aus einer Formalisierung der Informationsaufnahme Nutzen ziehen. Die Kontrollobjekte sind ja bestimmungsgemäß relativ gut definiert und, sofern es sich um Meilensteine handelt, planerisch vorherbestimmt. Insoweit, wie die Meilensteine betroffen sind, lässt sich im Vorhinein festlegen, wer welche Resultate zu welcher Zeit messen soll. So kann etwa bei einem neuen Forschungs- und Entwicklungsprojekt festgelegt werden, wann und durch wen festgestellt werden soll, ob bestimmte Versuchsreihen zu dem gewünschten Erfolg geführt haben. Oder bei einem neu eingeführten Produkt mag der Marketing-Leiter dafür verantwortlich sein, festzustellen, ob ein bestimmter Marktanteil in der festgelegten Zeit erreicht werden konnte. Überraschend auftretende Behinderungen im Durchführungsprozess lassen sich dagegen natürlich nicht derart formal vorstrukturieren. Diese feinfühlig zu registrieren, ist aber eine mindestens gleichgewichtige Aufgabe der strategischen Durchführungskontrolle.

Die Informationsaufnahme im Rahmen der **Prämissenkontrolle** kann ebenfalls bis zu einem gewissen Grade von einer Formalisierung oder Routinisierung profitieren. Nach Voraussetzung sind hier ja von der Planung eine Reihe kritischer Annahmen und gegebenenfalls Schwellenwerte identifiziert worden, auf die hin die Kontrollaktivitäten ausgerichtet werden können. Die Beobachtung der aufgelisteten Prämissen ist am zweckmäßigsten von den sachlich zuständigen Funktionsbereichen zu leisten. So würde man z. B. im Rahmen der Produktentwicklung diese Aufgabe keinesfalls global dem Entwicklungsingenieur überantworten, sondern etwa die Kontrolle der Kostenprämissen der Kalkulation, die Marktprämissen dem Vertrieb und/oder der Marktforschung, die technischen Prämissen der Entwicklung usw.

Eine vergleichbare Vorstrukturierung auch für die **strategische Überwachung** vorzusehen, etwa im Sinne kritischer Beobachtungsfelder (vgl. Albright 2004), wäre dagegen problematisch; soll es ja hier darum gehen, einen möglichst breiten Kontrollschirm für potenzielle kritische Ereignisse aufzubauen. So gesehen wäre eine solche Vorstrukturierung geradezu kontraproduktiv. Eine gewisse Vorstrukturierung wird sich jedoch auch hier zwangsläufig herausbilden; dies vor allem dann, wenn im Zuge der Umweltbeobachtung potenzielle strategische Bedrohungen sichtbar werden, deren weitere Entwicklung sorgfältig überwacht werden muss. Diese Entwicklungen geben im Fortlauf insoweit eine Fokussierung der weiteren Beobachtungstätigkeit vor, die dann natürlich auch in sehr viel aktiverer Weise vollzogen werden kann.

Ebenen: Es gilt also, diejenigen Faktoren herauszufiltern und der direkten Beobachtung zu unterstellen, die für den Erfolg der gewählten **Wettbewerbsstrategie** als kritisch angesehen werden. Diese Faktoren unterscheiden sich von Strategie zu Strategie erheblich. Es kann also kein generelles Kontrollgerüst für Wettbewerbsstrategien aufgebaut oder von anderen Unternehmen übernommen werden (wie das etwa bei der Kostenrechnung der Fall ist).

Für Strategien der **Gesamtunternehmensebene** ist ein entsprechend anderes Kontrollgerüst aufzubauen. Hier geht es einerseits um die Beobachtung von Produkt- und Branchenlebenszyklen zur Beurteilung des Strategieportfolios und andererseits sind die Diversifikationsschritte zu kontrollieren und in ihrer nachhaltigen Erfolgsträchtigkeit abzuschätzen.

Auch die darüber liegende Ebene der **Kompetenzstrategie** ist in das strategische Kontrollsystem einzubeziehen. Hier gilt es, in erster Linie die Frage nach der Stabilität bzw. Erosion des dadurch begründeten Wettbewerbsvorteils zu stellen. Imitationsaktivitäten der Konkurrenz und potenzieller Wettbewerber stehen deshalb hier an erster Stelle der Beobachtungsaktivitäten. Diese Aktivitäten lassen sich gezielt in einem **Kompetenzmonitoring** zusammenfassen (Schreyögg und Eberl 2015), das nachfolgend kurz erläutert sei.

Kompetenzmonitoring: Die oben dargelegte Problematik jeder Kompetenzbildung, nämlich die Gefahr, dass immer wieder Problemlösungen entwickelt werden, die früher einmal Erfolgsbasis waren, zwischenzeitlich veränderten Anforderungen aber nicht mehr gewachsen sind, soll durch den Monitoring-Prozess nicht nur im Bewusstsein verankert, sondern auch durch die registrierten Wirkungen oder Trends zu einem kontinuierlichen Thema im **strategischen Diskurs** gemacht werden. Mit anderen Worten, die gewonnenen Beobachtungsergebnisse sollten Veranlassung geben, kontinuierlich über den Veränderungsbedarf nachzudenken. Ein Lern-Automatismus nach dem Reiz-Reaktions-Schema in dem Sinne, dass jeder registrierten Umweltveränderung eine Kompetenzänderung folgen müsste, ist hier indessen nicht gemeint. Die Organisation hat grundsätzlich die Option a) zu lernen, d. h. die Verknüpfungsmuster zu verändern, oder b) nicht zu lernen, also aus guten Gründen an dem etablierten Erfolgsmuster festzuhalten. Das (irreleitende) Ideal der permanenten Anpassung wird ersetzt durch die Idee der Kombination aus Lernen und Nicht-Lernen. Kontrolliertes Nicht-Lernen bedeutet, dass sich die Unternehmung entscheidet trotz bestimmter Umweltveränderungen an den erprobten Verfahrensweisen festzuhalten. Ein solches Festhalten an den verfügbaren Kompetenzen muss nicht bloße Ignoranz der Umweltänderungen und stures Festhalten an einer einmal entwickelten Problemlösungsarchitektur heißen, sondern kann ja in ganz anderen Dynamisierungsstrategien münden, wie etwa einem gezielten Einfluss auf die Wettbewerbsumwelt oder einem Ausweichen auf neue Märkte (mit der alten Kompetenz).

Die Kompetenzen und ggf. die Kernkompetenz bleiben im Kompetenzmonitoring prinzipiell in ihrer Funktionslogik belassen, werden aber – ähnlich wie die Strategien auch – als potenziell revisionsbedürftig begriffen und behandelt. Insofern erfährt das Kompetenzkonstrukt eine Neubestimmung: Kompetenz wird nicht mehr nur als strategisch wertvolles Asset begriffen, sondern wird grundsätzlich und von Anfang an mit einem Unsicherheitsindex versehen; das Thema der Halbwertzeit von Kompetenz wird durch ein systematisches Monitoring im strategischen Management systematisch verankert.

Die Idee des Kompetenzmonitorings setzt allerdings voraus, dass der kompetenzgeleitete Ressourceneinsatz nicht vollständig irreversibel ist. Ein Monitoring hat nur solange Sinn, wie eine Umsteuerung bei der registrierten Gefahr einer „dysfunktionalen Wende" noch möglich ist. Mit anderen Worten, das Kompetenzmonitoring geht davon aus, dass ein Verlassen des Kompetenzpfades und der damit einhergehenden Ressourcenbindung grundsätzlich möglich ist – jedenfalls bis zu einem gewissen Grade. Ein prominentes Beispiel für einen (gerade noch) geglückten Kompetenzwandel gibt Kasten 5.14.

Kasten 5.14

Kompetenzen im Wandel am Beispiel der IBM

„Erst seit 1924 heißt die Firma ‚International Business Machines'. Ihr Chef, Thomas Watson, schafft nicht nur eine egalitäre Leistungskultur, wie es sie zu jener Zeit sonst kaum gibt. Er achtet auch auf die technische Weiterentwicklung. Als Harvard-Forscher 1940 einen richtigen Computer bauen, übernimmt Watson die Idee gleich für seine Firma. Computer werden erst aus elektromechanischen Schaltern gebaut, dann aus Röhren, später aus Transistoren. IBM entwickelt die Zukunft oft selbst. In seinen Laboren arbeiten fünf Nobelpreisträger …

Doch es ist nicht nur die Technik, mit der der Konzern Konkurrenten aus dem Markt drängt. Dabei hilft auch ein Geschäftsprinzip: Die Kunden müssen die sündhaft teuren Großrechner nicht kaufen, sondern nur mieten. Deshalb sind für die Computer von IBM weniger Investitionen nötig als für die der Konkurrenz …

Alles geht gut. 1971 tritt Thomas Watson Junior zurück. Allein aus den Chancen, die IBM in den nächsten zehn Jahren verpasst, entstehen drei Weltkonzerne.

Da war die Idee, die Computer nicht immer beim Kunden zu programmieren. Sondern die Programme nur einmal zu schreiben und einzeln zu verkaufen. In die Köpfe der IBM-Manager ging das nicht hinein. Jüngere IBM-Mitarbeiter waren frustriert. Anfang der 70er verließen fünf den Konzern und gründeten eine eigene Firma: SAP …

IBM konnte damit leben, dass es diese Chance verpasst hatte. Doch nur wenige Jahre später entstand ein neuer Trend – und den verschlief IBM wieder: Computer wurden klein und rückten aus den großen Rechenzentren direkt auf die Schreibtische der Benutzer. Anfangs nahmen die Manager auch das nicht ernst. Doch als mehr und mehr Bausätze für kleine Computer auf den Markt kamen, wurden die Tischcomputer plötzlich zum eiligen Projekt.

Der Konzern erwischte den Trend gerade noch. Ja, IBM prägte sogar den Namen „Personal Computer". Doch weil die IBM-Ingenieure den PC in aller Eile entwickeln mussten, bauten sie ihn aus lauter zugekauften Teilen. Der Prozessor zum Beispiel kam von einem aufstrebenden Unternehmen namens ‚Intel'. Auch die Software für den neuen PC entwickelte IBM nicht selbst, sondern der Konzern lizenzierte sie vom 25-jährigen Sohn einer Bekannten eines Topmanagers. Es war Bill Gates, der fünf Jahre zuvor sein Start-up „Microsoft" gegründet hatte.

Damit entging IBM nicht nur wichtiges Geschäft, sondern der Konzern schuf sich auch Konkurrenz. Schließlich konnte jeder andere IBMs Personal Computer nachbauen und günstiger anbieten. Deshalb wurde IBM auf dem PC-Markt nie so dominant

> wie auf dem Markt für Großrechner. Das Problem: Die Großrechner wurden zu teuer. Zehn Jahre später verkaufte IBM immer weniger, Anfang der 90er-Jahre stand unter dem Strich ein Verlust.... 1993 verlängerten die Banken die Kredite nur noch unter einer Bedingung: Ein neuer Chef musste her: Lou Gerstner.
> Unter Hochdruck krempelte Gerstner IBM um. Er drückte nicht nur ein Sparprogramm durch und brach mit der alten Regel, dass IBM keine Leute entlässt. Sondern er stellte vor allem eine neue Sparte in den Mittelpunkt: Er machte IBM zur Service-Firma, die nicht nur den Service zu ihren eigenen Produkten bereitstellt, sondern auch zu anderen IT-Fragen: „Ich glaube, dass der Zerfall der IT-Industrie die IT-Dienstleistungen zu einem großen Wachstumsmarkt machen würde" (Lou Gerstner) ...
> Mit seiner Strategie behielt Gerstner Recht. Heute baut IBM keine PCs mehr, auch die Großrechner haben an Bedeutung verloren. Der Konzern hat den Schwenk von der Industrie zur Dienstleistung mitgemacht. Heute berät IBM Firmen beim Einsatz von Computern, teils übernimmt sie den kompletten IT-Betrieb. So mancher, der an der alten IBM hängt, bezeichnet die neue als ‚seelenlose Unternehmensberatung'. Doch Umsatz und Gewinn sind groß wie nie ..."

Quelle: Frankfurter Allgemein Sonntagszeitung 2011, Nr. 8: 34

Organisatorische Einordnung: Wer soll die strategische Kontrolle durchführen? Häufig wird vorgeschlagen, die Aktivitäten zu bündeln und sie einer neu zu schaffenden Stabsabteilung (Vorstandsstab) zu übertragen. Diese Lösung, die insgesamt häufig gewählt wird, wenn eine neue Aufgabe auftaucht, und man nicht so recht weiß, wo sie eingeordnet werden soll, ist jedoch mit Zurückhaltung aufzunehmen. Verlangt dieser Vorschlag doch, dass die strategischen Kontrollaktivitäten aus den täglichen Handlungs- und Informationsprozessen ausgliederbar sind und einem Expertenteam überantwortet werden können. Diese Voraussetzungen sind bei der strategischen Kontrolle jedoch nur in geringem Maße gegeben. Strategische Kontrolle verlangt eine direkte Beobachtung der Kunden, der Lieferanten, der Konkurrenten usw., die häufig nur vor Ort geleistet werden kann.

Die strategische Kontrolle entzieht sich deshalb ihrem Wesen nach einer Zentralisierung. Sie ist eine Aufgabe, die im Kern nur **dezentral** von Mitarbeitern in den verschiedensten Teilen des Unternehmens, die aus ihrer alltäglichen Interaktion mit der Unternehmensumwelt über entsprechendes Wissen und Urteilskraft verfügen, geleistet werden kann. Diese dezentrale Aufgabe umfasst sowohl die **Informationsaufnahme** als auch deren Interpretation und eine erste **Einschätzung der strategischen Relevanz**. Letzteres ist schon deshalb erforderlich, weil ansonsten ohne Filterung viel zu viele Informationen in den strategischen Kontrollprozess einfließen würden. Die moderne Informationstechnologie lädt nachgerade zu solchem Informationsüberfluss ein.

Als **Informationsquellen** dienen dabei einerseits verschiedenste Veröffentlichungen etwa in Form von Geschäftsberichten in der Presse, Verbandsverlautbarungen u. Ä., zum Teil auch von speziellen Informationsdiensten. Dabei handelt es sich allerdings zumeist um „kosmetisch bearbeitete" Informationen. Sehr viel spezifischere und strategisch relevantere Beobachtungen können oftmals Vertriebsmitarbeiter, Vertreter von Zulieferunternehmen oder allgemeiner all jene, die im Wettbewerbsumfeld zu tun haben, beisteuern, existieren doch in aller Regel informelle Kontakte zu konkurrierenden Unternehmen auf fast allen Ebenen des Unternehmens. So lässt sich letztlich auch hier das ganze breite Spektrum der schon in strategischen Analysen angeführten Informationsquellen fruchtbar machen.

Indes – darauf sei noch einmal ausdrücklich hingewiesen – jede Art strukturierter Informationssysteme kann die strategische Kontrollaufgabe lediglich unterstützen; je formalisierter derartige Systeme sind, desto größer ist die Gefahr, dass sie als Beobachtungsfilter wirken und bestimmte Umweltausschnitte in den Vordergrund rücken. Der grundsätzlich ungerichtete, nicht-selektive Charakter der strategischen Kontrolle muss jedoch gewährleistet sein, soll sie ihre Kompensationsfunktion erfüllen.

Signalverarbeitung: Die Bewertung der aufgenommenen Kontrollinformationen ist ein offener Prozess, lassen doch die zumeist nur schwachen Signale breiten Raum für unterschiedliche Interpretationen und Relevanzeinschätzungen; die Eindrücke des Einzelnen müssen vielmehr diskutiert und dorthin getragen werden, wo letztlich über das Vorliegen einer strategischen Bedrohung und entsprechende Konsequenzen entschieden wird. Dies wird in der Mehrzahl der Fälle der Vorstand oder die Bereichsleitung sein. Eine Stabsstelle kann diesen ganzen Prozess auf keinen Fall alleine leisten; was ihr aber übertragen werden könnte, ist die methodische Anleitung des strategischen Kontrollprozesses und die Aufbereitung und Begutachtung der Informationen, die von den verschiedenen Seiten zusammengetragen wurden. Neben dieser Sammelfunktion würde man ihr auch die Verantwortung für die nachhaltige Verfolgung der strategischen Kontrolle übertragen. Man kann dies auch als Teil des Wissensmanagements (s. unten, Kap. 8) organisieren.

Unabhängig aber von der Frage, wie eine solche Zentralstelle zu organisieren ist, setzt eine effektive strategische Kontrolle die Kenntnis und ein weithin geteiltes Verständnis der verfolgten Strategie voraus. Zur **Unterstützung** der dezentralen Kontrollaktivität gilt es also, die strategischen Absichten möglichst genau und umfassend zu kommunizieren. Bereits eingangs war darauf hingewiesen worden, dass die Grundvoraussetzung einer erfolgreichen Strategieimplementation die Schaffung eines gemeinsamen strategischen Sprachsystems ist. Dies gilt in vollem Umfang auch für die strategische Kontrolle und ist für die strategische Überwachung geradezu Existenzvoraussetzung.

Kritikfähige Organisation: Neben organisatorischen Vorkehrungen gilt es auf eine ganz wichtige weitere Voraussetzung jeder effektiven strategischen Kontrolle hinzuweisen, nämlich die Schaffung einer *Kultur*, die zur Selbstkritik bereit und fähig ist. Eine solche kritikfähige Kultur hat folgende Merkmale:

- Durchlässige Kommunikationsstrukturen (geringe Schwellenängste, unkomplizierte Meldewege, etwa über E-Mail usw.),
- Akzeptanz von Neinsagern (kein zu starker Konformitätsdruck, Ermunterung zu Zivilcourage usw.),
- Mut, eingeschliffene Denkmuster in Frage zu stellen („Querdenken" erlaubt).

5.9 Strategische Kontrolle

Die Weitergabe strategischer Kontrollinformationen bereitet häufig größere Schwierigkeiten als gemeinhin vermutet wird. Man darf nicht vergessen, dass strategische Kontrollinformationen in der Regel unangenehme Informationen sind, vor allem für die oberen Entscheidungsträger. Neben bürokratischen Hemmnissen (Einhaltung des Dienstweges, Formularwesen usw.) sind es nicht selten auch Fragen der Macht (Wer hat das Recht, unsere Strategie in Frage zu stellen?), die einer regen Kontrollaktivität entgegenwirken können.

Eine weitere Barriere ist gegenseitige Rücksichtnahme; man möchte niemanden „anschwärzen" oder man fürchtet sich vor „Vergeltungsschlägen", wenn kritische Informationen im Hause publik gemacht werden. Die Revision einer einmal beschlossenen Geschäftsbereichsstrategie wird ja nicht selten als Niederlage gesehen oder als Triumph derjenigen, die von Anfang an davor gewarnt hatten. Beides setzt nicht selten eine rivalisierende Dynamik frei, die eine frei fließende strategische Kontrolle erdrosseln kann. Dies verweist uns erneut darauf, dass nicht vergessen werden darf, wo der strategische Prozess stattfindet, nämlich in Organisationen mit vielen Menschen, Gruppen und Allianzen.

Diskussionsfragen

1. Welche Ebenen unterscheidet man in der strategischen Planung? Welche Logik steht hinter dieser Unterscheidung?
2. Was bietet ein Szenario? Wo liegen die Stärken, wo die Schwächen des Konzepts?
3. Was versteht man unter Markteintrittsbarrieren? Geben Sie bitte ein aktuelles Beispiel.
4. Welche Vorteile bietet die Wertkettenanalyse im Rahmen der Ressourcenanalyse?
5. Was versteht man unter einer Kernkompetenz eines Unternehmens? Erläutern Sie dies an einem Beispiel aus der Unternehmenspraxis.
6. Welche Probleme wirft die Verwendung der „Erfahrungskurve" zur Fundierung strategischer Entscheidungen auf?
7. Was sind Normstrategien? Lässt sich dieses Konzept für das strategische Management sinnvoll nutzbar machen?
8. „Klebrige Reisklumpen sind Sohrab Mohammad und Torben Buttjer ein Graus und erinnern sie an das Mensaessen an der Uni. Auf den Duft kommt es den beiden an, auf das Aroma und die Optik". „Wir verkaufen nur sortenreinen Spitzen-Reis, der in seinem Ursprungsland angebaut wurde", so Mohammad. Risotto aus Italien, Basmati aus dem Himalaja oder Paellareis aus Spanien. In ihrer 400 Quadratmeter großen Halle lagern mehrere Tonnen davon. Sie versenden ihn innerhalb von 24 Stunden, ab 30 Euro Bestellwert kostenlos und gewähren ein 30-Tage-Rückgaberecht. Ein Recht, von dem scheinbar nur die wenigsten Kunden Gebrauch machen: Im April 2011 gestartet, verkaufte ihre Firma Reishunger bis zum Jahresende mehr als 50 Tonnen und schreibt bereits schwarze Zahlen. Ihre Preise: zwischen 3 Euro für Jasmin- und 10 Euro für Wildreis aus Kanada je 600-Gramm-Packung." (Quelle: Impulse 2012, Nr. 5: 133 modifiziert)

Welche Wettbewerbs-Strategie lässt sich aus dieser Fallschilderung erkennen?

9. Welche Nutzenerwartung steht hinter einer verbundenen Diversifikation?
10. Wodurch unterscheiden sich vertikale Diversifikation und Integration?
11. Inwiefern kommt eine Kernkompetenzstrategie einer Verwandten Diversifikation gleich?
12. Wodurch unterscheidet sich eine globale Strategie von einer fragmentierten Strategie? Welche multinationale Strategie verfolgen die Unternehmen Coca Cola und McDonald's?
13. Von welchen Voraussetzungen muss eine globale Strategie ausgehen?
14. Welche Aufgaben haben „strategische Programme"? Inwiefern spielen „Interessengruppen" dabei eine Rolle?
15. Welches Ziel verfolgt die Strategieprozess-Forschung?
16. Worin besteht der Unterschied zwischen einer emergenten und einer intendierten Strategie?
17. Was bedeutet „strategizing"?
18. Worin unterscheidet sich die strategische Überwachung von der Prämissenkontrolle?
19. Warum ist eine „kritikfähige Organisation" wichtig für das Funktionieren der strategischen Kontrolle?
20. Welche Rolle kommt der Informationsinterpretation bei der strategischen Kontrolle zu?

Fallstudie: Douglas DE

„Der Aufstieg der Douglas AG, damals noch unter dem Namen Hussel, hat 1969 mehr oder weniger aus einer Notlage heraus begonnen. Die Aussichten im Süßwarenhandel, dem Markt, auf dem Hussel traditionell engagiert war, erschienen damals trist und wenig erfolgversprechend.

Bereits im Jahre 1975 war aus dem Süßwarenunternehmen Hussel ein Lebensmittelkonzern geworden. Der Anteil der Süßwaren war auf 15 Prozent geschrumpft.

Zehn Jahre später war das Unternehmen nicht mehr wiederzuerkennen. Der vorübergehend zum Hauptträger des Umsatzes vorgerückte Lebensmittelbereich war vollkommen eliminiert. In einem wahren Kraftakt hatte der damalige Vorstandsvorsitzende, Dr. Jörn Kreke, trotz durchaus noch ansehnlicher Erträge, die angestammten Unternehmensaktivitäten Stück für Stück verkauft und das frei werdende Kapital in Bereiche gelenkt, von denen er sich mehr für die langfristige Existenzsicherung seines Unternehmens versprach. Ende der 1990er-Jahre wurde der Konzern wieder völlig umstrukturiert. 2012 hatte das Einzelhandelsunternehmen fünf gut verdienende Sparten und erwirtschaftete 2010/11 einen Umsatz von 3,379 Mrd. Euro (Umsatz 2001: 2,190 Mrd. Euro). Heute ist das Unternehmen erneut völlig umstrukturiert, es betreibt nur noch eine Sparte, nämlich den Parfümeriebereich. Im Geschäftsjahr 2017/2018 erwirtschaftete das Unternehmen einen Umsatz von 3,3 Milliarden Euro; es sieht sich als einen der führenden „Beauty-Händler" Europas. Vor der letzten großen Umstrukturierung war das Unternehmen wie folgt aufgestellt:

5.9 Strategische Kontrolle

(1) *Parfümerien: Paradepferd der Gruppe war und ist die Parfümeriekette Douglas, die Nr. 1 unter den bundesdeutschen Parfümerien. 1969 war die Akquisition der Braunschweiger Parfümerie Hanhausen der erste Schritt zum heutigen Imperium mit 1168 Parfümerien, darunter 722 Auslandsparfümerien und einem nach wie vor stark wachsenden Umsatz (2010/11: 1,87 Mrd. Euro im Vergleich 2001: 1,19 Mrd. Euro). Man hatte nach einer Branche gesucht, in der man schnell Marktführer werden konnte. Marktführer im Parfümeriebereich war 1969 mit acht Filialen „Er+Sie". Seit Juni 1986 ist auch „Er+Sie" 100-prozentige Tochter der Hussel-Gruppe. Sämtliche Parfümerien sind heute in der Parfümerie Douglas GmbH zusammengefasst. Der große Erfolg dieser Sparte gab 1989 Veranlassung, den Gesamt-Firmennamen entsprechend der neuen Gewichte in Douglas Holding AG umzuändern. 1997 und 1998 setzte Douglas mit der Eröffnung der ersten Großraum-Parfümerien (House of Beauty) in mehreren deutschen Städten neue Maßstäbe im Parfümeriebereich. Mit rund 2400 Stores und Online-Shops in 24 europäischen Ländern ist Douglas heute ein europaweit führendes Handelshaus. Schwerpunkt der Expansion in diesem Geschäftsbereich ist mittlerweile das europäische Ausland. Folgende Tabelle informiert über die Internationalisierung des Filialgeschäfts (Stand: 9/2016)*

Land	vertreten seit	Anzahl der Filialen
Bulgarien	2008	17
Deutschland	1910	435
Frankreich	1986	603
Italien	1989	123
Kroatien	2008	26
Lettland	2007	26
Litauen	2007	25
Monaco	2002	4
Niederlande	1980	111
Norwegen	2014	1
Österreich	1973	45
Polen	2001	123
Portugal	1998	21
Rumänien	2007	21
Schweiz	1991	10
Slowakei	2017	2
Spanien	1997	56
Tschechische Republik	2004	16
Türkei	2006	1
Ungarn	2001	19

2017 übernahm Douglas die spanische Parfümeriekette Bodybell. Im gleichen Monat kam es zur Übernahme der spanischen Parfümeriekette Perfumerías If. 2018 erwarb Douglas die italienischen Parfümerieketten Limoni und La Gardenia. Ebenfalls 2018 übernimmt das Unternehmen die Mehrheit an der deutschen Parfümerie Akzente, zu der auch der Online-Shop parfumdreams gehört. Der Fokus liegt auf Innovation und Exklusivität. Im Zentrum der Expansion steht der Onlinehandel: Online Net Sales der Gruppe 2018/19: 327 Mio. €

(2) *1979 erwarb die Gruppe eine 66-Prozent-Beteiligung an der Uhren-Weiss GmbH, München, und eröffnete damit ein weiteres Geschäftsfeld: Schmuck, das zwischenzeitlich zum zweitstärksten Geschäftsfeld der Gruppe avanciert war. Danach wurde Uhren-Weiss 100-prozentige Tochter des Hagener Konzerns und auf die Christ GmbH verschmolzen. Der damalige Vorstandsvorsitzende Kreke glaubte früh an weitere große Potenziale in diesem Bereich. Man erwarb das traditionsreiche Juwelierunternehmen Brinkmann & Lange mit seinem Stammsitz im Bremer Patrizierhaus und zwei Filialen in Hannover und Berlin. Ein persönlicher Fehler, wie Dr. Kreke später meinte einräumen zu müssen. Die Filialisierbarkeit des Hochpreissegments mit seinen besonderen Spielregeln schien nicht gegeben zu sein. Zu Beginn des Jahres 1995 änderte sich die strategische Lageeinschätzung. Der Geschäftsbereich Schmuck wurde durch die Mehrheitsbeteiligung an der Christ Holding GmbH im Hochpreissegment erheblich erweitert und war dann auf Erfolgskurs. Im Jahre 2005 wurde der nicht im Premiumsegment angesiedelte Bereich „Gold Meister" veräußert. Der Gesamtbereich Schmuck erzielte 2010/11 einen Jahresumsatz von 340,4 Mio. Euro in 207 Geschäften. Am 27. Oktober 2014 wurde bekannt, dass Christ an einen Investor verkauft wurde.*

(3) *Ein weiteres wichtiges Geschäftsfeld bildete der Bereich Bücher. Diese Sparte, die sich aus den Buchhandelsketten Phönix-Montanus, Herder, Stilke-Aktuell sowie der Stilke-Tochter Eisenschmidt zusammensetzte (später Thalia), erzielte 2010/11 einen Umsatz von 934,5 Mio. Euro. Im Internet war der Geschäftsbereich über eine Beteiligung an der buch.de vertreten (Umsatz 2008: 70 Mio. Euro). Neuer Ansatzpunkt wurde dann auch ein eigener eReader: OYO. 2013 wurde die Mehrheit der Anteile von Thalia an den Finanzinvestor Advent verkauft.*

(4) *Aus dem einstigen Hauptgeschäft Süßwaren war schließlich ein kleiner Geschäftsbereich geworden. 2010/11 erzielten die Hussel-Süßwarenfachgeschäfte einen Umsatz von 98,1 Mio. Euro (245 Geschäfte). Die Confisierie Fellner wurde im Laufe des Jahres 2000 veräußert. Die Hussel GmbH wurde im März 2014 an die Emeram Capital Partners verkauft.*

(5) *Zu einem gewichtigen Segment hatte sich vorübergehend der Geschäftsbereich Mode entwickelt (Umsatz 2010/11: 124,5 Mio. Euro). 1984 diversifizierte die Douglas Holding AG, damals noch Hussel-Gruppe, in den Schuh- und Sport-Bereich. Allerdings konnte die Voswinkel GmbH & Co. KG (zu ihr gehörten auch die Lenz-Schuhgeschäfte, die Schuh-Stop-Fachmärkte und die 1985 übernommenen Rüter-Schuhgeschäfte) die in sie gesetzten hohen Erwartungen nicht erfüllen. 1989 wurde daher der gesamte Schuhbereich wieder abgestoßen und die Geschäftstätigkeit in dieser Sparte auf Sportfachgeschäfte und -märkte konzentriert.*

Diese wurden zwischenzeitlich auch verkauft. Der Bereich Mode expandierte zunächst durch die Übernahme einer 90 % Beteiligung an der BiBa Mode GmbH. Zum Beginn des Jahres 1991 hat Douglas darüber hinaus 70 % an der Werdin GmbH & Co. KG erworben, die ca. 65 Jeans-Geschäfte betreibt. Im Laufe des Jahres 2000 wurden die Beteiligungen an BiBa und Werdin veräußert. Seit Ende 1998 war die Douglas-Gruppe mit 48 % an der Pohland GmbH & Co. beteiligt. Diese Beteiligung wurde mit Wirkung zum 01.01.2005 auf 100 % erhöht. 2007 wird Pohland an einen Finanzinvestor verkauft. Der Modebereich bestand schließlich nur noch aus dem Bereich Damenoberbekleidung (Appelrath-Cüpper, Umsatz 2010/11: 124,5 Mio. Euro). Insgesamt verfügte dieser Geschäftsbereich über 14 Filialgeschäfte. 2016 wurde AppelrathCüpper an den britischen Finanzinvestor OpCapita veräußert.

Noch in den 1990er-Jahren waren Drogeriemärkte (Drospa) das drittstärkste Geschäftsfeld der Douglas Holding AG. 1974 wurde die Drogerie Markt Fuchs GmbH gegründet. In ihrem ersten Jahr trug sie mit 2 Prozent zum Umsatz der Gruppe bei. Nach der Wiedervereinigung erzielte der Geschäftsbereich Drogerie enorme Umsatzzuwächse. Nach der Schließung von drei Filialen und der Fusion mit der Drospa-Kette erzielte man 1999 einen Umsatz von ca. 700 Mio. Euro (entspricht 14 % Umsatzanteil). Zum 02.01.2000 wurde dieser Geschäftsbereich dann aber verkauft; die Geschäftsleitung sah die Rentabilität der Branche als zu gering an. Auch passte das Geschäftsfeld nicht mehr in die neue Strategie des schicken Life-Style-Konzerns.

2012 verkaufte die Familie Kreke wesentliche Anteile; zusammen mit einem Angebot an die freien Aktionäre erwarb die Private Equity Investor Advent International 80 % des Unternehmens, 20 % der Anteile hält weiterhin die Familie Kreke. Im Zuge dessen erfolgte das Delisting von der Börse. Die zukünftige Entwicklung der Douglas DE wird ausschließlich im hochpreisige Beauty-Life-Style-Geschäft gesehen. Repräsentativ ist die folgende Initiative, die die neue Unternehmensleiterin angestoßen hat: „Der erste ‚Douglas Beauty-ICE' – wie ihn die Deutsche Bahn nennt – startet auf die Minute pünktlich von Hamburg nach Berlin, begleitet von einem glitzernden Konfetti-Regen". Die Deutsche Bahn und der Kosmetikhändler feiern den Start ihres Kooperationsangebots. Schöner reisen, im Wortsinn. Bislang lesen Reisende auf langen Bahnfahrten, sie arbeiten, telefonieren, schauen Filme oder schlafen. Von jetzt an können sie sich im Zug auch eincremen und pflegen lassen (…). ‚Mit dem Angebot bringen wir unsere Beauty-Expertise und unsere Services dahin, wo die Kunden sind', schwärmt Douglas-Chefin Tina Müller.

Im März 2019 startete Douglas zusammen mit dem Münchner Softwareunternehmen Shore die Online-Buchungsplattform „Douglas Beauty Booking" für Dienstleistungen und Behandlungen rund um das Thema Schönheit."

Quellen: Absatzwirtschaft (1986), Heft 11: 22; Männer der Wirtschaft, Beilage zu „Das Wertpapier" (1990), Heft 15 und (1991), Heft 17; Geschäftsberichte 1986 bis 2015; danach Financial Reports 2016 ff. siehe aktuell: www.corporate.douglas.de, Berliner Morgenpost, 29.04.2018

> **Fragen zur Fallstudie**

1. Welche strategischen Linien lassen sich in der Konzernentwicklung identifizieren?
2. Wie ordnen Sie die strategischen Schritte ein?
3. Welche strategische Idee prägt die Neuausrichtung des Unternehmens?

Literatur

Aaker, D. A. (1989), Managing assets and skills: The key to a sustainable competitive advantage, in: California Management Review 31 (2), S. 91–106.

Adegbesan, J. A. (2009), On the origins of competitive advantage: Strategic factor markets and heterogenous resource complementarity, in: Academy of Management Review 34, S. 463–475.

Aguilar, F. (1967), Scanning the business environment, New York.

Alberts, W. W. (1989), The experience curve doctrine reconsidered, in: Journal of Marketing 59, S. 36–49.

Albright, K. S. (2004), Environmental scanning: Radar for organizational success, in: Information Management Journal 38, S. 38–45.

Ambrosini, V. (2003), Tacit and ambiguous resources as sources of competitive advantage, Houndmills.

Andrews, K. R. (1987), The concept of corporate strategy, 3. Aufl., Homewood/Ill.

Ansari, S. M./Fiss, P. C./Zajac, E. J. (2010), Made to fit: How practices vary as they diffuse, in: Academy of Management Review 35, S. 67–92.

Arthur, W. B. (1983), Competing technologies and lock-in by historical events: The dynamics of allocation under increasing returns, Laxenburg.

Bain, J. S. (1968), Industrial organization, 2. Aufl., New York.

Barney, J. (1991), Firm resources and sustained competitive advantage, in: Journal of Management 17 (1), S. 99–120.

Barney, J. B./Hesterly, W. S. (2009), Strategic management and competitive advantage: Concepts and cases, New Jersey.

Bartlett, C. A./Ghoshal, S. (1990), Internationale Unternehmensführung (Übers. a. d. Engl.), Frankfurt am Main.

Bartlett, C. A./Ghoshal, S. (2002), Managing across borders: The transnational solution, 2. Aufl., Boston/Mass.

Bauer, H. (1989), Marktabgrenzung, Berlin.

Baumol, W. J./Panzar, J. C./Willig, R. D. (1988), Contestable markets and the theory of industry structure, New York.

Bester, H. (2017), Theorie die Industrieökonomik, 7. Aufl., Berlin.

Bettis, R. A./Prahalad, C. K. (1995), The dominant logic: retrospective and extension, in: Strategic Management Journal 16 (1), S. 5–15.

Boal, K. B. (2000), Strategic leadership research: Moving on, in: Leadership Quarterly 11, S. 515–549.

Brush, C. G. (2008), Pioneering strategies for entrepreneurial success, in: Business Horizons 51, S. 21–27.

Burgelman, R. A. (1983), A model of the interaction of strategic behavior, corporate context, and the concept of strategy, in: Academy of Management Review 8, S. 61–70.

Burgelman, R. A. (2002a), Strategy as vector and the inertia of coevolutionary lock-in, in: Administrative Science Quarterly 47, S. 325–357.

Burgelman, R. A. (2002b), Strategy is destiny: How strategy-making shapes a company's future, New York.

Burgelman, R. A./Floyd, S. W./Laamanen, T./Mantere, S./Vaara, E./Whittington, R. (2018), Strategy processes and practices: Dialogues and intersections, in: Strategic Management Journal 39 (3), S. 531–558.

Burgelman, R. A./Grove, A. S. (1996), Strategic dissonance, in: California Mangement Review 38, S. 8–25.

Burnham, T. A./Frels, J. K./Mahajan, V. (2003), Consumer switching costs: A typology, antecedents, and consequences, in: Journal of the Academy of Marketing Science 31, S. 109–126.

Buzzell, R. D. (2004), The PIMS program of strategy research: A retrospective appraisal, in: Journal of Business Research 57, S. 478–483.

Caves, R. E./Porter, M. E. (1976), Barriers to exit, in: Qualls, D. P./Mason, R. E. (Hrsg.), Essays in industrial organization. In honor of Joe S. Bain, Cambridge/Mass.

Cezanne, W. (2005), Allgemeine Volkswirtschaftslehre, 6. Aufl., München.

Chamberlin, E. (1962), The theory of monopolistic competition: A re-orientation of the theory of value, Cambridge.

Chandler, A. D. (1986), The evolution of modern global competition, in: Porter, M. E. (Hrsg.), Competition in global industries, Boston, S. 405–448.

Collins, D. J./Montgomery, C. A. (1997), Corporate strategy, Chicago.

Corsten, H./Roth, S. (Hrsg.) (2012), Nachhaltigkeit: Unternehmerisches Handeln in globaler Verantwortung, Wiesbaden.

Cummins, J. D./Weiss, M. A./Xie, X./Zie, H. (2010), Economies of scope in financial services: A DEA efficiency analysis of the US insurance industry, in: Journal of Banking & Finance 34, S. 1525–1539.

Cusumano, M. A./Mylonadis, Y./Rosenbloom, R. S. (1992), Strategic maneuvering and mass-market dynamics: The triumph of VHS over Beta, in: Business History Review 66, S. 51–94.

D'Aveni, R. A. (1994), Hypercompetition: Managing the dynamics of strategic maneuvering, New York.

Drews, H. (2008), Abschied vom Marktwachstums-Marktanteils-Portfolio nach über 35 Jahren Einsatz? Eine kritische Überprüfung der BCG-Matrix, Zeitschrift für Planung & Unternehmenssteuerung 19 (1), S. 39–57.

Dunst, K. H. (1979), Portfolio Management, Berlin/New York.

Eden, C./Ackermann, F. (2010), Competences, distinctive competences, and core competences, in: Sanchez, R./Heene, A./Zimmermann, T. E. (Hrsg.), Research in Competence-Based Management 5, S. 3–33.

Fahey, L. (1981), On strategic management decision processes, in: Strategic Management Journal 2, S. 43–60.

Fahey, L./Narayanan, V. K. (1986), Macroenvironmental analysis for strategic management, St. Paul u. a.

Fearns, H. (2004), Entstehung von Kernkompetenzen, Wiesbaden.

Felin, T./Foss, N. J./Ployhart, R. E. (2015), The microfoundations movement in strategy and organization theory, in: Academy of Management Annals 9 (1), S. 575–632.

Ferdows, K./Lewis, M. A./Machuca, J. A. D. (2005), Über Nacht zum Kunden, in: Harvard Business Manager 27, S. 80–89.

Floyd, S. W./Cornelissen, J. P./Wright, M./Delios, A. (2011), Processes and practices of strategizing and organizing: Review, development, and the role of bridging and umbrella constructs, in: Journal of Management Studies 48 (5), S. 933–952.

Geschka, H./von Reibnitz, U. (1983), Die Szenario-Technik – ein Instrument der Zukunftsanalyse und der strategischen Planung, in: Töpfer, A./Afheldt, H. (Hrsg.), Praxis der strategischen Unternehmensplanung, Frankfurt am Main, S. 125–170.

Ghemawat, P. (1991), Commitment. The dynamics of strategy, New York.
Ghemawat, P./Rouse, M. (1986), Sustainable advantage, in: Harvard Business Review 64, S. 53–58.
Ghoshal, S. (1987), Global strategy, in: Strategic Management Journal 8, S. 425–440.
Global 2000 (1980), Bericht an den Präsidenten, Frankfurt am Main.
Gomez, P./Probst, G. (1995). Die Praxis des ganzheitlichen Problemlösens: vernetzt denken, unternehmerisch handeln, persönlich überzeugen, Bern. Greaver, M. F. (1999), Strategic outsourcing: a structured approach to outsourcing decisions and initiatives, New York.
Grant, R. M. (1998), Contemporary strategy analysis. Concepts, techniques, applications, 3. Aufl., Oxford/Mass.
Greaver, M. F. (1999), Strategic outsourcing: a structured approach to outsourcing decisions and initiatives. New York.
Gupta, A. K./Govindarajan, V. (2000), Knowledge flows within multinational corporations, in: Strategic Management Journal 21(4), S. 473–497.
Håkanson, L./Nobel, R. (2001), Organizational characteristics and reverse technology transfer, in: Management International Review 41(4), S. 395–420.
Hall, R. (1992), The strategic analysis of intangible resources, in: Strategic Management Journal 13, S. 135–144.
Hambrick, D. C./Mac Millan, J. C./Day, D. L. (1982), Strategic attributes and performance in the BCG-matrix – A PIMS-based analysis of industrial product business, in: Academy of Management Journal 25, S. 510–531.
Hamel, G. (2001), Das revolutionäre Unternehmen. Wer Regeln bricht, gewinnt (Übers. a. d. Engl.), Düsseldorf.
Hamel, G./Heene, A. (1994), The concept of core competence, in: Competence-based competition, Chichester, S. 11–33.
Hannan, M. T./Freeman, J. (1988),The ecology of organizational mortality: American Labor Unions, 1836–1985, in: American Journal of Sociology 94, S. 25–52.
Hax, A. C./Majluf, N. S. (1991), Strategisches Management (Übers. a. d. Engl.), Frankfurt/New York.
Hedley, B. (1997), Strategy and the „Business Portfolio", in: Hahn, D./Taylor, S. (Hrsg.), Strategische Unternehmungsplanung, 7. Aufl., Heidelberg, S. 342–353.
Helfat, C. E./Peteraf, M. A. (2003), The dynamic resource-based view: Capability lifecycles, in: Strategic Management Journal 24, S. 997–1010.
Henderson, B. D. (1984), Die Erfahrungskurve in der Unternehmensstrategie, 2. Aufl., Frankfurt am Main/New York.
Heuss, E. (1965), Allgemeine Markttheorie,Tübingen/Zürich.
Hofer, C. W./Schendel, D. (1978), Strategy formulation: Analytical concepts, St. Paul.
Hoppmann, E. (1974), Die Abgrenzung des relevanten Marktes im Rahmen der Missbrauchsaufsicht über marktbeherrschende Unternehmen, Baden-Baden.
Horváth, P./Kieninger, M./Mayer, R./Schimank, C. (1993), Prozesskostenrechnung – oder wie die Praxis die Theorie überholt. Kritik und Gegenkritik, in: Die Betriebswirtschaft 53, S. 609–628.
Hutzschenreuter, T./Kleindienst, I. (2006), Strategy-process research: What have we learned and what is still to be explored, in: Journal of Management 32 (5), S. 673–720.
Jarzabkowski, P./Kaplan, S. (2015), Strategy tools-in-use: A framework for understanding ‚technologies of rationality' in practice, in: Strategic Management Journal 36 (4), S. 537-558.
Jarzabkowski, P./Bednarek, R. (2018), Toward a social practice theory of relational competing, in: Strategic Management Journal 39 (3), S. 794–829.
Jarzabkowski, P./Seidl, D. (2008), The role of meetings in the social practice of strategy, in: Organization Studies 29 (11), S. 1391–1426.

Jenner, T. (2000), Hybride Wettbewerbsstrategien in der deutschen Industrie, in: Die Betriebswirtschaft 60, S. 1–22.

Johnson, G./Melin, L./Whittington, R. (2003), Micro strategy and strategizing: Towards an activity-based view, in: Journal of Management Studies (Wiley-Blackwell) 40 (1), S. 3–22.

Johnson, G./Scholes, K. (1993), Exploring corporate strategy, 3. Aufl., New York u. a.

Kaplan, R. S./Cooper, R. (1999), Prozesskostenrechnung als Managementinstrument (Übers. a. d. Engl.), Frankfurt am Main.

Kaplan, R. S./Norton, D. P. (1997), Balanced Scorecard: Strategien erfolgreich umsetzen (Übers. a. d. Engl.), Stuttgart.

Katz, M. L./Shapiro, C. (1985), Network externalities, competition, and compatibility, in: The American Economic Review 75, S. 424–440.

Kershaw, R. (2001), A framework for examining the use of strategic controls to implement strategies, in: Advances in Management Accounting 10, S. 273–290.

Kirzner, J. M. (1978), Wettbewerb und Unternehmertum, Tübingen.

Koch, J. (2011), Inscribed strategies: Exploring the organizational nature of strategic lock-in, in: Organization Studies 32 (3), S. 337–363.

Krystek, U./Herzhoff, M. (2006), Szenario-Technik und Frühaufklärung: Anwendungsstand und Intergrationspotenzial, in: Controlling & Management 50, S. 305–310.

Krystek, U./Zur, E. (Hrsg.) (2002), Handbuch Internationalisierung, Berlin u. a.

Kuester, S./Homburg, C./Robertson, T. S. (1999), Retaliatory Behavior to New Product Entry, in: Journal of Marketing 63(4), S. 90–106.

Kutschker, M./Schmid, S. (2010), Internationales Management, 7. Aufl., München.

Lengnick-Hall, M. L/Lengnick-Hall, C. A./Andrade, L. S./Drake, B. (2009), Strategic human resource management: The evolution of the field, in: Human Resource Management Review 19 (2), S. 64–85.

Leonard-Barton, D. (1992), Core capabilities and core rigidity: A paradox in managing new product development, in: Strategic Management Journal 13, S. 111–126.

Levitt, B./March, J. G. (1988), Organizational learning, in: Annual Review of Sociology 14, S. 319–340.

Levitt, T. (1983), The globalization of markets, in: Harvard Business Review 61, S. 92–102.

Liebermann, M. B. (1987a), Excess capacity as a barrier to entry, in: Journal of Industrial Economics 35, S. 607–627.

Liebermann, M. B. (1987b), The learning curve, diffusion, and corporate strategy, in: Strategic Management Journal 8, S. 441–452.

Lin, K.-Y./Lu, H.-P. (2011), Why people use social networking sites: An empirical study integrating network externalities and motivation theory, in: Computers in Human Behavior 27 (3), S. 1152–1161.

Liu, F./Maitlis, S. (2014), Emotional dynamics and strategizing processes: A study of strategic conversations in top team meetings, in: Journal of Management Studies 51 (2), S. 202–234.

Luhmann, N. (1973), Zweckbegriff und Systemrationalität, Frankfurt am Main.

Lunnan, R./Haugland, S. A. (2008), Predicting and measuring alliance performance: a multidimensional analysis, in: Strategic Management Journal 29(5), S. 545–556.

Marino, K. E. (1996), Developing consensus on firm competencies and capabilities, in: The Academy of Management Executive 10 (3), S. 40–51.

McAfee, R. P./Mialon, H. M./Williams, M. (2004), What is a barrier to entry?, in: American Economic Review 94, S. 461–465.

McCann, B. T./Vroom, G. (2010), Pricing response to entry and agglomeration effects, in: Strategic Management Journal 31, S. 284–305.

Mellewigt, T. (2003), Management von strategischen Kooperationen, Wiesbaden.

Miller, D. (2003), An asymmetry-based view of an advantage: Towards an attainable sustainability, in: Strategic Management Journal 24, S. 961–976.

Minderlein, M. (1993), Industrieökonomik und Strategieforschung, in: Staehle, W. H./Sydow, J. (Hrsg.), Managementforschung, Berlin/New York, S. 157–201.

Mintzberg, H. (1978), Patterns in strategy formation, in: Management Science 24, S. 934–948.

Mintzberg, H./Ahlstrand, B./Lampel, J. (1998), Strategy safari, New York.

Mintzberg, H./Waters, J. A. (1985), Of strategies, deliberate and emergent, in: Strategic Management Journal, 6, S. 257–272.

Mirabeau, L./Maguire, S. (2014), From autonomous strategic behavior to emergent strategy, in: Strategic Management Journal 35 (8), S. 1202–1229.

Mirabeau, L./Maguire, S./Hardy, C. (2018), Bridging practice and process research to study transient manifestations of strategy, in: Strategic Management Journal 39 (3), S. 582–605.

Nelson, R. R./Winter, S. G. (1982), An evolutionary theory of economic change, Cambridge.

Nicolini, D. (2016), Is small the only beautiful? Making sense of 'large phenomena' from a practice-based perspective, in: Hui, A./Schatzki, T. R./Shove, E. (Hrsg.), The nexus of practice: Connections, constellations and practitioners, London, S. 98–113.

Ortmann, G./Seidl, D. (Hrsg.) (2010), Strategy research in the German context: The influence of economic, sociological and philosophical traditions, in: Advances in Strategic Management 27, S. 353–387.

Oster, S. M. (1999), Modern competitive analysis, 3. Aufl., Oxford.

Palich, L. E./Cardinal, L. B./Miller, C. C. (2000), Curvilinearity in the diversification – performance linkage: An examination of over three decades of research, in: Strategic Management Journal 21, S. 155–174.

Pearce, J./Robinson, R. B. (1997), Strategic Management, 6. Aufl., Chicago.

Peteraf, M. A. (1993), The cornerstones of competitive advantage: A resource-based view, in: Strategic Management Journal 14, S. 179–191.

Pettigrew, A. M. (1977), Strategy formulation as a political process, in: International Studies of Management & Organization 7 (2), S. 78–87.

Porter, M. E. (1986), Competition in global industries: A conceptual framework, in: Porter, M. E. (Hrsg.), Competition in global industries, Boston, S. 15–60.

Porter, M. E. (1987), From competitive advantage to corporate strategy, in: Harvard Business Review 65 (3), S. 43–59.

Porter, M. E. (2008), The five competitive forces that shape strategy, in: Harvard Business Review 86 (1), S. 78–93.

Porter, M. E. (2013), Wettbewerbsstrategie (Übers. a. d. Engl.), 12. Aufl., Frankfurt am Main.

Porter, M. E. (2014), Wettbewerbsvorteile (Übers. a. d. Engl.), 8. Aufl., Frankfurt am Main.

Prahalad, C. K./Hamel, G. (1990), The core competence of the corporation, in: Harvard Business Review 68 (3), S. 79–91.

Purkayastha, S./Manolova, T. S./Edelman, L. (2012), Diversification and performance in developed and emerging market contexts: A review of the literature, in: International Journal of Management Reviews 14 (1), S. 18–38.

Quinn, J. B. (1980), Strategies for change, logical incrementalism, Homewood/Ill.

Reed, R./Luffman, G. A. (1986), Diversification: The growing confusion, in: Strategic Management Journal 7, S. 29–36.

Ridder, H.-G./Conrad, P./Schirmer, F./Bruns, H.-J. (2001), Strategisches Personalmanagement – Mitarbeiterführung, Integration und Wandel aus ressourcenorientierter Perspektive, Landsberg/Lech.

Salop, S. (1979), Strategic entry deterrence, in: American Economic Review 69, S. 335–338.

Schatzki, T./Knorr-Cetina, K./Savigny, E. (2001)(Hrsg.): The practice turn in contemporary theory, London.

Scherer, F. M./Ross, D. (1990), Industrial market structure and economic performance, 3. Aufl., Chicago.
Schilke, O./ Hu, S./ Helfat, C. E. (2017), Quo vadis, dynamic capabilities? A content-analytic review of the current state of knowledge and recommendations for future research, in: Academy of Management Annals, 12(1): 390–439.
Schmidt, I./Haucap, J. (2013), Wettbewerbspolitik und Kartellrecht, Eine interdisziplinäre Einführung, 10. Aufl., Stuttgart.
Schoeffler, S./Buzzell, R. D./Heany, D. F. (1974), Impact of strategic planning on profit performance, in: Harvard Business Review 52 (2), S. 137–145.
Schöpfner, A. K. (2012), Frühwarnsysteme im strategischen Management: Theorien und Umsetzung, Saarbrücken.
Schreyögg, G. (1993), Unternehmensstrategie, Neudruck, Berlin/New York.
Schreyögg, G. & Eberl, M. (2015). Organisationale Kornpetenzen. Grundlagen – Modelle – Fallbeispiele. Stuttgart.
Schreyögg, G./Kliesch-Eberl, M. (2007), How dynamic can organizational capabilities be? Towards a dual-process model of capability dynamization, in: Strategic Management Journal 28, S. 913–933.
Schreyögg, G./Steinmann, H. (1987), Strategic control: A new perspective, in: Academy of Management Review 12, S. 91–103.
Schwenk, C. R. (1995), Strategic decision making, in: Journal of Management 21, S. 471–493.
Sennett, R. (2006), Der flexible Mensch (Übers. a. d. Engl.), Berlin.
Sirmon, D. G./Hitt, M. A./Arregle, J. L./Camppell, J. T. (2010), The dynamic interplay of capability strengths and weaknesses: investigating the bases of temporary competitive advantage, in: Strategic Management Journal 31, S. 1386–1409.
Smith, P. C./Arnold, D./Bizzell, B. G. (1988), Business strategy and policy, 2. Aufl., Boston u. a.
Stieglitz, J. (2003), Die Schatten der Globalisierung (Übers. a. d. Engl), München.
Sydow, J. (1992), Strategische Netzwerke, Wiesbaden.
Sydow, J./Schreyögg, G./Koch, J. (2009), Organizational path dependence: Opening the black box, in: Academy of Management Review 34, S. 689–709.
Teece, D. J. (1980), Economies of scope and scope of the enterprise, in: Journal of Economic Behavior and Organizations 1, S. 223–245.
Teece, D. J./Pisano, G./Shuen, A. (1997), Dynamic capabilities and strategic management, in: Strategic Management Journal 18, S. 509–533.
Töpfer, A. (Hrsg.) (1997), Benchmarking – Der Weg zu Best Practice, Berlin/Heidelberg.
Vaara, E./Whittington, R. (2012), Strategy-as-practice: Taking social practices seriously, in: Academy of Management Annals 6 (1), S. 285–336.
Weick, K. E. (1995), Sensemaking in organizations, Thousand Oaks.
Wenzel, M./Koch, J. (2018), Strategy as staged performance: A critical discursive perspective on keynote speeches as a genre of strategic communication, in: Strategic Management Journal 39 (3), S. 639–663.
Whittington, R. (2007), Strategy practice and strategy process: Family differences and the sociological eye, in: Organization Studies 28 (10), S. 1575–1586.
Wohlrapp, H. (2008), Der Begriff des Arguments: Über die Beziehungen zwischen Wissen, Forschen, Glaube, Subjektivität und Vernunft, Würzburg.
Woo, C. Y./Cooper, A. C. (1982), The surprising case for low market share, in: Harvard Business Review 60 (6), S. 106–113.
Yip, G. S./Hult, G. T. M. (2011), Total global strategy, 3. Aufl., Englewood Cliffs.
Zdrowomyslaw, N./Kasch, R. (2002), Betriebsvergleiche und Benchmarking für die Managementpraxis, München/Wien.

Operative Planung und Kontrolle 6

Zusammenfassung

In Kapitel 6 werden die Grundlagen der operativen Planung und der operativen Kontrolle erläutert. Die operative Planung wird in einen unmittelbaren Zusammenhang mit der Umsetzung der strategischen Pläne gestellt. Im Unterschied zur strategischen Planung hat die operative Planung einen wesentlich höheren Konkretisierungsgrad. Sie übersetzt die Strategie und verankert sie im täglichen Handeln. Darüber hinaus hat die operative Planung aber auch weitere eigenständige Zwecke, d. h. sie erstreckt sich auch auf betriebliche Handlungsgebiete, die sich nicht unmittelbar aus dem strategischen Konzept ableiten. Die operativen Pläne können in Realgüter-, Wertumlauf und Projektpläne untergliedert werden. Nachdem die operative Planung einen wesentlich höheren Konkretisierungsgrad aufweist, kann sie auch mit exakteren Methoden als die Strategieplanung bearbeitet werden. Hierzu ist eine Reihe von Modellierungstechniken entwickelt worden. Operative Planungsaufgaben werden als Probleme konstruiert, d. h. auf ein Format gebracht, das sie dann einer mathematischen Lösung zugänglich macht. Es werden verschiedene Modellarten unterschieden: Optimierende, Prognostizierende und Experimentierende Modelle. Verschiedene mathematische Lösungstechniken werden hierfür vorgestellt. Die Break-even-Analyse wird als Beispiel im Detail gezeigt.

Im Anschluss daran wird die Budgetierung im Sinne einer Umsetzung der strategischen Pläne erläutert. Budgets geben Aufgabenträgerinnen für einen begrenzten Zeit-

---

Bitte beachten Sie, dass ausschließlich aus technischen Gründen alle Gleichungen in diesem Kapitel fortlaufend durchnummeriert werden mussten, es besteht jedoch kein fortlaufender Zusammenhang zwischen allen Gleichungen. Leider war es uns nicht möglich, von diesem technischen Standard im Sinne einer besseren Verständlichkeit und größeren LeserInnenfreundlichkeit abzuweichen und die aus den Vorauflagen bewährte Form beizubehalten. Wir hoffen, dass dies keine allzu großen Orientierungsschwierigkeiten für Sie bedeutet. Die Autoren

raum fixierte Sollgrößen in wertmäßiger Form vor. Mit der Bestimmung von Budgets soll vor allem eine Orientierungsfunktion für das tägliche Handeln der Organisationsmitglieder erreicht werden. Daneben sollen sie aber auch Integrations- und Kontrollfunktionen erfüllen. Die Budgetierung ist zum Gegenstand kritischer Einwände geworden, die wichtigsten Argumente werden zusammenfassend vorgestellt.

Den Abschluss des Kapitels bilden Ausführungen zur operativen Kontrolle. Sie wird sowohl als Feedback-, als auch als Feedforward-Kontrolle thematisiert. Pläne und Budgets sind die Sollgrößen, die dem Kontrollprozess zugrunde gelegt werden. Die operative Kontrolle ermittelt ein „Ist", das sie dem „Soll" gegenüberstellt, um allfällige Abweichungen zu registrieren und zu kommunizieren. Die operative Kontrolle bezieht sich sowohl auf Pläne aus der operativen, als auch aus der strategischen Planung. Abschließend wird die Return-on- Investment-Kontrolle dargelegt und in ihrer Bedeutung als eines der populärsten Kontrollinstrumente gewürdigt. Es werden die Vorzüge dieser kompakten Kennzahlenkontrolle aufgezeigt ebenso wie die Dysfunktionalitäten, die die diese Kontrollform unbeabsichtigt mit sich bringt.

6.1 Zum Zusammenhang von operativem und strategischem Planungssystem

Die Unterscheidung von strategischem und operativem Planungssystem macht es erforderlich, das Verhältnis beider zueinander genauer zu bestimmen.

Dass die strategische Planung für die operative Planung den Orientierungsrahmen abgeben soll, insoweit also systematisch vorzuordnen ist, wurde bereits dargelegt. So gesehen steht die operative Planung in einer (instrumentellen) **Vollzugsfunktion** zur strategischen Planung. Dies macht einen wichtigen Teil ihrer Rationalität aus, erschöpft sie jedoch nicht. Sie muss auch die Gegenwart und die kurzfristige Überlebensperspektive gegenüber der langfristigen Absicherung des Erfolgspotenzials zur Geltung bringen. Zwar stellt das Erfolgspotenzial in gewissem Sinne eine Vorsteuerungsgröße für die anderen Unternehmensaktivitäten, insbesondere Rentabilität und Liquidität, dar; niemals kann jedoch die strategische Planung die Garantie dafür übernehmen, dass auch in der kurzen Sicht die Ausschöpfung des Erfolgspotenzials so erfolgt, dass der Erfolg des Unternehmens laufend gewährleistet ist. Wie also ist das Verhältnis von strategischem und operativem Planungssystem zu fassen?

Die strategische Unternehmensplanung sieht – wie schon in Kap. 5 ausführlich dargelegt – nach der Festlegung des Portfolios der Geschäftsfelder und der Wettbewerbsstrategie für jedes Geschäftsfeld die umrisshafte Ausformulierung der Maßnahmen zur Umsetzung der Strategie vor. Hier liegt die inhaltliche Schnittstelle zwischen beiden Planungssystemen. Es ist klar, dass der operative Handlungsspielraum umso enger wird, je stärker die strategische Maßnahmenplanung konkretisiert und detailliert wird. Die Lückenhaftigkeit der Informationsbasis und die Komplexität des Systems setzen allerdings seiner „Durchplanung", also einer vollständigen Konkretisierung, klare Grenzen; sie ist weder möglich noch wünschenswert. Dies sei unter Rückgriff auf den theoretischen Leitrahmen, wie er in Kap. 4 dargelegt wurde, etwas näher begründet.

Mit der Formulierung strategischer Ziele wird das noch amorphe Erfolgspotenzialproblem der Unternehmung in eine bearbeitbare Fassung transformiert und ihre planerische Umsetzung in Zweck/Mittel-Ketten ermöglicht. Dies reicht aber nicht aus, den Erfolg zu sichern, denn zweckspezifisch strukturierte Systeme müssen mehr Probleme lösen, als in der Zwecksetzung zum Ausdruck kommt und auch grundsätzlich zum Ausdruck gebracht werden kann.

Der Erfolg eines Systems kann nicht einfach als Zielerreichung, sondern muss als ein **Komplex von Problemen** verstanden werden, die gelöst werden müssen. Dazu sind weitere über die Strategiebildung und ihre Transformierung in Zweck/Mittel-Ketten hinausgehende Bearbeitungsansätze erforderlich. Das zentralste Medium dazu überhaupt ist – wie die Systemtheorie lehrt – die Bildung von Subsystemen oder auch Modulen, die selbst in sich wieder komplex sind.

Die Bildung von **Subsystemen** und Modulen bedeutet für die Gesamtsystemsteuerung eine sehr starke Entlastung; sie kann die Subsysteme und Module bis zu einem gewissen Grade als eigenständige Leistungseinheiten betrachten, deren Funktionsabläufe und Querverbindungen sie nicht vollständig kennen und mitplanen muss, die aber dennoch als zuverlässige Leistungseinheiten „funktionieren". Subsysteme bilden eine eigene (Teil-)Identität aus, d. h., sie verdanken ihre Existenz einer eigenständigen Selektionsleistung sowie der Fähigkeit, einen für das Gesamtsystem wichtigen Output zu produzieren. Dies impliziert, dass sich jedes Subsystem in einem bestimmten Umfang auch eigene Zwecke setzen kann. Das Gesamtsystem kann mehr Komplexität verarbeiten, wenn es intern zwar verbundene, aber gegeneinander verschobene Zweck-Perspektiven zulässt (Luhmann 1984). Als Folge davon hat sich jede Gesamtplanung eines komplexen Systems an einer Mehrheit von Systemreferenzen zu orientieren.

Aus diesen Überlegungen folgt, dass die Gesamtplanung (= strategische Planung) ein gewisses Maß an struktureller Elastizität lassen muss, d. h., die Entscheidungen der Subsysteme und Module bedürfen einer gewissen Autonomie und müssen bis zu einem bestimmten Grad unabhängig davon sein, wie in anderen Subsystemen und/oder Modulen entschieden wird.

Bezogen auf das Verhältnis von strategischer und operativer Planung bedeutet das, dass beide als partiell gegeneinander verschobene Handlungsentwürfe zu betrachten sind. Während der strategische Plan auf die Zwecksetzung für das Gesamtsystem spezialisiert ist, ist die Funktionserfüllung der operativen Pläne amorpher und breiter anzusetzen. Es ist deshalb auch keine starre Gesamtplanung des Systems, sondern eine **elastische Verkoppelung** der beiden Planungssysteme anzustreben.

Praktisch gesprochen ergibt sich die Frage, wieweit sollten strategische Maßnahmen durchgeplant werden und wie viel Handlungsspielraum soll korrespondierend dazu dem operativen Planungssystem verbleiben? Wenn etwa – um diese Fragen am Beispiel zu verdeutlichen – für ein Geschäftsfeld A eine Kostenschwerpunktstrategie vorgesehen ist und eine der notwendigen strategischen Maßnahmen zur Kostensenkung in der Verringerung der Fertigungstiefe gesehen wird, dann ergeben sich daraus auch Konsequenzen für die Beschaffungsfunktion. Wie konkret sollten diese Konsequenzen in der strategischen Maßnahmenplanung ausformuliert werden? Genügt eine globale Handlungsrichtlinie (Policy) mit der Folge, dass das operative Management einen großen Freiraum für seine Maßnahmenwahl erhält? Oder müssen – vielleicht sogar nach Beschaffungsgütern getrennt – quantitative Zielgrößen vorgegeben werden, etwa derart: von Faktor A müssen (mindestens) 40 %, von Faktor B (mindestens) 80 % des Volumens auf Fremdbezug umgestellt werden? Dabei wäre dann zu bedenken, welche zusätzlichen Funktionen das Subsystem Beschaffung noch erfüllen muss (z. B. Lieferantenpflege, Abhängigkeitsreduktion im Sinne eines Multiple Sourcing usw.) und inwieweit diese einer Integration in den strategischen Plan bedürfen.

Die Antwort auf das hier formulierte **„Schnittstellen-Problem"** muss sich des instrumentellen Charakters der Planung bewusst sein. Diese soll ja als Managementfunktion einen möglichst wirksamen Beitrag zur Steuerung der Unternehmung leisten. Von diesem Kriterium her ergeben sich zwei formale Bedingungen für die Festlegung der Schnittstelle, die dann im Einzelfall jeweils inhaltlich konkretisiert werden müssen:

1. Die strategische Maßnahmenplanung muss soweit konkretisiert werden, dass die für den Erfolg der Strategie kritischen Handlungsorientierungen im alltäglichen Handlungsvollzug der Unternehmung nicht verfehlt werden (Prinzip strategischer Vorsteuerung).
2. Jede weitere Durchplanung der strategischen Maßnahmen im Sinne einer integrierten Gesamtplanung läuft Gefahr, dem operativen Management den Handlungsspielraum zu nehmen, den es benötigt, um einerseits die erforderlichen Maßnahmen zur Verwirklichung der Strategie sachlich so wählen und zeitlich so terminieren zu können, wie es die unmittelbare Handlungssituation erfordert, und andererseits die sonstigen Funktionen (das „Tagesgeschäft" und die „Selbstverständlichkeiten") zu erfüllen, die sich den operativen Sub-Systemen stellen (Prinzip operativer Flexibilität).

Das **erste Prinzip** versteht sich von selbst; wird es nicht verfolgt, bleibt die strategische Planung wirkungslos. Das **zweite Prinzip** trägt der oben erläuterten Einsicht Rechnung, dass ohne einen hinreichenden Handlungsspielraum im operativen Bereich das Komplexitätsverarbeitungsvermögen bzw. die Steuerungseffizienz leidet, und dies aus mindestens drei Gründen:

Neben der erörterten **Mehrfunktionsorientierung** der operativen Systeme als erstem Grund gilt es zu berücksichtigen, dass sich die jeweils aktuellen **situativen Rahmenbedingungen** und Handlungsspielräume für die Verwirklichung von Strategien im Rahmen der strategischen Planung nicht punktgenau ausloten lassen, weil wegen der Komplexität und Ungewissheit der Zukunft treffsichere Prognosen nicht möglich sind. Der dritte Grund ist schließlich **motivationaler** Natur. In dem Maße, wie die Unternehmensstrategie den nachgeordneten Führungsebenen Handlungsspielräume belässt und sie zur eigenständigen situationsgerechten Umsetzung der strategischen Programme auffordert, werden diese dazu motiviert, strategisch mitzudenken und die strategischen Grundintentionen im täglichen Handlungsvollzug sinngemäß und kreativ umzusetzen. Sie werden veranlasst, nach neuen Möglichkeiten zur noch besseren Verwirklichung strategischer Absichten Ausschau zu halten oder solche selbst neu zu schaffen. Sie werden ferner bemüht sein, kurzfristig veränderte Rahmenbedingungen für die Verwirklichung der Strategie bei der operativen Planung mit zu berücksichtigen und – wenn dies nicht möglich sein sollte – Revisionen der Strategie anzumahnen oder strategische Initiativen anzustoßen (Lechner und Floyd 2012). Und sie werden schließlich auch motiviert, Handlungen zu ergreifen, die ökonomisch sinnvoll erscheinen, aber unter Umständen aus dem Rahmen der Strategie heraustreten.

An dem konkreten Beispiel der Fertigungstiefe bzw. der Beschaffung sei die Anwendung dieser formalen Überlegungen illustriert. Die strategische Maßnahmenplanung im Rahmen einer Kostenschwerpunktstrategie möge ergeben haben, dass es zur Erlangung eines dauerhaften strategischen Wettbewerbsvorteils erforderlich ist, in Zukunft bei einzelnen Fertigungsstufen in unterschiedlichem Umfang die Tiefe zu verringern und die Fertigung wesentlicher Teile auszulagern. Das angestrebte Verhältnis von Eigenherstellung zu Fremdbezug sei für zwei zentrale Güter mengen- und wertmäßig fixiert. Nur wenn diese Ziele in einer bestimmten Zeit auch tatsächlich erreicht werden, lässt sich für eine gute Erfolgschance der Kostenschwerpunktstrategie argumentieren. Der gezielte Abbau der Fertigungstiefe ist also in diesem Falle ein kritischer **strategischer Erfolgsfaktor**. Deshalb muss die strategische Planung hier detaillierter ausfallen; eine generelle Richtlinie für die Beschaffungspolitik im Sinne einer allgemeinen Reduzierung der Fertigungstiefe wäre nicht zielführend genug, um die Umsteuerung der traditionellen Aktivitäten auf die neue strategische Intention zu gewährleisten.

Von der anderen Seite, der **operativen Planung**, aus gesehen, ist dann allerdings über das hinaus, was zur strategischen Steuerung nötig ist, jede weitere Detaillierung der strategischen Maßnahmenplanung dysfunktional. Es muss der operativen Planung überlassen bleiben, in Übereinstimmung mit dem Abbau der strategischen Fertigungstiefe den **operativen Handlungsspielraum** auszuloten, gegebenenfalls kreativ zu erweitern und die operativen Maßnahmen zur Strategierealisierung festzulegen. Das würde etwa für die Lieferantenauswahl konkret heißen, dass im Rahmen der Beschaffungspolitik festzustellen ist, welche Lieferanten überhaupt für die verschiedenen Produktlinien verfügbar sind und in welchem Ausmaße sie zweckmäßigerweise für den Fremdbezug herangezogen werden sollten, zu welchen Zeitpunkten in welchen Mengen eingekauft werden soll, wie hoch die Rabatte ausfallen sollten. Alles dies sind Feststellungen und Entscheidungen, die die operative Beschaffungsplanung – natürlich im Rahmen der strategischen Zielvorgabe – selbst treffen sollte. Die operative Beschaffungsplanung muss also über so viel **Autonomie** verfügen wie **möglich**, ohne dabei aber die strategischen Steuerungsabsichten unmöglich zu machen. Dazu kommen die traditionellen operativen Aufgaben der Beschaffung, die es nicht zu vernachlässigen gilt, die sich aber nicht direkt aus der Unternehmensstrategie ableiten. Hierhin gehören vor allem die Tätigkeiten, die mit der Steuerung des Einkaufs selbst zusammenhängen: Abwicklung des Bestellwesens, Eingangskontrolle usw. Sie werden quasi autonom vom operativen System geplant und verwaltet.

Mit der vorgeschlagenen formalen (nicht-inhaltlichen) Grenzziehung zwischen strategischem und operativem Planungssystem ist dann die Vorstellung vereinbar, dass die im Einzelfall konkretisierte inhaltliche Grenze zwischen beiden Systemen je nach den sachlichen Erfordernissen einzelner Funktionsbereiche unterschiedlich ausfallen und auch im Zeitablauf von Planungsperiode zu Planungsperiode variieren kann.

Die formale Charakterisierung der Grenze zwischen strategischer und operativer Planung trifft ferner keine Vorentscheidung über die inhaltliche Vereinbarkeit von strategischer und operativer Planung. Natürlich muss die strategische Planung die Bedingungen und Konsequenzen ihrer Realisierung prinzipiell mit bedenken. Da die strategische Planung die Realisierungschancen vorgeschlagener Strategien aber nur allgemein und grob abschätzen kann, entscheidet sich erst im Rahmen der operativen Planung, ob nicht für die überschaubare nächste Zukunft eine Situation eingetreten oder zu erwarten ist, die die Realisierung der Strategie grundsätzlich verhindert oder zeitliche Verschiebungen erforderlich macht. So mag die kurzfristige Liquiditätsplanung zu Tage fördern, dass aufgrund plötzlich aufgetretener Umstände (z. B. Insolvenz von wichtigen Abnehmern) eine Situation entstanden ist, die die Verwirklichung einer Strategie nur um den Preis einer zu starken Gefährdung der kurzfristigen Zahlungsbereitschaft möglich macht. Oder es mag sein, dass die Entwicklung der Gewinnsituation einzelner Sparten überraschenderweise so ungünstig ist, dass langfristige strategische Pläne zur Erschließung neuer Märkte zugunsten einer Rationalisierung und Konsolidierung des laufenden Geschäfts zurücktreten müssen. In derartigen Situationen, wo sich also ein von der strategischen Planung nicht vorsehbarer Konflikt zwischen strategischen Handlungsintentionen und operativen Handlungsoptionen auftut, muss die operative Planung inhaltliche und/oder zeitliche Revisionen der Strategie anmahnen, um den Widerspruch aufzulösen.

Zusammenfassend ist also für die Schnittstelle zwischen operativer und strategischer Planung festzuhalten, dass alle diejenigen strategischen Maßnahmen konkret fixiert werden müssen, die für den Erfolg der Unternehmensstrategie kritisch sind; alle **nicht-strategiekritischen Maßnahmen** bleiben offen und sind zum Gegenstand der operativen Planung zu machen. Das Verhältnis von strategischer und operativer Planung darf also nicht im Sinne eines eindeutigen Ableitungszusammenhangs zwischen Zielen und Mitteln im Rahmen einer **Ziel-Mittel-Hierarchie** gesehen werden; es ist dem Grunde nach selektiv. Aus der Einsicht heraus, dass eine vollständige Vorsteuerung des operativen durch das strategische System nicht sinnvoll und auch gar nicht möglich ist, gilt es also für eine erfolgreiche Transformation strategischer Intentionen in operative Maßnahmen die kritischen Bereiche herauszufinden. Die strategische Planung muss der operativen Planung zwar eine Orientierung vorgeben, damit überhaupt strategisch geführt werden kann; diese Vorgabe kann aber angesichts der Unsicherheit der Erwartungen und der Binnenkomplexität moderner Unternehmen bloß rahmenartig ausfallen. Die Ausfüllung dieses Rahmens erfordert dann eigenständige kreative Leistungen im operativen Planungssystem, um die bestmögliche Realisierung der strategischen Zwecke zu erreichen und zugleich die Aufgaben zu erfüllen, die für den Unternehmenserfolg erforderlich sind, ohne dass sie sich aus der Strategie ergäben.

Aus diesen grundsätzlichen Überlegungen ergibt sich abschließend eine formale Charakterisierung der operativen Planung. Sie hat alle diejenigen Entscheidungen zu ihrem Gegenstand, die in den verschiedenen Funktionsbereichen der Unternehmung getroffen werden müssen, um die Strategie zeitgerecht wie auch effizient zu realisieren und den Unternehmenserfolg zu sichern. Die **zeitliche Reichweite** der operativen Planung wird man dabei nach Maßgabe der Markterfordernisse variieren können; in der Praxis sind Planungszeiträume von ein bis zu zwei Jahren oder auch kürzer üblich. Um zu entscheiden, für welche strategischen Maßnahmen im gewählten Planungszeitraum aktueller Handlungsbedarf besteht, d. h. die operative Planung die geeigneten Mittel bereitstellen muss, und für welche strategischen Maßnahmen das noch nicht erforderlich ist, muss der **zeitliche und sachliche Wirkungszusammenhang** zur strategischen Planung beachtet werden.

6.2 Arten operativer Pläne

Die Teilpläne des Realgüterprozesses
Die Teilpläne des Realgüterprozesses lassen sich nach Faktoren und Funktionen untergliedern. Je nachdem, welche Systematik man zugrunde legt, kann man verschiedene faktorbezogene Teilpläne unterscheiden.

Orientiert man sich etwa an der Klassifikation der Elementarfaktoren nach Gutenberg (Gutenberg 1983, S. 3 f.), so wären als **faktorbezogene Teilpläne** der Personalplan für den Produktionsfaktor (objektbezogene) Arbeit, der Anlagen- oder Betriebsmittelplan (Gebäude, Maschinen, Werkzeuge) und der Plan für die Beschaffung und Bevorratung der Werkstoffe (Roh- und Hilfsstoffe, halbfertige oder fertige Erzeugnisse) zu unterscheiden.

Die Gliederung nach **funktionsbezogenen Teilplänen** wird je nach Ausdifferenzierung und Tiefengliederung der betrieblichen Funktionen unterschiedlich ausfallen. Obwohl hier unternehmensindividuelle Lösungen maßgeblich sind, lassen sich doch gewisse Grundfunktionen unterscheiden, die für jeden Industriebetrieb typisch sind. Offensichtlich ist jedes Unternehmen auf die Zufuhr von Faktoren angewiesen, die in einem betrieblichen Transformationsprozess in fertige, d. h. marktfähige Produkte umgewandelt werden. Die fertigen Erzeugnisse werden dann an Verbraucher oder weiterverarbeitende Unternehmen weitergegeben. Es lassen sich somit für jeden Industriebetrieb die Grundfunktionen Beschaffung, Produktion und Absatz unterscheiden. Unter der Funktionsbezeichnung „Verwaltung" werden in der Regel darüber hinaus solche Tätigkeiten zusammengefasst, die sich auf die Gesamtunternehmung und die Aufrechterhaltung ihrer Beziehungen zur Umwelt beziehen (z. B. Rechtsberatung oder Öffentlichkeitsarbeit). Gegenstand dieser Tätigkeiten ist letztlich die Informationsverarbeitung im allgemeinsten Sinne. Folgt man dieser groben Funktionsgliederung, so lassen sich also vier operative Teilpläne unterscheiden: Der Beschaffungsplan, der Produktionsplan, der Absatzplan und der (allgemeine) Verwaltungsplan.

Die Teilpläne des Wertumlaufprozesses
Wie dargelegt, muss die operative Planung und Steuerung des Realgüterprozesses letztlich so erfolgen, dass nicht nur die Strategie umgesetzt, sondern gleichzeitig auch andere kurzfristige Funktionsanforderungen erfüllt werden. Deshalb muss die operative Planung notwendigerweise auch die Konsequenzen mit reflektieren, die sich aus der Planung des Realgüterprozesses für die Liquidität und Rentabilität ergeben.

Die Planung des Wertumlaufprozesses vollzieht sich auf drei „Werteebenen": (1) Auf der Ebene der **Einnahmen und Ausgaben** geht es um die Planung der Liquidität, verstanden als die Fähigkeit eines Unternehmens, seinen Zahlungsverpflichtungen jederzeit nachkommen zu können; (2) auf der Ebene der **Kosten und Leistungen** geht es um die Plan-Kalkulation der betrieblichen Leistungen, um die Rentabilität sicherzustellen; (3) auf der Ebene der **Aufwendungen und Erträge** wird schließlich nicht nur ein betriebliches, sondern auch ein bilanzielles Ergebnis im Hinblick auf die Rentabilitätszielsetzung geplant.

(1) Die **kurzfristige Finanzplanung** hat zum Ziel, das finanzielle Gleichgewicht der Unternehmung in jeder Teilperiode des Planungszeitraums sicherzustellen. Zu diesem Zweck muss sie zunächst alle Einnahmen und Ausgaben soweit als möglich prognostizieren, wie sie sich aus der operativen Planung des Realgüterprozesses auf der Basis des geplanten Produktprogramms ergeben. Sie muss also z. B. versuchen, die Einnahmen aus Umsatzerlösen und Zinserträgen zu erfassen und die Ausgaben für Löhne und Gehälter, den Einkauf von Roh-, Hilfs- und Betriebsstoffen, Mieten etc. abzuschätzen. Dass dies immer unsichere Schätzungen sind, die sich als falsch erweisen können, versteht sich von alleine. Darüber hinaus muss sie die aus der Umsetzung der strategischen Planung resultierenden Einnahmen und Ausgaben für die betrachtete Periode zusammenstellen; hierzu können z. B. der Einkauf von Grundstücken für den Bau von Fabrikgebäuden gehören, ferner die Ausgaben für den Kauf einer Unternehmung oder die Einnahmen aus einer beschlossenen Kapitalerhöhung. Alle diese Einnahmen- und Ausgabenströme müssen für die Teilperioden des Planungszeitraums gegenübergestellt und die entsprechenden Finanzüberschüsse und Finanzdefizite registriert werden. Die Anlage von Finanzüberschüssen und die Deckung von Finanzdefiziten ist dann Aufgabe der kurzfristigen Finanzplanung im engeren Sinne. Es müssen die nach Zeitdauer und allen übrigen Konditionen geeigneten Anlage- und Finanzierungsmöglichkeiten eruiert werden. Aus diesem Handlungspotenzial sind dann solche Alternativen auszuwählen, die einerseits den kurzfristigen Finanzgewinn (Differenz von kurzfristigen Finanzerträgen und kurzfristigen Finanzaufwendungen) optimieren und andererseits das finanzielle Gleichgewicht für jede Teilperiode des Zahlungszeitraums sicherstellen.

(2) Die Aufstellung einer **Planbilanz** und einer **Plan-Gewinn- und Verlustrechnung** auf der Grundlage des festgelegten Produktprogramms und der operativen Teilpläne liefert wichtige Informationen auch für die Abschätzung der zu erwartenden Rentabilitätssituation der Unternehmung. Die Planung der Aufwendungen und Erträge gibt eine Vorstellung über den planmäßigen Erfolg (Gewinn oder Verlust) der betrachteten Periode; die Planbilanz informiert über die Vermögens- und Kapitalstruktur und gibt damit die Möglichkeit, verschiedene Rentabilitätskennziffern (Gesamtkapitalrentabilität, Eigenkapitalrentabilität) als Plangrößen zu bestimmen. Ergeben sich hier unbefriedigende Situationen, so lassen sich vorbeugende Maßnahmen zur Abhilfe planen. Man kann etwa rückkoppelnd Umsteuerungen im Realgüterprozess vornehmen, z. B. kann man geplante Wachstumsziele im Umsatz zurücknehmen, um eine zu starke unerwünschte Fremdfinanzierung zu vermeiden. Man kann aber auch umgekehrt darüber nachden-

ken, restriktiv wirkende bilanzpolitische Grundsätze zu lockern, um die ursprünglichen Planungsziele für den Realgüterprozess doch zu realisieren, z. B. anvisierte Wachstumsziele zu erreichen, die bei zu konservativen Finanzierungsgrundsätzen nicht realisierbar gewesen wären. Im Übrigen lassen sich aus der bilanziellen Ergebnisplanung weitere nützliche Informationen gewinnen, deren Zahl und Qualität davon abhängt, wie differenziert die Planbilanzierung erfolgt und wie belastbar die zugrunde gelegten prognostischen Werte sind.

(3) Im Gegensatz zur bilanziellen Ergebnisplanung ist die **Betriebsergebnisplanung** nicht nur periodenbezogen, sondern auch stückbezogen. Hier werden in der Vorkalkulation Kosten und (gegebenenfalls) Preise für die betrieblichen Leistungen (Produkte) kalkuliert und zur Grundlage der Planung des optimalen Produktprogramms gemacht. Mit diesem optimalen Produktprogramm ist dann ein Plan-Gesamtdeckungsbeitrag verbunden, von dem die gesamten Plan-Fixkosten zu subtrahieren sind, um das Plan-Betriebsergebnis zu erhalten. Dieses unterscheidet sich von dem bilanziell ermittelten Plan-Gewinn insbesondere durch die (geplanten) neutralen Aufwendungen und Erträge.

Die skizzierte Grundstruktur der Betriebsergebnisrechnung kann natürlich in vielfältiger Weise variiert und verfeinert werden, worauf hier nicht im Einzelnen einzugehen ist. Hingewiesen werden sollte aber auf jeden Fall auf die **Plankostenrechnung**, die ein wesentlicher Baustein für die Planung des kalkulatorischen Betriebsergebnisses ist.

Projektpläne

Projekte werden, weil es sich in der Regel um seltene, häufig sogar einmalige Vorhaben handelt, außerhalb der Routine der operativen Planung bearbeitet. Das bedeutet allerdings nicht, dass die Projekte in ihrer Zielsetzung freigestellt sind. Die Projektziele sind für die **strategischen Projekte** im Rahmen der strategischen Planung vorgegeben. Die operative Planung strategischer Projekte befasst sich dann mit der Umsetzung der Projekte, d. h. der planerischen Festlegung von auszuführenden Tätigkeiten, der räumlichen und zeitlichen Anordnung dieser Aktivitäten innerhalb des Projekts sowie der Planung der für die zielkonforme Umsetzung erforderlichen Zeiten, Kapazitäten und Kosten. Exemplarisch stelle man sich den Bau einer Großanlage, z. B. in der Chemie, vor, die im Rahmen der langfristigen strategischen Zielsetzungen ab einem bestimmten Zeitpunkt mit der Produktion eines neuen Kunststoffs beginnen soll.

Die **operativen Projekte** unterscheiden sich – wie bereits erwähnt – von den strategischen Projekten nur dadurch, dass ihnen ein unmittelbarer strategischer Zielbezug fehlt. Im Übrigen stellen sich aber bei der Planung solcher Projekte im Hinblick auf die (dann von der operativen Führung autonom festzusetzenden) Ziele (Fertigstellungszeiten, Fertigstellungskosten) dieselben planerischen Probleme. Sobald Projekte im Hinblick auf die Zahl von Aktivitäten und ihre sachliche und zeitliche Verknüpfung einen Komplexitätsgrad erreicht haben, der eine unmittelbare Durchschaubarkeit nicht mehr ermöglicht, können in bestimmten Fällen mathematische Planungsinstrumente zur Bewältigung der Komplexität eingesetzt werden.

6.3 Die Interdependenz der Teilpläne

Es wurde bereits mehrfach darauf aufmerksam gemacht, dass man sich das operative Planungssystem nicht als eine Vielzahl unverbunden nebeneinanderstehender Teilpläne vorstellen darf. Vielmehr sind grundsätzlich alle Teilpläne – gleichgültig, auf welchem Abstraktionsniveau sie betrachtet werden – wechselseitig voneinander abhängig, d. h., sie sind **interdependent**. Bei zwei Teilplänen bedeutet das z. B., dass man über die Handlungsalternativen in Plan A nicht entscheiden kann, wenn man nicht weiß, wie der Plan B aussieht; und umgekehrt kann man nicht über die Handlungsalternativen des Plans B entscheiden, ohne dass man den Plan A kennt. Man müsste also im Hinblick auf eine Optimierung die Teilpläne eigentlich **simultan** festlegen. In letzter Konsequenz würde das bedeuten, dass alle Handlungsalternativen im operativen System nur **uno actu** in einem einzigen großen Planungsmodell in ihrer wechselseitigen Bedingtheit erfasst und im Hinblick auf alle Handlungskonsequenzen unter einer generellen Zielsetzung gemeinsam optimiert werden müssten. Dieses ist die Idee der totalen Simultanplanung.

Der Gedanke der Interdependenz der Teilpläne ist so wichtig, dass er an einigen Beispielen erläutert werden soll. Dazu ist es sinnvoll, sich die Handlungsalternativen des operativen Planungssystems (selektiv) in Form eines Entscheidungsfelds mit einer zeitlichen und sachlichen Dimension zweidimensional vorzustellen (Abb. 6.1). In der **zeitlichen**

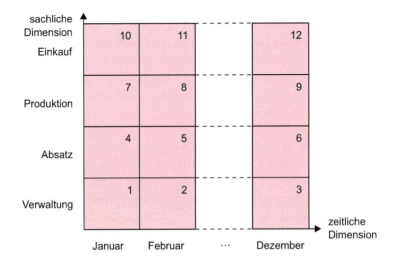

Abb. 6.1 Das Entscheidungsfeld des operativen Planungssystems

Dimension findet man die Unterteilung des Planungszeitraums (z. B. ein Jahr) in (äquidistante) Teilperioden (z. B. Monate); in der **sachlichen** Dimension ist eine Reihe von betrieblichen Funktionsbereichen angeordnet. Die Felder im Koordinatensystem sind durchnummeriert und geben einen schematischen Überblick über die infrage stehenden Teilpläne.

Greift man zunächst die **sachliche** Dimension heraus und betrachtet hier exemplarisch den Zusammenhang zwischen den Teilplänen „**Produktion**" und „**Absatz**", so wird sofort deutlich, dass man zur Bestimmung des optimalen Produktprogramms eine Vielzahl von Entscheidungen kennen müsste, die im Absatzplan getroffen werden. Erst wenn man den Marketing-Mix für die verschiedenen Produkte kennt, also deren Preise, Werbeaufwendungen, Verpackung, Serviceleistungen etc., kann man die Deckungsbeiträge der Produkte bestimmen, die man für die Ermittlung des optimalen Produktprogramms benötigt. Erst dann stehen auch die (mutmaßlichen) Höchst- oder Mindest-Absatzmengen für die Planungsperiode fest. Auch sie müssen bei der Planung des Produktprogramms berücksichtigt werden. Umgekehrt sind aber auch die Entscheidungen über den Marketing-Mix nicht zu treffen, ohne dass man das Produktprogramm kennt. Restriktionen in der Produktion mögen z. B. den Ausstoß bestimmter Produkte so begrenzen, dass ihre besondere Förderung im Rahmen des Marketing-Mix nicht sinnvoll ist. Es besteht also eine Interdependenz zwischen beiden Teilplänen.

Eine ähnliche Interdependenz lässt sich für die **Finanz- und Absatzplanung** konstatieren. Offensichtlich kann die kurzfristige Finanzplanung nicht aufgestellt werden, ohne dass darüber entschieden ist, wie das Absatzprogramm und damit die (voraussichtlichen) Einnahmen aus Umsatzerlösen aussehen. Insofern ist die Finanzleitung auf die Entscheidungen im Absatzbereich angewiesen. Umgekehrt mag es aber auch sein, dass bestimmte Marketingprogramme im Absatzbereich deshalb nicht realisiert werden können, weil dafür kurzfristig die finanziellen Mittel fehlen. Es mag auch sein, dass unter dem Gesichtspunkt der Finanzplanung solche Produktlinien favorisiert werden sollten, bei denen die Kunden keine langen Zahlungsziele in Anspruch nehmen und die gebundenen Mittel also schnell zurückfließen. So gesehen lässt sich dann wiederum nur über beide Teilpläne gemeinsam entscheiden, indem die Handlungskonsequenzen der verschiedenen Alternativen unter allen Restriktionen in beiden Bereichen gegeneinander abgewogen werden.

In ähnlicher Weise lässt sich die Interdependenz der Teilpläne in der **zeitlichen** Dimension zeigen. Das wird bereits an der **kurzfristigen Finanzplanung** deutlich. Wie oben angedeutet, muss die Finanzleitung in der kurzfristigen Finanzplanung Defizite einzelner Teilperioden abdecken bzw. Überschüsse anlegen. Dabei wird sie es in der Regel mit Handlungsalternativen zu tun haben, die in späteren Perioden zu Rückzahlungsverpflichtungen (z. B. bei Kreditaufnahmen) oder Rückflüssen (z. B. bei Festgeldanlagen von Überschüssen) führen. Die Finanzleitung kann also, wenn sie in der Periode 1 ein Defizit abzudecken hat, über ihr Handlungsprogramm in dieser Periode nicht entscheiden, ohne dass sie die Auswirkungen auf spätere Perioden in Rechnung stellt. Es mag dann etwa sein, dass die Aufnahme eines bestimmten günstigen Kredits in Periode 1 deshalb zurückgewiesen werden muss, weil das zu Rückzahlungsverpflichtungen in einer späteren

Periode führt, in der selbst nach den vorliegenden Prognosen starke Finanzdefizite anfallen. Erst wenn man weiß, ob in der späteren Periode dieses Defizit auch dann abgedeckt werden kann, wenn man in der Periode 1 den günstigen Kredit aufnimmt, kann man in der Periode 1 die endgültige Entscheidung treffen. Hier beeinflusst also der Finanzplan einer späteren Teilperiode die Entscheidung in der Periode 1. Die umgekehrte Wirkungsrichtung stellt man sich selbst leicht vor.

Man hat es also in sachlicher wie in zeitlicher Hinsicht mit einer **Interdependenz** der Teilpläne im operativen System zu tun, die auf eine umfassende Simultanplanung drängt. Eine solche **Simultanplanung** versucht, die Entscheidungssituation der Unternehmensführung in ihrer Totalität in einem einzigen Planungsmodell zu erfassen. Das Planungsmodell hätte dann nicht nur zu bestimmen, welche Produkte in welchen Mengen und welchen Arten auf welchen Maschinen in welcher Reihenfolge und in welchen Losgrößen wann herzustellen sind, sondern **uno actu** damit zugleich im Absatzbereich über den gesamten Marketing-Mix zu entscheiden; in gleicher Weise müssten die Auswirkungen dieser Entscheidungen in der kurzfristigen Finanzplanung nicht nur registriert werden, sondern es müssten auch die Rückwirkungen auf die übrigen Teilpläne insoweit in Rechnung gestellt werden, als es um die Einhaltung des finanziellen Gleichgewichts geht. Nach alledem müsste dann noch die Produktions-, Absatz- und Finanzplanung mit der Einkaufsplanung voll integriert werden.

Eines solches **Totalmodell** verfolgt die unrealistische Vorstellung, dass man das gesamte Betriebsgeschehen transparent und eineindeutig abbilden kann. Darüber hinaus muss es so viele Selektionsannahmen treffen, dass keine umsetzbaren Lösungen zu erwarten sind. Man kann versuchen, die Komplexität zu reduzieren, indem man unter ökonomischen Gesichtspunkten in Rechnung stellt, dass nicht alle Interdependenzen im Entscheidungsfeld die gleich gewichtigen ökonomischen Auswirkungen haben. Im Rahmen einer **Grobplanung** erfasst man dann nur die großen wesentlichen Interdependenzen und integriert diese in ein simultanes Planungsmodell. Aber auch eine solche Grobplanung stößt an unüberwindliche Grenzen. Die Dynamik der Umwelt und die Komplexität sozialer Systeme lassen die Idee der Simultanplanung als pure Illusion erscheinen, vielleicht sogar als gefährliche Illusion, weil sie einen verfälschten, viel zu mechanistischen Eindruck von den Steuerungsmechanismen eines Unternehmens gibt (vgl. im Einzelnen Kap. 4).

Man muss aus diesen Gründen für die Gestaltung des operativen Planungssystems die Idee der vollintegrierten Simultanplanung aufgeben. An ihre Stelle tritt die Idee der **Sukzessivplanung**. Man antizipiert in planerischen Vorüberlegungen, welcher betriebliche Funktionsbereich für die Planungsperiode voraussichtlich den **Engpass** darstellen wird. Wenn man es für seine Produkte mit einem Käufermarkt zu tun hat, wird das in der Regel der **Absatzsektor** sein. Man beginnt dann mit der Absatzplanung als der obersten Planungsstufe und legt hier die entscheidenden Parameter des Marketing-Mix tentativ fest. Hat man das vorläufige Absatzprogramm nach Mengen und Preisen fixiert, so kann darauf die Produktions-Programm- und -Ablaufplanung aufbauen. An diese schließt sich dann in einem dritten Schritt die Einkaufsplanung an. Unter der Annahme, dass der Finanzsektor keinen Engpass darstellt, registriert man anschließend die finanziellen Auswirkungen auf den Finanzplan, und der Finanzleiter bemüht sich, die für die Teilperioden des Planungszeitraums entstehenden Defizite abzudecken bzw. Überschüsse anzulegen.

Bei dieser Vorgehensweise kann es passieren, dass die Ausgangsvermutung, wonach der Absatzsektor den Engpass darstellt, sich im Nachhinein als falsch herausstellt. Man muss dann **versuchen**, geeignete Planrevisionen beim Absatzplan und den Folgeplänen durchzuführen, oder mit der Koordination der Pläne an einer anderen Stelle neu beginnen. Die Sukzessivplanung arbeitet die Interdependenz der Teilpläne im operativen System also in **zwei Schritten** ab: in einem ersten Schritt wird eine engpassbezogene Planung derart durchgeführt, dass der (vermutete) Engpasssektor zur Basis der Planung gemacht und alle anderen Teilpläne auf den Engpass hin ausgelegt werden. Stellt sich die Engpass-Vermutung als falsch heraus, lässt sich also keine realisierbare Lösung für das Gesamtsystem finden, so werden in einem zweiten Schritt im Sinne von Rückkoppelungsschleifen so lange Planrevisionen durchgeführt, bis eine realisierbare Planungssituation erreicht worden ist.

6.4 Die operative Planung unter Unsicherheit

Jede Planung ist per definitionem zukunftsgerichtet und die Zukunft ist unvermeidlich unsicher. Das ist das Basisdilemma jeder Planung, deshalb hatten wir in Kap. 4 Kompensation gewissermaßen als Zwillingsfunktion zur Planung konzipiert.

6.4.1 Entscheidungssituationen

Die Unsicherheit bezieht sich auf alle diejenigen Tatbestände, die Planende nicht selbst herstellen können und die die Konsequenzen der erwogenen Handlungsalternativen (positiv oder negativ) beeinflussen. Bezeichnet man alle diejenigen Tatbestände, die sich dem Einflussbereich der Planenden entziehen, als externe oder interne Umwelt(-ereignisse), so werden in der (normativen) **Entscheidungstheorie** drei Unsicherheitsgrade und folglich drei Situationen unterschieden:

(1) Die **erste** nur theoretisch existierende Situation ist dadurch gekennzeichnet, dass mit Bestimmtheit bekannt ist, welche der möglichen Umweltereignisse in der Zukunft tatsächlich eintreffen werden; alle Daten des Entscheidungsproblems sind dann **einwertige** Zufallsvariablen. Dies ist die Situation der **Gewissheit**.
(2) Die **zweite** Situation wird als **Risikosituation** bezeichnet. Hier liegen für einzelne oder alle Daten (nur) objektive Wahrscheinlichkeitsverteilungen vor; sie sind **mehrwertige** Zufallsvariablen. Kritisch lässt sich zu der Risikosituation anmerken, dass objektive Wahrscheinlichkeiten streng genommen nur bei Phänomenen, die keinen Bezug zur Planung in einer Unternehmung aufweisen, z. B. bei Würfelspielen oder bei Lotterien, ex ante feststellbar sind, und zwar dann, wenn der Mensch durch Konstruktion

geeigneter Zufallsgeneratoren (Würfel, Lose usw.) von vornherein selbst dafür sorgt, dass die gewünschte Wahrscheinlichkeitsverteilung auch tatsächlich auftritt. Bei betriebswirtschaftlichen Entscheidungssituationen kann man dagegen Wahrscheinlichkeitsverteilungen (oder ihre Kenngrößen, wie Erwartungswerte oder Streuungen) allenfalls aus der Vergangenheit des zu planenden Bereichs gewinnen. Die Übertragung derartiger Vergangenheitswerte in zukunftsorientierte Planungsmodelle ist systematisch nicht möglich, zumindest aber erfordert sie ein erhebliches Maß an subjektivem Vertrauen darauf, dass zwischen Vergangenheit und Zukunft keine unvorhergesehene Veränderung auftritt. Diese **subjektive Komponente** gewinnt natürlich umso mehr an Gewicht, je weniger sich gute Gründe für die Übertragbarkeit vergangener Umweltzustände auf die Zukunft anführen lassen. In Risikosituationen ist die einfache Optimierungsanweisung, etwa den Erwartungswert des Gewinns zu maximieren oder den Erwartungswert der Kosten zu minimieren, ergänzungsbedürftig; Planende müssen wissen, welches **Risikoniveau** der Entscheidungsträger letztlich zu akzeptieren bereit ist.

(3) Die **dritte** Situation, die die Entscheidungstheorie unterscheidet, ist die der **Ungewissheit**. Hier ist lediglich bekannt (oder wird als bekannt unterstellt), dass irgendein Umweltereignis aus einer endlichen Menge von solchen Ereignissen eintreten wird, ohne dass man aber (objektive oder subjektive) Wahrscheinlichkeitsinformationen über den Eintritt hat. Auch hierzu wurden Heuristiken entwickelt. Wenn es gelingt, für die verschiedenen möglichen Handlungsalternativen und für alle nummerierten Umweltzustände die Handlungskonsequenzen grob abzuschätzen, also eine sogenannte „Pay-off-Matrix" (Auszahlungstabelle) aufzustellen, dann wird sich in der Regel die Sachlage ergeben, dass je nach Umweltzustand eine andere Handlungsalternative unter dem Gesichtspunkt der Gewinnmaximierung oder Kostenminimierung vorzuziehen ist. Man sagt dann auch, dass keine der Handlungsalternativen („Strategien") eine andere dominiert. Dann bedarf es spezifischer (subjektiver) Entscheidungsregeln, um das Entscheidungsdilemma aufzulösen, da die Handlungsanweisung: „Maximiere den Gewinn"! oder „Minimiere die Kosten!" nicht mehr zum Ziel führt. Eine solche Entscheidungsregel ist z. B. die **„Minimax-Regel"**. Sie unterstellt eine pessimistische Einstellung des Entscheiders und empfiehlt, wenn es um die Minimierung der Kosten geht, eine solche Strategie zu wählen, bei der die für jede einzelne Strategie maximal erwarteten Kosten ein Minimum werden. Planende bereitet sich auf diese Weise gleichsam auf den schlechtesten aller möglichen Umweltzustände vor und versuchen, dann den Schaden zu minimieren. Bei einer Gewinnmatrix wäre umgekehrt zu verfahren (Maximin-Regel). Die Planenden versuchen, in Anwendung einer solchen Entscheidungsregel gleichsam das Ausmaß der negativen Überraschung so klein wie möglich zu halten; gleichwohl sind sie vor bösen Überraschungen natürlich nicht „sicher" (vgl. etwa Laux et al. 2019).

Jenseits der hochstilisierten Entscheidungstheorie wurden pragmatische Methoden entwickelt, wie mit Unsicherheit in der Planung umgegangen werden kann. Aufgrund der

Tatsache, dass praktisch gesehen alles schließlich doch ganz anders kommen kann als angenommen, und dies nicht nur für die strategische, sondern – wenn auch vielleicht in nicht so dramatischer Form – auch für die operative Planung zutrifft, muss auch dort darüber nachgedacht und müssen Vorkehrungen dafür getroffen werden, mit der unvermeidlichen Unsicherheit umzugehen. Zwei große Ansatzpunkte sind hier erkennbar, die miteinander kombiniert werden können bzw. sollten. Der **erste Ansatzpunkt** liegt in der **operativen Planung** selber: Man versucht, sich durch die inhaltliche oder prozessuale Gestaltung der Planung so gut es geht auf die Unsicherheit vorzubereiten. Der **zweite Ansatzpunkt** besteht darin, kurzfristige **Reaktionspotenziale** anzulegen, um sich schnell auf nicht antizipierte Situationen einstellen zu können. Solche Reaktionspotenziale können im Managementprozess angelegt werden (Organisation, Kontrolle); sie können aber auch im Realgüterprozess in Form flexibler Strukturen und Aggregate (z. B. flexible Fertigungssysteme) angelagert werden (zuerst: Ansoff 1981, S. 233 ff.).

6.4.2 Ansatzpunkt: Planung

Im Rahmen der inhaltlichen Planung besteht zuerst die Möglichkeit, Planungsprobleme so zu behandeln, **als ob** Gewissheit bestünde. Man rechnet also in einem ersten Schritt mit einwertigen Erwartungen, schließt dann aber in einem zweiten Schritt an die Optimallösung sogenannte **Sensitivitätsanalysen** an. Man untersucht mit solchen Analysen die **Stabilität** der gefundenen Lösung gegenüber Änderungen der Ausgangsdaten. Hat man z. B. das optimale Produktprogramm bestimmt, so fragt man danach, wie lange dieses Produktprogramm optimal bleibt, wenn sich etwa die Preise und/oder Kosten eines Produkts verändern. Mithilfe der Sensitivitätsanalyse kann man so – von einer „Punktlösung" ausgehend – den Entscheidungsraum um diese Lösung herum gleichsam ausleuchten.

Neben der Sensitivitätsanalyse bietet die **Alternativ- oder Eventualplanung** eine zweite Möglichkeit, mit der Unsicherheit der Umwelt planerisch umzugehen. Man berechnet Optimallösungen für alternative Datenkonstellationen, wobei man insbesondere auf solche Daten abstellt, die man in der Prognose für besonders kritisch erachtet. Dies ist gleichsam die Umkehrung der Sensitivitätsanalyse. Die Alternativplanung enthebt natürlich nicht von der Notwendigkeit, schließlich eine Auswahl für denjenigen Plan zu treffen, der realisiert werden soll. Planende müssen sich also schlussendlich doch für eine Datenkonstellation entscheiden, die sie für besonders wahrscheinlich halten. Da man im Rahmen der Eventualplanung aber nur eine begrenzte Menge von Alternativen überhaupt durchrechnen und dabei u. U. gewichtige Alternativen übersehen (oder zu dem Zeitpunkt noch gar nicht kennen) kann, bietet auch diese Vorgehensweise natürlich keine „Versicherung" gegen die Unsicherheit.

Das Gleiche gilt für die **flexible** (im Gegensatz zur starren) **Planung**. Hat man es mit mehrperiodigen, sequenziellen Entscheidungen zu tun derart, dass über Handlungsalternativen in späteren Perioden in Abhängigkeit von dann relevanten Umweltereignissen und den vorher getroffenen Entscheidungen befunden werden muss, so lassen sich solche Planungsprobleme auf sogenannten **Entscheidungsbäumen** abbilden. Bei der flexiblen Planung wird unter Berücksichtigung der Alternativen in späteren Entscheidungsstufen zum Ausgangszeitpunkt nur über die in der ersten Periode zu realisierenden Alternativen definitiv entschieden. Über die Alternativen der späteren Stufen (Perioden) wird lediglich bedingt oder eventualiter befunden. Man macht damit die Folgeentscheidungen in späteren Perioden von der **Aktualisierung der Informationen** über die Umweltzustände abhängig, man passt sie gleichsam an die neue Situation an. Im Vergleich zur starren Planung trifft man also keine unnötig frühen Festlegungen; in diesem Sinne ist die Planung flexibel. Dass auf diese Weise die Unsicherheit allerdings keinesfalls vollständig „abgearbeitet" wird, ist unmittelbar einsichtig. In jeder Entscheidungsstufe kann man sich irren, weil doch alles anders kommt als geplant; im Lichte späterer Umweltinformationen können sich alle vorherigen Entscheidungen als falsch herausstellen. Im Übrigen ist eine solche vorsichtige Abwarte-Strategie nur selten möglich; häufig müssen die Ressourcen schon frühzeitig gebunden werden.

Eine vierte Art, mit der Unsicherheit der Umwelt planerisch umzugehen, ist die **robuste Planung**. Sie macht sich die Einsicht zunutze, dass es bei manchen Planungsproblemen erste Planungsschritte gibt, die für die Zukunft noch nichts präjudizieren, also keine Handlungsoptionen vernichten. Sind solche robusten Schritte möglich, ist es rational, mit weiteren „commitments" solange zu warten, bis Entscheidungen nicht mehr aufgeschoben werden können. Auf diese Weise wird es möglich, die jeweils unumgänglich zu treffenden Entscheidungen – ähnlich wie bei der flexiblen Planung – vom aktuellen Informationsstand abhängig zu machen. Man erkennt allerdings sofort, dass auch auf diese Weise der Irrtum nicht ausgeschlossen werden kann, einmal ganz abgesehen von den stark idealisierten Bedingungen.

In jüngerer Zeit wird vorgeschlagen, das Ausmaß der Flexibilität von Plan(Investitions-) Alternativen systematisch in die Bewertung einzubeziehen, so dass der flexibleren Alternative (unter sonst gleichen Umständen) ein höherer Wert zugesprochen wird. Um dies methodisch zu bewerkstelligen, wird bei der Optionspreistheorie Anleihe genommen und vorgeschlagen, sie auf **„Realoptionen"** zu übertragen (vgl. dazu etwa Huchzermeier und Loch 2001, Dangl et al. 2004, als „Irrweg" bezeichnet dies jedoch Kruschwitz 2014, S. 388).

Neben den angesprochenen Vorgehensweisen, die primär die Art der Informationsverarbeitung bei der Planung betreffen, lassen sich auch durch die Organisation des **Planungsprozesses** gewisse Vorkehrungen gegen die Unsicherheit der Zukunft treffen. Hierzu sei beispielhaft auf die Möglichkeit einer sogenannten **rollenden** (gleitenden) **Planung** hingewiesen. Ihr Wesen besteht darin, dass man den Planungszeitraum, bei der operativen Planung etwa ein Jahr, in Teilperioden, z. B. Quartale oder Monate, zerlegt und dann für den ersten Monat (oder das erste Quartal) eine Feinplanung durchführt und es für die übrigen Perioden bei einer Grobplanung belässt. Im Zuge der Realisierung der Feinplanung des ersten Monats (oder des ersten Quartals) wird für den nächsten Monat (oder das nächste Quartal) die Feinplanung vorbereitet und gleichzeitig der gesamte Planungszeitraum um einen Monat (ein Quartal) in die Zukunft fortgeschrieben und mit einer neuen Grobplanung versehen. Das „Rollen" der Planung besteht – so gesehen – dann also darin, dass periodisch der Jahresplan in einem Monatsplan (Quartalsplan) konkretisiert und der Gesamtplan in die Zukunft fortgeschrieben wird. Die Planung „rollt" gleichsam entlang der Zeitachse in die Zukunft fort.

Man sieht leicht ein, dass das Prinzip der rollenden Planung, nämlich Entscheidungen auf dem jeweils aktuellsten Informationsstand zu treffen, im Extremfall in eine **Echtzeitsteuerung** übergeht, die mit Planung dann eigentlich nichts mehr zu tun hat. Der Zeitraum zwischen Planung und Realisierung wird fast auf null verkürzt. So ist es möglich, Tagesplanungen zu korrigieren und Produktionsanlagen umzusteuern, um nach Abschluss der Tagesplanung eingegangene Eilaufträge doch noch zu berücksichtigen. Dass in dieser Flexibilität ein wesentlicher strategischer Wettbewerbsvorteil dann liegen kann, wenn die Lieferzeit ein entscheidender strategischer Erfolgsfaktor ist, bedarf keiner weiteren Begründung.

Aber so sehr man sich auch bemühen mag, es wird der Planung aus systematischen Gründen (Dynamik und Komplexität) niemals gelingen, alleine das Unsicherheitsproblem kleinzuarbeiten. Es ist vielmehr Aufgabe der gesamten Steuerungsfunktion, dieses Fundamentalproblem so zu bearbeiten, dass das System Unternehmung seine Funktionsfähigkeit erhält und dem Unerwarteten geschickt begegnet (Weick und Sutcliffe 2010).

6.4.3 Ansatzpunkt: Reaktionspotenziale

Im adaptiven **Managementprozess** bieten grundsätzlich alle weiteren Managementfunktionen (neben der Planung) die Möglichkeit, die Reaktionsfähigkeit der Unternehmung angesichts von Unsicherheit zu erhöhen. Von besonderer Bedeutung ist, wie bei der strategischen Kontrolle schon ausführlich dargelegt, die **Kontrollfunktion** im Sinne einer **Kompensation**.

Neben der Kontrolle bietet die **Organisation** die Möglichkeit, Reaktionspotenziale anzulagern und damit die Flexibilität der Unternehmung angesichts der Unsicherheit der Zukunft zu erhöhen. Statt bürokratischer Organisationen mit rigiden generellen Regelungen, tief gestaffelten Hierarchien, weit vorangetriebener Arbeitsteilung, strikter Über- und Unterordnung und eindeutigen Befehlswegen, die zugleich durch ausschließlich vertikale Informationswege gekennzeichnet sind, kann man den Gegentyp der **flexiblen oder auch agilen Organisation** entwerfen (flache Hierarchien, horizontale und laterale Kommunikation, wenige allgemeine Regelungen, partizipative Entscheidungsprozesse etc.) und auf diese Weise Vorkehrungen dafür treffen, dass Störungen situationsgerecht durch die Organisation bzw. die Organisationsmitglieder aufgefangen und rasch abgearbeitet werden. Man sieht sofort, dass hier dann auch die Managementfunktionen **Personaleinsatz** und **Führung** gefordert sind, um das notwendige Wissen und die erforderlichen Einstellungen und Verhaltensweisen bei den Organisationsmitgliedern zu schaffen. In dem Maße, wie es auf diese Weise gelingt, in allen übrigen Managementfunktionen Reaktionspotenziale anzulegen, kann sich die Planung auf die Selektionsleistung konzentrieren. Die **Planung unter Gewissheit** lässt sich aus dieser Sicht dann auch neu legitimieren. Sie ist nicht mehr eine unzulässige „Vergewaltigung" der tatsächlichen Planungssituation, sondern ein **„Als-ob-Vorgehen"** (die Planung tut so, als ob Gewissheit besteht), das seine Berechtigung (auch) aus dem Verweis auf die bestehenden Reaktionspotenziale der übrigen Managementfunktionen ziehen kann.

Neben dem Managementprozess bietet der **Realgüterprozess** Ansatzpunkte, kurzfristige Reaktionspotenziale zu schaffen. Bei der Auswahl von Produktionsfaktoren achtet man auf universelle anstelle von spezialisierten Kompetenzen. Man beschafft z. B. Universalmaschinen, die für ein breiteres Spektrum von Produkten geeignet sind, statt Spezialmaschinen, die sich nur für das gerade gültige Produktspektrum und seine besonderen Varianten eignen. Diese Flexibilität geht in der Regel mit vergleichsweise höheren Kosten einher: Universalmaschinen werden im Hinblick auf Umrüstung, Energieverbrauch, Bedienungsanforderungen etc. höhere Kosten bedingen als Spezialmaschinen. Das ist heute allerdings keineswegs mehr bei allen Fertigungssystemen der Fall. Flexible computerunterstützte Produktionsanlagen erlauben es, eine Vielzahl von Produktvarianten praktisch ohne die Kosten einer Umrüstung zu produzieren („Losgröße 1"). Die Entscheidung, welche Produktvariante – etwa in der Automobilfertigung nach Farbe und Spezialausstattung – zu fertigen ist, kann so lange aufgeschoben werden, bis Gewissheit über die Nachfrage in Form eines genau spezifizierten Kundenauftrags vorliegt.

Das Potenzial, unmittelbar auf verschiedenste Anforderungen einer unsicheren Umwelt zu reagieren, muss natürlich vom Management systematisch und an den wichtigen Stellen in den betrieblichen Funktionsbereichen installiert werden. Hier geht es um die **Planung der Flexibilität** (im Gegensatz zur flexiblen Planung), und bei dieser Planung muss eine **Kosten-Nutzen-Analyse** angestellt werden. Rechnet man mit Umweltsituationen, die über längere Zeit weitgehend konstant sind, so sind flexible Lösungen „überqualifiziert". Wenn man dagegen für die Zukunft mit wesentlichen Umweltveränderungen glaubt rechnen zu müssen, z. B. weil sich der technische Fortschritt beschleunigt, die Konkurrenz zu immer wieder neuen Strategien neigt, neue Wettbewerber regelmäßig in den Markt eintreten, die Märkte sich globalisieren etc., so sollte man eher flexible Lösungen anstreben. Man sollte dann u. U. aber nach Umweltsegmenten differenzieren und prüfen, in welchen der den verschiedenen Umweltsegmenten entsprechenden Funktionsbereichen sinnvollerweise kurzfristige Potenziale zur Reaktion auf von der Planung nicht antizipierte/antizipierbare Umweltentwicklungen angelegt werden sollten. An dieser Stelle sei noch einmal auf den jüngst so stark favorisierten Real-Options-Ansatz verwiesen, der genau diese Flexibilität bewerten will.

6.5 Quantitative Planungsmodelle

6.5.1 Planung als Konstruktion

Mit der operativen Planung wird – wie mit jeder Planung – per definitionem Handeln (bloß) vorbereitet, nicht (schon) vollzogen. Planung nimmt also nicht die Form direkter Gestaltungseingriffe zur Veränderung der Realität an, sondern repräsentiert ein denkendes

6.5 Quantitative Planungsmodelle

Vorbereiten des Handelns in einem Konstruktionsprozess, an dessen Ende die Entscheidung oder der Plan steht. Als Handwerkszeug dienen Planungsmodelle. Für das Arbeiten mit quantitativen Planungsmodellen ist ein Verständnis des Vorgangs der Modellbildung, der Modellkonstruktion, wichtig. Was tut die Planerin eigentlich, wenn sie „modelliert", d. h. ein Planungsmodell entwirft?

Die klassische Lehrbuchantwort lautet hier, dass sie eine **Abbildung** erstellt, nämlich eine vorgegebene Struktur eines realen Weltausschnitts mit seinen **Elementen** und den **Relationen** zwischen diesen Elementen, das sogenannte „Realsystem", in die Form des Modells überführt (Bamberg et al. 2019, S. 13 f.). Nimmt man als **Realsystem** etwa den Produktionsbereich einer Unternehmung, so wären dort „Elemente" z. B. Produkte und Kapazitäten sowie deren „Relationen" einerseits und Preise wie auch Kosten und Outputmengen andererseits. In einem **Modell** der Produktionsprogrammplanung wären dementsprechend die gesuchten Produktionsmengen der Produkte dann als Unbekannte x_i für die Produkte $i = 1, \ldots, n$ abzubilden und die Relationen als Produktions-, Preis- und Kostenfunktionen.

Folgt man dieser Sichtweise, ist ein Modell ein **Abbild der Realität**. Da Unternehmen oder auch Unternehmensbereiche aber generell komplexe Systeme und als solche niemals vollständig beschreibbar sind, führt die Idee der Abbildung in die Irre. Man muss zwangsläufig selektieren und Zusammenhänge zerschneiden, um zu einem Modell zu kommen. Die Modellbildung ist also – wie alle Planungen – selektiv, sie arbeitet auf der Basis einer nicht vollständig begründbaren Hypothese, dass alle zur Beantwortung der spezifischen Fragestellung eines Planungsproblems relevanten Elemente und Relationen im Modell erfasst sind. Sucht der Fertigungsplaner z. B. die gewinnmaximale Zusammensetzung des Produktionsprogramms für die nächste Planungsperiode, so mag es weniger auf die Farbe oder Verpackung der Produkte ankommen, wohl aber auf die Beanspruchung der Kapazität pro Produkteinheit durch die einzelnen Produkte; zumindest dann, wenn es sein Ziel ist, die Kapazitäten so auf die Produktlinien zu verteilen, dass der Gesamtgewinn ein Maximum wird. Ob die anderen Produkteigenschaften oder andere Zusammenhänge für die angestrebte Optimierung ebenfalls sehr wichtig sind, ist unbekannt oder wird ignoriert.

Trotz aller Vereinfachungen oder Abstraktionen muss dann aber – so das abgeschwächte Postulat der Abbildungsidee – zumindest **Strukturgleichheit bzw. -ähnlichkeit** zwischen Realsystem und Modell vorliegen, damit, jedenfalls im Prinzip, der Übertrag des Modells bzw. seiner Ergebnisse auf Handlungen im Realsystem möglich wird. Die Forderung der Strukturgleichheit in diesem Sinne wäre beispielsweise verletzt, wenn man in der Produktionsprogrammplanung die faktisch bedeutsamen Kapazitätsrestriktionen vernachlässigte oder nicht-lineare Kostenstrukturen in beliebiger Weise als lineare behandelte. Man hat dann keine Strukturähnlichkeit oder – wie man auch sagt – keine **relationeneindeutige Abbildung** der realen Situation konstruiert.

Das abgeschwächte Postulat der Strukturgleichheit ist aber im Prinzip ebenso wenig haltbar wie die starke Version der Abbildtheorie. Man geht nämlich unhinterfragt davon aus, dass im Realsystem eine **Struktur** objektiv vorliegt, die es im Modell nur „wirklichkeitsgetreu" zu wiederholen gelte. Dies trifft nicht den Kern der Sache. Es ist keineswegs so, dass dem Planer das „Planungsproblem" als feststehende Tatsache der objektiven Welt gegenübertreten würde, dessen Strukturen es im Modell nur richtig abzubilden gelte. Diese Position beruht auf einem (erkenntnistheoretischen) Missverständnis. Probleme sind keine objektiven real existenten Phänomene; sie werden vielmehr von denen, die sie zu entdecken glauben, „konstruiert", ein Problem kann erst mit Rekurs auf einen Bezugsrahmen zu einem solchen werden. Ein Umweltereignis kann – wie in Kap. 4 dargelegt – erst dann zu einem Problem werden, wenn eine entsprechende Grenzziehung zwischen System und Umwelt vorgenommen wurde. Ein Planungsproblem ist so gewissermaßen „konstruierte Wirklichkeit", eine Wirklichkeit, die erst durch bestimmte Eigenleistungen des Entdeckers bzw. des Systems Form annimmt (Watzlawick 1985). In einem ähnlichen Sinne schreiben Menges und Henn (1965, S. 38): „Die wahre Anstrengung des Entscheidens liegt vor dem Entscheidungsproblem, wie es üblicherweise definiert und aufgefasst wird, sie liegt in den Vorentscheidungen, welche die Bestimmungsstücke des je gegebenen Problems überhaupt erst zusammenbringen."

Diese die Selektivität betonende Perspektive erfordert, die **konstruktiven** Eigenleistungen der Planenden im Prozess der Modellbildung stärker in den Mittelpunkt zu rücken und Modellbildung nicht mehr länger als **Rekonstruktion** unabhängig vorgegebener Strukturen der Wirklichkeit zu begreifen. Dazu ist es erforderlich, die Phase der Problemgenerierung im Prozess der Modellbildung stärker zu fokussieren. Es gilt zu sehen, dass man Planungsprobleme nicht einfach – wie Dinge der realen Welt – **erkennen** kann, sondern dass sie als Teil der Modellierungsarbeit zuallererst konstruiert werden müssen.

Probleme werden in der (Unternehmens-)Praxis gewöhnlich als Abweichungen konstruiert zwischen dem, was gewollt oder erwartet wird, und dem, was erreicht wurde oder dem, was sich ereignet hat. Kritische Signale und daraus erschließbare Problemsituationen sind gewöhnlich jedoch alles andere als eindeutig. Sie sind vielmehr durch Ambiguität (Unsicherheit und Komplexität) gekennzeichnet. Es ist die Aufgabe der Planenden, diese Ambiguität durch Selektion in mehreren Strukturierungsschritten in – wenn auch konstruierte – Eindeutigkeit bzw. Entscheidbarkeit zu überführen. Das geschieht teils durch die Beschaffung von Wissen, teils aber immer auch durch das Setzen von (mehr oder weniger begründeten) Annahmen über zukünftige Entwicklungen und relevante Wirkungszusammenhänge. Dieser Konstruktionsprozess findet in einem sozialen System statt und ist daher zahlreichen Einflüssen unterworfen: Interessen, Konflikten, Status usw. (vgl. dazu die Literatur zur „Problemformulierung", etwa Nutt 1992; Baer et al. 2013).

Die operative Planung steht zwar zu einem gewissen Teil am Ende dieses Strukturierungsprozesses, weil die Ergebnisse der strategischen Planung als übergreifende Problemdefinition schon vorgegeben sind. Gleichwohl muss auch sie angesichts der dann immer noch verbleibenden Unsicherheit und Komplexität noch einen eigenständigen Strukturierungsprozess vollziehen, in dessen Verlauf selbst vielfältige Entscheidungen darüber zu treffen sind, was zur Gewinnung einer eindeutigen Handlungsorientierung (bis auf weiteres) als (gesetztes) Datum des Handelns anzusehen ist (also nicht der Entscheidung unterliegen soll) und was als (noch) offene Wahlmöglichkeit zu gelten hat. Das operative **Entscheidungsmodell** steht dann am Ende dieses mehrstufigen Konstruktionsprozesses zur Reduktion der Ambiguität (und dem korrespondierenden Zuwachs an Bestimmtheit); es

6.5 Quantitative Planungsmodelle

schließt gleichsam das ursprünglich offene Problem und schafft damit Eindeutigkeit und Entscheidbarkeit. Ob freilich das Problem praxistauglich modelliert ist, lässt sich aufgrund der Ambiguität der Ausgangssituation nicht a priori entscheiden, dies zeigt sich erst dann, wenn sich die Konstruktion im Handlungsvollzug bewähren muss.

Zusammenfassend lässt sich festhalten: In Planungsmodellen werden also Entscheidungsprobleme nicht abgebildet, sondern konstruiert. Das fertige Planungsmodell ist eine Konstruktion einer aufgrund von diversen Vorentscheidungen und Prämissen als problemhaft definierten Situation.

Dieses Verständnis der (operativen) Planung als eines ambiguitätsreduzierenden Konstruktionsprozesses wirft zugleich ein problematisches Licht auf eine begriffliche Unterscheidung, die in der Planungsliteratur gängig ist und in der Abbildtheorie wurzelt, nämlich die zwischen „wohl strukturierten" und „schwach strukturierten" Planungsproblemen (Newell und Simon 1972). Diese Unterscheidung suggeriert ja, dass es **vor** allen planerischen Bemühungen – gleichsam „von Hause aus" – in der Welt unterschiedliche Problemtypen gibt, die unterschiedliche Anforderungen an ihre Abbildung stellen. Planungsprobleme sind aber als Folge der Umweltambiguität und des mangelnden Wissens zunächst einmal immer amorph, sind immer definitionsbedürftig. Strukturen werden im Zuge des Planungsprozesses durch menschliche Strukturierungsleistungen erst **geschaffen**. Die Rede von wohl oder schwach strukturierten Problemen muss deshalb zur Vermeidung ontologischer Missverständnisse so rekonstruiert werden, dass sie auf unterschiedliche Grade von im Planungsprozess vorgenommenen Strukturierungen abstellt – und inwieweit früher bereits erbrachte Strukturierungsleistungen mitverwendet werden.

Wieweit die Strukturierungsleistung vorangetrieben werden muss, richtet sich nach den jeweiligen Steuerungserfordernissen des Managements und den Merkmalen der Verwendungssituation. Strategische Planungen sollen – wie gezeigt – grobe Handlungsorientierungen vermitteln; deshalb reicht es hier aus, das Ausgangsproblem zu einer schwach strukturierten Planungsaufgabe zu verdichten, die (mehr oder weniger) weit vor der völligen Durchstrukturierung halt macht, wie sie für die operative Planung im Prinzip charakteristisch ist. Ein Planungsproblem ist – so unser Vorschlag – dann **wohl strukturiert** worden, wenn die einzelnen Merkmale eindeutig beschrieben sind. Das ist dann der Fall, wenn **alle** Relationen zwischen den Elementen im Sinne einwertiger Erwartungen als genau bekannt behandelt werden; dann lässt sich – vorausgesetzt ein entsprechender Algorithmus ist verfügbar – aus der endlichen Menge der Handlungsmöglichkeiten unter Beachtung der bekannten Handlungskonsequenzen ein im Hinblick auf eine vorgegebene Zielsetzung optimales Handlungsprogramm logisch ableiten. Dort jedoch, wo es im Rahmen der strategischen Planung etwa um die Wahl zwischen einer Differenzierungs- oder einer Kostenschwerpunktstrategie geht, hat man es dagegen insoweit mit einer **schwach strukturierten** Planungsaufgabe zu tun, als es hier aufgrund der Vielfalt der Handlungsparameter und ihrer nur grob antizipierbaren Wirkungen gar nicht sinnvoll ist, alle Handlungskonsequenzen bis zum Ende en détail zu durchdenken und eindeutig zu definieren.

Den Entwurf von operativen Planungs- bzw. Entscheidungsmodellen im dargestellten Sinne als einen ambiguitätsreduzierenden Konstruktionsvorgang und nicht als Abbildung der Realität zu interpretieren, gründet sich auf das in Kap. 4 entwickelte Verständnis von Umweltkomplexität und Selektionszwang. Es wäre allerdings ein Missverständnis, die Unhaltbarkeit der Abbildtheorie so auszulegen, dass damit die „Realität" für die Konstruktion von operativen Planungsmodellen ganz irrelevant sei und negiert werden könne. Die Konstruktion von operativen Planungsmodellen basiert natürlich auf einem Situationsmodell, in dem die vor dem Hintergrund der errichteten System-Umwelt-Differenz als relevant betrachteten Tatbestände der Realität als empirische Randbedingungen erfasst werden. Ungeeignete Selektionsentscheidungen bzw. Situationsmodelle machen sich nämlich aufdringlich als Störgrößen bemerkbar, im Extremfall führen sie zum Untergang des Handlungssystems Unternehmung. Mit anderen Worten, die Zweckmäßigkeit einer Konstruktionsleistung muss sich im praktischen Vollzug zeigen. Nicht selten erweisen sich auch hoch selektive Modellkonstruktionen als durchaus hilfreich, dies vor allem dann, wenn die Situationsbedingungen von der Unternehmung gestaltbar sind. So wird z. B. häufig das Subsystem Produktion durch Abpufferungsmaßnahmen künstlich stabilisiert und gegen allzu starke Schwankungen abgesichert (Lynn 2005), so dass mit Planungsmodellen auf der Basis sicherer Erwartungen gearbeitet werden kann.

6.5.2 Methoden der operativen Planung (Modellierungstechniken)

Vor dem Hintergrund der vorstehenden Überlegungen über die Konstruktion von Planungsmodellen wird deutlich, warum gerade in der operativen Planung mathematische Verfahren als Modellierungstechniken eine bedeutsame Rolle spielen können. Die operative Planung zielt ja auf die letztendliche **Schließung** von Planungsproblemen durch Formulierung solcher wohl strukturierter Planungsaufgaben und Anwendung solcher Modelle, aus denen die Lösung (Handlungsanweisung) eindeutig als **logische** Implikation ableitbar ist. Und mathematische Verfahren und Techniken sind genau durch diese Eigenschaften gekennzeichnet: Sie haben eine formale Struktur und im Prozess der mathematisch-analytischen Umformung wird nichts an Informationsgehalt hinzugefügt, was nicht als Planungsaufgabe in sie hineingesteckt wurde; mathematische Operationen sind rein logische Operationen.

Die mathematischen Hilfsmittel zur Modellierung von operativen Planungsmodellen (Modellierungstechniken) werden in der dafür primär zuständigen Disziplin, des **Operations Research**, in unterschiedlicher Weise gegliedert. Für den hier beabsichtigten orientierenden Überblick knüpfen wir an den Vorschlag von Meyer (1996, S. 16 ff.) an, der zwischen optimierenden, prognostizierenden und experimentierenden Modellierungstechniken bzw. Modellen unterscheidet.

6.5.2.1 Optimierungsmodelle
Die mathematischen Optimierungsmodelle lassen sich letztlich als Ausdifferenzierungen eines allgemeinen Problems begreifen, nämlich eine **Zielfunktion** unter **Nebenbedingungen** (Restriktionen) zu optimieren (zu maximieren oder zu minimieren), wobei die

6.5 Quantitative Planungsmodelle

(Entscheidungs-)Variablen nur nichtnegative Werte annehmen dürfen. Man kann diese Aufgabenstellung auch mathematisch wie folgt schreiben:

$$f(x_1,\ldots,x_n) \to \text{opt!}(\max! \text{ oder } \min!) \tag{6.1}$$

$$g_i(x_1,\ldots,x_n) = 0 \quad (i=1,\ldots,m) \tag{6.2}$$

$$x_j \geq 0 \quad (j=1,\ldots,n) \tag{6.3}$$

In der Grundstruktur erkennt man schon hier umrisshaft eine Ähnlichkeit dieses mathematischen Ansatzes mit dem allgemeinen **ökonomischen** Problem, i (i = 1, ..., m) knappe Ressourcen so auf j (j = 1, ..., n) verschiedene mögliche Verwendungsrichtungen so verteilen, dass der Nutzen ein Maximum wird. Die Obergrenzen der Ressourcen und ihre Beanspruchung in jeder Verwendungsrichtung pro Einheit lassen sich durch die Nebenbedingungen (6.2) erfassen, die Nutzenmaximierung durch (6.1), und die Tatsache, dass ökonomische Probleme nur nicht-negative Lösungen haben können (negative Lösungen also sinnlos sind) durch (6.3).

Eine erste Ausdifferenzierung dieser allgemeinen Struktur erhält man, wenn in (6.1), (6.2), (6.3) die funktionalen Beziehungen ausschließlich lineare Funktionen sind, also:

$$f(x_j) = \sum_{j=1}^{n} c_j x_j \quad \to \quad \text{opt!}(\max! \text{ oder } \min!) \tag{6.4}$$

$$g_i(x_j) = \sum_{j=1}^{n} a_{ij} x_j - b_i = 0 \quad (i=1,\ldots,m) \tag{6.5}$$

$$x_j \geq 0 \quad (j=1,\ldots,n) \tag{6.6}$$

(6.5) kann man – wenn man auch das „Kleiner- oder Gleich-Zeichen" zulässt – wie in (6.7) schreiben:

$$\sum_{j=1}^{n} a_{ij} x_j \leq b_i \tag{6.7}$$

Dann wird wiederum eine mögliche ökonomische Interpretation leicht: Ein Betrieb hat m Abteilungen, durch die n Produkte während ihrer Fertigung laufen müssen. Die Kapazitäten (Faktoren) dieser Abteilungen pro Planungsperiode sind b_i, die Inanspruchnahme der Kapazitäten pro Einheit des Produkts j wird durch a_{ij} angegeben; und (6.7) fordert dann, ein Produktionsprogramm (x_j) so zu bestimmen, dass die dadurch in Anspruch genommenen Kapazitäten die verfügbaren Kapazitäten nicht überschreiten (höchstens voll ausnutzen). (6.4) gibt mit c_j als dem Deckungsbeitrag des Produkts j das Ziel vor, nicht ein beliebiges, mit (6.7) verträgliches, sondern ein deckungsbeitragsmaximales Produktionsprogramm zu bestimmen.

(6.4), (6.5), (6.6) stellen das Modell der Linearen Programmierung (LP) dar. LP ist die bei weitem wichtigste Modellierungstechnik für die operative Planung. Dies nicht nur deshalb, weil viele operative Planungsprobleme sich (durch geübte Modellkonstrukteure) als LP-Modelle rekonstruieren lassen; häufig auch dann, wenn man es auf den ersten Blick nicht vermuten würde. Hinzu kommt, dass mit der Simplex-Methode die Theorie der Linearen Programmierung ein Lösungsverfahren zur Verfügung stellt, das auch für die Lösung einer Reihe nicht-linearer Probleme (nach geeigneter Umformulierung in ein LP) angewendet werden kann. Dabei gibt es neben dem allgemeinen LP-Ansatz (6.4), (6.5), (6.6) noch weitere Sonderfälle, so z. B. das sogenannte **Transportmodell**, für das ein eigenständiges Lösungsverfahren, die sogenannte „Transportmethode", existiert. Es lässt sich verbal umschreiben als die Aufgabe, für eine Periode (Jahr, Monat, Woche) ein transportkostenminimales Versandprogramm zu entwickeln, wobei die Versandgüter am Verladeort i (i = 1, …,m) in der Menge A_i pro Periode verfügbar sind und am Nachfrageort j (j = 1, …, n) in der Menge N_j pro Periode nachgefragt werden.

Solche Optimierungsmodelle sind als **deterministisch** in dem Sinne zu bezeichnen, dass alle Daten aus **einwertigen** Zufallsvariablen bestehen. Der Planer geht (implizit oder explizit) davon aus, dass alle von ihm nichtbeeinflussbaren Ereignisse in der Umwelt genau eine Ausprägung annehmen. Dies ist der Fall der „Gewissheit", der – wie früher erwähnt – gerade für operative Planungen von großer Bedeutung ist, da es hier wegen des kurzen Planungshorizontes und der größeren Treffsicherheit der Prognose im Prinzip eher gerechtfertigt ist so zu verfahren, als ob Gewissheit bestünde. Dennoch ist auch in der operativen Planung der Fall der mehrwertigen Zufallsvariablen von hoher Bedeutung.

In einer solchen Situation mag es für die Planerin schon ausreichend sein, eine **Sensitivitätsanalyse** durchzuführen, um sich über die Empfindlichkeit der Lösung bei Datenänderungen zu informieren, etwa die Frage zu beantworten, wie stabil ein Produktionsprogramm ist relativ zu Preis- (oder Kosten-)Änderungen: Wie weit können die Preise eines Produkts steigen oder sinken, ohne dass sich die Lösung des Linearen Programms ändert (Preisober- und -untergrenzen)? Stabile Lösungen erfordern dann während der Planrealisierung weniger Aufmerksamkeit hinsichtlich der Preisänderungen als sehr empfindliche Lösungen.

Neben der Sensitivitätsanalyse, die das Problem der Ungewissheit gleichsam **ex-post** anpackt (nachdem eine Lösung unter der Annahme der Gewissheit ermittelt wurde), besteht die andere Möglichkeit für die Planung darin, die Ungewissheit **ex-ante** schon im Modellansatz zu berücksichtigen. Im Falle von **Risikosituationen**, wo also der Eintritt bestimmter Ereignisse durch (objektive) Wahrscheinlichkeitsverteilungen beschrieben werden kann, führt das zu **stochastischen Planungsmodellen**. Ihre Lösung ist erst dann eindeutig möglich, wenn der Entscheidungsträger vorher das **Risikoniveau** angibt, das zu akzeptieren er bereit ist.

6.5.2.2 Prognostizierende Modelle

Im Gegensatz zu den Optimierungsmodellen wird mithilfe prognostizierender Modelle keine Optimierung (keine Entscheidung) angestrebt. Vielmehr geht es bei diesen Modellen zunächst um die Strukturierung von Problemsituationen mit dem Ziel, das vielfältige Zusammenwirken vieler vorläufig fixierter Elemente eines Systems im **Zeitablauf** erkenn- und interpretierbar zu machen. Insofern kann man als einen wesentlichen Zweck dieser Modelle die **„Situationsaufhellung"** ansprechen. Daran anschließend lassen sich dann allerdings Änderungen einzelner oder mehrerer Elemente in ihrer Auswirkung auf das Gesamtergebnis überprüfen und insofern doch **alternative Handlungsweisen** im Hinblick auf angestrebte Zielgrößen untersuchen. So mag man etwa prüfen, wie Änderungen der Fertigungszeiten eines Teilprojekts, die durch die Bereitstellung zusätzlicher Kapazitäten ermöglicht werden, sich auf den Fertigstellungstermin eines Großbauprojekts auswirken werden; oder man untersucht – um ein anderes Beispiel zu nennen –, wie sich eine Variation der entscheidenden Einflussgröße bezüglich der Kosten bei der Behandlung chronisch Nierenkranker, nämlich die Patienten-Zugangsrate (pro Monat), auf die Kostenentwicklung auswirkt.

Während die optimierenden Modelle also einen „Möglichkeitsraum" von Lösungen (Wahlmöglichkeiten) voraussetzen, aus denen die beste Handlungsalternative zu bestimmen ist, gehen die prognostizierenden Modelle umgekehrt gleichsam von einer schon vorgegebenen eindeutigen „Lösung" (Ausgangssituation) aus, die dann in ihrer verwickelten sachlichen und zeitlichen Struktur durchschaubar gemacht und gegebenenfalls (diskret) modifiziert wird. Man spricht deshalb hier häufig auch von **„Erklärungsmodellen"**.

Diese allgemeine Kennzeichnung macht zugleich den Unterschied der prognostizierenden Modelle zu den Prognoseverfahren (der Statistik) deutlich. Die prognostizierenden Modelle erstellen die Prognose auf der Basis einer **detaillierten** Analyse des Zusammenwirkens der Elemente (eines Systems), während die Prognoseverfahren Prognoseergebnisse **global** (ganzheitlich) aus Entwicklungstendenzen geeigneter aggregierter Daten der Vergangenheit ableiten.

Zu den prognostizierenden Verfahren zählen als wichtigste die Netzwerk- bzw. Netzplanmodelle und die Markov-Modelle. Ferner kann man die Break-even-Analyse zu den prognostizierenden Modellen rechnen.

Netzpläne sind vereinfachte grafische Veranschaulichungen umfangreicher Projekte, die in eine große Anzahl von Einzelaktivitäten zerlegbar sind, wobei die Reihenfolge für die Ausführung der Einzelaktivitäten und die Zusammenhänge zwischen ihnen bekannt sind.

Netzplantechnik
Um den praktischen Anwendungsbereich dieser Modellierungstechnik richtig einzuschätzen, sollte man einen weiten **Projektbegriff** im Auge haben, also nicht nur an technische Großprojekte wie Kraftwerks-, Staudamm- oder Schiffbau denken, sondern an komplexe Aufgabenstellungen aller Art; Projekte in diesem Sinne sind dann auch etwa die Organisation einer Jahres-Abschlussprüfung, die Strukturierung von (Groß-) Forschungsprojekten, der Kauf und die Übernahme einer Firma (vom Beginn der Verhandlungen bis zur Aufnahme der Fertigung), die Reorganisation einer Abteilung oder die Einführung eines Planungssystems. Bei allen Projekten geht es regelmäßig um eine Vielzahl nicht mehr unmittelbar überschaubarer Teilaktivitäten, die zergliedernd identifiziert und in ihren sachlich bedingten Anordnungsbeziehungen von Vor- und Nachzeitigkeit erfasst werden müssen,

um zu einer rationalen Ablaufplanung zu gelangen. Diesen Teil der Modellierung nennt man die **Strukturanalyse**, die die grafische Darstellung der (Teil-)Aktivitäten mit ihren Verknüpfungen in der Form eines Netzwerkdiagramms zum Ziel hat. Die sich daran anschließende **Zeitanalyse** nimmt eine zeitliche Abschätzung der Tätigkeitsdauer der Aktivitäten vor und prognostiziert auf dieser Grundlage z. B. den Fertigstellungstermin des Gesamtprojekts sowie Beginn und Abschluss der einzelnen Teilaktivitäten. Kosten- und Ressourcenplanungen können sich dann anschließen.

Die **Strukturanalyse** von Projekten bedient sich zur zeichnerischen Darstellung der Netzwerke graphentheoretischer Hilfsmittel. Ein „Graph" ist – formal gesehen – eine Zeichnung, die aus **Knoten** und die Knoten verbindenden **Kanten** besteht. In Abb. 6.2 sind die Kanten zusätzlich in eine Richtung orientiert, die durch eine Pfeilmarkierung angegeben ist.

Entsprechend spricht man dann von „gerichteten Graphen" (im Unterschied zu ungerichteten Graphen). Eine Folge von gleichsinnig gerichteten Kanten nennt man einen „Pfad". In Abb. 6.2 bilden die Kantenfolgen AE oder CF z. B. einen Pfad. Die Netzwerktechnik bedient sich zur grafischen Darstellung eines Projekts im Rahmen der Strukturanalyse solcher gerichteter Graphen. Je nachdem, wie die Knoten und Kanten dabei interpretiert werden, spricht man von „Tätigkeitsgraphen" und „Ereignisgraphen". Charakteristisch für einen **Tätigkeitsgraphen** ist die Vereinbarung, dass alle Tätigkeiten (Aktivitäten), aus denen ein Projekt besteht, in den Knoten des Graphen darzustellen sind (Abb. 6.3); demgegenüber handelt es sich um einen **Ereignisgraphen**, wenn die Kanten die Tätigkeiten repräsentieren und die Knoten dann die Bedeutung von (Fertigstellungs-)Ereignissen haben, die sich im Gefolge von Tätigkeiten einstellen.

Der Tätigkeitsgraph der Abb. 6.3 enthält in jedem Knoten neben der Bezeichnung der Tätigkeit (hier: für den Bau eines Gebäudes) eine Knotennummer (i = 76; j = 167) zur eindeutigen Identifizierung der dem Knoten zugehörigen Aktivität und eine Angabe über

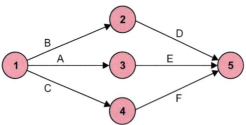

Abb. 6.2 Gerichteter Graph

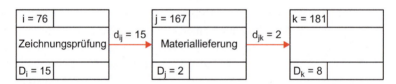

Abb. 6.3 Tätigkeitsgraph

6.5 Quantitative Planungsmodelle

die Dauer der Tätigkeit (z. B. D_i = 15 Tage). Die Kanten repräsentieren im Tätigkeitsgraphen „technologische Anordnungsbeziehungen" mit einer Zeitangabe (d_{ij} = 15 bzw. d_{jk} = 2), die ausdrückt, ob die nachfolgende Aktivität sofort im Anschluss an die vorhergehende Tätigkeit begonnen werden kann ($d_{ij} = D_i$; $d_{jk} = D_j$), gewartet werden muss ($d_{ij} > D_i$) oder beide Tätigkeiten sich überlappen können ($d_{ij} < D_i$).

Wenn die zeitlich-sachliche Struktur eines Projekts derart in einem Netzplan erfasst ist, können daraus wichtige Planungsdaten prognostiziert werden. Man kann z. B. den frühestmöglichen und/oder spätestmöglichen Beginnzeitpunkt von Tätigkeiten (und als deren Differenz die sogenannte „Pufferzeit") bestimmen und entsprechend die Dispositionen daran orientieren. Oder man kann den sogenannten „Kritischen Pfad" durch ein Netzwerk ermitteln als die Folge miteinander verbundener Strecken, die – in Pfeilrichtung durchlaufen – die längste Zeit beansprucht.

Gegenüber der reinen Verfahrenstechnik selbst ist aus der Sicht der Planung neben den Anwendungsmöglichkeiten natürlich die **Konstruktion von Netzwerken** der interessanteste Aspekt. Die Konstruktionsleistung des Planers liegt ganz offensichtlich in der strukturierenden Durchdringung des „Durcheinanders" von Aktivitäten, wodurch „Ordnung" geschaffen wird. Dabei ist auch zu klären, auf welchem **Abstraktionsniveau** das Netzwerk angesetzt werden soll. Je abstrakter (umfassender) die Einzelaktivitäten definiert werden, umso gröber fällt die Planung aus, umso gröber können auch die Zeitschätzungen ausfallen, umso größer ist dann allerdings aber auch die Steuerungslast, die der „Feinplanung" verbleibt. Bei ganz großen Projekten – wie etwa dem Bau einer langen Eisenbahntrasse – ist es dann oft sogar notwendig, eine **Hierarchie** von Netzplänen anzulegen, um auf diese Weise die groben Pläne des übergeordneten Netzwerks sukzessive bis hin zu Netzwerken zu verfeinern, aus denen sich wöchentliche (oder tägliche) Handlungsanweisungen ableiten lassen (gekoppelte Terminpläne). Das Wissen über die Konstruktion von Netzplänen ist im Übrigen inzwischen soweit fortentwickelt worden, dass die Arbeit weitgehend IT-basiert geleistet werden kann.

Erweiterungen der Netzplantechnik ergeben sich, wenn die Zeitdauern der Tätigkeiten keine **deterministischen Größen** darstellen, sondern die Merkmale von Zufallsvariablen besitzen (stochastische Tätigkeitsdauern). Das sogenannte **PERT**-System (**P**rogram **E**valuation and **R**eview **T**echnique) arbeitet in diesem Sinne z. B. mit der „Beta-Verteilung" und lässt für jede Tätigkeit eine optimistische, pessimistische und häufigste Zeit schätzen. Ihr wird dann nach Maßgabe der Schätzung Erwartungswert und Streuung zugeordnet und dann damit rechentechnisch operiert, um kritische Planungsdaten (jetzt aber mit entsprechenden Risikoangaben) zu ermitteln.

Markov-Ketten

Der zweite hier interessierende Typ prognostizierender Modelle sind die **Markov-Modelle** (Markov-Ketten). Ihre Eigenart lässt sich am Unterschied zu den Netzplan-Modellen demonstrieren (vgl. Meyer 1996). Bei Netzplanmodellen sind alle Ereignisfolgen im Zeitablauf zwingend festgelegt; so folgen z. B. die Tätigkeiten A und B auf die Tätigkeit C und die Tätigkeit D auf die Tätigkeiten A und B mit Sicherheit (Wahrscheinlichkeit p = 1 oder

100 %). Unterschiedlich sind dagegen die zu berücksichtigenden Zeiten (Tätigkeitsdauern), wenn den Ereignissen selbst Eintrittszeitpunkte zugeordnet werden sollen. Markov-Modelle stellen dann eine Umkehrung dieser Konfiguration dar. Man hat nicht unterschiedliche, sondern **einheitlich festgelegte Zeitabstände** t = 1 (Sekunde, Minute etc.) zwischen dem Eintreten von möglicherweise aufeinander folgenden Ereignissen; und ferner gilt bezüglich der Wahrscheinlichkeiten dafür, dass nach Ablauf von t eines der möglichen Ereignisse eintritt, nicht wie bei Netzplanmodellen p = 1 (Sicherheit), sondern die Wahrscheinlichkeiten sind unterschiedlich und liegen zwischen 0 und 1 (0 < p < 1). Man kann dann mithilfe von Markov-Modellen in Kenntnis des Ausgangszustandes und dieser sogenannten **Übergangswahrscheinlichkeiten** den Zustand des Systems zu irgendeinem Zeitpunkt prognostizieren und sich entsprechend darauf vorbereiten.

Die Break-even-Analyse
Die Break-even-Analyse ist ein pronostisches Verfahren aus der operativen Wertumlaufplanung. Sie ermittelt **kritische Grenzpunkte** (Deckungspunkte, Betriebspunkte), und zwar durch Gegenüberstellung von Kosten und Erlösen, sei es für die Gesamtunternehmung, einzelne Abteilungen, eine Produktionslinie oder bestimmte Entscheidungen. Die Break-even-Analyse ist also ein formales, inhaltlich vielseitig einsetzbares, dabei in seiner Grundstruktur einfach zu handhabendes Planungsinstrument. Wir beschränken uns hier auf die Darstellung der Kerngedanken der Break-even-Analyse, insbesondere gehen wir von deterministischen (einwertigen) Kosten und Erlösen aus und nehmen an, dass die funktionalen Abhängigkeiten linear sind.

Für die grafische Veranschaulichung und Ableitung der analytischen Zusammenhänge wird der einfache Fall einer Einproduktunternehmung vorausgesetzt. Ferner nehmen wir an, dass die Erlös- und Kostenfunktion (Abhängigkeit der Erlöse bzw. Kosten von der Ausbringungsmenge x) für den Planungszeitraum von x = 0 bis zur vollen Kapazitätsauslastung x_{max} bekannt sind. Dann erhält man das Break-even-Diagramm (Break-even-Chart) der Abb. 6.4.

In Abb. 6.4 ist der Gesamterlös E(x):

$$E(x) = p \cdot x \qquad (6.8)$$

mit p als dem Plan-Produktpreis der Planungsperiode (p = tg β).
Die Gesamtkosten K(x) ergeben sich zu:

$$K(x) = K_v(x) + K_f(x) \qquad (6.9)$$

In (6.9) sind Kv(x) die gesamten variablen Kosten:

$$K_v(x) = k_v \cdot x \quad \text{mit} \quad k_v = \text{tg}\alpha \qquad (6.10)$$

Kf(x) = const. sind die von der Ausbringungsmenge unabhängigen „fixen Kosten", d. h. diejenigen Kosten, die in der Planungsperiode nicht abgebaut werden können (sollen),

6.5 Quantitative Planungsmodelle

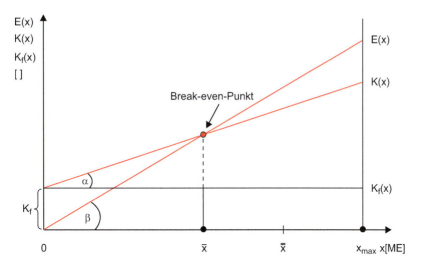

Abb. 6.4 Break-even-Diagramm

gleichgültig, welche Menge produziert wird. Sie sind insofern für die „Betriebsbereitschaft" disponiert („Bereitschaftskosten").

In Abb. 6.4 liegt der „Break-even-Punkt" (die Gewinnschwelle) dort, wo die Gesamterlöse gerade die Höhe der Gesamtkosten erreichen:

$$G(x) = E(x) - K(x) = 0 \tag{6.11}$$

Die zugehörige Ausbringungsmenge $\bar{x}$ ist die Break-even-Menge. Wählt man eine beliebige Menge $x = (\bar{x} => \bar{\bar{x}})$, so markiert die Differenz

$$S = \bar{\bar{x}} - \bar{x} \tag{6.12}$$

den **Sicherheitsabstand** S, den man von der Break-even-Menge im Fortgang der Planungsperiode mit Zunahme der Ausbringung erreicht. Der Sicherheitsabstand kann auch in Prozent des tatsächlich erreichten Absatzes gemessen werden:

$$S* = \frac{\bar{\bar{x}} - \bar{x}}{\bar{\bar{x}}} \tag{6.13}$$

Hat man mit dem Fortgang der Produktion (und des Absatzes) im Zeitablauf der Planungsperiode die Break-even-Menge erreicht, sind die für die Gesamtperiode anfallenden fixen Kosten gedeckt. Bei einer Jahresplanung stellt man etwa Ende Mai durch Absatzkontrolle fest, dass die Break-even-Menge bereits abgesetzt ist; dann hat man nicht nur diese wichtige Kontrollinformation, sondern weiß auch, dass jede zusätzliche Absatzeinheit einen Gewinn erbringt genau in der Höhe des „Deckungsbeitrags pro Stück". Das geht aus Abb. 6.5 hervor.

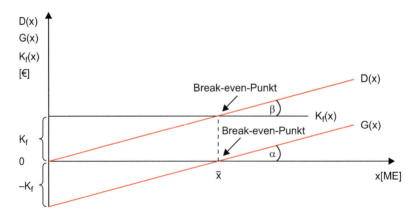

Abb. 6.5 Deckungsbeitrags- und Gewinnfunktion im Break-even-Diagramm

In Abb. 6.5 liegt die Break-even-Menge dort, wo der Gesamtdeckungsbeitrag gerade die fixen Kosten deckt. Man kann (6.11) unter Berücksichtigung von (6.8), (6.9), (6.10) auch wie folgt schreiben:

$$G(x) = p \cdot x - k_v \cdot x - K_f = 0 \qquad (6.14)$$

Hier ist der Break-even-Punkt der Schnittpunkt der Gewinnfunktion $G(x)$ mit der Abszisse (Abb. 6.25). Ferner ist mit

$$D(x) = p \cdot x - k_v \cdot x = (p - k_v) \cdot x \qquad (6.15)$$

der Break-even-Punkt auch als Schnittpunkt der Deckungsbeitragsfunktion $D(x)$ mit der Fixkosten-Funktion definiert:

$$\begin{aligned} D(x) - K_f &= 0 \\ D(x) &= K_f \end{aligned} \qquad (6.16)$$

Aus (6.14) und (6.15) folgt, dass $G(x)$ und $D(x)$ dieselbe Steigung haben, nämlich

$$d = p - k_v \text{ bzw. tg}\alpha = \text{tg}\beta$$

d. h., jenseits von $\bar{x}$ bringt jede zusätzliche Absatzmenge einen Gewinn in Höhe des Deckungsbeitrags d pro Stück: $d = p - k_v$.

Das Break-even-Diagramm lässt sich natürlich auch **stückbezogen** darstellen (Abb. 6.6). In Abb. 6.6 sind Stückerlös und variable Kosten pro Stück konstant; dagegen fallen die anteiligen Fixkosten pro Stück kf(x) mit steigender Ausbringung.

Die Break-even-Menge $\bar{x}$ liegt dort, wo der Stückdeckungsbeitrag $d(x) = p(x) - kv(x)$ = const. gerade gleich den anteiligen Fixkosten pro Stück kf(x) ist:

$$d(\bar{x}) = k_f(\bar{x}) \qquad (6.17)$$

6.5 Quantitative Planungsmodelle

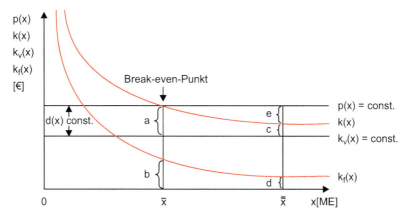

Abb. 6.6 Stückbezogenes Break-even-Diagramm (Stückerlös – Stückkosten)

In Abb. 6.6 gilt also mit $d(\bar{x}) = a$ und $k_f(\bar{\bar{x}}) = b$, dass a = b ist.

Je weiter die Ausbringung dann über $\bar{x}$ hinaus erhöht wird, umso mehr wird der Stückdeckungsbeitrag d(x) gleichsam in einen Stückgewinn $g(\bar{x})$ „umgewandelt", da die anteiligen fixen Kosten pro Stück weiter sinken. In Abb. 6.6 sind für die Ausbringungsmenge $\bar{\bar{x}}$ die anteiligen fixen Kosten $k_f(\bar{\bar{x}}) = b$. Da gilt

$$k(\bar{\bar{x}}) - k_f(\bar{\bar{x}}) = k_v(\bar{\bar{x}})$$

sind in Abb. 6.6 die Strecken d und c gleich lang. Die Strecke e gibt dann den Betrag des Stückdeckungsbeitrags $d(\bar{x}) = a$ wider, der bei der Ausbringung $(\bar{\bar{x}})$ in Stückgewinn $g(\bar{\bar{x}})$ „umgewandelt" wurde.

Die Darstellung der Break-even-Analyse hat sich bis dahin an der **Ausbringungsmenge** x (= Absatz) orientiert, die auf der Abszisse abgetragen wurde. Man kann die Analyse aber auch ganz auf den **Umsatz** in [€] beziehen. Dann verläuft die Erlösgerade E(u) natürlich gerade mit einem Winkel von 45° (Abb. 6.7); die Steigung der Gesamtkostenfunktion K(u) bemisst sich entsprechend nach den variablen Kosten pro Umsatzeuro, also:

$$tg\alpha = \frac{K_v(u)}{u} [€/€]$$

In der umsatzbezogenen Darstellung ist der Break-even-Umsatz $\bar{u}$ analog (6.14) aus (6.18) zu bestimmen:

$$G(\bar{u}) = \bar{u} - k_v^* \cdot \bar{u} - K_f = 0 \tag{6.18}$$

$$\bar{u} = \frac{K_f}{1 - k_v^*} [€] \tag{6.19}$$

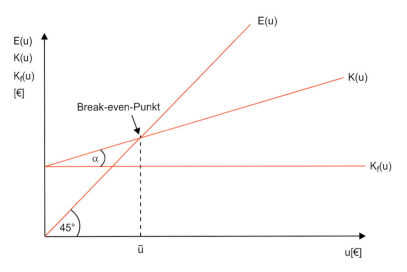

Abb. 6.7 Break-even-Diagramm auf Umsatzbasis

k_v^* bezeichnet in (6.18) den Anteil der variablen Kosten am „Umsatzeuro".

Der Nenner von (6.19) entspricht dem sogenannten „**DBU-Faktor**", nämlich

$$DBU = \frac{p - k_v}{p} = 1 - \frac{k_v}{p} = 1 - k_v^* \text{ (dimensionslos)} \qquad (6.20)$$

In (6.20) ist $(p - k_v)$ der Deckungsbeitrag pro Mengeneinheit; dividiert man ihn durch den Stückpreis p, so erhält man den Anteil an jedem erlösten Umsatzeuro, der (nach Abzug der variablen Kosten pro Stück) zur Deckung der fixen Kosten und darüber hinaus zur Gewinnerzielung verbleibt. Man kann (6.19) daher auch wie folgt schreiben:

$$\bar{u} = \frac{K_f}{DBU}$$

Für die **Gewinnplanung** erhält man aus (6.18) unter Verwendung des DBU-Faktors mit $\left(\bar{\bar{u}}\right)$ als gerade betrachteten aktuellen Umsatz

$$G\left(\bar{\bar{u}}\right) = \bar{\bar{u}} \cdot \left(1 - k_v^*\right) - K_f = \bar{\bar{u}} \cdot DBU - K_f \qquad (6.21)$$

Da im Break-even-Punkt die fixen Kosten gerade gleich dem Gesamt-Deckungsbeitrag sind, kann man statt (6.21) auch schreiben:

$$G\left(\bar{\bar{u}}\right) = \bar{\bar{u}} \cdot DBU - \bar{u} \cdot DBU$$
$$G\left(\bar{\bar{u}}\right) = \left(\bar{\bar{u}} - \bar{u}\right) \cdot DBU \qquad (6.22)$$

Gleichung (6.22) besagt, dass der Gewinn ab dem Break-even-Umsatz $\bar{u}$ – nach Maßgabe des DBU-Faktors steigt.

$\left(\overline{\overline{u}} - \overline{u}\right)$ ist der Sicherheitsabstand in Umsatzeinheiten (€) gemessen. Man kann ihn auch auf die Umsatzeinheit beziehen und erhält dann:

$$S^+ = \frac{\overline{\overline{u}} - \overline{u}}{\overline{\overline{u}}} = 1 - \frac{\overline{u}}{\overline{\overline{u}}} \qquad (6.23)$$

Wie unmittelbar einsichtig sind **Veränderungen der Kostenstruktur** der Unternehmung für die Break-even-Analyse von besonderer Bedeutung. Dies soll im Folgenden am Beispiel der Auswirkungen von Rationalisierungsinvestitionen auf das Break-even-Diagramm der Unternehmung gezeigt werden.

Durch Rationalisierungsmaßnahmen werden in aller Regel die proportionalen Kosten gesenkt und die Fixkosten erhöht. Die Auswirkungen derartiger Maßnahmen auf den DBU-Faktor und damit auf die Deckungsbeitrags- und Gewinnzone zeigen die Schaubilder (a) bis (d) in Abb. 6.8. Die Unternehmung hat in den Situationen (a) und (b) denselben Break-even-Punkt. Da sie jedoch in (a) einen höheren DBU-Faktor aufweist, sind hier nach Überschreitung des Break-even-Punkts die Gewinnzuwächse wesentlich höher und schneller als in (b); allerdings steigen bei (a) auch die Verluste wesentlich höher und schneller, wenn die Umsätze unterhalb der Gewinnschwelle bleiben. Analoges gilt für den Vergleich zwischen (c) und (d). Andererseits haben (a) und (c) dieselbe Gewinnentwicklung, wenn der Break-even-Punkt überschritten ist, jedoch kommt (c) aufgrund der niedrigeren Fixkosten wesentlich früher in die Gewinnzone. Analoges gilt für den Vergleich zwischen (b) und (d).

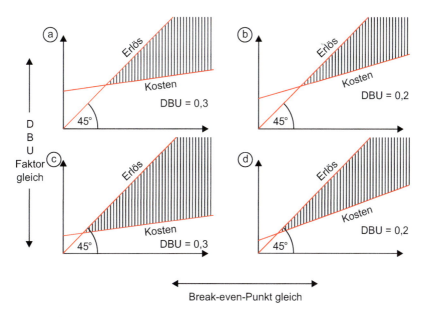

Abb. 6.8 Auswirkungen von Veränderungen der Kostenstruktur auf die Gewinne. (Quelle: in Anlehnung an Tucker 1966, S. 72)

Das skizzierte Grundmodell der Break-even-Analyse **verdichtet** eine Vielzahl von Planinformationen aus dem Wertumlaufprozess des Betriebes in den Dimensionen von Erlösen und Kosten; es ist diese Verdichtung von Informationen, die überhaupt erst die einfache Handhabbarkeit und Aussage dieses Planungsinstruments ermöglicht. Das bedeutet auf der anderen Seite dann aber auch, dass man die vielfältigen vorgängigen **Annahmen** und Entscheidungen, auf denen die Break-even-Analyse basiert, insbesondere die Linearität der Funktionen, immer präsent haben sollte, um keinen Fehlvorstellungen über die tatsächliche Gewinnsituation des Betriebes zu unterliegen.

6.5.2.3 Experimentier-Modelle (Simulation)

Der Einsatz von optimierenden und prognostizierenden Modellen scheitert in der Praxis häufig daran, dass die damit vorgegebenen (mathematischen) Strukturen der Vielfalt und Vielschichtigkeit der Wirklichkeit nicht gerecht werden und zu krass von dem Planungsproblem abweichen. In solchen Fällen können gegebenenfalls Experimentiermodelle, die für den Einzelfall maßgeschneidert entwickelt werden, Entscheidungshilfen bieten (Kleijnen 2007).

Experimentiermodelle lassen sich wegen dieser Fallbezogenheit – was ihre Vorgehensweise anbetrifft – nur ganz allgemein charakterisieren. Es gibt außerdem in der Literatur unterschiedliche Auffassungen darüber, wie Experimentiermodelle begrifflich abgegrenzt werden sollen. Zum Teil rechnet man bereits alle Vorgehensweisen zu diesen Modellen, bei denen auf der Basis von prognostizierenden bzw. optimierenden Modellen umfangreiche numerische Berechnungsexperimente durchgeführt werden, wobei eine Vielzahl von Annahmen des Ausgangsproblems modifiziert und das Modell dann solange wiederholt durchgerechnet wird, bis eine günstige Annahmenkonstellation gefunden worden ist, die zur Veränderung des Realsystems Veranlassung gibt. Bei Netzplanmodellen mag man auf diese Weise z. B. die Änderung der Dauer von Einzeltätigkeiten in Abhängigkeit von verschiedenen möglichen Technologien und die Auswirkung auf Fertigstellungstermine und Kosten eines Großprojekts untersuchen; bei Optimierungsmodellen kann man etwa im Sinne von sogenannten „What-If-Modellen" versuchen, die Auswirkungen von stark umweltabhängigen Annahmen und ihrer Veränderung auf das Ergebnis herauszufinden, um auf diese Weise die Ungewissheit besser in den Griff zu bekommen. Man kann diese Vorgehensweisen, bei denen das „Verhalten" eines Realsystems unter verschiedenen Bedingungskonstellationen gleichsam nachgeahmt wird, schon als „Simulation" (im weiteren Sinne) bezeichnen.

Heute findet die **Simulation** eine weite Verbreitung in der Unternehmensplanung; dabei werden verschiedene Arten von Simulationen unterschieden: System Dynamics, Agentenbasierte Simulationen, aber auch die Monte Carlo-Methode, Diskrete Simulationen usw. (vgl. Domschke et al. 2015, S. 233 ff.). Ein besonderes Augenmerk gilt in jüngerer Zeit der Agentenbasierten Simulation (Deckert und Klein 2010; Wall 2016), verbunden auch mit der Hoffnung, damit unerwartete Ergebnisse aus der Interaktion zwischen Agenten entdecken zu können (siehe dazu Kasten 6.1., in dem ein professioneller Software-Anbieter die Leistung seiner agentenbasierten Modellierungssoftware beschreibt).

> **Kasten 6.1**
>
> **Agentenbasierte Simulation als neue Planungstechnik**
>
> „In agentenbasierten Simulationen müssen aktive Einheiten, auch Agenten genannt, identifiziert und ihr Verhalten definiert werden. Bei Agenten kann es sich um Personen, Haushalte, Fahrzeuge, Ausrüstungsgegenstände oder sogar Produkte und Firmen handeln – was auch immer relevant für das System ist. Verbindungen zwischen ihnen werden aufgebaut, Umgebungsvariablen gesetzt und Simulationen ausgeführt. Die globale Dynamik des Systems entsteht dann aus den Interaktionen von vielen einzelnen Verhaltensweisen. […]
>
> Traditionelle Modellierungsansätze behandeln Firmenangestellte, Kunden, Einrichtungen und Ausrüstungsgegenstände als einheitliche Gruppen, passive Einheiten oder lediglich als Ressourcen in einem Prozess. Systemdynamikmodelle beispielsweise enthalten notwendigerweise Annahmen wie ‚wir haben 120 Angestellte im Bereich Forschung und Entwicklung, die ungefähr 20 neue Produkte pro Jahr entwerfen können' oder ‚wir haben eine Flotte von 1200 Lastkraftwagen mit einer definierten monatlichen Lieferkapazität und 5 % von ihnen müssen jedes Jahr ersetzt werden.' Währenddessen betrachten ereignisorientierte Modelle Organisationen als eine Anzahl von Prozessen […]. Diese Ansätze […] ignorieren die einzigartige Zusammensetzung und komplexen Beziehungen einzelner Einheiten. […].
>
> Der agentenbasierte Ansatz ist frei von diesen Limitierungen, weil der Fokus direkt auf den einzelnen Objekten, ihrem Verhalten und ihren Interaktionen liegt. Im Grunde genommen handelt es sich bei einem agentenbasierten Modell um eine Menge interagierender Objekte, die Beziehungen in der realen Welt widerspiegelt. Das Ergebnis macht agentenbasierte Modellierung zu einem natürlichen Schritt vorwärts beim Verstehen und der Handhabung der Komplexität heutiger Geschäfts- und Gesellschaftssysteme. […]
>
> Heutige Firmen und Regierungsorganisationen haben große Datenmengen in ihren CRM-, ERP- und HR-Systemen und anderen Datenbanken gesammelt. Agentenbasierte Modellierung ist eine mächtige Methode, um diese Daten zum Einsatz zu bringen."
>
> Quelle: *The AnyLogic Company*, www.anylogic.de/use-of-simulation/agent-based-modeling. Zugegriffen am 10.05.2019

6.6 Die Umsetzung der Pläne in Budgets

6.6.1 Budgets als Steuerungsinstrumente

Die in den vorhergehenden Kapiteln skizzierten vielfältigen Planungsmöglichkeiten machen indessen nur dann einen Sinn, wenn es gelingt, die jeweils eruierten Ziele und Maßnahmen in konkretes Handeln zu überführen, d. h., es gilt die Kluft zwischen (rein) prospektivem **Plan**handeln und dem konkreten **Tat**handeln zu überwinden. In diesem Spannungsfeld sind neben der Zielsetzung Budgets und Budgetierung anzusiedeln; sie stellen das bekannteste und verbreitetste Instrument zur Umsetzung der Pläne dar (Rieg 2015), obgleich sie von der Wirkungsweise her nicht unumstritten sind.

Der **Budgetbegriff** entstammt dem kameralistischen Rechnungswesen und beinhaltet dort die Auflistung und Gegenüberstellung von erwarteten Einnahme- und Ausgabepositionen öffentlicher Körperschaften. Budgets werden einerseits mehr als buchhalterische Größen und andererseits mehr als verhaltenssteuernde Mechanismen begriffen.

Im Folgenden werden Budgets primär als durch Planträger für einen abgegrenzten Zeitraum fixierte Sollgrößen in wertmäßiger Form begriffen. Das Management wird durch die Budgetierung gezwungen, die angestrebten Ziele und Maßnahmen soweit zu konkretisieren und zu präzisieren, dass sie in wertmäßige Größen (Kosten, Erlöse, Gewinn) überführt werden können. Budgets sind deshalb als ein Instrument zu begreifen, das die Umsetzung von Plänen in spezifische Maßnahmen bewirken soll. Die Budgetierung umfasst alle Aufgaben, die die Erstellung, Verabschiedung und Kontrolle von Budgets betreffen. Ergebnis der Budgetierung ist die wertmäßige Zusammenfassung der geplanten Entwicklung der Unternehmung in einer zukünftigen Geschäftsperiode.

So verstanden kommen den Budgets im Allgemeinen die folgenden **Funktionen** zu (Hofstede 1967; Pfaff 2002; Hope und Fraser 2003)

1. **Orientierungsfunktion:** Eine zentrale Aufgabe von Budgets ist es, die Entscheidungsträger auf bestimmte Ziele hin zu verpflichten und ihnen ihre Ergebnisverantwortung zu verdeutlichen. Insofern bilden Budgets ein wesentliches Mittel, um zielorientiertes Handeln herbeizuführen. Anders gewendet, liefern Budgets einen wesentlichen Beitrag zur Komplexitätsreduktion, indem die Entscheidungsträger selektiv zu zielorientiertem Handeln angeleitet werden.
2. **Koordinations- und Integrationsfunktion:** Die Budgetierung soll einen Beitrag zur Koordination und Integration aller Bereiche des Unternehmens leisten. Dahinter steht die Annahme, dass die Budgetierung dazu veranlasst und dazu zwingt, eine Abstimmung sowohl zwischen gleich geordneten als auch über- und untergeordneten Budgets herbeizuführen. Über das Gesamtbudget sollen die Teile des Unternehmens die notwendigen Anschlüsse finden. Dies geschieht insofern, als mit den vorgegebenen Teilbudgets die insgesamt knappen Mittel zur Zielrealisation verteilt werden.
3. **Kontrollfunktion:** Eine weitere Funktion haben Budgets, indem sie genau definierte wertmäßige Plangrößen (Umsätze, Kosten, Erträge u. a.) vorgeben, die es innerhalb einer bestimmten Planperiode zu erreichen bzw. einzuhalten gilt. Insofern setzt ein Budget auch Maßstäbe zur Leistungsmessung und übt damit eine Überwachungs- und Kontrollfunktion aus. Im Rahmen dieser Kontrollfunktion ist es auch wichtig, nach den Ursachen der Abweichungen zu fragen, da ein zielorientiertes Einwirken auf zukünftige betriebliche Vorgänge und Prozesse nur möglich ist, wenn die Gründe der Abweichungen ermittelt werden (Merchant und van der Stede 2017).
4. **Motivationsfunktion:** Budgets sollen durch eine Präzisierung der Sollvorgaben, nicht selten gekoppelt mit finanziellen Anreizen, zu einem zielkonformen Verhalten motivieren.

Die aufgezeigten Funktionen lassen die Bedeutung erkennen, die Budgets für die Steuerung des Unternehmens potenziell zukommen. Gerade angesichts dieser Idealvorstellungen gilt es jedoch dem Eindruck entgegenzuwirken, der Einsatz von Budgets weise keine Probleme und Gefahren auf. Sowohl in der Literatur als auch in der Unternehmenspraxis finden sich zahlreiche Hinweise auf mögliche **Dysfunktionalitäten** beim Einsatz gerade dieses Führungsinstruments. Die wesentlichen Dysfunktionen sind (Hope und Fraser 2003; Goebel und Weissenberger 2016):

1. **Die Gefahr des Etatdenkens:** Dieses ist dadurch gekennzeichnet, dass zugeteilte, aber nicht verbrauchte Beträge am Ende des Budgetjahres noch ausgegeben werden, obwohl dies für die Aufgabenerfüllung nicht erforderlich ist. Dieses Verhalten („Dezemberfieber") ist vor allem darin begründet, dass die Höhe der Neubewilligungen häufig mechanisch daran orientiert wird, in welchem Maße die früher zugeteilten Mittel ausgeschöpft worden sind („Prinzip der Fortschreibung").
2. **Die Gefahr der zu kurzfristigen Orientierung:** Der häufig mitgeführte explizite oder implizite Anspruch, die Budgetvorgaben unbedingt einhalten zu müssen, kann die Budgetverantwortlichen dazu verleiten, solche (nicht geplanten, aber von der Sache her gebotenen) Aufwendungen zu unterlassen, die in der Planungsperiode zu keiner Gewinnsteigerung führen. Den Budgetverantwortlichen kommt es darauf an, das eigene Budget und die damit verbundenen Leistungsvorgaben in der Gegenwart einzuhalten, unabhängig von den späteren Folgen. Diese kurzfristige Orientierung führt dann z. B. dazu, dass längerfristige Maßnahmen, die auf den Aufbau bzw. die Erhaltung von Erfolgspotenzialen zielen – etwa Produkt- und/oder Personalentwicklungsmaßnahmen – nicht mehr zum erforderlichen Zeitpunkt durchgeführt werden, sondern dann, wenn das Budget es erlaubt.
3. **Die Gefahr eines verstärkt partikularistischen Denkens der Bereichsleitungen:** Im Bestreben, die Budgetvorgaben einzuhalten, werden (nicht geplante) Maßnahmen ergriffen, die sich auf die eigene Teileinheit positiv auswirken – gleichgültig, wie die anderen Abteilungen oder das Gesamtunternehmen davon betroffen sind. Die Abstimmungserfordernisse werden durch die Budgetierung als abgegolten betrachtet.
4. **Die Gefahr der Verabsolutierung von Budgetvorgaben:** Da Budgets sehr verbindliche und konkrete Vorgaben liefern, fördern sie die Gefahr, dass sich Mitarbeiter blind und mechanisch an den Budgetvorgaben orientieren. Dies kann zum einen dazu führen, dass an den Sollwerten auch dann festgehalten wird, wenn sich die bei der Budgeterstellung zugrunde gelegten Prämissen entscheidend geändert haben. Bei dieser Konstellation wäre aber gerade eine Abweichung von den Sollwerten und ihre Revision gefordert anstatt zu versuchen, die Ist-Werte an die überholten Sollwerte anzunähern. Zum anderen können Budgets – insbesondere dann, wenn sie sehr rigide Budgetstrukturen aufweisen – die Initiative und Innovationsbereitschaft auf den unteren Hierarchieebenen lähmen. Diese Verengung auf die expliziten Zielvorgaben und die Vernachlässigung anderer nicht-explizierter Aufgaben wird auch als „gaming" bezeichnet.
5. **Die Gefahr von „budgetary slacks":** Eine weitere Dysfunktionalität ist der (potenzielle) Aufbau stiller Reserven (budgetary slacks). Die Betroffenen veranschlagen

bei den Budgetverhandlungen die Kosten höher als eigentlich zu erwarten oder die Ziele niedriger als eigentlich möglich, um Reserven frei zu haben für andere nicht budgetierte Vorhaben oder um unter weniger Druck arbeiten zu müssen. Derartige „stille Reserven" können sich aber auch unbeabsichtigt aufbauen, z. B. aus falschen Prognosen oder anderen außerordentlichen Entwicklungen, die bei der Budgetierung nicht bedacht wurden. Im Gegensatz zu den bisher angesprochenen Gefahren müssen sich Slacks allerdings keineswegs immer dysfunktional auswirken. Die Einstufung als funktional oder dysfunktional hängt vielmehr davon ab, wie die Freiräume genutzt werden. Greifen die Budgetverantwortlichen auf die Slacks zurück, um sie bewusst als flexible Reserve zum Ausgleich nicht antizipierbarer Störungen oder für sinnvolle Projekte einzusetzen, so kommt ihnen damit sehr wohl eine funktionale Bedeutung zu.
6. **Informationsmanipulation.** Um eine Budgeteinhaltung oder Zielerreichung sicherzustellen, werden nicht selten Informationen manipuliert, d. h. geschönt, gefiltert, verfälscht usw.

Generell gilt, je straffer die Budgetkontrolle gehandhabt wird, desto eher finden sich die erwähnten Dysfunktionalitäten. Es darf jedoch nicht übersehen werden, dass diese Dysfunktionalitäten nicht zwangsläufig als Folge der Budgetierung auftreten, sondern dass es sehr stark von der **praktischen Ausgestaltung** und Handhabung des Budgetsystems abhängt, in welchem Ausmaß Dysfunktionalitäten entstehen. Wie kann dem entgegengewirkt werden?

Erstens kann man auf der Verfahrensebene ansetzen und zahlreiche Schwächen der traditionellen Budgetierung durch den Einsatz revidierter Verfahrensweisen einschränken; man denke etwa an das Zero Base Budgeting, das weiter unten besprochen wird.

Zweitens kann man die demotivierenden Wirkungen von Budgets abbauen, indem die Kluft zwischen den Individualzielen der Mitarbeiter und den offiziellen Zielvorgaben insoweit geschlossen wird als die Unternehmensziele instrumentell für die Erreichung der Mitarbeiterziele werden (vgl. dazu das Erwartungs-Valenz-Modell unten in Kap. 9). Ansatzpunkte hierzu bilden die Partizipation der Budgetverantwortlichen an der Zielbildung und die Erhöhung des Anteils der Selbstkontrolle.

Völlig ausschalten wird man diese Dysfunktionalitäten allerdings niemals können, denn sie resultieren letztlich aus der Tatsache, dass die Budgetierung nicht nur ein Orientierungs-, sondern auch ein Kontrollprozess ist. Kurzum, Budgetierung findet in einem **sozialen System** statt und wird als solche von den Systemmitgliedern beobachtet und beeinflusst.

6.6.2 Arten von Budgets

Budgets lassen sich wie folgt unterscheiden:

(1) Traditionellerweise bringt man die Budgetierung eher mit der **kurzfristigen** Steuerung von betrieblichen Aktivitäten in Beziehung. Man denkt dann etwa an monatliche

Kostenbudgets für Fertigungsstellen oder Kosten- und Umsatzbudgets für die Steuerung des Vertriebs. Der hier vorgeschlagene Budget-Begriff, der ja primär auf die Plan-Umsetzungsfunktion von Budgets abhebt, ist jedoch durchaus mit einer zeitlich weiter ausgreifenden Vorstellung von Budgetierung vereinbar. In diesem Sinne kann man dann auch z. B. von **langfristigen** Investitionsbudgets sprechen.

Bedeutsam im Hinblick auf die Umsetzungsfunktion von Budgets ist eine Unterscheidung zwischen strategischen und operativen Budgets. Strategische Budgets implizieren, weil sie an die strategische Planung anknüpfen, langfristige Wirkungen; umgekehrt muss langfristigen Budgets aber nicht unbedingt eine strategische Bedeutung zukommen. Man denke etwa an Investitionen, die unabhängig von strategischen Planungen einfach deshalb erforderlich werden, weil die Betriebsgebäude überaltert sind; derartige Projekte können Gegenstand von Investitionsbudgets sein. Die Unterscheidung zwischen strategischen und operativen Budgets nimmt also vor der zeitlichen primär eine **sachliche** Konkretisierung vor. Dabei findet die operative Budgetierung ihren Bezugspunkt im Tagesgeschäft (aktuellen Leistungsprogramm). Hingegen wird im Rahmen der strategischen Budgetierung die Ressourcenzuteilung auf die Erreichung strategischer Ziele zentriert. Im Rahmen strategischer Budgets muss also zu den jeweiligen Budgetierungszeitpunkten geklärt werden, welche Implementationsaspekte strategischen Vorrang haben und deswegen durch entsprechend hohe strategische Budgets in der nahen Zukunft gefördert werden sollen. Strategische Projekte führen häufig sehr rasch zu Auszahlungen und sind deshalb im kurzfristigen Finanzbudget zu berücksichtigen.

(2) Strategische Budgets werden häufig zunächst als globale **Rahmenbudgets** konzipiert, d. h., in diesen Budgets werden lediglich die wesentlichen Zielgrößen und groben Ressourcenbindungen fixiert, ohne dass die zu ihrer Erreichung notwendigen Handlungsschritte schon im Einzelnen festgelegt sind. In dem Maße, wie sich die strategischen Planungen konkretisieren, müssen diese Rahmenbudgets in Teilschritte zerlegt und für die Budgetperioden Maßnahmen und Ressourcen konkretisiert und terminiert werden. Die strategischen Rahmenbudgets werden so in weiteren Iterationsschritten zunehmend detailliert.

(3) Im Unterschied zu den strategischen haben es dann die **operativen Budgets** mit allen denjenigen Maßnahmen und Ressourcenbindungen zu tun, die aufgrund des laufenden Geschäfts oder der operativen Planung erforderlich werden. Genauer hin lassen sich hier die Budgets kennzeichnen, die für die betrieblichen Funktionsbereiche alle geplanten Maßnahmen wert- (und mengen-)mäßig erfassen. Darüber hinaus gibt es **Projektbudgets** für Sonderaufgaben; so z. B. für eine umfassende Public-Relations-Kampagne, wenn diese plötzlich erforderlich wird, um das angeschlagene Erscheinungsbild einer Unternehmung in der Öffentlichkeit zu verbessern oder gegen ungünstige Meinungstrends anzukämpfen.

(4) Im Rahmen der operativen Budgetierung wird die Anzahl der **Teilbudgets** stark durch die unternehmensspezifische Organisationsstruktur geprägt, weil mit den Organisationsbereichen natürlich Entscheidungskompetenzen und Verantwortungen verbunden und diese dann auch in ihren ressourcenmäßigen Konsequenzen durch Budgets

festgemacht werden sollen (vgl. Horvath und Möller 2004). Es ist hier nicht erforderlich, alle möglichen Budgets der betrieblichen Funktionen im Einzelnen aufzuzählen. Viele Unternehmen budgetieren keineswegs vollständig, sondern nur in Teilbereichen.

Neben den genannten Budgetarten ist eine Reihe weiterer Unterscheidungen instruktiv:

(5) Nach dem **Grad der Flexibilität** lässt sich zwischen starren und flexiblen Budgets unterscheiden. Flexible Budgets tragen im Gegensatz zu starren Budgets der Unsicherheit von Entscheidungssituationen dadurch Rechnung, dass sie entweder bereits bei der Erstellung, der Durchführung oder erst bei der Kontrolle der Budgets gewisse Anpassungsmöglichkeiten vorsehen, um drohenden Fehlsteuerungen begegnen zu können. Um eine antizipative Berücksichtigung der Unsicherheit bemühen sich **Alternativ-** bzw. **Eventualbudgets**. Hierbei werden neben dem „Arbeitsbudget" weitere alternative Budgets im Hinblick auf denkbare Umweltentwicklungen formuliert. Man hält sich die Eventualbudgets quasi in Reserve vor, um sie gegebenenfalls bei entsprechenden Umweltveränderungen rasch zur Anwendung bringen zu können. Eine spezielle Variante dieser Vorgehensweise liegt vor, wenn sich die Flexibilität nur auf eine einzige Einflussgröße – etwa die Beschäftigung – bezieht. Hier ist die flexible Plankostenrechnung zu nennen, bei der variable und fixe Kosten getrennt ausgewiesen und für unterschiedliche Beschäftigungsgrade die Sollkostenbudgets vorgeplant werden.

(6) Im Gegensatz zu dieser antizipativen Vorgehensweise sehen sogenannte **Nachtrags- oder Ergänzungsbudgets** und die sogenannten **nachkalkulierten Budgets** Anpassungen erst im Rahmen der Budgetkontrolle vor. Im ersten Falle werden unvorhergesehene Ausgaben oder fehlkalkulierte Kosten in ein separates Budget eingebracht und dem Ursprungsbudget hinzugefügt. Im zweiten Falle dient das Ursprungsbudget zwar während der Budgetperiode als Richtschnur, wird jedoch am Ende der Periode durch ein nachkalkuliertes Budget ersetzt, das dem aktuellen Informationsstand entspricht und als Maßstab für die Kontrolle herangezogen wird. Auf diesem Wege soll vermieden werden, dass die Ist-Werte mit überholten Sollwerten verglichen werden. Da in beiden Fällen mögliche Korrekturen erst nach dem Vollzug einsetzen, können diese Anpassungsformen allerdings keine Steuerungswirkung entfalten, sondern nur eine gerechtere Beurteilung bewirken. Deshalb wird häufig vorgeschlagen, die Budgetvorgaben nicht nur am Ende, sondern bereits während des Budgetjahres fortlaufend oder in kurzen Intervallen an veränderte Entwicklungen – etwa beim Beschäftigungsgrad oder der Preisentwicklung – anzupassen. Ein derartiges Vorgehen erhöht allerdings zum einen die zeitliche Belastung und den formalen Aufwand für die Budgetverantwortlichen und kann zum anderen auch Verwirrung stiften, da ständige Revisionen die Eindeutigkeit der Handlungsorientierung beeinträchtigen können.

(7) Stellt man schließlich auf das Kriterium der **Wertdimension** ab, so können Budgets sich beziehen auf Ausgaben/Einnahmen, Aufwendungen/Erträge und Kosten/Leistungen sowie daraus abgeleitete Größen, etwa den Deckungsbeitrag oder den Gewinn. Je nach Art der verwendeten Wertdimension können sich Budgets neben der Allokation auch auf die Akquirierung von Ressourcen beziehen (z. B. Investitionsbudgets).

6.6.3 Der Budgetierungsprozess

Die Budgetierung wird in der Regel als jährliche Routine durchgeführt. Mit dieser Routinisierung ist die Gefahr einer bloßen Fortschreibung des Vorjahres mit marginalen Änderungen groß. Seit Jahren wird versucht, Konzepte zu entwickeln, die dieser **Fortschreibungsfalle** entkommen (u. a. Hope und Fraser 2003).

Große Aufmerksamkeit wurde lange Zeit dem sogenannten **Zero-Base-Budgeting** (ZBB) zuteil. In der von Pyhrr (1970) bei der Firma Texas Instruments entwickelten Form ist das ZBB ein Analyse- und Planungsinstrument, das versucht, die entscheidenden Schwächen der traditionellen Budgetierung, nämlich den Fortschreibungscharakter und die Inputorientierung, zu überwinden. Um das **Fortschreibungsdenken** aus der Budgetierung zu verbannen, startet der ZBB-Budgetierungsprozess jeweils bei null, d. h., ungeachtet der vormals erstellten Budgets werden alle Gemeinkostenbereiche jeweils neu auf ihre Notwendigkeit, auf Art und Umfang ihrer Leistungen sowie die Wirtschaftlichkeit der Leistungserstellung untersucht. Das Bestehende wird bewusst in Frage gestellt, um routinemäßig fortgeschriebene, aber nicht mehr länger begründbare Ressourcenallokationen zu vermeiden. **Zielsetzung** des ZBB ist es zugleich, die verfügbaren Ressourcen im Gemeinkostenbereich wirtschaftlich einzusetzen.

Unabhängig von der speziellen Budgetierungsvariante des ZBB gibt es aber einige grundsätzliche Gesichtspunkte, die für jeden Budgetierungsprozess bedacht sein wollen. Dies gilt zunächst für die **Wahl des Koordinations- und Abstimmungsverfahrens**. Es stehen sich im Wesentlichen drei Abstimmungsverfahren gegenüber (Chen 2003; Hope und Fraser 2003):

(1) Bei der klassischen **Top-down-Budgetierung** generieren das Top-Management bzw. die vom Top-Management autorisierten Budgetierungsorgane aus den strategischen Plänen und Budgets die Rahmendaten für die Budgeterstellung der nächsten Periode. Aufgabe der nachgeordneten Führungsebenen ist es dann, gemäß den zugeteilten Ressourcen Budgets für ihren Verantwortungsbereich zu erstellen und die nachgeordneten Organisationseinheiten darauf zu verpflichten.

   Diese Vorgehensweise lebt von der Idee einer vollständig integrierten Budgetierung aller Ebenen und Ziele. Der komplexe Charakter von Handlungssystemen lässt indessen – wie schon mehrfach gezeigt – eine solche zentralistische Planungsphilosophie zur (gefährlichen) Illusion geraten. Die Zentraleinheit kann nicht über alle erforderlichen detailspezifischen und sensiblen Informationen über die Situation vor Ort verfügen. Die zentralen Stellen bleiben auf Informationen aus den Teilbereichen angewiesen.

(2) Im Gegensatz dazu beginnt beim **Bottom-up-Ansatz** die Budgeterstellung auf den untergeordneten Führungsebenen und wird stufenweise in der Organisation nach oben geführt. Dieses Verfahren weist den Vorteil auf, dass die Ermittlung der erforderlichen Ressourcen dort erfolgt, wo das hierfür erforderliche Know-how als Synthese aus

Informationsstand, Erfahrung und Verantwortung am ehesten zu vermuten ist. Es besteht jedoch die Gefahr, dass die Teilbudgets auf den verschiedenen Budgetebenen nicht hinreichend aufeinander abgestimmt sind.

(3) Als Konsequenz aus den jeweiligen Problemen erfolgt die Budgetierung häufig nach dem **Gegenstromverfahren**, das eine Synthese der beiden anderen Verfahren darstellt. Dieses Verfahren wird zumeist mit einer probeweisen groben Top-down-Budgetierung eröffnet, d. h., es werden allgemeine Rahmendaten und globale Budgetziele für die nächste Planperiode vom Top-Management vorgegeben. Die Budgets werden dann von den einzelnen Organisationseinheiten unter Beachtung dieser Informationen geplant und in einem Bottom-up-Rücklauf zusammengefasst – gegebenenfalls in mehreren Zyklen.

Es erweist sich, dass es zur Lösung des komplexen Budgetierungsproblems zweckmäßig ist, sich iterativ an eine akzeptierbare Lösung heranzutasten. Es sei abschließend auf einen Punkt hingewiesen, auf den die Diskussion der Dysfunktionalitäten schon aufmerksam gemacht hat: Die Budgetierung vollzieht sich nicht in einem interessenfreien Raum. Der Prozess wird von den Systemmitgliedern beobachtet, und sie versuchen, ihn in eine Richtung zu lenken, die ihren Interessen entgegenkommt. Die Budgetierung unterliegt wegen ihrer Ressourcenverteilungsfunktion in besonderem Maße Machttaktiken und **politischen Prozessen**.

Die Festlegung der relevanten Budgetparameter im Budgetierungsprozess erfolgt auch als Ergebnis interpersoneller Entscheidungsprozesse, die von individuellen, gruppendynamischen sowie umweltbedingten Faktoren beeinflusst werden – etwa vom Leistungsvermögen, dem Anspruchsniveau, den bisherigen Erfahrungen oder auch dem Verhandlungsgeschick der Organisationsmitglieder. Weiterhin bilden Rollen als gegenseitige Verhaltenserwartungen Beschränkungen für das Verhalten der Organisationseinheiten im Budgetierungsprozess, und Macht ist die entscheidende Größe dafür, ob es einem Individuum oder einer Organisationseinheit gelingt, die eigenen Vorstellungen zu Entscheidungsprämissen anderer Organisationsmitglieder werden zu lassen (Küpper und Ortmann 1992; Friedberg 1995).

Das eigentliche Problem, um das es hier geht, ist, dass die Budgetierung, als eine Form der Selbstplanung des Systems, beobachtbar ist und von den Systemmitgliedern auch beobachtet wird (Luhmann 1984, S. 636 ff.). Die Budgetierung berührt – wie gezeigt – viele Interessenlagen und wird daher besonders intensiv beobachtet; die von ihr angefertigte Selbstbeschreibung des Systems (= Budgetplan) erleichtert dies. Die Budgetplaner bzw. die Unternehmensleitungen sind sich natürlich der beschriebenen Nebeneffekte längst bewusst (Hofstede 1967). Sie versuchen i. d. R. als Reaktion darauf, diese Effekte des Budgetierungsprozesses zu antizipieren und die eigene Reaktionsweise darauf von vornherein mit einzuplanen (z. B. durch sehr niedrige Budgetansätze, die dann im Laufe des Verhandlungsprozesses nach oben gezogen werden können). Die Schwierigkeit ist jedoch, dass auch diese Antizipation beobachtet werden kann und es daher den Systemmitgliedern möglich macht, ihrerseits darauf antizipativ zu reagieren (z. B. durch besonders hohe Budgetvorschläge). Es entsteht eine komplexe Interaktion, die meist nur noch durch Verhandlung gelöst werden kann.

6.7 Die operative Kontrolle

6.7.1 Die operative Kontrolle als Feedback-Kontrolle und als adaptive Kontrolle

In Kap. 5 haben wir die strategische Kontrolle ausführlich dargestellt. Die dort ausgeführte Konzeption und damit die Einteilung in Überwachung, Prämissenkontrolle und Durchführungskontrolle sind auf die operative Kontrolle grundsätzlich übertragbar, denn für alle genannten Kontrollarten gibt es auch im operativen Planungs- und Kontrollprozess Ansatzpunkte. Der Unterschied zur strategischen Kontrolle besteht jedoch darin, dass die Gewichte anders verteilt sind. Der Schwerpunkt hinsichtlich der Kontrollarten liegt im operativen Bereich eindeutig auf der Durchführungskontrolle in Form der Ergebniskontrolle und der Planfortschrittskontrolle. Um diesen Unterschied bezüglich der Gewichte hervorzuheben, stellen wir die operative Kontrolle primär als Durchführungskontrolle dar.

Nach der **Zwecksetzung** prüft die operative Kontrolle – wie bereits angedeutet – auf der Basis einer gegebenen Strategie, ob die in der Planung festgelegten Maßnahmen geeignet sind, die angestrebten Unternehmensziele zu erreichen. Während die operative Kontrolle also der Zielerreichung („doing the things right") und damit der Effizienzförderung dient, stellt die strategische Kontrolle auf die Zielvalidierung und damit die Effektivitätsförderung ab („doing the right things"), d. h., hier wird explizit die Richtigkeit der formulierten Strategie hinterfragt.

Auf der inhaltlichen Ebene zielt die operative Kontrolle mithin auf die Identifikation von Abweichungen bei der Planrealisierung ab, während die strategische Kontrolle auf die Identifikation von Strategiebedrohungen gerichtet ist. Die materielle Ausdifferenzierung der operativen Kontrolle wird damit entscheidend durch die operative Planung vorgeprägt. Somit ist es nur einsichtig, dass die oben getroffene Unterscheidung von operativer Standard- und Projektplanung im Rahmen der operativen Kontrolle ihr Pendant findet. Die operative Kontrolle kann auf verschiedenen Ebenen anfallen; auf Projekt, auf Funktionsbereichs-, auf Geschäftsbereichs- und/oder auf Unternehmensebene. Die in der Literatur viel behandelte Return-on-Investment-Kontrolle als Beispiel ist typischerweise eine operative Kontrolle auf Unternehmensebene.

Die operative Kontrolle setzt sowohl im Sinne der **Feedback-Kontrolle** am Abschluss des Planungs- und Realisierungszykluses an, als auch als **Feedforward-Kontrolle**, um der Gefahr verspäteter Rückkopplungsinformationen zu entgehen. Letzteres bedeutet, dass man die Kontrollzeitpunkte in die Realisationsphase vorverlagert und projektiv den Endpunkt der Realisation antizipiert (feed forward). Diese „adaptive Kontrolle" ist als Spezialfall der operativen Kontrolle zu verstehen und darf nicht mit der strategischen Kontrolle verwechselt werden. Denn trotz der Erhöhung der Kontrollhäufigkeit und der Vorverlagerung der Kontrollzeitpunkte dient die adaptive Kontrolle analog der normalen Feedback-Kontrolle der effizienten Realisierung der geplanten Ziele, während die strategische Durchführungskontrolle der Frage nach der Richtigkeit oder Validität des gewählten strategischen Kurses nachgeht.

Weiterhin erfolgt die Überwachung im Rahmen der operativen Kontrolle typischerweise periodisch, und die Informationsprozesse, d. h. insbesondere die Informationsgewinnungs- und Informationsverarbeitungsprozesse, sind stark formalisiert. Im Extremfall müssen jedoch die operativen Kontrollen – ähnlich wie die strategische Überwachung – permanent und kontinuierlich erfolgen.

6.7.2 Der Kontrollprozess

Vor dem Hintergrund der eben erörterten Merkmale lässt sich der idealtypische Prozess der operativen Kontrolle konkretisieren. Sofern er als **Ergebniskontrolle** konzipiert ist, wird er üblicherweise als kybernetisches Regelkreismodell dargestellt (siehe Abb. 6.9) und weist die folgenden Phasen auf:

1. Bestimmung des Soll
2. Ermittlung des Ist
3. Soll/Ist-Vergleich und Abweichungsermittlung
4. Abweichungsanalyse
5. Berichterstattung.

ad 1: Jeder Vergleich setzt die Existenz von Vergleichsmaßstäben voraus. Durch die Bestimmung der Sollgrößen wird festgelegt, welche Zustände bestimmte Outputgrößen durch das Tun (oder Unterlassen) der Organisationsmitglieder annehmen sollen. Somit bilden die **Sollgrößen** die Maßstäbe, an welchen die erreichten Zustände (Ist), also z. B. die Leistung sowie das Verhalten der Mitarbeiter, gemessen werden müssen. Die Sollwerte können ihre Maßstabsfunktion zum Zeitpunkt der Kontrolle umso einfacher erfüllen, je mehr sie in eindeutig messbare Größen transformierbar sind. Schwieriger zu handhaben sind dagegen Sollgrößen qualitativer Natur, etwa zur Beurteilung des

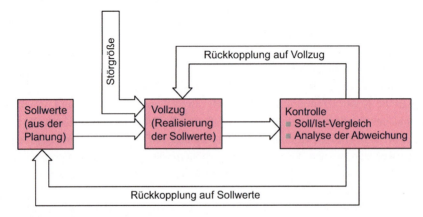

Abb. 6.9 Die Kontrolle im Regelkreis

Erfolgs von Aus- und Weiterbildungsmaßnahmen, da hier subjektive Interpretationsspielräume mit zu bedenken sind.

ad 2: Die Ermittlung des **Ist** setzt voraus, dass Soll und Ist auch wirklich vergleichbar sind, d. h., sie müssen in sachlicher und zeitlicher Hinsicht kongruent sein. Zur Sicherung dieser Kongruenz sind eine möglichst eindeutige Definition der Vergleichsgrößen und die genaue Bestimmung des Kontrollzeitraums erforderlich. Die sachliche Kongruenz wäre z. B. nicht gewahrt, wenn bei der Ermittlung des Ist-Umsatzes „Retouren" anders behandelt würden als bei der Umsatz-Planung. Werden Umsätze, die im Mai realisiert werden, erst im Juni abgerechnet, so ist die zeitliche Kongruenz verletzt worden.

ad 3: Der Soll/Ist-Vergleich dient der Feststellung der Übereinstimmung oder Nichtübereinstimmung (**Abweichung**) von Soll und Ist. Im Interesse künftiger Planungen muss der Kontrolle positiver Abweichungen (Soll übererfüllt) und negativer Abweichungen (Soll nicht erfüllt) die gleiche Aufmerksamkeit gewidmet werden. Es ist durchaus denkbar, dass eine Übererfüllung des Solls in einem Teilbereich im Interesse des Ganzen unerwünscht ist. So mag es etwa sein, dass ein Unternehmen z. B. durch eine wesentliche Überschreitung des Produktionssolls ohne entsprechende Umsätze in Zahlungsschwierigkeiten gerät.

ad 4: Im Rahmen der Abweichungsanalyse soll versucht werden, die **Ursachen** festgestellter Abweichungen zu ermitteln. Unter der Voraussetzung, dass die Ermittlung des Ist und der Abweichungen fehlerfrei vorgenommen wurde, können Abweichungen insbesondere zurückzuführen sein auf:

- Planungsfehler (Nichtberücksichtigung bekannter Einflussgrößen, falsche Gewichtung von Faktoren),
- unvorhersehbare, die Grundlage der Planung verändernde Ereignisse (Störgrößen),
- Mehr- oder Minderleistungen, Fehlentscheidungen und Fehlverhalten.

Da die Analyse der Abweichungen Zeit und Geld kostet, ist es aus wirtschaftlichen Gründen häufig zweckmäßig, einen Informationsfilter einzusetzen, derart, dass nur solche Abweichungen analysiert werden, die ein zuvor festgelegtes „kritisches Abweichungsmaß" überschreiten. Die Bestimmung eines solchen Abweichungsmaßes erfordert allerdings eine gute Situationskenntnis und ein weitgehend antizipierbares Wirkungsfeld. Wie großzügig die Schwelle zu bemessen ist, wird fallweise zu entscheiden sein, und zwar in Abhängigkeit von der Bedeutung der Vergleichsobjekte im Hinblick auf die Gesamtunternehmung, vom Grad der Ungewissheit bei der Fixierung der Sollwerte, vom Anspruchsniveau hinsichtlich der Art der Kontrollinformationen etc.

ad 5: Damit die Kontrolle ihren Zweck erfüllen kann, muss jedes Organisationsmitglied diejenigen Kontrollergebnisse kennen, die für seinen Zuständigkeitsbereich von Bedeutung sind. Es ergibt sich also immer dann die Notwendigkeit zur **Berichterstattung**, wenn Kontrollergebnisse, die an einer Stelle anfallen, für Entscheidungen relevant sind, die an anderer Stelle getroffen werden müssen. Somit ist es erforderlich, Kontrollergebnisse sowohl in vertikaler, horizontaler als auch lateraler Richtung weiterzuleiten. Auf mögliche Gefahren, die in diesem Zusammenhang auftreten können – etwa das Problem einer zu rigiden Informationsfilterung – sei hier nur kurz hingewiesen.

Die Regelkreiskontrolle ist in ihrem Wirkungsvermögen allerdings eng begrenzt, sie setzt die Sollgröße konstant und studiert nur die Abweichungen von der Sollgröße. Eine Anpassung der Sollgröße selbst ist nach Voraussetzung nicht vorgesehen, logisch ausgeschlossen. Aus diesem Grunde wird immer wieder gefordert, sie durch eine Feedforward-Funktion zu ergänzen. Die **Feedforward-Kontrolle** vergleicht während der Berichtsperiode, ob das vorgegebene Ziel (Kostenlimit, Umsatzgröße etc.) im Lichte der bereits verfügbaren Informationen (noch) erreichbar erscheint. Zweck dieses Kontrollverfahrens ist es, aufgrund der Unsicherheit des Planungs- und Entscheidungsfelds möglichst frühzeitig Abweichungen aufzudecken, um zu einem Zeitpunkt über Korrektur- oder Abbruchmaßnahmen entscheiden zu können, zu dem noch genügend Handlungsspielräume zur Verfügung stehen, zu dem also über die Ressourcenverwendung noch einmal neu nachgedacht werden kann. Kontrolltechnisch geht man dabei so vor – wie bei der strategischen Kontrolle schon gezeigt –, dass man den Realisationszeitraum in einzelne Abschnitte unterteilt („Meilensteine"), und zwar derart, dass am Ende eines solchen Abschnitts eine Projektion auf das Endergebnis sinnvoll geleistet werden kann – natürlich mit zunehmender Genauigkeit und Zuverlässigkeit (bei allerdings abnehmendem Handlungsspielraum).

Eine begleitende Kontrolle in diesem Sinne ist allerdings an die Voraussetzung geknüpft, dass Pläne tatsächlich sinnvoll in einzelne Abschnitte/Phasen auflösbar sind, so dass das ermittelte Zwischenergebnis eine vertretbare Projektion auf den angestrebten Endzustand zulässt.

6.7.3 Die operative Kontrolle auf Geschäftsfeld- und Unternehmensebene

Die Kontrolle auf **Geschäftsfeldebene** zeichnet sich dadurch aus, dass sie auf den Realgüterprozess in Verbindung mit der Bewertung der jeweiligen monetären Konsequenzen – also den Wertumlaufprozess – durchgreift. Im Vordergrund steht somit die Sachzielsteuerung, die Kontrolle ist damit zwangsläufig eine Maßnahmenkontrolle.

Die Kontrolle im Realgüterprozess bezieht sich auf den Prozess der Gütererstellung und -verteilung, der sich klassischerweise von der Beschaffung der notwendigen Faktoren über die Transformationsprozesse der Produktion bis hin zur Abgabe der fertigen Produkte an die Abnehmer erstreckt.

Der Wertumlaufprozess muss – wie bereits im Rahmen der operativen Planung ausgeführt – als ein dem Realgüterprozess entgegengesetzter Fluss von Geldgrößen gedacht werden, in dem sich die Sachzielsetzungen monetär widerspiegeln. Die operative Kontrolle des Wertumlaufprozesses ist dann darauf gerichtet, die monetären Konsequenzen der getroffenen Sachentscheidungen unter ständiger Wahrung der Zahlungsfähigkeit des Unternehmens als selbständige, von der Sachplanung nicht direkt abhängige Zielsetzung in Form von Einnahmen/Ausgaben, Aufwendungen/Erträgen und Kosten/Leistungen zu überwachen. Diese geldmäßigen Auswirkungen der Aktivitätsplanung werden – wie bereits oben deutlich wurde – häufig, jedenfalls zu Teilen, in der Budgetierung fixiert, so dass die operative Kontrolle des Wertumlaufprozesses in vielen Unternehmen als Budgetkontrolle anzusehen ist. In Analogie zur Planung lassen sich auch bei der operativen Kontrolle des Wertumlaufprozesses wieder drei Teilbereiche unterscheiden, nämlich die Finanzkontrolle, die bilanzielle (Plan-)Ergebniskontrolle sowie die kalkulatorische (Plan-)Ergebniskontrolle, auch Betriebsergebniskontrolle genannt.

Projektkontrolle. Legt man den oben entwickelten Projektbegriff zugrunde, so kann sich die operative Projektkontrolle sowohl auf strategische als auch auf operative Projekte beziehen. Wegen des typischerweise langen Implementationszeitraums von strategischen, aber vielfach auch von operativen Projekten, darf sich die operative Projektkontrolle in der Regel nicht in einer ausschließlichen (End-)Ergebniskontrolle erschöpfen, da bei solch langen Zeiträumen die Gefahr eines unerwünschten Auseinanderfallens von geplanten und realisierten Ergebnissen ungleich höher ist. Um also rechtzeitige Anpassungsmaßnahmen für eine möglichst friktionslose Umsetzung des Geplanten einleiten zu können, kommt sogenannten Planfortschrittskontrollen im Sinne der adaptiven Kontrolle eine besondere Bedeutung zu. Mit einer solchen Erhöhung der Kontrollhäufigkeit und Vorverlagerung der Kontrollzeitpunkte in die Realisationsphase allein ist es jedoch nicht getan. Entscheidend für den erfolgreichen Einsatz der Planfortschrittskontrolle ist die Erarbeitung von geeigneten Zwischenzielen, sogenannten Meilensteinen („milestones"), an denen die Kontrollaktivitäten ansetzen sollen. Grundsätzlich kommen dafür die Termine, die Kosten und die Leistungen des Projekts in Frage (Fiedler 2009).

Return on Investment. Die operative Kontrolle auf **Unternehmensebene** sei hier am Fall der divisionalen Organisation (vgl. dazu im Einzelnen Kap. 7) diskutiert. Sie ist in unserem Kontext insofern als Spezialfall anzusehen, als bei dieser Organisationsform meist eine weitgehende Freistellung vieler Entscheidungen in den teilautonomen Einheiten durch den Übergang von der Sachziel- auf die Formalzielebene erfolgt. Die Kontrolle setzt demgemäß typischerweise nur auf der Formalzielebene an. Ein Beispiel für den Versuch, ein solches System von zu kontrollierenden Größen zur Steuerung und Koordination von Divisionen zu schaffen, stellt das von Du Pont de Nemours etwa um 1920 entwickelte, zwischenzeitlich modifizierte und in diversifizierten, dezentral operierenden Großunternehmen vielfach verwendete ROI-Kontrollsystem dar. Das ROI (Return on Investment)-Konzept weist die folgenden Merkmale auf (vgl. Kaplan 1984):

Den Beurteilungsmaßstab für den Erfolg einer Division bildet die Rentabilität:

$$R = \frac{G}{V} \cdot 100 = \frac{G}{U} \cdot \frac{U}{V} \cdot 100$$

G = Gewinn
V = eingesetztes Vermögen
U = Umsatzerlöse

- Für jede Division werden die Rentabilität und einige zu ihr gehörende wichtige Bestimmungsgrößen für ein Jahr im Voraus geplant.

- In festgelegten zeitlichen Intervallen werden Soll-Ist-Vergleiche durchgeführt und eventuelle Abweichungsanalysen erstellt.
- Das Divisions-Management soll das gesteckte Nominal-, genauer Rentabilitätsziel, erreichen (oder übertreffen). Wie dies sachlich – d. h. durch welche konkreten Leistungsziele – erreicht wird, ist freigestellt.
- Der Entscheidungsspielraum des Division-Managements wird dann eingeschränkt, wenn die Soll-Ist-Abweichungen der Rentabilität eine vorab festgelegte Bandbreite überschreiten.

Mit der Verwendung des ROI-Konzepts werden im Wesentlichen zwei Hauptzwecke verfolgt. Zum einen soll die erzielte Rentabilität die Grundlage bilden für Investitions- und Desinvestitionsentscheidungen, und der Vergleich zwischen Soll- und Ist-Rentabilität soll der obersten Unternehmensleitung eine Leistungsbeurteilung des Division-Managements ermöglichen (Informationszweck). Zum anderen soll die Vorgabe einer aus dem Zielsystem der Unternehmung abgeleiteten Soll-Rentabilität das Division-Management in der Weise motivieren, dass es optimale Entscheidungen trifft (Motivationszweck).

Das ROI-Konzept kann die genannten Zwecke jedoch nur unzureichend erfüllen (Lüder 1981; Dearden 1987; Goebel und Weissenberger 2016). Im Hinblick auf den **Informationszweck** ist zunächst problematisch, dass die Kennziffer ROI vergangenheitsorientiert ist. Für die Bestimmung zukünftiger Investitionsaktivitäten und die Einschätzung des zukünftigen Leistungspotenzials des Division-Managements liefern jedoch historische Werte keine hinreichende Informationsgrundlage. Weitere zentrale Probleme liegen vor allem in der mangelnden Eindeutigkeit und damit Manipulierbarkeit der zugrunde liegenden Größen. So handelt es sich weder beim Gewinn noch beim eingesetzten Kapital um eindeutig bestimmte Größen. Die Probleme der bilanziellen Gewinnermittlung (Abschreibungen, Rückstellungsbildung, Lagerbestandsveränderungen, inflationäre Preisänderungen etc.) sind also gleichzeitig auch Probleme der Maßzahl „Return-on-Investment", für deren Nenner (eingesetztes Vermögen oder Kapital) ebenfalls verschiedene Definitionen in Frage kommen. Nicht einmal der Umsatz ist eindeutig definiert. Die Beurteilung der Leistung des Division-Managements mithilfe der Kapitalrentabilität setzt schließlich voraus, dass keine fremdbestimmten Entscheidungen (Bestimmung von Umlageschlüsseln für nicht direkt zurechenbare Aufwendungen durch die Unternehmensleitung, Wirkungen aus Entscheidungen der Vorperiode etc.) auf die Kapitalrentabilität einwirken. Im Hinblick auf den **Motivationszweck** taucht das Problem auf, dass das Division-Management durch Vorgabe einer Soll-Rentabilität motiviert wird, **suboptimale, nicht aber gesamtoptimale** Entscheidungen zu treffen („gaming"). Hier wären beispielsweise folgende (Fehl-)Entscheidungen denkbar:

1. Ein Investitionsvorschlag, für den ein interner Zinssatz von 20 % nach Steuern errechnet wurde und der damit erheblich über den Mindestanforderungen der Unternehmenszentrale liegt, wird von der Division nicht zur Genehmigung an die Zentrale weitergeleitet. Grund: Die Realisierung des Projekts würde in den ersten beiden Jahren zu einer Senkung der Rentabilität der Division führen.

2. Eine Divisions-Managerin will möglichst umgehend die Rentabilität der Division verbessern, um ihre Position zu sichern. Deshalb ergreift sie eine Reihe von Maßnahmen, die sich allerdings langfristig gegen das Unternehmensinteresse richten: Sie verschiebt vorbeugende Instandhaltungsmaßnahmen; sie beschränkt das Weiterbildungsprogramm; sie reduziert die Forschungsaufwendungen dadurch, dass sie alle Projekte streicht, die sich nicht innerhalb von zwei Jahren amortisieren usw. Auch das Fällen unethischer Entscheidungen kann hierdurch gefördert werden.
3. Ein Divisions-Manager verschrottet mehrere Anlagen, die im Augenblick nicht benötigt werden, um den Wert des Vermögens zu vermindern und damit eine Rentabilitätssteigerung zu erreichen. Falls diese Maschinen später wieder gebraucht werden, muss man sie neu kaufen.

Diese Beispiele verdeutlichen als weitere **zentrale Gefahren** des ROI-Konzepts zum einen die Tendenz zur kurzfristigen Gewinnmaximierung und zum anderen die Neigung, dass aufgrund der ausschließlichen Konzentration auf monetäre Erfolgsgrößen darin nicht abbildbare technische und soziale Leistungsaspekte der divisionalen Führung systematisch vernachlässigt werden. Forschung und Entwicklung, fortschrittliche Personalpolitik, gutes Arbeitsklima, gute Kundenbeziehungen, Public Relations, sozial-verantwortliches Handeln etc., alles dies sind Aspekte, die von einer kurzfristigen Gewinnperspektive tendenziell vernachlässigt werden, aber mittelfristig für die Gewinnsituation von sehr großer Bedeutung sind. Die Stärke des ROI-Konzepts ist also zugleich seine zentrale Schwäche: Es ist lediglich auf das Formalziel Rentabilität der Unternehmung ausgerichtet und kann damit der Zielpluralität auf der Sachzielebene nicht (oder nur ungenügend) Rechnung tragen.

Dass das ROI-Konzept trotz der genannten Nachteile bis zum heutigen Tage eine weite Verbreitung findet, mag darauf zurückzuführen sein, dass der ROI in einer einzigen, **zusammenfassenden Größe**, nämlich der Rentabilität, alle Ereignisse wiedergibt, die das Formalziel einer Division beeinflussen. Ferner mag dazu beigetragen haben, dass die ROI-Rechnung ohne weiteres auf die Zahlen des traditionellen Rechnungswesens zurückgreifen kann und der ROI aufgrund seiner Allgemeingültigkeit und einfachen Berechnung zum Vergleich sowohl von einzelnen Divisionen als auch von Divisionen und alternativen Investitionen eingesetzt werden kann.

Die offenkundigen Mängel des ROI-Konzepts machen es jedoch erforderlich, dass die ausschließlich formalzielorientierte Steuerung **ergänzt** werden muss durch eine Einbeziehung sachzielorientierter Kontrollgrößen, um so dem Auseinanderdriften von Einzelinteresse der Division und Gesamtinteresse der Unternehmung entgegenzuwirken. Denkbar ist hier, dass die Überwachung außer am Rentabilitätsziel noch an weiteren sogenannten „Key Result Areas" ansetzt, so etwa an Marktposition, Produktivität, Personalentwicklung, Mitarbeiterverhalten, Verantwortlichkeit gegenüber der Öffentlichkeit, Gleichgewicht zwischen kurz- und langfristigen Zielen etc. Verwiesen sei hier in diesem Zusammenhang auch noch einmal auf das populäre Balanced Scorecard System (vgl. dazu im Einzelnen Kap. 5).

Allerdings gilt es zu beachten, dass jede Erweiterung der divisionalen Kontrolle die Dezentralisierungsphilosophie dieser Organisationsform in Frage stellt. Ein ausgefeiltes

Kontrollsystem erfordert zwangsläufig mehr zentrale Planung und damit weniger Entscheidungsspielraum auf Divisionsebene.

Diskussionsfragen

1. Inwiefern hat die operative Planung eine „Übersetzungsfunktion"?
2. Aus welchen Gründen wird für die operative Planung „operative Flexibilität" gefordert?
3. Warum ist eine Planung des Wertumlaufprozesses, die lediglich auf die Rentabilität abstellt, zur Existenzsicherung einer Unternehmung nicht ausreichend?
4. Skizzieren Sie die Vorgehensweise der Sukzessivplanung.
5. Erläutern Sie an zwei Beispielen die Interdependenz der Teilpläne.
6. Was versteht man unter der „Konstruktionsleistung" in Planungsmodellen?
7. In welcher Weise unterscheidet die Planungstheorie zwischen Risiko- und Unsicherheitssituationen?
8. Skizzieren Sie den Unterschied zwischen Planung und Echtzeitsteuerung.
9. Wodurch unterscheidet sich ein prognostizierendes Modell von einem (statistischen) Prognoseverfahren?
10. Inwiefern ist die Break-even-Analyse ein prognostizierendes Modell?
11. Welche Möglichkeiten bietet die Simulation?
12. Was ist unter einer „Sensitivitätsanalyse" zu verstehen?
13. Welchen Zusammenhang sehen Sie zwischen Budgetierung und Kontrolle?
14. Was versteht man unter der Motivationsfunktion von Budgets, und welche Voraussetzungen müssen dafür vorliegen?
15. Wodurch unterscheidet sich das Zero-Base-Budgeting (ZBB) von der traditionellen Budgetierung?
16. Warum ist die Budgetierung trotz sachlicher Abstimmungsverfahren als politischer Prozess interpretierbar?
17. Ist der „budgetary slack" eine Planungstechnik?
18. Welche Bedeutung hat die „Berichterstattung" im Rahmen der operativen Kontrolle?
19. Warum und aus welcher Perspektive setzt die Kontrolle bei divisionaler Organisation an der Formalzielebene an?
20. Nennen Sie Mängel des Return-on-Investment-Konzepts im Hinblick auf den Informationszweck.

Fallstudie: Druck- und Verlagshaus „Speed-Press"

Die Geschäftsleitung eines großen Verlagshauses plant die Einführung der neuen Wochenzeitschrift „Managerjournal". Während der Verlagsleitersitzung zu diesem Thema wird heftigst diskutiert:

Frau Weiß: Ich bin der Meinung, dass wir Erstellung und Druck der neuen Zeitschrift in unserem Verlagshaus „Speed-Press", in dem 140 Mitarbeiter beschäftigt sind, durchführen sollten. Es besteht jetzt seit einem Jahr, und die Erlössituation kann ich nur als positiv bewerten. Sie wissen, wir produzieren dort die Zeitschrift „Bild der Wirtschaft", die eine ver-

6.7 Die operative Kontrolle

kaufte Auflage von 350.000 Exemplaren pro Ausgabe aufweist und bei einer Groß- und Einzelhandelsspanne von 40 % für 2,80 € im Handel erhältlich ist. Aus dem Zahlenmaterial in Ihrer Tischvorlage können Sie sich die detailliertere Kostensituation des letzten Jahres deutlich machen (Anlage 1).

Herr Schwarz: *Wir müssen zur Abschätzung unserer Kapazitäten im Rahmen unseres Expansionsgeschäftes noch darüber entscheiden, ob „Bild der Wirtschaft" auch im ostdeutschen Raum vertrieben werden sollte.*

Herr Jotter: *Aber Herr Schwarz, das rechnet sich doch niemals. Wir wissen doch alle, dass in diesem Raum mit Verkaufspreissenkungen zu rechnen ist, die mindestens zu einer 10%igen Erlösschmälerung führen. Um keine Gewinneinbuße zu erleiden, müssten wir den Absatz erheblich steigern.*

Herr König: *Ich sehe gar kein Problem. Man geht doch bei derartigen Markteinführungsprozessen immer davon aus, dass durchschnittlich zehn Anzeigenseiten akquiriert werden können. Bei einer Reichweite von 350.000 Exemplaren können wir damit rechnen, 15.000,- € pro Seite und Ausgabe zusätzlichen Erlös zu erzielen.*

Herr Jotter: *Aja, das hieße dann, dass sich die Gewinnsituation im Prinzip besser darstellen würde. Das hatte ich nicht berücksichtigt. Wir müssen aber, wenn wir über die Einführung von „Managerjournal" entscheiden wollen, die übrigens dieselben Kapazitäten beansprucht wie „Bild der Wirtschaft", einkalkulieren, dass die Anzeigenkunden jederzeit ihre Aufträge zurückziehen können. Unsere Kosten sollten durch die reinen Verkaufserlöse gedeckt sein.*

Herr Schwarz: *Ist die Marketingstudie über das geschätzte Absatzverhältnis der beiden Zeitschriften schon in Auftrag gegeben?*

Frau Weiß: *Ja natürlich, wir haben bereits erste Ergebnisse. Wenn wir davon ausgehen, dass sich das Absatzvolumen von „Bild der Wirtschaft" nicht verändert, wird das Absatzverhältnis der beiden Zeitschriften etwa 4:1 zugunsten von „Bild der Wirtschaft" betragen. Darüber hinaus wissen wir, dass bei Produktion von „Managerjournal" die Fixkosten um 1.000.000,- € steigen, seine variablen Kosten pro Stück 1,- € betragen und wir mit einem Erlös von 1,50 € rechnen können.*

Mir scheint aber, vor der heute eigentlich anstehenden Entscheidung müssten wir unsere „Speed-Press" noch etwas genauer betrachten, ich glaube da kommen noch einige Entscheidungen vorab auf uns zu. Was wir unbedingt berücksichtigen müssen, ist eine Information, die ich von einer Vertriebsleiterkollegin der Brau AG erhalten habe. Die Firma plant in diesem September eine große Werbekampagne in „Bild der Wirtschaft", und da wird wohl ein Sonderauftrag an uns gehen. Wie ich raushören konnte, handelt es sich um eine Größenordnung von 3.640.000 Exemplaren. Eine Auftragsannahme dürfte sich wohl günstig auf unsere Beschäftigungslage auswirken, die im Herbst nicht voll ausgeschöpft ist. Außerdem wäre es aus

	Imagegründen sehr vorteilhaft, für die Brau AG zu drucken. Wir haben nur ein Problem. Die Brau AG gibt wieder ein Preislimit vor. Für derartige Aufträge gehen die im Preis bestimmt nicht über 1,60 € pro Stück und damit unter unsere Vollkosten.
Herr Jotter:	*Das wäre eine Sache für unseren jungen Controller. Er soll eine kurze Kalkulation zum Thema erstellen. Wir müssen zusätzlich berücksichtigen, dass unsere Druckanlage bald von der Kapazität her nicht mehr ausreicht. Es wird nächstes Jahr deshalb wohl eine kostspielige Neuanschaffung fällig werden. Wir sollten uns bereits jetzt einen groben Einblick in die Kosten verschaffen, die auf uns zukommen. Frau Weiß, Sie hatten doch bei einer ähnlichen Entscheidung schon einmal eine Kalkulation aufgestellt. Was ließe sich denn über die Kosten sagen, wenn wir davon ausgehen, dass die Absatzmenge gleich bleibt und wir einen Mindestgewinn von 4.000.000,- € zugrunde legen?*
Frau Weiß:	*Ich habe zwar die Daten vorliegen (Anlage 2), aber ich lasse bis zur nächsten Sitzung von meinem Mitarbeiter die Zusammenhänge durchkalkulieren und aufarbeiten. Dann lässt sich schon mehr sagen.*
Herr Jotter:	*Wir müssen die Tarifverhandlungen in der Druckindustrie im Auge behalten. Ich gehe davon aus, dass man eine Lohnerhöhung von 6,3 % als realistisch annehmen kann.*
Herr Schwarz:	*Das beeinträchtigt unsere Kostensituation gewaltig. Haben Sie die neuesten Pressemitteilungen über die Verpackungsverordnungen verfolgt? Auch wir werden von den Kennzeichnungspflichten zur Regelung der Remission betroffen, die eine erhebliche Kostenerhöhung und einen großen Verwaltungsaufwand verursachen.*
Frau Weiß:	*Wenn ich mich recht entsinne, hatten wir für den Fall des Inkrafttretens von Verpackungsverordnungen festgelegt, einen Rohstoff mit erhöhtem Altpapieranteil zu verwenden und damit den hohen Handlingsaufwand zu vermeiden.*
Herr Jotter:	*Ich habe die Zahlen von damals noch im Kopf. Der Rohstoff ist in diesem Fall im Einkauf 15 % teurer, und die Kosten für Hilfsstoffe steigen um 350.000,- €.*
Herr Schwarz:	*Wenn die Lohnanpassungen und die Verpackungsverordnung den Erlös schmälern, dann können wir ja in Erwägung ziehen, zur Kompensation die Preise zu erhöhen.*
Herr Jotter:	*Da muss ich auf meine Marktanalysen verweisen. Es ist nämlich zu berücksichtigen, dass sich der Gesamterlös aus Verkaufs- und Anzeigenerlösen zusammensetzt und dass sich jede Preiserhöhung negativ auf Reichweite und Preis auswirkt. Ein kleiner Ausschnitt aus der Analyse liegt Ihnen vor (Anlage 3).*
Frau Weiß:	*Ich glaube, wir sollten die angesprochenen Probleme und Kalkulationen erst noch mal klar durchdenken. Vertagen wir also unsere Entscheidungen, bis wir genauere Daten vorliegen haben. Mein junger Mitarbeiter wird uns dann genau informieren.*

6.7 Die operative Kontrolle

Anlage 1: Kostenstruktur

Fixkosten:	
40 % der Arbeitskosten	4.200.000,- €
Gemeinkosten der Produktion	680.320,- €
Gemeinkosten der Verwaltung	1.330.640,- €
Zinsen	850.400,- €
	7.061.360,- €

Variable Kosten:	
60 % der Arbeitskosten	6.300.000,- €
Rohstoffe	17.290.000,- €
Hilfsstoffe	1.980.000,- €
	25.570.000,- €

Anlage 2: Kostenstruktur zweier Anlagenalternativen

	Verfahren I	Verfahren II
Fixe Kosten	6.300.000,00 €	8.500.000,00 €
Variable Kosten/Stck.	1,30 €	1,10 €
Erlös/Stck.	2,00 €	2,00 €

Anlage 3: Marktforschungsergebnisse

Erlös/Exemplar	Verkaufspreis	Reichweite	Anzeigenerlös/Seite
2,00 €	2,80 €	350.000 Stck.	15.000,- €
2,10 €	2,95 €	350.000 Stck.	15.000,- €
2,20 €	3,10 €	300.000 Stck.	10.000,- €
2,50 €	3,50 €	270.000 Stck.	8.000,- €

Fragen zur Fallstudie*

Sie bekommen von Frau Weiß die Aufgabe, die nächste Vertriebsleitersitzung inhaltlich vorzubereiten.

1. Es ist durchzukalkulieren, wie sich die Gewinnsituation von Speed-Press ursprünglich darstellt. Dabei ist die Frage zu beantworten, ab welchem Zeitpunkt im Jahr durch Druck und Vertrieb von „Bild der Wirtschaft" Gewinn erwirtschaftet wird.

   Zusätzlich sollten für die Sitzung geeignete Kennzahlen gebildet werden, die einerseits Aufschluss darüber geben, wie hoch der Anteil an jedem erlösten Umsatzeuro ist, der zur Deckung der fixen Kosten und darüber hinaus auch zur Gewinnerzielung verbleibt, andererseits darüber informieren, um welchen Teil der realisierte Umsatz sinken kann bzw. steigen muss, bevor Verluste bzw. Gewinne erzielt werden.

   Darzustellen ist auch die Veränderung der Gewinnsituation durch die Akquisition von Anzeigen.

   Für den Erschließungsprozess des ostdeutschen Raumes ist als Informationsgrundlage eine Aussage darüber zu treffen, wie weit der Absatz mindestens gesteigert werden muss, um keine Gewinneinbuße hinnehmen zu müssen (unter Vernachlässigung der Erlöse aus den Anzeigen).

2. Erarbeiten Sie einen Vorschlag, ob der Sonderauftrag angenommen werden sollte oder nicht.
3. Führen Sie für die Sitzung eine Voranalyse durch, mit der erste Informationen darüber gewonnen werden, welches der beiden vorgestellten Produktionsverfahren am kostengünstigsten ist und bereiten Sie die Daten grafisch auf.
4. Stellen Sie sich entsprechende Daten zusammen, um begründet Stellung zu nehmen, ob die negativen Auswirkungen der Lohnerhöhungen und der Verpackungsverordnung durch Verkaufspreiserhöhungen ausgeglichen werden können.
5. Da während Ihrer Vorbereitung noch nicht sicher ist, welche Beschlüsse auf der Vertriebsleitersitzung gefasst werden, sollten Sie darauf vorbereitet sein, bezogen auf die Ausgangsdaten der „Speed-Press", Aussagen darüber zu treffen, ob die Zeitschrift „Managerjournal" in diesem Filialbetrieb produziert werden sollte oder nicht.

* Die Lösungsvorschläge zu diesen Aufgaben finden Sie am Ende dieses Kapitels.

Lösungen zur Fallstudie
Lösung zu Teilaufgabe 1:
Variable Kosten/Stck.: 1,4049451 €
Gesamtkosten/Jahr: 32.631.360,- €
Erlös/Jahr: 36.400.000,- €
Erlös/Stck.: 2,- €
Gewinn: 3.768.640,- €
Produktionsvolumen, bei dem das Unternehmen die Gewinnschwelle erreicht:

$\bar{x}_M = 11.866.737$ Stck. / Jahr.

Ab Mitte August kann mit Gewinnen gerechnet werden.
DBU = 0,298
Sicherheitsabstand: S = 35 %

Anzeigenakquisition:
Gesamterlös/Jahr: 44.200.000,- €
Produktionsvolumen, ab dem das Unternehmen die Gewinnschwelle erreicht:

$\bar{x}_M = 6.898.378$ Stck. / Jahr

DBU = 0,4214931
Sicherheitsabstand: S = 62 %

Ostgeschäft:
10-%ige Erlösschmälerung → Erlös/Stck: 1,80 €
x (1,8 − 1,4049451) = 350.000 · 52 (2 − 1,4049451)
x = 27.413.909
Absatzsteigerung um 9.213.909 Stück, um bei einer 10-%igen Verkaufspreissenkung keine Gewinneinbuße zu erzielen.

6.7 Die operative Kontrolle

Lösung zu Teilaufgabe 2:

	ohne Sonderauftrag	mit Sonderauftrag
DB	0,5950549	0,5283882
DBU	0,2975274	0,2737762
Break-even-Menge	11.866.736	13.363.962
Break-even-Umsatz	23.733.478	25.792.454
Gewinn	3.768.640	4.478.639

Die Hereinnahme des Sonderauftrages, der weit unter Preis und Vollkosten liegt, ist allein schon deshalb betriebswirtschaftlich sinnvoll, weil das Preislimit von 1,60 €/Stck. über den variablen Kosten von 1,40 € liegt und gleichzeitig durch die Hereinnahme des Sonderauftrages eine eventuelle Kurzarbeit vermieden wird. Darüber hinaus erbringt eine detailliertere Berechnung bei Hereinnahme des Sonderauftrages eine Verbesserung des voraussichtlichen Jahresergebnisses von 709.999 €.

Lösung zu Teilaufgabe 3:
Ab einer verkauften Auflage von 9.000.000 Stck./Jahr bzw. 9.444.444 Stck./Jahr ist das Unternehmen unter Inbetriebnahme von einer der neuen Anlagen in der Gewinnzone.

Die Break-even-Punkte (14.714.286/13.888.889 Stck./Jahr), die das Erreichen des für das Rechnungsjahr geforderten Mindestgewinns sichern, liegen in einer anderen Reihenfolge als die Gewinnschwellen. Daraus wird deutlich, dass bei der Ausbringungsmenge von 11.000.000 Stck. die Kosten der beiden Verfahren übereinstimmen. Bis zu dieser Menge überwiegt der Vorteil der geringeren variablen Kosten, und Verfahren 2 ist von den Gesamtkosten her günstiger. Diese Aussage ist unabhängig von der Erlössituation errechenbar und das Ergebnis gestattet keine Aussage darüber, ob ein Break-even-Punkt im Sinne der Gewinnschwelle überhaupt erreichbar ist. Als zusätzliches Entscheidungskriterium ist demnach die prognostizierte Absatzmenge einzubeziehen. Vergleiche auch die grafische Darstellung der Lösung in Abb. 6.10.

Lösung zu Teilaufgabe 4:
Gesamtkosten: 36.236.360,- €
Gewinn: 7.963.640,- €
→ Gewinneinbuße: 3.605.000,- €
Neue Ergebnisrechnung:

Erlös/Stck.:	2,10 € Gewinn: 9.783.640,- €;
	Gewinnsteigerung 1.820.000,- €
Erlös/Stck.:	2,20 €; Gewinn: 7.413.697,- €;
	Gewinnschmälerung 549.943,- €
Erlös/Stck.:	2,50 €; Gewinn: 9.631.732,- €;
	Gewinnsteigerungen 1.668.092,- €

Die Kostensteigerung kann durch eine Preiserhöhung nicht aufgewogen werden. Betriebswirtschaftlich sinnvoll ist jedoch zumindest eine Preiserhöhung auf 2,10 €, da unter

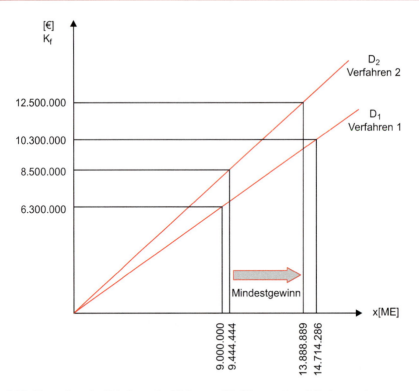

Abb. 6.10 Voranalyse der Erhöhung der Fixkosten, Einführung eines Mindestgewinns

diesen Bedingungen ein höherer Erlös bei gleich bleibender Reichweite und Anzeigenerlösen erwirtschaftet werden kann.

Lösung zu Teilaufgabe 5:
Fixe Kosten: 7.061.360,- € + 1.000.000,- € = 8.061.360,- €
Berechnung der variablen Kosten:

	„Bild der Wirtschaft"	„Managerjournal"	Summe
Anteil	0,8	0,2	1
variable Kosten	1,4049451	1	
gewichtete variable Kosten	1,1239561	0,2	1,3239561
Erlös	2	1,5	
gewichtete Erlöse	1,6	0,3	1,9

DBU = 0,303181
$\bar{x}_M$ = 13.994.350 Stck./Jahr, davon 11.195.480 Stck. „Bild der Wirtschaft", 2.798.870 Stck. „Managerjournal"
Gewinn: 5.043.639,- €

Die neue Produktsituation weist im Vergleich zur Ausgangssituation eine Veränderung sowohl der fixen als auch der variablen Kosten auf. Der Break-even-Punkt liegt höher, die proportionalen Kosten sind geringer. Der Deckungsbeitrag pro Umsatzeinheit und somit die Ertragskraft sind größer, ebenso die fixen Kosten. Der Deckungsbeitrag bleibt ungefähr gleich.

Wenn also Kapazitäten zur Realisierung vorhanden sind, dann ist Druck und Vertrieb der Zeitung „Managerjournal" als vorteilhaft zu bewerten.

Literatur

Ansoff, H. I. (1981), Die Bewältigung von Überraschungen und Diskontinuitäten durch die Unternehmensführung – strategische Reaktionen auf schwache Signale, in: Steinmann, H. (Hrsg.), Planung und Kontrolle, München, S. 233–264.

Bamberg, G./Coenenberg, A. G./Krapp, M. (2019), Betriebswirtschaftliche Entscheidungslehre, 16. Aufl., München.

Baer, M./ Dirks, K.T./ Nickerson, J.A. (2013), Microfoundations of strategic problem formulation, in: Strategic Management Journal 34, S. 197–214.

Chen, Q. (2003), Cooperation in the budgeting process, in: Journal of Accounting Research 41, S. 775–796.

Dangl, T./Kopel, M./Kürsten, W./Albach, H. (2004), Real Options – ZfB Ergänzungsheft, Wiesbaden.

Dearden, J. (1987), „Measuring profit center managers", in: Harvard Business Review 65 (5), S. 84–102.

Deckert, A./ Klein, R. J. (2010), Agentenbasierte Simulation zur Analyse und Lösung betriebswirtschaftlicher Entscheidungsprobleme, in: Journal für Betriebswirtschaft 60, S. 89–125.

Domschke, W./ Drexl, A./Klein, R./Scholl, A. (2015), Einführung in Operations Research, 9. Aufl., Wiesbaden.

Fiedler, R. (2009), Controlling von Projekten: mit konkreten Beispielen aus der Unternehmenspraxis – alle Aspekte der Projektplanung, Projektsteuerung und Projektkontrolle, Heidelberg/Berlin.

Friedberg, E. (1995), Ordnung und Macht, Dynamik organisierten Handelns, Frankfurt am Main/ New York.

Goebel, S./Weißenberger, B. (2016), The dark side of tight financial control: Causes and remedies of dysfunctional employee behavior. In: Schmalenbach Business Review 17, S. 69–101.

Gutenberg, E. (1983), Grundlagen der Betriebswirtschaftslehre, Band 1, Die Produktion, 24. Aufl., Berlin/Heidelberg/New York.

Hofstede, G. H. (1967), The game of budget control: how to live with budgetary standards and yet be motivated by them, Assen.

Hope, J./Fraser, R. (2003), Beyond budgeting: how managers can break free from the annual performance trap, Boston/Mass.

Horváth, P./Möller K. (2004), Budgetierung und Organisationsstruktur. Welche Budgetierung passt zu welcher Organisation, in: Zeitschrift für Führung und Organisation 73 (2), S. 68–73.

Huchzermeier, A. /Loch, C.H. (2001), Project management under risk: Using the real options approach to evaluate flexibility in R&D, in: Management Science 47, S. 85–101.

Kaplan, R. S. (1984), The evolution of management accounting, in: The Accounting Review 59 (3), S. 390–418.

Kleijnen, J. P. C. (2007), Design and analysis of simulation experiments, Heidelberg/Berlin.

Kruschwitz, L. (2014), Investitionsrechnung, 14. Aufl., München

Küpper, W./Ortmann, G. (1992), Mikropolitik. Rationalität, Macht und Spiele in Organisationen, Opladen.

Laux, H./Gillenkrich, R./Schenk-Matthes, H. (2019), Entscheidungstheorie, 10. Aufl., Berlin/Heidelberg.

Lechner, C./Floyd, S. W. (2012), Group influence activities and the performance of strategic initiatives, in: Strategic Management Journal 33, S. 478–495.

Lüder, K. (1981), Kritische Anmerkungen zur Steuerung divisional organisierter Unternehmen mithilfe des Return on Investment-Konzepts, in: Steinmann, H. (Hrsg.), Planung und Kontrolle, München, S. 400–409.

Luhmann, N. (1984), Soziale Systeme. Grundriss einer allgemeinen Theorie, Frankfurt am Main.

Lynn, M. L. (2005), Organizational buffering: Managing boundaries and cores, in: Organization Studies, 26, 37–61.

Menges, G./Henn, R. (1965), Vorentscheidungen. Operations Research Verfahren II, Meisenheim am Glan.

Merchant, K./von der Stede, W. (2017), Management control systems, 5. Aufl., Harlow.

Meyer, M. (1996), Operations Research, Systemforschung, 4. Aufl., Stuttgart.

Newell, A. /Simon, H. A. (1972), Human problem solving, Englewood Cliffs/N. J.

Nutt P. C. (1992), Formulation tactics and the success of organizational decision making, in: Decision Sciences 23, S. 519–540.

Pfaff, D. (2002): Budgetierung, in: Küpper, H.-U./Wagenhofer, A. (Hrsg.), Handwörterbuch Unternehmensrechnung und Controlling, 4. Aufl., Stuttgart, S. 231–241.

Pyhrr, P. A. (1970), Zero-base budgeting, Harvard Business Review, 48 (6), S. 111–121.

Rieg, R. (2015), Planung und Budgetierung, 2. Aufl., Wiesbaden.

Tucker, S. A. (1966), Break-even-Analyse, die praktische Methode der Gewinnplanung, München.

Wall, F. (2016), Agent-based modeling in managerial science: an illustrative survey and study, in: Review of Managerial Science 10, S. 135–193.

Watzlawick, P. (1985), Die erfundene Wirklichkeit, München.

Weick, K. E./Sutcliffe, K. M. (2010), Das Unerwartete managen: Wie Unternehmen aus Extremsituationen lernen (Übers. a. d. Engl.), 2. Aufl., Stuttgart.

Teil IV
Organisation und Führung

Organisatorische Strukturgestaltung 7

Zusammenfassung

In Kapitel 7 wird der Beitrag des Organisierens für die Steuerung von Unternehmen beleuchtet. Es wird die Bedeutung organisatorischer Regelungen herausgearbeitet, aber auch auf die Limitationen dieses regelbasierten Managementinstruments verwiesen. Das Organisieren wird in zwei Hauptaufgaben untergliedert, die Differenzierung und die Integration. Die Differenzierung bezieht sich auf den Basissachverhalt jeder Organisation, die organisatorische Arbeitsteilung und den damit verbundenen Vorteilen. Hierzu werden die wesentlichen Teilungsmuster vorgestellt, insbesondere die Spezialisierung nach Aufgaben und nach Objekten. Ein besonderes Augenmerk gilt dabei der funktionalen bzw. der divisionalen Organisation.

Die organisatorische Integrationsaufgabe wird mit drei Hauptinstrumenten umschrieben: Hierarchie, Programmierung und Selbstabstimmung. An erster Stelle steht die Hierarchie in ihren Grundzügen und Leistungsbeiträgen, dem wird gegenübergestellt die Kritik an der hierarchischen Integration und die aktuelle Forderung nach hierarchiearmen Abstimmungsformen. Bei der Programmierung wird im Wesentlichen zwischen Konditional- und Zweckprogrammen unterschieden. Die Zweckprogrammierung ist landläufig unter dem Begriff des Management by Objectives bekannt. Die Selbstabstimmung oder auch Spontanabstimmung wird anschließend in ihrer grundsätzlichen Bedeutung beschrieben und nach verschiedenen Formen organisierter Selbstabstimmung unterschieden. Dabei spielt das Instrument der Matrixorganisation eine zentrale Rolle als ein in der Praxis häufig gewähltes Instrument zur Bewältigung komplexer Abstimmungsprobleme. In dem Zusammenhang wird auch auf neue Formen der horizontalen

Abstimmungsorganisation verwiesen, z. B. die fraktale Organisation oder die interne Netzwerkorganisation. In diesem Kontext gilt das Interesse auch den Vorschlägen zu einer Prozessintegration, d. h. einer Restrukturierung des Unternehmens nach mehr oder weniger verselbständigten Prozessen, die in sich verschiedene Prozessstufen umfassen.

Abschließend wird das Organisieren in den Kranz verschiedener Einflussgrößen gestellt. Berücksichtigung findet zunächst die Umwelt als Kontextfaktor, wobei vornehmlich zwischen turbulenten und stabilen Umwelten mit je spezifischen Kontextbedingungen unterschieden wird. Verwandt damit ist die Technologie als Einflussfaktor, wobei hier in besonderem Maße die grundsätzliche Rekursivität der Organisationsgestaltung eine Rolle spielt: Technologie als bestimmende Einflussgröße einerseits und als Gegenstand des Einflusses der Organisationsmitglieder andererseits. Als weitere Einflussfaktoren werden schließlich der Lebenszyklus von organisierten Systemen und die Charakteristika der zu organisierenden Menschen bzw. deren Handlungen und Handlungsmotivationen beleuchtet.

7.1 Steuerung mit Organisation

Die Organisationslehre ist ein Kind der Industrialisierung, sie hat im späten 19. Jahrhundert in den Zeiten des ersten stürmischen Wachstums der Unternehmen, vor allem aber in den 1920er-Jahren ihre entscheidende Prägung erfahren (Kocka 2000). Die eigentliche Wurzel der Organisationsaufgabe liegt in der Nutzung von Vorteilen der **Arbeitsteilung** und der **Standardisierung** sowie in der Bewältigung der daraus resultierenden Koordinationskomplexität. Dementsprechend richtete sich das Hauptaugenmerk der Organisationsbemühungen auf die Beherrschbarkeit der rasch wachsenden und immer weiter spezialisierten Unternehmen wie auch – damit einhergehend – auf die Schaffung von Transparenz. Alfred Krupp hat diese Aufgabenstellung in den 1870er-Jahren für sein Unternehmen, das damals bereits 10.000 Personen beschäftigte, sehr prägnant auf den Punkt gebracht. Er wollte, dass in seinem Unternehmen nichts von Bedeutung unternommen werde, „das nicht im Zentrum der Prokura bekannt sei oder mit Vorwissen und Genehmigung derselben geschehe", und forderte, „dass man die Vergangenheit der Fabrik sowie die wahrscheinliche Zukunft derselben im Bureau der Hauptverwaltung studieren und übersehen kann, ohne einen Sterblichen zu fragen …" (zitiert nach Kocka 1969: 344). Und Bourcart (1874) hält in seinen zur selben Zeit erschienenen „Grundsätzen der Industrieverwaltung" fest: „Die Ordnung in einem Geschäfte ist die Garantie für seine Prosperität" (ebenda: 340).

In der Betriebswirtschaftslehre wurden dementsprechend organisatorische Ordnungsstrukturen als selbstverständliche, ja konstitutive Elemente eines Betriebs angesehen. Im Gefolge davon hat man nur noch die Frage des „wie" thematisiert, d. h. wie ist das organisatorische Strukturgefüge und der hierarchische Instanzenzug optimalerweise auszulegen? Diese Perspektive ist indessen für eine Managementlehre zu eng. Sie muss als Steuerungslehre zuallererst nach der **Funktion** fragen, die organisatorische Strukturen im

7.1 Steuerung mit Organisation

Steuerungsprozess übernehmen können. Es gilt herauszuschälen – wie in Kap. 4 dargelegt –, wo das Leistungspotenzial des Steuerungsinstruments Organisationsstruktur liegt, wo seine Grenzen sind und wodurch es gegebenenfalls ersetzt oder ergänzt werden kann.

Organisatorische Strukturen sind ganz allgemein ein basales Mittel, die Komplexität auf ein bearbeitbares Maß zu reduzieren. Nachdem sich Systeme durch die Herstellung einer **Differenz zur Umwelt** konstituieren, unterscheiden sich System und Umwelt stets durch ein Komplexitätsgefälle. Der Komplexität der Umwelt setzt das Unternehmen seine Selektion als Differenz- und Identitätskriterium entgegen. Diese verringerte Komplexität muss im System gesichert werden (vgl. im Einzelnen dazu Kap. 4).

Organisatorische Strukturen reduzieren die **Komplexität** auf ein überschaubares Maß und übersetzen diese in ein System von Regeln, die ganz bestimmte Erwartungen an das Verhalten der Organisationsmitglieder richten. Um diese Aufgabe in effizienter Form wahrnehmen zu können, werden im Rahmen der organisatorischen Strukturierung spezialisierte Teileinheiten (Stellen, Abteilungen, Sparten usw.) geschaffen.

Durch die organisatorische Ausbildung spezialisierter Teileinheiten wird jedoch die **Binnenkomplexität** des Gesamtsystems gesteigert. Ein organisatorisch ausdifferenziertes Gesamtsystem kennt mehr Referenzen und mehr Möglichkeiten des Handlungsanschlusses zwischen den organisatorischen Elementen als überschaubar und verarbeitbar ist (Luhmann 1984). Mit anderen Worten die durch Organisation geschaffene Binnenkomplexität setzt zentrifugale Kräfte frei, die als solche wieder gebündelt werden müssen. Das Management muss sich deshalb gleichermaßen diesem „Folgeproblem" widmen. Soll es auch organisatorisch-strukturell gelöst werden – was keineswegs zwingend ist –, so wird den Teileinheiten (Stellen/Abteilungen usw.) für ihre Kooperationsanschlüsse eine Ordnung vorgegeben oder, anders ausgedrückt, ihre Integration wird geregelt (Lawrence und Lorsch 1967).

Zusammenfassend kann man sagen, dass **Arbeitsteilung** bzw. Auffächerung des Arbeitsprozesses und Bildung von leistungsfähigen Aktionseinheiten einerseits und **Arbeitsvereinigung**, d. h. die gezielte Zusammenführung der einzelnen Elemente andererseits, die zentralen Gesichtspunkte des Steuerungsinstruments „Organisation" bilden. In der Organisationsliteratur werden dementsprechend häufig **„Differenzierung"** und **„Integration"** als Basisaufgaben der organisatorischen Gestaltung bestimmt. Diese zwei Gestaltungsaufgaben sind konsekutiv und latent widersprüchlich: Je stärker eine Organisation differenziert wird, umso mehr Anstrengungen müssen unternommen werden, die Aktivitäten wieder zu integrieren. In jedem Falle gilt es zu sehen – das sei noch einmal betont –, dass die Schaffung stabiler regeldefinierter Strukturen zur Ausdifferenzierung und zur Zusammenführung nur ein mögliches, wenn auch sehr viel gewähltes Steuerungsinstrument darstellt. Es steht grundsätzlich in Leistungskonkurrenz zu anderen Steuerungsinstrumenten; es ist keineswegs ausgemacht, dass der organisatorischen Lösung immer der Vorzug gebührt. Der Einsatz der Strukturlösung und der Umfang des Einsatzes ist selbst eine immer wieder neu zu reflektierende Aufgabe des Managements von Unternehmen. Gerade in jüngerer Zeit häufen sich die Hinweise, dass in vielen Branchen die einstmals so dominante Strukturlösung zugunsten von anderen Steuerungsformen, sei es in Form der improvisierten Ad-hoc-Lösung, flexibler Modularisierung oder der Scrum-Organisation, etwas zurücktritt (Hedlund 1994; Garud et al. 2009; Sutherland 2014).

Das praktische Problem der organisatorischen Gestaltung besteht nur in seltenen Fällen im kompletten Entwurf eines neuen Strukturgefüges, in aller Regel geht es darum, Teil-Reorganisationsmaßnahmen zu planen. „Organisieren" als Managementfunktion ist dementsprechend auch keine punktuelle Aufgabe, die nur alle zwei oder fünf Jahre anfällt, sondern ein **ständiger Prozess**. Fortlaufend erweisen sich einmal gefundene Problemlösungen als revisionsbedürftig oder es tauchen neue Problemstellungen auf, für die eine organisatorische Lösung zu finden ist. Einmal ist beispielsweise die Leiterin der Forschungs- und Entwicklungsabteilung völlig überlastet, im anderen Fall wirft eine neue Fertigungstechnologie die Frage von Reorganisationsmaßnahmen auf; dann ist es wieder die unzureichende Kommunikation zwischen der Produktentwicklung und der Konstruktion, die einen effektiven Leistungsprozess behindert, oder der Außendienst muss an die geänderte Kundenstruktur angepasst werden. Natürlich wird hin und wieder auch eine Revision der Gesamtorganisation notwendig, dann ist aber in aller Regel nur der Gesamtrahmen betroffen, nicht aber die organisatorische Einzelregelung. Der Einsatz von Organisationsstrukturen zu Steuerungszwecken stellt also eine permanente Herausforderung dar, die Diagnosefähigkeiten, gestalterische Fantasie, aber auch das Vermögen, organisatorische Veränderungen durchzuführen, erfordert. Es ist ein gewichtiges Element im Aufgabenbereich **jeder Führungskraft**.

7.2 Was heißt Organisieren?

Die Schaffung einer **selektiven Ordnung** war im letzten Abschnitt als allgemeine Aufgabe der Organisationsstruktur beschrieben worden. Es schließt sich die Frage an, was man sich darunter konkret vorzustellen hat und wie diese Ordnung hergestellt wird. Was also heißt Organisieren?

Untersucht man den Organisationsvorgang näher, so zeigt sich sehr schnell, dass es darum geht, Regeln zu schaffen. Es geht um Regeln zur Festlegung der Aufgabenverteilung und -koordination, Verfahrensrichtlinien bei der Bearbeitung von Vorgängen, Beschwerdewege, Kompetenzabgrenzungen, Weisungsrechte, Unterschriftsbefugnisse usw. Die Ordnung eines Unternehmens ist so gesehen nichts anderes als ein Geflecht aus Regeln. Gewöhnlich nennt man eine durch Regeln geschaffene Ordnung eines sozialen Systems **Organisationsstruktur**.

Von der Zielbestimmung her werden organisatorische Regeln nicht nur geschaffen, um einen effizienten Aufgabenvollzug sicherzustellen, sondern auch um Konflikte in geordnete Bahnen zu lenken, Pfade für die Kommunikation neuer Ideen zu schaffen oder das Auftreten nach „außen" in ein einheitliches Muster zu bringen. Schon aus diesen wenigen Beispielen wird deutlich, dass sich organisatorische Regelungen immer auf die Organisationsmitglieder richten, genauer auf deren Verhalten und Aktivitäten. Organisatorische Regeln stellen darauf ab, die Handlungsweisen der Organisationsmitglieder vorab zu bestimmen und damit untereinander erwartbar zu machen – jedenfalls bis zu einem gewissen Grade, denn ob im Einzelfall dann tatsächlich so gehandelt wird, kann man vorab nicht genau wissen (Luhmann 2011: 224). Die Regeln schränken den **Handlungsspielraum** des einzelnen Organisationsmitgliedes ein. Dementsprechend gilt: Je mehr Regeln geschaffen werden, umso mehr wird der Leistungsprozess und seine Steuerung standardisiert oder eben entindividualisiert (Gutenberg 1983: 238). Strukturen sind gewissermaßen Vorentscheidungen über die Auswahl von Handlungsalternativen. Aus der Vielzahl der Handlungsmöglichkeiten wird vorab eine oder ein begrenzter Raum an Möglichkeiten ausgezeichnet.

Zu den organisatorischen Regeln gehören zuallererst die offiziellen von der Geschäftsleitung eingeführten Regeln, sie sind planerisch entworfen und aus der sogenannten **Direktionsbefugnis des Arbeitgebers** abgeleitet und in Geltung gesetzt („autorisiert"). Man nennt sie auch **formale Regeln**. Nicht alle Regeln, die in einer Firma Beachtung finden, sind indessen auf diesem offiziellen, geplanten Wege entstanden. Häufig entstehen Regeln auch spontan aus dem Handeln heraus und bewähren sich im täglichen Arbeitsvollzug („Praktiken"). Die Mitarbeiter bilden gewissermaßen selbstständig **Routinen** (Nelson und Winter 1982). Bisweilen sind es auch Regeln aus betriebsübergreifenden Bereichen, wie etwa einer Branche oder einer Berufsgruppe, die in dem einzelnen Unternehmen wie selbstverständlich gelten, ohne dass sie je von einer dazu berechtigten Stelle eingeführt worden wären. Alle Regeln dieser Art bezeichnet man als **informal**. Sie stellen eine Art „Schattenwelt" dar, einen Strom zusätzlicher Orientierungsmuster und Erwartungen, die meist in Korrespondenz (rivalisierend, komplementär, additiv usw.) zu den formalen Regeln auftreten (Friedberg 1995).

Organisatorische Regeln, gleichgültig, ob nun formaler oder informaler Natur, geben Ordnung, sie strukturieren Situationen vor und drücken Erwartungen aus, wie in bestimmten Situationen zu verfahren ist. Gutenberg (1983: 238 ff.) spricht in diesem Zusammenhang von **generellen** Regelungen und unterscheidet sie von **fallweisen** Regelungen; mit Letzteren sind die auf den einzelnen Geschäftsvorfall bezogenen individuellen Anordnungen gemeint. Um sprachliche Verwirrungen zu vermeiden, sollen Letztere hier allerdings im Unterschied zu Gutenberg nicht als organisatorische Regeln gelten, sondern als dispositive Einzelhandlung der Managementfunktion „Führung" zugerechnet werden. Demgemäß spricht auch Erich Kosiol (1976: 75) hier nicht von organisatorischen Regeln, sondern von **„dispositiven"** Maßnahmen. Die organisatorische Regel ist die Alternative zur führungsmäßigen Anordnung, eine generelle Regelung macht die fallweise Anordnung überflüssig. **Organisieren** kann man im Anschluss an diese Unterscheidung auch als den sukzessiven Ersatz fallweiser durch generelle Regeln begreifen.

Es ist allerdings keineswegs wirtschaftlich, grundsätzlich generelle anstelle von fallweisen Entscheidungen zu setzen. Eine generelle Regelung (Routine) empfiehlt sich nach Gutenberg nur dort, wo sich absehen lässt, dass sich die zu regelnden Vorgänge in gleicher oder ähnlicher Form wiederholen. Betriebliche Tatbestände, die eine hohe Variabilität aufweisen oder erwarten lassen, generell regeln zu wollen, wäre in hohem Maße ineffizient. Der Betrieb würde fortwährend Gefahr laufen, das falsche Problem zu lösen, weil seine Problemlösungsverfahren auf eine andere Situation zugeschnitten sind. Mit anderen Worten, die generelle Regelung setzt ein hinreichendes Maß an Gleichförmigkeit voraus. Es ist daher eine wichtige Maxime des Organisierens, keine Überorganisation herbeizuführen in dem Sinne, dass Tatbestände einer generellen Regelung unterworfen werden, die sich dafür nicht eignen. Es ist eines der großen Verdienste von Gutenberg, frühzeitig darauf aufmerksam gemacht zu haben, dass die generelle Regelung mit der spontan zu bestimmenden Einzelfallentscheidung in einem kontinuierlichen Effizienzwettbewerb steht. Die Substitution ist – wie eingangs dargelegt – nach beiden Seiten offen. Eine generelle Vorentscheidung für die generelle Regel ist nicht rational (vgl. dazu Kasten 7.1).

Kasten 7.1

Das Substitutionsprinzip der Organisation
Gutenberg geht davon aus, dass bei der organisatorischen Gestaltung betrieblicher Tatbestände grundsätzlich die Wahl besteht zwischen fallweiser und genereller Regelung. Das Substitutionsprinzip fordert dazu auf, bestehende fallweise durch generelle Regelungen solange zu ersetzen, bis der Grenzertrag der Substitution gleich null ist; von da an wird jede weitere Substitution kontraproduktiv (negativer Grenzertrag). Für jede Organisation gibt es demnach eine je spezifische optimale Mischung aus freier und gebundener Form.

Grundsätzlich gilt, je mehr variable betriebliche Tatbestände vorfindbar sind, umso weniger kann die Substitution fallweiser durch generelle Regelungen erfolgen. Eine Überorganisation liegt demnach vor, wenn variable Tatbestände generell geregelt sind, eine Unterorganisation dagegen dann, wenn gleichartige und regelmäßige Vorgänge fallweise geregelt sind. Schematisch lässt sich der Zusammenhang wie folgt darstellen (unter der Annahme eines mittleren durchschnittlichen Variabilitätsgrads):

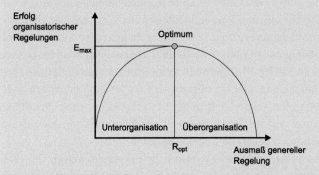

Einwendungen:

1. Die Variabilität betrieblicher Tatbestände ist von vorgängigen organisatorischen Regelungen beeinflusst und damit keine dem Wesen nach unabhängige Determinante.
2. Das Ausmaß der Variabilität ist nicht genau vorhersehbar, insofern kann das Optimum immer nur ex post bestimmt werden.

> 3. Der Erfolg organisatorischer Regelungen bestimmt sich nicht nur nach der Angemessenheit des Regelumfangs, sondern auch nach Gesichtspunkten wie Elastizität der Regelung und Motivation der regelbetroffenen Mitarbeiter.
>
> Quelle: Gutenberg 1983: 239 ff., ferner Seiwert 1979: 77

Mit dem Rekurs auf die Variabilität betrieblicher Tatbestände wird auf einen wichtigen Sachverhalt aufmerksam gemacht, nämlich auf den Bedingungsrahmen des Organisierens, der nicht oder zumindest nur teilweise in der Kontrolle der Akteure steht. Auf diesen Bedingungsrahmen und seinen Stellenwert wird unten noch einzugehen sein.

Die offizielle, d. h. von den dafür legitimierten Stellen eingeführte Organisationsstruktur (= System formaler Regelungen) wird zumeist für den internen und externen Geschäftsverkehr **sichtbar** gemacht. Zunächst einmal finden die Regelungen in Geschäftsverteilungsplänen, Stellenbeschreibungen und **Dienst**anweisungen o. Ä. ihren Niederschlag, besonders wichtige Regeln werden häufig in Betriebsordnungen festgehalten. Das bekannteste Mittel, Organisationsstrukturen zu visualisieren, ist jedoch das **Organigramm**, das mit einer schaubildartigen Übersicht über die geltenden Regelungen informiert. Dabei muss man jedoch sehen, dass Organigramme nur einen Ausschnitt aus dem organisatorischen Regelwerk zeigen, nämlich die Regeln zur Abteilungsbildung und der Autoritätsbeziehungen (Hierarchie).

7.3 Organisatorische Differenzierung

Das Kernaufgabengebiet der Organisationsgestaltung war eingangs als **Dualproblem** bestimmt worden, nämlich als Problem der Arbeitsteilung (Differenzierung) einerseits und als Problem der Arbeitsvereinigung (Integration) andererseits (vgl. Abb. 7.1).

Wenden wir uns zunächst der Differenzierung zu. Ausgangsproblem jeder systematischen organisatorischen Differenzierung ist die Frage nach der günstigsten Teilung und Zuweisung von Arbeiten. Die in den Zielen fixierte und im Produkt-Markt-Konzept konkretisierte Gesamtaufgabe einer Unternehmung ist in aller Regel zu umfangreich, als

Abb. 7.1 Das Dualproblem der Organisationsgestaltung

dass sie von einer Person ausgeführt werden könnte. Sie wird von mehreren Personen gemeinsam erledigt, und daher ist festzulegen, welche Teilaufgaben von welchen Organisationsmitgliedern zu bewältigen sind. Werden generelle Lösungen angestrebt, so führt dies im Ergebnis zu einem differenzierten Strukturgefüge, dessen Varietät von dem Ausmaß der gewählten Spezialisierung der Stellen und Abteilungen abhängt.

7.3.1 Aufgabenanalyse

Methodisch gesehen setzt eine zweckmäßige Verteilung der Aktivitäten die systematische Durchdringung der Aufgaben voraus. In der deutschen Organisationslehre hat Erich Kosiol hierfür die wohl bekannteste Systematik entwickelt, er nennt sie **Aufgabenanalyse** (Kosiol 1976: 42).

Nach dieser Konzeption soll die Gesamtaufgabe anhand von fünf Dimensionen gedanklich in Elementarteile zerlegt werden:

1. nach den **Verrichtungen** (z. B. Sägen, Schweißen, Nieten)
2. nach den **Objekten** (z. B. Aufgaben an Tischen, Stühlen, Schränken)
3. nach dem **Rang** (nach Entscheidungs- und Ausführungsaufgaben)
4. nach der **Phase** (nach Planungs-, Realisierungs- und Kontrollaufgaben)
5. nach der **Zweckbeziehung** (nach unmittelbar oder mittelbar auf die Erfüllung der Hauptaufgabe gerichteten Teilaufgaben).

In der Kosiol'schen Konstruktionslehre werden dann in einem zweiten Schritt, der sogenannten **Aufgabensynthese**, aus Elementarteilen nach bestimmten leitenden Prinzipien organisatorische Einheiten gebildet. Die erste zu bildende Verteilungseinheit heißt **Stelle**. Der **Leitungsaufbau** stellt eine hierarchische Verknüpfung der Stellen durch ihre rangmäßige Zuordnung her. Die Basis-Leitungseinheit heißt **Instanz**, dies ist eine Stelle mit Anordnungsbefugnis. Die Zusammenfassung mehrerer Stellen unter der Leitung einer Instanz heißt **Abteilung**. Im Fortlauf werden dann Abteilungen zu Hauptabteilungen usw. zusammengefasst, bis das gesamte Strukturgefüge errichtet ist. Abb. 7.2 zeigt den schematischen Zusammenhang.

Die Kosiol'sche Systematik hat sich jedoch in der konkreten Arbeit als wenig praktikabel erwiesen. Dies vor allem deshalb, weil die Aufgabenanalyse zu statisch angelegt ist. Auch werden zu viele implizite Voraussetzungen getroffen; man kann diese Analytik gar nicht betreiben, ohne Teile der erst herzustellenden Organisationsstruktur schon zu kennen.

Neuere Ansätze geben die Idee einer vollständigen Zerlegung der Gesamtaufgabe in Elementaraufgaben auf und stellen auch ganz andere Merkmale von Aufgaben in den Vordergrund. Häufig genannte Kriterien der Aufgaben- und Entscheidungsanalyse sind hierbei (vgl. Staehle 1999):

- **Aufgabenvariabilität** (Unterschiedlichkeit der Bedingungen der Aufgabenerfüllung),
- **Aufgabeninterdependenz** (Abhängigkeit der Aufgabenerfüllung von vor- und nachgelagerten Stellen),

7.3 Organisatorische Differenzierung

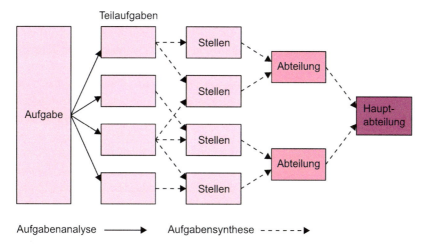

Abb. 7.2 Grundriss der Kosiol'schen Konstruktionslehre. (Quelle: nach Frese 1988: 114)

- **Eindeutigkeit** (Analysierbarkeit der Aufgaben und das Ausmaß, in dem die Korrektheit einer Aufgabenerfüllung nachgeprüft werden kann),
- Zahl möglicher **Lösungswege** und/oder Zahl der richtigen **Lösungen**.

Die praktische Schwierigkeit einer gestaltungsorientierten Aufgabenanalyse zeigt sich allerdings auch hier. Eine Aufgabe lässt sich nämlich in der Regel nicht abstrakt, sondern nur im Rahmen eines schon bestehenden Leistungsprozesses erfassen und analysieren. Dieser setzt jedoch ein Mindestmaß an Organisation schon voraus, d. h., die Aufgabe spiegelt zumindest teilweise schon das Ergebnis vorlaufender organisatorischer Gestaltung wider. Eine völlige Trennung von Aufgabe und Organisation ist weder analytisch noch praktisch möglich. Die Organisationspraxis geht pragmatisch vor. Ohne die Antinomien der Aufgabenanalyse aufzulösen, orientiert sie sich an den Grundthemen der klassischen Aufgabenanalyse, insbesondere den Verrichtungen und Objekten, und zieht zur Feingliederung konkretere Aufgabenmerkmale, wie z. B. Variabilität und Eindeutigkeit, heran.

Die Aufgabenanalyse bildet die Ausgangsbasis für die Organisationsgestaltung. Die bekanntesten Muster der organisatorischen Differenzierung seien im Folgenden kurz aufgezeigt.

7.3.2 Formen organisatorischer Arbeitsteilung

7.3.2.1 Organisation nach Verrichtungen

Die wohl bekannteste Form der organisatorischen Arbeitsteilung ist die Spezialisierung auf Verrichtungen oder Funktionen. Gleichartige Verrichtungen werden zusammengefasst; dies gilt sowohl für die Stellenbildung (z. B. Lackierer) als auch für die Abteilungsbildung

(z. B. Lackiererei). Abb. 7.3 gibt ein Beispiel. Die Vorteile einer verrichtungsorientierten Arbeitsteilung liegen einerseits in der Nutzung von Spezialisierungsvorteilen (Lerneffekte, Größenvorteile usw.) und andererseits in der Bildung in sich homogener Handlungseinheiten und einer dadurch erleichterten Koordination untereinander (Koordinationseffekt).

Von einer **funktionalen Organisation** spricht man für gewöhnlich dann, wenn die zweitoberste Hierarchieebene eines Stellengefüges (Unternehmung, Geschäftsbereich usw.) eine Spezialisierung nach Sachfunktionen vorsieht. Die Kernsachfunktionen eines Industriebetriebes sind Einkauf, Forschung und Entwicklung, Produktion, Marketing. Daneben sind aber auch unterstützende Sachfunktionen wie Finanzierung oder Personal von großer Bedeutung. Die funktionale Organisation findet am häufigsten bei Unternehmungen Verwendung, die nur in einem Geschäftsfeld tätig sind (z. B. Verpoorten GmbH & Co KG) oder über ein weitgehend homogenes Produktprogramm verfügen (vgl. Abb. 7.4).

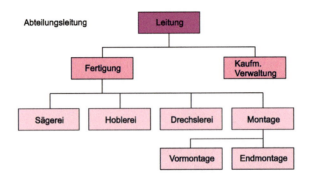

Abb. 7.3 Differenzierung nach Verrichtungen

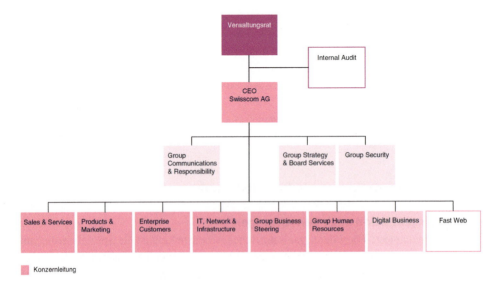

Abb. 7.4 Organigramm Swisscom AG. (Quelle: www.swisscom.ch. Zugegriffen am 16.05.2019)

Das Gestaltungsprinzip der Verrichtungsorganisation stellt auf die Erzielung von Spezialisierungsgewinnen, insbesondere Produktivitätssteigerungen, ab. Die organisatorische Spezialisierung bringt jedoch zwangsläufig eine Fragmentierung der Arbeitsabläufe und eine Tendenz zur **Suboptimierung** („Ressortdenken") mit sich. Die vielen Schnittstellen und der damit verbundene hohe Integrationsaufwand werden immer häufiger als Problem empfunden, nicht zuletzt bedingt durch die Beschleunigung der Marktentwicklung und die damit einhergehende Forderung nach schnellerer Auftragsabwicklung. Die Abstimmungsschwierigkeiten zwischen den Funktionsabteilungen mit jeweils spezialisierter Ausrichtung bringen auch mangelnde Flexibilität mit sich. Weitere Probleme sind die fehlende ganzheitliche Orientierung, insbesondere die fehlende Ausrichtung auf den Abnehmer, und die geringe Zurechenbarkeit von Ergebnissen auf einzelne Akteure.

7.3.2.2 Organisation nach Objekten

Die zweite grundsätzliche Alternative bei der Stellen- und Abteilungsbildung ist die Orientierung an Objekten. Hier bilden Produkte/Güter (einschließlich Dienstleistungen), Kunden oder Regionen/Märkte das gestaltbildende Kriterium für Arbeitsteilung und Spezialisierung (vgl. Abb. 7.5).

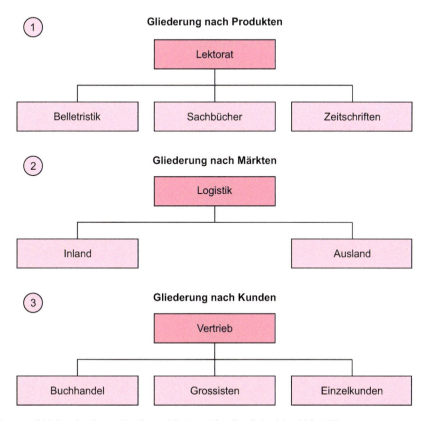

Abb. 7.5 Objektorientierte Abteilungsbildung. (Quelle: Schmidt 1992: 177)

Bei dieser Organisationsform werden also nicht bestimmte **gleichartige** Verrichtungen wie Schmieden oder Graten gebündelt, sondern es werden, ausgehend von Objekten, **verschiedenartige** Verrichtungen zusammengefasst, nämlich jene, die für die Erstellung des betreffenden Objekts notwendig sind. Ein Scharnierhersteller würde dementsprechend z. B. organisieren nach den Objekten: Lkw-Scharniere, Pkw-Scharniere, Möbelscharniere. Die in den letzten Jahren viel diskutierte **Prozessorganisation** ist als ein Sonderfall der objektorientierten Strukturierung zu begreifen. Im Rahmen der Objekte („Leistungsprozesse") wird zusätzlich ein möglichst geringes Maß an Binnenspezialisierung verlangt (Hammer und Champy 1994, Osterloh und Frost 2006).

Neben der Produktorientierung ist auch eine **regionale Gliederung** denkbar. Hier werden die Objekte nach dem Prinzip der lokalen Bündelung zusammengefasst, etwa nach Bundesländern, „Nielsengebieten", Ländern oder Erdteilen. Eine Stellen- und Abteilungsbildung unter dem regionalen Gesichtspunkt wird häufig im Zuge einer Expansionsstrategie gewählt; z. B. bei Ausdehnung des internationalen Geschäfts (vgl. dazu Abb. 7.6). In vielen Fällen ist aber auch das Bestreben, die Transportkosten zu minimieren, für die Entscheidung zugunsten einer lokal dezentralisierten Gliederung der Aktivitäten ausschlaggebend. Es sei darauf hingewiesen, dass regional orientierte Arbeitsteilung nicht zwingend eine physische Dezentralisierung der Aktivitäten voraussetzt.

Ein dritter Gliederungsgesichtspunkt im Rahmen der Objektorientierung fokussiert auf zentrale **Abnehmergruppen** (oder auch Zuliefergruppen), wie z. B. Privatkunden und Geschäftskunden (wie etwa bei der Commerzbank).

Die Alternative Objekt- versus Verrichtungsorientierung stellt sich grundsätzlich auf jeder hierarchischen Ebene neu; keineswegs muss eines der beiden Prinzipien durchgehalten werden. Es ist vielmehr die Regel, beide Prinzipien zu mischen. Die Gliederung der zweiten Hierarchieebene ist jedoch eine besonders wichtige Organisationsentscheidung, sie stellt die Weichen für die Grundausrichtung des gesamten Systems.

Deutsche Telekom Konzern				
Group Headquarters & Group Services				
Deutschland	**USA**	**Europa**	**Systemgeschäft**	**Group Development**
Festnetz und Mobilfunk	Mobilfunk	Festnetz und Mobilfunk	Globale ICT-Lösungen	Ausgewählte Beteiligungen

Abb. 7.6 Regionale Gliederung. (Quelle: www.telecom.com. Zugegriffen am 16.05.2019)

7.3 Organisatorische Differenzierung

Die Objektorientierung auf der zweitobersten Hierarchieebene eines Stellengefüges wird **divisionale Organisation, Spartenorganisation** oder **Geschäftsbereichsorganisation** genannt. Die Divisionen werden meist nach den verschiedenen Produkten bzw. Produktgruppen gebildet (z. B. in einem Chemieunternehmen: Pharma, Düngemittel, Insektizide/Pestizide, dekorative Kosmetik). Bei dem Divisionalisierungskonzept kommt zur objektorientierten Gliederung hinzu, dass die Divisionen gewöhnlich eine weitgehende Autonomie im Sinne eines **Profit Centers** erhalten, d. h., sie sollen quasi wie Unternehmen im Unternehmen geführt werden. Für die organisatorische Aufgabenzuweisung bedeutet dies, dass eine Division (Geschäftsbereich) zumindest die Kern-Sachfunktionen umfassen muss. Ansonsten wäre eine Zurechenbarkeit und damit Gewinnverantwortlichkeit, wie sie das „Unternehmen im Unternehmen"-Konzept vorsieht, nicht gegeben. Das Profitcenter-Konzept ist nicht an die Objektorientierung gebunden, es kann auch in verrichtungsorientierten Gliederungen als Insellösung Verwendung finden (z. B. für die Marktforschung oder die Ausgangslogistik).

Abb. 7.7 zeigt die Organisationsstruktur der BASF AG, die, wie heute bei Großunternehmen üblich, die Divisionalisierung nicht auf die zweite Hierarchieebene beschränkt, sondern einen mehrstufigen Divisionsaufbau wählt, der Unternehmensgruppen/-segmente als vorgeordnete und Geschäftsbereiche als nachgeordnete Koordinationsebenen unterscheidet.

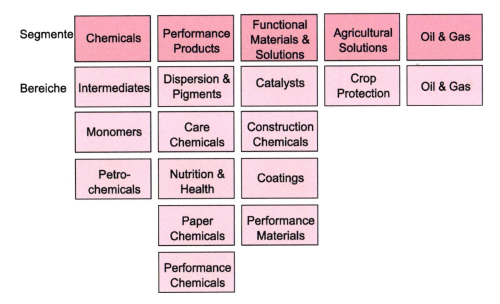

Abb. 7.7 Divisionsstruktur der BASF AG (Stand 2013). (Quelle: www.basf.com. Zugegriffen am 14.05.2013)

Im Hinblick auf die **rechtliche Ausgestaltung** gibt es zwei grundsätzliche Alternativen, nämlich die Sparten als interne Abteilungen zu führen oder sie rechtlich zu verselbstständigen. Im Falle der rechtlichen Verselbstständigung der Sparten entsteht ein **Konzern**. Bisweilen beherbergen bei sehr großen Unternehmen auch die einzelnen Sparten eine ganze Reihe von (rechtlich selbstständigen) Tochter- bzw. Enkelgesellschaften, die Spartengesellschaft ist dann als Teilkonzern anzusehen (zur Konzernorganisation vgl. von Werder 2015: 299 ff.). Im Falle rechtlich verselbstständigter Spartengesellschaften wird die Konzernobergesellschaft häufig als Holding ausgelegt. Die **Holding** ist eine reine Führungsgesellschaft, d. h., ihre Aufgabe ist ausschließlich die Ausübung der Konzernleitung, sie ist nicht mit der Produktion oder dem Vertrieb von Gütern beschäftigt; gleichwohl geht ihre Aufgabe über eine bloße Anteilsverwaltung hinaus (vgl. im Einzelnen Bühner 1996; Schreyögg et al. 2003).

Abb. 7.8 zeigt ein Beispiel für eine konzernleitende Holdinggesellschaft.

Gleichgültig jedoch, wie die rechtliche Ausgestaltung ausfällt, in jedem Falle gehen bei der divisionalen Organisation durch das Prinzip der Gewinnverantwortlichkeit weitreichende Kompetenzen an die Sparten, so dass sich die Frage der Steuerung und Kontrolle für die Spitze stellt. Das Interesse hat sich daher früh auf ein funktionstüchtiges **Steuerungs- und Kontrollsystem** für die Unternehmens-(Konzern)-Spitze gerichtet. Ein wesentlicher Ansatzpunkt für die Gesamtsteuerung ist typischerweise der Verbleib der

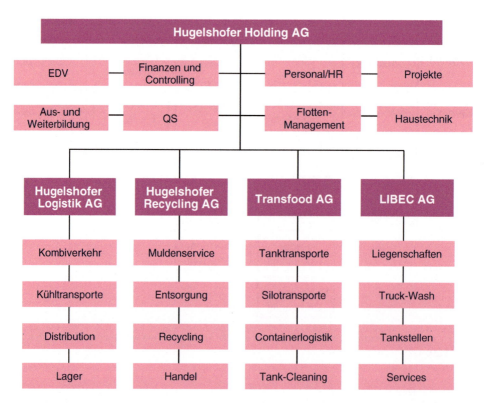

Abb. 7.8 Organigramm Hugelshofer Holding AG (Stand 2016). (Quelle: https://huglshofer.ch. Zugegriffen am 01.07.2016)

Finanzierungsfunktion und die Allokation der finanziellen Ressourcen auf die einzelnen Sparten.

Was die Kontrolle anbelangt, so ist man hier gewöhnlich bestrebt, einfache, übersichtliche, aber dennoch wirksame Systeme zu etablieren, dies zumal dort, wo viele Sparten gebildet werden. In Kap. 6 wurde unter der Rubrik „Operative Kontrolle" bereits das geläufigste Kontrollkonzept vorgestellt, nämlich der **„Return on Investment"**, basierend auf dem Kennzahlen-System, wie es von dem Divisionalisierungs-Pionierunternehmen Du Pont de Nemours/USA in den 1920er-Jahren entwickelt wurde und heute in unterschiedlichsten Varianten Verwendung findet.

Grundvoraussetzung für den Einsatz der divisionalen Organisation ist die Teilbarkeit der geschäftlichen Aktivitäten in homogene, voneinander weitgehend unabhängige Sektoren – nur dann können die Aktivitäten so gebündelt werden, dass eine Erfolgszurechnung möglich wird. Diese Teilbarkeit gilt sowohl **intern** hinsichtlich einer getrennten Ressourcennutzung, als auch **extern** hinsichtlich des Marktes und der Ressourcenbeschaffung.

Historisch gesehen entstammt die divisionale Organisation nicht einer theoretischen Alternativenkonstruktion, sondern ist als Antwort auf die Strategie der **Diversifikation** entwickelt worden. Für breit diversifizierte Unternehmen erwies sich die dabei vorherrschende funktionale Organisation als zu schwerfällig und zu unübersichtlich, man ging immer mehr dazu über, spartenorientierte Strukturen zu entwickeln, die viel besser auf die verschiedenen Strategien und Märkte eines diversifizierten Unternehmens ausgerichtet werden können (im Einzelnen Chandler 1962).

Die konzeptionelle Entsprechung von Diversifikation und Divisionalisierung konnte in mehreren empirischen Studien der Tendenz nach bestätigt werden (Whittington und Mayer 2000). Die Ergebnisse weisen jedoch keineswegs auf eine völlige Übereinstimmung hinsichtlich dieser Strategie und der divisionalen Struktur hin (Mayer und Whittington 2004). Dafür können verschiedene Gründe verantwortlich sein (Personal, Risiko, Ressentiments etc.), der wesentliche Grund ist aber gewiss darin zu suchen, dass die divisionale Organisation auch erhebliche **Nachteile** hat. So geht mit einer Divisionalisierung immer eine Vervielfachung der Führungsstellen einher; dieser zusätzliche Personalaufwand muss kleiner als der durch diese Organisationsform erreichbare Nutzen sein. Ferner bereitet die für klar geschnittene Sparten erforderliche Separierung interdependenter Ressourcen und Märkte häufig unüberwindbare Schwierigkeiten. Der aus der Trennung resultierende **Synergieverlust** wird zu hoch (Frese et al. 2012: 223 ff.). Man denke etwa an den Verlust konditionenpolitischer Vorteile im Einkauf oder an entgangene Größenersparnisse in der Produktion.

Abb. 7.9 zeigt mögliche Vor- und Nachteile der divisionalen Organisation im Überblick, wobei die aufgeführten Nachteile zumeist den Vorteilen der Funktionalorganisation entsprechen et vice versa.

Häufig arbeitet man mit Ergänzungen oder Modifikationen, um auf diese Weise den Nachteilen der Divisionalisierung entgegentreten zu können. So werden nicht selten die Produktions- und Logistikbereiche als Zentraleinheiten belassen, um der Größenvorteile nicht verlustig zu gehen (so z. B. in fast allen Chemieunternehmen

Divisionale Organisation	
Vorteile	Nachteile
– jeweils spezifische Ausrichtung auf die Divisionsstrategien – mehr Flexibilität, weil kleinere Einheiten – Zukäufe und Desinvestitionen leichter zu bewerkstelligen – Entlastung der Gesamtführung – höhere Transparenz der verschiedenen Geschäftsaktivitäten – mehr Motivation durch größere Autonomie – exaktere Leistungskontrolle	– Effizienzverluste durch mangelnde Teilbarkeit von Ressourcen oder durch suboptimale Betriebsgrößen – Vervielfachung hoher Führungspositionen – hoher administrativer Aufwand (Spartenerfolgsrechnung, Transferpreis-Rechnung usw.) – potenzielle Divergenz von Divisions- und Unternehmenszielen – Kannibalismus: Substitutionskonkurrenz zwischen den Divisionen

Abb. 7.9 Potenzielle Vor- und Nachteile der divisionalen Organisation

der Fall). Dem Divisionalisierungsprinzip wird dann hilfsweise durch interne **Verrechnungspreise** oder die Etablierung „interner Märkte" Rechnung getragen, d. h., die Divisionen werden als Abnehmer, die Zentralabteilungen als Anbieter von Leistungen definiert (zum Konzept: Frese 2004).

7.3.3 Organisatorische Teilung des Entscheidungsprozesses

Eine Arbeitsteilung anderer Art orientiert sich am Entscheidungsprozess und untergliedert sich in Entscheidungsvorbereitung und Entscheidung. Die entscheidungsvorbereitenden Tätigkeiten werden aus dem Aufgabenspektrum von Instanzen ausgegliedert und zu eigenen Stellen gebildet; man nennt sie Stabsstellen oder Stäbe. Die zugrunde liegende Idee ist, dass bestimmten Instanzen **Spezialisten als Berater** zur Seite gestellt werden, um neuere wissenschaftliche Erkenntnisse und systematische Methoden der Problemlösung für die Verbesserung der Entscheidungen einsetzbar zu machen, die der Instanz unbekannt oder aus zeitlichen Gründen nicht erschließbar sind. Der Entscheidungsprozess wird zu diesem Zweck geteilt. Die systematische **Entscheidungsvorbereitung** obliegt den Spezialisten, also dem Stab. Die Entscheidung selbst aber und damit die letzte Entscheidungsverantwortung trägt die „Linie".

Die Beratungstätigkeit des Stabes kann unterschiedlich intensiv ausgelegt sein. Bisweilen werden Stäbe nur zur Sammlung von Informationen und abstrakten Problemlösungsverfahren (z. B. Planungsmethoden) eingesetzt. Meist aber umfasst ihre Tätigkeit auch das Generieren

7.3 Organisatorische Differenzierung

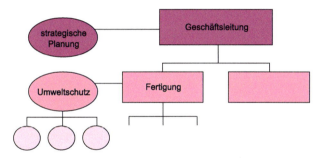

Abb. 7.10 Beispiel für eine Stab-Linie-Organisation

und Selektieren von Alternativen, so dass die „Linie" nur noch die Wahl unter den verschiedenen Alternativen trifft. Bei der sogenannten vollständigen Stabsarbeit bearbeitet der Stab das Problem bis zur Entscheidungsreife, die Instanz trifft dann nur noch eine Ja/Nein-Entscheidung. Dadurch, dass die Stabsstellen nur „mitdenken", nicht aber anordnen sollen, soll die Autorität der Leitungshierarchie jedoch uneingeschränkt in Kraft bleiben.

Stabsstellen werden in der Praxis für vielfältige Funktionen gebildet; typische Stabsaufgaben sind: Strategische Planung, Public Relations, Controlling, Personalentwicklung, volkswirtschaftliche Abteilung in Banken und Versicherungen (vgl. Abb. 7.10).

Daneben werden Stäbe z. T. aber auch zur quantitativen Entlastung von Vorgesetzten eingesetzt (Assistentenstellen). Im eigentlichen Sinne handelt es sich hier jedoch nicht um Stabs-, sondern um reine Hilfsstellen; Letztere deuten meist auf eine Fehlorganisation im Sinne einer Aufgabenüberlastung hin.

Die Zusammenarbeit von Stab und Linie hat sich in der Praxis als sehr konfliktreich erwiesen. Wissenschaftliche Untersuchungen haben ergeben, dass ein Teil der Konflikte durch personelle Faktoren verursacht wird; so z. B. durch Unterschiede im Erfahrungshorizont, im Sozialverhalten, in Ausbildung, Sprachgewohnheiten und Fachsprachen (beginnend mit Dalton 1959). Als besonders problematisch erwies sich die gewöhnlich eher geringe praktische Erfahrung der Stabsmitglieder. Sie haben nicht „von der Pike auf" gelernt und sind erst nach dem Abschluss ihrer – meist akademischen – Ausbildung in die Organisation eingetreten. Dieses Erfahrungsdefizit dient der Linie oft als Argument, um die Vorschläge der „praxisfremden" Stäbe abzublocken oder gar der Lächerlichkeit preiszugeben.

Ein weiterer **Konfliktherd** liegt in der latenten Bedrohung des Linienmanagements durch die Spezialisten. Stäbe werden eingesetzt, wenn das in den Linieninstanzen vorhandene Wissen nicht mehr ausreicht, um die immer komplexer werdenden Entscheidungssituationen befriedigend zu lösen. Aus dem Tätigkeitsbereich der Linienmanager werden also, genau genommen, zunehmend Aufgaben ausgesondert und auf Spezialisten übertragen. Durch die Anwendung neuer Methoden und Techniken fungieren die Stäbe de facto als Kritiker und Reformer. Vorschläge des Stabes werden deshalb tendenziell als Bedrohung empfunden: Lange Zeit bewährte, vielleicht vom Linienmanagement selbst eingeführte Verfahrensweisen werden in Frage gestellt und sollen durch neue ersetzt werden. So stellt sich die Stabsarbeit als solche für die Linie tendenziell als Besserwisserei und Einmischung dar.

Neben den genannten personellen Faktoren ist als weitere wesentliche Konfliktursache die Struktur der Beratungstätigkeit zu sehen. Durch die Aufteilung des Entscheidungsprozesses entsteht – von der Wirkungsrichtung her genau entgegengesetzt zu oben – die Gefahr, dass die Stäbe die **Informationsverarbeitung** beherrschen und dadurch entgegen der formellen Regelung (informationelle) Macht über die Linie gewinnen (Irle 1971). Letztere ist meist nicht in der Lage, den Informationsbeschaffungsprozess nachzuvollziehen; man kann nicht überprüfen, ob die wichtigsten Informationen in die Formulierung der Alternativen eingeflossen sind oder ob die Stäbe eine manipulative Auswahl getroffen haben. Je spezieller die Fachinformationen sind, desto stärker wird die Abhängigkeit der Linie, denn Informationen, die zum Beispiel als chemische Formeln oder in komplizierten Statistiken vorliegen, müssen ggf. erst in die Alltagssprache der Linie „übersetzt" werden, wobei diese die Richtigkeit der „Übersetzung" wegen fehlenden Wissens häufig nicht kontrollieren kann.

In der Literatur finden sich viele Vorschläge, die darauf abstellen, die Zusammenarbeit von Spezialisten und Linienmanagement unter Beibehaltung des Stab-Linie-Prinzips zu harmonisieren. Dazu gehören eine gezielte Bewerberauswahl nach typisierten Stab-Linie-Persönlichkeitsprofilen oder eine Job-Rotation, mit deren Hilfe die Distanz zwischen Linie und Stab zugunsten einer gemeinsamen Orientierung abgebaut werden soll.

Nachdem mit solchen Maßnahmen eine Milderung, nicht aber Lösung des Konflikts herbeigeführt werden kann, hat man sich nach alternativen Wegen der Zusammenarbeit von Spezialisten und Generalisten umgesehen. Die meisten davon sind teamorientierte Ansätze, die eine **gemeinsame Entscheidungsverantwortung** in den Vordergrund rücken. Nachdem diese Modelle jedoch weniger die Arbeitsteilung (Spezialisten, Generalisten) behandeln – sie setzen sie vielmehr voraus –, als vielmehr die Arbeitsvereinigung, werden diese Modelle auch nachfolgend unter dem allgemeinen Stichwort „Integration" behandelt.

7.4 Organisatorische Integration

Arbeitsteilung erzeugt Komplexität: Die Bildung von spezialisierten Stellen und Abteilungen stellt jeweils Unterbrechungen des gesamten Leistungsflusses dar. Die Aufgabenteile werden von verschiedenen Personen, an verschiedenen Orten, zu unterschiedlichen Zeiten erledigt, und dies wirft zwangsläufig das Problem auf, alle diese separat erledigten Teile wieder zusammenzuführen, so dass eine geschlossene Leistungseinheit entstehen kann. Es ist leicht einzusehen, dass das **Verhältnis von Differenzierung und Integration** umso spannungsreicher gerät, je weiter und tiefer die Arbeitsteilung gewählt wird (grundlegend: Lawrence und Lorsch 1967). So ist es kein Wunder, dass das große Organisationsthema in den heutigen Großunternehmen nicht mehr so sehr die Arbeitsteilung, sondern die Integration geworden ist. Dabei ist das Problem der Zusammenführung der verschiedenen Aufgabenteile nicht nur als ein mechanisches Problem des Zusammenfügens bzw. dessen organisatorischer Bewerkstelligung zu sehen, es ist auch ganz wesentlich ein Problem der auseinanderdriftenden Orientierungen der Stelleninhaber und Abteilungen.

Das **Orientierungsproblem** erklärt sich im Grunde daraus, dass jede organisatorisch separierte Einheit spezielle Ziele vor Augen hat und sich vor allem mit diesen Teilzielen auseinandersetzt: Die Vertriebsabteilung konzentriert sich auf die Umsatzziele und die dazu erforderlichen Maßnahmen, die Forschung & Entwicklung auf die anstehenden Projekte, die Finanzabteilung auf den Kapitalmarkt und seine Besonderheiten usw. Die Spezialisierung wird immer weiter fortentwickelt: neue Unterabteilungen werden gegründet, wie z. B. Debitoren-, Kreditoren-, Lagerbuchhaltung, oder Spezialabteilungen hinzugefügt, wie etwa Investor Relations, Marktforschung und Nachhaltigkeit. Diese Separierung von Zielen und Orientierungen ist jedoch immer Ergebnis einer künstlichen Trennung, tatsächlich besteht ja immer ein sehr viel engerer sachlicher Zusammenhang zwischen allen Aufgaben, als dies von den Spezialisten gewöhnlich wahrgenommen wird. In den täglichen Arbeitsvollzügen tauchen diese arbeitsteilungsbedingten „Abbrüche" häufig als Konflikte auf. So z. B., wenn die Vertriebsbeauftragte eines Pressenherstellers dem Kunden eine Sonderausrüstung zusagt, die dem Kostensenkungsprogramm des Produktionsleiters zuwiderläuft. Letzterer mag sich als Ziel gesetzt haben, die Produktstandardisierung zu forcieren, um die Kosten in Schach zu halten. Aus der Sicht der Forschung & Entwicklungs-Abteilung stellt sich die Zusage u. U. ebenfalls als problematisch heraus, weil sie, jedenfalls teilweise, Besonderheiten der neuen Modellbaureihe vorwegnimmt. Für die Vertriebsbeauftragte sind die Einwände nur schwer verstehbar, denn sie hatte schwer zu kämpfen, um den Auftrag überhaupt zu erhalten. Der Kunde hatte fortwährend auf attraktive Konkurrenzangebote verwiesen. Der entstehende Konflikt bedarf einer Regelung, kurzum: es bedarf der Integration.

Als weiteres Integrationsproblem erweist sich die im Zuge hoher Differenzierung fast unvermeidliche **Kommunikationsverdünnung**. Mit wachsender Größe und Differenzierung stellt sich zunehmend die Tendenz ein, nur noch innerhalb des eigenen überschaubaren Bereiches Informationen zu sammeln und auszutauschen. Die Abteilungen kapseln sich infolgedessen zunehmend nach „außen" (d. h. zu Abteilungen mit anderen Aufgaben) ab und orientieren sich nach „innen". Diese Einengung des Blickwinkels hat zur Folge, dass Spezialsprachen und eigene Metaphern entwickelt werden, die den Informationsaustausch immer schwieriger machen und zu einer Verdünnung der Kommunikation führen. Nicht selten bestehen mehr Kontakte zu den entsprechenden Spezialisten in anderen Organisationen als zu den Mitgliedern anderer Abteilungen der eigenen Organisation (etwa bei IT-Spezialisten oder Designerinnen). Die Kommunikationsverdünnung führt zu Konflikten, Stereotypisierungen, Grabenkämpfen usw., die eine effektive Integration der einzelnen Arbeitsleistungen erschweren.

Grundsätzlich stehen der Unternehmenssteuerung zur Bewältigung des Integrationsproblems **drei Instrumente** zur Verfügung, die sich z. T. ergänzen, im Prinzip aber als funktionale Äquivalente zu sehen sind:

- Hierarchie,
- Programme und
- Selbstabstimmungsregeln.

7.4.1 Abstimmung durch Hierarchie

Das klassische Integrations- und Kontrollinstrument ist die Hierarchie bzw. die **persönliche Anweisung** durch Vorgesetzte. Die Funktionsweise dieser Form der Abstimmung sei an einem einfachen Beispiel aufgezeigt: Arbeiter A hat seinen Arbeitsgang an einem Werkstück X beendet; der Vorgesetzte fordert Arbeiter B auf, nunmehr mit der Bearbeitung des Werkstücks X zu beginnen. Oder: in der Produktentwicklung ist ein neuer Prototyp erstellt; der Geschäftsführer weist den Werkzeugbau an, mit der Konstruktion der Werkzeuge zu beginnen. Organisatorisch gesehen bedeutet diese Form der Arbeitsvereinigung, dass Instanzen geschaffen werden müssen, die mit den entsprechenden für die Lösung der Abstimmungsprobleme erforderlichen Kompetenzen ausgestattet sind. Prozessmäßig gesehen, werden in der klassischen Hierarchie Abstimmungsprobleme so lange nach oben weitergegeben, bis eine Instanz gefunden ist, die im Rahmen ihrer Entscheidungsbefugnisse die zu koordinierenden Bereiche gemeinsam umspannt. Dies ist in letzter Konsequenz immer die oberste Instanz.

Nachdem sich Abstimmungsprobleme – wie gezeigt – in vielen Fällen als **Konflikt** äußern, wird die Einrichtung von Instanzen auch als Instrument zur Konfliktlösung und zur Konfliktbegrenzung betrachtet. Mit der Einrichtung eines Instanzenzugs wird festgelegt, wer endgültig über Streitfragen entscheidet und meist auch, was überhaupt Streitfrage werden darf. Dies zumindest dann, wenn die Hierarchie nach dem sogenannten **Einlinienprinzip** konstruiert ist. Maßgeblich hierfür ist das Prinzip der Einheit der Auftragserteilung, wonach ein Mitarbeiter nur einen direkt weisungsbefugten Vorgesetzten haben soll („one man, one boss"). Dies gilt nicht umgekehrt, eine Instanz ist gewöhnlich mehreren untergeordneten Stellen gegenüber weisungsbefugt (vgl. die schematische Darstellung in Abb. 7.11).

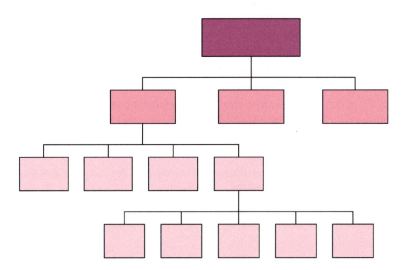

Abb. 7.11 Strukturtyp der Einlinienorganisation

7.4 Organisatorische Integration

Diesem Strukturtyp steht als Gegentyp das **Mehrliniensystem** gegenüber. Dieses baut auf dem Spezialisierungsprinzip auf und verteilt die Führungsaufgabe auf mehrere spezialisierte Instanzen mit der Folge, dass eine Stelle mehreren weisungsbefugten Instanzen untersteht, d. h., ein Mitarbeiter berichtet mehreren Vorgesetzten (vgl. Abb. 7.12). Die Idee des Mehrlinienprinzips fand eine besonders prägnante Ausformulierung im Funktionsmeistersystem bei F. W. Taylor (vgl. Kap. 2). Hiermit soll durch **Funktionsspezialisierung** – ähnlich wie bei den Ausführungsstellen – eine Gewinnung von Übungsvorteilen und eine Verkürzung der Anlernzeiten erreicht werden. Taylor schlug je nach Aufgabenkomplexität eine Aufgliederung der Meistertätigkeit in bis zu acht verschiedene Funktionsmeisterstellen vor, z. B. Geschwindigkeitsmeister, Instandhaltungsmeister, Arbeitsverteiler usw.

Die Idee, die Hierarchie nach dem Mehrliniensystem aufzubauen, ist lange Zeit in der Praxis wegen der damit verbundenen Aufweichung der Autorität (Verlust der Einheit der Auftragserteilung) auf wenig Akzeptanz gestoßen. Erst in neuerer Zeit finden sich – wenn auch weniger der Spezialisierung als der verbesserten Integration wegen – Modelle, die auf einem Mehrliniensystem basieren. Wir werden einige davon unten im Abschn. 7.4.3 behandeln.

Neben der Art des Liniensystems ist zum Aufbau einer Hierarchie zum zweiten über die notwendige **Anzahl der Leitungsebenen** zu entscheiden. Hierzu bestehen in der Organisationsliteratur recht unterschiedliche Auffassungen. Ausgangspunkt der Bestimmung ist die Entscheidung über die Größe der **Kontrollspanne**. Unter Kontrollspanne versteht man die Zahl der Mitarbeiter, die einer Instanz direkt unterstellt sind. In der klassischen Organisationslehre war der Umfang der optimalen Kontrollspanne eines der großen Themen. Man ging – wie in Kap. 2 ausführlich dargelegt – von einer starken Anleitungs- und Kontrollbedürftigkeit der Mitarbeiter aus und empfahl daher, die Kontrollspanne verhältnismäßig **klein** zu halten (van Fleet und Bedeian 1977). Die als optimal betrachteten Spannen schwankten zwischen drei und zehn.

Das Prinzip der limitierten Kontrollspanne hat automatisch eine **tiefe Gliederung** der Stellenhierarchie zur Folge. Die Nachteile einer tief gestaffelten Leitungshierarchie liegen allerdings auf der Hand: schleppender und vielen Störungen unterworfener Informationsfluss und damit einhergehend verminderte Reaktionsfähigkeit, hohe „Führungskosten" sowie hoher formaler Aufwand („Papierkrieg"). Die neuere Literatur empfiehlt daher eher die Einrichtung relativ **flacher Hierarchien**. Das höhere Maß an Flexibilität, an Kommunikationsdichte und die größere Nähe zum Organisationsziel werden als aus-

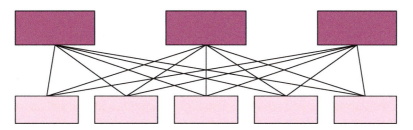

Abb. 7.12 Strukturtyp des Mehrliniensystems

schlaggebende Gründe hierfür geltend gemacht. Die damit einhergehenden breiten Kontrollspannen werden durch den partiellen Ersatz der persönlichen Weisung durch unpersönliche oder horizontale Koordinationsarten möglich (siehe Abschn. 7.4.3).

Mit der Zahl der Hierarchieebenen sind aber noch viele andere Aspekte verbunden, so z. B. die „Leitungsintensität", d. h. das Verhältnis von leitenden und unterstützenden zu direkt produktiven Stellen. Häufig ist das Argument zu hören, dass mit wachsender Größe eines Systems die **Leitungsintensität** (also auch die Zahl der Hierarchieebenen) überproportional zunehme. Blau (1970) zeigt in seiner Theorie der organisatorischen Differenzierung, dass sich die Zusammenhänge keineswegs so einfach darstellen. Einerseits gibt eine wachsende Systemgröße Veranlassung und Gelegenheit zu einer stärkeren Spezialisierung (Arbeitsteilung), der gewöhnlich mit der Einrichtung zusätzlicher Leitungs- und Stabsstellen begegnet wird. Auf der anderen Seite ergibt sich für ein System mit wachsender Größe gewöhnlich ein (begrenzt) steigendes Potenzial an Skalenersparnissen. Organisatorisch bedeutet dies in erster Linie die Möglichkeit, mehr gleichartige Stellen und homogene Abteilungen zu bilden mit der Konsequenz, einer Instanz im Sinne einer Führungsrationalisierung eine größere Zahl von Stellen unterordnen zu können. Der zweitgenannte Aspekt lässt also im Hinblick auf die Leitungsintensität mit steigender Größe eine sinkende Tendenz erwarten; allerdings nur dann, wenn das Größenersparnis-Potenzial in der beschriebenen Weise genutzt wird. Aus den vorhergehenden Darstellungen geht klar hervor, dass dieses Potenzial aber auch in ganz anderer Weise genutzt werden kann, z. B. durch Bildung mehrerer quasi-autonomer Einheiten mit dem Ziel der Flexibilitätserhöhung, wie dies etwa bei der Divisionalisierung der Fall ist. Wie der **Netto-Effekt** aussehen wird, hängt also von verschiedenen Organisationsentscheidungen ab und ist keineswegs determiniert.

Die Schaffung betrieblicher Hierarchien erfüllt – darauf sei ausdrücklich hingewiesen – wesentlich mehr Funktionen als nur die der Integration. Sie dient Kontrollzwecken, der Transformation von Zielen in operative Anweisungen, sie ist aber auch Anreizsystem in dem Sinne, dass die Möglichkeiten zum Aufstieg schafft. Dementsprechend ist sie die maßgebliche Einflussgröße für das Ausmaß an **Statusdifferenzierung** in einer Organisation. Mit der Einrichtung verschiedener hierarchischer Ebenen werden auch Karrieren und Karrierewege festgelegt. Auch gilt es, den Zusammenhang zwischen gesellschaftlichen und betrieblichen Hierarchien zu sehen: Betrieblicher Status beeinflusst den gesellschaftlichen Rang.

Letzteres verweist darauf, dass die betriebliche Hierarchie nicht nur unter funktionalen, sondern auch unter **Herrschaftsgesichtspunkten** betrachtet werden muss. Forderungen nach Demokratisierung der Wirtschaft bzw. nach Mitbestimmung am Arbeitsplatz stellen ja gerade auf die Neuverteilung der Entscheidungsbefugnisse und auf eine Eingrenzung der Unterwerfung unter hierarchische Machtpositionen ab. Die Partizipation am Entscheidungsprozess ist in diesem Zusammenhang ein zentrales Thema, dem in Zukunft bei der Organisationsgestaltung ein großes Gewicht zukommen wird (Lee und Edmondson 2017). Eine zu stark ausgeprägte Hierarchie findet immer weniger die Zustimmung der Betroffenen, das Wertesystem unserer Gesellschaft richtet sich immer deutlicher auf eine Abnahme hierarchischer Unterwerfung und Weisung aus (vgl. dazu das Beispiel in Kasten 7.2). Das starke Interesse an internen Netzwerken und dem damit einhergehende Hierarchieabbau müssen auch in diesen Zusammenhang gestellt werden (Garud et al. 2009).

Kasten 7.2

Brauchen wir noch Hierarchie?

I.

„McKinsey ist ein riesengroßes Unternehmen. Die Kunden respektieren es. Es ist außerdem der Prototyp eines multinationalen Unternehmens, das in vielen Ländern zu Hause ist (…) und mit Büros in 25 Ländern, von denen einige über einen enormen lokalen Einfluss verfügen.

Aber es gibt einfach keine traditionelle Hierarchie. Es gibt keine Organigramme, keine Tätigkeitsbeschreibungen, keine Strategiehandbücher. Keine Regeln für die Abwicklung von Kundeneinsätzen. Keine Regeln zur Festlegung von Budgets für solche Einsätze (die sich leicht auf Millionen von Dollar belaufen können), keine Richtlinien, die einem deutlich machen, wie man befördert wird oder wie man jemanden feuert. Keine Standardverfahren für den sehr wichtigen Einstellungsprozess. Und trotzdem hat man alle diese Dinge gut im Griff – man sollte sich nicht täuschen: McKinsey gerät nicht außer Kontrolle!

Nicht dass McKinsey auf einer Insel der Seligen residiert. Die Firma ist eine akkurate Widerspiegelung des jeweiligen Wirtschaftsumfeldes. Mitunter war das langweilig, und McKinsey war es auch. In der turbulenten Geschäftswelt von heute dagegen macht McKinsey einen ganz anderen Eindruck als noch vor Jahren. Zum Beispiel beschäftigen sich die McKinsey-Mitarbeiter viel mehr mit Recherchen und Veröffentlichungen – und mit der Überprüfung der Ergebnisse aus ihrer Beratungstätigkeit beim Kunden. Worauf es jedoch ankommt, ist die Tatsache, dass McKinsey funktioniert. Es funktioniert bereits seit mehr als einem halben Jahrhundert. Das Unternehmen zeigt kaum Anzeichen des Abbaus. (Und seine Struktur weist wenige oder keine Ähnlichkeiten auf mit der von Sears, General Motors, Kodak, IBM oder anderen hierarchisch aufgebauten Unternehmen.)

Im Großen und Ganzen gibt es bei McKinsey keine Hierarchie. Aber seien wir ganz offen, bei McKinsey gibt es stattdessen eine Hackordnung. Zwischen beiden besteht jedoch ein großer Unterschied."

Quelle: Peters 1993: 213 f.

II.

„Es gibt heute Organisationen mit Tausenden von Mitarbeitern, die komplett ohne eine hierarchische Bindung an einen Vorgesetzten oder CEO arbeiten. Das mag verrückt klingen, ist aber genau die Art und Weise, wie komplexe Systeme – denken Sie an unser Gehirn oder natürliche Ökosysteme – funktionieren.

Das menschliche Gehirn beispielsweise besteht aus etwa 85 Milliarden Zellen. Keine davon ist ein CEO, der anderen Zellen sagt, die glauben, ein Vorstand zu sein: „Hey Leute, wenn Ihr eine gute Idee habt, schickt sie zuerst zu mir". Wenn Sie versuchen würden, das Gehirn in dieser Weise zu trainieren, würde es nicht mehr funktionieren. So kann man Komplexität nicht bewältigen. Deshalb basieren alle komplexen Systeme, denken Sie nur an Wälder, den menschlichen Körper oder auch jedes Organ, auf Selbstführung."

Quelle: Laloux, F. https://www.egonzehnder.com/de/interview-mit-frederic-laloux. Zugegriffen am 29.05.2019

Aber auch unter funktionalen Gesichtspunkten hat sich das Instrument der hierarchischen Integration, zumal in komplexeren Organisationen, als unzureichend und in seinen Nebenwirkungen als problematisch erwiesen. Eine Abstimmung der Aktivitäten auf diesem Wege führt sehr leicht zu einer Überlastung der Instanzen. Es ist im Prinzip unmöglich, dass Vorgesetzte alle zwischen den ihnen unterstellten Bereichen anfallenden Abstimmungsprobleme lösen; dies anzunehmen ist, wie sich gezeigt hat, eine gefährliche und kostenträchtige Fiktion. Die Instanzen verfügen nämlich häufig nicht über die notwendigen Informationen, um eine Abstimmungsfrage sachgerecht entscheiden zu können. Um an die notwendigen Informationen (z. B. über voraussichtliche Konsequenzen der Entscheidungsalternativen) heranzukommen, müssen zumeist erst umständliche Rückfragen angestellt oder Berichte angefordert werden. Sofern dies aus Zeitgründen nicht ohnehin unterbleibt (und also auf der Basis unzureichender Information entschieden wird), binden diese Rückfrageprozesse Kommunikationsenergien, die anderweitig gebraucht würden (Vgl. Kasten 7.3). Das sog. Peter-Prinzip beschreibt satirisch, dass diese Probleme umso stärker zum Ausdruck kommen, je höher die jeweilige Position in der Hierarchie angesiedelt ist (Peter und Hull 2003).

Kasten 7.3

Horizontal handeln

„Einfach nur eine Strategie ausdenken, diese umsetzen und zu glauben, dann sei die Welt okay, das ist altes Denken. Die Welt verändert sich viel zu schnell. Ich brauche die richtigen Leute an den richtigen Stellen, eine Organisation, die horizontal denkt, weil das Geschäft horizontal funktioniert. Außerdem ist das Feedback von den Mitarbeitern extrem wichtig, auf allen Ebenen. Die Silos im Unternehmen verschwinden damit langsam."

Quelle: Bram Schot, Vorstandsvorsitzender der Audi AG, in Frankfurter Allgemeine Zeitung vom 23.05.2019

Die hierarchische Lösung des Arbeitsvereinigungsproblems bedeutet systematisch gesehen, dass neben der **generell geregelten** Zuständigkeit jede konkrete Abstimmung **fallweise** entschieden wird – wenn auch in einem generell bestimmten Kompetenzbereich. Dies wirft nicht nur ein Licht auf die tendenzielle Ineffizienz („Unterorganisation"), sondern auch auf die **Störanfälligkeit** dieses Mechanismus. Jede physische Abwesenheit des Vorgesetzten bedroht die Arbeitsvereinigung.

So ist es nicht verwunderlich, dass Organisationslehre und Praxis gleichermaßen schon frühzeitig nach zusätzlichen oder alternativen Mechanismen der Integration gesucht haben.

7.4.2 Abstimmung durch Programme

Das in größeren Organisationen wohl am häufigsten zusätzlich verwendete Integrationsinstrument ist das Programm (March und Simon 1958: 142 ff.). Programme sind verbindlich festgelegte Verfahrensrichtlinien, also generelle Regeln im eingangs definierten Sinne, die die Arbeitsvereinigung und dabei auftretende Konflikte zum Gegenstand haben. Programme können aber auch auf informellem Wege entstanden sein, **Routinen**, die sich eingespielt haben (Nelson 1995). Programme können Anweisungen von Vorgesetzen (= fallweise Regelungen) ersetzen oder aber zumindest ihre Zahl erheblich reduzieren. Programme nehmen allfällige Abstimmungsprobleme vorweg und versuchen diese gewissermaßen im Voraus schon zu lösen. Damit ist freilich auch gesagt, dass ein Programm nur dort entwickelt werden kann, wo die Abstimmungsproblematik antizipierbar ist. Mit anderen Worten, Programme sind – wie generelle Regeln überhaupt – sinnvollerweise nur dort einsetzbar, wo sich Abstimmungsprobleme in gleicher oder ähnlicher Form stellen und somit einer **Standardisierung** zugänglich sind.

https://sn.pub/jT8Pr1

Entsprechend den Entscheidungsanforderungen unterscheidet man grundsätzlich zwischen **Routine- und Zweckprogrammen** (Luhmann 2011: 256 ff.). Die Programmierung von Routineentscheidungen baut auf dem wiederholten Auftreten gleicher oder ähnlicher Ausgangssituationen auf, denen festgelegte Reaktionen folgen sollen, man spricht deshalb auch vom Konditionalprogramm. Zugrunde liegt also folgendes Muster: Immer wenn A eintritt, dann ist an Abteilung X die Information B zu geben oder Handlung H zu ergreifen. So hat zum Beispiel ein Lagerist bei Unterschreiten der Mindestmenge auf ein Bestellformular eine vorab bestimmte Menge Rohstoff einzutragen und dieses zur Abwicklung der Bestellung an die Einkaufsabteilung weiterzuleiten. Der Anstoß zum Tätigwerden kommt durch ein Ereignis, in diesem Fall die Unterschreitung der Mindestmenge, dessen Zeitpunkt und Häufigkeit im Einzelnen **nicht voraussehbar sind**. Die Frage des Zeitpunkts muss auch nicht geregelt sein, denn jedes Mal, wenn das bezeichnete Ereignis eintritt, wird das Handlungsprogramm automatisch ausgelöst. Der Entlastungseffekt von Routineprogrammen für die hierarchische Integration ist offenkundig. Konditionalprogramme kann man auch sequenziell hintereinanderschalten, so dass die Erledigung eines Programms Auslöser für das nächste ist (Luhmann 2011: 263).

Zweckprogramme legen in ihrer einfachsten Form einen Zweck fest, d. h., es wird ein bestimmter erwünschter zukünftiger Zustand für verbindlich erklärt. Dem Aufgabenträger obliegt es dann, hierzu Suchaktivitäten zu entfalten, um geeignete Mittel aufzufinden. Im Unterschied zum Routineprogramm ist hier jedoch der Zeitpunkt bedeutsam, die Wirkungsvorstellung verknüpft sich mit einem Erfüllungszeitpunkt in der Zukunft. Ein umfassendes Anwendungsbeispiel für die Zweckprogrammierung stellt das bis heute bekannte und neuerdings wiederum so überaus populäre „Management by Objectives" (Odiorne 1967, 1979; Kshetri 2018) dar, wonach die Integration der arbeitsteiligen Leistungsprozesse nahezu ausschließlich durch Zweckprogramme geleistet werden soll. Die exakte zeitliche Fixierung der Zwecke und ihre umfassende Abstimmung untereinander spielen dort dementsprechend die herausragende Rolle. Zweckprogramme werden meist mit **zusätzlichen Bestimmungen** angereichert, um die Klasse der Mittel einzuschränken, so z. B. um Negativbestimmungen derart, dass bestimmte Nebenwirkungen nicht eintreten dürfen. Werden Zweckprogrammen zusätzliche Selektionsregeln beigegeben, so spricht man von **mehrstufigen** Programmen. Im Vergleich zu den Routineprogrammen hat der Aufgabenträger bei Zweckprogrammen ersichtlich einen größeren Aktionsspielraum, obgleich dies natürlich vom Spezifikationsgrad der Zwecke abhängt. Die Größe des Spielraums ist nicht zuletzt unter Motivationsgesichtspunkten von erheblicher Bedeutung.

Die Problematik einer Abstimmung durch Programme liegt ganz offenkundig darin, dass sie der Organisation einen statischen Rahmen geben und damit eine zu geringe Reagibilität bei veränderten Situationen bewirken (Braun 2004). Dies gilt in besonderem Maße für das Routineprogramm, bei dem Signal und Handlung **fest verkoppelt** sind und ein Ausbruch aus dem Ablauf nicht vorgesehen ist. Darüber hinaus besteht die Gefahr, dass Abstimmungssituationen künstlich standardisiert werden, um sie einer Programmierung zugänglich zu machen. Die dabei erzielten schematischen Lösungen sind dann tendenziell Scheinlösungen, sie haben ihren tieferen Grund mehr in den Programmierungsanforderungen als in dem eigentlichen Abstimmungsproblem. Für Zweckprogramme gilt aber auch das Problem, dass sie mit Unsicherheit behaftet sind. Um mit Zwecken steuern zu können, muss man die Zukunft kennen, die Zukunft ist aber – wie in Kap. 5 ausführlich dargelegt – grundsätzlich unsicher. Die Gefahr der Fehlsteuerung bei allzu starrer Zweckprogrammierung ist damit allgegenwärtig.

Häufig wird von der Programmierung die Abstimmung durch Planung als gesondertes Instrument unterschieden. Die Differenz zur Zweckprogrammierung ist jedoch nur schwer erkennbar, denn Pläne finden in der Regel in zeitlich bestimmten Zielen ihren Niederschlag.

7.4.3 Selbstabstimmungsregelungen

Die Unzulänglichkeit der zwei genannten Abstimmungsmechanismen, aber auch die überall zu beobachtende, immer weiter fortschreitende Differenzierung der Aufgabenvollzüge haben zunehmend Veranlassung zur Entwicklung neuer Integrationsformen gegeben. Die Tendenz geht dabei eindeutig hin zu einer **horizontalen Kooperation** im Sinne einer

7.4 Organisatorische Integration

Selbstabstimmung. Diese zielt auf eine direkte Abstimmung der Aktivitäten zwischen den betroffenen Aufgabenträgern. Die Initiative zur Abstimmung soll von den Aufgabenträgern selbst ausgehen, sie stellen die notwendigen Verknüpfungen situationsgerecht nach eigenem Ermessen her. Dabei hat man vor allem solche Verknüpfungsprobleme im Auge, die zeitlich und/oder sachlich nicht vorhersehbar sind.

7.4.3.1 Spontane Selbstabstimmung

Spontane horizontale Kooperation findet sich nahezu in allen Organisationen auf unterschiedlichen Ebenen, sei es in Form von Ad-Hoc-Konferenzen zur Lösung eines unerwarteten Problems, sei es durch Aktivierung eines persönlichen Netzwerks (vgl. Ibarra und Hunter 2007) zur Beschleunigung einer prekären Kooperation oder sei es in Form von anderen Praktiken. Trotz der geläufigen Praxis wird diese Form der Koordination nicht selten von der Hierarchie mit einer gewissen Skepsis begleitet und sogar in den Verdacht der unwirtschaftlichen Improvisation oder gar der Illegalität gestellt. Instanzen sehen nicht selten ihre Autorität durch diese Spontanabstimmung in Frage gestellt (Nichteinhaltung des Dienstweges, Kompetenzüberschreitung usw.). Trotz meist bestehender Sanktionsdrohung hat sich die horizontale Spontanabstimmung speziell in klassisch bürokratischen Organisationen als **unverzichtbares Korrektiv** erwiesen, um die Unzulänglichkeiten der hierarchischen wie auch der programmierten Abstimmung auszugleichen. Die Störungskosten und Reibungsverluste würden in vielen Fällen ins Unermessliche steigen, sollten bei Abstimmungsfragen immer der vorgeschriebene Dienstweg oder das Programm eingehalten werden (Peters 1993; Salati 2017). Die spontane Selbstabstimmung ist jedoch im eigentlichen Sinne kein Instrument, das Führungskräfte geplant einsetzen könnten. Sie wird ja aus der „Not" geboren und zeichnet sich eben gerade durch ihre **Spontaneität** (Ungeplantheit) aus (vgl. dazu das Beispiel in Kasten 7.4).

> **Kasten 7.4**
>
> **Spontane horizontale Kooperation**
>
> „Als die Schweißer bei der Aufnahme einer neuen Serie feststellten, dass in einem der vier Bleche ein für die Montage benötigtes Stanzloch fehlte, riefen sie den zuständigen Einkäufer in der Einkaufsabteilung an, damit sich dieser mit dem Press- und Stanzwerk in Verbindung setze. Der Einkäufer hörte von dem Verkäufer dieses Werks, dass der Auftrag diesmal wegen des Ausfalls einer Presse an einen anderen Betrieb als Unterauftrag weitergegeben werden musste und dass möglicherweise dadurch der Fehler entstanden sei. Er werde die Sache sofort überprüfen und Bescheid geben, wie sie wieder in Ordnung gebracht werden könne.
>
> In der Zwischenzeit gingen die beiden Schweißer in die Montageabteilung, um sich dort genau anzusehen, wofür das Stanzloch benötigt würde, und um festzustellen, ob sie gegebenenfalls das Montageloch ausbrennen könnten. Bei der Beratung mit den

> Monteuren erfuhren sie, dass ein Loch überhaupt nicht mehr benötigt würde, weil mittlerweile ein neues Werkzeug entwickelt worden war, und nur noch eine Vertiefung von 3 mm in dem Blech erforderlich sei. Die Monteure holten den technischen Zeichner, der mit ihnen zusammen das neue Werkzeug gebaut hatte, aus dem Konstruktionsbüro. Er bestätigte, dass eine Vertiefung anstelle des Stanzlochs ausreiche.
>
> Daraufhin wurde mit einem Schlosser aus der Reparaturabteilung eine Vorrichtung entworfen, mit der die erforderliche Vertiefung in dem Gehäuseblech nachträglich angebracht werden konnte. Schließlich fertigte der technische Zeichner an Ort und Stelle eine Handzeichnung für den Schlosser an, nach der er die Vorrichtung baute. – Mittlerweile hatte das Press- und Stanzwerk dem Einkäufer bestätigt, dass bei dem Unterlieferanten ein Fehler gemacht worden sei und dass die Kosten für die Behebung des Mangels von der Rechnung abgesetzt werden könnte.
>
> Als die Schweißer am Nachmittag die Arbeit mit der neuen Vorrichtung aufgenommen hatten, wandten sie sich an den Zeitnehmer der Abteilung für Arbeitsvorbereitung und verlangten, dass die Vorgabezeit für das Gehäuse – wegen der zusätzlichen Arbeit – von 80 auf 84 Minuten heraufgesetzt werde. Da der Einkäufer bestätigte, dass die zusätzlichen Kosten für diese Serie von dem Press- und Stanzwerk getragen würden, hatte der Zeitnehmer keine Bedenken, die Vorgabezeit entsprechend dem Verlangen der Schweißer zu ändern.
>
> Einige Zeit darauf setzte der technische Zeichner den Chefkonstrukteur von der Änderung an dem Gehäuse in Kenntnis und ließ sich den Auftrag geben, die Konstruktionsänderung an dem Gehäuseblech für das Press- und Stanzwerk auszuarbeiten und die Einkaufsabteilung zu veranlassen, einen Preisnachlass für die nächste Serie mit dem Press- und Stanzwerk auszuhandeln."
>
> Quelle: Hillmann, 1970: 10 f.

Neuere Ansätze der Organisationslehre versuchen, diese spontane Bereitschaft, sich untereinander abzustimmen, auf breiter Basis zu nutzen; sie nehmen ihnen den Ruch der Illegitimität und treffen institutionelle Vorkehrungen, um ihre Funktionstüchtigkeit zu fördern. Dort, wo die Selbstabstimmung als organisatorisches Instrument eingesetzt wird, stellt sie auf die Schaffung verbindlicher, autorisierter Problemlösungen ab. Deshalb sollte auch zwischen institutionalisierten Formen und der fallweisen spontanen Form der Selbstabstimmung unterschieden werden.

7.4.3.2 Organisatorische Selbstabstimmung

Zwischenzeitlich sind zahlreiche Formen einer organisierten horizontalen Selbstabstimmung entwickelt worden (Daft 2009). Die bekanntesten seien im Folgenden kurz aufgeführt.

(1) Ausschüsse

Häufig werden problembezogen Arbeitsgruppen mit Mitgliedern verschiedener Abteilungen eingerichtet zur Lösung spezifischer Abstimmungsprobleme. Es sind dies gewisser-

7.4 Organisatorische Integration

maßen Koordinationsprojekte mit zeitlicher Begrenzung und mit einer relativ klar umrissenen Aufgabe.

Beispiel: Die Arbeitsvorbereitung bildet mit den Meistern der Endmontage und dem Leiter des Halbteilelagers einen Ausschuss, um den Kommunikationsfluss zu verbessern, insbesondere um die Rückmeldung der durchgeführten und der wegen Werkzeugschadens gestoppten Fertigungsaufträge zu beschleunigen. Zu spät eingetroffene Informationen hatten wiederholt zu kurzfristigen Fehldispositionen geführt.

(2) Abteilungsleiterkonferenzen

Die Einrichtung von Abteilungsleiterkonferenzen oder Meisterbesprechungen dient in erster Linie dazu, Abstimmungsprobleme und Konflikte auf direktem Wege zwischen Abteilungen zu klären. Im Unterschied zu den unter (1) behandelten Ausschüssen sind diese Konferenzen permanente Einrichtungen einer unspezifischen Aufgabe. Sie sollen die allfälligen und mit einer gewissen Regelmäßigkeit zwischen den Abteilungen auftretenden Anschlussprobleme auf direktem Wege, also ohne Einschaltung der vorgesetzten Instanzen, einer Lösung zuführen.

(3) Koordinator

Ein anderes häufig verwendetes Instrument ist die Benennung von Koordinatoren, die für eine kontinuierliche Abstimmung zwischen leistungsmäßig angrenzenden Abteilungen zu sorgen haben und bei auftretenden Konflikten aktiv nach einer Lösungsmöglichkeit suchen sollen („Liaison role"). Typisch für diese Koordinationslösung sind z. B. Kontaktleute in Rechenzentren oder Personalabteilungen, z. B. die Kontaktperson für Werk A oder die Kontaktperson für die Buchhaltung.

(4) Integrationsstellen

Eine weitergehende Institutionalisierung der Koordinationsaufgabe ist die Bildung von Integrationsstellen, die sich hauptsächlich um die horizontale Koordination der Aktivitäten verschiedener Abteilungen kümmern sollen. Die Besonderheit dabei ist, dass die Integratoren nicht Mitglied einer der zu integrierenden Abteilungen sind, sondern einen separaten intermediären Status erhalten. Die bekannteste Anwendungsform ist das Produktmanagement, dessen Hauptaufgabe darin besteht, sämtliche funktionale Aktivitäten für Entwicklung, Fertigung und Vermarktung eines Produkts so aufeinander abzustimmen, dass die übergreifende Produktzielsetzung zum Tragen kommt. Es hat vor allem dafür zu sorgen, dass sich die durch Arbeitsteilung entstehenden Teilziele der Funktionsabteilungen nicht verselbstständigen (z. B. Perfektionsstreben der Entwicklungsabteilung, Standardisierungsbestreben der Fertigungsleitung).

(5) Matrixorganisation

Eine systematische Ausgestaltung erhält das Konzept der Integrationsstelle in der sogenannten Matrixorganisation. Hier wird die gesamte funktionale Organisation horizontal von einer produkt- oder projektorientierten Organisation überlagert (vgl. Abb. 7.13). Die Leiter der

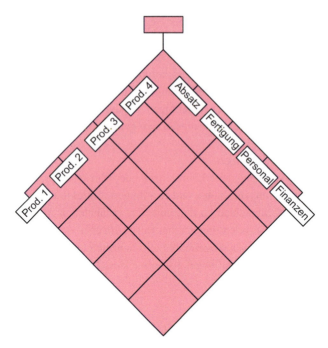

Abb. 7.13 Die Matrix-Organisation (Produkt-Funktions-Matrixorganisation)

Funktionsabteilungen sind für die effiziente Abwicklung der Aufgaben ihrer Funktionen verantwortlich und für die Integration des arbeitsteiligen Leistungsprozesses innerhalb ihrer Funktionen. Im Unterschied dazu haben die Produkt- oder Projektmanager das Gesamtziel ihres Produkts oder ihres Projekts über die Funktionen hinweg zu verfolgen. Sie sollen mit anderen Worten die zentrifugalen Effekte, die eine komplexe Arbeitsteilung mit sich bringt, auffangen und den Ressourceneinsatz aus einer integrativen Perspektive bündeln helfen.

Die Besonderheit bei der Matrixorganisation ist nun, dass bei Konflikten keine organisatorisch bestimmte Dominanzlösung zugunsten der einen oder der anderen Achse geschaffen wird, es handelt sich um eine **Mehrlinienorganisation**. Man vertraut auf die Argumentation und die Bereitschaft zur Kooperation. Mit diesem kompetenzmäßig nicht endgültig geregelten Aufeinandertreffen von Funktions- und Produkt/Projekt-Belangen wird der **Konflikt** zwischen Differenzierungs- und Integrationsnotwendigkeit gezielt in die Organisation hineingetragen und seine Lösung der direkten Verhandlung und Abstimmung anheimgestellt. Konflikt wird in diesem Konzept nicht mehr länger als Bedrohung einer Ordnung verstanden, sondern als produktives Element, das die Abstimmungsprobleme einer sinnvollen Lösung zuführen kann.

Insgesamt gilt, dass die Matrixorganisation keineswegs eine Universallösung darstellt, es gilt vielmehr die Regel: je höher der **Integrationsbedarf** zwischen den organisatorisch getrennten Aufgabenvollzügen (infolge zunehmender Differenzierung und der damit einhergehenden zunehmenden Komplexität der Transaktionen), umso eher stellt die Matrix-Organisation eine effiziente Lösung dar (Davis und Lawrence 1977; Ford und Randolph 1992).

7.4 Organisatorische Integration

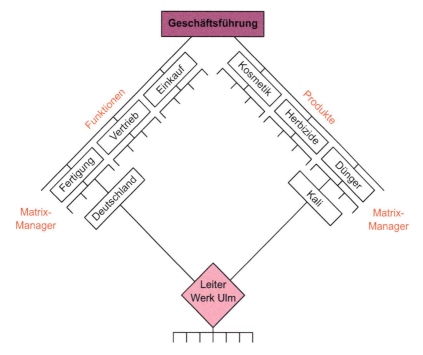

Abb. 7.14 Matrixorganisation als Mehrliniensystem

In der Praxis ist die Matrixorganisation allerdings nicht unumstritten, bringt sie doch eine erhebliche Revision des traditionellen hierarchischen Gefüges und der damit verbundenen eingefahrenen Verhaltens- und Denkweisen mit sich. Die besondere Hürde bei Übernahme des Matrix-Konzepts ist vor allem die Abkehr von dem Prinzip der Einheit der Auftragserteilung und damit die Preisgabe der Einlinien- zugunsten einer Mehrlinienorganisation. Funktionsmanagement und Produkt- oder Projektmanagement stehen sich gleichberechtigt gegenüber und nachgeordnete Mitarbeiter haben in bestimmten Fällen zwei Vorgesetzte (vgl. Leiter Werk Ulm in Abb. 7.14).

Dieses Mehrliniensystem erfordert zwangsläufig eine Vielzahl von Abstimmungsprozeduren und Konferenzen, um die von dieser Struktur-Konfiguration verstärkten Konflikte zu lösen. Es gilt jedoch zu sehen, dass die Matrix-Konfiguration meistens nur für eine und keineswegs für alle hierarchischen Ebenen gilt.

Insgesamt gesehen hat die Matrix-Organisation neben ihren augenscheinlichen Vorteilen (höhere Integrationsdichte und -qualität, mehr Flexibilität, stärkere Gesamtzielorientierung) auch klare Nachteile. Neben dem bereits erwähnten hohen zeitlichen Bedarf für die Abstimmungsprozeduren (diese müssen allerdings in anderen Organisationsformen auch, nur in anderer Form, geleistet werden), bringt die enorme Erhöhung der strukturellen **Binnenkomplexität** die Gefahr des Orientierungsverlusts mit sich. Der Einsatz der Matrixorganisation ist deshalb nur dort sinnvoll, wo – wie erwähnt – der Integrationsbedarf hoch ist. Funktionstüchtig ist die Matrixorganisation überdies nur dann, wenn die personellen Voraussetzungen dafür geschaffen worden sind. Die betroffenen Personen müssen in der Lage sein, sich vom herkömmlichen hierarchischen Autoritätsdenken zu lösen und stattdessen auf ihre Konfliktregelungskompetenz zu vertrauen. Der für die Matrixkoordination typische geringe Einsatz formaler Machtmittel und das hohe Maß offener Konfliktaustragung erfordert eine Orientierung im Verhalten, die nicht ohne Weiteres vorausgesetzt werden kann (Burton et al. 2015).

(6) Dynamische Netzwerke

Die Einrichtung partiell verselbstständigter Gruppen und Subsysteme sowie ihre selbstgesteuerte Vernetzung ist eine umfassendere Umsetzung der Idee horizontaler Integration. Bahnbrechende Vorarbeit für diese moderne Organisationsform hat Rensis Likert (1961, 1967) mit seinem Modell der multiplen Überlappungsstruktur geschaffen. Er hat mit seinem **System 4** ein ganzheitliches Modell einer lateralen Koordinationsstruktur vorgelegt, das auch wesentliche Elemente der Matrixorganisation aufnimmt. System 4 weist eine dreifach überlappende Organisationsstruktur auf: vertikal überlappende Gruppen (linking pins), horizontal überlappende Querschnittsgruppen (cross function groups) und lateral überlappende Projektgruppen (cross linking groups).

Mit den Intentionen von Likert vergleichbare, doch wesentlich weniger „organisierte" Modelle sind die **Adhocratie** (Mintzberg 1979), die Fraktale Organisation (Hoverstadt 2008), die selbstgesteuerte Organisation (Lee und Edmondson 2017) sowie andere Formen interner **Netzwerke** (Moliterno und Mahony 2011).

Dies alles sind Modelle, die schwerpunktmäßig auf informelle Kommunikation und Koordination nach eigenem Ermessen vertrauen (vgl. hierzu auch Kasten 7.5). Den Grundstock dieser Organisationsformen bilden fachlich spezialisierte Experten, die sich über die ganze Organisation verteilt finden. Entscheidungen werden primär nach dem Kompetenzprinzip gefällt; die kooperativen Anschlüsse an andere Experten und deren Entscheidungen werden über die netzwerkartigen Beziehungsstrukturen vornehmlich nach eigenem Ermessen geleistet – allerdings, das darf nicht vergessen werden, im Rahmen formeller Rahmenstrukturen. Letztere werden in der Regel beibehalten und alles läuft auf eine geschmeidige Interaktion formeller Hintergrundstruktur und informellen Netzwerken hinaus (Soda und Zaheer 2012). Der programmierten Koordination im Sinne der Schaffung genereller Regeln für die Bewältigung der Koordinationsaufgabe kommt in dynamischen Netzwerkorganisationen so gut wie keine Bedeutung zu. Die Sicherstellung der Koordination und ihrer Kontrolle wird auch nicht stattdessen – wie in der Substitutionstheorie – durch Führungsanweisungen erbracht, sondern wird im Wesentlichen durch gemeinsam geteilte **Wertvorstellungen** geleistet. Die Bedeutung von Normen und Werten für die (unsichtbare) Steuerung betrieblichen Verhaltens in diesem Sinne ist Gegenstand eines seit einigen Jahren sehr stark beachteten Forschungszweiges der Organisationslehre, nämlich der Unternehmenskultur, der in Kap. 12 dieses Buchs ausführlich dargestellt wird.

> **Kasten 7.5**
>
> **Horizontale Integration**
>
> „Unsere Freunde bei 3M hatten gegen den Besuch nichts einzuwenden, und wir hatten die Gelegenheit, eine Reihe befremdlicher Vorgänge zu beobachten. Dutzende von zwanglosen Gesprächsrunden waren im Gange; Verkäufer, Marketingleute, Experten aus der Fertigung, Techniker, F&E-Leute – ja sogar einige aus dem Rechnungswesen – saßen herum und sprachen über Probleme mit neuen Produkten. Einmal platzten wir in eine Sitzung hinein, in der ein 3M-Kunde sich ganz formlos mit vielleicht 15 Leuten aus vier Unternehmensbereichen über einen besseren Service für seine Firma unterhalten wollte. Nichts wirkte geprobt. Wir erlebten keinen einzigen förmlichen Vortrag. So ging das den ganzen Tag – man traf sich scheinbar ganz zufällig, um Probleme vom Tisch zu bekommen. Am Ende des Tages stimmte unser Begleiter zu, dass wir ihm vorher eine recht zutreffende Beschreibung gegeben hatten. Aber jetzt stand er vor dem gleichen Problem wie wir: Er wusste nicht, wie er das Geschehene jemand anderem mitteilen sollte."
>
> Quelle: Peters und Waterman 1984: 150

Auf die personellen Voraussetzungen für das Funktionieren lateraler Kooperationsstrukturen hat schon sehr früh Likert (1967) hingewiesen; sie lassen sich wie folgt zusammenfassen:

- Hohe Bereitschaft zu kooperativem Verhalten (gegenseitiges Vertrauen statt Feindseligkeit und Angst vor Betrug/Opportunismus).
- Das Arbeitsklima und die Unternehmenskultur müssen so geartet sein, dass Koordinationskonflikte und -probleme offen zutage treten und in direkter Kommunikation bewältigt werden können (offene Konfliktaustragung).
- Einflussausübung muss auch ohne Linienautorität möglich sein (Sachautorität).
- Die Entscheidungsprozesse und die interpersonalen Beziehungen müssen so geartet sein, dass eine Person auch dann ihre Aufgabe gut erfüllt, wenn sie zwei oder mehreren Personen (hierarchisch) untersteht (eigenverantwortliches Handeln).

7.4.4 Prozessintegration

Die vorstehend erläuterten Integrationsmaßnahmen wurden als Antwort auf die zunehmende Differenzierung von Unternehmen entwickelt. So sehr sie auch geeignet sein mögen, die organisatorische Integration zu fördern, so bringen sie doch – paradox genug – ein Problem mit sich, sie erhöhen die organisatorische **Binnenkomplexität** noch weiter. Dies ist vor allem bei der Matrixorganisation deutlich geworden. In jüngerer Zeit wurde ein Vorschlag vorgelegt, der diesem Dilemma zu entrinnen sucht, gemeint ist das Business Reengineering oder enger: die Prozessorganisation (Hammer und Champy 1994; Osterloh und Frost 2006). Vereinfachend gesagt, stellt dieser Ansatz nicht darauf ab, die negativen Folgen einer im Zuge der fortschreitenden Arbeitsteilung unvermeidlich gewordenen Systemdifferenzierung durch immer raffiniertere Integrationsinstrumente abzumildern, sondern er will die Quelle des Problems beseitigen, d. h. die Differenzierung und die damit einhergehenden **Schnittstellen** abbauen. Dies ist ein fürwahr radikaler Vorschlag, war man doch das ganze vergangene Jahrhundert darauf ausgerichtet, Produktivitätsfortschritte durch Spezialisierung und Arbeitsteilung zu erzielen. Im Zentrum der Organisationsgestaltung sollen nicht mehr länger die Spezialisierungsvorteile stehen, sondern der ganzheitliche Aufgabenvollzug und die damit ermöglichte Orientierung am Abnehmer.

Die vormals getrennten Spezialfunktionen werden integriert und zu einem **Prozess** zusammengefasst (Hammer und Champy 1994: 72 ff.). Die Fragmentierung des Prozesses und die damit einhergehenden Schnittstellen sollen aufgelöst und möglichst einem einzigen Mitarbeiter übertragen werden, dem sogenannten Caseworker. Ist aufgrund örtlicher oder zeitlicher Probleme eine Unterteilung des Prozesses in zwei oder drei Schritte nötig, so ist das „Caseteam" zu bilden, also eine Gruppe von Mitarbeitern, die gemeinschaftlich für den Prozess verantwortlich ist. Dabei soll nicht nur horizontal, sondern auch vertikal komprimiert werden, um die Prozessbeauftragten („process owners") mit allen erforderlichen Kompetenzen zu versorgen. Auf die Hierarchie wird im Grundsatz verzichtet, die Beschäftigten disponieren nach eigenem Ermessen und kontrollieren sich selbst über die Ergebnisse („empowerment"). Auch für die Außenwelt, speziell die Kunden, vereinfacht sich die organisatorische Welt, sie haben nur noch eine einzige Anlaufstelle, eben Caseworker oder Caseteam. Der **Informationstechnologie** wird dabei eine tragende Rolle zugeschrieben („Workflow Management"), sie und nur sie ermöglicht erst die rasche Verfügbarmachung aller der Informationen, wie sie für ganzheitliche Prozessbearbeitung und das Prozesscontrolling erforderlich sind. Insgesamt soll durch die Umstellung auf die Prozessorganisation die Auftragsabwicklung bis zu zehnmal schneller geschehen als unter dem fragmentarischen Regime. Darüber hinaus werden breitflächige Kostensenkungen versprochen.

So verblüffend einfach und überzeugend diese Lösung auch auf den ersten Blick erscheinen mag, auf den zweiten ist sie es nicht; dabei soll einmal ganz davon abgesehen werden, dass der behauptete Erfolg bislang in nur wenigen Fällen tatsächlich eintrat (Maier 1997). Gewiss ist es richtig, dass man bei vielen Einzelprozessen die Arbeitsteilung mit Gewinn zurückführen kann – das haben ja auch immer wieder viele Job-Enrichment- und Gruppenarbeitsexperimente gezeigt (vgl. dazu im Einzelnen Kap. 9). Dabei handelt es sich aber immer um einzelne neu strukturierte Arbeitssequenzen, nie geht es um die Neustrukturierung des Gesamtsystems. Mit anderen Worten, der Fragmentierung einzelner Arbeitsabläufe lässt sich u. U. mit Gewinn eine integrierte Prozessfolge entgegenstellen, niemals aber wird man in einer hochkomplexen (Post-)Industriellen Gesellschaft das Spezialisierungsprinzip wieder aufheben können. Wie sonst als durch Spezialisierung sollten die verschiedenen komplexen Problembestände abgearbeitet werden können? Wie sollte man sich die Entwicklung, Fertigung und den Vertrieb eines Automobils ohne Spezialisierung vorstellen? Es muss also zahllose spezialisierte Prozesse in den Unternehmen geben, die also wieder mit Abbrüchen arbeiten müssen. Es ist deshalb auch nicht verwunderlich, dass viele Unternehmen einzelne Elemente des **Business Process Reengineering** – insbesondere zu Abrechnungs- und Kostenkontrollzwecken – aufgenommen haben, keineswegs aber die Idee der Gesamtumstellung der Organisation auf Prozesse verwirklicht haben (Hess und Schuller 2005).

Darüber hinaus ist es eine Illusion anzunehmen, man könnte die verschiedenen Leistungsprozesse einer Organisation so gut voneinander abtrennen, dass sie für sich stehen. Es werden immer tief gehende **Interdependenzen** zwischen den Prozessen verbleiben, die nach einem prozessübergreifenden Integrationsmanagement verlangen. Im Ergebnis werden vertikale Schnittstellen zwischen den Funktionen durch horizontale Schnittstellen zwischen den Prozessen ersetzt, die nur auf andere Weise die Binnenkomplexität erhöhen.

Insgesamt lässt sich festhalten, dass auch jede noch so radikale Prozessorganisation sich sinnvoll nur vor dem Hintergrund des Prinzips tief greifender Spezialisierung denken lässt. Damit aber stellen sich die Systeme nach wie vor als hoch (prozess-) differenziert dar mit dem unvermeidlichen Zwillingsproblem der Integration, wenn auch mit neuen Integrationsproblemen. Es zeigt sich erneut, das Integrationsproblem kann nur bearbeitet („gemanagt"), nicht aber endgültig gelöst werden. Für die Bearbeitung stehen zahlreiche Instrumente zur Verfügung, unter anderem auch die Zusammenfassung von Arbeitssequenzen zu mehr ganzheitlichen Prozessen.

7.5 Einflussgrößen der Organisationsgestaltung

Die Auswahl unter den beschriebenen Maßnahmen der Organisationsgestaltung, sowohl was die Arbeitsteilung als auch was die Arbeitsvereinigung betrifft, wurde bislang primär unter dem Gesichtspunkt der Funktionstüchtigkeit betrachtet: Welche Wirkungen werden erzielt? Welche Nebenwirkungen sind zu erwarten? Welche Kosten entstehen? Welche Leistungen werden ermöglicht? Wie viele Konflikte entstehen? usw. Dies sind jedoch nicht die einzigen Gesichtspunkte, die in die Organisationsentscheidung einzubeziehen sind. Organisationsentscheidungen werden keineswegs nur nach internen Zweckmäßigkeitsüberlegungen getroffen, sondern unterliegen – wie andere Entscheidungen auch – Einflüssen aus dem **Kontext**. Dies sind zum Teil Restriktionen, die aus früher getroffenen eigenen Entscheidungen fließen und zum betreffenden Organisationszeitpunkt als Datum wirken, wie z. B. das Fertigungsprogramm oder die Fertigungstechnologie. Dies schließt

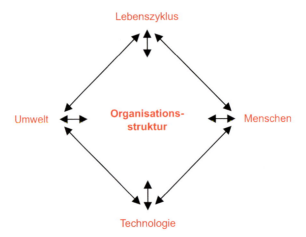

Abb. 7.15 Einflussgrößen im Strukturbildungs-Prozess

nicht aus, dass sie zu späteren Zeitpunkten wieder zu Variablen werden. Zum anderen Teil sind dies Restriktionen, die aus einem nur schwer kontrollierbaren Umfeld stammen. Fragt man insgesamt nach möglichen relevanten Einflusskräften, so findet man in der Literatur vor allem die in Abb. 7.15 gezeigten vier Faktoren.

In der Organisationstheorie wurden diese Einflusskräfte zeitweise als Determinanten, ja als Imperative behandelt, die die ganze Organisationsgestalt bestimmen (Kontingenztheorie). Heute werden der Einfluss der Organisation auf diese Kräfte und die Gestaltungsalternativen bei gegebenen externen Daten gleichermaßen betont, so dass das Verhältnis als **komplexes Interaktionsverhältnis** beschrieben werden muss (Schreyögg 1995; Ortmann et al. 2000).

Darüber hinaus stehen diese Bedingungsfaktoren nicht nur im Hinblick auf die Strukturierungsaufgabe, sondern auch untereinander in einem gegenseitigen Einflussverhältnis; so beeinflusst z. B. die Wahl der Technologie das Verhalten der Menschen (z. B. Monotonieproblem), die Umwelt beeinflusst über den technischen Fortschritt die Wahl der Technologie usw., so dass in mehrfacher Hinsicht von interaktiven Prozessen auszugehen ist (vgl. Abb. 7.15).

7.5.1 Umwelt

Die Umwelt wirkt in vielfacher Hinsicht auf den Prozess der Organisationsgestaltung ein. Man denke etwa nur an das Betriebsverfassungsgesetz oder an die Arbeitsstättenverordnung. Aber auch die weitere Umwelt wie die Wettbewerbsintensität auf den Gütermärkten und auf dem Arbeitsmarkt, das Erziehungssystem, die kulturelle Tradition, das politische Werteklima usw. spielen eine bedeutsame Rolle bei der Organisationsgestaltung (vgl. oben die verschiedenen Formen der Umweltanalyse in Kap. 5). Umgekehrt wirken aber auch Unternehmen in vielfacher Weise auf die Umwelt ein und versuchen, diese im Sinne der eigenen Zielsetzung zu ändern.

7.5 Einflussgrößen der Organisationsgestaltung

In der Organisationstheorie hat man die Umwelt hauptsächlich nach rein formalen Kriterien beschrieben und klassifiziert, so z. B. nach

- Unsicherheit versus Sicherheit
- Turbulenz versus Stabilität
- Komplexität versus Überschaubarkeit.

Stabilität der Umwelt bedeutet z. B., dass die Aufgabenanforderungen über einen längeren Zeitraum gleich bleiben oder dass die zu ihrer Bewältigung erforderlichen Informationen präzise sind, dass die aufgabenrelevanten Kausalbeziehungen weitgehend bekannt sind usw. Stabilen Umwelten wird als Komplementärstruktur zumeist eine stark formalisierte, hierarchiebetonte Organisation zugeschrieben, turbulenten Umwelten im Unterschied dazu wenig formalisierte, kooperative Organisationsformen (vgl. Kasten 7.6).

Kasten 7.6

Organische versus mechanistische Organisationsformen

„Sobald Neuartigkeit und Unvertrautheit sowohl im Markt als auch in der Technologie zur Regel geworden sind, wird ein anderes Managementsystem erforderlich, das sich völlig von dem unterscheidet, das bei einer relativ stabilen ökonomischen und technologischen Umwelt passt." Mit dieser Feststellung fassen Burns und Stalker die Erkenntnisse zusammen, die sie in langjährigen empirischen Untersuchungen gewonnen haben. Darauf aufbauend formulieren sie als Antwort auf die beiden Extremsituationen einer stabilen sowie einer turbulenten Umwelt zwei völlig gegensätzliche Arten von Managementsystemen aus, nämlich das mechanistische (bei stabiler Umwelt) und das organische (bei turbulenter Umwelt). Die Hauptmerkmale der beiden Managementsysteme sind:

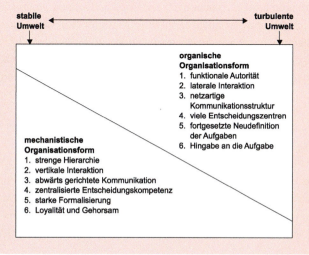

> „Unsere Absicht war es, die Angemessenheit eines jeden Managementsystems für seine eigenen spezifischen Bedingungen herauszustellen. Genauso möchten wir den Eindruck vermeiden, als sei eines der Systeme dem anderen unter allen Umständen überlegen. Nichts aus unseren Erfahrungen rechtfertigt die Behauptung, dass mechanistische Systeme auch unter Bedingungen der Stabilität durch organische zu ersetzen seien. Für jede Organisationsgestaltung gilt es daher festzustellen, dass es nicht einen einzigen optimalen Typus eines Managementsystems gibt." (Übers. d.d. Verf.)
>
> Quelle: Burns und Stalker 1961, insbesondere Kap. 6

Im kontingenztheoretischen Ansatz wird die Umwelt als determinierende Kraft verstanden, die je nach Ausprägung unterschiedliche Organisationsstrukturen erzwingt. Unternehmen – so die These –, die sich den Umweltimperativen nicht beugen und eine zur Umwelt inkongruente Strukturform wählen, erleiden erhebliche Effizienzeinbußen oder Reibungsverlust, die über längere Zeit hinweg zum Ruin führen. Diese strenge umweltdeterministische Sicht gilt heute – wie eingangs bereits betont – als überholt und ist einem **Umweltinteraktionsmodell** gewichen, das die wechselseitigen Einflussbeziehungen von Umwelt und Organisation zum Thema macht (Pfeffer und Salancik 2003).

7.5.2 Technologie

Die Wahl der Technologie steht zur Strukturierungsaufgabe in einem wechselseitigen Einflussverhältnis; bestimmte Technologien sind nur bei entsprechenden Strukturvoraussetzungen einsetzbar (z. B. verlangt Fließbandfertigung eine stabilisierende, weitgehend auf Routine abstellende Organisationsstruktur) und bestimmte Strukturpläne schließen bestimmte Technologien aus (z. B. Flexibilität versus Fließbandarbeit).

In den ursprünglichen Untersuchungen wird häufig Technologie mit **Fertigungstechnologie** gleichgesetzt. Die bis heute bekannteste Klassifikation verschiedener Fertigungstechnologien stammt von der englischen Forscherin Joan Woodward (1965); sie unterscheidet die einzelnen Typen nach dem Grad der technischen Komplexität und, damit korrespondierend, nach dem Grad der Beherrschbarkeit. Die Skala beginnt bei der

- „Einzel- und Kleinserienfertigung" über die
- „Großserien- und Massenfertigung" bis hin zur
- „Prozessfertigung"

als dem komplexesten Fertigungstyp. Ihre Forschungen sind ganz dem technologischen Imperativ verschrieben, d. h., sie geht davon aus, dass die Fertigungstechnologie die Organisationsstruktur bestimmt und verschiedene Technologien dementsprechend verschiedene Strukturmuster verlangen. Kasten 7.7 fasst die wichtigsten Befunde und Thesen zusammen.

Kasten 7.7

Fertigungstechnologie als Bestimmungsfaktor der Organisationsstruktur

Die in den Jahren 1954/55 von Joan Woodward in England durchgeführte empirische Untersuchung fragte nach den Grundbedingungen einer erfolgreichen Organisationsgestaltung. Den Untersuchungsgegenstand bildeten dabei 82 Fertigungsbetriebe in der Region South Essex mit mehr als 100 Beschäftigten.

Dabei stellte sich heraus, dass die feststellbaren Unterschiede in der Organisationsstruktur am besten durch technologische Variablen, genauer durch die Art der vorgefundenen Fertigungstechnologie erklärt wurden. Andere Variablen wie die Größe oder Persönlichkeitsfaktoren erwiesen sich als unbedeutend. Die Fertigungstechnologie wurde in (a) Einzel- und Kleinserienfertigung, (b) Großserien- und Massenfertigung sowie (c) Prozessfertigung gegliedert.

Zusammengefasst lässt sich als Tendenz feststellen, dass Firmen innerhalb des Bereiches der Massenfertigung zu mechanistischen Managementsystemen tendieren, wohingegen Unternehmen mit Einzel-/Kleinserien- oder Prozessfertigung zu organischen Systemen neigen. Je erfolgreicher die Unternehmen waren, umso enger fügten sie sich in dieses Schema ein.

Ergebnisse im Überblick:

			Fertigungstechnologie		
			Einzel- und Kleinserienfertigung	Massenfertigung	Prozessfertigung
Organisationsstruktur	1.	Zahl der Hierarchieebenen (im Durchschnitt)	3	4	5
	2.	Kontrollspanne			
		oberste Hierarchieebene	gering	mittel	hoch
		mittlere Hierarchieebene	hoch	mittel	gering
		unterste Hierarchieebene	gering	hoch	gering
	3.	Leitungsintensität	gering	mittel	hoch
	4.	Kommunikation (schriftlich)	gering	hoch	gering
		Insgesamt:	organisch	mechanistisch	organisch

Quelle: Woodward 1958

Andere Technologie-Konzepte setzen abstrakter am Wissen bzw. **Aufgaben-Know-how** an; so etwa Perrow (1967: 195), wenn er Technologie als „Summe der Handlungen" definiert, die ein Individuum auf ein Objekt richtet, um eine bestimmte Veränderung dieses Objekts herbeizuführen, gleichgültig ob dies mit Werkzeugen und anderen mechanischen Instrumenten geschieht, oder ohne diese.

Eine dementsprechende Klassifikation unterscheidet Technologie dann z. B. nach **Routine** und **Nicht-Routine** (Zahl der Ausnahmen), nach **Gewissheit** oder **Ungewissheit** der relevanten Arbeitsinformationen (Analysierbarkeit). Abb. 7.16 zeigt die hierfür gewöhnlich vermuteten Zusammenhänge zwischen in dieser Weise definierten Technologietypen und Organisationsstrukturen. Die Thesen laufen im Ergebnis immer wieder auf dasselbe Muster hinaus, wonach routinehafte Technologien hohe Formalisierung („mechanistisches Modell") verlangen. Die zahllosen empirischen Studien sind in ihren Ergebnissen allerdings immer widersprüchlich geblieben (Orlikowski 2010).

Setzt die Technologie aufgabenbezogen am Know-how des Arbeitsvollzugs an, tritt der **Interdependenz-Charakter** („Rekursivität") der Beziehung von Organisationsstruktur und Technologie deutlich hervor. Die Frage, wie eine Aufgabe bewältigt wird, ist nämlich bereits wesentlich von (vorgängigen) Organisationsentscheidungen geprägt. Eine Routineaufgabe wird nicht nur deshalb zur Routine, weil sie immer wieder anfällt, sondern auch weil man vorlaufend ein hohes Maß an Spezialisierung eingeführt und bestimmte Bereiche sich selektiv auf ähnliche Operationen konzentrieren.

Insgesamt hat sich gerade im technologischen Bereich gezeigt, dass die prägende Kraft einer Technologie weit überschätzt wurde. Genauere Analysen haben immer wieder bestätigt, dass die Technologie lediglich einen groben Rahmen absteckt, innerhalb dessen ein breiter **Organisationsspielraum** verbleibt. Die Vorreiterrolle bei der praktischen Demonstration von Organisationsspielräumen fiel dem schwedischen Automobilkonzern Volvo zu, wo mehrfach in eindrücklicher Weise gezeigt werden konnte, dass sich die gängige Automobilfertigungstechnik mit ganz anderen Organisationsformen als der des Fließbands verträgt. Zahlreiche Automobilhersteller folgen heute diesem Gruppenarbeitsmodell, das zwischenzeitlich, allerdings unter einem ganz anderen Vorzeichen, nämlich der schlanken Fertigung und der Kostensenkung diskutiert wird (Womack et al. 1992; Jöns 2015).

Sehr viel besser als beim Kontingenzansatz ist es innerhalb des sogenannten **soziotechnischen** Ansatzes möglich, die vorhandenen Organisationsspielräume zu ermitteln und zu nutzen (Emery und Trist 1965). Dieser Ansatz betrachtet die Technologie im Grundsatz als endogene Variable, die es gleichermaßen wie das soziale System in den Gestaltungsprozess einzubeziehen gilt und nicht als schlichter Imperativ vorauszusetzen ist (Sydow 1985; Bryl et al. 2009). Die jüngeren technologischen Entwicklungen, vor allem in der **Informations- und Kommunikationstechnologie**, lassen den „dualen Charakter" von Technologien immer deutlicher werden. Technologien sind das Ergebnis von Vorentscheidungen und prägen so den Strukturgestaltungsprozess. Technologie trifft aber nicht als fertiges Gut bei den Anwendern ein, sondern wird im Anwendungsprozess verändert („windows of opportunities"), d. h., sie wird partiell selbst zum Ergebnis von Organisationsentscheidungen (Tyre und Orlikowski 1994, Fulk 1993; Garud et al. 2009).

7.5 Einflussgrößen der Organisationsgestaltung

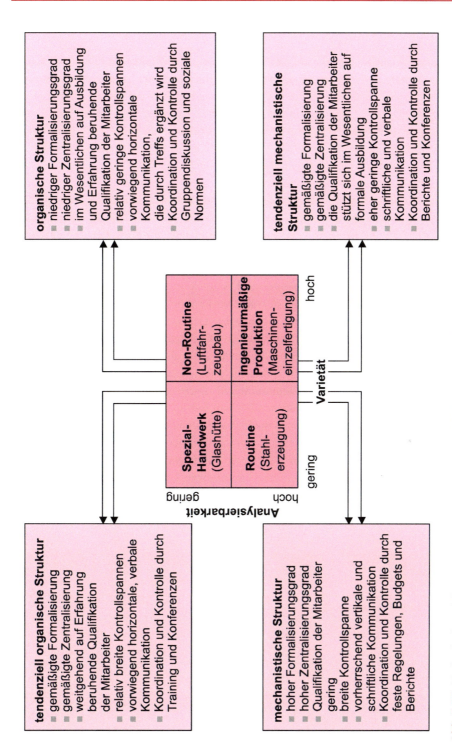

Abb. 7.16 Technologie und Organisationsmodelle. (Quelle: Daft 2009 (modifiziert))

7.5.3 Lebenszyklus

Eine weitere wichtige, wenn auch gänzlich anders geartete Einflussgröße für die Organisationsgestaltung ist die Entwicklungsphase oder allgemeiner der Lebenszyklus. Es macht einen Unterschied für die Lösung der Organisationsaufgabe, ob die Unternehmung gerade erst gegründet wurde, sich also in der Pionierphase befindet, oder ob sie bereits über 100 Jahre alt ist und schon die verschiedensten Strukturformen und Zeiterscheinungen erlebt hat (Quinn und Cameron 1983). Organisieren ist auch ein historischer Prozess und muss mit den in dem betreffenden Unternehmen angesammelten Organisationserfahrungen umgehen.

Obgleich eine schlichte Analogie von natürlichen Lebewesen und dem „künstlichen" Gebilde Unternehmung nicht möglich ist, lässt sich doch in Anklängen für die Unternehmensentwicklung ein gewisser Lebenszyklus konstatieren, etwa mit den Phasen: Gründung, Wachstum, Konsolidierung und eventuell (aber keineswegs zwangsläufig) Niedergang (Child und Kieser 1981: 28 f.; Lester et al. 2003).

Die **Gründung** einer Unternehmung wird in der Regel von einem Pionier oder einer Pioniergruppe betrieben. Sie richten sich die Organisation in aller Regel so ein, dass viel Handlungsfreiheit und Spontaneität möglich ist. Generelle Regelungen sind in dieser Phase häufig schon wegen des wenig repetitiven Charakters der Aufgaben noch nicht sehr effektiv und werden von den Gründern auch meist strikt abgelehnt.

Erst mit dem Erreichen einer bestimmten Systemgröße findet gewöhnlich der Übergang zu einer eindeutigeren **Professionalität** und zu spezialisierten Führungskräften statt und damit zumeist auch zu einer stärkeren Formalisierung. Es ist dies häufig ein kritisches Stadium für junge Unternehmen, denn die Pioniere fühlen sich von den organisatorischen Regelungen und Prozeduren meist eingeengt und von der eigentlichen Sache abgelenkt (Greiner 1972). Wenn es nicht gelingt, die neuen Führungskräfte, die das „kreative Chaos" ordnen sollen, und die Pioniere zu einer kooperativen Einheit zu verschmelzen, gehen häufig der Impetus und der Erfolg verloren (vgl. dazu ein Beispiel zur Illustration dieser erwartbaren Krise in Kasten 7.8).

Kasten 7.8

Web-Pioniere

„Binnen eines Jahres 100 Arbeitsplätze zu schaffen, klingt toll – muss aber auch bewältigt werden: ‚Wenn aus Ideen Gründer werden, müssen die Gründer vor allem eins schnell lernen: Macht abzugeben'....Spätestens mit 50 Mitarbeitern brauchen die Web-Pioniere Leute, die auch planen, organisieren, verwalten, führen, motivieren und kontrollieren können. ‚Zwischen einem Start-up mit 50 Mitarbeitern oder einem mit 100 liegen Welten', weiß Alexander Straub, Gründer Handelsplattform Mondus.com. … Erste Symptome für den drohenden Organisationsgau zeigen sich oft in der

> Kommunikation. Wenn Meldungen an den Vorstand nur noch verzerrt ankommen, die Gründer auf Rückfragen nicht sofort antworten können oder in Mails ersticken, sind standardisierte Kommunikationsstrukturen unerlässlich. ... Das muss ja nicht in Kästchenschemata ausarten', so Fritz Oidtmann, Vorstand des Onlinefinanzinformationsdienstes Onvista.de. ‚Das geht auch mit einer Organisationsstruktur wie im Zeltlager'.... Doch spätestens, wenn die Gründerbuden zu Unternehmen mit dreistelligen Belegschaftszahlen avanciert sind, könnte es mit der turbulenten Atmosphäre vorbei sein. ... Für die wenigsten Gründer ist das eine Perspektive. Sobald sich der Erfolg einstellt, sehnen sie sich nach Chaoskultur und neuen Herausforderungen. ‚Eine Firma mit 500 Mitarbeitern würde ich nicht leiten wollen', sagt der Mondus-Gründer Straub."
>
> Quelle: Wirtschaftswoche, 30.03.2000, Heft 14

Ein weiteres **Wachstum** zieht häufig eine verstärkte Differenzierung und Formalisierung nach sich, bis die Einheiten unüberschaubar werden (Kontrollverlust) und deshalb eine verstärkte Einrichtung teilautonomer Subsysteme zur Komplexitätsverarbeitung anstelle zentral entwickelter genereller Organisationsregelungen tritt. Horizontale Kooperationsformen, die sich partiell von der Hierarchie abkoppeln, erhalten eine immer größere Bedeutung.

Das Stadium der **Reife** enthält immer wieder Phasen des beginnenden **Niedergangs** (McKinley und Scherer 2000), die in immer wieder neuen Revitalisierungsanstrengungen aufgefangen werden müssen (vgl. z. B. die Entwicklung so traditionsreicher Firmen wie Ford, Siemens, ThyssenKrupp, Karstadt).

An die organisatorische Gestaltung stellen die **Revitalisierungsphasen** große Anforderungen, denn sie sind meist mit einem starken Wandel verbunden. Bevor ein Turnaround und eine Neuorganisation Fuß fassen können, müssen vorab die meist jahrelang eingeschliffenen Organisationsstrukturen und Denkmuster soweit gelockert worden sein, dass eine Revitalisierung überhaupt möglich wird (Beer et al. 1990).

Die Lebenszyklus-Betrachtung verweist auf die Adaptionsfähigkeit, die Organisationsstrukturen besitzen müssen, um die Probleme bewältigen zu können, die sich aus der Phasenentwicklung und deren Übergängen heraus ergeben (Helfat und Peteraf 2003). Natürlich gibt auch diese Lebenszyklusbetrachtung – ähnlich wie die Umwelt und die Technologie – nur einen groben Rahmen für die sich immer wieder verändernde Organisationsproblematik, keineswegs bestimmen die einzelnen Phasen die Strukturform im Einzelnen. Darüber hinaus sei darauf verwiesen, dass die Entwicklung einer Unternehmung alles andere als ein automatischer Prozess ist, es ist ja gerade der Anspruch der Unternehmensführung und der strategischen Planung, diesen Prozess zu steuern.

7.5.4 Menschen

Der Mensch als Organisationsmitglied beeinflusst mit seinen Bedürfnissen, Erwartungen und Verhaltensweisen die Lösung der Strukturierungsaufgabe, er wird aber auch in seinen

Erwartungen und seiner Lebenslage über den formellen Zweck hinaus von einer gegebenen Organisationsstruktur beeinflusst (z. B. Resignation aufgrund ständiger Unterforderung in hochgradig fragmentierten Arbeitsprozessen) (Argyris 1964, Neuberger 2000).

Die große Bedeutung der **Erwartungen** von Organisationsmitgliedern für die Organisationsaufgabe blieb lange Zeit unerkannt. Man war vollständig an der Grundidee des Organisierens orientiert, organisatorische Strukturen zu schaffen, die menschliches Verhalten in rationale Bahnen kanalisieren und unerwünschte Handlungswege ausschließen können. Was nicht bedacht wurde, sind die Wirkungen organisatorischer Strukturformen auf Motivation und auf menschliche Lebensvollzüge im Allgemeinen sowie die Konsequenzen, die folgen, wenn organisatorische Strukturmuster Unzufriedenheit und Frustration hervorrufen. Auf die Bedeutung der **Motivation** für die Organisationsgestaltung wird speziell in Kap. 9 eingegangen, so dass sich an dieser Stelle eine tiefergehende Behandlung erübrigt.

Neben dem Gesichtspunkt der Motivation ist jedoch noch auf eine ganz andere Art des Einflusses der Organisationsmitglieder und ihrer Erwartungen hinzuweisen. Es sind dies die Taktiken, Koalitionen und informellen Machtpositionen, die sich in jeder Organisation auf die eine oder andere Weise herausbilden, und die die Definition und Lösung von Organisationsproblemen ganz erheblich mitbeeinflussen (Küpper und Ortmann 2002). Die Organisationsgestaltung wird aus dieser Perspektive – jedenfalls zu Teilen – Gegenstand eines **politischen Prozesses** (bisweilen auch „Mikropolitik" genannt), in dem die widerstreitenden Interessengruppen versuchen, ihren Vorstellungen Geltung zu verschaffen. Die Lösung des Organisationsproblems hängt dann sehr stark davon ab, welche Gruppe am meisten Einflusskraft erwerben und entfalten kann und inwieweit es anderen Interessengruppen gelingt, für diesen Entscheidungsprozess Restriktionen in ihrem Sinne zu setzen (Friedberg 1995). Die formelle und informelle Verteilung von Einflusschancen muss deshalb als wichtige faktische Randbedingung für das Organisieren angesehen werden. Bei den späteren Darlegungen zu Gruppenprozessen und -strukturen wird darauf näher eingegangen.

Diskussionsfragen

1. Braucht man heute noch Organisation?
2. Inwiefern stehen Differenzierung und Integration in einem Spannungsverhältnis zueinander?
3. Welche Voraussetzungen muss ein erfolgreicher Einsatz genereller Regelungen beachten?
4. Welche (und warum nicht eine andere) Stufe der Hierarchie wählt man zur Unterscheidung zwischen funktionaler und divisionaler Organisation?
5. Wo sehen Sie die Hauptunterschiede zwischen Routine- und Zweckprogrammen?
6. Inwiefern ist die Matrixorganisation ein Integrationsinstrument?
7. Macht die Prozessorganisation die Integrationsaufgabe überflüssig?
8. Wo liegen die zentralen Unterschiede, wo die Gemeinsamkeiten zwischen den Kontextvariablen „Umwelt" und „Technologie"?
9. Warum ist der Lebenszyklus eine Einflussgröße ganz anderer Art als die Technologie?

10. Gibt es einen Zusammenhang zwischen dem „Substitutionsgesetz der Organisation" und der Einflussgröße „Umwelt"?

Fallstudie: Dr. Hans Haller*

Die Euro-Chemie GmbH gehört zu den bedeutendsten europäischen Produzenten sowohl von Kunststoffen wie Polysterin, Polyvinylchlorid als auch von Kunstfasern. Weitere Hauptproduktgruppen der Unternehmung sind: Farben, Lacke, Kunstdünger, Pflanzenschutz-, Unkrautvernichtungs- und Frostschutzmittel, Klebstoffe sowie Magnetbänder.

Wegen ihres breiten Produktionsprogramms unterhält die Unternehmung ein großes Forschungslabor mit etwa 400 Chemikern, Physikern, Ärzten und anderen Wissenschaftlern sowie rund 350 Laborassistenten und Verwaltungsangestellten. Die Forschung bezieht sich auf eine Vielzahl von Produkten und sie reicht von der Grundlagen- bis zur Entwicklungsforschung, wobei Letztere eine schnelle Markteinführung neuer Produkte bzw. die Verbesserung bestehender Produkte ermöglichen soll.

Der Leiter der Forschungsabteilung ist Dr. Hans Haller (54), der der Gesellschaft seit 18 Jahren angehört. Dr. Haller genießt wegen einiger bedeutender Beiträge auf dem Gebiet der Chemie einen Ruf als hervorragender Forscher. Bevor er Leiter der Forschungsabteilung wurde, war er mehrere Jahre lang für verschiedene Spezialprojekte zuständig. Die meisten dieser Projekte wurden erfolgreich beendet und die Unternehmung besitzt inzwischen Patente für eine Vielzahl von Produkten und Prozessen, die von Dr. Haller entwickelt wurden. Dr. Haller ist eine herausragende Persönlichkeit. Er ist stets darum bemüht, keinen Fehler zu begehen. Seine persönlichen Fähigkeiten und seine Erfahrung haben die Forschungsabteilung sehr stark auf ihn geprägt. Die Unternehmungsleitung hatte gegen die Organisationsstruktur, wie sie sich in Folge davon entwickelte, nichts einzuwenden.

Dr. Haller, der für die Forschung und Produktentwicklung zuständig ist, untersteht dem Vorstandsmitglied Prof. Fred Blume (52). Bevor Prof. Blume zur Euro-Chemie kam, war er Professor für organische Chemie an der TU München. Er ist in seinem Verhalten sehr bestimmt und ist von seinen Ideen sehr überzeugt. Für die Hauptversammlungen fertigt Prof. Blume sämtliche die Forschungsabteilung betreffenden Unterlagen und Tätigkeitsberichte selbst an und beantwortet auch Fragen finanzieller Art. Alle dafür erforderlichen Informationen bekommt er vom Leiter der Forschungsabteilung. Seinem persönlichen Ehrgeiz zufolge und entsprechend dem Wunsche von Prof. Blume, über alle die Forschungsabteilung betreffenden Angelegenheiten unterrichtet zu werden, ist Dr. Haller bestrebt, jederzeit alle Informationen über die laufenden Projekte parat zu haben.

Wie das Organigramm (vgl. Anlage) zeigt, unterstehen Dr. Haller zahlreiche Personen. Darüber hinaus gibt es in den verschiedenen Forschungsbereichen eine Anzahl weiterer Mitarbeiter, die „senior scientists", die das Recht haben, Dr. Haller direkt und nicht ihren Abteilungsleitern zu berichten, auch dann, wenn Letztere es wünschen sollten. Jedem Leiter der sieben Hauptforschungsbereiche unterstehen zwischen 20 bis 50 Wissenschaftler. Gegenwärtig werden darüber hinaus vier wich-

tige Spezialprojekte bearbeitet. Für besondere Aufgaben werden außerdem vorübergehende Forschungsteams gebildet, die sich aus Wissenschaftlern der verschiedenen Forschungsbereiche zusammensetzen. Ferner arbeiten zahlreiche Angestellte in den zur Forschungsabteilung gehörenden Funktionsabteilungen wie Buchhaltung, Personal, Einkaufs-, Lager- und Werkschutzabteilung. Schließlich gibt es noch einen wissenschaftlichen Berater, der als ehemaliges Vorstandsmitglied und Vorgänger von Prof. Blume eine Art Ehrenposition besitzt. Er ist zwar nicht mehr in der Forschung tätig, wohl aber weiterhin daran interessiert. Aus diesem Grund wurde Dr. Haller gebeten, ihn über die wichtigsten Vorgänge zu informieren, und es scheint angebracht, ihn um Rat zu fragen.

Dr. Haller pflegt außerdem noch zahlreiche weitere Kontakte. So arbeitet er persönlich mit den Leitern der vielen Fertigungs- und den Arbeitsvorbereitungsabteilungen, der Rechts- und Patentabteilung, der Finanzabteilung und der Verkaufs- und Werbeabteilung der Unternehmung zusammen. Im Bereich der Chemie hat er ferner zu tun mit außerbetrieblichen Beratern und Universitätsprofessoren. Schließlich pflegt er Kontakte zu anderen Forschungsleitern, insbesondere denen der drei großen deutschen Chemieunternehmen. Seiner fachlichen Kompetenz wegen ist auch Dr. Haller als Vortragsredner auf Kongressen sehr gefragt.

Neben der Beschäftigung mit Problemen technischer Art erfüllt Dr. Haller zahlreiche Verwaltungsaufgaben. Wenngleich er auch bisher nicht sehr bewandert und geschickt in Verwaltungsaufgaben war, so ist es doch sein Ehrgeiz, auch in diesem Bereich ganze Leistung zu zeigen. Der Leiter der zur Forschungsabteilung gehörenden Buchhaltung würde z. B. durchaus in der Lage sein, den Budgetplan für das jeweils kommende Geschäftsjahr aufzustellen, aber Dr. Haller hält dies für so bedeutend, dass er es im Wesentlichen selbst erledigen will. Er prüft alle wesentlichen Ausgaben, um seiner Kostenverantwortung gerecht zu werden, und will auch bei allen personellen Veränderungen gefragt werden. Weiterhin kontrolliert er alle Einstellungsentscheidungen, auch solche von Sekretärinnen. Eine Grundsatzplanung zur Vorsteuerung zukünftiger großer Forschungsvorhaben besteht dagegen nicht.

Dr. Haller wirkte in letzter Zeit sehr angespannt und wurde immer dann besonders nervös, wenn er zu Prof. Blume gerufen wurde. Er war immer weniger in der Lage, die aus den verschiedenen Berichten der Unternehmung stammenden Fragen zu beantworten. Um seiner Stellung jedoch gerecht zu werden, meinte er – wie der Assistent von Prof. Blume bemerkte – „alle Fäden in der Hand" halten zu müssen.

Aufgabe:

Angenommen, Sie seien seit sechs Monaten Assistent von Prof. Blume und hätten dort bereits ausgezeichnete Verwaltungs- und Organisationsfähigkeiten entwickelt. Auf einem kürzlich stattgefundenen Treffen zwischen Prof. Blume und Dr. Haller, an dem auch Sie teilnahmen, wurde das Problem der Neuorganisation der Forschungsabteilung behandelt. In Anwesenheit von Dr. Haller übertrug Ihnen Prof. Blume die Aufgabe, Vorschläge für die Neuorganisation der Forschungsabteilung zu entwickeln.

Anlage 1:

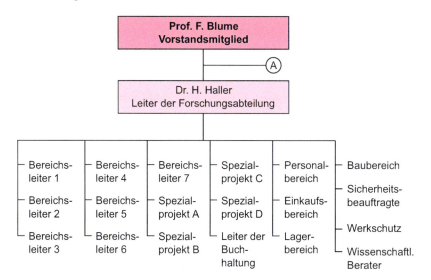

Fallstudie in Anlehnung an den Fall „Wacker Chemie AG"

Frage zur Fallstudie

1. Welche Empfehlungen würden Sie Prof. Blume geben?

Literatur

Argyris, C. (1964), Integrating the individual and the organization, New York.
Beer, M./Eisenstat, R. A./Spector, B. (1990), The critical path to corporate renewal, Boston/Mass.
Blau, P. M. (1970), A formal theory of differentiation in organizations, in: American Sociological Review 35, S. 201–218.
Bourcart, J. (1874), Die Grundsätze der Industrie-Verwaltung: Ein praktischer Leitfaden, Zürich.
Braun, T. (2004), Jenseits der Zielsteuerung. Eine kritische Untersuchung zielbasierter Instrumente der Unternehmenssteuerung, Köln.
Bryl, V./Giorgini, P./Mylopoulos, J. (2009), Designing socio-technical systems: from stakeholder goals to social networks, in: Requirements Engineering 14, S. 47–70.
Bühner, R. (1996), Gestaltung von Konzernzentralen. Die Benchmarking-Studie, Wiesbaden.
Burns, T./Stalker, G. M. (1961), The management of innovation, London.
Burton, R. M./ Obel, B./ Håkonsson, D, (2015), How to get the matrix organization to work, in: Journal of Organization Design, 4(3), S. 37–45
Chandler, A. D. (1962), Strategy and structure: Chapters in the history of the American industrial enterprise, Cambridge/London.
Child, J./Kieser, A. (1981), Development of organizations over time, in: v. Nystrom, P. C./Starbuck, W. H. (Hrsg.), Handbook of organizational design, Bd. 1, Oxford, S. 28–64.
Daft, R. L. (2009), Organization theory & design, 9. Aufl., Minneapolis/St. Paul.

Dalton, G. (1959), Men who manage, New York.
Davis, S. M./Lawrence, P. R. (1977), Matrix, Reading/Mass.
Emery, F. E./Trist, E. L. (1965), The causal texture of organizational environments, in: Human Relations 18, S. 21–32.
Ford, R. C./Randolph, W. A. (1992), Crossfunctional structures: A review and integration of Matrix organization and project management, in: Journal of Management 18, S. 267–294.
Frese, E. (1988), Grundlagen der Organisation, 4. Aufl., Wiesbaden.
Frese, E. (2004), Interne Märkte, in: Schreyögg, G./v. Werder, A. (Hrsg.), Handwörterbuch Unternehmensführung und Organisation, 4. Aufl., Stuttgart, S. 552–560.
Frese, E./Graumann, M./Theuvsen, L. (2012), Grundlagen der Organisation. Entscheidungsorientiertes Konzept der Organisationsgestaltung, 10. Aufl., Wiesbaden.
Friedberg, E. (1995), Ordnung und Macht, Dynamik organisierten Handelns, Frankfurt am Main/New York.
Fulk, J. (1993) Social construction of communication technology, in: Academy of Management Journal 36, S. 921–950.
Garud, R./Kumaraswamy, A./Langlois, R. (2009)(Hrsg.), Managing in the modular age: Architectures, networks, and organizations, Hoboken/New Jersey.
Greiner, L. E. (1972), Evolution and revolution as organizations grow, in: Harvard Business Review 50 (4), S. 37–46.
Gutenberg, E. (1983), Grundlagen der Betriebswirtschaftslehre, Band 1. Die Produktion, 24. Aufl., Berlin/Heidelberg/New York.
Hammer, M./Champy, J. (1994), Business reengineering (Übers. a. d. Engl.), Frankfurt am Main/New York.
Hedlund, G. J. (1994), A model of knowledge management and the N-Form corporation, in: Strategic Management Journal 15, S. 73–90.
Helfat, C.E./ Peteraf, M.A. (2003), The dynamic resource-based view: Capability lifecycles, in: Strategic Management Journal 24, S. 997–1010.
Hess, T./Schuller, D. (2005), Business Process Reengineering als nachhaltiger Trend? Eine Analyse der Praxis in deutschen Großunternehmen nach einer Dekade, in: Zeitschrift für betriebswirtschaftliche Forschung 57, S. 355–373.
Hillmann, G. (1970), Die Befreiung der Arbeit, Reinbek b. Hamburg.
Hoverstadt, P. (2008), The fractal organization, Chichester.
Ibarra, H./Hunter, M. (2007), How Leaders Create and Use Networks, in: Harvard Business Review 85(1), S. 40–47.
Irle, M. (1971), Macht und Entscheidung in Organisationen, Frankfurt am Main.
Jöns, I. (Hrsg.) (2015), Erfolgreiche Gruppenarbeit, 2.Aufl., Wiesbaden
Kshetri, N. (2018), Blockchain's roles in meeting key supply chain management objectives, in: International Journal of Information Management 39, S. 80–89
Kocka, J. (1969), Unternehmensverwaltung und Angestelltenschaft am Beispiel Siemens 1847–1914, Stuttgart.
Kocka, J. (2000), Management in der Industrialisierung – die Entstehung und Entwicklung des klassischen Musters, in: Schreyögg, G. (Hrsg.), Funktionswandel im Management – Wege jenseits der Ordnung, Berlin, S. 33–54.
Kosiol, E. (1976), Organisation der Unternehmung, 2. Aufl., Wiesbaden.
Küpper, W./Ortmann, G. (2002)(Hrsg.), Mikropolitik, Wiesbaden.
Lawrence, P. R./Lorsch, J. W. (1967), Organization and environment, Cambridge/Mass.
Lee, M.Y./ Edmondson, A. C. (2017) Self-managing organizations: Exploring the limits of less-hierarchical organizing, in: Research in Organizational Behavior 37, S. 35–58.
Lester, D. L./Parnell, J. A./Carraher, S. (2003), Organizational life cycle: A five-stage empirical scale, in: International Journal of Organizational Analysis 11, S. 339–354.

Likert, R. (1961), New patterns of management, New York.
Likert, R. (1967), The human organization: Its management and value, New York.
Luhmann, N. (1984), Soziale Systeme. Grundriss einer allgemeinen Theorie, Frankfurt am Main.
Luhmann, N. (2011), Organisation und Entscheidung, 3. Aufl., Wiesbaden.
Maier, P. (1997), Reengineering – Fluch oder Segen?, Wiesbaden.
March, J. G./Simon, H. A. (1958), Organizations, New York u. a.
Mayer, M./Whittington, R. (2004), Economics, politics and nations: Resistance to the multidivisional form in France, Germany and the United Kingdom, 1983–1993, in: Journal of Management Studies 41, S. 1057–1082.
McKinley, W./Scherer, A. G. (2000), Some unanticipated consequences of organizational restructuring, in: Academy of Management Review 25 (4), S. 735–752.
Mintzberg, H. (1979), The structuring of organizations, Englewood Cliffs/New Jersey.
Moliterno, T. P./Mahony, D. M. (2011), Network theory of organization: A multilevel approach, in: Journal of Management 37, S. 443–467.
Nelson, R. R. (1995), Recent evolutionary theorizing about economic change, in: Journal of Economic Literature 33, S. 48–50.
Nelson, R. R./Winter, S. G. (1982), An evolutionary theory of economic change, Cambridge.
Neuberger, O. (2000), Individualisierung und Organisierung. Die wechselseitige Erzeugung von Individuum und Organisation durch Verfahren, in: Ortmann, G./Sydow, J./Türk, K. (Hrsg.), Theorien der Organisation, 2. Aufl., Opladen, S. 487–522.
Odiorne, G. S. (1967), Management by objectives, Führung durch Vorgabe von Zielen, München.
Odiorne, G. S. (1979), MBO II – A system of managerial leadership for the 80's, Belmont, Cal.
Orlikowski, W. J. (2010), The sociomateriality of organisational life: considering technology in management research, in: Cambridge Journal of Economics 34, S. 125–141.
Ortmann, G./Sydow, J./Türk, K. (2000), Organisation, Strukturation, Gesellschaft, in: Ortmann, G./Sydow, J./Türk, K. (Hrsg.), Theorien der Organisation, 2. Aufl., Opladen, S. 15–34.
Osterloh, M./Frost, J. (2006), Prozessmanagement als Kernkompetenz, 5. Aufl., Wiesbaden.
Perrow, C. (1967), A framework for the comparative analysis of organizations, in: American Sociological Review 32, S. 194–208.
Peter, L. J./Hull, R. (2003), Das Peter-Prinzip oder die Hierarchie der Unfähigen, Reinbek b. Hamburg.
Peters, T. J. (1993), Jenseits der Hierarchien, Düsseldorf.
Peters, T. J./Waterman, R. H. jr. (1984), Auf der Suche nach Spitzenleistungen, Landsberg am Lech.
Pfeffer, J./Salancik, G. R. (2003), The External Control of Organizations: A Resource Dependence Perspective, Stanford.
Quinn, R. E./Cameron, K. (1983), Organizational life cycles and shifting criteria of effectiveness: some preliminary evidence, in: Management Science 29, S. 33–52.
Salati, F. (2017), Das flexible Unternehmen, Wiesbaden 2017.
Schmidt, G. (1992), Grundlagen der Aufbauorganisation, Gießen.
Schreyögg, G. (1995), Umwelt, Technologie und Organisationsstruktur: Eine Analyse des kontingenztheoretischen Ansatzes, 3. Aufl., Bern/Stuttgart.
Schreyögg, G./Kliesch, M./Lührmann, T. (2003), Bestimmungsgründe für die organisatorische Gestaltung einer Management-Holding, in: Wirtschaftswissenschaftliches Studium 12, S. 663–669.
Seiwert, L. (1979), Das Substitutionsprinzip der Organisation, in: Wirtschaftswissenschaftliches Studium 8, S. 76–78.
Soda, G./Zaheer, A. (2012), A network perspective on organizational architecture: performance effects of the interplay of formal and informal organization, in: Strategic Management Journal 33, S. 751–771.
Staehle, W. H. (1999), Management: Eine verhaltenswissenschaftliche Perspektive, München.

Sutherland, J. (2014), Scrum: A revolutionary approach to building teams, beating deadlines, and boosting productivity, London.

Sydow, J. (1985), Der sozio-technische Ansatz der Arbeits- und Organisationsgestaltung, Frankfurt am Main/New York.

Tyre, M. J./Orlikowski, W. J. (1994), Windows of opportunity: Temporal patterns of technological adaption in organizations, in: Organization Science 5, S. 423–444.

van Fleet, D. O./Bedeian, A. G. (1977), A history of the span of management, in: Academy of Management Review 2, S. 356–372.

von Werder, A. (2015), Führungsorganisation: Grundlagen der Corporate Governance, Spitzen- und Leitungsorganisation, 3. Aufl., Wiesbaden.

Whittington, R./Mayer, M. (2000), The European corporation: Strategy, structure, and social science, New York.

Womack, J. P./Jones, D. T./Roos, D. (1992), Die zweite Revolution in der Automobilindustrie (Übers. a. d. Engl.), Frankfurt am Main/New York.

Woodward, J. (1958), Management and technology, London.

Woodward, J. (1965), Industrial organization: Theory and practice, London.

Wandel, Innovation und Transformation   8

Zusammenfassung

In Kapitel 8 werden die Grundlagen für das Change Management und die Transformation von Unternehmen vorgestellt. Zunächst liegt der Fokus auf dem klassischen Planansatz, der den Wandel mit möglichst genauer Planung bewältigbar machen möchte. Es schließt sich die Kritik an, die vor allem auf die verhaltensbedingten Schwierigkeiten bei der Gestaltung von Wandelprozessen hinweist. Aus dieser verhaltenswissenschaftlich fundierten Kritik ist der im Anschluss daran vorgestellte Ansatz der Organisationsentwicklung hervorgegangen, der insbesondere verschiedene Interventionen zur Begünstigung von Wandelprozessen umfasst. Im Anschluss werden allgemeine Wandeltheorien beschrieben; vor allem wird dem episodischen Wandel das Modell des kontinuierlichen Wandels gegenübergestellt. Letzteres wird sodann mit der Theorie organisatorischen Lernens verknüpft. Hierzu werden Lernprozesse, Lernebenen und Lernformen unterschieden. Lernen wird sodann als Veränderung der Wissensbasis vorgestellt. Hieran schließt sich die Darlegung des Wissensmanagements und der Wissensformen an. Diese Ausführungen werden mit dem Innovations-Modell der Absorptive Capacity ergänzt. Abschließend wird eine Theorie zur Balance von Stabilität und Wandel gezeigt, die dem modernen Change Management als Grundlage dienen kann.

8.1 Planmäßiger Wandel

Wandel gerät immer mehr zum zentralen Thema der Unternehmenssteuerung und dementsprechend wichtig ist die Gestaltung von Wandelprozessen für den Unternehmenserfolg geworden. Diese hohe Beachtung, die heute dem **„change management"** zuteil wird, ist sowohl in der Praxis als auch in der Managementlehre relativ neu. Hatte man doch jahrzehntelang zwar nicht die Notwendigkeit des Wandels, so doch die Schwierigkeiten seiner Steuerung und Gestaltung unterschätzt.

Dort, wo über den organisatorischen Wandel nachgedacht wurde, wie bei der Reorganisation oder dem „Reengineering", galt das Interesse in erster Linie der neuen Sollstruktur und weniger dem Wandelprozess als solchem. Man betrachtete den Wandelprozess nicht wirklich als ein Managementproblem. Dies ist auch nicht weiter verwunderlich, standen doch das Selbstverständnis und mit ihm das der Managementlehre – wie in Kap. 4 ausführlich dargelegt – lange Zeit in der Tradition des analytisch-linearen Denkens mit der klassischen Abfolge von Planung, Realisation und Kontrolle. Die Veränderung einer Organisation, gleichgültig auf welcher Ebene und in welchem Umfang, wurde im Wesentlichen nur als ein **planerisches Problem** angesehen. Aus dieser Sicht steht die Auswahl im Zentrum, d. h. die Bestimmung der optimalen Lösung, die der veränderten Situation oder dem veränderten Stand des Wissens Rechnung trägt. Die neue Lösung oder die „Soll-Struktur" bilden das Zentrum.

In diesem Ansatz wird die Umsetzung der neuen Lösung im Wesentlichen als Anweisungsproblem gesehen, das es durch eine möglichst exakte Beschreibung der neuen Aufgaben und Kompetenzen sowie durch ein möglichst alle Eventualitäten berücksichtigendes Umstellungsprogramm („generalstabsmäßig geplant") zu lösen gilt. Sind schließlich alle Vorbereitungen getroffen, so gibt die Geschäftsleitung den „Startschuss" zur Umschaltung auf den neuen Organisationsplan. Neuerdings wird häufig zusätzlich darauf verwiesen, dass der geplante Umstellungsprozess von einer starken Führungspersönlichkeit, einem veritablen Leader, vorangetrieben werden muss, damit das Vorhaben nicht an Schwung verliert (Kotter 2012). Nach einer gewissen Toleranzzeit wird es dann allerdings allen Mitarbeitern zur Pflicht gemacht, nach den neuen organisatorischen oder unternehmenspolitischen Richtlinien zu handeln – verbunden mit der Annahme, dass von da an alles nach Plan läuft.

Dieses Modell, das den Wandelprozess als reines Planungsproblem definiert, erweist sich indessen allzu oft als pure Illusion. Immer wieder zeigt sich dasselbe Bild: Der Wandelprozess schleppt sich dahin, die Organisationsmitglieder widerstreben der neuen Lösung, vieles Unvorhergesehene ereignet sich und lässt die Umstellungspläne zur Makulatur werden usw.

Die häufigste Reaktion darauf ist, alle diese Probleme durch eine noch exaktere Planung der Umstellung zu lösen oder durch noch schärferen Druck von oben auffangen zu wollen. Diese Reaktion führt jedoch eher zur Verschärfung der Probleme, denn zu ihrer Verbesserung.

Es war erst die verhaltenswissenschaftlich orientierte Organisationslehre, allen voran die Human-Ressourcen-Schule, die den organisatorischen Wandel als eigenständiges Problem thematisierte und gänzlich neue Perspektiven zu seiner Lösung entwickelte (vgl. Kap. 2). In jüngerer Zeit kamen Ansätze hinzu, die die Ungewissheit zukünftiger Entwicklungen thematisieren und verschiedene Formen des Wandels ins Zentrum der Aufmerksamkeit rücken.

Ausgangspunkt einer eigenständigen Lehre des Change Managements war die Einsicht, dass die erfolgreiche Einführung neuer organisatorischer Lösungen ganz wesentlich von der Einstellung der Organisationsmitglieder zu diesen Veränderungen, und weiter noch von der allgemeinen emotionalen Einstimmung auf diese, abhängt. Diese Einsicht wurde wesentlich befördert durch das Konzept und Forschungen zu **„Widerstand gegen Änderungen"**. Darunter wird vornehmlich eine emotionale Sperre verstanden, die Organisationsmitglieder gegen Änderungen aufbauen, weil sie befürchten, dass sich durch die Veränderung ihre Situation verschlechtern wird (Watson 1975, S. 51 f.; Lawrence 1969).

Der Widerstand gegen Wandel hat sowohl **individuelle** als auch **organisatorische** Gründe. Zum einen ist es die Angst, die erworbene Sicherheit zu verlieren; das Gewohnte und Vertraute verlassen und sich einer Situation von Ungewissheit und Undurchschaubarkeit aussetzen zu müssen. Dazu kommt die Befürchtung, eine Verschlechterung in den Bedürfnisbefriedigungsmöglichkeiten zu erleiden, z. B. Furcht vor Kompetenz- und Prestigeverlust bei einer neuen Arbeitsorganisation oder die Angst vor sozialen Verlusten bei neuen Gruppenzusammensetzungen; der erreichte Stand wird als bedroht angesehen. Zum anderen ist es häufig genug das organisatorische System selbst, das mit seinen Mechanismen (z. B. Lohnsystem, Tabus, Leistungsbeurteilungsmerkmale) den Widerstand gegen die geplante Änderung (unbewusst) provoziert.

Es darf auch nicht vergessen werden, dass neue organisatorische Lösungen in der Regel mit einer Neuverteilung von Kompetenzen und damit verbunden einer Veränderung etablierter Machtstrukturen einhergehen. Nicht selten sehen ganze Abteilungen dadurch ihren Wert gemindert, andere unberechtigt bevorteilt, bewährte Praktiken missachtet usw. und greifen als Reaktion darauf zu konzertierten Gegenmaßnahmen (Buchanan und Badham 2008).

Widerstand gegen Änderungen wird auf unterschiedliche Weise kommuniziert. Die Ausdrucksformen reichen von besorgter Nachfrage über systematisches „Kann-nit-verstan" bis zu offener Ablehnung (Kündigungsdrohung, Krankheit usw.).

Insgesamt gilt es allerdings zu sehen, dass ein Sich-zur-Wehr-Setzen bei einer objektiven Verschlechterung der Lebenssituation (z. B. bei einer Entlassung oder einer Abstufung) nicht unter den Begriff „Widerstand gegen Änderungen" fällt. Die Gründe für eine Abwehrhaltung bei solchen Ereignissen sind evident. Wirklich erklärungsbedürftig werden die Änderungswiderstände erst dort, wo ein veränderungsbedingter objektiver Nachteil monetärer oder nicht-monetärer Art von außen nicht erkennbar ist.

Heute wird der Widerstand gegen Änderungen differenzierter gesehen. Viele Autoren bemängeln, dass diese Perspektive unterstellt, die Agenten des Wandels hätten recht, die „Widerständler" unrecht, d. h. es würde von vorneherein eine Parteinahme mitgedacht (Ford et al. 2008; Thomas und Hardy 2011). Der Widerstand wäre häufig rational und enthielte überdies oftmals gute Ideen, wie man den Wandel alternativ gestalten sollte (Stichwort: Widerstand als Ressource). Indessen, wenn der Widerstand rational ist und gute Argumente für einen anderen Ansatz beinhaltet, dann kann man ihm auch rational mit guten Argumenten begegnen oder in einen rationalen Diskurs für Alternativen eintreten. Das ist indessen in der Praxis selten der Fall, die emotionalisierte Ablehnung bleibt ein Problem.

Der wesentlichste Impuls zur Erforschung emotionalisierten Widerstands gegen Änderungen sowie zu Ansatzpunkten seiner Überwindung kam von Kurt Lewin (1958) und seinen Studien zum **Abbau von Speiseabscheu**. Als zum Ende des Zweiten Weltkriegs auch in den USA das Fleisch knapper wurde, sollte Lewin herausfinden, wie man US-Hausfrauen davon überzeugen könnte, dass sich auch mit (dort) unüblichen Lebensmitteln, insbesondere mit Innereien, leckere und gesunde Speisen zubereiten lassen. Die Hausfrauen ekelten sich allein schon vor dem Gedanken, Innereien, wie Herz oder Lunge, zubereiten und essen zu müssen. Zum Abbau des Widerstands wurde in zwei Gruppen auf unterschiedliche Weise verfahren. Eine Gruppe von Hausfrauen erhielt Vorträge über den Nährwert und Zubereitungsformen von Innereien; in einer zweiten Gruppe wurden aktivere Methoden eingesetzt: Die Gruppe wurde gebeten, gemeinsam ein Programm zu erarbeiten, wie man normalen US-Hausfrauen den Ekel vor Innereien nehmen könnte. Die Hausfrauen analysierten an sich selbst, was die Hauptquellen dieses allgemeinen Speiseabscheus sein könnten (Unkenntnis, taktile Empfindungsqualitäten, soziale Ächtung usw.); bei Bedarf wurden Informationen über einzelne Fragestellungen (Nährwerte, Rezepte usw.) gegeben. Es bildete sich rasch die Gruppenmeinung heraus, dass gegen die Ablehnung etwas unternommen werden müsste. Der gemeinsame Lernprozess in der Gruppe erwies sich (aus heutiger Sicht nicht mehr überraschend) dem reinen Lehransatz als weit überlegen; die Frauen reduzierten in der Gruppe gemeinsam mit den imaginierten „Leidensgenossinnen" Vorurteile und Ekelgefühle.

Die in diesem Experiment praktizierten Gruppensitzungen und die dabei verwendeten Methoden der Teilnehmeraktivierung nahmen die Eckpfeiler von organisatorischen Wandelkonzepten der nächsten Jahrzehnte vorweg. Im Grunde war in diesen Studien alles angelegt, was später zu den **„goldenen Regeln"** des erfolgreichen organisatorischen Wandels werden sollte:

1. **Aktive Teilnahme** am Veränderungsgeschehen; umfassende Information über die Hintergründe des anstehenden Wandels und Partizipation an den Veränderungsentscheidungen.
2. Die **Gruppe** als wichtiges Wandelmedium. Wandelprozesse in Gruppen sind weniger beängstigend und werden im Durchschnitt schneller vollzogen.
3. **Kooperation** fördert die Wandelbereitschaft.
4. **Auftauen** alter Gewohnheiten. Wandelprozesse bedürfen einer Auflockerungsphase, in der die Bereitschaft zum Wandel erzeugt wird, und einer Beruhigungsphase, die den vollzogenen Wandel stabilisiert.

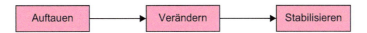

Abb. 8.1 Das organisatorische Änderungsgesetz nach Lewin

Letzteres wurde von Lewin (1958, S. 210 f.) auf der Basis einer Gleichgewichtsvorstellung zu der **triadischen Episode** erfolgreichen Wandels ausformuliert, das die Phasen
„Auftauen" (unfreezing),
„Verändern" (moving) und
„Stabilisieren" (refreezing)
unterscheidet (vgl. Abb. 8.1).

https://sn.pub/6WvyNX

Die **Auftauphase** („unfreezing") verlangt, dass ein System seinen Gleichgewichtszustand aufgibt oder – anders ausgedrückt –, dass sich eine Bereitschaft zur Veränderung herausbildet. Alte Gewohnheiten werden in Frage gestellt, neue Ideen bereitwillig diskutiert usw. Der Anstoß für einen Auftauprozess kann sowohl von innen (Fehleranalyse, neue Mitarbeiter usw.) als auch von außen kommen (sinkender Börsenwert, Marktanteilseinbußen, öffentliche Kritik des Unternehmens usw.). Veränderungsprojekte (wie z. B. eine neue Organisationsstruktur oder ein neues Abrechnungssystem), die ohne ein entsprechendes „Auftauen" sozusagen in direktem Zuge durchgeführt werden sollen, sind sehr häufig zum Scheitern verurteilt.

Durchgeführte Veränderungen („moving") – das ist der zweite Kerngedanke des Lewinschen Episodenschemas – bedürfen der **Stabilisierung**, müssen wieder „eingefroren" werden („refreezing"), damit sie Bestand haben. Ansonsten bestehe die Gefahr, dass schon kleine Rückschläge oder die „Macht der Gewohnheit" die alten Strukturen wieder aufleben lassen. Mit anderen Worten, ein neues Gleichgewicht muss sich einpendeln. Diese Gleichgewichtsvorstellung aber auch andere Elemente des Phasenmodells sollten später zum Gegenstand der Kritik werden (zur Diskussion vgl. Burnes 2004).

8.2 Organisationsentwicklung

8.2.1 Historischer Hintergrund

Die Lewin'schen Experimente und Wandelkonzepte sowie weitere Einsichten in die Motivation menschlichen Wandelverhaltens führten schließlich zur Herausbildung eines Spezialzweigs innerhalb der Organisationstheorie, der sich ganz und gar der Wandelthematik widmet, nämlich die **Organisationsentwicklung (OE)**.

Der Organisationsentwicklungsansatz, wie er sich schließlich auf Basis sozialwissenschaftlicher Theorien herausgebildet hat, behandelt verschiedene Fragestellungen (vgl. auch Cummings und Worley 2018): Neben den bereits kurz skizzierten Fragen des **Phasenverlaufs** sind es vor allem die Fragen nach der Art des **Einstiegs** (von „oben nach unten" oder von „unten nach oben" usw.), der Rolle des **externen Beraters** („change agent") und den geeignetsten **Interventionsmethoden**. Heute ist die „Organisationsentwicklung" zu großen Teilen mit dem stärker strategisch ausgerichteten Feld des Change Managements verschmolzen.

8.2.2 Schemata erfolgreicher Wandelprozesse

Auf der Suche nach der „besten Praxis" hat Greiner (1967) aus einer Gegenüberstellung erfolgreicher und missglückter organisatorischer Wandelprozesse ein idealtypisches Erfolgsmuster abgeleitet, das immer noch als repräsentativ für avancierte Wandelansätze gilt.

Der Grundansatz in allen erfolgreichen Fällen war – ähnlich wie in den Lewin'schen Studien – **partizipativ**, d. h., die vom Wandel betroffenen Organisationsmitglieder wurden aktiv in den Veränderungsprozess einbezogen; die Entscheidungsträger waren bereit, ihre Macht zu teilen („shared power approach"). Der letztgenannte Gesichtspunkt ist schon deshalb von hoher Bedeutung, weil jeder Wandelprozess – wie oben dargelegt – auch eine Veränderung von bestehenden Machtstrukturen bedeutet. Das von Greiner destillierte Erfolgsschema (best practice) hebt deshalb auch ausdrücklich auf die Reaktionen der bestehenden Machtstruktur auf den Veränderungsvorgang ab (vgl. Abb. 8.2).

Im Einzelnen ließen sich folgende Phasen unterscheiden:

Phase 1: Druck und Aufrüttlung
Die erste Phase betont die Notwendigkeit des Auftauens und der Schaffung einer Veränderungsbereitschaft bei den maßgeblichen Entscheidungsträgern. Ein Wandelprozess ist schwer einzuleiten, wenn die Spitze der Organisation nicht wirklich von seiner Notwendigkeit überzeugt ist. Die Bereitschaft zum Wandel war in den untersuchten Firmen dort am größten, wo „der Boden schwankte", d. h. sowohl von innen als auch von außen Krisensignale kamen (Terminprobleme, hohe Fehlzeiten, Qualitätsprobleme usw.).

8.2 Organisationsentwicklung

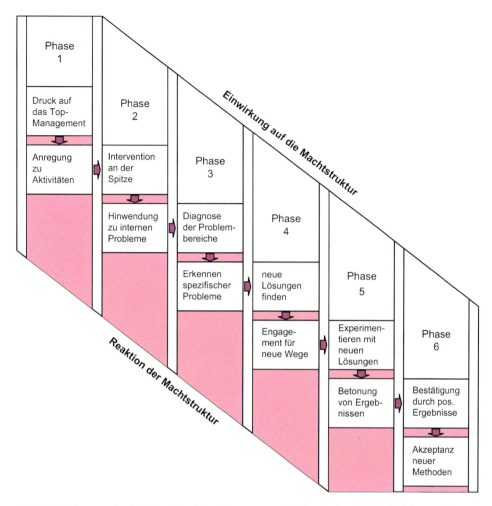

Abb. 8.2 Phasenverlauf erfolgreicher Wandelprozesse. (Quelle: Greiner 1967, S. 126 (modifiziert))

Phase 2: Intervention und Neuorientierung

Der Druck und die Veränderungsbereitschaft alleine genügten jedoch gewöhnlich nicht, um die Situation positiv zu wenden und neue Wege zu suchen. Häufig erwies es sich als zweckmäßig, externe Berater hinzuzuziehen, die die Probleme unvoreingenommen betrachten konnten. Voraussetzung für ihren erfolgreichen Einsatz war jedoch, dass sie von den maßgeblichen Entscheidungsträgern akzeptiert wurden. In der Greiner'schen Analyse erwiesen sich diejenigen Wandel-Berater („change agents") am erfolgreichsten, die nicht mit fertigen Problemlösungen aufwarteten, sondern den Blick der beteiligten Organisationsmitglieder für die internen Probleme schärften und sie dabei unterstützten, die Problemzusammenhänge aus einer neuen Perspektive zu sehen.

Phase 3: Diagnose und Erklärung
Auf die Lockerung der traditionellen Sichtweise folgte der eigentliche Veränderungsprozess („moving"). Alle direkt Betroffenen beteiligten sich an der Informationssammlung und versuchten die Ursachen für die identifizierten Probleme zu bestimmen. Die Berater trugen dafür Sorge, dass keine Tabus diesen Suchprozess behinderten. Wiederum im Einklang mit der Lewin-Studie erwiesen sich Gruppensitzungen als geeignetstes Medium, um neue Wege der Problemerkennung zu erproben. Die Teilnahme der oberen Führungskräfte an den Sitzungen war besonders wichtig, um allen Mitarbeitern die Ernsthaftigkeit der Bemühungen zu signalisieren, und um zu demonstrieren, dass auch Ideen, die von „unten" kommen, aufgegriffen und diskutiert werden.

Phase 4: Neue Lösungen und Selbstverpflichtung
In dieser Phase geht es darum, für die lokalisierten Probleme neue Problemlösungen zu entwickeln. Die externen Berater erwiesen sich hier als besonders wichtig. Sie sorgten dafür, dass es nicht „alten Wein in neuen Schläuchen" gab, sondern wirklich nach neuartigen Lösungen gesucht wurde. Dazu mussten in den meisten Fällen erst einmal alte Blockaden (Abwehrhaltungen), Betriebsblindheit und Verkrustungen in einer gemeinsamen Anstrengung überwunden werden. Ziel dieser Phase war es, gemeinsam neue Lösungen zu finden, die von vornherein die Zustimmung der Betroffenen haben.

Phase 5: Experimentieren und Ergebnissuche
In allen erfolgreichen Wandelprozessen folgte schließlich eine Experimentierphase, bevor umfassende Umstellungen angegangen wurden. Überall in der Organisation bestand noch Vorsicht. Man wollte erst einmal sehen, ob die neue Lösung funktionstüchtig ist, ob die Unterstützung von „oben" wirklich vorhanden ist. Eine Reversibilität der Entscheidungen musste in dieser Phase noch möglich sein, um den Mut zu haben, wirklich neue Lösungen auszuprobieren. Waren die Ergebnisse der Experimente positiv, begannen die letzte Phase und der Übergang zum „refreezing".

Phase 6: Verstärkung und Akzeptanz
Positive Resultate und die kontinuierliche Information über die Entwicklung der Ergebnisse bekräftigten die neuen Strukturen und ermutigten zur Ausdehnung der Experimente auf größere Einheiten. Die neuen Strukturen wurden langsam zur Selbstverständlichkeit im täglichen Handeln.

Die Konsequenzen dieses Ansatzes sind weitreichend; er stellt den planerischen Wandelansatz stark in Frage. Es geht nicht mehr länger darum, eine gefundene Problemlösung möglichst geschickt umzusetzen, sondern der Schlüssel zum erfolgreichen Wandel wird in einer **Veränderung des Planungsprozesses** selbst gesehen. Nur die gemeinsame Planung der neuen organisatorischen Lösung – so die Mission – stellt ihre Akzeptanz und ihre engagierte Realisierung sicher.

OE-Ansätze. Zahlreiche Autoren und Beratungsunternehmen haben seit den 1970er-Jahren mehr oder weniger auf obigem Modell aufbauend Programme zur Organi-

8.2 Organisationsentwicklung

sationsentwicklung vorgelegt, die meist auf einer speziellen Interventions-Methode basieren. Die zwei bekanntesten Ansätze sind der (1) Survey-feedback-Ansatz und die (2) Prozessberatung.

1. Der **Survey-feedback-Ansatz** stellt die partizipativ-gestaltete Problemdiagnose in den Vordergrund (Likert 1967; Björklund et al. 2007). Als Problemerkennungs-Folie wird ein Idealmodell moderner Organisation vorgegeben. Die in Abb. 8.3 gezeigten Kriterien einer „gesunden Organisation" verdeutlichen dieses Ideal. Die Gegenüberstellung von Ideal und Wirklichkeit soll das Motiv setzen, die aufgespürten Diskrepanzen in einem gezielten Organisationsentwicklungsprozess zu verringern. Die Datenerhebungs-Datenrückkoppelungs-Sequenzen sollen solange wiederholt werden, bis ein befriedigender Zustand erreicht ist. Heute wird diese Methode im Wesentlichen in Form der Mitarbeiterbefragung eingesetzt (vgl. die Beiträge in Domsch und Ladwig 2013) – wenn auch häufig in sehr abgeschwächter Form, insbesondere was die praktischen Konsequenzen aus dem Feedback bzw. den aufgespürten Soll-Ist-Diskrepanzen anbelangt.
2. Im Unterschied dazu will die **Prozessberatung** bewusst keine Gestaltungsvorgaben machen (Schein 1988; Anderl und Reineck 2016). Prozessberatung wird verstanden als eine Interventionsform, die „Klienten" helfen soll, Ereignisse und Probleme in ihrem Umfeld besser wahrzunehmen und in ihren Ursachen zu verstehen, so dass Handlun-

---

Gesunde Organisationen

- Starkes Vertrauen und hohe Wertschätzung unter den Organisationsmitgliedern.
- Offenes, problemorientiertes Organisationsklima.
- Zielerreichung und nicht Machterhalt stehen im Vordergrund.
- Formale und funktionale (Experten-)Autorität decken sich weitgehend.
- Organisationsmitglieder verfügen über Handlungsspielräume.
- Entscheidungen werden dort getroffen, wo die besten Informationen zur Verfügung stehen.
- Einzelmotivationen und Ideen werden gefördert.
- Das Entlohnungssystem ist sowohl leistungs- wie auch auf die persönliche Entwicklung der Mitglieder bezogen.
- Organisationsmitglieder kontrollieren sich in großem Umfange selbst.
- Organisationsmitglieder interessieren sich für ihre Arbeit und identifizieren sich mit der Aufgabe der Organisation.
- Konflikte entstehen aus sachlichen Kontroversen über Problemlösungen; sie zielen auf eine Verbesserung der Aufgabenvollzüge.
- Die Organisation ist proaktiv, d. h., sie versucht, Probleme so früh als möglich zu antizipieren, um rechtzeitig Lösungsmöglichkeiten zu suchen und Maßnahmen in die Wege leiten zu können.

Abb. 8.3 Die „gesunde" Organisation. (Quelle: Beckhard 1969, passim)

gen ergriffen werden können, die die Situation verbessern. Klienten soll kein vorfabriziertes Ideal angepriesen werden, sondern sie sollen befähigt werden, nach unvoreingenommener Analyse die zweckmäßigste Lösung selbst zu finden. Die Interventionen der Prozessberatung stellen daher – wie der Name es schon sagt – nicht auf das Ergebnis, sondern auf den Prozess und Verbesserungen des Prozesses ab. Der Schwerpunkt dieser Art von Prozesshilfe liegt dementsprechend bei solchen Aspekten wie Konfrontation mit neuen Perspektiven (Re-Framing), Öffnung von Kommunikationsblockaden, Aufdecken von destruktiven „Spielen" zwischen Gruppen usw. (zu weiteren Interventionsmethoden vgl. v. Ameln und Kramer 2007). Die Anforderungen an Prozessberater sind sehr hoch; sie müssen nicht nur psychotherapeutisch geschult sein, sondern auch die Systemdynamik und die verhandelten Sachverhalte verstehen. Die Prozessberatung als meist auf das Top-management gerichteter Prozess hat viel mit dem gemein, was heute unter dem Stichwort **„Coaching"** diskutiert wird (Schreyögg, A. 2012).

Obwohl die weniger strukturierten Ansätze gute Gründe für sich geltend machen, stellt sich doch die Frage, ob sie nicht de facto doch auch implizit mit **Idealvorstellungen** über gute Prozesse und Problemlösungen arbeiten. Ein theoriefreies Herangehen an solche Problembestände ist mehr Programm als Realität. Jede Informationsbildung braucht Referenzpunkte (ohne Differenz gibt es keine Information) – und es ist deshalb immer gut, solche zu explizieren.

In jüngerer Zeit wird das grundsätzliche Wandelverständnis dieser Ansätze kritisiert, wonach dem Wandelprozess etwas Außerordentliches zukommt, eine Anforderung, mit der Unternehmen eher selten zu tun haben. Der Wandel wird unausgesprochen als Ausnahme von der Regel angesehen. Organisationen sieht man als stabile, von Routine bestimmte Einheiten an, die sich hin und wieder dem schmerzhaften Prozess der Veränderung unterziehen müssen, um dann wieder ins Lot zu kommen. Lewins Gleichgewichtsmodell repräsentiert diese Sichtweise geradezu idealtypisch. Diese Vorstellungswelt trifft die Situation in der heutigen Zeit nicht mehr ganz. Unternehmen sind mit vielfältigen Wandelerfordernissen konfrontiert, die nach einer häufigen Veränderung verlangen. Im Kern stehen sich damit zwei grundsätzlich unterschiedliche Perspektiven gegenüber (Weick und Quinn 1999): Wandel als Episode und als kontinuierlicher Prozess.

8.3 Episodischer Wandel

In den meisten Fällen wird der Aufgabe des organisatorischen Wandels ein Sonderstatus zugewiesen; die Ausnahme von der Regel. Wandel wird als vorübergehende Unterbrechung, als Episode, in einer ansonsten stabilen Praxis gesehen. Grundlage ist dabei häufig – wie eben bereits gezeigt – das Homöostaseprinzip. Ausgangspunkt und Ende des Veränderungsprozesses ist die stabile, im Gleichgewicht ruhende Organisation. Veränderung ist deshalb notwendigerweise immer eine Art von Krise, eine verunsichernde Episode, die rasch auf Beendigung drängt. Den Referenzrahmen bildet somit die Stabilität, wobei im Sinne einer komparativ-statischen Betrachtungsweise die neu erreichten Gleichgewichtszustände sich von dem vorherigen Gleichgewichtszustand sehr wohl unterscheiden.

In ganz ähnlicher Weise wird der Wandel in jüngeren Ansätzen verstanden, die mit dem aus der Biologie stammenden Konzept des **„unterbrochenen Gleichgewichts"** (punctuated equilibrium) arbeiten (Gersick 1991). Dieser Idee nach werden längere Perioden der Stabilität von relativ kurzen Umsturzphasen unterbrochen, um dann wieder in einen Gleichgewichtszustand einzutreten. Auch diese Transformationsmodelle gehen davon aus, dass Ordnung und organisatorische Stabilität die Regel sind, Veränderung dagegen ein System in den Zustand der Unordnung versetzt, der schnell und meist schmerzhaft vollzogen werden müsse, um wieder in den natürlichen Zustand der Ordnung zurückkehren zu können. In dieser Sichtweise kann der Wandel nicht mehr wie in den oben gezeigten OE-Ansätzen soweit verstetigt werden, dass er planbar wird; interne oder externe Veränderungen verlangen oft einen raschen und radikalen Umstellungsprozess, um den Systembestand zu sichern.

Empirische Untersuchungen zu organisatorischen Wandelprozessen verweisen dementsprechend immer wieder auf sogenannte revolutionäre Wandelphasen, in denen der organisatorische Bezugsrahmen ganz oder teilweise zur Disposition steht: **„Frame-Breaking-Change"**, bisweilen auch Radical Change oder Disruptive Innovation (Christensen et al. 2015). In derartigen Situationen findet eine grundlegende Neuorientierung der gesamten Organisation statt, die häufig systemweite Umstrukturierungen, die Um- bzw. Neudefinition des Geschäftsmodells oder auch die Neubesetzung entscheidender Schlüsselpositionen im Unternehmen als Reaktion auf tief greifende Umweltveränderungen, interne Entwicklungsbrüche etc. beinhalten kann. Solche Wandelprozesse werden als grundsätzlich krisenhaft begriffen (Tushman et al. 1986; Romanelli und Tushmann 1994). Dennoch gehen auch diese Transformationsmodelle davon aus, dass Ordnung und organisatorische Stabilität die Regel sind, Veränderung ein System in den Zustand der Unordnung versetzt, der schnell und meist schmerzhaft vollzogen werden müsse, um wieder in den natürlichen Zustand der Ordnung zurückkehren zu können.

Romanelli und Tushmann (1994) zeigen dementsprechend in ihren Studien, in denen sie die **Entwicklungsverläufe** von Unternehmen über längere Zeiträume hinweg beobachten, dass Veränderungsprozesse typisch durch ein Alternieren der Prozessphasen „Konvergenz" („convergence") und „Umsturz" („upheaval") gekennzeichnet sind.

Es sei darauf verwiesen, dass diese Ansätze zumeist von der **notwendigen Abfolge** ruhiger Konvergenz- und turbulenter Transformationsphasen ausgehen, so als müsste organisatorischer Wandel unausweichlich diesem Rhythmus folgen. Die Orientierung an naturgesetzartigem Kausalwissen hat hier jedoch ein falsches Verständnis sozialer Institutionen entstehen lassen. Unternehmen können Wandel antizipieren, vorwegnehmen, verzögern usw. – er kommt nicht über sie wie Blitz und Donner.

Organisatorische Konvergenzphasen stehen in diesem Zusammenhang für Stabilitätsperioden mit unbedeutenden Veränderungsanforderungen. Organisatorische Veränderungen beziehen sich dabei auf Detailabstimmungen, auf ein „Fine-Tuning" organisationsinterner Gegebenheiten mit dem generellen Ziel höherer Effizienz (die sog. 10%-Veränderungen). Es werden – wenn überhaupt – überschaubare Feinanpassungen der Organisation vorgenommen.

Die Notwendigkeit eines radikalen Wandels („Frame-breaking Change") begründet sich häufig auch aus starken Verfestigungen, in die ein System geraten ist und aus denen gewissermaßen nur noch ein Ausbruch Veränderung ermöglicht.

Die meisten Erklärungsversuche hierfür rekurrieren auf emotionale oder habituelle Verfestigungen, die in ihrer Dynamik immer stärker auf die Beibehaltung des Status quo drängen bis zum Extremfall des **„Lock-ins"** (Sydow et al. 2009). Hier lässt sich an die neuere Kognitionspsychologie anschließen, die zum Beispiel immer wieder zeigen kann, dass Organisationsmitglieder Probleme typischerweise auf der Folie inhaltlich und begrifflich vorgeprägter Schemata kategorisieren (Day und Lord 1992; Tripsas und Gavetti 2000). Solche Schemata erleichtern zwar den Umgang mit Problembeständen, prägen die Informationsverarbeitung aber auch in sehr spezifischer Weise vor. Durch Wiederholung verfestigen sie sich zu unreflektierten Basisannahmen oder zu einer „deep structure" (Gomez und Jones 2000), die die Wahrnehmung und das Handeln unsichtbar auf den eingeschliffenen Bahnen festhält („cognitive inertia").

Auf der Gesamtsystem-Ebene werden solche Rigiditäten immer wieder in Zusammenhang mit starken **Unternehmenskulturen** gezeigt (vgl. dazu Kap. 12). Starke Unternehmenskulturen bringen die Tendenz mit sich, die als attraktiv erlebte Identität abzusichern und Veränderungen, die als Identitätsbedrohungen erlebt werden, abzuwehren (Schreyögg 1989; Sorensen 2002). Nicht selten geschieht diese Verfestigung auf der Basis vergangener Erfolge, d. h., die vergangenen Erfolge vergewissern die Handelnden in ihrem Schema. Miller (1990) spricht in diesem Zusammenhang vom Ikarus-Paradox, wonach ein und dieselben Faktoren, die vorher zum großen Erfolg geführt haben, nachher den Niedergang einleiten. Dieselbe Problematik lässt sich auch auf Branchenebene beobachten, wo starke Branchenkulturen eine so starke Verfestigung eingefahrener Perspektiven und Strategien auf Unternehmensseite mit sich bringen, dass sie schließlich zur Existenzbedrohung führen (vgl. etwa die Studien zur schottischen Strickwarenindustrie von Porac et al. 1995).

Auf die Frage, wie es zu solchen Verfestigungen kommen kann, gibt vor allem die Theorie der **Pfadabhängigkeit** Auskunft (vgl. Sydow et al. 2009). Diese Theorie sieht den Hauptgrund in dem Wirken sich selbst verstärkender Effekte. Die immer wieder gleiche Wahlentscheidung führt zunächst zu steigenden Erträgen („increasing returns"). Solche Effekte entstehen aus verschiedenen Gründen, etwa im technologischen Bereich durch Größenvorteile, durch Erfahrungseffekte oder durch direkte und indirekte Netzexternalitäten (man denke etwa an den Schneeballeffekt beim Aufbau eines Mobilfunk-Kundenkreises und begleitender Komplementärprodukte). Durch diese positive Rückkoppelung entsteht der Druck, immer weitere Erträge aus der Wiederholung dieses Verhaltensmusters zu ziehen. Die dadurch zugleich entstehende Verfestigung bleibt häufig unerkannt, führt aber schließlich in ein „Lock-in", d. h., die Prozesse werden irreversibel. Mit anderen Worten, die Entwicklung führt zu stark verfestigten Erfolgspfaden, an denen auch bei Verschwinden der Erfolgsgrundlage verbissen festgehalten wird. Die gemeinte Problematik bringt der Lehrsatz „success breeds failure" klar auf den Punkt (vgl. Kets de Vries 2001). Parallel zu der Verfestigung verläuft eine Wahrnehmungsbindung und die kognitive Einschränkung bei der Suche nach Alternativen, insbesondere radikal neuen strategischen Alternativen. Innovationskraft und Pfadabhängigkeit stehen damit in einem inversen Verhältnis zueinander.

Solche Verfestigungen aufzulösen, bedarf erheblicher Anstrengungen, im Zusammenhang mit Pfadabhängigkeit spricht man analog von „Pfadbruch". Systeme, die eine so starke Eigendynamik entwickelt haben, geben ihre rekursiven Schleifen nicht leicht frei. Selvini-Palazzoli et al. (1985), die in solchen rekursiven Verfestigungen jeweils Paradoxien als Fixiermechanismen entdecken, argumentieren, dass diese deshalb nur durch Gegenparadoxien wieder gelöst werden können. Wie auch immer im Einzelfall, im Kern geht es immer darum, dass der Code gebrochen („breaking the code", Beer 2000) und der Weg für die Entwicklung **neuer Spielregeln** bereitet werden muss.

Ob ein solcher **Codebruch** tatsächlich schnell und umfassend durchgeführt werden muss – wie viele empfehlen (etwa Romanelli und Tushmann 1994) –, ist jedoch umstritten. Viele wenden ein, dass ein so gewaltiger Umbruch nicht schnell vollzogen werden könne, da jeder Wandel Zeit zur Anpassung der Systeme benötige (z. B. Brown und Eisenhardt 1997). Umstritten ist auch, ob tatsächlich das ganze System in einem Zuge verändert werden soll oder ob man doch lieber erst einmal ein wichtiges Subsystem einem solchen radikalen Wandel unterzieht und damit Erfahrungen für die weiteren Schritte sammelt (vgl. dazu Amis et al. 2004). Mit der Idee des Codebruchs geht auch die Vorstellung einher, dass ein Wandelprozess nicht linear vollzogen werden kann (wie das etwa in dem oben gezeigten Modell von Greiner der Fall ist), sondern eher oszillierend und rekursiv. Dies ist allein schon der Unsicherheit solcher Prozesse geschuldet (Amis et al. 2004). Vieles kann nicht vorherbedacht werden, sondern muss aus der Situation heraus entschieden, probiert und ggf. wieder revidiert werden.

Unabhängig davon, wie radikaler Wandel im Einzelnen erfolgreich bewältigt werden kann (vgl. dazu das Beispiel Renault, von Pechmann et al. 2015), wird die Vorstellungswelt, wonach der Wandel immer nur kurze Phasen im Betriebsgeschehen darstellt, heute aus verschiedener Perspektive zunehmend in Frage gestellt. Hier fällt zunächst einmal der Blick auf die Innovationsbranchen, die vor der Notwendigkeit **permanenter Produktinnovationen** stehen. Unternehmen wie 3M, Zara oder Google repräsentieren Branchen, die in einem fortwährenden Produkt-Innovationsprozess begriffen sind und dafür entsprechende adaptive Managementsysteme geschaffen haben (Miles et al. 2005). Gleiches gilt für Unternehmen, die in einem hyperkompetitiven Geschäftsfeld agieren (z. B. Intel, Vodafone), fortwährende Innovation ist dort die einzige Überlebensgarantie (D'Aveni 1994).

Schon relativ früh hat Weick (1977) auf das radikale Gegenmodell der **„chronically unfrozen"** Organisation hingewiesen. Gemeint ist damit eine Organisation, die den „Auftauzustand" als Regel, die Stabilität als seltene Ausnahme begreift. Neuere Organisationskonzepte weisen in dieselbe Richtung. Sie beschreiben Organisationen als „immanent unruhig", als oszillierende Systeme (Bingham 2009), die auf der Basis fortlaufender

Ereignisketten operieren oder als dem Charakter nach „virtuell" (Malone et al. 2003). Alle diese Beobachtungen machen nachdrücklich auf die Grenzen einer Perspektive aufmerksam, die den organisatorischen Wandel prinzipiell als Ausnahme (Episode) begreift, die in eine Welt der Ordnung und Stabilität einbricht. Diese Kontraste haben zur Entwicklung anderer Wandelmodelle geführt, die den kontinuierlichen Wandel betonen.

8.4 Kontinuierlicher Wandel

Die hier versammelten Ansätze betrachten den Wandel als ein fortlaufendes Merkmal, als niemals zu Ende zu bringendes Problem von Organisationen. Das organisatorische Geschehen stellt sich als Komplex fortlaufender, untereinander vielfältig verknüpfter, Entwicklungsprozesse dar, die keine Unterbrechung im Sinne eines Stillstands („Convergence") erlauben. Dies bedeutet zuallererst, dass Organisationen als dynamische und eben nicht als komparativ-statische Systeme gedacht werden.

Damit wird zugleich die Idee der Wandelphasen in Zweifel gezogen. Man geht davon aus, dass Wandelprobleme keinen klar definierten Anfang und ebenso kein klar geschnittenes Ende haben. Aus der Sicht **kontinuierlicher Wandelprozesse** überlagern sich in der Organisationspraxis grundsätzlich die verschiedenen anstehenden Problemarenen, so dass Anfang und Ende verschwimmen. Jeder Einschnitt wäre willkürlich.

Faktisch stellt sich die Systemsteuerung damit als ununterbrochene Folge von Problemen und Problemlösungen dar. Sie wird ständig in neuen Problemlösungsprozessen tätig und kann niemals hoffen, mit der Erledigung eines Wandelproblems die Frage der Innovation und der Systemveränderung für einen längeren Zeitraum „vom Tisch" zu haben. Dies ist letztlich eine Folge des schon in Kap. 4 aufgezeigten Basissachverhalts, dass Organisationen grundsätzlich in einer komplexen und unsicheren Situation zu steuern sind und jederzeit mit Überraschungen gerechnet werden muss. Unter den verschiedenen Ansätzen, die eine solche kontinuierliche Wandelperspektive zum Gegenstand haben, ragt die Theorie des organisatorischen Lernens heraus.

8.4.1 Organisatorisches Lernen

Der Begriff des Lernens bezeichnet, wie auch immer gefasst, eine Bewegung; er verweist auf veränderte Reaktionsweisen, Meinungen usw., die im Zuge des Lernprozesses entstanden sind und einen Zustand herbeigeführt haben, der sich von dem ursprünglichen unterscheidet. Lernen und Wandel sind daher wesensverwandt, man könnte sie als **Zwillingsbegriffe** bezeichnen. Die Vorstellung einer lernenden Organisation kommt deshalb der Idee kontinuierlichen organisatorischen Wandels prinzipiell sehr nahe.

Der wissenschaftliche Begriff des „Lernens" stammt ursprünglich aus einer behavioristischen Forschungstradition, in der er im Rahmen des Stimulus-Response-Schemas (S-R-Paradigma) thematisiert wurde.

8.4 Kontinuierlicher Wandel

Aus dieser Sicht wird die Fähigkeit zu lernen als eine **Eigenschaft des Individuums** angesehen und ein Lernprozess dann unterstellt, wenn ein Individuum auf einen gleichen oder ähnlichen Anstoß (Stimulus) in einer von früherem Verhalten signifikant abweichenden Weise reagiert (Response). Der innere Prozess ist nicht beobachtbar; das Individuum wird als Black-Box vorausgesetzt (Watson 1930; Skinner 1938).

March und Olsen (1979, S. 12 ff.) gehörten zu den ersten, die diesen Lernansatz auf Organisationen übertragen haben (vgl. Abb. 8.4). Ausgangspunkt sind die Organisationsmitglieder mit ihren Perzeptionen und Zielvorstellungen. Wenn sie Diskrepanzen zwischen aktuell bestehenden und erwünschten Umweltzuständen feststellen, entstehen (1) individuelle Handlungsentwürfe, die zu (2) organisatorischen Handlungen (Entscheidungen) führen. In der Konsequenz übt damit die Organisation in einer bestimmten Weise auf die Umwelt (3) Einfluss aus (Stimulus); worauf die Umwelt ihrerseits in neuer veränderter Weise reagiert (Response). Mit der (4) Perzeption und Interpretation der Umweltreaktionen durch die Organisationsmitglieder und die allfällige Diagnose einer Diskrepanz entsteht ein neuer Lernzyklus.

Das in diesem Grundmodell implizierte Lernkonzept kann als **„adaptiv-erfahrungsbasiertes Lernen"** bezeichnet werden, versuchen doch die Organisationsmitglieder aus den in der Vergangenheit erfahrenen Umweltreaktionen in immer treffenderer Weise situationsgerechte Handlungsentwürfe zu entwickeln. Lernende Organisationen verhalten sich dementsprechend adaptiv-rational.

March und Olsen (1979, S. 56 ff.) weisen darauf hin, dass dieser (Ideal-)Lernzyklus in vielfacher Weise „gestört" werden kann. So sind z. B. die Signale aus der Umwelt (Response) häufig mehrdeutig und deshalb nur schwer in klare „Antworten" übersetzbar oder individuelle Handlungsimpulse finden keinen Niederschlag im organisatorischen

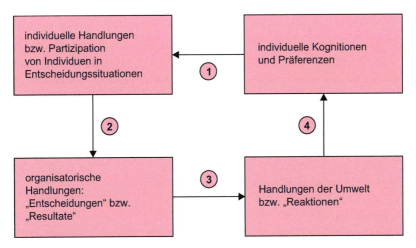

Abb. 8.4 Der ideale organisatorische Lernzyklus nach March/Olsen. (Quelle: March und Olsen 1979: 13 (modifiziert))

Handeln. Die Autoren entwickeln daher zusätzlich eine **Theorie des unvollständigen Lernzyklus**, die man auch als eine Theorie der **Lernbarrieren** verstehen kann.

Zwischenzeitlich werden Lernkonzepte, die auf einem (wie auch immer konkret ausgeformten) Stimulus-Response-Mechanismus basieren, als konzeptionell zu eng und damit unbefriedigend empfunden (Weick 1991). Dabei wird unter anderem wesentlich der Umstand kritisiert, dass bedingt durch die vielen zugrunde liegenden Voraussetzungen und dem deterministischen S-R-Zusammenhang, das Lernpotenzial einer Organisation zu stark reduziert und die Organisation selbst zu einer „trivialen Lernmaschine" degradiert wird.

Ein vielversprechender neuerer Zweig der Forschung zum organisatorischen Lernen nimmt seinen Ausgangspunkt bei der sozial-kognitiven Lerntheorie und rückt die Veränderung von Kognitionen in das Zentrum des Lerngeschehens (Bandura 1986). Organisationen werden aus dieser Perspektive als **Wissenssysteme** aufgefasst, die über Lernprozesse ständig neues Wissen kreieren und akquirieren und dadurch ihre Wissensbasis kontinuierlich restrukturieren (Hedberg 1981, S. 4 ff.; Nonaka und Takeuchi 1995). Der Wissensansatz betont sehr viel stärker die Eigeninitiative und durchbricht damit konzeptionell den starren und in seiner Logik allzu einfachen S-R-Mechanismus.

Dabei wurde zunächst „Wissen" lediglich als Wirkungs-Wissen verstanden, das Organisationen auf der Basis des beobachteten Zusammenhangs vergangener Entscheidungen und daraus resultierender Umweltwirkungen generieren („action-outcome relationships"). Organisatorisches Lernen ist dann der Prozess, in dem das Wissen um neue, erfolgversprechendere Wirkungsweisen und -zusammenhänge erweitert wird (Duncan und Weiß 1979, S.97 ff.).

In neueren Ansätzen wird die Vorstellung, das Wissen einer Organisation richte sich einzig auf **Ursache-Wirkungs-Ketten** (Erklärungswissen), modifiziert und durch eine viel breitere Skala von Wissensarten ersetzt (Gorman 2002). Neben das Kausalwissen wird das Kontextwissen gestellt, das die in einer Organisation gebräuchlichen Beschreibungen, Bezeichnungen und Definitionen umfasst, die notwendig sind, um Situationen und Probleme zu verstehen. Andere Systematiken vertrauen auf traditionelle Gliederungen der Wissenschaften, etwa in Grundlagen- und Anwendungswissen oder in logisch-exaktes oder empirisches Wissen. Von besonderer Bedeutung ist die Unterscheidung in **explizites** und **implizites** Wissen. Während sich Ersteres auf das kodifizierbare, intersubjektiv leicht übertragbare, systematisierte Wissen bezieht, stellt Zweiteres auf Problemlösungs-Know-how ab, das in seiner Struktur nicht genauer benennbar ist und auch von den Anwendern eher intuitiv eingesetzt wird. Die Unterscheidung ist deshalb so bedeutsam, weil die Relevanz des impliziten Know-hows wegen seiner schweren Zugänglichkeit häufig unterschätzt wird. Bereits bei der Diskussion der Kernkompetenzen von Unternehmen (vgl. Kap. 5) war jedoch auf die u. U. herausragende Bedeutung gerade dieser impliziten Sphäre für die Bildung organisationaler Kompetenz nachdrücklich hingewiesen worden.

Handlungstheorien
Nach Argyris und Schön (1996) manifestiert sich das Wissen einer Organisation im Wesentlichen in Form von organisationsspezifischen Handlungstheorien („theories of action"). Dabei differenzieren die Autoren zwischen denjenigen Theorien, die Organisati-

onsmitglieder zur Begründung ihres Handelns benennen („espoused theory") und denjenigen, die – oftmals unbewusst – tatsächlich dem Handeln zugrunde liegen („theory-in-use").

Mit anderen Worten, das System entwickelt in der Auseinandersetzung mit der (komplexen) Umwelt **Interpretationsmuster (Referenztheorien)**, die dann allen weiteren Informationsverarbeitungsprozessen als Bezugsrahmen zugrunde liegen. Nicht die Umwelt determiniert diese – wie im S-R-Ansatz –, sondern umgekehrt, die Entwicklung eines spezifischen Umweltverständnisses setzt die Existenz von solchen selbstreferenziellen „Handlungstheorien" voraus (Luhmann 1984).

In dieser Perspektive **lernt** eine Organisation, wenn sie ihre Handlungs- und Erwartungstheorien, oder allgemeiner: ihre Wissensbasis, verändert (Luhmann und Schorr 1979, S. 86). Restrukturierungen von Handlungstheorien können – und das ist hier entscheidend – sowohl im reaktiven Sinne, d. h. **erfahrungsorientiert**, als auch im proaktiven Sinne, d. h. bezogen auf Ereignisse, die vermeintlich in Zukunft eintreten werden, **erwartungsorientiert** konzeptionalisiert werden.

Die organisatorische Wissensbasis stellt in diesem Sinne weniger einen Bestand an gesicherten Gesetzmäßigkeiten dar als vielmehr eine Art Anleitung zur Orientierungsgewinnung („sensemaking") und zur Verknüpfung von Handlungen (Weick 1995). Organisatorisches Lernen ist eine originäre Systemleistung, sie setzt sich nicht aus individuellen Lernakten zusammen, die die Akzeptanz anderer Systemmitglieder gefunden haben, sondern ist von Anfang an **kollektiv** geprägt, weil die Bezugsbasis zu seiner Bildung von dem System erzeugt wird. Zwar sind die Organisationsmitglieder das Lernmedium, d. h., Individuen führen die Lernhandlungen aus, sie lernen jedoch im Referenzsystem der Organisation.

Für eine weitere inhaltliche Ausdifferenzierung des Konzepts des organisatorischen Lernens ist es zweckmäßig, verschiedene **Lernebenen** und **Lernformen** zu unterscheiden.

Lernebenen

Eine prominente Unterscheidung verschiedener **Lernebenen** oder Lernniveaus geht wiederum auf Argyris und Schön (1996, S. 18 ff.) zurück. Sie unterscheiden zwischen den Ebenen „Single-Loop-" und „Double-Loop-Learning" und fügen dem schließlich das „Deutero-Learning", eine Art Meta-Ebene des Lernens, hinzu.

(1) Das **Single-Loop-Learning** („Einkreislernen") basiert auf der Vorstellung eines Regelkreises. Innerhalb eines festgelegten Bezugsrahmens, der vor allem die Definition des „richtigen" Systemzustands (Sollzustand) enthält, werden Abweichungen registriert und korrigiert. Die Definition des „richtigen" Systemzustands wird mit der erwähnten kollektiven Handlungstheorie („theory-in-use") geleistet; sie aufrecht zu erhalten in einer sich ständig verändernden Umwelt, ist das eigentliche Ziel des „Einkreislernens". **Organisatorisches Lernen** besteht im Wesentlichen in der Entdeckung von Soll-Ist-Abweichungen und der Einleitung von Maßnahmen, die den Istzustand des Systems wieder an den Sollzustand heranführen. Die handlungsleitende

Theorie der Organisation („theory-in-use") wird also im Hinblick auf bestimmte Verfahrensweisen verändert, ohne allerdings an den Grundüberzeugungen und -orientierungen zu rühren. Im Anschluss an Kap. 6 könnte man davon sprechen, dass **operative** Anpassungen vorgenommen werden.

Eine derartige Wissensgenerierung, d. h. das erfolgreiche Durchlaufen von Lernprozessen, ist nach Argyris und Schön aber nur möglich, wenn für ein einwandfreies, unverzerrtes **Feedback** in der Organisation gesorgt wird. Das Single-Loop-Learning vollzieht sich also innerhalb eines etablierten und generell akzeptierten Bezugsrahmens, bestehend aus organisationsweit verbindlichen Werten, Normen, Grundverhaltensweisen, geteilten Basisannahmen etc. Diese Grundüberzeugungen können beim Einkreislernen nicht weiter hinterfragt werden. Sie setzen der Logik des Regelkreises folgend den unumstößlichen Rahmen für die Lernprozesse, die Störungskorrekturen zum Gegenstand haben.

(2) Beim **Double-Loop-Learning** („Zweikreislernen") stehen im Gegensatz dazu die **„Führungsgrößen"** und Prämissen der kollektiven Handlungstheorien selbst zur Disposition. In einer solchen Situation haben sich die bis dahin geltenden Grundwerte und -überzeugungen als problematisch erwiesen und es ist erforderlich, die Kernbestandteile der Wissensgewinnung zu modifizieren oder zu substituieren. Im Anschluss an Kap. 5 könnte man von Strategischer Kontrolle sprechen.

Das organisationale Zweikreislernen vollzieht sich nicht selten als Konfliktbewältigungsprozess zwischen Organisationsmitgliedern und Gruppen. Unterschiedliche Auffassungen über die Problemursachen und mögliche Neuorientierungen prallen aufeinander. Ein schlichtes Niederkämpfen wird solange nicht als „Lernen" bezeichnet, als es nicht in einer breit akzeptierten **Restrukturierung** der Handlungstheorie endet. Es kommt darauf an, dass zukünftige Handlungen dann auch tatsächlich von der neuen „theory-in-use" angeleitet werden. Daraus folgt auch, dass ein Austausch der handlungsleitenden Theorie lediglich bei einzelnen Mitgliedern noch kein **organisationales** Zweikreislernen ist.

Eine Kernvoraussetzung für erfolgreiches Double-Loop-Learning ist nach Argyris/Schön Offenheit und Unvoreingenommenheit der beteiligten Organisationsmitglieder, sollen doch festgefügte Basisorientierungen und in der Vergangenheit erfolgreiche Handlungsmuster einer Revision unterworfen werden. Im Sinne erfolgreicher Lernprozesse auf dieser Lernebene ist daher ein „Entlernen" (unlearning) bestehender Orientierungen unabdingbar, damit letztlich Raum für neue Perzeptionen und Konzepte geschaffen und das Realitätsverständnis neu definiert werden kann (Hedberg 1981, S. 18 ff.). Plastischer kann man hier auch vom **„organisatorischem Vergessen"** sprechen und den Möglichkeiten, diesen Vergessensprozess zu steuern (de Holan et al. 2004).

Die Widerstände gegen eine solche Neuorientierung sind z. T. sehr stark ausgeprägt, wie aus zahlreichen empirischen Untersuchungen hervorgeht (Argyris 1982, 1990). Es bedarf bisweilen der Hilfe eines externen Beraters, diese **Abwehrhaltung** („defensiveness") zu lockern, um überhaupt die Möglichkeit für organisationales Lernen zu eröffnen. An dieser Stelle wird der Bezug zur Organisationsentwicklung, speziell auch zur oben in diesem Kapitel bereits erwähnten „Prozessberatung", evident.

Aus **systemtheoretischer Sicht** ist diese von Argyris/Schön vorgenommene Eingrenzung auf bewusste, intendierte Lernprozesse zu eng. Soziale Systeme restrukturieren ihre Wissensbasis auch in fließender, nicht-intendierter Form im Sinne selbstorganisierender Prozesse. Die Neuorientierung wird dann erst am Ende des Prozesses aufgegriffen und gewissermaßen legitimiert (z. B. in einem strategischen Plan).

Eine ähnliche Unterscheidung wie Argyris und Schön nimmt March (1991) vor, die heute populärer geworden ist. Er unterscheidet zwischen **exploitativem** und **explorativem** Lernen. Während ersteres auf die Nutzung, die effiziente Umsetzung und Verfeinerung des einmal erlangten Wissens abzielt, erstrebt die Exploration die neugierige Erkundung von Neuem, das Experimentieren mit dem Ungewohnten, die Erprobung risikoreicher Alternativen, die kreative Entwicklung ungewöhnlicher Lösungen usw.

(3) Im organisationalen Lernen wird als weitere Lernebene das **Deutero-Learning** unterschieden. Es kann als „Lernen des Lernens" charakterisiert werden, indem innerhalb dieser Prozesse Wissen über vergangene Lernprozesse gesammelt und kommuniziert wird. Im Deutero-Learning werden Lernkontexte reflektiert, Lernverhalten, Lernerfolge und -misserfolge thematisiert, man kann deshalb auch von der Metaebene des organisatorischen Lernens sprechen. Deutero-Lernen soll auch verhindern helfen, dass organisationales Lernen als einzelne Episoden im alltäglichen Handeln begriffen werden; es soll – mit anderen Worten – sicherstellen, dass sich Organisationen **kontinuierlich** lernbereit halten.

Bei der Darlegung der Lernebenen stand der feedback-orientierte Lernprozess im Vordergrund. Daneben gibt es aber eine Reihe anderer Formen organisationalen Lernens, die z. T. in weniger aufwendiger Weise den Wissensbestand verändern.

Lernformen

Im Kern lassen sich vier Grundformen des organisatorischen Lernens unterscheiden: (1) Lernen aus Erfahrung, (2) Vermitteltes Lernen, (3) Lernen durch Inkorporation neuer Wissensbestände sowie (4) die Generierung neuen Wissens (Levitt und March 1988; Huber 1991).

(1) Der wohl bekannteste Weg des Wissenserwerbs ist das Lernen aus der unmittelbaren **Erfahrung**. Das bekannte „Learning by doing" wird hierunter ebenso subsumiert wie das Lernen aus Experimenten („trial and error") und probeweisen Suchprozessen. In einer Ausweitung dieser Perspektive werden erfolgreichem Erfahrungs-Lernen schließlich nicht nur intendierte, sondern auch nicht-intendierte Lerneffekte aus eher zufällig gesammelten Erfahrungen zugeschrieben („incidental learning"). Diesem nicht-intendierten Lernen wird eine immer größere Bedeutung zugeschrieben; drei Bedingungen werden genannt, um es zu fördern: Erhöhung des Bewusstseins für beiläufige Lernsituationen, die Bereitschaft, sich aktiv alternativen Kontexten auszuset-

zen und die Nutzung neuer Erfahrungen (Marsick und Watkins 2001). Wurde in der Managementlehre jahrelang das Lernen nur im Sinne positiver Erfahrungen verstanden, so wird in den letzten Jahren zunehmend auch das Lernen aus Misserfolgen betont, das allerdings die Bereitschaft voraussetzt, sich mit gemachten **Fehlern** zu konfrontieren. In machen Organisationen werden speziell zu diesem Zweck sogenannte Fehlerkonferenzen eingerichtet (vgl. dazu Kasten 8.1). Wesentlich aus der Sicht des organisatorischen Lernens ist, dass die gemachten Erfahrungen tatsächlich in den organisatorischen Wissensbestand Eingang finden.

Kasten 8.1

Learning from Failure: Die M&M- bzw. MoMo-Konferenz
Sogenannte ‚Fehlerkonferenzen' stellen eine Praxis dar, in der Organisationen versuchen, aus misslungenen Problemlösungen Schlüsse für ihr zukünftiges Handeln zu ziehen: „Learning from Failure". Bei dieser Praxis des Erfahrungslernens wird auf Störungen, Systemversagen, unerwartete Mängel usw. im Betriebsablauf zurückgeblickt, d. h. es werden Problemsituationen reflektiert, um solche zukünftig zu vermeiden. Im Ergebnis wird so auch tief greifender Wandel ermöglicht, der über die iterative Anpassung von Routinen hinausgeht.

Derartige Fehlerkonferenzen werden zum Beispiel regelmäßig von intensivmedizinischen Abteilungen in Krankenhäusern abgehalten, um aus aufgetretenen Störungen zu lernen und auf diese Weise die Versorgung ihrer schwerkranken Patienten zu verbessern. So kommen in einem deutschen Universitätskrankenhaus ungefähr einmal im Monat circa ein Dutzend Stationsmitarbeiter für eine Stunde im Rahmen einer „Morbiditäts- und Mortalitäts-(oder MoMo-) Konferenz" zusammen, um zurückliegende schwierige Situationen gemeinsam zu analysieren und Schlussfolgerungen für die Zukunft zu ziehen. Damit die M&M-Konferenz ein Erfolg werden kann, bedarf es eines offenen Kommunikationsklimas, das weniger die Suche nach Schuldigen, sondern die gemeinsame Suche nach Verbesserungen in den Vordergrund stellt. Wenn sich die Beteiligten wegen befürchteten Prestigeverlusts in Defensivroutinen flüchten, ist der Ertrag solcher Konferenzen rasch in Frage gestellt.

„Eine wirksame MoMo zu etablieren ist allerdings anspruchsvoll. Zum einen müssen die Form und das methodische Vorgehen entsprechend ausgerichtet sein, z. B. durch systemorientierte Leitfragen. Formale, strukturelle und inhaltlich-methodische Charakteristika der MoMo sind deutlich assoziiert mit der Wirksamkeit und erfolgreichen Implementierung von Verbesserungsmassnahmen […]. Zum anderen müssen die in der MoMo erarbeiteten Erkenntnisse, Lösungen und Massnahmen ihren Weg zurück in die Organisation als Ganzes finden, dort umgesetzt werden und fruchten.

Eine erfolgreiche MoMo erfordert ferner soziale und methodische Kompetenzen, insbesondere der Leitung. Sowie eine Kultur innerhalb der Organisation, die eine

> offene, transparente und verlässliche Diskussion über unerwünschte Ereignisse oder Fehler überhaupt ermöglicht. Schlecht strukturierte und moderierte MoMo können hingegen sogar destruktiv wirken und eine gute Sicherheitskultur zunichtemachen, z. B. wenn einzelne Beteiligte ‚vorgeführt' werden."
>
> Quellen: vgl. Orlander et al 2002, sowie Schweizerische Ärztezeitung 2017, Zugriff unter: www.saez.ch/de/article/doi/bms.2017.06056/

(2) **Vermitteltes Lernen** findet statt, wenn eine Organisation in das Erfahrungswissen einer anderen Organisation Einsicht nehmen und dieses für eigene Belange nutzbar machen kann (vgl. Argote et al. 2000). Derartige Lernprozesse können auf vielfältige Weise angestoßen werden; z. B. durch Kontakte von Organisationsmitgliedern auf Tagungen, Messen etc. oder über Kontakte zu Lieferanten, Beratern, Händlern etc. Auch intendierte Suchprozesse wie das systematische Auswerten von Pressemitteilungen, registrierten Patenten oder anderen Publikationen einer Organisation können dem „Lernen aus zweiter Hand" ebenso dienen wie das (meist illegale) Ausspähen einer Organisation. Seit einiger Zeit wird dem systematischen Vergleich mit anderen herausragenden Unternehmen eine besonders hohe Bedeutung für das organisatorische Lernen zugeschrieben. Dieses sogenannte **Benchmarking** soll Unternehmen anregen, auf diesem Wege Leistungslücken aufzudecken und mit den beobachteten Lösungsmustern (best practice") zu schließen (Mertins und Kohl 2009).

Man kann die Verbreitung und gemeinsame Nutzung von Erfahrungswissen einer Organisation auch als einen nicht-intendierten Diffusionsprozess begreifen, indem bestimmtes Wissen einer Organisation nach und nach publik wird und innerhalb eines Kreises interessierter Organisationen (z. B. einer Branche) diffundiert. In diesem Prozess spielt auch die Wissenschaft eine nicht unerhebliche Rolle, wenn sie Erfolgsmuster identifiziert und in Veröffentlichungen zugänglich macht.

Schließlich ist vermitteltes Lernen als ein Prozess der **Instruktion** und damit intendierter Veränderung der Wissensbasis denkbar. Derartiges Lernen als Folge von Instruktionen findet typischerweise in der klassischen „Lehrsituation" statt. Gemeint ist damit der Umstand, dass Organisationen neue Routinen, Fähigkeiten, Einstellungen und Werte durch Externe oder andere Organisationen systematisch vermittelt bekommen können.

Zu beachten ist allerdings, dass von der Instruktion nicht bereits auf faktischen Vollzug des Lernprozesses geschlossen werden kann. Dagegen steht der Umstand, dass Lernprozesse nach Art, Umfang und Richtung innerhalb der kognitiven und prozessualen Grenzen einer Organisation stattfinden und Anstöße von außen (Instruktionen) lediglich als anschlussfähige Anregungen zu organisationalem Lernen betrachtet werden können, die für einen Lernerfolg der aktiven Mitarbeit des Systems bedürfen. Das gilt auch für die nächste Lernform.

(3) Als weitere Form des organisatorischen Lernens gilt die **Inkorporation neuer Wissensbestände**. Dies kann beispielsweise durch die Einstellung von Experten oder einer ganzen Expertengruppe geschehen oder in einem größeren Kontext durch die Akquisition einer anderen (mit spezifischem Wissen ausgestatteten) Organisation erfolgen. Gerade zweitgenannter Weg wird sehr häufig beschritten (Vermeulen und Barkema 2001). Dabei zeigt sich allerdings, dass der Aufnahme neuen Wissens von übernommenen Unternehmen häufig starke Barrieren entgegenstehen. Das erworbene Unternehmen wird z. B. als unterlegen begriffen, als ein System, von dem man nicht viel erwarten kann. Oder aber das Wissen des erworbenen Unternehmens wird als unliebsame Konkurrenz oder als indirekte Kritik an dem eigenen Erfahrungswissen erlebt (vgl. Kasten 8.2). Diese Einschränkung gilt allerdings nicht nur bei der Akquisition, sondern muss – wie bereits betont – generell beachtet werden. Die Theorie des organisatorischen Lernens ist zu gleichen Teilen immer auch eine Theorie des unvollständigen Lernens oder der **Lernbarrieren** (im Überblick: Schilling und Kluge 2009).

Kasten 8.2

Lernbarrieren bei Akquisitionen: Der Fall Daimler-Chrysler

„Der Mann war zu frech. Er hatte eine eigene Meinung: Leider die falsche. Thomas Stallkamp, einer der führenden Manager des amerikanischen Autoherstellers Chrysler, der gerade mit Daimler fusioniert worden war, hatte ein paar Ratschläge für seine neuen deutschen Kollegen: Die neuen Partner sollten sich mal auf neue Zeiten einstellen, meinte der Amerikaner. Sie könnten noch einiges lernen von Chrysler: ‚Sie müssen flexibler sein', sagte er. ‚Schneller entwickeln, schneller auf Kundenwünsche eingehen, Produkte schneller auf den Markt bringen.' Daimler sei viel kleiner als Chrysler und sei nicht so profitabel: ‚Diesen Unterschied müssen wir überbrücken.'

Solche Worte kamen bei Jürgen Schrempp nicht gut an. Der hatte aus den beiden Autobauern Daimler und Chrysler einen neuen Konzern geschaffen. Er wollte eine Welt-AG führen, aber auf keinen Fall war der Deutsche mit dem überbordenden Selbstbewusstsein bereit, sich von einem Amerikaner sagen zu lassen, wie man den neuen Konzern zu führen habe. Schrempp soll dafür gesorgt haben, dass Stallkamp den Konzern bald verließ …

Es dauerte keine 24 Monate, da bettelte das amerikanische Wirtschaftsmagazin Forbes schon: ‚Befreit Chrysler'. Die Sache war sauer gelaufen. Der Kulturkampf zwischen Germanen und Amerikanern tobte. Der Aktienkurs fiel. Zu groß waren die Unterschiede. Daimler war ein knochenkonservatives deutsches Traditionsunternehmen, das Wohlhabende belieferte. Chrysler war dreimal so groß, baute Autos für ganz andere Kunden. Die amerikanischen Manager in Detroit waren ständig damit beschäftigt, die nächste Krise zu überstehen. Die Autos des neuen Daimler-Partners waren in den USA nur aufgefallen, weil sie nicht ganz so langweilig daherkamen wie die plüschigen Kutschen der Konkurrenten General Motors oder Ford …

Zwischen Deutschen und Amerikanern passte vieles einfach nicht zusammen. So galt bei Daimler die oberste Regel: Das Beste ist gerade gut genug. Bei Chrysler wurden dagegen aus Kostengründen pausenlos Kompromisse zu Lasten der Qualität ge-

8.4 Kontinuierlicher Wandel

> macht. Auch die erwarteten Synergien stellten sich nicht ein: Die Daimler-Ingenieure trauten den Chrysler-Kollegen nicht zu, gute Autos zu bauen. Die Amerikaner belächelten die Behäbigkeit der Teutonen, bemängelten, dass die Deutschen weniger profitabel waren als sie. Sollten Mercedes-Teile in die Chrysler-Modelle eingebaut werden? Das hätte die Autos der Amerikaner verteuert. Chrysler-Teile in Mercedes-Karossen? Damit litte die Qualität.
>
> Die Deutschen hatten Angst, von dem viel größeren amerikanischen Partner dominiert zu werden. Die Chrysler-Seite fürchtete die Germanisierung. Schon ein Jahr nach der Ankündigung des Zusammenschlusses hatte ein halbes Dutzend Topleute das Unternehmen verlassen. Das Tagesgeschäft war ein Alptraum. Ein Airbus wurde angeschafft, um die pendelnden Manager über den Atlantik zu schaffen. Alle zwei Wochen war Vorstandssitzung in New York."
>
> Quelle: Süddeutsche Zeitung https://www.sueddeutsche.de. Zugriff am 07.05.2013

(4) In jüngerer Zeit findet die **Generierung neuen Wissens** im Rahmen organisatorischer Lernprozesse besonders hohe Aufmerksamkeit, weil sich damit die Idee verknüpft, dass sich originär gebildetes Wissen gut eignet, Wettbewerbsvorteile zu erringen. Entsprechende Vorstellungen gehen sogar so weit, eine wissensbasierte Theorie der Firma (knowledge-based theory of the firm) zu entwickeln (Grant 1996; Nickerson und Zenger 2004). Die organisatorische Generierung eigenen Wissens bedeutet in der Regel, dass vorhandene Wissenselemente im Wege der internen Kommunikation neu verknüpft und zu einer völlig neuen Idee oder Einsicht entwickelt werden. Dieser Lerntyp basiert auf der systemtheoretischen Grundvorstellung, dass die Systemelemente (also auch die Wissenselemente) in vielfacher Weise anschlussfähig sind und damit untereinander eine unüberschaubare Fülle von Anschlussmöglichkeiten besitzen. Innovative Neuanschlüsse sind daher jederzeit möglich; es ist eine Frage der Empirie, ob diese sich dann für das System als tragfähig erweisen.

Neues Wissen bildet sich häufig ungeplant auf der **impliziten Ebene**, meist im Zuge von erfahrungsbasiertem Lernen. Es entsteht dann praxisbasiertes Wissen („knowing"), das häufig unbewusst das Handeln anleitet (Gherardi und Nicolini 2002). Nonaka und Takeuchi (1995) setzen just an dieser Stelle an, wenn sie auf die hohe Bedeutung des impliziten Erfahrungslernens verweisen und einem Unternehmen eine systematische Konversion ihres impliziten in explizites Wissen in Form der „Wissensspirale" vorschlagen. Ausgangspunkt ist die These der Autoren, dass der enorme Erfolg einiger japanischer Großunternehmen mit dem spezifischen Geschick erklärt werden kann, das reiche Reservoir impliziten Wissens in explizites Wissen zu konvertieren.

In Anlehnung an das Konzept des **„tacit knowing"** (Polanyi 1966) begreift Nonaka (1994, S. 16) implizites Wissen als eine Art Fertigkeit, die sich nur unvollständig in Worte fassen lässt und sowohl kognitive als auch technische Elemente umfasst. Die These ist nun, dass ein großer und vor allem der relevantere Teil des individuellen Wissens in Form von implizitem Wissen vorliege. Im impliziten Wissen wird deshalb eine kritische Ressource gesehen, die mit geeigneten Methoden aufgedeckt und anderen Systemmitgliedern verfügbar gemacht werden soll.

Es ist zweifelsohne das Verdienst der Wissensspirale und verwandter Ansätze, auf die große Bedeutung der **„tacit dimension"** für den Unternehmenserfolg hingewiesen zu haben (so allerdings auch schon Nelson und Winter 1982). Eine moderne Unternehmensführung wird nicht an der Relevanz der impliziten Dimensionen für den kompetenzbasierten Wettbewerb vorbeisehen können. Die vorgeschlagene Wissensspirale und der intendierte Umgang mit der impliziten Dimension sind jedoch problematisch.

Es ist grundsätzlich in Frage zu stellen, ob die Konversion von implizitem in explizites Wissen tatsächlich der Schlüsselprozess für die organisatorische Generierung neuen Wissens sein kann. Mit dem Konstrukt des „impliziten Wissens" wird auf spezifische, menschliche Fähigkeiten hingewiesen, die entweder alleine oder in Kombination mit explizitem Wissen die Grundlage des menschlichen Handelns bilden (Polanyi 1966). Eine Überführung von implizitem in explizites Wissen würde voraussetzen, dass das „tacit knowing" so umgeformt werden kann, dass es der Logik des expliziten Wissens entspricht. Eine solche Umformung gerät aber mit den Grundprinzipien des „tacit knowing" in Konflikt: Die spezifischen Eigenschaften des **Tacit Knowing** sind „logically unspecifiable" (Polanyi 1958, S. 56). Nonakas Basisthese gerät vor diesem Hintergrund in das logische Abseits.

8.4.2 Wissensmanagement

Die kognitive Umorientierung in der Theorie des organisationalen Lernens hat zu einer immer stärkeren Betonung des Wissens geführt und mündete schließlich in einem neuen Gestaltungsansatz, dem sogenannten Wissensmanagement (Dalkir 2011). Von der Intention her ist dies auch eine Theorie des kontinuierlichen Wandels, weil sie die ständige Veränderung/Verbesserung der Wissensbasis und damit des gesamten Handelns zum Gegenstand hat. Ziel ist es, die Aufnahme und Bildung neuen Wissens mit Methoden der Verteilung und Verfügbarmachung von Wissen zu verknüpfen. Diese führte zu einer Verschmelzung organisatorischer Lernkonzepte mit der Innovationstheorie und dem Einsatz moderner Kommunikations- und Informationstechnologien.

Die enge Verbindung mit der Informationsverarbeitungstechnologie sollte allerdings den Blick nicht für die Tatsache verstellen, dass das organisatorische Wissen ein in wesentlichen Teilen emergentes Phänomen ist und dass es sich dementsprechend auf eine nur bedingt kontrollierbare Weise weiterentwickelt. Dies lässt sich am deutlichsten an dem nicht-kodifizierten Wissen erkennen, dessen Entstehung und Weitergabe auf schwer erkennbaren Wegen erfolgt, es aber dennoch für den Erfolg eines Unternehmens von herausragender Bedeutung ist. Aus diesem Grund spricht man heute auch oftmals von **Praktiken** anstelle von Wissen (Gherardi und Strati 2013). So wichtig es also ist, organisatorisches Wissen zu speichern und verfügbar zu machen, so wenig sollte dieser Teil des Wissensprozesses mit dem gesamten Wissensmanagement verwechselt werden.

Der entscheidende Gesichtspunkt beim Wissensmanagement ist – und das wird oft übersehen –, dass hierbei ganz fundamental die Grundlagen der organisatorischen Handlungsprozesse im Visier sind. Jedes organisatorische Handeln setzt auf Kognitionen und Praktiken auf und steht insoweit mit der organisatorischen Wissensverarbeitung in Verbindung. Das gemeinte organisatorische Wissen ist also allgegenwärtig, und dies macht es auch so schwer, griffige Formeln für ein Wissensmanagement zu finden.

Das Wissensmanagement gliedert sich heute im Allgemeinen in vier Elemente:

1. Generierung und der Erwerb neuen Wissens (Veränderung der organisatorischen Wissensbasis),
2. Wissensrepräsentation, -speicherung und -kontrolle,
3. Wissensbereitstellung und -verteilung,
4. Herstellung eines wissensförderlichen Kontextes.

Dabei lassen sich grob zwei „Generationen" von Ansätzen im Wissensmanagement unterscheiden. Die Ansätze der Management-Informationssysteme; hierbei steht die Organisation von unternehmensrelevanten Informationen in Datenbanken, deren einfache und schnelle Abrufbarkeit mittels geeigneter Abfragen und die fortlaufende automatische Aktualisierung von Informationen im Vordergrund. Die Hauptaufgabe ist es, Entscheidungen in Unternehmen möglichst zeitnah mit den entsprechenden Informationen zu versorgen, um die Qualität zu erhöhen.

Diese Ansätze zum Wissensmanagement stießen jedoch auf erhebliche Umsetzungs- und Akzeptanzprobleme (Davenport und Prusack 1998). Die Hauptgründe für das Scheitern werden in der vollständigen Vernachlässigung des sozialen organisatorischen Kontextes und den Grenzen menschlicher Informationsverarbeitung gesehen. Noch grundsätzlicher wurde jedoch die diesen Ansätzen zugrunde liegende synoptische Steuerungslogik und das unterlegte Wissensverständnis kritisiert (Blackler 1995, S. 1030 ff.). Diesen Ansätzen zufolge liegt Wissen immer in Form von expliziter, kontextfreier und generalisierbarer Information vor, die sich in entsprechenden Datenbanken abspeichern und in unveränderter Form später wieder abrufen und verwerten lässt. Die Kritik auch an den in der jüngeren Zeit entwickelten computergestützten Wissensmanagementsystemen richtet sich vor allem auf zwei Kernprobleme: Zum einen gibt es wenig Anzeichen dafür, dass sich Wissen problemlos von seinen Trägern und Kontexten ablösen, speichern und auf andere Nutzer übertragen lässt (Wilkesmann und Rascher 2002, S. 350). Zum anderen ist die zugrunde liegende Vorstellung von Wissen als einem Pool aus klar definierten und objektiven Elementen zu eng, um die vielen wichtigen Aspekte des organisatorischen Wissens auch nur annähernd erfassen zu können.

Auf dieser Kritik baut die zweite Generation des Wissensmanagements auf, die den sozialen Entstehungs- und Verwendungszusammenhang von Wissen in den Vordergrund rückt und die Bedeutung unterschiedlicher Arten von Wissen betont (z. B. Probst et al. 2013). Im Zentrum steht hierbei nicht nur der Wissenserwerb, sondern auch der **Wissenstransfer** (knowledge sharing) in und zwischen Organisationen sowie die Schaffung von

Bedingungen, die diesen Transfer begünstigen. Die Wissensrepräsentation tritt dagegen in den Hintergrund und ist primäre Domäne der erstgenannten Ansätze geblieben.

Beim Wissensaustausch und -transfer geht es in erster Linie um die Schaffung von Gelegenheiten, die einen Austausch nicht nur okkasionell fördern, sondern systematisch sicherstellen. Das Konzept der **Communities of Practice (CoP)** bietet hier einen interessanten Ansatzpunkt. Im ursprünglichen Konzept handelt es sich dabei um eine Art Praxisgemeinschaft, die sich gewissermaßen spontan um eine bestimmte Problemlösung oder eine Fragestellung herum bildet (Wenger und Snyder 2000). Diese Praxisgemeinschaften in Organisationen stehen neben der klassisch formalen Struktur und bilden deren funktionale Ergänzung. CoPs sind heute typischerweise IT-basiert und somit in einem gewissen Sinne virtuell; in multinationalen Unternehmen sind sie grenz- und kulturüberschreitend, im Falle von Unternehmenskooperationen auch organisationsüberschreitend. Nachdem die Kommunikation innerhalb von CoPs weitgehend informell ist, basiert die Interaktion auf Vertrauen und Loyalität. In einem Klima des Misstrauens und der Angst vor Opportunismus kann sich keine CoP entfalten. In vielen Unternehmen, so etwa bei Siemens, Shell oder Novartis, gibt es heute eine Vielzahl von funktionstüchtigen CoPs. Die Themengebiete sind weit gestreut und umgreifen so unterschiedliche Gebiete wie Tiefseebohrung, Technischer Kundendienst für Kopiergeräte oder Balanced Score Card.

Communities of Practice haben die Aufgabe, den Wissensaustausch informal zu organisieren und das verfügbare Expertenwissen möglichst frei zwischen Experten fließen zu lassen (Brown und Duguid 2001). Es hat sich erwiesen, dass hierbei die Kommunikation in Form von Geschichten eine besonders wichtige Rolle spielt, man spricht auch von **„narrativem Wissen"** (Geiger 2006). So gesehen brauchen CoPs eine Art Kontextmanagement, um den Austausch von Geschichten, der sich nur schwerlich anordnen lässt, indirekt zu fördern.

Ob nun in Form von CoPs oder auf anderem Wege gilt es insgesamt den Wissensaustausch zwischen verschiedenen Einheiten sicherzustellen. Innerhalb einer spezifischen Community verbreitet sich Wissen relativ unproblematisch. Aufgrund eines gemeinsam geteilten Erfahrungskontextes und durch die Verwendung der gleichen impliziten Evaluationskriterien verstehen Mitglieder einer Einheit die Hinweise und Geschichten ihrer Kollegen gewissermaßen im Handlungsvollzug. Innerhalb von Einheiten ist das Wissen tendenziell „leaky", d. h., es fließt relativ problemlos von einer Expertin zu einer anderen. Handlungswissen, etwa in Form narrativen Wissens, neigt jedoch dazu, an einer bestimmten Handlungseinheit festzukleben (Szulanski 2002). Soll dieses „sticky knowledge" für andere Organisationsbereiche genutzt werden, so muss es – soweit möglich – verflüssigt werden. Um genau dies zu bewerkstelligen, werden häufig sogenannte „Translators" oder **„Boundary Spanners"** in Form spezifischer organisationaler Rollen vorgeschlagen, die eine Plattform für den Wissensaustausch zwischen Communities aufbauen und ein gemeinsames Verstehen herstellen sollen (Carlile 2002).

Über diese Überlegungen hinaus wird im neueren Wissensmanagement immer deutlicher die Frage der Wissenskontrolle und grundsätzlicher noch die Entscheidung darüber, was als Wissen und was als **Nicht-Wissen** gelten soll, gestellt. Warum soll es sich beispielsweise bei den Empfehlungen eines IT-Beraters, bei den Geschichten einer Kundenberaterin oder den Erfahrungsberichten eines Gesenkschmieds um Wissen und nicht um ungeprüfte Einzelmeinungen, baren Unsinn oder Scharlatanerie handeln? Ist es überhaupt wünschenswert, diese Erfahrungen zu transportieren, oder richtet ihre Nutzung am Ende schweren Schaden in der Organisation an? Wodurch zeichnen sich ihre Aussagen als Wissen aus?

Die Festlegung allgemeiner Kriterien, um Wissen von Nicht-Wissen zu unterscheiden, ist eine heikle Aufgabe. Trotz der offenkundigen Schwierigkeit, solche Kriterien festzulegen, braucht das Wissensmanagement aber schlicht solche Kriterien, um seiner Selektionsaufgabe in geordneter Form nachkommen zu können. Ein Vorschlag, solche Metakriterien zu bestimmen, orientiert sich an der Argumentationstheorie (Schreyögg und Geiger 2007): (1) Wissen muss in Prüf-Diskursen verhandelbar sein und ist somit unmittelbar an Kommunikation gebunden. Dinge, über die nicht geredet werden kann, kann man auch nicht wissen. (2) Wissen verlangt nach Begründung. Aussagen können so lange nicht geprüft werden, so lange es für sie keine Gründe gibt. (3) Wissen muss qualifizierbar sein, d. h., man muss entscheiden können, ob es sich um gute oder schlechte Gründe handelt.

Im Falle von Unternehmen ist eine Großzahl parallel laufender **Wissensdiskurse** üblich, ohne dass sie als solche bezeichnet würden. Ganz ausdrücklich finden sich Prüfverfahren etwa im betrieblichen Vorschlagswesen (Einrichtung eines Expertengremiums, Entwicklung von Beurteilungskriterien zur Bestimmung der grundsätzlichen Funktionsfähigkeit wie auch der Güte etc.) oder auch im Qualitätsmanagement. Im Bereich schwächer strukturierter Probleme ist vor allem für strategische Entscheidungsprozesse eine Reihe von Prüfprozeduren für Wissen entwickelt oder vorgeschlagen worden. Bei strategischen Analysen ist aufgrund der hohen Unsicherheit der Aussagen (Entwicklung des Dollarkurses, zukünftige Strategien der Konkurrenz usw.) die Notwendigkeit von „versichernden" Prüfverfahren besonders evident. So haben sich z. B. Prüfverfahren entwickelt zur Bestimmung der Validität und Bedeutung von Umweltinformationen, etwa in Form von „war-rooms", „issue diagnosis" oder wissensabsichernde Prozeduren im Sinne von „dialektischer Planung" (Dutton et al. 1983; Julian und Ofori-Dankwa 2008).

Diese Bestimmung von Wissenskriterien zeigt zugleich, dass Wissen eine Flussgröße und keine Bestandsgröße ist: Was gestern als Wissen akzeptiert wurde, kann heute schon wegen neuer Einsichten als falsch verworfen werden.

8.4.3 Absorptive Capacity

Ein weiteres stark beachtetes Konzept kontinuierlichen organisatorischen Wandels ist „Absorptive Capacity". Cohen und Levinthal (1990) begreifen Absorptive Capacity als eine spezielle organisationale Fähigkeit, die sich aus **drei Teilfähigkeiten** zusammensetzt: (1) der Fähigkeit, neue externe Informationen zu identifizieren, (2) der Fähigkeit, dieses neuartige und als nützlich bewertete Wissen zu assimilieren und (3) der Fähigkeit, das assimilierte Wissen wertschaffend einzusetzen.

Die Entwicklung einer hohen Absorptionsfähigkeit geschieht nicht voraussetzungslos, sie hängt zu guten Teilen von den in der Vergangenheit erworbenen Erfahrungen mit dem Lernen und der Verarbeitung neuen Wissens ab: Wie breit ist das Kategoriensystem, mit dem ein Unternehmen die Umwelt beobachtet? Wie interessiert werden neue Ideen diskutiert? Gibt es eine Kultur der positiven Neugierde? Usw. So gesehen ist die Absorptionsfähigkeit eines Unternehmens auch ein Spiegel der organisationalen Lerngeschichte und der **Unternehmenskultur** (vgl. Kap. 12). Die in der Vergangenheit gebildeten Kategoriensysteme („kognitive Landkarten") eines Unternehmens bilden den Humus, aber auch die Pfade, auf denen sich die Absorption neuen Wissens entfaltet. Dieses bedeutet Ermöglichung und Einschränkung zugleich.

Letztgenanntes verweist nachdrücklich darauf, dass das zukünftige Verhalten des Unternehmens von dem Zuschnitt („framing") der Absorptive Capacity-Aktivitäten beeinflusst wird. Dies lässt sich sehr deutlich an der Existenz eines „dominant designs" oder am Lockout-Effekt zeigen. Letzterer entsteht, wenn ein Unternehmen auf Basis der in der Vergangenheit entwickelten **Absorptionsstrukturen** gänzlich neues oder verändertes Wissen nicht sieht oder nicht aufnehmen kann, es wird dann auf unsichtbare Weise oder auch explizit ausgeschlossen (Schilling 1998). Wird die Absorptionsfähigkeit also nicht kontinuierlich weiterentwickelt, so dass sie Schritt halten kann mit der Veränderung der relevanten Wissensfelder, gerät die neue Wissensentwicklung aus dem Wahrnehmungsfeld des Unternehmens heraus. Letztlich ist dann das Unternehmen von der Nutzung dieser Felder ausgeschlossen.

Auf der anderen Seite gilt es zu sehen, dass je größer die Absorptionsfähigkeit eines Unternehmens ist, umso feinfühliger werden auch seine Sensoren für entstehende Chancen jenseits bisheriger Aktivitäten und Produkte (vgl. Cohen und Levinthal 1990). Unternehmen mit einem hohen Grad an Absorptionsfähigkeit zeigen ein eher proaktives strategisches Verhalten. Im Gegensatz dazu neigen Unternehmen mit gering ausgeprägter Absorptionsfähigkeit – man könnte auch sagen: „Pfadabhängigkeit" – dazu, nach neuen Alternativen für Leistungsverbesserungen nur innerhalb ihres angestammten Aktivitätsfeldes zu suchen, was sich in einem eher reaktiven Veränderungsverhalten äußert. Insgesamt entstehen selbstverstärkende Effekte, die proaktive oder eben reaktive Verhaltensmuster bekräftigen. Unternehmen, die proaktiv agieren, erwerben im Zuge innovativer Ideenentwicklung weitere Absorptionsfähigkeit und damit ein gutes Sensorium für neue Chancen und Wandel. Wird dagegen externes Wissen vor allem im Umfeld bestehender Leistungsprozesse gesucht, verengt sich die Absorptionsfähigkeit durch Konzentration auf die angestammten Denkmuster weiter (vgl. March 1991).

Das Konzept der Absorptive Capacity wird häufig primär auf das Forschungs- und Entwicklungsressort eines Unternehmens bezogen. Dementsprechend operationalisieren viele das Konstrukt als F&E-Intensität, als Verhältnis der F&E-Ausgaben zum Umsatz oder als Anteil hoch qualifizierter F&E-Mitarbeiter an der gesamten Belegschaft. Indessen, ein exklusiver Fokus auf den F&E-Bereich greift für das Verständnis und das Management der Absorptive Capacity einer Organisation viel zu kurz. Das Innovationsgeschehen in Unternehmen entzieht sich einer klaren organisatorischen Strukturierung, weil es nicht vorhersehbar ist (vgl. Kap. 7). Neue Informationen treffen an nicht vorhersehbarer

Stelle im Unternehmen ein (im Vertrieb, im Einkauf, in der Konstruktion usw.) und müssen vor Ort in ihrer Bedeutung erkannt werden. Auch sind die Anschlüsse an vorhandenes Wissen keineswegs nur in der F&E-Abteilung herzustellen. Innovationen können überall entstehen: in der Logistik, im Verkauf, in der Fertigung, in der Interaktion mit Kunden usw. (Reichwald und Piller 2009). Darüber hinaus haben viele Unternehmen keine F&E-Abteilung (etwa Handels- oder Dienstleistungsunternehmen), dennoch benötigen sie ganz dringend für ihre Innovationsfähigkeit eine gute Absorptive Capacity. Eine Begrenzung auf den F&E-Bereich ist also irreführend.

Im Allgemeinen werden drei Elemente der Absorptive Capacity unterschieden und einschlägige Praktiken zugeordnet:

(1) Akquisition,
(2) Assimilation/Integration und
(3) Nutzung/Exploitation.

(1) Praktiken der Akquisition beziehen sich zum Beispiel auf den Einsatz von formellen und informellen „Boundary Spanners", die als Verbindung zwischen externer Umwelt und der Organisation dienen. „Boundary Spanner" sind in der Lage, relevantes Wissen in der Unternehmensumwelt zu erkennen, auch wenn es nicht in direkter Verbindung zur bisherigen Wissensbasis steht. Somit kann deren Einsatz als Ausdruck der erweiterten Fähigkeit zur **Identifizierung neuen Wissens** verstanden werden. Die Fähigkeit zum Lernen von Partnern wird insbesondere durch Kooperationspraktiken mit externen Partnern unterstützt. Von Hippel (1986) beschreibt zum Beispiel die Praktik des frühzeitigen Einbezugs von „Lead Usern" in den Entwicklungsprozess und weist dieser Interaktion eine hohes Akquisitionspotenzial zu.
(2) Nach erfolgreicher Aufnahme neuen Wissens ins Unternehmen werden Praktiken der **Wissensintegration** bedeutsam. Als Beispiel für Praktiken der Wissensdiffusion innerhalb eines Unternehmens sind regelmäßige Besuche anderer Unternehmensbereiche zu nennen. Mithilfe dieser Praktiken gelangt das Wissen leichter an die Stellen im Unternehmen, die eine effiziente Analyse und Selektion des Wissens zu leisten vermögen. Für eine erfolgreiche Verknüpfung neuartigen Wissens ist zum Beispiel die Arbeit in funktionsübergreifenden Projektteams bekannt.
(3) Zu Praktiken der Exploitation, also der Fähigkeit zur **Umsetzung neuen Wissens** in konkrete Produkte und Leistungen, gehört zum Beispiel der Einsatz von „Change Agents" oder „Promotoren" (Hauschildt und Salomo 2016), die geschickt die Hürden des Wandels zu überwinden wissen und sich auf die interne Legitimierung neuer Projekte verstehen. Diese Fähigkeit wird häufig durch spezielle Reflektionspraktiken unterstützt werden, wie Feedbacksitzungen, Konfrontationstreffen oder Manöverkritik (Schreyögg und Schmidt 2010).

So wichtig die Absorptive Capacity auch ist, so darf nicht übersehen werden, dass der Wandel- und Innovationsprozess keinesfalls ausschließlich auf die Verarbeitung externen

Wissens beschränkt werden kann. Wie beim Wissensmanagement gezeigt, kommt der internen Weiterentwicklung neuen Wissens ausschlaggebende Bedeutung bei der Bildung von organisationalen Kompetenzen zu; freilich wird auch diese immer wieder auf neue externe Informationen zugreifen müssen.

8.5 Permanenter Wandel und Stabilität

Zum Abschluss des Kapitels sollen die verschiedenen Wandelperspektiven kurz gegenübergestellt werden, auf der einen Seite der episodische Wandel mit seiner Betonung der Stabilität, die für den Wandel tumultartig unterbrochen wird, und auf der anderen Seite die Idee der kontinuierlichen Veränderung, der ständigen Unruhe bis hin zur Fluidität. Es ist unmittelbar einleuchtend, dass eine Organisation, die ihren Wandel und ihre Entwicklung als Unterbrechung eines Gleichgewichts versteht, anders konfiguriert wird als eine Organisation, die den Wandel als kontinuierlichen Prozess begreift.

Kennzeichnend für einen Organisationswandel im episodischen Sinne ist, dass der Wandel als eine Sondersituation begriffen wird, die es geschickt zu managen gilt, die aber dann wieder zu einem neuen Regelwerk führt. Organisationsstrukturen sind hier von den kurzen Ausnahmesituationen abgesehen **enttäuschungsresistent programmiert**; d. h. sie werden als Regeln verstanden, die typischerweise auch im Abweichungsfall aufrechterhalten werden. In Anlehnung an Luhmann (1984, S. 436 ff.) können sie als „nicht-lernbereite Erwartungen" begriffen werden, worin kein Nachteil, sondern ihr spezifischer Vorteil liegen soll: Erwartbarkeit der Systemvollzüge, planbare Koordination usw. Alle unsere Gesetze sind ja im Übrigen solche nicht-lernbereiten Erwartungen, die nur von Zeit zu Zeit angepasst werden (durch die Regierung).

Nach einer entgegengesetzten Grundlogik funktioniert das Modell der kontinuierlichen Veränderung. Im Kern heißt dies, dass die Organisation prinzipiell bereit steht, im Lichte der fortlaufend auftretenden unerwarteten Ereignisse bisherige Regeln jederzeit zu revidieren und in neue Erwartungen umzumünzen, die dann beim nächsten unerwarteten Ereignis erneut umgeformt oder fallen gelassen werden. Mit anderen Worten, organisatorisches Lernen und ständige Anpassungen bedingen eine umgekehrte Modalisierung von Erwartungen; für organisatorisches Lernen ist kennzeichnend, dass Erwartungen gegenüber möglichen Abweichungen **jederzeit änderungsbereit** programmiert werden. Das Ergebnis ist die Idee einer voll flexiblen Firma oder organisatorischer **Agilität**. In dieselbe Richtung laufen einige der oben dargelegten Prinzipien zur Entwicklung „dynamischer Kompetenzen" (vgl. Kap. 5). Der Fokus liegt auf **„relentlessly shifting"** Systemen (Brown und Eisenhardt 1997), die durch „unstable processes with unpredictable outcomes" (Eisenhardt und Martin 2000, S. 1117) gekennzeichnet sind.

So attraktiv die Idee permanenten Wandels auf den ersten Blick auch scheinen mag, so muss ihr doch entgegen gehalten werden, dass die Vorstellung, Organisationen könnten sämtliche Erwartungen/Regeln als lernend programmieren („chronically unfrozen"), irreführend ist.

8.5 Permanenter Wandel und Stabilität

Schon allein unter dem Aspekt der Grenzbildung müsste eine solche Organisation das **Komplexitätsgefälle** zur Umwelt letztlich auflösen, um in immer stärkerem Maße Punkt-für-Punkt-Entsprechungen mit der Umwelt herzustellen. Ohne (kontrafaktisch fixierte) Strukturen kann es jedoch einem System nicht gelingen, Systemgrenzen als relativ zeitinvariante Einrichtungen zu etablieren (vgl. dazu im einzelnen Kap. 4). Ein System ohne Grenzen gibt es nach Voraussetzung nicht, es verströmte sich in der Umwelt. Von der Frage der Effizienz einmal ganz abgesehen; ein solches System könnte keine Lernerfahrungen durch Wiederholung machen, könnte keine Größenvorteile nutzen oder Koordinationseffekte erzielen, weil diese alle auf der Replizierbarkeit und Stabilität von Prozeduren basieren. Es bedarf also einer zweidimensionalen Perspektive oder einer Konzeption der Balance zwischen Wandel und Stabilität (Schreyögg und Sydow 2010).

Eine Lösung kann in der Idee gefunden werden, dass Stabilisierungen (Routine, generelle Regelung) verwendet werden, dass aber jede Stabilisierung als **prekär** begriffen wird. Stabilisiert wird ja immer quasi künstlich, weil sie in eine prinzipiell unsichere sich wandelnde Welt als Orientierungsanker hinein gesetzt wird und insofern risikoreich ist. Niemand weiß, ob und wie lange sie sich bewähren wird. Um ihren Änderungsbedarf rechtzeitig zu registrieren, ist die Stabilisierung deshalb ständig daraufhin zu beobachten, ob sie weiterhin Gültigkeit haben kann oder einer Veränderung bedarf. Mit anderen Worten, Stabilisierungen werden gewissermaßen probehalber eingesetzt, aber auf fortlaufende Beobachtungsvorgänge rückgebunden. In diesem Sinne können Stabilisierungen (generelle Regel, Routine usw.) als bewusste Entscheidungen betrachtet werden, in diesen Situationen nicht zu lernen, also auf Abweichungen nicht durch umgehende Anpassung zu reagieren. Das System beschließt, an der einmal fixierten Erwartung festzuhalten, eben auch im Fall der Abweichung (Luhmann 1984). Solche Nicht-lern-Regeln bleiben jedoch eben immer prekär. Wenn sie nicht sorgfältig beobachtet werden, ist es nicht unwahrscheinlich, dass sie wegen Starrheit schließlich die Erfolgsbasis der Organisation bedrohen. Für das Systemmanagement impliziert dieser Umstand die Notwendigkeit, die Umwelt permanent zu beobachten und Frühwarnsysteme einzurichten, die fortlaufend die Haltbarkeit der beschlossenen Stabilisierungen prüfen. Anders gesagt: Stabilisierung ohne Ergänzung durch risikokompensierende Lernprozesse kann niemals effektiv sein. Nach Voraussetzung erfordert kompensierendes Lernen einen hohen Grad an Wachsamkeit, nicht aber notwendigerweise einen permanenten Wandel auf der Ebene des Verhaltens (vgl. dazu auch in Kap. 5 die Konzepte der strategischen Kontrolle).

Aufgeklärtes organisatorisches Lernen in Organisationen impliziert also auch den Fall des **intendierten Nichtlernens**, d. h. die Entscheidung, in ganz bestimmten Situationen nicht zu lernen und sich nicht zu verändern (Stabilisierung). Ein lernendes System muss also auch lernen, die Vorteile des Nichtlernens nutzen zu können.

Nichtlernen wird hier begriffen als eine spezielle Organisationsprozedur, die unter Beobachtung steht. Auf der einen Seite sind Stabilisierungen das Resultat vergangener Lernprozesse; die Organisation hat gelernt, die Vorteile der Formalisierung/Routinisierung bestimmter Aktionen zu nutzen. Auf der anderen Seite sind sich stabilisierte Prozeduren immer von einem Versagen bei veränderten Bedingungen bedroht und müssen daher ständig überwacht und, wenn notwendig, verändert oder gestoppt werden. Im Gegensatz zum Gleichgewichtsmodell, in welchem der Wandel das Problem ist, ist es hier die selektive Stabilisierung, d. h. die bewusste Entscheidung, nicht zu lernen, und die Beobachtung der Folgen dieser Entscheidung, welches das zentrale Problem in der hier skizzierten Balancetheorie des Wandels darstellt.

Diskussionsfragen

1. Wie wird ein organisatorischer Veränderungsprozess im klassischen Denken konzipiert?
2. „Der Mensch ist ein Gewohnheitstier – den bewegen Sie nicht so leicht!" Diskutieren Sie diese Aussage und zeigen Sie die Konsequenzen für das Change Management auf!
3. Welche Logik liegt dem organisatorischen Änderungsgesetz von Kurt Lewin zugrunde?
4. Welche Maßnahmen kann man im Sinne eines Unfreezig ergreifen?
5. Weshalb ist in Modellen der Organisationsentwicklung „geteilte Macht" so bedeutsam?
6. Vergleichen Sie das Phasenmodell von Greiner mit dem Phasenmodell von Tushman/Romanelli!
7. Wie lassen sich die Lernebenen „Single-Loop" und „Double-Loop-Learning" voneinander abgrenzen?
8. Eine Managerin äußert: „In unserer Maschinenbaufirma zählen ‚figures and facts', da ist wenig Platz für ‚tacit knowing'. Das passt eher zu solchen ‚Kreativschuppen'." Diskutieren Sie diese Aussage!
9. Auf welchem Wege wird in Communities of Practice Wissen ausgetauscht?
10. Soll und kann man gutes von schlechtem Wissen unterscheiden?
11. Warum ist die Absorptive Capacity von Organisationen unterschiedlich?
12. Welche Probleme ergeben sich, wenn man den Grundsatz sich permanent wandelnder Systeme verfolgt?

Fallstudie: Newton Falls[1]

Die East-Ohio Communications Systems ist eine private Telefongesellschaft, die einen Teil des Ostens von Ohio versorgt. Die Gesellschaft war in sieben Distrikte gegliedert. Jeder Distrikt versorgte fünf oder sechs Klein- oder Großstädte. Für jeden Distrikt war ein „communications manager" verantwortlich. In jeder Stadt leitete ein „office manager" die Vermittlungszentrale. Den „office managers" (OM) waren die „assistant office managers" (AOMs) beigeordnet, die den Betrieb der Schaltpulte überwachten.

Im März, zum Abschluss des Quartals, führte Prof. Richard Latour von der Northwestern University mit Gregory Calmer, dem „communications manager" des Distrikts Garretsville das folgende Gespräch:

---

[1] Übersetzt aus dem Englischen; Autoren unbekannt (Verf. sind für Hinweise dankbar)

8.5 Permanenter Wandel und Stabilität

Calmer: Wir haben in Newton Falls ein Problem, das vielleicht für Sie von Interesse sein könnte, Professor Latour.
Latour: Um welches Problem handelt es sich?
Calmer: Sie kommen einfach nicht mit ihren Leistungsvorgaben klar. Vielleicht sollte ich Ihnen erklären, wie wir das Leistungsniveau messen. In unserer Gesellschaft haben wir Angestellte, die in den verschiedenen Städten die Vermittlungstätigkeit testen, um zu ermitteln, wie effizient unser Service ist. Problempunkte, wie lange Wartezeiten oder das Verbinden mit falschen Nummern, werden aufgezeichnet. Zu lange Wartezeiten sind das Hauptproblem in Newton Falls. Von einer Telefonistin wird erwartet, dass sie ein Gespräch innerhalb von 10 Sekunden, nachdem die Vermittlung angewählt wurde, annimmt. Erfolgt innerhalb von 12 Sekunden keine Reaktion, so wird dies als Fehler gewertet.

Die Angestellten, die die Beurteilung erstellen, führen im Monat von verschiedenen Telefonen innerhalb des Distrikts aus ungefähr 500 Testgespräche durch. Dann legen sie dem Distrikt die ermittelte Leistungsquote vor; diese ergibt sich aus dem prozentualen Anteil der fehlerfreien Gespräche an den gesamten Testgesprächen.

Ein gutes Leistungsergebnis liegt bei ungefähr 94 %. Das neueste Ergebnis von Newton Falls ist 84 %, die Ergebnisse sind jetzt schon seit über einem Jahr durchgängig schlecht. Auf Frau Hardy, der OM von Newton Falls, und auf ihre AOMs wird als Folge davon ein großer Druck ausgeübt, die Leistung ihrer Abteilung zu verbessern.

Latour: Sie wissen nicht, wo die Ursachen der Fehler liegen?
Calmer: Wir arbeiten seit Monaten fieberhaft daran, dies herauszufinden. Vor einigen Wochen schickte ich zwei meiner Assistenten, Steve Hieber und Ron de Kamp, nach Newton Falls, um die Telefonistinnen zu befragen und die Ursachen des Problems herauszufinden. Ron und Steve kamen zu dem Ergebnis, dass die Telefonistinnen über die AOMs sehr verärgert sind, weil diese sich in ihre Arbeit einmischen und selbst Gespräche vermitteln würden. Die Telefonistinnen beklagten sich, dass ihnen keine Chance gegeben würde, und wünschten sich, die AOMs sollten nicht ständig in ihre Arbeit eingreifen.
Latour: Das ist für sie alle eine schwierige Situation.
Calmer: Kürzlich fuhr ich mit Steve und Ron nach Newton Falls, um das Problem erneut zu besprechen. Dabei gab es jedoch einen unglückseligen Zwischenfall. Während wir mit Frau Hardy und einigen AOMs sprachen, bemerkte Ron de Kamp, wie eine AOM, nämlich Frau Johnson, an einem Schaltpult dazwischen ging und selbst ein Gespräch übernahm. Ohne zu denken, platzte er heraus: „Sehen Sie her, das ist genau das, was wir meinen. Beobachten Sie Frau Johnson, wie sie dort gerade ein Gespräch übernimmt. Das schafft den Ärger." Ron hätte das nicht tun dürfen. Das ist nicht das richtige Verhalten. Sie können nicht jeman-

dem einfach sagen, dass er etwas falsch macht. Man darf nicht einfach losschimpfen. Man muss mit dem Angestellten sprechen und versuchen, ihn dazu zu bringen, dass er seine Fehler einsieht. Der Wunsch nach einer fruchtbaren Zusammenarbeit und nach einer guten Arbeitsleistung muss von ihm selbst kommen.

Latour: Hatte dieser Vorfall irgendwelche Folgen?

Calmer: Ja. Als ich später Frau Johnson im Flur grüßte, murmelte sie etwas vor sich hin. Ich fragte sie, was los sei. „Nichts", antwortete sie und ging. Am späten Nachmittag sah ich Frau Johnson allein im Konferenzraum sitzen. Ich ging zu ihr hin und sagte zu ihr, dass ich nicht neugierig erscheinen möchte, ihr aber gern zuhören würde, wenn sie über ihr Problem sprechen möchte. Sie sagte: „Was hat es für einen Sinn, hier irgend etwas zu versuchen, um die Leistung zu verbessern. Man wird ja dafür doch nur zurechtgewiesen." Offensichtlich hatte sie Rons Bemerkung nicht überhört oder jemand hatte es ihr nachher gesagt. Sie war ziemlich aufgebracht. Es ist jedoch eine Tatsache, dass Frau Johnson mit ihren Untergebenen grob umgeht. Sie weist sie zurecht und droht ihnen oft mit Strafen. Ich hörte sie an und fragte sie dann, ob sie einsehen könne, wie falsch es sei, jemanden zurechtzuweisen, anstatt ihn anzuhören. Ich erklärte ihr, dass mit Zurechtweisungen nichts erreicht werden könne, außer Ärger und Feindschaft. Dies war eine ausgezeichnete Gelegenheit, ihr das klarzumachen. Später sprach ich mit Ron im Distriktbüro über diese Angelegenheit. Er entschuldigte sich und sah vollständig ein, einen Fehler gemacht zu haben.

Latour: Glauben Sie, dass die Beschwerden der Telefonistinnen über die Einmischung der AOMs den Kern des Problems treffen?

Calmer: Zum Teil – aber ich bin sicher, dass das nicht die ganze Geschichte ist. Je mehr ich darüber nachdenke, desto mehr bin ich davon überzeugt, dass das Problem in den zwischenmenschlichen Beziehungen liegt. Sagen Sie, könnten Sie mich morgen nach Newton Falls begleiten?

Latour: Das mache ich gern.

Am nächsten Tag begleitete Professor Latour Herrn Calmer nach Newton Falls. Nachdem Latour der Leiterin der Vermittlungszentrale, Frau Hardy, vorgestellt worden war, fand das folgende Gespräch statt:

Calmer: Professor Latour und ich diskutierten die Möglichkeit, dass die Einstellung der Angestellten zu ihrer Arbeit oder andere zwischenmenschliche Probleme die Ursache für die schlechten Leistungsquoten hier sein könnten.

Hardy: Ich fange an, das auch anzunehmen.

Calmer: Frau Hardy, könnten Sie uns ein Beispiel geben?

Hardy: Nun, die Einstellungen einiger der Telefonistinnen könnte die Ursache der Schwierigkeiten sein. Ich bin über sie beunruhigt. Es ist schwierig, auf irgend etwas ganz Bestimmtes hinzuweisen.

8.5 Permanenter Wandel und Stabilität

Calmer: Könnten Sie uns einen Vorfall schildern, der das, was Sie vermuten, verdeutlichen könnte?

Hardy: Vor einigen Tagen ging ich mit zwei AOMs und mit dem Gewerkschaftsvertreter die Treppen zum Vermittlungsraum hinauf. Mindestens fünf Telefonistinnen wandten sich von ihrer Arbeit ab, um zu sehen, was los sei. So etwas darf einfach nicht passieren. Eine Telefonistin kann keine Gespräche vermitteln, wenn sie sich nach etwas anderem umsieht.

Calmer: Glauben Sie nicht, dass das eine normale Reaktion ist? Jedermann ist neugierig zu sehen, was um ihn herum geschieht. Ein schneller Blick auf die Seite stört nicht so sehr, glauben Sie nicht auch? Sind Sie wirklich der Ansicht, dass deswegen ein Gespräch nicht innerhalb von 12 Sekunden angenommen werden kann?

Hardy: Es handelt sich nicht nur um diese raschen Blicke zur Seite, Herr Calmer. Wenn sich eine Telefonistin umdreht, um zu sehen, was geschieht, und sich dann wieder ihrer Arbeit zuwendet, kann sie zwölf Sekunden verlieren.

Calmer: Das ist möglich. Aber glauben Sie wirklich, dass wir das abstellen können? Neugierde ist nur normal, besonders, wenn jemand den Raum betritt. Sind Sie nicht auch dieser Ansicht?

Hardy: Na ja, im Prinzip schon – doch, aber die Arbeit darf darunter nicht leiden.

Latour: Wenden sich die Telefonistinnen wirklich derart lange von ihrer Arbeit ab und schauen sie so lange im Raum herum, dass sie damit die Vermittlung der Gespräche verzögern?

Hardy: So kommt es mir aber vor.

Calmer: Das sollte nicht sein. Aber, Frau Hardy, glauben Sie wirklich, dass man flüchtige Blicke zur Seite verbieten kann?

Hardy: Ich weiß es nicht. Aber es ist ernstzunehmen, wenn sich 4 oder 5 Telefonistinnen zur gleichen Zeit umdrehen.

Calmer: Wollen Sie nicht einen Anschlag an das schwarze Brett machen? In anderen Büros habe ich ein Plakat gesehen, auf dem stand zu lesen: Sind Sie vielleicht ein „Wirbelkopf"?

Hardy: Früher war so etwas vielleicht sinnvoll. Aber mit Plakaten kann man doch heute nichts mehr erreichen. Und es ist nicht unser einziges Problem, dass sich die Telefonistinnen immer wieder umdrehen. Während der Arbeit wird ziemlich viel gequatscht.

Calmer: Natürlich, Sie stimmen mit mir aber doch auch überein, dass wir selbstverständlich nicht versuchen sollten, das Grüßen zu verbieten oder kurze Bemerkungen, wenn eine Telefonistin zur Arbeit kommt.

Hardy: Oh nein. Ich denke an ewige Schwatzereien, die jeden stören.

Calmer: Das können wir uns nicht leisten. Trotzdem wollen wir ihnen nicht einfach sagen, dass sie ruhig zu sein haben oder?

Hardy: Nein.

Calmer: Ich denke, wir sollten mit jeder Telefonistin sprechen. Wir sollten sie nach ihren Vorschlägen fragen, wie sie die Situation in Ordnung bringen würden. Die Telefonistinnen sollten das Gefühl haben, dass sie an der Lösung beteiligt werden. Sie sollten von sich aus die Ursachen der Schwierigkeiten erkennen. Mit dem Erkennen der Ursachen wird auch der Wunsch nach Verbesserung einhergehen. Wenn die Angestellten an den Entscheidungen beteiligt werden, werden sie dadurch motiviert, besser zu arbeiten. Dadurch entwickelt sich das Gefühl, wichtig zu sein und Mitglied eines Teams zu sein. Wenn jemand imstande ist, die Ursachen für die aufgetretenen Probleme zu erkennen, ist die wichtigste Voraussetzung für eine Selbstkorrektur geschaffen. Auch Gruppendiskussionen wären eine gute Sache. Wenn eine Gruppe selbst entscheidet, entsteht auch ein Teamgeist. Die Gruppe entwickelt den Wunsch und die Motivation, die Situation zu verbessern. Sie bemühen sich gemeinsam, den Schwierigkeiten auf den Grund zu kommen, ihre Fehler zu erkennen und Wege zu finden, um diese zu überwinden. Die Bereitschaft, die Lösungsvorschläge zu akzeptieren, ist viel größer, da sie von der Gruppe selbst kommen.

Wir könnten z. B. jeweils bei Schichtwechsel kurze Übergabebesprechungen einführen. Etwas Ähnliches habe ich in einem anderen Distrikt gemacht. Jeden Monat besuchte ich die einzelnen Vermittlungszentralen mit einer „Fieberkurve", die die Leistungswerte und ihre Schwankungen zeigte. Ein paar Telefonistinnen standen immer um die Grafik herum, und ich fragte sie, was sie vorschlagen würden, um die Zeit, die bis zur Annahme des Gesprächs vergeht, zu verkürzen. Ich glaube, dass mit diesen Diskussionen viel erreicht wurde. Jeder hatte den Wunsch, die Situation zu verbessern, und die Lösungsvorschläge für die Schwierigkeiten kamen von den Frauen selbst. Der Wunsch nach Verbesserung muss vom Mitarbeiter selbst kommen. Wollen Sie das versuchen, Frau Hardy?

Hardy: Ja.

Calmer: Glauben Sie, dass Einzel- und Gruppengespräche helfen können?

Hardy: Wir können es versuchen. Ich werde mit meinen AOMs sprechen. Kürzlich passierte etwas, das ich gern noch mit Ihnen, Herr Calmer, besprechen möchte. Am letzten Montag fragte eine der Telefonistinnen – es war Frau Frankel – Frau Manion (eine AOM), ob sie am Mittwoch einige Stunden frei haben könnte. Sie arbeitet in der Schicht von 12.30 Uhr bis 18.30 Uhr. Frau Manion sagte Frau Frankel, dass sie frei haben könnte, wenn sie die Schicht mit einer anderen Telefonistin tauschte. Sie erklärte Frau Frankel, dass ihr Schaltpult nicht einige Stunden lang unbesetzt bleiben könnte. Frau Frankel sagte zu, jemanden zu suchen. Aber sie sagte auch, dass sie die Zeit in jedem Falle freibekommen müsste. Am Dienstag hatte Frau Frankel den Schichttausch noch nicht geregelt. Am Mittwoch rief sie um 12.30 Uhr die AOM an und teilte ihr mit, dass sie für

> *einige Stunden nicht anwesend sein würde. Sie hatte keine Vertretung gefunden. Frau Manion teilte ihr daraufhin mit, dass sie sich nicht bemühen sollte, diesen Mittag überhaupt zur Arbeit zu kommen, da eine Vertretung ihre Arbeit übernehmen wird. Darauf antwortete Frau Frankel, dass sie sich die Zeit nähme, egal, ob das irgend jemand passte oder nicht.*

Calmer: *Wie oft kam sie bis jetzt nicht zum Dienst?*
Hardy: *Sie war oft nicht da.*
Calmer: *Wofür brauchte sie die freie Zeit?*
Hardy: *Um mit ihrem Sohn in die Stadt zu gehen und ihm eine Kamera zu kaufen.*
Calmer: *Was werden Sie tun?*
Hardy: *Das ist es, was ich mit Ihnen besprechen möchte.*
Calmer: *Glauben Sie nicht, dass sie dadurch genug bestraft wurde, dass sie am Mittwoch durch eine andere Telefonistin ersetzt wurde und somit die Bezahlung eines ganzen Arbeitstages verlor? Möchten Sie nicht in diesem Sinne mit ihr sprechen?*
Hardy: *Das schon. Aber ich möchte die Sache nicht einfach so vorbeigehen lassen. Ich weiß, warum sie keine Vertretung bekam. Sie hätte mit einer Telefonistin tauschen müssen, die in der Schicht von 7.30 Uhr bis 12.30 Uhr arbeitet. Frau Frankel wollte einfach nicht so früh aufstehen.*
Calmer: *Gut. Glauben Sie, dass wir hier die Technik der Führung durch Gespräche mit den Mitarbeitern anwenden können? Ich bin überzeugt, wenn Sie sie befragen und sie sprechen lassen, dass sie dann einsieht, sich falsch verhalten zu haben. Sind Sie nicht auch dieser Ansicht, Frau Hardy?*
Hardy: *Ich muss etwas tun.*
Calmer: *Würden Sie sie lieber zurechtweisen und ihr drohen, dass wir ein solches Verhalten nicht tolerieren werden?*
Hardy: *Nein, aber ich möchte die Sache nicht einfach vorbeigehen lassen. Dann gewinnen sie die Überzeugung, dass sie solche Dinge einfach machen können, weil ja ohnehin nichts passiert.*
Calmer: *Sie haben recht. Aber wir müssen Verständnis haben. In einem Gespräch mit Ihnen wird sie ihren Fehler erkennen. Und sie wird ihn von selbst einsehen. Sie muss den Fehler von selbst einsehen, wenn sie den Wunsch haben soll, in Zukunft ihre Arbeit besser zu machen. Es ist möglich, dass sie den anderen Telefonistinnen erzählt, was Sie mit ihr besprochen haben. Sie wird dann sagen, dass Sie sehr freundlich waren und dass sie einsieht, wie falsch sie sich verhalten hatte, Frau Hardy, glauben Sie nicht auch, dass das der beste Weg ist?*
Hardy: *Ja. Aber ich glaube auch, Herr Calmer, dass die Menschen unterschiedlich sind und dass wir sie deshalb auch unterschiedlich behandeln müssen.*
Calmer: *Das stimmt. Aber sie müssen selbst den Wunsch haben, besser zu arbeiten. Das können Sie nicht damit erreichen, dass Sie ihnen Befehle erteilen oder mit Entlassung drohen, nicht wahr?*

Hardy: Das glaube ich auch nicht.

Calmer: Sie werden versuchen, mit den Telefonistinnen zu sprechen und Diskussionen mit ihnen abzuhalten, nicht wahr, Frau Hardy?

Hardy: Ja, aber zuerst werde ich mit meinen AOMs darüber sprechen.

Calmer: Schön. Ich denke, dass dann über alles gesprochen werden soll, über die Kontrolle, über das Sprechen bei der Arbeit und über das Abwenden vom Schaltpult.

Hardy: Soweit es die Leistungsbeurteilung betrifft, müssen Sie berücksichtigen, dass wir alle wegen der schlechten Leistungswerte unter einem ziemlich großen Druck stehen.

Calmer: Ich stimme mit Ihnen überein, Frau Hardy. Das ist eine schwierige Situation. (Pause). Wenn Sie beide mich jetzt entschuldigen würden, ich muss noch einige wichtige Telefongespräche führen. Vielleicht wollen Sie das Problem noch weiter diskutieren, nachdem ich gegangen bin. (Herr Calmer verlässt den Raum.)

Latour: Das ist wirklich eine verwickelte Situation.

Hardy: Prof. Latour, Sie müssen wissen, dass ich sehr viel von Herrn Calmer halte. Er ist ein fairer und ehrenhafter Mann. Aber ich kann nicht sagen, dass ich mit allen seinen Vorstellungen über die Mitarbeiterführung übereinstimme.

Latour: Wie meinen Sie das?

Hardy: Nun, viele unserer Probleme resultieren aus der Arbeitsmoral unserer Telefonistinnen; sie wissen, dass man sich alles erlauben kann, es unternimmt ja ohnehin niemand etwas dagegen.

Latour: Die Angestellten glauben, dass sie mit allem durchkommen können?

Hardy: Sie glauben, dass das Management schwach ist. In den Augen der Telefonistinnen ist das Management zwar nett, aber auch nicht mehr. So machen die Telefonistinnen, was sie wollen. Ich denke, wir sollten härter sein.

Latour: Sie würden sie fühlen lassen, wo ihr Platz ist?

Hardy: Management ist eine Kombination von Fairness und Härte. Man sollte den Angestellten nicht jedes fragwürdige Verhalten durchgehen lassen. Schließlich hat die langsame Herstellung von Verbindungen Auswirkungen auf den gesamten Betrieb. Wenn Telefonistinnen etwas tun, was Verzögerungen bei der Vermittlung von Gesprächen verursacht, muss ihnen das gesagt werden.

Latour: Sie sind der Meinung, dass das ganze Unternehmen unter den schlechten Leistungen leidet. Die Telefonistinnen sollten wissen, dass ihr fragwürdiges Verhalten nicht toleriert wird.

Hardy: Das ist genau meine Ansicht. Die Telefonistinnen sollten wissen, wenn jemand hereingerufen wird, so hat er etwas falsch gemacht. Aber so, wie die Dinge jetzt laufen, wird sie jemand fragen: „Was war los?" Die Antwort ist: „Nichts". Später heißt es dann: „Sie waren sehr nett und es geschah nichts." Mit anderen Worten, das Management wird als eine Gruppe von Eseln angesehen. So kann das doch nicht funktionieren. Nehmen Sie z. B. Frau Frankel. Ich werde sie

> *nach ihrem Verhalten fragen und ihr zuhören. Aber ich kann sie nicht gehen lassen, ohne gesagt zu haben, dass ein solches Verhalten in Zukunft nicht mehr geduldet wird. Es kann sein, dass sie ihren Fehler während des Gesprächs erkennt, vielleicht auch nicht. Auf jeden Fall muss ich hart sein. Denn, wenn die anderen Telefonistinnen sie fragen, was vorgefallen ist, dann soll sie ihnen sagen, dass ich Klartext gesprochen habe. Die Einstellung gegenüber dem Management sollte so sein: „Das Management meint das, was es sagt, und es toleriert keinerlei Zeitvertrödeln."*

Latour: *Die Angestellten sollten das Gefühl haben, dass Sie es mit dem, was Sie sagen, ernst meinen.*

Hardy: *Genau. Unsere AOMs haben einfach zuwenig Macht und sind dadurch ganz verwirrt. Sie wissen nicht, wie sie eine Angestellte, die bei der Arbeit etwas falsch macht, behandeln sollen. Nicht eine von ihnen würde einer Telefonistin sagen, dass sie sich umdrehen und aufhören soll zu reden.*

> *Die AOMs wissen, dass ein solcher Führungsstil vom höheren Management nicht gern gesehen wird. Die AOMs sprechen mit den Telefonistinnen und fragen sie, was sie über dies oder jenes denken. Es gibt überhaupt keine Härte. Deswegen machen die Telefonistinnen so weiter.*

> *Wenn ich etwas falsch mache und dann nicht gerügt werde, dann weiß ich, dass ich es wieder so tun kann. Was sollte mich davon abhalten? So denken auch unsere Telefonistinnen. Härte ist nicht gefragt. Professor Latour, ich predige meinen AOMs die „goldene Mitte". Ich bin der Ansicht, dass auch Härte zu schätzen ist. Mitarbeiter respektieren einen Vorgesetzten, der hart ist. Das macht einen guten Vorgesetzten aus. Einem verwirrten, schwachen Führer wird kein Vertrauen und kein Respekt entgegengebracht. Die Mitarbeiter wissen, dass sie mit so jemandem alles machen können. Wir sollten nicht unfair sein. Aber wir können hart und trotzdem fair sein. Gespräche sind dort gut, wo sie hingehören. Ein Mitarbeiter, der ein Problem hat, sollte zu seinem Vorgesetzten gehen und ihn um Hilfe bitten können. Aber Menschen sind unterschiedlich, Sie können nicht alle auf die gleiche Art und Weise behandeln.*

Latour: *Gespräche mit den Mitarbeitern und Gruppendiskussionen würden nach Ihrer Ansicht in der gegenwärtigen Situation keinen Sinn haben?*

Hardy: *Nicht, wenn eine Telefonistin weiß, dass sie sich alles erlauben kann. Ich meine damit nicht flüchtige Blicke zur Seite, und ich meine damit auch nicht, dass Telefonistinnen sich nicht grüßen sollen. Aber ich meine damit die Fälle, in denen 4 oder 5 Telefonistinnen sich gleichzeitig umdrehen und auf irgendetwas hinstarren – und ich meine die ausgedehnten Unterhaltungen über Gott und die Welt.*

Latour: *Das muss für Sie frustrierend sein.*

Hardy: Ich bin total frustriert. Ich könnte mir die Haare raufen. Ich weiß genau, was wir tun könnten, um die Arbeitsleistung zu verbessern. Aber wir haben die Anweisung, nur zuzuhören, Gespräche zu führen und nicht zu tadeln. So geht alles wie bisher weiter. Es ist zum Auswachsen.

(Herr Calmer kommt mit Hut und Mantel ins Büro zurück.)

Calmer: Entschuldigen Sie bitte den schnellen Aufbruch, aber ich muss dringend in mein Büro zurück.

(Calmer und Latour verabschieden sich von Frau Hardy und gehen.)

Fragen zur Fallstudie

1. Warum gelingt es Herrn Calmer nicht, den gewünschten organisatorischen Wandel herbeizuführen? Wie erklären Sie das Verhalten von Frau Hardy in diesem Zusammenhang?
2. Welche Rolle spielt Latour in diesem Prozess?
3. Was sollte Ihres Erachtens getan werden, um die gesamte Situation und das Leistungsniveau der Telefonistinnen zu verbessern?

Literatur

Ameln, F. v./Kramer, J. (2007), Organisationen in Bewegung bringen – Handlungsorientierte Methoden für die Personal-, Team- und Organisationsentwicklung, Heidelberg.

Amis, J./Slack, T./Hinings, C. R. (2004), The pace, sequence, and linearity of radical change, in: Academy of Management Journal 47, S. 15–39.

Anderl, M.L./ Reineck, U (2016), Handbuch Prozessberatung, 2. Aufl., Weinheim/Basel

Argote, L./Ingram, P./Levine, J. M./Moreland, R. L. (2000), Knowledge transfer in organizations: Learning from the experience of others, in: Organizational Behavior and Human Decision Processes 82, S. 1–8.

Argyris, C. (1982), Reasoning, learning and action, San Francisco.

Argyris, C. (1990), Overcoming organizational defenses, Boston.

Argyris, C./Schön, D. A. (1996), Organizational learning II: A theory of action perspective, Reading/Mass.

Bandura, A. (1986), Social foundations of thought and action: A social cognitive theory, Englewood Cliffs, New Jersey.

Beckhard, R. (1969), Organization development: Strategies and models, Reading/Mass.

Beer, M. (2000), Breaking the code of change, Cambridge/Mass.

Bingham, C. (2009), Oscillating improvisation: How entrepreneurial firms create success in foreign market entries over time, in: Strategic Entrepreneurship Journal, 3, S. 321–345.

Björklund, C./Grahn, A./Jensen, I./Bergström, G. (2007), Does survey feedback enhance the psychosocial work environment and decrease sick leave? In: European Journal of Work and Organizational Psychology 16, S. 76–93.

Blackler, F. (1995), Knowledge, Knowledge Work and Organizations: An Overview and Interpretation, in: Organization Studies 16 (6), S. 1021–1046.

Brown, J. S./Duguid, P. (2001), Knowledge and Organization: A Social-Practice Perspective, in: Organization Science 12 (2), S. 198–213.

Brown, S. L./Eisenhardt, K. M. (1997), The art of continuous change: Linking complexity theory and time-paced evolution in relentlessly shifting organizations, in: Administrative Science Quarterly 42, S. 1–34.

Buchanan, D./Badham, R. (2008), Power, politics, and organizational change: Winning the turf game, 2. Aufl., Los Angeles.

Burnes, B. (2004), Kurt Lewin and the planned approach to change: A re-appraisal, in: Journal of Management Studies 41, S. 977–1002.

Carlile, P. R. (2002), A pragmatic view of knowledge and boundaries: Boundary objects in new product development, in: Organization Science 13 (4), S. 442–455.

Christensen, C. M./Raynor, M./McDonald, R. (2015), What is disruptive innovation? In: Harvard Business Review 93, December, S. 44–53.

Cohen, W. M./Levinthal, D. A. (1990), Absorptive capacity: A new perspective on learning and innovation, in: Administrative Science Quarterly 35, S. 128–152.

Cummings, T. G./Worley, C. G. (2018), Organization development and change, 11. Aufl., Minneapolis/St. Paul.

Dalkir, K. (2011), Knowledge management in theory and practice, 2. Aufl., MIT Press.

D'Aveni, R. A. (1994), Hypercompetition: Managing the dynamics of strategic maneuvering, New York.

Davenport, T. H./Prusak, L. (1998), Working knowledge, Cambridge/Mass.

Day, D. V./Lord, R. G. (1992), Expertise and problem categorization: The role of expert processing in organizational sense-making, in: Journal of Management Studies 29, S. 35–47.

De Holan, M./Phillips, N./Lawrence, T. B. (2004), Managing organizational forgetting, in: MIT Sloan Management Review 45 (2), S. 45–51.

Domsch, M. E./Ladwig, D. (2013) (Hrsg.), Handbuch Mitarbeiterbefragung, 3. Aufl., Berlin u. a.

Duncan, R./Weiss, A. (1979), Organizational learning: Implications for organizational design, in: Staw, B. M. (Hrsg.), Research in Organizational Behavior, Bd. 1, Greenwich, Connecticut, S. 75–125.

Dutton, J. E./Fahey, L./Narayanan, V. K. (1983), Toward understanding strategic issue diagnosis, in: Strategic Management Journal 4, S. 307–323.

Eisenhardt, K. M./Martin, J. A. (2000), Dynamic capabilities – What they are? In: Strategic Management Journal 21, S. 1105–1121.

Ford, J. D./Ford, L. W./ D'Amelio, A. (2008), Resistance to change: The rest of the story. In: Academy of Management Review 33 (2), S. 362–377.

Geiger, D. (2006), Wissen und Narration, Berlin.

Gersick, C. J. G. (1991), Revolutionary change theories: A multilevel exploration of the punctuated equilibrium paradigm, in: Academy of Management Review 16, S. 10–36.

Gherardi, S./Nicolini, D. (2002), Learning in a constellation of interconnected practices: Canon or dissonance?, in: Journal of Management Studies 39 (4), S. 419–436.

Gherardi, S./Strati, A. (2013), Learning and knowing in practice-based studies, Chaltenham.

Gomez, P. Y./Jones, B. C. (2000), Conventions: An interpretation of deep structure in organizations, in: Organization Science 11, S. 696–708.

Gorman, M. E. (2002), Types of knowledge and their roles in technology transfer, in: The Journal of Technology Transfer 27, S. 219–231.

Grant, R. M. (1996), Toward a knowledge-based theory of the firm, in: Strategic Management Journal 17, S. 109–122.

Greiner, L. E. (1967), Patterns of organization change, in: Harvard Business Review 45 (3), S. 119–130.

Hauschildt, J./Salomo, S. (2016), Innovationsmanagement, 6. Aufl., München.

Hedberg, B. T. (1981), How organizations learn and unlearn, in: Nystrom, P. C./Starbuck, W. H. (Hrsg.), Handbook of organizational design, New York, S. 3–27.

Huber, G. P. (1991), Organizational learning: The contributing processes and the literature, in: Organization Science 2, S. 88–115.

Julian, S. D./Ofori-Dankwa. J. C. (2008), Toward an integrative cartography of two strategic issue diagnosis frameworks, in: Strategic Management Journal 29, S. 93–114.

Kets de Vries, M. F. R. (2001), Struggling with the demon: Perspectives on individual and organizational irrationality, Madison/Connecticut.

Kotter, J. (2012), Leading change, Neuaufl. 1R, Boston.

Lawrence, P. R. (1969), How to deal with resistance to change, in: Harvard Business Review, 47(1), S. 4–6.

Levitt, B./March, J. G. (1988), Organizational learning, in: Annual Review of Sociology 14, S. 319–340.

Lewin, K. (1958), Group decision and social change, in: Maccoby, E. E./Newcomb, T. M./Hartley, E. L. (Hrsg.), Readings in social psychology, 3. Aufl., New York, S. 197–211.

Likert, R. (1967), The human organization: Its management and value, New York.

Luhmann, N. (1984), Soziale Systeme, Grundriss einer allgemeinen Theorie, Frankfurt am Main.

Luhmann, N./Schorr, K. E. (1979), Reflexionsprobleme im Erziehungssystem, Stuttgart.

Malone, T. W./Laubacher, R./Scott Morton, M. S. (2003)(Hrsg.), Inventing the organization of the 21th century, Cambridge/Mass.

March, J. G. (1991), Exploration and exploitation in organizational learning, in: Organization Science 2 (1), S. 71–87.

March, J. G./Olsen, J. P. (1979), Ambiguity and choice in organizations, Bergen.

Marsick, V. J./Watkins, K. E. (2001), Informal and incidental learning, in: New Directions for Adult and Continuing Education 2001 (89), S. 25–34.

Mertins, K./Kohl, H. (2009) (Hrsg.), Benchmarking: Leitfaden für den Vergleich mit den Besten, 2. Aufl., Düsseldorf.

Miles, R. E./Miles, G./Snow, C.C. (2005), Collaborative entrepreneurship: How communities of networked firms use continous innovation to create economic wealth, Stanford.

Miller, D. (1990), The Icarus paradox: How excellent organizations can bring about their own downfall, New York.

Nelson, R. R./Winter, S. G. (1982), An evolutionary theory of economic change, Cambridge/Mass.

Nickerson, J. A./Zenger, T. R. (2004), A knowledge-based theory of the firm – The problem-solving perspective, in: Organization Science 15, S. 617–632.

Nonaka, I. (1994), A dynamic theory of organizational knowledge creation, in: Organization Science 5 (1), S. 14–37.

Nonaka, I./Takeuchi, H. (1995), The knowledge creating company: How japanese companies create the dynamics of innovation, New York.

Polanyi, M. (1958), Personal knowledge. Towards a post-critical philosophy, Chicago.

Polanyi, M. (1966), The tacit dimension, London.

Porac, J. F./Thomas, H./Wilson, F./Paton, D./Kanfer, A. (1995), Rivalry and the industry model of Scottish knitwear manufacturers, in: Journal of Management Studies 26, S. 397–416.

Probst, G./Raub, S./Romhardt, K. (2013), Wissen managen: Wie Unternehmen ihre wertvollste Ressource optimal nutzen, 7. Aufl., Wiesbaden.

Reichwald, R./Piller, F. (2009), Interaktive Wertschöpfung: Open innovation, Individualisierung und neue Formen der Arbeitsteilung, 2. Aufl., Wiesbaden.

Romanelli, E./Tushmann, M. L. (1994), Organizational transformation as punctuated equilibrium: An empirical test, in: Academy of Management Journal 37, S. 1017–1033.

Schein, E. H. (1988), Process consultation: Its role in organization development, Bd. I, 2. Aufl., Reading/Mass.

Schilling, M. A. (1998), Technological lockout: An integrative model of the economic and strategic factors driving technology success and failure, in: Academy of Management Review 23, S. 267–284.

Schilling, J./Kluge, A. (2009), Barriers to organizational learning: An integration of theory and research, in: International Journal of Management Reviews 11, S. 337–360.

Schreyögg, A. (2012), Coaching: Eine Einführung für Praxis und Ausbildung, 7. Aufl., Frankfurt am Main.

Schreyögg, G. (1989), Zu den problematischen Konsequenzen starker Unternehmenskulturen, in: Zeitschrift für betriebswirtschaftliche Forschung 41, S. 94–113.

Schreyögg, G./Geiger, D. (2007), The significance of distinctiveness: A proposal for rethinking organizational knowledge, Organization 14, S. 77–100.

Schreyögg, G./Schmidt, S. (2010), Absorptive Capacity – Schlüsselpraktiken für die Innovationsfähigkeit von Unternehmen, WiSt – Wirtschaftswissenschaftliches Studium 39, S. 474–479.

Schreyögg, G./Sydow, J. (Hrsg.) (2010), The hidden dynamics of path dependence: Institutions and organizations, New York.

Selvini-Palazzoli, M./Boscolo, L./Cecchin, G./Prata, G. (1985), Paradox und Gegenparadox (Übers. a. d. Italienischen), Stuttgart.

Skinner, B. F. (1938), The behavior of organisms, New York.

Sørensen, J. B. (2002), The strength of corporate culture and the reliability of firm performance, in: Administrative Science Quarterly 47, S. 70–91.

Sydow, J./Schreyögg, G./Koch, J. (2009), Organizational path dependence: Opening the black box, in: Academy of Management Review 34, S. 689–709.

Szulanski, G. (2002), Sticky knowledge: Barriers to knowing in the firm, London.

Thomas, R./Hardy, C. (2011), Reframing resistance to organizational change, in: Scandinavian Journal of Management 27, S. 322–331.

Tripsas, M./Gavetti, G. (2000), Capabilities, cognition, and inertia: Evidence from digital imaging, in: Strategic Management Journal 21 (Special Issue 10/11), S. 1147–1161.

Tushman, M. L./Newman, W. H./Romanelli, E. (1986), Convergence and upheaval: Managing the unsteady pace of organizational evolution, in: California Management Review 29 (1), S. 29–44.

Vermeulen, F./Barkema, H. (2001), Learning through acquisitions, in: Academy of Management Journal 44, S. 457–476.

von Hippel, E. (1986), Lead users: A source of novel product concepts, in: Management Science 32, S. 791–805.

von Pechmann, F./ Midler, C./ Maniak, R./ Charue-Duboc, F. (2015) Managing systemic and disruptive innovation: Lessons from the Renault Zero Emission Initiative. In: Industrial and Corporate Change 24, S. 677–695.

Watson, G. (1975), Widerstand gegen Veränderungen, in: Bennis, W. G./Benne, K. D./Chin, R. (Hrsg.), Änderung des Sozialverhaltens, Stuttgart.

Watson, J. B. (1930), Behaviorism, Chicago.

Weick, K. E. (1977), Organization design: Organizations as self-designing systems, in: Organizational Dynamics 6 (2), S. 31–46.

Weick, K. E. (1991), The nontraditional quality of organizational learning, in: Organization Science 2, S. 116–124.

Weick, K. E. (1995), Sensemaking in organizations, Thousand Oaks.

Weick, K. E./Quinn, R. E. (1999), Organizational change and development, in: Annual review of psychology 50 (1), S. 361–386.

Wenger, E. C./Snyder, W. M. (2000), Communities of Practice: The Organizational Frontier, in: Harvard Business Review 78 (1), S. 139–145.

Wilkesmann, U./Rascher, I. (2002), Lässt sich Wissen durch Datenbanken managen?, in: Zeitschrift Führung + Organisation 71 (6), S. 342–351.

Das Individuum in der Organisation: Motivation und Verhalten

9

Zusammenfassung

Im Kap. 9 wird der Frage nachgegangen, was Individuen dazu motiviert, bestimmte Verhaltensweisen in der Arbeit zu zeigen und wie sich diese Verhaltensweisen systematisch erklären, analysieren und beeinflussen lassen. Dazu wird zunächst der Zusammenhang zwischen Motivation und der Vorstellung von Arbeit hergestellt, die dem Motivieren zugrunde liegt, sowie der performative Charakter von Motivationstheorien erläutert. Motivation wird als Konstrukt vorgestellt, nach Beschreibung der historischen Entwicklung der Motivationsforschung wird das Feld der Motivationstheorien anhand der Unterscheidung von Prozess-, Inhalts- und Kontexttheorien strukturiert. Entlang dieser Unterscheidung werden im weiteren Verlauf des Kapitels ausgewählte Ansätze vorgestellt und diskutiert. Im Bereich der Prozesstheorien liegt der Fokus auf dem Erwartungs-Valenz-Modell und den Zielmotivationstheorien, als Inhaltstheorien werden die Bedürfnishierarchie, das Zwei-Faktoren-Modell und das Konzept der intrinsischen Motivation vorgestellt, wohingegen die Kontexttheorien anhand der klassischen Work Design-Ansätze und auf der Basis von Ansätzen zur relationalen und proaktiven Arbeitsgestaltung diskutiert werden.

9.1 Motivation

Fragt man heute nach den wichtigsten Faktoren, die den Erfolg eines Unternehmens ausmachen, so steht die Motivation der Mitarbeiterinnen und Mitarbeiter wie selbstverständlich an ganz oberster Stelle. Dies war jedoch nicht immer so und noch vor wenigen Jahrzehnten spielte der Faktor Motivation in der Unternehmensführung so gut wie keine Rolle.

Mitarbeiter wurden in erster Linie als Erfüllungsgehilfen gesehen. Entsprechend der dahinterstehenden Idee einer reibungslosen Organisation war die Haupterwartung, dass alle Organisationsmitglieder die Anweisungen und organisatorischen Regeln zügig und störungsfrei auszuführen hatten. Eine eigenständige Motivation über den **Arbeitsvertrag** hinaus, die sich etwa im Entwickeln eigener Ideen oder in der Selbstabstimmung zwischen Gruppen ausdrücken kann, stand überhaupt nicht im Vordergrund; im Gegenteil, man befürchtete viel mehr, unkoordinierte Eigeninitiativen würden zu Störungen im präzise vorgeregelten Arbeitsablauf führen. Die exakte Erfüllung der in der Stellenbeschreibung und Dienstanweisung spezifizierten Erwartungen wurde als die Grundvoraussetzung für die Funktionsfähigkeit und Wirtschaftlichkeit jedes Unternehmens angesehen.

In diesem Sinne wurde Arbeit als „Leid" begriffen und in den Theorieansätzen modelliert, d. h. als etwas, das man nur sehr ungern tut und nur dann tut, wenn man dafür eine entsprechende Kompensation erhält. Mit anderen Worten, Arbeit wurde in erster Linie als Beeinträchtigung der bzw. als Verzicht auf Bedürfnisbefriedigung verstanden. Der Lohn kompensiert die Mühsal bzw. den Verzicht und eröffnet die Möglichkeit, die Bedürfnisse in der Freizeit zu befriedigen. In der Modellwelt der Mikroökonomie bedeutet diese **Kompensationsidee** letztendlich, dass der Einzelne nur solange arbeitet, bis der Grenzlohn dem durch die Arbeit zugefügten „Grenzleid" entspricht.

Mit diesem Denken hat die neuere Managementlehre radikal gebrochen. In das Zentrum ist die Vorstellung gerückt, dass der Mensch auch in und nicht (nur) außerhalb der Arbeit nach Bedürfnisbefriedigung sucht. Arbeit ist in diesem Sinne ein ubiquitäres Element des Lebens und für viele Individuen die zentrale Quelle für Sinnstiftung und Identitätsbildung (Michaelson 2005; Steers et al. 2005; Dutton et al. 2010). Demzufolge haben Menschen bestimmte Erwartungen bezüglich der Bedürfnisbefriedigung an ihren Arbeitsplatz und sehen sich enttäuscht, wenn diese (oft impliziten) Erwartungen nicht erfüllt werden.

Aber auch Unternehmen erwarten von Ihren Mitarbeiterinnen und Mitarbeitern mehr als nur die exakte und buchstabengetreue Erfüllung von Arbeitsanweisungen. (Grant und Parker 2009). Nicht umsonst ist – wie erwähnt – die Kennzeichnung **„Dienst nach Vorschrift"** heute praktisch zu einem Synonym für Minderleistung geworden, obwohl sie eigentlich eine „Normalleistung" bezeichnet. Aber Kreativität, Innovationsbereitschaft und Qualitätsbewusstsein lassen sich nicht in Vorschriften packen. An dieser Stelle wird der motivationstheoretische Bezug dieses Einstellungswandels unmittelbar deutlich. Sowohl Unternehmen als auch Beschäftigte verlangen heute wechselseitig mehr voneinander, als dass dies durch den bloßen „Kauf" und „Verkauf" von Arbeitsleistung hinreichend erklärt werden könnte. Folglich ist die Motivation der Beschäftigten von herausragender Bedeutung für die Wettbewerbs- und Entwicklungsfähigkeit von Unternehmen.

Aus Managementperspektive wird Motivation dabei in einem zweifachen Sinne verstanden: Zum einen geht es um die **Motivation** in Form der Erfassung der Beweggründe eines Individuums, bestimmte Verhaltensweisen zu zeigen, zum anderen geht es um das **Motivieren**, d. h., um die aktive Beeinflussung dieser Beweggründe und damit einer Beeinflussung der darauf basierenden Verhaltensweisen. Motivation und Motivieren hängen folglich eng zusammen, denn nur wer die Motivation von Menschen versteht, kann darauf auch gezielt Einfluss zu nehmen versuchen, wie umgekehrt Motivation nicht als bloßes Datum und als in einer bestimmten Form gegeben vorausgesetzt werden kann, sondern immer auch als Ergebnis eines Kontextes und der in einem Kontext stattfindenden Einflussversuche, sei es etwa beispielsweise durch „Incentivierung" oder durch „transformationale Sinnstiftung", zu betrachten ist.

In diesem Sinne liegt allen modernen Motivationsansätzen heute die Idee zugrunde, dass Arbeit und der Arbeitsplatz selbst ein zentraler, wenn nicht der zentrale Ort der Bedürfnisbefriedigung ist, auf den sich folglich auch alle Formen von **Bedürfnisbefriedigungserwartungen** richten. Dabei werden drei unterschiedliche Formen des Verständnisses und der Wahrnehmung von Arbeit und entsprechende Bedürfnisbefriedigungsmöglichkeiten unterschieden: (1) der *Job* als Mittel zur materiellen Bedürfnisbefriedigung, (2) die *Karriere* als ein Mittel zum Erreichen von sozialem Prestige und Einfluss und (3) die *Berufung* („calling") bei der Arbeit als ein erfüllender und sozial wertvoller Zweck in sich selbst (Duffy et al. 2018). Es ist deshalb wenig verwunderlich, dass die neuesten Ansätze zur Motivationsforschung aus Managementperspektive immer stärker den Zusammenhang zwischen Identitätsbildung und Motivation herausstellen und dies sowohl im positiven wie auch im problematischen Sinne (Dutton et al. 2010; Learmonth und Humpfrey 2011).

Unabhängig davon, wie man die zu konstatierende Bedeutungsaufladung von Arbeit bewerten möchte, reflektiert sie doch zweifelsohne eine gesellschaftliche Entwicklung an der die moderne Managementlehre gleichermaßen als analysierende Beobachterin wie auch als treibende Kraft beteiligt ist (vgl. dazu instruktiv Bridgman et al. 2019). Motivation ist – wie noch ausgeführt wird – ein Konstrukt und wie wir Motivation verstehen, so versuchen wir auch zu motivieren und beeinflussen damit direkt wie indirekt das, was uns als Motivation gegeben erscheint. Dieser stark performative Charakter (Marti und Gond 2018) von Motivationstheorien gehört spätestens seit McGregors (1960) Theorie X- und Theorie Y-Unterscheidung zum Grundkanon der Motivationsforschung, gerät jedoch offenbar teilweise immer wieder in Vergessenheit (vgl. dazu ebenfalls kritisch Ghoshal 2005). Es erscheint deshalb wichtig, in der Managementausbildung ein fundiertes und reflektiertes Verständnis von Motivation und folglich von Motivationstheorien zu vermitteln, welches nicht nur die Ansatzpunkte und Möglichkeiten des Motivierens möglichst vielfältig und auch in ihren Kontroversen widerspiegelt, sondern auch deren performative Effekte und mithin Nebenwirkungen kritisch reflektiert.

9.2 Motivationstheorien: Gegenstand und Entwicklung

Am Ausgangspunkt aller Motivationstheorien steht die Annahme, dass menschliches Verhalten grundsätzlich „motiviert" ist, d. h. nicht beliebig und rein zufällig, sondern durch ein Motiv seine spezifische Ausrichtung erfährt. Menschen haben in der Regel Gründe für ihr

Tun, die sich letztlich auf Bestrebungen zurückführen lassen, Motive zu erfüllen. Motivationstheorien versuchen – grob gesagt – Entstehung, Ausrichtung, Stärke und Dauer einer bestimmten Verhaltensweise im Zusammenhang mit den verhaltensrelevanten Motiven zu klären (Pinder 1984, S. 8). Während die Verhaltensweisen eines Menschen der direkten Beobachtung zugänglich sind, ist die zugrunde liegende Motivation unsichtbar. Alle Motivationstheorien sind deshalb hypothetisch in dem Sinne, dass sich ihr eigentlicher Erklärungsgegenstand der direkten Beobachtung entzieht. Es bedarf also **theoretischer Konstrukte**, um sich die unsichtbare Welt der Motivierung zu erschließen. In diesem Sinne versuchen Motivationstheorien sozusagen die „black-box" Mensch zu beleuchten, indem sie beobachtbares Verhalten auf nicht direkt beobachtbare Motive, auf Prozesse der Motivation und deren Kontext zurückführen. Motivation bleibt in diesem Sinne also immer eine Konstruktion.

Dieser Sachverhalt mag erklären, warum wir es heute nicht mit einer, sondern mit einer Vielzahl von Motivationstheorien zu tun haben, die sich hinsichtlich Ansatzpunkt und Schwerpunktsetzung mitunter deutlich unterscheiden. Ein Verstehen dieser Vielfalt erscheint – wie eingangs angeführt – gerade mit Blick auf eine reflektierte Praxis des Motivierens sehr wichtig und setzt folglich auch ein theoriegeschichtliches Verständnis der Motivationsforschung voraus. So kann man einerseits konstatieren, dass sich heute ein mehr oder weniger fester Bestand an **„solidem Motivationswissen"** herausgebildet hat, zum anderen jedoch hat sich die Motivationsforschung zunehmend weiter ausdifferenziert und spezialisiert (vgl. zum Überblick Kanfer et al. 2017). Versuche, die unterschiedlichen Einsichten der Motivationsforschung zu einem einzigen Modell zu verdichten, sind selten und kommen über eine bloße Zusammenschau der Vielzahl von potenziell relevanten Faktoren kaum hinaus (vgl. Locke und Latham 2004), bzw. konzentrieren sich dann wiederum selektiv auf spezifische Faktoren und die Beziehung zwischen ihnen (vgl. Barrick et al. 2013; Kanfer und Chen 2016). Motivation ist in diesem Sinne letztlich ein „umbrella term", mit dem das komplexe Zusammenspiel und der Einfluss von individuellen Attributen (Motive, Ziele, Werte etc.), spezifischen Arbeitssituationen und -kontexten („work ecologies") und den Mechanismen bzw. Prozessen intentionalen Handelns und unbewussten Verhaltens erklärt werden soll. Die „einfache" Frage, was motiviert Menschen zu bestimmten Verhaltensweisen am Arbeitsplatz, erfordert zweifelsohne eine komplexe, einen einzigen theoretischen Rahmen freilich sprengende Antwort.

Insofern bietet es sich an, das Konstrukt Motivation zunächst einmal mittels eines heuristischen Meta-Rahmens zu konturieren, wie er unlängst von Kanfer et al. (2017) vorgeschlagen wurde. Die Autoren argumentieren, dass sich die zentrale Frage, was Menschen zu bestimmten Verhaltensweisen bewegt, in drei Unterfragen der Motivationsforschung differenzieren lässt. Dies ist zum ersten die Frage nach den konkreten Wünschen, Bedürfnissen und individuellen Einstellungen und auch Eigenschaften, die spezifische Verhaltensweisen eines Individuums erklären sollen. Zum zweiten geht es um die Rolle, die Umwelt- bzw. Kontextfaktoren in Bezug auf die Erklärung spezifischer Verhaltensweisen spielen. Und drittens schließlich steht die Frage nach den psychischen Prozessen und Mechanismen im Mittelpunkt, die die Konstitution und den Vollzug spezifischer Verhaltensweisen erklären soll.

Theoriegeschichtlich kann der Ausgangspunkt der Entwicklung des modernen Motivationsverständnisses in den Inhaltstheorien gesehen werden und damit mit der Frage verbunden werden, welche konkreten Motive bzw. Bedürfnisse dem menschlichen Verhalten zugrunde liegen und wie diese die Arbeitsleistung beeinflussen. Neben Eigenschaftsansätzen, die die Idee verfolgen spezifische individuelle Präferenzen auf bestimmte Eigenschaftsausprägungen von Individuen zurückzuführen (Barrick und Mount 1991; Barrick et al. 2002), spielen hier zunächst die **Bedürfnisspannungstheorien** eine zentrale Rolle. Sie betonen die konkreten Motive oder Bedürfnisse im Sinne eines Mangels oder inneren Spannungszustandes, der dann die Triebfeder bildet, einen Ausgleich oder eine Befriedigung herbeizuführen. In der Fortfolge wurde die inhaltliche Bestimmung von Motiven z. B. auf Fragen der intrinsischen Motivation, des Selbstbestimmungsstrebens, des Strebens nach Gerechtigkeit und Fairness (Long et al. 2011), sowie nach Zugehörigkeit und sozialer Einbindung modifiziert bzw. erweitert, die insgesamt bis heute die inhaltliche (nicht-eigenschaftsorientierte) Motivationsforschung prägen. Fragen nach der intrinsischen Motivation wie auch Fragen der Gerechtigkeit gehen dabei auch schon immer über die bloße Frage des „Was" hinaus und verweisen auf das „Wie" der Motivation, wie es im Mittelpunkt der Prozesstheorien steht.

Im Laufe der 1960er-Jahre konnte man eine Art „kognitiven Wende" in der Motivationsforschung beobachten. Nicht mehr das Motiv oder Bedürfnis als solches stand im Mittelpunkt des wissenschaftlichen Interesses, sondern der Prozess der Motivation, d. h. die Frage, welche kognitiven und affektiven Abläufe bzw. Mechanismen dem gezeigtem Arbeitsverhalten zugrunde liegen. Hierbei lassen sich zunächst zwei Forschungsrichtungen unterscheiden: die kognitiven Wahltheorien, bei denen es um die Art und Weise geht, wie Menschen spezifische Ziele auswählen („goal choice"), und die Selbstregulations- und Selbstwirksamkeitstheorien, die der Frage nachgehen, wie Menschen spezifische Ziele verfolgen („goal striving"). Während die **kognitiven Wahltheorien** den Prozess der Entstehung, Ausrichtung und Energieladung von Aktivitäten als das Ergebnis eines kognitiv bestimmten Wahlverhaltens erklären, lassen sie jedoch offen, wie Individuen ihre einmal gesetzten Ziele tatsächlich realisieren. In diese Lücke zwischen Verhaltensabsicht und Verhaltensvollzug stoßen die „goal striving"-Theorien, insbesondere die Theorien der **Selbstregulation** und der **Selbstwirksamkeit** („self-efficacy"), die vor allem auch die Bedeutung des Zutrauens in das eigene Leistungsvermögen für den Motivationsprozess nachhaltig herausstellen (Bandura 1997).

Hiermit verbunden ist der wohl bedeutendste Impuls, der von den kognitiven Motivationstheorien ausgegangen ist und der sich im Prinzip an der Nahstelle zwischen „goal choice" und „goal striving" situiert und auf die Erforschung der Bedeutung von Zielen für den Motivationsprozess ausgerichtet ist. Dazu zählen insbesondere die **„goal-setting"-Theorien**, die auf die Frage des Zusammenhangs von Zieleigenschaften und Handlung bzw. Verhalten fokussiert sind und somit input-orientiert die Kraft thematisieren, die aus dem Anreizcharakter von Zielen folgt.

Neben den Inhalts- und den Prozesstheorien stellen die Kontexttheorien die dritte wesentliche Säule der Motivationsforschung dar. Kontextorientierte Ansätze fokussieren auf zentrale Umwelt- bzw. eben Kontexteigenschaften, wobei das Konzept von Arbeit und die Form der Arbeitsgestaltung („work design") im Zentrum stehen. Untersucht wird der Einfluss dieser Kontextfaktoren auf die Motivation und das Leistungsverhalten von Individuen und wie dadurch Bedürfnisbefriedigungsmöglichkeiten eingeschränkt oder erweitert werden. Der sicherlich bis heute wichtigste Ansatz in diese Richtung ist die von Hackman und

Oldham (1976) entwickelte Job Characteristics-Theorie, die die Bedeutung von zentralen Aspekten einer Tätigkeit bzw. einer Arbeit auf die Motivation und das Leistungsverhalten erfasst. Kontexttheorien stellen die Bedeutung des Erlebens von Sinnhaftigkeit, Verantwortung und Performance-Feedback ab und untersuchen die zentralen Einflussfaktoren auf dieses Erleben (Kanfer et al. 2017). Neuere Kontextansätze versuchen insbesondere die veränderten Kontextbedingungen von Arbeit (höhere Interdependenz, höhere Unsicherheit) einzufangen (vgl. zum Überblick Grant und Parker 2009) und stellen die Bedeutung eines erweiterten Kontextverständnisses (sozio-kulturelle Einflussfaktoren) heraus, wobei auch hier Ansätze in den Mittelpunkt rücken, die die Bedeutung von Sinnstiftung und Sinnerleben in der Arbeit betonen (Humphrey et al. 2007).

In diesem Sinne lassen sich die in großer Zahl entwickelten Motivationstheorien in drei Gruppen unterteilen, die wir in der folgenden Reihenfolge anhand von ausgewählten und zentralen Ansätzen vorstellen und diskutieren werden:

- Prozesstheorien,
- Inhaltstheorien und
- Kontexttheorien.

Wir beginnen die Darstellung mit den Prozesstheorien, da diese den gesamten Motivationsprozess zu modellieren helfen und insofern auch eine geeignete Plattform darstellen, um darin die Inhalts- und die Kontexttheorien einzubinden.

9.3 Prozesstheorien

Die frühen Prozesstheorien der Motivation waren im Wesentlichen darauf konzentriert zu erklären, wie Individuen bestimmte Ziele auswählen. Man kann sie deshalb auch als „goal choice"-Theorien bzw. kognitiven Wahltheorien bezeichnen. Dazu lassen sich neben dem hier vertieft darzustellenden Modell von Vroom (1964) auch die „Attributionstheorie" (Weiner 2011), die „Leistungsmotivationstheorie" (Atkinson 1964) und die „Theorie des sozialen Vergleichs" (Adams 1965) anführen. Alle diese Theorien sind getragen von der Idee, dass Individuen ganz analog zu Computerprogrammen ihre Verhaltensintentionen aus einer Mehrzahl von informationell verarbeiteten Möglichkeiten evaluierend und kalkulierend auswählen und auf diese Weise Kognitionen (wie insbesondere Erwartungen und kausale Beziehungen zwischen Variablen) in konkrete Handlungsmotivationen übersetzen. Die kogntitiven Wahltheorien sind dabei durchweg sehr stark an rationalen Entscheidungsmodellen orientiert und vernachlässigen die affektive Komponente der Motivation, die insbesondere im Prozess der Zielimplementation und -realisation zum Tragen kommt. In diese Lücke sind in den 1970er-Jahren eine ganze Reihe von Theorien gestoßen, die auf die Zielerreichung und die dabei relevanten kognitiv-affektiven Prozesse abstellen. Zu diesen „goal striving"-Ansätzen zählen insbesondere die Theorien der Selbstregulation und der Selbstwirksamkeit. Die neueren Forschungen zu Prozessansätzen der Motivationen zielen darauf ab, beide „Subsysteme" der kognitiven Entscheidungsfindung (d. h.

„goal choice" wie auch „goal striving") gleichermaßen zu adressieren. Die „goal setting"-Theorie von Locke und Latham (1990) kann hier als eine der Ansätze in diese Richtung verstanden werden (Kanfer et al. 2017). Nachdem im Folgenden zunächst die kognitiven Wahltheorien am Beispiel des Modells von Vroom vorgestellte werden, wird im Anschluss daran auf die Zielmotivationstheorien, insbesondere auf die Theorien der Selbstregulation und des Goal-Settings eingegangen.

9.3.1 Kognitive Wahltheorien: Das Erwartungs-Valenz-Modell von Vroom

Aus der Fülle der kognitiven Wahltheorien soll hier das Modell von Vroom (1964) ausgewählt werden. Es ist nicht nur das bekannteste, sondern zeigt auch in besonders anschaulicher Weise die **Dynamik von Motivationsprozessen** im organisatorischen Kontext auf. Ganz ähnlich wie die **rationale Entscheidungstheorie** postuliert Vroom, dass menschlichem Verhalten grundsätzlich ein Entscheidungsprozess vorausgeht. Das Individuum hat jeweils die Wahl zwischen mehreren, mindestens aber zwischen zwei Handlungsalternativen. Motivation wird dementsprechend definiert als Prozess, der die Wahl zwischen verschiedenen (freiwilligen) Aktivitäten bestimmt. Aufgabe der Motivationstheorie ist es dann zu erklären, warum das Individuum eine bestimmte Alternative gegenüber anderen Handlungsmöglichkeiten favorisiert, d. h. motiviert ist, genau diese und nicht jene Alternative zu ergreifen.

Vroom versucht den Entscheidungsprozess, der der Motivation als Bestimmungsgrund vorausgeht, transparent zu machen, indem er den einzelnen Menschen als ein (ausschließlich) kognizierendes, mit eigenen Zielen ausgestattetes Individuum konzeptionalisiert, das bestrebt ist, seinen **Zielerreichungsgrad** (und damit letztlich seinen Nutzen) unter Berücksichtigung des eigenen Leistungsvermögens zu maximieren. Dazu nimmt er Anleihe an den Mustern der formalen Entscheidungstheorie. Die basalen Zusammenhänge der Theorie sind in Abb. 9.1 dargestellt.

https://sn.pub/Groc6u

Das Modell unterscheidet zwischen drei Ebenen: (1) der Ebene des Individuums mit unterschiedlichen Handlungsalternativen, (2) der Ebene der Organisationsziele (bezeichnet als „Ergebnisse erster Stufe") und (3) der Ebene der Individualziele (bezeichnet als „Ergebnisse zweiter Stufe"). Um die Motivation für eine Handlungsalternative genau bestimmen zu können, hat Vroom zwei zentrale Konzepte eingeführt: Valenz und Erwartung/subjektive Wahrscheinlichkeit.

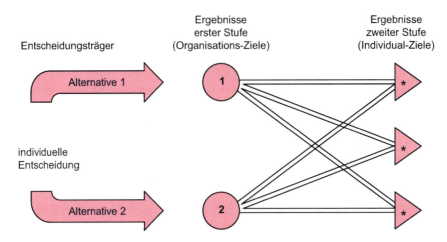

Abb. 9.1 Grundstruktur des Vroom-Modells

9.3.1.1 Valenz

Valenz bezieht sich ganz allgemein darauf, wie sehr das Individuum eine bestimmte Handlungsalternative bzw. deren Ergebnisse schätzt. Die Valenz (der „Nutzen") einer Handlungsalternative bestimmt sich dann aus ihrer **Instrumentalität**, bestimmte Zielzustände zu bewirken, und dem Wert **Valenz***, den das Individuum diesen Zielzuständen (Ergebnisse zweiter Stufe) beimisst. Die Instrumentalität stellt somit eine Verknüpfung zwischen den Ergebnissen erster und zweiter Stufe dar. Sie zeigt an, welche Eignung das Individuum einem „Ergebnis erster Stufe" zuspricht, „Ergebnisse zweiter Stufe" („second level outcome") herbeizuführen. Die relative Wertigkeit letzterer wird durch die jeweilige Valenz* indiziert. Die Instrumentalität kann positiv, neutral oder negativ sein und bewegt sich in einem Intervall von +1 bis −1; die Minuswerte verweisen darauf, dass es organisatorische Handlungserwartungen gibt, die der Erreichung der persönlichen Ziele nicht nur nicht förderlich, sondern sogar abträglich sind.

Mathematisch wird die Valenz eines Ergebnisses erster Stufe von Vroom als eine monoton steigende Funktion der algebraischen Summe der Produkte aus den Valenzen* aller „second level outcomes" und den kognizierten Instrumentalitäten, diese zu erreichen, ausgedrückt:

$$V_j = f_j\left(\sum_{k=1}^{m}\left(V_k^* I_{jk}\right)\right); j = 1, \ldots, n$$

$f_j' > 0$
V_j = Valenz des Ergebnisses erster Stufe
V_k^* = Valenz des Ergebnisses zweiter Stufe
I_{jk} = die kognizierte Instrumentalität ($-1 \leq I_{jk} \leq 1$) des Ergebnisses erster Stufe j zur Erreichung eines Ergebnisses zweiter Stufe k

Die dabei unterlegte Mittel-Zweck-Beziehung wurde in mancherlei Hinsicht zum Gegenstand kritischer Einwände. So wird zum Beispiel geltend gemacht, dass man first level outcomes auch als Zwecke für sich sehen kann. So seien manche Individuen bestrebt, eine gute Arbeitsleistung zu erbringen, unabhängig davon, ob sie dafür mit second level outcomes belohnt werden („intrinsische Motivation"). Galbraith und Cummings schlagen in diesem Sinne vor, die Vroom'sche Valenzbestimmung um solche für sich stehenden Ego-involvement-Faktoren derart zu erweitern, dass sich die Gesamtvalenz aus der Summe der extrinsischen $\sum V_k^* I_{jk}$ und der ego involvement-Faktoren errechnet (Galbraith und Cummings 1967, S. 240).

$$V_j = f_0\left(V_0\right) + f_j\left(\sum_{k=1}^{m}\left(V_k^* 1_{jk}\right)\right); j = 1,\ldots,n$$

V_0 = Valenz, die durch ego involvement bestimmt wird

In neueren Untersuchungen wird allerdings die dabei unterstellte Additivität von extrinsischer und intrinsischer Motivation bezweifelt, empirische Studien verweisen eher auf eine Konkurrenz derart, dass Individuen entweder intrinsisch oder extrinsisch motiviert sind. Mehr noch, einige Studien zeigen, dass in manchen Fällen externe Anreize die intrinsische Motivation sogar zerstören (Deci 1975; Osterloh und Frey 2000; Matiaske und Weller 2008). Auf die außerordentlich hohe Bedeutung der intrinsischen Motivation in Arbeitsprozessen weisen die unten noch zu diskutierenden Bedürfnisspannungstheorien hin.

Insgesamt ist aber die Interpretation von Galbraith und Cummings zu bezweifeln, dass das Vroom-Modell nur extrinsische Motivation abbildet. Dieser Einwand verkennt den Charakter der second level outcomes. Sie können ja ganz unterschiedlicher Natur sein, so können die individuellen Ziele ja ohne weiteres auch solche beinhalten wie Selbstverwirklichung oder Anerkennung für erbrachte Leistungen. Es scheint, dass die Vorschläge von Galbraith und Cummings die Diskussion in ein ganz falsches Fahrwasser gebracht haben.

9.3.1.2 Subjektive Wahrscheinlichkeit (Erwartung)

Beschränkte man sich auf das bisher Gesagte, dann würde das Individuum jene Handlungsalternative wählen, deren Valenz die höchste positive (bzw. geringste negative) Summe (der Produkte) erreicht bzw. den höchsten erwarteten Nutzen hat. Die Motivation, eine Handlungsalternative zu ergreifen, ist aber nicht nur – und das ist eine interessante Besonderheit des Vroom-Modells – von der Attraktivität des Ergebnisses erster Stufe abhängig, sondern auch davon, wie realistisch es dem Individuum erscheint, dieses Ergebnis auch tatsächlich herbeiführen zu können. Bei dieser Einschätzung spielen sowohl subjektive als auch objektive Faktoren eine Rolle. Der Selbsteinschätzung des eigenen Leistungsvermögens („self-efficacy") und der perzipierten Fähigkeit, Hindernisse aus dem Weg zu räumen, kommt dabei eine herausragende Bedeutung zu.

Die Frage, wie sich eine hohe oder geringe subjektive Wahrscheinlichkeit über die Erreichbarkeit hochgesteckter Ziele herausbildet, hängt u. a. von den bisher gemachten Erfahrungen, der perzipierten Kompetenz und den strukturellen Rahmenbedingungen ab, wie z. B. der eingesetzten Technologie, der Arbeitsorganisation, den Leistungen angrenzender Leistungseinheiten usw. Hierzu gehören auch die sozio-dynamischen Einflüsse, die von der Gruppe ausgehen (vgl. dazu Kap. 10). Dies macht noch einmal nachdrücklich klar, dass in diesem Modell die Motivation eines Individuums eben nicht nur von der Valenz einer Alternative abhängt, sondern auch von der vermuteten Wahrscheinlichkeit, mit der das Ergreifen einer Handlung tatsächlich das Ergebnis (erster Stufe) herbeiführen kann.

Um diesem wichtigen Sachverhalt systematisch Rechnung zu tragen, führt Vroom als weiteres Konzept die **subjektive Wahrscheinlichkeit** (expectancy) ein, also die zum Entscheidungszeitpunkt gehegte Erwartung, ob und inwieweit einer bestimmten Anstrengung tatsächlich ein bestimmtes Ergebnis (erster Stufe) folgen wird. Die Wahrscheinlichkeitswerte variieren zwischen 0 und 1, wobei der Wert von 1 die subjektive Sicherheit ausdrückt, dass das betreffende Ergebnis (erster Stufe) mit eigener Anstrengung herbeigeführt werden kann.

Anmerkung: Die Unterscheidung zwischen subjektiver Wahrscheinlichkeit und Instrumentalität gehört zu den zentralen Elementen des Vroom´schen Modells und ist von nachdrücklicher Bedeutung gerade auch für die „Motivationspraxis". Eine geringe Einschätzung des eigenen Vermögens, first level outcome X zu erreichen, kann eine noch so hohe Valenz irrelevant machen. Mit anderen Worten, es nützt eine noch so hohe Valenz nichts, wenn die Individuen die dafür geforderte Leistung als für sich unerreichbar erleben. Es handelt sich also um zwei grundlegend unterschiedliche Sachverhalte. Nachdem es jedoch in beiden Fällen um subjektive Einschätzungen geht, kommt es bisweilen zu Verwechslungen: **„Subjektive Wahrscheinlichkeit"** bezieht sich auf die Verbindung von prospektiver Aktion und mutmaßlicher Wirkung auf der ersten Stufe und nimmt Werte zwischen 0 und 1 an. **Instrumentalität** dagegen bezeichnet die Einschätzung der Eignung eines bestimmten Handlungsergebnisses erster Stufe für die Erreichung der persönlichen Ziele (zweiter Stufe). Die Werte variieren dementsprechend nicht zwischen 0 und 1, sondern zwischen +1 und −1, um dem Fall Rechnung tragen zu können, dass ein Handlungsergebnis erster Stufe für die Erreichung eines persönlichen Ziels auch hinderlich sein kann.

9.3.1.3 Handlungsmotivation

Um nunmehr die **Motivation** bzw. die treibende Kraft, eine Handlung auszuführen (force to act), bestimmen zu können, postuliert das Vroom-Modell, unter der Annahme subjektiver Rationalität, einen multiplikativen Zusammenhang zwischen subjektiver Wahrscheinlichkeit und Valenz.

Präziser ausgedrückt: Die Motivation, eine Handlung i auszuführen, ergibt sich aus dem Produkt von Valenz des Handlungsergebnisses (erster Stufe) j und der Höhe der kognizierten Wahrscheinlichkeit, dass Handlung i das Ergebnis (erster Stufe) j tatsächlich bewirken kann:

$$F_i = (E_{ij} V_j); i = m+1,\ldots,r$$

F_i = die treibende Kraft (Motivation), eine Handlung i auszuführen (force)

E_{ij} = die Höhe der Wahrscheinlichkeit ($0 \leq E_{ij} \leq 1$), dass einer Handlung i das Ergebnis (first level outcome) j folgt

V_j = Valenz des Ergebnisses (first level outcome) j

Das Individuum wird demnach zu jener Handlungsalternative am meisten motiviert sein, die den höchsten positiven (bzw. kleinsten negativen) F-Wert hat.

9.3 Prozesstheorien

Das Modell ist formal natürlich schnell erweiterbar. So kann z. B. nach dem Vorschlag von Vroom (1964) zusätzlich dem möglichen Umstand Rechnung getragen werden, dass das Ergebnis erster Stufe nicht ein einzelnes Ziel, sondern ein **Zielbündel** ist. Dabei könnten dann die Einzelziele erster Stufe mit unterschiedlicher Wahrscheinlichkeit erreichbar sein. So kann etwa der Erwerb eines Loses mit 50 % Wahrscheinlichkeit einen Trostpreis, aber mit nur 1 % Wahrscheinlichkeit den Hauptgewinn erbringen. Es liegen also zwei Handlungskonsequenzen mit unterschiedlichen Wahrscheinlichkeiten vor. Dies bedeutet dann, dass oben dargestelltes Produkt Fi als Summe über mehrere Produkte erschiene; genauer: Die Motivation, eine Handlung auszuführen, ist eine monoton steigende Funktion der algebraischen Summe der Produkte aus den Valenzen aller Handlungsergebnisse (erster Stufe) und der Höhe der kognizierten Wahrscheinlichkeit, dass die Handlungsausführung die vorgestellten Ergebnisse (erster Stufe) tatsächlich bewirken kann.

Beispiel (zu Illujstrationszwecken)
Ein Organisationsmitglied A überlege sich, ob es eine relativ hohe oder eine durchschnittliche Leistungsanstrengung erbringen soll; letzteres entspräche der Norm der Gruppe, der die betreffende Person als Mitglied angehört. Angenommen, es seien vor allem die folgenden fünf Ziele, die A in Zusammenhang mit seinem Arbeitsplatz anstrebt: Hohe Entlohnung, betriebliche Altersrente, unterstützendes Vorgesetztenverhalten, Beförderung und Akzeptanz durch die Arbeitsgruppe; man kann die Motivationssituation wie folgt in Abb. 9.2 veranschaulichen.

Um die Entscheidung von A bestimmen zu können, müssen Informationen über die subjektiven Wahrscheinlichkeiten, die perzipierten Instrumentalitäten und das Ausmaß der Erwünschtheit der fünf genannten Ziele vorliegen. In dem Beispiel wird unterstellt, dass den Handlungen F1 bzw. F2 nur ein Ergebnis erster Stufe folgt.

1. Für den Fall einer **hohen Leistungsanstrengung** sollen folgende Annahmen Gültigkeit haben:
   - A sei sich aufgrund seiner bisherigen Erfahrungen ziemlich sicher, dass es ihm gelingt, eine hohe Produktivität zu erbringen ($E1 = 0{,}75$). (Hierbei ist zu beachten, dass E1 und E2 in der Summe nicht 1 ergeben müssen; E1 im obigen Beispiel drückt aus, dass eine Wahrscheinlichkeit von 0,75 besteht, die hohe Leistungsabgabe zu erreichen und somit eine Wahrscheinlichkeit von 0,25, diese **nicht** zu erreichen. Der Wert von E2 ist davon vollkommen unabhängig.)

Die Wertigkeit der fünf genannten Ziele verteile sich wie folgt (gemessen auf einer fünfstufigen Likert-Skala, die von 1 = „gleichgültig" bis 5 = „sehr begehrenswert" reiche):

hohe Entlohnung	5
Betriebliche Altersrente	2
unterstützendes Vorgesetztenverhalten	3
Beförderung	4
Akzeptanz durch die Arbeitsgruppe	5

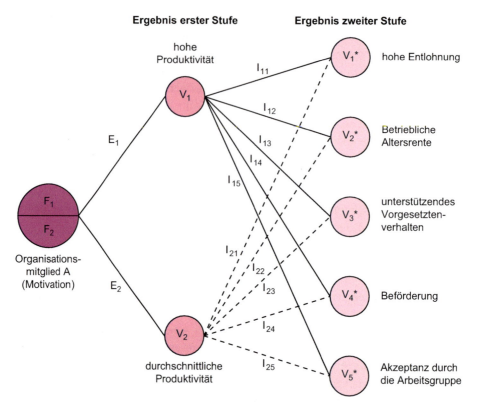

Abb. 9.2 Die Verknüpfung von Produktivität und individuellen Zielen, dargestellt an einem praktischen Beispiel

- Die Instrumentalitäten würden wie folgt eingeschätzt:
  1. In dem Betrieb sei in gewissem Umfang Leistungsentlohnung eingeführt. Die Löhne schwankten jedoch nur maximal um ±15 %. A betrachte daher hohe Produktivität als nur bedingt geeignet, eine hohe Entlohnung zu erzielen ($I_{11} = 0{,}5$).
  2. Die Zuteilung einer betrieblichen Altersrente sei leistungsunabhängig an die Dauer der Betriebszugehörigkeit geknüpft. A perzipiere deshalb keinen Bezug zwischen Produktivität und betrieblicher Altersrente ($I_{12} = 0$).
  3. Die Vorgesetzte mache ihre Wertschätzung und ihr freundliches Entgegenkommen weitgehend von dem Leistungsverhalten ihrer Untergebenen abhängig. A sei sich dessen voll bewusst und sehe deshalb einen ziemlich engen Zusammenhang zwischen Produktivität und freundlichem Vorgesetztenverhalten ($I_{13} = 0{,}75$).

9.3 Prozesstheorien

   4. A habe das Gefühl, dass Leistung zwar relevant für Beförderungsentscheidungen ist, dass aber andere Faktoren eine mindestens ebenso wichtige Rolle spielen ($I_{14} = 0{,}25$).
   5. Die Arbeitsgruppe, der A angehört, sanktioniere eine Überschreitung der informellen Leistungsnorm sehr streng und konsequent durch Isolierung, Ignorierung, Aggression etc. Eine hohe, über der Norm liegende Produktivität betrachte A daher als extrem ungeeignet, sein Ziel, akzeptiertes Mitglied der Gruppe zu sein, zu erreichen ($I_{15} = -1$).
- Daraus errechnet sich folgender Wert F_1:

$$F_1 = [0{,}75 \cdot (5 \cdot 0{,}5 + 2 \cdot 0 + 3 \cdot 0{,}75 + 4 \cdot 0{,}25 + 5 \cdot (-1))] = 0{,}5625$$

2. Für den Fall einer **durchschnittlichen Leistungsanstrengung** soll Folgendes gelten:
   - A sei sich völlig sicher, dass es ihm gelingt, eine durchschnittliche Produktivität zu erbringen ($E_2 = 1$).
   - Für die Instrumentalität würden folgende Einzel-Werte perzipiert:

$$I_{21} = 0; I_{22} = 0; I_{23} = 0{,}25; I_{24} = -0{,}25; I_{25} = 0{,}75$$

- Daraus errechnet sich der Wert F2 (bei gleichen Zielwerten):

$$F_2 = \left[1 \cdot (5 \cdot 0 + 2 \cdot 0 + 3 \cdot -0{,}25 + 4 \cdot (-0{,}25) + 5 \cdot 0{,}75)\right] = 3{,}5$$

Fazit: $F_2 > F_1$

A ist also für eine durchschnittliche, der Gruppennorm entsprechende Leistungsanstrengung am meisten motiviert.

Lawler (1973) hat das Vroom'sche Motivationsmodell modifiziert, indem er zwei Erwartungswahrscheinlichkeiten unterscheidet und Gründe für die Erwartungsbildung aufzeigt. Das Individuum schätze mit der ersten Erwartungswahrscheinlichkeit ab, wie sicher es mit einer entsprechenden Anstrengung die gestellte Aufgabe zu erreichen vermag („effort-performance belief"). Die zweite Erwartungswahrscheinlichkeit richte sich darauf, ob einer bestimmten Leistung (z. B. erfolgreiche Beendigung eines Projekts) auch wirklich die in Aussicht gestellten organisatorischen Konsequenzen folgen. Dieser zweite Aspekt ist geprägt durch Erfahrungen in der Vergangenheit, die Glaubwürdigkeit des Managements, Persönlichkeitsmerkmale wie generalisierte Misstrauenstendenz oder Pessimismus/Optimismus. Ob es theoretisch vorteilhaft ist, diesen Erwartungswert anstelle der Instrumentalität zu verwenden – wie von Lawler angedeutet –, muss bezweifelt werden, denn dann ginge ja der zentrale Punkt einer möglichen negativen Instrumentalität verloren.

Bedeutung für die Unternehmensführung

Das Erwartungs-Valenz-Modell fordert dazu auf, Motivation als Verknüpfungsproblem zu begreifen, nämlich als Verknüpfung von organisationalen und individuellen Zielen. Eine hohe Motivation – so die Implikation – ist nur dann erreichbar, wenn es dem Management gelingt, die Aufgabenziele und die zugehörigen Instrumentalitäten so auszulegen, dass mit ihrer Erreichung zugleich die individuellen Ziele und Wünsche erfüllbar werden. Es muss sichergestellt sein, (1) dass die Aufgabenziele tatsächlich erreichbar sind, (2) eine Befriedigung der Individualziele zuverlässig durch die erbrachte Leistung möglich wird und (3) die Verknüpfung der Leistung mit den Individualzielen im Hinblick auf solche Ziele geschieht, die von den Individuen auch tatsächlich hoch geschätzt werden (vgl. Abb. 9.3).

Um die Motivation im konkreten Einzelfall antizipieren zu können, müssten Informationen über Zielsystem, Instrumentalitäten und subjektive Wahrscheinlichkeit jeweils für **jedes einzelne Individuum** verfügbar sein. Kasten 9.1 informiert, wie man bei der Ermittlung der persönlichen Ziele der Mitarbeiter pragmatisch als Führungskraft vorgehen kann. Nachdem eine solche Informationsgewinnung im Rahmen des Gesamtunternehmens wohl kaum praktizierbar ist und eine einheitliche Führung damit auch unmöglich würde, gilt das Interesse Aussagensystemen, die in **genereller Weise** Auskunft über Verhaltensdispositionen geben, also etwa, welche Ziele von menschlichen Individuen in der Regel angestrebt werden und welche Arbeitsbedingungen (first level outcome) im Allgemeinen von den Organisationsmitgliedern als geeignet empfunden werden, diese Ziele und Wünsche zu erfüllen.

Als Versuche, spezifizierte Aussagen über (derartige generelle) Verhaltensdispositionen zu gewinnen, können die unten darzustellenden Inhaltstheorien begriffen werden.

Theorie-Element	Individuum	Management-Implikation
Erwartung	Kann ich die gewünschte Leistung tatsächlich erzielen?	Personalauswahl, Personalfortbildung, Klärung der Leistungsziele.
Instrumentalität	Welche meiner Ziele kann ich mit den verschiedenen Leistungsgraden erreichen?	Sicherstellung, dass bei Erfüllung der organisatorischen Ziele tatsächlich die in Aussicht gestellten Konsequenzen folgen.
Valenz*	Wie wichtig sind mir die verschiedenen Ziele, die ich mit Arbeitsergebnissen erreichen kann?	Identifikation der relevanten Mitarbeiterziele; gezielte Ausrichtung der Arbeits- und Anreizsysteme auf die relevanten Mitarbeiterziele.

Abb. 9.3 Einige praktische Implikationen des Erwartungs-Valenz-Modells. (Quelle: Schermerhorn et al. 2013)

Kasten 9.1

Die persönlichen Ziele der Mitarbeiter verstehen lernen

„Effektive Führungskräfte wissen, dass das Verstehen der Mitglieder ihrer Organisation eine Voraussetzung für ihren Erfolg ist. Die Motive, Werte, Fähigkeiten und Vorlieben der Mitarbeiter sind zentraler Bestandteil ihres relevanten Handlungskontextes. Erfolgreiche Führungskräfte sind schonungslos neugierig was ihre Schlüsselleute anbelangt. Sie fangen die von diesen Menschen gesendeten, oft subtilen Signale auf, aus denen die zugrunde liegenden Motive, Kompetenzen und nicht zuletzt der emotionale Zustand erschlossen werden kann.

Einige Aspekte sind ein wenig einfacher zu verstehen, so insbesondere die technische Kompetenz, etwa das Vermögen eine Bilanz zu lesen, einen Marketing-Plan zu erstellen oder den Giftgehalt eines Medikamentes festzustellen. Motive oder Emotionen zu erschließen, ist dagegen wesentlich schwieriger. Es geschieht eher intuitiv und ist schwerer zu kalibrieren. Wie können Führungskräfte, dennoch Zugang zu diesen Daten/Informationen bekommen? Unsere Forschung und Erfahrung haben gezeigt, dass es ein paar nützliche, generelle Prinzipien gibt:

Erstens sind informelle Kontexte besser als formale. Ein informeller Rahmen, wie beispielsweise ein Mittagessen, eine Wanderung oder ein Wochenendpicknick helfen sowohl der Führungskraft als auch den Geführten außerhalb der typischen Schranken zusammenzukommen. Gleichviel, ob eine Führungskraft ihre Meetings in ihrem Büro oder in einem lockeren Rahmen abhält, es muss ein Ort gewählt werden, der für beide angenehm ist und wo sie nicht gestört werden können.

Zweitens sind indirekte Hinweise besser als offene Fragen. Wenn die Führungskraft den Geführten direkt fragt: ‚Was sind Ihre Beweggründe?' steht das hierarchische Machtgefälle einer offenen Antwort entgegen. Geführte neigen dazu, Antworten zu geben, von denen sie denken, dass ihre Chefin sie hören möchte. Das erklärt auch, warum Fragen über die Vergangenheit aufschlussreicher sind als über die Zukunft, wenn die Führungskraft Informationen über die Motive sammelt. ‚Was hat Ihnen an ihrem letzten Projekt am besten gefallen?' entlockt bessere Informationen als ‚Wo sehen Sie sich in den nächsten 2 Jahren?'

Fragen über Ereignisse, die schon stattgefunden haben, enthüllen eher, was das Verhalten der Menschen in diesen Schlüsselmomenten gesteuert hat. Für jüngere Menschen können dies auch entscheidende Augenblicke in ihrem Ausbildungsweg sein. Für all jene, die auf eine längere Arbeitskarriere zurückblicken, können ihre Entscheidungsmuster am aussagekräftigsten sein. Menschen, die nach 12 Monaten den Apple-Konzern verlassen, weil sie Apple als erstickend bürokratisch empfinden, haben höchst wahrscheinlich ein nur sehr schwach ausgeprägten Wunsch nach klar strukturierter Arbeit (was gleich bedeutet, dass das Verlangen, die Welt vorhersagbar zu machen, nicht ihre Hauptmotivation darstellt). Für andere mag das Erreichen eines hohen Bonus entscheidend gewesen sein oder das Streben nach Macht oder Autonomie.

Es sind aber nicht nur die arbeitsbezogenen Erfahrungen, die die relevanten Beweggründe offenbaren. Geschichten über sportliche Ereignisse und Gemeinschaftserlebnisse können hier aufschlussreich sein. Leute mit Freude am Koordinieren organisieren den örtlichen Sportverein oder das Rotes Kreuz. Andere, die durch ihr Streben nach erfüllten persönlichen Beziehungen geleitet werden, bilden um sich herum Teams und informale Netzwerke."

Quelle: Goffee und Jones 2015, S. 95 f. (Übers. d. d. Verf.)

Kritik

Das Erwartungs-Valenz-Modell ist nicht unbestritten geblieben. Es wird zum einen ein Höchstmaß an individueller – wenn auch subjektiver – Entscheidungsrationalität unterstellt, wie es in der Realität nur selten zu finden ist. Das Modell impliziert ja – zumindest in seiner strengen Form –, dass das Organisationsmitglied nicht nur seine Ziele genau benennen und transitiv ordnen kann, sondern auch in der Lage ist, die Instrumentalitäten zu quantifizieren und untereinander säuberlich zu differenzieren. Schließlich muss es gelingen, die Perzeption der Erwartungswahrscheinlichkeit von den wahrgenommenen Instrumentalitäten abzukoppeln. Die Theorie lässt mit diesen Annahmen die Erkenntnisse der **beschränkten Rationalität** menschlichen Entscheidungsverhaltens unbeachtet (Simon 1957; Behling und Starke 1973: 373 ff.).

Zum anderen wird davon ausgegangen, Individuen würden **fortwährend** ihre Handlungen auf Kalküle stützen; organisatorisches Routinehandeln – wie es Barnard insbesondere mit der Zone der Indifferenz schon herausgestellt hat (vgl. dazu Kap. 2) – wird praktisch ausgeschlossen. Organisatorisches Handeln ist aber auch und nicht unerheblich durch organisatorische Strukturen vorbestimmt.

Ein weiterer, wesentlicher Kritikpunkt betrifft die enge Verknüpfung zwischen Entscheidung und Handlung. Zwischen einem Handlungswunsch und dem tatsächlichen Tun klafft jedoch häufig eine große Lücke. Ob eine prospektiv ermittelte „force to act" tatsächlich umgesetzt wird, hängt von einer Vielzahl von weiteren Faktoren ab, die durch die Identifizierung von Entscheidung und Handlung nicht in den Blick kommen können (Zufälle, objektive Hindernisse usw.). In diese Erklärungslücke stoßen die Zielmotivationstheorien, die im nächsten Abschnitt thematisiert werden.

Ein vierter Kritikpunkt betrifft schließlich die (implizit unterstellte) **Proportionalitätsthese**, wonach die Handlungsmotivation im gleichen Maße wächst wie die Erwartungswahrscheinlichkeit steigt (Campbell und Pritchard 1976, S. 92 ff.). So weiß man beispielsweise aber, dass Organisationsziele, die sehr leicht zu erreichen sind und somit im Sinne Vrooms einen sehr hohen Erwartungswert haben, oft wenig attraktiv sind. Auch dieser Aspekt wird Gegenstand des nächsten Abschnittes sein.

Trotz dieser idealisierenden Prämissen eignet sich die Erwartungs-Valenz-Theorie sehr gut, um die zentralen Aspekte im Motivationsprozess zu verdeutlichen (instrumentelle Verknüpfung, Bedeutung der Erwartungen usw.). Stellt doch das Erwartungs-Valenz-Modell mit aller Klarheit heraus, dass Motivation von Mitarbeiterinnen grundlegend mit der Verknüpfung von Organisationszielen und Mitarbeiterzielen und den dahinterliegenden Bedürfnissen zu tun hat. Eine hohe Motivation ist nur dann erreichbar, wenn es dem Management gelingt, die Aufgaben so auszulegen, dass mit ihrer Erfüllung zugleich die individuellen Ziele und Wünsche erreichbar werden. Es muss sichergestellt sein, dass die Aufgabenerfüllung zuverlässig die Mitarbeiterziele einbezieht, und zwar solche Ziele, die von den Mitarbeitern auch tatsächlich hoch geschätzt werden. Eine Beschäftigung mit den Mitarbeiterbedürfnissen ist für den Motivationsprozess unabdingbar. Schließlich verweist die Theorie nachdrücklich darauf, dass die Leistungsziele von den Organisationsmitgliedern auch als tatsächlich erreichbar wahrgenommen werden müssen. Insgesamt verlangt die Theorie ein hohes Maß an Empathie, also die Fähigkeit des Managements, sich in die Beschäftigten hineinzuversetzen und die von Ihnen gedachten und wahrgenommenen Zusammenhänge nachzuvollziehen. In diesem Sinne verkörpert das Vroom-Modell eine sinnfällige Folie für das Durchdenken des Motivationsprozesses und das Aufspüren von effektiven Interventionspunkten.

9.3.2 Zielerreichung und Zielsetzung: Selbstregulationstheorien

Im Unterschied zu den kognitiven Wahltheorien arbeiten Theorien, die sich mit der Zielerreichung und Zielsetzung beschaffen, primär den **Einfluss von Zielen** auf das Verhalten heraus (Bandura 1986; Locke et al. 1981). Wie bereits einführend dargelegt, sollen damit auch stärker affektive Elemente des Motivationsprozesses einbezogen werden und insbesondere die Kluft zwischen Kognition und Verhalten (d. h. zwischen der Formulierung einer bloßen Handlungsabsicht und der tatsächlichen Durchführung einer Handlung) besser überbrückt werden, als das bei den kognitiven Wahltheorien der Fall ist.

Eine der zentralen Theorieansätze in diesem Feld sind die Selbstregulationstheorien, die Ziele als bewusst erstrebte Zustände konzeptionalisieren, welche kognitive Kontrolle über das Verhalten erlangen. Eine Intention muss dabei erst eine bestimmte Stärke erlangen, bevor sie zu einem Ziel in diesem Sinne werden kann. Die Idee dabei ist, dass Ziele in die unüberschaubare Vielfalt der Möglichkeiten eine **selektive Struktur** legen und damit die Aufmerksamkeit und Energie auf einige wenige Orientierungspunkte bündeln. Ziele fokussieren also die Aufmerksamkeit und mobilisieren Aktivitäten zur Zielerreichung. Motivationsunterschiede werden im Wesentlichen auf die unterschiedlichen Ziele zurückgeführt, die Individuen verfolgen.

Die meisten Zielmotivationstheorien gehen bei ihren Überlegungen von einem **Selbstregulationsprozess** aus, der sich im Wesentlichen aus drei Komponenten zusammensetzt (Kanfer 1970):

1. Selbstbeobachtung,
2. Selbstbeurteilung,
3. Selbstreaktion.

1. **Selbstbeobachtung** bezieht sich auf das Bestreben, Daten zu gewinnen, die über die Konsequenzen der ergriffenen Aktivitäten informieren und zeigen, wie weit man auf dem Weg der Zielerreichung ist. Einige Studien zeigen, dass die Motivation, Ziele zu erreichen, dort deutlich höher lag, wo Individuen über die relevanten zielbezogenen Feedback-Informationen verfügten und sich in ihrem Leistungsverhalten selbst beobachten konnten (Erez 1977, S. 624 ff.).

2. Die zweite Komponente, die **Selbstbeurteilung**, beinhaltet den Soll/Ist-Vergleich; d. h., das Individuum schätzt mithilfe der Feedbackinformationen ein, wieweit es gelungen ist, die Ziele zu erreichen.
3. Die Selbstbeurteilung ruft in der Fortfolge **Eigenreaktionen** hervor, primär in Form von Zufriedenheit oder Unzufriedenheit; starke Abweichungen zwischen Ziel und faktisch erreichtem Ergebnis führen häufig zu Enttäuschungsreaktionen; die Bedeutung des Ziels wird neu eingestuft, neue Ziele werden gesetzt usw. Die Zielerreichungserfahrungen bilden ferner Eigenerwartungen („self-efficacy") im Hinblick auf die eigene Leistungsfähigkeit aus. Diese Erwartungen sind für die Motivation bei zukünftigen Zielerreichungsprozessen sehr bedeutsam (Bandura 1997). Unter Umständen führen negative Abweichungen jedoch nicht zur Anpassung der Anstrengung nach oben, sondern zu einer retrospektiven Anpassung der Ziele (Jordan und Audia 2012).

Selbstregulation lenkt die Aufmerksamkeit nicht auf externe Steuerung, sondern auf die Möglichkeit der eigenen Verarbeitung von Feedbackinformationen und die selbst vorgenommene Einschätzung der Zielerreichung. Die externe Steuerungsaufgabe reduziert sich auf den Zielsetzungs- und den Kontrollprozess.

Die Goal Setting-Theorie unterscheidet Ziele und ihre Wirkungen im Hinblick auf ihren verhaltensbestimmenden Effekt in zwei Dimensionen nach (1) **Inhalt** und (2) **Intensität** (Locke und Latham 1990).

(1) Der **Zielinhalt** bezeichnet im Wesentlichen den Zustand, der bewirkt werden soll (z. B. fehlerfreies Manuskript oder 15 % Umsatzsteigerung). Zielinhalte variieren in der Praxis erheblich hinsichtlich ihrer Präzision, Quantifizierung, Neuartigkeit usw. Die Selbstregulationstheorien fokussieren hier vor allem den Schwierigkeitsgrad und die Zielspezifität.
(2) Die **Zielintensität** bezieht sich auf die relative Bedeutung, die die betreffende Person dem Ziel beimisst, und die Bindungstiefe (commitment), d. h. wie stark sich die Person dem Ziel verbunden fühlt. Es gilt die empirisch vielfach bestätigte Annahme, dass Ziele umso stärker das Verhalten bestimmen, je wichtiger sie vom Individuum erlebt werden und je schwieriger sie zu erreichen erscheinen. Im Hinblick auf überdurchschnittliche Leistungen in Betrieben zeigte sich in verschiedenen Studien, dass sie durch klar spezifizierte und schwierige Ziele motiviert waren. Voraussetzung war allerdings, dass eine hohe Zielakzeptanz vorlag (Klein et al. 1999).

Darüber hinaus markieren Ziele den **Anstrengungszeitraum**, sie motivieren dazu, die Aufgabenaktivitäten nicht einzustellen, ehe das Ziel erreicht ist (Latham und Locke 1991). Bandura (1988) erklärt den Zielmotivationsprozess als Prozess der Diskrepanzbildung und -reduktion. Durch herausfordernde Ziele werden Diskrepanzen (Ungleichgewichte, Spannungen) aufgebaut, die dann zu Anstrengungen führen, diese zu reduzieren. Aus der **Anspruchsniveau-Theorie** (zuerst Simon 1959) ist bereits bekannt, dass Individuen dazu neigen, bei Erfolg in darauf folgenden Sequenzen das Niveau jeweils höher zu setzen (bei

Misserfolg allerdings umgekehrt), so dass immer wieder motivierende Diskrepanzen entstehen. Motivation ist so gesehen die fortdauernde Herstellung einer effektiven Erregung (McClelland et al. 1953) begleitet von dem Wunsch nach Spannungsreduktion. Die Frage, welches Ausmaß an Diskrepanz die stärksten Motivationseffekte hat, wird in der Literatur allerdings kontrovers diskutiert. Die Leistungsmotivations-Theoretiker verweisen auf Studien, die einer „dosierten Diskrepanz" (Heckhausen 1966) eine optimale Ansporwirkung zuordnen, d. h. Zielen, die herausfordernd, aber dennoch realistisch sind (d. h. das Individuum sieht eine gute Chance der Erreichung). Im Unterschied dazu sehen die Zieltheoretiker – ebenfalls auf einige experimentelle Studien gestützt – in einer möglichst schwierigen Zielsetzung (und damit großen Diskrepanz) den höchsten Motivationseffekt (etwa Senko und Harackiewicz 2005).

Insgesamt verweisen diese Motivationsmodelle allerdings nicht nur auf die motivierende Kraft von Zielen, sondern auch auf die **Mehrdimensionalität des Motivationsprozesses**. In diesem Zusammenhang spielt die Unterscheidung zwischen Motivation und Volition eine Rolle. Unter Volition versteht man im Grunde einen „Willensakt", mit dem zunächst eine Abgrenzung des (bewussten) Wollens vom unwillentlich Triebhaften und Unbewussten beschrieben wird (Graumann 1987). Der Motivationsbegriff, so wie er auch den kognitiven Wahltheorien zugrunde liegt, trifft diese Unterscheidung nicht. Zwar wird die Handlungsmotivation auf einen kognitiven und damit bewussten Prozess zurückgeführt. Dabei bleibt jedoch nicht nur offen, woher die Individualziele letztlich kommen, wie und warum eine bestimmte Instrumentalität kogniziert wird etc., sondern auch, ob sich ein Individuum nicht auch gegen seine kognizierte „force to act" entscheiden kann („Ich widerstehe meinen Neigungen"). Insgesamt brechen diese neuen Überlegungen die glatte Struktur bzw. die Linearität der bisherigen Motivationsmodelle auf und führen Ambivalenzen und Widersprüchlichkeiten ein. Die Komplexität der Modelle wird dadurch allerdings erheblich erhöht.

Volition wird vor allem dann bedeutsam, wenn es um die Überwindung von bewussten und unbewussten Handlungsbarrieren geht. Damit sind allerdings keine externen Handlungsbarrieren gemeint, sondern vielmehr interne, d. h. vor allem widerstreitende Motive und diffuse Motivationslagen. Kehr (2004a) hat dazu ein sog. „Kompensationsmodell" entwickelt, das den Zusammenhang von Motivation und Volition vor dem Hintergrund von expliziten und impliziten Motiven verdeutlichen soll. Dabei wird die Funktion von volitionalen Mechanismen u. a. darin gesehen, diffuse Motivation zu kompensieren. These ist, dass ein Individuum insbesondere bei manifesten **intrapsychischen Handlungskonflikten** von einer motivationalen in eine volitionale Steuerungslage wechseln kann. Volitionale Mechanismen verkörpern jedoch keine „unparteiischen Schlichter" von internen Handlungskonflikten, sondern sie stützen im Wesentlichen kognitiv repräsentierte Handlungsoptionen, insbesondere Ziele. In diesem Sinne geben Ziele der Volition eines Individuums Richtung und Kraft; umgekehrt bedürfen Ziele der volitionalen Unterstützung.

Mit dem Konzept der Volition wird die Aufmerksamkeit insbesondere darauf gelenkt, dass Menschen Handlungen durchführen, zu denen sie keinen „inneren Antrieb" verspüren, was sich auf der Basis sogenannter volitionaler Strategien erklären lässt (Kehr 2004a).

Eine volitionale Strategie ist z. B. die emotionale Kontrolle (Huiwen et al. 2017). Unter emotionaler Kontrolle versteht man die Fähigkeit eines Individuums, in selbstregulativer Weise die eigenen Verhaltensweisen und Gefühle zu steuern (Robbins et al. 2009). Dabei geht man davon aus, dass diese Fähigkeiten keinesfalls fest durch die persönlichen Eigenschaften determiniert sind, sondern im Zeitablauf auch Veränderungen erfahren können und auch bewusst und aktiv erlernbar sind (vgl. dazu auch Muraven et al. 1999). Kasten 9.2 gibt ein Beispiel.

Wer sich emotional kontrolliert, stellt seine impliziten Handlungstendenzen hinter der Notwendigkeit der Verfolgung eines expliziten Motivs zurück. Im Idealzustand der intrinsischen Motivation gäbe es hingegen keine zu überwindende Diskrepanz, explizite Ziele würden sich mit den impliziten Handlungstendenzen decken. Volition bezeichnet daher keinen Fall intrinsischer Motivation, sondern vielmehr den Prozess der Selbststeuerung

---

Kasten 9.2

Das Marshmallow-Experiment

„Mit den später so benannten „Marshmallow-Experimenten" untersuchte der aus Österreich stammende amerikanische Psychologe Walter Mischel in den 1960er- und 1970er-Jahren die Fähigkeit von Kindern, kurzfristigen Verlockungen zugunsten langfristiger Ziele zu widerstehen. Seine Forschungsfrage lautete: „Wie werden aus Kindern, diesen impulsiven Wesen, die meistens weinen, lachen oder sich gegenseitig hauen, Personen, die ruhig an einem Tisch sitzen und eine komplette Mahlzeit einnehmen können?" Wie werden aus diesen unkontrollierten Wesen in der kurzen Zeit zwischen dem vierten und siebenten Lebensjahr kontrollierte? (...)

Die Kinder konnten sich in der klassischen Versuchsanordnung zwischen zwei Möglichkeiten entscheiden: 1) einen vor ihnen liegenden Marshmallow (bzw. Brezel oder Keks) sofort zu essen oder 2) auf den Versuchsleiter zu warten: Dieser verließ den Untersuchungsraum, hatte vorher aber in Aussicht gestellt, nach einigen Minuten eine zweite Belohnung zu bringen, wenn das Kind die erste nach Ablauf der Zeit noch nicht gegessen hatte. Er war durch das Klingeln einer Glocke stets erreichbar; wurde er aber vorzeitig gerufen, gab es für das Kind nur eine Belohnung.

Gemessen wurde die Zeitspanne, in der die Kinder bereit waren, auf eine schnelle Belohnung zugunsten einer größeren, späteren zu verzichten. Im Ergebnis griff eine Minderheit sofort zur Belohnung, eine andere, hat 15 Minuten oder länger gewartet. Wie bei einer Normalverteilung befanden sich die meisten aber zwischen den beiden Positionen.

Je länger die Kinder auf den Marshmallow verzichten konnten, desto größer waren ihre Willensstärke und Selbstkontrolle – Eigenschaften, die sich auch auf ihr weiteres Leben auswirkten. In Längsschnittstudien konnte Mischel Jahre später zeigen, dass die Fähigkeit zum Belohnungsaufschub im Kindesalter mit Stressresistenz, höherer sozialer Kompetenz und einer Reihe weiterer positiver Eigenschaften im Erwachsenenalter zusammenhängt.

Die Strategien zum Warten waren dabei sehr unterschiedlich. Einige Kinder versuchten, sich der Verlockung zu entziehen, indem sie sich umdrehten. Andere bedeckten ihre Augen oder versuchten einzuschlafen, wieder andere sangen Lieder, spielten mit ihren Zehen oder reinigten ihre Ohren. Sie waren äußerst kreativ dabei, die Zeit totzuschlagen und sich vom Objekt der Begierde abzulenken.

In diesem Sinne ist die gemessene Willenskraft die Fähigkeit der Kinder, die Aufmerksamkeit umlenken zu können, um damit eine Impulskontrolle zu erreichen.

(...) Es gab ein kleines Mädchen, das impulsiv nach wenigen Sekunden die Glocke gedrückt hat, damit der Experimentator zurückkehrt. Das gleiche Mädchen konnte 18 Minuten lang warten, wenn man ihr vorher einen kleinen Trick verraten hat. Der Trick lautet: ‚Stell dir vor, dass es sich bei der Süßigkeit nur um ein Bild handelt. Du weißt schon, diese Sachen mit einem Rahmen drumherum. Stell das Marshmallow einfach in einen Rahmen.' Das Mädchen konnte dadurch eine Distanz zu dem Objekt schaffen und ihren unmittelbaren Impuls eindämmen. Diese (...) mentale Transformation (...) ermöglicht es, etwas gegen eine natürliche Neigung zu unternehmen, die keine Rücksicht auf die Zukunft nimmt, sondern sich nur auf das konzentriert, was genau vor einem liegt.

(...) Der Marshmallow-Test sagt nichts für Individuen voraus, sondern für Gruppen. Bei den Studien geht es um allgemeine Trends, nicht um persönliche Prognosen. So, wie wir wissen, dass Rauchen generell ungesund ist, so klar ist es auch, dass nicht jeder, der raucht, mit 30 stirbt.

Das vorausgesetzt lässt sich generell sagen: Personen, die als Kinder weniger ihren Impulsen nachgeben, haben auch später im Leben tendenziell bessere Strategien zur Verfügung: Sie können sich nicht nur besser ablenken, sondern abstrahieren auch. D. h. sie denken anders, um sich auf andere Aspekte eines Reizes zu fokussieren. Mitschels jüngere Forschungsarbeiten zeigen, dass verschiedene Regionen des Gehirns aktiviert werden, wenn man hot – also impulsiv – oder cool – also ablenkend – reagiert. Das Geheimnis lautet: cool denken.

Diese Aussagen sind jedoch letztlich auch stark kontextabhängig. In einer kulturvergleichenden Studie zwischen Kindern aus zwei sehr gegensätzlichen Kulturkreisen (Deutsche Mittelklasse vs. Bauernfamilien aus Kamerun) wurden diese Einflüsse kürzlich gezeigt.

Im deutschen Umfeld setzt man stark auf Autonomie. Die Kinder sollen Unabhängigkeit entwickeln, Individualität ausprägen und auch lernen, sich durchzusetzen. In Kamerun steht hingegen die Gemeinschaft im Vordergrund. Die Kinder müssen lernen, sich in die strenge Hierarchie einzufügen. Das erfordert Respekt, Gehorsam und die Kontrolle über ihre Emotionen.

Auffällig war zunächst das unterschiedliche Verhalten während des Tests: Bei den deutschen Kindern konnte man förmlich sehen, wie schwierig die Situation für sie ist. Sie haben mit sich selbst gekämpft, sich etwas erzählt, auf dem Stuhl herumgezappelt, mit den Händen getrommelt oder gesungen. Die Kameruner zügelten ihre Emotionen und waren eher weniger aktiv. Acht von ihnen sind während der Wartezeit sogar eingeschlafen."

Quelle: www.science.orf.at, Zugegriffen am 21.5. 2019, gekürzte und kompilierte Zusammenfassung

bei fehlender intrinsischer Motivation. In diesem Sinne sind volitionale Akte Kraftakte und bedürfen einer Extraanstrengung, die auch in einem Erschöpfungszustand münden kann (Muraven und Baumeister 2000). Neuere Ansätze, die in diese Richtung gehen, begreifen Motivation deshalb im Zusammenhang mit dem Konzept der „Energie" und adressieren Phänomene wie „resource und ego-depletion" (Quinn et al. 2012).

Mit der Unterscheidung von impliziten und expliziten Motiven spezifiziert das Konzept der Volition zudem die Voraussetzungen, die erfüllt sein müssen, damit sich ein sogenannter **Flow-Zustand**, als Übereinstimmung von Anspruch einer Aufgabe und Fähigkeiten der jeweiligen Person, einstellt (Csikszentmihalyi 2000; Kehr 2004a, b). Erst wenn zu den expliziten Zielen und den wahrgenommenen Fähigkeiten auch eine optimale implizite Handlungstendenz vorliegt, kann sich ein Flow-Erlebnis einstellen (vgl. dazu auch Kasten 9.3). Ist eine Handlung hingegen volitional gesteuert, sind Flow-Erlebnisse nicht möglich.

Das Beispiel des Flow-Erlebens auf der einen Seite und die Frage nach der emotionalen Kontrolle auf der anderen Seite, verdeutlichen die Ambivalenz die dem „affektiven Apparat" in Bezug auf die Motivation zukommt. Insgesamt wird dabei gerne der positive Aspekt von Emotionen alleine in den Vordergrund gerückt, wie beispielsweise im Konzept der **„entrepreneurial passion"**.

Kasten 9.3

Komponenten des Flow-Erlebens und das Beispiel der Chirurgie

„(1) Verschmelzen von Handlung und Bewusstsein: Die Person im Flow-Zustand ist sich nur der Handlung, nicht jedoch ihrer selbst als handelndes Subjekt bewusst. Ich und Handlung werden als Einheit erlebt. Der Kletterer fühlt sich als Teil des Felsens, der Schachspieler hat das Gefühl mit den Kräften auf dem Schachbrett eins zu werden.

(2) Zentrierung der Aufmerksamkeit auf einen beschränkten Umweltausschnitt: Im Flow richtet sich die Aufmerksamkeit der Person ausschließlich auf die ausgeführte Tätigkeit. Andere Umweltreize gelangen kaum ins Bewusstsein. Die Aufmerksamkeit gilt nur der Gegenwart. Vergangenheit und Zukunft gibt es im Flow nur in sehr begrenztem Ausmaß.

(3) Selbstvergessenheit: Im Zustand des Flow rücken Gedanken an die eigene Person völlig in den Hintergrund. Selbstzweifel, Sorgen, aber auch selbstwertsteigernde Kognitionen werden ausgeblendet. Gleichzeitig erhöht sich jedoch das Bewusstsein innerer, psychischer und körperlicher Vorgänge. Kletterer berichteten z. B. über eine verstärkte Wahrnehmung sonst unbewusster Muskelbewegungen. Selbstvergessenheit bedeutet daher nicht Verlust der Wahrnehmung innerer Vorgänge. Was im Flow in den Hintergrund rückt, ist vielmehr das Selbst als bewusst wahrgenommene Steuerungsinstanz.

(4) Ausüben von Kontrolle über Handlung und Umwelt: Im Zustand des Flow denkt die Person nicht daran, dass ihr die Kontrolle über die gerade ausgeführte Tätigkeit entgleiten könnte. Vielmehr fühlt sie sich kraftvoll und leistungsfähig. Sie hat die Situation „im Griff".

> **Beispiel Chirugie**
>
> „... die Chirurgie (ist) ein ideales Beispiel einer *flow*-Aktivität in beruflichem Rahmen. Die Arbeit des Chirurgen besteht aus deutlich abgegrenzten Episoden. Eine Operation verlangt völlige Konzentration, biete direkte Rückmeldungen und weist eindeutige Kriterien für richtig und falsch auf. Aufgrund dieser strukturellen Merkmale steht zu erwarten, dass die chirurgische Aktivität Freude macht, in derselben Weise wie Freizeitaktivitäten Freude machen. ...
>
> *Flow* tritt durchaus bei gewissen Routinefällen auf, ist aber häufiger bei ‚anforderungsreichen‘, ‚schwierigen‘ Operationen, die gut ablaufen. Welcher Typ von Operationen am ehesten *flow* mit sich bringt, hängt von Erfahrung, Spezialität und individuellen Fähigkeiten des Chirurgen ab. Fähigkeit meint dabei nicht nur die technische Kompetenz, sondern gleichzeitig die emotionalen, kognitiven und organisatorischen Fähigkeiten, welche es braucht, um das Stimulusfeld der Chirurgie als *flow*-Aktivität zu stimulieren und darin zu operieren. ...
>
> ‚Chirurgie ist eine Teamleistung, aber es ist wie beim Basketball: Man braucht nicht innezuhalten und sich danach umzusehen, wo der Ball sein wird; man spürt aus der Gesamtbewegung, was abläuft. Nur in den allerschwierigsten Augenblicken entschwindet dieses Bewusstsein der Gruppe'. Jeder große und kleine Fehler eines Teammitgliedes lässt das Ich wieder hervortreten und unterbricht das Identifikationsgefühl mit der Gruppe.
>
> In der gekonnten Chirurgie ist alles, was Du tust, wesentlich, jede Bewegung ist gut und notwendig; da ist Eleganz, wenig Blutverlust und minimales Trauma ... Das ist sehr angenehm, besonders dann, wenn die Gruppe problemlos und wirkungsvoll zusammenarbeitet ... Aber wenn ein Problem auftaucht, kann die Eleganz der Operation verschwinden. Fast alles, was schiefgeht, frustriert mich – ein Instrument zerbricht oder fällt zu Boden und muss neu sterilisiert werden, und das ärgert mich."
>
> Quellen: Auszüge aus Csikszentmihalyi und Schiefele (1993, S. 210) und Csikszentmihalyi (2000, S. 159 ff.)

Passion wird dabei als das „fire of desire" (Cardon et al. 2009, S. 515) bezeichnet und als eine intensive, positive Emotion im Hinblick auf die Aufgaben, Aktivitäten und das Selbstverständnis bzw. die Identität eines Entrepreneurs konzeptionalisiert. Es geht mithin um die Aktivierung eines (extrem) positiven Gefühls im Hinblick auf die wesentlichen Tätigkeiten, die das Gründen und die Entwicklung eines Startups mit sich bringen. Dabei wird davon ausgegangen, dass Passion sozusagen der Treiber bzw. das zentrale Motiv ist, die notwendigen Anstrengungen auf sich zu nehmen und zu bewältigen. Gielnik et al. (2015) zeigen aber auch, dass sich diese Kausalität durchaus umdrehen lässt: So ist Passion nicht zwingend die Ursache für besondere Entrepreneurshipanstrengungen, sondern umgekehrt sind es diese Anstrengungen die zur Passion führen.

Cardon et al. (2017) gehen davon aus, dass die „entrepreneurial passion" differenziert zu betrachten ist, je nach dem, welche Tätigkeiten und Rollen im Vordergrund stehen

(Invention, Gründen, Weiterentwickeln bzw. Skalieren). Einige empirischen Untersuchungen zeigen, dass passionierte Entrepreneure größeres Unternehmenswachstum erzielen (Baum und Locke 2004) und dass jene, denen es gelingt gegenüber Investoren ihre Passion und Bereitschaft zu demonstrieren, mehr „funding" erzielen (Chen et al. 2009). Während im Entrepreneurship-Bereich Passion mithin durchweg positiv konnotiert ist, macht eine Reihe von Studien in anderen Bereichen (Arbeitnehmerinnen, Athleten) deutlich, dass Passion auch eine dunkle Seite haben kann (Ho und Pollack 2013). Vor dem Hintergrund des sog. „dualen Passion-Modells" (Vallerand et al. 2003) lässt sich zeigen, dass Passion nicht nur eine starke emotionale Neigung bzw. Liebe für eine Tätigkeit impliziert, sondern auch, dass eine gelebte Passion mit der Internalisierung der Tätigkeit, auf die sie gerichtet ist, in das Selbstkonzept eines Individuums einhergeht. Eine solche Internalisierung (*„Ich bin ein Entrepreneur!"*) kann – so die These – in zwei unterschiedlichen Formen stattfinde, die als ausgewogene („harmonious") und als obsessive Passion bezeichnet werden (Ho und Pollack 2014). Der Unterschied zwischen beiden Formen von Passion wird daran festgemacht, ob ein Individuum nach wie vor Kontrolle über eine internalisierte Aktivität ausüben kann oder nicht. In diesem Sinne werden ausgewogene Passionen dann möglich, wenn eine Aktivität ohne Nebenbedingungen internalisiert wird, sondern alleine deshalb, weil diese Aktivität als solche für eine Person wichtig ist, und nicht weil mit dieser Aktivität externe Ziele oder Ergebnisse verbunden werden (Achtung, Anerkennung usw.). Ist letzteres der Fall, führt dies zur obsessiven Form von Passion, von der zwar auch ein starker Sog ausgeht, eine internalisierte Tätigkeit auszuüben, jedoch steht diese – so die These – nicht mehr unter der Kontrolle des Individuums. Obsessiv passionierte Menschen können nicht mehr anders und verfügen mithin nicht mehr über die Möglichkeit, volitionale Kräfte zu mobilisieren und emotionale Kontrolle auszuüben. Der Schritt zur „entrepreneurial addiction" scheint dann nicht mehr weit (vgl. dazu Kasten 9.4).

Die Unterscheidung zwischen ausgewogener bzw. harmonischer und obsessiver Passion erscheint insgesamt sehr hilfreich, das Phänomen Passion besser zu begreifen und insbesondere auch die dunklen Seiten des Phänomens zu beleuchten. Luhmann (1982) hat bekanntlich und sehr plausibel gezeigt, dass Liebe in der modernen Gesellschaft als Passion symbolisiert wird und das heißt als etwas, dass das Individuum erleidet und das es weder verändern noch erklären kann. Harmonische Passion müsste demzufolge auf eine Form von Passion rekurrieren, die keine Liebe ist.

Ob Passion als eine Leidenschaft, die keine Leiden schafft, wirklich sinnvoll vorstellbar ist, müssen weitere Untersuchungen zeigen. Das Flow-Erleben hat ja bereits verdeutlicht, dass dieses mit der zumindest temporären „Ausschaltung" eines kognitiv-reflexiven Modus einhergeht. Selbstregulation bedeutet jedoch letztlich immer beides vereinen zu können: sowohl über die emotionale Stimulanz zur Überwindung kognitiver Barrieren zu verfügen, als auch die kognitive Kontrolle des emotionalen Apparats zu beherrschen.

Insgesamt haben die Zielmotivationstheorien in vielfacher Weise die Managementpraxis beeinflusst. Neben Vorschlägen zur Neugestaltung der Arbeitsorganisation (Feedbackorientierung, Selbstkontrolle usw.) ist es vor allem das (zwischenzeitlich wieder sehr populäre) **Management by Objectives** (Odiorne 1979) gewesen, das

Kasten 9.4

Entrepreneurship-Sucht

„Wir begreifen Entrepreneurship-Sucht als übermäßiges und zwanghaftes Engagement in unternehmerischen Aktivitäten, die zu einer Vielzahl von sozialen, emotionalen und/oder psychischen Problemen führen. Trotz dieser negativen Folgen sind die betroffenen Personen nicht in der Lage, Handlungszwängen zu widerstehen und engagieren sich immer weiter. Wie bei anderen Formen von Abhängigkeit folgt auch dieses Suchtverhalten dem Muster einer deviationsverstärkenden Spirale mit zunehmender Intensität. Dies manifestiert sich dadurch, dass Personen permanent zwischen Engagement und Rückzug oszillieren und sich das Engagement in darauffolgenden Zyklen immer weiter steigern muss. Als eine Konsequenz, wird auch das Bedürfnisbefriedigungsniveau, das benötigt wird, um die Tätigkeit als Entrepreneur als befriedigend zu empfinden, immer weiter nach oben verschoben.

Analog zu anderen Formen des Suchtverhaltens wie etwa exzessives Einkaufen oder Videospielen – ist die grundlegende Verhaltensaktivität (Einkaufen, Spielen) neutral und weder als solche positiv oder negative. Um es als echte Sucht zu qualifizieren und damit etablierte Abhängigkeitskriterien zu erfüllen, muss der Einzelne die Verhaltensweisen immer weiter zeigen, auch dann, wenn eine Reihe von negativen Folgen (Vernachlässigung von Freunden, Schuldgefühle, Angstzustände usw.) zu verzeichnen sind. Diese negativen Handlungsfolgen schließen jedoch nicht aus, dass auch zugleich positive Ergebnisse zu verzeichnen sind, etwa schnelles Reagieren auf den Wettbewerb oder auf Kundenwünsche und hohe Innovationsraten, die auch auf individueller Ebene (Autonomie, finanzieller Erfolg usw.) positive Effekte haben können. Es ist genau dieser schwer durchdringbare Komplex an positiven und negativen Ergebnissen, der die Dysfunktionalität der Entrepreneurship-Sucht schwer erkennbar macht."

Quelle: Spivack und McKelvie 2018, S. 360 f. (in freier Übersetzung der Verf.)

---

diese Ideen aufgegriffen und praktisch fruchtbar gemacht hat (Vgl. dazu Kap. 7). Dieses Managementinstrument verkürzt den Motivationsprozess auf nur noch zwei Variablen: die motivierende Kraft von Zielen und den Mechanismus der Selbstregulation. Der gesamte betriebliche Prozess soll in Form von individualisierten Leistungszielen („Zweckprogrammen") formuliert und im Wesentlichen auf der Basis der Selbstkontrolle gesteuert werden (vgl. zur Kritik Braun 2004). In Kap. 15, das Formen und Methoden der Leistungsbeurteilung zum Gegenstand hat, wird diese Annahme im Einzelnen diskutiert. Im Hinblick auf die praktische Umsetzung gerät – ähnlich wie schon bei der Erwartungs-Valenz-Theorie – die Frage in den Vordergrund, welche Ziele von Individuen im Allgemeinen als bedeutsam und attraktiv erlebt werden und wie Selbstregulation im Hinblick auf die affektiven Komponenten aufrechterhalten werden kann. Wie schon dargelegt, kann nicht jedes beliebige Ziel hohe Motivationskräfte entfalten, sondern nur solche, denen das Individuum eine hohe Bedeutung einräumt, zu denen eine hohe innere Bindung hergestellt wird usw. Auf die Frage, ob generelle

Antriebskräfte und Zielvorstellungen im Hintergrund stehen, geben die Prozesstheorien jedoch naturgemäß keine Antwort. Eine solche fällt hingegen in die Domäne der nachfolgend darzustellenden Inhaltstheorien.

9.4 Inhaltstheorien

Inhaltstheorien der Motivation versuchen eine Antwort auf die Frage zu geben, welche Merkmale bzw. Bedürfnisse den Verhaltensweisen von Individuen zugrunde liegen. Unabhängig vom Ansatz und unabhängig davon, ob davon ausgegangen wird, dass die Merkmale oder Bedürfnisse eher angeboren oder eher sozialisiert und erlernt sind, fokussieren Inhaltstheorien auf solche intra-individuellen Determinanten der Motivation, die über-individuell Verhaltensweisen analysieren und erklären können. In der Fülle von inhaltstheoretischen Ansätzen lassen sich zwei unterschiedliche Strömungen identifizieren: solche, die im Wesentlichen eigenschaftsorientiert argumentieren und von der Idee getrieben sind, die Motivationsdeterminanten auf spezifische und stabile Persönlichkeitsmerkmale zurückzuführen. Hier stellt das seit den 1980er-Jahren entwickelte 5-Faktoren-Modell (sog. „big five") einen zentralen Referenzpunkt dar (Barrick und Mount 1991; Barrick et al. 2002; Kanfer et al. 2017). Die Kernidee ist hier, dass sich menschliches Verhalten entlang von fünf Dimensionen beschreiben ließe („extraversion, emotional stability, agreeableness, conscientousness, openness to experience") und dass die konkreten Ausprägungen auf diesen Dimensionen stabile Persönlichkeitsfaktoren („personality traits") konstituieren, die bestimmte Verhaltensmotive bedingen, die dann wiederum spezifische individuelle Verhaltensweisen und ihre Unterschiede erklären. Die zweite Richtung argumentiert nicht eigenschaftsorientiert, sondern menschenbildbasiert, indem sie davon ausgeht, dass Menschen bestimmte Bedürfnisse haben, die ihr Verhalten bestimmen. Im Folgenden werden wir uns hier ausschließlich auf die zweite Strömung konzentrieren (vgl. zu einer Kritik eigenschaftstheoretischer Ansätze Kap. 11).

9.4.1 Die Hierarchie der Bedürfnisse nach Maslow

Bedürfnistheorien waren ursprünglich als reine Spannungsreduktionstheorien konzipiert, d. h., sie waren an Mangelzuständen ausgerichtet, die Menschen zu überwinden oder zu vermeiden trachten. Ein Mensch – so die Annahme – ist nur dann motiviert, wenn er an einem Mangel leidet. Häufig wurde dieser Mangelzustand mit einem **physiologischen Ungleichgewicht** zusammen gedacht, das auf einen Gleichgewichtszustand drängt (Triebreduktion).

Diese Mangeltheorie der Motivation ist jedoch zunehmend kritisiert worden; dies nicht nur wegen ihrer Triebmetaphorik, sondern vor allem, weil sie viele offenkundig bedeutsame Phänomene menschlichen Verhaltens nicht fassen kann. Menschliche Neugierde, spielerische Beschäftigung, Lust an der Herausforderung, Interesse am Lernen o. Ä. – das sind alles keine Motive, die auf Beseitigung eines Mangelzustands drängen (Berlyne 1966). Im Gegenteil, sie stellen – wie im vorhergehenden Abschnitt dargelegt – sogar Spannung her. Man spricht von Anregungs- oder Abundanzmotiven (Kretch und Crutchfield 1985, S. 26 ff.). Als einen Versuch, beide Motivarten in einer Theorie zusammenzuführen, kann das populäre Modell von Abraham Maslow (1954, S. 388 f.) gelten. Die Gegenpole Spannungsabbau und Spannungsaufbau werden dort über die Idee einer Bedürfnishierarchie theoretisch versöhnt.

Die Theorie unterscheidet fünf allgemeine Klassen von Bedürfnissen, die im Hinblick auf ihre Dringlichkeit hierarchisch geordnet sind. Die motivationale Dynamik wird nicht nur auf eine einzige Triebfeder zurückgeführt wird (z. B. das Machtmotiv, das Leistungsmotiv oder die Libido), sondern verschiedene.

Die fünf Bedürfnisklassen nach Maslow können kurz in folgender Weise charakterisiert werden:

1. Die **physiologischen Bedürfnisse** umfassen das elementare Verlangen nach Essen, Trinken, Kleidung und Wohnung. Ihr Vorrang vor den übrigen Bedürfnisarten ergibt sich aus der Natur des Menschen.
2. Das **Sicherheitsbedürfnis** drückt sich aus in dem Verlangen nach Schutz vor unvorhersehbaren Ereignissen des Lebens (Unfall, Beraubung, Invalidität, Krankheit etc.), die die Befriedigung der physiologischen Bedürfnisse gefährden können.
3. Die **sozialen Bedürfnisse** umfassen das Streben nach Gemeinschaft, Zusammengehörigkeit und befriedigenden sozialen Beziehungen.
4. **Wertschätzungsbedürfnisse** spiegeln den Wunsch nach Anerkennung und Achtung wider. Dieser Wunsch bezieht sich sowohl auf Anerkennung von anderen Personen als auch auf Selbstachtung und Selbstvertrauen. Es ist der Wunsch, nützlich und notwendig zu sein.
5. Als letzte und höchste Klasse werden die **Selbstverwirklichungsbedürfnisse** genannt. Damit ist das Streben nach Unabhängigkeit, nach Entfaltung der eigenen Persönlichkeit im Lebensvollzug und nach gestaltenden Aktivitäten gemeint: „Was ein Mensch sein kann, das muss er sein".

Die hierarchische Anordnung in Maslows Theorie soll verdeutlichen, dass die „unteren" Bedürfnisse im Entwicklungsprozess früher in Erscheinung treten und dass sie in einem engeren Sinne physiologisch bestimmt sind und deshalb auch weniger individuelle oder soziale Ausdrucksvarianz kennen. Der Maslow'sche Ansatz baut auf **zwei Thesen** auf, dem Defizitprinzip und dem Progressionsprinzip.

Das **Defizitprinzip** besagt, dass Menschen danach streben, unbefriedigte Bedürfnisse zu befriedigen. Ein befriedigtes Bedürfnis hat keine Motivationskraft. Anders ausgedrückt: Wenn ein Individuum die dauerhafte Befriedigung eines der genannten Bedürfnisse als weitgehend sichergestellt betrachtet, hört dieses auf, handlungsmotivierend zu wirken. Änderungen der Lebenssituation (Krieg, Arbeitslosigkeit usw.) können allerdings bewirken, dass ein vormals befriedigtes Bedürfnis als unbefriedigt wieder auftaucht und damit erneut handlungsmotivierend wirkt.

Das **Progressionsprinzip** besagt, dass menschliches Verhalten grundsätzlich durch das hierarchisch niedrigste unbefriedigte Bedürfnis motiviert wird. Der Mensch versucht zunächst, seine physiologischen Bedürfnisse zu befriedigen. Ist das geschehen, dann bedeuten diese Bedürfnisse keinen Handlungsanreiz mehr. Gesättigte Bedürfnisse bauen keine Spannungszustände auf, zu deren Beseitigung Kräfte mobilisiert werden. Im Motivationsprozess werden deshalb die nächst höheren Motive, die Sicherheitsbedürfnisse, aktiviert. Dieser Prozess setzt sich fort bis zum Bedürfnis nach Selbstverwirklichung, wobei für dieses Bedürfnis in Abkehr von der Sättigungsthese postuliert wird, dass es nie abschließend befriedigt werden kann. Letzteres stellt also einen Bedürfnistypus besonderer Art dar, Maslow nennt sie **Wachstumsbedürfnisse** im Unterschied zu den Defizitbedürfnissen. Dieser Lauf der Motiventwicklung wird gestoppt, wenn auf einer der bezeichneten Ebenen keine Befriedigung des Bedürfnisses erfolgt. Das nächsthöhere Bedürfnis wird dann nicht verhaltensbestimmend.

Folgende Punkte sind zusätzlich zu beachten:

1. Maslow will die Bedürfnishierarchie als Basis jeder Handlungsmotivierung verstanden wissen, räumt jedoch ein, dass im Einzelfall eine Modifikation im Lichte der **Gesamtpersönlichkeit** und des sozialen Umfelds erfolgen kann. Empirische Untersuchungen weisen dementsprechend darauf hin, dass eine Bedürfnishierarchie in der postulierten Weise nicht einheitlich vorfindbar ist; sie berichten aber übereinstimmend, dass eine hierarchische Trennung in zumindest zwei Gruppen möglich ist, und zwar die Bedürfnisgruppen 1 und 2 als Grundbedürfnisse auf der einen Seite und die Bedürfnisgruppen 3, 4 und 5 als höhere Bedürfnisse auf der anderen Seite. Man kann also mit großer Wahrscheinlichkeit davon ausgehen, dass physiologische und Sicherheits-Bedürfnisse ausreichend befriedigt sein müssen, ehe darüber liegende Bedürfnisse verhaltensbestimmend werden.

    Alderfer (1972) hat mit seiner **ERG-Theorie** diese Überlegungen aufgenommen und eine modifizierte Bedürfnishierarchie aufgestellt. Diesem Ansatz nach sind drei allgemeine Bedürfnisklassen in der folgenden Ordnung zu unterscheiden:

    a) Existenzbedürfnisse (physisches Wohlergehen),
    b) Sozialbedürfnisse (Einbettung in soziale Beziehungen),
    c) Wachstumsbedürfnisse (personales Wachstum).

    Im Unterschied zu Maslow wird ferner angenommen, dass eine dauerhafte Nichtbefriedigung eines höherrangigen Bedürfnisses ein Zurückgehen und Fixieren auf das niederrangige zur Folge hat (Frustrations-Regressions-Prinzip).

2. Maslow beugt der Fehlinterpretation vor, dass eine Klasse von Bedürfnissen zu 100 % befriedigt werden muss, bevor die nächste Klasse von Bedürfnissen motivierend wirkt. Häufig reicht ein Befriedigungsgrad von 70 % oder weniger, um das nächsthöhere Bedürfnis in den Vordergrund treten zu lassen. Maslow geht davon aus, dass etwa die sozialen Bedürfnisse im Durchschnitt nur zu 50 % befriedigt sein

9.4 Inhaltstheorien

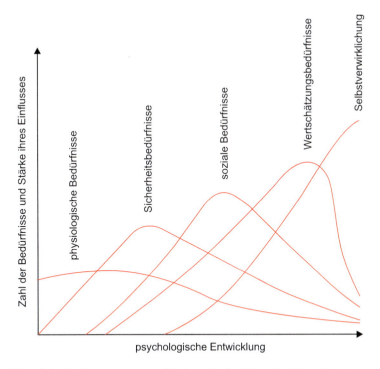

Abb. 9.5 Die relative Bedeutung von verschiedenen Bedürfnissen in Abhängigkeit von der zunehmenden Reifung des Individuums. (Quelle: Kretch und Crutchfield 1985, S. 47)

müssen, um bereits das nächsthöhere Wertschätzungsbedürfnis dominant werden zu lassen. Der Grad der Befriedigung ist nach neuerem Verständnis eine Frage der Erwartung bzw. des Anspruchsniveaus.

3. Eine gewisse Relativierung bringt auch die psychische Entwicklung des Individuums, d. h., mit zunehmender Reife und Mündigkeit ändert sich die relative Bedeutung der verschiedenen Bedürfnisse als Motivatoren und die Höhe der Anspruchsniveaus (vgl. Abb. 9.5).

4. Maslow hat keine direkten Aussagen zur **Arbeitszufriedenheit** gemacht. In Theorie und Praxis wird hier meist mit einer vereinfachten Variante gearbeitet derart, dass mit zunehmender Befriedigung der einzelnen Bedürfnisse in der Arbeitswelt die Arbeitszufriedenheit steigt. Dabei werden die einzelnen „Zufriedenheiten" häufig als Differenz von **Sollwert** (Anspruchsniveau) und **Ist-Wert** (den vorgefundenen, perzipierten Bedürfnisbefriedigungsmöglichkeiten in der Arbeit) bestimmt (vgl. Abschn. 9.4.3). Das Defizit- wie auch das Progressionsprinzip von Maslow werden bei dieser Sichtweise allerdings völlig aufgegeben. An ihre Stelle tritt eine theoretisch nicht näher begründete **Kumulationsthese** des Motivationsaufbaus; die Motivation ist dort am stärksten, wo die Summe der befriedigten Bedürfnisse am höchsten ist.

Eine **Kritik** der Maslow'schen Motivationstheorie hat anzusetzen an dem konzeptionellen Bezugsrahmen der Theorie. Aufgrund seiner generellen Annahmen, fehlt eine klare Verknüpfung zwischen individueller Bedürfnisbefriedigung und tatsächlichen Verhaltensweisen. Ferner ist die empirische Basis des Ansatzes immer umstritten geblieben und wird bis heute von einer nahezu absolut dominanten quantitativ testenden Forschungstradition mit dem Stigma „not evidence based" versehen. So konstatieren beispielsweise Kanfer et al. (2017, S. 340): „Auch wenn es einige empirische Unterstützung für die Struktur und die kulturübergreifende Generalisierbarkeit von Maslows Taxonomie gegeben hat, so gab es jedoch wenig Stützung für die eingeräumte vorrangige Bedeutung von Bedürfnissen und für die Nützlichkeit der Bedürfnistheorie im Allgemeinen." Freilich ist ein Konstrukt wie „Selbstverwirklichung" dem naturwissenschaftlich-orientierten Messinstrumentarium kaum zugänglich; der Nutzen einer Theorie bestimmt sich jedoch nicht alleine nach Messbarkeiten. Insofern stellt sich dann auch insgesamt die Frage, ob man dem Maslow'schen Ansatz mit der traditionellen Austestung überhaupt gerecht werden kann (zu einer Kritik vgl. Conrad 1983).

Ein weiteres Problem stellt die zugrunde liegende **Harmonieannahme** dar, wonach die bestehenden Bedürfnisse in ihrem Stimulationspotenzial durch ihre hierarchische Ordnung nicht zueinander in Konflikt geraten. Lewin hat schon sehr früh darauf hingewiesen, dass die in Frage kommenden Bedürfnisse bzw. Spannungspotenziale miteinander konkurrieren, so dass Prioritätskonflikte immer wieder neu entstehen (Lewin 1926). In diesem Falle hätte das Individuum selbst ad hoc die Hierarchisierung vorzunehmen.

Ein weiterer, vielleicht noch wichtigerer kritischer Punkt an der Theorie von Maslow betrifft die **Entwicklung** der Bedürfnisse. Nach heutigem Verständnis sind hierfür nicht nur innere Zustände, sondern ganz wesentlich auch Umweltbedingungen von Bedeutung. So hat Max Weber (1920) in seiner berühmten Arbeit über die protestantische Ethik die Bedeutung des religiösen Umfelds für die Entwicklung des Leistungsmotivs herausgearbeitet.

In der neueren Motivationsforschung wird darüber hinaus zunehmend von **dualen Motivationssystemen** ausgegangen (vgl. Kehr 2004b, S. 24 ff.). Eine dabei mögliche und wichtige Unterscheidung ist die zwischen impliziten und expliziten Motiven. Während implizite Motive sehr stark auf den affektiven und emotionalen Bereich abstellen, verkörpern explizite Motive das kognitive System. Zwar unterscheidet die Bedürfnishierarchie zwischen niederen und höheren Bedürfnissen; dies sollte jedoch nicht mit impliziten und expliziten Bedürfnissen verwechselt werden. So kann beispielsweise die Ausprägung und Manifestation des Wertschätzungsbedürfnisses stark affektive Hintergründe haben und somit ein implizites Motiv darstellen, wohingegen das Sicherheitsbedürfnis eine ganz bewusste und kognitive Ausprägung haben kann. Insofern unterscheidet die Bedürfnishierarchie nicht zwischen diesen beiden Motivarten und kann demnach auch die möglichen Spannungen zwischen impliziten und expliziten Motiven nicht thematisieren. Die im Folgenden darzustellende Zwei-Faktoren-Theorie hingegen fokussiert unmittelbar auf ein mögliches und zu lösendes Spannungsverhältnis, in diesem Falle dem zwischen Motivatoren und Hygienefaktoren.

9.4.2 Die Zwei-Faktoren-Theorie von Herzberg

Das neben Maslow im Management-Bereich am häufigsten rezipierte Motivationsmodell wurde von Herzberg und Mitarbeitern entwickelt (Herzberg et al. 1967). Ausgangspunkt waren narrative Interviews über Arbeitsepisoden von Arbeitern und Angestellten aus US-amerikanischen Firmen.

Es sollten Episoden aus dem eigenen Arbeitsleben geschildert werden, die als besonders befriedigend und als besonders unbefriedigend empfunden worden waren („Tell me about a time when you felt exceptionally good/bad about your job."). Eine Inhaltsanalyse der ca. 4000 Interviews ergab, dass eine ganz bestimmte Klasse arbeitsbezogener Faktoren im Zusammenhang mit Zufriedenheitsgeschichten auftauchte, während andere, davon ganz unterschiedliche Faktoren im Zusammenhang mit Unzufriedenheitsereignissen genannt wurden (vgl. Abb. 9.6).

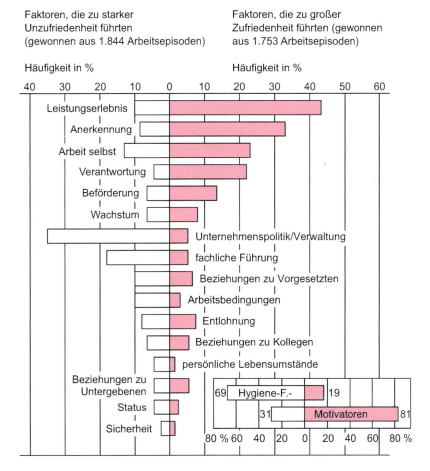

Abb. 9.6 Motivatoren und Hygienefaktoren im Vergleich. (Quelle: Herzberg 1968, S. 57)

Abb. 9.7 Satisfiers und Dissatisfiers als unabhängige Dimensionen

Herzberg leitet daraus die Vorstellung ab, dass Zufriedenheit und Unzufriedenheit nicht länger als Extrempunkte eines Kontinuums gesehen werden dürfen, sondern als zwei unabhängige Dimensionen (vgl. Abb. 9.7).

- **Unzufriedenheit** wird durch (externe) Faktoren der **Arbeitsumwelt** (dissatisfiers) hervorgerufen. Die wichtigsten „dissatisfiers" oder „Hygiene-Faktoren" waren: Personalpolitik und -verwaltung (Urlaubsplanung, Beschwerdewege, Leistungsbeurteilungsverfahren usw.), Status, fachliche Kompetenz des Vorgesetzten, Beziehung zu Vorgesetzten, Kollegen und Mitarbeitern, Arbeitsplatzverhältnisse (z. B. Klima, Licht, Schmutz), Arbeitssicherheit, Entlohnung u. a. Eine ausreichende Berücksichtigung dieser Faktoren führt nur zum Fortfall der Unzufriedenheit, nicht aber zur Zufriedenheit.
- **Zufriedenheit** kann nur über Faktoren erreicht werden, die sich auf den **Arbeitsinhalt** beziehen. Die wichtigsten „satisfiers" bzw. „Motivatoren" waren: Leistungs- bzw. Erfolgserlebnis, Anerkennung für geleistete Arbeit, Arbeit selbst, Verantwortung, Aufstieg, Möglichkeit zur Persönlichkeitsentfaltung.

Eine Sonderstellung nimmt die Entlohnung ein. Nach Auffassung von Herzberg kann sie kurzfristig durchaus zu einer höheren Zufriedenheit beitragen, dauerhaft entfalte aber der Lohnanreiz **alleine** keine Motivationswirkung, weil er keinen Bezug zum Arbeitsinhalt hat. Die Entlohnung wird deshalb strukturell zu den Hygiene-Faktoren gezählt.

Herzberg hat aus diesen Ergebnissen den Schluss gezogen, dass nur solche Faktoren eine wirkliche Motivationskraft freisetzen können, die sich auf den Arbeitsinhalt und auf die Befriedigung persönlicher Wachstumsmotive beziehen. Ohne diese Faktoren (Motivatoren) kann es keine wirkliche Zufriedenheit und damit Motivation geben. Dies ist zugleich eine radikale Absage an allzu einfach konzipierte **Incentivprogramme** wie Südseereisen, Sachprämien usw., die das Motivieren als mechanistische Anreiztechnik missverstehen.

Die Hygiene-Faktoren beziehen sich auf den Arbeitskontext; ihre Verhaltenswirkung erklärt sich aus einem gänzlich anderen Antrieb heraus, nämlich aus dem Bestreben, (Arbeits-) Leid zu vermeiden. Eine Verbesserung der äußeren Arbeitsumstände führt

9.4 Inhaltstheorien

deshalb auch nur zu einer Beseitigung dieses Leides, ohne jedoch Zufriedenheit im eigentlichen Sinne herstellen zu können. Auch ein noch so starker Einsatz von Hygiene-Faktoren kann nach Herzberg keinen Zustand der Zufriedenheit herbeiführen.

Diese Differenzierung der Antriebsfaktoren hat weitreichende **praktische Implikationen**. Um eine hohe Motivation und Arbeitsleistung zu erzielen, müssen Motivatoren und Hygiene-Faktoren gleichermaßen zum Einsatz kommen. Die in den Motivatoren angelegte Entfaltung in der Arbeit als zentrale zufriedenheitsstiftende und damit leistungsstimulierende Kraft kann nur zur Wirkung kommen auf der Basis einer gesicherten „Hygiene". Starke Unzufriedenheit behindert im Resultat die Wirkungskraft der Motivatoren.

Dieser Zusammenhang lässt gewisse Querbezüge zur Maslow'schen Motivationstheorie erkennen. Auch dort müssen erst die Defizitbedürfnisse befriedigt sein, bevor das Selbstverwirklichungsmotiv aktiviert und verhaltensbestimmend wird. Abb. 9.8 zeigt eine vergleichende Gegenüberstellung der Bedürfnisstufen und der Herzberg'schen Faktoren.

Neben diesen Gemeinsamkeiten ist aber als gravierender Unterschied festzuhalten, dass nach Maslow jedes Bedürfnis Motivator-Funktion haben kann, sofern es unbefriedigt ist, wohingegen Herzberg diese Funktion eben nur den höchstrangigen Bedürfnissen zuschreibt.

Der Ansatz von Herzberg hat in vielfacher Weise **Kritik** erfahren (King 1970; Sachau 2007) – ohne dass dies allerdings seiner Popularität Abbruch getan hätte. Die Kritik hat

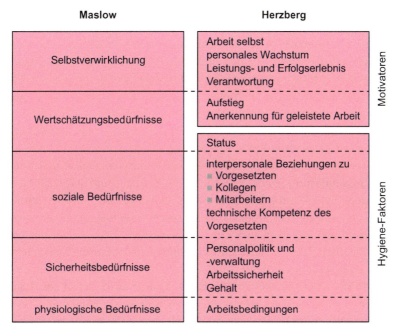

Abb. 9.8 Die Ansätze von Maslow und Herzberg im Vergleich. (Quelle: in Anlehnung an Davis 1967, S. 37)

sich primär an der Untersuchungs-Methodik entzündet. Kontrolluntersuchungen haben gezeigt, dass das Zwei-Faktoren-Profil nur dann stabil wiederholbar ist, wenn exakt dieselbe Methode, wie sie Herzberg eingesetzt hatte, verwendet wird. Dieser wird aber ein strukturelles Problem attestiert: Menschen neigten generell dazu, positive Bezüge der eigenen Leistung zuzuschreiben, negative Erlebnisse dagegen der Umwelt anzulasten („Ich-Abwehr-Mechanismus"). Der Zwei-Faktoren-Ansatz spiegele – so die Kritik – primär diese Neigung wider.

Ein weiteres Argument richtet sich gegen die unscharfe Abgrenzung der Faktoren und ihre Zuordnung; so kann Gehalt etwa zur Sicherheit beitragen, als Statussymbol dienen und/oder Anerkennung für herausragende Leistung (= Motivator) sein.

Trotz der zum Teil heftigen Kritik bleibt es das unbestreitbare Verdienst der Herzberg'schen Theorie, in der Managementlehre einen dramatischen Wandel im Motivationsdenken herbeigeführt zu haben. Das damals dominierende Denken in **externen Anreizen** als Motivationsgrundlage wurde jedenfalls teilweise zurückgedrängt zugunsten einer Perspektive, die die **intrinsische Motivation**, also das ursprüngliche Interesse an der Arbeit, in den Vordergrund rückte. In jüngerer Zeit wurde allerdings unter dem Einfluss des Prinzipal-Agenten-Ansatzes und anderer Modelle der Neuen Institutionenökonomik das Denken ausschließlich in externen Anreizen zwischenzeitlich wieder stark favorisiert (vgl. etwa Laux 2005) und die Forschungsergebnisse zur hohen Bedeutung intrinsischer Motivation nahezu komplett vernachlässigt (zur Kritik dieser Tendenz vgl. Frey 1997; Ghoshal 2005).

Die grundlegende Unterscheidung zwischen intrinsischer und extrinsischer Motivation ist theoriegeschichtlich keineswegs neu (vgl. zum Überblick Deci und Ryan 1990), sie kann unterschiedlich verstanden werden. Im strengsten Sinne können nur solche Handlungen als intrinsisch motiviert gelten, die um ihrer selbst willen vollzogen werden. Das würde bei Herzberg darauf hinauslaufen, dass ausschließlich der Motivator „Arbeit selbst" als ein intrinsisches Motiv anzusehen wäre, wohingegen bereits „personelles Wachstum" oder „Verantwortung" extrinsische Motive wären. In aller Regel wird das intrinsische Motiv jedoch weiter gefasst. So stellt Heckhausen (1989) auf eine Gleichthematik von Handlung und Handlungsziel ab, d. h., ein Handeln ist immer dann intrinsisch, wenn es um seiner eigenen Thematik willen vollzogen wird.

Mitunter wird die Idee der intrinsischen Motivation auch unmittelbar in Verbindung mit **kreativen Problemlösung** gebracht (George 2007; Grant und Berry 2011). Auch im „Flow"-Konzept (vgl. oben Kasten 9.3) schwingt die Vorstellung mit, dass intrinsisch motivierte Personen nahezu jedes Problem lösen können. Allerdings ist die intrinsische Motivation zu einer Handlung allein noch kein Garant für die Kreativität der Handlungsergebnisse (Grant und Berry 2011). Auch intrinsisch motivierte Personen können letztlich mit ihren Handlungen scheitern.

Ryan und Deci (2000) fassen intrinsische Motivation noch einmal etwas anders. Sie unterscheiden – ähnlich wie Alderfer – drei Grundbedürfnisse (Autonomie, soziale Verbundenheit und Wachstum) und gehen davon aus, dass Tätigkeiten, die diese Grundbedürfnisse befriedigen, intrinsisch motiviert sind, da sie aktivitätsinhärenten „Anreizen" folgen. Intrinsische Motivation ist dann in einem gewissen Sinne bedürfnisabhängig. Diese Auffassung liegt letztlich auch dem Verständnis der Motivatoren von Herzberg zugrunde. Die Theorie von Herzberg zeigt in diesem Sinne ja bereits die Relevanz des organisatorischen Kontextes für die Erklärung von Motivation. Insofern liegt es nahe, die Tätigkeiten selbst in den Mittelpunkt des Interesses zu rücken und damit den Blick auf die Aktivitätsinhärenz von unterschiedlichen Formen z. B. der Arbeitsorganisation als einem relevanten organisationalen Kontextfaktor zu lenken. Bevor dies erfolgt, soll jedoch zuvor noch einmal etwas ausführlicher auf das insbesondere bei Herzberg relevante Konstrukt der Zufriedenheit bzw. Arbeitszufriedenheit („job satisfaction") eingegangen werden.

9.4.3 Arbeitszufriedenheit und Motivation

Motivation und Arbeitszufriedenheit werden häufig – insbesondere in der Praxis – unproblematisch in einem positiv korrelierten Zusammenhang gesehen. Dabei ist die Beziehung zwischen Arbeitszufriedenheit und Motivation keineswegs klar (Fisher 1980). Aus inhaltstheoretischer Perspektive ist die Frage vorrangig, ob es ein menschliches Bedürfnis nach Zufriedenheit gibt. Von Zufriedenheit spricht man in der Regel in dem Sinne, dass der Spannungszustand, den ein unbefriedigtes Bedürfnis hervorruft, beseitigt wurde – also ein positiver emotionaler Zustand ist (v. Rosenstiel und Nerdinger 2011, S. 415 ff.). Im Konzept von Maslow hat die Zufriedenheit folglich keine motivierende Kraft; im Gegenteil, die Motivation fließt dort aus dem Spannungszustand, der aus einem unbefriedigten Bedürfnis folgt. Zufriedenheit ist dort nur ein kurzer Zustand, der alsbald von dem nächsten auftauchenden Bedürfnis bzw. Spannungszustand abgelöst wird.

So will aber Arbeitszufriedenheit in der Mehrzahl der Studien gerade nicht verstanden sein. Arbeitszufriedenheit soll eher in dem Sinne, wie Herzberg das Konstrukt auch gebraucht, als Indikator für ein bereits erreichtes hohes Maß an Arbeitsmotivation stehen. Gemeint ist ein **positiver Zustand**, in dem die arbeitsrelevanten Bedürfnisse in einem hohen Maße befriedigt sind (werden). Im Unterschied zur Herzberg'schen Zwei-Faktoren-Theorie gehen jedoch die meisten Arbeitszufriedenheits-Ansätze von einer eindimensionalen Vorstellung aus, in dem Sinne, dass die Arbeitszufriedenheit (und damit auch die Motivation) mit der Zahl der befriedigten Bedürfnisse steigt (vgl. oben auch die „Kumulationstheorie").

Arbeitszufriedenheit kann Ausdruck von sehr unterschiedlich zu bewertenden Zuständen sein (vgl. Bruggemann et al. 1975; Wunderer und Küpers 2003, S. 92 ff.; Wilkin 2013). Ein eigentlich unzufriedenes Individuum kann sich als „pseudo-zufrieden" zeigen, da es den Zustand der Unzufriedenheit als unabänderbar ansieht und „erfolgreich" zu verdrängen versteht. Damit einher geht häufig eine Form resignativer Arbeitszufrieden, d. h., ein dauerhaft unbefriedigender Zustand führt – analog zum Frustrations-Regressions-Effekt – zur Anpassung des Anspruchsniveaus an die Gegebenheiten. In diesem Sinne wird Zufriedenheit vor einem Hintergrund bekundet, der sich aus Resignation speist.

Positiv im Sinne der Unternehmensführung können deshalb nur eine positiv stabile oder eine progressive Arbeitszufriedenheit sein. Letzterer wohnt eine anspruchserhöhende Eigendynamik inne, die u. U. zu weiterer erhöhter Zufriedenheit führt. Die Arbeitszufriedenheitsforschung hat mit ihrer zeitpunktbezogenen Betrachtung jedoch lange die

Entwicklung der Zufriedenheit („Arbeitszufriedenheitpfad") vernachlässigt und damit auch den Entstehungshintergrund für sehr unterschiedliche Ausdrucksformen der Arbeitszufriedenheit. Neuere Studien fokussieren deshalb stärker auf longitudinale Zusammenhänge (Dong et al. 2012), ohne dabei jedoch grundsätzlich das Problem lösen zu können, dass ein eindeutiger Zusammenhang zwischen Arbeitszufriedenheit und Leistungsergebnissen auch dann nicht zu finden ist. Darüber hinaus kann Arbeitsunzufriedenheit auch konstruktiv sein (Bruggemann et al. 1975), und zwar in dem Sinne, dass das Individuum den Status quo immer wieder in Frage stellt und nach neuen Wegen sucht, die Zufriedenheit sicherzustellen. Unkonventionelle Problemlösungen, die Suche nach Innovationen oder die Begeisterung für neue Ideen stehen nicht unbedingt im Einklang mit einer statischen Zufriedenheit (Shalley et al. 2000).

In zahlreichen empirischen Untersuchungen zeigte sich in der Tendenz, dass mit steigender Arbeitszufriedenheit die Fluktuation, die Fehlzeiten und die Unfallhäufigkeit sinken. Die insbesondere von der Human-Relations-Bewegung vertretene Hypothese, dass Arbeitszufriedenheit in jedem Fall zu erhöhter Arbeitsproduktivität führen würde, ließ sich in der Form empirisch nicht bestätigen (vgl. die Metaanalyse von Iaffaldano und Muchinsky 1992) und wird heute in der avancierten Forschung auch nicht mehr untersucht, was nicht zuletzt auch dazu geführt hat, dass das Phänomen Arbeitszufriedenheit in der Forschung zunehmend randständiger geworden und sich die Arbeitszufriedenheitsforschung auf andere abhängige Variablen verschoben hat, wie insbesondere die bereits erwähnte Fluktuation (Bedeian 2007; Chen et al. 2011) oder das Phänomen des kooperativen verantwortlichen Verhaltens („organizational citizenship behaviour") (Organ 1988, 1990). Hier ließen sich signifikante Zusammenhänge ermitteln: Je höher die Arbeitszufriedenheit, umso mehr sind Organisationsmitglieder bereit, uneigennütziges unterstützendes Verhalten zu zeigen. Dieses „job engagement" beschreiben Rich et al. (2010) als das Ausmaß der Bereitschaft eines Individuums, sich vollständig (d. h. emotional, kognitiv und physisch) in eine organisationale Rolle einzubringen. Damit ist bereits definitorisch der unmittelbare Bezug zur job performance wiederhergestellt, der der amorphen Idee der Arbeitszufriedenheit letztlich fehlt. Zugleich wird damit aber auch zunehmend ersichtlich, dass die Frage der Arbeitszufriedenheit letztlich viel weniger eine inhaltstheoretische Frage der Motivation ist, sondern eine Frage des organisationalen Kontextes und seines Einflusses auf die Motivation. An dieser Schnittstelle steht im Prinzip auch schon die Theorie von Herzberg, deren grundlegende Unterscheidung zwischen Motivatoren und Hygienefaktoren ja auch eine zwischen unterschiedlichen „job characteristics" ist (vgl. Kanfer et al. 2017).

9.5 Kontexttheorien

Im Anschluss an zunächst rein behavioristische Ansätze in der Mitte des letzten Jahrhunderts, legten die Forschungen zu den „job characteristics" zweifelsohne den zentralen Grundstein für den dritten Bereich der Motivationsforschung, der sich mit den Kontextfaktoren individueller Motivation befasst und der Frage nachgeht, wie und warum welche

Umweltfaktoren einen Einfluss auf spezifische Verhaltensweisen und deren zugrunde liegenden Motive haben. Zentraler Ausgangspunkt dieser Forschung bildet das Modell von Hackman und Oldham (1975, 1976), das über mehr als zwei Jahrzehnte hinweg eine Vielzahl von weiteren Studien angeregt hat und das im Folgenden dargestellt wird. In Bezug auf den konkreten Arbeitskontext und im Gegensatz zum möglichen Einfluss weiterer Faktoren, wie allgemeiner sozio-kultureller Effekte oder organisationaler Kontexte in Form von Gruppen oder Organisationskultur (siehe dazu Kap. 10 und 12), die den Kontext der Motivation und dessen Erforschung ebenfalls bestimmen, befasst sich die motivationale Kontextforschung heute mit den Veränderungen der Natur der Arbeit im 21. Jhd. und wie sich diese auf das individuelle Verhalten und seine zugrunde liegenden Motive auswirkt. Mit den relationalen und proaktiven Ansätzen der Arbeitsgestaltung scheinen sich hier zwei zentrale Strömungen in den letzten Jahren herauszukristallisieren, die wir im Anschluss kurz diskutieren werden.

9.5.1 Work Design 1: Das klassische Job Characteristics-Modell

Der zentrale Ansatzpunkt für Work Design Ansätze stellt darauf ab, die Arbeit bzw. Tätigkeiten so (umzu)gestalten und zu strukturieren, dass eine möglichst breite Entfaltung von Bedürfnisbefriedigungsmöglichkeit erreicht wird, bzw. – um es mit Herzberg zu sagen –, dass die Arbeit mit „Motivatoren" aufgeladen wird. Die Leitmaxime ist eine bedürfnisorientierte Arbeitsgestaltung, die Individual- und Organisationsziele gleichermaßen befördert. Diese Konzeption richtete sich zunächst einmal historisch gegen eine Arbeitsorganisation in der Tradition Taylors (vgl. dazu Kap. 2) mit ihrer radikalen Arbeitsvereinfachung, um Übungs- und Routinisierungsgewinne zu erzielen, die eine Motivierung letztlich nur über Geld zuließ. Ein Hauptimpuls kam, wie erwähnt, von der Herzberg'schen Motivationstheorie und ihrer Betonung des Arbeitsinhalts als bedeutsamster Motivationsquelle. Die zentrale Gestaltungsidee ist eine bedürfnisrelevante Anreicherung der Arbeit, wobei die Vorstellung, dass Arbeit „angereichert" werden muss, nur vor dem Hintergrund des vorgängigen Taylorismus verständlich wird.

Ausgangspunkt der meisten Überlegungen ist der Handlungsspielraums, den das einzelne Organisationsmitglied bei seiner Tätigkeit hat. In diesem Sinne wird für gewöhnlich in zwei Dimensionen unterschieden, nämlich in den **Tätigkeitsspielraum** einerseits und den **Entscheidungs- und Kontrollspielraum** andererseits (Ulich et al. 1973, S. 64 f.). Diese Unterscheidung baut auf der traditionellen betriebswirtschaftlichen Trennung in ausführende und leitende Tätigkeiten auf. Unter Tätigkeitsspielraum ist der Grad an Varietät einer Tätigkeit zu verstehen, wobei sich die Varietät nicht nur quantitativ nach der Zahl unterschiedlicher Operationen, sondern auch nach dem qualitativen Ausmaß der Unterschiedlichkeit richtet. Der Entscheidungs- und Kontrollspielraum ist durch das Ausmaß der Befugnis, selbständige Steuerungsaufgaben (etwa Planung, Organisation und Kontrolle) wahrnehmen zu dürfen, bestimmt. Interpretiert man diese beiden Dimensionen als unabhängig (orthogonal) voneinander, so lässt sich der Handlungsspielraum eines

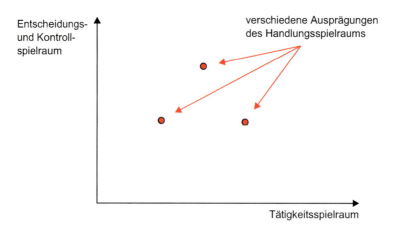

Abb. 9.9 Der Handlungsspielraum eines Arbeitsplatzes. (Quelle: nach Ulich et al. 1973, S. 65 (stark modifiziert))

bestimmten Arbeitsplatzes als Punkt in einem zweidimensionalen Koordinatensystem darstellen (vgl. Abb. 9.9).

Ein erweitertes Konzept der bedürfnisrelevanten Arbeitsdimensionen haben Hackman und Oldham (Hackman et al. 1975) entwickelt. Sie unterscheiden die folgenden fünf Dimensionen:

1. **Aufgabenvielfalt** (Skill Variety), d. h. das Ausmaß, in dem die Ausführung einer Arbeit unterschiedliche Fähigkeiten und Fertigkeiten verlangt.
2. **Ganzheitscharakter der Aufgabe** (Task Identity), d. h. das Ausmaß, in dem die Tätigkeit die Erstellung eines abgeschlossenen und eigenständig identifizierbaren „Arbeitsstücks" verlangt.
3. **Bedeutungsgehalt der Aufgabe** (Task Significance), d. h. das Ausmaß, in dem die Tätigkeit einen bedeutsamen und wahrnehmbaren Nutzen für andere innerhalb und außerhalb der Organisation hat.
4. **Autonomie des Handelns** (Autonomy), d. h. das Ausmaß, in dem die Arbeit den Beschäftigten Unabhängigkeit und einen zeitlichen und sachlichen Spielraum bei der Arbeitsausführung lässt.
5. **Rückkoppelung** (Feedback), d. h. das Ausmaß an Information, das der Arbeitsplatzinhaber über die Ergebnisse seiner Arbeit erhält.

Zwei der fünf Kerndimensionen von Hackman und Oldham entsprechen den Dimensionen des Handlungsspielraum-Konzepts, nämlich die Aufgabenvielfalt (Skill Variety) dem Tätigkeitsspielraum und die Autonomie des Handelns (Autonomy) dem Entscheidungs- und Kontrollspielraum.

Die Dimension „Ganzheitscharakter der Aufgabe" (Task Identity) stellt eine besonders wichtige Ergänzung dar. Sie verweist auf die Bedeutung, die die Erstellung eines abgeschlossenen und eigenständig identifizierbaren Arbeitsprozesses für ein positives Erleben der Arbeitssituation hat. Eine Erhöhung des Variationsgrads der Arbeitsvollzüge geht nicht automatisch mit einer Komplettierung der Arbeitsvollzüge in Richtung auf einen in sich abgeschlossenen Arbeitsprozess einher. Die Dimension der Ganzheitlichkeit hat unter der Forderung einer kundenorientierten Prozessorganisation eine nicht nur motivationstheoretische Bedeutung, wenn es in Reorganisationen immer wieder um die sog Reduzierung von Schnittstellen geht (vgl. dazu Kap. 7). Sowohl motivations- als auch organisationstheoretisch werden **integrierte Prozesse** gefordert, d. h., die Arbeitsteilung wird partiell rückgängig gemacht und ehemals voneinander getrennte Tätigkeiten werden zu einer Einheit zusammengefasst (vgl. dazu klassisch Hammer und Champy 1994, S. 71 ff.). Diese Komplettierung gilt sowohl in vertikaler als auch in horizontaler Hinsicht, d. h., zu einem integrierten Prozess gehören auch die entsprechenden Entscheidungs- und Kontrollbefugnisse („empowerment").

Die Dimension „Rückkoppelung des Arbeitsergebnisses" (Feedback) verweist unter Bezugnahme auf die Selbstregulationstheorien auf die motivierende Bedeutung, die die Rückmeldung über den Aufgabenerfolg für das Arbeitserlebnis und die Orientierung des Individuums hat. Stobbeleir et al. (2011) zeigen, dass die Art der Selbstregulation in Bezug auf kreative Leistungen von der Art und Weise abhängt, in welcher Weise sich Individuen aktiv um **Feedback** bemühen. Sie unterscheiden dabei zwischen dem Streben nach direktem Feedback und Formen indirekten Feedbacks, welche Individuen durch die Beobachtung ihres Arbeitsumfeldes selbständig generieren können.

Die Dimension „Bedeutungsgehalt der Aufgabe" (Task Significance) geht hingegen sehr stark von weiteren Kontextfaktoren (z. B. Produkten und deren Bedeutung) aus, weniger vom unmittelbaren Arbeitsinhalt. Aus Sicht der klassischen Arbeitsanreicherungsansätze (siehe unten) entzieht sich dieser Faktor der Beeinflussung und wurde als ein übergreifendes Problem der Arbeitsgestaltung betrachtet (zu einer resümierenden Einschätzung im Licht neuerer Entwicklungen vergleiche Oldham und Hackman 2010). Aus heutiger Perspektive wird man sagen müssen, dass diese Dimension selbst immer weiter an Bedeutung gewonnen hat, wie es eine Vielzahl von Studien zeigen, die Sensemaking und Meaningfulness als zentrale Faktoren herausstellen (vgl. Humphrey et al. 2007).

Anhand dieser fünf Dimensionen lässt sich das Motivationspotenzial einer Tätigkeit empirisch bestimmen. Für eine Potenzialmessung kann man sich mehrstufiger Einschätzskalen bedienen, die dem Arbeitsplatzinhaber und/oder Organisationsexperten vorgelegt werden. Hackman und Oldham (1980) haben dazu einen **„Job Diagnostic Survey"** (JDS) entwickelt (vgl. zu weiteren Instrumenten der Arbeitsanalyse Dunckel und Resch 2010). Als Ergebnis kann man das Motivationspotenzial der verschiedenen Tätigkeiten in einem Profil-Tableau vergleichend gegenüberstellen, wie in Abb. 9.10 gezeigt wird.

Das Profil-Tableau stellt auf einen objektiven Vergleich der verschiedenen Tätigkeiten ab. Es ist eine andere Frage, ob die jeweiligen Stelleninhaber subjektiv ihre Tätigkeiten auch genau so erleben, d. h. wie das tatsächlich wahrgenommene Tätigkeitsprofil aussieht.

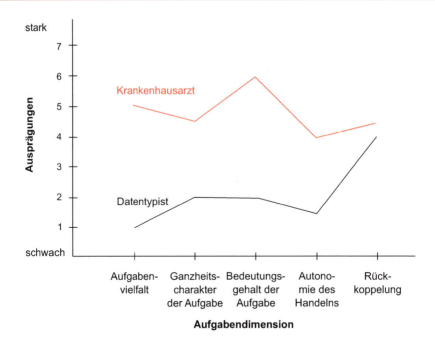

Abb. 9.10 Motivationspotenzial von Tätigkeiten im Vergleich

Grundsätzlich geht das Modell konsequenterweise davon aus, dass eine stärkere Ausprägung in den einzelnen Dimensionen das Motivationspotenzial erhöht, weil damit die Bedürfnisbefriedigungsmöglichkeiten steigen. Während sich das Modell auf diese in den fünf Dimensionen limitierte Anzahl von Kontextvariablen begrenzt, machen neuere Ansätze deutlich, dass die einzelnen Dimensionen auch durch nicht unmittelbar arbeitsorganisationsbezogene Maßnahmen beeinflusst werden können. Piccolo et al. (2010) zeigen zum Beispiel, dass eine stark ethisch-normativ ausgerichtete Führungskraft Einfluss auf den Bedeutungsgehalt der Aufgabe und die Handlungsautonomie haben kann.

Die klassischen Methoden haben jedoch zunächst einmal unmittelbar am Arbeitsinhalt angesetzt, was vor dem Hintergrund einer bis dahin im Wesentlichen tayloristischen Organisationswelt auch sehr naheliegend war. Vier traditionelle arbeitsorganisatorische Maßnahmen stehen zur Verfügung. Abb. 9.11 zeigt sie im Überblick.

Bei **Job-Rotation** wechseln die Mitarbeiter nach vorgeschriebenen oder selbst gewählten Zeit- und Reihenfolgen ihre (strukturell gleichartigen) Arbeitsplätze bis hin zu einem vollkommenen Rundumwechsel. Man erreicht auf diese Weise ohne gestalterische Eingriffe in die Arbeitsplätze für die wechselnden Personen eine Erhöhung der Aufgabenvielfalt nach Maßgabe der Aufgabenanforderungen.

Bei **Job-Enlargement** geht es ebenfalls um eine Ausweitung der Aufgabenvielfalt, die allerdings durch gestalterische Eingriffe in den Arbeitsplatz und den Arbeitsablauf erzielt wird. Hier werden strukturell gleichartige, stark zersplitterte Tätigkeiten, die ursprünglich

9.5 Kontexttheorien

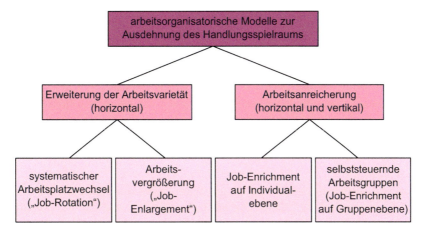

Abb. 9.11 Klassische arbeitsorganisatorische Modelle im Überblick

von verschiedenen Personen durchgeführt wurden, wieder an einem Arbeitsplatz zusammengefasst.

Job-Enrichment zielt hingegen auf die Ausweitung des **Entscheidungs- und Kontrollspielraums** („vertikale Ladung") ab. Diese Ausweitung gewinnt umso mehr an Gewicht, je mehr sie im Sinne eines ganzheitlichen Prozesses angelegt ist.

Job Enrichment auf Gruppenbasis sieht die Einrichtung von teilautonomen Arbeitsgruppen vor. Solche sich selbststeuernden Teams haben die Aufgabe, **zusammenhängende Aufgabenvollzüge** gemeinsam und teamverantwortlich zu erfüllen und verfügen deshalb gemeinsam über bestimmte Entscheidungs- und Kontrollkompetenzen. Je nach Sachverhalten, die der Arbeitsgruppe zur eigenverantwortlichen Wahrnehmung übertragen werden, kann man verschiedene Grade der Selbststeuerung unterscheiden (Ulrich und Weber 1996). Insgesamt ist es das Ziel, dass in der Gruppe alle Fähigkeiten und Kompetenzen zusammengefasst werden, die für die Erfüllung der Aufgabe (Abwicklung eines Teilprozesses, Erstellung eines Werkstücks usw.) erforderlich sind. Die Steuerung des Teams von außen entspricht dann sehr der Steuerung durch Zielvorgaben (siehe oben).

Interessant ist, dass beispielsweise Herzberg (1975, S. 5 ff.) dieses gruppenbezogene („sozio-zentrische") Modell der Arbeitsstrukturierung abgelehnt hat mit der Behauptung, dass der Einzelne in erster Linie in der Auseinandersetzung mit seiner Arbeit wachse. Diese Begründung vermag freilich nicht zu überzeugen. Zunächst einmal ist daran zu erinnern, dass bei einer Beschränkung auf den individuellen Arbeitsplatz einer Ausdehnung des Entscheidungs- und Kontrollspielraums relativ enge Grenzen gesetzt sind. Diese werden sich insbesondere dann bemerkbar machen, wenn man die Arbeitsanreicherung als einen **dynamischen Prozess** begreift. Darüber hinaus werden durch individuo-zentrische Ansätze des Job-Enrichment wichtige Entfaltungsdimensionen des Menschen gar nicht angesprochen. Dazu gehören vor allem der Erwerb interpersonaler Kompetenz und der Aufbau befriedigender sozialer Beziehungen.

Jenseits dieser praktischen Ansätze zur Verwirklichung von zentralen Ideen des Job Characteristics-Modells, hat letzteres einen ganz wesentlichen Grundstein für die Ansatzpunkte motivierender Arbeitsgestaltung gelegt und die Theorie hat auch eine Reihe von empirischer Bestätigung erfahren (vgl. zum Überblick Humphrey et al. 2007).

Ging es ursprünglich und historisch verständlich um Arbeitsanreicherung, d. h. um das Bestreben, die im Taylorismus verwurzelten Vorstellungen von Arbeitsmotivation aufzubrechen und die negativen Aspekte hochgradiger Arbeitsteilung und Spezialisierung zurückzunehmen, so geht es heute breiter gedacht um Arbeitsgestaltung. Damit rücken nun jedoch zunehmend Probleme in den Mittelpunkt, die zwar in einem Zusammenhang zu zentralen Dimensionen des Job Charateristics-Modells gesehen werden können, aber zugleich auch darüber hinausgehen, indem sie insbesondere die Bedeutung weiterer Kontextfaktoren mit einbeziehen. So stellen beispielsweise Faktoren wie Überidentifikation und Arbeitsüberladung Erklärungsfaktoren für Phänomene wie „burnout" und „work-family-conflicts" dar (Ilies et al. 2009; Michel et al. 2011), machen aber zugleich deutlich, dass die Dimensionen des Modells immer im Kontext weiterer Faktoren zu betrachten sind (wie etwa verfügbarer Ressourcen oder unterstützender Beziehungen), wenn es um die Erklärung der Entfaltung motivationaler Aspekte geht (Nahrgang et al. 2011). Während zwischenzeitlich der Eindruck entstanden war, dass die Fragen der Arbeitsgestaltung im Hinblick auf ihre motivationalen Wirkungen abschließend geklärt seien (Ambrose und Kulik 1999), zeigen solche Entwicklungen jedoch, dass das Thema Arbeitsgestaltung gerade im Lichte der Veränderungen unserer Vorstellung von Arbeit, hochrelevant ist und sich nicht auf die klassischen Dimensionen des Job Charatistics-Modells beschränken. Grant und Parker (2009) haben in ihrem Review den Vorschlag unterbreitet, die neueren Entwicklungen hinsichtlich der Frage der motivationalen Arbeitsgestaltung im Hinblick auf zwei zentrale Ansatzpunkte zu erfassen, die sie einerseits als relationale, andererseits als proaktive Ansätze der Arbeitsgestaltung bezeichnen. Diesem Strukturierungsvorschlag soll hier gefolgt werden.

9.5.2 Work Design 2: Relationale und Proaktive Ansätze

Mit den neueren Ansätzen zur Arbeitsgestaltung bzw. zum Work Design geht zunächst einmal auch eine erweiterte und breitere Vorstellung vom Konzept der Arbeit und wie Arbeit organisiert, d. h. geteilt und integriert wird, einher, der den historisch und theoretisch geprägten Fokus auf „Jobs" und zugewiesenen Aufgaben („assigned tasks") deutlich überschreitet (vgl. dazu auch Grant 2012). Eine solche Perspektivenerweiterung ist einerseits durch die Entwicklung hin zu einer postindustriellen, stärker dienstleistungsorientierten, globalen (Wissens-)Gesellschaft geprägt, zum anderen durch die enormen technologischen Veränderungen insbesondere in den Bereichen Information, Kommunikation und Medien. Aus der Vielzahl der möglichen Effekte, die diese Entwicklungen entfalten, lassen sich in Bezug auf Arbeit und Arbeitsgestaltung – so die These von Grant und Parker (2009) – zwei zunehmend kritische Faktoren identifizieren: eine

Zunahme der Interdependenz von Arbeit und eine Zunahme der Unsicherheit in Bezug auf den Vollzug von Arbeit.

Der Faktor Interdependenz (vgl. dazu auch Kap. 7 und 10) verweist darauf, dass Arbeitssysteme (Organisationen) heute sowohl intern als auch hinsichtlich ihrer externen Beziehungen von zunehmender wechselseitiger Abhängigkeit geprägt sind. Der Faktor Unsicherheit hingegen trägt dem Umstand Rechnung, dass Arbeitssysteme hinsichtlich ihres Inputs, ihrer Prozesse und ihres Outputs zunehmend Situationen der Unwissbarkeit und mithin Unplanbarkeit ausgesetzt sind (vgl. hierzu Kap. 4, 5 und 6). Beide Entwicklungen zeichnen unterschiedliche theoretisch-konzeptionelle wie insbesondere auch empirisch sichtbare Folgen für die Art und wie Weise, wie Arbeit gestaltet wird und welche motivationalen Effekte damit verbunden sind. Während sich relationale Ansätze im Wesentlichen als eine Reaktion auf und eine Lösung von Problemen zunehmender Interdependenz von Arbeit verstehen lassen, stellen proaktive Ansätze eine Reaktion auf und Lösung von Problemen zunehmender Unsicherheit dar.

Relationale Ansätze. Wenn Arbeit immer interdependenter wird, dann rücken zunehmend die interpersonalen Beziehungsstrukturen in den Mittelpunkt des Interesses, Es geht dann nicht mehr nur alleine um „job characteristics", sondern vielmehr um die „social characteristics" die ein bestimmtes Work Design mit sich bringt und auf das im Sinne motivierender Gestaltung Einfluss genommen werden kann. Morgeson und Humphrey (2006) haben in einer auf einem Meta-Review aufbauenden Validierung insgesamt 21 Arbeitscharakteristiken identifiziert, von denen sie die folgenden fünf als soziale Charakteristiken ausweisen:

- **Soziale Unterstützung:** Sie spiegelt den Grad wider, indem eine Tätigkeit die Möglichkeit mit sich bringt, Rat und Hilfe von anderen zu erhalten.
- **Empfangene Interdependenz:** Sie spiegelt den Grad wider, in dem die eigene Tätigkeit von der anderer abhängt.
- **Initiierte Interdependenz:** Sie spiegelt den Grad wider, in dem die Tätigkeit anderer von der eigenen Tätigkeit abhängt.
- **Interaktion außerhalb der Organisation:** Diese Dimension spiegelt das Ausmaß wider, in dem eine Tätigkeit die Notwendigkeit mit sich bringt, mit Personen außerhalb einer Organisation (Kunden, Zulieferer, oder andere externe Einheiten) zu interagieren und zu kommunizieren.
- **Feedback von anderen:** Darunter ist (und dies in Differenz zum Job Characteristics Modell, das auf das Feedback aus der Tätigkeit selbst fokussiert ist) das mit einer Position einhergehende Ausmaß an Feedback zu verstehen, das andere in der Organisation (insbesondere Kollegen und Vorgesetze) einem zukommen lassen.

Die mitunter sehr komplexen Wirkungszusammenhänge dieser sozialen Charakteristiken einer Tätigkeit auf das Verhalten und die Motivation eines Individuums seien am Beispiel der sozialen Unterstützung und hier anhand des Ansatzes zur „wahrgenommenen organisatorischen Unterstützung" (POS: perceived organizational support) (Wayne et al. 1997;

Rhoades und Eisenberger 2002; Aselage und Eisenberger 2003) etwas detaillierter erläutert. POS bezieht zusätzlich eine **Austausch-Perspektive** zwischen Individuum und Organisation mit ein und geht davon aus, dass ein hohes Maß an wahrgenommener organisatorischer Unterstützung (Ausmaß, in dem das Unternehmen eine Befriedigung der persönlichen Bedürfnisse ermöglicht) eine starke Verpflichtung erzeugt, nicht nur loyal zu sein, sondern auch ein Verhalten zu zeigen, das die Erreichung der Organisationsziele fördert. Mit anderen Worten, es wird eine Art Ausgleich hergestellt zwischen dem, was man bekommt, und dem, was man gibt. Empirische Studien (Wayne et al. 1997; Rich et al. 2010) haben gezeigt, dass ein hohes Maß an wahrgenommener organisatorischer Unterstützung mit Gewissenhaftigkeit in der Aufgabenerfüllung, Innovationsbereitschaft, Engagement u. a. m. einhergeht. Darüber hinaus zeigte sich, dass das Gefühl geschätzt und unterstützt zu werden, auch Sicherheit verleiht; man vertraut dann wesentlich stärker darauf, dass das Unternehmen auch alle die Versprechungen einhält, die in die Austauschbilanz mit hereingenommen werden (Beförderung, Belobigung, Gehaltssteigerung usw.). An dieser Stelle besteht natürlich eine große Nähe zu dem Erwartungs-Valenz-Modell.

In diesem Sinne führt dann auch ein hohes Maß an wahrgenommener Unterstützung dazu, mit dem Kernproblem einer immer größeren Interdependenz in der Arbeit besser umzugehen. Zugleich wird aber deutlich, dass die theoretischen Zusammenhänge zwischen Möglichkeiten der Arbeitsgestaltung und der damit verbundenen motivationalen Effekte weitaus komplexer werden und dass die Zusammenhänge auch weniger friktionsfrei gedacht werden müssen. Eine zunehmende Interdependenz führt ja qua Definition zur Abnahme von Autonomie und insofern „kompensieren" die sozialen Charakteristiken der Arbeit – wenn sie denn adressiert werden – zwar diese Interdependenzeffekte, sie stehen aber in einem genuin spannungsgeladenen Verhältnis zu Ansätzen, die die proaktive Gestaltung des Work Designs zum Gegenstand haben.

Proaktive Ansätze. Traditionellerweise ist die Forschung zur motivierenden Arbeitsgestaltung von der Idee der Fremdorganisation ausgegangen, d. h. dass das Job Design von außen vorgenommen wurde und dass Angestellte diese vorstrukturierten Jobs dann auszuführen hatten. Insofern ist die Idee des Einräumens von Entscheidungs- und Kontrollspielräumen zunächst immer eine gewesen, die sich auf einen klar abgesteckten und vorgegebenen Rahmen bezog und auf Entscheidungsautonomie innerhalb dieses Rahmens. Mit der Zunahme von Unsicherheit und der immer geringeren Planbarkeit von Stellen und Tätigkeiten geht jedoch die Notwendigkeit zur Flexibilisierung von Tätigkeiten einher. Das Aufkommen von Phänomenen wie Selbststeuernder Teams, Telearbeit und virtueller und globaler Arbeit im digitalen Raum sind alles Indizien dafür, dass das Zeitalter fester (und auch lebenslanger) Beschäftigung, stabiler Tätigkeitsprofile und vorstrukturierter Rollenerwartungen einen tief greifenden Wandel erfährt. Begleitet werden diese Entwicklung quasi co-evolutionär von gesellschaftlichen Veränderungen hinsichtlich der Einstellung auf und den Wert von Arbeit. Wie eingangs dieses Kapitels bereits ausgeführt, erwarten sowohl Organisationen als auch Angestellte wechselseitig heute mehr voneinander als das bloße Erfüllen expliziter Arbeitsverträge. Die Konsequenzen dieser Entwicklungen werden im Hinblick auf die motivierende Arbeitsgestaltung sukzessive immer plastischer.

9.5 Kontexttheorien

Mit zunehmender Unsicherheit wächst die Notwendigkeit, dass diejenigen, die die Tätigkeiten ausführen, diese auch zunehmend selbst mitgestalten (Grant und Parker 2009).

Diese Perspektive des proaktiven Work Designs schließt einerseits nahtlos an bereits angeführte Ansätze wie selbststeuernde Arbeitsgruppen (Cordery 1996), und „empowerment" (Ford und Folter 1995) an und erinnert zugleich an bereits bekannte Phänomene wie das der aktiven Rollengestaltung (vgl. Kap. 10), gehen jedoch auch deutlich über die traditionellen Ansätze hinaus. Grant und Parker (2009) unterscheiden drei Strömungen, die in jeweils unterschiedlicher Weise darauf fokussiert sind, proaktive Verhaltensweisen im Zusammenhang mit motivierender Arbeitsgestaltung zu beschreiben, zu analysieren und zu erklären.

Die erste Richtung befasst sich noch eher traditionell mit der Frage, welche Formen von Arbeitsgestaltung proaktives Verhalten in Organisationen begünstigen bzw. stimulieren, so dass Angestellte initiativ werden und aktiv ihre Tätigkeit und den Kontext Ihrer Tätigkeit gestalten. Die **Stimulation von proaktivem Verhalten** ist hier darauf bezogen, welche Tätigkeitsdimensionen beispielsweise Kreativität, intellektuelle Flexibilität, das Entstehen von Verantwortungsgefühlen oder das Zeigen von Eigeninitiative zu erklären vermag (Frese et al. 2007), wobei neben Autonomie, insbesondere Ambiguität und Komplexität der Tätigkeit sowie Rechenschaftspflicht als mögliche Erklärungsfaktoren diskutiert werden.

Die zweite Strömung geht einen Schritt weiter und setzt sich mit dem Phänomen der sog. I-Deals (=idiosynkratische Deals) und der Rollen-Verhandlung auseinander. Hierbei wird untersucht, wann, wie und warum **Angestellte eigeninitiativ in Verhandlungen** mit ihren Vorgesetzten oder anderen relevanten Ansprechpartner eintreten, um ihre Tätigkeiten und Rollen für sich spezifisch (neu) zu bestimmen (Rousseau et al. 2006). I-Deals werden dabei so definiert, dass diese sowohl im Sinne des Unternehmens als auch im Sinne des Individuums stehen und sich mithin also von Begünstigung und Vetternwirtschaft deutlich unterscheiden (Hornung et al. 2014; Rousseau et al. 2016).

Die letzte Strömung schließlich befasst sich dem Phänomen des **„job crafting"** und der Rollen-Anpassung und geht davon aus, dass diese Formen des Tätigkeitsdesigns schließlich vollkommen autonom von Individuen in Organisationen vorgenommen werden (vgl. für einen Überblick Zhang und Parker 2019). Unter Job Crafting verstehen Wrzesniewski und Dutton (2001) die Summe all jener Handlungen, die Individuen ergreifen, um ihre Tätigkeit zu formen, zu prägen und neu zu definieren. Dabei werden Tätigkeiten in drei Dimensionen neu bestimmt: a) in physischer Hinsicht, indem die Grenzen einer Tätigkeit verschoben werden, b) in kognitiver Hinsicht, indem das Verständnis und die Bedeutung der Tätigkeit verschoben wird und c) in relationaler Hinsicht, indem die Beziehungen und die Art der Beziehungen zu anderen verändert wird. Die Autoren gehen davon aus, dass diesen Crafting-Aktivitäten drei unterschiedliche individuelle Bedürfnisse zugrunde liegen: das Bedürfnis nach Selbstbestimmung und Sinnhaftigkeit, das Bedürfnis nach einem positiven Selbst-Bild und das Bedürfnis nach Beziehung zu anderen. Zudem wird davon ausgegangen, dass die Art und Weise wie ein Individuum seine Tätigkeit gestaltet, davon abhängt, ob diese eher intrinsisch oder extrinsisch motiviert ist und ob diese ihre Arbeit als einen Job, als eine Karriere oder als eine Berufung verstehen (Grant und Parker 2009).

Von der Idee der klassischen motivierenden Arbeitsgestaltung hat sich insbesondere dieser letzte Ansatz sicherlich am weitesten entfernt, geht es hier doch nicht mehr darum Autonomie innerhalb eines festgelegten Tätigkeitsrahmens einzuräumen, sondern „opportunities for crafting" zu schaffen, deren Wahrnehmung dann überhaupt erst zu einer Rahmung von Tätigkeiten führt. Zugleich wird hier noch einmal das grundlegende Dilemma deutlich, der sich die Work Design Forschung neuerer Prägung heute konfrontiert sieht. Versteht man Phänomene wie Job Crafting und Rollen-Verhandlungen als eine Reaktion und Antwort auf zunehmende Unsicherheit und als eine Möglichkeit, Flexibiltäts- und Responsivitätspotenziale innerhalb einer Organisation zu schaffen, weil dadurch Kreativität, Innovation und Eigeninitiative gefördert werden, dann steht dieses in unmittelbarem Widerspruch zur konstatierten Zunahme von Interdependenzverhältnissen, die solche Formen der autonomen Tätigkeitsgestaltung entgegenläuft. Inwieweit hier „wechselseitige Steigerungsverhältnisse" (Luhmann) zwischen einer motivierenden Arbeitsgestaltung, die auf Interdependenz-Kompensation (relationale Ansätze) und einer die auf Unsicherheits-Absorption (proaktive Ansätze) ausgerichtet ist, muss die weitere Forschung zeigen.

Insgesamt machen die Kontextansätze der Motivation aber deutlich, welche Möglichkeiten der Beeinflussung und Gestaltung durch das Tätigkeitsdesign einerseits gegeben sind und welche Grenzen der Gestaltung im Sinne einer Kontextsteuerung damit aber auch zugleich verbunden sind. Der Kontext ist komplex und seine Gestaltung anspruchsvoll (vgl. dazu auch Kap. 12). Das mag alle diejenigen beunruhigen, die die zentrale Aufgabe der managementorientierten Motivationsforschung darin sehen, evidenz-basierte Eindeutigkeit herzustellen. Aus der Perspektive des diesem Lehrbuch zugrunde liegenden modernen Managementprozesses (vgl. Kap. 4) unterliegt dieses Bestreben ohnehin einer fehlleitenden Illusion.

Diskussionsfragen

1. In welchem Sinne sind Motivationstheorien performativ und was bedeute dies konkret für die Praxis des Motivierens?
2. „Motivieren ist zu 99 % eine Frage der Personalauswahl. Wenn Sie die richtigen Leute haben, läuft der Laden fast von allein, wenn Sie die falschen Mitarbeiter haben, nützt auch alles Motivieren nichts."
   Stimmen Sie dieser Aussage einer Entwicklungschefin zu? Begründen Sie Ihre Meinung.
3. Kann die „Erwartung" im Vroom-Modell von Vorgesetzten beeinflusst werden? Und wenn ja, wie?
4. Welchen Zusammenhang postulieren die Selbstregulationstheorien zwischen Zielschwierigkeit und Leistung?
5. Was versteht man unter emotionaler Kontrolle und in welchem Zusammenhang steht diese zum sog. „Flow-Erleben"?

9.5 Kontexttheorien

6. Durch was unterscheiden sich ausgewogene und obsessive Formen der Passion?
7. Lässt sich ein Zusammenhang zwischen dem Erwartungs-Valenz-Modell und dem Herzberg'schen Ansatz herstellen?
8. Warum ist die Entlohnung kein dauerhafter Motivator im Sinne Herzbergs?
9. Inwiefern bauen die Prinzipien einer motivierenden Arbeitsgestaltung auf Selbstregulationstheorien auf?
10. Worin unterscheiden sich relationale und proaktive Ansätze des Work Designs?

Fallstudie: Martina Burger

Am 23.11. 2007 fand nachmittags bei der Buntschuh GmbH, Bergkamen, eine kleine Feier statt. Fritz Hummer (45) wurde als neuer Leiter des Werks I begrüßt, es ist das größte und wichtigste Werk der Gesellschaft. Er war schon länger bei der Buntschuh GmbH und es war für niemand eine Überraschung, dass er der Nachfolger von Toni Streng, dem alten Buntschuh-Urgestein, wurde. Hummer hatte im Vorfeld schon mehrfach Martina Burger (33) gesprochen; sie war in der Lohnbuchhaltung tätig und war ihm durch intelligente Fragen wie auch eine außergewöhnliche Auffassungsgabe aufgefallen. Er hat sie bei den Gesprächen immer ermutigt, Weiterbildungsveranstaltungen zu besuchen und wurde nicht müde zu betonen: „Sie haben Talent, machen Sie was draus!". Er hatte ihr auch schon mehrfach sein Leid geklagt, dass das interne Rechnungswesen der Firma zu verknöchert sei und zu wenig auf die tatsächlichen Informationsbedürfnisse der Entscheidungsträger insgesamt, speziell aber der Leiter der Werke, zugeschnitten sei. Bei der Feier äußerte er in kleinem Kreise: „Jetzt ist der Zeitpunkt gekommen, jetzt mache ich Nägel mit Köpfen".

Schon wenige Tage später bat er Martina in sein neues Büro und erklärte, wie er sich die Umstrukturierung des Rechnungswesens im Werk vorstellte, immer wieder fiel der Begriff „Managerial Accounting". Das war es, was er wollte – und Martina verstand vor dem Hintergrund ihrer Fortbildungen gut, was er meinte. Er schlug nun vor, dass Martina einen Lehrgang bei der Controller-Akademie besuchen und danach die Leitung eines alt-bewährten Teams mit Mitarbeiterinnen der Betriebsabrechnung übernehmen sollte. Sie sollte zwar zunächst nicht volle Personalverantwortung für die vier Frauen bekommen – die blieb beim Verwaltungsleiter –, aber eben Teamleiterin sein. Martina war begeistert von dem Vorschlag und sah der neuen Herausforderung zwar ein wenig beklommen, aber doch mit Stolz entgegen.

Der erste Tag als Teamleiterin verlief viel besser als Martina das erwartet hatte. Ihr war klar, dass sie noch keine Führungserfahrung hatte und dass dies ihre vier Mitarbeiterinnen, alle zwischen 36–44 Jahre alt, auch wussten. Die vier Frauen begrüßten sie freundlich, eine hatte sogar Kuchen mitgebracht, so dass der erste Tag mit einer Kaffeerunde in guter Stimmung beginnen konnte. Schon gleich beim Kaffee betonte Martina, wie wichtig es wäre, dass die Betriebsabrechnung neu ausgerichtet würde und dass der neue Werksleiter dieser Neuausrichtung eine hohe Bedeutung beimessen würde. Die Damen hörten interessiert zu und nickten freundlich. Abends erzählte Martina ihrem Lebensgefährten, Gerhard Fisch, dass sie es gut erwischt hätte und dass sie zuversichtlich sei, diese schwere Aufgabe, die Hummer ihr da gegeben hat, zu meistern.

Die nächsten Tage glichen einander, Martina nahm jede Gelegenheit war, ihren Mitarbeiterinnen die neue „Philosophie" zu erklären und diese staunten nicht schlecht als sie sogar Umdenken in Richtung auf ein „Managerial Accounting" einforderte. Zunächst waren aber die Routinetätigkeiten zu erledigen. Einmal bereitete Martina zuhause ein paar Flipcharts vor, anhand derer sie am nächsten Tag den vier Mitarbeiterinnen die Informationsflüsse aufzeigte und immer wieder wiesen die Pfeile zu Hummer, zu dem die tagesaktuellen Kosteninformationen fließen sollten. Die vier Mitarbeiterinnen waren verblüfft, hörten aber aufmerksam zu. Allerdings meinte Martina auch fragende Blicke gesehen zu haben, die sich die Frauen mehrfach untereinander zuwarfen. Aber keine stellte eine Frage.

Nach 4 Wochen dämpfte sich Martinas Zuversicht etwas. Als sie in der S-Bahn nach Hause fuhr, fragte sie sich selbst, wie weit sie denn nun mit der neuen Philosophie schon vorangekommen sei und musste sich eingestehen, dass de facto noch nicht viel bewegt werden konnte. In den nächsten Tagen trug sie ihr Anliegen immer nachdrücklicher vor; ihre Mitarbeiterinnen waren etwas erstaunt, sie meinte aber erkennen zu können, dass sie durchaus Zustimmung durch freundliches Lächeln signalisieren würden. Allerdings hatte sie nun das Gefühl, dass, wann immer sie den Raum betritt, die Gespräche verstummen. Einmal hatte sie eine Broschüre ausgelegt: „Die neue Kostenrechnung", aber diese blieb unberührt; stattdessen kursierte in den Pausen ein Prospekt über preiswerte Tees, die vier Frauen bereiteten eine Sammelbestellung vor.

Nach 6 Wochen wurde Martina nervös; der „Laden" lief zwar, aber ihre ehrgeizigen Ziele schienen in weite Ferne zu rücken. Abends erzählte sie Gerhard ausführlich von ihren Aktivitäten und fügte hinzu: "Weißt du, bei den Vieren da fehlt was, da ist einfach kein Dampf im Kessel. Da kommt nichts. Die lächeln dich freundlich an, aber mehr auch nicht. Neuerdings marschieren sie immer gemeinsam auf den Balkon zum Rauchen." Am nächsten Abend lenkte Martina das Gespräch erneut auf ihre vier Mitarbeiterinnen: „Da ist einfach kein Dampf im Kessel. Ich könnte mir die Haare raufen. Jetzt ist die Chance da und dann so was." Gerhard nickte verständnisvoll. Als Martina am dritten Abend wieder auf den fehlenden Dampf zu sprechen kam, runzelte Gerhard seine Stirn und sagte: „Martina, das ewige Jammern über die vier Frauen bringt gar nichts, unternimm etwas, du musst die Situation zu Deinen Gunsten ändern!". Das war das letzte, was Martina in dieser Situation hören wollte, sie fragte etwas ungehalten zurück: „Ja, was soll ich denn tun?" „Das kann ich dir leider nicht sagen", entgegnete Gerhard, „ich bin ja nicht der Leiter dieses Accounting-Teams. Da muss man die Verhältnisse schon genau kennen, sonst kommen da nur Allerweltsempfehlungen zustande, die nicht wirklich weiterhelfen."

Nach einigem Überlegen entwickelt Martina Burger eine Idee, worin die Ursache für den mangelnden Fortschritt bestehen könnte. Sie vermutet ein Motivationsproblem.

Fragen zur Fallstudie
1. Wenn Martina Burger ihre These auf Basis der Erwartungs-Valenz-Theorie prüfen möchte, wie müsste sie dabei im Einzelnen vorgehen, d. h. welche Prüfschritte müsste sie ergreifen, und welche Informationen bräuchte sie, um schließlich eine Aussage zur Motivation der Mitarbeiterinnen treffen zu können?
2. Wenn ihre Vermutung zutrifft, was könnte Martina Burger tun, um die Situation zu verbessern?

Literatur

Adams, J. S. (1965), Inequity in social exchange, in: Berkovitz, L. (Hrsg.), Advances in experimental social psychology, Bd. 2, New York, S. 267–299.

Alderfer, C. (1972), Existence, relatedness and growth, New York.

Ambrose, M. L./Kulik, C. T. (1999), Old friends, new faces: Motivation research in the 1990s, in: Journal of Management 25 (3), S. 231–292.

Anderl, M. L./Reineck, U. (2016), Handbuch Prozessberatung, 2. Aufl., Weinheim, Basel

Aselage, J./Eisenberger, R. (2003), Perceived organizational support and psychological contracts: A theoretical integration, in: Journal of Organizational Behavior 24 (5), S. 491–509.

Atkinson, J. W. (1964), An introduction to motivation, Princeton/N. J.

Bandura, A. (1986), Social foundations of thought and action. A social cognitive theory, Englewood Cliffs/N. J.

Bandura, A. (1988), Self-regulation of motivation and action through goal systems, in: Hamilton, V./Bower, G. H./Frijda, N. H. (Hrsg.), Cognitive perspectives on emotion and motivation, Dordrecht, S. 37–61.

Bandura, A. (1997), Self-efficacy: The exercise of control, New York.

Barrick, M. R./Mount, M. K. (1991), The big five personality dimensions and job performance: A meta-analysis, in: Personnel Psychology 44 (1), S. 1–26.

Barrick, M. R./Mount, M. K./Li, N. (2013), The theory of purposeful work behavior: The role of personality, higher-order goals, and job characteristics, in: Academy of Management Review 38 (1), S. 132–153.

Barrick, M. T./Stewart, G. L./Piotrowski, M. (2002), Personality and job performance: Test of the mediating effects of motivation among sales representatives, in: Journal of Applied Psychology 87 (1), S. 43–51.

Baum, J. R./Locke, E. A. (2004), The relationship of entrepreneurial traits, skill, and motivation to subsequent venture growth, in: Journal of Applied Psychology 89 (4), S. 587–598.

Bedeian, A. G. (2007), Even if the tower is „ivory", it isn't „white": Understanding the consequences of faculty cynicism, in: Academy of Management Learning & Education 6 (1), S. 9–32.

Behling, O./Starke, F. A. (1973), The postulates of expectancy theory, in: Academy of Management Journal 16, S. 373–388.

Berlyne, D. E. (1966), Curiosity and exploration, in: Science 153, S. 25–33.

Braun, T. (2004), Jenseits der Zielsteuerung. Eine kritische Untersuchung zielbasierter Instrumente der Unternehmenssteuerung, Köln.

Bridgman, T./Cummings, S./Ballard, J. (2019), Who built Maslow's pyramid? A history of the creation of management studies' most famous symbol and its implications for management education, in: Academy of Management Learning & Education 18 (1), S. 81-98.

Bruggemann, A./Groskurth, P./Ulich, E. (1975), Arbeitszufriedenheit, Bern u. a.
Campbell, J. P./Pritchard, R. D. (1976), Motivation theory in industrial and organizational psychology, in: Dunnette, M. P. (Hrsg.), Handbook of Industrial and Organ-izational Psychology, Chicago, S. 92–95.
Cardon, M. S./Post, C./Forster, W. R. (2017), Team entreprenerial passion: Its emergence and influence in new venture teams, in: Academy of Management Review 42 (2), S. 283–305.
Cardon et al. 2017 ist richtig, nicht 2013, ist im Text geändert.
Cardon, M. S./Wincent, J./Singh, J./Drnovsek, M. (2009), The nature and experience of entrepreneurial passion, in: Academy of Management Review 34 (3), S. 511–532.
Chen, G./Ployhart, R. E./Thomas, H. C./Anderson, N./Bliese, P. D. (2011), The power of momentum: A new model of dynamic relationships between job satisfaction change and turnover intentions, in: Academy of Management Journal 54 (1), S. 159–181.
Chen, X.-P./Yao, X./Kotha, S. (2009), Entrepreneur passion and preparedness in business plan presentations: A persuasion analysis of venture capitalists' funding decisions, in: Academy of Management Journal 52 (1), S. 199–214.
Conrad, P. (1983), Maslow-Modell und Selbsttheorie: Eine Kritik, in: Die Unternehmung 37 (3), S. 258-277.
Cordery, J. L. (1996), Autonomous work groups and quality circles, in: West, M. A. (Hrsg.), Handbook of work group psychology, Chichester, S. 53–71.
Csikszentmihalyi, M. (2000), Das flow-Erlebnis, 8. Aufl., Stuttgart.
Csikszentmihalyi, M./Schiefele, U. (1993), Die Qualität des Erlebens und der Prozess des Lernens, in: Zeitschrift für Pädagogik 39 (2), S. 207–221.
Davis, K. (1967), Human relations at work, New York.
De Stobbeleir, K. E. M./Ashford, S. J./Buyens, D. (2011), Self-regulation of creativity at work: The role of feedback-seeking behavior in creative performance, in: Academy of Management Journal 54 (4), S. 811–831.
Deci, E. L. (1975), Intrinsic motivation, New York.
Deci, E. L./Ryan, R. M. (1990), A motivational approach to self: Integration in personality, in: Dienstbier, R. (Hrsg.), Nebraska Symposium on Motivation, Lincoln, S. 237–288.
Dong, L. I. U./Mitchell, T. R./Lee, T. W./Holtom, B. C./Hinkin, T. R. (2012), When employees are out of step with coworkers: How job satisfaction trajectory and dispersion influence individual- and unit-level voluntary turnover, in: Academy of Management Journal 55 (6), S. 1360–1380.
Donham, P. (1962), Is management a profession?, in: Harvard Business Review 40 (5), S. 60–68.
Duffy, R. D./Douglass, R. P./England, J. W./Dik, B. J./Velez, B. L. (2018), Work as a calling: A theoretical model, in: Journal of Counseling Psychology 65 (4), S. 423–439.
Dunckel, H./Resch, M. G. (2010), Arbeitsanalyse, in: Birbaumer, N. et al. (Hrsg.), Enzyklopädie der Psychologie. Band 1: Arbeitspsychologie, S. 1111–1158.
Dutton, J. E./Roberts, L. M./Bednar, J. (2010), Pathways for positive identity construction at work: Four types of positive identity and the building of social resources, in: Academy of Management Review 35 (2), S. 265–293.
Erez, M. (1977), Feedback: A necessary condition for goal setting – performance relationship, in: Journal of Applied Psychology 62, S. 624–627.
Fisher, C. D. (1980), On the dubious wisdom of expecting job satisfaction to correlate with performance, in: Academy of Management Review 5, S. 607–612.
Ford, R. C./Folter, M. D. (1995), Empowerment: A matter of degree, in: Academy of Management Executive 9 (3), S. 21–31.
Frese, M./Garst, H./Fay, D. (2007), Making things happen: Reciprocal relationships between work characteristics and personal initiative in a four-wave longitudinal structural equation model, in: Journal of Applied Psychology 92 (4), S. 1084-1102.

Frey, B. S. (1997), Markt und Motivation: Wie ökonomische Anreize die (Arbeits-) Moral verdrängen, München.

Galbraith, J./Cummings, L. L. (1967), An empirical investigation of the motivational determinants of task performance, in: Organizational Behavior and Human Performance 2, S. 103–121.

George, J. M. (2007), Creativity in organizations, in: Academy of Management Annals 1 (1), S. 439–477.

Ghoshal, S. (2005), Bad management theories are destroying good management practices, in: Academy of Management Learning & Education 4 (1), S. 75–91.

Gielnik, M. M./Spitzmuller, M./Schmitt, A./Klemann, D. K./Frese, M. (2015), „I put in effort, therefore I am passionate": Investigating the path from effort to passion in entrepreneurship, in: Academy of Management Journal 58 (4), S. 1012–1031.

Goffee, R./Jones, G. (2015), Why should anyone be led by you? What it takes to be an authentic leader, Boston: Harvard Business Press.

Grant, A. M. (2012), Giving time, time after time: Work design and sustained employee participation in corporate volunteering, in: Academy of Management Review 37 (4), S. 589–615.

Grant, A. M./Berry, J. W. (2011a), The necessity of others is the mother of invention: Intrinsic and prosocial motivations, perspective taking, and creativity, in: Academy of Management Journal 54 (1), S. 73–96.

Grant, A. M./Parker, S. K. (2009), Redesigning work design theories: The rise of relational and proactive perspectives, in: Academy of Management Annals 3 (1), S. 317–375.

Graumann, C. F. (1987), Heterogonie des Wollens: Eine phänomenologisch-psychologische Anregung zur Neubearbeitung der Psychologie des Wollens, in: Heckhausen, H./Gollwitzer, P. M./Weinert, F. E. (Hrsg.), Jenseits des Rubikon. Der Wille in den Humanwissenschaften, Berlin, S. 53–66.

Hackman, J. R./Oldham, G. R. (1975), Development of the job diagnostic survey, in: Journal of Applied Psychology 60 (2), S. 159–170.

Hackman, J. R./Oldham, G. R. (1976), Motivation through the design of work: Test of a theory, in: Organizational Behavior & Human Performance 16 (2), S. 250–279.

Hackman, R. J./Oldham, G. R. (1980), Work redesign, Reading/Mass.

Hackman, R. J./Oldham, G. R./Janson, R./Purdy, K. (1975), A new strategy for job enrichment, in: California Management Review 17, S. 57–71.

Hammer, M./Champy, J. (1994), Business reengineering (Übers. a. d. Engl.), Frankfurt am Main/New York.

Heckhausen, H. (1966), Einflüsse der Erziehung auf die Motivationsgenese, in: Hermann, Th. (Hrsg.), Psychologie der Erziehungsstile, Göttingen, S. 131–169.

Heckhausen, H. (1989), Motivation und Handeln, Berlin.

Herzberg, F. (1968), One more time: How do you motivate employees?, in: Harvard Business Review 81 (1), S. 87–96.

Herzberg, F. (1975), Der weise alte Türke (Übers. a. d. Engl.), in: Fortschrittliche Betriebsführung und Industrial Engineering 24, S. 5–12.

Herzberg, F./Mausner, B./Snyderman, B. D. (1967), The motivation to work, 2. Aufl., New York.

Ho, V. T./Pollack, J. M. (2014), Passion isn't always a good thing: Examining entrepreneurs' network centrality and financial performance with a dualistic model of passion, in: Journal of Management Studies 51 (3), S. 433–459.

Hornung, S./Rousseau, D. M./Weigl, M./Müller, A./Glaser, J. (2014), Redesigning work through idiosyncratic deals, in: European Journal of Work & Organizational Psychology 23 (4), S. 608–626.

Huiwen, L./Kai Chi, Y. A. M./Ferris, D. L./Brown, D. (2017), Self-control at work, in: Academy of Management Annals 11 (2), S. 703–732.

Humphrey, S. E./Nahrgang, J. D./Morgeson, F. P. (2007), Integrating motivational, social, and contextual work design features: A meta-analytic summary and theoretical extension of the work design literature, in: Journal of Applied Psychology 92 (5), S. 1332–1356.

Iaffaldano, M. T./Muchinsky, P. M. (1992), Job satisfaction and job performance: A meta-analysis, in: Psychological Bulletin 97, S. 251–273.

Ilies, R./Wilson, K. S./Wagner, D. T. (2009), The spillover of daily job satisfaction onto employees' family lives: The facilitating role of work-family integration, in: Academy of Management Journal 52 (1), S. 87–102.

Jordan, A. H./Audia, P. G. (2012), Self-enhancement and learning from performance feedback, in: Academy of Management Review 37 (2), S. 211–231.

Kanfer, F. H. (1970), Self-regulation: Research, issues and speculation, in: Neuringer, C./Michael, K. L. (Hrsg.), Behavior modification in clinical psychology, New York.

Kanfer, R./Chen, G. (2016), Motivation in organizational behavior: History, advances and prospects, in: Organizational Behavior & Human Decision Processes 136, S. 6–19.

Kanfer, R./Frese, M./Johnson, R. E. (2017), Motivation related to work: A century of progress, in: Journal of Applied Psychology 102 (3), S. 338–355.

Kehr, H. M. (2004a), Integrating implicit motives, explicit motives, and perceived abilities: The compensatory model of work motivation and volition, in: Academy of Management Review 29 (3), S. 479–499.

Kehr, H. M. (2004b), Motivation und Volition. Funktionsanalyse, Feldstudien mit Führungskräften und Entwicklung eines Selbstmanagement-Trainings (SMT), Göttingen et al.

King, N. (1970), Classification and evaluation of the two factor theory of job satisfaction, in: Psychological Bulletin 74, S. 18–31.

Klein, H. J./Wesson, M. J./Hollenbeck, J. R./Alge, B. J. (1999), Goal commitment and the goal-setting process: Conceptual clarification and empirical synthesis, in: Journal of Applied Psychology 84, S. 885–896.

Kretch, D./Crutchfield, R. S. (1985), Grundlagen der Psychologie, Bd. 5 (Übers. a. d. Engl.), Weinheim/Basel.

Latham, G. P./Locke, E. A. (1991), Self-regulation through goal setting, in: Organizational Behavior and Human Decision Processes 50 (2), S. 212–247.

Laux, H. (2005), Unternehmensrechnung, Anreiz und Kontrolle, 3. Aufl., Berlin/Heidelberg.

Lawler, E. E. I. (1973), Motivation in work organizations, Monterey/Cal.

Learmonth, M./Humphreys, M. (2011), Blind spots in Dutton, Roberts, and Bednar's „Pathways for positive identity construction at work": „You've got to accentuate the positive, eliminate the negative", in: Academy of Management Review 36 (2), S. 424–427.

Lewin, K. (1926), Vorsatz, Wille und Bedürfnis, Berlin.

Locke, E. A./Latham, G. P. (1990), A theory of goal setting and task performance, Englewood Cliffs/N. J.

Locke, E. A./Latham, G. P. (2004), What should we do about motivation theory? Six recommendations for the twenty-first century, in: Academy of Management Review 29 (3), S. 388–403.

Locke, E. A./Shaw, K. N./Saari, L. M./Latham, G. P. (1981), Goal setting and task performance: 1969–1980, in: Psychological Bulletin 90, S. 125–152.

Long, C. P./Bendersky, C./Morrill, C. (2011), Fairness monitoring: Linking managerial controls and fairness judgments in organizations, in: Academy of Management Journal 54 (5), S. 1045–1068.

Luhmann, N. (1982), Liebe als Passion. Zur Codierung von Intimität, Frankfurt am Main.

Marti, E./Gond, J.-P. (2018), When do theories become self-fulfilling? Exploring the boundary conditions of performativity, in: Academy of Management Review 43 (3), S. 487–508.

Maslow, A. (1954), Motivation and personality, New York.

Matiaske, W./Weller, I. (2008), Leistungsorientierte Vergütung im öffentlichen Sektor. Ein Test der Motivationsverdrängungsthese, in: Zeitschrift für Betriebswirtschaft 78 (1), S. 35–60.

McClelland, P./Atkinson, J. W./Clark, R. A./Lowell, E. L. (1953), The achievement motive, New York.

McGregor, D. (1960), The human side of enterprise, New York.

Michaelson, C. (2005), Meaningful motivation for work motivation theory, in: Academy of Management Review 30 (2), S. 235–238.

Michel, J. S./Kotrba, L. M./Mitchelson, J. K./Clark, M. A./Baltes, B. B. (2011), Antecedents of work-family conflict: A meta-analytic review, in: Journal of Organizational Behavior 32 (5), S. 689–725.

Morgeson, F. P./Humphrey, S. E. (2006), The work design questionnaire (WDQ): Developing and validating a comprehensive measure for assessing job design and the nature of work, in: Journal of Applied Psychology 91 (6), S. 1321–1339.

Muraven, M./Baumeister, R. F. (2000), Self-regulation and depletion of limited resources: Does self-control resemble a muscle?, in: Psychological Bulletin 126 (2), S. 247–259.

Muraven, M./Baumeister, R. F./Tice, D. M. (1999), Longitudinal improvement of self-regulation through practice: Building self-control strength through repeated exercise, in: Journal of Social Psychology 139 (4), S. 446–457.

Nahrgang, J. D./Morgeson, F. P./Hofmann, D. A. (2011), Safety at work: A meta-analytic investigation of the link between job demands, job resources, burnout, engagement, and safety outcomes, in: Journal of Applied Psychology 96 (1), S. 71–94.

Odiorne, G. S. (1979), MBO II – A system of managerial leadership for the 80's, Belmont, Cal.

Oldham, G. R./Hackman, J. R. (2010), Not what it was and not what it will be: The future of job design research, in: Journal of Organizational Behavior 31 (2/3), S. 463–479.

Organ, D. W. (1988), Organizational citizenship behaviour. The good soldier syndrome, Lexington, M. A.

Organ, D. W. (1990), The motivational basis of organizational citizenship behaviour, in: Staw, B./Cummings, L. (Hrsg.), Research in Organizational Behaviour, Bd. 12, S. 43–72.

Osterloh, M./Frey, B. S. (2000), Motivation, knowledge transfer and organizational forms, in: Organization Science 11 (5), S. 538–550.

Piccolo, R. F./Greenbaum, R./Hartog, D. N. d./Folger, R. (2010), The relationship between ethical leadership and core job characteristics, in: Journal of Organizational Behavior 31 (2/3), S. 259–278.

Pinder, C. C. (1984), Work motivation: Theory, issues, and applications, Glenview/Ill.

Quinn, R. W./Spreitzer, G. M./Lam, C. F. (2012), Building a sustainable model of human energy in organizations: Exploring the critical role of resources, in: Academy of Management Annals 6 (1), S. 337–396.

Rhoades, L./Eisenberger, R. (2002), Perceived organizational support: A review of the literature, in: Journal of Applied Psychology 87 (4), S. 698–714.

Rich, B. L./Lepine, J. A./Crawford, E. R. (2010), Job engagement: Antecedents and effects on job performance, in: Academy of Management Journal 53 (3), S. 617–635.

Robbins, S. B./Button, C./Huy, L./In-Sue, O. (2009), Intervention effects on college performance and retention as mediated by motivational, emotional, and social control factors: Integrated meta-analytic path analyses, in: Journal of Applied Psychology 94 (5), S. 1163–1184.

Rosenstiel, L. v./Nerdinger, F. (2011), Grundlagen der Organisationspsychologie, 7. Aufl., Stuttgart.

Rousseau, D. M./Ho, V. T./Greenberg, J. (2006), I-Deals: Idiosyncratic terms in employment relationships, in: Academy of Management Review 31 (4), S. 977–994.

Rousseau, D. M./Tomprou, M./Simosi, M. (2016), Negotiating flexible and fair idiosyncratic deals (i-deals), in: Organizational Dynamics 45 (3), S. 185–196.

Ryan, R. M./Deci, E. L. (2000), Self-determination theory and the facilitaion of intrinsic motivation, social development, and well-being, in: American Psychologist 55, S. 68–78.

Sachau, D. A. (2007), Resurrecting the Motivation-Hygiene Theory: Herzberg and the Positive Psychology Movement, in: Human Resource Development Review, 6(4), 377–393.

Schermerhorn, J. R./Hunt, J. G./Osborn, R. N. (2013), Managing organizational behavior, 8. Aufl., New York.

Senko, C., / Harackiewicz, J. M. (2005), Achievement Goals, Task Performance, and Interest: Why Perceived Goal Difficulty Matters, in: Personality and Social Psychology Bulletin, 31(12), 1739–1753.

Shalley, C. E./Gilson, L. L./Blum, T. C. (2000), Matching creativity requirements and the work environment: Effects on satisfaction and intentions to leave, in: Academy of Management Journal 43 (2), S. 215–223.

Simon, H. A. (1957), Models of man. Social and rational, New York.

Simon, H. A. (1959), Theories of decision-making in economics and behavioral science, in: The American Economic Review 49 (3), S. 253–283.

Spivack, A. J./McKelvie, A. (2018), Entrepreneurship addiction: Shedding light on the manifestation of the „dark side" in work-behavior patterns, in: Academy of Management Perspectives 32 (3), S. 358–378.

Steers, R. M./Mowday, R. T./Shapiro, D. L. (2005), Response to „meaningful motivation for work motivation theory", in: Academy of Management Review 30 (2), S. 238–238.

Ulich, E./Groskurth, P./Bruggemann, A. (1973), Neue Formen der Arbeitsgestaltung – Möglichkeiten und Probleme einer Verbesserung der Qualität des Arbeitslebens, Frankfurt am Main.

Ulrich, E./Weber, W. G. (1996), Dimensions, criteria and evelution of work group autonomy, in: West, M. A. (Hrsg.), Handbook of work group psychology, Chichester, S. 245–282.

Vallerand, R. J./Mageau, G. A./Ratelle, C./Léonard, M./Blanchard, C./Koestner, R./Gagné, M./Marsolais, J. (2003), Les passions de l'âme: On obsessive and harmonious passion, in: Journal of Personality & Social Psychology 85 (4), S. 756–767.

Vroom, V. (1964), Work and motivation, New York.

Wayne, S. J./Shore, L. M./Liden, R. C. (1997), Perceived organizational support and leader-member exchange: A social exchange perspective, in: Academy of Management Journal 40, S. 82–111.

Weber, M. (1920), Die protestantische Ethik und der Geist des Kapitalismus, in: Weber, M. (Hrsg.), Gesammelte Aufsätze zur Religionssoziologie, Tübingen.

Weiner, B. (2011), An attribution theory of motivation, in: Lange et al. (eds.), Handbook of Theories of Social Psychology, Vol. 1, S. 135–155.

Wilkin, C. L. (2013), I can't get no job satisfaction: Meta-analysis comparing permanent and contingent workers, in: Journal of Organizational Behavior 34 (1), S. 47–64.

Wrzesniewski, A./Dutton, J. E. (2001), Crafting a job: Revisioning employees as active crafters of their work, in: Academy of Management Review 26 (2), S. 179–201.

Wunderer, R./Küpers, W. (2003), Demotivation – Remotivation. Wie Leistungspotenziale blockiert und reaktiviert werden, München u. a.

Zhang, F./Parker, S. K. (2019), Reorienting job crafting research: A hierarchical structure of job crafting concepts and integrative review, in: Journal of Organizational Behavior 40 (2), S. 126–146.

Die Gruppe in der Organisation: Das Gruppenverhalten

10

> **Zusammenfassung**
>
> Kap. 10 führt in das Thema Gruppe bzw. Team ein. Zunächst werden Begriff und Formen von Gruppen erläutert, wobei insbesondere zwischen formalen und informalen Gruppen differenziert wird. Abschn. 10.2 stellt den systemanalytischen Bezugsrahmen vor, der zwischen Input-, Prozess- und Outputvariablen von Gruppenprozessen unterscheidet, die im Folgenden systematisch vorgestellt werden. Als wichtigste Inputvariablen werden einerseits die Gruppenmitglieder, zum anderen der organisationale Kontext von Gruppenarbeit diskutiert. Die zentralen Prozessvariablen sind Kohäsion, Normen und Standards, interne Sozialstruktur (Rollen-, Status- und informelle Führungsstruktur) sowie konzertierte Gruppenaktionen (Risikoschub, Gruppendenken). Die Outputvariablen werden anhand zentraler Ergebnisse der empirischen Gruppenforschung im Hinblick auf Gruppenstabilität, -produktivität und -effektivität diskutiert. Die zwei abschließenden Abschnitte thematisieren den Gruppenentwicklungsprozess sowie die Beziehung zwischen Gruppen. In diesem Zusammenhang wird auch das Thema Konflikt und Konfliktmanagement diskutiert.

10.1 Begriff und Formen von Gruppen

In nahezu jeder neueren Stellenanzeige wird Teamfähigkeit verlangt. Dies verdeutlicht schlaglichtartig, dass in modernen Formen der Organisation die Arbeit immer häufiger von Gruppen oder Teams erledigt wird. Es gibt heute kaum noch ein Unternehmen, das auf Team- oder Gruppenarbeit verzichten würde. Dabei versteht man unter dem Einsatz von

Teamarbeit, dass Aufgaben nicht mehr einer einzelnen Person („Aufgabenträger"), sondern einer Gruppe überantwortet werden. Die Aufgaben sind dann nicht mehr auf eine Stelle zugeschnitten, sondern auf ein Kollektiv. Auf die Bedeutung dieser Formen von Gruppenarbeit in organisationaler und motivationaler Hinsicht wurde bereits in den Kap. 7 und 9 hingewiesen.

Im Zuge dieser Entwicklung sind heute Mitarbeiter meist Mitglieder mehrerer Gruppen. Abb. 10.1 zeigt einige Beispiele von typischen Gruppenmitgliedschaften einer Führungskraft. Mit diesen vielfältigen Gruppenbeziehungen wächst die Notwendigkeit, das Gruppengeschehen und die spezifische Dynamik von Gruppen besser zu verstehen. Genau diesem Ziel dient nachfolgendes Kapitel.

Will man die Abläufe in einer Gruppe verstehen, muss man dem selbständigen Charakter von Gruppenphänomenen Rechnung tragen. Durch das gemeinsame Handeln der

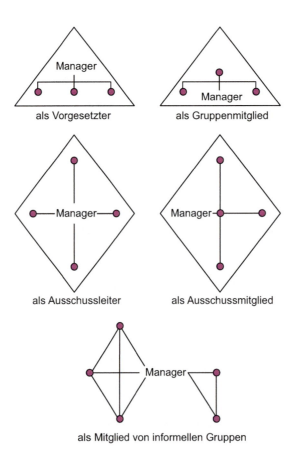

Abb. 10.1 Mitgliedschaften in Gruppen

10.1 Begriff und Formen von Gruppen

Gruppenmitglieder entsteht meist ungeplant etwas Neues; eine Gruppe ist mehr als die Summe ihrer Teile.

Es gilt zu sehen, dass Gruppen immer entstehen, selbst dann, wenn sich ein Unternehmen entscheiden sollte, auf den Einsatz von Gruppenarbeit zu verzichten. Gruppen sind das Ergebnis sozio-dynamischer Prozesse und damit praktisch ein automatisches „Nebenprodukt" der normalen Arbeitsinteraktion. Damit werden Gruppen zu einem **allgegenwärtigen Phänomen** in modernen Arbeitsorganisationen. Sie können – selbst wenn sie nicht formal installiert und legitimiert sind – eine enorme Kraft entfalten und ihrem Einfluss auf den Leistungsprozess kommt dementsprechend eine hohe Bedeutung zu.

Wann aber spricht man von einer „Gruppe" oder auch einem „Team"? Im formellen Sinne ist diese Frage mit dem Verweis auf die Organisationsstruktur leicht zu beantworten. Im informellen und damit sozio-dynamischen Sinne ist die Frage jedoch etwas komplizierter. Eine beliebige Ansammlung von Menschen am Fahrkartenschalter des Wiener Westbahnhofs oder eine bestimmte Zahl von Personen mit gleichen Konsumwünschen wird zwar umgangssprachlich häufig Gruppe genannt (z. B. „Zielgruppe" oder „Kundengruppe"), in Wirklichkeit handelt es sich dabei keineswegs um Gruppen im soziodynamischen Sinne, wie sie uns hier in diesem Kapitel beschäftigen sollen. Es muss eine Reihe von Voraussetzungen erfüllt sein, um eine Ansammlung von Individuen „Gruppe" in diesem Sinne nennen zu können. Es sind vorrangig die folgenden Voraussetzungen (Arrow und McGrath 1995):

- Zwei oder mehr Personen, deren Gesamtzahl aber so gering ist, dass jede Person mit jeder anderen in direkten Kontakt („face-to-face") treten kann,
- das tatsächliche Auftreten solcher Kontakte (Interaktionen) über eine längere Zeitspanne hinweg,
- ein gemeinsames Wollen oder Tun, bezogen auf eine Aufgabe oder ein Projekt,
- ein Zugehörigkeitsgefühl bei den Mitgliedern zur Gruppe („Wir-Gefühl"),
- Beteiligte erkennen sich untereinander als Mitglieder an,
- man verwendet gemeinsame Verfahrensweisen, Werkzeuge, Instrumente usw.

Der erstgenannte Gesichtspunkt muss im elektronischen Zeitalter unter Umständen etwas umgedacht werden. Interessant ist deshalb die Frage, inwiefern das Phänomen „Gruppe" auf Interaktionen unter Anwesenden rekurrieren muss, oder ob „Anwesenheit" auch substituiert werden kann. Immer häufiger gibt es lediglich mediengestützte Interaktion; entsteht daraus aber eine Gruppe, etwa eine virtuelle Gruppe? Chidambaram (1996) zeigt, dass durch computergestützte Kommunikation, wenn auch zeitverzögert, ebenfalls ein Gruppengefüge entstehen kann, und gleichsam liegen Erkenntnisse vor, dass auch sog. **virtuelle Gruppen** trotz fehlender sozialer Präsenz sehr erfolgreich interagieren können (Yoo und Alavi 2001). Insgesamt bedarf es hier jedoch weiterer Forschungsanstrengungen, nicht zuletzt mit Blick auf die Möglichkeit, ob durch mediengestützte Kommunikation nicht auch etwas Drittes, Neues entstehen kann, das sich dem Begriffs- und Analyseinstrumentarium der Gruppenforschung entzieht (Marlow et al. 2017).

Die hier aufgeführten charakteristischen Elemente von Gruppen rekurrieren auf eine sozio-dynamische Perspektive. Gruppen in Organisationen werden aber auch – wie erwähnt – formell konstituiert. Es ist deshalb wichtig, zwischen formellen und informellen Gruppen zu unterscheiden.

Formelle versus informelle Gruppen
In Organisationen werden Individuen für gewöhnlich bestimmten Abteilungen oder Projekten zugerechnet. Gruppen, die sich aus der organisatorischen Gliederung bzw. dem Organisationsplan ergeben, heißen **formelle Gruppen**, dies häufig auch dann, wenn ihnen gar kein selbständig zu nutzender Handlungsspielraum auf überindividueller Ebene zugesprochen wird.

Beispiel: In der Werkstattfertigung ergeben sich durch die Art der Anordnung der Betriebsmittel, des Werkstoffdurchlaufs sowie durch die organisatorische Zuordnung von bestimmten Personen zur Werkstatt formelle Gruppenbeziehungen und dementsprechend eine formelle Gruppe. In diesem Sinne ist es wichtig zu erkennen, dass auch nicht alle formellen Gruppen (z. B. 80 Arbeiterinnen an einem Fließband) zwangsläufig jene Eigenschaften aufweisen müssen, die eine Gruppe im sozio-dynamischen Sinne ausmacht. Ähnliches gilt für virtuelle Communities. Diese sozio-dynamischen Merkmale sind allerdings absolut konstitutiv, wenn man von informellen Gruppen in Unternehmen spricht.

Im Vordergrund von informellen Gruppen stehen **persönliche Wünsche** und **Sympathiegefühle**, z. T. aber auch konkrete Ziele (z. B. Informationsaustausch). In Arbeitssituationen beobachtet man, dass neben den formellen Gruppenbeziehungen zwischen bestimmten Personen formal nicht vorgesehene Kontakte (informelle Beziehungen) auftreten, die zu sehr einflussreichen Gruppenbildungen führen können. Teilweise stehen die informellen Gruppen und ihr Einfluss auf das Verhalten ihrer Mitglieder zu der sie umgebenden formalen Organisation in Widerspruch. Informelle Gruppen sind mitunter netzwerkartig miteinander verbunden, man spricht dann analog von der informellen Organisation.

Diese Unterscheidung zwischen formellen und informellen Gruppen wird in der Literatur häufig angegriffen, weil formelle und informelle Beziehungen oft so eng miteinander verwoben sind, dass eine klare Trennung kaum möglich erscheint (Blau und Scott 1962, S. 6; Irle 1963). Diesem frühen Einwand ist allerdings entgegen zu halten, dass gerade die konzeptionelle Unterscheidung zwischen formell und informell die wichtigen Wechselbeziehungen zwischen beiden Ebenen überhaupt erst sichtbar und analysierbar macht (vgl. dazu die interessante Re-Formulierung des Konzeptes von Luhmann 1995, S. 29 ff.).

Aus systemtheoretischer Perspektive stellt sich weniger die Frage, ob eine Gruppe primär formell oder informell ist. Gruppen werden als soziale Systeme betrachtet, die sowohl eine formelle als auch informelle Seite haben. Ein zentraler Schlüssel zum Verständnis der Funktionsweise von Gruppen liegt dann darin, das **Wechselspiel** zwischen Formellem und Informellem zu erfassen. Stehen beide Seiten in einem neutralen Verhältnis zueinander, erzeugen sie Spannungen und Friktionen oder ergänzen sie sich im Hinblick auf die Erfüllung der Gruppen- bzw. Organisationsziele? Gerade letztgenannter Aspekt eines ergänzenden und somit komplementären Verhältnisses zwischen Formalität und Informalität hat in jüngerer Zeit wieder verstärkt Aufmerksamkeit erlangt (vgl. Ortmann 2003). Häufig ist es so, dass die informelle Seite, obwohl und weil sie von der formellen abweicht, überhaupt erst die formelle Funktionsfähigkeit der Gruppe sicherstellt.

Neben der Unterscheidung zwischen formellen und informellen Gruppen ist die zwischen Aufgaben- und sozio-emotionalen Gruppen gebräuchlich. Diese Unterscheidung orientiert sich an dem **Anlass**, der zur Gruppenbildung führt. Einerseits ist es eine bestimmte Aufgabe, die es zu erfüllen gilt (z. B. ein Projekt), oder aber es sind gemeinsame Interessen (z. B. interdisziplinärer Gesprächskreis oder Firmen-Hockey-Mannschaft). Die Unterscheidung in Arbeits- und Freundschaftsgruppen geht in eine ähnliche Richtung, wobei sich im Fortlauf häufig beide Aspekte überlagern.

10.2 Prozesse und Strukturen in Gruppen

In den einleitenden Darlegungen ist deutlich geworden, dass wir die Gruppe als eine mehr oder weniger eigenständige soziale Einheit zu verstehen haben, als eine Einheit, die (in den hier interessierenden Fällen) zugleich Teil einer größeren Einheit, nämlich der Unternehmung, ist. Dies bedeutet zunächst einmal, dass sich Gruppen als Subsysteme der Unternehmung durch eigene „Grenzbildung", man kann auch sagen „Identitätsbildung", herausformen. Alles, was außerhalb dieser Grenzen liegt, ist für die Gruppe Umwelt. Die Organisation ist für eine Gruppe **interne Umwelt** (Organisations-Umwelt), im Unterschied zur **externen Umwelt**, die außerhalb der Firmengrenzen liegt. Jede Gruppe hat infolgedessen eine andere Umwelt, weil jede Gruppe selbst zur Umwelt der anderen Gruppen gehört. Die Grenze zwischen Gruppe und (Organisations-)Umwelt hat keinerlei physische Qualitäten, oft sind die Grenzen auch nur schwer identifizierbar. Die Grenzen bestehen aus gemeinsamen Handlungen, Gefühlen und einem selbst-erzeugten „self-image" der Mitglieder; sie bilden die Besonderheit, die sie von den anderen Gruppen abhebt. Wenn eine Gruppe die Differenz (= Grenze) nicht mehr aufrechterhalten will oder kann, löst sich die Gruppe (definitionsgemäß) auf.

Wenn von der Differenz zwischen Gruppe und (interner) Umwelt die Rede ist, so verweist dies darauf, dass die Gruppe eigene Regeln und Vorstellungen entwickelt, die sie von anderen Gruppen und Einheiten unterscheidet. Will man das Verhalten der Gruppe verstehen, muss man diese Besonderheiten erschließen. Auf der anderen Seite hat aber auch die Umwelt wesentlichen Einfluss darauf, wie sich die Gruppe ausprägt.

Abb. 10.2 zeigt einen schematischen Rahmen, der verschiedene Gruppenprozesse benennt und ordnet. Dabei wird grob zwischen Input, Prozess und Output unterschieden. Die in dem Diagramm dargestellten Variablen umfassen nicht alle denkbaren Größen, die in Gruppenprozessen Bedeutung haben können (vgl. dazu auch Gibson und Earley 2007).

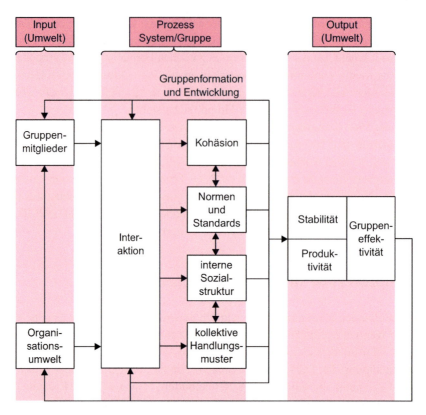

Abb. 10.2 Systemanalytischer Bezugsrahmen

https://sn.pub/wcTMJO

Es beschränkt sich auf die Variablen und Beziehungen, die von besonderer Bedeutung und/oder häufig empirisch untersucht und getestet worden sind. Trotz dieser Beschränkung enthält das Modell eine Vielzahl von Elementen und Beziehungen; die meisten davon stehen in einem gegenseitigen Einflussverhältnis. Empirische Untersuchungen beschränken sich in der Regel auf eine oder zwei Teilbeziehungen und behandeln diese unter Konstanthaltung der sonstigen Umstände als Ursache-Wirkungs-Beziehungen. Rekursive Effekte, in dem Sinne, dass Gruppen Merkmale ausbilden, die dann auf die

Gruppenbildung wieder zurückwirken, etwa in einer Spirale, werden dagegen kaum empirisch untersucht.

Basiselemente jeder Gruppe sind **Individuen** (oder genauer: die Handlungen von Individuen, denn niemand gehört ganz und gar nur einer Gruppe an); Individuen gleichen oder unterscheiden sich hinsichtlich ihrer Ziele, Bedürfnisse, Werte, Erwartungen etc. Die Zusammensetzung einer Gruppe wird, sofern sie Teil einer Unternehmung ist, durch eine Reihe organisatorischer Vorgaben geprägt, wie z. B. Aufgabe, Lohnstufen, Technologie, Kontrollspanne, Unternehmenspolitik (z. B. DiversityManagement, Trainee-System) usw. Diese externen Faktoren (Organisationsumwelt) beeinflussen aber nicht nur die Zusammensetzung der Gruppe, sondern in der Fortfolge eben auch den Interaktionsprozess in der Gruppe. Gruppenmitglieder als Einzelpersonen und Organisationsumwelt bilden zusammen die **Inputvariablen**. Im Rahmen dieser Gegebenheiten treten die Individuen untereinander in Kontakt und beteiligen sich an gemeinsamen Aktivitäten.

Als Resultat des **Interaktionsprozesses** entwickelt sich für gewöhnlich (wenn auch nicht zwangsläufig) eine Gruppe im eingangs definierten (sozio-dynamischen) Sinne. Es bildet sich ein Beziehungsgefüge heraus, das sich in eigenen Zielen, Normen und Standards, Sozialstrukturen und kollektiven Handlungsmustern ausdrückt. Ein Resultat der Interaktionen ist auch die Dichte der Beziehungen (**Kohäsion**), d. h. der Zusammenhalt, den die Gruppe entwickelt. Der Zusammenhalt beeinflusst seinerseits wiederum in nicht unbedeutendem Maße die sich parallel entwickelnden Gruppenstrukturen und umgekehrt.

Das entstehende Gruppengefüge bestimmt **im Fortlauf** der Gruppenaktivitäten nun selbst wieder – neben den Inputfaktoren – den Interaktionsprozess und wirkt über diesen auf die einzelnen Gruppenmitglieder zurück. Das bedeutet, dass sich die Individuen in ihren Wünschen, Erwartungen, Vorstellungen usw. im Laufe der Gruppenentwicklung in mehr oder weniger starkem Maße verändern.

Alle diese Faktoren zusammen bestimmen die Effektivität der Gruppe, den **Output**, den das System „Gruppe" an das übergeordnete System „Organisation" abgibt. Die **Effektivität** einer Gruppe wird aus der Sicht der Organisation einerseits als Zielerreichung im Sinne von Produktivität, Kreativität usw. und andererseits als Stabilität (Fluktuation, Fehlzeiten) interessieren. Die Gruppeneffektivität beeinflusst in einem erneuten Rückkoppelungsprozess Inputfaktoren und Interaktion und bekräftigt den Erfolg („nothing succeeds like success").

10.3 Die Inputvariablen

Die Inputvariablen des Systems werden bei Gruppen in Organisationen – und nur um solche soll es im Fortlauf gehen – zu einem wesentlichen Teil durch Entscheidungen des Managements bestimmt. In neueren Projektorganisationen wird den Gruppen zum Teil auch das Recht eingeräumt, die Mitglieder selbst aussuchen zu können.

10.3.1 Gruppenmitglieder

Die Gruppenmitglieder mit ihren individuellen Bedürfnissen, Werten und Zielen, ihrem Geschlecht, ihrem Alter, ihrer Nationalität, ihrer Religion usw. bilden die erste Klasse der Inputvariablen. Dies verweist uns darauf, dass die Organisationsmitglieder schon zu Beginn mit bestimmten Merkmalen in die Gruppe kommen. Je nachdem, ob diese Merkmale übereinstimmen oder zueinander in Kontrast stehen, spricht man von einer homogenen oder heterogenen Gruppenzusammensetzung. Die **Heterogenität,** die heute bevorzugt **Diversität** genannt wird, findet in der jüngeren Gruppenforschung eine besondere Aufmerksamkeit (vgl. im Überblick van Knippenberg und Mell 2016). Dies ist (mindestens) auf drei Gründe zurückzuführen: (1) Die Tendenz zur Abflachung von Hierarchien und zur abteilungsübergreifenden Projektarbeit lässt zunehmend multidisziplinäre Arbeitsgruppen entstehen. (2) Ferner werden im Zuge der Internationalisierung der Unternehmen kulturell diverse Teams immer mehr zur Selbstverständlichkeit (vgl. z. B. Hambrick et al. 1998). (3) Schließlich speist sich das Diversitätsinteresse aus Fragen der Fairness und Diskriminierung etwa in Bezug auf das Geschlechts, das Alter oder die Hautfarbe (vgl. Ely und Thomas 2001; Martinez et al. 2017). Wie später noch darzulegen sein wird, ist die Wirkung von Diversität vielschichtig; während sie einerseits einer Reihe von Leistungsaspekten eher förderlich ist (z. B. Kreativität, Wachsamkeit, Qualität), scheint sie anderen eher abträglich zu sein (z. B. Schnelligkeit, Kommunikationsdichte) (vgl. z. B. Watson et al. 1993). Kearney et al. (2009) sehen einen wesentlichen moderierenden Einfluss auf die Art und Weise, wie Diversität (hier Unterschiede im Alter und der Ausbildung) sich auswirkt, durch das Bedürfnis nach Reflexion und expliziter Informationsverarbeitung („**need for cognition**") der einzelnen Teammitglieder gegeben, d. h., je höher letzteres ist, desto positiver wirken sich Alters- und Bildungsunterschiede auf den Teamerfolg aus. Bei der Frage der Diversität gilt es allerdings zu sehen, dass die betreffenden „diversen" Verhaltensweisen einer dynamischen Entwicklung unterliegen, d. h., Gruppen überformen die Diversität und gleichen das Verhalten an – jedenfalls bis zu einem gewissen Grade.

Bei der Mitgliedschaft darf nicht übersehen werden, dass sie keineswegs so stabil ist, wie häufig unterstellt. Organisationen führen aus verschiedenen Gründen den Arbeitsgruppen häufig neue Mitglieder zu oder die Mitgliedschaften sind von vorneherein zeitlich eng begrenzt, wie dies etwa bei Projektgruppen oder Krisenstäben regelmäßig der Fall ist. Gruppen sind daher auch unter der Perspektive des kontinuierlichen Wandels zu studieren (vgl. dazu Arrow und McGrath 1995). In jedem Fall spielt das Gefüge aus Gruppenmitgliedern sowohl für die individuelle als auch für die Gruppenleistung eine entscheidende Rolle, da es den sozialen Kontext der Arbeitsumwelt definiert, in welchem Interaktionen stattfinden (vgl. Lawrence 2006).

10.3.2 Organisationsumwelt

Die Organisationsumwelt ist eine komplexe Inputvariable; sie umfasst Einflussvariablen wie:

- Aufgabenstellung und -struktur,
- Technologie,
- Organisationsstruktur,
- Belohnungs- und Bestrafungssystem etc.

Die Organisationsumwelt beeinflusst direkt und indirekt (über die einzelnen Gruppenmitglieder) die Interaktions- und Entscheidungsprozesse in der Gruppe.

Direkter Einfluss. Die direkte Einflussnahme der Organisationsumwelt sei an einigen Beispielen erläutert: Der Aufgabencharakter (z. B. Einzel- versus Teamarbeit) nimmt Einfluss auf Art und Umfang der Interaktion. Die Ablauforganisation kann Kommunikationsprozesse und Kontakte zwischen Gruppenmitgliedern begünstigen oder hemmen. Ebenso kann die angewandte Technologie, z. B. durch große Geräuschentwicklung oder isolierte Arbeitsplätze, die Interaktionsmöglichkeit verringern bzw. unter umgekehrten Voraussetzungen verstärken. Die Interaktionshäufigkeit bestimmt ihrerseits zu einem wesentlichen Teil die Entwicklung einer gemeinsamen emotionalen Basis. Nach Homans gilt: Je häufiger Personen miteinander in Interaktion stehen, desto mehr tendieren ihre Aktivitäten und Gefühle dazu, sich in mancher Hinsicht einander anzugleichen (vgl. Homans 1978, S. 143 ff.). Die Belohnungs- und Bestrafungsmuster der Organisation stellen darauf ab, das Gruppenverhalten in der gewünschten Weise auszurichten. Die Zusammensetzung von informellen Gruppen kann indessen nur indirekt beeinflusst werden.

Indirekter Einfluss. Die Organisationsumwelt wirkt zudem über die Beeinflussung des Inputfaktors „Zusammensetzung der Gruppe" indirekt auf die Interaktions- und Entscheidungsprozesse in der Gruppe ein. Die Organisation bestimmt – soweit es sich um Arbeitsgruppen handelt – durch Auswahl und Einsatz der Mitarbeiter die Größe und Zusammensetzung der Gruppe. Unternehmenspolitik, Status und Belohnungssystem bestimmen ebenfalls in gewissem Maße Erwartungen und Einstellungen der Gruppenmitglieder.

10.4 Die Prozessvariablen: Gruppenformation und -entwicklung

10.4.1 Gruppenkohäsion

Die Geschlossenheit und Festigkeit von Gruppen variiert erheblich. Es ist immer wieder zu beobachten, dass manche Gruppen bei Aufkommen von Konflikten oder dem Verfehlen eines Ziels sehr rasch bröckeln, während andere Gruppen, unter sonst gleichen Bedingungen, bei widrigen Kräften dieser Art keinerlei Auflösungserscheinungen zeigen.

Der Begriff Kohäsion soll diese Unterschiede in der Beständigkeit von Gruppen genauer beschreiben. Kohäsion bezeichnet das Ausmaß, in dem eine Gruppe eine Einheit bildet und die einzelnen Gruppenmitglieder sich zu der Gruppe hingezogen fühlen. Mitglieder hoch kohäsiver Gruppen sind bereit, sich für und in der Gruppe voll zu engagieren, Zeit und andere Ressourcen für die Gruppe einzusetzen. Sie beteiligen sich an den Gruppenaktivitäten, stellen andere Tätigkeiten hinter die Gruppenerfordernisse zurück, machen sich Sorgen um die Gruppe usw. (vgl. Friedlander 1987, S. 305). Bisweilen entstehen geradezu enthusiastische Gruppen („Hot groups"), mit meist hohem Produktivitäts- und Innovationspotenzial (vgl. Leavitt 2005). Die Mitglieder geben der Gruppe höchste Priorität; sie bestimmt das ganze Leben (vgl. Lipman-Blumen und Leavitt 1999).

Auf das einzelne Gruppenmitglied bezogen bezeichnet die Gruppenkohäsion den Attraktivitätsgrad, den die Gruppe für das Mitglied besitzt. Häufig wird die Attraktivität für das einzelne Mitglied danach bestimmt, inwieweit sich die Gruppe eignet, seine Bedürfnisse zu befriedigen (vgl. hierzu auch Kap. 9 und die dort dargelegte Erwartungs-Valenz-Theorie). Diese **nutzenorientierte** Sichtweise greift allerdings für das Gruppenphänomen zu kurz, denn kohäsive Gruppen/Teams stellen meist mehr dar als nützliche Instrumente zur Befriedigung bestimmter Individualbedürfnisse. Kohäsive Gruppen geben Identität, vermitteln Sinn, helfen die Organisationswelt besser zu verstehen und mit unerwarteten Problemen fertig zu werden. Es ist genau dieser Aspekt, der viele Unternehmen heute – allerdings auf der Ebene des Gesamtsystems – unter einem ganz anderen Stichwort, nämlich der **„Unternehmenskultur"**, stark beschäftigt (vgl. dazu genauer Kap. 12).

Die Gruppenkohäsion, ihre Determinanten und ihre Wirkungen waren Gegenstand zahlreicher empirischer Studien. Im nächsten Abschnitt sind die wichtigsten Ergebnisse speziell im Zusammenhang mit den o. g. Inputvariablen aufgelistet.

10.4.1.1 Gruppenmitglieder und Gruppenkohäsion

- Untersuchungen haben gezeigt, dass homogen zusammengesetzte Gruppen eher eine hohe Kohäsion entwickeln als heterogen zusammengesetzte (vgl. die klassische Studie von Whyte 1961). Dabei sind jedoch verschiedene Ursachen für Heterogenität zu unterscheiden. Während die Effekte von Formen „demografischer" Heterogenität (etwa Herkunft) durch Interaktionen im Zeitablauf abgebaut werden können, verstärken sich die Effekte von tiefergehenden, einstellungsbestimmenden Formen der Ungleichheit (vgl. Harrison et al. 1998). Umgekehrt zeigte sich aber auch, dass die Homogenität (Konformität) einer Gruppe stark bestimmt wird durch den Grad der Gruppenkohäsion.
- Für den Zusammenhang von Kohäsion und Konformität gilt (vgl. Tannenbaum 1966, S. 58 f.):
  1. Je attraktiver eine Gruppe für ihre Mitglieder ist (d. h. je höher der Kohäsionsgrad), umso mehr gleichen die Gruppenmitglieder ihre Meinungen, Ziele, Normen untereinander an.

2. Verhält sich ein Mitglied nicht hinreichend konform, trifft es auf Ablehnung; je kohäsiver die Gruppe ist, umso entschiedener fällt die Zurückweisung aus.
3. Mitglieder werden umso wahrscheinlicher abgelehnt, je stärker sie bei solchen Zielen, Normen und Standards abweichen, die für die Gruppe wichtig sind.

- Kohäsive Gruppen neigen dazu, nur solche Personen als neue Mitglieder zu akzeptieren, die den Zielen, Normen und Standards der Gruppe entsprechen (konformitätsbestärkende Selektion).
- Die Kommunikationsdichte liegt in kohäsiven Gruppen wesentlich höher als in weniger kohäsiven. Dies verstärkt das positive Erleben in der Gruppe und steigert die Konformität.
- Kohäsive Gruppen zeigen sich feindseliger gegenüber außenstehenden Personen und anderen Gruppen als wenig kohäsive Gruppen.
- Die Grenzziehung („wir und die anderen") fällt bei stark kohäsiven Gruppen wesentlich prägnanter aus; dies fördert eine einheitsstiftende und uniformierende (Gruppen-)Identitätsbildung.
- Große Gruppen sind in der Regel weniger kohäsiv als kleine Gruppen.
- Je abhängiger die einzelnen Mitglieder von der Gruppe sind (z. B. Gruppen im Bergbau), umso dichter entwickelt sich die Kohäsion (zur Interdependenz allgemeiner vgl. Courtright et al. 2015).

10.4.1.2 Organisationsumwelt und Gruppenkohäsion

Untersuchungen über die Zusammenhänge zwischen Organisationsumwelt und Kohäsion kommen zu folgenden Aussagen (immer unter sonst gleichen Bedingungen) (vgl. Litterer 1965, S. 86 ff.; Feldman und Arnold 1983):

- Je ähnlicher die von den Mitgliedern einer Gruppe zu verrichtenden Arbeiten sind, umso wahrscheinlicher ist eine hohe Gruppenkohäsion.
- Anreizsysteme, die auf einen internen Wettbewerb gerichtet sind (z. B. unterschiedliche Löhne, unterschiedliche Arbeitsbedingungen), führen zu geringerer Kohäsion als solche, die auf Kooperation ausgerichtet sind.
- Je geringer die Interaktionsmöglichkeiten zwischen Gruppenmitgliedern (durch hohe Lärmbelästigung, physische Distanz), umso schwächer ist die Gruppenkohäsion.
- Je wichtiger die Arbeit einer Gruppe für die Gesamtleistung des Unternehmens ist („wichtig" hier vor allem, wie sich die Bedeutung aus Perspektive der Organisationsmitglieder darstellt), umso höher liegt die Gruppenkohäsion und umso positiver ist die Gruppenidentität (Spears und Hosmer 2015).
- Bedrohungen von außen (Auflösung der Arbeitsgruppe durch neue Technologie, internationale Vernetzung usw.) steigern die Kohäsion bereits kohäsiver Gruppen und schwächen die Kohäsion wenig kohäsiver Gruppen.
- Demokratisches (autokratisches) Führungsverhalten verstärkt (schwächt) die Gruppenkohäsion.

10.4.2 Normen und Standards

Gruppennormen sind ein Merkmal der Gruppe als Ganzes, sie sind das Ergebnis von Interaktion und prägen das Verhalten der Gruppenmitglieder. Die Herausbildung eigener Gruppennormen ist das erste und wichtigste Mittel, sich von anderen Gruppen abzugrenzen und damit eine eigene Identität zu bilden. Normen geben an, was innerhalb einer bestimmten Gruppe an Denk- und Verhaltensweisen erwartet wird (vgl. Feldman 1984). Gruppennormen sind meist stillschweigende Voraussetzungen; man handelt danach, ohne dass das einzelne Mitglied lange über sie nachdenken würde. Selten werden sie zu ausdrücklichen Geboten oder Verboten formuliert.

Die Gruppennormen sind allen Mitgliedern vertraut; ob sie tatsächlich von allen befolgt werden, hängt allerdings von weiteren Umständen ab. Hoch kohäsive Gruppen zeichnen sich – wie erwähnt – durch einen hohen Konformitätsdruck aus, abweichendes Verhalten wird kaum geduldet. Nicht alle Gruppennormen müssen aber immer von allen Gruppenmitgliedern gleichermaßen berücksichtigt werden. Manche Normen gelten nur für einen einzelnen in einer bestimmten Lage, z. B. nur für die Teamleiterin oder nur für Familienväter (vgl. Homans 1978, S. 136 f.). In solchen Fällen wird häufig von **Rollen** gesprochen (siehe unten).

Bei Arbeitsgruppen können sich Normen
- auf den engeren Bereich des Arbeitsplatzes und Betriebes richten: Vorstellungen über erwünschtes Vorgesetztenverhalten (z. B. Abbau sozialer Distanz), organisatorische Regelungen (z. B. Nichtbeachtung des Rauchverbots), Unternehmenspolitik (z. B. Ablehnung von Zeitlohn, weil ungerecht etc.).
- über den Arbeitsplatz hinausreichend auch auf die außerbetriebliche Umwelt beziehen (Familie, Politik, Hautfarbe, Geschlecht, Religion usw.). Bestimmte divergierende Wertvorstellungen über Ethnien oder Politik können z. B. die Integration von neuen Mitgliedern erheblich behindern. Je größer die Gruppenkohäsion, umso eher werden Normen über den engeren Bereich des Arbeitsplatzes hinaus von der Gruppe gesetzt.

Formelle, vom Betrieb vorgegebene und in der Gruppe spontan entstandene Normen geraten oft in **Widerspruch**; z. B. erwartet der Betrieb die Einhaltung bestimmter Sicherheitsvorschriften (Tragen eines Helms, einer Schutzbrille usw.), während die Gruppe dies als lächerliche Ängstlichkeit aus dem Bereich akzeptierten Verhaltens ausschließt und Abweichungen (also die Einhaltung der Sicherheitsvorschriften) mit Hohngelächter sanktioniert.

Die Entwicklung und Aufrechterhaltung von Gruppennormen wurde in der Literatur erstmals in den sogenannten Hawthorne-Studien an einem konkreten Fall aufgezeigt. Diese Beschreibung darf in ihrer Sorgfalt und Differenziertheit auch heute noch als beispielhaft gelten (vgl. den Ausschnitt in Kasten 10.1).

> **Kasten 10.1**
>
> **Normen in der Drahtwicklerei**
> Die folgenden Beobachtungen wurden während der als Hawthorne-Experimente bekannt gewordenen Untersuchung im Hawthorne-Werk der Western Electric Company (Chicago) gemacht. Von Interesse sind hierbei die Gruppennormen, die im Hinblick auf Beschäftigung, Leistungsergebnis sowie Beaufsichtigung herrschen:
>
> - Man sollte nicht zu viel arbeiten, sonst galt man als „Normbrecher" (rate buster).
> - Man sollte nicht zu wenig arbeiten, sonst lief man Gefahr, als „Drückeberger" (chiseler) bezeichnet zu werden.
> - Informationen an den Vorgesetzten zu geben, die einem Kollegen zum Nachteil gereichen, stempelte einen zum „Verräter" (squealer).
> - Hierarchieunterschiede sollte man nicht zu deutlich werden lassen: „Wenn du schon Vorarbeiter bist, verhalte dich wenigstens nicht wie einer".
>
> Quelle: Roethlisberger und Dickson 1975, S. 522

Unter **Standards** versteht man operationalisierte Verhaltenserwartungen, die in informellen Richtlinien und Richtwerten ihren Niederschlag finden. Sie werden erstellt, um die faktische Ausrichtung des Verhaltens der Gruppenmitglieder an den Normen besser steuern zu können (z. B. informell festgesetzte Tagesleistung bei Akkordgruppen, Zahl der akzeptierten „blauen" Tage pro Jahr). Standards haben immer einen viel höheren Bewusstheitsgrad als Normen.

Der häufigste Gegenstand von Standards ist das Leistungsniveau (z. B. 6000 Stück pro Tag). Die Maßnahmen von Vorgesetzten, die unterstellte Mitarbeiter zu einer höheren Leistung anspornen sollen, laufen häufig ins Leere, weil sie am Individuum ansetzen und die unsichtbare Barriere des internen Leistungsstandards ignorieren. Zumindest bei kohäsiven Gruppen ist eine Leistungssteigerung so lange nur schwer erreichbar, wie es nicht gelingt, die informell gesetzten Gruppenstandards anzuheben (vgl. Homans 1978, S. 287 f.).

Konformität mit Normen und Standards wird von Gruppen belohnt, Abweichung – wie erwähnt – bestraft. Gruppen stehen dazu verschiedene Mechanismen zur Verfügung (Beschimpfungen, Kommunikationsausschluss, Isolierung, körperliche Bestrafungsaktionen etc.; Westphal und Kanna 2003). In der Regel tritt bei **Normabweichung** zunächst einmal eine Verstärkung der Kommunikation und ganz allgemein der Beachtung ein, mit dem Ziel der Verhaltenskorrektur. Wenn ein Mitglied fortwährend von den Gruppennormen abweicht, droht der Ausschluss. Es ist jedoch keineswegs so, dass Mitglieder in solchen Fällen immer ausgeschlossen würden. In der Literatur werden verschiedene Erklärungen angeboten, warum Gruppen häufig dauerhaft deviante Mitglieder nicht ausschließen (vgl. zusammenfassend Hackman 1976).

Eine der Hauptthesen geht davon aus, dass Gruppen aus deviantem Verhalten in gewissem Umfang Nutzen ziehen. Dies kann einerseits durchaus auf der Inhaltsebene der Fall sein, wenn Devianzen sich inhaltlich rechtfertigen lassen (Rijnbout und McKimmie 2012). Auf der Beziehungsebene ist der Effekt ein anderer: durch abweichendes Verhalten und seine Bestrafung können die Normen und die drohenden Sanktionen exemplarisch verdeutlicht werden. Darüber hinaus kann die Auseinandersetzung mit dem Abweichler den Prozess der Grenzziehung und Identitätsbildung fördern, indem eine genauere Vorstellung von dem entwickelt wird, was definitiv nicht erwünscht ist. Dieser These nach akzeptieren Gruppen gewissermaßen Devianz zum Zwecke der **Selbststabilisierung**. Bei dieser Erklärung handelt es sich allerdings um eine Ex-post-Rationalisierung; man wird wohl kaum annehmen können, dass sie sich mit den selbst gesetzten Handlungszielen der Gruppe deckt. Dies verweist darauf, dass andere Motive ebenfalls eine Rolle spielen, wie z. B. Furcht vor Reaktionen anderer Systeme auf den Ausschluss oder mangelnde Bereitschaft, eine so unpopuläre Maßnahme zu exekutieren. In den Kontext gehört auch das Mobbing einzelner Gruppenmitglieder, das in Gruppennormen und der Abweichung davon häufig seine Ursache hat (Salmivalli 2010).

Obwohl Gruppen viel Kraft und Energie aufwenden, um ihr Normsystem zu stabilisieren, sind Gruppennormen nicht rein statisch zu sehen. Sie unterliegen einem fortlaufenden Wandelprozess wie andere Wertsysteme auch. Abweichler sind nicht selten der (unbewusste) Anlass, ein Normsystem zu modifizieren.

10.4.3 Interne Sozialstruktur der Gruppe

Um das Verhalten von Gruppen verstehen und leistungsstarke Teams entwickeln zu können, ist ferner eine Kenntnis der internen, von der Gruppe selbst entwickelten Strukturen unverzichtbar. Die **interne Sozialstruktur**, als dritte Prozessvariable, spiegelt gewissermaßen gebündelt die Unterschiede wider, die sich über einen mehr oder weniger langen Zeitraum als Resultat der Gruppenprozesse innerhalb der Gruppe eigenständig neben den offiziellen Strukturen herausgebildet haben.

Die interne Sozialstruktur beeinflusst die Verteilung der Einflussmöglichkeiten auf Gruppenentscheidungen, sichert die Erhaltung und Durchsetzung von Zielen und eröffnet für die einzelnen Mitglieder unterschiedliche Möglichkeiten der Bedürfnisbefriedigung. Das Verstehen und die Kenntnis der internen Sozialstruktur sind die Basis einer jeden erfolgreichen Steuerung von Gruppen im organisatorischen Leistungsprozess.

Drei Strukturmerkmale werden für gewöhnlich herangezogen, um die interne Sozialstruktur zu beschreiben:
- Statusstruktur,
- Rollenstruktur,
- Führungsstruktur.

10.4.3.1 Die Statusstruktur

Gruppen schätzen ihre Mitglieder unterschiedlich. Mit dem Begriff „Status" wird auf die **Rangordnung** von Individuen oder Gruppen in sozialen Systemen Bezug genommen. Während die Position neutral die Stellung bezeichnet, die innerhalb einer Organisation bekleidet wird, ist der Status die sozial bewertete Stellung, d. h. die relative Stellung, die eine Person oder eine Gruppe in einem Sozialsystem aus der Sicht der Mitglieder einnimmt (vgl. Mayntz 1958, S. 16 ff.). Umgekehrt hat der zugeschriebene Status wiederum Auswirkungen auf die Bewertung einer Gruppenmitgliedschaft durch die Individuen (vgl. Brewer et al. 1993). Dieser Zusammenhang verdeutlicht die Wechselwirkungen der internen Sozialstruktur mit anderen Prozessvariablen, z. B. der Gruppenkohäsion. Es sei darauf hingewiesen – und dies ist für die informelle Gruppenbildung wichtig –, dass die Herausbildung einer Statusordnung nicht notwendigerweise die Existenz wohl definierter Positionen voraussetzt (vgl. Luhmann 1995, S. 159 f.). In Betrieben bestehen deshalb z. T. auch verschiedene Status-Systeme nebeneinander (z. B. das der Arbeiter Vergleich zu dem der leitenden Angestellten). Das Bilden von Rangordnungen und damit Machtunterschieden findet sich als Phänomen in nahezu allen Gruppen.

Es ist häufig so, dass die von Gruppen selbst gebildete Rangordnung von der durch das Unternehmen gebildeten (etwa im Zuge von Anreizsystemen) abweicht. So weiß man z. B., dass zwei hierarchisch gleichartige Positionen einen durchaus unterschiedlichen Status haben können (Leitung IT ist häufig „wertvoller" als Leitung Buchhaltung).

Die (informelle) Statusstruktur bestimmt zu einem nicht unerheblichen Teil das Gruppenverhalten, insbesondere aber die **Kommunikation**. Je nach Ausprägung ergibt sich z. B. eine Rad-, eine Y-, oder eine Kettenstruktur (vgl. Abb. 10.3), die jeweils eigene Herausforderungen zur Erreichung effizienter Kommunikation implizieren (vgl. Guetzkow

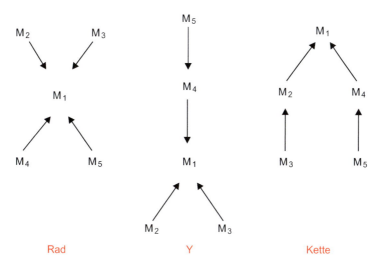

Abb. 10.3 Kommunikationsstrukturen in Gruppen

und Simon 1955). Auch wird die Frage des Kommunikationsinhalts („Wer erfährt was? Wann?") stark nach Statusgesichtspunkten differenziert.

Status ist eine **„soziale Konstruktion"**, d. h., er ist nichts Objektives, sondern hängt von den Personen ab, die die Rangeinstufung vornehmen. Welche Merkmale den Status bestimmen, kann deshalb von Gruppe zu Gruppe und von Organisation zu Organisation unterschiedlich sein; in jedem Falle können es allerdings nur solche Merkmale sein, die die Gruppe vor dem Hintergrund ihres Normsystems für bedeutsam hält.

Mit einem höheren Status gehen meist bestimmte Privilegien und Verpflichtungen einher, die die Gruppe bestimmt. Der Status legt z. B. fest, was sich der Einzelne erlauben darf, wie er andere anzusprechen hat usw. Dies resultiert aus der Zuschreibung von **Machtpotenzialen** in Abhängigkeit von der Statushöhe (vgl. Georgesen und Harris 1998). Erwartungshaltungen zur Erlangung eines Status können darüber hinaus zur Ausführung sozial erwünschter Handlungen und somit zu verändertem Gruppenoutput führen (vgl. dazu Fisher und Ackerman 1998). Der Status ist somit eine wichtige Determinante des Verhaltens von Gruppenmitgliedern, aber auch – wie unten zu zeigen – im Verhältnis zwischen Gruppen (Chattopadhyay et al. 2010).

Statusaushandlung. Betrachtet man die Statusstruktur in einer Gruppe als eine soziale Konstruktion, so ist es wichtig zu sehen, wie diese Konstruktion erfolgt. Häufig dient das Instrument der „Sitzung" dazu, nicht nur inhaltlich zu verhandeln, sondern zugleich auch die jeweilige Statusstruktur (neu) zu taxieren. Es wird somit nicht nur auf der Inhaltsebene, sondern auch auf der Beziehungsebene kommuniziert. In diesem Sinne beschreiben Sutton und Hargadon (1996) Brainstorming-Sitzungen in einer Produktentwicklungsfirma praktisch als eine „Status-Auktion", bei der es der Ehrgeiz jedes einzelnen Produktentwicklers ist, möglichst die zentralen – dann von der Gruppe ausgewählten – Ideen beigesteuert zu haben (vgl. auch Owens und Sutton 2001). Die Gruppe identifiziert nicht nur die besten Ideen, sondern immer auch diejenigen, die sie hervorgebracht haben. So beschreibt ein Produktdesigner seine Motivation: „I like being one of the three or four people who came up with the creative ideas. If I am not, I sometimes spend a couple more hours afterwards to develop better ideas" (Sutton und Hargadon 1996, S. 707).

Das Beispiel zeigt, dass die immer wieder zu vollziehende Neubestimmung der Statusstruktur positive Wirkungen auf den Gruppenoutput haben kann. Zentral dafür, ob eine immer wieder zur Debatte stehende Statusstruktur (im Gegensatz zu einer stabilen, nicht nachverhandelbaren Statusstruktur) positive oder eher negative Effekte auf den Gruppenoutput hat, dürfte in erster Linie davon abhängig sein, inwiefern die „Währung" (etwa: neue Ideen, Kreativität usw.), die den Status letztlich in einer Gruppe bestimmt, in einem direkten Zusammenhang zum Arbeitsergebnis steht. Der Status-Wettbewerb („status contest") ist dann immer auch zugleich ein inhaltlicher Wettbewerb um die besten Ergebnisse.

Statussymbole. Um den Status nach außen hin kenntlich zu machen, werden Symbole benutzt, sie zeigen den Status an, konstituieren ihn aber nicht. Bekannte Beispiele sind das Stockwerk bzw. Lage des Büros, unterschiedliche Büroausstattungen (Espresso-Maschine, Apple Computer usw-) oder etwa Fensterplätze in größeren Büroräumen. Obwohl Statussymbolen die Funktion zugesprochen werden kann, die Orientierung der Interaktionspart-

10.4 Die Prozessvariablen: Gruppenformation und -entwicklung

ner zu erleichtern und damit eine Vereinheitlichung des Verhaltens herbeizuführen, darf nicht übersehen werden, dass sie immer auch zu einer Verfestigung von Machtstrukturen beitragen und deshalb nicht selten eine Behinderung bei der sachbezogenen Bewältigung von neuen Problemen darstellen.

Determinanten des Status. Obwohl in ihrer relativen Bedeutung kultur- und zeitabhängig, lassen sich generell drei Klassen von Variablen unterscheiden (vgl. Secord und Backman 1964):

a) **Belohnungskapazität**
Personen oder Positionen wird in dem Maße hoher Status zuerkannt, in dem ihre Attribute geeignet sind, für jedes einzelne Gruppenmitglied oder die Gruppe als Ganzes belohnend zu wirken. Hinzu muss allerdings kommen, dass diese Attribute knapp verteilt sind. Attribute bzw. Aktivitäten, die von jedem Gruppenmitglied in gleicher Weise erreichbar sind oder erbracht werden, erbringen keinen höheren Status. Beispiel: In einem Forschungsteam wird dasjenige Mitglied den höchsten Status haben, dem es immer wieder gelingt, Probleme zu lösen, die für die anderen Teammitglieder nicht mehr lösbar erscheinen. In vielen Fällen wird aber auch ein hoher Status Positionen unabhängig von Personen zugeteilt, z. B. dem Fahrer oder dem Funker.

b) **Höhe der empfangenen Belohnungen**
Status ist weiterhin abhängig von dem Ausmaß, in dem Personen oder Positionen als Belohnungsempfänger perzipiert werden. In dem Maße, in dem eine Person Empfänger von Belohnungen ist, die in der jeweiligen Kultur hoch geschätzt werden (z. B. hohes Einkommen, Verleihung von Orden), wird ihr ein hoher Status zuerkannt. Ähnlich werden „Kosten" honoriert, die aufgebracht wurden, um hochgeschätzte Gruppenziele zu erreichen, dies allerdings nur dann, wenn die Kosten überdurchschnittlich hoch sind, selten aufgebracht (z. B. Verzicht auf Urlaub) und von der Gruppe als wichtig betrachtet werden.

c) **Persönlichkeitsmerkmale**
Als weitere statusbestimmende Faktoren sind Merkmale der Personen zu nennen, die die Biografie und den Hintergrund der Personen reflektieren, wie z. B. Alter, Religionszugehörigkeit, Hautfarbe, Dominanz etc. (Anderson und Kilduff 2009).Diese Faktoren befördern den Statuserwerb nicht aufgrund damit verbundener Belohnungen für den Interaktionspartner, sondern aufgrund traditioneller Übereinkunft, dass Personen, die diese Merkmale aufweisen, das Recht auf einen bestimmten Status haben. Beispiel: Einem Fabrikarbeiter, der schon lange in demselben Betrieb beschäftigt ist, billigt die Gruppe aufgrund dieser Tatsache ein gewisses Ansehen zu, das Neueingestellten vorenthalten wird.

d) **Statuskongruenz**
Von Statuskongruenz spricht man, wenn alle Statusattribute einer Person auf der gleichen Ebene gesehen werden, d. h., wenn die Attribute alle höher, gleich oder niedriger als die einer anderen Person eingeschätzt werden (z. B. die Übereinstimmung von Schulbildung, Einkommen, Wohnviertel, Kleidung). Wird diese Gleichrichtung aus der Sicht der Referenzgruppe nicht erreicht, spricht man von **Statusinkongruenz**

(z. B. das ranghöchste Gruppenmitglied besitzt keinen Schulabschluss). Es gilt nun im Allgemeinen die These, dass Personen bestrebt sind, Statuskongruenz zu erreichen bzw., dass von ihnen Statuskongruenz erwartet wird. Statusinkongruenz schafft Dissonanzen und verunsichert die Interaktionspartner. Die betroffen Personen fühlen sich unwohl und verunsichert, wie auf die ambivalenten Signale der Statusinkongruenz zu reagieren sei (vgl. Hunt 1976). Mitunter wird Statusinkongruenz sogar als Auslöser von Mobbingverhalten betrachtet (vgl. Heames et al. 2006). In verschiedenen Studien konnte gezeigt, dass Statusinkongruenz bei den betreffenden Personen Stressgefühle zur Folge hat (Bacharach et al. 1993). Umgekehrt werden Statusinkongruenzen aber auch positive Aspekte zugesprochen, etwa wenn sie als Routine brechend oder innovationsfördernd gesehen werden.

Status und Gruppenverhalten. In einer Reihe von Untersuchungen konnte gezeigt werden, dass Status und Statuskongruenz von beträchtlichem Einfluss auf das Verhalten in Gruppen und die Gruppenleistung sind (vgl. Shaw 1981; Wahrman 2010):

- Gruppenmitglieder mit hohem Status und hoher Statuskongruenz zeigen einen höheren Zufriedenheitsgrad und verhalten sich in höherem Maße norm-konform.
- Gruppenmitglieder mit hohem Status verhalten sich zwar einerseits in höherem Maße norm-konform als Individuen mit geringem Status, ihnen wird aber paradoxerweise auch ein größerer Freiraum zugestanden, sanktionsfrei von der Gruppennorm abzuweichen („idiosynkratischer Kredit"; vgl. Hollander 1958).
- Von Gruppenmitgliedern mit hohem Status werden mehr Aktivitäten initiiert als von solchen mit niedrigem.
- Gruppenmitglieder mit niedrigem Status kommunizieren mehr aufgaben-irrelevante Informationen als Mitglieder mit hohem Status.
- Der Kommunikationsfluss ist tendenziell (status-)hierarchie-aufwärts gerichtet. Inhalte, die sich kritisch mit dem Verhalten status-höherer Personen auseinandersetzen, werden in diesem Kommunikationsfluss stark gefiltert („Schönfärberei").

10.4.3.2 Rollenstruktur

Eng mit der Statusdifferenzierung verbunden ist ein weiteres Strukturmerkmal von Gruppen, die Rollendifferenzierung. „Rolle" kann definiert werden als ein Bündel von **Verhaltenserwartungen**, die von anderen an einen Positions- oder Statusinhaber herangetragen werden. Diese Verhaltenserwartungen stellen generelle, d. h. vom Einzelnen prinzipiell unabhängige Verhaltensvorschriften dar, die eine gewisse Verbindlichkeit für sich beanspruchen (vgl. Dahrendorf 1965, S. 27 f.).

Obschon zu jeder Position oder zu jedem Status (mindestens) eine Rolle gehört, ist doch zwischen diesen zu trennen. Erstere bezeichnen – mehr formal – Stellen (Orte) im Gefüge sozialer Interaktionen, die von Personen innegehabt, erworben und verloren werden können, während die Rolle angibt, wie sich die jeweiligen Inhaber einer Position verhalten sollen. Die Rolle stellt einen Komplex zusammenhängender Verhaltensweisen dar, die in genereller Form erwartet werden. Scheinbar Unzusammenhängendes wird durch ein Rollenbild verknüpft (der Sprachstil, die Kleidung, die Emotionalität usw.).

10.4 Die Prozessvariablen: Gruppenformation und -entwicklung

Rollenverhalten wird in unterschiedlich striktem Maße erwartet und Abweichung entsprechend unterschiedlich sanktioniert. Man kann in **Muss-, Soll- und Kann-Erwartungen** unterscheiden (vgl. Dahrendorf 1965). Rollenerwartungen beziehen sich nicht nur auf beobachtbares Verhalten, sondern auch auf innere Einstellungen und Überzeugungen (Bsp.: Von einem Pharma-Betriebsleiter wird erwartet, dass er die Kritik an der Chemotherapie innerlich ablehnt).

a) **Rollenepisode**

Der Prozess der Rollenübernahme wird mit dem Konzept der Rollenepisode anschaulich beschrieben (vgl. Abb. 10.4): Rollenerwartungen bündeln sich in einer gesendeten Rolle. Diese wird wahrgenommen (empfangene Rolle), und die Antwort darauf drückt sich im Rollenverhalten aus.

- **Rollenerwartungen.** Gruppenmitglieder entwickeln vor dem Hintergrund der Organisationsumwelt ganz bestimmte Erwartungen an das Verhalten einer Person (Rollenempfänger).
- **Gesendete Rolle.** Die Erwartungen werden dem betreffenden Positionsinhaber durch Sprache, Mimik oder Gestik als Rolle übermittelt mit der Annahme, dass dieser auch bereit ist, diesen Erwartungen zu entsprechen.
- **Empfangene Rolle.** Rollenempfänger nehmen die gesendete Rolle (mehr oder weniger genau) wahr und versuche sie zu entschlüsseln. Es ist wichtig zu sehen, dass das Gruppenmitglied seine Rolle nur **indirekt** erschließen, nicht jedoch direkt erlernen kann. Rollenempfänger müssen über ein gewisses Interpretationsvermögen und über ein hinreichendes Situationswissen verfügen, um die Erwartungen überhaupt entschlüsseln zu können. Tritt eine Person neu in eine Gruppe ein, so kann sie erst nach und nach erlernen, die Rollenanforderungen zu begreifen, sie muss sich erst mit den Sinnstrukturen und dem über Jahre gesammelten Erfahrungswissen der sozialen Einheit vertraut

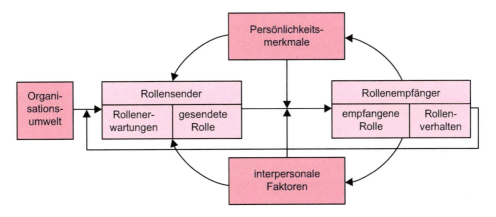

Abb. 10.4 Rollenepisode. (Quelle: Katz und Kahn 1978, S. 182)

machen. Dabei variiert allerdings der Grad der Ex- oder Implizitheit erheblich zwischen Gruppen und vor allem zwischen Kulturen (vgl. Hall 1976).
- **Rollenverhalten.** Die Antwort der Rollenempfänger auf die gesendeten Informationen ist ihr (beobachtbares) Rollenverhalten. Es kann den Erwartungen entsprechen oder davon abweichend sein. Inwieweit das Verhalten den Erwartungen entspricht, ist zunächst einmal eine Frage des Wollens, ferner der Sanktionen negativer und positiver Art, die mit den Erwartungen verknüpft sind. Nonkonformes Rollenverhalten kann aber auch, wie aus Abb. 10.4 ersichtlich, in Kommunikationsschwierigkeiten, Missverständnissen und Fehlinterpretationen, bedingt durch personale und/oder interpersonale Faktoren, sowohl was die Rollensender als auch die Rollenempfänger anbelangt, seine Ursache haben. Die Abweichung ist dann unbeabsichtigt.

Im Zyklus der Rollenepisode wird das gezeigte Rollenverhalten wiederum von den Rollensendern registriert und mit den gehegten Rollenerwartungen verglichen. Die Rolle wird dann – eventuell mit Korrekturinformationen versehen – erneut gesendet usw.

Die Rollenepisode wird von Kontextfaktoren überlagert (vgl. Abb. 10.4). So können Elemente der Organisationsumwelt, wie die Technologie, die Organisationsstruktur oder die Gruppenkohäsion, die Rollenübernahme erleichtern oder erschweren. Persönlichkeitsmerkmale der Sender sowie der Empfänger beeinflussen die Art der Rollensendung und auch die Fähigkeit und Bereitschaft der Wahrnehmung und Umsetzung. Eine große Bedeutung kommt ferner den interpersonalen Beziehungen zu, die zwischen Sendern und Empfängern, aber auch gegebenenfalls zwischen den Sendern bestehen. So beschleunigt z. B. Sympathie zwischen den Akteuren für gewöhnlich die Episode.

Die Rollenepisode gibt einen guten Eindruck von dem **komplexen sozialen Prozess** des Rollenverhaltens. Der Prozess wird allerdings, was das einzelne Individuum betrifft, im Wesentlichen reaktiv beschrieben; das betreffende Organisations- und Gruppenmitglied hat lediglich die Entscheidung, ob es mit den Erwartungen konform gehen will oder nicht (was seinerseits wesentlich über Anreize steuerbar gedacht wird). Graen (1976) verweist zu Recht darauf, dass fokale Personen auch Rollen „machen" können, d. h., sie können, jedenfalls bis zu einem gewissen Grade, die empfangene Rolle nach eigenen Vorstellungen umformen (Bsp.: Der Vorstandsvorsitzende einer Aktiengesellschaft verwendet für kurze innerstädtische Dienstreisen nicht den Dienstwagen, sondern das Fahrrad). Um Innovationen verstehen zu können, ist das Konzept der eigensinnigen Rollengestaltung oder auch der Rollenaushandlung (vgl. Kap. 11) von großer Bedeutung.

b) **Rollenkonflikte**

Die Erläuterung der Rollenepisode hat bereits deutlich werden lassen, dass Rollenerwartungen miteinander in Konflikt geraten können. Die hieraus resultierenden Rollenkonflikte sind für das Verhalten in Organisationen von großer Bedeutung. Im Wesentlichen wird zwischen Intra- und Inter-Rollenkonflikten unterschieden (vgl. Gross 1958; Kahn und Wolfe 1975).

(1) **Intra-Rollen-Konflikt.** Im Anschluss an die oben dargestellte Rollenepisode lassen sich hier folgende Fälle unterscheiden:

- **Intra-Sender-Konflikt.** Die Instruktionen und Erwartungen eines Senders sind widersprüchlich und schließen einander aus (Gruppenleiterin erwartet einmal absoluten Gehorsam, ermuntert dann aber wieder zu Kritik an ihren Anordnungen).
- **Inter-Sender-Konflikt.** Die Erwartungen der verschiedenen Sender sind nicht kompatibel. Rollenempfänger stehen im Kräftefeld sich widersprechender Erwartungen. Dies ist häufig auch die Nahtstelle zwischen formeller und informeller Dimension (Bsp.: Ein Gruppenleiter empfängt Erwartungen aus der Hierarchie, wie er sich als Vorgesetzter zu verhalten hat. Zugleich empfängt er davon abweichende informelle Erwartungen seines Teams wie auch der hierarchisch-gleichgestellten Kollegen bezüglich seines Führungsverhaltens. Es ist nicht im Vorhinein klar, dass stets die formalen Erwartungen Vorrang haben.)

(2) **Inter-Rollen-Konflikt.** Er entsteht, wenn die Erwartungen unterschiedlicher Rollen einer Person miteinander kollidieren, d. h. sich ganz oder teilweise ausschließen (Bsp.: Die Erwartungen an eine Managerin als Mitglied einer Naturschutzgruppe widersprechen den Erwartungen, die an sie als Mitglied der Geschäftsleitung einer Flughafengesellschaft gestellt werden.) Eine spezielle Form des Inter-Rollen-Konflikts ist die **Rollenüberladung** (role overload). Die Rollen sind dann zwar dem Inhalte nach miteinander verträglich, nicht aber der zeitlichen Anforderung nach. Der Rollenempfänger kann nicht alle Rollen gleichzeitig bewältigen. Rollenüberladung kann dann ihrerseits wieder zu problematischem Verhalten führen, etwa zu „entnervtem" Vorgesetztenverhalten (Eissa und Lester 2017).

Als Sonderfall ist der sogenannte **Person-Rollen-Konflikt** anzusprechen. Hier steht die Rollenerwartung der Sender im Widerspruch zu den Werten und Orientierungen des Rollenempfängers. (Bsp.: Ein Pförtner soll Demonstranten auseinander treiben, obwohl er das Ziel der Demonstration, nämlich kein Sozialabbau, befürwortet.) Eine ganz ähnliche Thematik umreißt der Begriff „Rollendistanz". Er verweist auf die Möglichkeit, sich von der Rolle zu distanzieren und kritisch zu prüfen, ob und inwieweit die Rolle den eigenen Ansichten und Werten entspricht (vgl. Krappmann 1971). Die Rollendistanz wird dann ggf. mit dem Rollenverhalten mitkommuniziert, so dass die Rollensender die Diskrepanz erkennen. Dafür gibt es verschiedene Ausdrucksmittel: Augenzwinkern, Sarkasmus, Murren usw. Dies macht es möglich zu zeigen, dass ein Teil des Selbst außerhalb der Rolle liegt (vgl. Goffman 1973, S. 125 ff.). Bisweilen gehört es aber fast schon wieder zur Rollenerwartung, dass die Rolle mit Distanz gespielt wird (z. B. die „penible Pförtnerin" oder der „zerstreute Professor"). Abb. 10.5 verdeutlicht noch einmal die dargelegten Zusammenhänge.

Rollenkonflikte, aus welcher Quelle auch immer gespeist, sind oftmals nicht einfach auflösbar; spätestens dann, wenn gehandelt werden muss, gilt es aber für die Rollen-

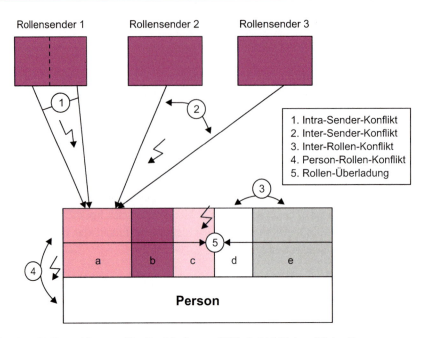

Abb. 10.5 Rolle und Person. (Quelle: Neuberger 2002, S. 318 ff. (modifiziert))

empfänger, einen gangbaren Weg zu finden. Rollenkonflikte lassen sich grundsätzlich durch Hierarchisierung der Erwartungen, durch kompromissartige Annäherung oder durch Rückzug bearbeiten. Welcher Weg gewählt wird, hängt von unterschiedlichen Bedingungen ab (vgl. Gross 1958): (a) der Legitimität, d. h., wie legitim werden die Rollenerwartungen empfunden (bestehen sie zu Recht?), (b) dem Sanktionspotenzial, d. h., wie stark sind die negativen Konsequenzen bei Nichterfüllung, (c) von den Einstellungen des Empfängers (Prinzipientreue, Vermeidungstendenz, Konfliktscheue usw.). Neben den genannten Wegen gibt es allerdings noch bestimmte **Taktiken**, Rollenkonflikte zu lösen, z. B. indem kritische Teile des Rollenverhaltens der Beobachtung entzogen, die Rollensender gegeneinander ausgespielt oder die Rollenerwartungen zum Gegenstand von Verhandlungen gemacht werden.

Ashforth et al. (2000) verweisen zudem auf die Bedeutung von **Riten** zum Vollzug des Rollenübergangs. Solche Riten tragen insbesondere durch räumliche und zeitliche Entzerrung dazu bei, mehrere zueinander in Konflikt stehende Rollen konsistent wahrnehmen zu können und durch den Ritus von einer Rolle in eine andere „zu schlüpfen" (Bsp.: Der fürsorgliche Familienvater verabschiedet seine Kinder in der Kindertagesstätte, fährt zu seiner Arbeitsstätte und beginnt seinen Arbeitstag als „hart durchgreifender" Vorstandsvorsitzender mit dem Ritual, ein Sudoku zu lösen.) Die Ausformung und Bedeutung der einzelnen Riten hängt dabei insbesondere vom Grad der Rollensegmentierung ab.

Bei starker **Rollensegmentierung** sind die Rollen klar voneinander abgegrenzt, sodass der Übergang für die Rolleninhaberin höhere „Wechselkosten" verursachen kann. Jedoch kann ein derartiger Rollenkonflikt auch zu einen positiven Gesamtergebnis führen. Die klar gezogenen Grenzen zwischen den Rollen lassen die Generierung eines Mehrwerts zu, denn sie ermöglichen eine Fokussierung auf die Inhalte der jeweiligen Rolle, da Rollenirritationen und Ablenkungen nicht, oder lediglich in geringem Maße, auftreten.

Eine stärkere Überlagerung verschiedener Rollen erleichtert hingegen den Vollzug des Übergangs durch durchlässige, **verschwimmende Grenzen**. Gerade dieser Umstand ermöglicht kompromissartige Annäherungen und kann das Aufkommen von Rollenkonflikten auch vermeiden. Jedoch kann die Rolleninhaberin den herangetragenen Erwartungen aufgrund zunehmender Irritationen und Ablenkungen durch andere Rollen eventuell nur erschwert nachkommen. Der damit angezeigte Trade-off zeigt sich beispielsweise an der Zusammenlegung von Wohn- und Arbeitsort. Auf der einen Seite trägt ein Heimarbeitsplatz dazu bei, Beruf und Familie besser zu vereinbaren, andererseits erfordert das ständige Wechseln zwischen beiden Rollen neue Prozesse der Grenzziehung und damit auch neue **Übergangsrituale** zwischen den Rollen (vgl. hierzu auch Ladge et al. 2012 mit Blick auf die Identitätsübergänge zwischen arbeitsbezogenen und privaten Rollen bzw. Identitäten). Das Beispiel verdeutlicht darüber hinaus, dass die Übergangsrituale von einer Rolle in eine andere nicht nur für die Rolleninhaber, sondern auch für deren Umwelt als symbolische Kommunikation einer Grenze von Bedeutung sind, um Rollenerwartungen räumlich und zeitlich klar zu kanalisieren.

Rollenkonflikte werden von Individuen – sofern sie diese nicht verleugnen – als Belastung, als **Rollenstress** erlebt; dies führt zu Spannungen, Unzufriedenheiten und – bei immer wiederkehrender Konfliktsituation – nicht selten zu psychosomatischen Erkrankungen (vgl. Kahn 1964). Rollenkonflikte stellen somit im Rahmen des Leistungsprozesses potenzielle Störfaktoren dar, wobei nicht verschwiegen werden soll, dass Rollenkonflikte auch produktiv als Veränderungsanstoß, als produktive Unordnung, wirken können.

c) **Rollendifferenzierung in der Gruppe**

Ähnlich wie beim Status gibt es neben den offiziellen Rollenerwartungen (Stellenbeschreibung) eine Reihe informeller Rollendifferenzierungen, die sich aufgrund der Normen und Werte sowie der zu bewältigenden Aufgabe in der Gruppe im Laufe der Zeit herausbilden. Bei empirischen Untersuchungen zeigten sich unter anderem Ausdifferenzierungen (vgl. Wiswede 1977, S. 94 ff.)

- nach der Dauer der Zugehörigkeit zur Gruppe: Von den **„Neuen"** wird ein anderes Verhalten erwartet als von den „Alten",
- nach der Abweichung von Gruppennormen: die Außenseiter-Rolle,
- nach Gruppenfunktionen: Die Rolle des Sprechers, die die Verbindung zur Umwelt der Gruppe regeln soll; die Rolle des Schlichters, die durch Konfliktabwehr und -beseitigung den Bestand der Gruppe sichern soll; die Rolle des sozio-emotionalen

Führers, die die Kohäsion sichern soll; die Rolle des Experten (task-leader), die die Erfüllung der Gruppenaufgabe regeln soll; die Rolle der Vaterfigur, die über Identifikation das Lernen von Rollen erleichtern soll; die Rolle des Sündenbocks, die eine Zentralisation der Aggressionen mit sich bringt und damit desorganisierende Kräfte abwehrt.

10.4.3.3 Führungsstruktur (informelle)

Begreift man Führerschaft als Prozess der sozialen Beeinflussung (siehe Kap. 11), so gehen in der Arbeitsgruppe nicht nur von der formellen Führung Einflüsse auf das Verhalten der Gruppe aus. Es können eine oder mehrere Personen von der Gruppe bestimmt sein, denen neben formellen Führern generell oder bezüglich bestimmter Funktionen (Sprecher, Schlichter etc.) **Einflussmöglichkeiten** zugestanden werden. Da diese Einflussmöglichkeiten nicht auf der formalen Position in der Hierarchie basieren, spricht man häufig von informellen Führungspersonen.

Formelle und informelle Führungspersonen unterscheiden sich im Wesentlichen durch die Machtgrundlagen, auf denen ihre Einflussmöglichkeiten beruhen. Die Machtgrundlagen **formeller Führungspersonen** sind in erster Linie in der Position begründet, d. h., die Position ist von der übergeordneten Organisation mit formell geregelten Anweisungsbefugnissen und Sanktionsmöglichkeiten (z. B. Disziplinargewalt, Beförderung, Beurteilung, Lohnfestsetzung etc.) ausgestattet. Im Gegensatz dazu sind die Machtgrundlagen **informeller Führungspersonen** in erster Linie in der Gruppe begründet: Macht wird Gruppenmitgliedern zuerkannt z. B. aufgrund überlegenen Wissens und Fähigkeiten (kognitive Komponente) oder aufgrund von Persönlichkeitsmerkmalen, die affektiv wirksam werden (Stärke, gutes Aussehen, emotionale Wärme etc.) und gewöhnlich den Wunsch von Gruppenmitgliedern zur Identifikation auslösen. Die Bedeutung dieser Fähigkeiten und Merkmale differiert von Gruppe zu Gruppe und von Situation zu Situation, so dass universelle Fähigkeiten und Merkmale, die zum informellen Führer prädestinieren, nicht existieren. (Die Machtgrundlagen werden in Kap. 11 noch einmal genauer erläutert.)

Empirische Untersuchungen zeigen, dass informelle Führungspersonen gewöhnlich Personen sein müssen, die der Verwirklichung der Gruppennormen sehr nahe kommen. So zeigt etwa die Soziale Identitätstheorie der Führung (vgl. Haslam 2001, S. 65 ff.), dass in einer Gruppe derjenigen Person Führung zugesprochen wird, die die prototypischen Eigenschaften der Gruppe am eindeutigsten verkörpert (**Prototypikalität**). Die Werte, Ziele und Verhaltensweisen der informellen Führungspersonen werden deshalb weitgehend kongruent sein mit denen, die von der Gruppe als wünschenswert angesehen werden: eine demokratisch orientierte Gruppe wird eine informelle Führungsperson haben, die demokratisches Verhalten zeigt; eine religiös fixierte Gruppe wird keine Atheistin als Führerin akzeptieren (vgl. dazu das anschauliche Beispiel aus der klassischen Hawthorne-Studie in Kasten 10.2). Gruppenmitglieder tendieren im Allgemeinen, je nach Identifizierungsgrad, zur Ausführung von sozial erwünschten Handlungen (vgl. Ashforth und Mael 1989, S. 25).

10.4 Die Prozessvariablen: Gruppenformation und -entwicklung

> **Kasten 10.2**
>
> **Drahtarbeiter Taylor als informeller Gruppenführer**
> Die folgenden Beobachtungen wurden in einer Drahtzieherei im Rahmen der sogenannten Hawthorne-Experimente gemacht.
>
> > „In seiner Tätigkeit als Drahtzieher erbringt Taylor durchweg sehr gute Leistungen. Er arbeitet zügig und beendet seinen Arbeitstag nicht, bevor er die von ihm zu erledigende Quote erreicht hat. Nach dem Urteil seiner Vorgesetzten ist er einer der besten seines Fachs.
> >
> > Sein Verhältnis zu Kollegen lässt sich am einfachsten durch die Weise kennzeichnen, in der sie bereit sind, ihm zu helfen. So erledigten sie bspw. während der Zeit, die er aufgrund eines Interviews nicht weiterarbeiten konnte, einen Teil der von ihm zu leistenden Quote mit. (Dies war jedoch nicht notwendig, da er den Verdienstausfall mit seinem Durchschnittslohn vergütet bekam.) Kennzeichnend ist weiterhin, dass derartige Hilfeleistungen von ihm den Kollegen gegenüber nicht erbracht werden, ohne dass diese es jedoch als negativ empfinden.
> >
> > Ein weiteres Kennzeichen ist seine unermüdliche Bereitschaft zur Kommunikation. Es gibt kein Thema, wozu er nichts beitragen könnte, wobei seine Kompetenz unbestritten bleibt. Geachtet wird er zudem wegen seiner Ratschläge, die sich sowohl auf geplante Firmenwechsel, Schlichtungen bei Meinungsverschiedenheiten oder einfach Pferdewetten beziehen.
> >
> > Durch einen Vorfall wird die Position Taylors innerhalb der Gruppe besonders deutlich. Einmal war der Draht knapp geworden und die Anweisung des Vorgesetzten lautete, mit dem Vorhandenen auszukommen. Entgegen seiner Weisung besorgten sich zwei Mitglieder der Gruppe zusätzlich Draht für ihre Bedürfnisse und waren sehr stolz darauf. Taylor hingegen ging in das Zentralbüro und kam nach kurzer Zeit mit einer Lastwagenladung voller Draht für alle zurück."
>
> Quelle: Roethlisberger und Dickson 1975, S. 464 f.

Von Führungspersonen wird in aller Regel in höherem Maße als von den anderen Gruppenmitgliedern erwartet, dass sie Verpflichtungen nachkommen. Versäumen sie dies, so gefährden sie ihre Stellung; die Gruppe kann die Führungsmacht jederzeit wieder zurücknehmen. Alles, was gegeben ist, kann auch wieder zurück genommen werden. Die Führungsperson ist zwar mächtiger als jedes einzelne Gruppenmitglied, aber immer schwächer als das Gebilde Gruppe, denn sie ist die Quelle ihrer Macht (vgl. Greence 1975).

In diesem Zusammenhang soll noch einmal auf das Paradox hingewiesen werden, dass informelle Führungspersonen einerseits in höherem Maße den Gruppennormen entsprechen als alle anderen Gruppenmitglieder, andererseits aber sind Führungspersonen diejenigen Gruppenmitglieder, denen am ehesten eine Normabweichung konzediert wird. Hollander erklärt den Widerspruch, indem er eine zeitliche Abfolge aufzeigt: Die Führungsperson erwirbt sich durch Normerfüllung ein Anerkennungspolster (idiosynkratischer Kredit), das ihr in der Fortfolge eine „produktive Nonkonformität" erlaubt (Hollander 1995).

In der Rollenanalyse war bereits angedeutet worden, dass sich Führung in Gruppen im Wesentlichen als eine ausdifferenzierte Rolle darstellt. In vielen Studien zeigte sich, dass Gruppen im Fortlauf häufig die Führungsrolle in zwei Rollen weiter differenzieren, nämlich in die Rolle der **Aufgabenführung**, die primär die Zielerreichung im Auge hat, und die Rolle der **sozio-emotionalen Führung**, die primär für den Zusammenhalt der Gruppe Sorge trägt („Divergenztheorem") (Bales und Slater 1955). Es zeigte sich also, dass der oder die „Tüchtigste" nur im Ausnahmefall auch der oder die „Beliebteste" ist und umgekehrt. Diese Tendenz verstärkt sich im Laufe der Gruppenbildung eher als dass sie sich abschwächte. Eine Erklärung für diese Aufspaltung könnte in der Widersprüchlichkeit dieser Erwartungen liegen, die eine einzelne Person nur schwer überbrücken kann. Systemtheoretisch gesehen handelt es sich um gegenläufige Funktionen, die gleichwohl beide erfüllt werden müssen, wenn das System leistungsfähig gehalten werden soll. Eine Möglichkeit, mit Widersprüchen umzugehen, ist die Separierung, d. h. die Entlastung einer Rolle durch Spezialisierung.

10.4.4 Kollektive Handlungsmuster

Neben der Gruppenkohäsion, Normen und Standards, und der internen Sozialstruktur können als vierte Formations- und Entwicklungsvariable die kollektiven Handlungsmuster unterschieden werden. Kollektive Handlungsmuster in dem hier gemeinten Sinne beziehen sich entweder direkt auf bestimmte Kollektiv-Aktionen oder aber indirekt auf Formen kollektiver Entscheidungsprozesse. Gerade letztere sind sehr viel empirisch untersucht worden. Einige besonders interessante Ergebnisse sollen kurz vorgestellt werden.

10.4.4.1 Risikoschub in Gruppen

Normalerweise würde man von Gruppen erwarten, dass sie tendenziell weniger risikofreudig entscheiden als Einzelpersonen. Kühnheit und Risikobereitschaft werden gewöhnlich Individuen und nicht Kollektiven zugeordnet. Die experimentelle Gruppenforschung verweist seit Jahren (wenn auch nicht immer ganz eindeutig) in eine andere Richtung. Gruppen wählen **risikoreichere Alternativen** als Individuen. Man bezeichnet diese Tendenz als Risikoschub (risky shift) (vgl. Kogan und Wallach 1964); Abb. 10.6 veranschaulicht das gemeinte Phänomen.

Zur Erklärung des Risikoschub-Phänomens wurde eine Reihe von Thesen entwickelt. Die bekanntesten lauten:

- Diffusion der Verantwortung: Ein höheres Risiko wird akzeptiert, weil die Handlungskonsequenzen von der ganzen Gruppe getragen werden.
- Höheres Informationsniveau: Die Gruppendiskussion bringt viele Informationen zusammen und reduziert die Unsicherheit.

10.4 Die Prozessvariablen: Gruppenformation und -entwicklung

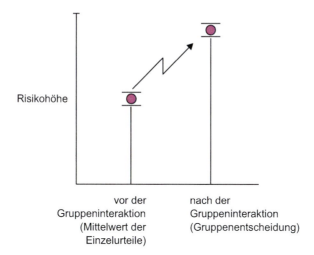

Abb. 10.6 Das Risikoschub-Phänomen

- Führerschaft: Führungspersonen sind gewöhnlich risikofreudiger als Gruppenmitglieder, es werden deshalb von den einflussreichen Personen mehr Pro-Risiko-Argumente vorgetragen, und es kommt zu dem Schub.
- Risiko als sozialer Wert: Die Anwesenheit anderer lässt für mehr Risikofreude votieren, um nicht als kleinmütig gelten zu müssen.

Insgesamt gilt es zu bedenken, dass der Risikoschub bislang primär in experimentellen Situationen beobachtet wurde, so dass ein **Artefakt-Verdacht** deshalb nicht ganz von der Hand zu weisen ist. Interessant ist der Hinweis, der aus neueren Studien kommt. Danach ist der Risikoschub nur bei solchen Entscheidungsgegenständen beobachtbar, bei denen gesellschaftlich die Risikoübernahme positiv bewertet wird (z. B. bei unternehmerischen Pionierentscheidungen). Dort, wo die Risikofreude von der Gesellschaft eher negativ bewertet wird (z. B. beim Schutz von schwangeren Frauen oder der Eheschließung), zeigt sich überraschenderweise das Gegenteil. Gruppen votierten im Vergleich zu Individuen für das geringere Risiko. Man spricht hier vom **Vorsichtsschub** („cautious shift") (vgl. Stoner 1968).

10.4.4.2 Gruppendenken

Einen weiteren Einblick in das Entscheidungsverhalten von Gruppen und die sie bestimmende kollektive Dynamik geben die Studien von Janis (1982). Ausgangspunkt ist die These, dass **kohäsive** Gruppen mit einem ausgeprägten **Korpsgeist (starke Gruppenidentität)** und einem herzlichen Einvernehmen untereinander dazu neigen, vorschnell Einmütigkeit herzustellen und dazu im Widerspruch stehende Meinungen zu unterdrücken. Das Streben nach Einvernehmlichkeit wird stärker als das Bestreben, sich über ein Problem argumentativ auseinanderzusetzen und Alternativen zu erörtern. Der Teamgeist lässt das autonome und kritische Denken verstummen und führt die Gruppe unter Umständen zu skrupellosen und gefährlichen Entscheidungen. Janis nennt dieses Phänomen

„Gruppendenken" und demonstriert seine Wirksamkeit an einer Reihe von Fehlentscheidungen der US-amerikanischen Außenpolitik.

Ein besonders prägnantes Beispiel ist die „Schweinebucht"-Affäre. Gemeint ist die Entscheidung von Präsident Kennedy und seiner Beratergruppe, dem CIA-Vorschlag zu folgen und eine Invasion in Kuba einzuleiten. Kein einziger von Kennedys Beratern opponierte gegen das äußerst zweifelhafte Vorhaben, die schwerwiegenden politischen Konsequenzen, selbst im Falle des Erfolges, blieben unberücksichtigt. Die Entscheidung erwies sich bekanntlich als völliger Fehlschlag. Die militärisch massiv unterstützten Invasoren (es waren 1400 Exil-Kubaner) waren nach wenigen Tagen am Ende und wurden von den kubanischen Streitkräften gefangen genommen.

Die Rekonstruktion der Entscheidungsgrundlagen offenbarte ein verblüffendes Maß an Wunschdenken und Ausblendung kritischer Aspekte des Vorhabens. Arthur Schlesinger, einer der Berater Kennedys, konstatierte später selbstkritisch, dass er Opfer des „Gruppendenkens" geworden war: „Hätte sich auch nur ein Berater gegen das Abenteuer ausgesprochen, ich glaube, Kennedy hätte es fallen gelassen. Aber keiner sagte ein Wort dagegen ... Unsere Sitzungen fanden in einer Atmosphäre vermuteten Konsenses statt" (Janis 1982, S. 40, Übers. d. d. Verf.). Obwohl Schlesinger eigentlich schwerwiegende Vorbehalte gegen das Vorhaben hatte, zögerte er, sich gewissermaßen selbstzensierend, diese in der Gruppe zur Sprache zu bringen: „Ich kann mein Versagen, nicht mehr getan zu haben, als einige schüchterne Fragen zu stellen, nur dadurch erklären, dass der Impuls, gegen diesen Unsinn Front zu machen, durch die Umstände der Diskussion schlicht erlahmte" (dito).

Nach sorgfältiger Analyse ähnlicher (Fehl-)Entscheidungsprozesse benennt Janis acht generelle Symptome (im Sinne beobachtbarer Merkmale) des Gruppendenkens:

1. Falsche Einmütigkeit schafft die **Illusion der Unverwundbarkeit** und lässt einen überzogenen Optimismus entstehen.
2. Ein unbedingter **Glaube an die Moralität** der Gruppe macht blind für die ethischen Konsequenzen von Entscheidungen; was die Gruppe entscheidet, ist per se gerechtfertigt.
3. **Rationalisierung:** Die Gruppe weist oder wertet Argumente und Fakten ab, die der Gruppenmeinung zuwiderlaufen.
4. **Stereotypisierung:** Feinde und andere Außenstehende werden durchgängig negativ wahrgenommen; überflüssig, sich mit ihnen auf ernsthafte Erörterungen einzulassen.
5. **Selbstzensur:** Gruppenmitglieder unterdrücken von sich aus eigene Zweifel an der Gruppenmeinung.
6. **Gruppenzensur:** Die Gruppe übt massiven Druck auf Mitglieder aus, die wider den Komment Zweifel an Gruppenmeinungen und Prämissen artikulieren.
7. **Gedankenwächter** (mind guards): Bestimmte Gruppenmitglieder treten in Aktion, um potenzielle „Dissidenten" schon im Vorfeld zum Schweigen zu bringen, bevor sie die herrschende Meinung mit ihren Zweifeln unterminieren können.
8. **Illusion der Einmütigkeit:** Aufgrund der Selbstzensur und des Gruppendrucks entsteht bei allen Mitgliedern, insbesondere aber bei der Gruppenführung, das Bild uneingeschränkter Einmütigkeit.

10.4 Die Prozessvariablen: Gruppenformation und -entwicklung

In einer Studie, die das Challenger-Unglück im Jahre 1986 als Ergebnis von Gruppendenken zeigt, wird das Modell des Gruppendenkens um zwei Kontextvariablen ergänzt: Zeitdruck und Führungsstil. Starker Zeitdruck und Führungspersonen, die von Hause aus wenig Divergenz zulassen, schaffen ein Klima, das Gruppendenken befördert (vgl. Moorhead et al. 1991).

Die Existenz von Gruppendenken verweist insgesamt auf den Druck zur **Normenkonformität** und die Verhinderung von Abweichungen („Devianzen"). Im Zentrum steht die Kraft der **sozialen Kontrolle**, die explizit oder implizit vonstatten gehen kann. Eine besonders wichtige Art impliziter und informeller sozialer Kontrolle ist das **„social distancing"**. Darunter versteht man die Ausgrenzung und „Ächtung" von abweichenden Gruppenmitgliedern oder Minderheitsgruppen durch die Hauptgruppe in der Form informeller Exklusion. Man spricht dann auch von informellem Ostrazismus. Dieser kann sehr unterschiedliche Formen annehmen und reicht von der einfachen Ignoranz von „Abweichlern" über deren Ausschluss aus informellen Gesprächen bis hin zu politischen Spielen (vgl. zum Überblick Westphal und Khanna 2003, S. 364 ff.). Social distancing ist dann immer auch ein Phänomen indirekter Kommunikation. Man lässt es die Abweichler spüren nach dem Motto: „Sie werden schon sehen, was sie davon haben!", ohne dass man sich dabei unmittelbar formaler Machtmittel bedienen müsste. Diese Formen der Ausgrenzung sind aber nicht nur Ergebnis bewussten Handelns. Soziale Distanzierung erfolgt häufig – wie das Gruppendenken insgesamt – eben auch sehr unbewusst; umso wichtiger ist es, diesen Phänomenen mit der Ermöglichung von **offener Kommunikation** entgegen zu treten.

Das Phänomen des Gruppendenkens darf jedoch nicht als eine Art Naturgesetz missverstanden werden; es handelt sich dabei um eine Tendenz, keineswegs aber um eine zwangsläufige Erscheinung. Es ist wichtig zu wissen, dass Gruppen, die sich gut verstehen, zu einem solchen Verhalten neigen, um dieser Gefahr entgegenwirken zu können. Zwischenzeitlich liegt eine Reihe interessanter Vorschläge vor, dem Gruppendenken vorzubeugen (Moorhead et al. 1991, S. 262 ff.; Hart 1998):

- Die Gruppenführung sollte mit Worten und Gesten die Mitglieder ermutigen, Kritik und Zweifel zu äußern.
- Die Gruppenführung sollte mit ihrer Meinungsbildung abwarten und nicht schon in der Frühphase eine dezidierte Meinung vertreten.
- Die Gruppe sollte sich immer wieder einmal in mehrere Teams aufspalten und die verschiedenen Alternativen getrennt voneinander diskutieren.
- Ein Mitglied sollte zum **„advocatus diaboli"** bestellt werden (vgl. Kasten 10.3).
- Wenn eine vorläufige Entscheidung gefallen ist, sollten anschließend in einer Art „dialektischer Sitzung" (second chance meeting) alle Gegenargumente und Einwände gesammelt und diskutiert werden.

Heute wird häufig in diesem Zusammenhang von „red teams" gesprochen: „Thinking like the enemy" (Zenko 2015). Hier werden Expertenteams zusammengesetzt, die die Konkurrenz sehr gut kennen, mit der Aufgabe, die Geschäftspolitik oder die Personalauswahl eines Unternehmens bzw. einer Division herauszufordern.

Kasten 10.3

Advocatus diaboli
Definition:
Als „advocatus diaboli" wird ein Entscheidungsverfahren bezeichnet, bei dem eine Person oder eine Gruppe ausdrücklich die Rolle des schonungslosen Kritikers übernimmt. Ihre Aufgabe besteht darin, Schwachpunkte oder Fehlerquellen in den zugrunde liegenden Annahmen und Schlussfolgerungen aufzuspüren und auf sie aufmerksam zu machen. Ziel dieser Vorgehensweise ist es, durch die Schaffung von Dissonanzen bzw. den Verweis auf Gegenpositionen, die Entscheidungsbeteiligten vor einem zu frühen Konsens zu bewahren sowie eine intensivere Auseinandersetzung mit den zugrunde liegenden Prämissen zu fördern.

Vorteile:
Der Hauptvorteil dieser Methode liegt darin, dass die Legitimation für eine schonungslos kritische Position jenseits aller Gruppen- und Organisationszwänge geschaffen wird. Es wird jemand beauftragt, über alle (emotionalen) Barrieren hinweg, das auszusprechen, was an dem Plan oder der Entscheidung kritisch erscheint. Darüber hinaus werden die meist stillschweigend zugrunde gelegten Annahmen sichtbar und damit diskutierbar gemacht. Die anstehende Entscheidung kann darüber hinaus noch einmal aus einer neuen Perspektive überdacht werden. Das erweitert den Reflexionshorizont, die Wahrscheinlichkeit von Fehlentscheidungen wird dadurch geringer und neue Alternativen kommen unter Umständen in das Gespräch.

Gefahren in der Anwendung:
Die Kritik an dieser Methode setzt vor allem an folgenden vier Punkten an:
- Hat bei einem Entscheidungsprozess erst einmal die Kritik Oberhand gewonnen und ist das Vorhaben verworfen, gibt es nichts, was es „rehabilitieren" könnte.
- Es besteht die Gefahr einer zunehmend destruktiven statt konstruktiven Denkweise.
- Durch die permanent geübte Kritik besteht die Gefahr der Demoralisierung der Initiatoren.
- Es entsteht eine Tendenz zur Schaffung „wasserdichter", nicht aber kreativer oder risikoreicher Vorhaben.

Quellen: Cosier 1981; Mason und Mitroff 1981, S. 128

10.4.4.3 Konzertierte Gruppenaktionen

Zu den direkten kollektiven Handlungen werden in erster Linie die sogenannten konzertierten Gruppenaktionen gezählt, die meist dann eingeleitet werden, wenn die Erreichung von Gruppenzielen gefährdet erscheint oder wenn von außen Ziele an die Gruppe herangetragen werden, die der Gruppe nicht akzeptabel erscheinen. Beispiele für derartige Aktionen sind: Outputrestriktionen bei Akkordarbeit (um z. B. einer ständigen Erhöhung der Richtsätze vorzubeugen), Dienst nach Vorschrift, Streik für bessere Arbeitsbedingungen, Widerstand gegen Änderungen etc.

Voraussetzungen für die Durchführung von konzertierten Gruppenaktionen sind
a) ein relativ hoher Grad an Gruppenkohäsion, der den Gruppenmitgliedern den notwendigen Halt gibt und sie eventuelle Risiken leichter tragen lässt.
b) Die Existenz von Normen und Standards, die auf eine gewisse Konfliktbereitschaft hinauslaufen und die eine deutliche Grenze zwischen den Gruppen und der Organisation ziehen.
c) Die Unterstützung durch die informelle Führung.

Umgekehrt kann aber auch der Kohäsionsgrad gerade durch solche Aktionen steigen; ebenso erfährt die Normstruktur wie die interne Sozialstruktur durch derartige Aktionen unter Umständen eine Differenzierung und gegebenenfalls eine Modifizierung. Die einzelnen Variablen sind also auch hier nicht unabhängig voneinander, sondern stehen in einem gegenseitigen Einflussverhältnis.

10.5 Die Outputvariablen

Nach einer Diskussion des Gruppengeschehens stellt sich die Frage, wie alle diese Einflüsse und Prozesse auf die Leistung der Gruppen (Output) wirken. Die einer Arbeitsgruppe übergeordnete Organisation wird in erster Linie an einer hohen Gruppeneffektivität (Produktivität und Stabilität) interessiert sein. Es gibt zahlreiche Untersuchungen, die nach den Bedingungen hoher **Gruppeneffektivität** fragen und dabei Variablen aus verschiedenen Prozessphasen unseres systemanalytischen Diagramms als Bestimmungsgröße nehmen. Teilweise werden vor dem Hintergrund des Systemmodells in den Studien Input und Output direkt gegenübergestellt, teilweise werden Interaktions- oder Formations- und Entwicklungsvariablen zu Outputfaktoren in Beziehung gesetzt. In allen Fällen werden aber, wie oben bereits angegeben, keine interdependenten, sondern nur linearkausale Teilbeziehungen herausgegriffen und überprüft (vgl. zum Überblick Shaw 1981; Weinert 2004, S. 417 ff.).

10.5.1 Inputvariablen und Effektivität (einige Befunde)

a) **Gruppengröße**
- Die Zufriedenheit der Gruppenmitglieder sinkt mit steigender Gruppengröße.
- Eine eindeutige Beziehung zwischen Gruppengröße und Produktivität konnte nicht gefunden werden. Aufgaben, die ein hohes Maß an Kooperation und Komplemen-

täraktivitäten verlangen, werden tendenziell in kleineren Gruppen besser gelöst, während Aufgaben additiver Natur mit zunehmender Gruppengröße tendenziell zunehmende Leistungswerte erzielen.
b) **Aufgabe**
- Bei schwierigen Aufgaben hängt der Erfolg davon ab, in welchem Ausmaß die Gruppenmitglieder frei und ungehindert Zustimmung oder Ablehnung zu den vorgeschlagenen Lösungsschritten äußern können.
- Gruppen, die sich aus Mitgliedern mit unterschiedlichen Persönlichkeitsstrukturen zusammensetzen, arbeiten besser bei schwach strukturierten Aufgaben als Gruppen, deren Mitglieder homogene Persönlichkeitsstrukturen aufweisen. Bei gut strukturierten Problemen zeigen sich eher die umgekehrten Ergebnisse. Spätere Studien (vgl. Wanous und Youtz 1986) differenzieren diesen Punkt weiter. Gruppen mit einem hohen Diversitätsgrad (Einstellungen, Präferenzen usw.) erzielen gewöhnlich bessere Ergebnisse als solche mit einem hohen Ähnlichkeitsgrad. Dies allerdings dann nicht, wenn die Diversität zu gravierenden Dauerkonflikten führt, wenn die Diversität keinen Konsens in den Grundzielen zulässt und wenn die Entscheidung rasches Gemeinschaftshandeln erforderlich macht. King et al. (2011) verweisen auf die Bedeutung der Gruppenzusammensetzung in Bezug auf das Gruppen-Umwelt-Verhältnis und finden, dass die Effektivität einer Gruppe umso höher ist, je stärker ihre Zusammensetzung der ihrer relevanten Umwelt (in diesem Falle Kundengruppe) entspricht, da Interaktionen durch ein größeres wechselseitiges Verständnis geprägt sind.

c) **Persönlichkeitsmerkmale**
- Untersuchungen, die Eigenschaften der Mitglieder und Gruppenleistung direkt in Beziehung setzen wollten, konnten keine konsistenten Ergebnisse erzielen. Die Art der zu lösenden Aufgaben spielt eine ausschlaggebende Rolle.
- Gruppen mit Mitgliedern ähnlicher Persönlichkeitsstrukturen zeigen gewöhnlich höhere Zufriedenheit und Stabilität als heterogen zusammengesetzte Gruppen.

10.5.2 Gruppenstruktur und Effektivität (einige Befunde)

- Dezentralisierte Kommunikationsstrukturen bringen bessere Problemlösungen bei komplexen Aufgaben, zentralisierte Kommunikationsstrukturen dagegen bei einfachen Aufgabenstellungen.
- Gruppenmitglieder berichten mehr Zufriedenheit bei dezentralisierten als bei zentralisierten Kommunikations- und Entscheidungsstrukturen. Dezentralisierung erhöht auch die Wahrscheinlichkeit höherer Effektivität, weil sich die Gruppenmitglieder selbst die Voraussetzungen für effektives Zusammenarbeiten unter gesonderter Berücksichtigung situativer und persönlicher Umstände schaffen können (vgl. Bucklow 1966).

10.5.3 Gruppenkohäsion und Effektivität (einige Befunde)

a) **Gruppenkohäsion und Gruppenerfolg**
- Die anfänglich häufig vertretene Auffassung, dass zwischen Gruppenkohäsion und Gruppenleistung eine eindeutige Kausalbeziehung derart bestehe, dass eine Steigerung der Gruppenkohäsion eine Steigerung der Gruppenleistung bewirke, konnte in dieser einfachen Form nicht bestätigt werden (vgl. Seashore 1954; Greence 1989; Mullen und Cooper 1994; zu einer Meta-Analyse vgl. Beal et al. 2003). Bei empirischen Untersuchungen fand man zwar Gruppen, die sich in der erwarteten Weise verhielten; man fand aber auch hoch kohäsive Gruppen, die eine niedrigere Leistung erbrachten als Gruppen mit schwacher Kohäsion. Es erwies sich, dass ohne Berücksichtigung der **Gruppenziele** keine eindeutigen Aussagen möglich sind: Das Einflusspotenzial der Gruppe auf das Verhalten ihrer Mitglieder wird stark durch die Höhe der Gruppenkohäsion bestimmt; die Einflussrichtung aber hängt von den intern formulierten Zielen der Gruppe ab. Nur dann, wenn diese Ziele auf eine hohe Leistungsabgabe ausgerichtet sind, wird sich der ursprünglich erwartete Effekt einstellen. Das Ziel einer hohen Arbeitsleistung wird in der Regel von der Organisationsumwelt an die Gruppe herangetragen. Eine Vielfalt von Einflussfaktoren bestimmt, inwieweit diese Ziele mit den Gruppenzielen im Einklang stehen oder divergieren. Eine besondere Bedeutung wird dabei der Frage der Instrumentalität der Organisationsziele zukommen (vgl. dazu Kap. 9).
- Generell ließen sich folgende Beziehungen wiederholt beobachten:

  1. Bei hoher (geringer) Leistungsorientierung erzielten hoch kohäsive Gruppen eine höhere (geringere) Produktivität als schwach kohäsive Gruppen (vgl. z. B. die klassische Studie in Abb. 10.7).
  2. Hoch kohäsive Gruppen zeigen eine größere Einheitlichkeit in der Leistung als schwach kohäsive Gruppen. Diese Uniformität lässt sich mit dem erhöhten Einflusspotenzial Ersterer auf das Verhalten der Mitglieder erklären.
  3. In hoch kohäsiven Gruppen sind – bei Zielakzeptanz – schnellere Lernerfolge zu erwarten als in wenig kohäsiven Gruppen.

- Die Kausalität ist allerdings nicht eindeutig; es gilt auch: Je höher der Gruppenerfolg, umso stärker wird die Gruppenkohäsion.

b) **Gruppenkohäsion und Zufriedenheit**
Mitglieder von hoch kohäsiven Gruppen äußern sich für gewöhnlich zufriedener über ihre Arbeit als solche schwach kohäsiver Gruppen. Dieses empirische Ergebnis überrascht nicht, denn Kohäsion war ja oben als Attraktivität bzw. Ausmaß der Bedürfnisbefriedigungsmöglichkeit in der Gruppe bestimmt worden.

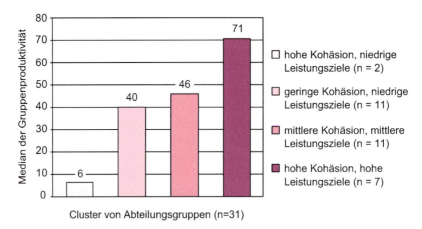

Abb. 10.7 Gruppenkohäsion und Produktivität; Studie in 31 geographisch getrennten Abteilungen eines US-amerikanischen Industriebetriebs (1955). (Quelle: Likert 1961, S. 119 ff. (modifiziert))

c) **Gruppenkohäsion und Fehlzeiten**

Hoch kohäsive Gruppen haben im Durchschnitt geringere Fehlzeiten als schwach kohäsive Gruppen; dabei spielen wiederum die Gruppennormen und die Nachhaltigkeit mit der sie verfolgt werden die ausschlaggebende Rolle (Bamberger und Biron 2007).

d) **Gruppenkohäsion und freiwillige Fluktuation**

Gruppen mit hoher Kohäsion haben zumeist eine niedrigere Fluktuationsrate als andere Gruppen – dies auch bei grundsätzlich negativer Einstellung gegenüber der Firma (vgl. Coch und French 1948; George und Bettenhausen 1990). Der Einfluss von Gruppenvariablen auf die Fluktuation hängt natürlich ganz wesentlich auch von den Gegebenheiten auf dem Arbeitsmarkt und den Wechselmöglichkeiten ab (vgl. Mobley 1982). Umgekehrt wirkt sich eine hohe Fluktuation negativ auf die Gruppenkohäsion aus.

e) **Gruppenkohäsion und perzipierte Belastung durch die Arbeit**

Seashore (1954: 40) untersuchte erstmals die Auswirkungen der Gruppenkohäsion auf den perzipierten Druck durch die Arbeit bei 228 Arbeitsgruppen in einer großen Schwermaschinenfabrik. Hohe Kohäsion wurde angenommen, wenn die Mitglieder – „(1) perceive themselves to be a part of a group, (2) prefer to remain in the group rather than to leave, and (3) perceive their group to be better than other groups with respect to the way the men get along together, the way they help each other out, and the way they stick together". Es zeigte sich folgendes Ergebnis: Hohe Gruppenkohäsion führt in der Tendenz zu geringeren arbeitsbezogenen Belastungs-, Spannungs- und Angstgefühlen. Abb. 10.8 gibt die Antworten auf die Frage wieder: „Does your work ever make you feel ‚jumpy' or ‚nervous'?"

Diese klassische Studie korrespondiert sehr gut mit neueren Ergebnissen zu Arbeitsstress und Burn-out. Letztere erweisen sich grundsätzlich geringer, wenn unterstützende Gruppenbeziehungen, informelle Gruppenkontakte und ein angenehmes Gruppenklima (also hohe Gruppenkohäsion) besteht (vgl. zusammenfassend Elloy et al. 2001).

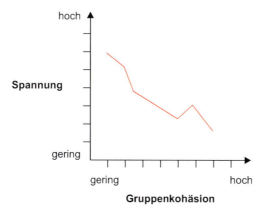

Abb. 10.8 Perzipierte Belastung durch die Arbeit in Abhängigkeit von der Gruppenkohäsion. (Quelle: Tannenbaum 1966, S. 65)

10.5.4 Rückkoppelung

Aufgaben(miss)erfolg und (In-)Stabilität der Gruppen haben nun ihrerseits wieder Einfluss auf die Inputvariable „Organisationsumwelt" und damit indirekt auf die Zusammensetzung der Gruppe (z. B. Aufgabenmisserfolg bewirkt die externe Entscheidung, einige Mitglieder in der Gruppe auszutauschen). Im Zeitablauf sind die Outputvariablen einer Gruppe auch durch die in Vergangenheit erzielten Niveaus geprägt. So zeigen etwa Reinig et al. (2011), dass die aktuelle Arbeitszufriedenheit in Gruppen in einer Langzeitbetrachtung am Ende stärker abhängig ist von den früher bereits erreichten Zufriedenheitsniveaus, als vom aktuellen Performance-Niveau der Gruppe.

10.6 Interaktion im Zeitablauf

Die Interaktionsprozesse, die schließlich zur Herausbildung und Stabilisierung einer Gruppenidentität führen, sind durch viele Merkmale bestimmt: Sympathien, Antipathien, Konflikte, erfolgreiche Problemlösungen usw. Das Ergebnis des Interaktionsprozesses sind die Strukturmerkmale der Gruppe und der Gruppenerfolg. Dabei hängt von einer Vielzahl von Faktoren ab, ob Intra-Gruppenkonflikte die Leistung der Gruppe steigern oder senken (vgl. z. B. Jehn 1995).

Ein Versuch, das Interaktionsgeschehen über einen gewissen Zeitraum hinweg zu beschreiben, sind die Modelle der Gruppenentwicklung, die den Entwicklungsprozess wie auf der Ebene der Organisationen nach Phasen gliedern. In aller Regel werden vier Phasen unterschieden (vgl. Tuckman 1965):

1. Formierungs- oder Orientierungsphase (Forming),
2. Sturm- oder Differenzierungsphase (Storming),
3. Normierungs- oder Integrationsphase (Norming),
4. Reifephase (Performing).

Die **Formierungsphase** ist die Phase des Kennenlernens. Die Gruppenmitglieder prüfen einander auf Gemeinsamkeit und Unterschiede, auf Sympathie und Antipathie. Die Unsicherheit ist groß, erste Basisorientierungen darüber, was möglich und was nicht möglich ist, beginnen sich zu entwickeln. Formell eingesetzte Führungskräfte haben in dieser Situation leichte Hand, ihre Orientierungsleistung ist zumeist willkommen.

In der **Sturmphase** treten die Mitglieder aus ihrer Reserve heraus, machen Unterschiede deutlich, melden Dominanz-Ansprüche an und suchen nach Koalitionspartnern. Es ist dies die kritische Phase in jeder Gruppenentwicklung, nicht selten führt sie zum Zerfall der Gruppe.

Wenn sich die Positionen zu festigen beginnen, tritt die Gruppe in die **Normierungsphase** ein. Harmonie und das Streben nach Konformität treten in den Vordergrund. Es besteht weitgehend Einigkeit, wer welche Rolle zu spielen hat und welche Erwartungen dafür erfüllt werden müssen.

In der **Reifephase** konzentriert sich die Gruppe schließlich auf der Basis der entwickelten internen Struktur auf bestimmte Ziele. Die Interaktionen laufen routinemäßig nach den zwischenzeitlich eingeschliffenen Mustern.

Mit dem Auftauchen neuer Mitglieder, großer Unzufriedenheit oder völlig neuer Aufgaben kann eine Gruppe unversehens wieder in die Sturmphase zurückversetzt werden, in der die Normen und Positionen neu verhandelt werden müssen. Ein Beispiel für ein solches **„Re-storming"** gibt Kasten 10.4.

Kasten 10.4

Re-Storming bei BMW

„BMW-Chef Harald Krüger will mit einem verjüngten Vorstand in die Zukunft fahren. So soll Nicolas Peter (54) Finanzvorstand Friedrich Eichiner (61) ablösen. Weitere Wechsel sind geplant.

Auch das Einkaufsressort wolle Krüger neu besetzen. Weitere Wechsel seien möglich, aber der Vorstandschef prüfe noch unterschiedliche Szenarien. Der Aufsichtsrat soll gegen Ende des Sommers über den Umbau entscheiden."

Quelle: managermagazin, https://www.manager-magazin.de. Zugegriffen am 26.05.2016

In späteren Studien hat man in Anschluss an das Lebenszyklusmodell eine fünfte Phase hinzugefügt, die das Ende einer Gruppe (z. B. infolge der Beendigung eines Projekts oder Schließung eines Werks) reflektiert. Sie wird Auflösungsphase (Adjourning) genannt (zuerst Tuckman und Jensen 1977).

Das Modell ist in seiner Grundstruktur auf einen sozio-dynamischen Prozess hin konzipiert, es lässt jedoch mit der allgemeinen Form der vier Phasen offen, ob die einzelnen Phasen auch zwingend im Sinne eines (im Wesentlichen informellen) sozio-dynamischen Prozesses „durchlebt" werden müssen, oder inwieweit es eben auch möglich ist, durch formale Strukturierung etwa die Erwartungsstruktur zu bestimmen oder verbindliche Gruppennormen zu etablieren. In diesem Sinne kann ein solcher Gruppenentwicklungsprozess auch sehr stark von „außen" vorgeformt sein. Ob dies dann eher zu einer spannungsgeladenen und konfliktreichen Beziehung zwischen formal bestimmter und informal entstehender Gruppenstruktur führt, ist eine weitere Frage. Jedoch ist es wichtig zu erkennen, dass der Gruppenentwicklungsprozess entlang der vier Phasen nicht ausschließlich als emergent-informell gedacht werden sollte, sondern dass hierbei auch formalisierende Elemente eine entscheidende Rolle spielen können (vgl. zum Überblick über die gesamte Forschung zu diesem Modell Bonebright 2010).

Dies zeigt sich auch daran, dass – wie bei allen Lebenszyklusmodellen für soziale Systeme – für die Phasenabfolge **keine Zwangsläufigkeit** unterstellt werden kann. Vor allem Einflüsse aus der Gruppenumwelt können eine rasche Umorientierung verlangen oder auch eine Fixierung auf bestimmte Phasen mit sich bringen, wie ja überhaupt über die Dauer der Phasen nichts ausgesagt ist und sich – wie die empirische Forschung zeigt – auch schwer generelle Aussagen bilden lassen (zusammenfassend McGrath und O'Connor 1996). Die Reifephase sollte nicht als allseits harmonischer Gleichgewichtszustand missverstanden werden. Es gibt keine soziale Einheit ohne Wandel, deshalb ist auch die Reifephase im Entwicklungsablauf durch eine Abfolge kontinuierlicher Wandelprozesse gekennzeichnet (vgl. Gersick 1988; Okhuysen 2001) – so wie das auch für die Gesamtorganisation in Kap. 8 beschrieben wurde.

10.7 Beziehungen zwischen Gruppen

Moderne Organisationsformen verlangen immer häufiger nach abteilungsübergreifender Zusammenarbeit zur direkten horizontalen Abstimmung (z. B. Simultaneous Engineering, Projektplanung, Produktmanagement, Qualitätsmanagement). In der Regel geht dies mit einer Orientierung an derzeit wieder sehr aktuell diskutierten Modellen hierarchiearmer oder gar **hierarchieloser Kooperation** einher. Diese Art der Zusammenarbeit wird allerdings meist zu einfach geschildert, das Praktizieren solcher Beziehungen wird in seinen Anforderungen grob unterschätzt. Gruppen erleben andere Gruppen eines Systems nicht nur als funktionale Partner, sondern häufig als Rivalen.

Andere Gruppen sind – um auf die Ausgangskonzeption zu verweisen – **interne Umwelt** für die fokale Gruppe; ihre Wahrnehmung und ihre Aktionen fließen in die Grenzbestimmung und das Eigenkonzept der fokalen Gruppe ein. Die Erwartungen der Gruppen untereinander sind aber zunächst einmal nicht durch diese Eigenkonzepte, sondern durch das Gesamtsystem bestimmt. Die Strukturierung der Beziehung zwischen Gruppen ist ja – wie in Kap. 7 ausführlich dargestellt – eine Kernaufgabe der organisatorischen Gestaltung. Die Organisationsstruktur legt die Grundbeziehungen zwischen Gruppen, den Leistungsaustausch und die Regelung allfälliger Konflikte (über die Hierarchie, Programme oder eben Selbstabstimmungsregeln) fest.

Diese formalen Beziehungen zwischen Gruppen werden jedoch überlagert von einer speziellen Dynamik, wie sie sich häufig zwischen Gruppen entwickelt. Die Managementaufgabe umfasst daher nicht nur die Steuerung von Prozessen innerhalb, sondern auch zwischen Gruppen.

Die Art der Interaktion zwischen Gruppen wird sehr stark durch ihre Unterschiedlichkeit bestimmt. Das Ausmaß der Unterschiedlichkeit ist seinerseits maßgeblich durch die Aufgabenspezialisierung und den daraus resultierenden unterschiedlichen Zielorientierungen bestimmt, aber natürlich auch durch die unterschiedlichen intern entwickelten Strukturen und kognitiven Mustern, wie sie im vorhergehenden Abschnitt beschrieben wurden. Im Hinblick auf den Managementprozess werden die Beziehungen zwischen Gruppen und das daraus resultierende leistungsrelevante Verhalten primär unter der Polarität **Konflikt** versus **Kooperation** thematisiert. Dabei ist allerdings – analog zu Intra-Gruppenkonflikten – keineswegs a priori vorentschieden, dass Konflikt der zu vermeidende, Kooperation der anzustrebende Zustand ist.

Zur Erklärung der immer wieder zu beobachtenden Konflikte zwischen Gruppen sind im Wesentlichen zwei Theorien entwickelt worden:

(1) Interessenkonflikttheorie,
(2) Soziale Identitätstheorie.

(1) Der früher entwickelte interessenbezogene Ansatz (zuerst Sherif 1966) sieht die Hauptursache für Intergruppen-Konflikte im Wettbewerb um **knappe Ressourcen**. Dabei sind keineswegs nur materielle Ressourcen gemeint, wie etwa Zahl der Mitarbeiter, Größe und Lage der Büros, Gehaltszulagen, sondern auch immaterielle, wie z. B. Aufmerksamkeit, Zuwendung, Prestige. Die Konflikte ranken um Einfluss und Kontrolle. Die Gruppen verstehen sich als Rivalen um Güter, die nicht vermehrbar sind; in der Regel handelt es sich um „Nullsummenspiele", d. h., der eigene Anteil kann nur auf Kosten des Anteils anderer vergrößert werden.

In welchem Maße sich eine solche Rivalität zwischen Gruppen entwickelt, ist wesentlich durch die Gruppenumwelt, also die Organisationsstruktur, das Anreizsystem, die Unternehmenspolitik, mitbestimmt und dadurch auch in Grenzen steuerbar.

(2) Gleiches gilt für die soziale Identitätstheorie, auf welcher neuere Studien zur Lösung von Inter-Gruppenkonflikten durch Führung (vgl. z. B. Chrobot-Mason et al. 2007;

Hogg et al. 2012) basieren. Die **soziale Identitätstheorie** geht von einer unbewussteren und damit auch tieferliegenderen Konfliktbildung als die Interessenkonflikttheorie aus (Abrams und Hogg 1990). Gruppen entstehen und erlangen ein Selbst-Bewusstsein („Wir-Gefühl"), indem sie sich von anderen Gruppen **abgrenzen**. Sie tun dies, indem sie eine eigene Identität entwickeln, die einen Unterschied zu anderen Gruppen macht. Dazu bilden sie Vorstellungsmuster aus, d. h. vor allem Eigenbilder und Fremdbilder. Gruppen neigen (wie Individuen auch) zur Diskriminierung in dem Sinne, dass sie von sich selbst ein relativ besseres Bild entwerfen und damit in der Tendenz die anderen Gruppen abwerten.

Das Besondere an der sozialen Identitätstheorie ist nun, dass dieses tendenziell abwertende Bild der anderen Gruppen typischerweise nicht auf konkreten Erfahrungen oder feindseligen Handlungen der anderen Gruppen beruht, sondern in erster Linie eine Vorstellung ist, die man sich von den anderen Gruppen macht.

Neben der Interessendivergenz und dem identitätsinduzierten Konflikt lässt sich als weitere Konfliktsphäre jene der **kognitiven Muster** anführen, wie es von Carton und Cummings (2012) mit Blick auf die Formulierung einer Theorie von Subgruppen vorgeschlagen wird. Die Autoren unterscheiden dabei als dritte Kategorie die Art und Weise, wie Gruppen Informationen prozessieren und verarbeiten. Eine gesonderte Betrachtung dieser kognitiven Ebene erscheint durchaus sinnvoll, da es einen wesentlichen Unterschied machen kann, ob Konflikte normativ bedingt oder auf unterschiedliche kognitive Muster zurückzuführen sind.

Um die Konflikte zwischen Gruppen besser verstehen und bearbeiten zu können, ist es insgesamt erforderlich, sich intensiv mit den dahinterliegenden Wahrnehmungsmustern (Selbstbild und Fremdbilder) vertraut zu machen und der Frage nachzugehen, inwieweit diese auf normativen und/oder kognitiven Mustern beruhen.

Die soziale Identitätstheorie liefert hierzu einen sehr wichtigen Beitrag und verweist zudem auf die enge Verschränkung von normativen und kognitiven Aspekten. Man sollte sie aber gerade deshalb nicht zu mechanistisch begreifen und die Gruppenfeindlichkeit zum zwangsläufigen und unausweichlichen Phänomen machen, also sozusagen Gruppenfeindlichkeit als natürliche Norm begreifen. Zudem gilt es auch hier zu sehen, dass die Gruppenumwelt einen wesentlichen Einfluss auf die Ausprägung dieser Vorstellungsmuster nimmt oder zumindest nehmen kann (z. B. Autoritätsgefüge, Führungsphilosophie, Unternehmenskultur) und letztlich die Entwicklung des Intergruppenprozesses selbst einen erheblichen Einfluss darauf hat, ob sich Konflikte einstellen und verschärfen.

Ist es einmal zu Konflikten zwischen Gruppen gekommen, so haben diese keine Tendenz zur Re-Harmonisierung, sondern vielmehr zur **Eskalation**. Die Skala nach Glasl (2017) in Abb. 10.9 zeigt beispielhaft verschiedene Stufen der Konfliktentwicklung. Es ist dabei wichtig zu betonen, dass keineswegs jeder Konflikt alle diese Stufen bis zum Exzess durchlaufen muss. Die Skala dient vielmehr dazu, aufzuzeigen, wohin Konflikte führen, wenn man untätig zusieht.

	Eskalationsstufen:	Verhaltensaspekte:
1	Verhärtung	Standpunkte verhärten sich zuweilen und prallen aufeinander; es sind noch keine starren Lager und Meinungen vorhanden.
2	Debatte	Polarisation im Denken, Fühlen und Handeln; ermüdende Debatten, taktische Finessen; es bilden sich Subgruppen und verhärtende Standpunkte.
3	Taten	Reden hilft nicht mehr – es müssen Taten folgen; keine Partei will mehr nachgeben, Kontrahenten sollen die jeweils eigene Auffassung übernehmen.
4	Koalitionen	Es bilden sich Klischees, der „Gegner" wird zum „Feind"; Anhänger werden geworben und es bilden sich symbiotische Koalitionen.
5	Gesichtsverlust	Öffentliche Bloßstellung, Diffamierung des anderen.
6	Drohstrategien	Drohungen und Gegendrohungen eskalieren, „Stolperdrähte" werden gezogen.
7	Scharmützel	Begrenzte Attacken; der „Feind" wird immer mehr zur „Sache".
8	Krieg	Der „Feind" muss vernichtet werden; das feindliche System soll zerbrechen.
9	Gemeinsam in den Abgrund	Totaler Krieg; Vernichtung des Feindes auch zum Preis der Selbstvernichtung

Abb. 10.9 Phasenmodell der Eskalation von Konflikten. (Quelle: nach Glasl 2017)

Konflikte zwischen Gruppen sind aus gesamtorganisatorischer Sicht – wie erwähnt – nicht durchweg als negativ einzustufen. Zwar binden sie einerseits zumindest zeitweise wesentliche Teile der Arbeitsenergie (das Vorbereiten von Aktionen gegen die anderen Gruppen, Manöverkritik, Rachefeldzüge usw.) und beeinträchtigen den Informations- und Kommunikationsfluss; auf der anderen Seite fördern solche Konfliktsituationen die Wachsamkeit und das Problembewusstsein; darüber hinaus sind sie geeignet, den Ehrgeiz anzustacheln (wie bei jedem Mannschaftswettkampf zu beobachten) und die Organisation vor gefährlichem Harmoniestreben im Sinne eines Gruppendenkens zu schützen. Es ist dies ja letztlich auch der Grund, weshalb z. B. die parlamentarische Demokratie auf der Rolle der Opposition beharrt. Allerdings ist die inhärente Tendenz zur Eskalation immer im Auge zu behalten, denn ein voll eskalierter Konflikt wirkt immer negativ auf das Betriebsgeschehen.

Die Frage, ob und inwieweit das Management eines Unternehmens auf **Konfliktabbau** oder -vermeidung hinarbeiten soll, ist also durchaus differenziert zu beantworten. Von entscheidender Bedeutung ist dabei beispielsweise, in welchem Umfang die konfliktären Gruppen im Arbeitsprozess aufeinander angewiesen sind. Letzteres wird in der Literatur – analog zum Verhältnis von Gruppenmitgliedern zueinander – unter dem Stichwort der **Interdependenz** diskutiert. Abb. 10.10 zeigt die drei geläufigsten Interdependenzformen in Arbeitsprozessen, wobei Gruppenkonflikte insbesondere bei **reziproker** Interdependenz zerstörerisch wirken müssen.

1. gepoolte Interdependenz
Die Arbeitsprozesse verlaufen parallel, es besteht jedoch eine Ressourcenkonkurrenz, z. B. bei gemeinsamer Nutzung von Fertigungsanlagen oder im Hinblick auf Investitionen. Interdependenz besteht lediglich in indirekter Form.

2. sequenzielle Interdependenz
Die Arbeitsprozesse sind reihenmäßig angeordnet, d. h., das Arbeitsergebnis der vorhergehenden Einheit wird zum Input für die nachfolgende Einheit. Die Vorleistungen bestimmen zu wesentlichen Teilen die Leistungsqualität der nachfolgenden Einheit.

3. reziproke Interdependenz
Die Arbeitsprozesse bedingen sich gegenseitig; die Arbeitsergebnisse jeder Gruppe sind Input für die jeweils andere (z. B. Instandhaltung und Montage).

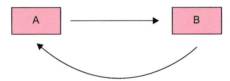

Abb. 10.10 Typen von Interdependenzen zwischen Arbeitsgruppen. (Quelle: nach Thompson 1967, S. 54 f.)

Um Konflikte zu vermeiden oder zumindest auf ein tragbares Niveau zu reduzieren, hat sich eine Reihe von Maßnahmen bewährt (**„Konfliktmanagement"**) (vgl. Schein 1969; Schwarz 2010):

- Die Hervorhebung gemeinsamer Ziele,
- Förderung der direkten Kommunikation zwischen den Gruppen („Konfrontationssitzungen"),
- Job rotation zwischen Gruppen,
- Erhöhung der Kontakte durch gemeinsame Fortbildung usw.

Wichtiger aber noch als solche Maßnahmen ist die Einübung in geordnete Formen der **Konfliktaustragung**. Nicht das Aufkommen von Konflikten ist in den meisten Organisationen das Problem – das ist in bestimmten Situationen ohnehin unvermeidlich –, sondern das Unvermögen mit Konflikten umzugehen (Tropp 2012). Aufbauend auf dem oben gezeigten Phasenmodell (vgl. Abb. 10.9) lassen sich die fünf gängigsten Methoden der Konfliktbearbeitung den jeweiligen Eskalationsstufen zuordnen, angefangen von der einfachen Moderation bis zum hierarchischen Durchgriff. Abb. 10.11 zeigt die Zuordnung der Konfliktbearbeitungsmethoden.

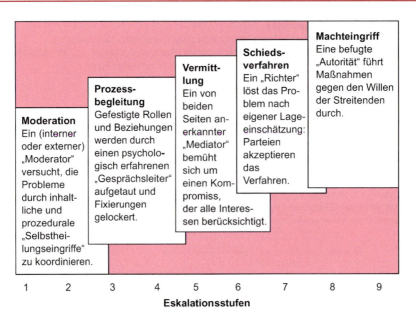

Abb. 10.11 Konfliktinterventionen nach Glasl

Diskussionsfragen

1. Eine Vertriebsleiterin äußert: „Gruppen, die zusammenhalten wie Pech und Schwefel, sind mir ein Graus!" Würden Sie sich ihrer Meinung anschließen?
2. Weshalb ist die Fehlzeitenrate in hoch kohäsiven Gruppen geringer als in schwach kohäsiven Gruppen?
3. Inwiefern trägt die „Statusstruktur" zur Erklärung des Gruppenverhaltens bei?
4. Warum können in der Rollenepisode die Sendung und die Wahrnehmung einer Rolle voneinander abweichen? Weshalb können Rollenwahrnehmung und Rollenverhalten divergieren?
5. Ralf Kristen, seit kurzem Meister im Werk Dingolfing und dort auch Betriebsrat, kommt zum wiederholten Male erst um 21.45 Uhr nach Hause. Er hatte nun schon den dritten Kinoabend in Folge mit seiner Familie absagen müssen. Vollkommen erschöpft sagt er zu seiner Frau: „Du, der Müller spinnt doch! Heute hat er von mir verlangt, die Produktion noch einmal um 5 % zu steigern ... Wahnsinn! Aber einstellen will er ja keinen, das heißt dann wohl wieder Überstunden ... Dabei hatten wir doch gerade im Betriebsrat beschlossen, dass die Überstunden endlich abgebaut werden sollen. Und zudem liegen mir die Lehrlinge im Ohr, wegen den anstehenden Gesellenprüfungen. Die stehen schon die ganze Zeit am Band und lernen nix Gescheites, und ich bin nachher wieder verantwortlich. Ach ja ...".

„Ich versteh' dich nicht, Ralf", sagt seine Frau, „ich sitze hier den ganzen Abend herum und warte, dass wir alle einmal wieder zusammen ins Kino gehen, und jetzt bist

10.7 Beziehungen zwischen Gruppen

du endlich da und sprichst immer noch von diesem Kram." „Dann lass uns doch morgen ins Kino gehen ... ach nein, warte, da muss ich ja zur Vorstandssitzung zum F.C. Die kann ich nicht verschieben, der Müller will uns doch für den Fabrikausbau den Rasenplatz abkaufen. Und 30 Bäume auf dem Vereinsgelände sollen auch noch draufgehen, irgendwo ist Schluss ..." „Geh du bloß zu deinen blöden Vereinen, die Kinder wissen schon gar nicht mehr, wie du aussiehst – wenn du mich fragst, im Übrigen nicht gut ..."
Analysieren Sie die Rollenkonflikte von Kristen. Was kann er tun?

6. Inwiefern trägt die Kenntnis der informellen Führungsstruktur zur Erklärung des Gruppenverhaltens bei?
7. „Rädelsführer verderben Gruppen". Nehmen Sie zu dieser Aussage Stellung.
8. Versuchen Sie, anhand eines Beispiels das Phänomen des „Risikoschubs" zu veranschaulichen und zu erklären! Diskutieren Sie mögliche Maßnahmen, den Risikoschub zu vermeiden!
9. Was versteht man unter „Gruppendenken"? Geben Sie ein praktisches Beispiel!
10. Welcher Zusammenhang ergab sich in empirischen Untersuchungen zwischen Gruppenkohäsion und Produktivität? Wie kann dieses Ergebnis erklärt werden? Gibt es auch einen umgekehrten Zusammenhang?
11. Weshalb kommt es so häufig zwischen Gruppen zu rivalisierenden Feindseligkeiten?
12. Berta Müller, IV-Spezialistin, wird gebeten in der benachbarten IV-Projektgruppe auszuhelfen. Berta, die als äußerst hilfsbereite Kollegin in ihrem Team geschätzt wird, kommt der Bitte ihrer Vorgesetzten nur mit äußerstem Widerwillen nach und möchte sichergestellt wissen, dass dies eine Ausnahme bleibt. Welche Ursache könnte Bertas Verhalten haben?

Fallstudie: Das Wohnzimmer*

Thomas Loffer war schon seit längerer Zeit bei der Fendel AG, einem größeren Unternehmen der Kraftfahrzeugzuliefererindustrie. Ihm war seit kurzem die Leitung des Dortmunder Werks, in dem hauptsächlich Lkw-Verschlüsse montiert wurden, übertragen worden. Als Thomas Loffer von seinem ersten Werksrundgang zurückkam, war er bestürzt. Zwar war das Dortmunder Werk im ganzen Unternehmen wegen seiner niedrigen Produktivität bekannt, aber Loffer hatte nicht geglaubt, dass er solche Zustände vorfinden würde. Es war ihm klar, dass er sogleich tätig werden musste. Die Leitung der Fabrik in Dortmund war Loffers erste wichtige Führungsposition und es war klar, dass seine weitere Karriere davon abhing, inwieweit er die Situation in diesem Werk in den Griff bekommen würde.

Von seinem Rundgang war Loffer ein besonders schockierendes Bild aus dem Produktionsbereich C in Erinnerung geblieben. Dort hatten fünf ältere Frauen ihren Arbeitsbereich in eine Art Wohnzimmer verwandelt. Während überall sonst die Arbeitstische in ordentlichen Reihen aufgestellt waren, bildeten sie hier einen Kreis. Am Boden lagen Teppiche, an den Wänden hingen verschiedene Bilder, in der Ecke stand ein Kühlschrank und darauf ein nervtötend vor sich hindudelndes Radiogerät. Loffer war unklar, wozu dieses Radio diente, da die Frauen sich unaufhörlich unterhielten und deshalb gar nichts hören konnten. Er war sich aber sicher, dass all dies von der Arbeit ablenkte und die Produktionsleistung minderte. Am Abend, nachdem die Arbeiter die Fabrik verlassen hatten, beauftragte Loffer daher zwei der Hausmeister, den Kühlschrank und das Radio wegzuschaffen, die Teppiche aufzurollen und die Bilder abzuhängen. Gleichzeitig wurden die Arbeitstische in gerader Reihe aufgestellt.

In der sicheren Erwartung, dass die Frauen nun gleich voller Entrüstung in sein Büro stürzen würden, kam Thomas Loffer am nächsten Morgen in die Firma. Innerlich war er bereits auf eine Diskussion mit ihnen vorbereitet, die er im Auto bereits durchgespielt hatte und er war fest entschlossen, sie schnell zu beenden. Zu seiner Überraschung gingen die fünf Frauen jedoch ohne Kommentar an ihre Plätze und nahmen die Arbeit auf. Noch mehr überraschte Loffer aber drei Tage später die Tatsache, dass, seit er seine Maßnahmen ergriffen hatte, der Produktionsausstoß im Bereich C um 40 % zurückgegangen war.

Als Loffer dies feststellte, begab er sich unverzüglich in den Produktionsbereich, um die Ursache für den drastischen Produktivitätsrückgang zu ermitteln. Er konnte jedoch nichts Besonderes entdecken, denn die fünf Frauen saßen jede für sich eifrig an ihrer Arbeit. Loffer kehrte in sein Büro zurück und bat sofort den unmittelbaren Vorgesetzten der fünf Frauen zu sich ins Büro. Im Laufe des Gesprächs wurde Loffer nachdenklich, insbesondere als er hörte, dass die Frauen bereits seit über 15 Jahren zusammen in diesem Produktionsbereich arbeiteten und ihr Produktionsausstoß dauernd 40 bis 50 % über der von den Refa-Leuten für diese Tätigkeit ermittelten Normalleistung lag und damit auch weit über der Leistung der anderen Gruppen. Ferner wies der unmittelbare Vorgesetzte mehrfach darauf hin, dass die Frauen immer sehr gewissenhaft und umsichtig gearbeitet hätten und dass er mit ihnen immer zufrieden gewesen war.

* *nach* Randolph und Blackburn 1989, S. 507 f.

Fragen zur Fallstudie

1. In welcher Entwicklungsphase befand sich die beschriebene Arbeitsgruppe?
2. Wie lässt sich der Produktivitätsrückgang erklären? Bitte begründen Sie Ihre Meinung unter Rückgriff auf theoretische Konzepte.
3. Welches Führungsverhalten zeigt T. Loffer? Warum hat er sich so verhalten?
4. Angenommen, Sie seien ein(e) Unternehmensberater(in), was würden Sie T. Loffer nun empfehlen zu tun?

Literatur

Abrams, D./Hogg, M. A. (1990), Social identity theory: Constructive and critical advances, Hempstead.

Anderson, C./Kilduff, G. J. (2009), The pursuit of status in social groups. Current directions, in: Psychological Science, 18(5), 295–298.

Arrow, H./McGrath, J. E. (1995), Membership dynamics in groups at work: A theoretical framework, in: Research in Organizational Behaviour 17, S. 373–411.

Ashforth, B. E./Kreiner, G. E./Fugate, M. (2000), All in a day's work: Boundaries and micro role transitions, in: Academy of Management Review 25, S. 472–491.

Ashforth, B. E./Mael, F. (1989), Social identity theory and the organization, in: Academy of Management Review 14, S. 20–39.

Bales, R. F./Slater, P. E. (1955), Role differentiation in small decision-making groups, in: Parsons, T./Bales, R. F. (Hrsg.), Family, socialization and interaction processes, New York, S. 259–306.

Bamberger, P./Biron, M. (2007), Group norms and excessive absenteeism: The role of peer referent others, in: Organizational Behavior and Human Decision Processes 103, S. 179–196.

Beal, D. J./Cohen, R. R./Burke, M. J./McLendon, C. L. (2003), Cohesion and performance in groups: A meta-analytic clarification of construct relations, in: Journal of Applied Psychology 88, S. 989–1004.

Blau, P. M./Scott, R. (1962), Formal organizations, San Francisco.

Bonebright, D. A. (2010), 40 years of storming: A historical review of Tuckman's model of small group development, in: Human Resource Development International, 13 (1), 111–120.

Brewer, M. B./Manzi, J. M./Shaw, J. S. (1993), In-group identification as a function of depersonalization, distinctiveness, and status, in: Psychological Science 4, S. 88–92.

Bucklow, M. (1966), A new role for the work group, in: Administrative Science Quarterly 11, S. 59–78.

Carton, A. M./Cummings, J. N. (2012), A theory of subgroups in work teams, in: Academy of Management Review 37, S. 441–470.

Chattopadhyay, P./Finn, C./Ashkanasy, N. M. (2010), Affective responses to professional dissimilarity: A matter of status, in: Academy of Management Journal 53, S. 808–826.

Chidambaram, L. (1996), Relational development in computer-supported groups, in: MIS Quarterly 20, S. 143–165.

Chrobot-Mason, D./Ruderman, M. N./Weber, T. J./Ohlott, P. J./Dalton, M. A. (2007), Illuminating a cross-cultural leadership challenge: When identity groups collide, in: International Journal of Human Resource Management 18, S. 2011–2036.

Coch, L./French, J. R. P. (1948), Overcoming resistance to change, in: Human Relations 1, S. 512–532.

Cosier, R. A. (1981), Dialectical inquiry in strategic planning: A case of premature acceptance, in: Academy of Management Review 6, S. 643–648.

Courtright, S. H./ Thurgood, G. R./ Stewart, G. L. / Pierotti, A. J. (2015), Structural interdependence in teams: An integrative framework and meta-analysis. Journal of Applied Psychology, 100, S. 1825–1846.

Dahrendorf, R. (1965), Homo sociologicus, Köln/Opladen.

Eissa, G./Lester, S. W. (2017), Supervisor role overload and frustration as antecedents of abusive supervision: The moderating role of supervisor personality. In: Journal of Organizational Behavior 38 (8), S. 307–326.

Elloy, D. F./Terpening, W./Kohls, J. (2001), A causal model of burnout among self-managed work team members, in: Journal of Psychology 135, 321–334.

Ely, R. J./Thomas, D. A. (2001), Cultural diversity at work: The effects of diversity perspectives on work group processes and outcomes, in: Administrative Science Quarterly 46, S. 229–273.

Feldman, D. C. (1984), The development and enforcement of group norms, in: Academy of Management Review 9, S. 47–53.

Feldman, P. C./Arnold, H. J. (1983), Managing individual and group behavior in organizations, New York.

Fisher, R. J./Ackerman, D. (1998), The effects of recognition and group need on volunteerism: A social norm perspective, in: Journal of Consumer Research 25, S. 262–275.

Friedlander, F. (1987), The ecology of work groups, in: Lorsch, J. (Hrsg.), Handbook of organizational behavior, Englewood Cliffs, S. 172–189.

George, J. M./Bettenhausen, K. (1990), Understanding prosocial behavior, sales performance, and turnover: A group-level analysis in a service context, in: Journal of Applied Psychology 75, S. 698–709.

Georgesen, J. C./Harris, M. J. (1998), Why's my boss always holding me down? A meta-analysis of power effects on performance evaluations, in: Personality and Social Psychology Review 2, S. 184–195.

Gersick, C. J. G. (1988), Time and transition in work teams: Toward a new model of group development, in: Academy of Management Journal 31, S. 9–41.

Gibson, C. B./Earley, P. C. (2007), Collective cognition in action: Accumulation, interaction, examination, and accomodation in the development and operation of group efficacy beliefs in the workplace, in: Academy of Management Review 32, S. 438–458.

Glasl, F. (2017), Konfliktmanagement, 11. Aufl., Bern/Stuttgart.

Goffman, E. (1973), Interaktionen: Spaß am Spiel. Rollendistanz (Übers. a. d. Engl.), München.

Graen, G. (1976), Role making processes within complex organizations, in: Dunnette, M. D. (Hrsg.), Handbook of industrial and organizational psychology, Chicago, S. 1201–1245.

Greence, C. N. (1975), The reciprocal nature of influence between leader and subordinate, in: Journal of Applied Psychology 60, S. 187–193.

Greence, C. N. (1989), Cohesion and productivity in work group, in: Small Group Behavior 20, S. 70–78.

Gross, N. (1958), Explorations in role analysis, New York.

Guetzkow, H./Simon, H. A. (1955), The impact of certain communication nets upon organization and performance in task-oriented groups, in: Management Science 1, S. 233–250.

Hackman, R. J. (1976), Group influences on individuals, in: Dunnette, M. D. (Hrsg.), Handbook of industrial and organizational psychology, Chicago, S. 637–686.

Hall, E. T. (1976), Beyond culture, New York.

Hambrick, D. C./Canney Davison, S./Snell, S. A./Snow, C. C. (1998), When groups consist of multiple nationalities: Towards an understanding of the implications, in: Organization Studies 19, S. 181–205.

Harrison, D. A./Price, K. P./Bell, M. P. (1998), Beyond relational demography: Time and the effects of surface- and deep-level diversity on work group cohesion, in: Academy of Management Journal 41, S. 96–107.

Hart, P. T. (1998), Preventing groupthink revisited: Evaluating and reforming groups in government, in: Organizational Behavior and Human Decision Processes 73, 306–326.

Haslam, S. A. (2001), Psychology in organizations: The social identity approach, London.

Heames, J. T./Harvey, M. G./Treadway, D. (2006), Status inconsistency: An antecedent to bullying behavior in groups, in: International Journal of Human Resource Management 17, S. 348–361.

Hogg, M. A./van Knippenberg, D./Rast III, D. E. (2012), Intergroup leadership in organizations: Leading across group and organizational boundaries, in: Academy of Management Review 37, S. 232–255.

Hollander, E. P. (1958), Conformity, status, and idiosyncrasy credit, in: Psychological Review 65, S. 117–127.

Hollander, E. P. (1995), Führungstheorien – Idiosynkrasiemodell, in: Kieser, A./Reber, G./Wunderer, R. (Hrsg.), Handwörterbuch der Führung, Stuttgart, S. 149–158.

Homans, G. C. (1978), Theorie der sozialen Gruppe (Übers. a. d. Engl.), Opladen.

Hunt, J. G. (1976), Status congruence in organizations, in: Academy of Management Proceedings, S. 178–184.

Irle, M. (1963), Soziale Systeme. Eine kritische Analyse der Theorie von formalen und informalen Organisationen, Göttingen.

Janis, J. L. (1982), Groupthink, 2. Aufl., Boston.

Jehn, K. A. (1995), A multi-method examination of the benefits and detriments of intragroup conflict, in: Administrative Science Quarterly 40, S. 256–282.

Kahn, R. L. (1964), Organizational stress, New York.

Kahn, R. L./Wolfe, D. (1975), Rollenkonflikt in Organisationen, in: Türk, K. (Hrsg.), Organisationstheorie, Hamburg.

Katz, D./Kahn, R. L. (1978), The social psychology of organizations, 2. Aufl., New York.

Kearney, E./Gebert, D./Voelpel, S. C. (2009), When and how diversity benefits teams: The importance of team members' need for cognition, in: Academy of Management Journal 52, S. 581–598.

King, E. B./Dawson, J. F./West, M. A./Gilrane, V. F./Paddie, C. I./Bastin, L. (2011), Why organizational and community diversity matter: Representativeness and the emergence of incivility and organizational performance, in: Academy of Management Journal 54, S. 1103–1118.

Kogan, N./Wallach, M. A. (1964), Risk taking, New York.

Krappmann, L. (1971), Soziologische Dimensionen der Identität, Stuttgart.

Ladge, J. J./Clair, J. A./Greenberg, D. (2012), Cross-domain identity transition during liminal periods: Constructing multiple selves as professional and mother during pregnancy, in: Academy of Management Journal 55, S. 1449–1471.

Lawrence, B. S. (2006), Organizational reference groups: A missing perspective on social context, in: Organization Science 17, S. 80–100.

Leavitt, H. J. (2005), The old days, hot groups, and managers' lib, in: Administrative Science Quarterly 41, S. 288–300.

Likert, R. (1961), New patterns of management, New York.

Lipman-Blumen, J./Leavitt, H. J. (1999), Hot groups: Seeding them, feeding them and using them to ignite your organization, New York/Oxford.

Litterer, J. A. (1965), The analysis of organizations, New York.

Luhmann, N. (1995), Funktionen und Folgen formaler Organisation, 4. Aufl., Berlin.

Marlow, S. L./Lacerenza, C. N./Salas, E. (2017), Communication in virtual teams: A conceptual framework and research agenda. In: Human Resource Management Review 27, S. 575–589.

Martinez, M. G./Zouaghi, F./Marc, T. G. (2017), Diversity is strategy: The effect of R&D team diversity on innovative performance. In: R&D Management 47, S. 311–329

Mason, R. A./Mitroff, I. I. (1981), Challenging strategic planning assumptions – Theory, cases and techniques, New York.

Mayntz, R. (1958), Die soziale Organisation des Industriebetriebes, Stuttgart.

McGrath, J. E./O'Connor, K. M. (1996), Temporal issues in work groups, in: West, M. A. (Hrsg.), Handbook of work group psychology, Chichester, S. 25–52.

Mobley, W. H. (1982), Employee turnover, Reading/Mass.

Moorhead, G./Ference, R./Neck, C. P. (1991), Group decision fiascoes continue: Space shuttle Challenger and a revised groupthink framework, in: Human Relations 44, S. 539–550.

Mullen, B./Cooper, C. (1994), The relation between group cohesiveness and performance: An integration, in: Psychological Bulletin 115, S. 210–227.

Neuberger, O. (2002), Führen und führen lassen, 6. Aufl., Stuttgart.

Okhuysen, G. A. (2001), Structuring change: Familiarity and formal interventions in problem-solving groups, in: Academy of Management Journal 44, S. 794–808.

Ortmann, G. (2003), Regel und Ausnahme. Paradoxien sozialer Ordnung, Frankfurt am Main.

Owens, D. A./Sutton, R. I. (2001), Status contests in meetings: Negotiating the informal order, in: Turner, M. E. (Hrsg.), Groups at work. Theory and research, Mahwah, New Jersey, S. 299–316.

Randolph, W. A./Blackburn, R. S. (1989), Managing organizational behavior, Homewood, Boston.

Reinig, B. A./Horowitz, I./Whittenburg, G. E. (2011), A longitudinal analysis of satisfaction with group work, in: Group Decision and Negotiation 20, S. 215–237.

Rijnbout, J. S./McKimmie, B. M. (2012), Deviance in organizational group decision-making: The role of information processing, confidence, and elaboration, in: Group Processes & Intergroup Relations 15, S. 813–828.

Roethlisberger, F. J./Dickson, W. J. (1975), Management and the worker. An account of a research program conducted by the Western Electric Company, Hawthorne Works, Chicago, 16. Aufl., Cambridge/Mass.

Salmivalli, C. (2010), Bullying and the peer group: A review, in: Aggression and violent behavior 15 (2), S. 112–120.

Schein, E. H. (1969), Process consultation, Reading/Mass.

Schneider, H.-D. (1975), Kleingruppenforschung, Stuttgart.

Schwarz, G. (2010), Konfliktmanagement, 8. Aufl., Wiesbaden.

Seashore, S. (1954), Group cohesiveness in industrial work groups, Ann Arbor.

Secord, P. F./Backman, C. W. (1964), Social psychology, New York.

Shaw, M. E. (1981), Group dynamics: The psychology of small group behavior, 3. Aufl., New York.

Sherif, M. (1966), Group conflict and cooperation, London.

Stoner, J. A. F. (1968), Risky and cautious shifts in group decisions, in: Journal of Experimental Social Psychology 4, S. 442–459.

Sutton, R. I./Hargadon, A. (1996), Brainstorming groups in context: Effectiveness in a product design firm, in: Administrative Science Quarterly 41, S. 685–718.

Tannenbaum, A. S. (1966), Social psychology of the work organization, Belmont/London.

Thompson, J. P. (1967), Organizations in action, New York.

Tropp, L. (Hrsg.) (2012), The Oxford handbook of intergroup conflict, New York.

Tuckman, B. W. (1965), Developmental sequence in small groups, in: Psychological Bulletin 63, S. 384–399.

Tuckman, B. W./Jensen, M. A. C. (1977), Stages of small group development revisited, in: Group and Organizational Studies 2, S. 419–427.

van Knippenberg, D./Mell, J. N. (2016), Past, present, and potential future of team diversity research: From compositional diversity to emergent diversity. In: Organizational Behavior and Human Decision Processes 136 (C), S. 135–145.

Wahrman, R. (2010), Status, deviance, and sanctions: A critical review, in: Small Group Research 41 (1), 91–105.

Wanous, J. P./Youtz, M. A. (1986), Solution diversity and the quality of group decisions, in: Academy of Management Journal 29, S. 149–158.

Watson, W. E./Kumor, K./Michaelson, L. K. (1993), Cultural diversity's impact on interaction process and performance: Comparing homogeneous and diverse task groups, in: Academy of Management Journal 36, S. 590–602.

Weinert, A. B. (2004), Organisationspsychologie, 5. Aufl., Weinheim.

Westphal, J. D./Khanna, P. (2003), Keeping directors in line: Social distancing as a control mechanism in the corporate elite, in: Administrative Science Quarterly 48, S. 361–398.

Whyte, W. F. (1961), Men at work, Homewood, Ill.
Wiswede, G. (1977), Rollentheorie, Stuttgart.
Yoo, Y./Alavi, M. (2001), Media and group cohesion: Relative influences on social presence, task participation, and group consensus, in: MIS Quarterly 25, S. 371–390.
Zenko, M. (2015), Red team: How to succeed by thinking like the enemy, New York.

Führung in Organisationen 11

Zusammenfassung

Kapitel 11 ist der Managementfunktion Führung und damit der Frage nach den Erfolgsbedingungen, Möglichkeiten und Grenzen der direkten sozialen Einflussnahme in Organisationen gewidmet. Das Kapitel folgt und rekonstruiert den Erkenntnisfortschritt, den die Führungsforschung im Hinblick auf die Praxis erfolgreicher Führung und deren theoretischer Erklärung bis heute vollzogen hat und startet mit den eher einfachen und traditionellen Vorstellungen von Führung, wie diese mit den Eigenschafts-, den Führungsstilansätzen und schließlich den situativen Theorien der Führung vorliegen. In diesen Konzepten wird Führung sehr stark mit Blick auf die Person der Führungskraft und deren (situativem) Verhalten versucht zu erklären. Mit der im vierten Abschnitt vorzustellenden attributionstheoretischen Wende und dem Konzept impliziter Führungstheorien wird die Bedeutung derjenigen, auf die Führung ausgeübt wird, für den Führungsprozess immer deutlicher und damit die Einsicht, dass zur Erklärung von Führung nicht nur Führende und Geführte, sondern insbesondere auch das Interaktionsgeschehen zu betrachten gilt. Die darauffolgenden Abschnitte widmen sich den drei zentralen Interaktionstheorien der Führung: dem Einflussprozessmodell, der LMX-Theorie sowie der Identitätstheorie der Führung.

11.1 Zur Theorie der Führung

Neben dem individuell- und dem Gruppenverhalten sind das Vorgesetztenverhalten und der Führungsprozess die dritte perspektivische Ebene, die für das Management des Leistungsprozesses in Organisationen von großer Bedeutung ist. Wie eingangs in Kap. 1 und 4 dargelegt, stellt Führung eine von fünf Managementfunktionen dar, d. h. eine Funktion, die sich zwar teilweise durch andere Managementfunktionen (bspw. Organisation) substituieren lässt, deren Erfüllung jedoch letztlich unabdingbar ist, wenn eine Organisation oder ein Unternehmen langfristig ihren bzw. seinen Bestand sichern will. Diese allgemeine Bedeutung des Faktors Führung dürfte heute weitgehend anerkannt sein, was hingegen heftig umstritten ist, sind die Konsequenzen, die sich aus dieser allgemeinen Bedeutung ableiten, also die Fragen: Wie sollte Führung in Organisationen genau ausgeübt und welches Verständnis von Führung sollte diesem zugrunde gelegt werden?

Die Führungsforschung versucht seit Anbeginn eine Antwort auf diese Fragen zu finden und seit langem aus all den praktischen Erfahrungen, Konzepten, wie auch aus empirischen Untersuchungen eine generell(er) gültige Führungstheorie zu entwickeln. Eine allseits akzeptierte Sichtweise konnte sich jedoch bislang nicht durchsetzen und – so scheint es – ist auch bis auf Weiteres nicht in Sicht.

Auf der anderen Seite jedoch lassen sich deutliche Erkenntnisfortschritte feststellen, Führung besser und fundierter zu verstehen. Was man heute jedoch nicht mehr erwarten kann, sind zu einfache Antworten. Der nach wie vor boomende Markt an Führungsbestsellern zeigt uns jedoch, dass es offenbar ein breites Desiderat in der Gesellschaft zu geben scheint, nach schnell konsumierbaren und einfachen Erfolgsrezepten. Bei genauerem Hinsehen entpuppen sich die meisten solcher Bestseller sehr schnell jedoch als ausschließlich idiosynkratische Rekonstruktionen von vergangenen Erfolgsgeschichten (oder auch Misserfolgsgeschichten die am Ende dann zu einer Erfolgsgeschichte wurden) und aus denen arbiträre Handlungsempfehlungen abgeleitet werden. Es mag eine Ironie der Geschichte sein, dass die meisten dieser populärwissenschaftlichen Abhandlungen im Grunde noch hinter die Anfänge der Führungsforschung zurückfallen, bei denen es zumindest immer darum ging, eine Reihe von erfolgreichen und nicht erfolgreichen Führungskräften miteinander zu kontrastieren, um auf diese Weise allgemeinere Erfolgs- wie Misserfolgsmuster zu identifizieren.

Anstatt also hinter diese Forschungsanfänge der Führungsforschung zurückzufallen, empfiehlt es sich vielmehr systematisch auf den damit einmal gewonnenen Erkenntnissen aufzubauen. Es ist dies der Weg, den wir in diesem Kapitel vorschlagen und der auch entlang einer erkenntnisgeschichtlichen Rekonstruktion der Führungsforschung von einfachen zu zunehmenden umfassenderen und damit zugleich realitätsnäheren Vorstellung von Führung führen wird. Wie in Kapitel 1 vorgestellt, begreifen wir Führung dabei grundsätzlich als eine Managementfunktion, bei der es um die permanente Steuerung der direkten soziale Interaktionen zwischen Führenden und Geführten geht, also um die Beeinflussung eines Interaktionsgeschehens im Zeitablauf.

Wurde die Beeinflussung dieses Interaktionsgeschehens in den Anfängen der Führungsforschung ausschließlich in der Person der Führungskraft und deren Führungseigenschaften gesehen (vgl. Abschn. 11.2), kam es in der Fortfolge dazu, das Führungsverhalten auch in Form von allgemeinen Verhaltensmustern (sog. Führungsstilen) zu thematisieren (vgl. Abschn. 11.3), die dann auch zunehmend komplexer (=mehrdimensional) konzeptionalisiert wurden. Ein weiterer Erkenntnisschritt bestand dann darin, Führung situativ zu begreifen und erfolgreiches Führungsverhalten nicht mehr generell an einen Verhaltensstil zu binden, sondern situationsabhängig und mithin kontextkontingent zu beschreiben (vgl. Abschn. 11.4). Prominent ist hier die Einsicht in die Bedeutung von Attributionen im Führungsprozess (Calder 1977) und zum anderen die Einsicht in die Bedeutung von alltäglichen, im Wesentlichen massenmedial vermittelten, impliziten Führungstheorien (Meindl und Ehrlich 1987). Damit wurde es möglich, die bis dato als mehr oder minder objektiv angenommenen und ausschließlich in einer Führungskraft verorteten Einflussvariablen des Führungsprozesses nunmehr als sozial konstruiert und als attribuiert zu begreifen. Folglich ließen sich nun Eigenschaften und Charakteristika als das Ergebnis von Zuschreibungsprozessen verstehen und damit rücken endgültig auch die Geführten, die zwar auch zuvor – etwa als „Kontingenzfaktoren" in den Situationsansätzen – eine Rolle gespielt hatten, als weitere zentrale aktive „Variable" in den Mittelpunkt des Interesses (vgl. Abschn. 11.5). Während sich die Neo-Charisma-Forschung und Ansätze zur transformationalen Führung verstärkt auf die Beeinflussung und Veränderung dieser aktiven Variablen konzentrieren (und sie dadurch häufig wieder auf eine passiv-rezipierende reduzieren), bauen die seit ca. Mitte der 1990er-Jahre entstehenden Interaktionstheorien darauf auf, Führung als eine Beziehung zwischen Führenden und Geführten zu begreifen. Zentrale Ansätze mit jeweils unterschiedlicher Schwerpunktsetzung stellen dazu die Einflussprozesstheorie (vgl. Abschn. 11.6), die Leader-Member-Exchange-Theorie (vgl. Abschn. 11.7) und die Identitätstheorie der Führung (vgl. Abschn. 11.8) dar.

11.2 Führungseigenschaftsansätze

Wie bereits angeführt, liegt den Eigenschaftsansätzen der Führung die alltägliche Vorstellung zugrunde, dass sich Führung durch die Person der Führerenden erklären lässt. Leitend ist die Idee, dass bestimmte Eigenschaften zur Führung prädestinieren und dass es nur verhältnismäßig wenigen Menschen vergönnt ist, über solche Eigenschaften zu verfügen. Häufig verbindet sich diese Perspektive noch mit der Überzeugung, dass die Führungseigenschaften in bestimmten sozialen, bildungsnahen Schichten häufiger vertreten sind als in den unteren Klassen einer Gesellschaft.

Die Forschung (insbesondere zwischen 1900 und 1950) richtete demgemäß ihr Hauptaugenmerk auf die Suche und Entdeckung **relevanter Eigenschaften**, die Führende von Geführten unterscheiden, wobei man meist das Angeborensein, teilweise aber auch den Erwerb derartiger Eigenschaften angenommen hat. Die erstellten Kataloge von Führungseigenschaften rekurrieren auf die unterschiedlichsten Eigenschaften und beruhen einerseits auf mehr intuitiv-introspektiven, andererseits mehr auf empirisch-statistischen Methoden (Korrelationsrechnung, Faktorenanalyse usw.).

In den **intuitiv-introspektiv** gewonnenen Katalogen werden vor allem die folgenden Eigenschaften genannt: Selbstvertrauen, Entschlusskraft, Mut, Männlichkeit, breites Wissen, Überzeugungskraft und Selbstgenügsamkeit. Häufige Erwähnung findet auch der Faktor Intelligenz. Die Frage nach der Beziehung der Eigenschaften untereinander, inwieweit z. B. Intelligenz und Wissen hohe Entscheidungsfreudigkeit ausschließen (oder begünstigen), bleibt unberücksichtigt. Die Kataloge differieren erheblich, eine Einigung auf die zentralen Eigenschaften konnte nie erzielt werden.

In den **empirisch-statistischen** Ansätzen wird versucht, diejenigen Eigenschaftsmerkmale von Führungspersonen herauszudestillieren, die sie, universell gültig, von führungsungeeigneten Personen unterscheiden. Der Grad der Übereinstimmung ist auch hier gering geblieben. Stogdill (1948) untersuchte in einer Metastudie 124 derartiger Untersuchungen und fand nur wenige Eigenschaften, die in mehr als 15 Studien bei Führenden häufiger auftraten als bei Geführten, nämlich: Höhere Intelligenz, bessere Schulleistungen und stärkere Teilnahme an Gruppenaktivitäten. In einer ähnlichen Analyse (Mann 1959), die sämtliche verfügbaren Studien zwischen 1900 und 1957 einbezog, wurden 500 verschiedene Eigenschaftsvariablen identifiziert, wovon jedoch nur wenige in jeweils vier oder mehr Studien vorkamen. Wenn überhaupt, so erwies sich „Extrovertiertheit" noch am ehesten als eine häufig zu findende Eigenschaft bei Führungskräften (Judge et al. 2002). In vielen Fällen traten Widersprüche auf; bestimmte Eigenschaften waren in manchen Studien stärker bei Führungspersonen, in anderen dagegen stärker bei Geführten zu beobachten. Stogdill (1974) fand in einem umfassenden Review deutliche Anzeichen dafür, dass die Muster der Eigenschaften von Führungspersonen systematisch mit den Gruppensituationen variieren.

Die **Problematik des Eigenschaftsansatzes** zeigt sich auch im Hinblick auf die Versuche, stabile Vorhersagen über das Führungsverhalten und den Führungserfolg aus solchen Katalogen abzuleiten: An Eigenschaftskatalogen orientierte Eignungsprognosen stimmten mit der tatsächlichen Bewährung in Führungspositionen kaum überein. Die Inkonsistenz, Widersprüchlichkeit und Uneinheitlichkeit der Ergebnisse des Eigenschaftsansatzes lassen die heute in der Wissenschaft herrschende Meinung als richtig erscheinen, dass dieser Forschungsansatz im Grundsatz, d. h. im Versuch erfolgreiches Führungsverhalten generell zu erklären, gescheitert ist. Trotz intensiver Bemühungen ist es auch nicht ansatzweise gelungen, ein Cluster von typischen Führungseigenschaften, geschweige denn eine Art Generalfaktor „Führungsbegabung" zu finden. Nichtsdestotrotz ist das alltägliche Verständnis von Führung dem Eigenschaftsansatz nach wie vor häufig sehr eng verpflichtet geblieben, was sich nicht zuletzt in vielen Auswahlverfahren von Unternehmen widerspiegelt.

Ursachen für das **Scheitern des Ansatzes** sind unter anderem zu suchen in:

1. mangelnder Berücksichtigung der Führungsgenese. Inhaberinnen von Führungspositionen kommen auf ganz unterschiedliche Weise dorthin – durch Alter, Erbschaft, Gruppenkonsens oder qua Amt. Eine Übereinstimmung in den Persönlichkeitsmerkmalen ist schon aus dieser Sicht wenig wahrscheinlich.
2. der Annahme, dass Persönlichkeitsmerkmale wie z. B. Dominanz oder Initiativkraft eine gleichsinnige Verhaltensdeterminierung in den verschiedensten Situationen zu be-

wirken vermag. Diese Annahme hat sich als nicht haltbar erwiesen; Verhalten wird heute als Produkt aus Person und Situation erklärt.
3. der Annahme, dass jede Führungssituation dieselben Anforderungen an die Führungsperson stellt oder anders ausgedrückt, dass universale Führungseigenschaften existieren. Persönlichkeitsmerkmale, die dazu beitragen, dass eine Person in einer konkreten Situation die Führungsposition innehat, können in anderen Situationen belanglos im Hinblick auf Übernahme oder Ausübung der Führerrolle sein, oder dem sogar entgegenstehen (z. B. Bergbau-Gruppe versus Forschungsteam). Dieses Argument korrespondiert eng mit den Ausführungen im vorhergehenden Kapitel, wo herausgearbeitet wurde, dass Gruppen sehr unterschiedliche Normen entwickeln und dementsprechend auch unterschiedliche Erwartungen an die Träger der Führungsrolle haben.

Das Scheitern des auf Führungseigenschaften rekurrierenden Forschungsansatzes besagt zunächst nur, dass ein Rekurs auf Eigenschaften das Phänomen Führung nicht zu erklären vermag. Es besagt jedoch nicht, dass Persönlichkeitsmerkmale im Rahmen der Analyse von Führungsprozessen überhaupt irrelevant sind (Neuberger 2002, S. 237 ff., Zaccaro 2007).

Die Eigenschaften einer Person, sofern sich diese denn überhaupt in allgemeingültigen und dann wiederum für die Führung vollständigen und relevanten Dimensionen erfassen lassen, determinieren nun einmal nicht vollständig die Fähigkeiten (und den Fähigkeitserwerb, d. h. das Lernen) von Individuen, und diese Fähigkeiten determinieren nicht vollständig das situative Führungsverhalten, welches wiederum nur ein Einflussfaktor auf das interaktive Führungsgeschehen ist, von welchem letztlich der Führungserfolg jedoch abhängt, wie im weiteren Verlauf dieses Kapitels zu zeigen sein wird. Die logische Schlussfolgerung mithin, d. h. der Weg der Beweisführung („chain of evidence"), dass bestimmte Eigenschaften überindividuell, übersituativ und unabhängig vom konkreten Führungsgeschehen den Führungserfolg zu erklären vermögen, muss deshalb als gescheitert angesehen werden. In diesem Lichte sind auch alle gegenwärtigen Forschungsansätze zu Führungseigenschaften zu verstehen, die nicht mehr alleine auf Eigenschaften, sondern immer auf die Kombination von Eigenschaften, Situation und/oder Verhalten gleichzeitig rekurrieren und dabei den Effekt von Persönlichkeitsmerkmalen in Form von Effektgrößen zu bestimmen versuchen (DeRue et al. 2011). Gänzlich anders sind hingegen Studien zu sehen, die der Frage nachgehen, wie „Eigenschaften" in Führungsprozessen kommunikativ zugerechnet werden und welche Rolle bestimmte Zurechnungsweisen von bestimmten Eigenschaften auf den Führungsprozess spielen (Akinola et al. 2018).

11.3 Führungsstilansätze

Neben den Bemühungen, Aussagen über die Bedeutung von Eigenschaften für die Führerschaft und die Bedingungen ihres Erfolgs zu gewinnen, wurden pragmatischer orientierte Forschungsansätze entwickelt, die **optimale Führungsverhaltensweisen** im Hinblick auf konkrete **Erfolgskriterien** (Produktivität, Effektivität, Arbeitszufriedenheit etc.) ermitteln

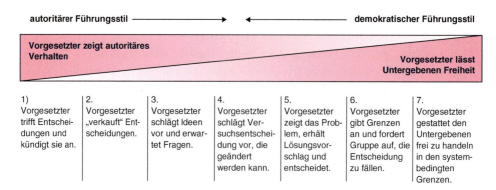

Abb. 11.1 Kontinuum des Führungsverhaltens. (Quelle: Tannenbaum und Schmidt 1958, S. 96)

wollen. Es wird angenommen, dass sich Führungskräfte in verschiedenen Situationen und über die Zeit hinweg nach einem einheitlichen Muster verhalten können und sollen. Damit wird das Führungsverhalten als entscheidende Determinante in den Mittelpunkt gerückt und im Unterschied zum Eigenschaftsansatz geht es um konkrete Führungsverhaltensweisen, die i. d. R. auf Dimensionen zwischen dichotom konträren Verhaltensstilen abstrahiert werden.

Autoritärer versus demokratischer Führungsstil
Die ersten Studien auf diesem Gebiet behandelten die Frage, ob autoritäre oder demokratische Führung erfolgreicher ist. Autoritärer und demokratischer Führungsstil werden meist als Extrempunkte eines Kontinuums aufgefasst. Wird lediglich ein Merkmal, nämlich die Partizipation am Entscheidungsprozess, als stilbildend zugrunde gelegt, so lassen sich die in Abb. 11.1 gezeigten Abstufungen idealtypisch herausformen.

Von den sieben Stufen seien einige kurz erläutert:

1. Stufe: Hier liegt ein total autoritäres Verhalten vor im Rahmen der Grenzen, die der Beeinflussbarkeit der Mitarbeiter gesetzt sind: Die Führungskraft untersucht das Problem, betrachtet Alternativlösungen, trifft allein die Entscheidung und kündigt sie an. Sie verlangt Gehorsam für die Ausführung aufgrund ihrer Machtstellung und kontrolliert diese so oft als möglich.

2. Stufe: Eine geringe Abweichung von diesem total autoritären Verhalten liegt vor, wenn die Führungskraft ihre Entscheidungen begründet, sei es, dass sie Widerspruch durch die Untergebenen einkalkuliert und diesem zuvorkommen will, sei es, dass sie ein Bedürfnis der Untergebenen nach Verständnis der Entscheidung akzeptiert und ihm Rechnung tragen will.

5. Stufe: In den vorhergehenden Stufen hat die Führungskraft den Mitarbeitern ihre Entscheidung vorgegeben. Hier eröffnet sie erstmals die Möglichkeit, dass die Mitarbeiter Lösungen vorschlagen. Die Initiative der Führungskraft liegt darin, das Problem vorzustellen. Wenn eine Reihe von Lösungsmöglichkeiten entwickelt ist, trifft sie die Entscheidung.

7. Stufe: Hier liegt ein total demokratischer Führungsstil vor. Die Arbeitsgruppe übernimmt die Analyse des Problems, entwickelt Lösungsalternativen und trifft die Entscheidung. Die Führungskraft ist gleichberechtigtes Mitglied der Gruppe. Die Grenzen der Entscheidung werden von außen gesetzt, sie sind durch das übergeordnete System und die ihm inhärenten Funktionszusammenhänge bedingt.

Wenn wir diese nur auf Entscheidungen bezogene Beschreibung erweitern und auf das Vorgesetztenverhalten in einer normalen Arbeitssituation übertragen, dann könnte man die beiden Extrempunkte kurz in folgender Weise beschreiben:

Das **autoritäre** Verhalten ist dadurch gekennzeichnet, dass die Führungskraft den einzelnen Mitgliedern der Arbeitsgruppe die Aufgabe zuweist, dass sie den Untergebenen die Art der Aufgabenerfüllung vorschreibt (vorstrukturierende Aktivität), dass sie auf soziale Distanz bedacht ist, den Untergebenen keine persönliche Wertschätzung entgegenbringt und sich den Gruppenaktivitäten fernhält.

Das **demokratische** Verhalten dagegen zeichnet sich dadurch aus, dass die Führungskraft es den Mitgliedern der Arbeitsgruppe selbst überlässt, ihre Arbeitsaufgaben und die Arbeitsplätze zu verteilen, dass sie versucht, Aufgabe und Zwecksetzung der Gruppe durch Diskussion mit der Gruppe zu klären, dass sie sich bemüht, die soziale Distanz zur Gruppe zu verringern, den Mitgliedern der Gruppe hohe persönliche Wertschätzung entgegenzubringen und als Gruppenmitglied aktiv am Gruppenleben teilzuhaben.

Klassische Studien
Lewin, Lippitt und White (1939) haben in ihren klassischen Laborexperimenten mit jugendlichen Freizeitgruppen die Auswirkungen der verschiedenen Führungsstile auf das Gruppenverhalten untersucht. **Demokratisches Führungsverhalten** führte durchgängig zu positiveren Einstellungen der Gruppenmitglieder gegenüber dem Führer als autoritäres Führungsverhalten. Die Kohäsion der Gruppen unter autoritärer Führung war wesentlich schwächer als in den demokratisch geführten Gruppen. Unter demokratischer Führung zeigte sich eine höhere Beständigkeit, Qualität und Originalität in der Arbeit (Anfertigung von Masken), während in den autoritär geführten Gruppen quantitativ eine etwas höhere Leistung verzeichnet wurde (allerdings wurde dort die Tätigkeit jeweils abrupt eingestellt, wenn der Leiter den Gruppenraum verließ).

Coch und French (1948) haben mit einem ähnlichen Ziel sehr früh ein heute ebenfalls klassisches Feldexperiment mit industriellen Arbeitsgruppen durchgeführt. Nachdem diese Studie in mehrfacher Hinsicht richtungweisend wurde, sei darauf etwas genauer eingegangen. In einer Textilfirma stand eine grundlegende Änderung der Arbeitsorganisation an. Man bildete zwei **Experimentier-** und eine **Kontrollgruppe** und differenzierte die Art und Weise, in der der Änderungsprozess vorbereitet und durchgeführt wurde, derart, dass eine unterschiedliche Partizipation der Gruppenmitglieder am Entscheidungsprozess erfolgte.

- Die **erste Gruppe**, die als Kontrollgruppe fungierte, partizipierte überhaupt nicht am Änderungsprozess. Die Produktionsabteilung plante die technischen Änderungen des Arbeitsvollzugs und setzte die Akkordstandards neu fest. Ein Gruppentreffen wurde abgehalten, der Gruppe wurde mitgeteilt, dass Änderungen der Arbeitsorganisation aus Kostengründen erforderlich seien. Die Änderungen und die Art der Berechnung der

neuen Akkordsätze wurden vom Refa-Ingenieur erklärt. Hier lag also ein Vorgesetztenverhalten vor, das sehr stark autoritär ausgerichtet war.
- Die **zweite Gruppe** wurde, bevor Änderungen durchgeführt wurden, zusammengerufen. Die Notwendigkeit einer Änderung des Arbeitsprozesses wurde im Einzelnen erklärt und anhand des betroffenen, sich schlecht verkaufenden Produkts demonstriert. Die Gruppe erzielte über die Notwendigkeit der Änderung Einmütigkeit. Das Management präsentierte sodann einen Sechs-Punkte-Plan zur Durchführung der Änderung, der unter anderem vorsah, zunächst aus der sehr großen Gruppe einige Arbeiter auszuwählen, die für die Änderungen vorweg ausgebildet werden sollten. Es waren diese ausgewählten Arbeiter, die dann in speziellen Zusammenkünften Vorschläge für die Änderungen einbrachten, die Art der Berechnung der Akkordsätze mitbestimmten, also total in den Gesamtprozess einbezogen wurden. Die Ergebnisse wurden dann der gesamten Gruppe in einem zweiten Treffen präsentiert und die ausgewählten Arbeiter trainierten die übrigen im Hinblick auf die neuen Arbeitsoperationen. Der Führungsstil, der hier angewandt wurde, war also stark kooperativ, bezog sich aber nur auf einen Teil der Gruppe. Hier lag Partizipation durch Repräsentation vor.
- Die **dritte Gruppe** wurde wie die zweite Gruppe behandelt, man hat sie jedoch durch Aufteilung in zwei Untergruppen jeweils so klein gewählt, dass eine Partizipation aller Gruppenmitglieder am Entscheidungsprozess möglich war.

Für alle drei Gruppen wurde sodann die Entwicklung der Produktivität in den nächsten Wochen verfolgt und aufgezeichnet (Abb. 11.2).

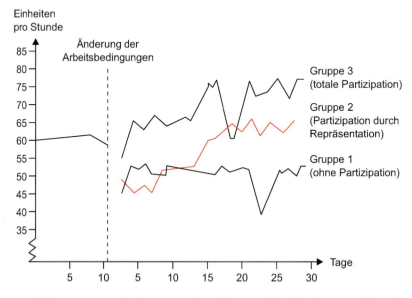

Abb. 11.2 Wirkungen autoritärer/demokratischer Führung auf die Arbeitsproduktivität. (Quelle: in Anlehnung an Coch und French 1948, S. 512 ff.)

Nach einem Rückgang in den ersten Tagen bei allen drei Gruppen stieg die Produktivität der dritten Gruppe schnell an und lag über der der beiden anderen Gruppen, aber auch über der früheren Produktivität. Auch bei der zweiten Gruppe zeigte sich ein Produktivitätsanstieg, die langfristige Leistung pendelte sich aber in etwa auf dem alten Niveau ein. Die erste Gruppe mit autoritärer Führung erreichte dagegen nicht einmal ihr altes Produktivitätsniveau und lag damit weit unter dem Output der übrigen beiden demokratisch geführten Gruppen.

Anmerkung: $2^1/_2$ Monate später erhielt die alte Kontrollgruppe (bei der allerdings schon sieben der 18 Gruppenmitglieder gekündigt hatte) bei einer anderen Änderung die Möglichkeit, wie die Gruppe 3 mit zu entscheiden, und es zeigten sich hier dieselben Ergebnisse wie im ersten Versuch bei Gruppe 3.

In einem anderen kulturellen Kontext (Norwegen) haben French, Israel und Aas (1969) diesen Versuch (allerdings mit etwas anderer Operationalisierung der Begriffe und sorgfältigeren empirischen Methoden) wiederholt.

Bei dieser Untersuchung zeigte sich, dass Beteiligung an Entscheidungen nur dann innovationsfreudiger und zufriedener macht, wenn

a) die Entscheidungen für die Arbeit **wichtig** sind,
b) der Inhalt der Entscheidungen mit der Arbeitsleistung in erkennbarem **Zusammenhang** steht,
c) wenn die Beteiligung als **legitim** erachtet wird, d. h. soweit sie mit den sozialen Normen und Werten der Betroffenen in Einklang steht,
d) wenn **keine Ressentiments** gegen die Technik der Mitentscheidung (als Manipulationsinstrument) gehegt werden.

Unterschiede in Bezug auf die **Produktivität** der Gruppen, wie sie sich bei Coch und French zeigten, konnten allerdings nicht festgestellt werden.

Zwischenzeitlich wurden hunderte von Studien zu dieser Thematik durchgeführt; ein eindeutiges Ergebnisbild in Richtung auf Coch/French ergab sich dabei aber nicht (Locke und Schweiger 1979; Neuberger 2002, S. 426 ff.).

Weitere Führungsstil-Konzepte
Ein anderes Konzept führungsstilprägender Merkmale wurde den Forschungen an der Universität Michigan zugrunde gelegt (Likert 1961). Hier unterschied man (wiederum als Extrempunkte eines Kontinuums) zwischen aufgabenorientiertem und personenorientiertem Führungsstil.

Aufgabenorientierte Vorgesetzte richten ihr Hauptaugenmerk auf den technischen Ablauf und die geforderte Leistungsmenge. Sie sehen ihre Untergebenen hauptsächlich als Werkzeuge oder Einsatzfaktoren, die der Leistungserstellung dienen und die unter Druck gesetzt werden müssen.

Der **personenbezogene** Führungsstil geht dagegen von der Auffassung aus, dass über das Interesse am arbeitenden Menschen auch eine Begeisterung an der Arbeit selbst entsteht, so dass im Ergebnis eine überdurchschnittliche Arbeitsleistung erzielt wird. Eine so orientierte Führungskraft stellt in ihrer Interaktion mit den Mitarbeitern nicht fortwährend die Leistungsziele in den Vordergrund, sondern geht auf die Menschen ein, mit denen sie zusammenarbeitet; sie hilft ihnen, zeigt Interesse für ihre Schwierigkeiten bei und außerhalb der Arbeit, sorgt sich um ihre individuelle Entwicklung und kümmert sich um ihre Beförderung. Sie verhält sich eher freundlich und unterstützend als strafend und drohend (vgl. die Darstellung in Kasten 11.1).

Kasten 11.1 Personenorientierte Führung in der Praxis

„Mary Kay Ash berichtet von einer Führungskraft, die persönliche Probleme hatte. Sie beschreibt, wie sie vorgegangen ist:

Vor einiger Zeit hatte einer meiner Führungskräfte, den ich hier „Bill" nennen will, in seiner Leistung stark nachgelassen. Er hatte seine Berichte immer pünktlich abgegeben. Seit einigen Wochen aber kam er morgens häufig zu spät und ergriff bei Ausschusssitzungen nur noch selten das Wort. All dies war für ihn absolut untypisch. Eines Tages erklärte er mir, warum er einen Bericht nicht pünktlich habe abliefern können. Ich dachte mir, es sei Zeit, einmal intensiv mit ihm zu reden. Ich bin aufgestanden und habe ihm Kaffee eingeschenkt.

„Wie trinken Sie Ihren Kaffee?", fragte ich.

„Ich trinke ihn schwarz."

Ich trug seine Tasse zum Couchtisch hinüber und setzte mich auf die Couch. Automatisch nahm er neben mir Platz.

„Bill", sagte ich, „Sie gehören zu unseren Spitzenleuten. Seit zwölf Jahren sind Sie bei uns, und ich glaube, wir sind inzwischen gute Freunde geworden."

„Der Meinung bin ich auch, Mary Kay", sagte er leise.

„Ich mache mir Sorgen um Sie, Bill. Sie haben Ihre Arbeit immer so gewissenhaft erledigt, dass wir ohne Sie gar nicht mehr auskommen. Aber in letzter Zeit sind Sie nicht mehr ganz Sie selbst …".

Er antwortete nicht. Ich hörte also zu reden auf und trank meinen Kaffee. Er schien sehr angespannt. Ich bot ihm noch einmal Kaffee an.

„Nein danke", antwortete er.

„Stimmt etwas zu Hause nicht?", fragte ich.

Er wurde rot und nickte nach ein paar Augenblicken schließlich mit dem Kopf.

„Kann ich irgendetwas tun, um Ihnen zu helfen?"

Er erzählte mir dann, dass er sich große Sorgen mache, weil der Arzt bei seiner Frau einen Rückentumor entdeckt hatte. Er wollte es mir erzählen, weil er genau wisse, dass dadurch seine Leistungsfähigkeit beeinträchtigt sei. Ich bin sicher, dass er es sehr nötig hatte, einmal seinen Gefühlen Luft machen zu können. Wir haben bestimmt eine gute Stunde lang miteinander gesprochen. Am Ende unseres Gesprächs fühlte er sich erleichtert. Seine Leistungen wurden wieder besser. Ich habe zwar sein persönliches Problem nicht lösen können, aber es war zumindest gut, dass wir uns einmal ausführlich darüber ausgesprochen haben.

Wie weit ein Manager bei der Besprechung persönlicher Probleme gehen kann, kann nur derjenige entscheiden, der selbst in der Situation steckt. Wenn man tagein, tagaus zusammen arbeitet, wird sich immer irgendwo auch eine persönliche Beziehung entwickeln."

Quelle: Peters und Austin 1993, S. 426 f.

11.3 Führungsstilansätze

Zwischenzeitlich gab es einen Trend, Vorgesetzte als **Coaches** zu begreifen, d. h., sie sollen ihre Mitarbeiter und Mitarbeiterinnen unterstützen, fördern, bei Krisen beraten usw. (Rückle 1992: 54 ff., Hackman und Wageman 2005; Doppler und Lauterburg 2008). Wie schnell zu sehen, handelt es sich hierbei nur um ein neues Wort für die schon seit langem diskutierte personenorientierte Führung. **Coaching** in diesem Sinne kann deshalb als modische Variante personenbezogener Führung begriffen werden. Eine wesentlich interessantere, weil neuere Perspektive eröffnet eine zweite Variante. Sie sieht den Coach als persönlichen Berater von Vorgesetzten. Führungspositionen sind – wie noch zu zeigen sein wird – immer auch mit Spannungen und Konflikten verbunden. Häufig fehlt es Vorgesetzten an geeigneten Gelegenheiten, über ihre Führungsprobleme zu sprechen. Genau an dieser Stelle setzt das Coaching an, das Vorgesetzten eine therapeutisch geschulte Person zur Seite stellt, mit der in einer geschützten Atmosphäre die wichtigsten Führungsprobleme analysiert und Lösungsmöglichkeiten diskutiert werden können. Coaching ist nicht nur bestrebt, Probleme aufzuarbeiten, sondern auch neue Perspektiven zu eröffnen und neue Kompetenzen zu entfalten (Schreyögg 2012; Athanasopoulou und Dopson 2018).

Zur Frage, welche Wirkungen ein aufgaben- bzw. personenbezogenes Verhalten auf die **Arbeitsleistung** hat, liegt ebenfalls eine Fülle empirischer Untersuchungsergebnisse vor. Man ist bei diesen Untersuchungen typischerweise so vorgegangen, dass Arbeitsgruppen mit sehr hoher und sehr niedriger Produktivität gesucht wurden, um dann die Verhaltensweisen der Vorgesetzten in diesen Gruppen zu bestimmen (Extremgruppen-Design). Die Tendenz der Ergebnisse kommt prototypisch in den zwei Beispielen in Abb. 11.3 zum Ausdruck.

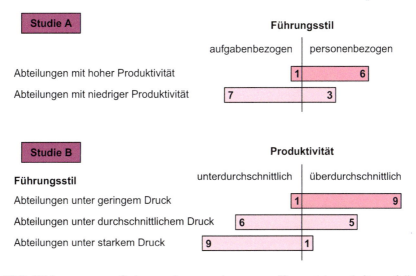

Abb. 11.3 Wirkungen von aufgaben- und personenbezogenem Vorgesetztenverhalten auf die Produktivität. (Quelle: Likert 1961, S. 7 f.)

Studien mit anderer Untersuchungsmethodik gelangen jedoch z. T. zu konträren Resultaten im Hinblick auf die Produktivität. Was andere Wirkungsvariablen wie Zufriedenheit, Fluktuation, Fehlzeiten oder Informationsverhalten betrifft, so konnten hier für den personenbezogenen Führungsstil durchgängig bessere Ergebnisse nachgewiesen werden (zusammenfassend Neuberger 2002, S. 426 ff.).

Zweidimensionale Konzepte
Neben den beiden bisher behandelten Klassen von Arbeiten, die ein eindimensionales Führungsstil-Konzept zugrunde gelegt haben, sind weitere Studien zu erwähnen (insbesondere die Ohio State University Leadership Studies), die zu einer zwei- oder mehrdimensionalen Führungsstil-Konzeption übergehen. Diese Studien stützen sich zumeist auf faktoren-analytisch gewonnene Ergebnisse, die der Auffassung von unifaktoriellen bipolaren Führungsstilen widersprechen und ein mehrdimensionales Konzept nahe legen.

Halpin und Winer (1957) identifizieren als eine der ersten in ihrer Studie zwei (unabhängige) Hauptdimensionen des Führungsverhaltens, „consideration" und „initiating structure".

Die Dimension **„consideration"** gibt das Ausmaß wieder, in dem Vorgesetzte menschliche Wärme, Vertrauen, Respekt, Wertschätzung, Zugänglichkeit, Rücksichtnahme auf persönliche Sorgen u. Ä. zeigen. (Typische Fragebogen-Items: „Macht es seinen Leuten leicht, mit ihm zu reden", „Greift Anregungen aus der Gruppe auf".)

Die Dimension **„initiating structure"** stellt auf Aktivitäten von Vorgesetzten ab, die eine unmittelbare Effektivierung des Leistungsprozesses zum Gegenstand haben: Definition und Abgrenzung der Kompetenzen, exakte Planung des Aufgabenvollzuges, Abschirmung von Störungen, Vollzugs- und Ergebniskontrollen, externe Leistungsanreize (Typische Fragebogen-Items: „Fordert leistungsschwache Mitarbeiter zu höherer Leistung auf", „Besteht darauf, dass die Mitarbeiter ihre Arbeit genau nach festgelegten Richtlinien erledigen").

Diese zwei Grunddimensionen werden als unabhängig voneinander begriffen und lassen sich – so die Idee – in jeweils verschiedenen Ausprägungsgraden beliebig miteinander kombinieren (siehe Abb. 11.4). Entsprechende Untersuchungen gehen allerdings häufig davon aus, dass eine hohe „consideration-Orientierung" von einem geringen Grad an „initiating structure" begleitet ist und umgekehrt (A und B in Abb. 11.4). So einflussreich diese beiden Dimensionen auf die Führungsstildebatte waren, so wenig ist es gelungen, auf dieser Basis stabile Nachweise über unterschiedlichen Führungserfolg zu gewinnen (vgl. Gebert und von Rosenstiel 2002, S. 194 ff.).

Nicht den Führungsstilen A und B, sondern Typ C (Abb. 11.4) galt jedoch im Fortlauf die eigentliche Aufmerksamkeit, die Veranlassung gab, daraus Idealmodelle für die Praxis zu formulieren. Führungsstil C ist gekennzeichnet sowohl durch ein hohes Maß an „freundlicher Zuwendung" als auch „aktiv stimulierendem" Verhalten. Blake und Mouton (1978) haben diese attraktive Idee des Alles-Könnens mit großem kommerziellen Erfolg zu dem sogenannten Verhaltensgitter („Managerial Grid") ausgebaut. Abb. 11.5 zeigt die idealtypischen Führungsstil-Varianten dieses Konzepts. Absolut erstrebenswertes Ideal ist der dort sogenannte 9.9-Führungsstil (entspricht C in Abb. 11.4).

11.3 Führungsstilansätze

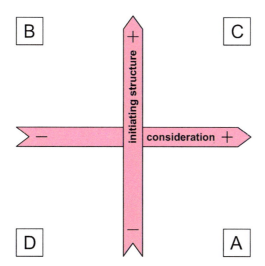

Abb. 11.4 Führungsstil-Dimensionen des Ohio State-Ansatzes

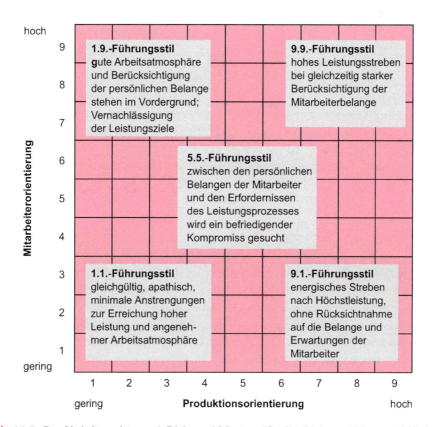

Abb. 11.5 Das Verhaltensgitter nach Blake und Mouton. (Quelle: Blake und Mouton 1978, S. 11 (modifiziert))

Kasten 11.5 Führungsdilemmata

1. Auf die entlastende Wirkung von (gedanken- und kritiklos befolgten) Vorschriften, Routinen und Ritualen bauen versus ständig zum Mitdenken, zur Reflexion, Verbesserung und dem Reagieren auf schwache (Frühwarn-)Signale auffordern.
2. Unterstellten MitarbeiterInnen mit Nähe, Wärme, Freundlichkeit, Sensibilität begegnen versus sie auf Distanz halten, formal und unpersönlich mit ihnen umgehen, sich ihnen gegenüber „hart" durchsetzen (können).
3. Gleichbehandlung aller nach einheitlichen Grundsätzen versus Eingehen auf den Einzelfall, Respektierung von Besonderheiten und Ausnahmen.
4. Bestehende Ordnungen aufrechterhalten und durchsetzen versus auf Innovationen bzw. ständige Fortentwicklung drängen.
5. Von unterstellten MitarbeiterInnen Eigeninitiative, Intrapreneurship, Selbständigkeit einfordern versus zugleich Anpassung, Folgsamkeit und Vorschriftentreue erwarten.
6. Sich selbst profilieren, durch „Exzellenz" hervorragen versus ein selbstloses Teammitglied sein.
7. Den Primat der Tat leben, (schnell) entscheiden und entschlossen handeln versus geschehen lassen, abwarten können, Selbstorganisation zulassen, spüren, fühlen, erleben.
8. Den MitarbeiterInnen Vertrauen entgegenbringen, für „empowerment" sorgen (d. h., sie zu selbstmächtigen Akteuren machen und sie mit den dazu nötigen Rechten und Ressourcen ausstatten) versus alles im Griff und unter Kontrolle halten, Misstrauen zeigen, die Unterstellten gängeln.

Quelle: Neuberger 1995, Sp. 536

Der empirische Nachweis für die Vorteilhaftigkeit dieses Führungsstils konnte freilich bislang nicht erbracht werden. Abgesehen von dem fehlenden Nachweis der Erfolgswirksamkeit muss man jedoch tiefergehend fragen, ob ein solcher Führungsstil überhaupt praktizierbar ist. Nur selten ist die schlichte Addition der Alternativen ein tatsächlich realisierbarer Ausweg bei einem Entscheidungskonflikt. Diese Auffassung wird von der gruppendynamischen Forschung gestützt, wonach Tüchtigkeit und Beliebtheit – wie in Kapitel 10 erwähnt – nur in Ausnahmefällen in **einer** Person zusammenfallen (siehe Divergenztheorem).

Plausibler als die 9.9-Harmonisierung ist, dass es sich bei diesen Verhaltensorientierungen um widersprüchliche Erwartungen handelt (**„Führungsdilemma"**), für die Führungskräfte eine geeignete Handhabung finden müssen. Der Umgang mit Spannungen, Widersprüchen und Paradoxien rückt immer stärker in den Vordergrund der Managementlehre (vgl. dazu im einzelnen Kapitel 4 und zum Überblick Putnam et al. 2016; Cunha und Putnam 2019). Weitere Führungsdilemmata zeigt Kasten 11.5.

Wie kann man mit solchen Führungsdilemmata erfolgreich umgehen? Bewährte Bewältigungstechniken sind unter anderem:

- Sequenzialisieren, d. h. die zeitliche Entzerrung, so dass einmal der eine, dann wieder der andere Anspruch bearbeitet werden kann.
- Sachlich segmentieren, d. h., man differenziert nach Person und Entscheidung.
- Kompromiss schließen (dies entspricht etwa dem 5.5-Führungsstil im Verhaltensgitter).

Ferner lässt sich natürlich eine Rangordnung aufbauen, d. h., man räumt der einen oder anderen Orientierung den Vorrang ein und stellt so Konsistenz im Handeln her, allerdings unter Zurückdrängung der gegenläufigen Anforderung. In der neueren Paradoxie-Forschung wird die Vorgehensweise als ein „**Either-or approach**" verstanden, d. h. die (zeitliche, sachliche und/oder soziale) Privilegierung der einen über die andere Seite. Demgegenüber werden zwei weitere Möglichkeiten diskutiert, mit Paradoxien umzugehen. Dies sind einerseits sog. „**Both-and approaches**" und zum anderen „**More-than approaches**". Die ersten Ansätze zielen darauf ab, beiden Seiten gleichzeitig gerecht zu werden und zwischen diesen zu oszillieren und eine Vereinigung zwischen den Polen zu erreichen. Die Kompromissbildung ist ein Beispiel dafür. Dahingegen zielen „More-than approaches" darauf ab, praktisch die Energie aus den Paradoxien dazu zu nutzen, die Situation zu transzendieren und neu zu rahmen („reframing"), etwa durch Trial-and-error-Exploration und Reflexion (Putnam et al. 2016). Die überwiegende Mehrheit der Paradoxie-Studien stellt letztlich auf Both-and-Ansätze ab, d. h. auf eine ausbalancierte Kompromissbildung, übersieht dabei aber, dass Paradoxien in Organisationen häufig asymmetrisch angelegt sind, d. h. die Pole nicht per se gleichgewichtig sind (Wenzel et al. 2019). Warum etwa sollte der 5.5 Führungsstil als Kompromiss angestrebt werden und nicht etwa der 4.6 Führungsstil, d. h. eine etwas stärkere Betonung von Produktivität?

Komplexe Führungsstile
Das Problem der Führungsdilemmata nimmt die **Theorie der Verhaltenskomplexität** auf (Hooijberg et al. 1997; Denison et al. 1995). Sie kennzeichnet die Situation der Führungskraft anhand von zwei bipolaren Dimensionen, die die unterschiedlichen Führungsaufgaben repräsentieren. Die erste Dimension umreißt das Spannungsfeld von Flexibilität und Stabilität: Führungskräfte haben sowohl für Kontinuität und Stabilität, als auch für Wandel und Flexibilität zu sorgen. Auf einer zweiten Dimension wird von ihnen zudem Integration nach Innen, wie Anpassung nach Außen verlangt (Gebert 2002).

Die Aufgaben einer Führungskraft beinhalten demnach gegenläufige Aufgabenbestandteile, die sich nicht auf einen schlüssigen Nenner bringen lassen. Je nach aktueller Anforderungslage muss eine Führungskraft daher je unterschiedliche Aufgaben erfüllen: Sie muss z. B. als „Innovator" Umweltentwicklungen antizipieren (externer Fokus), innerhalb der Organisation einen darauf ausgerichteten Wandel initiieren (Flexibilität), sie muss als „Koordinator" innerhalb der Organisation Struktur und Abläufe optimieren (interner Fokus) und die Einhaltung von Standards und Routinen sicherstellen (Stabilität).

Die Theorie der Verhaltenskomplexität unterscheidet sich mithin an einem Punkt entscheidend von den herkömmlichen Führungsstilansätzen: Während dort ja davon ausgegangen wird, dass die an die Führungskraft gerichteten Erwartungen so konsistent sind, dass sie mit nur einem Führungsstil beantwortet werden können, wird hier die dilemmatische Natur der Führungsaufgabe ins Licht gerückt. Die Anforderungen, mit denen Führungskräfte umgehen müssen, sind in sich widersprüchlich und paradox – und sie lassen sich folglich auch nicht einfach in einem Stil harmonisieren.

Erfolgreiche Vorgesetzte zeichnen sich demnach durch ein **hohes Maß an Verhaltenskomplexität** (behavioral complexity) aus. Sie verfügen nach den Studien von Denison et al. (1995, S. 335 ff., vgl. auch Lawrence et al. 2009) – im Gegensatz zu weniger erfolgreichen Führungskräften – über ein breites Portfolio an Verhaltenspotenzialen, aus dem sie je nach Bedarf die jeweils richtige Verhaltensweise schöpfen können. Gleichzeitig muss es der Führungskraft gelingen, die dadurch erzeugten Widersprüchlichkeiten im eigenen Verhalten zu heilen, um so trotz aller Inkonsistenz auch noch in hinreichendem Maße Integrität und Glaubwürdigkeit ausstrahlen zu können (Denison et al. 1995, S. 526).

Die Theorie der Verhaltenskomplexität wirft für eine Führungstheorie neue Problemstellungen auf, behauptet sie ja, dass Führungskräfte erfolgreicher sind, wenn sie über die Fähigkeit verfügen, auf die Komplexität ihrer Umwelt und den sich daraus ergebenden Aufgabenanforderungen angemessen zu reagieren. Dies verweist auf die Umwelt als wichtigen Einflussfaktor und damit zugleich auf die Frage, wie diese im Führungsprozess konzeptionell zu berücksichtigen ist. Eine vereinfachende Antwort darauf haben zunächst die sogenannten Situationstheorien der Führung gegeben; einst sehr populär haben sie indessen heute zwar an Anziehungskraft verloren, da ihre nur beschränkte Erklärungskraft immer deutlicher wurde. Sie stellen dennoch einen weiteren wichtigen Schritt in der Führungsforschung dar, in dem sie die Situation, in der Führung stattfindet in das Zentrum des Interesses gestellt haben.

11.4 Situationstheorien der Führung

In mehreren Arbeiten konnten wichtige Einflussfaktoren nachgewiesen werden, die moderierend auf die Beziehung von Führungsstil und Erfolg einwirken. Zu nennen sind etwa die Art der Aufgabe, der Zeitdruck, die Fähigkeiten und Erwartungen der Geführten, das Gruppenklima, die Hierarchieebene und die Positionsmacht. Es setzte sich zunehmend die Auffassung durch, dass die Wirkung des Führungsstils von den Erfordernissen der Kontextbedingungen abhängt. Die Vorstellung des einen besten Führungsstils wird ersetzt durch ein relativierendes: **„It all depends"**. Hierzu wurde eine Reihe von ganz unterschiedlichen Ansätzen entwickelt, wie beispielsweise die Kontingenztheorie der Führung

11.4 Situationstheorien der Führung

(Fiedler 1967), der situationsanalytische Ansatz (Vroom und Yetton 1973), oder die Weg-Ziel-Theorie (House 1971). Dabei wird die Situationsabhängigkeit der Führung auf jeweils unterschiedliche Weise konzeptionalisiert. Wir wollen uns im Folgenden auf die Darstellung eines einzigen Ansatzes beschränken, der zum einen nach wie vor eine gewisse Aktualität für sich beanspruchen kann, zum anderen aber zugleich paradigmatisch die zentralen Schwächen der Situationstheorien der Führung repräsentiert. Gemeint ist die situationale Führungstheorie von Hersey und Blanchard.

Die „Situationale Führungstheorie"
Aufbauend auf dem 3-D-Führungsmodell von Reddin (1977) entwickelten Hersey und Blanchard (1969) eine Art Reifezyklustheorie der Führung (in modifizierter Form vgl. Hersey et al. 2012). Ausgangspunkt ist eine Führungsstiltaxonomie (ähnlich dem Ohio-Modell), die die zwei Dimensionen **Aufgaben-** und **Personenorientierung** zu vier Stilen kombiniert (vgl. Abb. 11.6). Die **Situation** wird mit einer einzigen Moderatorvariablen in Anschlag gebracht, nämlich der Reife der Untergebenen. Diese bestimmt sich aus

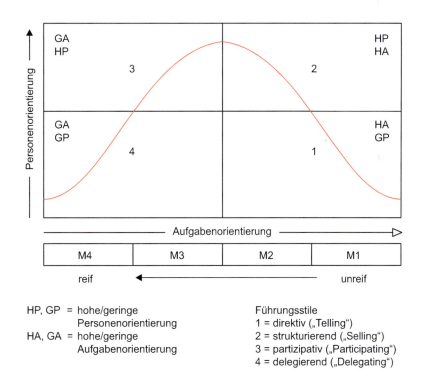

Abb. 11.6 Die „situationale Führungstheorie". (Quelle: nach Hersey et al. 2012)

zwei Faktoren, der **Funktionsreife** und der **psychologischen Reife**. Funktionsreife bezeichnet die Fähigkeiten, das Wissen und die Erfahrung, die ein Mitarbeiter zur Erfüllung seiner Aufgabe mitbringt. Die psychologische Reife ist eine Art Motivationsdimension, die auf Selbstvertrauen und -achtung abstellt und Leistungsorientierung und Verantwortungsbereitschaft signalisieren soll.

Die Autoren unterscheiden vier Reifestadien und ordnen diesen – wie in Abb. 11.6 gezeigt – die vier kongruenten Führungsstile zu. Bei sehr „unreifen" Mitarbeitern (M1) erzielt Führungsstil 1, der sich durch eine hohe Aufgabenorientierung und eine nur schwach betonte Mitarbeiterorientierung auszeichnet, die höchste Effektivität (= Zielerreichung). Mit zunehmender Reife (M2, M3) wird die Aufgabenorientierung immer unbedeutender, die Mitarbeiterorientierung dagegen immer wichtiger (Stil 2, 3), bis schließlich das höchste Reifestadium erreicht ist (M4), dem Führungsstil 4 mit seiner breiten Delegation und seiner Betonung von Selbstständigkeit am besten gerecht werden soll.

Eine solche Anpassung des Führungsverhaltens an das vorgefundene Reifeniveau der Untergebenen ist jedoch tendenziell zirkulär, denn das arbeitsrelevante Reifeniveau ist ja keine Naturkonstante, sondern entwickelt sich im Arbeitskontext und ist damit wesentlich von der Art der Führung abhängig. Hersey und Blanchard sehen dieses Problem und fügen deshalb ihrem Modell eine **dynamische Komponente** hinzu. Längerfristig wird ein Einfluss der Führung auf die „Situation" in Rechnung gestellt; die Führungskraft kann und soll den Reifegrad der Mitarbeiter durch gezielte Förderung kontinuierlich erhöhen und ihren Führungsstil bei Erfolg entsprechend anpassen, so dass insgesamt eine Tendenz hin zu Führungsstil 4 entsteht.

Im Hinblick auf den **praktischen Einsatz** zeigen sich markante Unterschiede zu anderen situativen Führungstheorien, wie etwa der von Fiedler (1967), in der davon ausgegangen wird, dass der Führungsstil konsistent ist, d. h. eine Vorgesetzte sich allen ihren Mitarbeitern gegenüber mehr oder weniger gleich verhält. Dahingegen fordern Hersey und Blanchard ein je nach Mitarbeiterin differenzierendes Führungsverhalten. Im Grundsatz soll der Vorgesetzte alle vier Führungsstile **nebeneinander** praktizieren. Es stellt sich die Frage, ob bei starker Varianz überhaupt noch von Führungsstil gesprochen werden kann. Auch steht ein Beleg für die Erlernbarkeit einer solch hohen Führungsvariabilität noch aus. Insgesamt liegen für dieses Modell nur wenig empirische Daten vor, sie zeigen kein klares Ergebnisbild (Graeff 1997).

Gegen das Modell sind zahlreiche **kritische Einwände** erhoben worden (vgl. Fernandez und Vecchio 1997; Graeff 1997). Was die Führungsstiltaxonomie betrifft, so gilt – wie erwähnt – als zweifelhaft, ob sich Aufgaben- und Personenorientierung tatsächlich, wie angenommen, als beliebig kombinierbare (unabhängige) Dimensionen des Führungsverhaltens begreifen lassen. Bei dem Reife-Konzept wird vor allem die fehlende definitorische Klarheit bemängelt. Das Verhältnis der zwei Reifedimensionen zueinander ist offen gelassen, dadurch bleiben die mittleren Reifestadien unbestimmt. Ferner vernachlässigt die Theorie die **Reziprozität**, d. h., der Einfluss der Mitarbeiter auf die Führungskraft bleibt unberücksichtigt.

11.4 Situationstheorien der Führung

Insgesamt gesehen ist der Einbezug der Geführten in das Situationsmodell als Fortschritt zu werten, die ausschließliche Fokussierung auf diesen Aspekt kann jedoch nicht überzeugen. Die Forderungen in der Literatur laufen in der Mehrheit auf eine Ausdehnung der Situationsfaktoren (und nicht auf eine Verengung) hinaus. Bass (1990) listet z. B. nach einer kritischen Literaturdurchsicht weit mehr als zehn Faktoren auf, die in eine Situationstheorie der Führung aufzunehmen seien. Indessen, je mehr Situationsvariablen berücksichtigt werden, umso (überproportional) mehr Verknüpfungsbeziehungen sind theoretisch zu bewältigen. Schnell ist der Punkt erreicht, an dem sich ein Modell nur noch in der Aufzählung möglicher Einflussfaktoren erschöpft. Dennoch ist insgesamt klar geworden, dass Führung nicht allein personenzentriert erklärt werden kann, sondern als Interaktion verschiedener Variablen gesehen werden muss.

Grundsätzlich sind allen Situationstheorien der Führung einige zentrale Probleme inhärent, die im Folgenden kurz dargelegt werden sollen, weil sie das Verständnis von Führung vertiefen helfen.

(1) Den beschriebenen Situationstheorien der Führung liegt ein grundsätzlich **statisches Denken** zugrunde. Zu einer gegebenen Situation wird der geeignete Führungsstil gesucht. Veränderung wird nur im Sinne einer komparativ-statischen Anpassung gedacht. Was – von wenigen Andeutungen abgesehen – grundsätzlich fehlt, ist eine Berücksichtigung der Entwicklung des Führungsprozesses. Das Verhältnis von Vorgesetztem, Untergebenem und Führungssituation bleibt nicht immer gleich, sondern entwickelt sich durch die Interaktion fortlaufend (Niederfeichtner 1983). Eine prozessuale Sichtweise hätte auch zu berücksichtigen, dass der Führungserfolg selbst einen bedeutsamen Einflussfaktor darstellt und die Entscheidung über den Führungsstil wesentlich mitbestimmt.

(2) Ein zweiter Problempunkt ist die Vernachlässigung des institutionellen Kontextes, in dem Führung stattfindet (House und Aditya 1997). Die Führungsgestaltung kann nicht als isoliertes Problem behandelt, sondern muss – wie in den Kapiteln 1 und 4 dargelegt – im übergreifenden Kontext der **Unternehmenssteuerung** und ihrer Grundprobleme (z. B. Umweltanpassung, Innovationsfähigkeit) reflektiert werden.

Dabei ist auch zu bedenken, dass personale Führung in Konkurrenz zu anderen Steuerungsfunktionen steht, d. h., es gibt funktionale Äquivalente („Führungssubstitute") und nicht immer ist der personalen Führung der erste Rang einzuräumen.

(3) Insgesamt zu wenig beachtet wird in der Führungsforschung der **kulturelle Kontext**, d. h. die verschiedenen Landeskulturen mit ihren unterschiedlichen Normen, Orientierungsmustern und Erwartungen an Führungskräfte. Führung ist – wie eingangs betont – ein sehr stark emotional und auch ideologisch getönter Verhaltensbereich, der in vielfacher Weise kulturell geprägt ist (Hofstede 1997). Kasten 11.6 gibt ein Beispiel für den hier gemeinten Zusammenhang.

> **Kasten 11.6 Führung in Japan**
>
> „Edgar K. erinnert sich mit Grausen an seine ersten Monate als Leiter des Honda-Forschungszentrums in Japan. Bis zu seinem Amtsantritt war der Wissenschaftler gewohnt, ‚dass in der Hierarchie derjenige das Sagen hat, der oben steht.' In Tokio hat er sich folglich genauso verhalten wie an der Technischen Universität: ‚Ich erklärte den Leuten, was zu passieren hat – und es passierte nichts.'
>
> Heute, zurück in Deutschland, weiß er, dass der Chef nur ein Teil des Ganzen ist. Und wundert sich nur noch selten über den Widerspruch: In kaum einer anderen Nation ist die Hierarchie ausgeprägter als in Japan. Senioritätsprinzip und die Demutshaltung gegenüber jedem, der sich formal in der höheren Position bewegt, lassen die Initiative des einzelnen auf ein Minimum schrumpfen. Ein japanischer Mitarbeiter führt aus, was man ihm anordnet – ob es Sinn macht oder nicht.
>
> Trotzdem zählt sein Votum. Wo immer entschieden werden muss, wird er gefragt, und selbst wenn sein Beitrag zum Ergebnis noch so klein ist: Er ist Teil der Gruppe, also redet er mit.
>
> Wo jeder gefragt wird, mag eine Entscheidung lange dauern – die Umsetzung gelingt indessen schneller als in jedem deutschen Konzern, weil es weder Bremser noch Intriganten gibt. Und wenn etwas schiefgeht, teilen sich alle die Verantwortung. Tatsächlich kennen Japaner nicht einmal ein Wort für das, was Deutsche bei Fehlern als erstes suchen: die Schuld. In einer japanischen Firma wird deshalb nie ein einzelner in die Haftung genommen."
>
> Quelle: Managermagazin, November 1998: 336 ff.

(4) Trotz der **Abkehr vom Universalprinzip** bleiben die Situationstheorien bei genauerer Hinsicht dennoch dem „one best approach" verhaftet. Sie zielen alle darauf ab, zwar nicht mehr generell, aber eben situationsspezifisch den einen optimalen Führungsstil zu ermitteln. Dieses Denken übersieht, dass die Situation in der Regel einen Spielraum in der Wahl des geeigneten Führungsstils lässt. Nur selten sind die Anforderungen einer Situation dergestalt, dass keine funktionalen Äquivalente zur Verfügung stünden. Diese sind gerade in praktischen Führungssituationen oft von großer Bedeutung, etwa bei mehrfacher Zielsetzung. Darüber hinaus lassen sich Situationen auch gestalten und sind nicht unabhängig von Führungsverhalten zu sehen (vgl. dazu auch das Konzept des „Framing" weiter unten).

(5) Die Entscheidung für oder gegen einen Führungsstil kann sich nicht nur an der Leistungswirksamkeit orientieren; hierzu gehören auch Überlegungen zur **Würde des Menschen**, zum Anspruch auf eine faire Behandlung und die Berücksichtigung des Strebens nach Selbstbestimmung. Es geht also auch um die Frage, welches Normensystem der Gestaltung von Beziehungen zwischen Menschen in der Arbeitswelt zugrunde gelegt werden soll (vgl. Kapitel 3).

Insgesamt lässt sich resümieren, dass nach dem zu konstatierenden Scheitern des Eigenschaftsansatzes und der referierten Schwachpunkte bei den Führungsstil- und Situationstheorien immer deutlicher wurde, dass sich die Komplexität des Führungsprozesses nur dann angemessen konzeptionell einfangen lässt, wenn man von der Idee einfacher (oder auch komplizierter) Kausalbeziehungen abrückt und den Fokus viel stärker auf die soziale Konstruktion von Führung richtet. Eigenschaften, Verhaltensweisen und Situationen sind komplexe Sachverhalte, die nicht selbstevident sind, sondern interpretiert werden müssen. So sind Eigenschaften (wie auch Motivation, vgl. Kapitel 9) als solche nicht sichtbar, sondern zeigen sich erst in sozialen Interaktionen, d. h. sie sind definitionsgemäß ein Konstrukt, das – gleichermaßen wie Verhaltensweisen und Situationen – erschlossen werden muss.

11.5 Attribution und implizite Führungstheorien

Die zuvor angestellten Überlegungen haben bereits Hinweise dafür geliefert, dass die Bedeutung, die Eigenschaften, Verhaltensweisen und Situationen in Führungsprozessen zukommt, nicht als objektiv gegeben und automatisch intersubjektiv geteilt angenommen werden können. Diese Einsicht wird durch zwei für die Führungsforschung aus heutiger Perspektive als Meilensteine zu bezeichnende Erkenntnisentwicklungen nachhaltig bekräftig und theoretisch untermauert. Es ist dies zum einen die **Attributionstheorie** (Calder 1977) und zum anderen das Aufzeigen der Bedeutung von **impliziten Führungstheorien.**

Im Zentrum der Attributionstheorie stehen soziale Wahrnehmungsvorgänge und Ursachenzuschreibungen („Kausalattributionen") auf der Basis von impliziten Orientierungsmustern, die Individuen und Gruppen zum Verstehen ihrer „Welt" entwickeln. Führung ist diesem Ansatz nach kein objektives Phänomen mehr, sondern bekommt nur Bedeutung in der Wahrnehmung solcher Personen, die einer anderen Führungsqualitäten zusprechen („attribuieren"). Erklärt werden soll der Zuweisungsprozess, d. h. die Wahrnehmungsorganisation von Menschen, die schließlich dazu führt, dass bestimmten Personen Führung zugesprochen wird.

Das immer noch gültige Kernmodell hierzu hat Calder (1977) entwickelt. Die Attribution ist demnach ein **mehrstufiger kognitiver Prozess** der Informationsverarbeitung:

(1) Zunächst **beobachten** die Mitglieder das Verhalten einer bestimmten Person, zum Beispiel einer Führungskraft, wie auch die Wirkungen dieses Verhaltens. Dies kann durch direkte Beobachtung geschehen oder auch indirekt über Erzählungen und Vermutungen Dritter.

(2) Im nächsten Schritt **vergleichen** sie ihre Beobachtungen und Eindrücke mit ihren individuellen, kognitiven Interpretations-Schemata für Führung, beziehungsweise mit dem, was auch als „implizite Führungstheorie" (Schyns et al. 2007) bezeichnet wird. Mit anderen Worten, sie verwenden ihre eigene Führungstheorie, um die beobachteten Verhaltensweisen zu interpretieren und sie gegebenenfalls als Führungsverhalten zu qualifizieren. Meist geschieht dies auf der Basis von Alltagstheorien über Führung, die häufig eine Art Eigenschaftstheorie sind („Führerinnen sind mutig", „Führer lassen die Anderen klein aussehen").

(3) Bevor die beobachteten Wirkungen und Erfolge tatsächlich den Handlungen der beobachteten Person zugerechnet werden, findet für gewöhnlich eine **Gegenprüfung** auf der Basis alternativer Kausalerklärungen statt wie beispielsweise: „Hat sie einfach nur Glück gehabt?" oder „War sein Erfolg einfach nur hervorgerufen durch die gute Konjunktur?" oder „Ist sein brillanter Assistent nicht der eigentliche Kopf der Erfolgsstrategie?".
(4) Bei **positiver** Beantwortung der Kausalitätsfrage und bei Kompatibilität mit den eigenen Zielen wird der betreffenden Person schließlich Führungsqualität zugeschrieben.

Im Zentrum des Attributionsprozesses stehen also die **impliziten Theorien**, die zur Prüfung verwendet werden und auf deren Basis beobachtet, verglichen und attribuiert wird. Menschen haben demnach implizite Schemata über (ggf. charismatische) Führungspersonen im Kopf und leiten aus diesen Schemata Beobachtungspunkte und Erklärungen für das Verhalten anderer ab. Entspricht das Verhalten der betreffenden Person diesen impliziten Schemata, dann wird die Person als führungsstark oder ggf. als charismatisch erlebt (vgl. zu weiteren Varianten der Attributionstheorie der Führung Martinko et al. 2007).

Attributionen sind also im Prinzip inferentiell, d. h. sie stellen eine Ursache-Wirkungsbeziehung her, die aufgrund von bestimmten Umwelt- und Verhaltensbeobachtungen erschlossen wird. In diesem Sinne sind Attributionen komplexitätsreduzierend und zugleich natürlich sinnstiftend. Aus einer prinzipiell unübersehbaren Fülle an Verknüpfungsmöglichkeiten von potenziellen Ursache-Wirkungs-Zusammenhängen werden subjektiv wenige ausgewählt und dann als real angenommen. Dieses Problem einer hochgradigen Selektivität wird dann evident, wenn zum Beispiel der Unternehmenserfolg eines großen Konzerns mit 300.000 Beschäftigten alleine dem Vorstandsvorsitzenden zugerechnet wird.

Die Attributionstheorie spricht in evidenten Fällen falscher Kausalitätsannahmen dann auch von Attributionsfehlern. Der bekannteste von solchen Attributionsfehlern ist die Tendenz, positive Ergebnisse der eigenen Person, negative der Umwelt (anderen Personen, Pech usw.) zuzuschreiben. Von einem „leadership attribution error" (Hackman und Wageman 2007) spricht man dann, wenn Ergebnisse einzelnen Führungspersonen zugeschrieben werden, obwohl deren „objektiver" Beitrag dazu minimal bis nicht vorhanden ist. Meindl und Ehrlich (1987) sprechen in diesem Zusammenhang dann auch von „romance of leadership", d. h. einer romantischen Verklärung einer Realität, in der Sachverhalte viele andere Ursachen haben (oder auch auf Emergenz oder Zufall beruhen), aber dennoch auf einzelne Führungspersonen zugerechnet werden.

Attributionsfehler lassen sich aber nur feststellen, wenn der subjektiven Herstellung von Kausalzusammenhängen eine objektive entgegengestellt werden kann, die davon abweicht. In Fällen aber, in denen Sachverhalte so komplex sind, oder gar Kausalzuschreibungen selbst bei vollständigen Informationen gar nicht möglich sind, da es sich um das Ergebnis emergenter Prozesse handelt, ist Objektivität in diesem Sinne (d. h. dass sich ein Sachverhalt als wahr im Handlungskontext zeigt) nicht, oder erst viel später herstellbar.

Der zentrale Punkt der Attributionstheorie liegt deshalb weniger darin, Individuen Attributionsfehler nachzuweisen, sondern vielmehr darin, auf die soziale Konstruktion von Kausalattributionen zu verweisen und der Frage nachzugehen, wie und warum Menschen bestimmte Kausalattributionen vornehmen. Solche Alltagstheorien der Führung werden – wie erwähnt – in einem erheblichen Maße medial vermittelt (Chen und Meindl 1991), d. h., das in den Medien produzierte und reproduzierte Bild von Führung bestimmt sehr stark das, was für den Ausdruck charismatischer Führung gehalten wird (Bewernick et al. 2013). Hier liegt auch der wesentliche Beitrag der Forschung von Meindl et al. (1985), nämlich auf die Rolle massenmedialer Vermittlung von Führung und auf ihre Bedeutung bei der Entstehung impliziter Führungstheorien hinzuweisen.

Es ist genau auch dieser Kontext, in den das Weber'sche Konzept der **charismatischen Führung** gestellt werden muss (Weber 1976, S. 654 ff. sowie Kap. 2). Charisma wurde lange Zeit als quasi magisch unentrinnbares Faszinosum von Menschen mythisch verklärt. Forschungen im Sinne des Eigenschaftsansatzes, die charismatisch erlebte Führer untereinander mit dem Ziel verglichen, die gemeinsamen Merkmale dieser Personen zu extrahieren, blieben indessen ohne Erfolg. Die gemeinten Personen (Hitler, Gandhi, Watson usw.) waren viel zu unterschiedlich, als dass ein gemeinsamer Satz an Eigenschaften identifizierbar gewesen wäre (Willner 1984).

Heute wird im Allgemeinen die Auffassung akzeptiert, dass es im Wesentlichen die **Zuschreibung** der Geführten bzw. deren implizite Charisma-Theorie ist, die das Charisma generiert (Schyns et al. 2007; Watts et al. 2019). Die Geführten oder besser die Einflussadressaten beobachten das Verhalten der Führungsperson und weisen ihr in bestimmten Fällen Charisma zu (Antonakis und Gardner 2017). Neben der unmittelbar direkten Beobachtung spielen im Prozess der Charisma-Attribution – insbesondere bei distanten Führungsbeziehungen – **Intermediäre** eine Rolle, die von Galvin et al. 2010 als „surrogates" bezeichnet werden. Diese Intermediäre erhöhen durch unterschiedliche Verhaltensweisen („promoting the leader, defending the leader, modeling followership") die Wahrscheinlichkeit der Zuschreibung von Charisma von Dritten auf die Führungsperson. Auch hier wird den Massenmedien eine zentrale Rolle zugeschrieben.

Insgesamt werden **charismatische Zuweisungen** besonders häufig dann vorgenommen, wenn Führungspersonen (Conger und Kanungo 1987):

1. prägnante Visionen entwickeln, die vom Status quo stark abweichen, ohne allerdings die Vorstellungswelt der Geführten zu verlassen,
2. ein selbstaufopferndes Engagement zeigen,
3. ihre Ideen mit hohem persönlichem Risiko verfolgen,
4. ihre Ideen erfolgreich realisieren und
5. ihre Führungsmotivation klar zum Ausdruck bringen.

Die Merkmale, aufgrund derer Charisma attribuiert wird, sind ihrerseits historisch und kulturell beeinflusst, so dass diese Erklärung letztlich auch auf die gesellschaftlichen Bedingungen verweist, die bestimmte Persönlichkeitsmerkmale als charismatisch hervortreten lassen. So erleben in der heutigen Zeit nur noch wenige Menschen Hitler oder Stalin als charismatisch. Insofern ist nicht nur die Charisma-Attribution, sondern eben auch die Kontextbedingungen, unter denen Charisma in einer bestimmten Art und Weise attribuiert werden, vergänglich und keine Konstante. So ist in diesem Zusammenhang wenig verwunderlich, dass innerhalb der Charisma-Forschung auch oder gerade unter den neueren attributionstheoretischen Vorzeichen, wenig Konsens besteht (Meindl 2001).

Es ist interessant zu sehen, dass die Zuschreibung charismatischer Merkmale in enger Verwandtschaft zur Zuschreibung **problematischer Merkmale** (Charakterfehler, Brutalität usw.) steht. Auch darauf weisen Meindl et al. (1985) hin, so dass die sogenannte Romantisierung von Führung auch eine übermäßige Zurechnung von negativen Ereignissen auf Führungskräfte bedeuten kann. Die Wahrnehmung und Attribution charismatischer Eigenschaften ist labil, d. h., sie verkehrt sich leicht und kippt in Stigma um (Steyrer 1995, S. 217 ff.). Was vorher als Entschlossenheit bewundert wurde, kippt schnell in die Zuschreibung von Rücksichtslosigkeit um, oder was vorher als ausgefeilte Rhetorik galt, wird nun als Demagogie geächtet. Dieses Umkippen ist insofern nicht weiter verwunderlich, als Charisma bevorzugt Personen zugeordnet wird, die als andersartig wahrgenommen werden (Lipp 1985) – Außeneinflüsse (z. B. Wahrnehmungen von Mitgliedern anderer Kulturbereiche) oder ein Misserfolg führen dann rasch zu einer Umwertung des Andersseins.

Unter praktischen Gesichtspunkten fordert die Attributionstheorie dazu auf, sich intensiv mit den **impliziten Orientierungsmustern** und „Führungstheorien" der Geführten zu beschäftigen. Denn nur die Kenntnis der impliziten Theorien erlaubt eine Prognose darüber, ob der als Führungskraft ausgewiesenen Person tatsächlich auch Führungsqualitäten und ggf. sogar Charisma attribuiert werden oder nicht. Darüber hinaus stellt auch die „dunkle Seite" von Charisma einen weiteren wichtigen Aspekt dar, der allzu häufig verklärt wird (Bligh et al. 2007, sowie Bligh et al. 2011). Diese dunkle Seite bezieht sich nicht nur darauf, dass Charisma-Attributionen in Stigma (also Negativ-Zuschreibungen) kippen können, sondern darauf, ob charismatische Führung letztlich überhaupt wünschenswert ist, da es sich bei charismatischen Beziehungen in letzter Konsequenz nicht nur um Führung, sondern auch um Verführung handelt. Die meisten Charisma-Forscher, die dem Phänomen Charisma positiv gegenüberstehen, wie etwa Conger und Kanungo, erwähnen zwar diese negativen Aspekte von Charisma, ohne daraus jedoch weitere relevante Konsequenzen abzuleiten (vgl. zur Kritik Meindl 2001). Eine zweite Strategie in der Führungsforschung, sich von den möglichen negativen Konsequenzen von Charisma leichter Hand zu distanzieren, ohne aber auf das Konzept zu verzichten, geht mit einem nicht immer als solchem unmittelbar erkennbaren „relabelling" einher. So spricht heute ein Großteil der Forschung weniger von Charisma, sondern von transformativer Führung.

Der – wenn man so will – argumentative Schachzug dabei ist, dass transformative Führung nicht als ein besonderes Konzept von Führung an sich zu präsentieren (so wie das mit Charisma der Fall ist), sondern als ein Führungsstil in Differenz zu einer bloß transaktional ansetzenden Form von Führung (Burns 1978; Bass und Avolio 1994). **Transaktionale**

11.5 Attribution und implizite Führungstheorien

Führung wird dabei ausschließlich auf einem einfachen Austauschprinzip konzeptionalisiert, d. h. Führungseinfluss wird gewissermaßen ausgehandelt. Die Führungskraft verdeutlicht die gewünschten Leistungen und bietet Anreize (z. B. Überstundenzuschläge) oder droht mit Sanktionen, um die erstrebten Verhaltensweisen der Geführten zu erreichen. Ihre Wünsche, Erwartungen, Befürchtungen usw. sind soweit zu berücksichtigen, wie es für die Zielerreichung erforderlich ist. Führung wird im Wesentlichen als **Austauschprozess** verstanden, der im Grunde nur Dienst-nach-Vorschrift-Gefolgschaft zu mobilisieren versteht.

Auf ganz anderen Grundlagen steht dagegen **transformative Führung**. Im Zuge eines transformativen Führungsprozesses verändern sich die Einstellungen, die Wünsche und die Vorstellungen der Geführten. Transformative Führungskräfte handeln aus tiefer Überzeugung, aus dem Glauben an bestimmte Werte und Ideen. Sie entwickeln Visionen und regen dazu an, Dinge völlig neu zu sehen. Ihre Überzeugungen können nicht Gegenstand von Aushandlungsprozessen werden, man kann sie allenfalls ablehnen oder eben begeistert aufgreifen (vgl. als Beispiel Kasten 11.3).

Kasten 11.3 Steve Jobs (1)

„Larry Kenyon, der Entwickler des Macintosh-Betriebssystems, bekam eines Tages Besuch von Jobs in seinem Büro. Er beklagte sich, der Rechner brauche zu lange zum Hochfahren. Kenyon begann zu erklären, warum es so war, aber Jobs unterbrach ihn. »Wenn du jemandem das Leben retten könntest, indem der Rechner zehn Sekunden schneller hochfährt, würdest du es dann hinbekommen?«, wollte er wissen. Kenyon gestand ein, es sei wahrscheinlich möglich. Jobs trat an eine Wandtafel und rechnete ihm vor, dass zehn Sekunden Extrazeit zum Starten des Computers pro Tag bei etwa fünf Millionen Mac-Usern jedes Jahr allein 300 Millionen Stunden ausmachten, was etwa 100 Menschenleben entsprach, die er pro Jahr retten könne. »Larry war ziemlich beeindruckt und einige Wochen später hatte er die Startzeit des Betriebssystems um 28 Sekunden verkürzt«, erzählte Atkinson. »Steve motivierte einen oft, indem er auf die größeren Zusammenhänge verwies."

Quelle: Isaacson 2011, S. 150

Damit wird wohl nicht nur die Nähe, sondern letztlich die praktische Identität zum oben erläuterten Konzept charismatischer Führung offenkundig. Zugleich wird damit aber auch noch klarer herausgestellt, was diese Form von Führung impliziert und deshalb auch problematisch macht. Transformative Führung zielt nicht nur darauf ab, Menschen zu bestimmten Handlungsweisen zu bewegen, sondern tiefer, die Gründe, Motive, Werte und Ziele, die Menschen ihrem Handeln unterlegen, zu verändern. Damit stellt sich hier zugleich die Frage, inwiefern transformative Führung letztlich **Manipulation** bedeuten kann (vgl. hierzu das Beispiel in Kasten 11.4).

Kasten 11.4 Steve Jobs (2)

„Lag Jobs' rücksichtsloses Verhalten an mangelndem Einfühlungsvermögen? Nein, eher das Gegenteil war der Fall; er konnte sich sehr gut in andere Menschen einfühlen und hatte die fast unheimliche Fähigkeit, Menschen zu lesen und ihre psychischen Stärken und Schwächen, ihre Verwundbarkeit und Unsicherheit zu erkennen. Er konnte ein nichts ahnendes Opfer mit einem einzigen, perfekt gezielten Satz lähmen. Er wusste intuitiv, ob jemand Wissen vortäuschte oder sich wirklich auskannte. Das machte ihn zum Meister der bewussten Manipulation anderer Menschen. »Er fand sofort deinen schwachen Punkt heraus, und du fühltest dich klein und krümmtest dich innerlich«, erinnerte sich Hoffman. »Das sieht man oft bei charismatischen Menschen, die wissen, wie sie ihr Gegenüber manipulieren können. Wenn man weiß, dass er einen zerquetschen kann, fühlt man sich schwach und giert nach seiner Anerkennung, damit er einen aufhebt, auf ein Podest stellt und vereinnahmt.«

Dieses Verhalten hatte auch positive Seiten. Diejenigen, die Jobs nicht zerquetschte, wurden gestärkt. Sie arbeiteten besser, sowohl aus Angst und um einen guten Eindruck zu machen als auch, weil sie wussten, dass es von ihnen erwartet wurde. »Sein Verhalten kann einen emotional fertigmachen, aber wenn man es überlebt, funktioniert es«, sagte Hoffman. Manchmal konnte man auch dagegenhalten und nicht nur überleben, sondern gedeihen. Das funktionierte allerdings nicht immer; Raskin, dem es eine Weile gelang, ging schließlich doch unter. Aber wenn man ruhig und korrekt blieb, wenn Jobs zu der Auffassung kam, dass man wusste, was man tat, dann respektierte er einen. Privat wie beruflich umfasste sein innerer Kreis von Freunden und Kollegen sehr viel mehr starke Persönlichkeiten als Schmeichler.

Die Mitarbeiter im Mac-Team wussten das. Seit 1981 verliehen sie jährlich einen Preis an denjenigen, der sich Jobs gegenüber am besten behauptet hatte. Die Preisverleihung war teilweise scherzhaft gemeint, aber eben nur teilweise. Jobs wusste übrigens davon und freute sich darüber."

Quelle: Isaacson 2011, S. 148 f.

Eine Frage, die in der einschlägigen Literatur zu wenig Resonanz findet (vgl. Collinson et al. 2018). Transformative Führung wird überwiegend positiv gesehen (Bass 1999; Judge und Piccolo 2004) und häufig nur deshalb von Charisma (als der manipulativen Form von Führung) differenziert. Damit verbunden ist die These, dass es nur dieser Typ der Führung ist, der herausragende Leistungen erzielen kann. Mit transaktionaler Führung, gleichgültig in welcher Form, könnten dagegen nur durchschnittliche Leistungen erzielt werden (Bass 1985). Obwohl transformative Führung empirisch nur schwer messbar ist, liegt dennoch zwischenzeitlich eine Reihe von Messinstrumenten vor; die empirischen Studien konnten indessen jedoch nicht die gewünschte Eindeutigkeit bezüglich der behaupteten Zusammenhänge erbringen (vgl. zusammenfassend Gebert und von Rosenstiel 2002, S. 219 ff.; Bryman 1992).

Dies mag erneut auch darin begründet sein, dass Führung eben mehr impliziert als nur die Person der Führungskraft, die trotz der hier angeführten attributionstheoretischen Wende in den Studien zu Charisma und zur transformativen Führung immer noch als alleiniger Akteur im Mittelpunkt erscheint, während die Geführten noch nicht über den Status von (eher passiven) „Attributionsvollziehern" hinausgekommen sind. Dies ändert sich nun mit den in den folgenden Abschnitten zu diskutierenden Ansätzen. In den nächsten drei Abschnitte werden **drei zentrale Interaktionsansätze** der Führung vorgestellt, die ein differenzierteres Verständnis von Führung erlauben. Alle drei Ansätze setzen jeweils unterschiedliche Schwerpunkte, indem sie jeweils eine bestimmte Perspektive in den Mittelpunkt rücken. Die Einflussprozesstheorie fokussiert auf das Thema Macht, Machtgrundlagen und deren Zuschreibung bzw. Nutzung; die LMX-Theorie rückt den wechselseitigen Prozess der Rollenaushandlung in den Mittelpunkt und die Identitätstheorie der Führung begreift den Führungsprozess schließlich als eine interaktive Konstitution von Führungs- und Geführtenidentitäten.

Alle drei Theorien betonen den interaktiven Charakter von Führungsprozessen und stehen zueinander in keinem konkurrierenden, sondern in einem wechselseitig ergänzenden Verhältnis.

11.6 Führung als intendierter sozialer Einflussversuch

Führung wird in diesem Ansatz interaktionsbezogen verstanden, d. h. nicht die handelnden Personen als solche, sondern ihre Interaktion bestimmt über den Führungserfolg. Insofern rückt hiermit das Interaktionsgeschehen in einem bestimmten Kontext, d. h. unter bestimmten Umweltbedingungen in den Mittelpunkt. Als Umwelt werden solche externen Faktoren definiert, welche die Person – bewusst oder unbewusst – als auf Verhaltensbestimmung ausgerichtete Informationen erreichen. Aus der Menge der Umweltfaktoren sind insbesondere **soziale** Einflussgrößen zu nennen, also Verhaltensinformationen, die in der sozialen Umwelt der handelnden Person ihren Ursprung haben. Dazu zählen auch medial vermittelte, implizite Führungstheorien. Betrachtet man nun den Führungsprozess, so lässt sich in einer ersten Annäherung sagen, dass Führung der Klasse der sozialen Einflüsse oder – vorsichtiger formuliert – der sozialen Einflussversuche zuzuordnen ist. Das Verhalten von Führungskräften in Organisationen ist selbst wiederum z. T. das Ergebnis sozialer Einflüsse (z. B. Führungsrichtlinien in einem Unternehmen, Kollegen usw.).

Nun ist allerdings nicht jeder Einfluss der sozialen Umwelt beabsichtigt; es gibt viele Situationen, in denen Personen oder Gruppen andere beeinflussen (verhaltensbestimmend wirken), ohne dass sie dies gewollt oder angestrebt hätten (z. B. der „run" auf Banken). Aus dieser Unterscheidung ergibt sich eine weitere Einschränkung. Nachdem mit Führung immer etwas bezweckt wird, bezeichnet man nur solche sozialen Einflussversuche als

Führung, die beabsichtigt sind. Aber auch diese Eingrenzung ist noch zu breit; wollte man jeden Versuch beabsichtigter sozialer Einflussnahme als Führungsverhalten klassifizieren, so wäre jedes soziale System durchzogen von einem unübersehbaren Führungsgestrüpp. Aussagen über „Führung" und deren „Erfolg" wären nur schwer zu bilden. Führung ist daher noch enger zu fassen (Irle 1980, S. 521 ff.); wir wollen nur dann von Führung sprechen, wenn

1. die Einfluss erstrebende Person (Führungskraft) über ein gewisses **Sanktionspotenzial** verfügt, d. h., es liegt eine asymmetrische Verteilung der Einflusschancen (in einem bestimmten Bereich) vor. In hierarchischen Organisationen ist diese Asymmetrie zugunsten der formellen Führung strukturell verankert. Durch vertragliche Bindungen wie auch durch Belohnungs- und Bestrafungspotenziale wird versucht, der Führungskraft dauerhaft ein Übergewicht zu sichern.
2. der Einflussversuch zum Erreichen bestimmter **Ziele** oder **Funktionen**, die für die betreffende Gruppe, Abteilung etc. wichtig sind, unternommen wird.
3. der Einflussversuch in einer **direkten sozialen Beziehung** unternommen wird. Soziale Einflussversuche von Medien oder von Personen, die keine unmittelbare Beziehung zu den Einflussadressaten haben, wären nach dieser Definition also nicht als Führung einzustufen, spielen aber eventuell als Kontext der Führung eine Rolle.

Von Führung soll allerdings auch dann gesprochen werden, wenn der Einflussversuch **erfolglos** endet, die Einflussadressaten also ihr Verhalten nicht in der intendierten Weise ausrichten. Dies macht deutlich, dass Führung trotz Asymmetrie als wechselseitiger Einflussprozess begriffen wird, denn es verfügen nicht nur die Beeinflussenden, sondern auch die Einflussadressaten über Machtpotenziale und können diese als **Gegenmacht** in Stellung bringen (Somech und Drach-Zahavy 2002, S. 169). Insofern ist die Wirkung von Führung immer mit Ungewissheit verbunden. Diese Ungewissheit ist es ja gerade, die den Unterschied zwischen erfolgreicher und erfolgloser Führung treffen lässt. Würde man erfolglose Einflussversuche ausschließen, könnte man nicht mehr zwischen effektiver und ineffektiver Führung unterscheiden und hätte damit das zentrale Problem einer praxisorientierten Führungsanalyse verfehlt.

Führung bzw. Führerschaft ist somit als spezieller Prozess einer – asymmetrischen und direkten – sozialen Beziehung definiert, der durch einen (intendierten) Einflussversuch zur Wahrnehmung systemrelevanter Funktionen gekennzeichnet ist. Löst man die Führerschaft ab von der formalen Zuweisung in einer Organisation, dann kann hiernach potenziell jedes Individuum in einer Gruppe Führung in diesem Sinne ausüben.

Festzumachen ist ein so verstandener Führungsprozess im Interaktionsgefüge von Person und Umwelt, das sich in folgenden vier Grundvariablen umreißen lässt:

1. Persönlichkeit des Beeinflussenden/der Führungskraft: Bedürfnisse, Einstellungen und Erfahrungen.
2. Persönlichkeit der Einflussadressaten: Bedürfnisse, Einstellungen und Erwartungen.

11.6 Führung als intendierter sozialer Einflussversuch

3. Merkmale des sozialen Systems, in dem der Einflussversuch abläuft (Machtstruktur, Rollenstruktur, Statusstruktur, Kohäsionsgrad etc.).
4. Randbedingungen der Situation, innerhalb der der Beeinflussungsversuch unternommen wird (Art der Aufgabe, äußere Bedingungen, gesetzte Ziele der Gruppe etc.).

11.6.1 Das Einflussprozessmodell

Versteht man Führung in der skizzierten Weise, so stellt sich die Frage, wie man sich den Führungsprozess praktisch vorzustellen hat und unter welchen Bedingungen ein Einflussversuch erfolgreich oder eben erfolglos sein wird. Das Einflussprozessmodell rückt die Geführten in den Vordergrund und stellt unmissverständlich klar, dass Führung eine Interaktion zwischen mindestens zwei Menschen ist (vgl. Abb. 11.7). Ob Führung gelingt, hängt also keineswegs nur von der Führungsperson ab. Im Hinblick auf die Adressaten der Führung (herkömmlicherweise etwas unglücklich als die „Geführten" bezeichnet), ist es nun von entscheidender Bedeutung zu sehen, dass Menschen nicht bereit sind, sich unbesehen jedem Einflussversuch zu beugen; sie machen dies für gewöhnlich von bestimmten Bedingungen abhängig, weil sie – wie betont – ebenfalls über gewisse Einflusspotenziale verfügen. Die Frage, ob und inwieweit dem Einflussversuch stattgegeben wird, hängt zunächst einmal davon ab, welches Ziel mit dem Einflussversuch verfolgt wird. Trifft sich das Ziel mit den Vorstellungen und Bedürfnissen der Geführten, so ist seine Realisierung

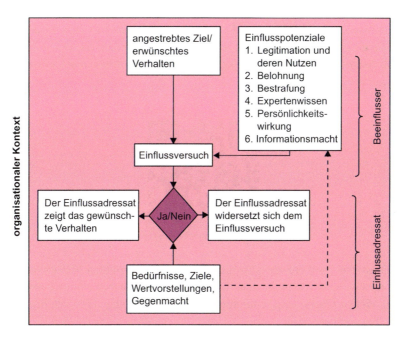

Abb. 11.7 Das Einflussprozessmodell

unproblematisch. Diese Vorstellung trifft sich mit den Implikationen aus dem Erwartungs-Valenz-Modell von Vroom. Gelingt es, die Ziele der Führungskraft bzw. der Organisation so einzubetten, dass mit ihrer Erreichung zugleich die Individualziele (Selbstverwirklichung, Status usw.) erfüllbar werden, dann stellt das Einflussgeschehen kein Problem dar. Ein Durchsetzungsproblem taucht erst dann auf, wenn eine **Diskrepanz** bzw. ein **Konflikt** zwischen den Zielen des Beeinflussenden und den Einflussadressaten besteht.

Ob und inwieweit dem Einflussversuch stattgegeben wird, hängt dann wesentlich davon ab, über welche **Einflusspotenziale** die Führungskraft verfügt, wie relevant diese den Geführten erscheinen und in welchem Maße bisher davon Gebrauch gemacht wurde, sei es von der Führungskraft selbst oder von Führungskräften in den betreffenden Organisationen insgesamt. Der Erfolg hängt aber auch davon ab, wie „stark" die Einflussadressaten selbst sind, d. h., wie ausgeprägt ihre Abhängigkeit von der Führungsperson ist, in welchem Maße Letztere von ihnen abhängig ist (fachlich, persönlich usw.), ob „Schulden" aus früheren Reziprok-Geschäften bestehen usw. In dem Einflussprozessmodell ist die Gegenmacht in die Gültigkeit der Einflusspotenziale der Führungskraft konzeptionell eingearbeitet. Ihre Gültigkeit hängt in starkem Maße von der Unabhängigkeit und/oder den Verhandlungspotenzialen der Mitarbeiter ab. Das Einflussprozessmodell ist eine **Konflikttheorie der Führung**, es steht damit im klaren Gegensatz zum klassischen Befehls- und Gehorsamsmodell, wo der Führungserfolg ja außer Zweifel steht; die klassische Hierarchie fußt auf der nicht weiter geprüften Annahme, dass jedem Befehl Gehorsam geleistet wird. Führung steht aber heute in ganz anderen Zusammenhängen. Zum einen lassen sich viele Ziele und Anliegen schlicht nicht befehlen (Loyalität, Innovationsfreudigkeit, Qualitätsbewusstsein usw.). Zum anderen kann nicht alles eindeutig gemacht und kontrolliert werden. Und ferner hat die Hierarchie insgesamt in dem modernen Wirtschaftsleben eine Umwertung erfahren, sie ist nicht mehr so bedeutsam – wohl aber Führung! Man denke nur an die vielen Projektgruppen und Netzwerke, die den heutigen Leistungsprozess prägen.

https://sn.pub/GhuVtE

Einflussadressaten (in formalen Organisationen: die unterstellten Mitarbeiter) nehmen demnach Abwägungen vor, ob sie dem Einflussversuch stattgeben oder sich ihm widersetzen sollen. Welche Überlegungen die Adressaten dabei anstellen, lässt sich beispielhaft an folgenden Fragen illustrieren:

Ausgangspunkt sei dabei, dass eine Vorgesetzte einen von ihr sehr geschätzten Mitarbeiter einige Wochen an die Nachbargruppe ausleihen möchte, um dort wichtige Erfahrungen für die eigene Gruppe zu sammeln. Dem Mitarbeiter behagt das Vorhaben gar nicht: (1) Soll ich es ihr zuliebe tun, sie hat mich bislang immer stark gefördert und unterstützt? Wenn ich mich weigere, die Arbeit zu tun, wird sie mich dann fallen lassen? (2) Wenn ich diese Abstellung anstandslos akzeptiere, werden sich dadurch meine Fortkommensaussichten erhöhen? Werde ich schneller eine Gehaltserhöhung bekommen? Ist meine Vorgesetzte mir dadurch verpflichtet? (3) Gibt es ein Mittelding? Was passiert, wenn ich zwar diese Arbeit akzeptiere, aber versuche, meine „Kosten" zu verringern, indem ich nur ab und zu dort hingehe? (4) Habe ich nicht die Pflicht übernommen zu gehorchen? Wie weit geht diese? usw. Anders ausgedrückt: Die Macht der Vorgesetzten steht gegen die informelle Macht der Mitarbeiter.

Generell lässt sich behaupten:

Je weniger die Ziele der Adressaten mit dem Ziel der Beeinflussung und dem gewünschten Verhalten konform gehen oder je weniger geeignet sich diese erweisen, die Bedürfnisbefriedigungssituation zu verbessern, umso größer müssen die Einflusspotenziale sein, wenn der Einflussversuch dennoch erfolgreich enden soll (und umgekehrt). Sind die Einflusspotenziale so groß, dass den Adressaten keine Wahl bleibt (etwa bei schierem Zwang), erübrigt sich jede verfeinerte Analyse, wie hier angestrebt.

Nachdem in Leistungsorganisationen, speziell in Unternehmungen, kaum von einer generellen Übereinstimmung der Interessen und Ziele aller beteiligten Mitglieder ausgegangen werden kann, die Konfliktsituation also die Regel ist, rücken die Einflusspotenziale der Führungsperson in den Vordergrund. Dabei ist allerdings auch zu bedenken, dass die Erhöhung der Instrumentalität und der Erwartungswahrscheinlichkeit bezüglich des angestrebten Zieles immer eine alternative Führungsstrategie darstellt.

11.6.2 Einflusspotenziale

Einflusspotenziale lassen sich als Ausdruck von Macht verstehen, wobei Macht im Anschluss an Max Weber definiert werden kann als die Chance, in einer sozialen Beziehung den eigenen Willen auch gegen Widerstreben durchzusetzen (Weber 1976, S. 28). Erfolgreiche **Machtausübung** führt dazu, dass der Entscheidung der Betroffenen über ihr Verhalten fremdgesetzte Daten zugrunde liegen, d. h. ihr Bereich alternativer Handlungsweisen wird eingeschränkt. Macht der beeinflussenden Person liegt vor, wenn sich der Einflussversuch auch gegenüber als attraktiv erlebten Alternativen durchzusetzen vermag. Nun besteht allerdings potenziell auch auf Seiten der Geführten Macht, nämlich immer dann, wenn sie die Möglichkeit haben, anders als von Ihnen erwartet wird zu handeln (Luhmann 1988, S. 9). Die Einflussprozesstheorie geht also von potenziell konkurrierenden Machtgrundlagen aus. Was die verschiedenen Machtgrundlagen auf Seiten der Vorgesetzten betrifft, so ist hier die Klassifikation von French und Raven (1959) am bekanntesten geworden. Sie unterscheiden fünf verschiedene Machtgrundlagen, die später um eine sechste erweitert wurden (wobei allerdings Überschneidungen zwischen den einzelnen Kategorien vorkommen).

1. Macht durch **Legitimation**
   Wie in Kapitel 2 bereits dargelegt, gründet jede Organisation und formale Hierarchie auf dieser Machtgrundlage. Sie verleiht – abgesichert über den **Arbeitsvertrag** – der Vorgesetzten die Direktionsbefugnis. Basis dieser Machtgrundlage ist, dass die zu führenden Mitarbeiter die Einflussversuche seitens der Vorgesetzten nicht als willkürliche Machteingriffe erleben, sondern als Ausdruck einer von ihnen selbst als legitim angesehenen Ordnung. Diese Machtgrundlage gründet sich also auf die Akzeptierung spezieller Regeln, die besagen, dass Instanzen befugt sind, Weisungen zu erteilen. Konkreter ausgedrückt: Mitarbeiterinnen sind bereit, den Weisungen von Vorgesetzten zu folgen, weil sie deren **Recht anerkennen**, Weisungen zu erteilen. Die Anerkennung dieser Regelungen ist Mitgliedschaftsbedingung, d. h., sie kann durch Entlassung sanktioniert werden. Man gehorcht der Position, nicht der Person. Dies gilt allerdings keineswegs unbedingt. Im Einzelfall (z. B. bei starken Altersunterschieden oder mangelnder praktischer Erfahrung) kann das generelle Einverständnis außer Kraft gesetzt oder zumindest stark eingeschränkt werden. Im heutigen Führungsalltag reicht Legitimationsmacht in den seltensten Fällen aus, um den gewünschten Einfluss geltend zu machen. Auch wird das fortgesetzte Berufen auf die formelle Vorgesetztenposition häufig als Schwäche wahrgenommen. Das Problem dieser Machtgrundlage ist ihre Grobkalibrigkeit; nicht bei jedem Einflusskonflikt kann die außerordentliche Frage nach dem Verbleiben im System aufgeworfen werden (ganz davon abgesehen, dass das deutsche Arbeitsrecht hier enge Grenzen der Zulässigkeit zieht). Im Ergebnis bedeutet dies, dass die Legitimationsmacht in der täglichen Führungspraxis selten ausreicht, bei Konflikten den gewünschten Einfluss geltend zu machen. Der alltägliche Führungserfolg muss sich auf zusätzliche Einflussquellen stützen.
2. Macht durch **Belohnung**
   Diese Machtgrundlage basiert auf der Perzeption der Mitarbeiter, dass Vorgesetzte die Möglichkeit haben, sie zu belohnen. Eine Vorgesetzte hat demnach z. B. dann eine gute Einflusschance, wenn ihre Mitarbeiter wissen, dass sie Lohnerhöhungen oder Förderungsmaßnahmen für sie empfehlen kann; allerdings nur dann, wenn sie diese Anreize begehrenswert finden. Macht durch Belohnung ist streng zu unterscheiden von der bloßen Existenz eines Belohnungsinstrumentariums. Eine Vorgesetzte mag die Möglichkeit haben, Untergebene zu weiterbildenden Kursen vorzuschlagen; wenn die Untergebenen an solchen Kursen nicht interessiert sind, werden sie sich – zumindest aus diesem Grund – den Einflussversuchen nicht fügen. Verhaltensbeeinflussend wirkt also die Inaussichtstellung von Belohnungen (Anreizen) nur dann, wenn diese

als attraktiv bewertet und als tatsächlich erreichbar erlebt werden (vgl. dazu auch noch einmal das Vroom-Modell in Kapitel 9). Für die Erhaltung dieses Einflusspotenzials ist überdies die tatsächliche Gewährung der in Aussicht gestellten Belohnung notwendig. Bei wiederholter Nichtgewährung der Belohnung, trotz konformen Verhaltens, erlischt die Wirksamkeit dieses Einflusspotenzials, d. h. es wird nicht geglaubt.

3. Macht durch **Bedrohung/Bestrafung**
Sie gründet sich auf Möglichkeiten, nichtkonformes Verhalten zu bestrafen z. B. durch Ausschluss, Versetzung, Lohnabzug etc. Genauer gesagt, geht es darum, dass Einfluss durch Androhung einer Bestrafung ausgeübt werden soll. Die Wirkungsweise der „Macht durch Bestrafung" ist somit – im Unterschied zur „Macht durch Belohnung" – im Wesentlichen auf Abschreckung ausgerichtet. Der Wunsch, die Bestrafung zu vermeiden, wirkt verhaltensregulierend, nicht das fortwährende Erteilen von Bestrafungen. In gewissem Sinne gehen Belohnung und Bestrafung ineinander über, da entgangene Belohnung als Bestrafung verstanden werden kann.

Für die Wirksamkeit dieses Einflusspotenzials gelten im Prinzip dieselben Bedingungen wie bei der Belohnung. Für beide Einflusspotenziale ist der Einflussbereich auf Verhaltensweisen eingeschränkt, für die belohnt oder bestraft werden kann und für die die Inaussichtstellung von Belohnungen/Bestrafungen von den Mitarbeitern tatsächlich als attraktiv oder eben abschreckend empfunden wird. Bei der Bestrafung kommt allerdings hinzu, dass schwer kontrollierbare Abweichungen durch diese kaum regulierbar sind. Die Stärke beider Machtgrundlagen ist abhängig von dem (perzipierten) Umfang und der Zahl der Belohnungen/Bestrafungen sowie der geschätzten Wahrscheinlichkeit, dass diese tatsächlich gegeben werden. Wie hoch die Einflussadressaten die Wahrscheinlichkeit veranschlagen, hängt unter anderem von den Erfahrungen ab, die sie mit der Führungsperson gemacht haben. Mit anderen Worten, die Androhung von Bestrafung darf nicht isoliert gesehen werden, sie steht in einem ganz bestimmten, über die Zeit gewachsenen Situationszusammenhang. Nicht immer ist die Führungssituation so gewachsen, dass die Ankündigung einer Bestrafung von Mitarbeitern als (verhaltensregulierende) Bedrohung erlebt wird (vgl. dazu Kasten 11.7).

Kasten 11.7 Macht und Machtlosigkeit

... Kaum heimgekehrt, ließ er sich Napoleon Fischer kommen.
„Sie sind entlassen!", bellte Diederich. Der Maschinenmeister grinste verdächtig. „Schön", sagte er und wollte abziehen.
„Halt!", bellte Diederich. „Wenn Sie meinen, Sie kommen so leicht los." Da ... trat Napoleon Fischer vertraulich näher, fast hätte er Diederich auf die Schulter geklopft. „Herr Doktor", sagte er wohlwollend, „tun Sie doch nur nicht so. Wir beide: – na ja, ich sage bloß, wir beide ..." Und sein Grinsen war so voll Mahnungen, dass Diederich

> erschauerte. Schnell bot er Napoleon Fischer eine Zigarre an. Fischer rauchte und sagte: „Wenn einer von uns beiden erst anfängt zu reden, wo hört dann der andere auf! Hab' ich recht, Herr Doktor? Aber wir sind doch keine Seichbeutel, die immer gleich mit allem heraus müssen, wie zum Beispiel der Herr Buck."
>
> „Wieso?", fragte Diederich tonlos und fiel von einer Angst in die andere. Der Maschinenmeister tat erstaunt. „Das wissen Sie nicht? Der Herr Buck erzählt doch überall, dass Sie..."
>
> Quelle: Heinrich Mann. Der Untertan. 1969: 359 f.

Mit der Androhung einer Bestrafung geht ein Vorgesetzter ein spezielles Risiko ein. Für den Fall, dass der Einflussversuch scheitert, der Mitarbeiter also nicht bereit ist, das gewünschte Verhalten zu zeigen, hat sich der Vorgesetzte mit der Ankündigung der Bestrafung selbst gebunden. Kann er oder will er den widerstrebenden Mitarbeiter nicht bestrafen, so beeinträchtigt er zugleich den Wert seiner zukünftigen Drohungen. Sie verlieren an Glaubwürdigkeit.

4. Macht durch **Wissen** und **Fähigkeiten**

Dieses Einflusspotenzial, auch Expertenmacht genannt, gründet sich darauf, dass der Führungsperson in bestimmten Bereichen ein Wissensvorsprung auf einem für ihr Handeln in wichtig erlebten Gebiet zuerkannt wird. Die Geführten erklären sich gewissermaßen bereit, dem Experten zu folgen. Je höher der zuerkannte Wissensvorsprung, desto stärker wird diese Machtgrundlage. Expertenmacht ist aber grundsätzlich **begrenzt** auf den Wissensbereich, für den relative Wissensvorteile zuerkannt werden. Außerhalb dieser Grenzen entfällt die Möglichkeit der Beeinflussung auf dieser Grundlage (obgleich es bisweilen Ausstrahleffekte gibt). Auch hier gilt wie bei allen vorgenannten Einflusspotenzialen, dass nicht der objektive Wissensvorsprung ausschlaggebend ist, sondern allein seine Einschätzung durch die Einflussadressaten. Aus einem Wissensvorsprung, der nicht erkannt oder nicht anerkannt wird, erwächst kein Beeinflussungspotenzial. Die Zuschreibung von „Sachverstand" geschieht auf unterschiedlichen Wegen, er muss nicht unbedingt vorher getestet worden sein; andere Wege sind: Transferiertes Image, Hörensagen usw.

5. Macht durch **Persönlichkeitswirkung**

Das fünfte Potenzial gründet sich auf die persönliche Ausstrahlung, die einer Führungskraft zugeschrieben wird, und dem Wunsch, dieser zu gefallen, von ihr geschätzt und beachtet zu werden. Einfluss wird eingeräumt, weil man die Führungskraft als überzeugend erlebt, weil man sie bewundert und weil man zum Kreis, der von ihr bevorzugten Personen gehören möchte. Insgesamt ist dies zweifellos das wirkungsvollste und eleganteste aller fünf genannten Einflusspotenziale. Im Gegensatz etwa zur Macht durch Belohnung bzw. Bestrafung ist diese Machtgrundlage indessen kaum gezielt herstellbar, handelt es sich doch hier um eine Frage des persönlichen Empfindens, der Sympathie und des Respekts. Die Zuerkennung ist auch nicht ohne weiteres

prognostizierbar, sie hängt in sehr starkem Maße von dem Bezugssystem der Einflussadressaten ab. (Zu den konkreten Bedingungen, unter denen eine solche Wirkung zuerkannt wird, sei an die eingangs gezeigte Charisma-Diskussion erinnert.)
6. Informationsmacht
Immer häufiger wird die „Informationsmacht" als sechstes Einflusspotenzial hinzugenommen (Raven und Kruglanski 1970). Gedacht ist dabei primär an den Zugang zu oder die Kontrolle über exklusive Informationen. Diese kann sich eine Führungsperson z. B. dadurch erwerben, dass sie jahrelang Assistent in der Geschäftsleitung war und dadurch über wichtige Informationskanäle verfügt, die anderen unzugänglich sind. Ein anderes Beispiel ist das Wissen über interne Vorgänge bei der Konkurrenz, das über private Informationskanäle beschafft wird. Der Zugang zu prekären Informationen oder Mitgliedschaft in einem als einflussreich eingestuften Netzwerk kann also durchaus zu einem Einflusspotenzial heranwachsen, natürlich immer nur unter der Voraussetzung, dass diese Informationen von den Einflussadressaten hoch geschätzt werden.

Alle Machtgrundlagen sind zu einem gegebenen Zeitpunkt **simultan** in die Analyse des Beeinflussungsprozesses einzubeziehen, da sie zusammen das Ausmaß verfügbarer Macht determinieren. Machtprozesse sind komplex und lassen sich selten auf nur eine Machtgrundlage zurückführen. Es interessieren also Kombinationsformen, wobei hier keine universellen Erfolgsmuster existieren (Sandner 1992).

11.6.3 Machtgebrauch

Von den skizzierten Einflusspotenzialen hängt wesentlich ab, ob Führung in einer gegebenen Situation erfolgreich ausgeübt wird oder nicht. Dabei ist zusätzlich zu berücksichtigen, ob und in welchem Ausmaß die grundsätzlich bestehenden Potenziale überhaupt tatsächlich genutzt werden. Der Attributionsprozess macht auf der einen Seite deutlich, dass die Machtpotenziale nicht an sich gegeben sind, sondern es entscheidend auf diejenigen ankommt, auf die Macht ausgeübt werden soll. Zugleich ist jedoch zu konstatieren, dass diese Wahrnehmung von Macht entscheidend auch davon abhängt, ob diese kommuniziert und mithin genutzt wird. Hier kommen persönlichkeitsbezogene Faktoren ins Spiel: Auf welche Machtgrundlagen sich eine Führungskraft in welchem Ausmaß und wie häufig beruft, hängt von ihren Einstellungen und Überzeugungen ab. Machtgrundlagen werden zudem von den Machthabenden unterschiedlich eingeschätzt und führen demzufolge auch zu unterschiedlicher Nutzung.

Ferner hängen Art und Intensität der Nutzung von Machtgrundlagen entscheidend von situationsbezogenen Faktoren ab. Dazu gehören die Art der zu lösenden Aufgabe (kreative Aufgaben vs. Routineaufgaben), der zeitliche Rahmen sowie vor allem die Werteorientierung in einer Organisation. Gerade Letztere verweist darauf, dass der Einfluss der Führungskräfte nicht isoliert betrachtet werden kann, sondern immer auch im Kontext der

Organisation gesehen werden muss, in die sie eingebettet sind. Viele Organisationen haben Führungsleitbilder oder ähnliche Orientierungsprogramme, in denen die gewünschte Prioritätensetzung hinsichtlich der Art der Einflussbildung und -ausübung festgelegt werden.

Die **Nutzung von Einflusspotenzialen** hängt zudem in hohem Maße von der formalen wie informalen Organisation ab. Die hierarchische Organisation stellt den Führungskräften formale Machtressourcen (d. h. Macht durch Legitimation sowie formale Belohnungs- und Bestrafungsmacht) in mehr oder weniger großem Umfang, meist variiert nach den einzelnen Führungsebenen, zur Verfügung. In zunehmendem Maße aber werden gerade diese formalen Machtgrundlagen durch neue Organisationsformen unterminiert. Diese neuen Organisationsmodelle (Matrixorganisation, Projektmanagement, Netzwerke usw.) bringen es mit sich, dass formale Autorität und Einflussnahme qua Amt in den Hintergrund treten. Dazu kommt eine Vielzahl neuer flexibler Arbeitsverhältnisse, sei es in Form von unternehmensübergreifender Projektarbeit, Leiharbeit oder freiberuflicher Beschäftigungsverhältnisse, für die es das klassische Vorgesetztenverhältnis gar nicht mehr gibt (vgl. Connelly und Gallagher 2004). Effektive Einflussbeziehungen in Organisationen werden dadurch also mehr und mehr auf Expertenmacht und Macht durch Persönlichkeitswirkung angewiesen sein und vermutlich werden sich auch neue Typen von Einflusspotenzialen entwickeln.

Grundsätzlich ist der Gebrauch von Macht in der Praxis alles andere als ein trivialer Prozess. Macht kann zwar sehr explizit kommuniziert werden, etwa als Belohnungsmacht („Wenn Sie das Projekt bis Ende des Jahres erfolgreich über die Bühne bringen, werde ich mich für eine Gehaltserhöhung für Sie einsetzen.") oder als Bestrafungsmacht („Wenn Sie diesen Großkunden verlieren sollten, kann ich nicht weiter für Ihren Verbleib in der Firma garantieren."), jedoch dürften solche direkten **Formen der Kommunikation** im Alltag eher die Ausnahme als die Regel bilden. Dies bedeutet jedoch nicht, dass Führungsprozesse in allen anderen Fällen ohne die Nutzung von Machtgrundlagen von Statten gehen würden. Vielmehr muss Macht in vielen Fällen gar nicht direkt und explizit zum Ausdruck gebracht werden, sondern kann häufig lediglich angedeutet und implizit kommuniziert werden. Gerade bei eingespielten Führungskraft-Geführten-Beziehungen, in denen das asymmetrische Einflussverhältnis von der Führungskraft gelebt und von den Geführten akzeptiert, d. h. dauerhaft Einflusspotenziale attribuiert werden, geht die Notwendigkeit, Macht überhaupt explizit zu kommunizieren praktisch gegen Null. In solchen Führungsbeziehungen nehmen die Einflussversuche dann häufig auch die Form von höflichen Fragen oder Bitten an („Wäre es möglich, dass Sie sich dieser Sache einmal annehmen könnten?"), so dass für Außenstehende gar der Eindruck entstehen kann, es würde sich nicht um einen Einflussversuch, sondern wirklich um eine Frage handeln. Diese Überlegungen verdeutlichen noch einmal, wie wichtig es für das Verständnis von Führung ist, eine **Interaktionsperspektive** einzunehmen, denn nur aus einer solchen heraus kann man verstehen, ob und in welcher Weise eine bestimmte Kommunikation als Einflussversuch verstanden und als solcher befolgt wird. Zudem verweist diese Überlegung bereits auf die Notwendigkeit, Führung stärker als Kommunikationsprozess zu analysieren, um diese Feinheiten des „Machtgebrauchs" besser zu verstehen.

In diesem Sinne wird deutlich, dass die konkrete Art und Weise der Kommunikation eine erhebliche Bedeutung für den Erfolg oder den Misserfolg eines Einflussversuches hat. Macht lässt sich in Anlehnung an die Luhmann´sche Kommunikationstheorie als ein symbolisch generalisiertes Kommunikationsmedium begreifen (Luhmann 1984, S. 222 ff.), mit welchem die **Annahmewahrscheinlichkeit** einer Kommunikation erhöht werden kann (vgl. Koch 2017). Da Macht in diesem Sinne ein Instrument zur Überwindung von Widerständen ist, liegt es auf der Hand, nicht nur die Grenzen des erfolgreichen Einsatzes von Macht zu thematisieren, sondern auch deren potenzielle Überschreitung, d. h. den Machtmissbrauch in den Blick zunehmen.

11.6.4 Machtmissbrauch und unethische Führung

Im Sinne des Einflussprozessmodells bedeutet der erfolgreiche Einsatz von Macht, dass sich eine Führungskraft auch gegen den Widerstand der Mitarbeitenden durchsetzen kann, denn in diesem Modell sind die Geführten ja auch potenziell mit Macht ausgestattet, die so stark sein kann, dass dem Einflussbegehren nicht stattgegeben wird. Wird Macht – ob nun explizit oder implizit – eingesetzt, bedeutet dies immer auch, dass die Mitarbeiterinnen ohne den Einsatz von Macht etwas anderes getan hätten. Insofern stellt sich immer auch die Frage, ob der Einsatz von Macht sinnvoll, gerechtfertigt und letztlich durch die Führungskraft auch **verantwortbar** ist. Diese Frage impliziert somit sowohl funktionale Aspekte als auch ethische Überlegungen.

Im funktionalen Sinne ist danach zu fragen, ob es nicht auch effizientere und effektivere Möglichkeiten für eine Führungskraft gibt, den Inhalt eines Einflussversuches den Mitarbeitern zu vermitteln und für dessen Umsetzung zu sorgen. Zum einen wäre an **funktionale Äquivalente** im Sinne anderer generalisierter Kommunikationsmedien zu denken, die ebenfalls die Annahmewahrscheinlichkeit eines Einflussversuches erhöhen können. Zu denken ist hier vor allem an die Überzeugung, die ja in vielen Führungsleitlinien von Unternehmen heute gefordert wird. Dies verweist auf das Prinzip „machtloser" Kommunikation. Wir hatten bereits in Kapitel 3 auf die Unterscheidung zwischen instrumentellen und kommunikativem Handeln hingewiesen und die Bedeutung dieser Unterscheidung für den Managementprozess insgesamt herausgestellt. An dieser Stelle wird nun die Bedeutung dieser Unterscheidung für den Führungsprozess deutlich. Überzeugen heißt, Personen auf der Basis von Argumenten für eine Meinung zu gewinnen (und nicht durch Anreize oder Zwang). Das heißt aber, dass die angesprochenen Personen frei sind, Gegenargumente vorzutragen und abzuwägen. Schlussendlich entscheidet bei der „Überzeugung" dann der zwanglose Zwang des besseren Arguments.

Im Grundsatz stellt Führung im Rahmen des Einflussprozessmodells zunächst instrumentelles Handeln seitens der Akteure dar, das seine Legitimation dadurch erhält, dass alle Beteiligten dem Rahmen dieses Prozesses prinzipiell (per Arbeitsvertrag) zugestimmt haben. Dies schließt nun innerhalb dieses Rahmens Verhaltensweisen ein, die eben nicht auf Überzeugung, sondern auf dem Einsatz von Macht beruhen können. In diesem Sinne geben die Mitarbeiter ihr **generelles Einverständnis** dafür, sich fallweise (auch gegen die eigene Überzeugung) zu unterwerfen.

Aus einer ethischen Perspektive kann es hier aber auch zu Machtmissbrauch kommen. Dieser beginnt nun genau an der Stelle, an der fallweise Einflussversuche den Rahmen des grundsätzlichen Einverständnisses überschreiten. Eine interessante Studie zur Konstitution von Ungehorsam hat Parmar (2017) vorgelegt und die Schwierigkeiten aufgezeigt, die in Organisationen bestehen können, unmoralischen Anweisungen nicht zu folgen. Wenn der Rahmen überschritten wird, besteht für die andere Seite immer noch die Möglichkeit diesen Missstand entweder durch **„voice"** zu benennen (Beschwerde, Einschaltung des Betriebsrates usw.), oder aber den Rahmen grundsätzlich durch **„exit"** aufzukündigen. In diesem Kontext ist dann auch eine Reihe von gesetzlichen Regelungen und organisationalen Richtlinien zu verstehen, die einen solchen Machtmissbrauch präventiv einzudämmen versuchen, oder aber den Betroffenen die Möglichkeiten einräumen, gegen diesen vorzugehen (Personalvertretung, Beschwerdestellen usw.).

Zweifelsohne ist die Grenze zwischen Machtgebrauch und Machtmissbrauch fließend und zudem empirisch sehr schwer zu erfassen. Es überrascht deshalb nicht, dass sich die eher marginale Forschung zu diesen **Schattenseiten der Führung** weniger mit dem Grenzbereich befasst, als vielmehr mit eindeutigen Fällen des Machtmissbrauchs.

Beispiele für unethisches Führungsverhalten sind das regelmäßige öffentliche Bloßstellen, die öffentliche Maßregelung, das systematische Über- oder Unterfordern oder auch cholerische Attacken und Übergriffe verschiedenster Art. Bennett J. Tepper (2000) hat dieses Führungsverhalten als **„abusive supervision"** bezeichnet. In Abgrenzung zum Konzept des Mobbings (bzw. Bossings) wird „abusive supervision" als ein Verhalten verstanden, das zwar intendiert, jedoch hinsichtlich seiner feindseligen Wirkung nicht genau bestimmt ist (Tepper et al. 2007).

Die Forschung fokussiert dabei zumeist auf die Konsequenzen auf Seiten der adressierten Mitarbeiter (Arbeitsunzufriedenheit, Stress, abnehmende Motivation, sinkendes Commitment, Kündigungsabsichten, etc.; für einen Überblick siehe Tepper et al. 2007). Die Ursachenforschung steckt allerdings noch in den Anfängen. Bisherige Erklärungen rekurrieren zumeist auf das Argument der „verlagerten Aggression": Führungskräfte, die selbst Ungerechtigkeit im Austausch mit ihrer eigenen Führungskraft erfahren oder sich von organisationalen Prozessen benachteiligt fühlen, neigen verstärkt zu feindseligem Verhalten ihren Mitarbeitern gegenüber, weil sie ihre Enttäuschungen nicht an deren Auslöser zurückbinden können. Verstärkt werden diese Effekte, wenn Führungskräfte generell zu autoritärem Führungsverhalten oder aber zu depressiven Stimmungen neigen.

Tepper et al. (2011) fanden heraus, dass Führungskräfte insbesondere dann zu feindseligem Verhalten tendieren, wenn sie den Eindruck haben, dass signifikante Unterschiede in Einstellungen und Werten zwischen ihnen und dem einzelnen Geführten bestehen. In diesen Fällen neigen Führungskräfte dazu, auch von ihren eigenen (moralischen) Vorstellungen im negativen Sinne abzuweichen (Opotow 1990), wobei dieser Effekt insbesondere dann auftritt, wenn die wahrgenommene Leistung der Mitarbeiter, auf die sich das abusive Führungsverhalten richtet, gering ist.

Diese Forschungen zur Schattenseite von Führung und Machteinsatz verdeutlichen, dass es für den Führungsprozess von essenzieller Bedeutung ist, diesen immer auch als einen Entwicklungsprozess zu begreifen. Diese Perspektive wird nun von den beiden folgenden Ansätzen in den Mittelpunkt gestellt.

11.7 Das LMX-Modell

Im **L**eader-**M**ember-E**x**change-Modell (kurz LMX) wird die Interaktion auf der Grundlage der Rollentheorie modelliert. Die Rolle der Geführten wird nicht mehr länger als Frage der Anpassung studiert, sondern als Aushandlungsprozess, d. h. Rollen sind keine starren Verhaltenserwartungen, sondern werden zwischen Vorgesetzten und Mitarbeitern ausgehandelt.

Aus Sicht der LMX-Theorie sind Vorgesetzte und Geführte in eine dyadische Rollendefinition (role making-System) eingebunden (Graen 1976). Dieser Definitionsprozess spielt sich in mehreren, hintereinander geschalteten Rollen-Episoden ab, d. h. in Kommunikationssequenzen, in denen die Beziehungspartner abwechselnd ihre Erwartungen an die Rolle des **Anderen** formulieren und die Erwartungen des Anderen an die **eigene** Rolle durch rollen-bezogenes Verhalten kommentieren (vgl. dazu auch Kapitel 10).

Die einzelne **Rollen-Episode** ist dabei im Sinne des klassischen Sender-Empfänger-Modells konzipiert, in dem die Vorgesetzte zunächst als Rollen-Sender ihre Definition der Geführten-Rolle an den Geführten kommuniziert. Der Geführte empfängt die Erwartungen seines organisatorischen Umfeldes und der Vorgesetzten und richtet sein Verhalten in der Fortfolge mehr oder weniger an den von ihm entschlüsselten Rollen-Erwartungen der Vorgesetzten aus. Die Vorgesetzte registriert das Verhalten des Geführten und prüft es an seinen Rollen-Erwartungen. Im Falle einer Diskrepanz wird die Rolle erneut gesendet usw. – bis schließlich eine Rollenadoption erreicht ist. Die LMX-Forschung geht nun davon aus, dass solche Rollen-Episoden in beide Richtungen durchlaufen werden: Der Geführte ist zwar in erster Linie Rollen-Träger, er kann aber seinerseits auch Rollen-Erwartungen an den Vorgesetzten kommunizieren. Zwischen Vorgesetzten und Geführten entfaltet sich demzufolge ein regelrechter Aushandlungsprozess: Die Leistungen, die der Vorgesetzte von den einzelnen Geführten erwartet, wird er nicht umsonst bekommen; der Geführte ist nicht automatisch an der Erfüllung von Rollen-Erwartungen interessiert, er muss dazu durch die Bereitstellung von als belohnend empfundenen Ressourcen erst motiviert werden. Diese Belohnungen wird der Vorgesetzte aber nur dann gewähren, wenn er wahrnimmt, dass der Geführte den an ihn gerichteten Erwartungen auch tatsächlich gerecht wird (also z. B. in besonderem Ausmaß Verantwortung übernimmt und Leistungsbereitschaft zeigt (Liden et al. 1997). Kurz, beide Parteien müssen den Eindruck haben, dass Fairness herrscht (Uhl-Bien und Maslyn 2003).

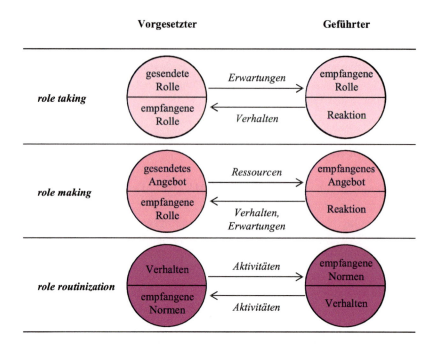

Abb. 11.8 Austauschprozess aus der Perspektive der LMX-Forschung. (Quelle: in Anlehnung an Graen und Scandura 1987, S. 180)

Diese Rollen-Aushandlung vollzieht sich in einem dreistufigen Prozess (vgl. Abb. 11.8), (a) der Rollen-Übernahme (role taking), (b) der neuen Rollen-Definition (role making) und (c) der Rollen-Routinisierung (role routinization).

Role taking
Der **Austauschprozess** beginnt mit einer „stranger"-Phase (Graen und Uhl-Bien 1995: 230), in der Vorgesetzter und Geführter als Träger ihrer organisatorischen Rollen aufeinander treffen. Die mit ihnen verbundenen formalen Erwartungen stecken den Rahmen für die ersten Interaktionssequenzen ab, sie bilden die Grundlage für die ersten aufeinander bezogenen Verhaltensweisen. Der aktive Part wird dabei vom Vorgesetzten eingenommen. Er sendet erste Aufgabenkomplexe und damit einen Ausschnitt aus seinen Rollen-Erwartungen. Der Geführte wird diese Rollen-Erwartungen empfangen und darauf in irgendeiner Art und Weise reagieren. Er ist dabei zunächst nur ein „passive responder" (Graen und Scandura 1987, S. 181), der über die Rollensendung des Vorgesetzten zugleich in das formale Erwartungsgefüge der Organisation hinein sozialisiert wird (daher auch „role taking"). Der Vorgesetzte bewertet das Verhalten des Geführten vor dem Hintergrund der gesendeten Rolle und zieht daraus erste Rückschlüsse auf Leistungsbereitschaft

und -fähigkeit des Geführten. Es sei schon an dieser Stelle kurz darauf hingewiesen, dass der Begriff „role taking" (Rollenübernahme) eigentlich schon von Mead (1973, S. 300 f.), stammt, sich dort aber auf etwas anderes bezieht als im hier gemeinten Zusammenhang, nämlich die empathische Antizipation der Erwartungen anderer, aber noch nicht deren Umsetzung in eigenes Verhalten (vgl. auch Joas 1978, S. 37, 40).

Role making
Auf Basis der in der ersten Phase gewonnenen Informationen beginnen Vorgesetzte und Geführte nun mit der eigentlichen **Aushandlung** ihrer jeweiligen Rollen und entwickeln die Qualität ihrer Beziehung. Aus dem role taking wird ein „role making". Dieses wird in der Regel durch die Vorgesetzten angestoßen, die in Erfahrung bringen möchte, ob von dem jeweiligen Geführten Beiträge zu erwarten sind, die über das im Arbeitsvertrag geforderte Mindestmaß hinausgehen (extra-role behaviors) (Graen 1976, S. 1224 f.). Sie werden dazu den Geführten in einer Art Testphase eine unstrukturierte, nicht eindeutig vorgeregelte Aufgabe zur Lösung anbieten und prüfen, wie die einzelnen Mitarbeiter ihre Arbeitsrolle ausfüllen und ob sie ein Interesse daran haben, die Arbeitsbeziehung sowohl in arbeitsbezogener als auch in persönlicher Hinsicht zu vertiefen. Die Geführten wiederum werden dieses „trial assignment" (Dienesch und Liden 1986, S. 629) empfangen, prüfen und auf dieser Basis Gegenvorschläge entwickeln.

Das Niveau, auf dem sich die Beziehung im Verlauf der Verhandlungen einspielt, ist durch vier Dimensionen bestimmt (Liden et al. 1997, S. 85 ff.; Dienesch und Liden 1986: , S. 624 ff.): (1) Aufgabenbeiträge, (2) affektive Beziehungsqualität, (3) Loyalität und (4) professioneller Respekt:

(1) **Aufgabenbeiträge (contribution):** Der Geführte erbringt entweder lediglich die formal einforderbare Arbeitsleistung oder ein deutlich darüber hinausgehendes Leistungsniveau. Der Vorgesetzte strukturiert dementsprechend die Aufgaben der Geführten vor und räumt ihr entweder einen niedrigen oder einen hohen Spielraum zur Eigengestaltung ihrer Aufgabe ein.
(2) **Affektive Beziehungsqualität:** Neben dem arbeitsleistungsbezogenen Austauschprozess entwickelt sich zwischen Vorgesetztem und Geführtem eine sozio-emotionale Beziehung. Die Qualität dieser Beziehung variiert zwischen persönlicher Sympathie als dem einen Extrempunkt, affektiver Indifferenz oder Abneigung als dem anderen Extrempunkt. Beiden Interaktionsteilnehmern steht im Rahmen des organisatorischen Kontextes eine Reihe von Ausdrucksmöglichkeiten zur Verfügung, um die affektive Qualität der Beziehungen zum Ausdruck zu bringen.
(3) **Loyalität:** Zwischen den Beziehungsbeteiligten kommt es zudem zu einem unterschiedlichen Loyalitätsniveau. Loyalitätsbeziehungen sind dadurch gekennzeichnet, dass Vorgesetzter und Geführter einander öffentlich unterstützen und durch symbolische Handlungen die Ziele und Arbeitsleistungen des jeweiligen Interaktionspartners Dritten gegenüber verteidigen. Wie bei den anderen Dimensionen auch, spielt sich die

Führungsbeziehung auf eine entweder eher negative oder eine eher positive Reziprozität ein (Liden et al. 1997, S. 77 ff.): Im Falle einer negativen Reziprozität wird unloyales mit unloyalem Verhalten, im Falle positiver Reziprozität loyales mit loyalem Verhalten vergolten.
(4) **Professioneller Respekt:** Durch ihre Verhaltensweisen machen Vorgesetzte und Geführte außerdem deutlich, wie sie die professionelle *Reputation* des Interaktionspartners einschätzen. Sie tauschen Anerkennung oder im umgekehrten Fall Geringschätzung aus. Die Beziehung wird sich somit – folgt man der LMX-Forschung – entweder auf einen Austausch respektvollen Verhaltens oder auf die gegenseitige Demonstration von Respektlosigkeit einspielen.

Insgesamt – das ist nun auch die Quintessenz der LMX-Forschung – können Vorgesetzte und Geführte im Zuge ihres Austausches zu überaus unterschiedlichen Beziehungsqualitäten (LMX-Qualität) gelangen (Graen und Uhl-Bien 1995, S. 232):

(1) Sie können einerseits bei einer **balancierten Reziprozität** stehen bleiben, ihren Austausch also weiterhin nur von vertraglich vereinbarten Kriterien regulieren lassen und auf allen vier Dimensionen gerade soviel erbringen, wie zur Aufrechterhaltung dieser Vertragsbeziehung notwendig ist (vgl. dazu auch oben die transaktionale Führung).
(2) Sie können zweitens die ursprünglich neutrale Qualität ihrer Transaktion im Laufe des role making verschlechtern, also zu einer **negativen Reziprozität** gelangen, bei der beide Beteiligten Belohnungen nur daraus ziehen, dass sie den jeweils anderen bestrafen.
(3) Drittens können sie ihre Beziehung zu einer reifen Partnerschaft hin entwickeln (**positive Reziprozität**), in der schließlich der Reziprozitätsgedanke als zentrales Interaktionsprinzip in den Hintergrund tritt und eigene Leistungen nicht immer unmittelbar und in gleicher Höhe mit Gegenleistungen bezahlt werden müssen.

Aufgrund der (unterstellten) Unabhängigkeit der vier Dimensionen untereinander ist zumindest nicht auszuschließen, dass die ausgehandelten Reziprozitätsniveaus von Dimension zu Dimension variieren, ein Vorgesetzter und ein Geführter also zum Beispiel auf der Loyalitätsdimension zu einer positiven Reziprozität gelangen, auf der arbeitsbezogenen Ebene aber eher negative Interaktionsmuster entwickeln.

Role routinization
Im Zuge ihrer wechselseitigen Rollen-Definition haben sich Führungskraft und Geführter auf ein **Reziprozitätsniveau** geeinigt und damit die Qualität ihres Austauschs für den Moment definiert. Dieses Aushandlungsergebnis wird nun für gewöhnlich für den weiteren Verlauf der Beziehung festgeschrieben. Auch diese Routinisierung wird von der LMX-Forschung als Abfolge von Rollen-Episoden begriffen. In dieser Phase der Beziehung verlaufen die Rollen-Episoden in der Regel störungsfrei, d. h. die Rollen-Sendung bleibt auf Seiten des Rollen-Empfängers unwidersprochen; beide Beziehungsparteien signalisieren mit

ihren Handlungen, dass sie die ausgehandelten Rollen als Verhaltensgrundlage akzeptieren; sie bestätigen indirekt das Aushandlungsergebnis und verfestigen es dadurch.

Wie die Aushandlungsergebnisse im Hinblick auf den Führungserfolg zu bewerten sind, dieser Frage ist die LMX-Forschung in einer unübersehbaren Zahl empirischer Studien nachgegangen (einen Überblick geben Erdogan und Liden 2002, S. 78 ff., sowie Schyns und Day 2010; zur Rolle impliziter Führungstheorien für die Leader-Member-Austausch vgl. Epitropaki und Martin 2005). Die (im Grunde fast schon tautologische) Erkenntnis lautet: Ein positiver Beziehungscharakter (positive Reziprozität) ist negativer Reziprozität vom Leistungsergebnis her weit überlegen. Konkret findet man hier: höhere Leistung, mehr Pflichtbewusstsein, Altruismus und Unterstützung.

Eine der grundlegenden Annahmen der LMX-Theorie ist insgesamt, dass Führungskräfte nicht mit allen ihren Untergebenen eine hochwertige Beziehung eingehen können. Ursprünglich wurde hierzu zwischen In-Group und Out-Group-Mitgliedern unterschieden (Graen und Cashman 1975) und davon ausgegangen, dass eine solche Differenzierung in Arbeitsgruppen eher die Regel als eine Ausnahme darstellt, d. h. im Prinzip, dass die Führung von Gruppen immer mit einer solchen Differenzierung einhergeht. Zurückgeführt wird dies insbesondere auf die knappen individuellen Resourcen, die einer Führungskraft zur „Pflege" von Beziehungen zur Verfügung stehen (Graen und Uhl-Bien 1995) und dass sie mit den meisten Geführten insofern nur eine „low-quality transactional"-Beziehung eingehen können, und nur mit wenigen „trusted assistants" eine hochwertige sozio-emotionale Beziehung (Liden und Maslyn 1998). Dass diese Art der Differenzierung problematische Implikationen mit sich bringt, liegt auf der Hand, die sich insbesondere auf Gesamtgruppenebene einstellen können. Die Forschung hat diese lange Zeit als eine Art Paradoxie verstanden: Auf der einen Seite impliziert die LMX-Theorie die Notwendigkeit zur Differenzierung für effektive Führung von Gruppen, auf der anderen Seite unterminiert die Differenzierung emergente Gruppenphänomene, die wiederum notwendig sein können, um Gruppen effektiv zu führen (Li und Liao 2014). In einer Metaanalyse bestätigen Yu et al. (2018) den negativen Effekt der LMX-Gruppendifferenzierung auf die Gruppenharmonie und -solidarität und argumentieren, dass eine Führungskraft gleichermaßen Fragen von Gleichheit und Gerechtigkeit adressieren sollte, um der unterminierende Wirkung auf die Gruppenperformanz entgegen zu wirken. Die Lösung des Dilemmas sehen sie insbesondere in Verfahren prozeduraler Gerechtigkeit, d. h. nicht in der prinzipiellen Gleichverteilung von Beziehungsarbeit, sondern darin, dass durch die Etablierung eines als von allen gerecht empfunden Verfahrens, Beziehungsarbeit auch ungleichmäßig verteilt werden kann, ohne dass damit die negativen Wirkungen der LMX-Differenzierung einhergehen. Ein Problem könnte hier aber grundlegend darin liegen, dass es bei Beziehungsarbeit sich eben nicht um ein bloß knappes Gut handelt, das mittels eines gerechten Verfahrens einfach verteilt wird, denn dies impliziert ja geradezu eine komplette instrumentelle Sichtweise auf Beziehungen, die wohl kaum eine hohe Beziehungsqualität hervorbringen kann. Insofern, so mag man argumentieren, könnte die Lösung auch eher in der Gleichverteilung liegen; dies würde aber der elementaren Veraltenstendenz der LMX-Theorie zu widerlaufen.

11.8 Dynamik des Führungsprozesses: Die Identitätstheorie

Bereits der LMX-Ansatz hat deutlich gemacht, dass Führung nicht als Einzelphase, sondern als Entwicklungsprozess gesehen werden muss. Anders formuliert: Die täglichen Einflussprozesse finden sich stets eingebettet in eine **„Führungsgeschichte"**. Der Führungsprozess und der Führungserfolg haben so gesehen immer auch eine Vergangenheit in Form von spezifischen Erfahrungen und ebenso eine Zukunft, die in Form von bestimmten Erwartungen zum Ausdruck kommt. Dies gilt stets sowohl aus der Perspektive der Führungskraft als auch der Geführten. Es ist für die Führungspraxis daher von besonderem Interesse, wie sich bestimmte Erfahrungen und Erwartungen im Führungsprozess herausbilden und zum Erfolg oder Misserfolg von Führungsinteraktionen beitragen. Genau an dieser Stelle greift nun ein relativ neuer Ansatz, die sogenannte Identitätstheorie der Führung (Gardner und Avolio 1998; Hogg und Terry 2000; Lührmann und Eberl 2007; DeRue und Ashford 2010).

Das Thema Identität in der Führungsforschung hat in den letzten Jahren immer mehr an Interesse gewonnen. Während bis in die Mitte der 1990er-Jahre die Verbindung von Führung und Identität kaum von Bedeutung war und allenfalls die Idee des Selbstkonzepts in der Charismaforschung existierte (vgl. etwa Shamir et al. 1993), ist die Anzahl der Publikationen seit Mitte der 1990er-Jahre bis heute stark gestiegen. Allen Ansätzen ist dabei zunächst einmal gemein, dass sie Erkenntnisse der sozialpsychologischen und soziologischen Identitätsforschung für die Führungsforschung nutzbar machen wollen. Durch eine identitätstheoretische Rekonstruktion des Führungsprozesses werden **Führungsprobleme als Identitätsprobleme** ausgedeutet, und Konflikte im Führungsprozess zu Identitätskonflikten (Lührmann 2006). Dabei lassen sich insgesamt zwei Ansatzpunkte differenzieren, die sich danach unterscheiden, ob die Identitätstheorie eher in einer speziellen oder eher in einer allgemeinen Form zur Anwendung kommt (vgl. dazu auch Sluss und Ashforth 2007).

Ansätze zur speziellen Identitätstheorie der Führung rekurrieren in der Regel auf die bereits in Kapitel 10 vorgestellte Soziale Identitätstheorie und gehen von der Annahme aus, dass für den Führungsprozess die Frage nach der prototypischen Entsprechung zwischen Gruppe und Führungskraft von elementarer Bedeutung ist. In diesem Sinne wird Führungskräften dann mehr Einfluss zugestanden, wenn sie dem Prototyp einer (zu führenden) Gruppe weitgehend entsprechen (vgl. Hogg 2001; Hogg et al. 2012). Während die meistens Publikationen der letzten Jahre diesen Ansätzen einer speziellen Identitätstheorie zuzuordnen sind, existieren aber auch einige Arbeiten, die den Identitätsansatz breiter und grundsätzlicher verstehen (DeRue und Ashford 2010).

Diese Ansätze rekurrieren nicht auf die Idee prästabilisierter Erwartungsstrukturen (etwa in Form von Prototypen), sondern gehen davon aus, dass die Identitäten sich in einem wechselseitig geprägten Interaktionsprozess **grundsätzlich offen** entwickeln können. Insofern schließen Ansätze zur allgemeinen Identitätstheorie der Führung solche zur speziellen nicht aus, sondern vielmehr als eben besondere Fälle mit ein. Der Identitätsausbildungsprozess kann sich auf der Basis von prototypischen Entsprechungen vollziehen, er kann aber auch einen anderen Verlauf nehmen und es können sich auch vollkommen neue Identitäten herausbilden.

11.8 Dynamik des Führungsprozesses: Die Identitätstheorie

In diesem Sinn unternimmt die allgemeine Identitätstheorie der Führung den Versuch, das Interaktionsgeschehen im Führungsprozess als inhaltlich kontingent zu modellieren, wohingegen spezielle Identitätstheorien sich hinsichtlich spezifischer Erwartungsstrukturen und/oder der Anpassungsrichtung inhaltlich bereits festlegen. Im Folgenden geht es darum, den Führungsprozess als ein interaktives und dynamisches Phänomen zu begreifen, welches sich schon alleine deshalb einfachen Kausalbeziehungen entzieht, da es sich um einen rekursiven Prozess handelt, bei dem es um eine **Identitätsausbildung** sowohl auf Seiten der Führungsperson („leader identity") als auch auf Seiten der Geführten („follower identity") geht.

11.8.1 Der Identitätsbildungsprozess

Unter Identität wird das **gefestigte Selbstverständnis** eines Individuums verstanden, wie es seine relevanten Charakteristika, Erfahrungen und Erwartungen sieht, erklärt und zueinander in Beziehung setzt (Schlenker 1985). Auf Führungskräfte bezogen bedeutet dies, dass Personen, die neu in eine oder in eine neue Führungsposition kommen, jeweils erst ihre Identität als Führungskraft ausbilden müssen: Wie verstehe ich mich als Führungskraft? Was ist mir wichtig? Kann und darf ich andere formen? usw. Dies ist aber keine isolierte, allein für sich zu leistende Aufgabe. Sie kann nur in der Interaktion mit den Geführten geschehen. Umgekehrt bedeutet dies einen korrespondierenden Prozess auf Seiten der Mitarbeitenden, auch sie müssen eine Identität als Geführte ausbilden. Ähnliches, wenn auch im abgeschwächten Maße, ergibt sich immer wieder bei Übernahme einer neuen Führungsposition in einer anderen Abteilung oder einer höheren hierarchischen Ebene.

Um diesen wechselseitigen Identitätsbildungsprozess zu verstehen, ist es wichtig, zwischen der Identität von Führenden und Geführten und der Identität als Person (sowohl von Führenden als auch von den Geführten) zu unterscheiden. Während Letztere prinzipiell das Ergebnis von jahrelangen (sozialen) Entwicklungsprozessen ist und somit in der Regel ein Handlungs- und Orientierungsmuster darstellt, das über verschiedene Situationen hinweg gilt, bezieht sich die Identität von Führenden bzw. Geführten auf die Identität in ganz speziellen Situationen, nämlich Führungssituationen („situative Identität"). Mit anderen Worten, das generelle Selbstverständnis als Person ist nicht ohne weiteres gleichzusetzen mit der situationsbezogenen Identität als Führungsperson. Solche zusammengesetzten Identitäten sind ja auch aus dem Alltagsleben bekannt, wenn Mitarbeiter ihre Vorgesetzte in anderen Situationen erleben (z. B. als Mutter oder als Köchin) und die unterschiedlichen Identitätsbildungen und -segmente wahrnehmen.

Wichtig ist nun, die Identitäten der an einem Führungsprozess beteiligten Personen keinesfalls als statisch, sondern vielmehr als **dynamisch und veränderbar** zu betrachten, weil sie eben nicht ausschließlich durch die eigene Person, sondern vielmehr durch die Umwelt und eben den Interaktionsprozess selbst wesentlich mitgeprägt werden. Wie hat man sich diesen Prozess genauer vorzustellen?

Zunächst einmal ist festzuhalten, dass sowohl die Führungskraft als auch die Geführten auf die Führungssituation und damit auch auf die sich bildenden Identitäten einwirken. Dies geschieht auf ganz alltägliche Weise: Man reagiert auf bestimmte Anweisungen oder man tut es gerade nicht; man schüttelt den Kopf oder macht Gegenvorschläge usw.

Dieser Umstand ist für das Verständnis und die Gestaltung des Führungsprozesses von besonderer Bedeutung. Früher ging man – analog zum Eigenschaftsansatz – davon aus, dass die Herausbildung einer Führungsidentität im Wesentlichen von der Fähigkeit der Führungskraft bestimmt ist; die Geführten nahmen dabei lediglich die Rolle eines passiven Auditoriums ein. Der Identitätsansatz macht dagegen sehr deutlich, dass auch den Geführten eine aktive Rolle bei der Herausbildung der Führungsidentität zukommt. Im Gegenzug – und dieser Aspekt ist natürlich wesentlich geläufiger – hat auch der Vorgesetzte grundsätzlich die Möglichkeit, die Identität der Geführten als Geführte mitzugestalten.

Gerade als charismatisch erlebten Führungskräften wird in der neueren Führungsforschung dabei ein besonders großer Einfluss auf das **Selbstkonzept der Geführten** zugesprochen (Shamir et al. 1993), weil sie neben Anweisungen und direkt aufgabenbezogenen Inhalten auch generelle Werte und Orientierungsmuster kommunizieren. Diese Werte sind natürlich in den seltensten Fällen explizit formuliert und offen sichtbar, aber sie liegen dem Handeln charismatischer Führungskräfte zumindest als Subtext zugrunde und beeinflussen damit die Selbsteinschätzung der Geführten. Die von einer charismatischen Führungskraft vorgetragenen Visionen begeistern, die Geführten identifizieren sich mit der Führungskraft, ihre eigene Identität richten sie zunehmend an den Wertehaltungen der Führungskraft aus. Zudem wird in einer charismatischen Führungsbeziehung das Selbstbewusstsein (Selbstwirksamkeitsempfinden) der Geführten durch positive Rückkopplungen gestärkt. Die Geführten werden Handlungserfolge daher auch eher auf sich selbst zurückrechnen, was aus der Sicht von Shamir et al. (1993) wiederum zu einer Stärkung der eigenen Identität und zu einer Erhöhung der Handlungsmotivation führt (subjektive Wahrscheinlichkeit). Die Selbstdefinitionen der Geführten werden durch charismatisch erlebte Führungspersonen zudem an ein kollektives Wertesystem angebunden. Die Geführten – so die Idee – erfahren einen Teil ihrer Identität durch ihre Mitgliedschaft in einer sozialen Gruppe und durch die dort geteilten Normen und Konventionen. Individuelle und kollektive (soziale) Identität verschmelzen bis zu einem gewissen Grad (Lord und Brown 2001).

Insgesamt gesehen verfügt die Führungskraft also in einer charismatisch ausgeprägten Beziehung über eine Reihe von Möglichkeiten, die Identitäten der Geführten zu modifizieren. Umgekehrt können aber auch die Geführten die Selbstdefinitionen der Führungskraft beeinflussen, in dem sie ihr eben charismatische Potenz zuerkennen. Auf diese **gegenseitige Einsteuerung** im Prozess der Identitätsausbildung wirkt aber immer auch das soziale und insbesondere organisationale Umfeld ein, in dem sich Führungsperson wie Geführte befinden, z. B. durch vorformulierte Regeln (Führungsleitsätze, Mitarbeiterrichtlinien, Betriebsordnungen usw.) oder die Arbeitsorganisation. Abb. 11.9 fasst das Gesagte zusammen.

11.8 Dynamik des Führungsprozesses: Die Identitätstheorie

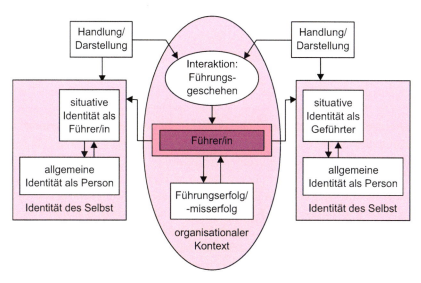

Abb. 11.9 Bildung der Führungsidentität als Prozess. Abbildung in Anlehnung an Gardner und Avolio 1998, S. 35

Man erkennt auf beiden Seiten zunächst die allgemeine Identität der Person. Im Fortlauf kommt es nun zu Interaktionen, in deren Verlauf sich die Führungsidentität herausbildet, d. h. eine bestimmte Person mit einer bestimmten Gruppe von Personen ihre Identität als Führende herausbildet. Dasselbe gilt umgekehrt auch für die anderen beteiligten Personen; für sie gilt es, in diesen Interaktionen eine Identität als Geführte zu entwickeln, d. h. eine Vorstellung von sich in einer Situation der Weisungsabhängigkeit bezogen auf eine konkrete Führungsperson.

Diese Prozesse müssen sich in jeder neuen Führungskonstellation einsteuern; am deutlichsten sieht man sie, wenn Personen erstmals in eine Führungsposition kommen und erst ihr Selbstverständnis (und damit auch ihr Fremdverständnis) als eine Person mit Weisungsbefugnis aufbauen müssen. Das Ergebnis dieser Einstiegsprozesse ist die situative Identität als Führende oder Geführte, die – wie gesagt – mit der allgemeinen Identität zusammenhängt, aber keineswegs deckungsgleich ist. Vor dem Hintergrund ihres jeweiligen Selbstverständnisses wählen die Akteure bestimmte Handlungsweisen und Darstellungen und treten damit in einen wechselseitigen Prozess der „Identitätsarbeit" ein.

https://sn.pub/sa7xbg

11.8.2 Identitätsarbeit

DeRue und Ashford (2010) konzipieren den Prozess der wechselseitigen Herstellung von Identitäten als „identity work". Dazu knüpfen sie insbesondere an Ansätze des Symbolischen Interaktionismus´ (Goffman 1959; Mead 1934) an. Die Kernthese ihrer Überlegungen ist, dass diese Identitätsarbeit ein iterativer und reziproker Prozess ist, in welchem wechselseitige **„claims"** (Identitätsbehauptungen bzw. -ansprüche) und **„grants"** (Identitätsgewährungen) kommuniziert werden. Die claims und grants können sowohl verbal als auch nonverbal, sowie direkt oder indirekt erfolgen.

Die situativen Identitäten als Führungskraft bzw. Geführte entstehen, wenn die claims und grants der Führungsidentitäten durch reziproke claims und grants der Geführten bestätigt werden und umgekehrt. Dieser **co-evolutionäre Identitätsausbildungsprozess** wird von DeRue und Ashford entlang von drei Stufen konzipiert. Auf der ersten Stufe verinnerlichen die beteiligten Akteure eine Identität als Führungskraft oder Geführter („individual internalization"). Diese Identitäten werden auf der zweiten Stufe über die wechselseitige Rollenübernahme von den Beziehungspartnern wahrgenommen („relational recognition"). Anschließend werden in einem dritten Schritt – so die Idee – die Identitäten von einem breiteren organisatorischen Kontext kollektiv bestätigt, indem andere Organisationsmitglieder die Beziehungsstruktur und das Einflussgefüge, das sich in der Beziehung etabliert hat, als solches übernehmen („collective endorsement"). Die Autoren gehen davon aus, dass sich durch den Vollzug dieser drei Stufen zunächst einmal eine gefestigte Führungskraft-Geführten-Beziehung etabliert, die sie zwischen den Interaktionspartnern und ihrem organisationalem Umfeld als geklärt und wechselseitig akzeptiert betrachten (DeRue und Ashford 2010, S. 631).

Das Modell enthält eine **fortlaufende dynamische Komponente**, da davon auszugehen ist, dass sich die einzelnen Faktoren im Zeitablauf wieder verändern können. Wenn dies der Fall ist – so die Überlegung – setzt der reziproke „claiming-granting"-Prozess erneut ein und die Führungskraft-Geführten Beziehung wird dadurch revidiert und „überarbeitet". Generell wird davon ausgegangen, dass Führungserfolg eine gefestigte Identität im Führungsprozess voraussetzt. Natürlich gibt es auch gewünschte und weniger gewünschte Identitäten („desired identity images", Gardner und Avolio 1998, S. 39). Mit anderen Worten, nicht jede Identitätsbildung ist gleichermaßen erfolgreich im Führungsprozess.

11.8.3 Ebenen der Identitätsausbildung

Während sich der Prozess des „claiming" und „granting" unmittelbar auf der kommunikativen **Handlungsebene** zwischen den Akteuren ereignet und zudem die Beziehungsebene zwischen den Akteuren direkt oder indirekt bzw. verbal oder nonverbal adressiert, findet

11.8 Dynamik des Führungsprozesses: Die Identitätstheorie

der Prozess der Identitätsausbildung auf zwei weiteren Ebenen statt, nämlich der **Vorstellungs-** und der **Reflexionsebene**. In diesem Sinne ist zu sehen, dass der Identitätsausbildungsprozess der Akteure ein reflexiver Prozess ist, indem es insbesondere auch darum geht, kognitive Muster und Erwartungshaltungen aufeinander abzustimmen. In diesem Sinne geht es nicht nur um kommunizierte claims und grants, sondern auch um die dahinterliegende konzeptionelle Welt der Akteure, sowie deren Fähigkeit (oder Unfähigkeit) das Zusammenspiel von Vorstellung und Handlung zu reflektieren.

Konkret bedeutet die damit eingeführte drei Ebenenperspektive folgendes: Die Vorstellungsebene birgt Überlegungen derart: Was denke ich, was man als Führer(in) können muss? Was wird erwartet? Welche Fähigkeiten habe ich? usw. Dagegen beantwortet die Handlungsebene Fragen wie: In welcher Art kann ich handeln? Wie soll ich mich darstellen? Etc. Die Reflexionsebene gibt schließlich Aufschluss über: Wie wirke ich in bestimmten Situationen? Wie reagiert die andere Seite? Welche Schlüsse sind daraus zu ziehen? Usw. Alle drei Ebenen wirken bei der Identitätsausbildung ineinander und prägen im Führungsprozess letztlich die Identität einer Führungsperson bzw. der Geführten (vgl. Abb. 11.10).

Das Modell verdeutlicht darüber hinaus zwei für die Praxis der Führung elementare Dinge. Es zeigt zum einen den hohen Stellenwert, den Reflexion im Führungsgeschehen haben kann und macht zugleich deutlich, dass die Reflexionsebene gleichermaßen durch **Intuition** und das heißt „Führungserfahrung" auch substituiert werden kann. Erfahrene Führungskräfte beantworten die zentrale Frage auf der Reflexionsebene („Gibt es Diskrepanzen und wenn ja, wie ist damit umzugehen?") häufig intuitiv richtig, indem sie unmittelbar über adäquate Handlungen verfügen und diese (etwa in Form von expliziten „claims") auch deutlich zu kommunizieren verstehen. Zugleich wird aber auch deutlich,

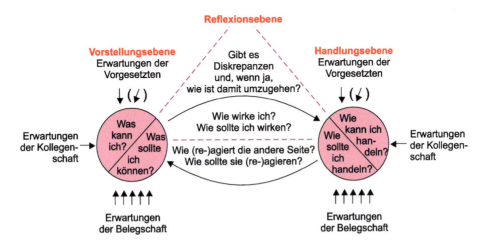

Abb. 11.10 Der Identitätsausbildungsprozess: Vorstellungs-, Handlungs- und Reflexionsebene

dass auch Führungserfahrung seine Grenzen haben kann, nämlich dann, wenn die intuitiv gewählten Handlungen ins Leere laufen bzw. keine adäquaten Handlungsoptionen verfügbar sind, die die Diskrepanzen beheben könnten. Dies ist zum Beispiel dann der Fall, wenn eine ältere Führungskraft auf sehr junge Mitarbeiter trifft, die einen völlig anderen und damit überraschenden Erwartungshorizont in Bezug auf die Führungssituation mitbringen. Der zweite zentrale Aspekt dieses Modells liegt darin, dass die drei Ebenen der Identitätsausbildung nicht nur auf Führungsseite, sondern gleichermaßen auf **Geführtenseite** ablaufen.

Insgesamt ist es wichtig zu betonen, dass hier eine zusätzliche Identität (zusätzlich zur allgemeinen Identität), nämlich die Identität als Führungsperson und/oder als Geführte herausgestellt wird. Identität heißt ein in Grenzen festes und für andere deshalb erwartbares Verhaltensmuster. Hier ist auch die Nahtstelle zum Führungsstil und man müsste in Analogie auch von einem „Geführtenstil" sprechen. Versteht man den Führungsstil als die Verhaltensweise von Vorgesetzten, die aus ihrer Identität als Führungsperson resultiert, so kommt damit ein relativ stabiles Muster von Handlungsweisen und Darstellungen einer Führungsperson zum Ausdruck. Dabei sollte deutlich sein, dass die Diskussion der Führungsstile immer nur einen bestimmten Ausschnitt des gesamten Führungsprozesses thematisiert. Die zu Beginn dargestellten Führungsstil-Ansätze stellen somit immer eine – bisweilen extreme – Vereinfachung des komplexen Prozessgeschehens zwischen Führungskraft und Geführten dar, nicht zuletzt weil sie sich ausschließlich auf das Verhalten der Führungsperson konzentrieren. Führung ist aber immer ein (zumindest) zweiseitiges Geschehen und die in den letzten drei Abschnitten vorgestellten Interaktionsansätze der Führung haben deutlich werden lassen, wie sich dieses komplexe Führungsgeschehen auf dieser Basis konzeptionell einfangen lässt.

Resümee: Die hier dargestellten Interaktionstheorien der Führung zeigen, dass der Führungserfolg letztlich davon abhängt, ob und in welcher Weise eine Führungskraft in der Lage ist, einen Interaktionsprozess positiv zu gestalten. In diesem Sinne geht es nicht mehr nur um das Zeigen einer (eventuell situativ angepassten) Verhaltensweise, wie dies in den unterschiedlichen Führungsstilansätzen thematisiert wird, sondern um die Gestaltung einer wechselseitigen Beziehung. Für die Entwicklung von Führungskräften bedeutet dies eine Erweiterung um eine interpersonale Perspektive, d. h., jenseits des „leader development" muss das **„leadership development"** (Day und Harrison 2007) in den Mittelpunkt gerückt werden. Dafür bieten die hier vorgestellten Interaktionsansätze der Führung eine grundlegende Plattform mit weitreichenden praktischen Implikationen. Nicht zuletzt die Identitätstheorie verdeutlicht anhand der Differenzierung in drei Ebenen der Identitätsausbildung, dass sowohl die Vorstellungswelt (Erwartungen, kognitive Schemata, implizite Führungstheorien) als auch das konkrete Führungshandeln („setting direction", „building commitment", „creating alignment", Day und Harrison 2007) jeweils bezogen auf spezifische Führungskraft-Geführten-Beziehungen wesentlicher Gegenstand jedes Entwicklungsprogrammes sein sollten. Hinzu tritt mit der Reflexionsebene der Ansatz, den Führungskräften selbst Instrumente an die

Hand zu geben, die ihnen einen reflexiven Zugang zum eigenen Führungshandeln ermöglichen. Hierfür ist die Kenntnis der oben dargestellten **„impliziten Führungstheorien"** von ausschlaggebender Bedeutung. Die hier vorgestellten Interaktionstheorien der Führung sind solche Instrumente, denn sie ermöglichen es, das interaktive Führungsgeschehen jeweils aus einer spezifischen Perspektive heraus (Einflusspotenziale, Rollen, Identität) zu reflektieren und damit nicht zuletzt auch besser zu steuern (Athanasopoulou und Dopson 2018). Mit der Reflexionsebene wird zudem die Möglichkeit eröffnet, das Führungskräfte-Coaching nicht nur problemspezifisch in einem Unternehmen zu verankern, sondern grundlegend mit dem Ziel, die **Reflexionskompetenz** der Führungskräfte systematisch weiter zu entwickeln.

Diskussionsfragen

1. „Es gibt Leute, die können führen, und es gibt Leute, die können es eben nicht!" Diskutieren Sie diese Aussage!
2. Mit welcher Grundannahme arbeiten die traditionellen Führungsstil-Studien? Welche Unterschiede ergeben sich im Hinblick auf den Einflussprozess-Ansatz?
3. Analysieren Sie das Modell von Hersey und Blanchard vor dem Hintergrund der Identitätstheorie der Führung!
4. Warum ist Charisma vergänglich?
5. Worin besteht der Unterschied zwischen einem eigenschaftstheoretischen und einem attributionstheoretischen Verständnis von Charisma?
6. Erläutern Sie die Aussage: Führung ist ein Interaktionsphänomen!
7. Warum ist es sinnvoll, von Führungsverhalten auch dann zu sprechen, wenn der Einflussversuch erfolglos endet?
8. Unter welchen Umständen wird Wissen zur Expertenmacht? Geben Sie ein praktisches Beispiel aus Ihrem Erfahrungsumfeld!
9. Welche Möglichkeiten hat ein Unternehmen „Belohnungsmacht" für Vorgesetzte aufzubauen? Wovon hängt der Erfolg ab?
10. Wann liegt in einer Führungskraft-Geführten-Beziehung Machtmissbrauch vor und inwiefern kann auch transformative Führung auf Machtmissbrauch aufbauen?
11. Vergleichen Sie die LMX-Theorie mit dem Einflussprozessmodell! Gibt es unterschiedliche praktische Konsequenzen?
12. Eine Managerin äußert: „Das LMX-Modell lehne ich ab, es legitimiert Günstlingswirtschaft". Diskutieren sie diese Aussage!
13. Welche praktischen Einsichten lassen sich aus der Identitätstheorie der Führung ableiten?
14. Geben Sie ein Beispiel dafür, wie in einer Führungsepisode konkrete „claims" und „grants" aussehen können.
15. Warum ist es wichtig, im Identitätsausbildungsprozess nicht nur die Handlungsebene, sondern auch die Vorstellungs- und Reflexionsebene zu betrachten?

Fallstudie: Bernd*
Die Fehring Schaltbau KG in Kulmbach produziert eine breite Palette elektrischer Schaltungen für industrielle Zwecke. Bernd Lauter war unmittelbar nach Schulabschluss als Lehrling in das Unternehmen eingetreten. Von Anfang an verstand er sich gut mit seinen jeweiligen Arbeitskollegen, so auch mit seiner jetzigen Gruppe. Er hatte jedoch erhebliche Schwierigkeiten mit dem zuständigen Vorarbeiter. Bernd und seine Kollegen waren sich einig, dass ihr Vorgesetzter viel zu sehr auf irgendwelchen Regeln insistieren und sie wie kleine Kinder behandeln würde. Es kam daher immer wieder zu Streitereien zwischen den Arbeitern und ihrem Chef. Entsprechend schlecht war das Führungsklima in der Gruppe; auch die Arbeitsmoral war eher niedrig. (Trotzdem wurde ein durchaus zufrieden stellendes Produktivitätsniveau erreicht.)

Bald stellte sich heraus, dass Bernd ein besonderes Geschick besaß, derartige Streitigkeiten zu schlichten. Bernd war selbst sehr stolz auf seine Fähigkeit, zwischen den beiden Seiten zu vermitteln, und stets bemüht, sie zu verbessern. Er war überzeugt, dass Vorgesetzte ihre Untergebenen als selbstständige und verantwortungsvolle Mitarbeiter zu behandeln hätten, und dass diese dann mit ihrer Arbeit zufriedener wären und mehr leisten würden. Bei jeder Gelegenheit diskutierte Bernd seine Ansicht mit den Arbeitskollegen, die von seinen Ideen begeistert waren.

Nach zwei Jahren Fehring wurde der unbeliebte Vorarbeiter versetzt. Der Werksleiter bot daraufhin Bernd dessen Stelle an. Ohne zu Zögern akzeptierte Bernd das Angebot und begann sogleich, seine Vorstellungen von Mitarbeiterführung umzusetzen.

Die ersten Wochen verliefen sehr erfolgreich. Die Arbeiter waren froh, dass der alte Tyrann versetzt worden war und jetzt „einer von ihnen" die Aufsicht führte. Bernd bemühte sich seinerseits, gewissenhaft seine neuen „Untergebenen" so zu führen, wie er es stets gefordert hatte. Als Bernd aber nach einiger Zeit feststellen musste, dass unter seiner Führung die Produktivität der Arbeitsgruppe nicht gestiegen war, sondern vielmehr anfing zu sinken, wurde er nervös. Er wusste genau, wie diese Entwicklung von der Werksleitung gesehen werden würde, und begann daher, vorsichtig auf einen höheren Produktionsausstoß zu drängen.

Von den Arbeitern wurde Bernds Drängen nicht sonderlich ernst genommen; vielmehr meinten sie, er solle sich nicht so haben. Gleichzeitig sank jedoch die Produktionsleistung während der folgenden Monate, wenn auch nur in geringem Maße, so doch stetig weiter ab, und Bernd fing an, ernsthaft an seiner Führungsfähigkeit zu zweifeln.

Eines Tages sah Bernd im Vorübergehen vier Arbeiter am Produktionsband für keramische Schaltelemente stehen und lachend auf den Boden blicken. Als er näher herankam, erkannte er, dass dort mehrere Schaltkästen, jeder mit einem Produktionswert von mehr als 1500 Euro, zerbrochen am Boden lagen. Auf seine Frage hin erklärten die Arbeiter achselzuckend, dass das Fertigungsband einige Minuten unbeobachtet geblieben und dabei die Kästen heruntergefallen wären. Bernd war über die Gleichgültigkeit der Männer äußerst verärgert und brüllte erregt: „Ihr seid der letzte Idiotenverein und du allen voran, Piet!" Dann stürzte er zurück in sein Büro.

Keine Minute später stand einer der Arbeiter, Piet Mankmann, vor ihm.

Piet: *Was bildest du dir eigentlich ein, Bernd? So kannst du vor unseren Freunden nicht mit mir reden!*

Bernd: *Du meinst deinen Freunden! Meine Freunde seid ihr da draußen ja wohl nicht mehr. Seit ich den Job als Vorarbeiter übernommen habe, nutzt ihr mich aus und lasst eure Arbeit schleifen.*

Piet: *Hoppla, Bernd! Beruhig' dich wieder! Da sind doch gerade 'mal drei Schaltkästen zu Bruch gegangen. So etwas passiert eben mal. Das kann sich die Firma schon noch leisten. Aber wir Mensch wir müssen doch zusammenhalten!*

Bernd: *Hör' mir mit diesem „Wir müssen Zusammenhalten"-Blödsinn auf! Wenn ihr nicht bald mehr Leistung bringt, seid ihr bald eure ganze Arbeit los. Ihr merkt gar nicht, was ihr da anstellt.*

Piet: *Das soll wohl 'ne Drohung sein? Was ist denn plötzlich mit deinem ganzen Gerede von „Mitarbeiter als verantwortungsvolle, selbstständige Menschen behandeln"? Seit du hier Vorarbeiter bist, benimmst du dich, als wärst du ein völlig anderer. Wir sind alle einigermaßen erstaunt über dich. So hatten wir uns das nicht vorgestellt.*

Bernd: *Geh' zurück an deinen Arbeitsplatz, Piet. Ich will darüber nicht länger diskutieren.*

Nun saß Bernd in seinem Büro und fragte sich, wie all dies geschehen konnte.

*Quelle: unter Verwendung von Motiven aus Randolph und Blackburn 1989, S. 336

Fragen zur Fallstudie:

1. Worin bestehen die Kernprobleme in diesem Fallbeispiel? Denken Sie dabei an die verschiedenen in diesem Kapitel besprochenen Führungstheorien!
2. Warum zeigt Bernds Führungsverhalten nicht die erwarteten Wirkungen?
3. Was sollte Bernd Lauter als Nächstes tun?

Literatur

Akinola, M./Martin, A. E./Phillips, K. W. (2018), To delegate or not to delegate: Gender differences in affective associations and behavioral responses to delegation, in: Academy of Management Journal 61 (4), S. 1467–1491.

Antonakis, J./Gardner, W. L. (2017), Charisma: New frontiers. A special issue dedicated to the memory of Boas Shamir, in: The Leadership Quarterly 28 (4), S. 471–472.

Athanasopoulou, A./Dopson, S. (2018), A systematic review of executive coaching outcomes: Is it the journey or the destination that matters the most?, in: Leadership Quarterly 29 (1), S. 70–88.

Bass, B. M. (1985), Leadership and performance beyond expectations, New York.

Bass, B. M. (1990), Stogdill's Handbook of leadership: Theory, research and managerial applications, 3. Aufl., New York.

Bass, B. M. (1999), Two decades of research and development in transformational leadership, in: European Journal of Work and Organizational Psychology 8 (1), S. 9–26.

Bass, B. M./Avolio, B. (Hrsg.) (1994), Improving organizational effectivness through transformational leadership, Thousand Oaks.

Bewernick, M./Schreyögg, G./Costas, J. (2013), Charismatische Führung: Die Konstruktion von Charisma durch die deutsche Wirtschaftspresse am Beispiel von Ferdinand Piëch, in: Zeitschrift für betriebswirtschaftliche Forschung 65, S. 390–421.

Blake, R. R./Mouton, J. S. (1978), The new managerial grid, Houston.

Bligh, M. C./Kohles, J. C./Pearce, C. L./Justin, J. E./Stovall, J. F. (2007), When the romance is over: Follower perspectives of aversive leadership, in: Applied Psychology: An International Review 56 (4), S. 528–557.

Bligh, M. C./Kohles, J. C./Pillai, R. (2011), Romancing leadership: Past, present, and future, in: Leadership Quarterly 22 (6), S. 1058–1077.

Bryman, A. (1992), Charisma and leadership in organizations, London.

Burns, J. M. (1978), Leadership, New York.

Calder, B. (1977), An attribution theory of leadership, in: Staw, B. B./Salancik, J. R. (Hrsg.), New directions in organizational behavior, Chicago, S. 179–204.

Chen, C. C./Meindl, J. R. (1991), The construction of leadership images in the popular press: The case of Donald Burr and People Express, in: Administrative Science Quarterly 36 (4), S. 521–551.

Coch, L./French, J. R. P. (1948), Overcoming resistance to change, in: Human Relations 1, S. 512–532.

Collinson, D./Smolović Jones, O./Grint, K. (2018), 'No more heroes': Critical perspectives on leadership romanticism, in: Organization Studies 39 (11), S. 1625–1647.

Conger, J. A./Kanungo, R. (1987), Toward a behavioral theory of charismatic leadership in organizational settings, in: Academy of Management Review 12, S. 637–647.

Connelly, C. E./Gallagher, D. G. (2004), Emerging trends in contingent work research, in: Journal of Management 6, S. 959–983.

Cunha, M. P. E./Putnam, L. L. (2019), Paradox theory and the paradox of success, in: Strategic Organization 17 (1), S. 95–106.

Day, D. V./Harrison, M. M. (2007), A multilevel, identity-based approach to leadership development, in: Human Resource Management Review 17 (4), S. 360–373.

Denison, D. R./Hooijberg, R./Quinn, R. E. (1995), Paradox and performance: toward a theory of behavioral complexity in managerial leadership, in: Organization Science 6, S. 524–540.

DeRue, D. S./Nahrgang, J. D./Wellman, N. E. D./Humphrey, S. E. (2011), Trait and behavioral theories of leadership: An integration and meta-analytic test of their relative validity, in: Personnel Psychology 64 (1), S. 7–52.

DeRue, D. S./Ashford, S. J. (2010), Who will lead and who will follow? A social process of leadership identity construction in organizations, in: Academy of Management Review 35 (4), S. 627–647.

Dienesch, R. M./Liden, R. C. (1986), Leader-member exchange model of leadership: A critique and further development, in: Academy of Management Review 11, S. 618–634.

Doppler, K./Lauterburg, C. (2008), Change Management: den Unternehmenswandel gestalten, 12. Aufl., Frankfurt am Main/New York.

Epitropaki, O./Martin, R. (2005), From ideal to real: A longitudinal study of the role of implicit leadership theories on leader-member exchanges and employee outcomes, in: Journal of Applied Psychology 90 (4), S. 659–676.

Erdogan, B./Liden, R. C. (2002), Social exchanges in the workplace. A review of recent developments and future directions in leader-member exchange theory, in: Neider, L. L./Schriesheim, C. A. (Hrsg.), Leadership, Greenwich, S. 65–114.

Fernandez, C. F./Vecchio, R. P. (1997), Situational leadership theory revisited: A test of an across-job perspective, in: Leadership Quarterly 8, S. 67–84.

Fiedler, F. E. (1967), A theory of leadership effectiveness, New York.

French, J. R. P./Israel, J./Aas, D. (1969), Ein Experiment über die Beteiligung in einer norwegischen Fabrik, in: Irle, M. (Hrsg.), Texte aus der experimentellen Sozialpsychologie, Neuwied, S. 487–504.

French, J. R. P./Raven, B. (1959), The bases of social power, in: Cartwright, D. (Hrsg.), Studies in social power, Ann Arbor, S. 150–167.

Galvin, B. M./Balkundi, P./Waldman, D. A. (2010), Spreading the word: The role of surrogates in charismatic leadership processes, in: Academy of Management Review 35 (3), S. 477–494.

Gardner, W. L./Avolio, B. J. (1998), The charismatic relationship: A dramaturgical perspective, in: Academy of Management Review 23 (1), S. 32–58.

Gebert, D. (2002), Führung und Innovation, Stuttgart.

Gebert, D./von Rosenstiel, L. (2002), Organisationspsychologie, 5. Aufl., Stuttgart.

Goffman, E. (1959), The presentation of the self in everyday life, Garden City, N.Y.

Graeff, C. L. (1997), Evolution of situational leadership theory: A critical review, in: Leadership Quarterly 8, S. 153–170.

Graen, G. (1976), Role making processes within complex organizations, in: Dunnette, M. D. (Hrsg.), Handbook of industrial and organizational psychology, Chicago, S. 1201–1245.

Graen, G. B./Scandura, T. A. (1987), Toward a psychology of dyadic organizing, in: Staw, B. M./Cummings, L. L. (Hrsg.), Research in Organizational Behavior, Bd. 9, S. 175–208.

Graen, G./Cashman, J. F. (1975), A role-making model of leadership in formal organizations, in: Hunt, J. G./Larson, L. L (Hrsg.), Leadership frontiers, Kent State, S. 143–166.

Graen, G./Uhl-Bien, M. (1995), Relationship-based approach to leadership: Development of leader-member exchange. LMX theory of leadership over 25 years: Applying a multi-level multi-domain perspective, in: Leadership Quarterly 6, S. 219–247.

Hackman, J. R./Wageman, R. (2005), A theory of team coaching, in: Academy of Management Review 30 (2), S. 269–287.

Hackman, J. R./Wageman, R. (2007), Asking the right questions about leadership, in: American Psychologist 62 (1), S. 43–47.

Halpin, A. W./Winer, B. J. (1957), A factorial study of the LBDQ, in: Stogdill, P./Coons, A. (Hrsg.), Leader behavior: Its description and measurement, Ohio State University, S. 39–51.

Hersey, P./Blanchard, K. H. (1969), Life cycle theory of leadership, in: Training and Development Journal 2, S. 6–34.

Hersey, P./Blanchard, K. H./Johnson, D. E. (2012), Management of organizational behavior, 10. Aufl., Englewood Cliffs/N. J.

Hofstede, G. (1997), Lokales Denken, globales Handeln (Übers. a. d. Engl.), München.

Hogg, M. A. (2001), Social identification, group prototypicality, and emergent leadership., in: Hogg, M. A./Terry, D. J. (Hrsg.), Social identity processes in organizations, Ann Arbor, S. 197–212.

Hogg, M. A./Terry, D. J. (2000), Social identity and self-categorization process in organizational contexts, in: Academy of Management Review 25, S. 121–140.

Hogg, M. A./Van Knippenberg, D./Rast, I. D. E. (2012), Intergroup leadership in organizations: Leading across group and organizational boundaries, in: Academy of Management Review 37 (2), S. 232–255.

Hooijberg, R./Hunt, J. G./Dodge, G. E. (1997), Leadership complexity and development of the leaderplex model, in: Journal of Management Studies 23, S. 375–408.

House, R. J. (1971), A path-goal theory of leader effectiveness, in: Administrative Science Quarterly 16, S. 321–338.

House, R. J./Aditya, R. N. (1997), The social scientific study of leadership: Quo vadis?, in: Journal of Management 23, S. 409–473.

Irle, M. (1980), Führungsverhalten in organisierten Gruppen, in: Meyer, A./Herwig, B. (Hrsg.), Handbuch der Psychologie, Bd. 9, 2. Aufl., Göttingen, S. 43–67.

Isaacson, W. (2011), Steve Jobs. Die autorisierte Biografie des Apple-Gründers, München.

Joas, H. (1978), Die gegenwärtige Lage der soziologischen Rollentheorie, Wiesbaden.

Judge, T. A./Bono, J. E./Ilies, R./Gerhardt, M. W. (2002), Personality and leadership: a qualitative and quantitative review, in: Journal of applied psychology 87 (4), S. 765–780.

Judge, T. A./Piccolo, R. F. (2004), Transformational and transactional leadership: A meta-analytic test of their relative validity, in: Journal of Applied Psychology 89 (5), S. 755–768.

Koch, J. (2017), Organization as communication and the emergence of leadership: A Luhmannian perspective, in: Blaschke, S./Schoeneborn, D. (Hrsg.), Organization as communication. Perspectives in dialogue, New York, S. 121-140.

Lawrence, K. A./Lenk, P./Quinn, R. E. (2009), Behavioral complexity in leadership: The psychometric properties of a new instrument to measure behavioral repertoire, in: Leadership Quarterly 20 (2), S. 87–102.

Lewin, K./Lippitt, R./White, R. (1939), Patterns of aggressive behaviors in experimentally created „social climates", in: Journal of Social Psychology 10, S. 271–299.

Li, A. N./Liao, H. (2014), How do leader-member exchange quality and differentiation affect performance in teams? An integrated multilevel dual process model, in: Journal of Applied Psychology 99 (5), S. 847–866.

Liden, R. C./Maslyn, J. M. (1998), Multidimensionality of leader-member exchange: An empirical assessment through scale development, in: Journal of Management 24 (1), S. 43–72.

Liden, R. C./Sparrowe, R. T./Wayne, S. J. (1997), Leader-member exchange theory: The past and potential for the future, in: Research in Personnel and Human Resources Management 15, S. 47–119.

Likert, R. (1961), New patterns of management, New York.

Lipp, W. (1985), Stigma und Charisma, Berlin.

Locke, E. A./Schweiger, D. M. (1979), Participation in decision-making: One more look, in: Staw, B. M. (Hrsg.), Research in organizational behavior, Greenwich, Conn., S. 265–339.

Lord, R. G./Brown, D. J. (2001), Leadership values and subordinate self-concepts, in: Leadership Quarterly 12, S. 133–152.

Luhmann, N. (1984), Soziale Systeme. Grundriss einer allgemeinen Theorie, Frankfurt am Main.

Luhmann, N. (1988), Macht, 2. Aufl., Stuttgart.

Lührmann, T. (2006), Führung, Interaktion und Identität. Die neue Identitätstheorie als Beitrag zur Fundierung einer Interaktionstheorie der Führung, Wiesbaden.

Lührmann, T./Eberl, P. (2007), Leadership and identity construction: Reframing the leader–follower interaction from an identity theory perspective, in: Leadership 3 (1), S. 115–127.

Mead, G. H. (1934), Mind, self and society, Chicago.

Mann, H. (1969), Der Untertan, Leipzig.

Mann, R. D. (1959), A review of the relationships between personality and leadership and popularity, in: Psychological Bulletin 56, S. 241–270.

Martinko, M. J./Harvey, P./Douglas, S. C. (2007), The role, function, and contribution of attribution theory to leadership: A review, in: Leadership Quarterly 18 (6), S. 561–585.

Mead, G. H. (1973), Geist, Identität und Gesellschaft. Aus der Sicht des Sozialbehaviorismus, Frankfurt am Main.

Meindl, J. R. (2001), Charismatic leadership in organizations, in: Administrative Science Quarterly 46 (1), S. 163–165.

Meindl, J. R./Ehrlich, S. B. (1987), The romance of leadership and the evaluation of organizational performance, in: Academy of Management Journal 30, S. 90–109.

Meindl, J. R./Ehrlich, S. B./Dukerich, J. M. (1985), The romance of leadership, in: Administrative Science Quarterly 30 (1), S. 78–102.

Neuberger, O. (1995), Führungsdilemmata, in: Kieser, A./Reber, G./Wunderer, R. (Hrsg.), Handwörterbuch der Führung, Stuttgart, Sp. 533–540.

Neuberger, O. (2002), Führen und führen lassen, 6. Aufl., Stuttgart.

Niederfeichtner, F. (1983), Führungsforschung und ihre betriebswirtschaftliche Rezeption, in: Die Betriebswirtschaft 43, S. 605–622.

Opotow, S. (1990), Moral exclusion and injustice: An introduction, in: Journal of Social Issues 46 (1), S. 1–20.

Parmar, B. L. (2017), Disobedience of immoral orders from authorities: An issue construction perspective, in: Organization Studies 38 (10), S. 1373–1396.

Peters, T. J./Austin, N. (1993), Leistung aus Leidenschaft (Übers. a. d. Engl.), Hamburg.

Putnam, L. L./Fairhurst, G. T./Banghart, S. (2016), Contradictions, dialectics, and paradoxes in organizations: A constitutive approach, in: Academy of Management Annals 10 (1), S. 65–171.

Randolph, W. A./Blackburn, R. S. (1989), Managing organizational behavior, Homewood, Boston.

Raven, B. H./Kruglanski, A. W. (1970), Conflict and power, in: Swingle, P. (Hrsg.), The structure of conflict, New York, S. 69–110.

Reddin, W. J. (1977), Das 3-D-Programm zur Leistungssteigerung des Managements (Übers. a. d. Engl.), München.

Rückle, H. (1992), Coaching, Düsseldorf.

Sandner, K. (1992), Prozesse der Macht, 2. Aufl., Heidelberg.

Schlenker, B. R. (1985), Identity and self-identification, in: Schlenker, B. R. (Hrsg.), The self and social life, New York, S. 65–99.

Schreyögg, A. (2012), Coaching, 7. Aufl., Frankfurt am Main.

Schyns, B./Day, D. (2010), Critique and review of leader-member exchange theory: Issues of agreement, consensus, and excellence, in: European Journal of Work & Organizational Psychology 19 (1), S. 1–29.

Schyns, B./Felfe, J./Blank, H. (2007), Is charisma hyper-romanticism? Empirical evidence from new data and a meta-analysis, in: Applied Psychology: An International Review 56 (4), S. 505–527.

Shamir, B./House, R. J./Arthur, M. B. (1993), The motivational effects of charismatic leadership: A self-concept based theory, in: Organization Science 4, S. 577–594.

Sluss, D. M./Ashforth, B. E. (2007), Relational identity and identification: Defining ourselves through work relationships, in: Academy of Management Review 32 (1), S. 9–32.

Somech, A./Drach-Zahavy, A. (2002), Relative power and influence strategy. The effects of agent/target power on superior's choices of influence strategies, in: Journal of Organizational Behavior 23, S. 167–179.

Steyrer, J. (1995), Charisma in Organisationen, Frankfurt am Main.

Stogdill, R. M. (1948), Personal factors associated with leadership: A survey of the literature, in: Journal of Psychology 25, S. 35–71.

Stogdill, R. M. (1974), Handbook of leadership, New York.

Tannenbaum, A. S./Schmidt, W. H. (1958), How to choose a leadership pattern, in: Harvard Business Review 35 (2), S. 95–101.

Tepper, B. J. (2000), Consequences of abusive supervision, in: Academy of Management Journal 43 (2), S. 178–190.

Tepper, B. J./Moss, S. E./Duffy, M. K. (2011), Predictors of abusive supervision: Supervisor perceptions of deep-level dissimilarity, relationship conflict, and subordinate performance, in: Academy of Management Journal 54 (2), S. 279–294.

Tepper, B. J./Moss, S. E./Lockhart, D. E./Carr, J. C. (2007), Abusive supervision, upward maintenance communication, and subordinates' psychological distress, in: Academy of Management Journal 50 (5), S. 1169–1180.

Uhl-Bien, M./Maslyn, J. M. (2003), Reciprocity in manager-subordinate relationships: Components, configurations and outcomes, in: Journal of Management 29, S. 511–532.

Vroom, V. H./Yetton, P. (1973), Leadership and decision-making, Pittsburgh.

Weber, M. (1976), Wirtschaft und Gesellschaft, 5. rev. Aufl., Tübingen.

Willner, A. R. (1984), The spellbinders: Charismatic political leadership, New Haven.

Zaccaro, S. J. (2007), Trait-based perspectives of leadership, in: American Psychologist 62 (1), S. 6–16.

Watts, L. L./Steele, L. M./Mumford, M. D. (2019), Making sense of pragmatic and charismatic leadership stories: Effects on vision formation, in: Leadership Quarterly 30 (2), S. 243–259.

Wenzel, M./Koch, J./Cornelissen, J. P./Rothmann, W./Senf, N. N. (2019), How organizational actors live out paradoxes through power relations: The case of a youth prison, in: Organizational Behavior and Human Decision Processes, forthcoming.

Yu, A./Matta, F. K./Cornfield, B. (2018), Is leader-member exchange differentiation beneficial or detrimental for group effectiveness? A meta-analytic investigation and theoretical integration, in: Academy of Management Journal 61 (3), S. 1158–1188.

Unternehmenskultur 12

Zusammenfassung

In Kap. 12 wird das Konzept der Unternehmenskultur vorgestellt und in seiner Bedeutung diskutiert. Im Zentrum steht der Verweis darauf, dass Unternehmenskulturen zunächst einmal in der alltäglichen Interaktion entstehen und nicht das Ergebnis bewusst getroffener Entscheidungen sind. Unternehmenskulturen repräsentieren die Unternehmensidentität, gehen aber weit über eine bloß kognitive Orientierung hinaus. Zur Unternehmenskultur gehören Rituale, Artefakte, Emotionen und vieles mehr. Es handelt sich also um einen Komplex von Merkmalen. In dem Kapitel werden neben den theoretischen Grundlagen – hier vor allem das Schein'sche 3 Ebenen-Modell – die Wirkungen von Unternehmenskulturen aufgezeigt. Dabei zeigt sich, dass Unternehmenskulturen neben positiven Aspekten, auch sehr problematische Seiten haben können, die sich zu einer Wandelbarriere verdichten können. Eine besondere Aufmerksamkeit ist dem kulturellen Wandel gewidmet, also den Möglichkeiten eine Kultur gezielt zu verändern. Dabei wird das Hauptaugenmerk auf eine „Kurskorrektur" gelenkt, d.h. ein „Reframing" gibt den Impuls zu einer neuen Entwicklung, wobei das Endresultat aufgrund der Komplexität des Prozesses nicht ohne weiteres vorhergesagt werden kann. Abschließend wird die Situation in internationalen Unternehmen beleuchtet, dabei werden international diverse Unternehmenskulturen kohärenten Kulturen im Sinne eines „global mindset" gegenübergesellt.

12.1 Begriff und Bedeutung von Unternehmenskultur

„Culture beats strategy"
Dieser Steve Jobs, Mitgründer des Apple-Konzerns, zugeschriebene Satz beleuchtet schlaglichtartig die Bedeutung wie sie heute häu\fig der Unternehmenskultur zugeschrieben

wird. Gemeint ist, dass die Unternehmenskultur möglicherweise wichtiger ist als die geplante Strategie, ja, dass es gerade die kulturellen Besonderheiten sind, die den Erfolg einer Firma begründen. Was sind diese „Besonderheiten"? Wie kann man sie verstehen, mit Unternehmensführung in Zusammenhang bringen? Wie wirken sie auf die Verhaltensweisen der Mitarbeiter und auf die Unternehmensentscheidungen ein? Warum sind manche Unternehmen erfolgreicher als andere, obwohl sie das gleiche avancierte betriebswirtschaftliche Instrumentarium verwenden? Alles dies sind Fragen zur Unternehmenskultur, denen im Folgenden genauer nachgegangen werden soll.

Unternehmenskultur ist heute zu einem äußerst **populären Thema** geworden, man denke nur an die Erklärungsversuche für das Verhalten von Firmen im Dieselskandal (vgl. dazu Kasten 12.1). Und wie immer, wenn ein Konzept so populär wird, entsteht in der Folge mehr Verwirrung als Klarheit darüber, welcher Sachverhalt damit genau gemeint ist. Wer heute daran geht, über Unternehmenskultur zu sprechen, tut deshalb gut daran, erst einmal zu sortieren und zu erläutern, was Unternehmenskultur überhaupt meint.

Kasten 12.1

„Verdorbene Unternehmenskultur"

„Bei der Aufarbeitung des Dieselskandals hat der VW-Konzern laut dem von der US-Justiz eingesetzten Oberkontrolleur noch einen langen Weg vor sich. ‚Wir haben bei Volkswagen einen Drei-Jahres-Marathon vor uns und keinen Sprint über sechs Monate', sagte US-Aufpasser Larry Thompson (…)"

Der VW-Konzern muss nach Ansicht von Thompson an seiner Unternehmenskultur arbeiten, um künftig völlig integer und gesetzeskonform zu sein. ‚Bei Volkswagen gab es bei einigen Mitarbeitern eine verdorbene Unternehmenskultur. Sie war nicht von Offenheit und Ehrlichkeit geprägt', sagte Thompson der Zeitung. (…)

Eine Schlüsselrolle komme beim Aufbau einer neuen Unternehmenskultur dem Topmanagement zu. ‚Es ist wichtig, dass der Vorstand von oben den richtigen Ton angibt und das Vertrauen der Mitarbeiter erwirbt', sagte Thompson."

Quelle: www.manager-magazin.de, Zugriff am 26.12.2017

Das Neue und Interessante an dieser Sichtweise ist zunächst einmal, dass sie die Unternehmung als Ganzes als eine Art Kultursystem begreift. In Unternehmen, so die Idee, entwickeln sich eigene, unverwechselbare **Vorstellungs-** und **Orientierungsmuster**, die das Verhalten der Mitglieder und der betrieblichen Funktionsbereiche nachhaltig prägen.

12.1 Begriff und Bedeutung von Unternehmenskultur

Der Kulturbegriff ist der **Ethnologie** entliehen und bezeichnet dort die besonderen, historisch gewachsenen und zu einem komplexen Geflecht verdichteten Merkmale von Volksgruppen (Kluckhohn und Strodtbeck 1961). Gemeint sind damit insbesondere Wert- und Denkmuster sowie Rituale einschließlich der sie vermittelnden Symbolsysteme, wie sie im Zuge menschlicher Interaktion entstanden sind. Die Managementforschung nimmt diesen für Volksgruppen entwickelten Kulturbegriff auf und überträgt ihn auf Unternehmen, mit der Idee, dass in gewisser Hinsicht jedes Unternehmen für sich eine je spezifische Kultur entwickelt, also gewissermaßen eine eigene Kulturgemeinschaft bildet. Unternehmen oder breiter: Organisationen, so der Befund, entwickeln im Laufe der Zeit eigene unverwechselbare Vorstellungs- und Orientierungsmuster, die das Verhalten der Mitglieder nach innen und außen auf nachhaltige Weise prägen – und zwar in aller Regel ungeplant und insofern emergent.

Der Kulturansatz ist zugleich eine Kritik an dem herkömmlichen analytischen Rationalitätsbegriff (Quinn 1988). Organisatorische Rationalität (und damit Erfolg) wird nicht mehr länger als Ausfluss optimierter Entscheidungen (Theorie der rationalen Wahl) gesehen, sondern sehr viel breiter als Meisterung einer Vielzahl organisatorischer Prozesse, wozu auch die Pflege von Traditionen und Weckung von Emotionen gehört. In den Vordergrund rücken die Verarbeitung spezifischer Erfahrungen, das Erzählen von Erlebnissen (Krisen, illegale Ausspähung durch Konkurrenten usw.) was schließlich zur Entwicklung von besonderen Verhaltensweisen und spezifischer Kompetenzen führt, die analytisch nicht mehr vollständig durchdringbar sind (erinnert sei an das im Kap. 4 vorgestellte Konzept der „Nicht-trivialen Maschine" und das in Kap. 5 dargelegte Konzept der organisationalen Kompetenzen und die Frage ihrer Imitierbarkeit).

Die Unternehmenskulturforschung hat sich rasch entwickelt und in unterschiedliche Strömungen ausdifferenziert (Martin und Frost 2011). Prägend wurden vor allem zwei Schulen, der Funktionalismus und der Symbolismus (Schultz 1995). Die **funktionalistische** Sichtweise studiert die Unternehmenskultur unter der Frage des Leistungsbeitrags. Hintergrundannahme ist, dass Systeme ihre Kultur entwickeln, um bestimmte Probleme zu lösen. Unternehmenskultur wird deshalb auch analysiert nach ihrem potenziellen und faktischen Funktionsbeitrag zum Unternehmenserfolg. Typische Probleme, zu denen die Kultur einen Lösungsbeitrag leistet, sind Integration, Identifikation oder allgemeiner die Reduktion von Unsicherheit und Ambiguität (Schein 1997). Im Unterschied dazu studiert der **symbolische** Ansatz Unternehmenskulturen als Weltbilder, als kollektive Orientierungsmuster von Unternehmen, um sich die Welt verständlich zu machen. Kultur wird als Interpretationsmuster gesehen, mit dem sich Unternehmensmitglieder die Umwelt erschließen, und das anzeigt, wie erfolgreiche Handlungen gebildet werden. Kultur stellt sich so als selbst entwickeltes Netz von Deutungsmustern dar (Geertz 1987). Die organisatorische Welt entfaltet sich vor dem Hintergrund einer symbolischen Konstruktion. Unternehmenskulturen werden somit als Sinngemeinschaften verstanden. Der symbolische Ansatz ist weiter greifender, weil er die Kultur gewissermaßen als Fundament organisatorischen Handelns begreift (Smircich 1983; Alvesson 2013).

So unterschiedlich auch die Ausgangs-Fragestellung ist, so liegen doch im Ergebnis die Ansätze so weit nicht auseinander; jedenfalls sind sie untereinander anschlussfähig. Die funktionale Perspektive holt mit ihrer Fragestellung die symbolische ein. Dies insofern, als sie auch die Konstruktion von Sinn und Symbolen als Problemlösung erklären kann, nämlich – abstrakt gesprochen – als Beitrag zur Reduktion von Komplexität. In diesem Sinne sollen auch nachfolgend beide Perspektiven zusammengeführt werden. So lassen sich doch trotz aller Unterschiede einige **Kernelemente** identifizieren, die in der Wissenschaft heute mehrheitlich mit dem Begriff der Unternehmenskultur verbunden werden:

1. Unternehmenskultur ist ein im Wesentlichen **implizites** Phänomen. Sie hat keine separate, quasi physische Existenz, die sich direkt beobachten ließe; sie liegt als Muster dem Handeln zugrunde, das nur interpretativ erschlossen werden kann. Unternehmenskulturen sind gemeinsam geteilte und symbolisch repräsentierte Überzeugungen, die das Selbstverständnis der Handelnden und die Identität der Organisation indirekt prägen.

2. Unternehmenskulturen werden **gelebt**, ihre Orientierungsmuster finden im täglichen Handeln ihren Ausdruck. Ihre (Selbst-)Reflexion ist die Ausnahme, keinesfalls die Regel.

3. Unternehmenskultur bezieht sich auf **gemeinsame** Orientierungen, Werte usw. Es handelt sich also um ein kollektives Phänomen, das das Handeln der Mitglieder einer Gemeinschaft prägt. Kultur macht infolgedessen organisatorisches Handeln einheitlich und kohärent – jedenfalls bis zu einem gewissen Grade. Wobei es innerhalb von Unternehmen auch verschiedene Kulturen geben kann.

4. Unternehmenskultur ist das Ergebnis eines **Lernprozesses** im Umgang mit internen und externen Problemen. Bestimmte Handlungsweisen werden als erfolgreiche Problemlösungen anerkannt, andere nicht. Zug um Zug schälen sich bevorzugte Wege des Denkens und Problemlösens heraus, bis schließlich diese Orientierungsmuster zu mehr oder weniger selbstverständlichen Voraussetzungen weiteren organisatorischen Handelns werden. Unternehmenskultur hat also immer eine Entwicklungsgeschichte.

5. Unternehmenskultur repräsentiert die **„konzeptionelle Welt"** der Organisationsmitglieder. Sie vermittelt Sinn und Orientierung in einer komplexen Welt, indem sie Muster vorgibt für die Wahrnehmung und die Interpretation von Ereignissen. Die Organisationsmitglieder verschaffen sich ein Bild von der Aufgabenumwelt auf der Basis eines gemeinsam verfügbaren Grundverständnisses.

6. Unternehmenskultur wird in einem **Sozialisationsprozess** vermittelt; sie wird nur selten bewusst gelernt. Organisationen entwickeln zumeist eine Reihe von Mechanismen, die dem neuen Organisationsmitglied verdeutlichen, wie im Sinne der kulturellen Tradition zu handeln, welches Verhalten richtig und welches falsch ist.

12.2 Der innere Aufbau einer Unternehmenskultur

Luhmann (2000, S. 240 f.) schlägt vor, Organisationskultur kurz und bündig als „Komplex der unentscheidbaren Entscheidungsprämissen" zu definieren, also als Bestimmungsründe der Gruppe von betrieblichen Entscheidungen, die schlicht da sind, ohne dass darüber beraten worden wäre. Diese Konzeptbestimmung verdeutlicht den partiell ungeplanten Charakter betrieblicher Entscheidungen, wobei diese „Prämissen" in der Organisation entstehen, also nicht von außen importiert sind. Diese Definition macht den emergenten Charakter von Kulturen sehr schön deutlich, sie gilt aber im Grunde für alle informellen Entscheidungen in Organisationen (also etwa auch für Gruppendenken oder Mikropolitik) und keineswegs nur für Kulturen. Mit dieser Fokussierung auf Entscheidungen geht aber das Spezifikum von Kulturen verloren, ihre affektive Komponente, ihr Rituale und ihre Artefakte. Es ist daher nicht zweckdienlich, dieser undifferenzierten Variante des Kulturkonzepts zu folgen.

12.2 Der innere Aufbau einer Unternehmenskultur

Unternehmenskulturen sind komplexe Phänomene; sie umgreifen nicht nur geteilte Orientierungsmuster und Routinen, sondern auch ihre Vermittlungsmechanismen und Ausdrucksformen. Ein Versuch, die verschiedenen Dimensionen einer Kultur zu ordnen und ihre Beziehung zueinander zu klären, ist das in Abb. 12.1 gezeigte Modell von Schein. Es

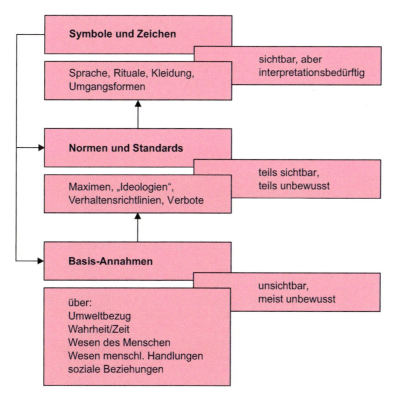

Abb. 12.1 Kulturebenen und ihr Zusammenhang. (Quelle: Schein 1984, S. 4 (modifiziert))

unterscheidet drei Ebenen, fortschreitend von der sichtbaren zur unsichtbaren Welt. Um eine Kultur verstehen zu können, muss man sich nach dieser der Kulturanthropologie entliehenen Vorstellung, ausgehend von den Oberflächenphänomenen sukzessive den **kulturellen Kern** in einem **Interpretationsprozess** erschließen.

Symbole und Zeichen

Der sichtbare Teil einer Kultur sind die **Symbole und Zeichen** (oberste Ebene in Abb. 12.1). Ihnen kommt die Aufgabe zu, den schwer fassbaren, wenig bewussten Komplex von Annahmen, Interpretationsmustern und Wertvorstellungen zu repräsentieren, lebendig zu erhalten, weiter auszubauen und, was besonders wichtig ist, an neue Mitglieder weiterzugeben. Die Symbole und Zeichen stellen den am einfachsten zugänglichen Teil der Unternehmenskultur dar. Er wird deshalb häufig auch mit der Kultur gleichgesetzt. Dabei wird jedoch übersehen, dass diese Ebene in ihrer Logik nur im Zusammenhang mit den zugrunde liegenden Wertvorstellungen verstehbar ist. Manchmal wird deshalb hier auch das Bild des **Eisbergs** zur Veranschaulichung bemüht.

Zu diesen Vermittlungsmustern gehört z. B. das Erzählen von **Geschichten** und Legenden vom Firmengründer oder anderen Schlüsselereignissen. Man vermittelt auf diese Weise indirekt, aber plastisch und einprägsam, worauf es in der Organisation besonders ankommt. Als Beispiel sei hier eine Geschichte aus der Firma Hewlett Packard angeführt. Dort hatte man die Politik des offenen Materiallagers, d. h., die Ingenieure hatten unbeschränkten Zugang zum Materiallager und konnten dort Material für das freie Experiment entnehmen. Eine Anekdote berichtet:

> *„Bill Hewlett kam an einem Samstag ins Werk und fand zu seinem großen Missfallen das Materiallager verschlossen. Er besorgte sich sofort einen Bolzenschneider und entfernte damit das Vorhängeschloss von der Tür. Er hinterließ einen Zettel, den man am Montagmorgen fand. Auf diesem Zettel stand geschrieben: ‚Diese Tür bitte nie wieder abschließen. Danke, Bill‘."* (aus: Peters und Waterman 1984, S. 283 f.)

Die indirekten handlungsleitenden Normen kommen in der Geschichte klar zum Ausdruck, wie z. B. Innovation ist wichtig; jeder Mitarbeiter ist kreativ; wenn der Chef etwas sagt, meint er es auch so; zupacken, nicht lange warten usw.

Geschichten werden zu ganz unterschiedlichen Themen erzählt. Besonders häufig finden sich Geschichten zu den Themen: Vorstand trifft kleinen Angestellten, Versetzung und ihre Folgen, große „legendäre" Fehler oder sexuelle Avancen der höheren Führungsebenen. Solche Geschichten, die in einem Unternehmen wieder und wieder erzählt werden, behandeln häufig Situationen mit widersprüchlichen Erwartungen und zeigen, wie man damit in dieser Firma fertig werden kann. So etwa, wenn erzählt wird, dass ein Vorstandsmitglied bei einem Rundgang mit Besuchern an das Fließband zu einer Arbeiterin getreten war, um sie nach ihrem Namen zu fragen. Er hat dies getan, ohne die für diese Zone vorgeschriebene Schutzbrille aufzusetzen. Die Arbeiter waren angewiesen, auf die Einhaltung der Sicherheitsvorschriften streng zu achten. Für die Arbeiterin stellte sich nun die Frage, ob sie auf den Regelverstoß hinweisen sollte, ungeachtet der Tatsache, dass der Regelverletzer Vorstandsmitglied war, oder ob hier Hierarchie vor Regel steht. Sie entschied sich für die Regel und sagte mit hochrotem Kopf: „Bitte setzen Sie eine Schutz-

12.2 Der innere Aufbau einer Unternehmenskultur

brille auf, sonst dürfen Sie sich in dieser Zone nicht aufhalten." Das Vorstandsmitglied war zunächst erstaunt, lobte dann aber die Konsequenz der Arbeiterin und unterhielt sich mit ihr, nachdem er eine Schutzbrille geholt hatte, einige Minuten. Eine Geschichte mit gutem Ausgang und klarem Signal. Man erfährt also einiges über die Prioritätensetzung und Grundhaltungen in diesem Unternehmen durch diese Geschichte.

Ein besonderes Augenmerk gilt den „**Helden**", gemeint sind damit die Personen, die in der Kultur besonders geschätzt werden. Wer wird zum „Helden"? Die Gründerin? Der Verkaufsmatador? Das Patent-Genie? Usw. Und ferner: Wie wird das „Heldentum" erfahrbar und sichtbar gemacht? Welche Rolle spielen die „Helden" in den Geschichten und wie werden ihre Vorzüge erklärt? Usw.

Einen weiteren Teil der sichtbaren Kulturelemente bilden die **Feiern** und **Riten** in einem Unternehmen. Ein Ritual ist ein festgelegter Ablauf genau bestimmter Handlungen mit klarem Anfang und Ende und festgelegten Rollen (Martin 2002, S. 66). Man kann sie nach unterschiedlichen Anlässen gliedern (Trice und Beyer 1993). So gibt es etwa Aufnahmeriten für den Eintritt in eine Organisation (Begrüßung durch die Chefin, Einführungstag usw.) und Abschiedsriten für den Austritt aus einer Organisation (z. B. Reservistenfeiern bei der Bundeswehr). Bekannt sind auch Bekräftigungsriten etwa in Form von Veranstaltungen, in denen die Verkäuferin des Monats gekürt wird oder Jahresbestleistungen bekannt gegeben werden. Weitere Arten sind Konfliktlösungsriten (z. B. Tarifverhandlungen), Klagerituale (Weeks 2004), Integrationsriten, wie z. B. Weihnachtsfeiern oder Jahresjubiläen (Ortlieb und Sieben 2019), oder die bekannten „rite de passage" (etwa Mayrhofer und Lellatchitch 2005). Kasten 12.2 gibt ein Beispiel für eine Weihnachtsfeier und zeigt an einigen Stellen die tiefere Bedeutung der Handlungen in Bezug auf die Unternehmenskultur auf.

Schließlich gehören zu den sichtbaren Aspekten von Unternehmenskulturen die architektonische Gestaltung der Gebäude, die Ausstattung der Räume, die Kleidung, die Sprache (Firmenjargon) u. a. m.

Der Begriff der Unternehmenskultur ist deutlich abzugrenzen von dem Marketingkonzept der **Corporate Identity**, das – jedenfalls in aller Regel – nur auf die sichtbare Ebene Bezug nimmt und Empfehlungen entwickelt, diese verkaufsorientiert umzugestalten (z. B. neues Logo, andere Firmenfarben). Davon abzugrenzen, ist die Debatte zur „organizational identity", die eine sehr starke Überlappung mit der Unternehmenskultur aufweist, wobei man hier stärker auf das relativ dauerhafte „self-image" einer Organisation abstellt, das es in Augen der Mitglieder von anderen sozialen Systemen abgrenzt (Gioia et al. 2013b).

1. Keine Behauptung ohne Fakten!
2. Löse keine Unruhe aus!
3. Respektiere die Reviere!
4. Keine Privatkontakte mit dem Chef!
5. Gib keine Informationen nach draußen!

Abb. 12.2 Beispiele für Normen und Standards

Normen und Standards

Die nächste Kulturebene ist halb sichtbar, halb unsichtbar; sie repräsentiert die konkretisierten **Wertvorstellungen** und **Verhaltensstandards** (mittlere Ebene in Abb. 12.1). Jede Kultur kennt Werte, Regeln, Maximen, Präferenzen, Verbote usw. Abb. 12.2 gibt hierzu einige Beispiele. Eine Abweichung von solchen Regeln und Werten wird von Kulturen wenig geschätzt, Normkonformität dagegen belohnt. Manche Unternehmen formulieren in einer Managementphilosophie oder einem **Leitbild** explizit Normen und Standards. Nur selten haben allerdings diese Leitbilder etwas mit der tatsächlichen Unternehmenskultur zu tun; meist sind es mehr Wunschvorstellungen als Beschreibungen der kulturellen Wirklichkeit.

Kasten 12.2

Weihnachten bei Shoenman & Partner

„Gegen sieben Uhr abends setzte sich alles in Richtung Veranstaltungslokal in Bewegung. Zwölf runde Tische waren für je neun Personen hergerichtet worden und um eine Bühne gruppiert. Jeder Tisch war mit einer roten Tischdecke und grünen Servietten weihnachtlich dekoriert. Ein reich geschmückter Weihnachtsbaum stand in einer Ecke des Raumes, die Wände waren üppig mit Weihnachtsschmuck dekoriert.

Die Tische wurden eilig in Beschlag genommen, und dann ging es los mit dem kalten Buffet: Fleischgerichte, Salate, Desserts usw. waren angerichtet. Während des Abendessens war Chairman Walter ständig von einem Tisch zum nächsten unterwegs, hieß jeden willkommen und gab sich ganz als Gastgeber, nicht als Chef.

Nachdem jeder seine Mahlzeit beendet hatte, ging das Licht aus, und nach ein paar erwartungsvollen Minuten betrat ein junger Mitarbeiter die Bühne, um die Shoenman & Partner-Show anzukündigen. Programme waren bereits an den Tischen verteilt worden, und so erwartete man nun die traditionelle Sketch-Parade.

Wie von der Kreativgruppe einer renommierten Werbeagentur nicht anders zu erwarten, waren die Sketche intelligent, bissig und komisch. Ein Sketch beschrieb eine Telefonistin, die auswärtige Anrufe in der Firma annahm. Auf eine Frage eines Anrufers, welche offensichtlich die hohe Fluktuation der Mitarbeiter betraf, antwortete sie: „Tja, honey, ich krieg hier auch nichts mit. Dieser Laden sollte besser ‚Shoenman & Co.' und nicht ‚Shoenman & Partner' heißen, denn partnerschaftlich sind die nicht."

Später kam eine Reihe von Anrufen, die sie durchstellte: „Hallo, Herr Kassian, der Scheidungsanwalt Ihrer Frau ...", „Hallo, Herr Shoenman, der Scheidungsanwalt ihrer Frau ...", „Hallo, Herr Morry, der Scheidungsanwalt Ihrer Frau ...".

Mit beißendem Humor wurde in einem anderen Sketch die Kosmetik- und Kleidersymbolik zwecks Statuskennzeichnung aufs Korn genommen. Zielscheibe waren einige Frauen im mittleren Management, alle Mitte bis Ende dreißig, die sich ihre Haare blond färbten. Auch dieser Sketch brach mit einem Tabu, normalerweise würde niemand offen darüber reden oder gar in einer Konferenz eine Bemerkung über die gefärbten Haare machen ...

Nach der Sketch-Show, die mit donnerndem Applaus gefeiert wurde, ging man wieder zur Bar und in den Tanzsaal. Ein Diskjockey erwartete sie dort mit Rock- und Diskomusik. Der Alkohol floss, man tanzte miteinander. Die Sketchautoren und Schau-

> spieler, alle Ende zwanzig, beglückwünschten sich zu ihrer Aufführung und sahen ihren Chefs beim Tanzen zu. Sie hatten sie alle auf den Arm genommen, lächerlich gemacht, und waren doch ungeschoren davongekommen. Das musste gefeiert werden."
>
> Quelle: Rosen 1988, S. 466 f. (Übers. d. d. Verfasser)

Basisannahmen

Die Basis einer Kultur bilden grundlegende Annahmen (unterste Ebene von Abb. 12.1), genauer: ein Satz tief verankerter Orientierungs- und Überzeugungsmuster, die die Wahrnehmung und das Handeln leiten. Es sind dies die selbstverständlichen Orientierungslinien organisatorischen Handelns, die gewöhnlich ganz automatisch, ohne darüber nachzudenken, ja meist ohne sie benennen zu können, verfolgt werden. Sie haben sich in Organisationen oft über Jahrzehnte hinweg entwickelt und die darauf fußenden Handlungen auch bewährt.

Die Basisannahmen einer Kultur ordnen sich nach Kluckhohn und Strodtbeck, (1961) generell, also unabhängig vom Einzelfall, nach fünf Grundthemen menschlicher Existenzbewältigung:

(1) **Annahmen über die Umwelt**
Welches Bild der Umwelt, d. h. der Außenwelt, entwickelt ein Unternehmen? Welches Interpretationsmuster liegt der Wahrnehmung von Umweltereignissen und den anschließenden Handlungen zugrunde? Hält man die Umwelt für bedrohlich, herausfordernd, bezwingbar, übermächtig usw.? Und wie konstruiert ein Unternehmen die Differenz (Identität) zu anderen Systemen? Wie bereits angesprochen, wird z. B. die Entscheidung, welche Strategie eine Unternehmung wählt, stark von dieser Grundauffassung über die Umwelt überformt.

(2) **Vorstellungen über Wahrheit und Zeit**
Ein zweiter universeller Themenkomplex von Kulturen fokussiert Fragen der Wahrheitsfindung und der Zeit. Konkret wird hier festgelegt, worauf sich Organisationsmitglieder beziehen sollen, wenn sie Prämissen, Prognosen oder Entscheidungen als falsch oder richtig, als real oder fiktiv deklarieren. Ist es die Tradition oder sind es die Autoritäten, auf die man vertraut? Hält man sich an die Wissenschaft oder nimmt man eine pragmatische Haltung ein und macht die Entscheidungen über wahr oder falsch von den Ergebnissen eines Versuchs abhängig („Lasst es uns probieren und sehen, was dabei herauskommt")? Häufig ist es auch der tragfähige Kompromiss, der als „Wahrheitsinstanz" fungiert: „Fünf Gremien haben über die Frage beraten, und alle haben sich schließlich auf dieses Ergebnis geeinigt."

Und ähnlich verhält es sich mit dem Verständnis von Zeit. Entgegen der Alltagsmeinung, die Zeit als etwas Objektives, Unhintergehbares begreift, entwickeln Gesellschaften und eben auch (eingeschränkt) Unternehmen ein eigenes Raster, eine „Eigenzeit", um Zeit thematisieren und disponieren zu können (Noss 1997).

(3) **Annahmen über die Natur des Menschen**
Jede Kultur transportiert ein Menschenbild, d. h. Annahmen über allgemeine menschliche Charakterzüge. Bezogen auf Unternehmen beantworten diese Annahmen Fragen wie: Sind Mitarbeiter im Allgemeinen eher gutwillig oder böswillig? Sind Mitarbeiter tendenziell arbeitsscheu oder sind Mitarbeiter Menschen, die gerne Verantwortung übernehmen und die im Grundsatz Freude an der Arbeit haben? Ferner: Sind Mitarbeiter grundsätzlich entwicklungsfähig oder sind sie durch Veranlagung festgelegt? Diese Annahmen finden zumeist im Bild der „idealen Führungskraft" und damit der in einer Organisation vorherrschenden impliziten Führungstheorie ihre Widerspiegelung.

(4) **Annahmen über die Natur des menschlichen Handelns**
Des Weiteren entwickeln Kulturen Handlungstheorien, d. h. Vorstellungen darüber, was menschliches Handeln bewirken kann und welche Art von Handlungen erwünscht ist. Es werden Antworten gegeben auf Fragen wie: Kommt es vor allem darauf an, aktiv zu sein, die Dinge selbst in die Hand zu nehmen, oder ist es wichtiger abzuwarten und sich anzupassen? Und in Bezug auf die Arbeit: Wie ist in dem Unternehmen Arbeit definiert? Darf Arbeit Spaß machen? Was ist Arbeit und was Spiel? Hierunter fällt auch die Vorstellung des „idealen Mitarbeiter", die viele Entscheidungen in Organisationen prägt. Zeichnet sich zum Beispiel die ideale Mitarbeiterin dadurch aus, dass sie bis spät in die Nacht arbeitet und Wochenendarbeit wann immer nötig ohne zu murren akzeptiert (Reid 2015)? Hierbei spielen auch geschlechtsspezifische Differenzierungen eine nicht unerhebliche Rolle.

(5) **Annahmen über die Natur zwischenmenschlicher Beziehungen**
Es gibt keine Kultur, die nicht auch Orientierungsmuster für die Beziehungen zwischen Individuen enthielte. Hierzu gehören Vorstellungen über die richtige Ordnung sozialer Beziehungen, z. B. nach Alter, nach Herkunft oder nach Erfolg. Stellt man sich die Beziehungen eher egalitär oder eher hierarchisch vor? Wie groß wünscht man sich das Machtgefälle? Ein weiterer wichtiger Aspekt ist die Sichtweise von Emotionen in Organisationen. Sind Emotionen (Wut, Freude, Trauer, Liebe) am Arbeitsplatz zulässig oder strebt man eine vollständig sachliche Atmosphäre an, in der Emotionen zwischen den Organisationsmitgliedern gleich welcher Art nur stören? Ist der Privatbereich tabu, oder findet eine Trennung zwischen Dienstlichem und Privatem nicht statt? Des Weiteren: Welches Grundthema prägt den Charakter zwischenmenschlicher Beziehungen? Wettbewerb oder Kooperation? Teamerfolg oder Einzelerfolg? Muss man sich vor den anderen fortwährend in Acht nehmen (Opportunismus-Prämisse) oder kann man ihnen vertrauen?

Diese meist unbewussten und ungeplant entstandenen Basisannahmen stehen nun allerdings nicht isoliert nebeneinander, sondern bilden zusammen ein Muster, eine mehr oder weniger stimmige **Gestalt**. Wenn man eine Unternehmenskultur verstehen will, muss man deshalb über die Basisannahmen hinaus versuchen, die Gesamtgestalt, das „**Weltbild**", zu erfassen.

12.2 Der innere Aufbau einer Unternehmenskultur

Insgesamt bilden die Basisannahmen bzw. das Weltbild und die daraus fließenden Verhaltensstandards quasi ein Brennglas, das die Prioritäten für das organisatorische Handeln bündelt, die Wahrnehmung steuert und fremdes und eigenes Handeln interpretiert.

Erfassung von Unternehmenskulturen
Das Drei-Ebenen-Schema gibt nicht nur Aufschluss über den Aufbau einer Unternehmenskultur, sondern weist zugleich den Weg zu ihrer Erfassung.

Grundsätzlich gilt es zunächst erneut zu betonen: Unternehmenskulturen sind im Wesentlichen implizite Phänomene, jenseits der Symbolsysteme handelt es sich um Deutungs- und Orientierungsmuster, die von den Organisationsmitgliedern verwendet werden. Es geht also um die externe Erschließung einer inneren Orientierungswelt, die selbst dem Handelnden nur in Ausnahmefällen bewusst ist. Eine einfache Abfrage der Organisationsmitglieder scheidet daher von vorne herein aus. Die bevorzugte Methode ist die ethnografische Feldarbeit (Ybema et al. 2009).

Der Erschließungsprozess beginnt bei den sichtbaren Elementen einer Kultur, d. h. bei den Geschichten, die in der Firma erzählt werden, den Räumen und den Gebäuden, dem Jargon, dem Umgangston, der Kleidung usw. (Schein 1996). Ein Studium der Historie des Betriebes gibt den Rahmen für ein besseres Verständnis des Hintergrundes und der aktuellen Problemlage (vgl. dazu Kasten 12.3).

Kasten 12.3

Der Schock wirkt bei BMW noch heute
„BMW war in der Nachkriegszeit miserabel geführt, baute in der armen Nachkriegszeit den legendär-luxuriösen V 8 und war damit in die Krise gefahren. Das Unternehmen verlor mit jedem verkauften Auto 5000 DM, war stark überschuldet und stand vor der Pleite. Vorstand – zu dieser Zeit noch Generaldirektion genannt – und Aufsichtsrat schlugen den Aktionären damals vor, das Traditionsunternehmen mitsamt seinen 6000 Mitarbeitern an Daimler-Benz zu verkaufen. Regie für diesen Plan führte die Deutsche Bank, die sowohl an BMW als auch an Daimler-Benz maßgeblich beteiligt war. ‚BMW soll Zulieferbetrieb für den großen Bruder in Stuttgart werden', heißt es in einer BMW-Firmenchronik.

Die Sache schien klar. Doch die Kleinaktionäre murrten auf. Sie sollten die Sanierung bezahlen, indem ihre Aktien auf die Hälfte abgewertet würden. Aber neue Anteile sollten sie nicht bekommen. Von ‚Betrug' war die Rede. So haben einige Kleinaktionäre und Händler zur entscheidenden Hauptversammlung in der Kongresshalle der Münchner Messe am 09. Dezember 1959 einen pfiffigen Rechtsanwalt als Redner aufgeboten. Die Versammlung in der überhitzten Halle war lange chaotisch verlaufen. ‚Aufstehen, du Bazi', hatten die Aktionäre dem Firmenchef Heinrich Richter-Bohm zugebrüllt, der sich sitzend an das Auditorium wenden wollte. ‚Schiebung' schrien einige, ‚Staatsanwalt her', verlangten andere. Doch der in München unbekannte Redner Mathern zerpflückte den angeblichen Rettungsplan von Vorstand und Deutscher Bank und machte sich sogleich kritisch über den vermeintlichen Retter Daimler her.

Der Frankfurter schaffte das Unmögliche. Der Redner zog viele der verunsicherten Aktionäre auf seine Seite. Die Generalversammlung konnte vertagt werden. Das bereits war ein Riesenerfolg. Denn Daimler hatte diesen Tag als Frist für die Übernahme gesetzt. Der Verkaufsplan war geplatzt.

Zugleich aber wurden im Kongresssaal die Weichen für die Zukunft gestellt – hinter den Kulissen. Als sei es gestern gewesen, erzählt Betriebsratsvorsitzender Golda, wie er den Frankfurter Unternehmer Herbert Quandt in einem Hinterstübchen ans Portepee packte und ihn aufrief, den Verkauf an Daimler abzulehnen. ‚Herr Dr. Quandt, wenn jemand BMW retten kann, dann sind Sie es.' Quandt aber hat Angst, sein Vermögen zu verlieren und zögert. Schließlich wagt er den Neuanfang und übernimmt die Mehrheit von BMW. Er holt fähige Manager, vor allem den langjährigen Vorstandsvorsitzenden Eberhard von Kuenheim, und wird mit diesem Engagement selbst märchenhaft reich.

Der Schock der Geschichte aus den fünfziger Jahren aber steckt so tief in dem Unternehmen, dass die Deutsche Bank es bis heute nicht schaffte, bei BMW wie einst wieder die Hausbank zu werden."

Quelle: Süddeutsche Zeitung vom 08.12.1999, S. 33

Die vorrangigen Quellen für die **Datensammlung** sind Dokumente (Firmenchronik, Protokolle von Geschäftsleitungssitzungen, Prospekte, Videos usw.), teilnehmende Beobachtung an Sitzungen, Feiern etc. mit Gedächtnisprotokollen, und offene („narrative") Einzel- und Gruppeninterviews. Die gesammelten Daten sind zu integrieren und in einem Fallarchiv zusammenzuführen (Yin 2018).

In weiteren Schritten sind die Daten zu analysieren, in dem die in einer Kultur verwendeten Deutungs- und Orientierungsmuster sukzessive erschlossen werden („assumption surfacing"). Am Ende soll ein intersubjektiv nachvollziehbares Bild der in dem Unternehmen verwendeten Deutungsfiguren und ihrer Vernetzung untereinander stehen. Die Identifikation einer „Kulturgestalt" ist nicht einfach, es gibt keinen systematischen Weg, der sicher dorthin führen würde. Es ist ein im Wesentlichen kreativer Prozess, aus dem gesammelten Material die Basisannahmen und dann ganzheitlich das Weltbild der Unternehmung zu erschließen. Eine systematische Inhaltsanalyse, in der gesamte generierte empirische Material analysiert und kodiert wird, kann dabei wertvolle Unterstützung leisten (Gioia et al. 2013a).

Dennoch ist eine solche Analyse keineswegs bloß subjektiv. Die einzelnen Interpretationsschritte müssen für Andere nachvollziehbar sein. Jeder Analyseschritt kann kommuniziert werden und mit den Organisationsmitgliedern als auch anderen externen Beobachtern auf Stimmigkeit daraufhin geprüft werden, ob er sich mit den eigenen Erfahrungen deckt.

Meist bedarf dieser Prozess mehrerer Durchläufe, und selbst dann kann man nicht sicher sein, dass immer alle Organisationsmitglieder und externen Beobachter dem Ergebnis zustimmen. Letzteres hängt auch damit zusammen, dass in Kulturanalysen häufig auch Dinge zu Tage gefördert werden, die man nicht so gerne sieht (ausweichendes Konfliktverhalten, Frauenbild usw). Es bedarf mitunter längere Zeit, bis man bereit ist, unerschrocken in die „Abgründe" der eigenen Organisation zu blicken.

Ein wichtiges Hilfsmittel im Entdeckungsverfahren von Unternehmenskulturen können Typologien sein. Sie helfen, den ganzheitlichen Blick zu schärfen, und geben Anleitung, wie sich einzelne Analyseelemente zu Gestalten zusammenfügen lassen.

12.3 Kulturtypen

Am populärsten ist die Vier-Felder-Typologie von Deal und Kennedy (1982) geworden (zu einer anderen prominenten Typologie vgl. Kets de Vries und Miller 1986); vermutlich deshalb, weil sie in besonders anschaulicher Weise an den vertrauten Alltagserfahrungen von Organisationsmitgliedern anknüpft

1. **Alles-oder Nichts-Kultur** („Tough guy/macho"): Dies ist eine Welt von Individualisten; gefragt sind Stars mit großen Ideen. Im Hinblick auf die Umwelt gilt das Motto: Zeige mir einen Berg, und ich werde ihn erklimmen. Hoch geschätzt sind temporeiches Handeln und ein jugendliches, leicht aus dem Rahmen fallendes Erscheinungsbild. Die Sprache ist unkonventionell und voll von neuen Wortschöpfungen wie z. B. Cash Cows oder DINKS. Neu Hinzukommende müssen sich schlagen, wenn sie Anerkennung finden wollen. Freundliche Zurückhaltung macht sie uninteressant. Der Erfolg bestimmt alles: Ansehen, Einkommen, Macht. Dementsprechend werden auch Erfolge enthusiastisch gefeiert, Misserfolge dagegen schonungslos offen gelegt. Man kann schnell nach oben kommen, aber ebenso schnell wieder tief fallen. Das Zeigen von Emotionen ist erlaubt, nur nicht solche des Schmerzes. Männer und Frauen sind gleichberechtigt, denn es gilt das Motto: ein Star ist ein Star. Glücksbringer, Horoskope und sonstiger Aberglaube spielen eine große Rolle, sie sollen das Unwahrscheinliche wahrscheinlich machen.
2. **Saure Wochen, frohe Feste-Kultur** („Work hard, play hard"): Hier steht die Außenorientierung im Vordergrund, nach dem Motto: Die Umwelt ist voller Möglichkeiten, du musst sie nur nutzen. Insgesamt wird Wert auf freundliches und ansprechendes Auftreten gelegt. Im internen Verkehr steht die unkomplizierte Zusammenarbeit im Team an erster Stelle. Aktiv sein und hart arbeiten ist der herausragende Wert. Wer ruhig ist, steht im Verdacht, nichts zu leisten. Es werden viele fröhliche Feste gefeiert, auf denen häufig Auszeichnungen und Preise, wie z. B. der Verkäufer des Jahres oder das beste Schaufenster des Monats, vergeben und enthusiastisch beklatscht werden. Die Geschichten drehen sich hauptsächlich um schwierige Kunden. Wer es vermag, an Eskimos Kühlschränke zu verkaufen, ist ein Held. Die Firmensprache ist knapp und voller rätselhafter Kürzel (z. B. PAISY oder FIBUS). Die Bilder sind der Sportwelt entnommen: Halbzeit, Rote Karte, Fehlstart etc.

3. **Analytische Projektkultur** („Bet-your-company"): Fehlentscheidungen stellen die große Bedrohung dar. Alles ist darauf konzentriert, die richtige Entscheidung zu treffen. Die Umwelt wird vorwiegend als Bedrohung erlebt. Man versucht, sie durch scharfsinnige Analysen und statistische Prognosen einigermaßen in den Griff zu bekommen. Vertraut wird auf die wissenschaftlich-technische Rationalität. Hauptritual ist die Sitzung, sie vereint meist verschiedene hierarchische Ränge, kennt jedoch eine strenge Sitz- und Redeordnung. Die Zeitperspektive ist langfristig, alles will gut und sorgfältig überlegt sein. Hektik und Quirligkeit sind unerwünscht. Das Ideal ist vielmehr die gesetzte, reife Persönlichkeit. Ist jemand drei Jahre bei dem Unternehmen, gilt er immer noch als Neuling. Karriere wird schrittweise gemacht, Blitzkarrieren gibt es nicht. Ältere Führungskräfte haben in der Regel Schützlinge, denen sie auf dem Weg nach oben helfen. Helden sind Leute, die mit unerschütterlicher Zähigkeit eine große Idee verfolgt haben; dies auch dann noch, als sie die Firmenleitung längst aufgegeben hatte – notfalls im eigenen Kellerlabor. Die Kleidung ist korrekt und unauffällig. Sprache und Umgangsformen sind sehr höflich. Das Zeigen von Emotionen ist streng verpönt.

4. **Prozess-Kultur** („Process"): Alles konzentriert sich auf den Prozess, das Gesamtziel spielt eine untergeordnete Rolle. Perfekter und diskreter Arbeitsvollzug steht an erster Stelle der Werte. Fehler darf man nicht machen. Alles wird registriert, jeder kleinste Vorgang dokumentiert. Misstrauen und Absicherung sind die vorherrschenden Orientierungsmuster. Man muss jederzeit damit rechnen, dass einem irgendjemand von außen oder innen einen Fehler nachweisen möchte, und für diesen Fall muss man gerüstet sein. Helden sind Leute, die selbst dann noch fehlerfrei arbeiten, wenn die Umstände äußerst widrig sind, etwa nach Schicksalsschlägen oder nach ungerechtfertigter Behandlung durch die Geschäftsleitung. Das Zusammenleben orientiert sich an der hierarchischen Ordnung; sie bestimmt einfach alles: die Kleidung, den Kreis der Kontaktpartner, die Umgangsformen, das Gehalt etc. Bei einer Beförderung weiß jeder Mitarbeiter, welche Privilegien er dazugewinnen wird: eigenen Kühlschrank, Velourteppichboden, größere Fenster oder sonstiges. Diese Statussymbole werden höher geschätzt als der finanzielle Zugewinn. Beförderungen sind auch ein beliebtes Gesprächsthema. Um sie ranken sich permanent Gerüchte und Intrigen. Feste und Feiern spielen keine sehr große Rolle. Wichtig sind lediglich die Jubiläen, wie z. B. 25-jährige Betriebszugehörigkeit. Die Sprache ist korrekt und detailbesessen. Emotionen werden als Störung empfunden.

Das Porträt eines jüngeren Kulturtyps findet sich in Kasten 12.4.

Kasten 12.4

Silicon Valley Kultur

„Fehlende Detailbesessenheit kann man Zuck wirklich nicht vorwerfen, ganz im Gegenteil. Aber es ist richtig, Werbung interessierte ihn zumindest damals überhaupt nicht, deshalb hat er uns als Ad-Team auch total ignoriert. Bei den Dingen hingegen, die ihn faszinieren, ist er ein micro manager. Wenn man in einer Abteilung arbeitet, in

> der es zum Beispiel um neue Nutzeranwendungen für die Plattform geht, kann es sein, dass man täglich persönlich mit ihm zu tun hat. Da schaut er sich jede Präsentation an, diskutiert jede technische Frage. Aber nein, Mark Zuckerberg hat sich nie darum gekümmert, wie genau seine Firma eigentlich Geld verdient.(…)
>
> Im Silicon Valley gibt es den Spruch, dass alle Tech-Firmen Sekten seien. Und eine Sekte ist immer auf dessen Gründer ausgerichtet. Man kann über Facebook nicht reden, ohne über Mark Zuckerberg zu reden. Das Unternehmen spiegelt ihn und seine Ideen in hohem Maße wider. Ob man ihn nun für alles verantwortlich machen sollte … Nun ja, als ich noch dort gearbeitet habe, hingen an den Wänden noch Poster mit dem Spruch „Move fast and break things". Das war Zucks Motto, und die Mitarbeiter haben es als Mantra verstanden. Ich kann nicht genau sagen, ob heute immer noch danach gehandelt wird, doch auf die Art lässt sich jedenfalls keine Krise bewältigen."
>
> Quelle: www.zeit.de, Interview mit Antonio García Martínez, einem früheren Mitarbeiter von Facebook, Zugriff am 20.06.2019

Wie auch immer konstruiert, eine solche **Typologie** ist lediglich ein Hilfsmittel, mit dem man auf die Suche gehen und die Alltagserfahrung in einem ersten Schritt sortieren kann. Ohne Zweifel ist eine Typologie immer eine grobe Vereinfachung, darin liegt ihr Wert, aber eben auch ihre Gefahr. Es ist nur begrenzt zielführend, die ganze Organisationswelt auf wenige Typen zu reduzieren. Eine Unternehmenskultur zu verstehen, verlangt mehr als eine bloße Subsumtion. Typologien wie die von Deal und Kennedy zeigen aber beispielhaft, wie man die verschiedenen Facetten einer Unternehmenskultur zu einer kommunizierbaren „Gestalt" verdichten kann.

12.4 Starke und schwache Kulturen

Die Diskussion um die Kultur von Organisationen war von Anfang an geprägt von der Idee, dass bestimmte Kulturen in besonders intensiver Weise das organisatorische Handeln beeinflussen, ja dass sie in bestimmten Fällen die eigentlich treibende Kraft für herausragende Organisationsleistungen sind. Dies wird in besonderem Maße für sogenannte starke Kulturen vermutet. Zur Beurteilung, ob eine Kultur „stark" oder „schwach" ist, werden in der Literatur **unterschiedliche Dimensionen** herangezogen (Sathe 1983; Sørensen 2002). Die drei folgenden scheinen die bedeutsamsten zu sein:

(1) Ausmaß der Prägnanz,
(2) Verbreitungsgrad und
(3) Verankerungstiefe.

(1) Das erste Kriterium unterscheidet Unternehmenskulturen danach, wie klar die Orientierungsmuster und Werthaltungen sind, die sie vermitteln. Starke Unternehmenskulturen

zeichnen sich demnach dadurch aus, dass sie das Handeln eindeutig anleiten, indem sie klar signalisieren, was erwünscht ist und was nicht. Eine solche klare Vorstellungswelt setzt zweierlei voraus. Zum einen müssen die einzelnen Werte, Standards und Symbolsysteme relativ **konsistent** sein, so dass in nur wenigen Fällen Konfusion darüber entsteht, welchem Orientierungspfad nun gefolgt werden soll. Zum anderen setzt dies voraus, dass die kulturellen Orientierungsmuster relativ **umfassend** angelegt sind, so dass sie nicht nur in einigen speziellen, sondern in vielen Situationen den Maßstab setzen können.

Der **Kulturinhalt** als solcher, also welche Werte von einer Kultur vertreten und transportiert werden, spielt für die Beurteilung der Stärke keine Rolle. Der Unternehmenskultur-Ansatz versteht sich grundsätzlich „wertfrei", insofern, als er keine Bewertung des jeweils virulenten Wertsystems anstrebt, außer natürlich der Frage, ob es für die Erfolgsträchtigkeit der Unternehmung funktional oder dysfunktional ist. Ob das mit einer Unternehmenskultur transportierte Wert- und Orientierungssystem, also der Kulturinhalt, als moralisch oder unmoralisch einzustufen ist, bleibt für die Bestimmung der „Stärke" in aller Regel außer Betracht. Schon deshalb ist es sehr wichtig, die Begriffe **Unternehmensethik** und Unternehmenskultur säuberlich zu trennen. Während Ersterer auf die Beurteilung von Handlungen und Werten abstellt, zielt die Kulturanalyse auf ihre Beschreibung und die Erfassung ihrer Wirkungsweise. Natürlich stehen Unternehmensethik und -kultur in einem engen Zusammenhang, in dem Sinne, dass die Unternehmenskultur ja die Unternehmenswerte repräsentiert – aber eine Ethikanalyse bewertet die Normen, das strebt die Kulturanalyse nicht an. An eine Kulturanalyse kann sich aber jederzeit eine moralische Bewertung der vorgefunden Kultur anschließen – wie etwa bei *Enron*, wo die Kultur als Hauptursache für ein Verhalten angesehen wird, das von außen als grob unethisch eingestuft wurde (Sims und Brinkmann 2003).

Bisweilen wird der Kulturinhalt aber dennoch zum Gegenstand der Bestimmung der Stärke gemacht, dann jedoch in anderer Weise und ohne den vorgegebenen instrumentellen Rahmen zu verlassen. Einbezogen wird in diesen Fällen etwa die **Begeisterungskraft** der Inhalte. Visionen und Orientierungsmuster können mehr oder weniger geeignet sein, Enthusiasmus und Engagement auszulösen. Starke Kulturen zeichnen sich – folgte man diesem Vorschlag – also nicht nur durch hohe Prägnanz und Prägungsdichte aus, sondern geben darüber hinaus stimulierende, begeisternde Impulse (Peters und Austin 1993).

(2) Das zweite Unterscheidungskriterium, **Verbreitungsgrad**, stellt auf das Ausmaß ab, in dem die Organisationsmitglieder die Kultur teilen. Von einer starken Unternehmenskultur spricht man dementsprechend dann, wenn das Handeln sehr vieler Mitarbeiter, im Idealfall aller, von den Orientierungsmustern und Werten geleitet wird. Eine schwache Unternehmenskultur zeichnet sich in diesem Sinne dagegen dadurch aus, dass die einzelnen Unternehmensmitglieder eher an unterschiedlichen Normen und Vorstellungen orientiert sind.

Bisweilen wird kulturelle Stärke mit Konsens gleichgesetzt. Dies erscheint jedoch problematisch. Der Begriff Konsens stammt aus der Dialog-Theorie; Konsens unter Gruppenmitgliedern wird dort durch Angabe und Prüfung von Gründen, also durch **Argumentation**, gewonnen (vgl. oben Kap. 3). Die Homogenität einer Kultur entwickelt sich auf verschiedene Weise (Sozialisation, Zeremonien, Imitation usw.), aber gerade nicht durch

Argumentation. Dazu kommt, dass ein argumentativ erzielter Konsens immer labil insoweit ist, als er durch jedes neue und bessere Argument zerstört werden kann und soll. Kulturelle Stärke zeichnet sich aber gerade durch ein hohes Maß an Kontinuität und Beständigkeit aus.

(3) Das dritte Kriterium, **Verankerungstiefe** stellt schließlich darauf ab, inwieweit die kulturellen Muster internalisiert, also zum selbstverständlichen Bestandteil des täglichen Handelns geworden sind. Dabei ist zu differenzieren zwischen einem kulturkonformen Verhalten, das bloßes Ergebnis einer kalkulierten Anpassung ist, und einem kulturkonformen Verhalten, das Ausfluss internalisierter kultureller Orientierungsmuster ist, die in der Regel in einem sorgfältigen Sozialisationsprozess erworben werden. Nur Letzteres lässt die Stabilität, Vertrautheit und Fraglosigkeit im täglichen Umgang entstehen, wie sie für starke Kulturen gelten sollen. Als logische Konsequenz gehört zur Verankerungstiefe die **Persistenz** als weiteres Merkmal, d. h. die Stabilität der kulturellen Gestalt über längere Zeit hinweg. Dieser Punkt wird in letzter Zeit kritisch gesehen, man favorisiert Kulturen, die in einem permanenten Wandel begriffen sind (Gioia et al. 2013b).

12.5 Unternehmenskulturen und Subkulturen

Mit der Idee starker Unternehmenskulturen verknüpft sich die Vorstellung einer mehr oder weniger stimmigen Ganzheit, eines integrierten kohärenten Gebildes. Im Gegensatz dazu steht das Bild von Unternehmenskultur, das sich aus den Arbeiten zur Stellung und Bedeutung organisatorischer **Subsysteme** ergibt, die eigene kulturelle Orientierungsmuster („Subkulturen") entwickelt haben (Martin 1992, S. 83 ff.; Jochheim 2002). In dieser Perspektive tritt an die Stelle einer kohärenten Unternehmenskultur ein pluralistisches oder besser: fragmentiertes System, das eine Arena verschiedenster Subsysteme bildet, mit zum Teil sehr unterschiedlicher, ja sogar widersprüchlicher Ausprägung.

Subkulturen bilden sich nach verschiedenen Gesichtspunkten:
- hierarchischer Rang (Arbeiterkulturen, Meisterkulturen usw.),
- Profession (Ingenieurs-, Kaufleute-, IT-Kulturen usw.),
- Abteilung (Marketing-, Fertigungs-, Forschungskulturen usw.),
- Geschlecht (Verkäuferinnen/Verkäufer, Krankenschwestern/Krankenpfleger usw.),
- ferner: Hautfarbe, Alter, Nationalität, Religion usw.

Für die Frage nach dem Umgang mit Subkulturen ist ihre Stellung zur Hauptkultur bedeutsam. Man unterscheidet die Stellung von Subkulturen zu der jeweiligen Hauptkultur anhand von drei Grundtypen (Martin und Siehl 1983):

1. **Verstärkende Subkulturen:** Sie sind von der Hauptkultur durchdrungen, achten auf ihre Einhaltung und zeigen modellhaft kulturkonformes Verhalten. Häufig bilden z. B. Vorstandsstäbe oder Lehrwerkstätten solche „enthusiastischen Verstärkungsinseln".

2. **Neutrale Subkulturen:** Sie bilden ihr eigenes Orientierungssystem aus, das aber mit der Hauptkultur nicht kollidiert; sie stehen gewissermaßen parallel oder ergänzend dazu. Häufig zu findende Beispiele: TV-Abteilungen oder Rechtsabteilungen.
3. **Gegenkulturen:** Sie bilden ihr eigenes Orientierungsmuster aus, das sich dezidiert gegen die Hauptkultur richtet, sei es aus einer Enttäuschung heraus (etwa bei Übernahmen), sei es zur Durchsetzung neuer Ideen o. Ä. Aber auch für Gegenkulturen gilt, dass sie ihren Bezugspunkt, ihr Referenzsystem in der Hauptkultur haben, ohne Letztere fehlte die Differenz. Als Beispiel für eine Gegenkultur wird immer wieder das rebellische Wirken des damals neuen CEOs DeLorean bei General Motors zitiert, der sich mit der vorgefundenen Führungskultur nicht abfinden konnte und mit Vertrauten einen neuen Stil prägen wollte (Martin und Siehl 1983). Die Wirkung von Gegenkulturen lässt sich schwer generalisieren; sind sie in manchen Fällen problematische Störfaktoren, wirken sie in anderen entkrampfend und belebend für die Hauptkultur. Nicht selten fungieren sie – ob so gewollt oder nicht – als Motor für den organisatorischen Wandel.

Häufig wird von den Organisationsmitgliedern die Zugehörigkeit zu einer Subkultur als prägender erlebt als die zur Gesamtkultur. Diese Voreingenommenheit erweist sich aber vielfach bei näheren Analysen als nicht triftig, die Subkultur ist lediglich der bewusster erlebte Teil.

Aus einer streng subkulturellen Perspektive erscheinen Unternehmenskulturen eher als pluralistische Gebilde, die sich mehr oder weniger zufällig aus einer Vielzahl von Subkulturen zusammensetzen und für die sich nur mühsam ein gemeinsamer, alles umspannender Rahmen finden lässt (Sackmann 1992; Jochheim 2002). Die Besonderheit organisatorischer Kulturen ist dann mehr die **spezifische Mischung** von Subkulturen denn die Ausprägung eines unternehmenstypischen Wert- und Orientierungssystems. Dem ist sicherlich zu einem guten Teil zuzustimmen, zu weit kann diese Perspektive allerdings nicht reichen, sonst verschwindet das Konzept einer Unternehmenskultur im Nebel. Mit anderen Worten, die Verwendung des Begriffs setzt zwingend bei aller Vielfalt ein Mindestmaß an Einheit voraus, sonst muss darauf verzichtet werden. Als Frage schließt sich natürlich an, ob Subkulturen nicht auch in sich wieder Subkulturen beherbergen? Diese wird man finden, damit zerfließt dann die Vorstellung einer Unternehmenskultur endgültig.

Im Lichte der dargestellten Stärke-Dimensionen können Organisationen mit ausgeprägten Subkulturen aufgrund der daraus resultierenden Heterogenität logischerweise, wenn überhaupt, so nur schwache Kulturen sein. Subkulturen können sich allerdings selbst wiederum durchaus als starke Kulturen ausgebildet haben. Dies verweist auf die Frage der Referenzebene und der Grenzbildung. Welcher Bezugsrahmen ist gemeint, wenn von Unternehmenskultur die Rede ist? Das juristische Gebilde Unternehmung, das große Werk, der Standort, der Geschäftsbereich? Diese Frage wird besonders virulent in **Konzernen**, die ja nicht selten 100 und mehr rechtlich selbstständige Unternehmen umfassen. Für die unternehmenskulturelle Betrachtung stellt sich hier die Frage, ob der Gesamtkonzern als kulturelle Einheit und als Referenzsystem gelten soll, von dem aus Subkulturen zu beobachten sind, oder ob die quasi natürlichen Einheiten (Konzernunternehmen) die Referenzebene bilden.

Dies verweist zugleich auf die praktische Seite dieser Problemstellung, nämlich ob und inwieweit eine Gesamtkultur für einen vielgestaltigen Konzern angestrebt wird oder angestrebt werden soll. Häufig ist dies gar nicht gewollt, vor allem dort nicht, wo man die Konzernführung eher im Sinne eines Portfolio-Managements betreibt, das eine häufige Umschichtung des Portefeuilles vorsieht.

Diese Frage der Konzernkultur stellt sich mit noch mehr Brisanz im internationalen Konzern. Dies wird im letzten Abschnitt noch einmal ausführlicher erörtert.

12.6 Ökonomische Bedeutung von Unternehmenskulturen

Der Funktionsbeitrag von Unternehmenskulturen wird primär an starken Kulturen im oben erläuterten Sinne studiert. Ein einfacher Wirkungszusammenhang zwischen der Stärke einer Unternehmenskultur und dem Leistungsniveau (Rentabilität, Produktivität, Wachstum etc.) – wie so häufig angenommen (Peters und Waterman 1984; Deal und Kennedy 1982 ließ sich indessen nicht belegen. Die Wirkungspfade in der Praxis sind verwickelter und die funktionalen Bezüge ambivalenter. Die wichtigsten Leistungsbezüge aus der Sicht des Systems seien nachfolgend kurz vorgestellt (u. a. Saffold 1988; Sørensen 2002; Kotter 2008):

12.6.1 Positive Effekte

Stark ausgeprägte Unternehmenskulturen sind für das Leistungsvermögen einer Unternehmung in mehrfacher Hinsicht bedeutsam. Dabei haben sich vor allem die folgenden Aspekte als triftig erwiesen (vgl. Abb. 12.3):

1. Handlungsorientierung durch Komplexitätsreduktion
2. Effizientes Kommunikationsnetz
3. Rasche Informationsverarbeitung und Entscheidungsfindung
4. Beschleunigte Implementation von Plänen und Projekten
5. Geringer Kontrollaufwand
6. Hohe Motivation und Loyalität
7. Stabilität und Zuverlässigkeit

Abb. 12.3 Vorzüge einer starken Unternehmenskultur

1. **Handlungsorientierung.** Starke Unternehmenskulturen vermitteln ein klar geschnittenes Weltbild und machen damit die „Welt" für das einzelne Unternehmensmitglied verständlich und überschaubar. Sie erbringen so eine weitreichende Orientierungsleistung, weil sie die verschiedenen möglichen Sichtweisen und Interpretationen der Ereignisse und Situationen reduzieren und auf diese Weise eine klare Basis für das tägliche Handeln schaffen. Diese Handlungsorientierungsfunktion ist vor allem dort von großer Bedeutung, wo eine formale Regelung zu kurz greift oder gar nicht greifen kann.
2. **Reibungslose Kommunikation.** Die Abstimmungsprozesse gestalten sich durch die einheitliche Orientierung wesentlich einfacher und direkter. In starken Kulturen existiert ein eingespieltes Kommunikations-Netzwerk, das sich auf homogene Orientierungsmuster abstützen kann. Signale werden so sehr viel schneller transportiert und zuverlässiger interpretiert als dies typischerweise bei formaler Kommunikation der Fall ist.
3. **Rasche Entscheidungsfindung.** Eine gemeinsame Sprache, ein konsistentes Präferenzsystem und eine allseits akzeptierte Vision für das Unternehmen lassen relativ rasch zu einer Einigung oder zumindest zu tragfähigen Kompromissen in Entscheidungs- und Problemlösungsprozessen vorstoßen.
4. **Zügige Implementation.** Entscheidungen und Pläne, Projekte und Programme, die auf gemeinsamen Überzeugungen beruhen und sich deshalb auf breite Akzeptanz stützen, können schnell und wirkungsvoll umgesetzt werden. Bei auftretenden Unklarheiten geben die fest verankerten Leitbilder rasche Orientierungshilfe.
5. **Geringer Kontrollaufwand.** Der Kontrollaufwand ist gering, die Kontrolle wird weitgehend auf indirektem Wege geleistet (soziale Kontrolle). Die Orientierungsmuster sind verinnerlicht, es besteht wenig Notwendigkeit, fortwährend ihre Einhaltung zu überprüfen.
6. **Motivation und Teamgeist.** Die orientierungsstiftende Kraft der kulturellen Muster und die gemeinsame, sich gegenseitig fortwährend bekräftigende Verpflichtung auf die zentralen Werte („Vision") der Unternehmung lassen eine hohe Bereitschaft entstehen, sich für das Unternehmen zu engagieren („intrinsische Motivation") und dies auch nach außen hin unmissverständlich zu dokumentieren.
7. **Stabilität.** Ausgeprägte, gemeinsam geteilte Orientierungsmuster reduzieren Angst und bringen Sicherheit und Selbstvertrauen. Es besteht deshalb wenig Neigung, ein solches kohärentes System zu verlassen oder dem Arbeitsplatz fernzubleiben (geringe Fluktuationsrate und Fehlzeiten).

Alle diese Aspekte zusammen ließen die These entstehen, dass Organisationen mit starken Unternehmenskulturen effizienter arbeiten und bei marktgerechtem Geschäftsmodell eine höhere Rentabilität erzielen.

12.6.2 Negative Effekte

Die geschilderten Vorzüge einer starken Unternehmenskultur sind jedoch keineswegs so eindeutig und so unkompliziert, wie sie auf den ersten Blick erscheinen mögen. Eine Reihe negativer Effekte gilt es, gleichrangig zu beachten (vgl. Abb. 12.4):

1. Tendenz zur Abschließung
2. Blockierung neuer Orientierungen
3. Implementationsbarrieren
4. Fixierung auf traditionelle Erfolgsmotive
5. Kollektive Vermeidungshaltung
6. „Kulturdenken"
7. Mangel an Flexibilität

Abb. 12.4 Negative Effekte einer starken Unternehmenskultur

1. **Tendenz zur Abschließung.** Tief internalisierte Wertsysteme und die aus ihnen fließende Orientierungskraft können leicht zu einer alles beherrschenden Kraft werden. Kritik, Warnsignale, usw., die zu der bestehenden Kultur im Widerspruch stehen, drohen verdrängt oder überhört zu werden. Fest eingeschliffene Traditionen und Rituale verstärken diese Tendenz. Starke Kulturen laufen deshalb Gefahr, zu „geschlossenen Systemen" zu werden.
2. **Blockierung neuer Orientierungen.** Mitgliedern starker Unternehmenskulturen sind Veränderungen suspekt, sie lehnen sie vehement dann ab, wenn sie ihre Identität bedroht sehen. Unangenehme, dem vorherrschenden Weltbild zuwiderlaufende Vorschläge werden frühzeitig blockiert oder gar nicht registriert.
3. **Implementationsbarrieren.** Selbst wenn neue Ideen in den Entscheidungsprozess Eingang gefunden haben, erweist sich eine starke Unternehmenskultur bei ihrer Umsetzung tendenziell als starker Hemmschuh. Solange es um die Umsetzung von mit der bisherigen Geschäftspolitik verwandten Ideen geht, sind – wie oben dargelegt – starke Kulturen überlegen. Von dem Moment an aber, wo es um einen grundsätzlichen Wandel, etwa um eine strategische Neuorientierung, geht, muss ein stabiles und stark verfestigtes Kultursystem zum Problem werden (vgl. dazu im Einzelnen Kap. 8). Der Grund ist einsichtig. Die Sicherheit, die starke Kulturen in so hohem Maße spenden, gerät in Gefahr, und die Folgen sind Angst und Abwehr. Der Umgang mit dem Ungewöhnlichen ist nicht geübt. Auch die „Helden" (siehe oben) selbst haben ja ein Interesse daran, dass alles so weitergeht wie bisher, denn das ist ja die Quelle, aus der sich ihr „Heldentum" speist.
4. **Fixierung auf traditionelle Erfolgsmuster.** Starke Kulturen schaffen eine emotionale Bindung an bestimmte gewachsene und durch Erfolg bekräftigte Vorgangsweisen und Denktraditionen. Neue Pläne und Projekte stoßen damit auf eine argumentativ nur schwer zugängliche Bindung an herkömmliche Prozeduren und Vorstellungen.
5. **Kollektive Vermeidungshaltung.** Die Aufnahme und Verarbeitung neuer Ideen setzen ein hohes Maß an Offenheit, Kritikbereitschaft und Unbefangenheit voraus; starke Unternehmenskulturen sind aufgrund ihrer emotionalen Bindungen wenig geeignet, diese Voraussetzungen herzustellen. Ja, sie laufen Gefahr, sich dem hier notwendigen Prozess der Selbstreflexion in einer Art kollektiver Vermeidungshaltung zu versagen, kritische Argumentation auf subtile Weise für illegitim zu erklären.

6. **„Kulturdenken"**. Starke Kulturen neigen dazu, Konformität in gewissem Umfang zu „erzwingen". Konträre Meinungen, Bedenken usw. werden zurückgestellt zugunsten der kulturellen Werte. Die Motivation, den kulturellen Rahmen zu erhalten, übertrifft tendenziell die Bereitschaft, Widerspruch zu artikulieren. In Analogie zum Phänomen des „Gruppendenkens" (vgl. oben Kap. 10) könnte man hier von „Kulturdenken" sprechen.
7. **Mangel an Flexibilität.** Die geschilderten Effekte bringen in der Summe das Problem der Starrheit und mangelnder Anpassungsfähigkeit mit sich. Lorsch (1986) bezeichnet deshalb starke Unternehmenskulturen als „unsichtbare Barrieren" für organisatorischen Wandel. Er verweist dabei insbesondere auf die Problematik, die sich hieraus speziell für strategische Entscheidungsprozesse ergibt. Unternehmen sind – wie in Kap. 5 gezeigt – in einem zunehmenden Maße gefordert, die unternehmensstrategische Umstellungsfähigkeit zu einer für das Überleben kritischen Ressource zu machen. Im Hinblick auf diese Anforderung kann sich eine allzu starke Unternehmenskultur nur als hinderlich erweisen. Diese Schlussfolgerung korrespondiert sehr gut mit einer empirischen Studie (Sørensen 2002), in der sich zeigt, dass sich der Vorteil starker Kulturen hauptsächlich in stabilen Umwelten entfalten kann, in turbulenten Umwelten jedoch schnell auflöst.

Insgesamt stellt sich hier die Frage, ob die Forschung die Kultur nicht als zu sehr stabilisiert betrachtet. In der Realität sind kulturelle Orientierungen immer gewissen Änderungen unterworfen (Gioia et al. 2013b), etwa im Rahmen von Reifungsprozessen oder durch verjüngtes Personal. Dabei muss man jedoch beachten, dass kulturelle Stabilität nicht zu eng betrachtet wird. Einen gewissen Änderungsprozess gibt es natürlich in jedem sozialen System, mit „Stärke" ist jedoch mehr der Kern einer Kultur gemeint, die tief liegenden Basisüberzeugungen. Diese bleiben, auch wenn sich die Peripherie kontinuierlich ein wenig ändert, häufig dennoch erhalten. Dies gilt umso mehr, wenn sie durch selbstverstärkende Effekte in ein Lock-in geraten sind (vgl. zur Pfadabhängigkeit Kap. 8).

12.6.3 Starke Unternehmenskulturen und Innovation

Nimmt man die dargelegten negativen Wirkungsmöglichkeiten zusammen und betrachtet sie über einen Zeitraum hinweg, so verweisen sie auf die Gefahr, dass starke Unternehmenskulturen zu starren „Palästen" (Hedberg et al. 1976) werden können, die nur dort außerordentlich erfolgreich sind, wo es um die Bewältigung vertrauter Situationen geht oder kleinere Veränderungen („Zehn-Prozent-Innovationen") zu meistern sind. Bei größeren Veränderungen dagegen werden „Paläste" zum Problem. Diese Feststellung steht im Widerspruch zu anderen Thesen; häufig werden starke Unternehmenskulturen in einem Atemzug mit innovativen Unternehmen genannt, basierend auf der Annahme, dass eine starke Unternehmenskultur ein herausragender Faktor für die innovative Potenz einer Unternehmung ist (etwa Kanter 1992), manche behaupten sogar, die Unternehmenskultur sei der stärkste Treiber für radikale Innovationen (Tellis et al. 2009). Wie ist dieser Widerspruch einzuschätzen?

Grundsätzlich gilt es festzustellen, dass es zweifellos Unternehmen mit fest verankerten Werten gibt, die einer Innovation förderlich sind. Die inhaltliche und intensitätsmäßige

Ausprägung einer Unternehmenskultur ist für die **Innovationsfähigkeit** und -freudigkeit von großer Bedeutung. Der hier entscheidende Punkt ist aber: Diese Grundhaltungen, die zu innovationsfreudigem Handeln ermuntern, lassen sich nicht schlüssig als Ausdruck **starker Kulturen** begreifen – auch vor allem dann nicht, wenn diese Grundhaltungen „tief verankert" sind. Dies aus mehreren Gründen:

Innovationsfördernde Grundwerte sind grundsätzlich kein Nährboden, der eine starke Kultur gedeihen ließe; ja man kann fast sagen, sie ersticken eine erstarkende Kultur im Keim. Dies wird unmittelbar deutlich, wenn man sich die typischen Werte vor Augen hält, die eine innovationsfreudige Haltung stimulieren. Wie soll mit Werten wie „Freude am Widerspruch", „Abneigung gegen Konformismus", „Freude am Experimentieren und am Ausprobieren neuer Wege" eine starke Kultur entwickelt werden? Sie laufen den eingangs konstatierten Merkmalen starker Kulturen offenkundig zuwider. Sie fördern nicht Homogenität, sondern **Diversität**, sie geben keine Sicherheit in der Orientierung, sondern sie **verunsichern** eher, sie reduzieren nicht (Binnen-)Komplexität, sondern erhöhen sie und überlassen es dem Individuum und der kleinen Gruppe, problemspezifisch die Komplexität zu absorbieren.

Gegen diese Überlegungen könnte eingewandt werden, innovative Organisationen böten ja auch Homogenität, nämlich durch Einhelligkeit in der Meinung, dass verschiedene Perspektiven und Non-Konformismus gelten sollen, und sie böten auch Orientierungssicherheit und -prägnanz, nämlich im Hinblick auf die Unumstößlichkeit dieser Prinzipien.

Dieser Einwand trägt jedoch offensichtlich nicht weit, denn diese Grundhaltungen sind nicht nur eng begrenzt, sondern eben ihrem Charakter nach auch rein **formal** (Prozessregeln), sie können weder ein volles Weltbild vermitteln, das der Einzelhandlung Richtung und Sinn geben könnte, noch sind sie geeignet, den Handlungsraum weitläufig abzudecken und zu homogenisieren. Es sind einige für den innovativen Gesamtprozess durchaus wichtige **Minimalnormen**, sie allein können aber natürlich in keiner Weise ein dichtes Werte- und Regelsystem abgeben, wie es für starke Kulturen gelten soll.

Man wird sich deshalb von der Idee trennen müssen, dass bedeutsame Wirkungen nur von sehr starken Kulturen ausgehen können. Auch in der Summe schwache Kulturen können in einem bestimmten Bereich für das Verhalten der Organisationsmitglieder sehr relevant sein, etwa im Sinne eines Kanons von Mindestregeln, der die diversen Strömungen und konkurrierenden Gruppen erst ermöglicht.

Das Ziel, eine starke Unternehmenskultur zu haben, erscheint im Lichte dieser Überlegungen als zweischneidiges Schwert. Vor dem Hintergrund einer zu einseitigen und zu kurzfristigen Sichtweise wurde **Kulturentwicklung** allzu häufig nur als Aufbau und Förderung starker Kulturen begriffen. Im Hinblick auf die Flexibilität eines Systems sollte man jedoch die Blickrichtung umdrehen und die Kulturentwicklung auch als einen reflexiven Prozess verstehen, eine allzu starke Kultur aus ihrer Verklammerung zu lösen, um Freiraum für das Neue und das vorher Unbegreifbare zu schaffen.

12.7 Kulturwandel in Organisationen

https://sn.pub/JqJ06e

Trotz ihrer eher beharrenden Züge sind Unternehmenskulturen – wie bereits hervorgehoben – immer auch kontinuierlichen Veränderungsprozessen unterworfen. Dabei gilt es allerdings sehr sorgfältig die fortlaufenden, fast unmerklichen Mikro-Anpassungen von den großen, meist disruptiven Veränderungen der Kultur zu unterscheiden. Dabei kann sich der Kulturwandel („culture change") in erster Linie auf die Kultur direkt richten, häufig ist es aber auch so, dass es für bestimmte Ziele, z.B. neues Geschäftsmodell oder verändertes Führungskonzept, eines ggf. radikalen Kulturwandels bedarf (Alvesson und Svenningsson 2015). Oder aber es geht um die Veränderung von Entscheidungsgrundlagen, die zu Verwerfungen geführt haben (siehe oben).

Für den Kulturwandel gelten im Grundsatz dieselben Prinzipien, die oben in Kap. 8 dargelegt worden sind. Nachdem Kulturen nicht geplant hergestellt, sondern in der täglichen Interaktion entstanden sind, steht jedoch ein solches Wandelvorhaben vor besonderen Problemen, die sich von einer Veränderung der Organisationsstruktur deutlich unterscheiden. Häufig ist es aufgrund des impliziten Charakters den Akteuren gar nicht bewusst, was nun genau Gegenstand der Veränderungsbemühungen sein soll.

Empirische Studien, die verschiedene erfolgreich vollzogene Kulturwandlungsprozesse in Betrieben zum Gegenstand hatten, zeichnen den in Abb. 12.5 wiedergegebenen typischen Verlauf.

Ausgangspunkt war immer eine Konfliktsituation. Die herkömmlichen Interpretations- und Handlungsmuster führten in die Krise, waren nicht mehr erfolgreich. Es trat Verunsicherung ein. Die Symbole und Riten verloren an Glaubwürdigkeit und Faszination. Sie wurden kritisiert. **Schattenkulturen**, d. h., latent vorhandene, aber bislang nicht praktizierte Muster traten hervor (vgl. auch Shaw 1997), oder aber eine neue Führungsmannschaft versuchte quasi von außen, **neue Orientierungsmuster** aufzubauen. Nun kamen alte und neue Kulturen in Konflikt; es gab einen Machtkampf oder eine Rebellion. Wenn es gelang, die Krise zu meistern, und die Organisationsmitglieder schrieben diesen Effekt der neuen Orientierung zu, wurde diese akzeptiert.

12.7 Kulturwandel in Organisationen

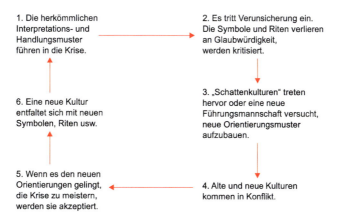

Abb. 12.5 Typischer Verlauf eines Kulturwandels. (Quelle: Dyer 1985, S. 211)

Einen Kulturwandel herbeizuführen, ist auch deshalb eine komplexe Aufgabe, weil mit einer neuen Kultur in der Regel auch zugleich eine **Umverteilung von Ressourcen** einhergeht. Die Begünstigten der alten Kultur entfalten zumeist eine starke Gegenwehr und unterminieren das neue „Weltbild" so weit als möglich. Wird trotz allem das Problemlösungspotenzial der neuen Orientierung anerkannt, entfaltet sich eine neue Kultur und findet in neuen Symbolen und Riten ihren Ausdruck. Dies so lange, bis wiederum eine Krise auftritt, und der Kreislauf beginnt dann von neuem. Der Anstoß für einen solchen Wandlungsprozess kann einerseits aus der Umwelt kommen (neue Wettbewerber, unzufriedene Aktionäre usw.). Nicht selten ist es ein Wertewandel der übergreifenden Gesellschaft oder anderer externer Referenzgruppen, die die beschriebenen Anpassungsprozesse in Gang setzen (Alvesson 2013). Andererseits kann dieser Anstoß aber auch von innen kommen: Veränderungen in der Führungsspitze durch Generationswechsel (Dyer 1986), interne Stärken/Schwächen-Analyse oder die Fusion mit einem anderen Unternehmen.

Die beobachteten und in Abb. 12.5 schematisierten Änderungsverläufe sind im Wesentlichen evolutorischer Natur, also ungeplante Prozesse gewesen. Die gravierenden (negativen wie positiven) Wirkungen von Unternehmenskulturen werfen jedoch die Frage auf, ob und gegebenenfalls wie die Unternehmenskultur zum Gegenstand eines **geplanten Wandels** gemacht werden kann. Zu dieser Frage werden in der Literatur äußerst unterschiedliche Positionen bezogen.

Den einen Pol bilden die **„Kulturingenieure"**. Diese Position geht davon aus, dass man Kulturen ähnlich wie andere Führungsinstrumente gezielt einsetzen und planmäßig verändern kann (Allen und Kraft 1982; Sackmann u. a. 2004).

Dieser instrumentalistischen Sichtweise völlig ablehnend steht die Gruppe der **„Kulturalisten"** oder „Puristen" gegenüber. Sie betrachten die Unternehmenskultur als eine organisch gewachsene Lebenswelt, als „Welt vor dem Begriff", die sich jedem gezielten Herstellungsprozess entzieht (etwa Smircich 1983). Die kulturalistische Position verknüpft sich häufig mit einer hohen Wertschätzung intakter lebensweltlicher Gemeinschaften und weist dann dementsprechend nicht nur das Ansinnen, eine Unternehmenskultur zu „machen", als naiv zurück, sondern erhebt gegen ein solches Vorhaben auch starke **normative** Bedenken (etwa Willmott 1993). Man sieht in der Unternehmenskultur ein kostbares Traditionsgut, das vor dem profanen Zugriff einer ingenieurmäßigen Gestaltungsrationalität zu bewahren ist. Darüber hinaus wird auf die Gefahr verwiesen, dass mit dem Vorhaben der Kulturplanung auf unkontrollierte Weise Einfluss auf die Mitarbeiter genommen werden soll. **Symbolische Kommunikation**, wie sie allenthalben zum Kulturwandel empfohlen wird, ist verschlüsselte Kommunikation und deshalb zweifellos offen für Manipulation (Zott und Huy 2007).

Eine dritte Position lässt sich mit dem Stichwort **„Kurskorrektur"** umreißen (vgl. z. B. die Position von Schein 1997). Sie akzeptiert die Idee des geplanten Wandels im Sinne des **Initiierens** einer Veränderung und Neuorientierung. Auf der Basis einer Rekonstruktion und Kritik der Ist-Kultur sollen Anstöße zu einer Kurskorrektur gegeben werden. Konzeptionell lässt sich dieser Ansatz dem „Reframing" zuordnen (Alvesson und Svenningsson 2015). Die idealtypischen Phasen eines solchen Veränderungsprogramms zeigt Abb. 12.6.

Der erste und wichtigste Schritt einer solchen Kulturentwicklung ist die Beschreibung und vor allem die Bewusstmachung der bestehenden Kultur. Nachdem es sich im Wesentlichen um unsichtbare Größen handelt, ist hierzu – wie eingangs bereits dargelegt – eine direkte Befragung der Beteiligten mit standardisierten Fragebögen wenig hilfreich. Man sollte nicht vergessen, es sollen implizite Orientierungsmuster erfasst werden, und dies ist nur im Rahmen einer Deutungsleistung möglich. Die besondere Schwierigkeit dieser **Deutungsleistung** besteht darin, dass nicht einzelne Handlungen zu deuten sind, sondern eben ein ganzer **Handlungskomplex**. Erst eine solche Rekonstruktion macht es möglich, den interessierenden Teil einer Unternehmenskultur zu analysieren und in seiner Veränderungsbedürftigkeit zu beurteilen.

Eine **vollständige Beschreibung** einer Unternehmenskultur ist allerdings – das ist wichtig zu sehen – nicht möglich; denn Unternehmenskulturen weisen nicht nur unscharfe Randqualitäten auf, sondern sind ihrem Charakter nach **komplex**. Schon aus diesem Grunde ist es auch prinzipiell nicht möglich, eine vollständige neue Kultur zu **konstruieren** und Schritt für Schritt zu implementieren. Diese Vorstellung ist viel zu mechanistisch und verkennt den netzartigen Charakter kultureller Beziehungen (Wilkins und Patterson 1985). Was man tun kann, ist jedoch, Anstöße zu eben einer **„Kurskorrektur"** zu geben,

Phase	
Diagnose	■ systematische Erfassung der kulturellen Ausdrucksformen ■ Erschließung der zugrunde liegenden Basis-Orientierung
Beurteilung	■ Abschätzung der Wirkungen der Ist-Kultur ■ Ermittlung der Veränderungsbedürftigkeit
Maßnahmen	■ Entwurf einer Kurskorrektur im Dialog mit den Betroffenen ■ Einleitung von Interventionen ■ Bestärkung der Neuorientierung

Abb. 12.6 Phasen einer „Kurskorrektur"

also ein „Reframing" anzustoßen. Dazu gehört vor allem die Möglichkeit, verkrustete Muster durch die Diskussion ihrer problematischen Wirkungen als solche deutlich zu machen und gegebenenfalls für neue Werte zu plädieren und ihre Fruchtbarkeit zu demonstrieren (Bate 1997).

Es ist augenscheinlich, dass ein solcher Prozess nicht angeordnet werden kann. Neue Werte lassen sich nicht befehlen, die Verwendung von speziellen Deutungsmustern ist ein unsichtbarer Vorgang. Solange sich die Umorientierung, die Assimilation neuer Annahmen und Sichtweisen nicht in den Köpfen der Organisationsmitglieder vollzieht, ist jede Anstrengung wertlos. Die Organisationsmitglieder müssen – mehr noch als bei jedem anderen organisatorischen Wandel – davon überzeugt sein, dass neue Orientierungsmuster notwendig sind, und motiviert sein, etwas Neues auszuprobieren. Über die Schwierigkeiten, die in der Praxis mit einer solchen Kurskorrektur verbunden sind, zeigt Kasten 12.5, in dem ein Journalist über den angestrebten Kulturwandel bei der Deutschen Bank berichtet.

12.8 Unternehmenskultur im internationalen Kontext

Jede Unternehmung operiert im Kontext einer Landeskultur; es ist unzweifelhaft, dass sich dementsprechend in den Unternehmenskulturen bis zu einem gewissen Grad **landeskulturelle Muster** wiederfinden lassen. Dies ist auch nicht weiter verwunderlich, bildet ja die Landeskultur den Nährboden für die Entwicklung einer Unternehmenskultur. Sie wird über die Mitarbeiter in das Unternehmen gebracht.

Kasten 12.5

Kulturwandel bei der Deutschen Bank: Alles neu?
„Integrität, Wahrung der Kundeninteressen und nachhaltiges Denken sollen künftig das Handeln aller 100.000 Mitarbeiter bestimmen. „Kulturwandel" nennt die Deutsche Bank ihr Vorhaben. Vom Erfolg hängt der Ruf und damit auch die Zukunft der Bank ab. Kunden fühlen sich von ihr über den Tisch gezogen, es gibt viele Klagen und kostspielige Vergleiche, Skandale und staatliche Ermittlungen weltweit. Das einst so stolze Haus steht heute wie ein Hort von Zockern und Verbrechern da. (…)

Am Ende, nach vielen offiziellen Terminen und nach inoffiziellen Gesprächen mit Insidern, Konkurrenten sowie Kennern des Hauses, steht ein klares Bild: Der Deutschen Bank ist es ernst. Doch ihr fehlt ein umfassendes Konzept für den Kulturwandel – und ihre Chefs realisieren erst langsam, welch einen Prozess sie da angestoßen haben. Die großen Entscheidungen, die echten Prüfungen stehen ihr noch bevor. Bis dahin ist der Kulturwandel mehr Ankündigung als Vollzug, mehr Ziel als Zustand. Soll er Bestand haben, muss er das Tagesgeschäft prägen, die DNA der Bank verändern (…)

Bubmann ist 50 Jahre alt und seit 32 Jahren bei der Bank, er begann als Lehrling und studierte später parallel zur Arbeit. (…) Bubmann soll herausfinden, was die Kunden brauchen, soll ihre Zufriedenheit messen und ihre Beschwerden ernst nehmen. (…) Kulturwandel, das ist für Bubmann Fair Share: Nach diesem Konzept werden Filialen nicht mehr nur am Gewinn gemessen, sondern auch daran, wie zufrieden ihre Kunden sind. ‚Sie müssen in beiden Kategorien gut sein.' Das Abschneiden der Filiale im Vergleich mit anderen beeinflusst zum Beispiel, wie hoch der Bonus für alle zusammen dort ausfällt. (…)

Es ist, als sei die Deutsche Bank gerade im Gespräch mit sich selbst. Als verständige sie sich eben erst darüber, was sie sein will. Wahrscheinlich ist sie deshalb nach außen noch so vage, so zögerlich, so unsicher. (…)

Zum Gespräch mit dem Mann, der den Kulturwandel vorantreiben soll. Stephan Leithner, 47 Jahre alt, verantwortet im Vorstand Personal, Recht und Regulierung – und damit viele der Felder, auf denen sich die Zukunft der Bankenwelt entscheidet (…) ‚Wer gegen ein Gesetz verstößt, fliegt raus', sagt Leithner. Kein Pardon mehr auch bei internen Schulungen. Wer sie schwänzt, bekommt rote Flaggen verpasst, ein System, das seit 2010 schrittweise im Konzern eingeführt wird. Zu viele dieser roten Flaggen, ob bei sich selbst oder auch bei seinen Mitarbeitern, drücken den Bonus und verzögern die Beförderung. Früher habe ein Mitarbeiter schon mal das Training zwei Monate verschoben, wenn er gerade in einem Deal gesteckt habe, doch ‚die Zeiten sind heute vorbei', erklärt Leithner.

Kritiker sagen, das reiche alles nicht. Die Chefs müssten mehr an den Strukturen ändern, freiwillig noch viel dickere Kapitalpolster aufbauen und den Investmentbankern im Haus weniger Kapital für ihre riskanten Geschäfte geben."

Quelle: Die Zeit Nr. 22 vom 21.5. 2013, S. 21 f.

Auf der anderen Seite sind jedoch die zum Teil verblüffend stark ausgeprägten Unterschiede zwischen Unternehmenskulturen innerhalb ein und derselben Landeskultur unübersehbar. Die ganze Diskussion um Unternehmenskulturen und ihre Erfolgsträchtigkeit wurde ja weitgehend unter Verweis auf unterschiedliche Unternehmenskulturen innerhalb eines Kulturkreises begonnen (Peters und Waterman 1984). Überhaupt erhält die Debatte um die Erfolgsträchtigkeit von Unternehmenskulturen einzig und allein daraus ihren Sinn, dass der Unternehmenskultur eine selbstständige, „eigensinnige" Kraft zugebilligt wird, die weit über eine landeskulturelle Prägung hinausgeht. Dies bedeutet zugleich, dass innerhalb einer jeden Landeskultur ein relevanter **Handlungsspielraum** zur Ausdifferenzierung von Unternehmenskultur besteht, wobei die Grenzen dieses Spielraums nicht als starrer Rahmen gedacht werden können (vgl. dazu die völlig gegenteilige Meinung von Hofstede 1997).

Für eine Unternehmung stellt sich damit die Frage, wie die Entwicklung einer Unternehmenskultur mit den immer latent gegenwärtigen Einflüssen der Landeskultur auszubalancieren ist. Der mehr oder weniger organischen Anpassung steht als Option die ablösende, eigenständige Ausformung der Unternehmenskultur gegenüber, so dass Unternehmenskulturen gewissermaßen einen **Kontrapunkt** zur Landeskultur bilden. Dabei muss unbedingt berücksichtigt werden, dass Landeskulturen noch seltener als Unternehmenskulturen „starke" Kulturen in dem Sinne sind, dass sie ein hohes Maß an Homogenität aufweisen (Martin 2002, S. 350 f.). Gerade auf landeskultureller Ebene wird die kulturelle Differenzierung immer häufiger sichtbar und zum Teil sogar Programm. Das Stichwort „**Diversität**" ist heute in aller Munde.

Alle diese Fragen sind in besonderem Maße für multinationale Unternehmen bedeutsam, weil dort verschiedene Landeskulturen und möglicherweise auch verschiedene Unternehmenskulturen aufeinander treffen, so dass unausweichlich eine Antwort auf die Frage nach dem Verhältnis gefunden werden muss. Im Hinblick auf das hier interessierende Verhältnis von Unternehmens- und Landeskultur ergeben sich formal zwei grundsätzliche Alternativen:

1. Die Auslandsgesellschaften entwickeln jeweils eigene Unternehmenskulturen *(pluralistische Unternehmenskultur)* oder
2. in den Auslandsgesellschaften und im Stammhaus wird eine gemeinsame in bestimmtem Umfang kohärente Gesamtkultur praktiziert *(universelle Unternehmenskultur)*.

Ad (1) Die **pluralistische Unternehmenskultur** stellt darauf ab, die Auslandsgesellschaften weitgehend separat zu entwickeln und dabei ggf. (keineswegs aber notwendig) den landeskulturellen Einflüssen zu öffnen, so dass sich schließlich in jeder Auslandsgesellschaft eine je spezifische Unternehmenskultur entwickelt. Eine solche Eigenentwicklung bedarf keiner besonderen Anstrengung, sie entwickelt sich gewissermaßen von alleine. Das multinationale Unternehmen wird dann im Ergebnis ein multikulturelles Unternehmen in dem Sinne, dass es eine Arena für verschiedene Unternehmenskulturen bildet. Man kann den resultierenden Kulturtyp im Hinblick auf das Gesamtunternehmen auch als regionalisierte oder **multilokale Unternehmenskultur** beschreiben (vgl. Kraus et al. 2019).

Die Politik der pluralistischen, lokal angepassten Unternehmenskultur führt im Ergebnis zu einer sehr starken internen Differenzierung des jeweiligen multinationalen Unternehmens mit den entsprechenden *Differenzierungsvorteilen* (insbesondere Spezialisierung und Flexibilität). Die Landesgesellschaften dieser Unternehmen sind gut gerüstet, die Spezifika regionaler Märkte und Gewohnheiten in ihre Geschäftsmodelle aufzunehmen und zu beantworten.

Die pluralistische Unternehmenskultur multipliziert jedoch auf der anderen Seite gerade damit die **Diversität**, die in einem multinationalen Unternehmen ohnehin schon einen relativ hohen Grad erreicht, z. B. aufgrund von Landesgesetzen, Traditionen und lokalem Wettbewerb. Je ausgeprägter aber der Unterschied in den Orientierungen zwischen den Teilkulturen ist, und je weniger diese untereinander vereinbar sind, umso problematischer wird zwangsläufig die Integrationsaufgabe, also die Verknüpfung der Teile zu einem wirkungsvollen Ganzen (Nohria und Ghoshal 1997). Die Anschlussfähigkeit der Handlungen untereinander wird problematisch.

Ad (2) Die **universelle Unternehmenskultur** als zweite grundsätzliche Alternative stellt dagegen die Kohärenz des Gesamtsystems in den Vordergrund. Die ausländischen Gesellschaften werden gezielt in die bereits bestehende, meist im Stammhaus entwickelte Unternehmenskultur hineinsozialisiert, oder aber es entwickelt sich eine gemeinsame neue Kultur.

Kernpunkt ist die gemeinsame Orientierung und die Entwicklung gemeinsamer Wahrnehmungs- und Handlungsmuster, die ein kohärentes länderübergreifendes Bezugssystem sicherstellen. Die Konsequenz einer solchen Unternehmenskultur ist allerdings, dass im Hinblick auf die fremden Landeskulturen Divergenz entsteht, die Unternehmenskultur setzt dann den oben erwähnten Kontrapunkt.

Die Auslandsgesellschaften bilden in diesem Konzept keine einander „fremdartigen" Subkulturen**,** sondern werden zu **integralen Teilen** der Gesamtkultur. Von ihnen wird in erster Linie erwartet, dass sie nach geeigneten Wegen suchen, das spezielle kulturelle Unternehmensprofil trotz unterschiedlicher lokaler Gegebenheiten sicherzustellen. Unternehmen, die tendenziell einen solchen Pfad verfolgen, sind z. B. McDonald's, Apple und Siemens.

Betont die plurale Kultur die **kulturelle Differenzierung** eines Systems und die daraus resultierenden Spezialisierungsvorteile, so liegt der Schwerpunkt der universellen Kultur bei der Systemintegration, also bei der Sicherstellung und der Effizienz organisationsinterner Transaktionen. Eine einheitliche Unternehmenskultur standardisiert die Orientierungsmuster und macht dadurch das Verhalten der Systemmitglieder besser erwartbar. Dadurch erhöht sich die Anschlussfähigkeit der Handlungen untereinander, was erhebliche Koordinationsvorteile erbringt.

Es ist natürlich viel schwerer, eine solche universelle Unternehmenskultur zu verwirklichen als eine pluralistische. Im Unterschied zu letzterer bedarf dies besonderer Anstrengungen. Dem Integrationsnutzen stehen deshalb nicht nur die Spezialisierungsverluste, sondern auch potenziell sehr hohe „**soziale Kosten**" gegenüber. Es muss ja nun, auf welchem Wege auch immer, eine homogene Gesamtkultur entwickelt und vor allem gelebt werden. In der Mehrzahl der Fälle (keineswegs aber notwendigerweise) bedeutet dies, eine Unterneh-

12.8 Unternehmenskultur im internationalen Kontext

menskultur zu übertragen, die in einem gänzlich unterschiedlichen Kontext entstanden ist und unter Umständen Wertvorstellungen transportiert, die zu denen der Gastlandkultur im Widerspruch stehen. Unbehagen und Ablehnung sind wahrscheinliche Reaktionen, allerdings kann auch Begeisterung für das Neue und Fremde überwiegen (wie es bisweilen deutsche Unternehmen, die in asiatischen Ländern an deutschen Gewohnheiten festhalten, erleben).

Zur Frage, wie eine solche Übertragung bewerkstelligt und eine Art „global mindset" (Gupta und Govindarajan 2002) geschaffen werden kann, ist vor allem die Personalpolitik und hier insbesondere die globale Personalauswahl und die Personalentwicklung zu nennen (etwa Tarique und Schuler 2010). Daneben ist aber auch die Verwendung globaler Symbole und Rituale (wie etwa die einheitliche Jahresabschlussfeier bei Hewlett Packard) von erheblicher Bedeutung. Auf das oben bereits angesprochene Problem grundsätzlicher Begrenztheit gestaltender Einflussnahme auf Unternehmenskulturen sei hier nur noch einmal kurz verwiesen (vgl. dazu Kasten 12.6).

Mit der pluralistischen und der universellen Unternehmenskultur stehen sich somit zwei Alternativen mit sehr unterschiedlichen Kosten/Nutzen-Profilen gegenüber (Schreyögg 2005). Eine generelle Vorteilhaftigkeit der einen gegenüber der anderen lässt sich auf dem Wege des Vergleichs nicht ausmachen.

Kasten 12.6

Wal-Mart: Schwieriger Kulturtransfer

Interview mit Wal-Mart CEO Lee Scott (Auszug)
„Wenn das Wal-Mart-Prinzip so gut ist, warum machen Sie dann in Deutschland Verluste?
Man könnte wahrlich ein Lehrbuch über unsere Erfahrungen in Deutschland schreiben. Wir haben wirklich mehr falsch als richtig gemacht.
Was ist schief gelaufen?
Wir haben es nicht geschafft, unsere Unternehmenskultur in Deutschland zu etablieren. Stattdessen haben wir uns über Computersysteme, Logistik und das Design von Geschäften Gedanken gemacht, weil wir dachten, das sei für den Erfolg entscheidend. Aber das stimmte nicht.
In den USA ist die Wal-Mart-Kultur über Jahrzehnte gewachsen. Wie wollen Sie so etwas in Deutschland von jetzt auf gleich realisieren?
Es geht nicht von jetzt auf gleich. Wir müssen den Leuten zuhören und sie verstehen lernen. Wir müssen sie fragen, was wir für sie tun können, anstatt ihnen zu sagen, ihr macht jetzt erst dies, dann das, dann jenes. Aber bis dahin ist es ein langer Weg.
Sind deutsche Angestellte nicht von der Mentalität her ganz anders als amerikanische?
Natürlich gibt es kulturelle Unterschiede, aber ich glaube nicht, dass die so wichtig sind. Ich bin bis jetzt noch in keinem Land der Welt gewesen, wo die Menschen nicht positiv darauf reagieren, wenn man sie mit Würde und Respekt behandelt. Man muss

ihnen nur zuhören, sie informieren und sie fragen, was man besser machen könnte. Diese Bindung zu unseren Mitarbeitern haben wir am Anfang nicht aufgebaut. Das holen wir jetzt nach.

Wie lange wird es dauern, bis Sie eine Wal-Mart-Kultur in Deutschland etabliert haben?

Sicher noch ein weiteres Jahr, vielleicht auch zwei. Die Leute sind wirklich sehr offen.

Ist es denn möglich, das amerikanische Wal-Mart-System auf Deutschland zu übertragen?

Einer unserer Marktleiter in Deutschland hat sich geweigert, sich mit seinen Mitarbeitern hinzusetzen und ihre Fragen zu beantworten. Er sagte mir, die deutschen Angestellten wollten keine langen Erklärungen, sondern klare Anweisungen. Und ich habe ihm geantwortet: „Tut mir leid, mein Sohn, aber da bin ich anderer Meinung." Sam Walton konnte dieses Unternehmen nur deshalb zu dem machen, was es heute ist, weil unsere Kultur anders ist als die amerikanische. Wir haben eine Wal-Mart-Kultur.

Sam Walton ist seit fast zehn Jahren tot. Was machen Sie persönlich anders?

Ich kann nicht mehr alle Läden besuchen und alle Mitarbeiter persönlich kennen wie Sam früher. Das ist bei unserer heutigen Größe schlicht unmöglich. Jetzt müssen der Regionalleiter, der Bezirksmanager oder der Deutschland-Chef von Wal-Mart die Rolle des Sam Walton übernehmen.

Was ist, wenn diese nicht so sind, wie Sam Walton einst war?

Wir haben absolut null Toleranz für irgend jemanden, der die hohen Standards unserer Unternehmenskultur nicht erfüllt. Egal wie erfolgreich jemand auch sein mag: Wenn er mit Methoden arbeitet, die sich nicht mit den Werten unseres Unternehmens decken, können wir das nicht erlauben.

Das klingt ziemlich autoritär.

Ich weiß, dass das für einen Außenstehenden nur schwer zu verstehen ist. Ich selbst habe erst nach etwa zwei Jahren in diesem Unternehmen verstanden, wie es tickt. Und nach drei Jahren habe ich bei den Versammlungen auf der Bühne gestanden und mitgeschrien. Man muss die Leute begeistern.

Das scheint Ihnen bei Ihren deutschen Mitarbeitern nicht gelungen zu sein.

Man darf sich nicht einfach hinstellen und sagen: „Hey, wir sind Wal-Mart, wir sind jetzt in Deutschland, also steht mal alle auf und schreit, wie toll wir sind. Da haben wir uns falsch verhalten."

Sie haben also Verständnis für Mitarbeiter, die mit den Motivationsveranstaltungen à la Wal-Mart nichts anfangen können?

Natürlich. Besonders dann, wenn wir nicht rüberbringen konnten, warum wir diese Dinge tun. Viele Mitarbeiter in Deutschland haben am Anfang etwas geschockt reagiert, das wollten wir natürlich nicht. Wir wollen sie aus ihrem Trott rausholen und sie dazu bringen, mitzumachen. Und wir werden es schaffen, da bin ich ganz sicher."

Quelle: Wirtschaftswoche Nr. 37 vom 06.09.2001: 86, S.

12.8 Unternehmenskultur im internationalen Kontext

Diskussionsfragen

1. Inwiefern ist die Unternehmenskultur immer ein Spiegel der Unternehmensgeschichte?
2. Auf welche Weise werden neue Organisationsmitglieder in die Unternehmenskultur eingewiesen? Geben Sie praktische Beispiele.
3. Inwiefern übernimmt die Unternehmenskultur eine Orientierungsfunktion? Inwiefern ist dies von praktischer Bedeutung?
4. Inwiefern sind Rituale die Spitze eines Eisbergs im „Schein'schen Modell"?
5. Wann wird eine Unternehmenskultur als „stark" bezeichnet? Welche Probleme wirft die Verwendung der Polarität „stark vs. schwach" auf?
6. Ein Unternehmensberater äußerte: „Wenn die Zeiten wieder härter werden, reden die Manager nicht mehr von Kultur, sondern wieder vom Geschäft." Stimmen Sie dieser Aussage zu?
7. Inwiefern kann eine Unternehmenskultur motivationsfördernd wirken?
8. Weshalb werden starke Unternehmenskulturen gelegentlich als „unsichtbare Barrieren" bezeichnet?
9. Diskutieren Sie die These: „Hohe Innovationskraft lässt sich nur über eine starke agile Unternehmenskultur erreichen!"
10. Welche Probleme sehen Sie in dem Versuch, in einem multinationalen Unternehmen einen „global mindset" zu entwickeln?

Fallstudie: VacinoGen∗

Das war ungewöhnlich. Um viertel vor vier nachmittags saßen die beiden Forschungsgrößen Tilmann Feick und Frank Biebrich bei einem Kaffee am kleinen Ecktisch in der Kantine. Normalerweise waren beide zu dieser – und zu jeder anderen – Zeit ausschließlich im Labor anzutreffen. Sie hatten sich zwar eher zufällig getroffen, doch beiden war irgendwie klar, dass sie einiges zu besprechen hatten.

Zu vieles war in diesen Tagen in der Biotech-Firma VacinoGen ungewöhnlich. Zwar hatte das derzeit wichtigste Neuprodukt der Firma – ein weiterer Impfstoff gegen Katzenallergie – in der ersten Phase der klinischen Tests gut abgeschnitten. Doch in Phase II waren die Ergebnisse zuletzt widersprüchlich ausgefallen. Das konnte bedeuten, dass der Impfstoff erst gar nicht die Testphase III erreicht, geschweige denn die Marktreife.

Doch das war nicht der einzige Grund, warum insbesondere Frank Gesprächsbedarf signalisiert hatte. „Ich hätte nie gedacht, dass alles wegen dieser Labor-Kittel so eskalieren würde," sagte er und schüttelte verzweifelt den Kopf.

„Das hätte ich Dir gleich sagen können, dass er damit nichts erreicht. Wir kennen doch Harry! Das war zu 100 % erwartbar! War ja auch insgesamt eine ziemlich schwachsinnige Idee, oder?"

„Meinst Du? Ich weiß nicht ...".

Tillmann dachte einen Augenblick nach:

„Na ja, was sollte denn dieser Blödsinn, aber ist im Grunde auch egal, es gibt derzeit drängendere Probleme! Du hast sicherlich schon von den Testergebnissen gehört? Das ist kritisch! Nicht, dass ich denke, dass wir das nicht hinkriegen, gerade jetzt wo

Harry wieder da ist, aber irgendetwas hat sich verändert ... Mein Gott, diese Woche sind wieder zwei Jungs aus einem Entwicklungsteam abgesprungen. Von denen hatte ich mir viel versprochen, insbesondere von Kühlmann, der war seit zwei Jahren bei uns und hatte sich mittlerweile echt prima gemacht!"

„Hat der nicht zuletzt auch in diesem Team von Schreiber mitgearbeitet?", warf Frank ein.

„Kann schon sein, keine Ahnung! Ich habe ihn gefragt, warum er geht und er hat so ein wenig um den heißen Brei geredet. Es war ihm wohl sichtlich unangenehm. Schließlich meinte er, dass er von Syntex ein wirklich gutes Angebot bekommen hätte. Das schien mir unwahrscheinlich. Ich habe natürlich dort angerufen, ich kenne da zwei Leute noch aus Studienzeiten, und weißt Du, was die meinten? Kühlmann ist sogar mit seinen Gehaltsforderungen noch unter das gegangen, was er bei uns bekommen hat! Und er scheint nicht der erste gewesen zu sein! Das ist doch kaum zu glauben, oder! Sind die denn alle verrückt geworden!?"

Frank hatte Tillmann in aller Ruhe zugehört. Jetzt zerknautschte er seinen leeren Kaffeebecher.

„Das ist hier momentan im Grunde wie beim Baseball. Ein sehr langsamer Spielaufbau. Zuerst gibt es den Abwurf und alle denken, dass er ungültig sei und wiederholt werden müsste. Aber der Abwurf zählt, doch bevor sich der Abschläger eines besseren besinnt, trifft ihn der Ball am Kopf und er geht zu Boden und scheidet aus!"

„Was meinst Du damit? Glaubst Du, dass wir die Bälle nicht mehr sehen?"

„Ich weiß nicht, ich bin nicht mehr so sicher!", sagte Frank.

„Ach komm, das ist doch Unsinn. Vielleicht hattest Du Recht, solange Harry nicht da war, aber jetzt kriegen wir das alles wieder in den Griff, da bin ich mir sicher!"

„Und wenn ... ach ich weiß nicht ...", stammelte Frank.

„Du musst Harry verstehen. Wir sind doch keine Klitsche, die irgendwelchen Dreck für die Schönheitsindustrie produziert. Wir haben einen Auftrag und alles was uns davon ablenkt, sollten wir nicht tun. Ich denke, das ist doch mit diesem Gefasel von Kernkompetenzen gemeint, oder etwa nicht? Ich weiß gar nicht, worauf Zeitler eigentlich hinaus will."

„Mag sein, dass das unser Auftrag ist, aber ich bin mir nicht mehr so sicher, ob wir damit erfolgreich sein werden. Ich habe das Gefühl, dass wenn Zeitler gehen sollte, es nicht gut aussieht. So jedenfalls kann es doch nicht weitergehen, allein schon menschlich."

„Aber was willst Du denn machen? Mit Harry reden?"

„Du kennst ihn besser ..."

Harry Fischer hatte VacinoGen vor etwa 9 Jahren gegründet und war noch heute der Chef-Wissenschaftler im Unternehmen, das mittlerweile fast 100 Mitarbeiter hat. Er gilt als ein genialer Biologe und eine Reihe von wichtigsten Impfstoff-Patenten, die das Unternehmen erfolgreich gemacht haben, sind im Wesentlichen seine Erfindungen. Nach einer gewaltigen Wachstumsphase, zeichneten sich seit einiger Zeit zunehmend Schwierigkeiten ab. Einige Patente sind ausgelaufen und zudem stagniert der Impfstoff-

12.8 Unternehmenskultur im internationalen Kontext

markt aufgrund der Einführungen von Selbstbeteiligungen bei den gesetzlichen Krankenkassen.

Doch dann kam eines zum anderen. Zunächst hatte Harry einen schweren Verkehrsunfall und die Belegschaft bangte fast einen ganzen Monat um sein Leben. Es schien damals, dass nicht nur Harry, sondern das gesamte Unternehmen mit ihm im Koma lag. Zudem musste einer der Hauptkapitalgeber aufgrund von Liquiditätsengpässen sich praktisch über Nacht von seinen Anteilen trennen, und schließlich bekam die Hausbank nicht zuletzt aufgrund der Dynamik der aktuellen Entwicklungen schließlich kalte Füße und drohte an, die Kreditrichtlinien wesentlich zu verändern. VacinoGen schien sich praktisch vom einen auf den anderen Tag von einem Vorzeigeunternehmen in einen Liquidationskandidaten verwandelt zu haben. Ohne Harry, so erschien es nicht nur dem Bankenvorstand, sondern auch den Mitarbeitern selbst, war VacinoGen nicht einmal die Hälfte mehr wert. Als Harry dann schließlich nach vier Wochen wieder aus dem Koma erwachte und sein Gesundheitszustand sich auch relativ rasch verbesserte, war dies für alle wie eine Wiederauferstehung, auch wenn klar wurde, dass VacinoGen noch mindestens 6 Monate auf Harrys aktive Mitarbeit verzichten musste.

Doch zu allem Unglück gesellte sich auch ein wahrer Glücksgriff. Und dieser hatte einen Namen: Henning Zeitler. Henning war kurz vor Harrys Unfall zu VacinoGen gestoßen und er war der erste Geschäftsleiter, der weder Naturwissenschaftler war, noch zu den „Mitgliedern der ersten Stunde" des Unternehmens gehörte. Seiner Einstellung war allerdings ein über Monate hinweg andauerndes Gezerre vorangegangen. Dabei waren die Positionen recht klar verteilt: Auf der eine Seite stand Harry und mit ihm quasi die gesamten Forscher des Unternehmens, und das waren annähernd 90 % der Belegschaft, auf der anderen Seite stand der Aufsichtsrat und mit ihm die Mehrheit der Anteilseigner. Während Harry überhaupt keine Notwendigkeit darin sah, einen „Betriebsverwirrt", wie er sich mitunter ausdrückte, in die Unternehmensleitung aufzunehmen, war die Anteilseignermehrheit entschieden dafür, Management-Know-how einzukaufen, dies nicht zuletzt, da man aufgrund der Etablierung und der Entwicklung des Neuen Markts auch für ein eher kleines Unternehmen gute Börsenkapitalisierungungschancen sah und man sich von einem Manager die professionelle Vorbereitung eines solchen Börsengangs erhoffte.

Harry, der noch über 18,5 % des Aktienkapitals verfügte, hielt von solchen Plänen offensichtlich überhaupt nichts. Zumindest war es ihm lange Zeit gelungen, auch gegen die Mehrheit der Anteilseigner seine Position zu behaupten. Dabei halfen ihm nicht nur seine ausgezeichneten rhetorischen Fähigkeiten, sondern auch sein phänomenales Selbstbewusstsein. Ein wirklich legendäres Beispiel dafür stellte jene Anteilseignerversammlung dar, auf der es gerade um die Einstellung von Henning Zeitler ging. Als nach einer fast fünfstündigen Debatte über eine Satzungsänderung und die Aufnahme eines „nicht-naturwissenschaftlichen Managers" (so die Formulierung des Antrages seitens der Anteilseigner) immer noch kein Ergebnis erzielt worden war, stand einer der Eigner schließlich erregt auf und brüllte: „Vor was haben Sie eigentlich Angst, Herr Dr. Fischer? Sie sind ein begnadeter Wissenschaftler, ein grandioser Entwickler und dazu *sind Sie ein erfolgreicher Unternehmer! Ich frage mich also, warum Sie sich gegen einen Vorschlag wehren, der Sie noch bedeutender und erfolgreicher werden lässt? Vor was haben Sie also Angst? Dass Ihnen ein Manager die Show stiehlt?"*

Harry ließ damals das allgemeine Lachen im Raum verstummen und wartete bis es wieder ganz ruhig war. Dann tat er so, als würde er zu sprechen beginnen, verzögerte aber noch einmal, und schließlich sagte er in vollkommen kontrollierten und ruhigem Tonfall: „Meine sehr verehrten Damen und Herren, meine lieben Freunde! Sie alle wissen natürlich sehr genau, dass es hier nicht um meine Angst, sondern um Ihr Risiko geht. Und Sie wissen zugleich, dass es nur einen kurzen Moment meiner Unlust bedarf, um Ihr Risiko in wirkliche Angst zu verwandeln. Ich danke Ihnen für Ihre Aufmerksamkeit! Guten Abend."

Dass es dann trotzdem gelungen war, Henning Zeitler zu engagieren, war mehr einem Zufall zu verdanken. Harry hatte Henning bei einer Veranstaltung des Fördervereins der örtlichen Universität kennen gelernt und es stellte sich heraus, dass beide auch dem neu zu bildenden Universitätskuratorium angehören würden. Danach veränderte sich ihr anfänglicher Small-Talk schnell in eine Diskussion über die Funktion der Universität in der Gesellschaft und die Relevanz der wissenschaftlichen Autonomie und Selbstverwaltung für die Freiheit der Forschung. Dabei vertraten beide einhellig die Meinung, dass der gesellschaftliche Auftrag der Universität nicht durch striktere Leistungsmessung verbessert werden könne und beide hatten eine Reihe von wissenschaftlichen Errungenschaften parat, die bei „hartem Wissenschaftscontrolling", wie Harry das nannte, nie das Licht der Welt erblickt hätten. Harry war deshalb am Ende des Gesprächs auch umso überraschter, dass Henning nicht wie er vermutet hatte, Mathematiker war, sondern Unternehmensberater. Und als Henning schließlich auch noch zu erkennen gab, dass er mit zwei Aufsichtsräten von VacinoGen in engem Kontakt stand, entfuhr es Harry spontan: „Ach Sie sind dieser Verbrecher!" Darauf lachten beide laut und Harry, der begeistert war von Hennings Offenheit, meinte schließlich:

„Kommen Sie doch morgen früh bei mir vorbei, dann können wir uns einmal in Ruhe über VacinoGen unterhalten."

Als Zeitler am nächsten Morgen wie verabredet bei VacinoGen eintraf, ließ Harry fast eine ganze Stunde auf sich warten. Die Sekretärin entschuldigte dies kurz, brachte einen Kaffee und legte ihm ein paar Unterlagen über VacinoGen hin, führte aber auch keinen besonderen Grund für die Verspätung an. Als Zeitler nach einer halben Stunde freundlich nachfragte, ob Dr. Fischer sich noch weiter verspäten würde, bekam er nur zu hören, dass dies nicht unwahrscheinlich sei. Als Zeitler zu verstehen gab, dass er auch noch einen weiteren Termin im Laufe des Tages wahrzunehmen habe, sagte die Sekretärin: „Daran müssen Sie sich hier schon gewöhnen. Wir sind schließlich ein Forschungsunternehmen."

Zeitler, der nicht genau verstand, ob dieser Satz ernst oder ironisch gemeint war, setzte sich wieder und blätterte noch ein wenig in den vor ihm liegenden Unterlagen. Glaubte man den dort aufgenommen Presseberichten, dann waren VacinoGen in den letzten Jahren wirklich sensationelle Entwicklungen im Bereich der Impfstoffe gelungen.

12.8 Unternehmenskultur im internationalen Kontext

Auf einer anderen Seite war Harry mit dem Satz zitiert: „In drei Jahren wird niemand mehr aufgrund einer Katzenallergie seine Haustiere abschaffen müssen!"

Zeitler wusste dies alles und seine Gedanken schweiften ein wenig ab. Nachdem der Aufsichtsrat Kontakt mit ihm aufgenommen hatte, hatte er sich ausführlich mit VacinoGen beschäftigt. Das Unternehmen, so seine damalige Einschätzung stand im Grunde glänzend dar und die Probleme, die hier und da erkennbar waren, waren seiner Meinung nach zwar keineswegs zu vernachlässigen, aber im Grunde eher von der üblichen Art. Das bedurfte sicherlich einiger Anstrengungen, aber das konnte man alles in den Griff bekommen. Dann dürfte das Unternehmen auch bestens an der Börse zu platzieren sein und darin lag wohl seiner Meinung auch der Hauptgrund, weshalb der Aufsichtsrat ihm bereits ein Angebot unterbreitet hatte, mit dem er – wenn alles glatt lief – praktisch ausgesorgt hätte. Und dass alles glatt laufen würde, dessen war er sich ziemlich sicher, schließlich wäre VacinoGen nicht das erste Unternehmen, das er intern erfolgreich auf einen Börsengang vorbereitet hätte. Was ihm allerdings nach wie vor unklar war, warum ihn der Aufsichtsrat unbedingt fest engagieren wollte. Aber das konnte ihm eigentlich auch egal sein, denn für dieses Gehalt und die angebotenen Aktienoptionen war er gerne bereit, seine Selbstständigkeit als freier Berater für eine Zeit aufzugeben.

Schließlich kam Harry rein und die beiden begrüßten sich. Harry fing sofort an, von den neusten Laborergebnissen zu sprechen, hielt aber dann inne und sagte: „Aber deshalb habe ich Sie ja nicht einbestellt. Nachdem sich der Aufsichtsrat bereits für Sie entschieden hat, bin ich nun auch überzeugt, dass Sie uns helfen können!". Zeitler, der das Wort „einbestellt" beflissentlich überhörte, sagte: „Das freut mich zu hören, Dr. Fischer!"

„Lassen Sie das mit dem Doktor ... also sehen Sie, bisher habe ich diesen Dingen keine besondere Aufmerksamkeit geschenkt, denn ich bin stets von der Annahme ausgegangen, dass sich in unserer Gesellschaft das beste Präparat durchsetzen wird. Was sich da allerdings mittlerweile in dieser sogenannten Gesundheitspolitik abspielt, spottet jeder Beschreibung. Wie dem auch sei, ich habe mich entschieden, mir das nicht länger passiv anzuschauen, und ich denke nach unserem Gespräch gestern Abend, dass Sie genau der richtige Mann dafür sind."

Zeitler, der weder von Gesundheitspolitik etwas verstand noch überhaupt genau begriff, worauf Fischer hinauswollte, sagte instinktiv einfach nur: „Ja!" Damit war das Gespräch beendet und Zeitler fing drei Tage später bei VacinoGen an.

Kurze Zeit später ereignete sich dann Harrys Unfall und es war in dieser Zeit letztlich auch Zeitler zu verdanken, dass das Unternehmen nicht von den Ereignissen überrollt wurde. Er war einer der wenigen, die einen klaren Kopf behielten. Er redete mit den Banken, den wichtigsten Großabnehmern und mit den Anteilseignern und erarbeitete in sehr kurzer Zeit ein Konzept, das insbesondere die Kapitalgeber davon überzeugte, dass VacinoGen eine Zukunft hatte. Das, was letztlich den Ausschlag gab, war insbesondere, dass das Konzept nicht nur eine neue Ausrichtung des Unternehmens anstrebte, sondern auch sehr genau aufzeigte, wie sich das Unternehmen dorthin entwickeln sollte. Zu solchen Maßnahmen zählte unter anderem eine Reihe von organisatorischen Veränderungen, insbesondere die Einführung von Projektlenkungsausschüssen sowie einer Projektgruppe, die sich mit sogenannten „By-the-way-Entwicklungen" beschäftigen sollte. In diesem Zusammenhang war Zeitler nach einer Reihe von Gesprächen ziemlich schnell klar geworden, dass in VacinoGen noch sehr viel mehr Potenzial steckte, als dies in der Vergangenheit durch die Ausrichtung auf Impfstoffe alleine zum Ausdruck gekommen war. So war man in den Labors im Zuge der Impfstoffentwicklung immer wieder auch auf interessante Nebenprodukte gestoßen, ohne dies aber weiter zu verfolgen. Nach einem Gespräch mit dem jungen Entwickler Uli Schreiber hatte Zeitler nicht mehr lange gezögert und Schreiber die Leitung des „By-the-way-Teams" angeboten. Schreiber war begeistert und machte sich sofort mit einer kleinen Gruppe von Mitarbeitern, zu denen auch Kühlmann gehörte, an die Arbeit.

Andere Anregungen und Änderungsvorhaben stießen zunächst nicht unmittelbar auf so viel Gegenliebe, aber insgesamt hatte sich Zeitler das Ganze sehr viel schwieriger vorgestellt. War man ihm am Anfang mit großer Zurückhaltung begegnet, so war das Eis zwischen den Wissenschaftlern und ihm spätestens nach seinem Deal mit den Banken geschmolzen. Die meisten Gespräche verliefen offen und Zeitler wurde zunehmend als jemand angesehen, der VacinoGen wirklich weiterbrachte und diese für alle als sehr schwierig empfundene Zeit ohne Harry zu überbrücken verhalf. Das mochte vielleicht auch daran gelegen haben, dass Zeitler einige Dinge, die er eher für unangenehm hielt, noch zurückhielt, so etwa die Einführung eines Projektcontrollings. Obwohl er den Kapitalgebern gerade hier eine schnelle Umsetzung zusagt hatte, war ihm immer noch nicht klar, wie er das dazu notwendige Kostenrechnungssystem aufsetzen sollte, wohl auch weil VacinoGen diesbezüglich „vollkommen blank" war. Aber er hatte in diesen Tagen wirklich genug zu tun, und so trieb er erst einmal die Projekte voran, die ihm einige „quick-wins" versprachen, denn eines war ihm klar, je schneller er hier neue Fakten schaffen konnte, desto schwierigere wäre es, den Zug wieder zum Halten zu bringen.

Als Harry nach einem halben Jahr Rehabilitation wieder zu VacinoGen zurückkehrte, war Zeitler insgesamt mit dem zwischenzeitlich Erreichten sehr zufrieden. Eine Reihe von Projekten war ins Rollen gebracht worden und insbesondere das sogenannte „by-the-way-Team" um Schreiber herum machte sich hervorragend. Man hatte bereits nach so kurzer Zeit praktisch fünf quasi marktfähige Entwicklungen aus den „Mülleimern" der einzelnen Entwicklungslabors gezogen, die jetzt nur noch richtig vermarktet werden mussten. Eines dieser Produkte war ein Haarwuchsmittel, was quasi als Zufallsprodukt bei einer Impfstoffentwicklung entstanden war.

Trotz dieser guten Entwicklung wurde Zeitler nach Harrys Rückkehr jedoch zunehmend unruhig. Er hatte sehr genau gemerkt, dass mit dem Moment, in dem Fischer wieder im Unternehmen war, die Uhren bei VacinoGen wieder anders liefen. Harry hatte sich sofort in die Laborarbeit gestürzt und sich zunächst über den Entwicklungsstand bezüglich des Impfstoffes gegen Katzenallergien eher enttäuscht geäußert, sich aber damit gleichzeitig in seinem Gefühl bestätigt gesehen, dass ohne ihn das nicht richtig laufen würde. Er ordnete neue Testserien an und nahm sich insgesamt auch wieder der Leitung aller Projekte an.

Was Zeitler allerdings am meisten beunruhigte war, dass bei dem von ihm eingeführten Wochenmeeting, bei dem bisher alle leitenden Wissenschaftler des Unternehmens ausnahmslos teilgenommen hatten, plötzlich die Hälfte fehlte. Wie er später erfuhr, waren alle mit Fischer im Labor und diskutierten irgendwelche Testserien.

Zeitler überlegt zunächst, ob er mit Fischer sprechen sollte, entschied sich dann aber dafür, eine Besprechung einzuberufen, bei der insbesondere das „by-the-way-Team" dem Führungskreis des Unternehmens und insbesondere Harry seine Fortschritte präsentieren sollte.

Das Treffen wurde für den nächsten Tag anberaumt und alle einschließlich Harry erschienen. Nachdem Zeitler die Sitzung kurz eingeleitet hatte, präsentierte Schreiber die Projektfortschritte und stellte in seinen Ausführungen insbesondere auf das Haarwuchsmittel ab. Schreiber schien ganz begeistert von dieser Idee und auch Zeitler nickte immer wieder wohlwollend. Der Rest hörte sich das Ganze interessiert an, nur Fischer schien kaum zuzuhören, sondern blätterte stattdessen in irgendwelchen Testausdrucken herum.

Als Schreiber fertig war und sich setzte, war eigentlich eine Diskussion geplant, doch bevor Zeitler um Beiträge bitten konnte, hatte Fischer bereits das Wort ergriffen:

„Herr Dr. Schreiber, ich habe Sie doch als sehr vernünftigen und ernsthaften Wissenschaftler kennen gelernt. Dann erklären Sie mir bitte einmal, wo um alles in der Welt der Zusammenhang zwischen ihren Haarwuchsmitteln und der Bekämpfung von Katzenallergien zu sehen ist? Sind Sie in ihrer Projektgruppe etwa zu der Überzeugung gelangt, dass eine volle Haarpracht allergische Schübe verhindern kann, oder wie sollen wir das verstehen?"

Es brach ein allgemeines Gelächter aus, und Schreiber, der sichtlich nicht wusste, was er sagen sollte, schaute hilfesuchend zu Zeitler, der seinerseits nun versuchte, das Wort zu ergreifen.

„Harry, wir müssen sehen, dass wir zukünftig das Geschäftsrisiko besser in den Griff bekommen, und dazu kann uns unter anderem ein solches Produkt verhelfen. Wir haben das geprüft und es gibt derzeit exzellente Vermarktungschancen für dieses Mittel."

„Hören Sie doch auf mit diesem Käse. Das einzige Risiko liegt darin, dass wir unsere wertvolle Zeit mit einem solchen Blödsinn vertrödeln. Ob die Leute Haare auf dem Kopf haben oder nicht, ist doch vollkommen egal. Das ist ja keine Krankheit, oder? Aber wenn jemand starke Juck- und Niesreize bekommt und täglich mit der Gefahr leben muss, zu ersticken, nur weil eine Katze sich in seiner Nähe befindet, dann müssen wir helfen. Das ist unserer Auftrag!"

Nach der Sitzung ging Zeitler zu Schreiber und sagte: „Machen Sie sich mal keine Sorgen, wir kriegen das schon. Ihre Präsentation hat mir auf jeden Fall gut gefallen!"

„Ja!?", sagte Schreiber und nickte etwas ungläubig.

Zeitler schob eine Aussprache mit Harry immer weiter hinaus. Stattdessen fielen die wöchentlichen Sitzungen nun ganz aus, da alle wie früher ihre gesamte Arbeitszeit in den Labors verbrachten. Zwei Wochen später kam es dann zu einer weiteren Eskalation. Zeitler hatte für die einzelnen von ihm gebildeten Projektteams unterschiedliche

Laborkittel anfertigen lassen, die bereits vor geraumer Zeit bestellt worden waren. Damals fanden alle diese Idee gut, da man auf diese Weise auch in der immer noch sehr unübersichtlichen Laborlandschaft sofort erkennen konnte, wer gerade mit wem an welcher Sache arbeitete.

Als die Kittel eintrafen und die ersten damit im Labor herumliefen, fragte Harry unüberhörbar laut, ob er sich im Datum geirrt habe, denn offensichtlich sei schon wieder Karneval. Als darauf eine Mitarbeiterin sagte, dass die Kittel doch für die neuen Projektteams seien, meinte Harry: „Was für Projektteams? Wir haben hier nur ein einziges Projekt und das heißt, Impfstoffe zu entwickeln!"

Am nächsten Tag trug niemand mehr den neuen Kittel und als Zeitler davon erfuhr, stürmte er zu Harry: „Sie machen mit einer Handbewegung alles kaputt, was wir uns hier mühsam aufgebaut haben!"

„Wir? Ich weiß nicht genau, von wem Sie da sprechen. Ich würde mich viel mehr darüber freuen, wenn Sie mal Ihren eigentlichen Aufgaben nachgehen würden und uns eine Präsentation zur neuen Gesundheitspolitik geben würden, sowie mit ihren Vorschlägen, wie wir trotz dieses Schwachsinns weiterhin unseren Aufgaben nachgehen können!"

„Hören Sie doch auf. Es muss Ihnen doch langsam selber klar sein, dass die Probleme von VacinoGen nicht da draußen, sondern hier drin liegen. Sie wissen, dass Schreiber und zwei weitere Mitarbeiter gekündigt haben!? So kann es jedenfalls nicht weiter gehen."

„Da haben Sie vollkommen recht, aber dass dieser ‚Haarwuchs-Schreiber' gekündigt hat, müssen Sie sich wohl selbst zuschreiben. Ganz im Vertrauen, Herr Zeitler: Es gibt Stimmen im Unternehmen, die es für das Beste hielten, wenn Sie sich ihm anschließen würden."

„Und wie sehen Sie das?"

„Ach wissen Sie …!"

Zeitler verließ das Büro und schlug die Tür hinter sich zu. So leicht wollte er nicht aufgeben, aber er wusste mittlerweile auch nicht mehr, was er tun sollte.

* unter Verwendung von Motiven aus Maruca und Milhaven 2000

Fragen zur Fallstudie

1. Analysieren Sie die Unternehmenskultur von VacinoGen!
2. Hat sich – und wenn ja, auf welche Weise – die Unternehmenskultur von VacinoGen im Verlauf der Fallstudie geändert?
3. Was sollte Zeitler jetzt tun?

Literatur

Allen, R. F./Kraft, C. (1982), The organizational unconscious, Englewood Cliffs, N. J.
Alvesson, M. (2013), Understanding organizational culture, 2. Aufl., Oxford.
Alvesson, M./Svenningsson, S. (2015), Changing organizational culture: Cultural change work in progress, 2. Aufl., London.

Bate, P. (1997), Cultural change, München.
Deal, T. B./Kennedy, A. A. (1982), Corporate cultures, Reading, Mass.
Dyer, W. G. (1985), The cycle of cultural evolution in organizations, in: Kilmann, R. H. et al. (Hrsg.), Gaining control of the corporate culture, San Francisco, S. 200–229.
Dyer, W. G. (1986), Cultural change in family firms. Anticipating and managing business and family transitions, San Francisco.
Geertz, C. (1987), Dichte Beschreibung. Beiträge zum Verstehen kultureller Systeme (Übers. a. d. Engl.), Frankfurt am Main.
Gioia, D. A./Corley, K.G./Hamilton, A.L. (2013a), Seeking qualitative rigor in inductive research: Notes on the Gioia Methodology. Organizational Research Methods, 16, S. 15–31.
Gioia, D. A./Patvardhan, S. D./Hamilton, A. L./ Corley, K. G. (2013b), Organizational identity formation and change, in: Academy of Management Annals, 7, S. 123–193.
Gupta, A. K./Govindarajan, V. (2002), Cultivating a global mindset, in: Academy of Management Executive 16 (1), S. 116–126.
Hedberg, B. T./Nystrom, P. C./Starbuck, W. (1976), Camping on seesaws: Prescriptions for a self-designing organization, in: Administrative Science Quarterly 21, S. 41–65.
Hofstede, G. (1997), Lokales Denken, globales Handeln (Übers. a. d. Engl.), München.
Jochheim, S. (2002), Von der Unternehmenskultur zum Netzwerk von Subkulturen, Marburg.
Kanter, R. M. (1992), The change masters, London/New York.
Kets de Vries, M./Miller, D. (1986), Personality, culture and organization, in: Academy of Management Review 11, S. 266–279.
Kluckhohn, F. R./Strodtbeck, F. L. (1961), Variations in value orientations, Evanston.
Kotter, J. P. (2008), Corporate culture and performance, New York.
Kraus, S./Schleich, M./Tröster, A./Roig-Tierno, N. (2019), Cultural diversity in large enterprises: A qualitative analysis from the Alpine Rhine Valley, in: Journal of Promotion Management 25, S. 640–663.
Lorsch, J. W. (1986), Managing culture: The invisible barrier of strategic change, in: California Management Review 28 (2), S. 95–109.
Luhmann, N. (2000), Organisation und Entscheidung, Opladen u. Wiesbaden.
Martin, J. (1992), Cultures in organizations, Oxford.
Martin, J. (2002), Organizational culture: Mapping the terrain, Thousand Oaks et al.
Martin, J./Frost, P. (2011), The organizational culture war games, in: Goddwin, M./Gittel, J. H. (Hrsg.), Sociology of organizations: Structures and relationships, Los Angeles u. a., S. 315–336.
Martin, J./Siehl, C. (1983), Organizational culture and counterculture: An uneasy symbiosis, in: Organizational Dynamics 12 (2), S. 52–64.
Maruca, R. F./Milhaven, J. M. (2000), When the boss won't budge, in: Harvard Business Review 78 (1), S. 25–32.
Mayrhofer, W./Lellatchitch, A. (2005), Rites, right? The value of rites de passage for dealing with today's career transitions, in: Career Development International 10 (1), S. 52–66.
Nohria, N./Ghoshal, S. (1997), The differentiated network: Organizing multinational corporations for value creation, San Francisco.
Noss, C. (1997), Zeit im Management, Wiesbaden.
Ortlieb, R./Sieben, B. (2019), Balls, barbecues and boxing: Contesting gender regimes at organizational social events. In: Organization Studies 40, S. 115–133.
Peters, T. J./Austin, N. (1993), Leistung aus Leidenschaft (Übers. a. d. Engl.), Hamburg.
Peters, T. J./Waterman, R. H. (1984), Auf der Suche nach Spitzenleistungen, Landsberg am Lech.
Quinn, R. E. (1988), Beyond rational management, San Francisco.
Reid, E. (2015), Embracing, passing, revealing, and the ideal worker image: How people navigate expected and experienced professional identities. In: Organization Science, 26, S. 941–1261.

Rosen, M. (1988), You asked for it: Christmas at the bosses expense, in: Journal of Management Studies 25, S. 463–480.

Sackmann, S. (1992),Cultures and subcultures: An analysis of organizational knowledge, in: Administrative Science Quarterly 37, S. 140–161.

Sackmann, S. u. a. (2004), Erfolgsfaktor Unternehmenskultur, Wiesbaden.

Saffold, G. S. (1988), Culture traits, strength, and organizational performance: Moving beyond „strong" culture, in: Academy of Management Review 13, S. 546–558.

Sathe, V. (1983), Implications of corporate culture, in: Organizational Dynamics 12 (2), S. 4–23.

Schein, E. H. (1984), Coming to a new awareness of organizational culture, in: Sloan Management Review 25 (2), S. 3–16.

Schein, E. H. (1996), Culture: The missing concept in organization studies, in: Administrative Science Quarterly 41, S. 229–241.

Schein, E. H. (1997), Organizational culture and leadership: A dynamic view, 2. Aufl., San Francisco.

Schreyögg, G. (2005), The role of corporate cultural diversity in integrating mergers and acquisitions, in: Mendenhall, M. E./Stahl, G. (Hrsg.), Mergers and acquisitions: Managing culture and human resources, Stanford, S. 108–125.

Schultz, M. (1995), On studying organizational cultures, Berlin/New York.

Shaw, P. (1997), Intervening in the shadow systems of organizations: Consulting from a complexity perspective, in: Journal of Organizational Change Management 10, S. 235–250.

Sims, R. R./Brinkmann, J. (2003), Enron ethics (or: culture matters more than codes), in: Journal of Business Ethics 45, S. 243–256.

Smircich, L. (1983), Concepts of culture and organizational analysis, in: Administrative Science Quarterly 28, S. 339–358.

Sørensen, J. B. (2002), The strength of corporate culture and the reliability of performance, in: Administrative Science Quarterly 47, S. 70–91.

Tarique, I./Schuler, R. S. (2010), Global talent management: Literature review, integrative framework, and suggestions for further research, in: Journal of World Business 45 (2), S. 122–133.

Tellis, G. J./Prabhu, J. C./Chandy, R. K. (2009), Radical innovation across nations: the preeminence of corporate culture, in: Journal of Marketing 73, S. 3–23.

Trice, H. M./Beyer, J. M. (1993), The cultures of work organizations, Englewood Cliffs/N. J.

Weeks, J. (2004), Unpopular culture: The ritual of complaints in a British bank, Chicago.

Wilkins, A. L./Patterson, K. J. (1985), You can't get there from here: What will make culture change projects fail, in: Kilmann, R. H. et al. (Hrsg.), Gaining control of the corporate culture, San Francisco, S. 262–291.

Willmott, H. (1993), Strength is ignorance, slavery is freedom: Managing culture in modern organizations, in: Journal of Management Studies 30, S. 515–552.

Ybema, S./Yanow, D./Wels, H./Kamsteeg F.H. (2009), Organizational ethnography: Studying the complexity of everyday life, London.

Yin, R. K. (2018), Case study research: Design and methods, 6. Aufl., Thousand Oaks.

Zott, C./ Huy, Q.N. (2007), How entrepreneurs use symbolic management to acquire resources, in: Administrative Science Quarterly 52, S. 70–105.

Teil V
Personaleinsatz

Vorbemerkung: Personaleinsatz als Management- und Sachfunktion

Die **Managementfunktion** „Personaleinsatz" umfasst alle jene Steuerungsaktivitäten, die ein Unternehmen zu ergreifen hat, um dauerhaft über einen adäquat qualifizierten und engagierten Personalbestand zu verfügen. Damit zielt der Personaleinsatz darauf ab, die kontinuierliche Verfügbarkeit des für die Aufgabenstellung erforderlichen Personals hinsichtlich Qualität (Qualifikation, Fähigkeiten, Kompetenzen) als auch Quantität zu gewährleisten. Unbeschadet dessen, dass typischerweise ein wesentlicher Teil dieser Aufgaben an Spezialisten in den Personalressorts delegiert wird, bleibt doch ein kritischer Teil dieser Aufgaben eine Managementfunktion im engeren Sinne, d. h., **jede Führungskraft** hat (in mehr oder weniger großem Umfang) diese Aufgaben wahrzunehmen.

Während in der frühen Entwicklungsphase des Managements (Anfang des 20. Jahrhunderts) Personalaufgaben zunächst nur einen eher kleinen Teil im gesamten Aufgabenbudget des Managements ausmachten, änderte sich dies jedoch in dem Maße, in dem sich die ökonomischen, technischen, psychologischen und rechtlichen Einsatzbedingungen des „Faktors Arbeit" zunehmend ausweiteten und immer komplexer wurden. Die Entlohnungssysteme differenzierten sich aus, die Einschätzung der Arbeitsleistung musste durch Arbeitsbewertungs- und Leistungsbeurteilungssysteme verbessert werden, der Fort- und Weiterbildungsbedarf der Mitarbeiter stieg zunehmend an, die Auswahlverfahren wurden spezieller und ihre Durchführung voraussetzungsvoller, die informationstechnologische Unterstützung der Personalarbeit bis hin zu HR Analytics wurde immer bedeutender und vieles mehr. Kurzum: die Personaleinsatzfunktion nahm einen immer größeren Anteil am Aufgabenbudget des Managements ein. Es ist deshalb nur folgerichtig, dass in vielen Unternehmen zur Entlastung der Linie anfangs Personalverwaltungsstellen, dann Personalstäbe und schließlich ganze Personalabteilungen eingerichtet wurden. Diese Entlastung der Linie wurde insbesondere auch dadurch begünstigt, dass es sich in diesem Zusammenhang häufig um **standardisierbare** Problemlösungen handelte, die nicht nur aufgrund von

Größen- und Lerneffekten, sondern auch aufgrund einer zentralisierten Steuerung (etwa „Lohnpolitik" eines Unternehmens) wünschenswert erschienen. Insbesondere arbeits- und tarifrechtlichen Anforderungen kann durch die Zentralisierung von Aufgaben besser entsprochen werden. Hinzukommen **generelle** unternehmenspolitische Richtlinien, allgemein einsetzbare Personalführungsinstrumente und Anreizsysteme, standardisierbare Bildungsprogramme etc., die von professionalisierten Personalressorts entwickelt, gepflegt und einheitlich unternehmensweit implementiert werden können. Der damit einhergehende Prozess einer sukzessiven Ausdehnung der Unterstützung der Personaleinsatzfunktion führte im Ergebnis zu einem Kompetenz- und Ansehenszuwachs des Personalressorts und zu seiner rechtlichen und faktischen Aufwertung bis hin zur Vorstandsebene.

Dabei gilt es jedoch unbedingt zu beachten, dass es sich hierbei immer nur um eine **teilweise Ausgliederung** von Personalfunktionen aus der Linie und ihrer Zusammenfassung in den Personalressorts handeln kann. Insofern ist der bis heute bestehende Tendenz, den traditionell als „Personalwesen" oder als „Personalwirtschaft" bezeichneten Aufgabenkranz – ähnlich wie die betrieblichen Grundfunktionen des Einkaufs, der Produktion, des Absatzes oder der Finanzierung – als reine Sachfunktion zu behandeln, entschieden entgegenzutreten. Es kann hier immer nur um eine partielle Akzentverschiebung im Verhältnis von Linie und Personalressort gehen, d. h., es können auch nur solche Aufgaben ausgegliedert werden, die entscheidungsunterstützenden oder entscheidungsvorbereitenden Charakter haben (bspw. Einbezug des Personalressorts im Zuge eines Einstellungsverfahrens), sowie all jene operativen Sachaufgaben, die im Zusammenhang mit der Personaleinsatzfunktion unvermeidlich anfallen (bspw. Lohnabrechnung, Zeiterfassung, Verwaltung der Personalakten usw.) und sinnvollerweise zentral routinisiert werden.

Fragt man nach den Teilaufgaben der Managementfunktion Personaleinsatz, die unbeschadet der je spezifischen Arbeitsteilung zwischen Linie und Zentralressort zu den Kernaufgaben zu zählen sind, so gehören dazu – abgeleitet aus der Gesamtaufgabe – die **Gewinnung**, die **Entwicklung** und die **Erhaltung** geeigneter Mitarbeiterinnen und Mitarbeiter. Im Folgenden werden deshalb diese drei Teilfunktionen unterschieden:

1. die Personalauswahl,
2. die Personalbeurteilung und -entwicklung sowie
3. die Entlohnung.

Man kann hier auch von den **generischen** Personalfunktionen des Managements sprechen (vgl. Abbildung). Zu jeder dieser generischen Funktionen gehört wiederum eine Reihe von Teilaufgaben, die in den nächsten Kapiteln näher erläutert werden (vgl. für eine Gesamtdarstellung der Aufgaben der Personalwirtschaft oder Human Resource Management Berthel und Becker 2017; Holtbrügge 2018 sowie Oechsler und Paul 2019).

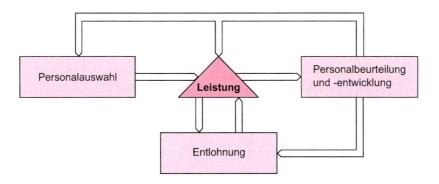

Die generischen Personalfunktionen einer Führungskraft

Personaleinsatz

13

Zusammenfassung

Kapitel 13 ist der Personalauswahl als einer der drei Teilfunktionen der Managementfunktion Personaleinsatz gewidmet. Zunächst werden die für die Personalauswahl zentralen Konzepte des Anforderungs-, Fähigkeits- und Eignungsprofil eingeführt. Der darauffolgende Abschnitt beschäftigt sich mit der Personalbeschaffung und geht auf neuere Konzepte des Recruitings ein. In Abschn. 13.3 wird die Personalauswahl als eine kritische Selektionsentscheidung diskutiert und der Prozess der Personalauswahl, sowie der Einsatz unterschiedlicher Auswahlinstrumente (Analyse der Bewerbungsunterlagen, Interviews, formale Tests, Assessment-Center) vorgestellt. Abschließend werden die rechtlichen und gesellschaftlichen Rahmenbedingungen der Personalauswahl diskutiert, d. h. die Bedeutung der betrieblichen Mitbestimmung als auch von gesellschaftspolitischen Aspekten herausgestellt und verdeutlicht, dass zwingend zwischen einer normativen und einer funktionalen Begründung von Diversity-Management zu unterscheiden ist. Der letzte Abschnitt schließt den Bogen und stellt die Notwendigkeit heraus, die Personalauswahl aus ihrer traditionell plandeterminierten Sichtweise herauszuführen, um die in dieser Teilfunktion liegenden Flexibilitätspotenziale besser für die Unternehmenssteuerung fruchtbar zu machen.

13.1 Bedeutung und Gegenstand der Personalauswahl

Die Prozesse der Personalauswahl haben zweifelsohne einen entscheidenden Einfluss auf die Qualität und das Potenzial der in einer Organisation tätigen Mitarbeiterinnen und Mitarbeiter. Alle Mitarbeiter wurden letztlich einmal über den externen Arbeitsmarkt akquiriert. Lässt man einmal unberücksichtigt, dass die Qualifikation von Mitarbeitern durch entsprechende Aus- und Weiterbildungsmaßnahmen verändert werden kann, so wird die Unternehmensentwicklung zu großen Teilen durch die Auswahl der geeigneten Mitarbeiterinnen geprägt. Je höher dabei die zu besetzende Position in der Unternehmenshierarchie einzuordnen ist, umso nachhaltiger ist der Einfluss der Auswahlentscheidung. Eine qualifizierte Personalauswahl ist insofern ein grundlegender Erfolgsfaktor des Unternehmens. Ferner ist zu berücksichtigen, dass im Falle einer Fehlbesetzung Folgekosten in beträchtlicher Höhe entstehen: Nachqualifikationskosten, Fluktuationskosten (Abfindungen, Prozesskosten, Neuausschreibungskosten usw.), aber auch Kosten, die aus Fehlentscheidungen und Arbeitsmängeln ungeeigneter Stelleninhaber entstehen.

Die Personalauswahl als eine der generischen Teilfunktionen des Personaleinsatzes stellt eine Aufgabe dar, die – wie eingangs beschrieben – von jeder Führungskraft wahrzunehmen ist. Dies bedeutet jedoch nicht, dass in den konkreten Auswahlprozess nicht auch weitere Personen einbezogen werden können oder einzubeziehen sind. Dazu können beispielsweise die Arbeitsgruppe, die nächst höhere Vorgesetzte und der Betriebsrat gehören. Gibt es eine zentrale Personalabteilung, wirkt diese ohnehin bei allen Einstellungsverfahren mit. Häufig werden auch externe Berater hinzugezogen.

Bei der Personalauswahl geht es darum, aus einem Feld von Bewerberinnen und Bewerbern jene Person (oder Personen) zu identifizieren, die am besten auf ein (zu formulierendes) Anforderungsprofil passt. In diesem Sinne baut die Personalauswahl auf **zwei zentralen Aspekten** auf: dem, was ein Unternehmen als wünschenswerte Anforderung an mögliche Kandidatinnen formuliert (ein Stellenprofil oder ein Aufgabenbereich) und jenem Feld an potenziell infrage kommenden Personen, das es für einen Auswahlprozess im engeren Sinne ins Auge zu fassen gilt.

Traditioneller weise und entsprechend eines eher plandeterminierten Vorgehens bauen beide Aspekte strikt sukzessive aufeinander auf: Zuerst erfolgt die Formulierung der Anforderungen, dann erst kann das Feld möglicher Kandidaten überhaupt abgesteckt werden und die eigentliche Personalbeschaffung, d. h. die Bereitstellung eines Bewerberinnenfeldes, beginnen.

In diesem Sinne ist eine zentrale Voraussetzung für einen fundierten Auswahlprozess die Erstellung eines **Anforderungsprofils** auf der Basis der zu erledigenden Aufgaben. Als Grundlage dafür können Arbeitsanalysen dienen, aus denen die verschiedenen Aufgaben und Verhaltensanforderungen abgeleitet werden können, oder es liegen bereits für organisatorische Zwecke entwickelte Stellenbeschreibungen vor (vgl. Kap. 7).

Im Auswahlprozess selbst geht es dann darum, auf der Basis von unterschiedlichen und im Folgenden noch darzustellenden Auswahlinstrumenten die **Fähigkeitsprofile** potenzieller Kandidatinnen zu ermitteln und jene Person zu identifizieren, deren Kenntnisse, Fertigkeiten und Fähigkeiten dem Anforderungsprofil am besten gerecht werden. Dieser

13.1 Bedeutung und Gegenstand der Personalauswahl

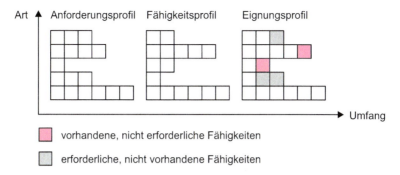

Abb. 13.1 Schematische Darstellung von Anforderungs-, Fähigkeits- und Eignungsprofil

Vergleich zwischen Anforderungs- und Fähigkeitsprofil ergibt das **Eignungsprofil** einer Person (vgl. Abb. 13.1).

Das Ziel einer vollständigen Übereinstimmung von Anforderungs- und Fähigkeitsprofil ist indessen nur als schematische Prozessleitlinie zu verstehen. Häufig ist es so, dass das Anforderungsprofil gar nicht so genau definiert werden kann, weil die Anforderungen selbst sehr **komplex** sind und/oder starken **Veränderungen** unterliegen und somit gar nicht genauer gekannt werden können. So ist es z. B. nicht möglich und auch nicht zielführend, für einen Gruppenleiter in der Grundlagenforschung eine exakte Arbeitsbeschreibung zu erstellen; dafür ist der Spielraum der Tätigkeit viel zu groß, die Lösungswege sind zu wenig standardisiert usw. Die exakte Beschreibung von Innovationsaufgaben ist ja ein Widerspruch in sich. Ferner sind Arbeits- und Stellenbeschreibungen am Status quo orientiert, d. h., dass Anforderungen, die potenzielle Aufgaben in der Zukunft betreffen, systematisch vernachlässigt werden. Gerade diese zukunftsbezogenen Anforderungen können aber entscheidend sein. Diese Schwierigkeiten führen in vielen Fällen dazu, dass man das Anforderungsprofil absichtlich sehr allgemein hält auf der Basis von Grundqualifikationen, wie Verhaltensflexibilität, Empathie oder Strukturierungsvermögen. Je unspezifischer jedoch die Anforderungen formuliert sind, desto schwieriger gestaltet sich der Personalbeschaffungsprozess, denn desto schlechter lässt sich das potenzielle Bewerberfeld identifizieren und konturieren. Insofern ist eine konkretere Vorstellung dessen, was ein Unternehmen erwartet, auch eine hilfreiche (Vor-)Selektion für die Identifikation potenzieller Kandidatinnen. Auf der anderen Seite geht mit einer höheren Selektivität immer auch ein Stück Zukunftsoffenheit verloren. Es ist deshalb nicht verwunderlich, dass neuere Formen des „Personalrecruitings" immer stärker auf offenen Formen des „Arbeitsmarktscannings" aufbauen und damit den Prozess der Personalbeschaffung prinzipiell öffnen, indem sie die strikte Abfolge zwischen der Formulierung des Anforderungsprofils und der darauf erfolgenden Personalbeschaffung teilweise auflösen.

13.2 Personalbeschaffung und neuere Formen des Personalrecruitings

In traditioneller Perspektive knüpft der Personalauswahlprozess zunächst an die Maßnahmen der Personalplanung und -beschaffung an. Dort werden auf der Grundlage der **Personalplanung** Maßnahmen ergriffen, damit eine angemessene Zahl von potenziellen Bewerbern für das Unternehmen bzw. die zu besetzenden Stellen zur Verfügung steht. Die **Personalbeschaffung** beschränkt sich dabei nicht auf die Suche und Anwerbung externer Mitarbeiterinnen, sondern schließt auch die Gewinnung von bereits im Unternehmen arbeitenden Mitarbeitern (interner Arbeitsmarkt) mit ein.

Die interne Stellenausschreibung ist nicht nur eine gern genutzte, sondern in vielen Fällen auch gesetzlich vorgeschriebene Ergänzung zur Akquirierung am externen Arbeitsmarkt. Sie weist den großen Vorteil auf, dass hier bereits vielfältige Informationen – man denke etwa an die Leistungsbeurteilung – über potenzielle Bewerber verfügbar sind, deren Aussagegehalt man zudem auch besser einzuschätzen weiß als Informationen über externe Kandidaten, die etwa in Form von Arbeitszeugnissen vorliegen.

Die Frage der internen oder externen Besetzung von Führungspositionen ist aber nicht nur pragmatisch über eine Kostenvergleichsrechnung zu entscheiden, sondern muss als Grundsatzfrage der Unternehmenspolitik gelten. Die **interne Rekrutierung** ist auch ein Motivationsinstrument, um qualifiziertes Personal zu halten. Eine Unternehmung, die ihre eigenen Nachwuchskräfte bei der Besetzung von Führungspositionen häufig übergeht, wird es schwer haben, einen entsprechend fähigen und qualifizierten Nachwuchskader aufzubauen, da viele potenzielle Führungskräfte das Unternehmen wegen der schlechten Aufstiegschancen frühzeitig wieder verlassen und zur Konkurrenz abwandern werden. Auf der anderen Seite fördert die interne Rekrutierung „Betriebsblindheit" und eine Verfestigung vorgefundener Orientierungen.

Klassische Instrumente der **externen Personalbeschaffung** sind etwa die Stellenanzeige, heute meist im Internet und über sog. soziale Medien, die Aktivierung von Netzwerken oder auch die Vakanzmeldung an die Agentur für Arbeit. Dabei ist zu beachten, dass heute den unkonventionellen Instrumenten eine immer größere Bedeutung zukommt.

Die Personalrekrutierung – wie der Personalbereich insgesamt – steht immer in einem **speziellen Kontext**, der durch eine Reihe von Faktoren bestimmt wird: die allgemeine Konjunktur, das Wirtschaftswachstum, der Wertwandel („Work-Life-Balance", siehe Kap. 14), die Beschäftigung von Müttern und Vätern, insbesondere aber die demografischen Veränderungen, die zu beobachten sind. Während die Zahl der Berufsanfängerinnen zurückgeht, wird die heute quantitativ stärkste Gruppe von Beschäftigten, die Kohorte der geburtenstarken Jahrgänge der 1960er-Jahre („Babyboomer"), das Alter jenseits der Fünfzig erreichen (Deller et al. 2008). Bei gleichbleibender Zuwanderungs- und Geburtenrate wird diese Entwicklung dazu führen, dass das Durchschnittsalter der bestehenden Belegschaften steigen und zugleich eine sinkende Anzahl an potenziellen Erwerbspersonen auf dem Arbeitsmarkt verfügbar sein wird. Eine solche Entwicklung, die sich durch den sog. Fachkräftemangel ausdrückt (vgl. dazu Kasten 13.1), stellt insbesondere auch die Personalbeschaffung vor neue Herausforderungen. Mit dem für das Jahr 2020 endgültig virulent werdenden Mangel an adäquat ausgebildeten Fach- und Führungskräften (Bullinger und Buck 2007) werden Arbeitgeber im zunehmenden Maße um hoch qualifiziertes Personal konkurrieren müssen. Mitunter wird ja bereits seit einiger Zeit von einem „war for talent" (Michaels et al. 2001; Busold (Hrsg.) 2019) gesprochen. Vor dem Hintergrund dieser Entwicklungen ist zudem vorstellbar, dass es zu einer signifikanten **Verschiebung der Abhängigkeitsverhältnisse** zwischen Arbeitgebern und gut ausgebildeten Arbeitnehmerinnen und Arbeitnehmern kommen wird. In diesem Sinne müssten sich Unternehmen zukünftig um hoch qualifiziertes Personal bewerben, nicht mehr umgekehrt.

Kasten 13.1

Was ist dran am Fachkräftemangel?

„Das Fachkräfte-Zuwanderungsgesetz soll den Arbeitsmarkt entlasten. Aber gibt es überhaupt einen Fachkräftemangel? Oder macht es sich die Wirtschaft zu einfach?

Am Ende hatte er Glück gehabt. Über einen Bekannten hat er doch noch einen Job gefunden, in einer Firma für Kfz-Pflegeprodukte. Nach mehr als 100 Bewerbungen, monatelangen Qualifizierungsmaßnamen der Arbeitsagentur und Hilfsarbeiten auf dem Bau. Dabei ist Christian Holzmann Akademiker. Als diplomierter Biophysiker hat der 36-Jährige fünf Jahre lang an der Universität des Saarlandes an Prostatazellen geforscht. Nachdem die Stelle ausgelaufen war, machte er sich zunächst keine Sorgen. Es herrscht doch Fachkräftemangel, insbesondere bei Naturwissenschaftlern, dachte er. Nach vier Jahren Arbeitssuche, glaubte er das nicht mehr.

‚Es gibt immer wieder Passungsprobleme, also dass die speziellen Anforderungen auf dem Arbeitsmarkt und die Qualifikation der Bewerber nicht zusammenpassen', sagt Holger Seibert vom Institut für Arbeitsmarkt- und Berufsforschung (IAB). Das kommt nicht nur bei Biologen vor, sondern auch bei anderen Akademikern und beispielsweise Ingenieuren.

Ist die Wirtschaft zu wählerisch? Aber selbst, wenn es von diesen Fällen nur ein paar Tausend gäbe, muss man doch die Frage stellen: Wie groß kann der Mangel an Fachkräften sein, wenn junge Akademiker wie Holzmann bei Unmengen von Bewerbungen nicht einmal zu einem einzigen Vorstellungsgespräch eingeladen werden? Ist die Wirtschaft, sind die Unternehmen zu wählerisch? Wollen sie schlicht nicht in Arbeitnehmer wie Holzmann investieren? Mit seiner Vorbildung als Naturwissenschaftler könnte er sich in zahlreiche komplexe Tätigkeiten einarbeiten. Ein Blick auf die Statistik legt nahe, dass das bei den meisten Akademikern auch ganz gut funktioniert. Sie haben die geringste Arbeitslosenquote: 2017 lag sie bei 2,3 Prozent, während sie bei Menschen ohne Berufsabschluss 17,9 Prozent betrug. Die Gesamtarbeitslosenquote lag bei 5,8 Prozent.

Alarmismus bei Wirtschaftsverbänden. Andererseits kann es auch sein, dass so mancher Akademiker in der Arbeitslosenstatistik gar nicht auftaucht. (…). Auf Zahlen und Statistiken zu setzen, ist beim Thema Fachkräftemangel generell problematisch. Während die Wirtschaft sich mit Alarmmeldungen überschlägt, ergibt sich aus den Statistiken der Bundesagentur für Arbeit (BA) ein ganz anderes Bild. Der Fachkräftemonitor der Industrie- und

> Handelskammer (IHK) benennt beispielsweise für Berlin derzeit ein Defizit von 121.000 Fachleuten. Bei der Bundesagentur für Arbeit sind im Oktober 2018 hingegen gerade einmal 19.079 offene Stellen für Facharbeiter gemeldet. Demgegenüber standen insgesamt 77.216 arbeitslose Facharbeiter, wie aus einer aktuellen Auswertung des rbb hervorgeht.
>
> **Welche Zahlen sind verlässlich?** Diese Statistiken sind aber nur bedingt verlässlich. Denn bei der Arbeitsagentur werden offenbar viele offene Stellen nicht gemeldet. Unternehmen setzen insbesondere in Städten eher auf Online-Jobbörsen oder soziale Netzwerke, um Personal zu finden. Andererseits dürften die Zahlen der Wirtschaftsverbände überzogen sein, heißt es in der rbb-Analyse. In ihre Erhebungen fließen zwar sowohl Befragungen der eigenen Mitglieder als auch die Zahlen der Arbeitsagentur ein. Letztere werden aber mit einem nicht näher bekannten Faktor multipliziert, eine Hochrechnung, um auch die nicht gemeldeten Stellen abzubilden."
>
> Quelle: tagesschau.de. Zugegriffen am 29.11.2018

Es ist evident, dass die traditionellen und eher passiven Methoden der Personalbeschaffung einer solchen Situation nur sehr unzureichend gerecht werden. Insofern wurden in den letzten Jahren insbesondere in der Unternehmenspraxis eine Reihe von Konzepten entwickelt, die aktiv und fokussiert auf die Gewinnung, Entwicklung und die Bindung von hoch qualifizierten und talentierten Mitarbeitern, sogenannter „High-Potentials", abstellen. So werden Letztere beispielsweise im Rahmen des **„Talent Management"** systematisch identifiziert und angeworben („Active Sourcing"). Dabei spielt das Internet als Kommunikationsplattform eine zunehmend wichtige Rolle, da es neue Ansprachemöglichkeiten eröffnet und den zeitlichen und finanziellen Aufwand für Informationssuche und Kommunikation vergleichsweise gering hält. Ermöglicht wird dies insbesondere durch soziale Netzwerke (wie beispielsweise „Xing" oder „LinkedIn"), in denen Fähigkeitsprofile eingesehen und passende Kandidaten persönlich kontaktiert werden können. Oft übernehmen auch unternehmensexterne Personalvermittler („Headhunter") als Makler diese Aufgabe, indem sie unter anderem versuchen, gezielt Mitarbeiter aus anderen Unternehmen abzuwerben. Für die weniger fokussierte Ansprache spielt darüber hinaus das sog. **„Employer Branding"** (vgl. Ambler und Barrow 1996; Backhaus und Tikoo 2004; Mosley 2014) eine zunehmend wichtige Rolle. Ziel ist die Positionierung und die Pflege einer „Arbeitgebermarke", wobei das Unternehmen im Vergleich zu anderen als glaubwürdiger und attraktiver Arbeitgeber wahrgenommen werden soll. Noch unkonventionellere Methoden werden heute unter dem Stichwort: Guerilla-Recruiting zusammengefasst.

All diese Maßnahmen zeigen, dass sich die traditionelle Personalbeschaffung zunehmend zu einer **aktiven Arbeitsmarktgestaltung** verschiebt und die Unternehmen immer stärker eine aktiv-werbende Rolle einnehmen („Personal-Marketing").

Derartige Maßnahmen der Personalrekrutierung prägen zu großen Teilen den Handlungsrahmen der Personalauswahl, da ja mit der Personalbeschaffung der Kreis der potenziellen Bewerberinnen und Bewerber weitgehend determiniert wird.

13.3 Instrumente und Prozess der Personalauswahl

13.3.1 Personalauswahl als Selektionsentscheidung

Bevor näher auf einzelne Instrumente und den Prozess der Personalauswahl eingegangen wird, soll an dieser Stelle noch auf ein grundlegendes Problem der Personalauswahl hingewiesen werden. Personal auszuwählen heißt immer zu selektieren und damit im ursprünglichen lateinischen Wortsinn zwischen unterschiedlichen Bewerberinnen und Bewerbern zu diskriminieren. Instrumente der Personalauswahl sollen in erster Linie die **Eignung** einer Bewerberin voraussagen bzw. ex ante ihre Leistungsfähigkeit feststellen. Danach wird die prädiktive bzw. prognostische Validität der Auswahlinstrumente bestimmt. Zugleich sollen allen potenziell geeigneten Personen grundsätzlich **gleiche Chancen** für eine positive Selektion eingeräumt werden. Nicht selten jedoch geraten die explizit und implizit in den Auswahlinstrumenten enthaltenen Selektionskriterien mit dem grundsätzlichen normativen Gleichbehandlungsgebot (vgl. dazu auch Abschn. 13.4) in Konflikt. In der Literatur wird dieses grundlegende Problem auch als „Diversity-Validity-Dilemma" (Pyburn et al. 2008) oder „Selection Quality–Adverse Impact Problem" (de Corte et al. 2007) thematisiert.

Von einem **„adverse impact"** („negative Auswirkung") spricht man dann, wenn ein Auswahlinstrument, unabhängig von seiner prädiktiven Validität, bestimmte Gruppen von Bewerberinnen und Bewerbern anderen systematisch bevorzugt. Mit anderen Worten beschreibt der „adverse impact" den Grad der Unterschiedlichkeit in der Selektionsrate (der Anteil der ausgewählten Bewerber) zwischen den Bewerbergruppen (Sackett und Lievens 2008). Es handelt sich dabei um einen Indikator für das potenzielle Vorliegen einer Diskriminierung, nicht um deren tatsächlichen Nachweis. Dieser muss dann immer noch anhand einer Analyse eines konkreten Auswahlinstrumentes erfolgen. So hat man beispielsweise herausgefunden, dass spezifische Formen von Intelligenztests tendenziell Menschen mit weißer Hautfarbe begünstigten.

Um dem Auftreten eines „adverse impact" entgegenzutreten, werden mitunter symptomorientierte Quotierungsregeln vorgeschlagen. So empfehlen die „Uniform Guidelines on Employee Selection Procedures" in den USA von 1978 die Anwendung einer 80 %-Regel im Rahmen von Personalauswahlentscheidungen. Demnach darf die Auswahlrate aus einer bestimmten Gruppe von Bewerbern nicht kleiner als 80 % der Auswahlrate der Bewerberpopulation sein, die im Auswahlprozess am erfolgreichsten war. Anderenfalls sind ein Auswahlprozess oder ein einzelnes Auswahlinstrument als diskriminierend einzustufen. Neuere Forschungsarbeiten kritisieren allerdings die Anwendung dieser einfachen Daumenregeln (Bobko und Roth 2010; Roth et al. 2006) und schlagen stattdessen immer mehrstufige Auswahlprozesse, d. h. die Anwendung von unterschiedlichen Auswahlinstrumenten in einem Auswahlprozess, vor. So identifizieren bspw. Finch et al. (2009) mittels einer Monte-Carlo-Simulation, dass drei bestimmte mehrstufige Auswahlstrategien, die Auswahltests, Fragebögen und persönliche Auswahlinterviews in bestimmter Weise kombinieren, ein Diversity-Valditiy-Problem am erfolgreichsten entschärfen. Die Autoren weisen u. a. darauf hin, dass kognitive Leistungstests (wie bspw. Intelligenztests) nicht auf der ersten Auswahlstufe zum Einsatz kommen sollten und dass grundsätzlich Tests, die zu geringen Intergruppen-Differenzen führen, zu bevorzugen sind (vgl. zum Überblick der Diskriminierungstendenz unterschiedlicher Personalauswahlinstrumente Cook 2009 sowie Moore 2017). Immer Einfluss bekommen hier die aus der Big-Data-Welt stammenden predictive HR Analytics (Edwards und Edwards 2019).

13.3.2 Struktur des Auswahlprozesses

Das entscheidende Problem bei der Personalauswahl (vgl. Cooper et al. 2003; Cook 2009; Moore 2017) ist die Erstellung einer Prognose, darüber, wie der Bewerber mit den Anforderungen des Arbeitsplatzes (einschließlich des ihn umgebenden sozialen Systems) zurechtkommen wird. Eine solche **Prognose** kann entweder potenzial- oder arbeitsergebnisbezogen sein. Eine solche Prognose zu erstellen ist aus verschiedenen Gründen sehr schwer und grundsätzlich auch nur begrenzt möglich, weil die zukünftige Entwicklung von Menschen nicht determiniert ist. Es ist strukturell eine Entscheidung unter Unsicherheit (vgl. Kap. 4). Um dennoch die Treffgenauigkeit annäherungsweise zu erhöhen, hat man systematische Verfahren der Personalauswahl entwickelt.

Zu den geläufigsten Methoden zur Fundierung der Auswahlentscheidung gehören:

1. Analyse der Bewerbungsunterlagen,
2. Auswahlgespräche bzw. -interviews,
3. formale Tests,
4. Assessment-Center.

Diese Informationsquellen dürfen allerdings nicht als sich ausschließende Alternativen der Personalauswahl gesehen werden, sondern als einzelne Facetten des Auswahlprozesses, die durchaus einander ergänzend zu Rate gezogen werden können.

Ein **Personalausleseprozess** könnte z. B. folgenden Phasenablauf vorsehen: Zunächst werden die eingereichten Bewerbungsunterlagen sowie der ausgefüllte Personalfragebogen gesichtet. Auf der Basis von Mindestkriterien werden erste Vorselektionsentscheidungen getroffen. Bei großer Bewerberzahl ist es heute üblich geworden, dies auf elektronischem Wege zu leisten. Die verbleibenden Bewerber durchlaufen einen oder mehrere psychologische Tests, in denen unterschiedliche Merkmalsgruppen erhoben werden. Diejenigen Bewerber, die hier viel versprechend abschneiden, lädt man entweder zu einem oder mehreren Auswahlinterviews ein, die eventuell durch Assessment-Center ergänzt werden.

Umfang und Tiefe von solchen mehrstufigen Personalauswahlprozessen nehmen meist mit der Qualifikation und Bedeutung des zu besetzenden Arbeitsplatzes zu, wobei allerdings hoch qualifizierte Bewerber für Spitzenpositionen ein Durchlaufen solcher Standardprozeduren häufig ablehnen.

13.3 Instrumente und Prozess der Personalauswahl

Bei der Gewinnung und Auswertung dieser einzelnen Informationssegmente nimmt die **Arbeitsteilung** zwischen Linie und Personalabteilung unterschiedliche Formen an. (Linien-)Manager werden i. d. R. vor allem das Auswahlgespräch und gegebenenfalls das Assessment-Center maßgeblich mitsteuern, aber auch bei der Analyse der Bewerbungsunterlagen mitwirken. Die Durchführung und Auswertung psychologischer Tests sollte hingegen Spezialisten – in der Regel Psychologen – überlassen bleiben.

Wir wollen im Folgenden diese Methoden und Verfahrensweisen der Auswahlentscheidung kurz vorstellen und dabei diejenigen Elemente besonders akzentuieren, die in den Aufgabenbereich der Führungskraft fallen.

13.3.3 Die Analyse der Bewerbungsunterlagen

Der Personalauswahlprozess beginnt – unabhängig von seiner weiteren Ausdifferenzierung – üblicherweise mit einer Analyse der Bewerbungsunterlagen; es ist dies zugleich der erste Selektionsschritt, offenkundig ungeeignete Bewerber werden aus dem Verfahren genommen. Die Bewerbungsunterlagen setzen sich in der Regel aus Bewerbungsschreiben, Lebenslauf, (Hoch-)Schul- und Arbeitszeugnissen zusammen. Ergänzt werden diese Unterlagen in manchen Fällen durch Referenzen und u. U. Arbeitsproben. Darüber hinaus verwenden insbesondere viele Großunternehmen einen **Personalfragebogen**. Dieser erhebt zwar gegenüber den bereits angesprochenen Unterlagen kaum neue Informationen, stellt aber die Vollständigkeit der zentralen Daten sicher. So z. B. Angaben zur Person, Schul- und Berufsausbildung und beruflichen Entwicklung. Der Rückgriff auf derartige Fragebögen erleichtert insbesondere das schnelle Auffinden relevanter Informationen und die Vergleichbarkeit zwischen den einzelnen Bewerbenden. Es ist heute üblich geworden, dass dieser Prozess zu wesentlichen Teilen auf elektronischem Wege, also online, erledigt wird (vgl. Kasten 13.2). In zunehmendem Maße gibt es auch Software, die diesen Auswahlprozess unterstützen. Einer softwaregestützten, automatisierten Analyse der Bewerbungsunterlagen ist allerdings nach wie vor mit Vorsicht zu begegnen. Zwar wird der zeitliche Aufwand zur Sichtung der Unterlagen erheblich reduziert, gleichzeitig erhöht sich jedoch auch die Fehlerwahrscheinlichkeit.

Kasten 13.2

Wählt mich eine Maschine aus?

„Der Computer sucht die neuen Mitarbeiter aus? Das klingt zwar schön spektakulär und wäre theoretisch sogar möglich, aber mit der Realität hat es wenig zu tun.

[Online Eingabemasken] erleichtern der Personalabteilung die Arbeit. Bewerbungen, die per E-Mail eingehen, sind oft ganz unterschiedlich aufgebaut. Außerdem fehlen bei vielen wichtige Informationen, zum Beispiel Zeugnisse oder das

Datum, an dem der Bewerber die Stelle antreten könnte. All das einzutreiben und vergleichbar zu machen ist mühsam. Die Pflichtfelder in den Masken lösen dieses Problem. Die Masken sind außerdem in sogenannte Bewerbermanagementsysteme integriert, mit denen auch die nächsten Schritte verwaltet werden: die Zu- und Absagen, die Terminvergaben für Vorstellungsgespräche und so weiter. Es geht also darum, Prozesse effizienter zu machen.

Im Grunde ist das nichts Neues, nur dass es früher Menschen gemacht haben. Wenn für eine Stelle viele Bewerbungen eingingen, wurde bei der Erstsichtung pro Mappe nicht mehr als eine Minute verwendet. Dabei hat man auf dieselben Schlüsselkriterien geachtet, die auch jetzt herangezogen werden.

Meist geht es [dabei] um ganz grundlegende Dinge wie zum Beispiel den Studienabschluss und bestimmte Fähigkeiten wie etwa Sprachkenntnisse. Das Anforderungsprofil der Stelle wird mit dem Bewerberprofil abgeglichen. Personaler sprechen von der sogenannten Matching-Qualität. Sie sollte möglichst hoch sein.

Wenn man [beispielsweise] einen Anästhesisten sucht, will man keinen Orthopäden. Wenn jemand fließend Englisch sprechen muss, weil er mit Kunden in New York verhandeln wird, reicht es nicht, wenn er das nur mäßig kann, dafür aber perfekt Spanisch beherrscht. Und wenn man für eine Stelle Erfahrungen im Projektmanagement mitbringen soll, ist es nützlich, wenn man so etwas schon einmal gemacht hat. Die Fähigkeiten, die man braucht, um den jeweiligen Job gut zu machen, sollten also so stark wie möglich mit dem zusammengehen, was der Bewerber mitbringt. Diese sogenannte Passung ist einfach enorm wichtig, damit der Bewerber hinterher im Berufsalltag gut zurechtkommt. (…).

Ob und wie intensiv eine Bewerbung angesehen wird, hängt dabei auch von der Konkurrenz ab. [E]in Beispiel: Stellen Sie sich vor, Sie sind Personalchef eines Konzerns, der bei Absolventen beliebt ist, und haben auf eine Einsteigerstelle im Marketing 500 Bewerbungen bekommen. Nehmen wir an, 40 Prozent dieser Bewerber erfüllen alle wichtigen Kriterien. Dann werden Sie sich die restlichen 60 Prozent wohl eher nicht ansehen. Wenn Sie aber in der Personalabteilung eines weniger bekannten Unternehmens arbeiten und gerade einmal 15 Bewerbungen auf Ihrem Rechner warten, werden Sie auf alle einen Blick werfen.

[Aus Sicht der Bewerberinnen heißt das aber auch], wenn man etwa 70 bis 80 Prozent des Anforderungsprofils erfüllt, kann man es ruhig versuchen. Es kommt recht häufig vor, dass keiner alles mitbringt. Und dann werden eben die Bewerber interessant, die zu 90, 80 oder 70 Prozent auf die Stelle passen. Es gibt ja auch noch die Möglichkeit, jemanden intern weiterzubilden. Insbesondere wenn es schwer ist, geeigneten Nachwuchs zu finden, denken Unternehmen in diese Richtung."

Quelle: zeit.de. Zugegriffen am 13.05.2019

Wenn man auf eine hinreichend große Zahl an historischen **„Erfolgsprofilen"** zurückgreifen kann, lassen sich die einzelnen Merkmale gewichten. Damit kann die unterschiedliche prognostische Qualität der jeweiligen Merkmale für die erfolgreiche Ausübung bestimmter Tätigkeiten in Ansatz gebracht werden. Bei diesem Gewichtungsverfahren spricht man auch von „Weighted Application Blank" (WAB). Auf der Basis der eingereichten Fragebogen kann man dann für jeden Bewerber eine Punktesumme bestimmen und mit einem kritischen Wert vergleichen, der aus den historischen Erfolgsprofilen unter Berücksichtigung der unternehmensspezifischen Gegebenheiten abgeleitet wird (Cascio 1982).

Bisweilen wird (zusätzlich) eine spezielle Form des Personalfragebogens eingesetzt, der biographische Fragebogen (Schuler und Stehle 1990; Weuster 2012). Erfragt werden mutmaßlich relevante Ausschnitte und Ereignisse aus dem beruflichen Werdegang (z. B. „Wie wichtig war Unabhängigkeit bei der Wahl ihres Berufs?"). Im Unterschied zum konventionellen Personalfragebogen und zum WAB verbreitert der Biographische Fragebogen die Informationsgrundlage durch die Berücksichtigung subjektiver Einstellungen und Eigenbeurteilungen des Bewerbers. Die prognostische Qualität scheint sich auf diese Weise verbessern zu lassen. Bisweilen wird der biographische Fragebogen eher als psychologischer Test angesehen (vgl. Abschn. 13.3.2).

Leitende Gesichtspunkte für die Auswertung der Unterlagen sind: Stimmigkeit der Angaben, Zahl der Arbeitsplatzwechsel und ihre Begründung, Vollständigkeit, Bewerbungsmotive und Art der Selbstdarstellung. Die Bewerbungsunterlagen geben wichtige Aufschlüsse über den persönlichen und beruflichen Werdegang, den Sozialisationshintergrund und eventuell über die zukünftigen Entwicklungsvorstellungen der Bewerbenden. Allerdings darf die Aussagekraft der Bewerbungsunterlagen nicht überschätzt werden. Sie basieren ausschließlich auf historischen Daten, vergangene Erfolge/Misserfolge lassen sich aber – wie bereits gesagt – nicht unbesehen in die Zukunft fortschreiben. Bei empirischen Studien zeigt sich, dass die aus Bewerbungsunterlagen zu gewinnenden Schul- und Examensnoten noch die relativ beste prognostische Validität besitzen ($r = 0.40$) (Schuler und Funke 2004, S. 289 ff.). Die Obergrenze der systematisch erreichbaren Validität einer langfristigen Vorhersage komplexen Verhaltens liegt laut Schuler (2013, S. 52) insgesamt bei ca. 0.7, was bedeutet, dass etwa die Hälfte ($0.7 \times 0.7 = 0.49$) aller Unterschiede im späteren beruflichen Erfolg durch ex ante durchgeführte Eignungsdiagnosen bestimmt werden kann.

Die Gründe für die relativ geringe Prognosesicherheit sind vielfältig. Prüfungszeugnisse etwa spiegeln zwar die Leistungsfähigkeit des Bewerbers in formalen Prüfungen wider, lassen aber nur **bedingt Rückschlüsse** auf seine berufliche Leistungsfähigkeit zu, da die Ausbildungsinstitutionen hinsichtlich Anforderungen, Ausbildungsinhalten und Anspruchsniveau andere Akzente setzen. Denkfähigkeiten und Handlungskompetenz klaffen oft weit auseinander. Der zaudernde Analytiker wurde zum Stereotyp für dieses Dilemma.

Der Aussagegehalt von **Arbeitszeugnissen** wird dadurch eingeschränkt, dass der Inhalt laut Gesetz die berufliche Entwicklung des Beurteilten nicht behindern darf und somit die Leistungsfähigkeit des Beurteilten nur über unterschiedliche Grade einer positiven Einschätzung übermittelt werden kann. Zu diesem Zwecke hat sich eine regelrechte „Geheimsprache" herausgebildet, die aber nicht einheitlich eingesetzt wird und sich somit auch nicht trennscharf dechiffrieren lässt. Die großen Interpretationsspielräume bei den gewählten Formulierungen verleiten nicht selten zu schwer korrigierbaren Vor- und Fehlurteilen. Aus diesem Grunde wird häufig die Angabe von Referenzpersonen verlangt, um eine Gegenprüfung der Angaben vornehmen zu können.

Insgesamt kann die Analyse der Bewerbungsunterlagen aus den dargelegten Gründen nur erste Anhaltspunkte geben. Sie eignet sich demgemäß vor allem für eine grobe Vorselektion unter den Bewerbenden und als Gesprächsgrundlage für eventuell zu führende Interviews.

Ungeklärt und in der Literatur auch meist unbeachtet bleibt allerdings die Frage, welchem Anteil an Bewerbern bereits bei einer solchen Vorselektion sinnvollerweise eine endgültige Absage erteilt werden soll. Während die zeitliche Inanspruchnahme und Kostengesichtspunkte für eine recht rigide Vorselektion auf der Grundlage der Bewerbungsunterlagen sprechen, können durch diese Vorgehensweise andererseits viele Bewerbende, die sich eigentlich für das jeweilige Unternehmen und die ausgeschriebene Stelle eignen würden, von vornherein unberücksichtigt bleiben, da sie z. B. wegen zu schlechter Schulnoten bereits in diesem Stadium des Personalauswahlprozesses endgültig zurückgewiesen werden.

Insgesamt ist die wissenschaftliche Durchdringung der Analyse von Bewerbungsunterlagen noch nicht sehr weit vorgestoßen; es hängt sehr viel von den speziellen Gegebenheiten ab. Allgemeine Kriterien sind eher irreführend.

13.3.4 Auswahlinterviews

Auswahlinterviews sind sehr populär und weit verbreitet. Dies überrascht auch nicht weiter, da mit dem Interview auf relativ einfache und kostengünstige Weise viele Informationen ermittelt werden können, die sich zudem auf anderem Wege häufig gar nicht oder nur sehr schwer gewinnen lassen. So kann man sich anhand eines Interviews z. B. gut einen persönlichen Gesamteindruck vom Bewerber machen, da es wie kaum eine andere Informationsquelle auch Aufschluss über Einstellungen, Motive, Verhaltensweisen und Körpersprache des Bewerbers geben kann. Ebenso lassen sich die Interessen, Erwartungen und Wünsche der Bewerberin in einem persönlichen Gespräch abklären. Ein entscheidender Vorteil des Interviews liegt mithin in seiner **Multifunktionalität**. Auf diese Weise kann man Informationen, die aus anderen Quellen gewonnen wurden, ergänzen und somit Missverständnisse vermeiden (z. B. spezielle Punkte ansprechen, die in den Bewerbungsunterlagen unklar geblieben sind; zweifelhafte Testergebnisse klarstellen). Diesen positiven Effekten stehen jedoch systematische Verzerrungseffekte entgegen. Nur selten sind Auswählende zum Beispiel Experten im Lesen von Körpersprache und der korrekten Interpretation der empfangenen Signale. So fast Moore (2017, S. 8) die Prognosevalidität dieses Instrumentes relativ nüchtern zusammen: „One of the clearest lessons to emerge from decades of research on personnel selection is that the traditional face-to-face job interview is terrible for predicting future job performance". Das heißt aber selbstverständlich nicht, dass auf Auswahlinterviews verzichtet werden sollte, vielmehr geht es darum dieses Instrument im Konzert anderer Auswahlinstrumente hinsichtlich seiner Stärken zu nutzen und sich seiner Schwächen bewusst zu sein.

13.3 Instrumente und Prozess der Personalauswahl

Auswahlinterviews werden in verschiedenen Varianten durchgeführt, sie können als Einzel- oder Gruppeninterviews angelegt sein. Heute werden sie in der Anfangsphase auch häufig telefonisch durchgeführt. Sie können als strukturierte oder unstrukturierte bzw. freie Interviews angelegt sein. Beim strukturierten Interview wird im Voraus ein konkreter Gesprächsleitfaden entwickelt, der den Gesprächsinhalt vor allem in der Themenwahl, der Folge der Fragen, der Bewertung und Gewichtung einzelner Informationen weitgehend festlegt. Beim freien Interview, das in der Praxis nach wie vor bevorzugt wird, fehlt eine solche Grundlage. Dies ermöglicht eine größere Flexibilität, allerdings auf Kosten der Vergleichbarkeit der Aussagen.

Das Interview selbst verläuft üblicherweise in verschiedenen Phasen (Lorenz und Rohrschneider 2009, zu einem 7-Phasen-Schema vgl. Schuler 1992). Die **Kontakt- oder Aufwärmphase** dient dazu, ein zwangloses Gesprächsklima zu schaffen. Nur wenn dies gelingt, kann das Gespräch sowohl für das Unternehmen als auch für den Bewerber seinen potenziellen Informationswert tatsächlich entfalten.

In der **Hauptphase** des Auswahlgesprächs soll das eigentliche Gesprächsziel erreicht werden, d. h., hier geht es um die Gewinnung relevanter Informationen über den Bewerber, die eine gute Eignungsprognose ermöglichen. Folgende Themenkreise sind regelmäßig Gegenstand dieser Phase:

- Ausbildung und Weiterbildung,
- Berufserfahrung und fachliche Qualifikation,
- die persönliche Situation des Bewerbers (soweit sie für die Position relevant ist),
- Kooperations- und Durchsetzungsfähigkeit,
- Motivation und zukünftige Berufsziele sowie
- Kenntnisse über die Firma.

Die Eindringtiefe in die einzelnen Themenkomplexe und die Dauer dieser Hauptphase hängen stark von dem Charakter der zu besetzenden Stelle ab. Je wichtiger die vakante Stelle eingeschätzt wird, umso gründlicher und differenzierter wird man die einzelnen Themenbereiche behandeln. Es ist heute selbstverständlich, ein Auswahlinterview so anzulegen, dass auch die Bewerber genügend Möglichkeiten haben, für sie relevante Informationen zu erfragen, so z. B. Informationen über die Firma im Allgemeinen (z. B. Wettbewerbssituation etc.) oder über die spezifischen Konditionen der ausgeschriebenen Stelle (Weiterbildungsmöglichkeiten, Aufstiegschancen etc.).

Aus der Sicht der Bewerbenden bietet das gesamte Auswahlinterview die Gelegenheit, sich ein realistisches Bild von der zukünftigen Arbeitssituation zu machen. Das häufig beobachtbare Bestreben, hier das Unternehmen oder den zukünftigen Arbeitsplatz einseitig positiv darzustellen, wirkt eher kontraproduktiv. Es ist von entscheidender Bedeutung, dass die allgemeinen Erwartungen der Bewerbenden mit den Erwartungen des Unternehmens übereinstimmen, wenn es nicht zu kostspieligen Enttäuschungen kommen soll.

Ein Mittel, diesem Problem zu begegnen, ist der **„Realistic Job Preview"** (RJP), der dem Prinzip gehorcht: „It pays to tell the truth". Hierbei wird bewusst versucht, den Bewerbenden ein möglichst realistisches und akkurates Bild über das Unternehmen im Allgemeinen und seine zukünftigen Arbeitsinhalte im Besonderen zu vermitteln. So werden z. B. Filme vorgeführt, die Mitarbeiter des Unternehmens bei der Ausübung ihrer Tätigkeit zeigen, oder es werden unzensierte Kommentare von Beschäftigten herangezogen, um den Bewerberinnen einen Einblick in den Alltag und das Umfeld der zukünftigen Arbeit zu geben. Hinter dieser Vorgehensweise steht die Idee, dass eine offene und bewusst nicht „rosarot" **gefärbte Informationspolitik** gegenüber Kandidaten keineswegs qualifizierte Arbeitskräfte von einer Bewerbung und Zusage bei dem betreffenden Unternehmen abhält, sondern – und das ist entscheidend – bei den so akquirierten Mitarbeiterinnen auch zu einer höheren Zufriedenheit und geringeren Fluktuationsrate führt. Zahlreiche Untersuchungen deuten darauf hin, dass ein solch positiver Zusammenhang zwischen RJP und Arbeitszufriedenheit durchaus wahrscheinlich ist, auch wenn die Ergebnisse nicht immer widerspruchsfrei sind (zu einer ausführlichen Diskussion des RJP vgl. Breaugh 1983; Buckley et al. 2002; Liu et al. 2018).

Kasten 13.3

Verzerrungsfaktoren beim Auswahlgespräch: Ergebnisse aus der Interviewforschung

I. **Verhalten der Interviewer**
   1. Die Erwartungen, die sich beim Interviewer bereits vor dem Interview, z. B. anhand der Bewerbungsunterlagen, herausgebildet haben, prägen das endgültige Urteil entscheidend (Problem der self-fulfilling prophecy).
   2. Interviewer führen Einstellungsgespräche häufig ohne genauere Kenntnis der Anforderungen, die an die zu besetzende Stelle zu richten sind. Je besser die Interviewer über die tatsächlichen Stellenanforderungen informiert sind, desto höher ist die Inter-Rater-Reliabilität, d. h. die Übereinstimmung unter den Befragern.
   3. Statt an den Stellenanforderungen orientieren sich die Interviewer oft an willkürlichen Stereotypen eines „guten Bewerbers".
   4. Die Interviewer bewerten die erhaltenen Informationen nicht einheitlich. Teilweise bestehen sogar Unstimmigkeiten darüber, ob bestimmte Informationen als positiv oder negativ zu werten sind. Zudem wiegen häufig bei Einstellungsentscheidungen negative Informationen prinzipiell schwerer.
   5. Bei Interviewern, die im Gebrauch von Verhaltensbeurteilungsskalen geschult wurden, stieg die Beurteilungsgenauigkeit und die Beurteilungsfehler gingen zurück.

II. **Verhalten der Interviewten**
   6. Die Reaktionen der Interviewten werden durch das Verhalten des Interviewers beeinflusst. Die nonverbale Kommunikation hat einen signifikanten Einfluss. Der verbalen Kommunikation scheint jedoch eine größere Bedeutung zuzukommen.

7. Geschlecht und physische Attraktivität von Bewerbern üben einen starken Einfluss auf das Urteil des Interviewers aus.
8. Das Bewerberverhalten kann durch Training verbessert und die Einstellchance erhöht werden.

III. **Ergebnisse zur Gestaltung des Interviews**
9. Die Vergleichbarkeit von Interviews als Auswahlinstrument hängt vom Grad ihrer Standardisierung ab. Je freier die Bewerbungsgespräche sind, umso mehr variieren sie von Gespräch zu Gespräch und umso uneinheitlicher wird die Auswahl.
10. Interviewer fällen bei unstrukturierten Interviews bereits relativ früh ein Urteil über den Bewerber, das im weiteren Gesprächsverlauf nur sehr schwer zu korrigieren ist („primacy effect").
11. Die Qualität vorangegangener Bewerber kann die Beurteilung nachfolgender Bewerber beeinflussen (Kontrast-Effekt; Maßstabsproblem).
12. Interviews waren besser untereinander vergleichbar, wenn mehrere Interviewer am Auswahlgespräch beteiligt wurden.

Quellen: vgl. insbesondere Weuster (1989, S. 5 ff.), Stehle (1983, S. 101 ff.), Weinert (2004); Weuster (2012)

In der **Schlussphase** des Auswahlinterviews werden die Ergebnisse des Gesprächs kurz zusammengefasst und die Bewerber über das weitere Vorgehen informiert.

Trotz der großen Popularität von Interviews ergibt sich ein enttäuschendes Bild, wenn man nach der Qualität (Zuverlässigkeit, Validität) dieser Auswahlmethode fragt. Wie zahlreiche Untersuchungen belegen, ist die prognostische Validität von Auswahlentscheidungen auf der Grundlage von Interviews relativ gering; der durchschnittliche Korrelationskoeffizient liegt in den einschlägigen Studien nicht höher als $r = 0{,}20$ (Schuler und Funke 2004; Conway et al. 1995). In Kasten 13.3 sind die wichtigsten Ergebnisse empirischer Untersuchungen zusammengetragen.

Die Übersicht macht klar, dass Interviews einer Vielzahl von potenziellen Informationsverzerrungen, Irrtümern und Vorurteilen ausgesetzt sind. Das größte Problem von Interviews ist die mögliche Verfälschung der Beurteilung durch das subjektive Empfinden des Interviewers. Interviewer ignorieren häufig wichtige Informationen, stimmen nicht mit anderen Interviewern überein und lassen sich von Vorurteilen leiten, die aus der Entwicklung und Erfahrung des Interviewers resultieren, sich z. B. auf Sprache, Kleidung, physische Attraktivität etc. beziehen, schwer generalisierbar und dem Interviewer häufig selbst in ihrer Tragweite gar nicht bewusst sind.

Auf der anderen Seite darf man aber nicht übersehen, dass gerade dem **subjektiven Empfinden** auch eine entscheidende Bedeutung zukommt; Linienmanager müssen ja in aller Regel später direkt mit dem Bewerber zusammenarbeiten, und da können bestimmte Sympathien, aber auch Antipathien, das erfolgreiche Zusammenwirken maßgeblich beeinflussen. Die sprichwörtliche „Chemie" wird in ihrer Bedeutung in rational konstruierten Auswahlverfahren in der Regel vernachlässigt oder sogar negativ markiert. Auf der anderen Seite ist längst bekannt, dass exzellente Arbeit nur geleistet werden kann, wenn auch emotional ein Entsprechungsverhältnis zwischen den Kooperationspartnern existiert. So wird beispielsweise die zukünftige Gruppenmitgliedschaft in vielen formalen Auswahlverfahren aus methodischen Gründen vernachlässigt, weil sie allzu sehr auf Individualdiagnostik aufbauen (Miller 1994).

Wie kann man die Qualität von Auswahlinterviews erhöhen?

Nimmt man die Ergebnisse der empirischen Untersuchungen auf, so lassen sich einige generelle Gestaltungsempfehlungen ableiten, die zu einer verbesserten Aussagekraft von Interviews beitragen (vgl. z. B. auch Jenks und Zevnik 1989; Weinert 2004, S. 343 ff.; Weuster 1989, S. 29 f.)

- Das Interview sollte auf die Anforderungen der vakanten Stelle abgestimmt sein. Gerade hier können Führungskräfte als jeweilige Fachvorgesetzte des zukünftigen Mitarbeiters durch ihren spezifischen Sachverstand über die stellenbezogenen Anforderungen entscheidend dazu beitragen, dass die Aussagekraft des Interviews erhöht wird. Inwieweit dieser Forderung voll entsprochen werden kann, hängt allerdings – wie gesagt – von der Art der zu besetzenden Stelle ab.
- Halbstrukturierte Interviews sollten gegenüber freien Interviews vorgezogen werden, da sie – wie auch die Ergebnisse der empirischen Untersuchungen belegen – zuverlässiger sind. So wird z. B. die Gefahr der Selbstdarstellung durch den Interviewer vermieden und unterschiedliche Interviewer kommen eher zu denselben Ergebnissen. Für Bewerber der höheren Führungsebene bieten sich eher freie Interviews an. Der Interviewleitfaden für die Durchführung halbstrukturierter Interviews sollte von der Linie und Personalfachleuten gemeinsam entwickelt werden, so dass beide Seiten ihr spezifisches Know-how einbringen können und der Dialog über die Bedeutung einzelner Kriterien bereits vorab und nicht erst im konkreten Beurteilungsfall zustande kommt.
- Es hat sich ferner als zweckdienlich erwiesen, dass Bewerber von mehreren Personen befragt werden (vgl. Kasten 13.3). Mehr-Personen-Interviews sind besser dazu geeignet, den Einfluss von subjektiv-individuellen Vorurteilen und Informationsverzerrungen abzubauen. Verschiedene Eindrücke lassen sich besser miteinander vergleichen und vorschnelle Urteile werden vermieden.
- Einen anderen wichtigen Ansatzpunkt zur Verbesserung des Auswahlinterviews bieten regelmäßige Schulungen der Linienvorgesetzten. Interviews als Prozess der unmittelbaren Interaktion verlangen von Interviewern eine hohe Handlungskompetenz. Sie haben so unterschiedliche Aktivitäten wie aufgabenbezogene Verhaltensweisen, Beziehungsaspekte, Beobachtungsfunktion und Zuhören zu berücksichtigen. Durch entsprechende Schulungen können Führungskräfte nicht nur ihre Interviewfähigkeiten und ihre Sensibilität gegenüber Schnellurteilen verbessern, sondern auch Stereotypen oder der Tendenz, negative Informationen überzubewerten, entgegenwirken.

13.3 Instrumente und Prozess der Personalauswahl   643

- Für den Gesprächserfolg ist schließlich eine sorgfältige Gesprächsvorbereitung sehr wichtig. So sollte man nochmals die Bewerbungsunterlagen sichten, genügend Zeit für das Gespräch einplanen und einen störungsfreien Verlauf sicherstellen.

Zusammenfassend lässt sich feststellen, dass das Interview nicht als alleinige Auswahlmethode geeignet ist, da die Gefahren der Informationsverzerrung vergleichsweise hoch sind. Es wird aber – trotz aller Einwände – ein wesentlicher Bestandteil jedes Auswahlverfahrens bleiben, da bestimmte Informationen für eine Eignungsprognose nur im Interview gewonnen werden können. Eine nach wie vor instruktive Synopse zum Thema Auswahlinterview gibt Kompa (1989).

13.3.5 Formale Tests

Unter formalen Tests (vgl. weiterführend Gebert und Rosenstiel 2002; Weinert 2004) versteht man **standardisierte** und **objektivierte Verfahren**, mit deren Hilfe bestimmte Merkmale von Personen (insbesondere Fähigkeiten, Fertigkeiten, Einstellungen, Motive, Interessen) gemessen werden sollen. Sie werden in der Personalauswahl ergänzend eingesetzt, insbesondere dort, wo eine größere Zahl an Bewerbern zu untersuchen ist, so z. B. bei der Besetzung von Lehrstellen zum Industriekaufmann in Großunternehmen oder von Traineepositionen.

Der Rückgriff auf formale Tests bei der Personalauswahl stützt sich auf die Annahme, dass das zukünftige Leistungsverhalten in der Arbeit durch empirisch abgrenzbare und messbare (Persönlichkeits-)Merkmale prognostizierbar ist.

Die Entwicklung spezifischer Tests zur Bewerberauswahl umfasst einen mehrstufigen Prozess, für den sehr spezielle Gütekriterien psychologischer Diagnostik gelten (vgl. Rentzsch und Schütz 2009).

Je nach der Art der zu ermittelnden Merkmale lassen sich – wenn auch nicht überschneidungsfrei – unterschiedliche formale Tests klassifizieren. Wir wollen in Anlehnung an Lienert und Raatz drei Arten von Tests unterscheiden, nämlich Leistungs-, Intelligenz- und Persönlichkeitstests (Lienert und Raatz 1998).

1. **Leistungs- oder Funktionstests** stellen sicherlich die einfachste und gebräuchlichste Testart dar. Bei ihnen werden – z. B. in Form von Arbeitsproben – berufsspezifische Fähigkeiten und Fertigkeiten erfasst, die das momentane fachliche Können des Bewerbers unter Beweis stellen sollen (z. B. Schreibmaschinentest). Leistungstests haben im Hinblick auf die eignungsdiagnostischen Gütekriterien der Objektivität, Validität und Reliabilität die höchsten Werte und weisen demgemäß auch die größte Aussagekraft auf. Ihr Einsatzbereich ist allerdings eng begrenzt.
2. Mithilfe von **Intelligenztests** sollen insbesondere die geistige Kapazität, das Gedächtnis, die Schnelligkeit des Denkens sowie die Fähigkeit, Interdependenzen zu erkennen, gemessen werden. Die Prognosekraft von Intelligenztests ist allerdings stark umstritten (Weinert 2004). Zum einen wird das Konstrukt der Intelligenz recht unterschiedlich definiert (z. B. als Einzelfaktor oder Kombination von Faktoren). Zum anderen variiert

die relative Bedeutung einzelner Intelligenzfaktoren von Arbeitsplatz zu Arbeitsplatz und schließlich betonen viele der Tests „konvergentes Denken" statt das an vielen Arbeitsplätzen geforderte „divergente Denken" (Suche nach der einzig richtigen Lösung statt nach einer Anzahl möglicher Lösungen).

3. **Persönlichkeitstests** zielen darauf ab, die Persönlichkeitsmerkmale eines Bewerbers (z. B. Eigenschaften, Einstellungen, Wahrnehmungen) zu erfassen, und unterliegen damit in besonderem Maße den Problemen, die die Anwendung des Eigenschaftsansatzes mit sich bringt (vgl. zum Eigenschaftsansatz Kap. 11). Es verwundert daher auch nicht sehr, dass Persönlichkeitstests im Hinblick auf die Kriterien des Berufserfolgs bislang nur sehr unbefriedigende Validitätskoeffizienten vorweisen können (Schuler und Funke 2004, S. 304). In einem Metareview zeigt Bartram (2005, S. 1201) allerdings stabilere Beziehungen zwischen Persönlichkeitsmerkmalen und verschiedenen Job-Performanz-Variablen auf. Es sei letztlich – so das Argument – eine Frage, wie sehr man Performanz-Variablen weiter ausdifferenziert (vgl. dazu Rotundo und Sackett 2002) Hogan und Holland (2003) zeigen, dass mit steigender Kriteriumsspezifität des Berufserfolgs auch die Korrelationen zu Persönlichkeitsdimensionen besser werden. Unabhängig davon ist in den letzten Jahren auch eine Diskussion darüber entstanden, ob und inwiefern Schauspielerei bzw. vorsätzliche Täuschung seitens des Bewerbers (,faking') die Validität von Persönlichkeitstests beeinflussen und verfälschen kann (Hogan et al. 2007; Landers et al. 2011; Morgeson et al. 2007; Tett und Christiansen 2007). Ob und inwieweit die gemessenen Eigenschaften tatsächlich den Anforderungen der zu besetzenden Stelle entsprechen, lässt sich darüber hinaus – wenn überhaupt – nur in den seltensten Fällen willkürfrei feststellen. Dies überrascht kaum, wenn man berücksichtigt, dass die weitaus meisten Persönlichkeitstests als Diagnoseinstrumente der klinischen Psychologie entwickelt wurden und damit anderen Zielsetzungen als der Personalauswahl verpflichtet sind. Aber nicht nur die Bedenken hinsichtlich der Relevanz des Aussagegehalts, sondern auch ethische Überlegungen legen es nahe, auf derartige Tests zu verzichten. Es ist mehr als fraglich, ob es gerechtfertigt ist, soweit in die Privat- und Intimsphäre eines Bewerbers einzudringen, wie dies bei Persönlichkeitstests üblicherweise geschieht. Das Recht setzt hier Grenzen; es definiert die unzulässige Ausforschung der Intimsphäre.

Eine spezielle Gattung von Persönlichkeitstests stellt der **„Situational Judgement Test"** (Whetzel und McDaniel 2009) dar, bei welchem die Bewerber mit hypothetischen Szenarien des Arbeitsalltags konfrontiert werden und die Testpersonen dann entscheiden müssen, welche Reaktion bzw. welches Verhalten das jeweilig situativ angemessene darstellt. Eine weitere Art des Persönlichkeitstests stellt der in Deutschland im Gegensatz zu den USA wenig verbreitete **Integritätstest** (van Iddekinge et al. 2012) dar. Dieser konzentriert sich – wie seine Bezeichnung bereits verrät – auf einen kleinen Teil des Persönlichkeitsspektrums, die Integrität, d. h. die Wahrhaftigkeit, Vertrauenswürdigkeit und Loyalität von Bewerbern. Letztlich verspricht man sich von Integritätstests eine Prognose hinsichtlich zukünftigen kontraproduktiven Verhaltens (etwa Absentismus). Diese Testart ist in der Literatur nicht nur hinsichtlich ihrer prädiktiven Validität besonders umstritten (Harris et al. 2012; Ones et al. 2012). Es sei an dieser Stelle noch einmal angemerkt, dass sowohl

13.3 Instrumente und Prozess der Personalauswahl

für Situational Judgement Tests als auch für Integritätstests dieselben Kritikpunkte gelten, wie sie oben schon für Persönlichkeitstests im Allgemeinen angeführt worden sind.

Diese knappen Hinweise zu einzelnen Testverfahren deuten bereits an, dass es keineswegs unumstritten ist, psychologische Tests überhaupt zum Zwecke der Personalauswahl heranzuziehen. In Kasten 13.4 sind die wichtigsten Argumente zusammengefasst, die in der kontroversen Diskussion um das Für und Wider psychologischer Tests bei der Personalauswahl immer wieder ins Feld geführt werden.

Kasten 13.4

Häufig genannte Argumente in der Kontroverse um die Angemessenheit von Tests bei der Personalauswahl
Vorteile:

1. Tests gewähren allen Kandidaten infolge der Standardisierung gleiche Chancen, d. h., die Ergebnisse von Tests werden nicht durch persönliche Rücksichten, Vorurteile oder irrelevante Informationen beeinflusst.
2. Bei Tests werden die Bewertungsmaßstäbe und die Bezugsgruppen offen gelegt, was die Vergleichbarkeit der Ergebnisse von verschiedenen Kandidaten erleichtert.
3. Tests werden in der Regel vor ihrem Einsatz auf ihre methodische Qualität untersucht und empirisch geeicht; da sie nach einem generell festgelegten Schema entwickelt werden, können die Ergebnisse auch später jederzeit nachvollzogen werden.
4. Tests können anderweitig gesammelte Informationen über einen Bewerber korrigieren (z. B. schlechte Schulnoten durch gute Testergebnisse kompensieren).

Nachteile:

1. Tests analysieren Verhalten nur in Abhängigkeit von der Person und berücksichtigen nicht die Situation als verhaltensrelevanten Faktor (Problematik der Eigenschaftstheorie).
2. Durch die Annahme überdauernder und stabiler Eigenschaften blendet die traditionelle Eignungsdiagnostik individuelle Entwicklungsmöglichkeiten aus.
3. Tests liefern kein ganzheitliches Bild der Fähigkeiten und Fertigkeiten eines Bewerbers, sondern können nur kleine Facetten des Gesamtspektrums an vorhandenen Fähigkeiten und Möglichkeiten eines Bewerbers ermitteln.
4. Der Testinhalt hat mit den Arbeitsinhalten meist wenig gemeinsam (Ausnahme: spezielle Leistungstests). Meist handelt es sich um allgemeine Persönlichkeitsvariablen, die sich in den konkreten Anforderungen der Arbeitssituation nicht abbilden.

Quellen: vgl. zu dieser Übersicht Kompa (1989, S. 140 ff.), Weinert (2004)

Entschließt man sich nach einer Abwägung dieser und anderer Argumente für den Einsatz von psychologischen Tests, so muss unbedingt gewährleistet sein, dass sie nur von hinreichend geschulten Personen durchgeführt werden. Die für die Personalauswahlentscheidung verantwortlichen (Linien-)Manager werden die Testergebnisse wegen der vielfältigen Fehlerquellen nur als einen Informationsbaustein neben mehreren anderen heranziehen, um so zu einem fundierten Gesamturteil über die Fertigkeiten und Fähigkeiten des Bewerbers gelangen zu können.

13.3.6 Das Assessment-Center

Das Assessment-Center stellt ein hybrides Verfahren der Eignungsdiagnose dar. Es setzt sich aus **mehreren Instrumenten** und diagnostischen Methoden zusammen. In der Regel werden gleichzeitig mehrere Teilnehmer von mehreren, speziell dafür geschulten Beurteilern in Bezug auf vorher definierte Anforderungen beobachtet und eingestuft (Kleinmann 2013). Entscheidendes Merkmal ist mithin die konsequente mehrdimensionale Ausrichtung des Assessment-Centers, und zwar im Hinblick auf

- die zu beurteilenden Personen,
- die Beurteiler und
- die eingesetzten Methoden.

Diese Vorgehensweise, die ihre Ursprünge in der Auswahl von Offiziersanwärtern während der Weimarer Republik hat, wurde für den nichtmilitärischen Bereich insbesondere von einigen großen amerikanischen Unternehmen (z. B. AT&T, IBM) entwickelt (zur Geschichte des Assessment Centers vgl. Domsch und Jochum 1989).

Assessment-Center werden immer häufiger zur Personalauswahl verwendet. In ihrer konkreten Ausgestaltung weichen sie mitunter stark voneinander ab. Unterschiede lassen sich bei der Art der Bewertungsfindung, den verwendeten Verfahrenselementen, der Dauer des Verfahrens, der Art und Anzahl der Anforderungen, der Anzahl der Beobachter bzw. Teilnehmer und nicht zuletzt vor allem hinsichtlich differierender Zielsetzungen festmachen (Neuberger 2002, S. 257 ff.). So dienen Assessment-Center neben Auswahlzwecken vereinzelt auch zur Potenzialdiagnose von Führungskräften, um aus den Ergebnissen individuelle Entwicklungsmaßnahmen für die betriebliche Karriere- sowie Aus- und Weiterbildungsplanung abzuleiten.

Als Auswahlinstrument – wie es uns hier interessiert – weist das Assessment-Center gegenüber den „traditionellen" Informationsquellen als entscheidenden Vorteil auf, dass die Beobachtung und Beurteilung der Bewerber durch mehrere, gezielt darauf vorbereitete Vorgesetzte und Experten erfolgt. Subjektive Einflüsse einzelner Beurteiler können dadurch eher zurückgedrängt werden; nach jeder Übung wird zunächst die Übereinstimmung zwischen den einzelnen Beurteilern geprüft, bevor ein Urteil gefällt wird. Denkt man allerdings an die Ergebnisse der Gruppenforschung, insbesondere zum „Gruppendenken", muss diese Annahme relativiert werden (vgl. oben Kap. 10).

13.3 Instrumente und Prozess der Personalauswahl

Dem Assessment-Center wird im Vergleich zu den übrigen Verfahren auch deswegen eine **höhere prognostische Validität** zugesprochen, weil sehr unterschiedliche Verfahren in einem Assessment-Center gleichzeitig Anwendung finden (Cook 2009, dazu kritisch Jackson et al. 2016). Die Bewerber müssen sich z. B. in den gerne zitierten „Postkorb-Übungen" bewähren. Hier wird dem Bewerber ein Postkorb vorgelegt, der eine Vielzahl von Merkposten, Telefonnotizen, Briefen und anderen Informationen enthält, die unter Zeitdruck gesichtet und bearbeitet werden müssen. Die Bewertung dessen, wie eine Bewerberin die mannigfaltigen Problemstellungen bewältigt, orientiert sich daran, wie systematisch sie vorgeht, wie prompt sie die Aufträge ausführt, ob sie die drängendsten Fragen zuerst angeht und wie gut sie die Problemsituation insgesamt bewältigt. Die Kandidaten müssen sich weiterhin Interviews unterziehen, an führerlosen Gruppendiskussionen mit und ohne Rollenvorgabe teilnehmen, Kurzvorträge halten, Fallstudien analysieren, psychologische Tests durchlaufen usw. (zu einer ausführlichen Erläuterung einzelner Übungen vgl. Obermann 2018).

Jede dieser Aufgaben ist der Intention nach auf ganz spezifische Fähigkeitsmerkmale der Kandidaten gerichtet. Abb. 13.2 vermittelt einen Eindruck über die Zusammenhänge. So will man beispielsweise mithilfe einer Postkorb-Übung unter anderem die Delegations-, Steuerungs- und Kontrollfähigkeiten des Bewerbers beobachten, während für Kriterien wie Unabhängigkeit, Beharrlichkeit und Flexibilität die führerlose Gruppendiskussion herangezogen wird.

Die Abbildung macht auch deutlich, dass die gesuchten Fähigkeitsmerkmale des Bewerbers jeweils durch mehrere Verfahren erfasst werden. Diese Überschneidungen bzw. Redundanzen werden bewusst in Kauf genommen und dienen dem Ausgleich von Beurteilungsfehlern.

Im Hinblick auf die Angemessenheit der Dimensionen, die zur Eignungsfeststellung herangezogen werden, gibt es unterschiedliche Positionen. So sprechen sich Lance (2008) und Howard (2008) insbesondere gegen die Verwendung eigenschaftsorientierter Beurteilungsdimensionen aus, da sie zu viel Spielraum bei der Bewertung ließen und oft in entsprechenden Übungen nicht zureichend sichtbar würden. Insbesondere plädieren sie für einen übungsbasierten Ansatz, der Übungen und Beurteilungskriterien streng anhand entsprechender Jobaktivitäten ausrichtet, statt breite vorgefertigte persönlichkeits- und kognitionsorientierte Standardkategorien zur Fähigkeitenmessung zu verwenden. Auf der Basis einer Metaanalyse bescheinigen Meriac et al. (2008) den relativ breiten persönlichkeits- und kognitionsorientierten Beurteilungsdimensionen allerdings eine hohe Prognosevalidität.

Die jeweilige Beurteilung der Kandidaten wird von Beobachtern vorgenommen, üblicherweise von Personalfachleuten und von (Linien-)Managern, die ein oder zwei Ebenen über der zu besetzenden Position im Unternehmen eingruppiert sind. Für diese hierarchische Distanz zwischen Beurteiler und Beurteilten wird als Argument die tendenziell höhere Objektivität dieser Lösung ins Feld geführt. Berücksichtigt man jedoch, dass der Führungserfolg wesentlich durch ein gutes Kooperationsverhältnis zwischen Vorgesetzten und Mitarbeitern geprägt wird, die unmittelbare Vorgesetzten am besten mit den jeweiligen Anforderungen der zu besetzenden Stelle vertraut sind und für

Kategorien \ Übungen	Interview	Management-Spiel	Postkorb und Interview	Führende Gruppendiskussion (ohne Rollenvergabe)	Führerlose Gruppendiskussion (mit Rollenvorgabe)	Daten sammeln und Entscheiden	Analyse/Präsentation (Falls Gruppendisk. Sp. 5)	Interview-Simulation	Schriftliche Übung
	1	2	3	4	5	6	7	8	9
1. Wirkung	(X)	X	(X)	X	X	X	X	X	
2. Energie/Tatkraft	(X)	X	(X)	X	X	X	X	X	
3. Mündlicher Ausdruck	X	X	X	X	X	X	X	X	X
4. Mündliche Präsentation				(X)		X	(X)		
5. Schriftlicher Ausdruck	X		(X)				(X)		(X)
6. Kreativität	X		X	X					X
7. Interessenbereich	(X)								X
8. Stresstoleranz		X		X	X	(X)	X		
9. Motivation	(X)								
10. Arbeitsnormen	(X)								X
11. Karriereorientierung	(X)								
12. Führungsfähigkeit	X	(X)		(X)	(X)				
13. Verkäuferische Fähigkeit				(X)	X	X	(X)	(X)	
14. Sensibilität	X	X	(X)	X	X	X	X	(X)	
15. Zuhören können		X		X	X	(X)			
16. Flexibilität		X		(X)	X	(X)		(X)	
17. Beharrlichkeit	X	X		X	X	(X)	X	X	
18. Risikobereitschaft	X	(X)	X		X				
19. Initiative	X	X	X	X	X				
20. Unabhängigkeit	X	X		X	X	X			
21. Planen und Organisieren	X	X	(X)				X	X	X
22. Steuern und Kontrollieren	X		(X)						
23. Delegieren	X		(X)						
24. Problemanalyse	X	X	X	X	(X)	(X)	X	X	X
25. Urteilsfähigkeit	X	X	(X)	X	(X)	(X)	X		X
26. Entschlossenheit		X	(X)		(X)	(X)			

Die Kreuze (X) bedeuten, dass diese Kategorien besonders gut beobachtbar sein sollen.

Abb. 13.2 Zusammenhang zwischen Assessment-Center-Übungen und zu erfassenden Anforderungskategorien. (Quelle: Jeserich 1981, S. 123)

sie gewisse Lerneffekte zu erwarten sind, so stellt sich allerdings die Frage, ob nicht besser die direkten Vorgesetzten in den Beobachtungs- und Beurteilungsprozess integriert werden sollten.

Von Assessment-Centern wird vermutet, dass sie eine wesentlich bessere Prognosevalidität haben, d. h., die Erfolgsprognosen für durch Assessment-Center ausgelesene Kandidaten korrelieren strammer mit deren späterem Erfolg, als es bei Einzeltestverfahren der

Fall ist (vgl. z. B. Thornton et al. 1992, S. 36 ff.). Ferner sollen die vielfältigen Vorkehrungen zum Abbau von Beurteilungsfehlern zu einer höheren Validität beitragen. Die Vorhersagevalidität erwies sich als nicht besonders hoch, selten mehr als r = 0,40 (Jansen und Stoop 2001).

Die Assessment-Center-Verfahren weisen zahlreiche Probleme und Schwachstellen auf. In komprimierter Form können die folgenden Hauptbedenken geltend gemacht werden (Kompa 2004; Neuberger 2002: 280 ff.).

- Es besteht die Gefahr, dass die spezifische Assessment-Center-Situation bestimmte Typen von Bewerbern favorisiert, obwohl dieser **„Erfolgstyp"** keineswegs die bessere Wahl gegenüber den anderen Bewerbern sein muss. Diese Gruppe von Bewerbern lässt sich mit Neubauer als „Vielredner mit eindrucksvollem Auftreten und Durchsetzungsvermögen" (Neubauer 1980, S. 154) charakterisieren. Sie werden vor allem dann die Oberhand gewinnen, wenn das Assessment-Center viele Gruppenübungen enthält.
- Ein grundlegendes Problem stellen die sogenannten **Reaktivitätseffekte** der Teilnehmer – verstanden als eine Reaktion auf andere als nur die geplanten Stimuli des Assessment-Centers – dar. So können – nur um ein Beispiel zu nennen – Kandidaten etwa die Relevanz der jeweiligen Anforderung eventuell auch aus einer ihrerseits konkludenten Beobachtung der sie beurteilenden Personen gewinnen und ihr Verhalten dementsprechend ausrichten (Kleinmann 2013).
- Der Anforderungsbezug kann in Assessment-Centern eigentlich nur dann hinreichend gewährleistet werden, wenn man **betriebsspezifische Übungen** entwickelt, üblich sind dagegen allgemeine Standardlösungen.
- Beim Assessment-Center geht man davon aus, dass die jeweiligen Beobachtungen bei den unterschiedlichen Übungen relativ **unabhängig** voneinander vorgenommen werden. Dies trifft aber nur bedingt zu. Fällt ein Teilnehmer z. B. in einer Gruppendiskussion durch recht konfuse Wortbeiträge ohne erkennbare Argumentationslinie auf, so wird der Bewerber möglicherweise wegen seiner schlechten mündlichen Ausdrucksfähigkeit als gänzlich unfähig zur Problemstrukturierung abqualifiziert, obwohl er eventuell bei entsprechender Ruhe und frei von Gruppenzwängen durchaus in der Lage ist, Probleme vorzüglich zu strukturieren und zu analysieren.
- Probleme der **Kriterienverschmelzung** entstehen, wenn die Ergebnisse von Assessment-Centern weitergegeben und z. B. als spätere Grundlage zur Ermittlung des Führungspotenzials von Mitarbeitern wieder herangezogen werden; hier dürfte dann häufig – sei es bewusst oder unbewusst – eine Anpassung an die früheren Ergebnisse eintreten, so dass es zu einer Art self-fullfilling-prophecy kommt. Es sollte daher auf eine strikte Trennung von Qualifikations-Diagnose bei der Personalauswahl und späteren Beförderungsentscheidungen geachtet werden.

- Da der erfolgreiche Einsatz von Assessment-Centern mit erheblichem **Zeitaufwand** und sehr hohen Kosten verbunden ist, ist diese Methode nur für solche Auswahlprozesse in Betracht zu ziehen, wo der erhebliche zusätzliche Aufwand im Vergleich zu konventionellen Personalauswahlverfahren eine entsprechend bessere Informationsbasis erwarten lässt. Ein solcher zusätzlicher Nutzen wird in vielen Fällen nicht einfach aufzuweisen sein.
- Auf der **inhaltlichen** Ebene wirft die Vielzahl isolierter Einzelübungen Probleme auf, da es auf diesem Wege nicht möglich ist, weiter ausgreifende Handlungsstrategien der Teilnehmer zu berücksichtigen. Diesem Defizit versucht man aktuell durch die Entwicklung eines „Dynamischen Assessment Centers" zu begegnen. Diese inhaltliche und methodische Weiterentwicklung des traditionellen Assessment-Centers zeichnet sich unter anderem durch eine Einbettung der verschiedenen Übungen in ein übergeordnetes Planspiel aus. Dadurch können auch situationsübergreifende, durchgängige Handlungsstrategien „abgefragt" werden (vgl. Berthel und Becker 2017). Die starke Konzentration auf vorab definierte Handlungen kann dazu beitragen, dass davon abweichende originelle Lösungsansätze nicht angemessen gewürdigt werden. Weiterhin können Einflüsse, die aus dem Übungscharakter resultieren, nie ganz ausgeschlossen werden, auch wenn eine realitätsnahe Gestaltung des Assessment-Centers angestrebt wird.
- Schließlich wird das Assessment-Center zum Teil auch aus **ethischer Sicht** kritisiert. Es sei mit einer „erheblichen Persönlichkeitsentblößung" verbunden; die Kandidaten müssten unter Stress und verminderter Selbstkontrolle ihr „Innerstes nach außen kehren" und seien den dabei erstellten Bewertungen oft hilflos ausgeliefert.

Bereits diese hier nur knapp angeführten Schwachstellen zeigen, dass das Assessment-Center keineswegs als Allheilmittel angesehen werden, sondern nur – wenn überhaupt – als Ergänzung in ganz bestimmten Fällen dienen kann (zur weitergehenden Befassung mit dem Thema des Assessment Centers vgl. Kompa 2004; Kleinmann 2013; Obermann 2018).

13.4 Rechtliche und gesellschaftliche Rahmenbedingungen

Bei der Ausgestaltung des Personalauswahlprozesses ist auch eine Reihe **rechtlicher Rahmenbedingungen** zu beachten, die vor allem im Betriebsverfassungsgesetz verankert sind. So stehen dem Betriebsrat im Zusammenhang mit der Personalauswahl Beteiligungsrechte bei allgemeinen personellen Angelegenheiten (§§ 92 bis 95 BetrVG) und bei personellen Einzelmaßnahmen (§§ 99 ff. BetrVG) zu.

Bei den **allgemeinen Angelegenheiten** unterliegen sowohl Personalfragebogen (§ 94 BetrVG) als auch Richtlinien über die personelle Auswahl bei Einstellungen der Zustimmungspflicht des Betriebsrates (§ 95 Abs. 1 BetrVG). In Betrieben mit mehr als 1000 Arbeitnehmern kann der Betriebsrat die Aufstellung von Richtlinien über die bei Einstellungen zu beachtenden fachlichen und persönlichen Voraussetzungen und sozialen Gesichtspunkte verlangen (§ 95 Abs. 2 BetrVG). Kommt jeweils keine Einigung zustande,

13.4 Rechtliche und gesellschaftliche Rahmenbedingungen

so entscheidet in allen genannten Fällen die Einigungsstelle. Die „Richtlinien" beziehen sich auf die Festlegung allgemeiner Grundsätze und Kriterien, die das betriebliche Auswahlverfahren regeln. Die konkret zu treffende Auswahl eines Bewerbers unterliegt hingegen nicht der Mitbestimmung durch den Betriebsrat.

Den Auswahlrichtlinien kommt aber insofern eine besondere Bedeutung zu, da der Betriebsrat nach § 99 Abs. 2 Ziff. 2 BetrVG die Zustimmung zu solchen **personellen Einzelmaßnahmen** verweigern kann, die nach seiner Auffassung gegen die verfassten Richtlinien verstoßen (siehe auch Punkt 2 in Kasten 13.5). Der Betriebsrat kann damit die endgültige Entscheidung über die Durchführung der jeweiligen personellen Maßnahme durch eine gerichtliche Klärung erzwingen.

Grundsätzlich kann der Betriebsrat bei den personellen Einzelmaßnahmen zwei wichtige Mitbestimmungsrechte ausüben:

Zum einen ist der Betriebsrat bei der **Einstellung** von Mitarbeitern in Betrieben mit mehr als 20 wahlberechtigten Arbeitnehmern zu beteiligen. Der Betriebsrat muss vor der geplanten Einstellung unterrichtet und seine Zustimmung eingeholt werden (§ 99 Abs. 1 BetrVG). Die Zustimmung kann verweigert werden, allerdings nur aus den in § 99 Abs. 2 BetrVG genannten Gründen (siehe Kasten 13.5). Bei einer Verweigerung der Zustimmung kann der Arbeitgeber das Arbeitsgericht anrufen mit dem Antrag, die fehlende Zustimmung des Betriebsrats durch Spruch zu ersetzen (§ 99 Absatz 4 BetrVG).

Kasten 13.5

§ 99 Abs. 2 BetrVG

„Der Betriebsrat kann die Zustimmung verweigern, wenn

1. die personelle Maßnahme gegen ein Gesetz, eine Verordnung, eine Unfallverhütungsvorschrift oder gegen eine Bestimmung in einem Tarifvertrag oder in einer Betriebsvereinbarung oder gegen eine gerichtliche Entscheidung oder eine behördliche Anordnung verstoßen würde,
2. die personelle Maßnahme gegen eine Richtlinie nach § 95 verstoßen würde,
3. die durch Tatsachen begründete Besorgnis besteht, dass infolge der personellen Maßnahme im Betrieb beschäftigte Arbeitnehmer gekündigt werden oder sonstige Nachteile erleiden, ohne dass dies aus betrieblichen oder persönlichen Gründen gerechtfertigt ist,
4. der betroffene Arbeitnehmer durch die personelle Maßnahme benachteiligt wird, ohne dass dies aus betrieblichen oder in der Person des Arbeitnehmers liegenden Gründen gerechtfertigt ist,
5. eine nach § 93 erforderliche Ausschreibung im Betrieb unterblieben ist oder
6. die durch Tatsachen begründete Besorgnis besteht, dass der für die personelle Maßnahme in Aussicht genommene Bewerber oder Arbeitnehmer den Betriebsfrieden durch gesetzwidriges Verhalten oder durch grobe Verletzung der in § 75 Abs. 1 enthaltenen Grundsätze stören werde."

Zum anderen steht dem Betriebsrat ein Mitbestimmungsrecht bei der **Kündigung** von Arbeitnehmern in allen Betrieben zu. Wird einer Kündigung zugestimmt, so zieht dies eine unbesetzte Stelle und damit ein (zukünftiges) Personalauswahlproblem nach sich, es sei denn, die frei werdende Stelle soll überhaupt nicht mehr besetzt werden (§§ 102, 103 BetrVG).

Neben den rechtlichen Rahmenbedingungen wird die Personalauswahl zunehmend auch von **gesellschaftlichen Rahmenfaktoren** geprägt, die insbesondere auf den Wertewandel in der Gesellschaft abstellen, welchem sich die Unternehmen im Sinne einer notwendigen Zuschreibung von Legitimation nicht entziehen können und im Sinne eines verständigungsorientierten Ansatzes (vgl. Kap. 3) auch nicht entziehen sollten.

Von herausragender Bedeutung in diesem Zusammenhang sind zweifelsohne Konzepte zur **Gleichstellung**, die darauf abzielen, nicht zu rechtfertigende Ungleichbehandlungen von Personen zu beheben oder zu verhindern. Dazu zählen insbesondere Benachteiligungen, die Personen aufgrund von Herkunft, Alter, Behinderung, Geschlecht, Glauben oder sexueller Identität erfahren. Auch wenn der Rahmen für die grundsätzliche Gleichbehandlung aller Menschen grundrechtlich verankert ist und seit 2006 in Deutschland auch gesetzlich als **Allgemeines Gleichbehandlungsgesetz (AGG)** einen rechtlich verbindlichen Rahmen erhalten hat, besteht innerhalb dieses Rahmens doch erheblicher Handlungsspielraum. Gerade die Personalauswahlfunktion steht hier vor einem sehr grundlegenden Problem, denn die Formen potenzieller Ungleichbehandlung sind häufig ja nicht unmittelbar evident, sondern vielmehr implizit und nicht zwingend Ausdruck intentionalen Handelns, sondern häufig auch Folge unreflektiert internalisierter Entscheidungsmuster. Erinnert sei in diesem Zusammenhang etwa an das Phänomen starker Unternehmenskulturen (Kap. 12), die in der Regel unbewusst starke Abgrenzungstendenzen nach außen haben und somit Normabweichungen – egal welcher Art – nicht akzeptieren. Der Hinweis auf implizite Formen der Ungleichbehandlung soll damit keineswegs bedeuten, dass es nicht auch sehr explizit und intentional diskriminierende Formen der Personalauswahl gibt, diese sind jedoch viel einfacher zu identifizieren und mithin auch leichter gesetzlich in den Griff zu bekommen. Die Schwierigkeit besteht jedoch vielmehr in Bezug auf die **impliziten Formen der Ungleichbehandlung** und ihrer Behebung oder Vermeidung. In diesem Sinne muss der Personalauswahlprozess, so wie er in diesem Kapitel vorgestellt wurde, als das komplexe Ineinandergreifen einer Vielzahl von Einzelentscheidungen begriffen werden (angefangen von der Formulierung eines Anforderungsprofils über die Wahl der Analysemethoden der Bewerbungsunterlagen bis hin zur Durchführung spezifischer Tests oder der Durchführung eines Assessment-Centers), die alle potenziell Ungleichbehandlungen implizieren können. Insofern bedarf es der Überprüfung jedes einzelnen Schrittes im Hinblick auf die Implikationen, die eine spezifische Ausformung des Auswahlverfahrens auf die Gleichbehandlung haben.

Ein anderer – sehr kontrovers diskutierter Ansatzpunkt zur Herstellung von Gleichbehandlung stellt die **Quotierung** dar. Dieser insbesondere im Hinblick auf die Geschlechtergleichbehandlung geforderte Ansatz setzt nicht am Auswahlprozess, sondern am Ergebnis an, indem ein bestimmter Anteil (Quote) vorgegeben wird, der bis zu einem bestimmten

13.4 Rechtliche und gesellschaftliche Rahmenbedingungen

Zeitpunkt erreicht werden muss. Ein Beispiel dafür gibt Kasten 13.6. Eine solche Quotierung – wenn sie denn verbindlich ist – hat den Vorteil, dass nachhaltig eine Veränderungsnotwendigkeit für den Auswahlprozess induziert wird. Ob dies allerdings dazu führt, dass die Formen der impliziten Ungleichbehandlung abgebaut werden, oder lediglich neue Formen der Ungleichbehandlung (d. h. eine nicht zu rechtfertigende Bevorzugung vormalig Benachteiligter) eingeführt werden, bleibt offen. Das AGG sieht jedenfalls vor, dass Arbeitgeber Ungleichbehandlungen im Einzelfall rechtfertigen können, wenn dadurch in angemessener Weise eine bestehende Ungleichbehandlung beseitigt wird.

Kasten 13.6

Freiwillige Selbstverpflichtung der Deutschen Telekom zur Frauenquote

„Die Deutsche Telekom will den Frauenanteil in Fach- und Führungspositionen im Konzern deutlich erhöhen. Denn vielfältig besetzte Unternehmen können erfolgreicher auf zukünftige demografische und wirtschaftliche Entwicklungen reagieren.

Der Anteil von Frauen in Führungspositionen entwickelt sich seitdem insgesamt positiv: Er stieg konzernweit von 19 Prozent im Februar 2010 auf 25,4 Prozent im Juni 2017. Auch in unseren Aufsichtsräten haben wir den Frauenanteil seit 2010 erhöht. So liegt der Frauenanteil im Konzernaufsichtsrat heute bereits bei 40 Prozent.

Mit dem ‚Gesetz für die gleichberechtigte Teilhabe von Frauen und Männern an Führungspositionen in der Privatwirtschaft und im öffentlichen Dienst' hat die Deutsche Telekom AG für sich und weitere Unternehmen im Konzern das Ziel gesetzt, den Anteil von 30 Prozent Frauen in Aufsichtsrat, Vorstand bzw. Geschäftsführung und den beiden Führungsebenen unterhalb des Vorstands bzw. der Geschäftsführung bis Ende des Jahres 2020 zu erreichen. Hinsichtlich der Quote für den Aufsichtsrat der Deutschen Telekom AG als börsennotiertes und paritätisch mitbestimmtes Unternehmen besteht dagegen bereits eine gesetzliche Verpflichtung, eine Mindestquote von 30 Prozent sowohl für dessen Frauen- als auch dessen Männeranteil zu erreichen.

Dies und der Vorstandsbeschluss zur Einführung einer Frauenquote ist sichtbarer Ausdruck für den Weg der Deutschen Telekom hin zu einer neuen Unternehmenskultur. Um dieses Ziel zu erreichen, steuern wir unser Programm zur Umsetzung der Frauenquote systematisch durch Zielwerte entlang der gesamten Talentpipeline. In Entwicklungsprogrammen für Führungskräfte müssen künftig beispielsweise mindestens 30 Prozent Frauen vertreten sein.

Darüber hinaus wurde eine konzernweit geltende Einstellungsrichtlinie eingeführt, wonach bei der Besetzung von Toppositionen mindestens 30 Prozent Frauen in die engere Bewerberauswahl genommen werden muss. Damit sind Personalberatungen und Headhunter verpflichtet, verstärkt Frauen vorzuschlagen.

Weitere Handlungsfelder im Unternehmen sind:

- Transparenz von Auswahl- und Besetzungsprozessen
- Transparenz der Personalentwicklung
- Systematisches Controlling und Monitoring der Zielvorgaben
- Individualisierte Rückkehroptionen nach Elternzeit und Auszeit

> Gerade in unserem Heimatmarkt hat die Quotierung ein starkes Echo hervorgerufen und eine breite Diskussion in Gang gesetzt, innerhalb und außerhalb unseres Unternehmens. Seit Einführung der Frauenquote können wir erste Erfolge feststellen: Wir haben zahlreiche Frauen, gerade auch für Top-Führungspositionen und wichtige Personalentwicklungsprogramme, gewinnen können.
> Im Zuge der systematischen Entwicklung weiblicher Talente in Führungspositionen baut die Deutsche Telekom auch ihr Programm zur Vereinbarkeit von Beruf und Privatleben aus. So werden Elternzeitmodelle, flexible Arbeitszeitmodelle und Kinderbetreuungsangebote ausgeweitet."
>
> Quelle: www.telekom.com. Zugegriffen am 25.06.2019

Das Beispiel der Deutschen Telekom AG (vgl. nochmals Kasten 13.6) verdeutlicht auch, dass das Thema Gleichstellung und Frauenquote einen festen Bestandteil in der Strategie des „Employer Brandings" des Unternehmens bildet. Es wird der Versuch unternommen, das Thema positiv zu vermarkten und das damit nach außen kommunizierte Bild eines modernen, familienfreundlichen Unternehmens zu transportieren, um damit junge Talente für das Unternehmen zu gewinnen. Zudem spricht das Unternehmen mit dem Aspekt der Vielfalt der Belegschaft einen weiteren wesentlichen funktionalen Aspekt an, der auch im Rahmen des Diversity Managements eine zentrale Rolle spielt.

Unter **Diversity Management** versteht man grundsätzlich das Bestreben, Organisationen so zu gestalten, dass die Vorteile der Diversität der Belegschaft maximiert und die Nachteile minimiert werden (Cox 1993). Die Personalauswahl hat dabei einen wesentlichen regulativen Effekt auf den Grad der Diversität der Belegschaft. Dabei bezieht sich der Aspekt der Diversität auf alle Formen der Verschiedenartigkeit, Vielfalt oder Heterogenität von spezifischen personen- oder verhaltensbezogenen Merkmalen, Charakteristika oder Eigenschaften von Individuen (Thomas 2001). Grundsätzlich lassen sich dabei zwei Ansatzpunkte unterscheiden (Thomas und Ely 1996).

Der erste Ansatz fokussiert den **normativen Aspekt** analog zum oben vorgestellten Gleichbehandlungsgrundsatz und plädiert für Diversität auf der Basis eben dieser normativen Grundsätze. Der zweite Ansatz betont hingegen den **instrumentellen Zweck** und setzt Vielfalt innerhalb der Belegschaft in einen unmittelbaren Bezug zum Unternehmenserfolg oder anderen Effizienz- oder Effektivitätsmaßen. Die Annahme ist, dass vielfältige Unternehmen offener, lern- und entwicklungsfähiger sind, eine Annahme allerdings, die bis heute ihren generellen empirischen Beweis schuldig geblieben ist (Joshi und Roh 2009; McMahon 2010; Shore et al. 2009; van Knippenberg und Schippers 2007). Heterogenität ist nicht per se besser als Homogenität und es ist zudem zu beachten, dass dasselbe Ausmaß an Diversität sehr unterschiedlich gehandhabt werden kann, so dass zudem zwischen „diversity composition" und „diversity management" zu unterscheiden ist (Yunhyung et al. 2015). Vielfalt kann Kreativität befördern, zugleich aber auch Konflikte und Reibungsverluste induzieren, die die Kreativität wiederum mindern können

(Bassett-Jones 2005; van Knippenberg und Hoever 2018). So hängt es u. a. von der spezifischen Natur der jeweiligen betrieblichen Tätigkeit oder Aufgabe ab, ob eher homogene oder eher heterogene Arbeitsgruppen bei der Erfüllung dieser erfolgreicher sind (vgl. Kap. 10). Angesichts der Komplexität sozialer Systeme und den damit potenziell positiven Effekten von Homogenität bewegt sich dieser instrumentelle Ansatz des Diversity Managements auf sehr „dünnem Eis". Es erscheint in letzter Konsequenz hoch problematisch, Diversität nur funktional zu begründen, weil bei Wegfall der Funktionalität zentrale Anliegen des Diversitätsansatzes verloren gehen, wie etwa keine Diskriminierung von Alter oder Geschlecht. Insofern ist die Berücksichtigung von Diversität im Sinne des Gleichbehandlungsgrundsatzes immer und zu allererst ein normatives Argument und kein strategisch-instrumentelles.

13.5 Personalauswahl zwischen Vollzug und Öffnung

Die meisten Bemühungen, die Personalauswahl zu professionalisieren, sie also nach objektiven, wissenschaftlich abgestützten Kriterien zu vollziehen, laufen darauf hinaus, eine gute Übereinstimmung zwischen Eignung und den vorgegebenen Arbeitsanforderungen zu erreichen. Diese Basisorientierung für die Personalauswahl gilt für die operative wie für Teile der strategischen Personalforschung gleichermaßen. So richtig dieser Ansatz und dieses Bemühen einerseits sind, so sehr gilt es doch, die Beschränkungen dieser Konzeption zu erkennen. Bei dieser Perspektive geht man davon aus, dass die Arbeitsanforderungen als mehr oder weniger konstante Größe betrachtet werden können oder zumindest als eine Größe, die sehr gut aus den Plänen für die Zukunft und den darin enthaltenen Prognosen abgeleitet werden kann. Das „Anforderungsprofil" gilt nicht als problematisch, das eigentliche Problem ist die Ermittlung des „Fähigkeitsprofils" und die Prognose der Eignung.

Mit anderen Worten, die meisten Personalauswahlkonzeptionen gehen von einer relativ statischen Unternehmensgesamtsituation aus oder zumindest von einer Situation, die sich über Prognosen gut beherrschen lässt. Unausgesprochen schließen viele Auswahlkonzepte an die Idee der plandeterminierten Unternehmensführung an und modellieren die Auswahllogik als eine **Logik der Plananpassung**, der Schaffung von Personalressourcen, die einen reibungslosen Planvollzug gewährleisten. Diese Perspektive liegt auch auf einer Linie mit einer Vielzahl von rechtlichen Rahmenfaktoren der Personalauswahl, für die ein planmäßiger Ablauf eines Auswahlprozesses große Bedeutung hat. In diesem Zusammenhang sei auch auf verschiedene Gleichstellungskonzepte verwiesen, für die es ebenfalls essenziell ist, dass die Auswahlkriterien möglichst explizit gemacht und in jedem Fall vor der ersten Sichtung der Bewerbungsunterlagen genau festgelegt werden, so dass im weiteren Verlauf des Auswahlverfahrens auch nicht mehr von diesen Kriterien abgewichen werden darf, um auf diese Weise allen Formen einer möglichen und nicht zu rechtfertigenden Ungleichbehandlung der Bewerberinnen und Bewerber vorzubeugen. Eine solche Position ist einerseits sehr gut nachvollziehbar, zum anderen werden damit jedoch vorhandene

Flexibilitätspotenziale grundsätzlich ausgeschlossen. Sollte sich etwa im Zuge eines Bewerbungsverfahrens herausstellen, dass beispielsweise eine Bewerberin zwar nicht den vorab festgelegten Anforderungskriterien voll entspricht, dafür jedoch über andere Qualitäten verfügt, die für das Unternehmen noch bedeutsamer sind, so kann bei restriktiver Handhabung der Auswahlverfahrensregeln nicht mehr auf solche Chancen reagiert werden.

Nun wurde ja in Kap. 4 grundsätzlich und in den nachfolgenden Kapiteln an vielen Beispielen gezeigt, dass sich Unternehmen permanent in einer bestandskritischen Umwelt zu bewähren haben und dass die Bewältigung einer komplexen und dynamischen Umwelt nicht selten ein Prozess der Bewältigung von Überraschungen ist. Eines der wesentlichen Bewältigungsinstrumente neben der Flexibilität ist die Neudefinition der Systemgrenzen (in den Worten der Strategischen Unternehmensführung: eine neue Strategie finden). Für die **Personalauswahl** bedeutet dies zweierlei: Zum einen sind die Anforderungsprofile wesentlich disponibler, als sie für gewöhnlich unterstellt werden. Zum anderen verweist uns die Notwendigkeit zum Wandel auf ganz andere Qualifikationserfordernisse, die in den herkömmlichen Anforderungsprofilen nicht mitgedacht werden. Denkt man den Wandel als einen bestandskritischen Prozess im System/Umwelt-Verhältnis, so tritt zum einen die Fähigkeit, den Wandel zu vollziehen, als kritisch in den Vordergrund, und zum anderen, mindestens ebenso wichtig, die Fähigkeit, einen Wandel anzustoßen, d. h. neue Ideen aufzunehmen, Überraschungen frühzeitig zu erkennen usw. Auf die bestandskritische Bedeutung dieser Handlungsweisen wurde oben unter anderem bei der Diskussion der Strategischen Kontrolle bereits verwiesen.

Für die Konzipierung von Personalauswahlprozessen bedeutet dies, dass neben den Planungs- bzw. Aufgabenvollzug im Prinzip gleichgewichtig die **Systemöffnung** als Basisorientierung treten muss. Der Auswahlprozess muss versuchen, eine Balance in diese unterschiedlichen, ja widersprüchlichen Systemanforderungen zu bringen. Es gilt, ebenso wie für die statische Profildeckung, Kriterien für die „Öffnung" zu finden und diese in die Auswahlprozesse einzuflechten. Die Öffnungsfunktion verlangt nach anderen Auswahlkriterien und -prozeduren; es wäre fahrlässig, sie dem Zufall zu überlassen.

> **Diskussionsfragen**
> 1. Diskutieren Sie mögliche Formen der Arbeitsteilung zwischen Linie und Personalabteilung für die einzelnen Verfahren der Personalauswahl!
> 2. Welche Formen des „Employer Branding" lassen sich unterscheiden? Geben Sie jeweils ein praktisches Beispiel.
> 3. „Anforderungsprofile sind statisch!" Diskutieren Sie diese Aussage!
> 4. Welche Teilhabemöglichkeiten hat der Betriebsrat bei der Einstellung von Mitarbeiterinnen und Mitarbeitern in Betrieben mit mehr als 20 wahlberechtigten Arbeitnehmerinnen?
> 5. Welches entscheidende Grundproblem muss die Personalauswahl lösen?
> 6. Welche Stereotype sind bei der Vorselektion von Bewerbenden anhand von Bewerbungsunterlagen zu beachten? Geben Sie zwei Beispiele.

7. Was halten Sie von der These: „Auf Auswahlinterviews sollte wegen der vielfältigen Gefahren einer Informationsverzerrung verzichtet werden"?
8. Stellen Sie sich vor, Sie haben als Führungskraft eine Auswahlentscheidung zu treffen und bekommen jetzt von den Spezialisten der Personalabteilung die Ergebnisse eines bei den Bewerbenden durchgeführten Intelligenztests vorgelegt. Erläutern Sie, welche Überlegungen anzustellen sind, um den Stellenwert dieser Informationen für Ihre Auswahlentscheidung richtig abzuwägen!
9. Eine Managerin äußert: „Assessment Center erinnern mich an Sklavenmärkte". Wie beurteilen Sie diese Aussage?
10. Ein Unternehmen annonciert: „Wettbewerbsvorteil durch Diversität". Diskutieren Sie diese Aussage!
11. Sollen Unternehmen freiwillig eine Quote für Frauen (z. B. 50 %) in Führungspositionen verfolgen?

Fallstudie: Der neue Produktmanager

Aufgrund einiger Anfragen auf der Spielwarenmesse sowie der Ergebnisse anschließend durchgeführter Marktstudien entschließt sich der Vorstand des „Nürnberger-Spiele-Verlags" zu einer Erweiterung seiner Produktpalette. Zu den bisher ausschließlich gefertigten klassischen Gesellschaftsspielen sollen nun einige modernere Spiele ins Produktprogramm aufgenommen werden. Zielvorstellung sind dabei kleinere, witzig aufgemachte Spiele, die sich gut als „Mitbringsel" eignen.

Die neue Produktgruppe soll auch im eigenen Haus entwickelt, hergestellt und durch einen Produktmanager „Mitbringselspiele" betreut werden.

Nun steht die Auswahl des zukünftigen Stelleninhabers bevor. Der Vorstand trifft sich, um über die weitere Vorgehensweise zu entscheiden.

Die Diskussion wird von Herrn Birkmann, dem für Personalfragen verantwortlichen Vorstandsmitglied, eröffnet: „Ich glaube, ich kann ohne lange Vorreden zum Thema kommen. Wir alle kennen die zu besetzende Stelle und die damit verbundenen Anforderungen aus den intensiven Diskussionen, die der Entscheidung über die Erweiterung unserer Produktpalette vorausgingen. Auch haben sich – wie mir scheint – bei den im Vorfeld dieser Sitzung geführten Gesprächen bereits zwei Alternativen herauskristallisiert: Entweder sucht man einen Bewerber auf dem externen Stellenmarkt oder aber man besetzt die Stelle intern mit Herrn Schmitt. Da Herr Schmitt als langjähriger Mitarbeiter unseres Unternehmens jedem von uns bekannt sein dürfte, möchte ich hier auf weitere Informationen verzichten und nun ganz einfach jedem von Ihnen die Möglichkeit geben, seine Meinung zu äußern."

Es beginnt Herr Weirich als für das Ressort Spielentwicklung verantwortliches Vorstandsmitglied: „Die Erweiterung der Produktpalette in dieses für uns neue Gebiet stellt eine große Herausforderung dar. Hier gilt es insbesondere neue strategische Gebiete zu erschließen und in unsere Unternehmensstrategie zu integrieren. Dies erfordert insbesondere Ideenreichtum, Kreativität, eine gewisse Experimentierfreude und Risikobereitschaft. Wichtig sind aber auch hohes Engagement und Durchsetzungsvermögen. Denn ich weiß aus eigener Erfahrung, wie schwer es ist, neue Ideen und Projekte hier umzusetzen. Ein Vorstandsbeschluss alleine reicht da noch lange nicht aus. Herrn Schmitt kenne und schätze ich seit Langem. Er ist ein zuverlässiger Mitarbeiter und er hat den ihm vor drei Jahren anvertrauten Teilbereich der traditionellen Gesellschaftsspiele sehr zuverlässig und verantwortungsbewusst betreut. Dennoch würde ich für diese Stelle einen externen Bewerber vorziehen, jemanden, der ‚frischen Wind' hier reinbringt und auch mal neue Sachen andenkt, die einem langjährigen Unternehmensmitglied schon gar nicht mehr einfallen würden. Warum nicht auch einmal eine Frau?"

„Wenn ich mich hierzu als strategischer Planer gleich kurz äußern dürfte?", meldet sich Herr Gebhard zu Wort. „Ich möchte Herrn Weirichs Argumentation unterstreichen. Die Initiierung neuer strategischer Orientierungen – wie sie hier gefragt ist – kann meines Erachtens ein externer Kandidat viel besser leisten als ein bereits mehr oder weniger ‚betriebsblinder' langjähriger Mitarbeiter. Zudem können wir dadurch zugleich unser strategisches Fachwissen aktualisieren. Auch ist es für einen neuen Mitarbeiter entschieden leichter, bisherige Gepflogenheiten in Frage zustellen und Neuartiges vorzuschlagen. Jemand, der schon länger hier ist, käme diesbezüglich viel schneller in Argumentationszwänge. So müsste er sich zum Beispiel gegenüber seinen langjährigen Kollegen rechtfertigen, warum er jetzt – nur weil er auf einem neuen Posten sitzt – auf einmal glaubt, alles ändern zu müssen und mit alten Gewohnheiten brechen zu müssen. Meines Erachtens hätte insbesondere Herr Schmitt hiermit stark zu kämpfen und säße dann oft zwischen den Stühlen. Diese Schwierigkeiten hätte ein externer Kandidat nicht und könnte somit leichter als ‚change agent' wirken. Die Durchsetzung von Veränderungen ist dennoch natürlich auch für ihn – oder sie – nicht unproblematisch."

Herr Bauer wendet ein: „Vom strategischen Standpunkt her möchte ich mich prinzipiell der Argumentation meiner Vorredner anschließen, wenn ich Ihnen auch nicht in jedem Punkt zustimmen würde. Mein Einwand kommt denn auch aus einer anderen Ecke. Und zwar möchte ich – als für den Bereich Finanzen verantwortliches Vorstandsmitglied – auf die Kostenfrage hinweisen. Eine externe Stellenausschreibung würde uns – ohne jetzt hier genaue Zahlen zu nennen – ein Vielfaches von einer internen Besetzung kosten. Da sind nicht nur die Kosten der Ausschreibung, sondern auch die der Auswahl zu bedenken. Herr Weirich kann hierzu bestimmt detailliertere Auskunft geben. Wäre das Geld nicht sinnvoller in das neue Produkt investiert?"

„Wenn ich hierzu gleich etwas bemerken dürfte?, bittet Herr Weirich ums Wort. „Die Kostenfrage ist durchaus ein wichtiges, nicht zu vernachlässigendes Argument. Allerdings habe ich nicht vor, jetzt eine detaillierte Kostenanalyse zu liefern. Denn meiner Meinung nach sollte diese Entscheidung nicht allein unter Kostengesichtspunkten gefällt werden. Wir haben uns entschieden, diese Produktgruppe aufzunehmen, und das wird uns natürlich etwas kosten. Aber eine allein an Kosteneinsparungen orientierte Bewerberauswahl wäre hier bestimmt eine Ersparnis an der falschen Stelle, die uns langfristig unter Umständen teuer zu stehen kommen könnte."

"Da stimme ich Herrn Weirich vollkommen zu", schaltet sich Frau Groß aus dem Vertrieb ein. *"Maßstab sollte hier einzig und allein die zu besetzende Stelle sein. Hierfür müssen wir eine möglichst geeignete Person finden. Herr Weirich hat ja auch schon versucht, so eine Art Anforderungsprofil zu skizzieren. Sein Kriterienkatalog leuchtet mir ein. Jetzt frage ich Sie aber, Herr Weirich, wie Sie feststellen wollen, ob eine Bewerberin oder ein Bewerber diese Qualifikationen, wie zum Beispiel Kreativität und Ideenreichtum, besitzt? Auch finde ich Ihre Beurteilung von Herrn Schmitt etwas vorschnell. In seiner jetzigen Position hatte er zum Beispiel gar keine Möglichkeit, Kreativität zu zeigen. Das will aber doch noch lange nicht heißen, dass er nicht kreativ sein kann."*

"Genau!", ruft Herr Walb, Vorstand des Ressorts Produktion, dazwischen. *"Herr Schmitt ist ein guter Mann. Durch seine jahrelange Tätigkeit im Unternehmen kennt er zudem den Laden. Er weiß was geht und was nicht. Was nützen uns die verrücktesten Ideen, wenn sie nachher, zum Beispiel in der Produktion, nicht oder nur mit immensem Kostenaufwand zu verwirklichen sind? Außerdem hat Herr Schmitt sich durch sein Engagement im Bereich der klassischen Gesellschaftsspiele durchaus eine Beförderung verdient. Da der hierfür zuständige Produktmanager aber seine Position aller Voraussicht nach nicht so bald verlassen wird, bietet sich mit dieser neuen Stelle auf der Ebene des Produktbetreuers eine geradezu ideale Gelegenheit. Wir sollten sie nützen und Herrn Schmitt eine Chance geben. Er hat sie sich verdient."*

Fragen zur Fallstudie
1. In der Diskussion werden zwei Alternativen im Rahmen der Personalbeschaffung angesprochen. Stellen Sie die Vor- und Nachteile der beiden Alternativen systematisch dar.
2. Wie würden Sie im Falle einer externen Personalbeschaffung vorgehen? Warum? Denken Sie dabei insbesondere an den Gesprächsbeitrag von Frau Groß und versuchen Sie, die von ihr angesprochenen Probleme in einen größeren theoretischen Rahmen einzuordnen.

Literatur

Ambler, T./Barrow, S. (1996), The employer brand, in: The Journal of Brand Management 4 (3), S. 185–206.

Backhaus, K./Tikoo, S. (2004), Conceptualizing and researching employer branding, in: Career Development International 9 (5), S. 501–517.

Bartram, D. (2005), The great eight competencies: A criterion-centric approach to validation, in: Journal of Applied Psychology 90 (6), S. 1185–1203.

Bassett-Jones, N. (2005), The paradox of diversity management, creativity and innovation, in: Creativity and Innovation Management 14 (2), S. 169–175.

Berthel, J./Becker, F. G. (2017), Personal-Management – Grundzüge für Konzeptionen betrieblicher Personalarbeit, 11. Aufl., Stuttgart.

Bobko, P./Roth, P. L. (2010), An analysis of two methods for assessing and indexing adverse impact: A disconnect between the academic literature and some practice, in: Outtz, J. G. (Hrsg.), Adverse impact: Implications for organizational staffing and high stakes selection, New York, S. 29–52.

Breaugh, J. A. (1983), Realistic job previews: A critical appraisal and future research directions, in: Academy of Management Review 8, S. 612–619.

Buckley, M. R./Mobbs, T. A./Mendoza, J. L./Novicevic, M. M./Carraher, S. M./Beu, D. S. (2002), Implementing realistic job previews and expectation-lowering procedures: A field experiment, in: Journal of Vocational Behavior 6, S. 263–278.

Bullinger, H.-J./Buck, H. (2007), Demografischer Wandel und die Notwendigkeit, Kompetenzsicherung und -entwicklung in der Unternehmung neu zu betrachten, in: Jochmann, W./Gechter, S. (Hrsg.), Strategisches Kompetenzmanagement, Berlin/Heidelberg, S. 61–77.

Busold, M. (Hrsg.) (2019), War for Talents – Erfolgsfaktoren im Kampf um die Besten, 2. Aufl., Wiesbaden.

Cascio, W. (1982), Applied psychology in personnel management, 2. Aufl., Englewood Cliffs/N. J.

Conway, J. M./Jako, R. A./Goodman, D. F. (1995), A meta-analysis of interrater and internal consistency reliability of selection interviews, in: Journal of Applied Psychology 80, S. 565–579.

Cook, M. (2009), Personnel selection: Adding value through people, Hoboken/NJ.

Cooper, D./Robertson, I. T./Tinline, G. (2003), Recruitment and selection, London.

Cox, T. (1993), Cultural diversity in organizations, San Francisco.

de Corte, W./Lievens, F./Sackett, P. R. (2007), Combining predictors to achieve optimal trade-offs between selection quality and adverse impact, in: Journal of Applied Psychology 92 (5), S. 1380–1393.

Deller, J./Kern, S./Hausmann, E./Diederichs, Y. (2008), Personalmanagement im demografischen Wandel. Ein Handbuch für den Veränderungsprozess mit Toolbox Demografiemanagement und Altersstrukturanalyse, Heidelberg.

Domsch, M./Jochum, I. (1989), Zur Geschichte des Assessment Centers – Ursprünge und Werdegänge, in: Lattmann, C. (Hrsg.), Das Assessment-Center-Verfahren der Eignungsbeurteilung, Heidelberg, S. 1–18.

Edwards, M. R./Edwards, K. (2019), Predictive HR analytics: Mastering the HR metric. 2. Aufl., London und New York.

Finch, D. M./Edwards, B. D./Wallace, J. C. (2009), Multistage selection strategies: Simulating the effects on adverse impact and expected performance for various predictor combinations, in: Journal of Applied Psychology 94 (2), S. 318–340.

Gebert, D./von Rosenstiel, L. (2002), Organisationspsychologie, 5. Aufl., Stuttgart.

Harris, W. G./Jones, J. W./Klion, R./Arnold, D. W./Camara, W./Cunningham, M. R. (2012), Test publishers' perspective on "An updated meta-analysis": Comment on Van Iddekinge, Roth, Raymark, and Odle-Dusseau (2012), in: Journal of Applied Psychology 97 (3), S. 531–536.

Hogan, J./Barrett, P./Hogan, R. (2007), Personality measurement, faking, and employment selection, in: Journal of Applied Psychology 92 (5), S. 1270–1285.

Hogan, J./Holland, B. (2003), Using theory to evaluate personality and job-performance relations: A socioanalytic perspective, in: Journal of Applied Psychology 88 (1), S. 100–112.

Holtbrügge, D. (2018), Personalmanagement, 7. Aufl., Berlin/Heidelberg.

Howard, A. (2008), Making assessment centers work the way they are supposed to, in: Industrial and Organizational Psychology 1, S. 98–104.

Jackson, D. J. R./Michaelides, G./Dewberry, C./Young-Jae, K./Kim, Y.-J. (2016), Everything that you have ever been told about assessment center ratings is confounded, in: Journal of Applied Psychology 101 (7), S. 976–994.

Jansen, P. G. W./Stoop, A. M. (2001), The dynamics of assessment center validity: Results of a 7-year study, in: Journal of Applied Psychology 86, S. 741–753.

Jenks, J. M./Zevnik, B. L. P. (1989), ABCs of job interviewing, in: Harvard Business Review 67 (4), S. 38–42.

Jeserich, W. (1981), Mitarbeiter auswählen und fördern, München.

Joshi, A./Roh, H. (2009), The role of context in work team diversity research: A meta-analytic review, in: Academy of Management Journal 52 (3), S. 599–627.

Kleinmann, M. (2013), Assessment-Center, 2. Aufl., Göttingen.

Kompa, A. (1989), Personalbeschaffung und Personalauswahl, 2. Aufl., Stuttgart.

Kompa, A. (2004), Assessment Center – Bestandsaufnahme und Kritik, 7. Aufl., München/Mering.

Lance, C. E. (2008), Why Assessment Centers do not work the way they are supposed to, in: Industrial and Organizational Psychology 1, S. 84–97.

Landers, R. N./Sackett, P. R./Tuzinski, K. A. (2011), Retesting after initial failure, coaching rumors, and warnings against faking in online personality measures for selection, in: Journal of Applied Psychology 96 (1), S. 202–210.

Lienert, A./Raatz, U. (1998), Testaufbau und Testanalyse, 6. Aufl., Weinheim.

Liu, Y.-L./Keeling, K. A./Papamichail, K. N. (2018), Maximising the credibility of realistic job preview messages: The effect of jobseekers' decision-making style on recruitment information credibility. In: The International Journal of Human Resource Management 29 (7), S. 1330–1364.

Lorenz, M./Rohrschneider, U. (2009), Erfolgreiche Personalauswahl, Wiesbaden.

McMahon, A. M. (2010), Does workplace diversity matter? A survey of empirical studies on diversity and firm performance, 2000–09, in: Journal of Diversity Management 5 (2), S. 37–48.

Meriac, J. P./Hoffman, B. J./Woehr, D. J./Fleisher, M. S. (2008), Further evidence for the validity of assessment center dimensions: A meta-analysis of the incremental criterion-related validity of dimension ratings, in: Journal of Applied Psychology 93 (5), S. 1042–1052.

Michaels, E./Handfield-Jones, H./Axelrod, B. (2001), The war for talent, Boston, Mass.

Miller, E. M. (1994), The relevance of group membership for personnel selection, in: Journal of Social, Political, and Economic Studies 19, S. 323–359.

Moore, D. A. (2017), How to improve the accuracy and reduce the cost of personnel selection, in: California Management Review 60 (1), S. 8–17.

Morgeson, F. P./Campion, M. A./Dipboye, R. L./Hollenbeck, J. R./Murphy, K./Schmitt, N. (2007), Reconsidering use of personality tests in personnel selection contexts, in: Personnel Psychology 60 (3), S. 683–729.

Mosley, R. (2014), Employer Brand Management – Practical lessons from the world's leading employers, Chichester, UK.

Neubauer, R. (1980), Die Assessment Center Technik. Ein verhaltensorientierter Ansatz zur Führungsauswahl, in: Neubauer, R./Rosenstiel, L. v. (Hrsg.), Handbuch der angewandten Psychologie, München, S. 122–158.

Neuberger, O. (2002), Führen und führen lassen, 6. Aufl., Stuttgart.

Obermann, C. (2018), Assessment Center. Entwicklung, Durchführung, Trends, 6. Aufl., Wiesbaden.

Oechsler, W. A./Paul, C. (2019), Personal und Arbeit – Einführung in das Personalmanagement, 11. Aufl., Berlin und Boston.

Ones, D. S./Viswesvaran, C./Schmidt, F. L. (2012), Integrity tests predict counterproductive work behaviors and job performance well: Comment on Van Iddekinge, Roth, Raymark, and Odle-Dusseau (2012), in: Journal of Applied Psychology 97 (3), S. 537–542.

Pyburn, K. M./Ployhart, R. E./Kravitz, D. A. (2008), The diversity-validity dilemma: Overview and legal context, in: Personnel Psychology 61 (1), S. 143–151.

Rentzsch, K./Schütz, A. (2009), Psychologische Diagnostik: Grundlagen und Anwendungsperspektiven, Stuttgart.

Roth, P. L./Bobko, P./Switzer, F. S. (2006), Modeling the behavior of the 4/5ths rule for determining adverse impact: Reasons for Caution, in: Journal of Applied Psychology 91 (3), S. 507–522.

Rotundo, M./Sackett, P. R. (2002), The relative importance of task, citizenship, and counterproductive performance to global ratings of job performance: A policy-capturing approach, in: Journal of Applied Psychology 87 (1), S. 66–80.

Sackett, P. R./Lievens, F. (2008), Personnel selection, in: Annual Review of Psychology 59 (1), S. 419–450.

Schuler, H. (1992), Das multimodale Einstellungsinterview, in: Diagnostica 38, S. 1–20.

Schuler, H. (2013), Personalauswahl, in: Stock-Homburg, R. (Hrsg.), Handbuch Strategisches Personalmanagement, Wiesbaden, S. 29–58.

Schuler, H./Funke, U. (2004), Diagnose beruflicher Eignung und Leistung, in: Schuler, H. et al. (Hrsg.), Lehrbuch Organisationspsychologie, 3. Aufl., Bern, S. 289–343.

Schuler, H./Stehle, W. (Hrsg.) (1990), Der Biographische Fragebogen als Methode der Personalauswahl, 2 Aufl., Göttingen.

Shore, L. M./Chung-Herrera, B. G./Dean, M. A./Ehrhart, K. H./Jung, D. I./Randel, A. E./Singh, G. (2009), Diversity in organizations: Where are we now and where are we going?, in: Human Resource Management Review 19 (2), S. 117–133.

Stehle, W. (1983), Zur Konzeption eines Personalauswahlverfahrens auf der Basis biographischer Daten, Hohenheim.

Tett, R. P./Christiansen, N. D. (2007), Personality tests at the crossroads: A response to Morgeson, Campion, Dipboye, Hollenbeck, Murphy and Schmitt (2007), in: Personnel Psychology 60 (4), S. 967–993.

Thomas, D. A./Ely, R. J. (1996), Making differences matter: A new paradigm for managing diversity, in: Havard Business Review 74 (5), S. 79–90.

Thomas, R. R. (2001), Management of diversity – Neue Personalstrategien für Unternehmen: Wie passen Giraffe und Elefant in ein Haus?, Wiesbaden.

Thornton, G. C. I./Gaugler, B. B./Rosenthal, D. B./Bentson, C. (1992), Die prädiktive Validität des Assessment Centers – eine Metaanalyse, in: Schuler, H./Stehle, W. (Hrsg.), Assessment Center als Methode der Personalentwicklung, 2 Aufl., Göttingen, S. 36–60.

van Iddekinge, C. H./Roth, P. L./Raymark, P. H./Odle-Dusseau, H. N. (2012), The critical role of the research question, inclusion criteria, and transparency in meta-analyses of integrity test research: A reply to Harris et al. (2012) and Ones, Viswesvaran, and Schmidt (2012), in: Journal of Applied Psychology 97 (3), S. 543–549.

van Knippenberg, D./Hoever, I. J. (2018), Team diversity and team creativity: A categorization-elaboration perspective, in: Reiter-Palmon, R. (Hrsg.), Team creativity and innovation, New York, NY, S. 41–59.

van Knippenberg, D./Schippers, M. C. (2007), Work group diversity, in: Annual Review of Psychology 58 (1), S. 515–541.

Weinert, A. B. (2004), Lehrbuch der Organisations- und Personalpsychologie, Weinheim.

Weuster, A. (1989), Bewertung des Interviews (Einstellungsgesprächs) als eignungsdiagnostisches Instrument der Personalauswahl, in: Zeitschrift für Personalforschung 3, S. 5–33.

Weuster, A. (2012), Personalauswahl II: Internationale Forschungsergebnisse zum Verhalten und zu Merkmalen von Interviewern und Bewerbern, 3. Aufl., Wiesbaden.

Whetzel, D. L./McDaniel, M. A. (2009), Situational judgment tests: An overview of current research, in: Human Resource Management Review 19 (3), S. 188–202.

Yunhyung, C./Hui, L./Jackson, S. E./Subramony, M./Colakoglu, S./Yuan, J. (2015), Cracking but not breaking: Joint effects of faultline strength and diversity climate on loyal behavior, in: Academy of Management Journal 58 (5), S. 1495–1515.

Personalbeurteilung und Personalentwicklung

14

Zusammenfassung

In Kapitel 14 werden Personalbeurteilung und Personalentwicklung als die zweite zentrale Teilfunktion des Personaleinsatzes vorgestellt und zunächst verdeutlicht, dass Beurteilung und Entwicklung von Personal als aufeinander bezogene Managementaufgaben zu verstehen sind. Die Personalbeurteilung wirft grundsätzlich die Frage auf, inwieweit diese auf einem stärker formalen Beurteilungssystem oder stärker informal in einer Organisation verankert werden soll, womit insbesondere die enge Schnittstelle zur Managementfunktion Führung deutlich wird. Die ersten Abschnitte sind der Personalbeurteilung aus Managementsicht gewidmet und stellen ausführlich Funktionen und Ansätze dieser Teilfunktion vor. Im Anschluss daran werden die Rolle und Bedeutung des Mitarbeiterinnengesprächs und allgemein die Erfolgsbedingungen für einen gelingenden Beurteilungsprozess diskutiert. Abschn. 14.6 bezieht dann auch die Vorgesetztenbeurteilung als Form der Personalbeurteilung mit ein. Darauf aufbauend wird wiederum aus Managementsicht die Personalentwicklung und ihre zentrale Bedeutung für die Konstitution von organisationaler Flexibilität und Zukunftsoffenheit vorgestellt. Während traditionelle Ansätze eher schematisch-plandeterminiert und defizitorientiert ausgelegt sind, gehen neuere Ansätze zur Personalentwicklung ganzheitlicher vor und stellen zunehmend darauf ab, nicht nur Kompetenzen zu entwickeln, sondern zugleich auch die Personalbindung zu forcieren. Abschließend werden Personalbeurteilung und -entwicklung im Kontext der Systemsteuerung betrachtet und noch einmal die Notwendigkeit für eine offene und zukunftsorientierte Beurteilung und Entwicklung des Personals herausgestellt.

14.1 Einführung

Die zweite generische Teilfunktion der Managementfunktion Personaleinsatz befasst sich mit der Personalbeurteilung und der Personalentwicklung. Dabei ist zunächst hervorzuheben, dass diese beiden Aufgaben unmittelbar aufeinander bezogen sind. So setzen Maßnahmen der Personalentwicklung voraus, dass der „Ist-Zustand" des Personals hinsichtlich seines Leistungspotenzials und der in Vergangenheit und Gegenwart tatsächlich erbrachten Leistungsbeiträge bekannt ist, um darauf aufbauend und im Hinblick auf die mögliche Weiterentwicklung eines Unternehmens geeignete Weiterentwicklungsmaßnahmen zu ermitteln. Personalentwicklung hat somit immer auch eine **strategische Komponente**, bei der es um die Zukunftsfähigkeit eines Unternehmens geht. In der Entwicklungsfähigkeit des Personals drückt sich deshalb auch – sieht man einmal von der Personalauswahl (Fluktuation und Neueinstellung) ab – im Wesentlichen das Flexibilitätspotenzial eines Unternehmens im Hinblick auf die Steuerungsfunktion Personaleinsatz aus.

Die Personalbeurteilung als Grundlage einer systematischen Personalentwicklung reicht jedoch in ihrer Bedeutung weit über diesen konkreten Zusammenhang hinaus. Die Beurteilung des Leistungspotenzials und der Leistungsbeiträge von Individuen und Gruppen spielen in jeder Organisation – explizit oder implizit – eine große Rolle. Dies gilt vollkommen unabhängig davon, ob solche Beurteilungen geplant durchgeführt werden oder nicht. Feedback und die Evaluation von Leistung haben eine generell verhaltenssteuernde Wirkung (Kluger und DeNisi 1996) und spielen in Organisationen in vielfältiger Hinsicht eine zentrale Rolle (Harrison und Rouse 2015). Individuen vergleichen sich und andere und richten ihr Verhalten auf diese Urteile aus. Gruppen beurteilen das Verhalten ihrer Mitglieder sowie das Verhalten anderer Gruppen (vgl. dazu Kap. 10), Vorgesetzte sind fortwährend mit Beurteilungsproblemen konfrontiert. Die Unternehmensführung steht deshalb auch nicht vor der grundsätzlichen Frage, ob sie eine Leistungsbeurteilung will oder nicht; sie hat lediglich eine speziellere Entscheidung zu treffen, ob ein **formales Beurteilungssystem** betrieben werden soll, das periodisch in geregelter und kontrollierter Form Leistungsdaten sammelt, oder ob ein solches System nicht gewünscht ist. Für die einzelnen Vorgesetzten ist diese Entscheidung wichtig, denn ein formales Beurteilungssystem hat nicht nur weitreichende Implikationen für ihre formale Stellung (Positionsmacht, soziale Distanz usw.), sondern stellt hohe Anforderungen an sie. Sie müssen nicht nur die Grundlagen und Intentionen des Systems verstehen, sondern auch und vor allem die Kompetenz für die praktische Umsetzung erwerben.

Diese Überlegungen verdeutlichen bereits, dass die Personalbeurteilung aufgrund ihrer **Komplexität** und ihrer **vielschichtigen Implikationen** (siehe dazu unten) eine sehr anspruchsvolle und zugleich bedeutende Aufgabe für Führungskräfte darstellt. Valides Feedback ist für die Weiterentwicklung nicht nur des Personals, sondern der gesamten Organisation unabdingbar; so ist beispielsweise organisatorisches Lernen ohne Feed-

14.1 Einführung

backprozesse gar nicht vorstellbar (vgl. hierzu Kap. 8). Die Personalbeurteilung umfasst zwar nicht alle Feedbackprozesse einer Organisation, aber sie bildet darin im Konzert mit anderen Managementfunktionen (an erster Stelle der Kontrolle) einen sehr wichtigen Baustein mit der Fokussierung auf die Evaluation des Personals. Es ist deshalb nicht verwunderlich, dass die Bedeutung des „performance appraisal" in den letzten Jahren weiter gewachsen ist (Cascio und Aguinis 2008; DeNisi und Smith 2014; DeNisi 2018; Schmidt 2018).

Zugleich zeigt sich jedoch auch, dass der Ansatz, eine solch wichtige und anspruchsvolle Aufgabe in formal-standardisierte Systeme zu gießen, zunehmend kritisch gesehen wird. Zwar verfügen heutzutage die meisten größeren Unternehmen über **formalisierte** Beurteilungssysteme, dennoch ist die Personalbeurteilung in dieser Form ein umstrittenes Instrument geblieben. Bei Mitarbeitern stößt es häufig auf Skepsis und Ablehnung wegen mangelnder Objektivität, viele Vorgesetzte setzen es nur mit Widerwillen ein, wegen der damit verbundenen Beziehungsdefinition, nicht selten geraten deshalb Beurteilungssysteme zur bloßen Formalität ohne wirkliche Bedeutung. Ganz grundsätzlich steht zudem die Frage im Raum, ob alles was messbar ist, auch gemessen werden sollte und somit jede Form von Leistungsbeitrag immer mit einer Evaluation einhergehen muss (Sewell et al. 2012). Dies kann auch zur Verdrängung intrinsischer Motivation beitragen (vgl. Kap. 9).

Als Reaktion auf diese Probleme ist heute ein Trend zu beobachten, Beurteilungssysteme zu **entformalisieren** und das Beurteilungsverfahren stärker zu individualisieren, es also in die Führungskraft-Geführten-Beziehung hineinzulegen. In diesem Kontext stehen auch die bereits diskutierten Interaktionsansätze der Führung (Kap. 11), die allesamt verdeutlichen, dass die reziproke Beziehungsgestaltung immer auch einhergeht mit einer zumindest impliziten Beurteilung der jeweils anderen Seite. In diesem Sinne zeigt sich u. a., dass das Ziel exakter Leistungsmessung hinter allgemeinere Motivations- und Entwicklungsaufgaben zurücktritt und sich im größeren Kontext auch eine Verschiebung von der Managementfunktion Personaleinsatz hin zur Managementfunktion Führung erkennen lässt. Die Schnittstelle zwischen beiden Managementfunktionen wird ja alleine schon durch die Bedeutung des Mitarbeitergesprächs als Beurteilungsinstrument verdeutlicht. Ungeachtet dieser Entwicklungstendenzen bleibt die Personalbeurteilung jedoch immer auch eine genuine Managementaufgabe.

Im Folgenden sollen deshalb zunächst einmal unterschiedliche Funktionen und Ansätze der Personalbeurteilung vorgestellt werden, bevor auf die konkrete Form des Mitarbeitergesprächs eingegangen wird wie auch auf die Bedingungen einer erfolgreichen Personalbeurteilung und erweiterte Beurteilungsansätze (Vorgesetztenbeurteilung, 360-Grad-Feedback) diskutiert werden. Im Anschluss daran werden dann Ansätze der Personalentwicklung vorgestellt und abschließend die Frage nach den Möglichkeiten und Grenzen einer Öffnung und damit auch Flexibilisierung der Personalbeurteilung und -entwicklung erörtert.

14.2 Funktionen der Personalbeurteilung

Personalbeurteilungssysteme können eine Reihe unterschiedlicher Zwecke verfolgen, die zum Teil nur schwer miteinander vereinbar sind (Bartölke 1972; Murphy und Cleveland 1995, S. 87 ff.):

1. Ermittlung von Grundlagen für eine über die Arbeitsplatzbewertung hinausgehende **Lohn- und Gehaltsdifferenzierung** (bessere Erfüllung des Grundsatzes der Äquivalenz von Lohn und Leistung).
2. Fundierung personeller **Auswahlentscheidungen**: Entlassungen, Versetzungen, Beförderungen (d. h. auch Ermittlung der potenziellen Leistungsfähigkeit), Personaleinsatzplanung.
3. Evaluation der **Effizienz** personalpolitischer Instrumente: Ermittlung der Validität von Verfahren für die Auswahl von Bewerbern und für die Zuweisung von Positionen; Analyse des Erfolgs aller Arten von Aus- und Weiterbildungsmaßnahmen.
4. Ermittlung relevanter Informationen für die Bestimmung des **Fort- und Weiterbildungsbedarfs** sowie der inhaltlichen Gestaltung (der Ziele) der Personalentwicklungsmaßnahmen.
5. Steigerung der **Motivation und Förderung** der individuellen Entwicklung von Organisationsmitgliedern. Zum einen wird erwartet, dass die Vorstellung, beurteilt zu werden, leistungsstimulierend wirkt und dass die Mitteilung kritischer Leistungsaspekte zu einer Änderung des Leistungsverhaltens führt. Zum anderen sollen mit Leistungsbeurteilungen Stärken und Schwächen in Wissen, Einstellungen und Fähigkeiten der Mitarbeiter aufgezeigt werden, um individuelle Entwicklungsprozesse anzustoßen.
6. **Information der Mitarbeiter:** Nach § 82 II BetrVG können Arbeitnehmer verlangen, dass mit ihnen die Beurteilung ihrer Leistungen sowie die Möglichkeit ihrer beruflichen Entwicklung im Betrieb erörtert wird.

Es ist unmittelbar evident, dass ein Teil dieser Funktionen der Personalbeurteilung in einem **konfliktären** Verhältnis zueinanderstehen. So stellen im Grundsatz die Funktionen (1) bis (4) auf eine möglichst scharfe Diskriminierung des Leistungsverhaltens ab, während (5) und (6) daran orientiert sind, die Förderung der Mitarbeiterinnen und ihre Motivierung anzustreben. Beispielsweise setzen personelle Auswahlentscheidungen eine Einschätzung der Qualität der Mitarbeiter und damit auch möglichst präzise Informationen über ihre Schwächen voraus. Eine negative Einschätzung der Arbeitsleistung und des Entwicklungspotenzials ist aber wenig geeignet, die Arbeitsmotivation zu steigern. Eine solche Information führt häufig zu Entmutigung, Frustration und zur Ablehnung der Beurteilung, Letzteres zumal dann, wenn Fremdurteil und Eigenurteil über die erbrachte Leistung auseinanderfallen. Dieser Konflikt verschärft sich, wenn die Beurteilungsmethode auf einer Art Nullsummenspiel derart aufbaut, dass die Verbesserung einer Mitarbeiterin immer nur bei Verschlechterung einer anderen darstellbar ist.

Wenn Vorgesetzte den Versuch unternehmen, diese unterschiedlichen Funktionen **gleichzeitig** zu erfüllen, so kann dies zu einem Rollenkonflikt, genauer zu einem Intra-

14.2 Funktionen der Personalbeurteilung

Sender-Konflikt (vgl. Kap. 10) führen, der die eingangs erwähnte ambivalente Haltung zu Beurteilungssystemen verständlich macht (Beer 1987). Der Evaluationszweck versetzt sie in die Rolle des unbestechlichen **Richters**, der für eine objektive Beurteilung ein möglichst hohes Maß an sozialer Distanz und Unabhängigkeit anstreben sollte. Der Motivations- und Förderungszweck erfordert dagegen **Ermutigung** und **emotionale Anteilnahme**, um dem Mitarbeiter die für eine Verbesserung der Leistung notwendige Wertschätzung und Unterstützung geben zu können. Wer einen Lernprozess unterstützen will, muss Vertrauen aufbauen und Mut machen, vor allem aber eine nicht-verletzende Einsicht in die eigenen Schwächen fördern können. Ein „Richter", der die Ergebnisse seiner unbestechlichen Beobachtungen bekannt gibt, wird eine solche Atmosphäre nicht aufbauen können. Seinen Urteilen schlägt für gewöhnlich Misstrauen und Angst entgegen; um sich gegen mögliche Verletzungen zu schützen, werden schon im Vorfeld Abwehrbarrieren (Defensivroutinen) errichtet (Pearce und Porter 1996) oder sich spezifische ironische Abwehr-Diskurse auf Gruppenebene etablieren (Sewell et al. 2012).

Ein weiterer Konflikt liegt in den divergierenden Zwecken von **Individuum und Organisation**. Organisationsmitglieder erwarten von ihrer Beurteilung eine positive Würdigung ihrer Leistung und die Erreichung von Gratifikationen, die mit einer guten Beurteilung verbunden sind (z. B. Beförderung, Gehaltserhöhung). Die Organisation erwartet dagegen von den Individuen in erster Linie Offenheit für Kritik und Verbesserungsvorschläge, so dass eine Leistungssteigerung erreicht werden kann. Das Organisationsmitglied wird sich dieser Erwartung jedoch so lange und soweit entziehen, wie das Eingeständnis von Schwächen **negative Konsequenzen** nach sich zieht, wie etwa vorläufige Nicht-Beförderung oder Versetzung auf eine andere, weniger anspruchsvolle Position. Während also ein Teil der Zwecke Abwehrverhalten geradezu provoziert, sind die anderen Zwecke nur bei Offenheit zu verwirklichen.

Die aufgezeigten Konflikte werden nicht endgültig lösbar sein; Organisationen müssen sich letztlich entscheiden, welche Ziele sie mit dem Beurteilungssystem **vorrangig** verfolgen möchten. Es gibt jedoch einige Vorschläge, die die Konflikte besser handhabbar machen:

1. **Teilung des Systems**

Ein erster Vorschlag läuft darauf hinaus, die konfligierenden Teile zu separieren, d. h., die Organisation betreibt ein System, das primär dem Förderungszweck dient, und daneben ein anderes, das vorrangig Selektionsfunktionen erfüllt. Vorgesetzte hätten ihre zwei rivalisierenden Rollen dann nicht mehr simultan, sondern in zeitlichem Abstand und in verschiedenen Kontexten zu erfüllen (Meyer et al. 1965).

2. **Verwendung geeigneter Beurteilungsmethoden**

Der Einsatz von Beurteilungsmethoden, die den Basis-Konflikt zwischen Evaluation und Entwicklung nicht noch verschärfen (z. B. Beurteilung von Charaktermerkmalen), sondern die Beurteiler zu einer unvoreingenommenen, arbeitsbezogenen Informationssammlung anleiten, sind der Akzeptanz des Urteils eher förderlich.

Die verschiedenen Methoden und grundsätzlichen Vorgehensweisen seien im nachfolgenden näher erläutert (für einen weiteren Überblick vgl. auch Fletcher 2008; Becker 2009; Fallgatter 2013).

14.3 Ansätze der Personalbeurteilung

Wie eingangs angeführt, kann die Personalbeurteilung grundsätzlich auf die Evaluation des Leistungspotenzials oder aber die konkreten Leistungsbeiträge einer Person fokussiert sein. Die konkreten Leistungsbeiträge lassen sich danach unterscheiden, ob man den **Leistungsprozess**, d. h. Handlungen bzw. Verhaltensweisen eines Individuums oder aber den **Leistungsoutput**, d. h. die Ergebnisse der Handlungen bzw. Verhaltensweisen eines Individuums, in den Blick nimmt. Betrachtet man hingegen das **Leistungspotenzial**, so geht es im Wesentlichen darum, die Voraussetzungen und damit den „Input" eines Individuums zu erfassen und zu bewerten. Insofern lassen sich aus der Perspektive eines Arbeitsprozesses drei Stufen (Input, Transformation, Output) unterscheiden, die jeweils drei unterschiedliche Gegenstände der Beurteilung konstituieren: (1) Fähigkeiten, (2) Arbeitsverhalten und (3) Arbeitsergebnis. Zu diesen drei unterschiedlichen Beurteilungsgegenständen haben sich jeweils spezialisierte Personalbeurteilungsansätze herausgebildet: (1) der Eigenschafts-, (2) der Tätigkeits- und (3) der ergebnisorientierte Ansatz (vgl. Abb. 14.1).

1. **Eigenschaftsorientierter Ansatz:** Im Mittelpunkt der Input-Beurteilung steht die Persönlichkeit des Mitarbeiters. Es interessiert vor allem das Vorhandensein bestimmter, für relevant erachteter Eigenschaften (z. B. Loyalität, Dominanz, Intelligenz, Kreativität). Eigenschaften werden dabei als universelle (d. h. über verschiedenartige Situationen hinwegreichende) und generelle (d. h. über die Zeit hinweg stabile) Verhaltensdispositionen betrachtet.
2. **Tätigkeitsorientierter Ansatz:** Zu beurteilen ist, „wie" die Person arbeitet, d. h. die Art des Tätigkeitsvollzugs. Ausgehend von den spezifischen Anforderungen einer Tätigkeit soll beurteilt werden, inwieweit ein diesen entsprechendes Verhalten gezeigt wurde. Beurteilt wird also nicht die Persönlichkeit schlechthin, sondern das konkrete beobachtbare Arbeitsverhalten.
3. **Ergebnisorientierter Ansatz:** Gegenstand der Beurteilung ist das Ergebnis der Tätigkeit, das ggf. anhand von vorab festgelegten Zielen eingeschätzt werden soll. Im Mittelpunkt der Beurteilung steht also das, was von den Mitarbeitern tatsächlich erreicht wurde.

Zu 1.: Obwohl die Beurteilung des Leistungspotenzials von Mitarbeiterinnen und Mitarbeitern eine sehr wichtige Funktion darstellt, welcher insbesondere auch im Hinblick auf die Personalauswahl große Bedeutung zukommt, ist diese Form der Personalbeurteilung stark in den Hintergrund getreten. Der Grund dafür liegt auf der Hand: Fähigkeiten von Mitarbeitern wurden und werden nach wie vor im Wesentlichen auf der Basis von Eigenschaften einer Person operationalisiert (vgl. für einen Überblick Sackett et al. 2017). Ein solcher Ansatz enthält jedoch eine stark subjektive Komponente und ist wissenschaft-

14.3 Ansätze der Personalbeurteilung

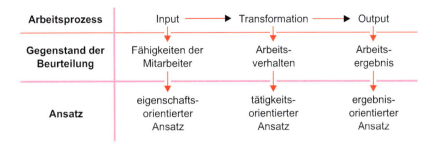

Abb. 14.1 Ansätze der Personalbeurteilung

lich hochproblematisch. Der notwendige Nachweis, dass die spezifizierten Eigenschaften einen eindeutigen Rückschluss auf die erbrachte Leistung zulassen, konnte jedenfalls nicht erbracht werden (vgl. auch die Kritik am „Eigenschaftsansatz" in Kap. 9 und 11). Abgesehen davon ist eine Beurteilung der Persönlichkeit ungeschulten Beobachterinnen selten möglich; sie artet allzu leicht in eine bloße Reproduktion von Vorurteilen aus, bei denen die impliziten Theorien der Beurteilenden entscheidend sind, nicht aber die Persönlichkeit der zu beurteilenden Personen (vgl. dazu auch Rattan und Dweck 2010). Insofern stehen für eine validere Personalbeurteilung insbesondere der tätigkeits- und der ergebnisorientierte Ansatz zur Verfügung. Unabhängig von dieser Strukturierung gilt es jedoch, die konkreten Charakteristika eines Personalbeurteilungssystems im Blick zu behalten, die sich neben der bereits diskutierten Funktion auch im Hinblick auf die Frage „Wer beurteilt?" (Vorgesetze, Peers, Mitarbeiter, 360-Grad usw.) und „Wer wird beurteilt?" (Mitarbeiter, Führungskräfte, oder beide) unterscheiden können (vgl. Peretz und Fried 2012).

14.3.1 Der tätigkeitsorientierte Ansatz

Ausgangspunkt für jede tätigkeitsorientierte Personalbeurteilung ist eine gute Kenntnis der Arbeitsinhalte. Erst wenn bekannt ist, welche Anforderungen eine Stelle tatsächlich an den Inhaber richtet, kann auch sein Arbeitsverhalten angemessen beurteilt werden. Auf die verschiedenen Verfahren der **Arbeitsanalyse**, die hier im Vorfeld zur Erfassung und Strukturierung der Anforderungen eingesetzt werden können, sei nur am Rande verwiesen (insbesondere McCormick et al. 1969 sowie Hentze und Graf 2005).

Um die tätigkeitsbezogenen Urteile zu ordnen und vergleichbar zu machen, ist eine Reihe von Methoden entwickelt worden. Einige der gängigeren seien nachfolgend kurz erläutert:

1. **Einstufungs-Skalen**

Dies ist die am häufigsten verwendete Methode in Personalbeurteilungssystemen. Die Beurteilung erfolgt anhand von mehrstufigen (in der Regel: fünf- oder siebenstufigen) Skalen, die für eine Reihe von Beurteilungsmerkmalen vorgegeben werden. In der Mehrzahl der Fälle wird hier mit Standarddimensionen gearbeitet, mit dem Ziel, verschiedene Tätigkeiten gleichermaßen zu erfassen. Kritisch für die Wirksamkeit dieser Standardisierung ist jedoch die Triftigkeit der zu messenden Merkmale. Häufig fällt es den Vorgesetzten schwer, das Arbeitsverhalten ihrer Mitarbeiter in den typisierten Merkmalen und Niveaus wiederzufinden, weil diese die spezifischen Anforderungen der jeweiligen Stelle häufig nur sehr unscharf widerspiegeln. Von Beurteilungsmerkmalen muss jedoch im Sinne des tätigkeitsorientierten Ansatzes erwartet werden, dass sie im Arbeitsverhalten verankert sind und die Erstellung eines spezifischen Leistungsprofils erlauben. Um dieses Problem zu lösen, wurden weitere Verfahren der Skalenkonstruktion entwickelt. Zwei davon seien kurz erläutert:

Bei den sogenannten **Verhaltenserwartungsskalen** werden die Skalenstufen durch Kurzbeschreibungen typischer arbeitsplatzbezogener Verhaltensweisen definiert („verankert"). Für jede Leistungsdimension wird in einem aufwendigen Verfahren eine Skala entwickelt, die die verschiedenen Leistungsniveaus wiedergibt. In diesem Verfahren werden Beurteilende also aufgefordert, sich das Arbeitsverhalten der Mitarbeiterin im Hinblick auf die aufgelisteten Dimensionen (= Erwartungen) zu vergegenwärtigen und dann das gezeigte Leistungsverhalten mit den alternativen Niveaus der Skala zu vergleichen und die passendste Stufe zu bestimmen.

Einen ebenfalls wesentlich verfeinerten Skalentyp stellen die sogenannten **Verhaltensbeobachtungsskalen** dar. Hier werden auf systematischem Wege Leistungsdimensionen im Sinne von anforderungsgerechten Verhaltensweisen ermittelt; Beurteilende haben dann anzugeben, wie oft sie bei dem Mitarbeiter dieses Verhalten beobachtet haben.

Welche Skalierung auch immer gewählt wird, alle diese Verfahren stellen sehr hohe Anforderungen an das Beobachtungs- und Differenzierungsvermögen der Beurteilenden, da sie in der Regel acht bis zwölf Beurteilungsmerkmale nach fünf bis sieben (manchmal sogar mehr) Leistungsstufen beurteilen müssen. Die Praxis zeigt deshalb speziell bei dieser Methode eine Reihe von Problemen und Verzerrungen (vgl. Kasten 14.1). Das für Selektionszwecke gravierendste Problem ist die typischerweise geringe **Streubreite** der Urteile. In der Regel wird nur die „bessere" Hälfte der Skala verwendet; bei einer siebenstufigen Skala liegen die Werte gewöhnlich zwischen 1 und 4 mit einem Mittelwert um 3 (Milde-Effekt).

Gleichgültig, wie die Skalen konstruiert sind, für gewöhnlich werden die Ergebnisse für die Weiterverarbeitung stark verdichtet. Häufig werden die einzelnen Skalenwerte zu Gesamtwerten addiert, um diese dann in eine **Rangreihe** (Gruppe, Abteilung etc.) zu bringen. Abgesehen davon, dass methodisch gesehen eine Addition unabhängiger Dimensionen unzulässig ist, bringt die Bildung einer Rangreihe gesonderte Probleme mit sich. Die Beurteilungen lassen sich nicht mehr über verschiedene Abteilungen hinweg vergleichen, weil die Platzierungsfolge von dem Niveau der jeweiligen Gruppe abhängt, d. h., es kann passieren, dass die schwächste Person in der einen Abteilung mehr leistet als die beste in einer anderen Abteilung. Ferner impliziert dies, dass die Verbesserung einer Person immer eine relative Verschlechterung einer anderen Person nach sich ziehen muss.

Jenseits dieser grundlegenden systematischen Beurteilungsprobleme bergen die hier genannten Beurteilungsverfahren immer auch die Gefahr der Anfälligkeit für stereotypbasierte Beurteilungsverzerrungen. Die Verwendung von Stereotypen führt dazu, dass Mitarbeitende nicht ausschließlich nach ihrer Leistung, sondern (implizit) nach ihrer Zugehörigkeit zu einer sozialen Gruppe (konstituiert durch Alter, Geschlecht, Religion usw.) schlechter oder aber auch besser beurteilt werden. Stereotypisierung basiert grundsätzlich auf der Aktivierung von Kategorien, die die Wahrnehmung von Verhaltensweisen und deren Beurteilung stark beeinflussen können. Es kommt sozusagen zu einem Überstrahlungseffekt, jedoch nicht zwischen Kriterien, die für die Evaluation relevant sind (also etwa von Intelligenz auf sorgfältiges Arbeiten), sondern von irrelevanten auf relevante Kriterien der Verhaltensbeurteilung (also zum Beispiel von Geschlecht auf kooperatives Verhalten). Kategorisierungen können sich dabei auf jegliche Formen wahrnehmbarer Verhaltens- bzw. Erscheinungsunterschiede von Personen (auch Kleidung, Größe, Sprache usw.) beziehen, so etwa auch, ob jemand einen Dialekt spricht oder einen Akzent hat und daraufhin negativer beurteilt wird als Personen ohne Akzent (Cocchiara et al. 2016).

Es sei darauf hingewiesen, dass diese Beurteilungsprobleme zunächst nur Fragen der Objektivität der damit zu erzielenden Bewertungen betreffen, keine Fragen der Reliabilität und Validität von zur Anwendung gebrachten Skalen und darin enthaltenen Items etc. Der Prozess der Konstruktion von validen und reliablen Skalen muss als sehr aufwendig eingeschätzt werden; es empfiehlt sich deshalb, auf einmal entwickelte und insbesondere in der Forschung etablierte Skalen zurückzugreifen, die die entsprechenden Gütekriterien erfüllen (Eisend und Kuß 2017). Inwiefern dann allerdings den besonderen Gegebenheiten eines Unternehmens Rechnung getragen werden kann, ist eine andere Frage.

2. **Verfahren der erzwungenen Verteilung**

Dieses Verfahren wurde entwickelt, vor allem um dem Problem **mangelnder Streubreite** entgegenzuwirken. Es zwingt die Beurteilenden, die zu beurteilenden Personen den entsprechenden Leistungsstufen so zuzuteilen, dass sie einer bestimmten Verteilung, meist der Normalverteilung, entsprechen. Im Hinblick auf bestimmte Leistungsmerkmale sind z. B. 10 % aller Beurteilten als sehr gut (sehr schlecht), 20 % als gut (schlecht) und 40 % als mittel einzustufen (vgl. Abb. 14.2).

Diese Methode, die meist nicht alternativ sondern ergänzend zu den Einstufungsverfahren eingesetzt wird, erbringt also scharf herausgefilterte Extremgruppen und eine große, undifferenzierte Mittelgruppe.

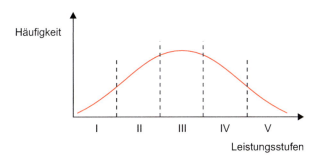

Abb. 14.2 Leistungsgruppen nach Normalverteilung bei fünfstufigen Beurteilungsskalen

Probleme: Unbedingte Voraussetzung für den Einsatz dieses Verfahrens ist, dass die einzelnen Merkmale tatsächlich normal verteilt sind, d. h., mittlere Werte müssen auch wirklich häufiger vorkommen als Extremwerte, sonst werden **Beurteilungsfehler** erzwungen. Statistisch gesehen gilt: Je kleiner die zu beurteilende Gruppe, desto geringer ist die Wahrscheinlichkeit, dass normal verteilte Merkmale vorliegen. Dieser Zwang führt in der Praxis zu stark ablehnenden Haltungen auch der Vorgesetzten; der Stolz auf das tolle Team lässt sich in dem Verfahren nicht abbilden. Vorgesetzte müssen Mitarbeitern erklären, dass sie wider besseren Wissens eine schlechtere Beurteilung als verdient geben mussten. Das führt zu erheblichen Ungerechtigkeitsgefühlen. Was die anderen Merkmale dieser Verfahren betrifft (Dimensionen, Beurteilungsstufen usw.), ergeben sich dieselben Probleme wie bei den vorgenannten Methoden.

3. **Gruppierte Aussagenliste mit Wahlzwang**

Die bisher erläuterten Methoden erlauben es Beurteilenden, das eigene Urteil zu steuern und damit unter Umständen auch einzelne Personen bewusst zu bevorzugen oder zu benachteiligen (vgl. auch Kasten 14.1). Das soll durch die „forced choice"-Methode ausgeschlossen werden. Bei dieser Methode, die in leicht unterschiedlichen Formen Verwendung findet (Jacobs 1986), liegen den Beurteilenden zahlreiche Beschreibungen von typischen Arbeitsverhaltensweisen vor, meist zu Paaren zusammengefasst (vgl. Abb. 14.3).

Die Beurteilenden wählen jeweils aus den zwei (oder mehreren) Aussagen scheinbar **gleich** positiver oder negativer Wertigkeit diejenige aus, die ihrer Meinung nach die zu Beurteilenden treffender bzw. weniger treffend zu charakterisieren vermag. Für die (später zu erstellende) Beurteilung ist jedoch nur eine der positiven bzw. negativen Beschreibungen relevant, die anderen sind sogenannte „zero-credit-items" und nehmen auf das Ergebnis keinen Einfluss. Die Entscheidung, welche der Items ergebnisrelevant sein sollen, wird nicht willkürlich getroffen, sondern basiert auf Voruntersuchungen, die für diese Items im Gegensatz zu den „zero-credit-items" hohe signifikante Korrelationen mit Effektivitätskriterien ergeben hatten.

Der entscheidende Punkt bei diesem Verfahren besteht darin, dass der Beurteilerin **unbekannt** bleibt, welche Items zählen und welche nicht. Der Bewertungsschlüssel wird geheimgehalten, um subjektive Einflüsse und Manipulationsmöglichkeiten auszuschließen. Die Auswertung der Beurteilung erfolgt in der Personalabteilung. Für jeden Mitarbeiter wird ein Gesamtwert errechnet, der dann die Bildung einer Rangordnung ermöglicht.

I.	Gibt gute, klare Instruktionen an die Untergebenen	☐
	Kennt seine Leute, ihre Fähigkeiten und Grenzen	☐
II.	Begünstigt einige seiner Leute	☐
	Macht Versprechungen, von denen er weiß, dass er sie nicht halten kann	☐

Abb. 14.3 Beispiel einer gruppierten Aussagenliste

14.3 Ansätze der Personalbeurteilung

Untersuchungen berichten, dass dieses Verfahren gegenüber anderen ein höheres Maß an Objektivität gewährleistet, eine größere Streubreite erbringt und höhere Korrelationen mit objektiven Effektivitätskriterien erzielt.

Die Erstellung eines solchen Verfahrens ist sehr aufwendig; die einzelnen Aussagen müssen direkt an den Anforderungen des jeweiligen Arbeitsplatzes validiert sein, sonst ist das Verfahren wertlos. Problematisch ist auch das Procedere, denn der Bewertungsschlüssel kann nur schwer geheim gehalten werden. Wichtiger aber noch ist das Problem, dass sich Beurteilende und Beurteilte zumeist – und das zu Recht – gegen ein Verfahren wehren, das für sie nicht durchschaubar ist. So zeigen Studien, dass es für eine angestrebte Verhaltensverbesserung wesentlich ist, dass auch die Beurteilten eine gewisse **Kontrolle über den Feedbackprozess** haben (Alder 2007). Zudem kann die Vorgesetzte mit den Untergebenen die Beurteilung nicht im Einzelnen durchdiskutieren, weil sie selbst nicht weiß, welche Verhaltensweisen als besonders leistungsrelevant betrachtet werden und wie sie ihren Mitarbeiter letztlich beurteilt hat. Die dadurch erzeugte Situation ist ausgesprochen kontraproduktiv für den Zweck der Mitarbeiterentwicklung.

4. Methode der kritischen Ereignisse (critical incidents)

Diese Methode geht davon aus, dass es gewisse Verhaltensweisen gibt, die über Erfolg oder Misserfolg eines Aufgabenvollzugs- und Führungsprozesses entscheiden (Flanagan 1954 sowie Butterfield et al. 2005). Den Beurteilenden wird für die vom zu Beurteilenden auszuführende Aufgabe eine Liste der wichtigsten Arbeitsanforderungen (critical job requirements) vorgegeben, die z. B. für Ingenieure folgende Punkte enthalten könnte: technisches Wissen, Kreativität, Entscheidungsfreudigkeit, Koordination und Kooperation mit anderen Gruppen.

Die Aufgabe der Beurteilenden besteht nun darin, die Untergebenen im Hinblick auf diese Kriterien bei der Arbeit zu beobachten und herausragende Ereignisse (critical incidents) positiver oder negativer Art – möglichst gleich im Anschluss – festzuhalten. Auf diese Weise entsteht Stück für Stück ein **Protokoll**, das ausführlich über das Leistungsverhalten des zu Beurteilenden unterrichtet.

Die über die Zeit beobachteten kritischen Ereignisse werden nach Häufigkeit und Bedeutung geordnet und bilden so die Grundlage für eine zusammenfassende Beurteilung. Der Vorteil dieser Methode ist darin zu sehen, dass die Vorgesetzte die Beurteilung nicht mehr an diffusen Persönlichkeitsmerkmalen, sondern an konkreten Ereignissen festzumachen hat. Darüber hinaus wird durch die kontinuierliche Protokollführung der häufig zu beobachtenden Tendenz entgegengewirkt, die Beurteilung schwergewichtig auf die kurz vor dem Beurteilungszeitpunkt gezeigten Verhaltensweisen zu stützen.

Zusammenfassung
Bezogen auf die eingangs genannten Funktionen der Personalbeurteilung lässt sich resümierend Folgendes feststellen: Die bislang dargestellten Methoden eignen sich primär für **Differenzierungs- und Selektionszwecke**, wobei jedoch auch hier deutliche Unterschiede

zu machen sind (vgl. Bartölke 1972, S. 658). Was die Lohn- und Gehaltsdifferenzierung anbelangt, so muss diese, um dem Prinzip der Äquivalenz von Lohn und Leistung Rechnung tragen zu können, auf der Grundlage von generell gültigen Standards erfolgen. Rangordnungsverfahren und erzwungene Verteilungen lassen keine Berücksichtigung von Standards zu. In etwas gemilderter Form gilt die gleiche Aussage für die gruppierte Aussagenliste mit Wahlzwang und die Methode kritischer Ereignisse; bei Letzterer wird insbesondere das normale Leistungsverhalten vernachlässigt. Die Einstufungsskalen lassen dagegen im Prinzip eine Verankerung in Standards zu und sind somit grundsätzlich für eine Lohn- und Gehaltsdifferenzierung geeignet. Bei personellen Auswahlentscheidungen verhält es sich gerade umgekehrt. Die eindeutigsten **Selektionsinformationen** liefern Rangordnungsverfahren, erzwungene Verteilung und gruppierte Aussagenlisten mit Wahlzwang. Bei alledem darf nicht vergessen werden, dass die prognostische Qualität von Vorgesetztenurteilen eher bescheiden ist (selten höher als r = 0,45; z. B. Hunter und Hunter 1984).

Was die **Motivation** und die **individuelle Entwicklung** betrifft, so wurde bereits betont, dass Rangordnungsverfahren und erzwungene Verteilung ungeeignet sind, da sie nur relative Qualifikationen (aus Normalverteilung oder Rangordnung vergleichbarer Mitarbeiter) erfassen und keine Informationen über objektive Stärken und Schwächen erbringen. Die gruppierte Aussagenliste mit Wahlzwang ist für den Motivationszweck völlig ungeeignet, weil der Mitarbeiter keine hinreichenden diagnostischen Hinweise erhält und vor allem nicht erfährt, wo er sein Leistungsverhalten verbessern soll. Die Verfahren der Skalierung und der kritischen Ereignisse werden manchmal als bedingt geeignet eingestuft, weil sie zumindest Informationen für das Beurteilungsgespräch liefern und unter Umständen auf zu verändernde Verhaltensweisen oder Entwicklungsmöglichkeiten hinweisen.

Kasten 14.1

Beurteilungsfehler

1. **Überstrahlungsfehler („Halo-Effekt"):**

Der Beurteilende lässt sich von einem Merkmal leiten (positiv oder negativ) und generalisiert diese Einschätzung, d. h., die Beurteilung fällt auf allen Dimensionen mehr oder weniger gleich aus. Beispiel: Der Eindruck „hohe Intelligenz" überstrahlt alle anderen Aspekte des Leistungsverhaltens, wie etwa Pünktlichkeit oder Zuverlässigkeit, d. h., diese werden ebenfalls sehr positiv eingeschätzt, obgleich sie vom faktischen Verhalten her allenfalls durchschnittlich einzuschätzen wären.

2. **Milde-Fehler:**

Die Beurteilende gibt generell sehr milde Urteile ab, unabhängig von der faktischen Leistung der Beurteilten. In empirischen Studien zeigte sich, dass der Milde-

14.3 Ansätze der Personalbeurteilung

Effekt besonders stark dann auftritt, wenn die Beurteilung für Beförderungszwecke erstellt wird. Dem Milde-Fehler steht als anderes Extrem der „Strenge-Fehler" gegenüber.

3. **Tendenz zur Mitte:**

Der Beurteilende reiht alle zu Beurteilenden in eine mittlere Position ein; er ist nicht bereit, die einzelnen Leistungen klar voneinander abzuheben.

4. **Hierarchie-Effekt:**

Die Beurteilung fällt umso besser aus, je höher der hierarchische Rang der Beurteilten ist. Dies ist ein Effekt, der in fast allen Organisationen anzutreffen ist und wohl in dem Bestreben seinen Ursprung hat, Konsistenz zwischen Status und Beurteilung herzustellen.

14.3.2 Der ergebnisorientierte Ansatz

Einen Versuch, den **Motivationszweck** im Rahmen der Personalbeurteilung besser erreichbar zu machen und zugleich mehr Objektivität zu schaffen, stellt der ergebnisorientierte Ansatz dar. Dieser Ansatz, der auf der Selbstregulationstheorie beruht und in Umrissen bereits von McGregor (1957) konzipiert wurde, darf jedoch nicht isoliert als eine Personalbeurteilungsmethode, sondern muss als integraler Bestandteil eines übergreifenden Führungsmodells gesehen werden, nämlich des in den Kap. 7 und 9 bereits dargestellten Management by Objectives (MbO; Odiorne 1967). Das MbO-Konzept unterscheidet drei Schritte:

1. Der **erste Schritt** besteht in der Bestimmung der **Ziele** für eine Leistungseinheit (Individuum oder Gruppe). Mit diesem Schritt werden zum einen der erwartete Beitrag des Stelleninhabers für das System festgelegt und zum anderen über die gesetzten Ziele Kriterien für die Beurteilung geschaffen. Die Ziele sollen insbesondere den zwei folgenden Anforderungen genügen:
   - **Eindeutigkeit:** Nachdem die Ziele Beurteilungskriterien werden, muss gewährleistet sein, dass ihr Inhalt von allen gleich verstanden wird. Durch die Bezugnahme auf objektive Messzahlen sollen Interpretationsspielräume weitgehend eingeschränkt werden.
   - **Richtiger Schwierigkeitsgrad:** Motivation und Persönlichkeitsentwicklung als Zwecke der Beurteilung werden gefährdet, wenn zu hohe Ziele gesetzt werden (Entmutigung, Frustration bei dauernder Nichterreichung). Umgekehrt stellen aber auch zu niedrige Ziele keinen Anreiz dar.

Die Zielfestlegung erfolgt in der Regel unter aktiver Mitwirkung der Mitarbeiter (einige Publikationen zum MbO glauben belegen zu können, dass eine einseitige Zielvorgabe eine stärkere Motivationswirkung entfalte, vgl. z. B. Shalley et al. 1987; vgl. demgegenüber Nerdinger 1995, S. 68 ff. und 111 ff.). Das Ergebnis dieses Prozesses sollten – bezogen auf das Leistungsvermögen der Stelleninhaber – realistische und innerhalb der vereinbarten Periode erreichbare Ziele sein, einschließlich solcher Kriterien, an denen die Zielerreichung gemessen wird.
2. In einem **zweiten Schritt** schätzen Untergebene und Vorgesetzte am Ende der vereinbarten Periode ein, inwieweit die gesteckten Ziele erreicht wurden. Die Beurteilung soll erst einmal von den jeweiligen Mitarbeiterinnen selbst vorgenommen werden, weil sie selbst in die Lage versetzt werden sollen, ihren eigenen Fortschritt bei der Zielverfolgung zu beurteilen und weil sie in der Regel die besten Kenntnisse über die Situation, insbesondere was Störgrößen bei Zielabweichungen betrifft, besitzen. Sie selbst sollten ihre Stärken und Schwächen einschätzen und die Verantwortung für ihre Entwicklung tragen. Die Selbstbeurteilung ist der Gegenstand des nachfolgenden **Beurteilungsgesprächs** zwischen Vorgesetzten und Untergebenen, in dem gemeinsam das erzielte Ergebnis diskutiert wird, Verbesserungsmöglichkeiten aufgezeigt und die Richtung für den erneuten Zielbildungsprozess festgelegt werden.
3. In einem **dritten** Schritt zeigen Vorgesetzte Verbesserungsmöglichkeiten auf und legen zusammen mit den Mitarbeitern die Ziele für die neue Berichtsperiode fest.

Der ergebnisorientierte Ansatz, der heute in Industrie und Verwaltung überwiegt, besitzt einige grundlegende Vorzüge: Die Partizipationsmöglichkeiten der Mitarbeiter, die eindeutige Festlegung der Leistungserwartungen und die Möglichkeit zur Selbstkontrolle wirken motivationsfördernd. Darüber hinaus bringt dieser Ansatz mehr Transparenz und Objektivität, weil er Mehrdeutigkeiten der traditionellen Bewertungsmethoden durch operationale Zielstandards vermeidet.

Diesen Vorzügen stehen jedoch einige gravierende **Nachteile** und **Probleme** gegenüber, die weniger in der Beurteilungsmethodik als in dem zugrunde liegenden Führungsmodell ihre Ursache finden (vgl. Braun 2004):

- Der **Anwendungsbereich** ist begrenzt: MbO ist dort nicht einsetzbar, wo es an klaren Arbeitszielen mangelt (z. B. Sekretariat) oder der Handlungsspielraum für selbständige Zielerreichungsmaßnahmen zu eng ist (Fließband). Des Weiteren bringt das MbO-System die Gefahr mit sich, dass qualitative Aspekte zugunsten leicht operationalisierbarer und **quantifizierbarer** Ziele vernachlässigt werden.
- Ein wichtiger Kritikpunkt ist ferner, dass das **Aufgabenspektrum** häufig aus einer Vielzahl unterschiedlicher Erwartungen besteht, die sich nicht in einer einzigen Zielsetzung ausdrücken lassen (vgl. dazu noch einmal Kap. 4). Die populäre Balanced Scorecard setzt an diesem Punkt an und erweitert das Beurteilungsspektrum auf vier Dimensionen (vgl. Kap. 5). Es ist dies wohl auch der Hauptgrund, weshalb die meisten Unternehmen die ergebnisorientierte Beurteilung nur in Kombination mit dem tätigkeitsorientierten Ansatz verwenden (Mungenast 1990).

- Ein weiterer Punkt ist die **Selektionsfunktion** von Zielen, die das Handeln der Mitarbeiter auf die Zielerreichung bündelt und alles andere in den Hintergrund treten lässt. Damit ist unter Umständen eine erhebliche Fehlsteuerung verbunden, nicht das Wichtige, sondern das Zielrelevante wird verfolgt (vgl. dazu das Beispiel in Kasten 14.2).
- Das grundlegendste Problem ist aber die **Abstimmung** von Einzel- und Gesamtzielen. Soll diese ernsthaft betrieben werden, muss das MbO-Leistungsbeurteilungssystem zum integralen Bestandteil der Unternehmensplanung werden und sich den dort definierten Kriterien unterordnen. Eine individualisierte Zielsetzung muss dann in der Tendenz als Störfaktor wirken.

Kasten 14.2

Fehlsteuerung durch Ziele

„Der Bundesrechnungshof wirft der Bundesagentur für Arbeit (BA) … ‚Fehlsteuerungen' bei der Vermittlung von Arbeitslosen und ‚Manipulationen' bei der Statistik vor. In einem seit Monaten unter Verschluss gehaltenen Prüfbericht kritisierten die Rechnungsprüfer vor allem, dass die Agenturen sich auf die Arbeitssuchenden konzentrierten, die am ehesten auch ohne Hilfe auf dem Arbeitsmarkt unterkämen …

Weil jede Vermittlung im internen Zählsystem gleich viel wert sei, versuchten die Agenturen so, hohe Vorgaben aus der Zentrale zu erfüllen. Dagegen würden schwer vermittelbare Arbeitslose schlechter betreut, da es schwerer sei, mit ihnen die Ziele zu erreichen. Der Rechnungshof hatte demnach in einer Stichprobe sieben der 156 Arbeitsagenturen sowie sieben Regionaldirektionen drei Monate lang untersucht.

‚Die Tatsache, dass wir in allen geprüften Agenturen Fehlsteuerungen festgestellt haben, zeigt, dass es sich um ein grundsätzliches Problem handelt', heißt es im Fazit des Rechnungshofs. So hätten die Prüfer festgestellt, dass die Arbeitsvermittler in den drei Monaten für mehr als 50 Prozent der Langzeitarbeitslosen keinen Stellensuchlauf gemacht und zu 45 Prozent keinen ernst zu nehmenden Kontakt aufgenommen hätten. Es gebe eine interne Weisung, wonach nur aussichtsreiche Bewerber sofort einen Termin beim Vermittler bekommen sollten.

Um die Ziele zu erfüllen, sei außerdem die Statistik manipuliert worden. Lehrlinge, die ohnehin von ihrer Firma übernommen werden sollten, seien beispielsweise als erfolgreich vermittelt gezählt worden. ‚Die bloße Erfassung von sicheren Übertritten mit dem Ziel einer Zählung stellt aus unserer Sicht eine Manipulation dar', heißt es in dem Rechnungshofbericht.

Die BA erklärte auf Anfrage des ‚Spiegel', sie nehme den Bericht sehr ernst und befinde sich dazu in konstruktiven Gesprächen mit dem Rechnungshof und dem eigenen Verwaltungsrat. Schon jetzt sei als Konsequenz das Zielsystem weiterentwickelt worden …".

Quelle: sueddeutsche.de (23. Juni 2013)

14.3.3 Prozessgestaltung statt Methodenoptimierung

Die im Vorangegangenen dargestellten Ansätze verdeutlichen, dass man lange Zeit die zentrale Herausforderung der Personalbeurteilung im Wesentlichen als ein methodisches Problem angesehen hat; man war der festen Überzeugung, dass durch immer ausgefeiltere Methoden eine kontinuierliche Steigerung der Effektivität dieser Systeme erreicht werden kann. Diese Überzeugung erwies sich indessen als trügerisch. In empirischen Untersuchungen zeigte sich, dass die Methodenwahl nicht den Einfluss hat, den man ihr zuschreibt (vgl. die General Electric-Studie von Lawler et al. 1984).

Von mindestens ebenso großem, wenn nicht erheblich größerem Einfluss auf den Erfolg erwies sich die **Handhabung des Prozesses** durch die Vorgesetzten und das organisatorische Milieu, in dem der Prozess stattfindet. Ferris et al. (2008) sprechen in diesem Zusammenhang von dem sozialen, emotionalen, kognitiven, politischen und relationalen Kontext, in den jede Personalbeurteilung unabwendbar eingebettet ist und den es zu berücksichtigen gilt. Dabei hat der Kontext in sehr unterschiedlicher Art und Weise Einfluss auf den Beurteilungsprozess. So ist – um nur ein Beispiel zu nennen – die Arbeitsgestaltung von großer Bedeutung, d. h., Mitarbeiter mit anspruchsvollen Arbeitsplätzen haben eine wesentlich positivere Einstellung zum Beurteilungssystem als solche mit monotoner Arbeit.

Es wäre naiv anzunehmen, man könnte ein sozial so **sensibles Instrument** wie die Beurteilung nach Belieben an jedem Platz gleichermaßen zur Entfaltung bringen. Die Leistungsbeurteilung ist mit dem gesamten System des Personaleinsatzes eng verflochten und ihre Wirkung hängt somit auch stark von dem Zusammenspiel mit den anderen Maßnahmen der Personalpolitik ab. Hinzu kommt die bereits angesprochene enge Verflechtung mit weiteren Managementfunktionen, wie etwa Führung, Organisation und Kontrolle.

Aufgrund der sozialen Sensibilität, die jeder Beurteilungsprozess mit sich bringt, steht dieses Thema auch in sehr enger Verbindung zu Fragen der organisationalen Gerechtigkeit (Folger und Cropanzano 1998; Rupp et al. 2017). Während die Frage der Verfahrensgerechtigkeit darauf abstellt zu prüfen, inwieweit ein bestimmtes Beurteilungsverfahren als gerecht empfunden wird, fokussiert die Interaktionsgerechtigkeit unmittelbar die gerechte Behandlung durch Vorgesetzte. So zeigen auch die meisten Untersuchungen, dass das Beurteilungsgespräch der **wichtigste Teil** des Leistungsbeurteilungsprozesses ist. Dies ist keinesfalls nur eine Frage des Kommunikationsstils („Wie teile ich am geschicktesten die Ergebnisse meiner Beurteilung mit?"), sondern eine viel umfassendere Führungsaufgabe, die im Grundsatz zu den Aufgaben **jeder(s) Vorgesetzten** gehört, gleichgültig, ob ein formales Beurteilungssystem installiert ist oder nicht.

14.4 Das Mitarbeitergespräch

Viele Vorgesetzte sehen das Führen von Beurteilungsgesprächen als eine eher unangenehme Aufgabe an. Sie fühlen starke innere Widerstände, mit den Mitarbeiterinnen und Mitarbeitern offen über ihre Arbeitsleistung, ihre **Stärken** und ihre **Schwächen** zu sprechen. Bisweilen erhält das dann schließlich doch geführte Beurteilungsgespräch einen so peripheren und flüchtigen Charakter, dass die Mitarbeiter gar nicht erkennen, dass sie sich in einem Beurteilungsgespräch befinden. Die Mitarbeiter selbst sind allerdings meist sehr stark an dem Beurteilungsgespräch interessiert.

Mehr noch als andere Bereiche der Personalfunktion bedarf deshalb das Mitarbeitergespräch einer vorbereitenden Schulung. Für die Führung eines erfolgreichen Beurteilungsgesprächs haben sich die folgenden **sechs Gesichtspunkte** als besonders wichtig erwiesen (Wexley 1986, S. 169 f., Beer 1987; Neuberger 2015), die sich auch als Ausdruck der Herstellung von Interaktionsgerechtigkeit (Bies und Moag 1986) verstehen lassen:

1. **Dialog:**
   Wenn das Beurteilungsgespräch tatsächlich auf eine Verhaltensänderung bei dem Mitarbeiter abzielen soll, muss dieser die Gelegenheit haben, sich aktiv am Gespräch zu beteiligen, und nicht nur einem Vortrag zuhören. Der Mitarbeiter muss das sichere Gefühl haben, dass man an seinen Überlegungen interessiert ist, dass alle die Probleme, die ihn bedrücken, auch zur Sprache kommen können, dass er auch von sich aus Probleme zum Thema machen kann. Es ist deshalb von zentraler Bedeutung, dass die Mitarbeiterin im Beurteilungsgespräch zum Sprechen kommt und Raum für die Darlegung ihrer Vorstellungen, Wünsche und Ziele erhält.
2. **Wertschätzung:**
   Es hat sich als sehr wichtig erwiesen, dass auch und gerade kritische Beurteilungsgespräche auf der Basis einer grundsätzlichen Wertschätzung geführt werden. Verletzende Kritik findet nur Ablehnung und Abwehr zum Schutze der eigenen Persönlichkeit.
3. **Dosierte Kritik:**
   Zu viel Kritik wirkt entmutigend; es werden offene oder verdeckte Schutzmechanismen hervorgerufen, die den ganzen Feedbackprozess leerlaufen lassen.
4. **Arbeitsverhalten:**
   Nur solche Gespräche haben sich als wirkungsvoll erwiesen, die konkret und unmittelbar am Arbeitsverhalten der Mitarbeiterin ansetzen und nicht global an ihrer Persönlichkeit. Es geht nicht darum, generelle Persönlichkeitsdispositionen zu erörtern (z. B. „Sie sind ein verschlossener Mensch!"), sondern um konkrete Probleme bei der Arbeit (z. B. „Mir ist aufgefallen, dass der Informationsaustausch zwischen Ihnen und Frau Burger häufig nicht funktioniert").
5. **Entwicklungsziele:**
   Es hat sich als sehr wichtig erwiesen, dass in Beurteilungsgesprächen konkrete Pläne entwickelt werden, wie eine Verbesserung erzielt werden kann. Im Vordergrund muss die zukunftsgerichtete Problemlösung stehen und nicht der rückwärtsgewandte Tadel für irgendwelche Vorkommnisse oder Versäumnisse.
6. **Offenheit:**
   Beurteilte schätzen es wenig, wenn Beurteilungsgespräche nach taktischen Mustern aufgebaut werden. Besonders negativ wird die sogenannte Sandwich-Methode erlebt: Auf eine lobende Einleitung folgen einige bittere „Einlagen", um sie dann mit lobenden Trostworten abzuschließen. Ist der Aufbau durchschaut, wartet der Beurteilte nur noch ängstlich darauf, wann der bittere Teil kommt.

Um sicherzustellen, dass Mitarbeitergespräche ihren Zweck nicht verfehlen, ist immer wieder eine **selbstkritische Prüfung** der Vorgesetzten erforderlich. Bisweilen hat es sich auch als hilfreich erwiesen, zu dieser Einschätzung immer wieder einmal Dritte hinzuzuziehen (Spezialisten aus der Personalabteilung oder Coaches). Der in Kasten 14.3 wiedergegebene Fragenkatalog zeigt beispielhaft, nach welchen Gesichtspunkten dieser Selbstprüfungs- oder Supervisionsprozess gestaltet werden könnte.

Kasten 14.3

Fragenkatalog zur Einschätzung des Beurteilungsgesprächs

Der Einstieg

1. Gelang es, ein offenes und akzeptierendes Klima herzustellen?
2. Herrschte Übereinstimmung über Zweck und Verlauf des Interviews?
3. Waren beide Parteien gut vorbereitet?

Während des Gesprächs

4. In welchem Umfang versuchte der Vorgesetzte wirklich, seine Mitarbeiterin zu verstehen?
5. War das Feedback klar und spezifisch?
6. Fand der Mitarbeiter Gehör für sein Anliegen?
7. Konnte er neue Gesichtspunkte einbringen?
8. Inwieweit wurde die Mitarbeiterin ermutigt, eigene Meinungen vorzutragen?
9. Endete das Gespräch in gegenseitiger Übereinstimmung über Probleme und Verbesserungsansätze?

Ergebnisse

10. Motivierte die Sitzung den Mitarbeiter?
11. Führte das Gespräch zu einem vertieften Problemverständnis?
12. Verließ die Mitarbeiterin das Gespräch mit einer klaren Vorstellung über ihre Einschätzung?
13. Lernte die Mitarbeiterin etwas Neues über ihre Vorgesetzten?
14. Hat der Mitarbeiter eine klare Vorstellung darüber, was zur Verbesserung der Leistungen zu tun ist?

Quelle: Beer 1987, S. 298

14.5 Allgemeine Erfolgsbedingungen der Personalbeurteilung

Personalbeurteilungsverfahren, gleichgültig in welcher Form, sind mit einigen grundsätzlichen Problemen behaftet (vgl. dazu Bartölke 1972; Neuberger 1980; Liden und Mitchell 1985; Krell et al. 2011), die es immer wieder zu prüfen gilt – auch und insbesondere dann, wenn ein Verfahren schon lange eingeführt ist. Diese grundlegenden Probleme lassen sich anhand von vier Aspekten verdeutlichen, die im Folgenden diskutiert werden.

1. **Zurechenbarkeit der Leistung**

Grundlegende Voraussetzung jeder Personalbeurteilung ist eine hinreichende Abgrenzbarkeit und Zurechenbarkeit der erbrachten (Arbeits-)Leistung eines Stelleninhabers (vgl. Frink und Klimoski 2004). Dieser Grundforderung stellen sich aufgrund der Leistungsverflechtung in arbeitsteiligen Organisationen z. T. erhebliche Schwierigkeiten entgegen. Dies nicht nur bei eng verkoppelten Mensch-Maschine-Systemen, sondern auch dann, wenn der zu beurteilende Stelleninhaber in unmittelbarer Zusammenarbeit mit anderen (z. B. Teams) eine Gesamtleistung erbringt, wenn also eine starke Interdependenz im Aufgabenvollzug gegeben ist.

Die Frage der Zurechenbarkeit stellt sich noch in einem grundsätzlicheren Sinne. Die Leistung eines Individuums ist ja – neben den technischen Gegebenheiten – nicht nur eine Funktion seiner Fähigkeiten und Fertigkeiten, sondern auch seiner Motivation. Die **Motivation** wiederum – das haben die vorhergehenden Kapitel gezeigt – ist keine konstante Eigenschaft, die eine stabile Unterteilung in Motivierte und Nicht-Motivierte zuließe, sondern ist neben individuellen Merkmalen auch sehr stark von externen Faktoren abhängig. Als relevante externe Faktoren wurden unter anderem bereits genannt: Organisationsstruktur, Vorgesetztenverhalten, Gruppenverhalten, Arbeitsinhalt, Gehalt und frühere Leistungsbeurteilungen. Auch diese Faktoren sind im Prinzip bei der Beurteilung der Individualleistung zu berücksichtigen, eine exakte Lokalisierung dieser Einflüsse ist jedoch nahezu unmöglich. Beurteiler stehen vor einem Zirkelproblem; die Leistung, die sie beurteilen sollen, ist nicht unabhängig von den eigenen Maßnahmen.

2. **Vergangenheits- und zukunftsbezogene Personalbeurteilung**

Personalbeurteilungen beziehen sich zunächst einmal immer auf die in der Vergangenheit (Beurteilungszeitraum) erbrachte Leistung, d. h., die Beurteilung setzt an dem faktisch gezeigten Verhalten und den erzielten Ergebnissen an. Häufig werden aber Leistungsbeurteilungen zu **Prognosen** verwendet (z. B. Beförderung) unter der Annahme, die beurteilte Person werde sich in Zukunft weiter so verhalten (bzw. weiter so entwickeln), wie es bisher der Fall war, sei es im Hinblick auf den bisherigen oder einen neuen Arbeitsplatz. Eine solche Prognose (Extrapolation) ist jedoch nicht ohne Weiteres zulässig; sie gilt nur, wenn die Bedingungskonstellation (Anspruchsniveau, Ziele usw.) als zukünftig stabil vorausgesetzt werden kann. Davon darf aber gewiss nicht generell ausgegangen werden, eine Veränderung der Konstellation ist eher die Regel als die Ausnahme. Um dieses (Prognose-)Risiko zu begrenzen, sollte zumindest jeweils geprüft werden, ob gute Gründe für einen berechtigten Zweifel an der Triftigkeit der Prognose (Extrapolation) bestehen.

3. **Nebeneffekte**

Neben diesen systematischen Problemen ist weiterhin auf unerwünschte Nebeneffekte hinzuweisen, die mit der Einrichtung und Praktizierung von Personalbeurteilungsverfahren einhergehen können. So gilt es z. B. die Gefahr zu sehen, dass die Beurteilung neben ihren offiziellen Funktionen regelmäßig auch von inoffiziellen **mikropolitischen Zwecken** überlagert wird. So z. B. von taktischen Überlegungen (Aufbau von „Seilschaften"), von Reziprok-Geschäften mit der unterstellten Gruppe, von Vergeltungsmaßnahmen, indem ungerechtfertigt schlechte (gute) Beurteilungen gegeben oder (implizit) angedroht werden. Solche Verfahrensweisen sind umso leichter möglich, je unpräziser und je weniger arbeitsplatzbezogen die Beurteilungsmerkmale sind (Klimecki und Gmür 2001). Es sei darauf hingewiesen, dass die allgemeinen Grundsätze einer formalen Leistungsbeurteilung nach § 94 II BetrVG der Zustimmung des Betriebsrates bedürfen. Kommt eine Einigung über den Inhalt nicht zustande, entscheidet die Einigungsstelle.

Von dieser auf die spezielle Beurteilungssituation bezogenen Problematik sind solche unerwünschten Nebeneffekte zu unterscheiden, die mit der Personalbeurteilung als Ganzes verbunden sind. So wird von Belegschaftsvertretern häufig auf die Gefahr der **Diskriminierung** älterer Arbeitnehmer oder Frauen hingewiesen. Beurteilungssysteme sollten deshalb in regelmäßigen Abständen auf solche systematischen Verzerrungen hin untersucht werden (vgl. die Beiträge in: Krell et al. 2011). Ein gewisses Gegengewicht bildet das Prinzip, wonach jede Beurteilung für die Beurteilten voll einsehbar sein muss. Dies ist eine Forderung, die sich ohnehin aus den einschlägigen Vorschriften des BetrVG ergibt (§§ 82, 83); das Anlegen von Geheimakten ist verboten. Beurteilte müssen zugleich die Möglichkeit haben, bei einem aus ihrer Sicht nicht akzeptablen Urteil Klärungsschritte einzuleiten, d. h., es muss dafür ein Konfliktlösungsverfahren institutionalisiert sein (vgl. §§ 84, 85 BetrVG).

4. **Selektivität**

Die Erstellung einer Personalbeurteilung macht einen komplexen Informationsverarbeitungsprozess erforderlich: Verhaltensweisen müssen beobachtet, wichtige Details und Kontextumstände erinnert, Widersprüche integriert, das eigene Perzeptionssystem mit dem des Mitarbeiters, dem anderer Beurteiler und dem System der Verfahrensvorschriften abgeglichen werden usw. (Ferris et al. 2008). Um schließlich zu einer stimmigen Bewertung vorzustoßen, muss der Beurteiler zwangsläufig selektiv vorgehen und den Vorgang **vereinfachen**. Personalbeurteilungen werden deshalb immer partiell willkürlich sein.

Dieses Problem lässt sich auch durch noch so gute Methoden nicht aus der Welt schaffen, es ist eine Folge der Komplexität der Aufgabe. Umso mehr gilt es, diesem Selektionsproblem Aufmerksamkeit zu schenken und kompensierende Gegengewichte zu schaffen. Als ein mögliches Korrektiv wird häufig der systematische Einbezug von Selbst- und Kollegenbeurteilungen in den Beurteilungsprozess vorgeschlagen (Campbell und Lee 1988). Im Zentrum der **Selbstbeurteilung** steht eine Beurteilung der Leistungen durch die zu Beurteilenden selbst (Grieger und Bartölke 1992; Moser 1999). Im Hinblick auf die Informationsgewinnung erscheint diese Form der Beurteilung vorteilhaft: haben doch die zu Beurteilenden wie sonst niemand Zugang zu Informationen über ihr eigenes Leistungsverhalten. Auf der anderen Seite wird häufig auf eine große Abweichung zwischen Selbst- und Fremdurteilen hingewiesen, die insbesondere im Kontext der Beziehung von Vorgesetzten und Untergebenen stark ausgeprägt ist. So würden Vorgesetzte und Untergebene z. B. die Bedeutung verschiedener Leistungsbeurteilungskriterien oft sehr unterschiedlich einschätzen. Zudem sei ganz generell eine Überschätzung der eigenen Leistungen zum Schutz des Selbstwertgefühls zu verzeichnen (zur Tendenz der Überschätzung vgl. auch Pullig 1992). Aus diesem Grund eignet sich das ergebnisorientierte Verfahren noch am ehesten für dieses Vorhaben. Dort sind die Zielkriterien so eindeutig formuliert, dass ohnehin einer Selbsteinschätzung der Vorrang gegeben wird. Bisweilen kommt es allerdings zum genau gegenläufigen Effekt in Form einer allzu kritischen Beurteilung der eigenen Leistungen; die Unternehmenskultur, vor allem aber die Landeskultur scheint hier eine große Rolle zu spielen (vgl. z. B. Fahr et al. 1991; Peretz und Fried 2012).

Selbstbeurteilungen sind grundsätzlich **nur sinnvoll in Kombination** mit anderen Beurteilungsformen. Die sich selbst Beurteilenden wissen dann, dass sie ihre Urteile im Gespräch mit anderen zu vertreten und zu begründen haben. So könnte man z. B. Mitarbeiter anhand eines geeigneten Beurteilungsbogens zunächst zur Beurteilung ihrer Leistungen auffordern und diese Selbstbeurteilung dann in einem Beurteilungsgespräch mit dem Fremdurteil der Vorgesetzten und/oder der Kollegen vergleichen und Abweichungen sowie Übereinstimmungen diskutieren. Die Übergänge zum Beurteilungsgespräch im oben beschriebenen Sinne sind hier fließend. Die dort aufgezeigten Anforderungen an ein erfolgreiches Beurteilungsgespräch gelten – in entsprechend modifizierter Art und Weise bzw. Rollenverteilung – auch im Kontext dieser zweiseitigen Beurteilungsform. Nachdem alles im hierarchischen Kontext stattfindet, sollte man sich über den dennoch asymmetrischen Charakter dieser Beurteilung nicht hinwegtäuschen.

Eine weitere Möglichkeit zur (teilweisen) Kompensation der Selektivität der „klassischen" Personalbeurteilung durch den Vorgesetzten bietet zudem die **Kollegenbeurteilung** (Grieger und Bartölke 1992, S. 97) oder der „peer review" (Barclay und Harland 1995). Sie basiert im Wesentlichen auf der Annahme, dass Arbeitskollegen im Rahmen ihrer unmittelbaren Zusammenarbeit eine Vielzahl von gegenseitigen Beobachtungsmöglichkeiten haben, die weder den über- noch den untergeordneten Organisationsmitgliedern zur Verfügung stehen, und die auf dieser Grundlage auch das jeweilige Arbeitsverhalten gut beurteilen können. Diese Form der Personalbeurteilung erscheint insbesondere im

Hinblick auf die zunehmende Verbreitung von teilautonomer Gruppenarbeit bzw. Projektarbeit von großer Bedeutung, hat jedoch von den neuen Beurteilungsformen in der Praxis bislang die geringste Akzeptanz gefunden. Dies dürfte nicht zuletzt auf die mit „Seitwärtsbeurteilungen" verbundenen mikropolitischen Aspekte (Reziprokgeschäfte, Mobbing usw.) zurückzuführen sein (Domsch und Gerpott 2004).

14.6 Vorgesetztenbeurteilung

Bei der Vorgesetztenbeurteilung (z. T. auch: Aufwärtsbeurteilung) bewerten Mitarbeiterinnen ihre direkten Vorgesetzten im Hinblick auf ihr Führungsverhalten und/oder ihre Kenntnisse und Fähigkeiten. Dieser Form der Personalbeurteilung werden insbesondere die folgenden Funktionen zugeschrieben (Domsch 1992; Nerdinger 2018):

1. **Diagnosefunktion:** Erstens kann man durch eine Vorgesetztenbeurteilung feststellen, wie die Mitarbeiter das Führungsverhalten ihres Vorgesetzten empfinden und beurteilen. Diese Information kann sowohl für den Vorgesetzten selbst als auch für die Personalabteilung von Bedeutung sein.
2. **Personalentwicklungsfunktion:** Dabei kann die Vorgesetztenbeurteilung auch Ansatzpunkte sowie gegebenenfalls einen Anreiz zur Weiterentwicklung der Führungsfähigkeit bzw. des Führungsverhaltens bieten. Interessant und motivierend erscheint in diesem Zusammenhang z. B. ein Vergleich der Beurteilungen des Vorgesetzten durch die Mitarbeiter („Fremdbild") mit dem Selbstbild des Vorgesetzten.
3. **Kontrollfunktion:** Darüber hinaus stellt die Vorgesetztenbeurteilung eine wichtige Möglichkeit dar, die Auswirkungen bestimmter Verhaltensänderungen zu überprüfen und festzustellen, inwieweit sie von den Mitarbeitern bemerkt wurden.
4. **Motivationsfunktion:** Zudem erhofft man sich von einer Vorgesetztenbeurteilung eine Erhöhung der Arbeitszufriedenheit und damit auch der Arbeitsmotivation der Mitarbeiter.
5. **Partizipationsfunktion:** Nicht zuletzt wird die Vorgesetztenbeurteilung auch als Möglichkeit zur Umsetzung der Idee des partizipativen Managements betrachtet. Voraussetzung hierfür ist jedoch, dass die Beurteilung für den Vorgesetzten ähnlich folgenreich ist, wie die von oben nach unten gerichtete Mitarbeiterbeurteilung durch den Vorgesetzten. Wird der Umgang mit den Informationen und Urteilen der Mitarbeiter völlig ins Belieben des Vorgesetzten gestellt, so kann dieses Instrument allerdings auch den Anschein einer „Scheinpartizipation" erzeugen (Grieger und Bartölke 1992, S. 96).

Ähnlich wie bei der traditionellen „Abwärtsbeurteilung" werden bei der Vorgesetztenbeurteilung in der Regel schriftliche Verfahren verwendet. Somit können hier im Prinzip ähnliche Ansätze und Instrumente eingesetzt werden, wie bei der Beurteilung von Untergebenen durch ihre Vorgesetzten. Dementsprechend verweisen wir an dieser Stelle auf die Beschreibung und die kritische Würdigung einschlägiger Ansätze und

Instrumente in Abschn. 14.3. Allerdings gilt es natürlich, die Kriterien entsprechend anzupassen. Mögliche Bezugspunkte sind in diesem Zusammenhang z. B. die Kernelemente von Führungsleitbildern. Häufig gewählte Beurteilungskriterien sind etwa Zielvereinbarung, Delegation, Information, Entscheidung, Motivation, Konflikthandhabung oder Zusammenarbeit.

Auch bei der Vorgesetztenbeurteilung kommt den Kontext- bzw. Rahmenfaktoren große Bedeutung zu. In diesem Zusammenhang werden neben der **Anonymität** der Ergebnisse für Vorgesetzte und Mitarbeiter oft auch die **Transparenz** des Verfahrens sowie die anschließende Durchführung eines Feedbackgesprächs gefordert. Prozessgestaltung ist auch hier wichtiger als Methodenoptimierung. Ein wirklich fruchtbarer Einsatz dieses Instruments ist zudem ohne eine entsprechende Unternehmens- und Führungskultur kaum möglich. Nur wenn beide Seiten bereit sind, diesen Beurteilungsprozess (konstruktiv) zu handhaben, kann das Instrument der Vorgesetztenbeurteilung positive Wirkungen entfalten.

Insgesamt sollte die Effektivität dieser Beurteilungsform nicht überschätzt, vor allem aber ihre dysfunktionalen Wirkungen nicht unterschätzt werden. Bedingt durch den anonymen Charakter der Befragungen öffnen sie Tür und Tor für politische Spekulationen, „Verschwörungstheorien" und ähnliche Prozesse, die das Verhältnis von Vorgesetzten und Mitarbeitern nachhaltig beeinträchtigen können (Neuberger 2000, S. 45 ff.). Vorziehenswürdig ist daher in jedem Fall das **offene Feedback** von Seiten der Mitarbeiter. Es ist an sich ein Indikator für ein schlechtes, von Misstrauen geprägtes Vorgesetzten-Mitarbeiter-Verhältnis, wenn für ein Feedback die Anonymität gesucht werden muss.

Das Problem der Anonymität wird in der Regel nicht behoben, wenn der Personenkreis der Beurteilenden noch weiter vergrößert wird. Man spricht von einem **360°-Feedback** wenn zusätzlich noch die Urteile von Kollegen, weiteren Vorgesetzten und der Kunden etc. mitberücksichtigt werden. Mit der – meist schriftlichen – Rundumbeurteilung wird angestrebt, Vorgesetzten ein vollständiges Feedback zu geben und eine möglichst objektive Basis für eine genaue Beurteilung zu gewinnen. „360°" soll zum Ausdruck bringen, dass die Führungskraft von allen Beobachtern Feedback erhält.

Es darf allerdings als offen gelten, ob eine solche Vervielfachung der formalen Beurteilung tatsächlich einen positiven Beitrag im Sinne der Leistungssteigerung zu erbringen vermag oder ob hier nicht vielmehr die profillose Anpassung nach allen Seiten zur unerwünschten Folge wird (vgl. Neuberger 2000). Ohnehin ist es von entscheidender Bedeutung, in welcher Art eine Diskussion der Feedbackergebnisse erfolgt bzw. erfolgen kann (vgl. Kasten 14.4). Häufig fehlt auch eine saubere methodische Grundlage und die Urteile werden allzu sehr nach beliebigen Kriterien gefällt. Auch stellt sich hier erneut die Frage der **Zieldivergenz**. Für welche Ziele soll das Feedback eingesetzt werden? Soll es der Verhaltenskorrektur und der Kompetenzentwicklung bei der Führungskraft dienen? Oder soll es Basis der Leistungsentlohnung sein? Wieder stehen sich Ziele wie potenzielle „Bestrafung" und Motivation zur Veränderung spannungsreich gegenüber (Peiperl 2001). Zu negatives Feedback kann sich auf die Motivation verheerend auswirken und oberflächliche Rundumbeurteilungen sind nicht mehr als eine Zeitvergeudung.

> **Kasten 14.4**
>
> **Vorgesetzten-Feedback**
>
> „Ich habe einmal ein großes Unternehmen beraten (…), das exemplarisch dafür war, wie ein Mangel an Vertrauen die erfolgreiche Arbeit ganzer Jahre vernichten kann. (…). Wie so oft, ging auch hier das Problem von der Führungskraft aus (…). Dies wurde mir und dem Rest des Teams in vielen Situationen deutlich, doch nie wurde es so schmerzlich ersichtlich wie in einer Teamsitzung, in der es darum ging, die Ergebnisse einer 360-Grad-Bewertung zu 'diskutieren'.
>
> ‚Es wird hier behauptet, dass ich kein guter Zuhörer sei', eröffnete der CEO die Sitzung mit einem leicht verwunderten Gesichtsausdruck. ‚Hmm. Was meinen Sie dazu?' Nach einem kurzen, ungemütlichen Schweigen, fing einer nach dem anderen der am Tisch versammelten Mitarbeiter an, ihrem Chef zu versichern, dass er ganz und gar kein schlechter Zuhörer sei und dass er in jedem Falle besser zuhören würde, als eine Vielzahl von Chefs, die sie schon erlebt hätten. Er nahm dies ohne große Anstalten zur Kenntnis. ‚OK. Was ist mit dem nächsten Punkt? Hier wird behauptet, ich würde nicht genügend loben.' Wieder zuckte ein Teammitglied nach dem anderen mit den Achseln und alle meinten, dass dies nun wirklich kein Problem sei.
>
> Es war dies der Moment, in welchem ich das Team daran erinnern musste, dass niemand außer den Anwesenden den 360-Grad-Feedbackbogen hatte ausgefüllt und dass irgendjemand dem CEO doch offensichtlich zumindest in diesem Punkt niedrig bewertet hatte. Wieder verging ein peinliches Schweigen, bis einer sich vortraute: ‚OK. Ich gebe es zu. Ich denke, Sie könnten schon vielleicht ein bisschen mehr positives Feedback geben', meinte er fast schon entschuldigend. ‚Es ist ja so, dass meine Mitarbeiter häufig erst dann was von Ihnen hören, wenn es schief gelaufen ist. Es wäre deshalb irgendwie gut, wenn wir, oder zumindest meine Mitarbeiter, schon frühzeitig wüssten, ob sie auch auf dem richtigen Weg sind.'
>
> Erneut trat ein peinliches Schweigen ein, bis ein anderes Teammitglied in Richtung CEO erklärte: ‚Das sehe ich nicht so. Ich denke, Sie loben mehr als jede andere Führungskraft, die ich kenne.' Diese Bemerkung setzte eine ganze Welle des Kopfnickens frei und ließ den einzigen, der sich ein Herz gefasst hatte, ziemlich alleine im Regen stehen."
>
> Quelle: Lencioni 2005, S. 14 ff. (Übers. d. dt. Verf.)

14.7 Personalentwicklung

14.7.1 Elemente

Wie oben ausgeführt, stellt eine der wesentlichen Funktionen der Personalbeurteilung darauf ab, den Entwicklungsbedarf des eingesetzten Personals zu ermitteln. Insofern baut die Personalentwicklung immer auf der Personalbeurteilung auf, denn nur wenn eine Vorstellung über die Ist-Qualifikation der Mitarbeiterinnen und Mitarbeiter, vorliegt, kann auch systematisch über deren Weiterqualifikation nachgedacht werden.

Darüber hinaus kommt aber der Personalentwicklung auch eine ganz zentrale Aufgabe im Hinblick auf die Steigerung des **Flexibilitätspotenzials** eines Unternehmens zu. Neben der Personalauswahl bestimmt die Personalentwicklung im Wesentlichen die Zukunftsfähigkeit eines Unternehmens. Es ist deshalb wenig überraschend, dass der Personalentwicklung eine immer größere Bedeutung zugeschrieben wird. Sie ist die Teilfunktion des Personaleinsatzes, die im Mittelpunkt steht, wenn es um die Verwirklichung der Forderung nach einem organisationalen Lernen geht, welche sich aus der Dynamik und Komplexität der modernen Wettbewerbswelt ableitet. Diesen Anforderungen kann ein Unternehmen nur sehr begrenzt mit Maßnahmen der Personalentlohnung (vgl. Kap. 15) und nur bedingt mit Maßnahmen der Personalauswahl (vgl. Kap. 13) alleine entsprechen; es bedarf vielmehr der Option, immer wieder und immer wieder neu mit der bestehenden Belegschaft auf Umweltanforderungen zu reagieren und insbesondere auch **Fähigkeiten und Kompetenzen** zu erwerben, über deren Notwendigkeit oder Existenz zum Einstellungszeitpunkt eines Mitarbeiters noch gar keine Informationen vorlagen. Es verwundert deshalb nicht, dass in diesem Zusammenhang auch die Bedeutung des Erwerbs von sog. Metakompetenzen immer wichtiger wird. In Bezug auf die Personalentwicklung stellt eine zentrale Metakompetenz die Entwicklungsfähigkeit der Mitarbeiterinnen und Mitarbeiter selbst dar; die Forderung nach organisationalem Lernen lässt sich am besten dann verwirklichen, wenn das Personal und damit das Unternehmen über eben die Fähigkeit zum Lernen des Lernens verfügt, die in der Lerntheorie auch als „deutero learning" bekannt ist (vgl. Kap. 8). In diesem Sinne erscheint es auch nur konsequent, dass die Weiterbildung immer mehr in den Vordergrund tritt und damit der **Bildungsbegriff** stärker akzentuiert wird. Dies hat bereits dazu geführt, dass eine Reihe von Unternehmen dazu übergegangen ist, eigene Hochschulen entweder alleine oder in Kooperation einzurichten. Wobei Letzteres auch sehr skeptisch gesehen werden muss, weil die Bildungsvielfalt damit verloren geht.

Solche neueren Entwicklungen verweisen auf ein **grundlegendes Dilemma**, in welchem sich Unternehmen mit Blick auf die Weiterbildung ihrer Belegschaft immer befinden. Bildung ist per se ungerichtet, d. h. nicht auf einen ganz spezifischen Zweck ausgerichtet, weshalb Weiterbildungsmaßnahmen im Hinblick auf ihre konkrete Wirksamkeit häufig nur sehr schwer abzuschätzen und auch – wie noch zu zeigen sein wird – zu evaluieren sind. Ob sich eine konkrete Bildungsmaßnahme (etwa ein Führungskräftetraining) letztlich vor dem Hintergrund einer Kosten-Nutzen-Analyse als lohnenswert erweist, lässt sich ex ante kaum ermitteln, da der konkrete Nutzen kaum bestimmbar ist.

Unternehmen gehen deshalb bei Weiterentwicklungsmaßnahmen dieser Art immer eine riskante Vorleistung ein, dies sowohl inhaltlich als aber auch in Bezug auf das weitergebildete Personal selbst. Letzteres lässt sich zwar in gewissem Maße vertraglich beschränken, indem bestimmte Weiterentwicklungsmaßnahmen von Unternehmen nur dann vollständig finanziert werden, wenn sich die Weiterzubildenden auch dazu verpflichten, mindestens noch für einen bestimmten Zeitraum im Unternehmen zu bleiben. Dieser Aspekt verweist auf die besondere Bedeutung der **Personalbindung** für Personalentwicklungsmaßnahmen, denn nur wenn eine bestimmte weitere Beschäftigungszeit im Unternehmen gesichert ist, kann sich die Investition in Weiterentwicklung überhaupt „amortisieren". Die

Frage, ob eine konkrete Maßnahme auch inhaltlich „amortisationsfähig" ist, bleibt davon jedoch vollkommen unberührt.

Vom Grundsatz müsste deshalb jede Weiterentwicklungsmaßnahme inhaltlich daran gemessen werden, ob sie einen Beitrag zur Sicherung und Erweiterung einer unternehmensspezifischen **„Employability"** (Kovalenko und Mortelmans 2016), d. h. der Beschäftigungsfähigkeit der Mitarbeiterinnen und Mitarbeiter, für das Unternehmen leistet. In dem Begriff der unternehmensspezifischen Beschäftigungsfähigkeit bündelt sich im Grunde das Interesse des Unternehmens, seine Belegschaft zukunftsoffen weiterzuentwickeln, um damit dauerhaft zur Bestandssicherung des Unternehmens beizutragen (vgl. Kap. 4). Die Ausrichtung auf die Employability der Belegschaft bleibt dabei jedoch zweischneidig insofern sich eine zukunftsoffene Sicherung oder Erhöhung der Beschäftigungsfähigkeit selten nur auf den internen Arbeitsmarkt eines Unternehmens beschränken lässt, sondern i. d. R. auch die Chancen auf dem externen Arbeitsmarkt erhöht und somit eine potenzielle Erhöhung der Wechselwahrscheinlichkeit mit sich bringt. Insofern stehen Personalentwicklungsmaßnahmen grundsätzlich vor dem Problem, je zukunftsoffener sie gestaltet sind und je mehr sie auf die immer wichtigeren „Schlüsselqualifikationen" des Personals abzielen, umso wichtiger wird zugleich eine nachhaltige Personalbindungspolitik (Baruch und Rousseau 2019).

Damit ist bereits eine Reihe von mehr oder minder **latenten Funktionen** angesprochen, die mit Hilfe der Personalentwicklung grundsätzlich adressierbar sind und die die große Bedeutung der Personalentwicklung für die nachhaltige Wettbewerbsfähigkeit von Unternehmen verdeutlicht. Das Konzept der Beschäftigungsfähigkeit deutet zudem einen sehr breiten Ansatz für mögliche Personalentwicklungsmaßnahmen an. Die damit verbundene Personalbindungspolitik hat heute ebenso großes Gewicht gewonnen und in Konzepten wie der sog. „Work-Life-Balance" oder Elternteilzeit ihren Niederschlag gefunden.

Bevor auf diese neuen Perspektiven einer ganzheitlicheren Personalentwicklung eingegangen wird, soll jedoch zunächst einmal der klassische Prozess der Steuerung von Personalentwicklungsmaßnahmen vorgestellt werden.

14.7.2 Prozess der Personalentwicklung

Der Personalentwicklungsprozess lässt sich in insgesamt vier Kernelemente untergliedern:

1. Ermittlung des **Entwicklungsbedarfs**, d. h. Bestimmung der Ziele und Inhalte der Personalentwicklung,
2. Formulierung eines **Entwicklungsprogramms** mit entsprechenden Entwicklungsmaßnahmen einschließlich der Auswahl geeigneter Methoden der Personalentwicklung,
3. **Gestaltung und Durchführung** von Entwicklungsmaßnahmen einschließlich Transfersicherung,
4. **Evaluation** des Entwicklungserfolgs.

14.7 Personalentwicklung

Bei der weiteren Betrachtung dieser vier Elemente werden wir schwerpunktmäßig diejenigen Aufgaben herausgreifen, die jeder Vorgesetzte zu erfüllen hat. Es geht hier also dem Konzept des Lehrbuches entsprechend primär um Personalentwicklung als Managementaufgabe und weniger um diejenigen Aspekte, die heute typischerweise von der Personalabteilung wahrgenommen werden.

Zur Bestimmung der Ziele und Inhalte einer Personalentwicklung werden verschiedene Methoden vorgeschlagen (für einen Überblick vgl. z. B. Neuberger 1994, S. 158 ff.). Als wichtige Anhaltspunkte und Informationsgrundlagen werden dabei in der Regel die zu erfüllende **Aufgabe** sowie die damit verbundenen Anforderungen auf der einen und die Fähigkeiten bzw. Qualifikationen der mit dieser Aufgabe betrauten **Personen** auf der anderen Seite angeführt (vgl. hierzu z. B. Drumm 1995, S. 297). Ein Entwicklungsbedarf liegt demzufolge immer dann vor, wenn bei einer Gegenüberstellung von Qualifikation und Aufgabe bzw. Anforderungen Deckungslücken offen gelegt werden.

Eine derartige **lückenorientierte** Sichtweise der Personalentwicklung gilt es jedoch, in Anbetracht der oben angesprochenen Erfordernisse der Unternehmenssteuerung in einer dynamischen Wettbewerbswirtschaft (vgl. hierzu die Kap. 1 und 4), um eine zweite, **öffnende Perspektive** zu ergänzen. In ihrem Zentrum stehen dann alle diejenigen Fähigkeiten oder Qualifikationen, die eine „Systemöffnung" ermöglichen. Demzufolge hat Personalentwicklung neben tätigkeitsspezifischen, fachlichen Qualifikationen zum ordnungsgemäßen Aufgabenvollzug auch die Innovationsfreude, die Kreativität und die Eigeninitiative der Mitarbeiter zu fördern. Dazu gehört auch die Fähigkeit, eingeschliffene Denk- und Verhaltensmuster kritisch zu hinterfragen und eigenständig neue Orientierungen zu entwickeln (vgl. hierzu auch Abschn. 14.8).

Für die lückenorientierte Bestimmung des Entwicklungsbedarfes sind sowohl personen- als auch aufgabenbezogene Daten erforderlich. Den Ausgangspunkt hierzu bildet neben dem Stellenprofil (zur Ermittlung der aufgabenbezogenen Daten) die Leistungs- bzw. Personalbeurteilung. Hier können in der Regel konkrete Informationen über Qualifikationsdefizite der Mitarbeiter gewonnen werden. Darüber hinaus können aber punktuell, etwa bei der Einführung neuer Technologien oder bei neuartigen Projekten, auch andere Methoden, wie z. B. psychologische Testverfahren, Arbeitsproben, oder Mitarbeitergespräche, herangezogen werden. Für die Ermittlung des Bedarfs im „Öffnungsbereich" sind die Auswertung allgemeiner Qualifikationsentwicklungen und die Definition von Schlüsselkompetenzen erforderlich.

Zur Erreichung der festgelegten Personalentwicklungsziele und -inhalte gilt es, geeignete **Methoden** auszuwählen. Im Hinblick auf die Lernsituation bzw. die Lernumwelt, in der Personalentwicklung stattfinden kann, unterscheidet man grundsätzlich zwischen Bildungs- bzw. Entwicklungsmaßnahmen am Arbeitsplatz („training on-the-job") auf der einen Seite und Bildungs- oder Entwicklungsmaßnahmen außerhalb des Arbeitsplatzes („training off-the-job") auf der anderen Seite. Abb. 14.4 gibt einen Überblick über verschiedene Methoden und ihre Zuordnung im Rahmen dieser Unterscheidung.

Die Auswahl der jeweiligen Methode wird sich an ihrer Effektivität im Hinblick auf die Erreichung der jeweils angestrebten Trainingsziele bzw. Trainingsinhalte orientieren.

Methoden der Bildung am Arbeitsplatz (training on the job)	Methoden der Bildung außerhalb des Arbeitsplatzes (training off the job)
1. Anleitung und Beratung durch Vorgesetzte	1. Unterricht
2. Lernen durch Imitation	2. Seminarmethode (Lehrgang, Referate)
3. Personaleinsatz als Assistent (Nachfolger, Stellvertreter)	3. Konferenzmethode
4. Betrauung mit Sonderaufgaben (developmental assignment, special assignment)	4. Interaktive Trainingsmethode, Dialog-Methode
5. Job-rotation („geplanter Arbeitsplatzwechsel")	5. Fallstudien
6. Trainee-Programme	6. Rollenspiel
	7. Planspiel
	8. Trainingsgruppen und Kreativitätstraining
	9. Outward-Bound-Methode
	10. E-Learning, Fernunterricht, programmierte Unterweisung

Abb. 14.4 Methoden der betrieblichen Bildung. (Quelle: Hentze und Kammel 2001: (modifiziert))

Verschiedene empirische Studien lassen dabei eine unterschiedliche relative Effektivität der Trainingsmethoden hinsichtlich unterschiedlicher Trainingsziele erkennen (vgl. z. B. Nork 1989, S. 24 ff.). Im Hinblick auf die Förderung von Einstellungs- und Verhaltensänderungen – wie sie im Zentrum der prozessual-öffnenden Komponente der Personalentwicklung stehen – sowie im Hinblick auf eine Ausbildung unternehmensspezifischer Fähigkeiten – wie sie insbesondere im Kontext einer ressourcenorientierten Strategie anzustreben ist – wird in zunehmendem Maße den sogenannten „On-the-job"-Methoden größere Bedeutung zugeschrieben.

Personalentwicklung „on the job" zeichnet sich insbesondere durch ihren informellen Charakter aus: Qualifikationen werden im unmittelbaren Zusammenwirken von Mitarbeitern und Gruppen in der tagtäglichen Kooperation (meist unreflektiert) erworben. Dieser in Kap. 8 als „Sozialisation" bezeichnete Lern- und Entwicklungsprozess lässt sich nicht direkt steuern oder gar anordnen. Es kann dann von Seiten des Managements nur darum gehen, ein entsprechendes Klima zu schaffen, das den unkomplizierten Wissensaustausch und das Hineinwachsen in **„communities of practice"** fördert. Dies ist eine neue Aufgabe der Personalentwicklung, die besser im Linienmanagement als im Personalressort anzusiedeln ist. Die notorischen Probleme von betrieblichen Bildungsmaßnahmen, wie z. B. das Problem des Lerntransfers, d. h. der Übertragung neu gelernter Kenntnisse, Fähigkeiten und Einstellungen auf die konkrete Berufssituation oder das Problem der nachhaltigen Lernsicherung, stellen bei dieser Art des Lernens keine wirklichen Schwierigkeiten dar.

Im Zusammenhang mit derartigen arbeitsplatzbezogenen Lehr- und Lernmethoden wird immer wieder der Einsatz der Linienvorgesetzten als **„Coaches"** gefordert. Die Idee ist, dass sie ihre Mitarbeiter gezielt beim Erlernen neuer Fähigkeiten, bei der Überwindung von Lernbarrieren und bei der Erweiterung ihres Verhaltensrepertoires unterstützen (vgl. z. B. Sattelberger 1992, S. 209 f.; Hackman und Wageman 2005). Wenn auch dem Verhalten und dem Selbstverständnis der direkten Vorgesetzten für die Schaffung eines lernförderlichen Klimas am Arbeitsplatz sicher große Bedeutung zukommt (Senge 1990), so sollte doch ihre Leistungsfähigkeit als Coaches ihrer Mitarbeiter nicht überschätzt werden. Versteht man Coaching als persönliche Beratung zur erfolgreichen Bewältigung aktueller oder bevorstehender beruflicher Herausforderungen und Krisen, wie sie z. B. bei Auslandsentsendung, Versetzungen, Burn-out-Syndromen oder Krankheit auftreten können, so sind die Vorgesetzten bei der Bewältigung dieser Aufgabe rasch überfordert. Hier erscheint der Einsatz entsprechend geschulter Coaches erforderlich.

Coaches können Lern- und Veränderungsprozesse durch eine individuell abgestimmte Form der Beratung unterstützen, indem sie in Einzelgesprächen (oder auch Kleingruppen) gezielt auf die spezifischen, situativ relevanten Fragestellungen der Einzelnen eingehen und ihnen problem- und zugleich emotionsbezogenes Lernen ermöglichen. Dabei können z. B. relevante Problemkonstellationen mittels geeigneter Dialogformen rekonstruiert und dadurch besser verstanden werden. Darüber hinaus bieten die Coaching-Sitzungen Raum für das Ausprobieren und Einüben von Veränderungsmöglichkeiten. Deren erste Umsetzungsversuche in der Praxis können dann ebenfalls entsprechend ausgewertet und bearbeitet werden (Schreyögg 2012).

Insgesamt gilt es dabei jedoch zu beachten, dass erfolgreiches Coaching Bereitschaft und Interesse voraussetzt, an sich selbst und der eigenen Entwicklung zu arbeiten. Es kann und sollte deshalb nicht als „Allheilmittel" standardmäßig eingesetzt, sondern nur auf freiwilliger Basis durchgeführt werden.

Die **Evaluation** betrieblicher Bildungsmaßnahmen stellt ein schwer lösbares Problem im Bereich der Personalentwicklung dar. Zwar liegt zwischenzeitlich eine Reihe von Methoden und Ansätzen vor (Becker 2011), das Kernproblem ist jedoch die kausale Zurechnung von Leistungsgrößen. Es ist sehr schwer festzulegen, in welchem Maße betriebliche Leistungen auf betriebliche Bildungsmaßnahmen, z. B. auf Führungskräfteschulungen oder Teambuilding, zurückgeführt werden können. Die Kausalität ist zumeist amorph und es fällt den Bildungsplanern in der Regel besonders schwer, die Wirksamkeit ihrer Maßnahmen im Vergleich zu anderen konkurrierenden Erklärungen der erzielten Leistung (Marketingmaßnahmen, Produktdesign, Workflow-Management etc.) zu belegen. Die meisten Unternehmen behelfen sich mit Teilnehmer-Feedback-Bögen, d. h. sie holen das Urteil der an der Bildungsmaßnahme beteiligten Personen ein und lassen die Bildungsmaßnahme nach Kriterien wie Verständlichkeit, Engagement des Dozenten oder Güte der Tagungsstätte beurteilen. Es ist aber offenkundig, dass derartige Befragungen nur ein sehr dünnes kausales Band in der Bestimmung der Wirksamkeit von Bildungsmaßnahmen für den Unternehmenserfolg darstellen können.

14.7.3 Ansätze einer ganzheitlichen Personalentwicklung

Wie im vorangegangen Abschnitt gezeigt, stellt der klassische Prozess der Personalentwicklung darauf ab, diese im Grunde lückenorientiert zu betreiben, d. h. an spezifischen zu identifizierenden Qualifikationsdefiziten anzusetzen, um auf der Basis geeigneter Maßnahmen diese zu beheben. Zunehmend treten nun aber Ansätze in den Vordergrund, die diese eher enge Perspektive aufbrechen und den Versuch unternehmen, das Thema ganzheitlicher zu betrachten, indem sie die oben dargelegte Öffnungsfunktion in den Mittelpunkt stellen. Als ganzheitlich sind diese Ansätze auch deshalb zu bezeichnen, da sie nicht nur einen einzelnen lückenbezogenen Qualifikationsschritt eines Individuums ins Auge fassen, sondern den gesamten Entwicklungsprozess des Personals betrachten. Dabei werden Mitarbeiterinnen und Mitarbeiter zunehmend als erfolgskritische Ressource in den Vordergrund gestellt und Entwicklungsmaßnahmen gezielt darauf ausgerichtet.

Zu einem dieser Konzepte zählt das bereits im Rahmen der Personalauswahl kurz vorgestellte **„talent management"** (vgl. Heyse und Ortmann 2008; Ritz und Thom 2011; Trost 2012), bei dem es nicht nur um die proaktive Gewinnung, sondern auch um die systematische und langfristige Bindung besonders talentierter Personen geht. Insofern spielt hierbei die Personalentwicklung eine wichtige Rolle. Entsprechende Mitarbeiterentwicklungsinstrumente widmen sich der gezielten und oft individuell zugeschnittenen Förderung von Talenten. Dazu gehören bspw. Mentoring und Coaching, die Zuweisung besonders herausfordernder Ziele und Aufgaben („stretch goals/roles") oder das Angebot spezifisch zugeschnittener berufsbegleitender Weiterbildungsmaßnahmen. Das Talentmanagement verfolgt dabei mit der Konzentration auf sog. „High-Potentials" einen allerdings eher elitären Ansatz und steht auch aufgrund von begrifflichen Unklarheiten („Was genau ist ein Talent?") und eher dürftigen empirischen Nachweisen seiner Wirksamkeit zunehmend in der Kritik (vgl. Lewis und Heckman 2006; Cascio und Aguinis 2008; De Boeck et al. 2018).

Ein weiter gefasster Ansatz wird mit dem sog. **„career development"** verfolgt, wobei – dies gilt es vorwegzustellen – der Begriff der Karriere im Deutschen viel stärker Konnotationen im Hinblick auf den beruflichen Aufstieg und Erfolg beinhaltet, als die wertneutralere englische Bezeichnung (vgl. Super 1980; Williams 1995). In diesem Sinne soll der Ansatz gerade auch eine Antwort auf die zunehmend zu konstatierende Individualisierung und Fragmentierung von beruflichen Laufbahnen geben. So spricht man mittlerweile eher von **Patchwork-Karriere** oder „protean career" (Sullivan und Baruch 2009; Wiernik und Kostal 2019) und konstatiert, dass die Vorstellung einer traditionellen Karriere in Form eines stetigen vertikalen Aufstiegs innerhalb einer Funktion immer weniger der tatsächlichen und der gewünschten Realität von Mitarbeiterinnen und Mitarbeitern entspricht. Insofern versucht das Career Development die individuelle berufliche Laufbahn bzw. den Werdegang eines Mitarbeiters in den Mittelpunkt zu rücken und alle Entwicklungsmaßnahmen danach auszurichten. Allgemein ist dies auch der Versuch auf die in ihren Auswirkungen sehr uneinheitlichen gesellschaftlichen Entwicklungstendenzen zu reagieren. Auf der einen Seite besteht eine Tendenz zu sog. postmateriellen Werten (wie bspw. Gesundheit, Glück, Freiheit) und qualitativ veränderten Ansprüchen an das eigene Berufsleben. In diesem Sinne soll Arbeit in erster Linie Spaß machen und einen Sinn ergeben, der berufliche Aufstieg erscheint hingegen zunehmend zweitrangig. Auf der anderen Seite lässt sich aber auch eine Vielzahl von Entwicklungen beobachten, die einer solchen postmateriellen Karriere-Orientierung entgegenlaufen, wie beispielsweise „Long-hours culture", Erwartung ständiger Erreichbarkeit und hoher Mobilität (vgl. Schobert 2007; Roberts 2007). Diese Veränderung spiegelt sich insgesamt auch in den Handlungsfeldern der Personalentwicklung wider. Insbesondere sind in den letzten Jahren Themen wie Burnout (Thomas und Lankau 2009; Fernet et al. 2012) und die die Vereinbarkeit von Familien-, Privat- und Berufsleben nachhaltig in Mittelpunkt gerückt.

Mit dem Begriff **Work-Life-Balance** (vgl. Esslinger und Schobert 2007; Powell et al. 2019) wird im Allgemeinen die Harmonie, das Gleichgewicht bzw. der Einklang zwischen Berufs-, Privat- und Familienleben verstanden. Die Idee einer Balance impliziert dabei, dass diese Lebensbereiche in einem potenziell konfliktären Verhältnis bzw. in einem Spannungsfeld stehen und es zu Rollenkonflikten bei den betroffenen Personen kommen kann (vgl. Kap. 10). Umgekehrt bedeutet dies allerdings auch, dass die Herstellung einer Balance in einer positiven Rolleninterdependenz zwischen Berufs- und dem Privatleben münden kann, die als „workfamilyenrichment" bezeichnet wird (Greenhaus und Powell 2006; Powell und Greenhaus 2010) und man von einem „workfamily spillover" (Ford et al. 2007) spricht.

Leslie et al. (2019) argumentieren, dass die Art und Weise, in der personalpolitische Maßnahmen im Hinblick auf Work-Life-Balance wirken, nicht unabhängig davon gesehen werden können, wie Individuen in Organisationen das Verhältnis von Arbeit und Leben einschätzen. Sie gehen davon aus, dass drei unterschiedliche Work-Life-Annahmen (die Autoren nennen dies „Ideologien") eine zentrale Rolle spielen. In diesem Sinne gehen Individuen in unterschiedlichem Ausmaß davon aus, (1) inwieweit Arbeit und Leben miteinander konkurrieren bzw. sich wechselseitig positiv bedingen, (2) inwiefern Arbeit und Leben unabhängig voneinander bzw. interdependent sind und (3) inwiefern entweder Arbeit oder Leben eine Priorität einzuräumen ist.

Aus personalpolitischer Sicht handelt es sich bei der Work-Life-Balance um ein wesentliches Steuerungspotenzial, da sich die Gestaltung des Verhältnisses zwischen den Lebensbereichen direkt auf die Leistung des Personals auswirkt. Einen wichtigen Beitrag für die Work-Life-Balance kann eine **lebenszyklusorientierte Personalentwicklung** (vgl. für einen Überblick Graf 2007) leisten, indem sie bei generationsspezifischen Bedürfnissen und Potenzialen ansetzt. Ausgangspunkt ist die Einsicht, dass die Work-Life-Balance innerhalb verschiedener Lebensphasen von unterschiedlichen Faktoren abhängig ist und daher nicht nur auf Familienfreundlichkeit beschränkt werden sollte (Darcy et al. 2012). Mit anderen Worten handelt es sich um einen ganzheitlichen Personalentwicklungsansatz, der bei der Schaffung von Lern- und Arbeitsbedingungen die Leistungsfähigkeit und -bereitschaft aller Mitarbeiterinnen und Mitarbeiter in Abhängigkeit von ihrem Lebensabschnitt zu berücksichtigen versucht. In diesem Sinne wird hier auch ein Kontrapunkt zum Talent Management gesetzt, da es sich nicht nur auf High-Potentials beschränkt, sondern versucht wird, der altersstrukturellen Entwicklung in ihrer Gesamtheit Rechnung zu tragen (Graf 2007). Die Fokussierung auf den Lebensabschnitt soll bei diesen Formen der Personalentwicklung in fünffacher Weise Berücksichtigung finden: Es geht darum, Entwicklungsmaßnahmen zu konzipieren im Hinblick auf den bio-sozialen (Schein 1978), den familiären, den beruflichen, den laufbahnbezogenen sowie den stellenbezogenen Abschnitt im Leben einer Mitarbeiterin oder eines Mitarbeiters.

Ebenfalls am Konzept des Lebenszyklus' orientiert sich das „dynamic matching lifecycle model" (Weller et al. 2019), das den Versuch unternimmt, die vielfältigen Einfluss- und Kontextfaktoren des Personaleinsatzes auf den Kern eines Matching-Prozesses zwischen Mitarbeitenden und Organisation zu kondensieren. Matching wird dabei als der kontinuierliche und dynamische Prozess verstanden, durch welchen Mitarbeiter und Organisation situativ aufeinander abgestimmt werden. Der Lebenszyklus ist entlang der Phasen bzw. Mechanismen von Selektion, Adaption und De-Selektion strukturiert, wobei die Adaptionsphase nicht nur zentrale Aspekte der Personalentwicklung (Training, Sozialisation, Lernprozesse) berücksichtigt, sondern insbesondere auch Anpassungsprozesse, die darauf abzielen, die Organisation und die Situation kontinuierlich an Individuen anzupassen bzw. durch situativ-organisationale Maßnahmen (z. B. Task Design und Job Crafting, siehe dazu auch Kap. 9) mit den bestehenden individuellen Fähigkeiten und Bedürfnissen fortlaufend zu „matchen". Das Konzept umfasst deshalb nicht nur individuumsbezogene Entwicklungsmaßnahmen, sondern auch Aspekte, die die Interaktion zwischen Organisation und Individuum in vielfältiger Weise (Rollenstruktur, Aufgabendesign, horizontale und vertikale Karrierewege usw.) betreffen.

Die zuletzt genannten Maßnahmen bzw. Modelle gehen somit zum Teil auch weit über die Managementfunktion „Personaleinsatz" hinaus. Es handelt sich um personalpolitische Maßnahmen, die das gesamte Unternehmen betreffen. Die Managementfunktionen sind dann in diesem Kontext zu sehen.

14.8 Personalbeurteilung und -entwicklung zwischen Vollzug und Öffnung

Die traditionellen Personalbeurteilungsformen und -entwicklungssysteme sehen Organisationsmitglieder ganz überwiegend aus einer ganz bestimmten Perspektive. Sie gehen davon aus, dass ein relativ gut definierter Satz von Arbeitsanforderungen oder Arbeitszielen existiert (bzw. im Laufe des Erstellungsprozesses herausgefiltert wird), auf die hin die tatsächlich erbrachte Leistung zu beobachten und zu beurteilen ist. Es wird also eine **Differenzbetrachtung** angestrebt mit dem Ziel, eine Einheit herzustellen. Das Beurteilungsverfahren geht von (möglichst präzise) definierten Soll-Anforderungen bezüglich des Arbeitsvollzuges und seiner Resultate aus und prüft, ob und inwieweit das tatsächlich gezeigte Verhalten davon abweicht, mit dem Ziel, die Verhaltensabweichung durch Feststellung der Differenz und anschließender Einleitung von Personalentwicklungsmaßnahmen zu minimieren (idealiter: zu eliminieren).

Diese Perspektive geht von zwei Prämissen aus, die einer näheren Betrachtung bedürfen:

1. Man geht davon aus, dass Leistungsverhalten im Wesentlichen **Vollzug** ist; Vollzug einer vorher bestimmten Ordnung im Sinne einer Erfüllung schon festliegender, als richtig erkannter Aufgabenanforderungen. Man geht also – mit anderen Worten – davon aus, dass die **Lösung** der Probleme, die sich dem Stelleninhaber stellen, schon bekannt ist, so dass sich richtiges und falsches Verhalten eindeutig trennen lassen.

14.8 Personalbeurteilung und -entwicklung zwischen Vollzug und Öffnung

2. Man geht ferner davon aus, dass nicht nur die Lösungen, sondern im Grunde auch die Probleme, die sich dem Stelleninhaber stellen, schon im vorhinein bekannt sind. Beurteiler und Systemkonstrukteure kennen also den Satz an Problemen, den die Stelleninhaber zu lösen haben. Mit anderen Worten, die Umwelt der zu Beurteilenden wird als im Wesentlichen bekannt und d. h. sicher gedacht.

Beide Annahmen sind schon deshalb problematisch, weil sie eine weitgehend stabile, in sich verstandene Aufgabenumwelt unterstellen. Faktisch ist aber die Aufgabensituation häufig eine gänzlich andere; die Stelleninhaber haben mit immer wieder veränderten **neuen Problemstellungen** zu tun und müssen fortlaufend an der Verbesserung noch unbeherrschter Problemstellungen arbeiten. Mehr noch, nicht selten wird von den Stelleninhabern geradezu erwartet, dass sie die eingefahrenen Problemlösungsmuster verlassen und nach neuen Ausschau halten oder dass sie die Unternehmung durch neue Ideen verändern. Man denke etwa an Mitarbeiter in der Produktentwicklung, aber auch an solche, die in der Qualitätskontrolle tätig sind und daran arbeiten, den Qualitätsstandard der Produktion zu heben. Noch deutlicher wird dies bei Unternehmensmitgliedern, die an der strategischen Planung eines Unternehmens arbeiten; von ihnen wird grundsätzlich erwartet, dass sie nach neuen, unverbrauchten Wegen Ausschau halten und das Unternehmen für Veränderungen öffnen.

Diese zweite Perspektive stellt die Personalbeurteilung vor neue Herausforderungen. Sie lässt sich in das Differenzschema nicht mehr einpassen; neue Maßstäbe werden erforderlich. Erscheinen Abweichungen unter der Vollzugsperspektive grundsätzlich negativ, so können sie unter der Öffnungsperspektive gerade im Gegenteil Indikatoren für positives, funktionales Verhalten sein. Viel zu wenige Personalbeurteilungssysteme reflektieren diesen Spannungsbogen. Es ist auch schwer, ein System zu entwickeln, das beiden Perspektiven gleichermaßen gerecht zu werden vermag. Der Hauptgrund dafür liegt in den sehr unterschiedlichen Anforderungen, die aus den beiden Perspektiven fließen. Während die **Vollzugsperspektive** auf Eindeutigkeit und Kriterienadäquanz drängt, verlangt die **Öffnungsperspektive** eher allgemeine Beurteilungskriterien, die keine voreiligen Festlegungen bewirken.

Bei der Konstruktion und dem Umgang mit Personalbeurteilungs- wie auch Personalentwicklungssystemen ist jedenfalls auf die Bedeutung beider Perspektiven zu achten. Besonders wichtig ist es zu sehen, dass die Prägnanz und **Präzisierbarkeit** der Vollzugsperspektive nicht die eher mehrdeutige Öffnungsperspektive schon rein aus Gründen der einfacheren Handhabbarkeit verdrängt.

Eine Vernachlässigung der Öffnungsperspektive (das „explorative Lernen", March 1991) könnte fatale Folgen für die Unternehmung und ihr Erfolgspotenzial haben. Das Personalbeurteilungssystem verpflichtet nämlich dann die Mitglieder auf nur eine Perspektive und filtert damit unter den möglichen Handlungsalternativen einseitig nur die Status quo-orientierten heraus, weil diese gewöhnlich einen höheren Strukturiertheitsgrad aufweisen. Das Personalbeurteilungs- und -entwicklungssystem signalisiert dann (wenn auch ungewollt), dass die Prioritäten auf einem ganz bestimmten Leistungstypus liegen und dass andere Typen des Leistungsverhaltens irrelevant oder gar unerwünscht sind. Diese indirekte Steuerung des Leistungsverhaltens durch die Personalsysteme wirkt wie ein **selektiver Verstärker**; bestimmte Verhaltensweisen werden hervorgehoben und belohnt, andere bleiben unberücksichtigt. Im Hinblick auf allfällige neue strategische Entwicklungen und Impulse stellt diese Selektion eine Gefahr dar; es könnten nämlich gerade die Verhaltensweisen zurückgedrängt werden, die für die neue geänderte Situation besonders wichtig wären. Personalbeurteilungssysteme wie auch Personalentwicklungsprogramme sollten daher fortlaufend auf diesen ihnen mehr oder weniger inhärenten Bias achten und immer wieder neu prüfen, ob die Öffnungsperspektive den Raum erhält, den sie braucht, um einer Unternehmung hinreichende Flexibilität und Innovationskraft zu verleihen.

Diskussionsfragen

1. „Formalisierte Personalbeurteilungssysteme (PB-Systeme) sind überflüssig!" Stimmen Sie dieser Aussage zu?
2. Inwiefern konfligieren die Ziele der präzisen Leistungsmessung mit Motivationszielen?
3. Worin liegen die Vorteile von Personalbeurteilungssystemen auf Zielbasis?
4. Auf welche Probleme antwortet das Verfahren der „erzwungenen Verteilung"? Welche Nebenwirkungen können sich ergeben?
5. Was versteht man unter dem „Milde-Fehler"? Warum tritt er wohl auf?
6. Vergleichen Sie den ergebnisorientierten Ansatz mit der Methode der kritischen Ereignisse! Welche Vorteile erkennen Sie für Ersteren?
7. Welche Maßnahmen der Weiterbildung lassen sich der Öffnungsperspektive zuordnen?
8. Welche Vorteile bietet die Weiterbildung am Arbeitsplatz?
9. „Vorgesetzte müssen heute Coach sein!" Diskutieren Sie diese vielfach vertretene Meinung!
10. Welche Probleme wirft die Forderung nach genauer Zurechnung der Leistung im Rahmen der Personalbeurteilung auf?
11. Welche Vorteile bietet ein „Talent-Management"?
12. Inwiefern konfligiert die Öffnungs- mit der Vollzugsperspektive in der Mitarbeiterbeurteilung?

Fallstudie: Einsprüche

In der Schlotterbeck & Co KG wird in letzter Zeit verstärkt Kritik an dem seit Jahren unverändert praktizierten Verfahren der Personalbeurteilung geübt.

Es handelt sich hierbei um ein analytisch-strukturiertes Einstufungsverfahren, zu dessen Durchführung der nachfolgend abgebildete Beurteilungsbogen herangezogen wird. Nach der mit diesem Bogen ermittelten Gesamtpunktzahl bestimmt sich die Höhe der jeweils gewährten Leistungszulage.

14.8 Personalbeurteilung und -entwicklung zwischen Vollzug und Öffnung

Beurteilungs-merkmale	Zu beurteilen zum Beispiel anhand von:	Beurteilungsstufen				
		A	B	C	D	E
		Die Leistung ist für eine Leistungs-zulage nicht aus-reichend	Die Leistung entspricht im Allgemein en den Anfor-derungen	Die Leistung entspricht in vollem Umfang den Anfor-derungen	Die Leistung übertrifft die Anfor-derungen erheblich	Die Leistung übertrifft die Anfor-derungen in hohem Maße
I Arbeits-quantität	Umfang des Arbeitsergeb-nisses Arbeitsintensität Zeitnutzung	0	7	14	21	28
II Arbeits-qualität	Fehlerquote Güte	0	7	14	21	28
III Arbeits-einsatz	Initiative Belastbarkeit Vielseitigkeit	0	4	8	12	16
IV Arbeits-sorgfalt	Verbrauch und Behandlung von Arbeitsmitteln aller Art – zuverlässigem, traditionellem, kostenbewusst em Verhalten	0	4	8	12	16
V Betrieb-liches Zusammen-wirken	gemeinsamer Erledigung von Arbeits-aufgaben Informationsaus tausch	0	3	6	9	12

Die Ursache für die aufkommende Unzufriedenheit lag wohl unter anderem darin, dass dieses Verfahren, das bisher ausschließlich der Lohn- und Gehaltsdifferenzierung diente, nun auch zur Auswahl der Teilnehmer für die erst seit einigen Monaten angebotenen Weiterbildungsseminare herangezogen wird. Zumindest wurde der Unmut in diesem Zusammenhang geäußert. So beschwerten sich insbesondere Mitarbeiter der Abteilung von Herrn Milde, der erst seit kurzem diese Position innehatte, über ihre insgesamt geringere Teilnahme an Personalförderungs- und -entwicklungsmaßnahmen im Vergleich zu den Mitarbeitern der Abteilung von Herrn Kernig.

Der Leiter der Personalabteilung, Herr König, dem gegenüber die Kritik mehr oder weniger offiziell geäußert wurde, beschloss, zur Behandlung der Beschwerden eine Personalkommission einzuberufen. Hierzu lud er neben Vertretern der Personalabteilung, die das bisher verwendete Beurteilungssystem entwickelt hatten, auch mehrere Abteilungsleiter, als Anwender dieses Beurteilungssystems, ein. Unter ihnen waren auch Herr Milde und Herr Kernig.

Zielsetzung dieser Kommission war es zunächst, die Abteilungsleiter über die Unzufriedenheit der Mitarbeiter zu informieren, die Ursachen dafür zu diskutieren, um dann anschließend Verbesserungsvorschläge zu erarbeiten.

Im Rahmen der Diskussion äußerten sich die Beurteiler unter anderem wie folgt:

Herr Milde: *Die Beurteilung dient ja letztendlich auch der Gehaltsfindung. Insofern kann ich mich dabei doch nicht völlig von einer bestimmten Lohnvorstellung lösen, die sich beispielsweise auch am Alter, an der Dauer der Betriebszugehörigkeit oder dem Bildungsniveau orientiert. Deshalb stelle ich primär positive Gesichtspunkte in den Vordergrund und versuche, Mängel und Schwächen möglichst nicht allzu stark einzubeziehen. Das würde zudem die Mitarbeiter nur frustrieren und demotivieren. Für etwas mehr Gehalt strengen sie sich schon von sich aus stärker an und die Leistung steigt.*

Herr Kernig: *Ich denke, bei der Personalbeurteilung sollte man „kein Blatt vor den Mund" nehmen. Schließlich ist das die einzige Möglichkeit, dem Mitarbeiter ‚mal ein Feedback über seine Arbeitsleistung zu geben. Deshalb finde ich, dass man dabei ruhig auch Schwächen oder Defizite berücksichtigen sollte. Wie sonst kann der Mitarbeiter sich weiterentwickeln? Auf lange Sicht ist ihm damit sicher mehr geholfen als mit einer zu wohlwollenden Beurteilung, bei der eventuelle Mängel einfach übergangen werden. Es kommt natürlich immer darauf an, dem Mitarbeiter das in geeigneter Form zu vermitteln.*

Beim Gespräch mit den Vertretern der Personalabteilung über mögliche Ansatzpunkte und Zielsetzungen bei einer Neugestaltung der Personalbeurteilung sagte Herr Milde:

Herr Milde: *Das Hauptproblem dürfte wohl in der Auswahl der Beurteilungskriterien liegen. Sie sollten meiner Meinung nach von den Vertretern der Personalabteilung ausgewählt und allgemein verbindlich festgelegt werden. Nur so kann eine unternehmensweit einheitliche und vergleichbare, möglichst objektive Leistungsbeurteilung gewährleistet werden.*

Herr Kernig äußert sich zu diesem Thema demgegenüber wie folgt:

Herr Kernig: *Im Mittelpunkt der Personalbeurteilung sollte der einzelne zu beurteilende Mitarbeiter mit seinen Stärken und Schwächen stehen. Welche Fähigkeiten und Kenntnisse hat er? Wo gibt es Lücken? Hat er ungenützte Potenziale? Eine zu starke Formalisierung durch die Personalabteilung erscheint mir diesbezüglich eher hinderlich. Hier sollten mehr der Vorgesetzte und der Mitarbeiter das Wort haben.*

Fragen zur Fallstudie

1. In den Äußerungen von Herrn Milde und Herrn Kernig kommen unterschiedliche Meinungen über die grundlegende Zielsetzung einer Personalbeurteilung zum Ausdruck. Wer hat Ihrer Meinung nach recht und warum?
2. Wie könnte die Schlotterbeck & Co KG ihre Personalbeurteilung gestalten, um beiden Aspekten gerecht zu werden?
3. Laut Herrn Kernig kommt es darauf an, den Mitarbeitern ein auch eventuell vorhandene Schwächen beinhaltendes Beurteilungsergebnis „in geeigneter Form zu vermitteln". Was wäre Ihrer Meinung nach die „geeignete Form" für diese Vermittlung?

Literatur

Alder, G. S. (2007), Examining the relationship between feedback and performance in a monitored environment: A clarification and extension of feedback intervention theory, in: Journal of High Technology Management Research 17, S. 157–174.

Barclay, J. H./Harland, L. K. (1995), Peer performance appraisals. The impact of rater competence, rater location, and rating correctability on fairness perceptions, in: Group & Organization Management 20 (1), S. 39–60.

Bartölke, K. (1972), Anmerkungen zu den Methoden und Zwecken der Leistungsbeurteilung, in: Zeitschrift für betriebswirtschaftliche Forschung 24 (10), S. 650–665.

Baruch, Y./Rousseau, D. M. (2019), Integrating psychological contracts and ecosystems in career studies and management, in: Academy of Management Annals 13 (1), S. 84–111.

Becker, F. G. (2009), Grundlagen betrieblicher Leistungsbeurteilungen, 5. Aufl., Stuttgart.

Becker, M. (2011), Systematische Personalentwicklung, 2. Aufl., Stuttgart.

Beer, M. (1987), Performance appraisal, in: Lorsch, J. W. (Hrsg.), Handbook of organizational behavior, Englewood Cliffs/N. J., S. 286–300.

Bies, R. J./Moag, J. S. (1986), Interactional justice: Communication criteria of fairness, in: Lewicki, R. J./Sheppard, B. H./Bazerman, M. (Hrsg.), Research on negotiation in organizations, Bd. 1, Greenwich (CT), S. 43–55.

Braun, T. (2004), Jenseits der Zielsteuerung. Eine kritische Untersuchung zielbasierter Instrumente der Unternehmenssteuerung, Köln.

Butterfield, L. D./Borgen, W. A./Amundson, N. E./Maglio, A. S. T. (2005), Fifty years of the critical incident technique: 1954–2004 and beyond, in: Qualitative Research 5, S. 475–497.

Campbell, D. J./Lee, C. (1988), Self-appraisal in performance evaluation, in: Academy of Management Review 13 (2), S. 302–314.

Cascio, W. F./Aguinis, H. (2008), Research in industrial and organizational psychology from 1963 to 2007: Changes, choices, and trends, in: Journal of Applied Psychology 93 (5), S. 1062–1081.

Cocchiara, F. K./Bell, M. P./Casper, W. J. (2016), Sounding "different": The role of sociolinguistic cues in evaluating job candidates, in: Human Resource Management 55 (3), S. 463–477.

Darcy, C./McCarthy, A./Hill, J./Grady, G. (2012), Work-life balance: One size fits all? An exploratory analysis of the differential effects of career stage, in: European Management Journal 30 (2), S. 111–120.

De Boeck, G./Meyers, M. C./Dries, N. (2018), Employee reactions to talent management: Assumptions versus evidence, in: Journal of Organizational Behavior 39 (2), S. 199–213.

DeNisi, A. S. (2018), The effects of dynamic performance trends and personality traits on performance appraisals: Commentary on "Do trends matter?", in: Academy of Management Discoveries 4 (4), S. 504–505.

DeNisi, A./Smith, C. E. (2014), Performance appraisal, performance management, and firm-level performance: A review, a proposed model, and new directions for future research, in: Academy of Management Annals 8 (1), S. 127–179.

Domsch, M. (1992), Vorgesetztenbeurteilung, in: Selbach, R./Pullig, K.-K. (Hrsg.), Handbuch Mitarbeiterbeurteilung, Wiesbaden, S. 255–298.

Domsch, M./Gerpott, T. J. (2004), Personalbeurteilung, in: Gaugler, B. B./Oechsler, W. A./Weber, W. (Hrsg.), Handwörterbuch des Personalwesens, Stuttgart, Sp. 1431–1441.

Drumm, H. J. (1995), Personalwirtschaftslehre, 3. Aufl., Berlin u. a.

Eisend, M./Kuß, A. (2017), Grundlagen der empirischen Forschung. Zur Methodologie in der Betriebswirtschaftslehre, Wiesbaden.

Esslinger, A. S./Schobert, D. B. (2007), Erfolgreiche Umsetzung von Work-Life Balance in Organisationen: Strategien, Konzepte, Massnahmen, Wiesbaden.

Fahr, J. L./Dobbins, G. H./Cheng, B. S. (1991), Cultural relativity in action: A comparison of self-ratings made by Chinese and US workers, in: Personnel Psychology 44, S. 129–145.

Fallgatter, M. (2013), Personalbeurteilung, in: Stock-Homburg, R. (Hrsg), Handbuch strategisches Personalmanagement, 2. Aufl., Wiesbaden, S. 171–185.

Fernet, C./Austin, S./Vallerand, R. J. (2012), The effects of work motivation on employee exhaustion and commitment: An extension of the JD-R model, in: Work & Stress 26 (3), S. 213–229.

Ferris, G. R./Munyon, T. P./Basik, K./Buckley, M. R. (2008), The performance evaluation context: Social, emotional, cognitive, political, and relationship components, in: Human Resource Management Review 18 (3), S. 146–163.

Flanagan, J. C. (1954), The critical incidents technique, in: Psychological Bulletin 51, S. 327–358.

Fletcher, C. (2008), Appraisal, feedback and development: Making performance review work, London und New York.

Folger, R. G./Cropanzano, R. (1998), Organizational justice and human resource management, Thousand Oaks.

Ford, M. T./Heinen, B. A./Langkamer, K. L. (2007), Work and family satisfaction and conflict: A meta-analysis of cross-domain relations, in: Journal of Applied Psychology 92 (1), S. 57–80.

Frink, D. D./Klimoski, R. J. (2004), Advancing accountability theory and practice: Introduction to the human resource management review special edition, in: Human Resource Management Review 14 (1), S. 1–17.

Graf, A. (2007), Lebenszyklusorientierte Personalentwicklung, in: Thom, N./Zaugg, R. J. (Hrsg.), Moderne Personalentwicklung, Wiesbaden, S. 263–279.

Greenhaus, J. H./Powell, G. N. (2006), When work and family are allies: A theory of work-family enrichment, in: Academy of Management Review 31 (1), S. 72–92.

Grieger, J./Bartölke, K. (1992), Beurteilung als Systembestandteil wirtschaftlicher Organisationen, in: Selbach, R./Pullig, K.-K. (Hrsg.), Handbuch Mitarbeiterbeurteilung, Wiesbaden, S. 67–106.

Hackman, J. R./Wageman, R. (2005), A theory of team coaching, in: Academy of Management Review 30 (2), S. 269–287.

Harrison, S. H./Rouse, E. D. (2015), An inductive study of feedback interactions over the course of creative projects, in: Academy of Management Journal 58 (2), S. 375–404.

Hentze, J./Graf, A. (2005), Personalwirtschaftslehre II, 7. Aufl., Bern/Stuttgart.

Hentze, J./Kammel, A. (2001), Personalwirtschaftslehre I, 7. Aufl., Stuttgart.

Heyse, V./Ortmann, S. (2008), Talentmanagament in der Praxis: Eine Anleitung mit Arbeitsblättern, Checklisten, Softwarelösungen, Münster u. a.

Hunter, J. E./Hunter, R. F. (1984), Validity and utility of alternative predictors of job performance, in: Psychological Bulletin 96, S. 72–98.

Jacobs, R. R. (1986), Numerical rating scales, in: Berk, R. A. (Hrsg.), Performance assessment, Baltimore, S. 82–99.

Kovalenko, M./Mortelmans, D. (2016), Contextualizing employability, in: Career Development International, 21(5), S. 498–517.

Klimecki, R. G./Gmür, M. (2001), Personalmanagement, 2. Aufl., Stuttgart.

Kluger, A. N./DeNisi, A. (1996), The effects of feedback interventions on performance: A historical review, a meta-analysis, and a preliminary feedback intervention theory, in: Psychological Bulletin 119 (2), S. 254–284.

Krell, G./Ortlieb, R./Sieben, B. (Hrsg.) (2011), Chancengleichheit durch Personalpolitik, 6. Aufl., Wiesbaden.

Lawler, E. E./Mohrman, A. M./Resnick, S. M. (1984), Performance appraisal revisited, in: Organizational Dynamics 13 (1), S. 20–35.

Lencioni, P. (2005), Overcoming the five dysfunctions of a team. A field guide, San Francisco.

Leslie, L. M./King, E. B./Clair, J. A. (2019), Work-life ideologies: The contextual basis and consequences of beliefs about work and life, in: Academy of Management Review 44 (1), S. 72–98.

Lewis, R. E./Heckman, R. J. (2006), Talent management: A critical review, in: Human Resource Management Review 16 (2), S. 139–154.

Liden, R. C./Mitchell, T. R. (1985), Reactions to feedback: The role of attributions, in: Academy of Management Journal 26 (2), S. 291–308.

March, J. G. (1991), Exploration and exploitation in organizational learning, in: Organization Science 2, S. 71–87.

McCormick, E. J./Jeanneret, P. R./Mecham, R. C. (1969), The development and background of the Position Analysis Questionnaire (PAQ), Purdue.

McGregor, D. (1957), An uneasy look at performance appraisal, in: Harvard Business Review 35 (3), S. 89–94.

Meyer, H. H./Kay, E./French, R. P. (1965), Split roles in performance appraisals, in: Harvard Business Review 43 (1), S. 123–129.

Moser, K. (1999), Selbstbeurteilung beruflicher Leistung: Überblick und offene Fragen, in: Psychologische Rundschau 50, S. 13–27.

Mungenast, M. (1990), Grenzen merkmalsorientierter Einstufungsverfahren und ihre mögliche Überwindung durch zielorientierte Leistungsbeurteilungsverfahren, München.

Murphy, K. R./Cleveland, J. N. (1995), Understanding performance appraisal, Thousand Oaks.

Nerdinger, F. W. (1995), Motivation und Handeln in Organisationen: Eine Einführung, Stuttgart u. a.

Nerdinger, F. (2018), Vorgesetztenbeurteilung, in: Jöns I./ Bungard W. (Hrsg.), Feedbackinstrumente im Unternehmen, 2. Aufl. Wiesbaden, S. 108–123.

Neuberger, O. (1980), Rituelle (Selbst-)Täuschung – Die irrationale Praxis der Personalbeurteilung, in: Die Betriebswirtschaft 40, S. 27–43.

Neuberger, O. (1994), Personalentwicklung, 2. Aufl., Stuttgart.

Neuberger, O. (2000), Das 360°-Feedback, München/Mering.

Neuberger, O. (2015), Das Mitarbeitergespräch, 6. Aufl., Wiesbaden.

Nork, M. (1989), Management Training: Evaluation, Probleme, Lösungsansätze, München/Mering.

Odiorne, G. S. (1967), Management by objectives, Führung durch Vorgabe von Zielen, München.

Pearce, J. L./Porter, L. W. (1996), Employee responses to formal performance appraisal feedback, in: Journal of Applied Psychology 71, S. 211–218.

Peiperl, M. A. (2001), Getting your 360-degree feedback right, in: Harvard Business Review 79 (1), S. 142–147.

Peretz, H./Fried, Y. (2012), National cultures, performance appraisal practices, and organizational absenteeism and turnover: A study across 21 countries, in: Journal of Applied Psychology 97 (2), S. 448–459.

Powell, G. N./Greenhaus, J. H. (2010), Sex, gender, and the work-to-family interface: Exploring negative and positive interdependencies, in: Academy of Management Journal 53 (3), S. 513–534.

Powell, G. N./Greenhaus, J. H./Allen, T. D./Johnson, R. E. (2019), Introduction to special topic forum: Advancing and expanding work-life theory from multiple perspectives, in: Academy of Management Review 44 (1), S. 54–71.

Pullig, K.-K. (1992), Selbstbeurteilung im Rahmen der Personalentwicklung, in: Selbach, R./Pullig, K.-K. (Hrsg.), Handbuch Mitarbeiterbeurteilung, Wiesbaden, S. 145–164.

Rattan, A./Dweck, C. S. (2010), Who confronts prejudice? The role of implicit theories in the motivation to confront prejudice, in: Psychological Science 21 (7), S. 952–959.

Ritz, A./Thom, N. (2011), Talent Management – Talente identifizieren, Kompetenzen entwickeln, Leistungsträger erhalten, 2. Aufl., Wiesbaden.

Roberts, K. (2007), Work-life balance – the sources of the contemporary problem and the probable outcomes: A review and interpretation of the evidence, in: Employee Relations 29 (4), S. 334–351.

Rupp, D. E./Shapiro, D. L./Folger, R./Skarliki, D. P./Shao, R. (2017), Critical analysis of the conceptualization and measurement of organizational justice: Is it time for reassessment?, in: Academy of Management Annals 11 (2), S. 919–959.

Sackett, P. R./Lievens, F./Van Iddekinge, C. H./Kuncel, N. R. (2017), Individual differences and their measurement: A review of 100 years of research, in: Journal of Applied Psychology 102 (3), S. 254–273.

Sattelberger, T. (1992), Personalentwicklung neuer Qualität durch Renaissance helfender Beziehungen, in: Sattelberger, T. (Hrsg.), Die lernende Organisation: Konzepte für eine neue Qualität der Unternehmensentwicklung, 2. Aufl., Wiesbaden, S. 207–227.

Schein, E. H. (1978), Career dynamics: Matching individual and organizational needs, Reading, Mass.

Schmidt, J. A. (2018), Do trends matter? The effects of dynamic performance trends and personality traits on performance appraisals, in: Academy of Management Discoveries 4 (4), S. 449–471.

Schobert, D. B. (2007), Grundlagen zum Verständnis von Work-Life Balance, in: Esslinger, A. S./Schobert, D. B. (Hrsg.), Erfolgreiche Umsetzung von Work-Life Balance in Organisationen, Wiesbaden, S. 19–33.

Schreyögg, A. (2012), Coaching, 7. Aufl., Frankfurt am Main.

Senge, P. M. (1990), The leader's new work: Building the learning organization, in: Sloan Management Review 32 (1), S. 7–23.

Sewell, G./Barker, J. R./Nyberg, D. (2012), Working under intensive surveillance: When does 'measuring everything that moves' become intolerable?, in: Human Relations 65 (2), S. 189–215.

Shalley, C. E./Oldham, G. R./Porac, J. F. (1987), Effects of goal difficulty, goal-setting method, and expected external evaluation on intrinsic motivation, in: Academy of Management Journal 30, S. 553–562.

Sullivan, S. E./Baruch, Y. (2009), Advances in career theory and research: A critical review and agenda for future exploration, in: Journal of Management 35 (6), S. 1542–1571.

Super, D. E. (1980), A life-span, life-space approach to career development, in: Journal of Vocational Behavior 16 (3), S. 282–298.

Thomas, C. H./Lankau, M. J. (2009), Preventing burnout: The effects of LMX and mentoring on socialization, role stress, and burnout, in: Human Resource Management 48 (3), S. 417–432.

Trost, A. (2012), Talent Relationship Management: Personalgewinnung in Zeiten des Fachkräftemangels, Berlin.
Weller, I./Hymer, C. B./Nyberg, A. J./Ebert, J. (2019), How matching creates value: Cogs and wheels for human capital resources research, in: Academy of Management Annals 13 (1), S. 188–214.
Wexley, K. N. (1986), Appraisal interview, in: Berk, R. A. (Hrsg.), Performance assessment, Baltimore.
Wiernik, B. M./Kostal, J. W. (2019), Protean and boundaryless career orientations: A critical review and meta-analysis, in: Journal of Counseling Psychology 66 (3), S. 280–307.
Williams, R. S. (1995), Berufsentwicklung, Laufbahn und Beratung, in: Greif, S./Holling, H./Nicholoson, N. (Hrsg.), Arbeits- und Organisationspsychologie – Internationales Handbuch in Schlüsselbegriffen, Weinheim, S. 193–199.

Entlohnung 15

> **Zusammenfassung**
>
> Das abschließende Kap. 15 diskutiert die dritte Teilfunktion der Managementfunktion Personaleinsatz: die Entlohnung. Anders als die Personalauswahl, -beurteilung und -entwicklung steht die Managementteilfunktion Entlohnung insgesamt in einem grundlegenden Spannungsfeld, das sich zunächst einmal am konstitutiven Lohnkonflikt manifestiert, d. h. der prinzipiellen Interessendivergenz zwischen Unternehmen und Beschäftigten im Hinblick auf die Entlohnung von Arbeit. Im Abschluss an die Erörterung dieses Interessenskonflikts und möglicher Ansatzpunkte für einen Interessensausgleich, stellt Abschn. 15.2 die Grundlagen der Lohnbestimmung anhand klassischer und neuerer Ansätze zur Entgeltdifferenzierung vor. Entlohnung muss zudem immer in einem konkreten sozio-historischen Kontext verstanden werden und befindet sich somit fortlaufenden Wandeleinflüssen ausgesetzt. Darüber hinaus sind die motivationalen Aspekte der Entlohnung sowie schließlich auch Fragen der Lohnzufriedenheit und der empfundenen Lohngerechtigkeit zu berücksichtigen.

15.1 Entlohnung als Managementaufgabe

Der dritte große Aufgabenbereich im Rahmen der **Managementfunktion** Personaleinsatz ist die Entlohnung. Grundsätzlich versteht man unter dem Lohn dasjenige Entgelt, welches auf der Grundlage eines vertraglich geregelten Arbeitsverhältnisses gezahlt wird. Diese Teilfunktion, d. h. die Bestimmung der Entlohnung, unterscheidet sich von den beiden zuvor vorgestellten Aufgaben der Personalauswahl und der Personalbeurteilung und Personalentwicklung durch zwei grundlegende Punkte. Der erste Punkt betrifft den Sachverhalt, dass Entlohnung ein genuin **konfliktäres Feld** darstellt. Während z. B.

für die Personalauswahl oder auch die Personalbeurteilung keine prinzipiellen Interessenkonflikte, sondern lediglich potenzielle Divergenzen behauptet werden können („Bestenauswahl vs. „Ich" möchte ausgewählt werden", oder „richtige Leistungsbeurteilung vs. möglichst gute Beurteilung"), ist für die Frage der Entlohnung der Konflikt zwischen Arbeitgeber, d. h. derjenigen Partei, die sich Arbeitsleistung „einkauft", und Arbeitnehmer, d. h. der Partei die Arbeit anbietet und somit „verkauft", viel grundlegender. Dieser Konflikt liegt in der Natur der Sache: Der Lohn ist aus Unternehmenssicht grundsätzlich der **Preis**, der für einen Leistungsfaktor bezahlt wird. Folglich sind Löhne Kosten und dementsprechend sind Unternehmen, generell gesagt, an geringen Löhnen interessiert. Umgekehrt sind die Anbieterinnen der Arbeitsleistung grundsätzlich bestrebt, einen möglichst hohen Preis für ihre Arbeit zu erzielen. Es wird deshalb auch von einem **Lohnkonflikt** gesprochen und dieser Lohnkonflikt manifestiert sich darin, dass die Bestimmung der konkreten Entlohnung im Wesentlichen als ein Verhandlungsprozess zu begreifen ist.

Der zweite und damit zusammenhängende Punkt liegt darin begründet, dass dieser Verhandlungsprozess immer in Bezug auf und im Kontext von einer dritten Bezugsgröße gesehen werden muss: dem **Arbeitsmarkt**. Natürlich spielt dieser auch hinsichtlich der Personalauswahl und als Referenzgröße in Bezug auf die Personalbeurteilung und -entwicklung eine Rolle, jedoch tut er dies im Hinblick auf die Entlohnung in einer ganz anderen Weise und viel unmittelbarer. Volkswirtschaftlich gesehen ist der Lohn ein Knappheitsindikator, also der Preis für den Produktionsfaktor Arbeit, der auf dem Arbeitsmarkt gebildet wird. Zwar stellt der Markt für Arbeitsleistungen aus vielen Gründen geradezu das Musterbeispiel für einen unvollkommenen Markt dar, und insofern ist die Idee, dass der Markt alleine die Entlohnung im Sinne eines Gleichgewichtspreises bestimmt und diesbezüglich das unternehmerische Handeln dominiert (Marktdeterminismus), realitätsfern. Dennoch darf die Preisbildung auf dem Arbeitsmarkt in der Entlohnungsfrage nicht vernachlässigt werden. Die Entlohnung ist deshalb und im Unterschied zu den anderen Teilfunktionen des Personaleinsatzes kein reines Managementinstrument, sondern sie ist in der „Dreiecksbeziehung" zwischen Management, Personal und Markt als ein vielschichtiger und komplexer Verhandlungsprozess anzusiedeln.

Insofern ist die „Preisbestimmung" für die Arbeitsleistung auch hochgradig „politisch" und in vielen Bereichen sind an die Stelle von immer wiederkehrenden Einzelaushandlungsprozessen größtenteils **formalisierte Verhandlungen** getreten, die für bestimmte Bereiche (Tarifgebiete) Entgelte für typisierte Anforderungsstufen und Tätigkeiten festlegen. Die Verhandlungen werden hier nach repräsentativen Mustern und von den organisierten Tarifparteien (Arbeitgebervertreterinnen einerseits, Gewerkschaften andererseits) durchgeführt.

Jenseits dieser beiden Vertragsparteien, seien es nun Vertreter oder die betroffenen Verhandlungspersonen selbst, steht das Thema Entlohnung jedoch immer auch in einem gesellschaftlichen Kontext und es gibt deshalb auch ein eminentes gesellschaftliches Interesse an diesem Thema. Dieses **gesellschaftliche Interesse** lässt sich dabei auf zwei Ebenen begründen. Zum einen stellt der konkrete Lohn wie angeführt den Preis für die Arbeitsleistung dar und hat somit eine unmittelbare Wirkung darauf, in welchem Verhältnis Arbeitsangebot und Arbeitsnachfrage stehen. Ein dauerhaft nicht geräumter Arbeitsmarkt, d. h. strukturelle Arbeitslosigkeit, stellt aus vielen Gründen ein massives gesellschaftliches Problem dar. Dabei besteht das Problem der Preisfindung auf allen hierarchischen Ebenen, wie auch die gegenwärtigen Themen der gesellschaftlichen Diskussion der Entlohnung zeigen; man denke an die Diskussion um den Niedriglohnsektor („Mindestlohn") als auch die Top-Management-Gehälter (siehe dazu Abschn. 15.5). Ferner steht der fast schon sprichwörtliche „gender pay gap" im Zentrum der jüngeren Lohndebatte (vgl. ebenfalls ausführlicher unten in diesem Kapitel).

Diese derzeitigen „Brennpunkte" der Diskussion verdeutlichen zugleich, dass die Gesellschaft nicht nur ein genuines Interesse an einem funktionierenden Arbeitsmarkt hat, sondern darüber hinaus ein übergeordnetes normatives Interesse an der Frage der Entlohnung existiert. Dieses normative Interesse bündelt sich in der Frage nach dem **gerechten** Lohn (Folger und Cropanzano 1998; Steinmann und Löhr 1992). Dieser immer wieder zu stellenden Frage kann keine funktionierende Gesellschaft ausweichen, indem sie sich in die Unverbindlichkeit rettet („Wer kann schon sagen, was ein gerechter Lohn ist?"), oder in Anbetracht breitflächigen Marktversagens dennoch der Hoffnung nachhängt, dass der Markt diese Frage letztlich doch richtig beantworten wird. Märkte können auf die Frage der Gerechtigkeit prinzipiell keine Antwort geben, sie können nur zu gerechten Ergebnissen führen, wenn die in ihnen wirksamen Mechanismen als gerecht angesehen werden („Verfahrensgerechtigkeit") und/oder die Resultate ein als gerecht perzipiertes Allokationsergebnis darstellen („Verteilungsgerechtigkeit"). Die **normative Fundierung** dieser Fragen kann selbst aber eben nicht im Rahmen eines auf instrumentelles Handeln ausgerichteten Koordinationsmechanismus' geklärt werden, sondern bedarf der auf Verständigung ausgerichteten Handlungskoordination. Die Frage nach den Maßstäben der Lohngerechtigkeit hat in diesem Sinne eine objektiv normative Seite, die sich in gesellschaftspolitischen Forderungen nach Verteilungsgerechtigkeit oder der Ablehnung zu starker Lohnspreizungen niederschlägt. Sie bedarf einer eigenständigen normativen Betrachtung.

Während sich die Lohnfindungspraxis als ein Verhandlungsprozess darstellt, und zwar sowohl innerbetrieblich als auch überbetrieblich im Rahmen der (kollektiven) Tarifverhandlungen, bedarf es zugleich einer ethischen Reflexion dieser Verhandlungsprozesse, in denen sich ja lediglich das strategische Handeln der Akteure im Hinblick auf ihre je eigenen Ziele zeigt. Im Sinne einer normativen Diskussion sind diese Verhandlungsprozesse permanent auch darauf zu prüfen, ob sich jenseits eines bloßen Machtspiels der Vertrags- oder Tarifparteien Lohngerechtigkeit einstellt, denn sonst würden die auf diese Weise erzielten Ergebnisse ja nur die gerade vorherrschende faktische Machtverteilung widerspiegeln und die

normative Frage, was in Anbetracht der gegebenen ökonomischen Ausgangslage als eine gerechte (faire) Lösung des Lohnkonflikts angesehen werden kann, außer Acht bleiben.

Entlohnung stellt in dieser gesamtgesellschaftlichen Perspektive deshalb in erster Linie immer auf die Herstellung eines **Interessensausgleichs** ab. Während der Lohn auf individueller Ebene für Arbeitnehmerinnen und Arbeitnehmer ein Entgelt für je spezifisch geleistete Arbeit darstellt, ist er zugleich immer Ausdruck der Teilhabe an der kollektiven Wertschöpfung. Er dient sehr unterschiedlichen expliziten wie latenten Funktionen, die von der Sicherstellung des Lebensunterhalts, über Statussymbolik bis hin zu Wertschätzungsaspekten reichen. Aus der Sicht der Arbeitgeber sind Löhne einerseits Kosten, anderseits aber auch ein Motivationsinstrument, so dass sich die Logik dieses Steuerungsinstrumentes ebenfalls einer einfachen Kostenminimierung entzieht. Betrachtet man die vielfältigen Interessenlagen aus einer abstrakteren Perspektive, so geht es bei der konkreten Lohnfindung im Wesentlichen um drei zentrale Aspekte: 1) den Wert der Arbeitsleistung im engeren Sinne, d. h. das Entgelt für eine bestimmte Leistung, 2) den motivationalen Aspekt der Entlohnung und 3) die Frage nach der **Lohngerechtigkeit**, oder subjektiv: der **Lohnzufriedenheit**. Alle drei Aspekte spielen für die Lohnfindung und damit die Ausübung der Managementfunktion Entlohnung eine wichtige Rolle.

Traditionell hat man in dieser Funktion zunächst sehr stark ausgehend vom ersten Aspekt den Versuch unternommen, den **Lohnfindungsprozess** auf der Basis von Arbeitsbewertungsstudien und Leistungsmessungsverfahren möglichst zu objektivieren. Dazu wurden einerseits unterschiedliche Verfahren der „Entgeltdifferenzierung" entwickelt. Konkret geht es darum zu ermitteln, was die Erfüllung einer bestimmten Arbeitsaufgabe im Verhältnis zu anderen Aufgaben wert ist („Lohnsatzdifferenzierung"). Demgegenüber steht andererseits die Frage des konkreten Leistungserfüllungsgrads, d. h. inwieweit sich welche gezeigte Leistung in der konkreten Entlohnung niederschlägt. Dies ist im Wesentlichen eine Frage der konkreten Lohnform, durch welche auch motivationale Aspekte zum Ausdruck kommen. Jenseits der Bestimmung des Lohnsatzes und der Lohnform gab es in dieser traditionellen Perspektive der Lohnbestimmung immer auch schon eine Residualgröße („Korrekturfaktoren") mit welcher weitere Faktoren, insbesondere der Einfluss des Arbeitsmarkts und die Berücksichtigung sozialer Aspekte in Anschlag gebracht werden können. In diesem Sinne findet sich in diesem klassischen Ansatz auch bereits die Überlegung, Gerechtigkeitsaspekte bei der Lohnfindung zu berücksichtigen. Insofern stellt dieser Ansatz nach wie vor einen guten und strukturierten Einstieg in das Thema der Entlohnung dar und soll im Folgenden deshalb zunächst einmal vorgestellt werden. Darauf aufbauend können dann auch die neueren Entwicklungen und Herausforderungen der Entlohnung verdeutlicht werden, die insgesamt darauf hindeuten, dass der motivationale Aspekt und die Frage der Gerechtigkeit, wie sie in den beiden darauffolgenden Abschnitten diskutiert werden, ein zunehmend größeren Stellenwert im Hinblick auf die Lohnfindung haben.

Insgesamt muss die Managementteilfunktion der Entlohnung in diesem vielfältigen Bezugsrahmen aus Anforderung/Leistung, Motivation und Gerechtigkeit gesehen werden. Für die Steuerungsperspektive ist es deshalb zentral, keinen dieser einzelnen Faktoren alleine in Anschlag zu bringen.

15.2 Grundlagen der Entgeltdifferenzierung

15.2.1 Überblick

Wie bereits angeführt, gründet sich die individuelle Lohnbestimmung im Sinne der Entgeltdifferenzierung – so wie sie sich insbesondere in Deutschland herausgebildet hat – auf drei Grundelemente: 1) den personenunabhängigen Anforderungen, die sich aus der **Arbeitsaufgabe** ergeben, 2) den individuellen Leistungen, die die Arbeitskraft erbringt und 3) der Residualgröße „Korrekturfaktoren" (vgl. Abb. 15.1).

Während im Folgenden näher auf die Verfahren und Ansätze der Lohnsatz- und Lohnformdifferenzierung eingegangen wird (vgl. dazu auch grundlegend Milkovich et al. 2013), enthält die Kategorie der **Korrekturfaktoren** keine klar abschließbare Menge an möglichen Ansatzpunkten, für deren konkrete Einflussbestimmung spezifische Verfahren vorliegen würden. Lässt sich der Einfluss des externen Arbeitsmarktes im Prinzip noch relativ gut über die „am Markt gezahlte" Lohnhöhe erfassen, ist dies in Bezug auf soziale Faktoren mitunter schwieriger. Faktoren, die in Unternehmen und Organisationen regelmäßig Berücksichtigung finden, sind z. B. der Familienstand, die Zahl der Kinder, das Lebensalter oder die Betriebszugehörigkeit. Hier gibt es häufig Branchenstandards („benchmarks"), an denen sich ein Unternehmen auch orientieren kann. Soziale Faktoren können zwar primär dazu dienen, Aspekte einer gerechteren Lohnbestimmung zu implementieren, sie müssen dabei aber nicht zwangsläufig den ökonomischen Überlegungen zuwiderlaufen, sondern können mit ihnen im Hinblick auf die Erhaltung des Akquisitionspotenzials (Personalbeschaffung) oder die Wahrung der Loyalität der Beschäftigten durchaus konform gehen.

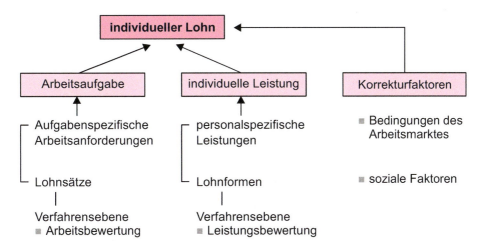

Abb. 15.1 Grundelemente der betrieblichen Entgeltdifferenzierung. (Quelle: von Eckardstein 1986, S. 248 (stark modifiziert))

15.2.2 Lohnsatzdifferenzierung

Grundlage der Lohnsatzdifferenzierung ist die Arbeitsbewertung, die darauf abzielt, bestimmte Anforderungen an eine Arbeit (oder eines Arbeitsplatzes) im Vergleich zu anderen Arbeiten nach einem einheitlichen Maßstab festzulegen. Es geht also darum, ganz unabhängig von bestimmten Personen als Stelleninhaberin, Schwierigkeitsunterschiede zwischen einzelnen Aufgabenbereichen zu erfassen und diese damit ins Verhältnis zu setzen.

Die Lohnsatzdifferenzierung kann dabei auf unterschiedliche Weise durchgeführt werden, wobei sich die einzelnen Verfahren anhand von zwei Dimensionen unterscheiden lassen. Zum einen geht es um die Art der **Verfahrenstechnik**, wobei man zwischen einer summarischen und einer analytischen Arbeitsbewertung unterscheiden kann. Die zweite Dimension betrifft die Form der Quantifizierung, bei der man zwischen Verfahren, die eine Reihung und solchen, die eine Stufung vornehmen, unterscheiden kann (Schettgen 1996).

Summarische Verfahren nehmen eine Bewertung der Arbeitsanforderungen als Ganzes vor und verzichten damit auf eine getrennte Analyse einzelner Anforderungsarten. Bei den **analytischen** Verfahren wird hingegen die Höhe der Belastung nach Anforderungsarten aufgegliedert, und diese werden jeweils einzeln bewertet. Die Quantifizierung des Urteils über die Arbeitsanforderungen kann bei beiden Verfahrensgruppen entweder durch Reihung oder durch Stufung erfolgen. Bei der Reihung wird eine Rangordnung der Arbeitsplätze gemäß dem jeweiligen Schwierigkeitsgrad vorgenommen. Bei der Stufung werden hingegen unterschiedliche Schwierigkeitsklassen gebildet, in die dann die einzelnen Tätigkeiten bzw. Anforderungsarten eingruppiert werden. Kombiniert man die genannten Unterscheidungsmerkmale, so lassen sich – wie Abb. 15.2 veranschaulicht – vier Verfahren der Arbeitsbewertung unterscheiden.

1. **Summarische Verfahren**

Beim **Rangfolgeverfahren** werden die in einem Unternehmen anfallenden Arbeiten (zumeist sind es die vorhandenen Arbeitsplätze) in einem ersten Schritt anhand von Arbeitsbeschreibungen aufgelistet. Anschließend werden diese Arbeiten durch paarweise Gegenüberstellung miteinander verglichen und nach der Gesamtschwierigkeit geordnet. Diese Rangordnung bildet die Grundlage für die Lohnsatzdifferenzierung. Dabei werden die Arbeitsplätze, die nach ihrer Arbeitsschwierigkeit als gleichwertig eingeschätzt wer-

Art der Quantifizierung / Art der Bewertung	summarisch	analytisch
Reihung	Rangfolgeverfahren	Rangreihenverfahren
Stufung	Lohngruppenverfahren	Stufenwertzahlverfahren

Abb. 15.2 Verfahren der Arbeitsbewertung. (Quelle: Kupsch und Marr 1991, S. 823)

den, in einer Lohn- und Gehaltsgruppe zusammengefasst. Den offensichtlichen Vorteilen der einfachen Handhabbarkeit und leichten Verständlichkeit stehen allerdings auch gravierende Probleme gegenüber. Neben der drohenden Unüberschaubarkeit bei größeren Betrieben – man denke allein an die Zahl der erforderlichen Paarvergleiche – ist es vor allem die fehlende Bezugsgröße für die Transformation der Arbeitswerte in Lohnsätze. An den Beurteiler werden ferner sehr hohe Anforderungen gestellt; der breite Raum für subjektive Einflüsse macht das Verfahren leicht anfechtbar. In der Praxis findet das Rangfolgeverfahren aus diesen Gründen nur sehr selten Anwendung.

Bei dem viel gebräuchlicheren **Lohngruppenverfahren** wird die Vorgehensweise des Rangfolgeverfahrens umgedreht. Zuerst bildet man einen Katalog von Lohngruppen, der pauschal verschiedene Arbeiten nach ihrem relativen Schwierigkeitsgrad reiht. Um die Einstufung in die einzelnen Lohngruppen zu erleichtern, ergänzt man die summarische Beschreibung der einzelnen Schwierigkeitsstufen in der Regel durch Richtbeispiele. Im zweiten Schritt, der eigentlichen Arbeitsbewertung, werden dann die einzelnen Arbeitsplätze den Lohn-/Gehaltsgruppen zugeordnet. Die Zahl der Lohngruppen umfasst je nach Tarifgebiet und dem gewünschten Genauigkeitsgrad unterschiedlich viele, meist zwischen acht und vierzehn Lohngruppen.

Die Vorzüge des Lohngruppenverfahrens liegen wiederum in der einfachen und verständlichen Handhabung. Schwierigkeiten bereitet allerdings die Erstellung einer hinreichend klaren und aussagekräftigen Abgrenzung der einzelnen Entgeltgruppen. Außerdem werden – da detaillierte Angaben über die einzelnen Anforderungsmerkmale fehlen – die spezifischen Arbeits(platz)bedingungen nur unzureichend berücksichtigt.

2. **Analytische Verfahren**

Die analytischen Verfahren der Arbeitsbewertung zielen darauf ab, die erwähnten Nachteile der summarischen Verfahren durch einen detaillierteren Bewertungsvorgang zu vermeiden. Die Arbeitsschwierigkeit wird – wie bereits angedeutet – nicht als Ganzes ermittelt, sondern man gliedert die Höhe der Belastung nach einzelnen Anforderungsarten auf und bewertet diese jeweils einzeln. Die Gesamtbeanspruchung ergibt sich aus der Addition der jeweiligen Einzelurteile. Die Basis für die Ermittlung der Anforderungsarten bildet häufig das **Genfer Schema** aus dem Jahre 1950. Daneben finden sich zahlreiche Vorschläge für eine weitergehende Ausdifferenzierung, so etwa das REFA-Schema (siehe Abb. 15.3). Auch bei den analytischen Verfahren finden zwei unterschiedliche Vorgehensweisen Anwendung.

Beim **Rangreihenverfahren** wird – in Analogie zum Rangfolgeverfahren – eine Rangordnung der Verrichtungen vorgenommen, hier allerdings für jede Anforderungsart getrennt. Zur Ermittlung des Arbeitswerts werden die ordinalen Ränge bzw. Platzziffern in addierbare Zahlenwerte (i. d. R. Prozentzahlen, wobei der anspruchsvollste Wert 100 % beträgt) überführt und zu einem Gesamtwert addiert. Darüber hinaus ist eine Gewichtung erforderlich, die die Relation der einzelnen Anforderungsarten zur Gesamtanforderung festlegt. Konkret wird der Rangprozentsatz mit dem Wichtefaktor multipliziert.

Hauptmerkmale (Genfer Schema)		Anforderungsarten	
1.	geistige Anforderungen	a. b.	Fachkenntnisse Nachdenken
2.	körperliche Anforderungen	a. b. c.	Geschicklichkeit Muskelbelastung Belastung der Sinne und Nerven
3.	Verantwortung	a. b. c.	Betriebsmittel und Produkte Sicherheit und Gesundheit anderer Arbeitsablauf
4	Arbeitsbedingungen (Belastung durch)	a. b. c. d. e. f. g. h.	Temperatur Nässe Schmutz Gase, Dämpfe Lärm, Erschütterung Blendung, Lichtmangel Erkältungsgefahr, Arbeit im Freien Unfallgefährdung

Abb. 15.3 Erweiterung des Genfer Schemas durch den REFA-Verband. (Quelle: REFA 1987, S. 43)

Das **Stufenwertzahlverfahren** zeichnet sich hingegen dadurch aus, dass jede einzelne Anforderungsart auf einer Stufenskala in ihrer jeweiligen Ausprägung einzuschätzen ist. Jede dieser Bewertungsstufen wird definiert, gegebenenfalls durch Richtbeispiele erläutert und mit einer Punktzahl (Wertzahl) versehen. Der jeweils höchste Wert der gebildeten Stufen ergibt die maximal erreichbare Punktzahl für eine Anforderungsart. Ferner werden häufig die einzelnen Anforderungsarten noch gewichtet, so dass sich der „Arbeitswert" aus der Summe der Produkte von Wertzahl und Wichtefaktor ergibt.

Die so ermittelten Arbeitswerte werden dann meist einer Arbeitswertgruppe zugeordnet und diese schließlich zu den einzelnen Tarifgruppen, für die in den Tarifverhandlungen jeweils Tarifgehälter vereinbart werden. Eine Änderung der Tarifgehälter ist damit jederzeit möglich, ohne dass die Arbeitsbewertung geändert werden müsste.

Die **Hauptprobleme** beim Einsatz analytischer Arbeitsbewertungssysteme liegen darin, geeignete Anforderungsarten auszuwählen und den Anteil der einzelnen Anforderungsarten an der Gesamtanforderung zu bestimmen. Die Vorgehensweise bleibt letztlich immer nur quasi-objektiv, weil schon die Auswahl der einzelnen Tatbestandsmerkmale und ihre Gewichtung Raum für subjektive Beurteilungen gibt. Sie können daher bei der Erstellung von Lohnsystemen (nur) als Argumentationshilfe dienen, nicht aber die zugrunde liegenden normativen Fragen beantworten (Gerum und Herrmann 1981, S. 92 f.; Krell 2001).

15.2.3 Lohnformdifferenzierung

Die zweite grundsätzliche Entscheidung, die im Rahmen der Entgeltdifferenzierung zu treffen ist, bezieht sich auf die **Wahl der Lohnform**. Mit ihr soll dem Grundsatz der Äquivalenz von Entgelthöhe und Leistungsgrad entsprochen werden. Die zahlreichen in der Praxis angewandten Lohnformen lassen sich auf drei elementare Grundformen zurückführen, nämlich den Zeit-, Stück- und Prämienlohn.

1. **Zeitlohn (Fixe Entlohnungsformen)**

Beim Zeitlohn wird die Arbeitszeit (Stunden, Tage, Wochen, Monate, Jahre) vergütet, die der Beschäftigte im Rahmen des Arbeits-(Dienst-)Vertrages dem Unternehmen zur Verfügung stellt. Der Verdienst des Arbeitnehmers verläuft damit **proportional** zur Arbeitszeit, da der Lohnsatz pro Zeiteinheit konstant ist. Der häufig vorgebrachte Vorwurf, der Zeitlohn sei ergebnisunabhängig, ist insoweit nicht richtig, als mit der Zahlung von Zeitlöhnen oder festem Gehalt immer auch eine, teilweise recht konkrete, Vorstellung über die zu erwartenden Arbeitsergebnisse verbunden ist. So gesehen liegt zwar keine unmittelbare, aber doch eine mittelbare Beziehung zwischen Entgelthöhe und erbrachter Leistung vor.

Angewendet wird der Zeitlohn überall dort, wo die Vielgestaltigkeit und mangelnde Quantifizierbarkeit der geforderten Arbeitsleistung eine im Sinne der analytischen Arbeitsbewertung exakte Leistungsbewertung unmöglich macht, der Qualität der Arbeitsleistung ein besonderer Stellenwert zukommt oder der Leistungsspielraum weitgehend durch die technologischen Bedingungen vorgegeben ist und damit nicht der individuellen Einflussnahme unterliegt. Das gilt im Kern für alle komplexeren Tätigkeiten.

Die **Vorteile des Zeitlohns** liegen auf der Hand. Der Beschäftigte hat sein festes Einkommen garantiert, weder wird durch überhastetes Arbeiten die Gesundheit gefährdet, noch droht bei vorübergehenden Schwächen ein empfindlicher Lohnverlust. Die Entwicklung und Pflege kooperativer Beziehungen, wie sie z. B. für das organisatorische Lernen von ausschlaggebender Bedeutung sind, werden durch diese egalisierende Lohnform erleichtert. Daneben ist die einfache Lohnbemessung und -verwaltung als Vorteil zu nennen (zu den Vorteilen des Zeitlohns für Manager vgl. auch Frey und Osterloh 2005).

Als **Nachteil** wird die potenzielle Ungerechtigkeit des Zeitlohns angesehen; engagierte, erfolgreiche Arbeitnehmer beklagen sich z. T. über dieses System, weil sie sich nicht ihrer herausragenden Arbeitsleistung entsprechend bezahlt fühlen. Darüber hinaus gibt der Zeitlohn keinen Anreiz, die Leistung zu steigern, sondern verweist gänzlich auf das Wirksamwerden intrinsischer Motivation.

2. **Variable Entlohnungsformen**

Beim variablen Lohn wird im Gegensatz zum Zeitlohn ein unmittelbarer Bezug zwischen erbrachter Mengenleistung und Entgelthöhe hergestellt. Im Prinzip erhöht sich der

Lohn proportional zur Zahl der gefertigten Produktionseinheiten, oder allgemeiner: zur Zahl der erbrachten Leistungseinheiten. Die Lohnkosten pro Stück bleiben im Unterschied zum Zeitlohn konstant. Das System der proportionalen Bezahlung sieht heute allerdings – insbesondere auf der Basis von Tarifverträgen – in der Regel immer einen bestimmten leistungsunabhängigen **Mindestverdienst** vor.

Akkordlohn
Der Akkordlohn besteht aus dem tariflichen Mindestlohn, der die Bewertung des Arbeitsplatzes, soziale Aspekte und die Arbeitsmarktlage widerspiegelt, und dem Akkordzuschlag (i. d. R. 15–20 %). Beides zusammen repräsentiert den Stundenverdienst einer Arbeitskraft bei Normalleistung und wird als Akkordrichtsatz bezeichnet. Teilt man den Akkordrichtsatz durch 60, ergibt sich der Minutenfaktor.

Der Akkordlohn kann als **Geldakkord** oder als **Zeitakkord** ausgestaltet werden. Beim Geldakkord als ältester Form ergebnisbezogener Entlohnung bildet die Stückzahl die Grundlage der Entgeltberechnung. Für den Arbeitenden wird ein fester Geldwert je Produktionseinheit zugrunde gelegt, der sich aus der Division des Akkordrichtsatzes durch die pro Zeiteinheit bei Normalleistung zu erstellende Stückzahl ergibt. Der Quotient wird als Akkordsatz bezeichnet. Der endgültige Verdienst des Arbeiters ergibt sich dann aus dem Produkt von Akkordsatz und Zahl der produzierten Einheiten.

$$\text{Geldakkord} = \text{Akkordsatz} \cdot \text{Stückzahl}$$

Beim Zeitakkord, der heute den Geldakkord weitgehend verdrängt hat, verzichtet man auf die Berechnung des Stücklohns; stattdessen wird eine (Vorgabe-)Zeit pro Leistungseinheit festgelegt. Der Verdienst pro Zeiteinheit errechnet sich dann aus dem Produkt der erzielten Leistungseinheiten, der Vorgabezeit und dem Minutenfaktor.

$$\text{Zeitakkord} = \text{Minutenfaktor} \cdot \text{Vorgabezeit} \,/\, \text{Stück} \cdot \text{Stückzahl}$$

Im finanziellen Ergebnis unterscheiden sich Geld- und Zeitakkord nicht. Der Zeitakkord stellt damit letztlich eine Ausdifferenzierung des Geldakkordes dar. Der entscheidende Vorteil liegt darin, dass der Zeitakkord bei Tarifänderungen einfacher angepasst werden kann. Es ist lediglich ein neuer Minutenfaktor zu vereinbaren, während beim Geldakkord neue Akkordsätze bestimmt werden müssen.

Akkordlöhne können für den einzelnen Mitarbeiter (Einzelakkord) oder für eine ganze Arbeitsgruppe (vor allem dort, wo Gruppenarbeit mit wechselnder Arbeitsverteilung vorliegt und Leistungsunterschiede nicht ermittelbar sind) vereinbart sein. Für den Betrieb bietet der Akkordlohn eine sichere Kalkulationsgrundlage, da die direkten Lohnkosten pro Stück gleich bleiben, sofern die Mitarbeiter die Normalleistung erreichen.

Das **Einsatzgebiet** des Akkordlohns ist stark begrenzt; er setzt nicht nur hoch standardisierte Aufgaben, sondern auch klare und schnelle Messbarkeit des Aufgabenerfolgs voraus.

15.2 Grundlagen der Entgeltdifferenzierung

Prämienlohn

Beim Prämienlohn wird zu einem vereinbarten Grundlohn (i. d. R. Zeitlohn) noch eine Zulage, die Prämie, gewährt. Sie bemisst sich nach quantitativen und qualitativen Mehrleistungen. Die Prämienentlohnung setzt sich somit aus einer leistungsabhängigen Prämie und einem leistungsunabhängigen Grundlohn zusammen, der zumeist dem tariflich vereinbarten Lohn entspricht. Durch die von den Gewerkschaften erreichte Mindestlohn-Garantie beim Akkordlohn haben sich Prämien- und Akkordlohn aufeinander zu bewegt. Die **Prämienarten** sind je nach Leistungsprozess und Zielsetzung sehr unterschiedlich; neben Mengenleistungsprämien gibt es eine ganze Skala qualitativer Prämien, jeweils sowohl auf Gruppen- als auch auf Individualbasis.

Die **Voraussetzungen** für den Einsatz des Prämienlohns sind ähnlich wie beim Akkordlohn:

1. Beeinflussbarkeit der Leistung durch die Mitarbeiter oder die Arbeitsgruppe und
2. Messbarkeit der Prämien-Bezugsgröße.

Im Unterschied zum Akkordlohn kann die Anreizwirkung der Prämie sehr viel breiter variiert werden; die Leistungszulage kann man überproportional, proportional oder unterproportional zum Leistungszuwachs anlegen. Darüber hinaus kann man Lohnentwicklungsverläufe steuern, z. B. erst überproportional und dann ab einer gewissen Schwelle unterproportional. Es sind aber auch sehr einfach **qualitative** Bezugsgrößen in die Prämienfindung einbeziehbar. Der Prämienlohn ist damit ein sehr viel flexibleres Entlohnungsinstrument als der Stücklohn. Allerdings geht mit komplexeren Prämienlohnsystemen unter Umständen die Transparenz für den Mitarbeiter speziell im gewerblichen Bereich verloren.

Leistungszuschläge

Der Logik nach gehört die heute gebräuchlichste Form, nämlich die **Mischvergütung**, zur Klasse des Prämienlohns. Hier wird zu einer festen Grundvergütung (differenziert auf der Basis eines Arbeitsbewertungssystems) ein Leistungszuschlag gezahlt, der sich nach der tatsächlich erbrachten Arbeitsleistung bemisst. Letztere wird in der Regel mit Hilfe eines formalen Leistungsbeurteilungsverfahrens bestimmt. Anders als bei den klassischen Leistungslohnformen – wie dem Stück- und Prämienstücklohn – werden hier allerdings nicht nur quantitative Größen (z. B. Umsatz, Nutzungs- bzw. Stillstandszeiten etc.), sondern meist auch qualitative Verhaltensmerkmale (z. B. Einsatz, Verhalten gegenüber Arbeitskollegen, Zuverlässigkeit etc.) als Bezugsbasis mit herangezogen (z. B. Jackson et al. 2008). Bisweilen ist die variable Vergütung streng an vereinbarte Ziele angeschlossen im Rahmen eines Management by Objectives (Drumm 2008, S. 502 f.). Letztlich sind die meisten Vorstandsgehälter deutscher Aktiengesellschaften nach diesem Mischprinzip aufgebaut. Häufig verwendet werden Prämien in Form von **Aktienoptionen** oder **Gewinnbeteiligungen** gezahlt. Teilweise sind die gezahlten Prämien so hoch, dass sie das Grundgehalt übersteigen. So haben es etwa die exzessiven Boni für Investmentbanker zu einiger Prominenz gebracht (vgl. dazu auch Abschn. 15.5).

Insgesamt zeigen empirischen Studien (Cadsby et al. 2007; Eriksson und Villeval 2008; Lazear 2000), dass eine (teilweise) variable bzw. erfolgsabhängige Vergütung sowohl Selektions- als auch Anreizeffekte haben kann. Demnach steigt bei leistungsstarken Mitarbeiterinnen das Anstrengungsniveau, während leistungsschwache Mitarbeiterinnen sich nicht durch leistungsabhängige Entlohnungskomponenten motiviert fühlen. Allerdings können erfolgsorientierte Entlohnungsformen auch unerwünschte **dysfunktionale Effekte entfalten**, wie übermäßig kompetitives (Rynes et al. 2005) oder sehr risikobehaftetes Verhalten (Dohmen und Falk 2011; Cadsby et al. 2007; Coles et al. 2006). Allgemein gesehen, können extrinsische Anreize, wie sie der Leistungslohn darstellt, auch intrinsische Motivation verdrängen (Deci et al. 1999), worauf weiter unten noch näher eingegangen wird.

Turnierentlohnung
Eine neuere Form der Entgeltdifferenzierung stellt die sog. Turnierentlohnung dar (vgl. grundlegend Lazear und Rosen 1981; Backes-Gellner et al. 2001), bei der die individuelle Lohnfindung in Analogie zu einem Turnier, wie es im Sport in Form von Fußballweltmeisterschaften, Formel-1-Rennen oder Tennisturnieren bekannt ist, stattfinden soll. Dabei sind die zu erreichenden Preise (also die Höhe des Entgelts) an die Platzierungen jedes Einzelnen im Turnier gekoppelt. Maßgebend für eine **Platzierung** ist ausschließlich die relative und nicht die absolute Leistung der Teilnehmerinnen und Teilnehmer. Der Turnier-Ansatz versucht, diese Aspekte auf die Entlohnung und Beförderungen in Unternehmen zu übertragen, indem hierarchische Positionen mit einem festen Gehalt verbunden werden, um die dann konkurriert wird. Grundsätzlich soll dabei eine stellengebundene Entlohnung nicht nur den Stelleninhaber zu mehr Leistung motivieren, sondern die Beförderung stellt auch die „Gewinnerprämie" für potenzielle Aufsteiger dar. Der Turnier-Ansatz geht davon aus, dass das Anstrengungsniveau umso höher ist, je größer die mit guten Rangplätzen einhergehende Entlohnungssteigerung ist (Spreizung der Gehälter). Dieser Überlegung liegt die Annahme zugrunde, dass das Anstrengungsniveau stark mit der Leistung des Arbeitnehmers korreliert. Mögliche „Störfaktoren", wie etwa die Existenz von **Zufall** und **Glück** (Chengwei und De Rond 2016), insbesondere aber die beschränkte Möglichkeit der Leistungsmessung und des Leistungsvergleichs beschränken diesen Ansatz deutlich in seinem Einsatzbereich.

Insgesamt befinden sich die Mitarbeiterinnen und Mitarbeiter in einem „Rattenrennen", bei dem Sie sich leistungsmäßig gegenseitig zu überbieten versuchen, was weitere **dysfunktionale Effekte** nach sich ziehen kann, wie beispielsweise Sabotage (Harbring und Irlenbusch, 2008), riskante Investitions- und Finanzierungsstrategien (Kini und Williams 2012), sowie wiederum die Verdrängung intrinsischer Motivation (Irlenbusch und Ruchala 2008). In der Unternehmenspraxis wird die Idee des Leistungsturniers zuweilen sogar noch in verschärfter Form verfolgt: So sehen bspw. Beförderungssysteme großer Unternehmensberatungen meist nicht nur ein deutlich höheres Lohnniveau im Falle eines Aufstiegs vor, sondern zwangsläufig auch eine negative „Verliererprämie" in Form des Arbeitsplatzverlustes für diejenigen, die den Sprung auf die nächste Hierarchieebene innerhalb einer gewissen Zeitspanne nicht schaffen. Die Rede ist vom sog. „Up-or-Out" oder „Grow-or-Go". Dieser Effekt wird allerdings im Falle von Unternehmensberatungen in der Regel dadurch kompensiert, indem die ausscheidenden Beraterinnen und Berater zumeist über sehr gute Chancen auf dem externen Arbeitsmarkt verfügen, so dass ein Ausscheiden aus der Beratung nicht einem Karriereende gleichkommt.

Was die konkrete Lohndifferenzierung betrifft, stellt der Turnier-Ansatz ein recht einfach zu handhabendes Instrument dar, bei dem im Prinzip nur eine gesamte Lohnsumme auf die einzelnen Plätze zu verteilen ist und über den Grad der Spreizung zu entscheiden ist.

15.3 Entlohnung im Wandel

Wie eingangs bereits angeführt, steht die Managementteilfunktion Entlohnung insgesamt in einem Spannungsfeld, das sich aus **mehreren Aspekten** zusammensetzt. Dazu gehört einerseits die Frage der angemessen Bewertung der Anforderungen und Leistungen, zum anderen motivationale Aspekte und schließlich auch Fragen der Lohnzufriedenheit und der Lohngerechtigkeit. Eine Reihe von Entwicklungen zeigt an, dass in Bezug auf diese Felder Verschiebungen zu beobachten sind, die die Entlohnungspraxis nachhaltigen verändern bzw. bereits verändert haben.

1. **Neue Anforderungsprofile**

In den westlichen Industrienationen hat sich in den letzten Jahrzehnten eine weitreichende **Veränderung der Produktionsbedingungen** ergeben. Es findet zunehmend eine Auslagerung lohnintensiver Massen- bzw. Serienfertigungen in sogenannten „Billiglohnländer" statt, während man sich in den entwickelten Industriezentren auf die flexible Fertigung qualifizierter Produkte spezialisiert (Matthies et al. 1994, S. 50 f., ferner Piore und Sabel 1985). Die damit verbundene Umstellung und Flexibilisierung der Fertigungsstruktur sowie zahlreiche neue Formen der Fertigungsorganisation ziehen prinzipielle **Änderungen der Arbeitsaufgaben** nach sich. Bestimmte Formen von Arbeit fallen weg, neue Tätigkeiten treten hinzu und andere Arbeiten verschieben sich sowohl in ihrer quantitativen wie auch qualitativen Ausprägung.

Insgesamt scheint die Entwicklung in der Mehrzahl auf anspruchsvollere Arbeitsplätze hinauszulaufen, was sich nicht zuletzt in der zunehmenden Funktionsintegration im Produktionsbereich beobachten lässt (Womack et al. 1992 und Hammer und Champy 1993). Auch laufen die Bestrebungen zu einer Abflachung der Hierarchie und der Übertragung zusätzlicher Verantwortung auf Arbeitsgruppen und Prozessteams in dieselbe Richtung.

Zu diesen Tendenzen in der Fertigung treten ganz generell der Trend zur **Dienstleistungswirtschaft** und die immer stärkere Betonung von **„Wissensarbeit"** (Amar 2002; Newell et al. 2009). Wissensintensive Unternehmen bestimmen in immer stärkerem Maße das Bild der Wirtschaft; Beispiele sind: Softwarefirmen, Wirtschaftsprüfungsgesellschaften, Beratungsgesellschaften oder Finanzdienstleister. Dies bedeutet im Ergebnis, dass die Arbeit abstrakter wird und der Umgang mit Symbolen (Zahlen, Wörter, Zeichen) in den

Vordergrund tritt (Alvesson 2004). Eine „Vermessung" der Arbeit auf der Basis eindeutiger Anforderungen und individuell zurechenbarer Arbeitsergebnisse wird dadurch zwangsläufig schwieriger. Man spricht sogar vom sog. „gold collar worker" (Kelley 1990) und meint damit gefragte Beschäftigte, die hohe Ansprüche an Arbeitsplatz und Vergütung stellen.

In der Summe lässt sich sagen, dass die veränderte Arbeitswelt veränderte Anforderungsprofile nach sich zieht. Es gibt eine unabweisbare Tendenz, dass der Umfang psychomotorischer Anforderungen abnimmt, während die Anforderungen an konzeptionellen und sozialen **Kompetenzen** zunehmen. Fähigkeiten wie abstraktes Denken, Kooperations- und Kommunikationsbereitschaft sowie das Denken in Zusammenhängen gewinnen immer mehr an Bedeutung.

Diese veränderten Arbeitsanforderungen machen eine Anpassung der **Arbeitsbewertungspraxis** erforderlich. Für die summarische Arbeitsbewertung ist festzustellen, dass die globale Zuordnung von Arbeitsplätzen zu bestimmten Lohngruppen immer schwieriger wird. Bei den analytischen Bewertungsverfahren sind neben der Gewichtung vor allem die Anforderungsarten selbst anpassungsbedürftig.

Neben Vorschlägen, die auf eine Aktualisierung bzw. Verbesserung der analytischen Arbeitsbewertung auf der Grundlage des Genfer Schemas zielen, finden sich auch Vorschläge, die die analytische Arbeitsbewertung in Gänze durch **alternative Bewertungsverfahren** ersetzen wollen. So ist bei der VW AG die analytische Arbeitsbewertung abgeschafft und durch eine Einstufung gemäß der Tätigkeit in Arbeitssystemen ersetzt worden. Diese „bereichsbezogene" Bewertungsmethode zeichnet sich dadurch aus, dass sie nicht mehr – wie üblich – an den Anforderungen eines einzelnen Arbeitsplatzes, sondern an der Arbeitsfunktion im Sinne einer global definierten Arbeitsaufgabe ansetzt (vgl. Brumlop 1986).

Im Sinne der veränderten Arbeitsinhalte nehmen aber auch die Bestrebungen zu, die vielseitige Einsatzfähigkeit der Mitarbeiter durch eine **qualifikationsbezogene Entlohnung** stärker zu fördern und auch angemessen bei der Entgeltgestaltung zu berücksichtigen.

Die bisher aufgezeigten Entwicklungen werden zudem durch den Einsatz von neueren Formen der **Gruppen- und Teamarbeit** verstärkt (vgl. Kap. 9). Für diese Formen der Gruppenarbeit erweist sich die herkömmliche anforderungsbezogene Entgeltdifferenzierung als wenig zweckmäßig. Denn diese orientiert sich ja an einem bestimmten Arbeitsplatz und der dort zu erfüllenden Arbeitsaufgabe. Die flexible Erfüllung mehrerer Arbeitsaufgaben im Wechsel mit anderen Gruppenmitgliedern ist hier nicht vorgesehen (Ambrosch und Nilgens 1993, S. 84 ff). Ferner ist bei einer gemeinsamen Erfüllung der Arbeitsaufgabe im Team eine Zuordnung der individuellen Leistungen nur mehr schwer möglich. Hieraus ergeben sich generell Probleme für den **leistungsbezogenen** Teil der Entlohnung. Schließlich gilt es aber auch zu bedenken, dass eine zu stark am Individuum orientierte Entlohnung die Zusammenarbeit in der Gruppe beeinträchtigen kann. Bei erfolgsabhängiger Gruppenentlohnung kann es allerdings zum Problem des Trittbrettfahrens („Free-Riding") oder zur zu umgekehrten Selektionseffekten kommen, indem Leistungsträgerinnen abwandern, die sich in leistungsorientierten Gruppenentlohnungsformen hinsichtlich ihres geleisteten Arbeitsbeitrages nicht hinreichend gewürdigt fühlen (Rynes et al. 2005). Eine leistungsgerechte Entlohnung von Gruppenarbeit steht somit im Spannungsfeld von Individuen- und Teamorientierung.

Die bisherigen Ausführungen haben deutlich erkennen lassen, dass die veränderte Arbeitswelt in zunehmendem Maße eigenständiges und eigenverantwortliches Handeln der Mitarbeiterinnen und Mitarbeiter erfordert. Die Aufgabeninhalte können nur noch bedingt genau vorher bestimmt werden. Erforderlich ist vielmehr eine flexible, kritisch-kreative Mitwirkung aller, die durch selbständiges Mitdenken und Vorausschauen im Interesse einer besseren Erfüllung der Unternehmensaufgabe geprägt ist. Die hierfür erforderliche **Lernfähigkeit und Innovationsbereitschaft** und der über einen reinen ordnungsgemäßen Vollzug der Aufgabe hinausgehende Einsatz für das Unternehmen können jedoch nur sehr bedingt lohnpolitisch, also „von außen", erzeugt werden. Sie erfordern vielmehr **intrinsische Motivation** der Mitarbeiterinnen (vgl. dazu Kap. 9). In dem Zusammenhang erweist es sich als prekär, dass in einer Reihe von Untersuchungen gefunden wurde, dass Lohnanreize unter bestimmten Umständen sogar intrinsische Motivation zerstören können (Deci und Flaste 1995; Frey 1997). Derartige Auswirkungsmöglichkeiten extrinsischer Anreize mahnen eine grundlegende Überprüfung der Entlohnungspraxis an. Der Zusammenhang zwischen extrinsischen monetären Anreizen und intrinsischer Motivation wird in Kap. 9 genauer beleuchtet.

2. **Tarifpolitik**

Auf tarifpolitischer Ebene werden auf Seiten der Gewerkschaften neue Schwerpunkte erkennbar. Die quantitative **Lohnerhöhungspolitik** wird stärker durch qualitative Überlegungen ergänzt. So wird etwa angestrebt, negative Umwelteinflüsse, wie z. B. Schmutz, Lärm und Hitze, eher zu reduzieren statt sie wie bisher üblich zu kompensieren durch entsprechende Lohnzuschläge für außergewöhnliche Belastungen, die über die Arbeitsbewertung ermittelt werden. Ein weiteres typisches Beispiel ist die **Arbeitszeitflexibilisierung** mit dem Ziel, die Zahl der Arbeitsplätze auszudehnen und Belastungen abzubauen. Ergänzt werden diese Akzentverschiebungen durch die Forderung nach Sockellohnerhöhungen, die auf einen überproportionalen Anstieg für die unteren Lohngruppen zielen und damit zu einer Nivellierung der anforderungsbezogenen Unterschiede zwischen den Arbeitsplätzen führen.

Darüber hinaus hat nach wie vor das drängende Problem der Arbeitslosigkeit im Rahmen der Tarifpolitik große Bedeutung. Zur Arbeitsplatzsicherung werden unter anderem Öffnungs- und Revisionsklauseln in Flächentarifverträgen diskutiert, die eine betriebsspezifische Regelung des Lohns bzw. des Entgelts ermöglichen (zum Stand der Öffnungsklauseln Ellguth und Kohaut 2014, 2018).

3. **Führungskräfteentlohnung**

Einen wichtigen Diskussionspunkt stellt zudem die zunehmend separate Betrachtung der Entlohnung von Führungskräften, insbesondere von außertariflichen oder leitenden Angestellten, dar. Während die Entgeltpolitik für die gewerblichen Mitarbeiter und tariflichen

Angestellten zu großen Teilen tarifvertraglich geregelt ist und insoweit nur noch begrenzt in den Entscheidungsbereich der Unternehmen fällt, wird das Entgelt für außertarifliche Führungskräfte in der Regel einzelvertraglich festgelegt und ist von den Vertragspartnern ausgehandelt. Dabei stellen neben den Grund- oder Festbezügen sowie Zusatz- und Sozialleistungen insbesondere die **variablen Entgeltkomponenten** einen zentralen Verhandlungsgegenstand dar. Diese sind – wenn Entgeltpolitik nicht nur als Kostenfaktor, sondern auch als Anreiz- und Führungsinstrument gesehen wird – entsprechend leistungsorientiert gestaltet. Statistisch gesehen erhalten mittlerweile ca. 94 % der Geschäftsführungen in Deutschland variable Bezüge, die bei einer Umfrage im Jahr 2003 im Schnitt bei 27 %, für 2012 bei 34 % und für 2017 bei 35 % des Gesamtgehalts lag (Kienbaum 2012; Kienbaum.com). Der Kienbaum-Studie zufolge erhalten Vorsitzende der Geschäftsführung durchschnittlich 189.000 Euro an Bonuszahlungen pro Jahr, ordentliche Mitglieder der Geschäftsführung ca. 124.000 Euro. Dieses „Entgeltsupplement" erfolgt überwiegend ohne explizit vertragliche Kodifizierung; Bemessungsgrundlage ist in der Mehrzahl der Fälle der Jahresüberschuss, das Betriebsergebnis oder Zuwächse in der Börsenkapitalisierung.

In diesem Zusammenhang wurde in jüngerer Zeit – mit Blick auf die USA – eine Ausrichtung der Führungskräfteentlohnung am sogenannten **Shareholder-Value** diskutiert (Ferstl 2000). Kernidee des Shareholder-Value-Ansatzes ist die Ausrichtung aller Unternehmensaktivitäten auf die Steigerung des Werts des Unternehmens. Dabei wird in der Regel die theoretische Perspektive einer dynamischen Investitionsanalyse eingenommen: Im Interesse einer optimalen, wertsteigernden Allokation der Unternehmensressourcen sollen nur solche Investitionen getätigt werden, die mutmaßlich zur Erhöhung des Unternehmenswertes beitragen (Siegert 1995, S. 580 f.).

Der Bezug zur Entgeltpolitik kann über die Prinzipal-Agenten-Theorie hergestellt werden. Kurz zusammengefasst lautet der Ansatz: Die Kapitaleigner (Prinzipale) agieren in einem Feld asymmetrischer Information und drohen von den angestellten Managern, die durch ihre Tätigkeit über einen Informationsvorsprung verfügen und in ihrem Handeln nur sehr begrenzt kontrollierbar sind, betrogen zu werden. Dem drohenden Betrug und dem dadurch entstehenden Einkommensverlust soll durch eine am Shareholder-Value orientierte Entgeltpolitik, in aller Regel über **Aktionsoptionspläne**, entgegen gewirkt werden, in dem eine partielle Interessenidentität hergestellt wird (Siegert 1995, S. 601; Jensen und Murphy 1990, S. 140 f.; kritisch: Prendergast 1999).

Diese an effizienten Kapitalmärkten ausgerichtete Unternehmenspolitik und die daraus resultierende Vergütungspolitik ist in mehrfacher Hinsicht zu kritisieren. Im Kern lassen sich die folgenden **Hauptkritikpunkte** herausarbeiten:

- Eine einseitige Orientierung am Shareholder-Value honoriert taktisch-operatives Verhalten und kurzfristige Renditeüberlegungen und führt somit zu einer Vernachlässigung längerfristiger strategischer Belange. Es kann zu **Fehlallokationen** kommen.
- Eine direkte Zurechnung von Unternehmenswertsteigerungen auf einzelnen Managementmaßnahmen ist nur selten seriös möglich. Beispielsweise besteht prinzipiell die Möglichkeit, dass Gewinne nicht auf entsprechende Managemententscheidungen, sondern schlicht auf **Glück** bzw. **Zufall** hinsichtlich externer Entwicklungen (wie

Konjunkturzyklen) zurückzuführen sind („windfall profits", „pay for luck", vgl. Bertrand und Mullainathan 2001; Garvey und Milbourn 2006; Goergen und Renneboog 2011). Erinnert sei hier auch an die in Kap. 11 besprochene Tendenz, Führung in dem Sinne zu romantisieren, dass man ihr Übermächte zuschreibt.

- Die Entlohnungspraktiken von Managern werden als **effiziente Marktlösung** („efficient contracting hypothesis") betrachtet, die sich aus dem Zusammenspiel von Arbeitskräfteangebot und Nachfrage ergibt. **Interessenverflechtungen** zwischen Aufsichtsrat und Vorständen („managerial power hypthesis", vgl. Bebchuk et al. 2002; Bebchuk und Grinstein 2005; Frydman und Jenter 2010), eröffnen allerdings erhebliche Handlungsspielräume für Gehaltsaushandlungen (O'Reilly und Main 2010), die sich kaum mehr mit marktbasierten Ansätzen erklären lassen (Goergen und Renneboog 2011; O'Reilly und Main 2010; Osterloh und Rost 2011).
- Betrachtet man das Shareholder-Value-Entlohnungskonzept insgesamt nicht – wie es meist der Fall ist – nur modelltheoretisch, sondern **empirisch**, sieht die Bilanz sehr ernüchternd aus. Ein enger Zusammenhang zwischen Unternehmenserfolg (vor allem Marktwert) und Aktienoptionsplänen ist nicht zu belegen (vgl. zusammenfassend Osterloh 1999).
- Nicht zuletzt ist auf ungeklärte **Gerechtigkeitsfragen** zu verweisen. Die exklusive Verpflichtung der Manager auf die kurzfristigen Interessen der Kapitaleigner macht weitergehende Bemühungen um einen Ausgleich zwischen den verschiedenen Interessengruppen des fokalen Unternehmens obsolet. Der in Kap. 3 dargestellte Stakeholder-Ansatz verlangt eine grundsätzlich andere Orientierung.

Diese Einwände verdeutlichen mithin die normativen aber auch funktionalen Grenzen des Konzeptes und verweisen im Grundsatz zurück auf die Frage des erfolgsorientierten Handelns und dessen **Ergänzungsbedürftigkeit** durch verständigungsorientiertes Handeln, wie sie oben in Kap. 3 (vgl. die Abschn. 3.3 und 3.4) dargelegt wurden. In der jüngeren Debatte wird insbesondere die Frage der Höhe der Managergehälter zunehmend kritisch gesehen und überlegt, ob diese nicht sogar gesetzlich reglementiert werden soll (vgl. Kasten 15.1). Die empirisch feststellbare (relative) Entwicklung von Top-Management-Gehältern (vgl. Kasten 15.2) deutet jedenfalls stark auf eine Schieflage und auf Marktversagen hin, so dass regulierende staatliche Eingriffe nicht nur sinnvoll, sondern auch geboten erscheinen.

Kasten 15.1

Sollen Managerbezüge begrenzt werden?

„Die Entwicklung der Managergehälter, besonders der Vorstandsbezüge in Großunternehmen, hat sich dramatisch von der allgemeinen Einkommensentwicklung abgekoppelt. Der Abstand zum durchschnittlichen Belegschaftsgehalt hat sich innerhalb weniger Jahre mehr als verdreifacht. Bessere Leistungen können als Begründung kaum vorgebracht werden – schon gar nicht dort, wo unfähige Manager mit Millionenabfindungen vorzeitig verabschiedet werden. Zudem zeigt sich in der aktuellen Finanzkrise, dass extrem auf den kurzfristigen Erfolg ausgerichtete Vergütungen eine Ursache für das Eingehen übermäßiger Risiken waren. Die Folgeschäden der Gehaltsexzesse im Topmanagement rechtfertigen es, dass der Gesetzgeber zum Wohle der sozialen Marktwirtschaft darauf hinwirkt, dass über die Vorstandsvergütung wieder verantwortlicher entschieden wird. Genau darum geht es uns: Wir wollen niemandem die Höhe der Managergehälter vorschreiben – aber wir wollen das Verantwortungsbewusstsein in den mitbestimmten Aufsichtsräten der Unternehmen stärken. Die meisten unserer Vorschläge beziehen sich auf das Aktien- und Handelsrecht, das schon heute Vorgaben für die Angemessenheit und Transparenz von Vorstandsvergütungen enthält. Sie wollen wir ergänzen und zudem noch ein steuerpolitisches Zeichen für mehr Verantwortlichkeit setzen: Die Mitfinanzierung von Vorstandsgehältern oder -abfindungen durch die Gemeinschaft der Steuerzahler im Wege des Betriebsausgabenabzugs soll – oberhalb einer Summe von einer Million Euro – künftig eingeschränkt werden (*Joachim Poß, stellvertretender Vorsitzender der SPD-Bundestagsfraktion*)."

Quelle: www.deutsche-handwerks-zeitung.de. Zugegriffen am 08.07.2013

Kasten 15.2

Die Gehaltsschere geht immer weiter auf

„Dax-Vorstände verdienen heute zehnmal mehr als noch vor 30 Jahren. Ob sie ihr Unternehmen erfolgreich führen oder ihre Mitarbeiter davon profitieren hat damit aber nichts zu tun.

Zahlen wie diese schaffen es normalerweise auf die Titelseiten von Boulevard-Zeitungen: 2,5 Tage musste der ehemalige Volkswagen-Chef Michael Müller im Jahr 2017 arbeiten, um so viel zu verdienen, wie ein normaler VW-Mitarbeiter in einem Jahr. Sie sind der Brennstoff, an dem sich die Wut derer entzündet, die nach einer halben Arbeitswoche eben nicht genug verdient haben, um ihre Monatsmiete zu begleichen. Und willkommene Munition für Elitenkritiker, die der Ansicht sind, dass das, was „die da oben" als Arbeitslohn bekommen, sowieso nur noch unanständig ist. (…).

Außerdem zeigt die Auswertung, dass die Vergütung des Vorstands und des restlichen Personals immer weiterauseinander läuft. So nehmen die Dax-Oberen derzeit im Schnitt 58-mal so viel Geld mit nach Hause wie die durchschnittlichen Beschäftigten in den Unternehmen. Vorstandsvorsitzende verdienen sogar 85-mal soviel. 1987 erhielten die Vorstände lediglich das 15-fache des Durchschnittslohns. (…).

Gleichzeitig seien die Vergütungssysteme häufig geändert und immer undurchschaubarer geworden. ‚Mittlerweile haben die Vergütungssysteme eine Komplexität erreicht, die nur noch von Vergütungsexperten und sicherlich nicht von allen Mitgliedern der Aufsichtsräte verstanden werden', so Schwalbach. Da die Gehälter der Mitarbeiter zwar von Vorständen bestimmt werden, jedoch in keiner Weise an die Entwicklung der Vorstandsvergütung gebunden sind, käme es zu der wachsenden Kluft."

Quelle: Wirtschaftswoche, 22. Juni 2018

4. Strategiebezogene Entlohnung

Die Forderung, die Unternehmensaktivitäten stärker strategisch auszurichten, hat auch – wie in Kap. 5 bereits erwähnt – Implikationen für die Entlohnung. Bei der Auswahl adäquater Entlohnungsformen muss aus strategischer Sicht gefragt werden, ob die jeweilige Entlohnungsform geeignet ist, die Umsetzung der angestrebten Strategie zu fördern oder ob sie dazu im Widerspruch steht (Lawler 1990). Für eine solche derivative Anbindung der Entlohnung an die **Unternehmensstrategie** werden in der Literatur verschiedene Möglichkeiten diskutiert (Becker 1990). So wird einerseits vorgeschlagen, die Entlohnungsgrundsätze gemäß der **Lebenszyklusphase** einer strategischen Geschäftseinheit zu wählen. Andererseits zieht man bestimmte Typologien von **Wettbewerbsstrategien** als Grundlage für die Gestaltung der Entlohnung (von Führungskräften) heran. Gemeinsam ist all diesen Ansätzen, dass sie auf einen bestmöglichen „Fit" zwischen Unternehmensstrategie und Entlohnung zielen. Über diesen Gesichtspunkt hinaus müsste aber auch der Einsicht Rechnung getragen werden, dass mit der Wahl einer bestimmten Gestaltungsform der Entlohnung nicht nur die Strategieumsetzung, sondern auch der zukünftige **Strategieformulierungsprozess** entscheidend geprägt wird.

Insgesamt gilt es zu beachten, dass eine zu rigide Orientierung der Entlohnung an der Umsetzung einzelner Unternehmensstrategien die Handlungen der Unternehmensmitglieder so stark kanalisieren kann, dass die für die Strategieformulierung und -sicherung erforderlichen Freiräume für innovatives Denken und die Weiterleitung strategiekritischer Informationen nicht mehr wie erwünscht genutzt werden können. Die Entlohnung – wie auch die gesamte materielle und immaterielle Anreizgestaltung – haben somit sowohl den spezifischen Bedingungen der Strategieumsetzung als auch der Strategieformulierung und -sicherung Rechnung zu tragen. Die Gestaltung der Entlohnung bewegt sich vor diesem Hintergrund – ebenso wie die anderen personalpolitischen Funktionen – im Spannungsfeld von **Vollzug** und **Öffnung**.

5. Gesellschaftliche Diskriminierung

In der breiten Diskussion um die Diskriminierung von Frauen und ethnischen Minderheiten erhält die Lohnpolitik einen immer größeren Stellenwert. An der Lohnpolitik („Leichtlohngruppen", Qualifikationsgewichtung usw.) wird abgelesen, ob und in welchem Umfang eine indirekte Diskriminierung bzw. Privilegierung bestimmter gesellschaftlicher Gruppen vorzufinden ist. Und trotz aller Appelle und (Lippen-)Bekenntnisse finden fast alle empirischen Studien nach wie vor die Tendenz zur indirekten **Vergütungsdiskriminierung** von Frauen (siehe im Überblick Eurofound 2010, sowie Kasten 15.3), jedenfalls dort, wo das Entlohnungssystem einen solchen Spielraum lässt (Blau und Kahn 1996; Hinz und Gartner 2005).

Kasten 15.3

Gender Pay Gap

„Der Gender Pay Gap beschreibt den geschlechtsspezifischen Verdienstunterschied zwischen Frauen und Männern. Man unterscheidet zwischen dem bereinigten und dem unbereinigten Gender Pay Gap.

Unbereinigter Gender Pay Gap. Für den unbereinigten Gender Pay Gap werden die absoluten Bruttostundenverdienste ins Verhältnis zueinander gestellt, ohne die ursächlichen Faktoren für den Gender Pay Gap zu berücksichtigen.

Die Bruttostundenverdienste der Frauen und Männer einer Gruppe (z. B. Altersgruppe, Branche oder Bundesland) werden ermittelt und daraus der Gender Pay Gap anhand folgender Formel berechnet:

((Durchschnittlicher Bruttostundenverdienst der Männer – durchschnittlicher Brutto-stundenverdienst der Frauen) / durchschnittlicher Bruttostundenverdienst der Männer) * 100.

Auf Basis der Daten der vierjährlichen Verdienststrukturerhebung werden Ergebnisse nach den Untergliederungen Alter, Bildungsniveau (ISCED), Leistungsgruppen, Tätigkeit (ISCO-08), Einfluss der öffentlichen Hand, Tarifbindung, Unternehmensgrößenklassen und Wirtschaftsabschnitte berechnet. In den Jahren zwischen zwei Verdienststrukturerhebungen werden die Ergebnisse für die Unter-gliederungen Gebietsstand, Bundesländer, Wirtschaftszweig sowie öffentlicher Dienst/Privatwirtschaft mit den Veränderungsraten aus den Jahresergebnissen der Vierteljährlichen Verdiensterhebungen fortgeschätzt.

Sofern nicht anders vermerkt, werden abhängige Beschäftigungsverhältnisse aller Wirtschaftsabschnitte und Unternehmensgrößen in die Berechnung einbezogen, ausgenommen die Wirtschaftsabschnitte „Land- und Forstwirtschaft, Fischerei", „Öffentliche Verwaltung, Verteidigung; Sozialversicherung", „Private Haushalte mit Hauspersonal" und „Exterritoriale Organisationen und Körperschaften" sowie Unternehmen mit weniger als zehn Beschäftigten. Dies entspricht der einheitlichen Definition des Gender Pay Gap der EU. Entsprechend europäischer Vorgaben wird der unbereinigte Gender Pay Gap seit dem Jahr 1995 für Deutschland, das frühere Bundesgebiet und die neuen Länder berechnet.

Bereinigter Gender Pay Gap. Der bereinigte Gender Pay Gap wird auf Basis der vierjährlichen Verdienststrukturerhebung berechnet. Hier wird jener Teil des Verdienstunterschieds heraus-gerechnet, der auf strukturelle Unterschiede zwischen den Geschlechtergruppen zurückzuführen ist, wie Unterschiede bei Berufen, Beschäftigungsumfang, Bildungsstand, Berufserfahrung oder der geringere Anteil von Frauen in Führungspositionen. Es muss berücksichtigt werden, dass der ermittelte Wert eine Obergrenze ist. Er wäre geringer ausgefallen, wenn weitere Informationen über lohnrelevante Einflussfaktoren für die Analysen zur Verfügung gestanden hätten, wie vor allem Angaben zu Erwerbsunterbrechungen. Der bereinigte Gender Pay Gap wird seit 2006 alle vier Jahre für Deutschland, das frühere Bundesgebiet und die neuen Länder berechnet, um detailliertere Aussagen zu den Verdienstunterschieden von Männern und Frauen treffen zu können. Seit dem Jahr 2014 liegen zudem Ergebnisse zum bereinigten Gender Pay Gap nach Bundesländern sowie für alle Mitgliedsstaaten der EU vor.

> **Deutschland gehört zu den Schlusslichtern in der EU.** Aus den anfangs genannten Bruttostundenverdiensten für Männer und Frauen ergibt sich für das Jahr 2016 ein unbereinigter Gender Pay Gap von rund 21 %. EU-weit – hier beziehen sich die aktuellsten Zahlen auf das Jahr 2015 – zählt Deutschland damit zu den Staaten mit dem höchsten Lohnabstand (2015: 22 %). Lediglich Estland (27 %) und die Tschechische Republik (23 %) verzeichneten ein im Vergleich zu Deutschland höheres Verdienstgefälle. In Österreich verdienten Frauen ebenfalls 22 % weniger als ihre männlichen Kollegen. Über alle Mitgliedstaaten hinweg belief sich der ungewichtete unbereinigte Gender Pay Gap in der Europäischen Union im Jahr 2015 auf rund 16 %.
>
> **Verdienstunterschied u. a. durch ungleiche Besetzung von Positionen.** Der bereinigte Gender Pay Gap wird für Deutschland bzw. für Ost-und Westdeutschland lediglich alle vier Jahre ermittelt. Zuletzt lag er im Jahr 2014 im Bundesgebiet bei 6 %, das heißt, Frauen verdienten auch bei gleicher Qualifikation und Tätigkeit pro Stunde durchschnittlich 6 % weniger als Männer, wobei dieser Wert eine Obergrenze darstellt. Aus dem Ergebnis für den bereinigten Gender Pay Gap folgt, dass in Deutschland fast drei Viertel des unbereinigten Gender Pay auf unterschiedliche arbeitsplatzrelevante Eigenschaften von Männern und Frauen zurückzuführen waren. Zu den wichtigsten Unterschieden zählen dabei die zwischen weiblichen und männlichen Arbeitnehmern unterschiedlich ausfallende Berufs- bzw. Branchenwahl sowie die zwischen den Geschlechtern ungleiche Besetzung von Positionen. Darüber hinaus waren Frauen eher teilzeit- oder geringfügig beschäftigt."
>
> Quelle: www.destatis.de. Zugegriffen am 28.06.2019

Häufig liegt diese Form der Diskriminierung bereits unsichtbar in der Minderbewertung von frauentypischen Tätigkeiten oder Tätigkeitsdimensionen im Rahmen der Arbeitsbewertungssysteme begründet (Krell und Winter 2004; Krell und Tondorf 2004). Wir hatten oben bereits im Rahmen der Personalauswahl auf diese impliziten Formen der Diskriminierung hingewiesen. Cohen und Huffman (2007) zeigen, dass ein Anstieg von Frauen in Managementpositionen den **„gender pay gap"** insgesamt verringern kann, d. h. dass sich auch die Bezahlung von Frauen in Nicht-Management-Tätigkeiten durch deren Präsenz im Management verbessert, insbesondere dann, wenn Frauen Top-Managementpositionen besetzen. Damit wird die Bedeutung eines sogenannten „glass ceiling" noch einmal in einer anderen Weise deutlich: sie verhindert nicht nur den Aufstieg von Frauen in Führungspositionen, sondern verhindert auch eine schnellere Angleichung der Bezahlung von Frauen in Nicht-Management-Positionen. Auch wenn also insgesamt die Angleichung der Gehälter nur langsam voranschreitet, lassen sich mitunter auch entgegengesetzte Bewegungen beobachten, d. h. dass Frauen in Top-Position (insbesondere in den USA) ein „female premium" (Leslie et al. 2017) erhalten und es somit vereinzelt zu einem „gender gap reverse" kommt. Leslie et al. (2017) führen dies u. a. auf die durch Gleichstellungspolitik induzierte erhöhte Nachfrage nach Top-Managerinnen zurück, die deshalb im Segment der High-Potential-Beschäftigten ihren Knappheitsvorteil in höhere Gehälter umsetzen könnten.

15.4 Entlohnung und Motivation

Mit der Entlohnung ist, das haben die bisherigen Ausführungen deutlich gemacht, neben dem Abgleich der vertraglich erbrachten Leistungen eine Reihe **weiterer Funktionen** verbunden: Sozialer Ausgleich, Bewertung von Qualifikationen, gesellschaftspolitische Zielsetzungen usw. Am häufigsten aber wird als Zusatzfunktion die Motivation ins Feld geführt. Über die Beziehung zwischen Entlohnung und Motivation wird dabei viel spekuliert, ohne dass den notwendigen Grundlagen immer genügend Beachtung geschenkt wird. Schon die in Kap. 9 vorgestellten Motivationstheorien haben klargestellt, dass eine **dauerhafte Arbeitsmotivation** nicht durch externe Anreize, sondern nur aus der Arbeit selbst resultieren kann (intrinsische Motivation).

Wie gezeigt, gewinnt die intrinsische Motivation der Mitarbeiter nicht zuletzt durch die veränderte Arbeitslandschaft zunehmend an Bedeutung. Vor dem Hintergrund dynamischer Märkte mit hohem Innovations- und Kostendruck stellen eigenständig, flexibel und vorausschauend agierende Mitarbeiter, die sich „um der Sache willen" mit ihrem ganzen Wissen und ihrer gesamten Problemlösungsfähigkeit für das Unternehmen engagieren, mehr denn je einen entscheidenden Wettbewerbsfaktor dar (Pfeffer 1994).

Neuere Untersuchungen verweisen – wenn auch nicht einheitlich – auf einen Widerspruch. Extrinsische Anreize – wie z. B. Geld – können unter bestimmten Umständen intrinsische Motivation zerstören bzw. untergraben. Incentivgesteuerte Entlohnung wäre in diesen Fällen dann sogar als motivations- und damit im Extrem sogar als leistungsmindernd einzustufen (Frey 1997). Dieses Phänomen wird in der Psychologie als **„psychologischer Verdrängungseffekt"** („crowding out") oder „verborgene Kosten der Belohnung" („hidden costs of reward") bezeichnet (Lepper und Greene 1978; Deci 1975, S. 129 ff.).

Die wichtigsten Erkenntnisse aus den einschlägigen Veröffentlichungen können zu den folgenden Punkten verdichtet werden (vgl. auch Deci et al. 1999):

1. Zunächst lassen sich zwei Bedingungskonstellationen unterscheiden, in denen eine „Zerstörung" oder „Untergrabung" intrinsischer Motivation durch extrinsische Anreize – ein „Crowding-out" – besonders wahrscheinlich ist (zu diesen und weiteren Bedingungen vgl. Frey 1997, S. 32 ff.):
   - Hierzu zählt zum einen das Problem der **Überrechtfertigung** einer Aktivität: Wird eine Person für eine Aktivität extrinsisch belohnt, die sie aufgrund intrinsischer Motivation ohnehin ausgeführt hätte, so verliert die intrinsische Motivation ihre Funktion und wird abgebaut, um eine Überrechtfertigung der Tätigkeit zu vermeiden. So konnte man zum Beispiel in Laborexperimenten beobachten, dass Personen, die für eine Tätigkeit entlohnt werden, die sie zunächst ohne extrinsische Anreize allein um ihrer selbst willen ausgeübt hatten, diese Tätigkeit nach Entzug dieser Belohnung nicht mehr oder nur in beschränktem Umfang ausüben. Die intrinsische Motivation wurde im Zuge der Belohnung durch eine extrinsische Motivation ersetzt. Nach einem Wegfall der extrinsischen Motivation besteht dann kein intrinsischer Handlungsanreiz mehr (vgl. hierzu z. B. Deci 1971).
   - Ein zweites Problemfeld bilden Beziehungen, die auf einer **impliziten Norm der Gegenseitigkeit** beruhen: So kann z. B. eine Art implizites Abkommen zwischen Mitarbeiter und Vorgesetzten bestehen, demzufolge die Leistungen von Mitarbeitern

durch entsprechendes Vertrauen und entsprechende Wertschätzung von Vorgesetzten honoriert werden. Diese zunächst gleichgewichtige Beziehung kann durch den Einsatz extrinsischer Anreize gestört werden, wenn sich die Mitarbeiter durch diese Anreize kontrolliert oder zu Mehrleistung aufgefordert fühlen.

Beide Problemfelder, d. h. sowohl die Überrechtfertigung einer an sich intrinsisch motivierten Aktivität als auch die Verletzung einer impliziten Norm der Gegenseitigkeit, sind besonders dann als kritisch und als für die intrinsische Motivation gefährlich einzustufen, wenn die Mitarbeiter durch die extrinsischen Anreize ihre **Selbstbestimmung** oder ihr **Selbstwertgefühl** in Frage gestellt sehen.

2. Trotz dieser problematischen Wirkungen darf nicht übersehen werden, dass jeder Lohnanreiz auch einen **informativen Aspekt** hat, der für die Leistungsmotivation bedeutsam sein mag. Er kann von Mitarbeitern als Bestätigung ihrer Kompetenz bzw. ihres Selbstwertgefühls verstanden werden und somit ihre intrinsische Motivation stärken. So werden ja z. B. Sportler oder Künstler durch den Empfang einer Auszeichnung oder eines Preises in der Regel nicht demotiviert, sondern vielmehr noch zu weiteren Anstrengungen und neuen Höchstleistungen motiviert. Das Verhältnis des Lohns zu den beiden Motivationsformen ist also durchaus komplex und entzieht sich einer allzu einfachen Pauschalisierung. Natürlich wollen auch intrinsisch motivierte Personen gut bezahlt werden.

In jüngerer Zeit werden auch – und in Ergänzung zur Grundentlohnung – die Wirkungen und Einsatzmöglichkeiten von symbolischen Formen der „Entlohnung" diskutiert. „Dazu zählen insbesondere Auszeichnungen, die ergänzend zum Einsatz kommen können, um besondere Leistungen innerhalb von Unternehmen zu würdigen. Diese Anerkennungsprogramme sollen Unternehmen in letzter Konsequenz dazu verhelfen, strategische Wettbewerbsvorteile zu generieren und zu erhalten (Gallus und Frey 2016)." Die zentrale Überlegung dabei ist, dass Auszeichnung zwar genuin extrinsische Formen der Anerkennung darstellen, jedoch zugleich eben nicht materiell, sondern symbolisch sind. Ihnen wird deshalb die Möglichkeit zugeschrieben, gleichermaßen Wachstums-, Autonomie- und relationale Bedürfnisse zu befriedigen (vgl. dazu Kap. 9). Frey und Gallus (2017) unterscheiden konfirmatorische und diskretionale Formen der Auszeichnung. Erstere sind oftmals in Unternehmen stark routinisiert und basieren in der Regel auf ex ante klar festgelegten Erfolgskriterien (z. B. erreichte Verkaufszahlen), wohingegen diskretionalen Auszeichnungen ex post für besondere, bereits gezeigte Leistungen vergeben werden können, und es somit im Ermessensspielraum der Auszeichnenden liegt, wer, wann, für welche Leistung, mit welcher Begründung ausgezeichnet werden soll. Zudem werden Auszeichnungen oftmals nicht ausschließlich immateriell vergeben, sondern sind dann doch wieder mit monetären Preisen verbunden, wodurch die gewünschten Effekte wieder unterminiert werden können. Letztlich wird die Wirkungsweise von Auszeichnungen in Unternehmen grundlegend von der Unternehmenskultur bedingt sein: In einer Kultur, in der symbolische Formen der Anerkennung eher als ein weiteres Indiz für Lohndumping gesehen werden („Alles für die Katz!"), werden Auszeichnungen allenfalls Sarkasmus, aber keine positiven motivationalen Wirkungen entfalten können.

15.5 Entlohnung und Lohnzufriedenheit

Neben der Motivation ist die Kenntnis der Ursachen der Lohn(un)zufriedenheit der Mitarbeiter für die Wahrnehmung der Managementaufgaben im Kontext der Funktion Personaleinsatz von großer Bedeutung.

Zu der Frage der Lohnzufriedenheit gibt es eine Vielzahl von Einzelbefunden aus empirischen Arbeiten, die relativ lose und häufig ohne expliziten theoretischen Hintergrund nebeneinander stehen. Wir wollen daher auch hier, wie in den anderen Kapiteln auch, einen theoretischen Rahmen voranstellen, in den die Befunde sinnvoll integriert werden können und der eine Erklärung der meist nur black-box-artig behaupteten Zusammenhänge zulässt.

15.5.1 Determinanten der Lohnzufriedenheit

Lawler hat ein anschauliches Grundlagenmodell entwickelt, das uns im Folgenden zur Erklärung der Lohn(un)zufriedenheit dienen soll (Lawler 1971). Zur Konzeptualisierung von „Lohnzufriedenheit" greift Lawler auf den Diskrepanzansatz zurück und verknüpft ihn auf instruktive Weise mit der sogenannten „Equity-Theorie". Die **Equity-Theorie** stellt auf den **sozialen Vergleich** ab und postuliert, dass Individuen nach einem Verhältnis von Aufwand und Ertrag streben, das dem (perzipierten) Aufwand-Ertrags-Verhältnis relevanter Bezugspersonen gerade entspricht (Adams 1965). Im Kern geht es also um ein subjektives Gerechtigkeitsgefühl (vgl. dazu im Einzelnen Folger und Cropanzano 1998). Positive oder negative Abweichungen von diesem Gleichgewicht werden als unangenehm oder eben ungerecht empfunden. Der Diskrepanzansatz erklärt Zufriedenheit unter Einbezug anspruchsniveautheoretischer Elemente aus der Differenz zwischen dem, was eine Person berechtigterweise glaubt fordern zu können, und dem, was sie tatsächlich erhält. Diesem Muster entsprechen die zwei Basiselemente des Lohnzufriedenheitsmodells:

a) **Soll-Verdienst:** das ist der Verdienst, den eine Person nach Abwägung der Umstände für sich berechtigterweise glaubt fordern zu können.
b) **Ist-Verdienst:** das ist der tatsächlich empfangene Verdienst, wie ihn das Individuum perzipiert.

Wie Abb. 15.4 zeigt, sind je nach Ausprägung prinzipiell **drei Zufriedenheitszustände** als Folge möglich:

1. Der Soll-Verdienst entspricht dem Ist-Verdienst; Ergebnis: Lohnzufriedenheit.
2. Der Ist-Verdienst liegt unter dem Soll-Verdienst; Ergebnis: Lohnunzufriedenheit.
3. Der Ist-Verdienst liegt über dem Soll-Verdienst; Ergebnis: Unbehaglichkeit, Schuldgefühle.

15.5 Entlohnung und Lohnzufriedenheit

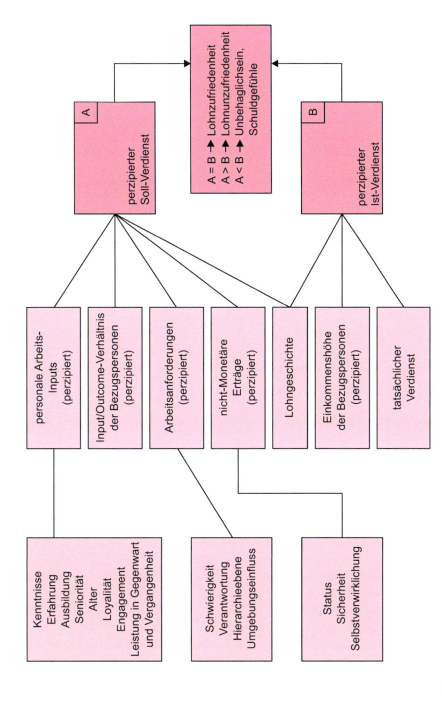

Abb. 15.4 Determinanten der Lohnzufriedenheit. (Quelle: Lawler 1971, S. 215 (modifiziert))

Die dritte der genannten Möglichkeiten erscheint auf den ersten Blick etwas unwahrscheinlich, ja sogar im deutlichen Gegensatz zu dem, was gemeinhin über die Entlohnung gedacht wird. Man denke jedoch an eine gut integrierte Arbeitsgruppe, in der alle Mitglieder vergleichbare Aufgaben ausführen, eines aber mehr als die anderen verdient. In Experimenten ließen sich solche **„Überbezahltheitsgefühle"** erfolgreich nachweisen. Allerdings ist das Gefühl der Überbezahlung bei den Individuen häufig nur vorübergehend bedeutsam, die Perzeptionen werden nach einiger Zeit an die Situation angepasst. Dies geschieht z. B., indem sie ihre Leistungen (nach und nach) für so wertvoll einschätzen, dass sie die hohe Bezahlung doch als gerechtfertigt ansehen. Eine solche Anpassung der Perzeptionen tritt bei Unterbezahlung wesentlich seltener auf. Hier kann die Unzufriedenheit häufig nur durch tatsächliche Änderungen der „objektiven" Arbeitssituation – etwa in Form einer höheren Bezahlung oder eines Arbeitsplatzwechsels – reduziert werden. Das Gefühl der Unterbezahlung weist also gegenüber dem der Überbezahlung einen stabileren Charakter auf und lässt sich demgemäß schwieriger abbauen (vgl. auch Lawler 1981, S. 12).

Welche Faktoren bestimmen nun im Einzelnen den Soll-Verdienst und welche den Ist-Verdienst? (vgl. im Folgenden Abb. 15.4)

Perzipierter Ist-Verdienst
Der **faktische Verdienst** einer Person ist zwar der wesentlichste, aber nicht der allein entscheidende Bestimmungsfaktor für den „perzipierten Ist-Verdienst". Weitere Determinanten sind die Zahlungsreihen der in der **Vergangenheit** empfangenen Löhne (die „Lohngeschichte") und das (perzipierte) Einkommen von **Bezugspersonen**. Dabei gelten folgende Zusammenhänge:

- Je höher der in der Vergangenheit bezogene Verdienst war, umso geringer wird der gegenwärtige Verdienst erscheinen.
- Je höher das Einkommen der Bezugspersonen liegt, desto geringer erscheint die eigene Lohnsumme. Dieselbe Menge Geld kann somit von verschiedenen Personen als unterschiedlich hoch empfunden werden.

Perzipierter Soll-Verdienst
Ebenfalls eine Reihe von Einflussfaktoren bestimmt den perzipierten Soll-Verdienst, d. h. die Summe, die eine Person nach Abwägung der Umstände berechtigterweise erwarten zu können glaubt. Lawler nennt folgende Faktoren (vgl. Abb. 15.4):

Persönlicher ArbeitsInput
Der vermutlich wichtigste Einflussfaktor ist der ArbeitsInput, wie er sich aus der Sicht des Individuums darstellt. Input ist hier in einem **sehr weiten Sinne** zu verstehen. Darunter fallen neben den eingebrachten Fähigkeiten und Fertigkeiten die ganzen arbeitsrelevanten Verhaltensweisen wie: in Gegenwart und Vergangenheit erbrachte Leistung,

Loyalität, Dauer der Betriebszugehörigkeit, aber auch solche Faktoren wie Alter, Geschlecht, in der Vergangenheit erworbene Verdienste, Besuch von Weiterbildungsveranstaltungen, Ausbildung, Schulabschluss usw. Die Faktoren überlappen sich zum Teil, haben aber dennoch alle ihre eigenständige Bedeutung. Insgesamt gilt: Je höher eine Person ihren ArbeitsInput veranschlagt, umso höher liegt auch der erwartete Lohn.

Perzipierte Arbeitsanforderungen
Als weiterer Einflussfaktor kommen natürlich die Arbeitsanforderungen in Frage und zwar wiederum – nachdem es sich ja um ein Zufriedenheitsmodell handelt – aus der **subjektiven Sicht** des Individuums. Geläufige Anforderungsarten sind: Schwierigkeit, körperliche und geistige Belastung, Verantwortung, Umgebungseinflüsse. Es sei darauf hingewiesen, dass sich Arbeitswerte, wie sie sich nach der analytischen Arbeitsbewertung ergeben, oder Lohnstufen, wie sie sich in der summarischen Arbeitsbewertung finden, keineswegs mit den von dem Individuum wahrgenommenen Arbeitsanforderungen decken müssen. Als weitere Anforderungskriterien kommen z. B. in Frage: hierarchische Ebene oder Zeitspanne der Rückkoppelung der Arbeitsergebnisse. Die Wirkungsrichtung ist klar: Je höher eine Person ihre Arbeitsanforderung veranschlagt, umso höher liegen ihre Lohnerwartungen. Berücksichtigt das Lohnsystem die Arbeitsanforderungen nicht oder nur geringfügig, dann werden diejenigen, die sich mit hohen Anforderungen konfrontiert sehen, unzufriedener sein als jene, die ihre Arbeitsanforderungen gering veranschlagen.

Lohngeschichte
Eine dritte Einflussgröße ist die „Lohngeschichte". Als Annahme liegt dabei zugrunde, dass Personen im Laufe ihrer Entwicklung, als Teil ihres Selbstkonzepts, Vorstellungen darüber entwickeln, was sie „wert" sind. Personen, die auf eine Geschichte hoher Löhne zurückblicken, veranschlagen ihren „Wert" hoch und erwarten infolgedessen auch einen relativ hohen Verdienst.

Nicht-monetäre Erträge
Ebenfalls von großer Bedeutung für die Veranschlagung des Erwartungsverdienstes sind die nicht-monetären Bedürfnisbefriedigungsmöglichkeiten, die die Arbeit bietet. Zu denken ist hier sowohl an die Möglichkeit zur Entfaltung und zu personalem Wachstum als auch an Aspekte wie Sicherheit, Status und Sozialprestige (vgl. ausführlicher Ondrack 1995). Nichtmonetäre Erträge können partiell als Substitute für monetäre Erträge angesehen werden. Je mehr nicht-monetäre Bedürfnisbefriedigungsmöglichkeiten eine Arbeit bietet – und vorausgesetzt, diese werden als Substitute akzeptiert –, desto geringer wird ceteris paribus die Höhe des Soll-Verdiensts veranschlagt. Mit diesem Faktor kann erklärt werden, warum manche Personen trotz relativ geringer Bezahlung und hoher Arbeitsbelastung dennoch mit ihrem Verdienst zufrieden sind, wie z. B. Pastoren oder (unbekannte) Schauspieler (zur Bedeutung nicht-monetärer Auszeichnungen vgl. auch Frey und Neckermann 2006).

Sozialer Vergleich

Die letzte Einflussgröße stellt im Anschluss an die erwähnte Equity-Theorie auf den sozialen Vergleich ab. Zur Bestimmung des Soll-Verdiensts ziehen demnach die Individuen nicht nur ihre eingebrachten Inputs, Arbeitsanforderungen usw. heran, sondern auch das **Aufwands- und Ertragsverhältnis** von Referenzpersonen. Je höher die Erträge der Referenzpersonen in Relation zu ihren Inputs stehen, umso höher wird das Individuum seinen Soll Verdienst veranschlagen. Besonders bedeutsam ist hier, dass es wiederum nicht um das faktische Aufwands- und Ertragsverhältnis der Referenzpersonen geht, sondern um seine Perzeption. Bleibt die eigene Relation hinter der der Bezugsperson zurück, so entsteht Lohnunzufriedenheit.

Soziale Faktoren

Für deutsche Verhältnisse wird man als weitere Komponente soziale Faktoren mit hinzunehmen müssen. Dazu zählen – in Analogie zu den oben vorgestellten Grundelementen der betrieblichen Lohnfindung – etwa familiärer Status, Zahl der Kinder, Alter etc.

15.5.2 Empirische Befunde

Die im Folgenden überblicksartig zusammengefassten Befunde sind immer unter sonst gleichen Umständen (c. p.) zu verstehen (siehe dazu Lawler 1971, S. 221 ff.; Morgeson et al. 2001):

Geschlecht

Frauen sind in der Regel mit ihrer Entlohnung zufriedener als Männer. Die höchste Zufriedenheitsrate bei Frauen zeigte sich dort, wo Frauen und Männer gleichen Lohn für gleiche Arbeit erhielten. Im Rahmen des Modells ist dieser Sachverhalt in der Weise erklärbar, dass in unserer Gesellschaft die Tatsache, ein Mann zu sein, immer noch als höherer Input angesehen wird.

Hierarchie-Stufe

Eine Reihe von Untersuchungen kann die Annahme stützen, dass mit steigender hierarchischer Stufe die Unzufriedenheit mit der Entlohnung steigt. Die jüngsten exorbitanten Steigerungen von Managergehältern in Deutschland könnten ein weiteres Indiz für die Triftigkeit dieser Befunde sein. Als Hauptursache wird immer wieder die als grobe Ungerechtigkeit empfundene relative Benachteiligung gegenüber Managergehältern anderer Länder genannt.

Nicht-monetäre Outcomes

Personen, die eine Reihe positiver nicht-monetärer Outcomes (Nutzen) empfangen, sind mit ihrer Bezahlung zufriedener als Personen mit nur geringen nicht-monetären Outcomes. Je mehr Autonomie im Arbeitsvollzug möglich war, je besser die Beziehungen zu den Vorgesetzten und je großzügiger die Förderungsmaßnahmen waren, desto größer war die Zufriedenheit mit der Entlohnung.

Sozialer Vergleich
Vergleiche führen in der Logik des Modells dann zur Unzufriedenheit, wenn die „Input-Outcome"-Relation der Bezugsperson(en) günstiger zu sein scheint. Dieser Aspekt ist auch im Hinblick auf die häufig geübte Praxis der Lohngeheimhaltung von Bedeutung. Bei geheimgehaltenen Löhnen fehlen genaue Informationen für den Vergleich. Lawler weist in diesem Zusammenhang auf das Phänomen hin, dass der Verdienst von Vergleichspersonen sehr häufig nach einem ganz bestimmten Muster falsch eingeschätzt wird. Zum einen wird den (externen und internen) Vergleichspersonen meist ein zu hoher Verdienst zugesprochen, was die Unzufriedenheit mit dem eigenen Verdienst fördert. Zum anderen wird die Leistung anderer Personen gerne unterschätzt, so dass die Individuen ihre eigenen Leistungen vergleichsweise höher einstufen und somit eine höhere Bezahlung erwarten (vgl. auch Lawler 1981, S. 14 f). Die Frage ist dabei somit auch immer, mit wem man sich konkret vergleicht. Auf der Basis eines Surveys zeigen Clark und Senik (2010), dass die meisten Personen sich erwartungsgemäß mit den unmittelbaren Kolleginnen und Kollegen vergleichen. Ein wenig überraschend ist allerdings, dass die Personen, die als **Vergleichsreferenz** den Kollegenkreis angeben, im Durchschnitt zufriedener sind, als solche die andere soziale Vergleichspersonen (zum Beispiel Freunde) haben. Die Autoren liefern selbst keine Erklärung für ihren Befund. Eine solche könnte darin liegen, dass bei der freien Wahl von Vergleichspersonen tendenziell jene mit einem relativ hohen Outcome ausgewählt werden, während über den Input eher Vermutung angestellt werden müssen, da es ja Freunde, und keine Arbeitskollegen sind, mit denen man sich ansonsten aber auf „Augenhöhe" sieht, so dass deren Leistung tendenziell nivelliert wird, wie dies auch schon von Lawler in Rechnung gestellt wurden.

Im Kontext der Problematik des sozialen Vergleichs muss auch die Debatte zur **Offenlegung der Managergehälter** gesehen werden. Nicht wenige vermuten, dass die Offenlegung einen unerwünschten Nebeneffekt hat, nämlich eine Nivellierung nach oben (Benz und Stutzer 2003).

Unabhängig davon wurde im Jahr 2005 das Vorstandsvergütungs-Offenlegungsgesetz (VorstOG) verabschiedet, wonach börsennotierte Aktiengesellschaften die Vorstandsgehälter im Vergütungsregister offenlegen müssen. § 286 Absatz 4 VorstOG sieht allerdings vor, dass die verlangten Angaben unterbleiben können, sofern dies die Hauptversammlung mit mindestens drei Viertel des bei der Beschlussfassung vertretenen Grundkapitals beschließt.

Zudem hat der Gesetzgeber in Deutschland das am 6. Juli 2017 in Kraft getretene Gesetz zur Förderung der Transparenz von Entgeltstrukturen (kurz: Entgelttransparenzgesetz, EntgTranspG) erlassen, mit dem Arbeitnehmerinnen und Arbeitnehmern in Unternehmen mit mehr als 200 Beschäftigten ein Auskunftsanspruch eingeräumt wird, das Bruttogehalt und bis zu zwei weitere einzelnen Entgeltbestandteile einer gleichwertigen Tätigkeit zu erfahren. Das Gesetz verbietet explizit eine unmittelbare oder mittelbare

Benachteiligung aufgrund des Geschlechts im Hinblick auf alle Entgeltbestandteile und -bedingungen bei gleicher oder gleichwertiger Arbeit. Außerdem werden Unternehmen mit mehr als 500 Beschäftigten aufgefordert, ihrer Entgeltpolitik regelmäßig auf die Einhaltung des Entgeltgleichheitsgebotes zu prüfen und zu dokumentieren. Die Implementierung des Gesetzes stößt allerdings noch auf weitgehende Zurückhaltung (vgl. Kasten 15.4).

Kasten 15.4

Gesetz für mehr Lohngerechtigkeit wirkt bisher nicht

„Das vor eineinhalb Jahren in Kraft getretene Entgelttransparenzgesetz soll die gleiche Bezahlung von Frauen und Männern vorantreiben. Doch die Regelungen für mehr Lohngerechtigkeit werden noch selten angewendet, wie das Wirtschafts- und Sozialwissenschaftliche Institut (WSI) der gewerkschaftsnahen Hans-Böckler-Stiftung berichtet. Das Gesetz zeige bisher „keine spürbaren Effekte", heißt es in der am Freitag veröffentlichten Studie. Arbeitgeber mit mehr als 200 Beschäftigten müssen diesen seit Januar 2018 auf Anfrage erläutern, nach welchen Kriterien sie wie bezahlt werden.

‚Offenbar fühlte sich nur ein kleiner Teil der Betriebe von der Aufforderung angesprochen, im Betrieb für Entgeltgleichheit zu sorgen', kritisieren die Autoren der Studie, für die Antworten aus der WSI-Betriebsrätebefragung ausgewertet wurden. In nur zwölf Prozent der Betriebe sei die Geschäftsführung von sich aus aktiv geworden, um das Gesetz umzusetzen. In mittelgroßen Betrieben mit 201 bis 500 Beschäftigten habe nur knapp ein Fünftel (19 Prozent) der Firmenleitungen etwas unternommen.

Auch die Beschäftigten zögerten noch, ihren Auskunftsanspruch wahrzunehmen. Nur in 13 Prozent der mittelgroßen Betriebe habe sich mindestens eine Person an den Betriebsrat gewandt, um ihr Gehalt überprüfen zu lassen. Diese Entwicklung hatte sich schon im vergangenen Sommer angedeutet, wie die F.A.Z. damals berichtet hat. Bei großen Betrieben seien es immerhin 23 Prozent. Zu ähnlichen Ergebnissen war eine Befragung von Personalleitern durch das ifo-Institut und den Personalvermittler Randstad gekommen. Danach haben nur in knapp 10 Prozent der befragten Unternehmen Beschäftigte von ihrem Auskunftsanspruch Gebrauch gemacht.

Die Autoren der WSI-Studie sprachen sich für strengere Auflagen und spürbare Sanktionen im Entgelttransparenzgesetz aus. Die gebe es nämlich bisher nicht."

Quelle: faz.de. Zugegriffen am 11.01.2019

Abschließende Bemerkung: Anzufügen bleibt noch, dass die Diskussion um Lohn(un)zufriedenheit die Lohnfrage aus **subjektiver** Sicht behandelt, sie fragt also unter welchen Umständen Arbeitnehmerinnen und Arbeitnehmer in unserer jetzigen historischen Situation mit ihrem Lohn (un)zufrieden sind. Diese Betrachtung darf nicht verwechselt werden mit der normativen Diskussion um den gerechten Lohn. Letztere zielt – wie oben ausführlich dargestellt – auf einen **objektiven** (überindividuellen) Sachverhalt, nämlich auf eine

15.5 Entlohnung und Lohnzufriedenheit

rechtfertigbare Verteilung des Volkseinkommens und eine gerechtfertigte individuelle Lohndifferenzierung.

Diskussionsfragen

1. Wie lässt sich das gesellschaftliche Interesse am Thema Entlohnung begründen?
2. Warum lässt sich die Frage der Lohngerechtigkeit nur in einem auf Verständigung ausgerichteten Diskurs beantworten?
3. Ist der Zeitlohn noch zeitgemäß?
4. „Manager sollen wie Beamte bezahlt werden!" Mit dieser Forderung hat der Schweizer Ökonom Bruno Frey für Aufsehen gesorgt. Würden Sie zustimmen?
5. Warum erscheint eine anforderungsbezogene Lohnsatzdifferenzierung für neuere Formen der Gruppenarbeit als wenig zweckmäßig und welche alternativen Entlohnungsformen bieten sich an?
6. Was ist unter sog. Öffnungsklauseln zu verstehen und inwiefern sind diese für die Unternehmensführung von Bedeutung?
7. Was versteht man unter dem „Crowding-out-Effekt" und in welchen Situationen gilt das Eintreten dieses Effektes als besonders wahrscheinlich?
8. Welcher Grundgedanke unterliegt einer Ausrichtung der Führungskräfteentlohnung am sogenannten „Shareholder-Value" und inwiefern muss diese Orientierung als problematisch erscheinen?
9. Empirische Untersuchungen finden ein „gender pay gap". Welche Ursachen lassen sich dafür anführen?
10. Welche Faktoren bestimmen die Lohnzufriedenheit?
11. Ist mit der Schaffung von subjektiver Lohnzufriedenheit Lohngerechtigkeit erreicht?
12. Welche Argumente sprechen für die Offenlegung von Vorstandsgehältern, welche sprechen dagegen?
13. Welche Gründe lassen sich anführen, dass die Implementierung des Entgelttransparenzgesetztes seit Einführung so zögerlich verläuft?

Fallstudie: Autotelefon AG

Frau Weiß blickt etwas nervös auf ihre Uhr. In wenigen Minuten soll sie ihren Vorschlag für ein neues Entlohnungssystem bei der Autotelefon AG präsentieren. Als gelernte Diplomkauffrau mit dem Schwerpunkt Personal ist sie dort seit einem halben Jahr in der Personalabteilung tätig, und die Ausarbeitung dieses Entlohnungssystems für die bereits beschlossene und seit drei Monaten im Rahmen eines Pilotprojektes getestete Einrichtung produktorientierter Arbeitsgruppen in der Fertigung stellt ihren ersten größeren Projektauftrag dar. Das Projekt gewinnt insofern an Brisanz, als die vorgesehene Arbeitsumgestaltung im Unternehmen noch sehr kontrovers diskutiert wird. Dies gilt auch für die damit verbundene Entlohnungsproblematik.

Frau Weiß eröffnet ihre Präsentation mit einer kurzen Darstellung der Zielsetzungen, die hinter der Arbeitsumgestaltung und dem damit verbundenen neuen

Entlohnungssystem stehen: "Wie Sie alle wissen, wollen wir mit den neuen produktorientierten Arbeitsgruppen nicht nur die Produktentwicklungszeit verkürzen, sondern auch die Qualität unserer Erzeugnisse erhöhen. Nur so können wir, als Zulieferer der Automobilindustrie, gegenüber den Anbietern aus Japan weiterhin konkurrenzfähig bleiben und in unserer sehr schnelllebigen Branche bestehen. Aber die Einrichtung teilautonomer Arbeitsgruppen alleine genügt nicht. Die Mitarbeiter müssen zudem durch eine entsprechende Gestaltung der Entlohnung angeregt werden, sich für die Erreichung dieser Ziele auch engagiert einzusetzen.

Hierfür schlage ich eine Zweiteilung des Lohns in einen fixen Basislohn – in etwa 80 % des bisherigen Lohns – und eine variable Zusatzprämie vor. Während sich der fixe Bestandteil an der unternehmensinternen Einordnung/Positionierung des Arbeitsplatzes orientiert, soll die Höhe des variablen Teils von der Leistung der Arbeitsgruppe sowie der gesamten Unternehmung bestimmt werden. Relevante Kriterien könnten hier beispielsweise Qualität, Kosten oder Zeitbedarf sein. Man könnte allerdings auch Umwelt- oder Sicherheitsaspekte mitberücksichtigen. Erst durch eine derartige Berücksichtigung der Gruppenleistung in der Entlohnung jedes Einzelnen können wir meines Erachtens die Potenziale der Arbeitsgruppen voll ausschöpfen. Da aber für das Unternehmen letztendlich nicht die Leistung einer einzelnen Gruppe zählt, sondern zudem eine gute Kooperation der einzelnen Arbeitsgruppen von großer Bedeutung ist, muss auch die Gesamtunternehmens-/Werksleistung in die Lohnfindung miteinbezogen werden."

Hier unterbricht sie Herr Hoffmann, Leiter der Forschungs- und Entwicklungsabteilung, mit folgender Wortmeldung: "Das klingt zwar alles recht schön, aber wie soll man mit einem solchen Entlohnungssystem noch hoch qualifizierte Ingenieure gewinnen? Diese arbeiten nun einmal weitgehend individuell und im Durchschnitt mehr als andere Gruppenmitglieder. Ihre überdurchschnittliche Leistung könnte so nicht mehr gebührend honoriert werden. Zudem müssen sie durch diese neue Form viel zu viel Zeit und Energie für Diskussionen mit anderen Gruppenmitgliedern aufwenden und werden dadurch von ihren wichtigen Forschungs- und Entwicklungstätigkeiten abgehalten."

Auch Herr Melkner, als Vertreter der Mitglieder des Pilotprojekts, meldet Bedenken an: "Das Projekt läuft eigentlich ganz gut an. Somit halte ich diese Art sich größtenteils selbst organisierender Arbeitsgruppen für eine zukunftsträchtige – ja vielleicht sogar für die zukünftig einzig mögliche – Form der Arbeitsgestaltung! Die Ingenieure müssen sich da eben nur noch dran gewöhnen. Dennoch wurden im Rahmen der Testphase bei den Gruppenmitgliedern – insbesondere im Hinblick auf eine möglicherweise geplante gruppenbezogene Entlohnung – teilweise schon einige Bedenken laut: So scheint teilweise die Befürchtung zu bestehen, dass durch eine gruppenbezogene Entlohnung die Möglichkeit verloren geht, durch überdurchschnittliche Leistung eine "saftige Lohnzulage" zu erzielen; dieses Argument geht ja durchaus in die Richtung des Beitrages von Herrn Hoffmann. Auch befürchtet man, unter Umständen für ,Faulpelze' in der Gruppe mitarbeiten zu müssen, ohne dafür entsprechend entlohnt zu werden."

"Diese Problematik" – so mischt sich Herr Schwind ins Gespräch – *"besteht meines Erachtens nicht nur auf Gruppen- sondern, in übertragener Form, auch auf Unternehmensebene. Dadurch, dass die Entlohnung an die Gesamtunternehmensleistung geknüpft wird, zahlt sich überdurchschnittliches Engagement einer Gruppe für diese auf Dauer nicht aus. Da müssen alle anderen Gruppen beispielsweise für die Trödelei einer einzigen Gruppe büßen, obwohl sie selbst überhaupt nichts dafür können."*

Hierzu hat auch Herr Melkner noch etwas zu sagen: *"Es muss ja nicht gleich Trödelei ins Spiel kommen. Stellen wir uns doch einfach einmal vor, dass der Umsatz oder der Gewinn aus wirtschaftlichen Gründen wie zum Beispiel einer allgemeinen Rezession oder Verschlechterung der Auftragslage zurückgeht. Da kann dann doch auch der einzelne Arbeitnehmer kaum etwas dafür. Warum soll er dafür durch weniger Lohn bestraft werden?"*

"Aber an den Gewinnen des Unternehmens will jeder partizipieren!", entgegnet ihm der Vorstandsvorsitzende.

"Bleiben wir doch sachlich, meine Herrn!", ruft Herr Jotter, Leiter der Personalentwicklungsabteilung, dazwischen. *"Ich halte eine Ausrichtung der Entlohnung an der Gesamtunternehmensleistung für durchaus sinnvoll. Denn so wird jede einzelne Gruppe – schon im eigenen Interesse – andere Gruppen unterstützen und auf gute Zusammenarbeit achten. Dies wird quasi automatisch zu einem guten Ergebnis auf Gesamtunternehmensebene führen. So kann man Kooperations- und Auskunftsbereitschaft auch zwischen den Gruppen erzielen."*

Fragen zur Fallstudie

1. Beleuchten Sie den geschilderten Sachverhalt unter den Aspekten der Lohngerechtigkeit und der Motivation.
2. Welches Entlohnungssystem würden Sie vorschlagen? Warum?

Literatur

Adams, J. S. (1965), Inequity in social exchange, in: Berkovitz, L. (Hrsg.), Advances in experimental social psychology, Bd. 2, New York, S. 267–299.

Alvesson, M. (2004), Knowledge work and knowledge-intensive firms, Oxford.

Amar, A. D. (2002), Managing knowledge workers: Unleashing innovation and productivity, Westport.

Ambrosch, S./Nilgens, U. (1993), Lean Production: Auswirkungen auf Qualifikation und Entlohnung, in: Ridder, H.-G./Janisch, R./Bruns, H.-J (Hrsg.), Arbeitsorganisation und Qualifikation: Zur Praxis der Arbeitsgestaltung in der schlanken Produktion, München/Mering, S. 79–90.

Backes-Gellner, U./Lazear, E. P./Wolff, B. (2001), Personalökonomik: Fortgeschrittene Anwendungen für das Management, Stuttgart.

Bebchuk, L. A./Fried, J. M./Walker, D. I. (2002), Managerial power and rent extraction in the design of executive compensation, in: University of Chicago Law Review 69 (3), S. 751–846.

Bebchuk, L. A./Grinstein, Y. (2005), The growth of executive pay, in: Oxford Review of Economic Policy 21 (2), S. 283–303.
Becker, F. (1990), Anreizsysteme für Führungskräfte, Stuttgart.
Benz, M./Stutzer, A. (2003), Was erklärt die gestiegenen Managerlöhne?, in: Die Unternehmung 57, S. 5–19.
Bertrand, M./Mullainathan, S. (2001), Are CEOs rewarded for luck? The ones without principals are, in: The Quarterly Journal of Economics 116 (3), S. 901–932.
Blau, F./Kahn, L. M. (1996), Wage structure and gender earnings differentials: An international comparison, in: Economica 63, S. 29–62.
Brumlop, E. (1986), Neue Formen der Lohndifferenzierung WSI Mitteilungen, S. 661–669.
Cadsby, C./Song, F./Tapon, F. (2007), Sorting and incentive effects of pay for performance: An experimental investigation, in: The Academy of Management Journal 50 (2), S. 387–405.
Chengwei, L./De Rond, M. (2016), Good night, and good luck: Perspectives on luck in management scholarship, in: Academy of Management Annals 10 (1), S. 409–451.
Clark, A. E./Senik, C. (2010), Who compares to whom? The anatomy of income comparisons in europe, in: The Economic Journal 120 (544), S. 573–594.
Cohen, P. N./Huffman, M. L. (2007), Working for the woman? Female managers and the gender wage gap, in: American Sociological Review 72 (5), S. 681–704.
Coles, J./Daniel, N./Naveen, L. (2006), Managerial incentives and risk-taking, in: Journal of Financial Economics 79 (2), S. 431–468.
Deci, E. L. (1971), Effects of externally mediated rewards on intrinsic motivation, in: Journal of Personality and Social Psychology 18 (1), S. 105–115.
Deci, E. L. (1975), Intrinsic motivation, New York.
Deci, E. L./Flaste, R. (1995), Why we do what we do: The dynamics of personal autonomy, New York.
Deci, E. L./Koestner, R./Ryan, R. M. (1999), A meta-analytic review of experiments examining the effects of extrinsic rewards on intrinsic motivation, in: Psychological Bulletin 125 (6), S. 627–668.
Dohmen, T./Falk, A. (2011), Performance pay and multidimensional sorting: Productivity, preferences, and gender, in: American Economic Review 101 (2), S. 556–590.
Drumm, H. J. (2008), Personalwirtschaft, 6. Aufl., Berlin u. a.
Eckardstein, D. v. (1986), Entlohnung im Wandel. Zur veränderten Rolle industrieller Entlohnung in personalpolitischen Strategien, in: Zeitschrift für betriebswirtschaftliche Forschung 38, S. 247–269.
Ellguth, P./Kohaut, S. (2014), Öffnungsklauseln – Instrumente zur Krisenbewältigung oder Steigerung der Wettbewerbsfähigkeit? In: WSI-Mitteilungen 67, S. 439–449.
Ellguth, P./Kohaut, Susanne (2018): Tarifbindung und betriebliche Interessenvertretung. Aktuelle Ergebnisse aus dem IAB-Betriebspanel 2017, in: WSI-Mitteilungen, Jg. 71, S. 299–306.
Eriksson, T./Villeval, M. C. (2008), Performance-pay, sorting and social motivation, in: Journal of Economic Behavior & Organization 68 (2), S. 412–421.
Ferstl, J. (2000), Managervergütung und Shareholder Value, Wiesbaden.
Folger, R. G./Cropanzano, R. (1998), Organizational justice and human resource management, Thousand Oaks.
Frey, B. S. (1997), Markt und Motivation: Wie ökonomische Anreize die (Arbeits-) Moral verdrängen, München.
Frey, B. S./Gallus, J. (2017), Towards an economics of awards, in: Journal of Economic Surveys 31 (1), S. 190–200.
Frey, B. S./Neckermann, S. (2006), Auszeichnungen: Ein vernachlässigter Anreiz, in: Perspektiven der Wirtschaftspolitik 7 (2), S. 271–284.
Frey, B. S./Osterloh, M. (2005), Yes, managers should be paid like bureaucrats, in: Journal of Management Inquiry 14 (1), S. 96–111.

Frydman, C./Jenter, D. (2010), CEO compensation, in: Annual Review of Financial Economics 2 (1), S. 75–102.

Gallus, J./Frey, B. S. (2016), Awards: A strategic management perspective, in: Strategic Management Journal 37 (8), S. 1699–1714.

Garvey, G. T./Milbourn, T. T. (2006), Asymmetric benchmarking in compensation: Executives are rewarded for good luck but not penalized for bad, in: Journal of Financial Economics 82 (1), S. 197–225.

Gerum, E./Herrmann, U. (1981), Zur Leistungsfähigkeit von einheitlichen analytischen Arbeitsbewertungssystemen, in: Zeitschrift für Arbeitswissenschaft 35, S. 87–94.

Goergen, M./Renneboog, L. (2011), Managerial compensation, in: Journal of Corporate Finance 17 (4), S. 1068–1077.

Hammer, M./Champy, J. (1993), Reengineering the Corporation, New York.

Harbring, C./Irlenbusch, B. (2008), How many winners are good to have? On tournaments with sabotage, in: Journal of Economic Behavior & Organization 65 (3–4), S. 682–702.

Hinz, T./Gartner, H. (2005), Lohnunterschiede zwischen Männern und Frauen in Branchen, Berufen und Betrieben, in: IAB Discussion Paper Nr. 4, Nürnberg.

Irlenbusch, B./Ruchala, G. K. (2008), Relative rewards within team-based compensation, in: Labour Economics 15 (2), S. 141–167.

Jackson, S. B./Lopez, T. J./Reitenga, A. L. (2008), Accounting fundamentals and CEO bonus compensation, in: Journal of Accounting and Public Policy 27 (5), S. 374–393.

Jensen, M. C./Murphy, K. J. (1990), CEO incentives – it's not how much you pay, but how, in: Harvard Business Review 90 (3), S. 138–153.

Kelley, R. (1990), The gold collar worker – harnessing the brainpower of the new workforce, Reading, Mass.

Kienbaum (2012), Kienbaum Vergütungsreport 2012 „Geschäftsführer", Gummersbach.

Kini, O./Williams, R. (2012), Tournament incentives, firm risk, and corporate policies, in: Journal of Financial Economics 103 (2), S. 350–376.

Krell, G. (2001), Zur Analyse und Bewertung von Dienstleistungsarbeit. Ein Diskussionsbeitrag, in: Industrielle Beziehungen 8, S. 9–36.

Krell, G./Tondorf, K. (2004), Leistungsabhängige Entgeltdifferenzierung: Leistungslohn, Leistungszulagen, Leistungsbewertung auf dem gleichstellungspolitischen Prüfstand, in: Krell, G. (Hrsg.), Chancengleichheit durch Personalpolitik, 4. Aufl., Wiesbaden, S. 333–350.

Krell, G./Winter, R. (2004), Anforderungsabhängige Entgeltdifferenzierung: Orientierungshilfen auf dem Weg zu einer diskriminierungsfreieren Arbeitsbewertung, in: Krell, G. (Hrsg.), Chancengleichheit durch Personalpolitik, 4. Aufl., Wiesbaden, S. 309–332.

Kupsch, P./Marr, R. (1991), Personalwirtschaft, in: Heinen, E./Dietl, B. (Hrsg.), Industriebetriebslehre, 9. Aufl., Wiesbaden, S. 729–896.

Lawler, E. E. (1990), Strategic pay, San Francisco.

Lawler, E. E. (1971), Pay and organizational effectiveness, New York.

Lawler, E. E. (1981), Pay and organization development, Reading, Mass.

Lazear, E. P. (2000), Performance pay and productivity, in: American Economic Review 90 (5), S. 1346–1361.

Lazear, E. P./Rosen, S. (1981), Rank-order tournaments as optimum labor contracts, in: Journal of Political Economy 89 (5), S. 841–864.

Lepper, M. R./Greene, D. (1978) (Hrsg.), The hidden costs of reward: New perspectives on the psychology of human motivation, New York.

Leslie, L. M./Flaherty Manchester, C./Dahm, P. C. (2017), Why and when does the gender gap reverse? Diversity goals and the pay premium for high potential women, in: Academy of Management Journal 60 (2), S. 402-432.

Matthies, H./Müchenberger, U./Offe, C./Peter, E./Rausch, S. (1994), Arbeit 2000: Anforderungen an eine Neugestaltung der Arbeitswelt. Eine Studie der Hans-Böckler-Stiftung, Reinbek.

Milkovich, G. T./Newman, J. M./Gerhart, B. A. (2013), Compensation, 11. Aufl., London.

Morgeson, F. C./Ampion, M./Maertz, C. P. (2001), Understanding pay satisfaction: The limits of compensation system limitation, in: Journal of Business and Psychology 16, S. 133–149.

Newell, S./Robertson, M./Scarbrough, H./Swan, J. (2009), Managing knowledge work and innovation, Basingstoke.

Ondrack, D. A. (1995), Entgeltsysteme als Motivationsinstrument, in: Kieser, A./Reber, G./Wunderer, R. (Hrsg.), Handwörterbuch der Führung, 2. Aufl., Stuttgart, Sp. 210–231.

O'Reilly, C. A./Main, B. G. M. (2010), Economic and psychological perspectives on CEO compensation: A review and synthesis, in: Industrial and Corporate Change 19 (3), S. 675–712.

Osterloh, M. (1999), Wertorientierte Unternehmensführung und Management-Anreizsysteme, in: Kumar, N. B./Osterloh, M./Schreyögg, G. (Hrsg.), Unternehmensethik und die Transformation des Wettbewerbs, Stuttgart, S. 183–204.

Osterloh, M./Rost, K. (2011), Der Anstieg der Management-Vergütung: Markt oder Macht?, in: Die Unternehmung 65 (Sonderheft 1/2011), S. 1–17.

Pfeffer, J. (1994), Competitive advantage through people: Unleashing the power of the work force, Boston, Mass.

Piore, M. J./Sabel, C. F. (1985), Das Ende der Massenproduktion. Studie über die Requalifizierung der Arbeit und die Rückkehr der Ökonomie in die Gesellschaft, Berlin.

Prendergast, C. (1999), The provision of incentives in firms, in: Journal of Economic Literature 37, S. 7–63.

REFA (1987)(Hrsg.), Methodenlehre der Betriebsorganisation: Anforderungsermittlung (Arbeitsbewertung), München.

Rynes, S. L./Gerhart, B./Parks, L. (2005), Personnel psychology: Performance evaluation and pay for performance, in: Annual Review of Psychology 56 (1), S. 571–600.

Schettgen, P. (1996), Arbeit, Leistung, Lohn, Stuttgart.

Siegert, T. (1995), Shareholder-Value als Lenkungsinstrument, in: Zeitschrift für betriebswirtschaftliche Forschung 47 (6), S. 580–607.

Steinmann, H./Löhr, A. (1992), Lohngerechtigkeit, in: Gaugler, E./Weber, W. (Hrsg.), Handwörterbuch des Personalwesens, 2. Aufl., Stuttgart, Sp. 1284–1294.

Womack, J. P./Jones, D. T./Roos, D. (1992), Die zweite Revolution in der Automobilindustrie (Übers. a. d. Engl.), Frankfurt am Main/New York.

Stichwortverzeichnis

A
Abbildtheorie 283
Abbildung 283
Abfallprodukt 164
Abfolge, lineare 21
Abhängigkeit 552
Ablauforganisation 481
Ablaufplanung 276, 290
Abnehmer 76, 178
Abneigung 563
Absatz 7
Absatzplanung 275
Abschreckung 555
Absentismus 644
Absorption 127
Absorptionsfähigkeit 402
Absorptive Capacity 401
Abstimmungsproblem 31
Abstimmungsprozess 600
Abteilung 332
Abteilungsleiterkonferenz 353
Abundanzmotiv 445
Abwärtsbeurteilung 684
Abwehrverhalten 667
Abweichungsanalyse 309
Action und Talk 62
Active Sourcing 632
Additivität 427
Adhocratie 356
Adjourning 509
Advocatus diaboli 501, 502

Äquivalent, funktionales 542, 559
AGB-Gesetz 95
Agency-Theorie 93
Agenda Setting 16
Agent 63
Agentenbasierte Simulation 298, 299
Agenturtheorie 63
Aggression, verlagerte 560
AGIL 133
Agilität 21, 137, 404
Akkordarbeit 503
Akkordbrecher 53
Akkordlohn 54, 714
Akkordrichtsatz 714
Akkordsatz 39, 714
Akquisition 220, 235
Aktenmäßigkeit 46
Akteursorientierung 60
Aktiengesellschaft 30, 92
Aktiengesetz 100
Aktienoption 715
Aktienrecht 97
Aktionär/Aktionärin 90, 92, 97
Aktionsoptionsplan 720
Aktionsradius 22
Aktion und Reaktion 21
Aktivität 15
    primäre 186
    sekundäre 187
    von Managern 12
Aktivitätsraum 15

Akt, volitionaler 440
Akzeptanz 230
Akzeptanztheorie der Autorität 50
Alles-oder-Nichts-Kultur 593
Allianz 235
   strategische 201, 212
Allokation 86, 89
Als-ob-Vorgehen 282
Altersrente, betriebliche 430
Altruismus 565
Amazon 197
Ambiguität 128, 284
Ambivalenz 437
Amtspflicht 46
Analyse
   ökonomische 63
   politisch-rechtliche 163
   strategische 185
Analytische Projektkultur 594
Anbieterinnen 84
Anerkennung 427, 450, 564
Anforderung 709
Anforderungsart 710
Anforderungsprofil 628, 655, 656, 718
Angebotsfunktion 86
Angebot und Nachfrage 84
Angestellter, leitender 92
Anpassung 132, 133
   flexible 21
Anpassungsfähigkeit 137
Anpassungsleistung 58
Anregungsmotiv 445
Anreiz 39, 547, 554
   aktivitätsinhärenter 452
   externer 427, 452
   extrinsischer 726
Anreiz-Beitrags-Theorie 49, 76, 77
Anreizeffekt 716
Anreizmechanismus 104
Anreizsystem 5, 52, 483
Anreiztechnik 450
Anreizwirkung 715
Ansatz
   ergebnisorientierter 668, 675
   Situationsanalyse 539
   sozio-technischer 364
   tätigkeitsorientierter 668
   verständigungsorientierter 652
Anschlussfähigkeit 23, 132, 610

Anschlussmöglichkeit 123, 131, 140
Anspruchsgruppe 77, 79
Anspruchsniveau
   Motivation 447, 453, 681
   Theorie 436
Anstrengungsniveau 716
Anteilnahme, emotionale 667
Antipathie 507
Antrieb, innerer 437
Anweisung 15
Anweisungsbefugnis 5
Apple 210, 222, 225, 228, 433
Arbeit 6, 13, 40, 99, 706
   als Leid 420
   Sinnentleerung 40
Arbeitgeber 24, 706
Arbeitgeberverband 96
Arbeitgebervertreter 706
Arbeitnehmer/Arbeitnehmerinnen 24, 76, 83, 84, 90, 96, 98
Arbeitsaktivitäts-Studie 12
Arbeitsanalyse 669
Arbeitsanforderung 731
Arbeitsanreicherung 459
Arbeitsaufgabe 709
Arbeitsbedingung 432
Arbeitsbeitrag 563
Arbeitsbelastung, perzipierte 506
Arbeits-Beschreibungs-Bogen (ABB) 443
Arbeitsbewertung 710, 711, 718, 731
   analytische 710
   summarische 710, 718
Arbeitsbewertungsstudie 708
Arbeitsdimension 456
Arbeitserlebnis 457
Arbeitsgestaltung 455
   bedürfnisorientierte 455
Arbeitsgruppe 19, 529
   selbststeuernde 459
Arbeitsinhalt 450, 455
Arbeits-Input 730
Arbeitskontext 450
Arbeitskräftemangel 631
Arbeitsleid 450
Arbeitsleistung 420, 531, 533, 706
Arbeitslosigkeit 707
Arbeitsmarkt 630, 706
Arbeitsmarktscanning 629

Arbeitsmotivation 51
Arbeitsorganisation 427, 442, 453, 568
Arbeitsplanung 39
Arbeitsplatz 55
Arbeitsplatzsicherheit 450
Arbeitsplatzwechsel 637
Arbeitsprobe 635
Arbeitsproduktivität 454
Arbeitsprozess 15
Arbeitsrecht 78, 91, 96
   kollektives 96
Arbeitsrhytmus 13
Arbeitsschutz 95
Arbeitsstress 506
Arbeitstag 13
Arbeitsteilung 39, 327, 342, 457, 460, 635
   vertikale 5
Arbeitsumwelt 450
Arbeitsunzufriedenheit 560
Arbeitsvereinigung 327
Arbeitsverhalten 16, 668, 679
Arbeitsvertrag 84, 96, 419, 554, 559, 705
Arbeitsvollzug 43
Arbeitswert 712
Arbeitszeit 96
Arbeitszeitordnung 96
Arbeitszeugnis 637
Arbeitszufriedenheit 54, 447, 453, 454, 527, 640
Arbeitszufriedenheitspfad 454
Arena 13
Argumentation 81, 82, 596
Argumentationsprozess 81
Argumentationsrahmen 107
Argumentationstheorie 401
Argument, besseres 81
Arme Hunde 217
Assessment-Center 635, 646, 647, 649
Asset specifity 180
Asymmetrie 192, 550
AT&T (American Telephon and Telegraph Comp.) 48
Attraktivität eines Geschäftsfelds 172
Attribution 546, 556, 558
Attributionsprozess 544
Attributionstheorie 424, 543, 546
Aufgabenanalyse 332
Aufgabenerfüllung 434, 462, 529
Aufgabeninterdependenz 332

Aufgabenkanon 20
Aufgaben-Know-how 364
Aufgabenorientierung 539, 540
Aufgabenspektrum 676
Aufgabenstellung 481
Aufgabensynthese 332
Aufgabenträger 474
Aufgabenüberlappung 12
Aufgabenumwelt 695
Aufgabenvariabilität 332
Aufgabenvielfalt 456
Aufgabenvollzug 10, 120
Aufrichtigkeit 108
Aufsichtsrat 24, 92, 98, 721
Aufwärmphase 639
Aufwand und Ertrag 85
Ausgangslogistik 187
Aushandlung 563
Aushandlungsergebnis 565
Aushandlungsprozess 561
Auslandsentsendung 691
Auslandsgesellschaft 610
Auslandsmarkt 221
Aussagenliste, gruppierte 674
Aussagesystem, wissenschaftliches 37
Ausschuss 352
Außenbezug 58
Austauschprinzip 547
Austauschprozess 547
Auswahlentscheidung, personelle 666
Auswahl-Interview 638
Auszeichnung
   diskretionale 727
   konfirmatorische 727
Autonomie 59, 128, 433, 456
Autonomous Strategic Action 65
Autorität (Befehlsgewalt) 45, 50, 558

B
Balanced Scorecard 137, 234, 676
Bang & Olufson 203
Bank Wiring Observation Room 53
BASF AG 337
Bayer 219
BCG-Matrix 213, 217, 218
Beamte 32
Bedeutungsgehalt der Aufgabe 456

Bedrohung 160, 555
  potenzielle 128
Bedürfnis 423, 479, 480
  Entwicklung 448
  physiologisches 445
  psychologisches 446
  soziales 55, 445, 446
Bedürfnisbefriedigung 86, 88, 420, 421
  Möglichkeiten 458
Bedürfnishierarchie 445, 446
Bedürfnisklasse 445, 446
  nach Maslow 445
Bedürfnispyramide 448
Bedürfnisspannungstheorie 424, 427, 444
Bedürfnistheorie 432
Befehl 43
Befehls- und Gehorsamsmodell 552
Befehlsweg 43, 55
Beförderung 431, 532
Begründungsleistung 82
Begründungsverfahren 58
Beiträge 563
Belohnung 554
Belohnungskapazität 489
Belohnungsmacht 558
Belohnungsmuster 481
Belohnungssystem 481
Benchmark/Benchmarking 191, 709
Benetton 223
Beobachtungsfilter 252
Beobachtungsprozess 161
Beobachtungsstudie 20
BERI-Index 220
Beruf des Managers 4
Berufsverband 35
Berufung 421
Beschäftigungsfähigkeit 688
Beschäftigungsverhältnis, freiberufliches 558
Beschäftigungszeit 687
Beschaffung 187
Besitzstandswahrung 231
Bestandsbedingung 127
Bestandserhaltung 59, 128
Bestandsproblem 133
Bestandssicherung 688
Best-Arbeiter 39
Bestenauswahl 706
Best practice 128, 380
Bestrafung 555, 685

Bestrafungsmacht 558
Bestrafungsmuster 481
Bestrafungssystem 481
Betriebsblindheit 382, 630
Betriebsergebnis 6
Betriebsergebniskontrolle 311
Betriebsergebnisplanung 273
Betriebsführung, wissenschaftliche 39
Betriebsgröße
  mindestoptimale 174
  optimale 223
Betriebsgrößenersparnis 173, 200
Betriebsgrößenvariation 175
Betriebsmittel 6
Betriebsrat 628, 650
Betriebsverfassungsgesetz 94, 95, 98, 99
Betriebswirtschaftslehre 6, 7, 35
Betriebszugehörigkeit 709
Beurteilung, formale 685
Beurteilungsbogen 683
Beurteilungsfehler 640, 649, 672
Beurteilungsgespräch 676, 678, 679
Beurteilungsmethode 667
Beurteilungssystem 12, 664
  formalisiertes 665
Bewältigungstechnik 537
Beweggrund 433
Bewegungsstudie 39
Bewerbungsschreiben 635
Bewerbungsunterlagen 635, 638
Bewertung 191
Bewertungsverfahren 232
  analytisches 718
Bewusstsein 440
Beziehung
  industrielle 182
  informale 55
  interdependente 160
  soziale 459
  zwischen Gruppen 510
  zwischenmenschliche 54
Beziehungsqualität 563, 564
Bezugsgruppe 77, 78, 80
Bezugsrahmen 37, 126
  problemoffener 126
Bezugssystem 557
Bilanzrichtliniengesetz 96
Bildungsbegriff 687
Bildungsmaßnahme, betriebliche 690

Billiglohnländer 717, 725
Binnenkomplexität 132, 355
Binnenperspektive 50
Black-box 422
BMW 212, 222, 235, 591
BMW Group 194
Bonus 715
Boston Consulting Group (BCG) 213
Bottom-up-Ansatz 305
Branchenattraktivitäts-Wettbewerbsstärken-
  Matrix 218
Branchenkenner 175
Branchenzyklus 183
Break-even-Analyse 292
Break-even-Menge 294
Break-even-Punkt 297
Brot-und-Spiele-Kultur 593
BRS 220
Budget 299
  operatives 300
  strategisches 303
Budgetary slacks 301
Budgetierung 299
Budgetierungsprozess 306
Budgeting 8
Budgetkontrolle 304
Budgetparameter 306
Budgetstruktur 301
Budgetverantwortlicher 301
Bürokratie 45, 47, 419
Bundesagentur für Arbeit 677
Bundesurlaubsgesetz 96
Burnout 460, 506, 691
Business
  Administration 34
  Policy 34
  Reengineering 358
  School 34, 35
  Strategy 154

C
Capability-based strategy 154
Career Development 692
Caseworker 358
Cash-Falle 217
Cashflow 213
Cash-Kuh 216
Challenge oriented organizational citizenship
  behavior 107

Chance 160
  und Bedrohung 213, 218
  und Risiko 207
Change
  Agent 380, 381
  Management 56
Charakteristikum 567
Charisma 545, 548, 557, 566, 568
Chirurgie 441
Choices 16
Chrysler 235
CIA 500
Cisco 242
Citizen
  behavior 107
Claims 570, 571
Clique 54
Coach 680, 690
Coaching 533, 691, 692
Coca Cola 220, 223, 254
Codebruch 387
Codes of conduct 95
Cognitive map 123
Collective endorsement 570
Commerzbank AG 92
Commitment 280, 436, 560
Communities of practice 400, 690
Community 400
Competition practices 241
Compus GmbH 25
Computer Integrated Manufacturing
  (CIM) 138
Consideration 534
Controlling 341
Coordinating 8
Core-rigidities 229
Corporate Citizenship 102
Corporate Identity 587
Corporate Social Responsibility (CSR) 101
Corporate Strategy 154
Critical incidents 673
Critical job requirements 673
Cross-Impact-Analyse 167
Crowding out 726
CSR-Bewegung 104

D
Daimler 235
Darstellung 569

Davoser Manifest 101
DBU-Faktor 296, 297
Decke, gläserne 725
Deckungsbeitragsfunktion 294
Deckungslücke 689
Deep structure 236
Defensivroutine 667
Defizitbedürfnis 446
Defizitprinzip 445
De-Konstruktion 129
Delegation 32, 685
Delegationsrisiko 63
Demagogie 546
Demands 16
Demokratie 50
Demokratisierung 346
Demotivation 55, 302
Denken
   divergentes 644
   konvergentes 644
Denkströmungen des Managements 37
Denktradition 601
Deregulierung 96
Desired identity images 570
Deskriptor 167
Deutero-Learning 393, 687
Deutungsmuster 77
Devianz 486, 495, 501
Diagnose 684
Dialog 107, 109, 679
Dialogfähigkeit 23
Dienstanweisung 420
Dienstleistungswirtschaft 717
Dienst nach Vorschrift 420
Dienstweg 253
Differenz 130
   System/Umwelt 127, 135, 139
Differenzbetrachtung 694
Differenzbildung 129, 131, 132
Differenzierung 205, 206, 327
   kulturelle 610
Differenzierungskosten 222
Differenzierungsquelle 203
Differenzierungsstrategie 198, 201, 203
Differenzstabilisierung 128, 131
Diffusion von Verantwortung 498
Digitalisierung
   der Personalselektion VI
Dimension
   sachliche 275
   zeitliche 275

DIN-Norm 95
Directing 8
Direktinvestition 220
Direktionsbefugnis 84, 554
Diseconomies of scale 200
Diskontinuität 157
Diskrepanz 552, 561, 571
   dosierte 437
Diskrepanzbildung 436
Diskrepanzreduktion 436
Diskriminierung 480, 511, 633, 652, 666, 682, 723
Dispositionen, persönliche 679
Dissatisfiers 450
Distanz, soziale 529, 664
Disziplinierung 40
Divergenztheorem 498, 536
Diversifikation 129, 208, 220, 339
   horizontale 211
   konglomerate 226
Diversifikationsklassifikation 209
Diversifikationsschritt 210
Diversifizierung 32
Diversität 480, 504, 603, 654
Diversity Management 479, 654
Division 337
Divisionalisierung 339
Division-Management 312
Double-Loop-Learning 392
Douglas 206, 254
Dringlichkeit (Stakeholder-Theorie) 79
Du Pont de Nemours 311, 339
Durchführungskontrolle 245
   strategische 246, 248
Durchlaufzeit 235
Durchplanbarkeit 125
Durchsetzungsproblem 552
Dynamic Capabilities 230
Dynamik 128, 241, 566, 567, 687
   der Umwelt 230
   motivationale 445
   selbstverstärkende 125
Dynamische Programmierung 57
Dynamisierung 229

E

Ebene, verständigungsorientierte 135
Echtzeitsteuerung 281
Economies of scope 175
Effekt, externer 87, 88, 90, 91

Effektivität 61
Effizienz 61
  universelle 47
Effizienzgewinn 83
Ego-involvement-Faktor 427
Eigenaufbau 212
Eigenfinanzierung 217
Eigengestaltung 15, 563
Eigenherstellung 269
Eigeninitiative 137, 536, 689
Eigenkapital 83
Eigenkapitalgeber 84, 98
Eigenkapitalrentabilität 133
Eigenkomplexität 130, 135
Eigenschaftsansatz 525, 568, 644
Eigenschaftsorientierung 668
Eigentümer/Eigentümerin 5, 32, 91
Eigentümerkontrolle 92
Eigentümer-Unternehmer 30, 32
Eigentum 84
Eignungsdiagnostik 647
Eignungsprofil 629
Eignungsprognose 526, 639
Eindeutigkeit 333
Einflussadressat 550, 552
Einfluss, externer 15
Einflussfaktor 541
Einflussgröße, soziale 549
Einflussmöglichkeiten 496
Einflusspotenzial 551–553, 556, 557
  der Gruppe 505
Einflussprozess 550
  Modell 551, 552
Einflussversuch 549–553, 558
Eingangslogistik 187
Einheit
  der Auftragserteilung 43
  der Führung 43
  der Leitung 41, 132
  von Planung und Ausführung 38
  von Risko, Kontrolle und Gewinn 85
Einigungsstelle 651
Einkauf 6, 178
Einlinienprinzip 344
Einmaligkeit 191
Einstellung 557
Einstufungsskala 669, 674
Eintrittsbarriere 223, 224
  strategische 173
  strukturelle 173

Einverständnis 560
Einzelakkord 714
Einzelfall 22
Einzelfirma 84
Einzelmaßnahme, personelle 651
Eisenbahngesellschaft 30, 31
Elastizität, strukturelle 267
Elementarfaktor 6, 271
Èléments d´administration 42
Elternteilzeit 688
Emergenz 65
Emotion 236, 433, 440, 590
Emotionalität 490
Empathie 435, 629
Employability 688
Employer Branding 632, 654
Empowerment 457, 536
Enactment 64
Endverbraucher 76
Energiewirtschaftsgesetz 181
Engagement 462, 545
Engpass 276
Entgelt 705
Entgeltdifferenzierung 709, 716, 718
Entgeltkomponente, variable 720
Entlohnung 10, 41, 430, 450, 624
  leistungsbezogene 718
  strategiebezogene 723
  von Führungskräften 719
Entlohnungsform
  fixe 713
  variable 713
Entlohnungspolitik 5
Entlohnungssystem 623
Entrepreneurial
  addiction 442
  passion 440
Entrepreneurship 195
Entropie 59
Entscheidung
  spontane 21
  strategische 139
  unter Unsicherheit 160
Entscheidungsautonomie 106
Entscheidungsbaum 280
Entscheidungsgewalt 86
Entscheidungskompetenz 459
Entscheidungsmodell 284
Entscheidungsproblem 57
Entscheidungsprozess 95, 98, 154, 340, 425

Entscheidungsprozessforschung 194
Entscheidungsrationalität 434
Entscheidungsregel 278
Entscheidungsrolle 18
Entscheidungsspielraum 455, 459
Entscheidungstheorie 425
   rationale 425
Entscheidungsträger 159
Entscheidungsverantwortung 342
Entscheidungsverhalten 434
Enttäuschung 560
Enttäuschungsreaktion 436
Entwicklung 666
   individuelle 532
   technologische 162
Entwicklungsbedarf 686, 688
Entwicklungsgeschichte des Managements 30
Entwicklungsland 223
Entwicklungsprogramm 688
Entwicklungsprozess 561, 566
Entwicklungsziel 679
Environment scanning 161
Episode, triadische 379
Equity-Theorie 728
Ereignisgraph 290
Ereignis, kritisches 246
Erfahrung 427, 567
Erfahrungskurve 199, 213, 214, 216
Erfahrungswissen 491
Erfolg eines Systems 133
Erfolgserlebnis 450
Erfolgsmuster 557
Erfolgspotenzial 227
Ergebniskontrolle 311
Ergebnisorientierung 668
ERG-Theorie 446
Erkenntnisfortschritt 134
Erlösfunktion 292
Erlössteigerung 133
ERP-Modell 138
ERP-Systeme 138
Ertrag, nicht-monetärer 731
Erwartung 420, 425, 479, 484, 488, 491, 561, 562, 566, 567
   organisatorische 426
Erwartungsbildung 431
Erwartungsstruktur 566
   gesellschaftliche 61
Erwartungs-Valenz-Modell 425, 432, 434, 443, 552

Erwartungswahrscheinlichkeit 431, 434, 553
Erwartungswert 434
Eskalation 511
Espoused theory 391
Esprit de corps 41, 43
Ethik 108, 110, 559, 644, 650
   protestantische 448
Evaluation 688, 691
Eventualbudget 304
Eventualplanung 279
Evolution 65
Evolutionstheorie 63
Exaktheitsanspruch, mathematischer 57
Execution 16
Existenzbedürfnis 446
Existenzsicherung 76
Exit 560
Expansionsstrategie 336
Experimentieren 194
Experimentiermodelle 298
Experte 556
Expertenmacht 556, 558
Expertenwissen 400
Exploration 393
Export 220
Ex-post-Rationalisierung 486
Extrapolation 681
Extra-role behaviors 563
Extremgruppen-Design 533
Exzellenz 536

F
Fachkräftemangel 630, 631
Fähigkeit 193, 433, 438, 441, 459, 568, 668
   organisationale 401
   wahrgenommene 440
Fähigkeitsmerkmal 647
Fähigkeitsprofil 628, 655
Fairness 561
Faking 644
Faktor
   dispositiver 6
   intangibler 185
   Kombination 6
Faktorenanalyse 525
Faktormarkt 178
Faktorverbrauch 189
Fall-Methode 35

Fassade 61
Feedback 392, 436, 457, 685
    bestandskritisches 58
    Bögen 691
    360°-Feedback 665, 685
    Information 435
    Kontrolle 241, 307
    offenes 685
    positives 229
Feedbackgespräch 685
Feedbackorientierung 442
Feedbackprozess 673
Feedforward 310
    Kontrolle 307
Fehleranalyse 130
Fehlsteuerung 677
Fehlzeiten 454, 479, 506, 534
Feier 587
Feinplanung 280, 291
Feinsteuerung 10
Fertigungstiefe 269
Finanzkontrolle 311
Finanzkraft 177
Finanzmarkt 223
Finanzplanung, kurzfristige 272, 275
Fire of desire 441
Firma, ehrbare 77
First level outcome 427–429, 432
Fixkosten 177
Fixkostendegression 175
Flächentarifvertrag 719
Flächentarifvertrag 96
Flexibilisierung 229
Flexibilität 21, 139, 141, 229, 233, 282, 610, 696
    operative 268
Flexibilitätspotenzial 137, 664, 687
Flow 440, 442
Fluktuation 41, 454, 479, 506, 534, 640, 664
Fluktuationskosten 628
Fokus
    externer 537
    interner 538
Follower identity 567
Forced-choice-Methode 672
Force to act 428, 434, 437
Ford 367
Form 90
Formalisierung 248
Formierungsphase 508
Forming 508

Forschung & Entwicklung 7
Fortbildung 513
Fragebogen, biographischer 637
Fragezeichen 216
Frame-breaking-change 385
Franchising 220
Freizeit 420
Fremdbezug 269
Fremdbild 511
Fremdkapital 84
Fremdsprache 35
Fremdurteil 683
Fremdverständnis 569
Friede, sozialer 96
Frühwarnsystem 122
Frustrations-Regressions-Effekt 446, 453
Führer
    charismatischer 545
    sozio-emotionaler 496, 498
Führer-Geführten-Beziehung 665
Führung 10, 19, 43, 120, 136, 139, 140, 281
    charismatische 568
    informelle 503
    Schattenseiten 560
    Situationstheorie 538
    transaktionale 547, 548, 564
    transformative 547, 548
Führungsarbeit 15
Führungsbegabung 526
Führungsdilemma 536, 537
Führungseigenschaften 525
Führungserfahrung 571
Führungserfolg 550, 557,
    565, 566, 570, 572
Führungsgenese 526
Führungsgeschichte 566
Führungsgröße 392
Führungsidentität 569
Führungskader 41
Führungskraft, außertarifliche 720
Führungskultur 685
Führungsmodell, dreidimensionales 539
Führungsmotivation 545
Führungspersönlichkeit, charismatische 155
Führungsposition 630
Führungsprozess 549, 551, 566, 571, 572
Führungsqualität 546
Führungsrichtlinie 549
Führungsromanze 544
Führungssituation 527

Führungsstil 540–542, 572
   aufgabenorientierter 531
   autoritärer 528, 533, 560
   demokratischer 528
   9.9-Führungsstil 534
   komplexer 537
   personenorientierter 531–533
   Wirkung 538
Führungsstiltaxonomie 539, 540
Führungsstruktur 486
   informelle 496
Führungssubstitut 541
Führungstheorie, implizite 543, 572
Führungsvariabilität 540
Führungsverhalten 15, 483, 528
Führungsverhaltensweisen 527
Fünf-Kräfte-Modell 172
Funktionalstrategie 155
Funktion, latente 688
Funktionsanforderung, widersprüchliche 137
Funktionsbetrachtung 21
Funktionserfordernis 133
Funktionskatalog 7
Funktionslehre 7
Funktionsmeistersystem 39, 345
Funktionsperspektive 134
Funktionsreife 540
Funktionstest 643

G
Galionsfigur 18–20
Gantt-Chart 39
Ganzheitscharakter der Aufgabe 456
GATT 111
Gefühl 438
Geführte 551
Geführtenidentität 569
Geführtenstil 572
Gegenkultur 598
Gegenmacht 550, 552
Gegensteuerung 129
Gegenstromverfahren 306
Gehorsam 45, 46
Geld 81
Geldakkord 714
Gemeinkosten 187
Gender Pay Gap 724
General Electric 167, 168, 678
General Motors 222

General Motors Corporation 42
Generierung neuen Wissens 397
Genfer Schema 711
Gerechtigkeit 41, 708
   organisationale 678
Geringschätzung 564
Gesamtbudget 300
Gesamtkostenverfahren 319
Gesamtplanung 267
Gesamtsteuerung 131, 132
Gesamtsystem 132
Gesamtunternehmensstrategie 154, 184
Geschäftsbereichsorganisation 337
Geschäftsfeld 225, 228
   Definition 172
   strategisches 171
Geschäftsfeldstruktur 184
Geschäftsführer 13
Geschäftsverteilungsplan 331
Geschichte 400, 583, 586, 591
Geschlecht 597, 732
Gesellschaft 61
Gesellschaftsrecht 78, 97–99
Gesetzgeber 24
Gestaltungsspielraum 155, 563
Gewerkschaft 96, 706, 719
Gewerkslehre, allgemeine 33
Gewinn 84, 86
Gewinnbeteiligung 715
Gewinnentstehung 110
Gewinnfunktion 294
Gewinnmaximierung 93, 104
Gewinnprinzip 106, 109
Gewinnstreben 106
Gewinnverantwortlichkeit 337
Gewinnverwendung 110
Gewissheit 277, 288
Gläubiger 97
Glauben 547
Glaubwürdigkeit 431, 538, 556
Gleichbehandlung 536
Gleichbehandlungsgebot 633
Gleichgewicht 82
   finanzielles 272
Gleichgewichtsmodell 406
Gleichgewichtspreis 706
Gleichstellung 652, 655
Gliederung, verrichtungsorientierte 337
Global 2000 164
Globalisierung 22, 94, 110, 219, 222, 224

Global sourcing 222
Goal-setting-Theorie 423
Gold collar worker 718
Google 387
Grants 570
Grenzbestimmung 509
Grenzbildung 477, 484, 495, 511
Grenzen 127, 129
  offener Kommunikation
  selbstreferenzielle 127
Grenzkosten 86
Grenzlohn 420
Grenznutzen 86
Grenzziehung 59, 127, 128, 130, 503
Grobplanung 280
Größeneffekt 174
Größenersparnis 222, 223
Größenvorteil 405
Großaktionär 92
Großorganisation 45
Großunternehmen 30, 32, 89–92, 96, 97
Großunternehmung 30
Grow-or-Go 717
Gründe, gute 81
Grundbedürfnis 452
Grundkapital 92
Grundlagenwissenschaft 36
Gruppe 427, 429, 431, 441, 664
  Arbeitsgruppe 477
  Begriff 475
  Effektivität 479, 507
  formelle 476
  Größe 510
  informelle 476
  kohäsive 499, 505
  sozio-emotionale 477
  virtuelle 475
  Zugehörigkeit 495
  Zusammensetzung 479–481, 504, 507
Gruppenaktion, konzertierte 502
Gruppenaktivität 529
Gruppenarbeit 473, 475, 684, 719
Gruppenbeziehung, informelle 54
Gruppendenken 499–501, 512, 602, 646
Gruppendiskussion 649
  führerlose 647
Gruppeneffektivität 503
Gruppenentwicklungsprozess 507, 509
Gruppenfeindlichkeit 483, 511
Gruppenforschung 646

Gruppengröße 481, 503
Gruppenidentität 507
Gruppeninterview 639
Gruppenkohäsion 481–483, 487, 492, 498, 503,
  505, 506
Gruppennorm 484
Gruppenprozess 477
Gruppenstandard 485
Gruppenzensur 500
Gruppenziel 476, 477, 479, 486, 505, 513
Gültigkeit, universelle 44
Gütekriterium, eignungsdiagnostisches 643
Güter 3, 4, 84

H
Halo-Effekt 674
Handeln
  erfolgsorientiertes 80, 82, 85,
    93, 94, 98, 99
  strategisches 707
  verständigungsorientiertes 80, 81, 89, 93,
    96, 99, 105, 107
Handelshochschule 4, 35
Handlung 127
Handlungsweise 569
Handlungsalternative 425, 427
Handlungsbarriere 437
Handlungsebene 570
Handlungsentwurf 125
Handlungsfähigkeit 76
Handlungsfreiraum 128
Handlungsgefüge, monolithisches 125
Handlungskompetenz 642
Handlungskonflikt 437
Handlungskontext 433
Handlungskonzept 22
Handlungskoordination 80, 707
Handlungsmöglichkeit 159
Handlungsmotivation 428
Handlungsmuster 77, 237
  kollektives 479, 498
Handlungsoption 9, 437
Handlungsorientierung 157
Handlungsprinzip 44
Handlungsprogramm 81, 137
Handlungsrahmen 121
Handlungsrationalität 86
  subjektive 81, 82
Handlungssequenz 123

Handlungsspielraum 65, 90, 93, 95, 455, 456, 476, 609, 676
Handlungssystem 126
  komplexes 120
  selbst-selektives 130
Handlungstendenz 440
  implizite 438
Handlungstheorie 390, 590
Handlungsweisen 229, 289, 656
Handlungszwänge 15, 16
Handwerksbetrieb 30
Harvard Business School 34
Hauptphase 639
Haushalt 86
Hawthorne-Effekt 52
Hawthorne-Experiment 48, 51, 497
Hawthorne-Studien 484
Headhunter 632
Helden 601
Heldenkraft 46
Herkunft, soziale 25
Herrschaft 45
  bürokratische 45, 46
  charismatische 46
  legale 46
  traditionelle 46
Herrschaftstypus, legaler 45
Herrschaftsverband 45
Herrschaftsverhältnis 45
Heuristiken 20, 278
Hewlett Packard 611
Hierarchie 5, 6, 63, 281, 343, 433, 550, 552, 554
  Abflachung 480
Hierarchieabbau 139, 346
Hierarchieebene 5, 19, 23
Hierarchie-Effekt 675
High-level routine 230
High-Potential 632, 692
Holding 154, 338
Homöostaseprinzip 384
Homogenität 482, 603
Human Relations 40
Human-Relations-Bewegung 54, 454
Human-Relations-Schule 55
Human-Ressourcen-Ansatz 55
Human-Ressourcen-Schule 56, 376
Hybridstrategie 206
Hygienefaktor 448, 450, 451
Hygiene (Motivation) 451
Hyperwettbewerb 224

I
IBM 231, 250
Ich-Abwehr-Mechanismus 452
Ideal, marktwirtschaftliches 84
Idee gesellschaftlicher Verantwortung 104
Ideengeschichte des Managements 33, 38
Identifikationsmuster 25
Identität 482, 484, 566, 601
  allgemeine 569
  organisationale 568
  situative 567, 569
Identitätsanspruch 570
Identitätsarbeit (identity work) 569, 570
Identitätsausbildung 567, 570
Identitätsausbildungsprozess 567
Identitätsbildung 483, 486
Identitätsgewährung 570
Identitätskonflikt 566
Identitätsprinzip 36
Identitätstheorie 496, 511, 566
  soziale 510, 511, 566
Identitätsübergang 495
Ikarus-Paradox 386
IKEA 197
ILO 111
Imitation 64, 192
Imitationsresistenz 205
Imitierbarkeit 192, 208, 227
Implementationsproblem 122, 158
Improvisation 23
Incentivprogramm 450
Indifferenzzone 50
Individualdiagnostik 642
Individual internalization 570
Individualleistung 681
Individualziel 425, 432, 437, 455, 552
Individuum 479
Induced Strategic Action 65
Industrial Engineering 39
Industrialisierung 34
Industrial Organization 172
Industrielle Revolution 30
Information 10, 86, 557
  unvollständige 63
Informationsasymmetrie 63
Informationsfluss 12, 56
Informationsgewinnung 683
Informationskosten 160
Informationsmacht 557
Informationsniveau 498

Informationsquelle 251
Informationsrolle 18
Informationstechnologie 56, 358
Informations- und Kommunikationstechnologie 162, 364
Informationsverarbeitung 480
Informationsverarbeitungsprozess 157
Informationsverhalten 534
Informationsverzerrung 641, 643
Inhaltstheorien 422, 444
Initiating structure 534
Innovation 141, 229, 492
Innovationsaufgabe 629
Innovationsbereitschaft 420, 462
Innovationsfähigkeit 541, 603
Innovationsfreude 552, 689
Innovationskraft 696
Innovationsstrategie 171
Innovationstheorie 398
Innovator 18, 537
Input-Outputverhältnis 61
Insolvenz 85
Insolvenzrecht 85
Insourcing 201
Instanz 332, 340
Instanzenzug 41
Institutionalisierung 62
Institutionenökonomik 452
   neuere 62
Institutionsnalismus 60
Instrumentalität 426, 428–432, 434, 437, 553
Instrument, personalpolitisches 666
Integration 132, 133, 327, 342
   vertikale 31
Integrationsbedarf 354
Integrationsdichte 355
Integrationsinstrument 43
Integrationsmaßnahme 132
Integrationsnutzen 610
Integrationsproblem 43
Integrationsritus 587
Integrationswissenschaft 36
Integrität 538
Integritätstest 644
Intel 387
Intelligenz 526
Intelligenztest 643
Intention 435
Interaktion 475, 484, 549–551, 558, 567, 569
   System/Umwelt 126

Interaktionismus, symbolischer 570
Interaktionsgerechtigkeit 679
Interaktionshäufigkeit 481
Interaktionsprozess 479, 507, 566
Interdependenz 12, 359, 364, 512
   der Teilpläne 274
   der Teilpläne ist 274
   gepoolte 513
   im Aufgabenvollzug 681
   reziproke 513
   sequenzielle 513
Interesse 43, 60, 80–82, 84
   öffentliches 97
Interessenausgleich 85, 88, 94–97, 99, 102, 105, 708
Interessengruppe 76, 231
Interessenkonflikttheorie 510
Intermediär 545
Internationalisierung 100, 219, 480
Internet 632
Inter-Rollen-Konflikt 493
Inter-Sender-Konflikt 493
Interview
   freies 642
   halbstrukturiertes 642
Interview-Programm 53
Intidex 205
Intrapreneurship 536
Intra-Rollen-Konflikt 493
Intra-Sender-Konflikt 493
Intuition 4, 571
Invarianz 195
Investitionsbudget 303
Isomorphismus 61
Issue-Management 122
Ist-Qualifikation 686
Ist-Verdienst 728, 730

J
Jargon 591
Job
   Crafting 463, 694
   Diagnostic Survey (JDS) 457
   Engagement 454
   Enlargement 458, 459
   Enrichment 459
   Performance 454
   proaktives Design 462
   Rotation 342, 513

Joint Venture 60, 212
Jugendschutzgesetz 96
Just-in-time 201

K

Käuferloyalität 176
Kalkulation 272
Kalkulationsproblem 80
Kannibalismus 171
Kapazitätsbeanspruchung 283
Kapital 5, 40, 85, 99
   symbolisches 62
Kapitalanleger 91
Kapitalbedarf 177
Kapitaleigner 76, 78, 84
Kapitaleignerinnen 91
Kapitalerhöhung 272
Kapitalgeberinnen 97
Kapitalismus 46
Kapitalmarkt 85, 720
Kapitalmarktverfassung 83
Kapitalmarktzins 84
Kapitalrentabilität 312
Kapitalstruktur 272
Karriere 346, 421, 464, 594, 692
Karstadt 367
Kartellrecht 85, 171
Kasumi 196
Kaufmann 84
Kaufvertrag 84
Kausalattribution 543
Kausalbeziehung 567
Kausalzusammenhänge, komplexe 20
Kennzahlensystem 234
Kernkompetenz 184, 190, 224–226, 228, 230, 234, 249
Kernmarkt 195
Kette, skalar 41
Key Result Area 313
Klein-Aktionär 92
Knappheitspreis 86
Know-how 22, 212, 220
Knowing 397
Koalition 231
Koalitionstheorie 50
Kognition 435
Kohärenz 610
Kohäsion 479, 482, 529
Kohäsionsfunktion 133

Kohäsionsgrad 482, 551
Kollege 15
Kollegenbeurteilung 683
Kollektivaktor 125
Kombination 527
Kombinationsprozess 6
Kommunikation 10, 41, 127, 134, 232, 234, 501, 557, 558, 561, 600
   direkte 513
   implizite 558
   machtlose 559
   mündliche 15
   offene 501
   symbolische 495
Kommunikationsdichte 480, 483
Kommunikationsfluss 490, 512
Kommunikationsinhalt 488
Kommunikationsmedium 559
Kommunikationsschwierigkeit 492
Kommunikationsstil 678
Kommunikationsstruktur 252, 487, 504
Kommunikationssystem 10
Kommunikationstheorie 559
Kommunikationsverdünnung 343
Kompensation 129, 135, 139, 420
Kompensationsaufwand 138
Kompensationsfunktion 137, 244, 252
Kompensationsmodell (Motivation) 437
Kompetenz 21, 192–194, 212, 229, 230, 249, 427, 433, 459
   dynamische 404
   fachliche 450
   idiosynkratische 229
   interpersonale 459
   konzeptionelle 22, 23
   soziale 22
      Ebenen 22
   technische 22, 433, 441
Kompetenzabgrenzung 32
Kompetenzänderung 249
Kompetenzbasis 153
Kompetenzentwicklung 685
Kompetenzmonitoring 230, 249, 250
Kompetenzstrategie 154
Komplexität 23, 32, 83, 123, 130, 132, 134, 241, 244, 247, 268, 274, 284, 327, 342, 361, 543, 584, 664, 687
   Reduktion 130
Komplexitätsdruck 129

Komplexitätsgefälle 127–129
Komplexitätsreduktion 124, 134, 300
Komplexitätsverarbeitung 140
Kompromiss 537
Konflikt 105, 109, 132, 344, 355, 481, 510, 512
Konfliktabbau 512
Konfliktaustragung 513
Konfliktbearbeitungsmethoden 513
Konfliktbereinigung 10
Konfliktentwicklung 511
Konflikteskalation, Phasenmodell 512, 513
Konfliktintervention 514
Konfliktlösung 108
Konfliktlösungsverfahren 682
Konfliktmanagement 473
Konfliktregelung 110
Konfliktsituation 553
Konflikttheorie 552
Konformität 482, 485
Konformitätsdruck 252, 484
Konjunkturprognose 162
Konkurrentenanalyse 191
Konkurrenz
   monopolistische 201
   vollkommene 86, 90
Konsens 81, 504
Konstruktionslogik, marktwirtschaftliche 80
Konstruktion, soziale 488
Konsument 84
Konsumfunktion 88
Kontakt 16
   informaler 252
Kontaktnetzwerk 16
Kontext 557
   gesellschaftlicher 707
   informeller 433
   institutioneller 541
   kultureller 541
   organisatorischer 425, 570
Kontextbedingung 538
Kontextfaktoren 694
Kontexttheorie der Motivation 419, 454
Kontingenz 63, 128, 135, 567
Kontingenztheorie 60, 360, 538
KonTraG 96
Kontrakteinkommen 84
Kontrollaufwand 600
Kontrolle 10, 20, 44, 120, 136, 536
   emotionale 438, 440
   kognitive 435

   operative 246, 307, 339
   soziale 109, 501
   strategische 158, 159, 170, 191, 244, 307, 656
Kontrolle, emotionale 442
Kontrollfunktion 281, 300
Kontrollkompetenz 459
Kontrollproblem 80
Kontrollprozess, strategischer 245
Kontrollspanne 345
Kontrollspielraum 455, 459
Kontrollsystem 12, 247
   administratives 95
Kontrolltyp 245
Konvention 568
Konzentrationsgrad 178
Konzern 338, 598
Konzernkultur 599
Kooperation 49, 510, 690
   horizontale 350
Kooperationsbereitschaft 22, 48
Kooperationsmotiv 49
Kooperationsstrategie 60
Koordination 8, 43, 80, 82, 85, 86, 94
   hierarchische 43
Koordinationsaufgabe 31
Koordinationsform 62
Koordinationsmechanismus 707
Koordinationsmodus 80
Koordinationsproblem 30, 32, 80, 93
Koordinationszweck 82
Korpsgeist 499
Korrekturfaktor 708, 709
Kosten 87
   soziale 610
Kostenfunktion 283, 292
Kostenkontrolle 35
Kostenminimierung 708
Kosten-Nutzen-Analyse 282
Kostenrechnung 190
Kostenschwerpunktstrategie 198, 201, 205
Kostenstruktur 189, 205, 206
Kostenstrukturanalyse 189
Kostentreiber 190, 201
Kraft, visionäre 7
Kreativität 7, 194, 452, 457, 479, 488
Kredit, idiosynkratischer 490, 498
Kreditwürdigkeit 185
Kreuzpreiselastizität 180
Krise 123, 247

Krisenanzeichen 247
Krisenmanagement 122
Kritikbereitschaft 601
Kritik, dosierte 679
Kündigung 652
Kündigungsfrist 96
Kündigungsschutzgesetz 96
Kulturalist 606
Kulturentwicklung 603, 606
Kulturingenieur 605
Kulturwandel 604
Kumulationstheorie 453
Kumulationsthese 447
Kundenorientierung 203
Kurskorrektur 606
Kybernetik 130

L
Ladung, vertikale 459
Lagerhaltung 57
Lagerhaltungskosten 201
Landesgesellschaft 610
Landeskultur 607, 609, 610, 683
Langfristplanung 122
Laufbahn, berufliche 692
Law
   of Diminishing Control 125
   of Requisite Variety 130
Leader
   Development 572
   Identity 567
Leader-Member-Exchange-Modell (LMX) 561
Leadership development 572
Lebensabschnitt 693
Lebensalter 709
Lebenslauf 635
Lebenswelt 134
Lebenszyklus 213, 366
Lebenszykluskonzept 183
Lebenszyklusmodell 509
Lebenszyklusphase 723
Legalität 50
Legitimation 554, 558, 559
Legitimationsdruck 61
Legitimationsgrundlage 79
Legitimationsmacht 554
Legitimationstheorie 84
Legitimität 46, 61, 76, 79
   kognitive 77

   moralische 77
   pragmatische 76
Legitimitätsglaube 45, 46
Legitimitätszuschreibung 61
Lehrstühle für Unternehmensführung 36
Leichtlohngruppe 723
Leiharbeit 558
Leistung 565
   Beeinflussbarkeit 715
   individuelle 709
   überdurchschnittliche 436
   Zurechenbarkeit 681
Leistungsanstrengung 429
Leistungsbeitrag 43
Leistungsbeurteilung 443
Leistungsentlohnung 430
Leistungsergebnis 454
Leistungserlebnis 450
Leistungserstellung 531
Leistungsfähigkeit 436
Leistungsfaktor 706
Leistungskontrolle 340
Leistungsmessung 665
Leistungsmessungsverfahren 708
Leistungsmotiv 445, 448
Leistungsmotivationstheorie 424
Leistungsnorm, informelle 431
Leistungspotenzial 664, 668
Leistungsprofil 670
Leistungsprozess 5, 7, 23
Leistungstest 643
Leistungsverhalten 430, 435, 674, 683, 696
Leistungsvermögen 425, 676
Leistungszuschlag 715
Leitbild 588
Leitlinie, unternehmenspolitische 166
Leitungsebene 345
Leitungshierarchie 4
Leitungsintensität 346
Leitungsposition 6
Lenkungsfunktion 64
Lernbarriere 390, 690
Lernebene 391
Lernen 140, 194
   emotionsbezogenes 691
   exploratives 695
   organisationales 687
   organisatorisches 405
Lernfähigkeit 23, 129

Lernform 393
Lernprozess 228
Lernsituation 689
Lerntheorie 62
Lerntransfer 690
Lernzyklus 389
Lernzyklus, unvollständiger 390
Liaison role 353
Lieferant 76, 84
Lieferantenwechsel 178
Limit-Preis 177
Lindt 203
Linienmanagement 23
Linienmanager 342
Linking pin 356
Liquidität 85, 271
Lizenznahme 212
Lizenzvergabe 220
LMX-Gruppendifferenzierung 565
LMX-Qualität 564
Local content 212
Lock-in 65, 229, 386
Lösung
 hierarchische 139
 machtfreie 87
 personelle 30
Lösungsmuster 128
Logik, dominante 231
Logistik 190, 335
Lohn 96, 705
 als Knappheitsindikator 706
 gerechter 707
Lohnanreiz 450
Lohnfindungspraxis 707
Lohnform 708, 713
Lohngerechtigkeit 707, 717, 721, 728
Lohngeschichte 731
Lohngruppenverfahren 711
Lohnkonflikt 706, 708
Lohnsatz 708
Lohnsatzdifferenzierung 710
Lohnspreizung 707
Lohn- und Gehaltsdifferenzierung 666
Lohn- und Gehaltsgruppe 711
Lohn(un)zufriedenheit 705, 717, 728, 732
Lohnzufriedenheit 708
Lokomotionsfunktion 133
Long-hours culture 692
Losgröße 57
Loyalität 462, 552, 563, 709, 731

M
3M 357, 387
Machbarkeit 230
Macht 45, 60, 79, 81, 85, 89, 90, 253, 433, 553, 558
 gesellschaftliche 90
 informationelle 342
 informelle 553
 kulturelle 90
 ökonomische 89
 politische 90
 technologische 90
Machtausübung 553
Machtgebrauch 82, 557, 558
Machtgefälle 433
Machtgier 43
Machtgrundlage 496, 554, 557
Machtgruppe 231
Machtlosigkeit 90
Machtmissbrauch 559, 560
Machtmotiv 445
Machtpotenzial 79, 93, 550
Machtprozess 557
Machtspiel 707
Machtstruktur 377, 489, 551
Machtverteilung 707
Mäzenatentum 110
Management
 Bedeutung 4
 by Objectives (MbO) 350, 442, 675, 715
 Denkströmungen 37
 Entwicklungsgeschichte 30
 funktionales 5
 Ideengeschichte 33, 38
 institutionelles 5
 mittleres 23, 24
 Moden 62
 oberes 23
 Praktiken 61
 Profession 29, 32, 92
 Rolle 5, 19
 Science 56, 58
 unteres 23, 24
Managementaufgabe 5, 12, 15, 77
Managementausbildung 35
Managementebene 15, 24
Managementfunktion 5, 6, 8, 12, 19–21, 31, 33, 42, 44, 120, 122, 135, 141
 Fünferkanon 8
Managementlehre 7, 25, 54, 59, 120, 134, 135

Managementmethode 22
Managementposition 5
ManagementPraktiken 60, 61, 63
Managementprinzip 40, 43
Managementproblem, allgemeines 34
Managementprozess 9, 11, 12, 20, 63, 120, 126, 129, 135, 140, 159, 279
   klassischer 20
   moderner 21, 136
   strategischer 156
Managementpyramide 125
Managementsystem 32
Managementtätigkeit 15
   Inhalt 16
Managementverständnis 5, 6
Managementwissen 22
Manager 35
   generischer 23
Managergehalt 733
Managerial grid 534
Managerkontrolle 92
Mangelzustand 444
Mangementfunktion 664
Manipulation 548
Market Based View 184
Marketing 187
Marketing-Mix 275
Marketingstrategie 155
Markov-Kette 291
Markov-Modell 289
Markt 82, 84–87, 91, 98, 127
   relevanter 171
   unvollkommener 706
Marktabgrenzung 178
Marktanteil 91
   relativer 214, 216
Marktattraktivität 179, 180
Marktaustrittsbarriere 177, 180
Marktdeterminismus 706
Markteintrittsbarriere 173
Marktentwicklungsmodell 183
Marktführerschaft 199
Marktgleichgewicht 86
Marktideal 102
Markt-Lebenszyklus 177
Marktlogik 104
Marktlösung 31, 62
Marktmacht 89
Marktphase 183

Marktprozess 87
Marktregulierung 181
Marktreife 209
Marktsättigung 180
Marktstrukturanalyse 207
Markttransaktion 85, 127
Marktversagen 62, 94, 109
Marktwachstum 32
Marktwirtschaft 82, 83, 85, 86, 97, 109
   soziale 89
Marktzutrittsschranke 90
Marshmallow-Experiment 438
Maschine, nicht-triviale 130
Maßnahmenplanung 266
Materialfluss 146
Mathematik 58
Matrixorganisation 353, 356, 558
McKinsey 347
McKnight 22
Mechanismus, volitionaler 437
Mehrebenensystem 597
Mehrliniensystem 345
Mehrproduktunternehmen 32
Meilenstein 310
Mengenanpasser 90
Mensch 42, 48
   Natur 445
   und Maschine 38
Menschenbild 590
Mensch-Maschine-System 681
Mentalität 25
Mentoring 692
Merkmal, demographisches 164
Metaanalyse 210, 454
Metakompetenz 687
Methodik 37
Migrationshintergrund 5
Mikroökonomie 420
Mikropolitik 231, 368
Mikro-Struktur 10
Milde-Effekt 670
Mildtätigkeit 110
Militär 32
Mindestlohn 707
Mindestverdienst, leistungsunabhängiger 714
Mind Guards 500
Minimalkostenkombination 62, 86
Minimalnorm 603
Minutenfaktor 714

Mischvergütung 715
Misstrauen 12, 431, 536
Mitarbeiterbefragung 383
Mitarbeitergespräch 680
Mitarbeiterziele 302, 434
Mitarbeiterzufriedenheit 640
Mitbestimmung 83, 98, 346
Mitbestimmungsgesetz 95, 98, 99
Mitbestimmungsrecht 78, 651
Mitgliedschaft 480
Mobbing 486, 490, 684
Modell
   deterministisches 160
   interaktives 160
   nicht-lineares 283
   optimierendes 289
   prognostizierendes 288, 289
   voluntaristisches 160
Modellbildung 284
Modellierung 57, 290
Modellierungstechnik 286
Modellkonstruktion 286
Moden des Managements 62
Monitoring 244
Monopolkommission 90
Monopol, natürliches 174
Monopson 178
Moral 108
Moralität 500
Moralkodex 101
Motiv 43, 48422, 423, 433
   explizites 437, 438, 440, 448
   implizites 437, 440, 448
   verhaltensrelevantes 422
   widerstreitendes 437
Motivart 448
Motivation 10, 12, 137, 420, 428, 429, 432,
       434, 436, 447, 450, 453, 560, 602,
       630, 639, 666, 674, 684685, 708
   diffuse 437
   extrinsische 427, 452
   intrinsische 427, 438, 452, 600, 713, 716,
       719, 726, 727
Motivationseffekt 437
Motivationsfunktion 300
Motivationskraft 443, 450
Motivationspotenzial 457, 458
Motivationsprozess 425, 434, 437, 443, 446
Motivationssystem, duales 448

Motivationstheorie 421, 726
   performativer Charakter 419
Motivationstheorie 56
Motivationsverdrängung 719, 726
Motivationsverlust 47
Motivationszweck 674
Motivator 447, 448, 450–452, 455
Motiventwicklung 446, 448
Moving 379, 382
Muster, kognitives 511, 571

N
Nachfragefunktion 86
Nachfrager 84
Nachhaltigkeit 98
Nachhaltigkeitsbericht 109
Nachtragsbudget 304
Nationalsozialismus 35
Nebenbedingung 286
Nebeneffekt 682
Neoinstitutionalismus 60
Neoklassik 62, 93
Network Building 16
Netzplan 289
Netzplanmodell 289, 292
Netzwerk 16, 131, 552, 557, 558
   dynamisches 356
   informelles 433
   persönliches 16, 351
   soziales 176, 632
   strategisches 212
Netzwerkexternalität 175
   positive 176
Netzwerktechnik 290
Netzwerktheorie 60
Neuorientierung, strategische 194
Neuplanung 10
Nicht-Wissen 400
Niedriglohnland 220
Nische 176, 195
Nischenattraktivität 197
Nischenstrategie 196, 197
Norm 108, 109, 479, 482–484, 498, 503, 568
Normabweichung 497
Normalleistung 714
Normenkonformität 501
Normierungsphase 508
Norming 508

Normstrategie 195, 216, 217
Normsystem 488
Nortel Networks 242
Nullsummenspiel 180, 510
Nutzen 86, 87, 425
Nutzenmaximierung 63
Nutzenmaximum 85
Nutzungsdauer 203
Nutzungskosten 203
Nutzungswert 203

O
O2 387
Objektivität 643, 665, 676
Objektorientierung 336, 337
OE. *Siehe* Organisationsentwicklung
Öffnungsfunktion 656
Öl-Krise 162
Oetker 209
Offenheit 679
Ohio State University Leadership Studies 534
Operations Research 57, 286
Opportunismus 63, 81
Option, strategische 157
Ordnung 21, 41
Organigramm 331
Organisation 9, 36, 120, 121, 136, 139, 554
    als Institution 62
    bürokratisch 46
    divisionale 311, 337
    erwerbswirtschaftliche 7
    flexible 281
    formale 42, 49, 558
    funktionale 334
    informale 558
    informelle 476
    kritikfähige 252
    lernende 56
    modulare 132
Organisationsentwicklung 56, 380
Organisationsform
    mechanistische 361
    moderne 509
    neue 23
    organische 361
Organisationsmitglied 9, 434
Organisationsstruktur 10, 12, 328, 481, 492
Organisationsumwelt 477, 479, 481, 483, 505

Organisationsziel 425, 434, 455, 462
Organisieren 42
Organizational Behavior 55
Organizational Citizenship Behaviour (OCB) 454
Organizational Citizenship Behavior challenge oriented 107
Organizational Engineering 42
Organizational inertia 229
Organizing 8
Orientierungsleistung 600
Orientierungsmuster 604
    implizites 543, 546
Orientierungsrahmen 16, 37
Outcome
    First level 427, 428, 429, 432
    nicht-monetäres 732
    Second level 427
Outsourcing 201

P
Paarvergleich 711
Paradigma, verhaltenswissenschaftliches 51
Paradoxie 387
Pareto-Optimalität 87
Partizipation 530, 684
Partizipationsmöglichkeit 676
Partnerschaft 564
Passion 441
    ausgewogene 442
    obsessive 442
Passive Responder 562
Patchwork-Karriere 692
Pay-off-Matrix 278
Perceived Organizational Support (POS) 461
Performance Appraisal 665
Performing 508
Persistenz 597
Persönlichkeit 7, 19, 550, 679
Persönlichkeitsentfaltung 450
Persönlichkeitsmerkmal 431, 489, 504, 527, 643, 644, 673
Persönlichkeitstest 644, 645
Persönlichkeitswirkung 556, 558
Personal 120
Personalabteilung 623, 689
Personalausleseprozess 634

Personalauswahl 624, 627
Personalauswahlinstrument 634
Personalbeschaffung 630
   externe 630
   traditionelle vs. moderne 632
Personalbestand 623
Personalbeurteilung 10, 624, 664
Personalbeurteilungssystem 695
Personalbindung 687
Personalbindungspolitik 688
Personaleinsatz 10, 19, 136, 140, 281
Personalentwicklung 10, 611, 624, 664, 687
   lebenszyklusorientierte 693
Personalfragebogen 635
Personalfunktion, generische 624
Personal-Marketing 632
Personalpolitik 611
Personalrecruiting 629
Personalressort 624
Personalselektion 633
Personalstrategie 155
Personalvermittler 632
Personalvertretung 560
Personenorientierung 539, 540
Personnel Counseling Program 53
Person-Rollen-Konflikt 493
PERT-System 291
Perzeptionssystem 682
Peter-Prinzip 348
Pfad 290
   kritischer 291
Pfadabhängigkeit 229, 386
Pflichtbewusstsein 565
Philips 219
Physik 36
PIMS-Forschung 214
PIMS-Programm 195
Pionier 366
Plan 133
Planabweichung 241
Plananpassung 655
Planbilanz 272
Plandeterminierung 123, 628, 655
Planergebnis, bilanzielles 272, 311
Planerstellung 12
Plan-Fixkosten 273
Planfortschrittskontrolle 311
Plankostenrechnung 273, 304
Planning 8

Planrealisation 121
Planrealisierung 121, 126, 138
Planrevision 10, 241, 277
Planumsetzung 139
Planung 9, 19, 36, 42, 58, 120, 129, 136, 140, 224
   flexible 279, 280
   operative 138, 233
   robuste 280
   rollende (gleitenden) 280
   strategische 131, 138, 285
   und Umsetzung 21
Planungsabteilung 158
Planungsfunktion 122
Planungshorizont 241
Planungskalender 247
Planungsmodell 283, 285
   stochastisches 288
Planungsperiode 269
Planungsprimat 136, 137
Planungsproblem 20
   schwach strukturiertes 285
   wohl strukturiertes 285
Planungsprozess 237
Planungssystem 122
Planungsverfahren 243
Planungszyklus 10
Planvollzug 12
Planziel 120
Platzierung 197
Portfolio
   Management 599
   Modell 213
POSDCORB 8
Position 487, 496
Positionsmacht 664
Postgesetz 181
Potenzialanalyse 185
Potenzialdiagnose 646
Potenzialmessung 457
Präferenzfunktion 82
Präferenzsystem 600
Prämienart 715
Prämienlohn 715
Prämienstücklohn 715
Prämisse 170, 246
Prämissenkontrolle 245, 248
Prämissensetzung 246
Präsident der USA 16

Paradoxie
  both-and approach 537
  either-or approach 537
  more-than approach 537
Pragmatismus 44
Praktik 398
Praxis 21–23, 33, 91, 102, 105, 108, 109, 122, 126
Predatory pricing 177
Preis 82, 84, 87, 98
Preiselastizität 201
Preiskontrolle 181
Preis/Leistungs-Verhältnis 180
Preismechanismus 62, 104
Preissystem 82, 83, 85–89, 94, 105, 106
Premium Conglomerates 211
Primärfunktion 9
Primat
  der Planung 126
  der Planung 57
  methodischer 135
Prinzipal 63
Prinzipal-Agenten-Theorie 63, 452, 720
Prinzip, erwerbswirtschaftliches 91, 104
Prioritätensetzung 558
Prioritätskonflikt 448
Privatrecht 84
Privatsphäre 644
Problembestand, komplexer 126
Problemfeld 22
Problemgenerierung 284
Problemkomplex 133
Problemlöser 19
Problemlösungsaktivität 128
Problemlösungsarchitektur 230
Problemlösungsarena 13
Problemlösungspotenzial 605
Problemlösungs-Zyklus 13
Problemorientiertheit 37
Problemorientierung, Prinzip 36
Process owners 358
Produktdifferenzierung 177
Produktentwicklung 208
Produktinnovation 201
Produktion 6, 7
Produktionsfaktor 80, 271
Produktionsfunktion 88
Produktionskosten 220
Produktionsmittel 91

Produktionsplanung 39
Produktionsprogramm 287
Produktivität 430, 534
Produktlebenszyklus 213
Produktmanagement 353
Produkt-Markt-Konzept 331
Produktpolitik 166
Produktprogramm 272
Produzentenhaftung 95
Professionalisierung 33
  des Managements 92
Profitabilität 104, 230
Profitcenter 12, 337
Prognose 123, 170, 183, 634, 681
  überraschungsfreie 167
Prognoseverfahren 289
Prognostizierbarkeit 123
Programm 9, 349
  strategisches 155, 157
Programmierung, lineare (LP) 57, 287
  Modell 288
Programmplanung 232, 233
Progressionsprinzip 446
Projekt
  operatives 273
  soziales 104
  strategisches 273
Projektarbeit 480, 558, 684
Projektbudget 303
Projektgruppe 552
Projektkontrolle 311
Projektmanagement 23, 558
Projektpläne 265, 273
Protean career 692
Protestgruppe 78
Prototyp 566
Prototypikalität 496
Prozess
  emergenter 64
  evolutionärer 65
  integrierter 457
  kognitiver 543
  pfadabhängiger 65
  politischer 306
  reflexiver 571
  rekursiver 567
  sozio-dynamischer 475, 509
  strategischer 235
Prozessberatung 377, 383, 393

Prozessfertigung 362
Prozesskostenrechnung 190
Prozesskultur 594
Prozesslogik 21
Prozessorganisation 358, 457
Prozessperspektive 65
Prozessregel 603
Prozessteam 717
Prozesstheorie (Motivation) 423
Public Relations 175
Publikums-Aktiengesellschaft 92
Publizität 91, 96
Publizitätsgesetz 78, 95–97
Publizitätspflicht 96
Punctuated equilibrium 385
Punkt-für-Punkt-Entsprechung 127

Q
Qualifikationsdefizit 689
Qualität 178, 205
Qualitätsbewusstsein 420, 552
Qualitätskontrolle 695
Quasi-Gesetzmäßigkeit 195
Quasi-Monopol 178
Querdenken 140, 252
Quotierung 633, 652

R
Radarschirm 18
   Rolle 20
Rahmenbedingungen
   gesellschaftliche 650
   rechtliche 650
   strukturelle 427
Rahmenbudget 303
Rangfolgeverfahren 710
Rangordnung 487
Rangordnungsverfahren 674
Rangreihe 670
Rangreihenverfahren 711
Rationalisierung 126, 500
Rationalisierungsinvestition 297
Rationalität 133, 583
   beschränkte 434
   kommunikative 81
   ökonomische 62, 83
   subjektive 428

Rationalitätsanforderung 54
Rationalitätsverständnis 21
Rattenrennen 716
Reaktionspotenzial 279, 281
Reaktivitätseffekt 649
Realgüterprozess 271, 279, 282, 310
Realisierungsprozess 158
Realistic Job Preview 639
Realoption 280
Rechenhaftigkeit 46
Rechnen, kaufmännisches 35
Rechtsform 97
Red Queen-Effekt 128
Red Teams 501
REFA-Schema 711
Referenzen 635
Reflektionspraktik 403
Reflexion 480, 536, 571
   ethische 707
Reflexionsebene 571
Reflexionskompetenz 573
Re-framing 194
Refreezing 379, 382
Regel 125, 197, 568
   formale 329
   informale 329
Regelbindung 46
Regelgebundenheit 47
Regelkreis 58, 308
Regelung
   fallweise 329
   generelle 329
Regulierung 128
Reife 447
   psychologische 540
Reifeniveau 540
Reifephase 367, 508, 509
Reifeprozess 55
Reifezyklustheorie 539
Reiz-Reaktions-Schema 249
Rekrutierung, interne 630
Relational recognition 570
Reliabilität 643
Rentabilität 85, 271, 312
Rentabilitätskennziffer 272
Rentabilitätsschwelle 180
Reporting 8
Repräsentation 530
Reproduktion 229

Reputation 564
Reputationsverlust 180
Residualeinkommen 84
Resignation 453
Resource Based View 64, 184
Respekt 563, 564
Responsible Care 111
Ressort 19
Ressourcen 43, 80, 86, 153, 192
　erfolgskritische 692
　externe 60
　immaterielle 510
　knappe 510
　materielle 510
Ressourcenabhängigkeit 60
Ressourcen-Abhängigkeits-Theorem 60
Ressourcenanalyse 157, 193
Ressourcenbasis 177
Ressourcenbindung 250
Ressourcensituation 184
Ressourcenvergeudung 164
Ressourcenwettbewerb 226
Ressourcenzuteiler 19
Re-storming 508
Restriktion 15, 93, 95
Restumwelt 128
Retention 64
Return on Investment (ROI) 234, 307, 311, 312, 339
Reverse transfer 223
Reversibilität 129
Revisionsnotwendigkeit 136
Reziprok-Geschäft 552, 682
Reziprozität 540, 564
　balancierte 564
Reziprozitätsniveau 564
Rhetorik 546
Rigor and relevance 35
Risiko 129, 170, 545, 556
　als sozialer Wert 499
　wirtschaftliches 84
Risikoausgleich 209
Risikobegrenzung 137
Risikofreude 499
Risikokompensation 129, 135
Risikomanagement 244
Risikoschub 498, 499
Risikosituation 277, 288
Ritual 601
Ritus 494, 587, 604

Rivalität 180
　zwischen Gruppen 510
Roh-, Hilfs- und Betriebsstoffe 84
Role-making-System 561
Role routinization 562, 564
Role taking 562
Rolle 484, 490
　Adoption 561
　Definition (role making) 562–564
　des Managements 5
　empfangene 491
　Episoden 561, 564
　Erwartungen 561, 562
　gesendete 491
　interpersonelle 18
　Routinisierung (role routinization) 562, 564
　Sender 561
　Übernahme (role taking) 562
Rollenanalyse 498
Rollenbild 490
Rollendifferenzierung 490, 495
Rollendistanz 493
Rollenepisode 491, 492
Rollenerwartung 491, 492
Rollengestaltung 492
Rolleninterdependenz 693
Rollenkonflikt 492, 495, 667
Rollensegmentierung 495
Rollensender 492
Rollensendung 492
Rollenstress 495
Rollenstruktur 486, 490, 551
Rollentheorie 561
Rollenübergang 494
Rollenüberladung 493
Rollenübernahme 570
Rollenverhalten 491, 492
Rolls Royce 222
Routine 127, 131, 229, 329, 349, 364, 405, 490, 536
Routineaufgabe 364
Routinehandeln 434
Routineprogramm 349
Routinisierung 455
Rover 212, 235
Rückkoppelung 456, 507, 731
Rückkoppelungsmechanismus 65
Rückkoppelungsschleife 277
Rückkopplung, positive 568

Ruhrkohle AG 210
Ryanair 207

S
Sabotage 716
Sachaufgabe 5
Sachfunktion 6, 7, 624
Sachverständigkeit 108
Sättigungsthese 446
Sanktion 547
Sanktionsmechanismus, sozialer 109
Sanktionspotenzial 550
SAP P 219
Satisfiers 450
Schattenseiten der Führung 560
Scheinpartizipation 684
Schema, implizites 544
Schlüsselaufgabe 15
Schlüsselkompetenz 21, 689
Schlüsselqualifikation 688
Schlussphase 641
Schnittstelle 268, 358, 359
Schnittstellenverringerung 457
Schweinebucht-Affäre 500
Schwierigkeitsgrad 675
Scientific Community 34
Scientific Management 38–40, 51
Scoring-Verfahren 218
Scrum 328
Second level outcome 427
Segmentieren 537
Seitwärtsbeurteilung 684
Selbstabstimmung 351, 420
Selbstbeobachtung 435
Selbstbeschreibung 130, 306
   vollständige 138
Selbstbestimmung 40, 542, 727
Selbstbeurteilung 435, 683
Selbstbild 511
Selbstbindung 95, 105
Selbstdefinition 568
Selbsteinschätzung 427, 568
Selbstkontrolle 56, 442, 443
Selbstkonzept 566, 568
Selbstorganisation 536
Selbstreaktion 435
Selbstregulation 436, 442, 443
Selbstregulationsprozess 435

Selbstregulationstheorie 424, 435, 442, 444,
   457, 675
Selbststeuerung 438
Selbsturteil 683
Selbstverpflichtung 109
   freiwillige 100
Selbstverständnis 569
Selbstverwirklichung 427, 446, 448
Selbstverwirklichungsbedürfnis 445
Selbstverwirklichungsmotiv 451
Selbstverwirklichungsstreben 55
Selbstwertgefühl 683
Selbstwirksamkeitsempfinden 568
Selbstzensur 500
Selbstzweifel 440
Selektion 64, 127, 129, 135, 136, 327
   konformitätsbestärkende 483
Selektionseffekt 716, 718
Selektionsfunktion von Zielen 677
Selektionskriterium 37
Selektionsleistung 132
Selektionsmuster 127–129
Selektionsprozess 135, 141
Selektionsrisiko 137, 244, 247
Selektionszwang 129, 286
Selektivität 128, 138, 245, 682
Self-efficacy 423, 427, 436
Self-fullfilling Prophecy 649
Sender 18
Sender-Empfänger-Modell 561
Senioritätsprinzip 542
Sensemaking 159, 391
Sensitivitätsanalyse 279, 288
Sequenzialisieren 537
Setzung, normative 59
Shadowing 13
Shareholder-Value 230, 720
Shell 219
Sicherheitsabstand 293
Sicherheitsbedürfnis 445, 446, 448
Siemens 219, 367
Siemens AG 92
Signal, schwaches 252
Signalverarbeitung 252
Simplex-Methode 288
Simplifizierung 127
Simulation 298
   agentenbasierte 298, 299
Simultanplanung 276

Single-Loop-Learning 391
Sinngemeinschaft 584
Sinnstiftung 482
Sinnverarbeitung 127
Situationsabhängigkeit 539
Situationstheorie der Führung 538
Situation, strategische 213
Sitzung, dialektische 501
Skalenersparnis 346
Skalierung 674
Skills 21
Skill Variety 456
Slack-Ressource 137
Social Distancing 501
Sollgröße 308
Soll/Ist-Vergleich 10, 436
Sollordnung 21
Soll-Verdienst 728, 730
Sony 225
Southwest 207
Soziale Medien 88, 162, 630
Sozialisation 690
Sozialisationsprozess 597
Sozialstruktur, interne 486
Sozialsystem 551
Soziodynamik 427
Spannungsreduktion 437
Spannungsreduktionstheorie 444
Sparte 154
Spartenorganisation 337
Spezialisierung 12, 55, 140, 460, 610
Spezialisierungsverlust 610
Spezialisierungsvorteil 38, 245, 610
Spezialist 343
Spielraum 563
Sprache 81, 82, 134
Sprecher 18, 20
Sprecherausschuss 24
Stab 340
Stab-Linie-Prinzip 342
Stabsabteilung 158
Stabsstelle 252, 340
Stärken 598
   oder Schwächen 157
   und Schwächen 213, 218
Stärken-Schwächen-Analyse 130, 189, 605
Staffing 8
Stakeholder 77–79
   Analysis 79
   Dialog 94, 105, 107
   Interessen 82
   Orientierung 100
Stakeholder-Ansatz
   relationaler 76
Standard 479, 483–485, 498, 503
Standardisierung 349
Standdardisierungsgrad 178
Standortunterschied 110
Star 216
Start up 212
Status 481, 487, 488, 731
   Determinanten 489
Statusaushandlung 488
Statusdifferenzierung 346, 490
Statusgruppe 25
Statuskongruenz 489
Statusstruktur 486–488, 551
Statussymbole 488, 594
Statussymbolik 708
Status-System 487
Status-Wettbewerb 488
Stelle 10, 42, 332
   Motivationspotenzial 457
Stellenausschreibung 630
Stellenbeschreibung 420, 495, 629
Stellenbesetzung 10
Stelleninhaber 15
Stellenprofil 689
Stellung, marktbeherrschende 171
Stereotypenbildung 642, 670
Stereotypisierung 343, 500
Steuerung 126
   externe 436
   plandeterminierte 125
Steuerungsalternative 139
Steuerungsaufgabe 5, 6, 22
Steuerungsfähigkeit des Rechts 89
Steuerungsfunktion 281, 541
Steuerungslogik 136
   synoptische 399
Steuerungsmodell, plandeterminiertes 134, 135
Steuerungspotenzial 136
Steuerungsproblem 36, 125
   a-disziplinäres 36
Steuerungsprozess 126, 128, 140
Steuerungstheorie 63, 134
Steuerungs- und Kontrollsystem 338
Steuerungszyklus, linearer 120
Stigma 546

Stimulanz, emotionale 442
Stimulationspotenzial 448
Stimulus-Response-Schema 388
Störung 21
Storming 508
Strategie 139, 152
   ephemere 237
   fragmentierte 222
   globale 221–223
   ressourcenorientierte 690
   volitionale 438
Strategiealternative 157, 194
Strategieformulierung 723
Strategiemonitoring 247
Strategieoption 206
Strategieprogramm 194
Strategieumsetzung 723
Strategizing 149, 240
Strategy-as-Practice 239
Stress 560
Stretch goals 692
Streubreite 670
Struktur 131
   bürokratische 47
   formale 61
   organisatorische 434
   selektive 435
Strukturanalyse 290
Strukturgleichheit 283
Strukturierungsfähigkeit 22
Stückdeckungsbeitrag 294
Stückkosten 171
Stückkostenersparnis 175
Stückkostenplateau 174
Stückkostenvorteil 216
Stufenwertzahlverfahren 712
Sturmphase 508
Subgruppentheorie 511
Subkultur 597, 598
Substituierbarkeit 192
Substitutionskonkurrenz 229
Substitutionslücke 171
Substitutionsneigung 180
Substitutionsprinzip 330
Substitutionsprodukt 179, 224
Subsystem 59, 131, 132, 138, 267, 477, 597
Sukzessivplanung 276
Sunk costs 173
Supersystem 131
Supervision, abusive 560
Supervisionsprozess 680

Surrogate 545
Survey-feedback-Ansatz 383
Switching costs 176
SWOT-Analyse 156
Symbol 586
Symbolsystem 583, 596
Sympathie 492, 507, 556, 563
Sympathiegefühl 476
Synergie 209, 217
Synergieeffekt 212
Synergiepotenzial 209
Synergieverlust 339
System 127
   4 356
   geschlossenes 47
   komplexes 21
   kooperatives 48
   nicht-triviales 124
   offenes 49, 76
   soziales 59
   triviales 124
   und Umwelt 135
Systembildung 132
Systemdifferenzierung 131, 132, 139
Systementwicklung 129
Systemerfolg 133
Systemfähigkeit 190
Systemgleichgewicht 58
Systemgrenze 59, 127, 405
Systemkritik 135
Systemöffnung 140, 689
Systempflege 133
Systemrationalität 134
Systemsteuerung 135
Systemtheorie 49, 58, 59, 64, 76, 126, 134, 135
Systemumwelt 127
System-Umwelt-Differenz 127, 129, 131, 134, 286
System-Umwelt-Interaktion 20
System-Umwelt-Verhältnis 656
Szenario 167, 169, 170
Szenario-Technik 167

T

Tacit knowing 397, 398
Tätigkeitsgraph 290
Tätigkeitsspektrum 12
Tätigkeitsspielraum 455
Tagebuchstudie 12

Tagesgeschäft 268
Talent 692
Talent Management 632, 693
Tarifgebiet 706
Tarifgehalt 712
Tarifgruppe 712
Tarifpartei 706
Tarifpolitik 719
Tarifverhandlung 707
Tarifvertrag 96, 714
Task significance 457
Tauschgerechtigkeit 77
Taylorismus 460
Tchibo 105
Teamarbeit 474, 718
Teambuilding 23, 691
Teamgeist 43
Technologie 367, 427, 479, 481, 492
    Lebenszyklus 162
Technologieentwicklung 187
Teil-Autonomie 125
Teilbudget 303
Teilsystem 132
Telekommunikationsgesetz 181
Tendenz zur Mitte 675
Terminplan, gekoppelter 291
Test 643
    psychologischer 645
Testart 643
Theorie
    der Firma, wissensbasierte 397
    offener Systeme 59, 64
Theory-in-use 391
Thyssen 367
Top-down-Budgetierung 305
Top Management 5, 24, 110
    Gehalt 707
Topmanager 13
Total Cost of Ownership (TCO) 203
Totalinterdependenz 276
Totallösung, planerische 138
Tradition 46
Trainee-System 479
Training on-the-job 689
Trainingsinhalt 689
Trainingsmethode 690
Trainingsziel 689
Transaktionskosten 32
Transaktionskostentheorie 63
Transfersicherung 688

Transparenz 676, 685
Transportmodell 288
Trendbruch 123, 167
Trennung von Eigentum und Verfügungsgewalt 91, 93
Trial assignment 563
Triebreduktion 444
Trittbrettfahren 718
Turbulenz 361
Turnierentlohnung 716
Typologie 593, 595

U
Überleben 64
Überrechtfertigung 726
Überwachung 40
    strategische 245, 246, 248
Überzeugung 547, 557
Umfeld, soziales 446
Umstellungsfähigkeit 602
Umstellungskosten 176, 178
Umsteuerungspotenzial 137
Umwelt 59, 127, 128, 135, 138, 141, 360, 367, 477, 504, 656
    allgemeine 160
    dynamische 59
    externe 477
    interne 131, 477, 479, 481, 483, 505, 509
    komplexe 130
    natürliche 88, 164
    turbulente 123, 602
Umweltanalyse 156, 170, 183, 220
Umweltanpassung 541
Umweltbewusstsein 79
Umweltbezug 20
Umweltinteraktionsmodell 362
Umweltkomplexität 126, 127, 133, 135, 139
Umweltkontrolle 60
Umweltschutz 91, 95
Umweltschutzgesetzgebung 98
Umweltschutzpolitik 98
Umweltsituation 156
Umweltturbulenz 59
Umweltunsicherheit 126
Umweltverschmutzung 164
Unbewusstsein 437
Unerwartetes 15
Unfreezing 56, 379

Ungerechtigkeit 560
Ungewissheit 60, 268, 278, 288, 309, 550
    strukturelle 20
Ungleichbehandlung 652, 655
Ungleichgewicht, physiologisches 444
Unilever 223
Universalmaschine 282
Universität 4, 35, 61
Universitätsseminar der Wirtschaft 36
Unordnung 140
Unsicherheit 123, 128, 131, 141, 243, 244,
    277, 361
Unsicherheitsabsorption 124
Unternehmen
    konglomerates 209
    multinationales 223, 609
    wissensintensives 717
Unternehmensanalyse 157, 185
Unternehmensberater 35
Unternehmensberatung 716
Unternehmensethik 94, 104–110, 135, 224, 596
Unternehmensform 84
Unternehmensforschung 57
Unternehmensführung 7, 36, 43
    gesellschaftlich-verantwortliche (corporate
        social responsibility) 94
    plandeterminierte 122, 130, 137
Unternehmensgröße 96
Unternehmensidentität 581
Unternehmensinfrastruktur 187
Unternehmenskompetenz 154
Unternehmenskultur 122, 231, 235, 236, 357,
    386, 402, 482, 511, 582, 595,
    683, 685
    pluralistische 609
    starke 652
    universelle 609
Unternehmenspolitik 84
    ökologisch orientierte 166
Unternehmensressource 152
Unternehmensspitze 43
Unternehmenssteuerung 541
    interessenpluralistische 99
Unternehmensstrategie 91, 224, 723
Unternehmenstheorie, ressourcenbasierte 191
Unternehmensumwelt 123, 251
Unternehmensverfassung 84
Unterstützung 565
Unvoreingenommenheit 108
Unvorhergesehenes 15

Unzufriedenheit 436, 449–451, 453
Up-or-Out 716
Urlaub 96
Ursache-Wirkungs-Kette 390
UWG-Gesetz 95

V

Valenz 425–428
Validität 643, 644
    prognostische 633, 637, 641, 644, 647, 649
Validity-Diversity-Dilemma 633
Value chain 186
Variation 64
Verankerungstiefe 597
Verantwortung
    der Unternehmensführung, gesellschaft-
        liche 101
    gesellschaftliche 102, 105
    soziale 100
Verbesserungsvorschlag 667
Verbraucher 78, 95
Verbraucherinnenschutz 91
Verbraucherschutz 83, 95
Verbreitungsgrad 596
Verbundersparnis 175, 223
Verdrängungseffekt 726
Verdrängungswettbewerb 177
Vereinfachung, hochselektive 130
Verfahren
    analytisches 711
    mathematisches 57
Verfahrensgerechtigkeit 707
Verfügungsrechte, Theorie 93
Vergeltungspotenzial 177
Vergeltungsschlag 253
Vergessen, organisatorisches 392
Vergleich, sozialer 424, 728, 732, 733
Verhalten 435, 572
    kontraproduktives 644
Verhaltensbeobachtungsskala 670
Verhaltensdeterminierung 526
Verhaltensdisposition 432
Verhaltenserwartung 131, 490, 561
Verhaltenserwartungsskala 670
Verhaltensgitter 534
Verhaltensgrundlage 565
Verhaltensinformantion 549
Verhaltenskomplexität 537, 538
Verhaltenskorrektur 485, 685

Verhaltensmuster 572
Verhaltenspotenzial 538
Verhaltensrepertoire 123
Verhaltensverbesserung 673
Verhaltensvorschrift 490
Verhaltensweise 12, 438, 562
Verhaltenswirkung 450
Verhandlungsführer 19, 20
Verhandlungsgeschick 23
Verhandlungspotenzial 552
Verhandlungsprozess 706
Verhandlungsstärke der Abnehmer 178
Verkauf 6
Verknüpfungsmuster 249
Verlauf, S-förmiger 163
Verlaufsgesetz 123
Verlust 84
Vermachtungsprozess 89
Vernetzer 18, 19, 20
Vernetzungskarte 167
Verselbständigung, partielle 132
Verständigung 81, 134
    dialogische 105
Verständigungsprozess 89, 94, 134
Verstärker, selektiver 696
Verstehen, interkulturelles 22
Verteilung, erzwungene 671
Verteilungsgerechtigkeit 707
Vertrag 84
    unvollkommener 91
Vertragsbeziehung 84
Vertragsmodell 83, 84, 86, 93, 96, 99
Vertragspartner 91
Vertragsrecht 85
Vertretbarkeit, ethische 230
Verwaltung, öffentliche 32
Verwaltungskontrolle 95
Verwandtschaftsgrad 209
Verzerrungsfaktor 640
Videokonferenz 15
Vision 155, 545, 547, 568, 600
Voice 560
Voice-Behavior 107
Volition 437, 438, 440
Volkswagen AG 102, 103, 718
Vollkosten 319
Volumenstrategie 201
Vorgesetztenbeurteilung 665, 684
Vorgesetzter 18

Vorkalkulation 273
Vorschriftentreue 536
Vorselektion 634, 638
Vorsichtsschub 499
Vorstand 98
Vorsteuerungsgröße 266
Vorsteuerung, strategische 268
Vorwärtsintegration 31
Vorwerk 209
VRIN-Kriterium 191, 227
VRIO 192
VRIO-Kriterium 227

W
Wachsamkeit 137
Wachstumsbedürfnis 446
Wachstumsmotiv 450
Wahl, strategische 157
Wahltheorie 435
    kognitive 423–425, 437
Wahrheit 589
Wahrnehmung 543, 557
Wahrnehmungsmuster 511
    kognitives 77
Wahrscheinlichkeit
    kognizierte 428, 429
    subjektive 425, 427–429, 432, 568
Wahrscheinlichkeitsverteilung 278, 288
Wal-Mart 611
Wandel
    demografischer 630
    kontinuierlicher 480
    organisatorischer 607
Wandelfähigkeit 65
Wandelmanagement 231
War for talent 631
War-rooms 401
Wechselkurs 162
Weg-Ziel-Theorie 539
Weighted Application Blank 637
Weisung 554
Weisungsbefugnisse 10
Weiterbildungsbedarf 666
Weltbild 590, 592, 603, 605
Werkstoff 6
Wertaktivität 187
Werte 433, 479, 480, 547, 568
    postmaterielle 692
Werteorientierung 557

Wertesystem 231, 568
Wertewandel 166, 630, 652
Wertfreiheit 37
Wertkette 186, 187
　Analyse 186
Wertmuster 164
Wertschätzung 679
　persönliche 529
Wertschätzungsbedürfnis 445, 448
Wertschöpfung, kollektive 708
Wertschöpfungsprozess 185
Wertumlaufprozess 271, 311
Western 30
Western Electric Comp 48
Wettbewerb 86, 89, 510
　unvollkommener 173
Wettbewerber 64, 76
Wettbewerbsfähigkeit 688
Wettbewerbskampf 224
Wettbewerbsregel 197
Wettbewerbsstrategie 128, 154, 195, 198, 249, 266, 723
Wettbewerbsstruktur 224
Wettbewerbstheorie 89
Wettbewerbsumwelt 249
Wettbewerbsvorsprung 208
Wettbewerbsvorteil 157, 184, 185, 191, 205, 224, 226, 227, 249
Wettbewerbswirtschaft 82, 83, 90, 91, 104, 108
Wharton School of Commerce and Finance 34
What-If-Model 298
Widersprüchlichkeit 437
Widerstand 559, 678
　gegen Änderungen 377, 378, 503
　gegen Wandel 62
Willensakt 437
Willensbildung 125
Willensentscheidung 436
Willenskraft 439
Willensumsetzung 125
Wir-Gefühl 475, 511
Wirklichkeit, konstruierte 284
Wirklichkeitsnähe 12
Wirtschaftlichkeitsprinzip 49
Wirtschaftsethik 109
Wirtschaftsordnung 85, 109
Wirtschaftsplan 86
Wirtschaftsstandort Deutschland 99

Wissen 17, 190, 526, 556
　explizites 390
　implizites 390
　kollektives 226
　narratives F S 400
Wissensarbeit 717
Wissensaustausch 400, 690
Wissensbasis 390
Wissenschaft, praktische 36
Wissenserwerb 22
Wissensmanagement 252, 398, 399
　computergestütztes 399
Wissensrepräsentation 400
Wissenssystem 390
Wissensvorsprung 556
Wohlfahrt 80, 86, 88
Work-Family-Conflict 460
Work-Family-Enrichment 693
Workfamily spillover 693
Workflow Management 358
Work-Life-Balance 688, 693
Worldwatch Institute 164
WTO 111
Würde des Menschen 542
Würfel, strategischer 206

Z

Zara 204, 387
Zehn-Prozent-Innovationen 602
Zeit 132, 589
Zeitakkord 714
Zeitalter, elektronisches 475
Zeitanalyse 290
Zeitlohn 713
Zeitstudie 39
Zentralisation 43
Zentralisierung 41, 624
Zerfall 59
Zero Base Budgeting 302, 305
Zero-credit items 672
Zertifizierung nach SA8000 111
Zertifizierungsverfahren 111
Zeugnis 635
Ziel 5, 9, 16, 48, 133, 423, 435, 479, 480, 482, 483, 486, 550, 551, 553, 563
　individuelles 432, 434
　persönliches 428
　Wirkung 436

Zielabweichung 676
Zielakzeptanz 436
Zielbildungsprozess 676
Zielbündel 429
Zielerreichung 48, 77, 81, 133, 436
Zielerreichungserfahrung 436
Zielerreichungsgrad 120, 425
Zielfunktion 133, 286
Zielfunktionswert 57
Zielgerichtetheit 45
Zielinhalt 436
Zielintensität 436
Zielkatalog 133
Zielmotivationsprozess 436
Zielsetzung 133, 136, 437, 542
    mehrfache 234
Zielspezifität 436
Zielsystem 432
    konsistentes 137
Zielvereinbarung 685
Zielvorgabe 302, 676
Zielvorstellung 81, 90

Zone der Indifferenz 434
Zufallsvariablen, mehrwertige 277, 288
Zufriedenheit 436, 450, 451, 453, 454, 495,
    503, 504, 505, 507, 534
    Entwicklung 449
Zufriedenheitsgrad 490
Zukunftsfähigkeit 687
Zukunftsmarkt 184
Zurechenbarkeit 681
Zusatznutzen 203
Zuschreibung 545, 556
Zuweisungsprozess 543
Zwang 553
    zwangloser 81
Zwanglosigkeit 108
Zweckerfüllung 133
Zweck-Mittel-Kette 133, 267
Zweckprogramm 349
Zwecksetzung 529
Zweck- und Mittelwahl 82
Zwei-Faktoren-Theorie 452
Zwillingsfunktion 10